TOUTE LA STRATÉGIE D'ENTREPRISE

W0320692

STRATEGOR

5e édition

entièrement refondue

Ouvrage coordonné par :
Bernard GARRETTE
Pierre DUSSAUGE
Rodolphe DURAND

DUNOD

Consultez nos parutions sur dunod.com

Le pictogramme qui figure ci-contre mérite une explication. Son objet est d'alerter le lecteur sur la menace que représente pour l'avenir de l'écrit, particulièrement dans le domaine de l'édition technique et universitaire, le développement massif du photocopillage.

Le Code de la propriété intellectuelle du 1er juillet 1992 interdit en effet expressément la photocopie à usage collectif sans autorisation des ayants droit. Or, cette pratique s'est généralisée dans les établissements d'enseignement supérieur, provoquant une baisse brutale des achats de livres et de revues, au point que la possibilité même pour les auteurs de créer des œuvres nouvelles et de les faire éditer correctement est aujourd'hui menacée. Nous rappelons donc que toute reproduction, partielle ou totale, de la présente publication est interdite sans autorisation de l'auteur, de son éditeur ou du Centre français d'exploitation du droit de copie (CFC, 20, rue des Grands-Augustins, 75006 Paris).

© Dunod, Paris, 2009
ISBN 978-2-10-052602-4

Le Code de la propriété intellectuelle n'autorisant, aux termes de l'article L. 122-5, 2° et 3° a), d'une part, que les « copies ou reproductions strictement réservées à l'usage privé du copiste et non destinées à une utilisation collective » et, d'autre part, que les analyses et les courtes citations dans un but d'exemple et d'illustration, « toute représentation ou reproduction intégrale ou partielle faite sans le consentement de l'auteur ou de ses ayants droit ou ayants cause est illicite » (art. L. 122-4).
Cette représentation ou reproduction, par quelque procédé que ce soit, constituerait donc une contrefaçon sanctionnée par les articles L. 335-2 et suivants du Code de la propriété intellectuelle.

Les auteurs de Strategor

Jean-Loup Ardoin, diplômé d'HEC et docteur de l'Université du Minnesota, est professeur à HEC-Paris. Il a été successivement directeur de centre d'*Executive Education* et du MBA d'HEC. Ses recherches, son enseignement et ses activités de conseil portent sur la mise en œuvre de la stratégie, le contrôle de gestion, la performance financière, le développement durable et la responsabilité sociale des entreprises.

Erwan Barbier est ingénieur et diplômé du MBA d'HEC. Il a d'abord fait partie des équipes informatiques d'Eurosport avant de rejoindre le groupe de services informatiques Atos Origin. Ses centres d'intérêts concernent l'innovation, la diversité culturelle, les hautes technologies et l'entreprenariat.

Georges Blanc, ancien élève de l'École Normale Supérieure de Cachan, agrégé de l'Université, ITP Harvard, est professeur émérite à HEC Paris, institution où il a fait toute sa carrière comme enseignant et chercheur. Il a été professeur visitant dans différentes universités aux États-Unis, en Nouvelle Zélande, en Chine et au Brésil. Il est professeur associé à la Fondation Dom Cabral, expert auprès de plusieurs institutions internationales et consultant en stratégie et changement organisationnel dans différentes entreprises en Europe, en Amérique Latine et en Inde.

Gilles Bordes-Pagès est ancien élève de l'ENAC (École Nationale de l'Aviation Civile). Il est entré comme pilote à Air France en 1983. Diplômé de l'EMBA d'HEC en 1995, il est devenu directeur du développement d'Air France en 1996. À ce titre, il est en charge de la planification stratégique et de l'intelligence économique.

Laurence Capron, docteur HEC, est professeur de stratégie à l'INSEAD et directrice pour la recherche de l'Alliance INSEAD-Wharton. Son enseignement et ses recherches portent sur les fusions-acquisitions, les restructurations et la diversification. Elle a publié de nombreux articles dans *Strategic Management Journal, Organization Science, Academy of Management Review, Journal of Marketing, Financial Times, Chief Executive*. Elle est membre du comité éditorial du *Strategic Management Journal,* la revue académique leader en stratégie d'entreprise.

Xavier CASTAÑER, docteur de l'Université du Minnesota, est professeur assistant de stratégie à l'Université de Lausanne. Ses recherches concernent la *corporate strategy* et la stratégie de croissance des groupes diversifiés. Il a notamment publié ses travaux dans *Administrative Science Quarterly* et *Strategic Management Journal*.

Michel CRÉMADEZ, professeur honoraire de stratégie et politique d'entreprise à HEC Paris, s'intéresse principalement au changement organisationnel, au développement des réseaux inter entreprises et à l'organisation des entreprises en réseau interne. Spécialiste de la santé et de l'éducation, il a conçu des approches managériales adaptées à la spécificité de ces domaines.

Jean-Pierre DÉTRIE, ancien HEC et diplômé d'études supérieures en droit des affaires (Paris II), est professeur émérite à HEC Paris où il a notamment créé et dirigé le master *Strategic Management*. Auteur d'un programme de formation en ligne à la stratégie d'entreprise (crossknowledge.com), il est directeur associé d'un cabinet de conseil de direction, directeur de collection chez un grand éditeur de livres de management, et conseiller scientifique d'un cabinet d'analyses stratégiques sectorielles (Precepta – Xerfi). Il est aussi administrateur de sociétés de taille moyenne, cotées et non cotées.

Rodolphe DURAND, diplômé d'HEC, maître en philosophie (Sorbonne) et docteur en sciences de gestion, est professeur à HEC Paris, en charge de la spécialisation stratégie au MBA et au doctorat. Auteur de plusieurs ouvrages et de nombreux articles académiques (notamment dans *Strategic Management Journal, American Sociological Review, American Journal of Sociology, Academy of Management Review*), il travaille essentiellement sur les déterminants stratégiques, sociaux et institutionnels de l'avantage concurrentiel des entreprises.

Pierre DUSSAUGE est professeur de stratégie et politique d'entreprise à HEC Paris où il est titulaire de la Chaire Accor-Air France-SNCF sur le management des services. Il est diplômé d'HEC et docteur de l'Université Paris-Dauphine. Il a été professeur-visitant à la Ross Business School de l'Université du Michigan pendant 12 ans. Ses recherches récentes, publiées notamment dans *Strategic Management Journal, Journal of International Business Studies* et *European Management Journal*, portent sur les alliances stratégiques, notamment dans les activités de service.

Mireille FAUGÈRE, diplômée d'HEC, est membre du comité exécutif de la SNCF et directrice générale déléguée de SNCF Voyages. Elle dirige le développement des transports et services à destination des voyageurs « longue distance » (notamment les marques TGV®, Eurostar®, et Thalys®). Au cours de sa carrière, elle a notamment développé l'offre idTGV et lancé voyages-sncf.com, le premier programme de fidélité ferroviaire *online*. Elle a dirigé le département « Stratégies » de l'entreprise et elle a été directrice générale de la holding SNCF Partenaires, en charge des fusions et acquisitions.

Bernard GARRETTE, diplômé d'HEC et docteur en sciences de gestion, est professeur de stratégie et politique d'entreprise à HEC Paris et titulaire de la Chaire Atos Origin sur les stratégies de croissance et le management de l'intégration, qu'il remercie pour son soutien à l'élaboration de certaines parties de cet ouvrage. Il a été *visiting professor* à la London Business School et consultant chez McKinsey. Ses recherches, publiées notamment dans *Strategic Management Journal, Journal of International Business Studies* et *Research Policy*, portent essentiellement sur les stratégies d'alliance.

Oliver GOTTSCHALG est ingénieur (Université de Karlsruhe, Allemagne), titulaire d'un MBA de la Georgia State University et d'un PhD de l'INSEAD. Ses recherches concernent principalement la stratégie et la performance des investisseurs en capital risque *(private equity)*. Auteur de nombreux articles scientifiques et managériaux (dans *Harvard Business Review, Academy of Management Review, Review of Financial Studies*), il conseille plusieurs acteurs majeurs des LBO en Europe. Il est chercheur visitant à l'INSEAD et coordonne les activités du *HEC Buyout Research Program*.

Frédéric Iselin, professeur affilié à HEC Paris et directeur d'*HEC Start-Up*, est docteur en sciences de gestion, diplômé HEC Executive MBA et titulaire d'un Mastère de recherche en marketing de l'innovation. Spécialiste de l'innovation et de la création d'entreprise, il est également entrepreneur, médiateur interentreprises et consultant.

Jean-Paul Larçon est professeur de stratégie internationale à HEC Paris. Ancien directeur de la Grande École HEC et co-fondateur de la CEMS (alliance stratégique mondiale entre *business schools* et entreprises multinationales), il a été professeur visitant à CEIBS (Shanghai), Esade (Barcelone), la Graduate School of Management (Université d'Etat de St Petersbourg), et Tsinghua School of Economics and Management (Pékin). Il travaille sur le management international et la stratégie d'entreprise dans les pays émergents.

Hervé Laroche, diplômé d'HEC, docteur en sciences de gestion, est professeur à ESCP Europe. Ses recherches portent sur les processus de décision dans les organisations, les questions de risques et de fiabilité, et sur les rôles et fonctions des *middle managers*. Auteur de nombreuses publications académiques et managériales (*Organization Science, Organization Studies, Journal of Risk Research*, etc.), il est rédacteur en chef de l'*European Management Journal*.

Laurence Lehmann-Ortega, diplômée d'HEC, a été consultante en stratégie avant de se tourner vers l'enseignement et la recherche. Titulaire d'un doctorat de l'Université d'Aix en Provence, elle travaille sur l'innovation stratégique, la création de modèles économiques innovants, en particulier dans des entreprises existantes dans des secteurs matures et non technologiques. Elle est professeur associée au sein du Groupe Sup de Co Montpellier.

Karine Le Joly, diplômée de l'EM Lyon et du doctorat HEC, est directeur de l'innovation et de la coordination académiques à HEC *Executive Education*. Spécialiste de l'ingénierie et de la coordination pédagogique pour les programmes internationaux de formation de dirigeants, elle a notamment été directrice des études du *TRIUM Global Executive MBA*, alliance entre HEC, *New York University* et *London School of Economics and Political Science*.

Valérie Moatti, diplômée de l'ESCP et docteur en sciences de gestion, est professeur à ESCP Europe. Elle a occupé préalablement diverses responsabilités en finance et stratégie, successivement chez Procter & Gamble et Pinault-Printemps-Redoute. Elle est l'auteur de nombreuses publications sur les stratégies de croissance et la dimension stratégique du *supply chain management*.

Bertrand Moingeon, auteur de plus de soixante publications sur le management stratégique et la gestion du changement, est professeur et directeur général adjoint de HEC Paris. En charge de l'*Executive Education* et du développement académique, il s'intéresse à l'apprentissage organisationnel dans la lignée des recherches de Chris Argyris avec lequel il a travaillé à la *Harvard Business School* comme professeur invité.

Jean-Pierre Nioche a été professeur de stratégie et de management public à HEC Paris. Il a également enseigné à Sciences Po, l'ENA, Polytechnique et plusieurs universités françaises et étrangères. Auteur de nombreuses publications sur le management public, les processus de prise de décision et la stratégie d'entreprise, il est consultant en stratégie dans l'enseignement supérieur et la recherche.

Bertrand Quélin, docteur en économie, est professeur de stratégie et politique d'entreprise à HEC Paris. Il est directeur scientifique du master *Strategic Management*. Il a été doyen-associé en charge du doctorat HEC et Président de l'Association Internationale de Management Stratégique. Ses recherches portent sur l'économie des coûts de transaction, les formes organisationnelles des entreprises et l'externalisation. Il a publié de nombreux articles dans des revues françaises et internationales sur ces thèmes.

Éric Quémard est professeur affilié au département Stratégie et Politique d'Entreprise d'HEC Paris. Après plusieurs années de carrière comme cadre dirigeant au sein de grands groupes internationaux, il exerce en tant que Conseil de Direction sur les thèmes de la stratégie et de l'organisation.

Bernard Ramanantsoa est directeur général d'HEC et président de la CEMS. Professeur à HEC, il a été le doyen du corps professoral et de la recherche. Il a également travaillé comme Advisor chez McKinsey. Ses recherches portent essentiellement sur l'articulation entre la stratégie de l'entreprise et son identité.

Roland Reitter est professeur honoraire d'HEC Paris. Diplômé d'HEC, MBA et docteur de Harvard, il a été directeur scientifique du département *organization strategy* d'Accenture. Il est auteur et co-auteur de nombreux livres, dont *Stratégie et esprit de finesse*, primé par McKinsey et l'Expansion. Ses recherches portent sur l'identité de l'entreprise et le *leadership*, domaines dans lesquels il a joué un rôle de pionnier.

Michel Santi, diplômé d'HEC, est professeur émérite de stratégie à HEC Paris. Co-auteur de Strategor depuis sa 1re édition, ses principaux thèmes de recherche et d'enseignement sont l'innovation et l'entrepreneuriat. Il est expert au sein de l'APM et de la Communauté Européenne, *business angel* et membre de plusieurs conseils d'administration ou *Advisory Boards.*

Guillaume Soenen, docteur HEC, est professeur associé à EM Lyon. Il enseigne la stratégie, l'organisation et la gestion du changement. Ses recherches portent sur la gestion des connaissances, les communautés de pratique, les dynamiques identitaires et les transformations organisationnelles. Il a travaillé avec de nombreuses entreprises telles qu'Air France, Alcatel-Lucent, Arc International, Bouygues Telecom, GDF-Suez, La Poste, Renault, Somfy, etc.

Vincent Toche, diplômé d'HEC et licencié en philosophie, a commencé sa carrière comme consultant en organisation chez Accenture, avant d'entrer dans le groupe Accor où il a occupé les fonctions de directeur général Accor Services en Chine puis en France. Il est directeur des acquisitions, de la stratégie et du développement de Accor Services

Table des matières

Partie 1
Les Fondements du Management Stratégique

Partie 2
Stratégies concurrentielles (*Business Strategy*)

PARTIE 3
STRATÉGIES DE CROISSANCE (*CORPORATE STRATEGY*)

Introduction

Chers lecteurs,

Nous sommes heureux de vous accueillir dans la cinquième édition de STRATEGOR ! Depuis maintenant près de vingt ans, le succès de cet ouvrage, véritable bible de la stratégie, leader en France et dans bon nombre de pays francophones, traduit en plusieurs langues, ne s'est jamais démenti.

Ceux qui connaissent STRATEGOR depuis ses origines seront surpris en découvrant un texte entièrement refondu, réécrit par un collectif de vingt-huit auteurs, composé de professeurs et de praticiens, dont beaucoup participent à l'aventure depuis les origines, qui ont réuni leurs talents pour produire un manuel exceptionnel.

STRATEGOR est structuré autour de cinq grandes parties :

> Une première partie, introductive, présente les concepts fondamentaux de la stratégie et propose, dès le premier chapitre, une démarche générale d'analyse stratégique applicable à la plupart des cas de stratégie et appliquée d'un bout à l'autre de l'ouvrage. Cette partie élargit la notion de stratégie à celle de management stratégique et aborde les questions de structure, de processus de prise de décision et d'identité d'entreprise.

> La deuxième partie définit les stratégies concurrentielles ou *business strategy*, qui ont pour objectif d'affronter avec succès la concurrence dans un secteur d'activité donné. Partant des méthodes d'analyse concurrentielle pour déboucher sur la notion d'avantage concurrentiel et sur les questions d'organisation qui lui sont liées, cette partie aborde des thèmes nouveaux et plus spécifiques, comme l'innovation, l'externalisation, les ressources stratégiques de l'entreprise, la dynamique concurrentielle et les stratégies dans les services.

> La troisième partie est centrée sur les stratégies de croissance ou *corporate strategy*, qui ont pour but de développer l'entreprise au-delà de son activité de base. Elle s'interroge sur le lien entre croissance et création de valeur, puis explore en détail les voies de développement (innovation, internationalisation, diversification) et les modes de croissance possibles (croissance interne, acquisitions, alliances). Après avoir examiné les implications de la croissance en termes d'organisation, cette partie se termine sur deux discussions plus polémiques : l'une sur la gouvernance, l'autre sur le développement durable et la responsabilité sociale de l'entreprise.

> La quatrième partie entraîne les lecteurs dans les « coulisses » du management stratégique. Quels sont les problèmes de formation et de mise en œuvre de la stratégie auxquels se heurtent les dirigeants d'entreprise dans l'exercice de leur mission ? Comment s'assurer que la stratégie est effectivement mise en œuvre et qu'elle ne dérive pas ? Comment changer de stratégie et comment changer l'organisation ? Quel est le rôle de l'identité d'entreprise et comment la gérer ? Plus fondamentalement encore, qu'est-ce que le *leadership* et comment l'exercer ?

> Enfin, pour répondre à la demande récurrente de nos étudiants et des participants à nos programmes d'*Executive Education*, nous avons décidé de refermer ce livre sur un cas de stratégie corrigé et analysé en détail, permettant de mettre en application la démarche préconisée tout au long de l'ouvrage. Vous trouverez donc, en dernière partie, le texte complet d'un cas portant sur un grand groupe européen de services informatiques, Atos Origin, suivi d'une analyse détaillée, ainsi que d'un exemple de présentation en dix *slides* des recommandations stratégiques à destination de l'entreprise.

Une partie finale présente les vingt-cinq grands auteurs qui nous semblent avoir inspiré le plus fondamentalement la pensée stratégique et les approches que nous présentons dans ce livre.

En rédigeant cet ouvrage, les auteurs ont répondu à un double objectif :

> réaliser un manuel pragmatique, destiné aux étudiants de master ou de MBA, ainsi qu'aux consultants et responsables d'entreprise, en poste ou en formation, manuel qui puisse être utilisé comme un guide pratique de résolution de cas ou d'analyse de situations réelles ;

> consolider l'ouvrage de référence existant et construire une véritable « encyclopédie de la stratégie », permettant aux lecteurs de connaître et approfondir les théories, les auteurs et les concepts fondamentaux qui nourrissent la pensée stratégique.

Il fallait donc atteindre un équilibre pertinent entre théorie et pratique : guider la pratique sans renoncer à discuter la théorie ; illustrer et vulgariser les théories sans perdre de vue leurs implications pratiques. Ainsi, chacun des chapitres de STRATEGOR comporte non seulement un texte qui présente de manière claire et pédagogique l'essentiel des connaissances à avoir sur le thème traité, mais aussi quatre types d'encadrés qui fournissent des compléments pratiques et théoriques plus spécifiques :

> des « mini-cas » présentant des situations réelles d'entreprises qui illustrent et permettent d'appliquer les notions présentées dans le chapitre ;

> des encadrés « En pratique » permettant d'appliquer les notions, démarches ou méthodes présentées à des situations réelles ou à des études de cas ;

> des encadrés « Fondements théoriques » vulgarisant les théories fondamentales abordées dans le chapitre ;

> des encadrés « Controverses » exposant les débats entre praticiens ou théoriciens sur les questions de stratégie discutées dans le chapitre.

Chaque chapitre se clôture sur une liste de « points clés » résumant les leçons théoriques et pratiques à retenir, suivie d'un « quiz » en dix questions à choix multiples permettant d'évaluer, de manière ludique, la compréhension et la mémorisation du contenu du chapitre.

Nous vous souhaitons une excellente lecture et un fascinant voyage au pays de la stratégie.

Les auteurs

PARTIE 1

LES FONDEMENTS DU MANAGEMENT STRATÉGIQUE

Sommaire

CHAPITRE

1 STRATÉGIE ET ENVIRONNEMENT DE L'ENTREPRISE

Ce chapitre introduit la notion de stratégie d'entreprise, sujet principal de ce livre. Il en discute les contours et les principales approches. Il montre qu'un élément fondamental de la stratégie est l'adaptation de l'entreprise à son environnement. C'est pourquoi, après avoir présenté le processus de formulation et de mise en œuvre de la stratégie, nous présenterons une méthode d'analyse des principaux facteurs du macro-environnement de l'entreprise. En troisième partie, nous proposerons une démarche générale d'analyse stratégique. Cette démarche peut être utilisée en situation pédagogique, pour analyser un « cas » de stratégie. Elle peut également servir de guide en situation réelle, pour élaborer le plan stratégique pour une entreprise. Elle nous servira également de cadre de référence tout au long de ce livre car c'est autour de cette démarche que le plan général de *Strategor* a été conçu.

1 LA STRATÉGIE DE L'ENTREPRISE

Le terme de stratégie est généralement associé à Sun Zi, auteur d'un *Art de la guerre* dès le IVe siècle avant J.-C. Le mot stratégie vient du grec *strategos* qui désigne le général, chef de l'armée (de *stratos*, « armée en ordre de bataille », et *ageîn*, « conduire »). Le mot stratégie évoque donc la guerre (contre les concurrents) et le *leadership* (du dirigeant) qui doit conduire une armée bien organisée (l'entreprise) à la victoire (la performance économique) tout en préservant au maximum la vie des soldats (les salariés). Pour filer la métaphore, on pourrait ajouter que cette guerre est menée pour le compte de la nation (les actionnaires), de manière à l'enrichir et à la protéger (créer de la valeur, c'est-à-dire enrichir les actionnaires).

En somme, la stratégie recouvre les choix fondamentaux d'allocation de ressources que font les entreprises pour atteindre leurs objectifs et se pérenniser[1]. La préoccupation centrale de l'analyse stratégique est l'étude des raisons qui expliquent qu'une entreprise dégage une performance supérieure à celle de ses concurrents.

1. Mintzberg H., Ahlstrand B., Lampel J., 1998. Rumelt R., Schendel D. et Teece D.J., 1994.

La littérature spécifique sur la stratégie d'entreprise a émergé à la fin des années 1950 et au début des années 1960[1]. Ces travaux ont positionné la stratégie comme discipline à part entière aux côtés de la finance ou du marketing. À partir de là, plusieurs écoles de pensée se sont développées, chacune définissant la stratégie à sa manière (voir encadré Fondements théoriques ci-après).

La plupart des auteurs s'accordent toutefois sur l'idée que les trois piliers fondamentaux de la stratégie sont[2] :

1. la création de valeur ;
2. l'affrontement concurrentiel ;
3. le choix du périmètre des activités.

C'est pourquoi nous proposons la définition suivante :

Pour une entreprise, la stratégie consiste à choisir ses activités et à allouer ses ressources de manière à atteindre un niveau de performance durablement supérieur à celui de ses concurrents dans ces activités, dans le but de créer de la valeur pour ses actionnaires.

Reconnaissons toutefois que, si on supprimait de cette définition l'objectif de création de valeur pour les actionnaires, elle resterait valable pour les organisations comme les ONG, les hôpitaux, les services publics, etc. Ces organisations ont une stratégie, mais elles ne servent pas les intérêts d'actionnaires classiques. Nous rendrons compte dans ce livre des approches qui remettent en cause la suprématie des actionnaires parmi les parties prenantes de l'entreprise, notamment au chapitre 23.

A/ Décision et processus stratégiques

La stratégie est à la fois une décision et un processus :

> Le rôle de l'instance de décision, comme la direction générale, est d'allouer des ressources à des activités ou des centres de profit, pour permettre à l'entreprise d'atteindre ses objectifs globaux. On peut qualifier de stratégiques les décisions qui engagent des ressources et donnent une direction à l'entreprise.

> La stratégie est aussi le processus qui conduit l'entreprise à construire et cultiver un ou plusieurs avantages concurrentiels décisifs et défendables, en combinant une analyse des forces et des faiblesses de l'entreprise, une vision de l'avenir, les intuitions des décideurs, les opportunités de développement et les volontés communes. Ce processus inclut trois éléments :

- les *axes stratégiques* : définir les orientations futures des différentes activités de l'entreprise ;
- la *mise en œuvre* de la stratégie : hiérarchiser les priorités, définir les chemins à suivre, et planifier dans le temps ;
- le *contrôle* stratégique : évaluer l'efficacité des actions menées, et leurs résultats.

Il nous paraît utile de souligner qu'au-delà de la création de valeur, la stratégie a aussi pour but la pérennité de l'entreprise. Pour assurer cette pérennité, il s'agit de :

> maîtriser son avenir plutôt que le subir ;

> orienter l'ensemble de l'organisation vers des objectifs communs ;

> optimiser les ressources par rapport à ces objectifs ;

> exploiter ses forces et remédier à ses faiblesses ;

> anticiper les opportunités et endiguer les menaces.

1. Chandler, Alfred D., 1962. Ansoff, H.Igor, 1965. Learned E.P., Christensen C. R., Andrews K.R., Guth W.D., 1965.

2. Fréry F., 2006.

Fondements théoriques

Typologie des écoles de pensée stratégique selon Henry Mintzberg

De nombreux auteurs et courants de pensée se sont efforcés de définir la stratégie. Mintzberg et ses co-auteurs[1] distinguent neuf écoles de pensée, organisées en deux grandes traditions. La première tend à prescrire et à recommander des méthodes de formulation de la stratégie. La seconde est plus rétrospective, elle tend à décrire l'élaboration de la stratégie et sa mise en œuvre. *Strategor* s'inspire très largement de ces approches. On reconnaîtra notamment les enseignements de la tradition prescriptive dans la deuxième et troisième partie de l'ouvrage, et l'influence de la tradition descriptive essentiellement dans la quatrième partie.

> **Dans la tradition *prescriptive***, l'environnement de l'entreprise est source de certaines constantes qu'il faut analyser pour élaborer une stratégie. Le but de cette stratégie est de s'adapter aux caractéristiques de l'environnement pour en tirer profit.

- *l'école du « design » ou de la conception :* la formulation de la stratégie est distincte de sa mise en œuvre car la réflexion précède et dirige nécessairement l'action. La stratégie est considérée comme le fruit d'une démarche intellectuelle à visée anticipatrice. On pense d'abord, on agit ensuite, il n'y a pas de place pour l'improvisation. De la qualité et de l'exhaustivité de l'analyse préalable découle le succès d'une action ; l'exemple du modèle SWOT sera développé ci-dessous ;
- *l'école de la planification :* cette école repose sur le développement d'hypothèses prévisionnelles et par une formalisation drastique de la stratégie par rapport à ces hypothèses. Une entité planificatrice contrôle régulièrement le bon déroulement des opérations par le biais d'indicateurs normés. Le modèle de base repose sur sept principes :
  - la formation de la stratégie doit être un processus de pensée contrôlé et conscient ;
  - la responsabilité du processus doit rester entre les mains du P-DG qui est le stratège ;
  - le modèle de formation de la stratégie doit rester simple et informel ;
  - les stratégies doivent être originales et résulter d'un processus créatif ;
  - les stratégies doivent sortir du processus complètement développées ;
  - elles doivent être explicites, articulées, donc simples ;
  - elles doivent enfin être mises en œuvre.

  L'archétype de l'approche planificatrice était General Electric dans les années 1970. Actuellement, les groupes fortement dépendants de ressources naturelles ou de minerais adoptent toujours ce genre d'approche car ils doivent prendre en compte leurs réserves à un horizon de quarante à cinquante ans (*cf.* Total pour le pétrole ou Areva pour l'uranium). La planification stratégique sera discutée dans le chapitre 24 ;
- *l'école du positionnement :* cette école pose le conflit comme postulat du développement stratégique. Les acteurs luttent pour l'exploitation ou la possession des mêmes ressources créatrices de valeur. L'avantage concurrentiel revient à l'entreprise qui parvient à trouver, au moment et à l'endroit opportuns, un positionnement qui lui permet de créer un différentiel de quantité (volume) ou de qualité (différenciation), par rapport aux parties adverses. L'exemple le plus connu de ce courant est l'approche de Michael Porter. Cette approche réduit d'une part l'analyse de l'environnement à l'étude des « cinq forces » qui se disputent le profit (concurrents, fournisseurs, clients, nouveaux entrants, substituts, cf. chapitre 3) et elle met d'autre part en lumière deux types d'avantage concurrentiel : le coût/volume et la différenciation (cf. chapitres 4, 5 et 7) ;

1. Mintzberg H., Ahlstrand B. et Lampel J., 1998. Mintzberg H. et Lampel J., 1999.

>

....>

> **la tradition *descriptive*** examine les processus et les décisions stratégiques réels à partir d'analyses empiriques et/ou de méthodologies ou perspectives issues de disciplines ou de sciences fondamentales :

- *l'école entrepreneuriale :* la stratégie procède d'une vision ou d'une perspective, généralement formées dans l'esprit d'un individu isolé. Sur le terrain, les détails sont peu à peu ajustés en fonction de leur degré d'adéquation à la vision entrepreneuriale. Le stratège saisit les opportunités qui le propulsent peu à peu vers son objectif, n'hésitant pas à s'exposer lui-même aux risques inhérents à cette démarche pragmatique et fondamentalement solitaire ;
- *l'école cognitive :* la stratégie est considérée comme un processus mental conduisant à écarter les imperfections, puis à relativiser par rapport au référentiel de multiples grilles de lecture de la réalité. Le stratège et sa représentation du monde sont au centre des préoccupations de cette école (voir chapitre 29) ;
- *l'école de l'apprentissage :* la formulation de la stratégie n'est pas séparée de son exécution. Cependant, il ne s'agit pas de s'adapter constamment à un environnement en mouvement mais de promouvoir consciemment un apprentissage collectif. Par la résolution de problèmes par des individus isolés ou des sous-entités, l'entreprise acquiert et intègre consciemment des processus actifs et des pratiques de plus en plus efficaces et de mieux en mieux explicitées (voir notamment les chapitres 25 et 26) ;
- *l'école culturelle :* ce courant postule que les membres d'une entreprise ne tardent pas à partager, tôt ou tard, une interprétation commune de la réalité qui se décline en diverses valeurs et traditions. Ceci confère alors à l'entité une forme d'identité sociale autour de valeurs partagées. Cette identité assure la cohésion du groupe, en particulier autour du dirigeant. Formulation et mise en œuvre de la stratégie sont confondues dans le comportement collectif de ce corps social (ces notions seront discutées dans les chapitres 27 et 28) ;
- *l'école politique ou du pouvoir :* ce courant de pensée estime que la stratégie d'une entreprise résulte principalement de deux facteurs : d'une part, de l'interaction entre les intérêts particuliers de ses membres ; d'autre part, de l'interaction entre les intérêts de l'entreprise et ceux d'entités tierces (par exemple : fournisseurs, distributeurs, actionnaires, État). À l'intérieur de l'organisation, les décisions sont le résultat de négociations plus ou moins formelles entre acteurs. Ce processus politique interne conduit à des alliances et des coalitions (voir chapitres 24 et 25) ;
- *l'école de l'environnement :* l'environnement extérieur est considéré comme un acteur en soi et non comme une donnée passive. Les caractéristiques de l'environnement (complexité, plasticité, hostilité, dynamisme…) obligent les entreprises à acquérir un certain nombre de compétences pour survivre.

B/ LE PROCESSUS DE DÉFINITION ET DE MISE EN ŒUVRE DE LA STRATÉGIE

Une des grandes préoccupations des dirigeants d'entreprises est la maîtrise de la trajectoire stratégique. Il est en effet crucial de s'assurer que la stratégie réellement menée est bien celle qui a été définie au départ. Nous discuterons plus en détail ce problème au chapitre 24. Retenons à ce stade qu'il est indispensable au dirigeant de se doter d'un processus de conception et de suivi rigoureux de la stratégie, comme celui qui est présenté dans la figure 1.1. Ce processus comprend plusieurs éléments que nous allons discuter maintenant.

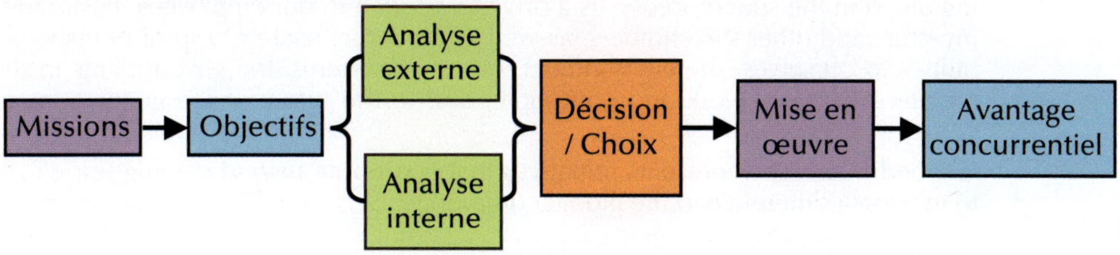

Figure 1.1
Le processus stratégique

Source : d'après Barney, J.B., Hesterly, W.S., Strategic Management and Competitive Advantage, *Pearson Education, 2006*

Les missions de l'entreprise

La mission d'une entreprise se définit comme une ambition de long terme. La mission recouvre donc des aspirations, des valeurs et des objectifs. Ainsi, l'entreprise produit du sens et elle est sensible à l'idéologie, aux idées et aux convictions ambiantes (exemples : sa contribution à l'avenir de la planète, sa participation à l'amélioration du bien-être des individus ; son effort pour réduire la faim dans le monde).
L'entreprise va s'en servir pour communiquer en direction de ses clients, de ses actionnaires, des pouvoirs publics, et des groupes d'opinion. Sa culture interne va aussi s'en trouver imprégnée : elle cherchera à partager ces valeurs et ces principes à la fois avec ses salariés, ses clients et ses fournisseurs, comme avec les étudiants dans le système éducatif, par exemple. Parfois, les entreprises formalisent la mission qu'elles se donnent dans des chartes qui ressemblent à des professions de foi (voir le Mini-cas « Missions et valeurs d'entreprises » ci-après).

MINI-CAS
Missions et valeurs d'entreprises

L'Oréal (1er semestre 2008)

« Nous dédions toute notre énergie et nos compétences depuis près d'un siècle à notre unique métier, la cosmétique. Nous avons choisi de mettre notre recherche et notre expertise au service des femmes et des hommes du monde entier pour contribuer à répondre à ce besoin essentiel de bien-être dans toute sa diversité. »

« Donner à chacun un droit à la beauté. L'Oréal s'efforce jour après jour d'en faire une réalité à la portée de chaque femme et de chaque homme. Un portefeuille de marques unique au monde illustre cette ambition. Depuis sa création en 1909, le groupe a toujours considéré cette mission comme essentielle. […]

Rien de tout cela ne serait possible sans un profond respect de l'être humain, dans sa pluralité et sa diversité, et sans un engagement réel pour l'équilibre de son environnement. Fortes de ces valeurs et convaincues que la quête de la beauté a toujours été un des enjeux majeurs pour les femmes et les hommes, les équipes de L'Oréal poussent chaque jour un peu plus loin les frontières de leur métier[1]. »

Infosys Technologies Ltd (1er semestre 2008)

« **Beyond Business**. As a corporate citizen with a conscience, Infosys strives to cultivate a sustainable approach to conducting business. In our interactions with stakeholders within and beyond the sphere of business, we recognize that we shoulder a larger responsibility. We do business with an open eye - continuously measuring and evaluating the consequences and impact of our actions.

1. *http://www.loreal.fr/_fr/_fr/index.aspx*

····> Ingrained in the soul of Infosys is a drive to awaken in our employees, customers, investors and other stakeholders, as well as the larger society, a spirit of responsibility - to ourselves, the environment, our civic systems, the governments in the regions where we work and contribute, and to the future of the generations to come.

'Beyond Business' represents initiatives that contribute toward making our efforts to making a difference to the global community[1]. »

De Beers Group (1er semestre 2008)

« **Our Purpose.** In the De Beers family of companies, we have one purpose : "We are driven to turn diamond dreams into lasting reality."

Our vision. We also have big dreams for the De Beers family. Our ambitious growth vision is focused on : Unlocking the full economic value of our leadership position across the diamond pipeline.

Making it a reality by maximising the potential of our global partnerships, the skills and commitment of our people and the magic and emotional value of our product.

Our values. In everything we do, we strive to reflect the unique qualities of our product. We call this Living up to Diamonds. [...]

Our principles. [...] Sustainable development through partnership : The family of companies is committed to operating in accordance with national legislation and towards the goal of sustainable development. This means ensuring that we consider and take responsibility for the long term economic, social and environmental implications of the decisions we make today – not only for our own business but also for the broader societies in which we operate. We will work with our partners in government to ensure that diamonds, a finite resource, are transformed into economic wealth and improved quality of life and wellbeing for all those stakeholders touched by our business along the diamond pipeline.

Diamond dreams and development in Africa : We will work to address the poverty and socio-economic deprivation that affects many of the communities where we operate. We will work with African governments to help realise their long term visions and, through education, training and shared decision-making, to ensure the success of programmes that help build the capabilities of their citizens. In particular, we will partner with our stakeholders to address the priority of HIV/AIDS. We will also work meticulously through the Kimberley Process, the industry's "system of warranties", our Principles and the Diamond Development Initiative (DDI), to ensure conflict diamonds are eliminated from world diamond flows[2]. »

Questions

1) Ces missions et valeurs orientent-elles réellement la stratégie des entreprises concernées ?
2) Quels sont les thèmes qui vous semblent indispensables dans ce genre de déclaration ?

La définition de la mission qu'elles se donnent conduit fréquemment les entreprises à insérer leurs activités dans un macro-environnement qui va bien au-delà de la sphère économique. Nombreuses sont les entreprises qui définissent ainsi leurs valeurs fondamentales autour du développement durable, de la communauté, de la famille, ou des intérêts intergénérationnels.

Il est important de bien souligner la fonction idéologique de ces chartes qui évoluent dans le temps. La décennie des années 1990 privilégiait la création de valeur pour les actionnaires. Il est désormais clair qu'au début du XXIe siècle, les préoccupations

1. *http://www.infosys.com/beyond-business/default.asp*
2. *http://www.debeersgroup.com/debeersweb*

écologiques et de développement durable dominent. La communication et le marketing des entreprises sont ainsi parvenus à récupérer un certain nombre de valeurs sociétales. Allons-nous vers une redéfinition de la stratégie où l'objectif de création de valeur pour l'actionnaire deviendrait secondaire ? Rien n'est moins sûr. Ce qui est certain, c'est que les entreprises ne communiquent plus leur mission et leur éthique de la même manière qu'il y a quelques années. Cela tient à des évolutions du « macro-environnement » social, politique et économique dans lequel évoluent les entreprises. Nous y reviendrons dans la deuxième partie de ce chapitre.

Les objectifs de l'entreprise

Alors que la mission de l'entreprise recourt à un spectre large de valeurs et de considérations générales, les objectifs de l'entreprise sont en général mesurables. Autour d'axes comme l'innovation (ex. : 3M), la rémunération des actionnaires (ex. : Berkshire Hathaway), ou bien la sécurité et l'environnement (ex. : Eiffage, Total), les entreprises affichent ainsi une hiérarchie de leurs préoccupations et des objectifs qu'elles poursuivent (ex. : performance économique, part de marché, développement international).

L'analyse interne et externe : le modèle SWOT

Un des modèles les plus classiques pour étudier la stratégie est le modèle dit SWOT pour *Strengths*, *Weaknesses*, *Opportunities*, and *Threats* (Forces, Faiblesses, Opportunités et Menaces). Mintzberg rattache ce modèle à l'école du design (voir l'encadré Fondements théoriques *supra*). Selon lui, cette école « propose une démarche simple qui s'appuie sur un processus de conception d'une stratégie (acte créateur) à partir de la recherche d'une congruence entre d'une part, menaces et opportunités externes (fruit des données sectorielles) et d'autre part, ressources et compétences distinctives internes[1]. »

Le modèle SWOT est principalement issu des réflexions d'un groupe de professeurs de la Harvard Business School (Learned, Christensen, Andrews, et Guth), plus connus à travers le sigle LCAG formé par les initiales de leurs patronymes[2]. Il met en avant un certain déterminisme structurel et environnemental lors de la formulation de la stratégie.

Comme le montre la figure 1.2, le modèle distingue deux univers : l'environnement externe de l'entreprise et le contexte interne à l'organisation. La démarche du modèle invite à mener en parallèle une double analyse :

> D'une part, l'analyse externe consiste à étudier les **opportunités** présentes dans l'environnement et les **menaces** liées, par exemple, à des changements concurrentiels ou économiques, à des évolutions du marché et de la société, comme à des transformations politiques ou réglementaires. Ce diagnostic externe permet de déterminer les **facteurs clés de succès** dans l'environnement étudié. **Les facteurs clés de succès sont les attributs qu'une entreprise doit nécessairement avoir pour dépasser le niveau de rentabilité moyen du secteur où elle opère.** Par exemple, dans certains secteurs, il est indispensable d'avoir une marque connue ou une certaine taille critique. Dans d'autres, c'est un réseau de distribution performant qui est indispensable.

> D'autre part, l'analyse interne consiste à diagnostiquer les **forces** et les **faiblesses** de l'entreprise, à travers une étude de ses actions et résultats passés. Ceci conduit à identifier et auditer les **compétences distinctives** de l'entreprise, c'est-à-dire **les savoir-faire, les ressources et les actifs qui la différencient significativement et durablement de ses concurrents.**

1. Mintzberg H. et *al.*, 1998.
2. Selznik Philip, 1957.
Chandler, 1962.
Learned, Christensen, Andrews, Guth, 1965.

Au total, le modèle SWOT est une démarche privilégiant l'adéquation ou l'ajustement de la stratégie de l'entreprise à son environnement, compte tenu des spécificités de l'entreprise elle-même. Ce modèle stipule que les choix stratégiques proviennent bien de la confrontation entre l'entreprise et son environnement, et non d'un compromis ou d'un consensus entre les différentes fonctions (marketing, finance, production, ressources humaines, etc.). La stratégie n'est donc pas la synthèse des autres composantes de la gestion d'une entreprise. Il s'agit bien d'une fonction spécifique, celle de la direction générale de l'entreprise.

Figure 1.2
Le modèle SWOT

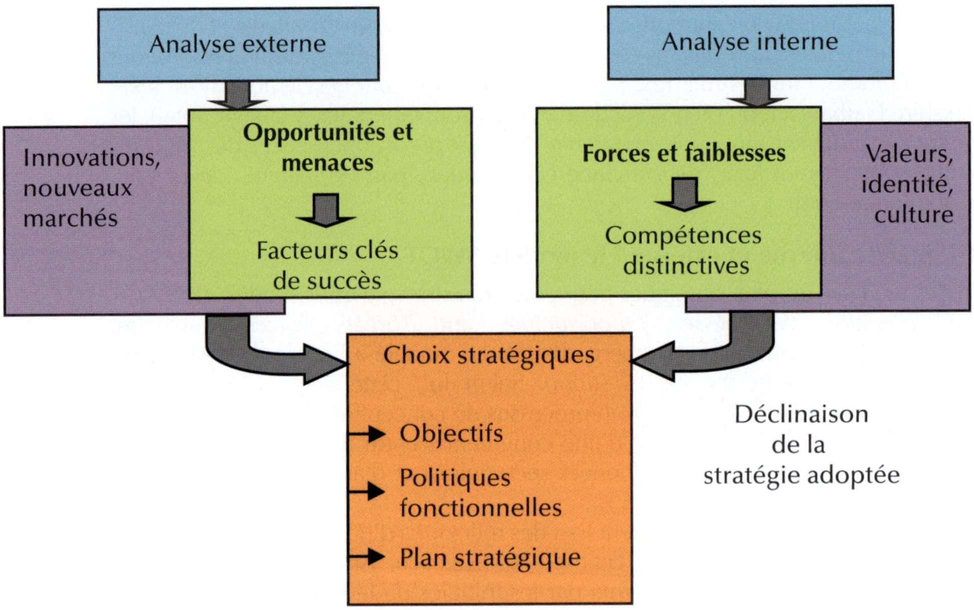

EN PRATIQUE

Identifier les opportunités et les menaces

1. Les opportunités stratégiques

Une opportunité stratégique est un élément de l'environnement d'une entreprise qui peut être exploité.

Par exemple, la bulle Internet des années 2000 et 2001 n'a pu se former que parce que nombre d'investisseurs et d'entreprises analysaient l'e-business comme une opportunité à exploiter et sur laquelle il fallait investir. Cela a aussi été un bel exemple de comportement moutonnier débouchant sur des valorisations extravagantes !

De même, le fait qu'il y ait en France plus de 40 millions d'abonnés mobile, représente une opportunité considérable pour développer des services de messages texte ou de transactions, de nouveaux services de localisation, et de nouveaux outils marketing.

>

····> Autre exemple, pour l'Oréal, le vieillissement de la population est en fait une opportunité car les femmes seniors d'aujourd'hui consomment plus de soins de beauté que ne le faisaient leurs aînées. En 1996, le pic de consommation se situait entre 40 et 60 ans. Dix ans plus tard, en 2005, le pic de consommation se situait entre 45 et 70 ans. Fidéliser les clientes et les accompagner avec des produits adaptés est donc un élément important dans la stratégie de l'Oréal.

2. Les menaces stratégiques

Une menace stratégique est une caractéristique de l'environnement qui affectera la compétitivité d'une entreprise (ou d'un ensemble d'entreprises). Toutes les entreprises d'une même industrie sont alors concernées.

Il est fréquent qu'une menace prenne la forme d'une technologie nouvelle (par exemple : l'électronique pour la photographie argentique), d'une décision légale ou réglementaire (par exemple : autorisation en 2008 en France de l'implantation de surfaces commerciales alimentaires de moins de 1 000 m2 dans les centres-villes) ou d'un comportement innovant (par exemple : diagnostic ADN pour moins de 1 000 dollars sur Internet).

Les menaces de nature technologique sont très fréquemment associées à des comportements de nouvel entrant ou à de nouvelles manières de faire. Ainsi, les comportements d'échanges gratuits *Peer to Peer* de fichiers musicaux ou vidéo entre utilisateurs d'Internet créent une menace extrêmement sérieuse pour les industriels des médias, et en particulier pour les éditeurs musicaux. Ces derniers enregistraient dès 2003 des baisses supérieures à 15 % de leurs chiffres d'affaires. Il est d'ailleurs intéressant de constater que la partie commerciale du marché des supports musicaux et le marché de l'échange gratuit sur la base du *Peer to Peer* ont parfois progressé de manière parallèle. Par exemple, le groupe anglais de rock, Arctic Monkeys, connut en 2003 un véritable succès de popularité non commerciale via les réseaux *Peer to Peer*. Puis, ce groupe anglais a vendu en 2005 près de 300 000 chansons via iTunes Music Store sur Internet, avant le lancement de leur album *Five Minutes with Arctic Monkeys*. Nombre de sociétés majors ont dorénavant ouvert des sites Internet de vente, et des artistes y mettent à disposition certains de leurs titres.

3. Opportunité ou menace ? ça dépend !

En pratique, la distinction entre opportunités et menaces est souvent une pure question de point de vue. En fait, il s'agit de repérer les évolutions de l'environnement qui modifient ou bouleversent les règles du jeu concurrentiel. Ces évolutions offrent l'opportunité à de nouveaux acteurs de rentrer sur un marché, de transformer les produits, d'innover, et de modifier les pourtours de l'industrie, ce qui crée une menace pour les concurrents établis. Ceci a été le cas de l'industrie du courtage en ligne dont le développement a été assuré, dans un premier temps, par des acteurs nouveaux[1].

Considérons l'exemple suivant, issu de l'industrie pharmaceutique dans laquelle les sciences du vivant et les biotechnologies jouent un rôle croissant du point de vue de l'innovation. En 2006, huit entreprises pharmaceutiques sont classées dans le top 50 mondial de l'innovation. L'intensité de la R&D pharmaceutique mondiale avoisine les 16 % en dépenses sur chiffre d'affaires, devançant le secteur informatique (8,6 %), et le secteur automobile (4,1 %). Dans cette industrie, on

> 1. Claude-Gaudillat V. et Quélin B., 2004.

····> assiste à une délocalisation massive des centres de recherche de l'Europe vers l'Asie (cf. figure 1.3). S'agit-il d'une opportunité ou d'une menace ? L'interprétation dépend évidemment de la nationalité des entreprises concernées. Mais elle dépend aussi de leur degré d'internationalisation et de la structure de leurs implantations dans le monde. Les groupes qui ont délocalisé les premiers sont probablement en situation de force.

Ceux qui restent purement européens et externalisent une partie de leur recherche à des laboratoires indépendants risquent de perdre leur compétitivité par manque de partenaires à proximité. Au fond, peu importe qu'on parle d'opportunité ou de menace. Il s'agit d'une évolution drastique à laquelle les entreprises doivent s'adapter.

Figure 1.3
Délocalisation des sites de recherche pharmaceutique : période 2001-2006

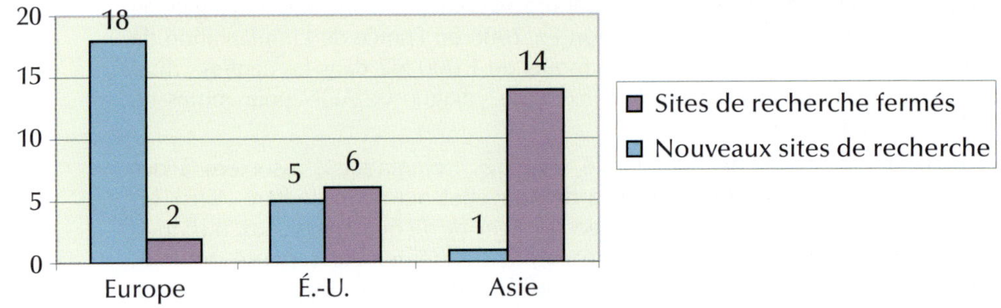

Source : IMI, EFPIA Research Directors Group, IFPMA.

Les choix stratégiques : la distinction entre *business strategy* et *corporate strategy*

On distingue habituellement deux niveaux de décision stratégique : le niveau du Groupe ou *Corporate* ; et le niveau des activités ou *Business units*. L'approche des problèmes, la formulation des questions, comme le niveau de responsabilité et les préoccupations de la démarche diffèrent selon ces deux niveaux.

Figure 1.4
Corporate et business : les deux niveaux de l'analyse stratégique

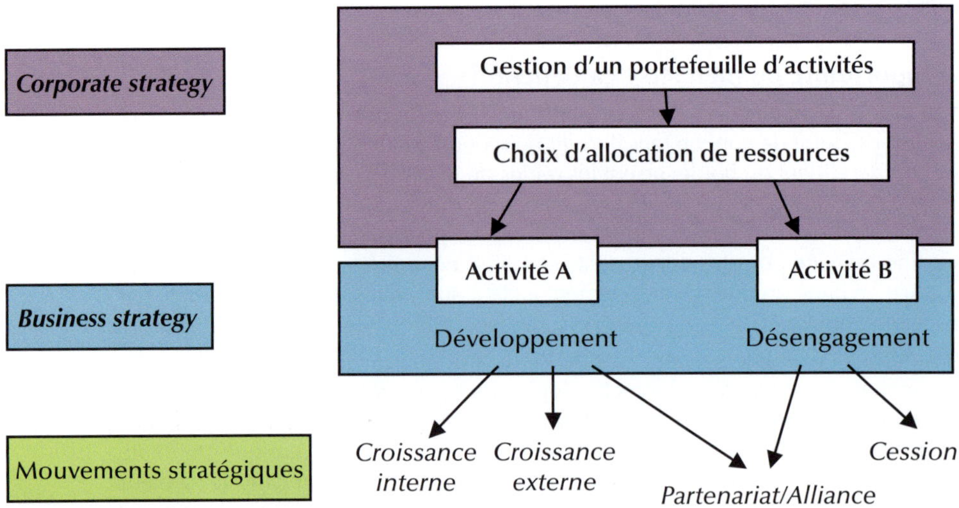

La *corporate strategy* est centrée sur la gestion du portefeuille d'activités de l'entreprise, c'est-à-dire l'ensemble des métiers, activités ou business réunis sous une même gouvernance. Elle consiste à définir les grandes orientations et les arbitrages en termes d'investissement, de développement, mais aussi de désengagement ou de sortie du portefeuille, pour chacune des activités. Parce qu'il traite de l'allocation de ressources entre les *business* de l'entreprise, ce niveau *corporate* est surtout lié à la mission du groupe (*cf. supra*) et aux attentes des actionnaires (cf. chapitre 13). Le groupe dirigeant occupe une place prépondérante dans les arbitrages à réaliser.
Il en découle les quatre questions essentielles de la *corporate strategy* :

- Quel est le cœur d'activité de l'entreprise ?
- Quelles sont la croissance et la rentabilité de chacune des activités ?
- Quelle allocation des ressources réaliser entre les activités ? Dans quelles activités investir ? Lesquelles faut-il abandonner ou céder ?
- Comment créer de la valeur au niveau du groupe en exploitant les synergies entre les activités ?

La *business strategy* est la stratégie de l'entreprise dans une activité particulière. Pour les entreprises mono-activité, elle se confond avec la *corporate strategy*. Dans les entreprises diversifiées en revanche, on doit définir autant de *business strategies* différentes qu'il y a d'activités différentes. Il s'agit de rechercher la stratégie pertinente pour l'activité ou *business unit* considérée, et de créer et cultiver un avantage concurrentiel dans l'industrie particulière où l'activité est insérée. Ce niveau de la stratégie est surtout lié à la concurrence dans un métier spécifique, aux attentes clients et aux compétences internes mobilisables pour satisfaire ces attentes.
La *business strategy* doit fondamentalement répondre aux trois questions suivantes :

- Quel modèle de création de valeur utiliser afin d'assurer des profits durables à l'entreprise dans l'activité considérée (quel est son modèle économique) ?
- Peut-on éviter l'imitation par les concurrents de ce modèle de création de valeur, afin de construire un avantage concurrentiel durable ?
- Sur quel périmètre ce modèle de création de valeur est-il déployé ?

La *business strategy* s'attache donc à déterminer les facteurs clés de succès de chacune des activités du portefeuille, afin d'améliorer le positionnement de l'entreprise sur chacun de ses marchés de référence et construire un avantage concurrentiel, propre à pérenniser la présence de l'entreprise dans ces activités-là, grâce aux ressources et compétences spécifiques de l'entreprise.

La mise en œuvre de la stratégie

Le succès d'une stratégie dépend autant, sinon davantage, de la qualité de l'analyse stratégique que de la mise en œuvre concrète déclinée par activité, par fonction et par pays. La stratégie s'inscrit donc dans un ensemble de préoccupations plus vaste que l'on nomme « le management stratégique » et que nous allons développer dans le chapitre suivant. Le premier outil – et la première contrainte – du management stratégique est la **structure** de l'entreprise. En effet, le dirigeant met en œuvre sa stratégie en délégant différentes tâches aux membres de l'organisation. Il est donc fondamental que la structure soit adaptée à la stratégie et il est crucial de vérifier que l'organisation et ses procédures ne trahissent pas la stratégie. D'un autre côté, la structure existante et les **processus de décision** habituels contraignent, voire déterminent, les choix stratégiques. Enfin, **l'identité** et la culture de l'entreprise interagissent avec les autres dimensions du management stratégique. Toutes ces questions sont présentées dans le chapitre 2 et discutées en détail dans la quatrième partie de cet ouvrage.

Ce livre est structuré autour de la distinction entre *business strategy* (deuxième partie) et *corporate strategy* (troisième partie), les autres éléments du processus de management stratégique étant discutés dans la quatrième partie. Cette structure résulte d'une préoccupation pédagogique. Il est en effet plus simple d'aborder l'étude de la stratégie en examinant au départ la *business strategy* d'une entreprise mono-activité. Cette base étant acquise, on peut ensuite ajouter un élément de complexité supplémentaire en considérant les options de croissance et de diversification dans des activités nouvelles (*corporate strategy*). Finalement, on peut examiner les problèmes de management stratégique auxquels se heurte le dirigeant lors de la formulation et de la mise en œuvre de la stratégie.

2 ANALYSER L'ENVIRONNEMENT

Les discussions qui précèdent suggèrent que la capacité de l'entreprise à s'adapter à son environnement est un facteur fondamental de réussite de la stratégie. Analyser l'environnement et ses évolutions est donc une question centrale en stratégie d'entreprise. Or, l'environnement, entendu au sens large, recouvre de très nombreuses dimensions. Il suffit de penser à l'environnement climatique, aux décisions politiques ou aux fluctuations monétaires pour s'en convaincre. Quelles pourraient être les influences à terme d'un réchauffement climatique ? Quel effet a eu l'avènement de la monnaie unique européenne sur les marchés de biens de grande consommation ? Ces dimensions très macroéconomiques ou macrosociales doivent être mobilisées pour analyser le contexte général dans lequel les entreprises évoluent.
Du point de vue de l'analyse stratégique, l'environnement est une source d'influences, de pressions ou de contraintes qui ont un impact sur les décisions de l'entreprise.
Trois niveaux d'analyse peuvent être distingués (voir figure 1.5) :

- le macro-environnement ;
- les tendances à long terme de l'industrie ;
- l'environnement concurrentiel.

Dans ce chapitre, nous ne traiterons que les deux premiers niveaux. L'environnement concurrentiel sera ultérieurement analysé dans le chapitre 3. En pratique, les consultants et les responsables d'entreprise ont souvent tendance à limiter l'analyse de l'environnement à ce troisième niveau, c'est-à-dire à analyser les concurrents, les clients et autres acteurs en interaction directe avec l'entreprise. C'est compréhensible car ces facteurs sont ceux qui affectent le plus directement la rentabilité de l'industrie et donc de l'entreprise. Pourtant, Porter lui-même, qui est l'auteur de la méthode la plus connue d'analyse de l'environnement concurrentiel (voir chapitre 3), reconnaît que « la rentabilité d'un secteur ne dépend pas uniquement de la concurrence entre les firmes. En effet, d'autres forces interviennent [...]. Il convient également de prendre en compte des acteurs dont les actions peuvent impacter directement la rentabilité des firmes. Il s'agit des pouvoirs publics, des groupes de pression...[1]. » Ainsi, la stratégie d'une entreprise est-elle soumise aux influences de la société environnante : l'État, les évolutions technologiques, culturelles, sociales, les rapports de force entre les nations, les groupes de pression. Ce serait une erreur que de négliger l'examen de ces facteurs.

1. Moingeon B., Edmondson A.C. (dir.), 1996.

A/ Analyser le macro-environnement : le modèle PESTEL

La stratégie de l'entreprise est influencée par son environnement macroéconomique ou macrosocial. Par exemple, l'accès à la consommation de dizaines de millions de Chinois aura un impact sur les décisions d'investissement de la plupart des multinationales, notamment des groupes agroalimentaires. La globalisation des marchés, et notamment la mobilité mondiale des capitaux, augmentent la pression sur la rentabilité des entreprises. En effet, les capitaux étant alloués sur une base mondiale, les entreprises les moins rentables peuvent de moins en moins compter sur le protectionnisme national pour se mettre à l'abri des exigences de rentabilité des actionnaires étrangers. D'un autre côté, les préoccupations écologiques et les problèmes de pauvreté n'ont jamais été plus vifs. Les entreprises sont soumises à l'influence de différents groupes de pression, y compris les gouvernements et les ONG, pour se comporter de manière écologique, éthique et citoyenne. La pression interne est également forte car les salariés, voire les dirigeants, sont de plus en plus nombreux à refuser de consacrer leur vie à la recherche exclusive du profit. Ils souhaitent de plus en plus contribuer à la résolution des graves problèmes écologiques et sociaux qui encerclent l'activité économique. On savait depuis les années 1990 que la croissance ne suffisait plus, il fallait faire de la croissance rentable, c'est-à-dire créatrice de valeur pour les actionnaires. Bientôt, la croissance rentable deviendra insuffisante elle aussi ; il faudra faire de la croissance durable.

Cette tendance macro-environnementale touche toutes les entreprises et provoque une sorte de schizophrénie dont on a vu les symptômes dans les exemples de « missions et valeurs » présentés ci-dessus dans le Mini-cas « Missions et valeurs d'entreprises » : tout se passe comme si les entreprises voulaient à la fois maximiser la création de valeur pour les actionnaires et « sauver le monde »... deux objectifs pourtant largement contradictoires, comme nous le montrerons dans le chapitre 23 sur la stratégie et le développement durable. Il est d'ailleurs ironique que le mot « valeur » s'applique aux deux notions. Quoi qu'il en soit, le déplacement de sens et de priorité de la valeur actionnariale vers les valeurs du développement durable n'est pas neutre du point de vue de la demande, des produits et services offerts, voire du comportement futur des actionnaires. Il est donc important d'en comprendre les contradictions, mais aussi le potentiel.

Pour étudier le macro-environnement, on peut utiliser le modèle PESTEL, qui a un double objectif :

- décrire le macro-environnement et ses principales composantes ;
- comprendre son évolution future et les changements prévisibles des facteurs macroéconomiques, sociaux, et environnementaux (au sens écologique du terme).

Le modèle PESTEL identifie six forces principales : P (politique), E (économique), S (social), T (technologique), E (environnemental), L (légal). L'acronyme formé par leurs initiales a donné son nom au modèle

Figure 1.5
Environnement, macro-environnement et modèle PESTEL

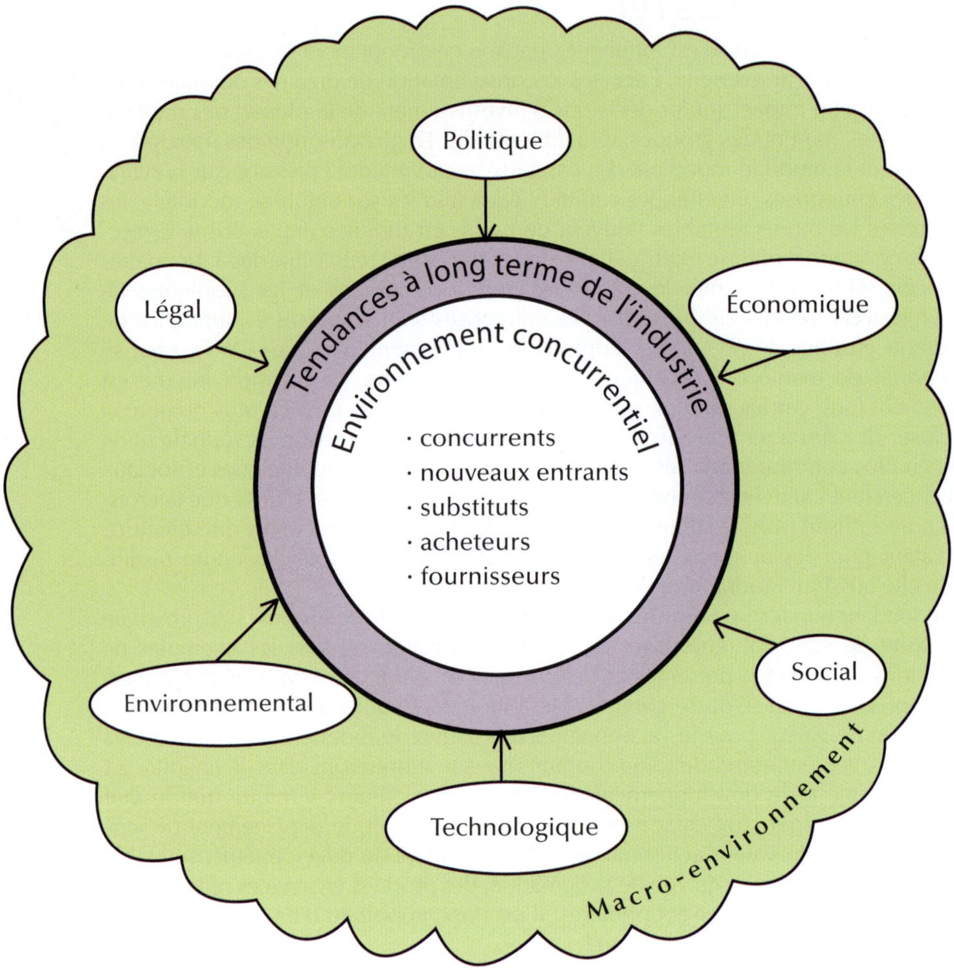

EN PRATIQUE

Comment utiliser le modèle PESTEL

Le tableau suivant présente une liste (non exhaustive) de critères que l'on peut utiliser pour analyser le macro-environnement selon les catégories du modèle PESTEL.

Tableau 1.1
Items du modèle PESTEL

Politique	Économique
Risque politique Changement et stabilité politique (Dé-)régulations Lois et politiques fiscales Réglementations antitrust Commerce extérieur et politique import/export Politique monétaire Protection sociale	Cycles économiques Taux d'intérêt Taux d'inflation Taux de change et convertibilité monétaire Politiques économiques, fiscale et budgétaire Taux de chômage Niveau de vie, pouvoir d'achat et propension à la consommation
Sociétal	**Technologique**
Démographie Lois sociales Niveau d'éducation Image et attitude vis-à-vis du travail Styles de vie et consumérisme Sensibilité et intérêt pour l'éthique Minorités, parités, et égalité des chances	Dépenses de l'État en recherche et développement (R&D) Dépenses de l'industrie en R&D Politique de propriété intellectuelle et de protection des brevets Intensité et création technologiques Pôles de compétence
Environnemental	**Légal**
Sensibilité et forces écologiques Politiques en direction de la pollution Gestion des déchets et recyclage Politique d'économie d'énergie Responsabilité sociale	Lois sur les monopoles Lois sur la protection de l'environnement Encadrement législatif sur les OGM, les essais cliniques et le clonage Droit du travail Législation sur la santé Normes comptables et réglementation financière Loi sur la responsabilité des dirigeants

À partir de cette liste générique de critères, la démarche à suivre sera la suivante : pour chacune des 6 dimensions du modèle PESTEL, certains items seront sélectionnés et retenus pour leur degré de pertinence ou leur adéquation à la période étudiée. Ensuite, une note sera attribuée de 1 (faible) à 5 (fort) pour estimer la force de l'impact sur la stratégie de l'entreprise.

Cette sélection et cette évaluation peuvent être effectuées par des groupes de travail internes ou externes à l'entreprise, des panels de consommateurs, ou bien des groupes d'experts pouvant recourir aux méthodes des scénarios ou de prospective.

>

····> Les résultats pourront être synthétisés dans un tableau du type de celui présenté ci-dessous :

Tableau 1.2
Grille d'analyse du macro-environnement selon PESTEL

Dimensions	Composantes	Impact sur la stratégie Faible à fort				
		1	2	3	4	5
P - Politique	P.1 – Relations avec la puissance publique P.2 – Construction européenne					
E - Économique	E.1 – Construction de nouveaux espaces économiques E.2 – Globalisation et glo-calisation E.1 – Croissance et création de richesse E.2 – Emploi, fiscalité et impact sur l'investissement					
S – Sociétale (Socio-culturelle)	S.1 – Genre et diversité S.2 – Temps de travail et temps à la maison S.3 – Dimension ethnique					
T - Technologique	T.1 – Cycle de vie des technologies et innovation T.2 – Renouvellement des produits et nouveaux usages T.3 – Droits de propriété, brevets et standards					
E – Environnementale	E.1 – Risques de long terme E.2 – Responsabilité sociale					
L - Légale	L.2 – Réglementation/déréglementation					

MINI-CAS

Le macro-environnement de l'industrie des télécommunications

Une industrie fortement technologique comme les télécommunications est un cas approprié pour mobiliser l'ensemble des dimensions du modèle PESTEL. Esquissons ce que serait l'usage de PESTEL pour un opérateur européen de télécommunications, généraliste, offrant des services fixes, mobiles et Internet.

>

....>

Tableau 1.3
Les télécommunications au crible de l'analyse PESTEL

Dimensions	Composantes	Impact sur la stratégie Faible à fort 1 | 2 | 3 | 4 | 5
P - Politique	P.1 – Relations avec la puissance publique P.2 – Construction européenne	1 à 2 : de moins en moins forte 4 à 5 : projet d'agence de régulation européenne pour les mobiles
E - Économique	E.1 – Construction de nouveaux espaces économiques E.2 – Globalisation et glocalisation E.1 – Croissance et création de richesse E.2 – Emploi, fiscalité et impact sur l'investissement	3 – opportunité de croissance internationale 2 à 3 – dimension encore nationale des réseaux et services 4 – la croissance passe de plus en plus par la maîtrise des contenus et la convergence 3 à 4 – risque d'une fiscalité des services
S – Sociétale (Socioculturelle)	S.1 – Genre et diversité S.2 – Temps de travail et temps à la maison S.3 – Dimension ethnique	1 – segmentation à faire évoluer 3 à 4 – atténuation de la limite entre sphère privée et sphère professionnelle 4 – recueil d'informations personnelles et gestion de bases de données clients
T - Technologique	T.1 – Cycle de vie des technologies et innovation T.2 – Renouvellement des produits et nouveaux usages T.3 – Droits de propriété, brevets et standards	4 – concurrence technologique importante 4 – importante concurrence liée aux nouveaux usages 4 – propriété des réseaux ; portefeuille de droits sur les contenus
E – Environnementale	E.1 – Risques de long terme E.2 – Responsabilité sociale	3 – coût des sauts technologiques 2 à 3 – récupération et conditionnement des équipements usagers
L - Légale	L.2 – Réglementation/ déréglementation	3 à 4 – disparition progressive d'une régulation sectorielle

Questions

1) Quelles sont les principales tendances qui se dégagent de cette analyse ?
2) Que peut-on en conclure en termes de recommandations stratégiques ?

B/ L'analyse des tendances à long terme de l'industrie

Une fois que l'analyse du macro-environnement a été menée, on peut « descendre d'un cran » et mener une analyse plus spécifique des tendances lourdes de l'industrie où opère l'entreprise. Il s'agit de repérer et d'analyser les évolutions technologiques, les opportunités de nouvelles activités ou de nouveaux produits, et de prendre la mesure des différences qui existent entre le potentiel et le réalisable.

La notion d'industrie

L'industrie est un ensemble d'entreprises produisant des produits et/ou des services substituables (par exemple, la pharmacie, le transport aérien, la construction automobile, etc.). Trois facteurs aident à en définir les contours : les produits ou services ; les entreprises ; les lieux géographiques. L'industrie se définit aussi par un ensemble plus ou moins vaste d'acteurs, d'offres et de demandes. C'est un espace économique assez hétérogène, souvent structuré en segments de marché avec des conditions de compétitivité spécifiques selon les segments. Enfin, c'est un espace géographique qui se configure selon des dimensions structurantes, dont certaines poussent les entreprises à s'adapter à des conditions locales (par exemple : conduite à droite des véhicules britanniques), et d'autres conduisent à la globalisation (par exemple : uniformité du goût du Coca-Cola). Nous analyserons en détail ces questions dans le chapitre 3.

La notion de cycle de vie de l'industrie

La notion de cycle de vie de l'industrie est un bon outil pour mettre en évidence les grandes tendances temporelles d'une industrie. Quel a été son comportement face à de grandes crises (par exemple : l'industrie houillère face aux grandes crises pétrolières de 1974 et 1979 ou face au protocole de Kyoto) ? Il s'agit aussi d'expliquer les liens entre expansion et progrès technique, ou entre rendements et automatisation (exemple de l'agriculture). Il peut être également intéressant de souligner les relations entre structure des coûts et localisation géographique des activités (par exemple, les faibles coûts de main d'œuvre incitent les entreprises à signer des contrats offshore pour l'externalisation de certaines activités de service, comme l'informatique ou les *call centers* (voir chapitre 11 sur l'intégration et l'externalisation). Enfin, si l'on observe des phases d'expansion ou de déclin, voire de disparition, il s'agit d'identifier les facteurs de transformation d'une industrie que les contraintes d'un marché international peuvent provoquer : une baisse des coûts de transport, une évolution à la baisse du prix des produits substituables (par exemple : caoutchouc naturel *versus* PVC), une plus grande productivité dans certaines régions du monde (par exemple : la construction navale en Asie).

Comprendre à quel stade de son cycle de vie se trouve l'industrie est une donnée stratégique fondamentale. Les décisions d'investissement et de développement technologique, notamment, sont très fortement conditionnées par la dynamique de l'industrie. Les évolutions de l'industrie dans le temps déterminent aussi les temps de retour sur investissement. Par exemple, dans la pharmacie, l'environnement évolue de telle sorte que les investissements en R&D sont de plus en plus élevés alors que la durée pendant laquelle les entreprises peuvent récupérer ces investissements en vendant des médicaments exclusifs est de plus en plus courte. L'effort de recherche constitue le moteur indispensable de l'activité des entreprises du médicament. Cet effort est très onéreux parce qu'il est par nature aléatoire : sur 100 000 molécules criblées, seulement 10 feront l'objet d'un dépôt de brevet et une seule parviendra à passer avec succès toutes les étapes de tests et d'essais cliniques pour devenir un médicament. Il est ainsi admis que la mise au point d'un nouveau médicament représente actuellement un investissement d'environ 800 millions à 1 milliard d'euros. Or, en dix ans, ce « ticket d'entrée » a plus que doublé. Par ailleurs, la durée de l'amortissement pour l'entreprise détentrice du brevet n'a cessé de se réduire à cause de l'arrivée de plus en plus précoce de génériques sur les marchés. L'industrie est donc prise en étau entre des investissements de plus en plus lourds et des cycles de propriété intellectuelle de plus en plus courts. Ce phénomène est caractéristique de la phase de « sélection » dans le cycle de vie de l'industrie (voir figure 1.6).

Figure 1.6
Le cycle de vie de l'industrie

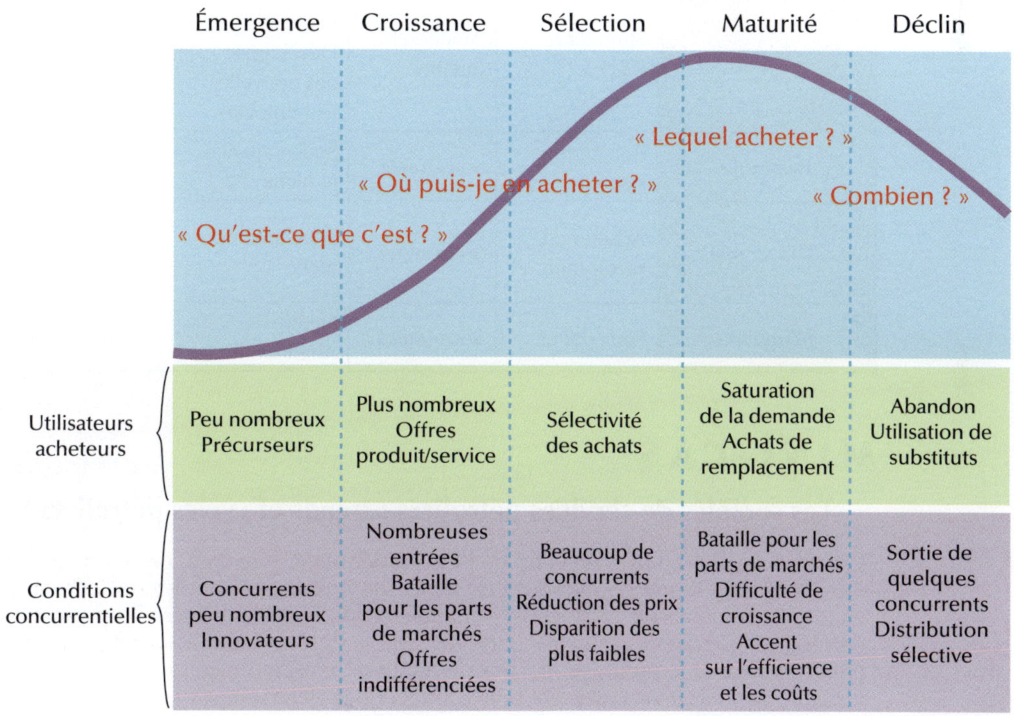

Source : d'après Johnson, G., Scholes, K., Whittington, R., Fréry, F., Stratégique, *Pearson Education France, 2008, 8e édition.*

De manière plus générale, le tableau suivant présente les recommandations stratégiques que l'on peut envisager dans chaque phase du cycle de vie de l'industrie, en fonction de la position concurrentielle de l'entreprise.

Tableau 1.4
Cycle de vie de l'industrie et position concurrentielle : la matrice A.D. Little

Maturité de l'industrie / Position concurrentielle	Embryonnaire/ Lancement	Croissance	Maturité	Déclin
Dominante	Intensifier la R&D	Améliorer (technologie & qualité)	Céder des licences - Développer des nouvelles technologies	R&D ciblés - Partenariats
Forte	Stimuler la R&D	Améliorer (qualité)	Céder des licences - Développer des nouvelles technologies	Démarrer/ développer des nouvelles technologies
Favorable	Acheter du savoir-faire	Sous-traiter	Sous-traitance et niche	Coopérer
Défavorable	Acheter du savoir-faire	Sous-traiter	Sous-traitance et niche	Neutre Abandonner
Marginale	Sous-traiter	Sous-traiter	Neutre Abandonner	Abandonner

MINI-CAS

Les sociétés de services pétroliers : trends et cycles pétroliers

On parle de plus en plus de la fin de l'ère du pétrole. Cependant, des tendances à moyen et long terme confirment l'existence de besoins pétroliers considérables, en termes de demande et de consommation. Aussi, le cycle d'activité des sociétés de services pétroliers, à ne pas confondre avec les groupes qui assurent l'exploration, le forage et le raffinage, est très particulier. Ce cycle devrait leur assurer une visibilité de leur environnement bien au-delà de la décennie.

Les sociétés de services pétroliers sont des entreprises qui offrent des prestations de services à l'industrie pétrolière proprement dite. Ce sont des sociétés internationales et fortement technologiques, spécialisées dans l'ingénierie pétrolière (forage, plateformes, etc.) qui font partie de ce que l'on appelle traditionnellement les valeurs parapétrolières. Les plus importantes sont Bourbon, CGG Veritas, Schlumberger. Il est essentiel pour elles de comprendre le cycle de l'industrie pétrolière qui est leur principal client et débouché.

Les *fondamentaux* de l'industrie pétrolière : la demande de pétrole peut être ponctuellement affectée, en particulier par la baisse de régime de l'économie mondiale ou la hausse des cours, mais les fondamentaux du marché pétrolier apparaissent porteurs à long terme.

Les *tendances de fond* : sous l'effet de la demande des pays émergents, la croissance annuelle devrait être de l'ordre de 2 % par an entre 2010 et 2020. Par contre, le déclin de champs pétrolifères matures est connu, et conduit l'offre à ne pas pouvoir correctement s'ajuster à la demande. >

Ensuite, la mise en œuvre de nouveaux gisements (par exemple : zones de grande amplitude thermique, exploitation en eau profonde, offshore) soulève des contraintes technologiques.

Ainsi, la figure 1.7 ci-dessous indique clairement que les besoins croissants à l'horizon 2030 ne s'accompagnent pas d'une croissance identique des gisements exploités. À terme, les besoins non couverts ne cessent de s'accroître. Cet effet de ciseau appelle une exploration active de nouveaux champs pétrolifères, et une mise en chantier de nouvelles exploitations.

Les décisions d'investissement des groupes pétroliers : les compagnies internationales sont celles qui investissent le plus massivement (22 milliards de dollars pour BP ; et près de 30 milliards de dollars pour Royal Dutch Shell en 2008) dans l'exploration puis l'exploitation de nouveaux gisements.

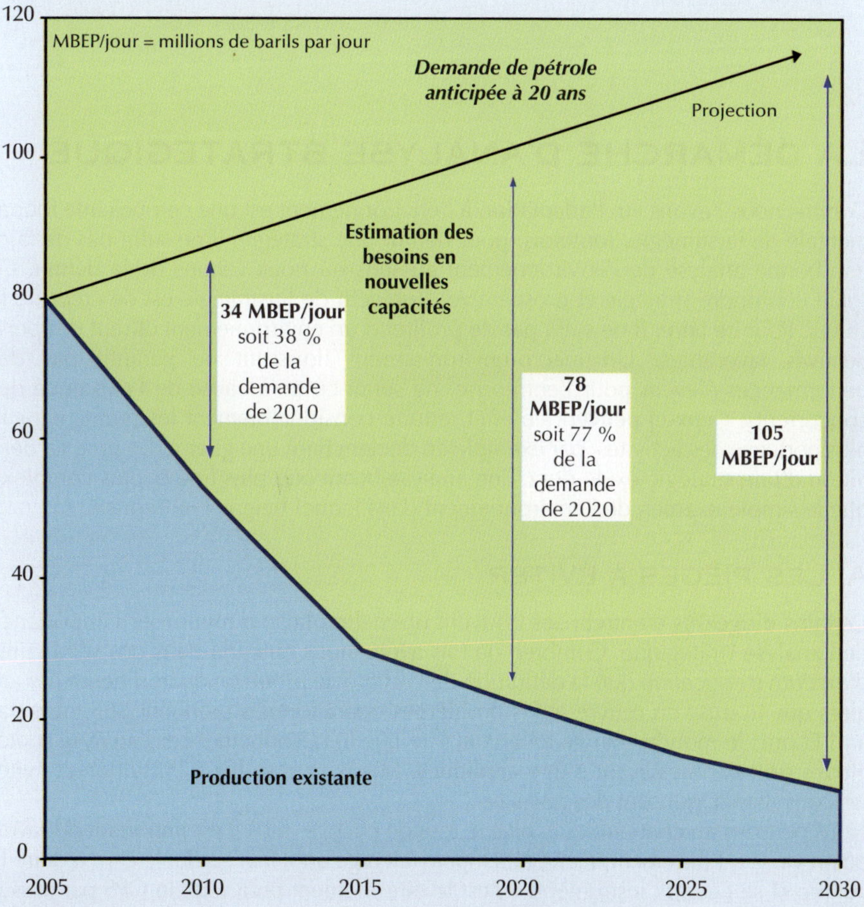

Sources : IFP ; ConocoPhilips ; Le Journal des finances.

Figure 1.7 Un écart croissant entre demande de pétrole et capacités installées

Les perspectives stratégiques pour les sociétés de services pétroliers sont très bonnes. Les groupes pétroliers auront de nouvelles activités d'exploration et de forage à mener dans les vingt années à suivre. Cette croissance aura un impact positif sur l'activité des sociétés de services pétroliers. Par contre, plusieurs constats s'imposent. D'une part, ces sociétés feront face à un manque de personnels

····>

qualifiés, en cas de croissance très soutenue. D'autre part, la saturation des capacités de production, qu'indique le graphique ci-dessus, entraînera des difficultés opérationnelles pour les sociétés de services pétroliers. En effet, elles devront faire face à la hauteur des carnets de commande qui leur donne des perspectives de croissance durable et de résultats solides. Cependant, vu la demande d'équipements et de services, ces sociétés auront à absorber les nouvelles capacités de production installées ainsi que l'arrivée d'offreurs chinois. Au total, il existe donc de belles perspectives de croissance à long terme pour ces sociétés de services pétroliers, mais aussi un certain nombre de défis stratégiques.

Questions

1) Les perspectives des sociétés de services pétroliers semblent florissantes. Cela suffit-il à assurer des performances économiques élevées aux acteurs du secteur ?
2) Quels scénarios alternatifs pourrait-on faire sur ces perspectives ?

3 La démarche d'analyse stratégique

Comme nous l'avons vu, l'adaptation à l'environnement est une composante fondamentale de la stratégie. Toutefois, pour définir une stratégie, il ne suffit pas de faire une bonne analyse de l'environnement au sens où nous venons de le définir. Ce serait confondre stratégie et prospective. L'objectif de la stratégie est de créer de la valeur. Pour ce faire, il ne suffit pas de profiter d'un environnement offrant des perspectives favorables. Un macro-environnement florissant ne garantit pas des performances élevées pour l'entreprise, ne serait-ce qu'à cause de l'existence des concurrents. Ceux-ci peuvent en effet réduire considérablement les profits dans la plus porteuse des activités, par exemple en déclenchant une guerre des prix. La définition d'une stratégie exige donc une analyse beaucoup plus fine et plus complexe que le simple examen de l'environnement dans lequel baigne l'entreprise.

A/ Les pièges à éviter

Certains dirigeants d'entreprises trouvent un malin plaisir à minimiser l'importance de l'analyse stratégique. Combien de fois avons-nous entendu dans nos séminaires d'*executive education* que la définition de la stratégie prend un quart d'heure par an, alors que la mise en œuvre et les problèmes opérationnels prennent 365 jours par an ! Et puis le monde change tellement vite que le raisonnement et l'analyse stratégiques sont périmés avant d'être appliqués. Mieux vaut se fier à l'intuition et éviter les consultants, qui sont des parasites !

Nous pensons au contraire que, plus le monde change, plus il est important de savoir où on va. C'est justement quand la tempête fait rage qu'il faut garder le cap, réduire la voilure et se fier aux instruments. C'est le pire moment pour jeter le GPS par-dessus bord et foncer dans le brouillard ! L'intuition, quand elle résulte de cette expérience accumulée qui permet de prendre des raccourcis fructueux dans l'analyse, est certes bonne conseillère. Mais l'intuition qui se méprend sur l'importance du feed-back et des signaux de l'environnement, les idées reçues qui conduisent à répéter des décisions identiques (parce que ça a toujours réussi) même si le contexte a radicalement changé, le bon sens aveugle aux comportements imprévus des concurrents (ils ne feront jamais cela, ce serait contre leur intérêt) sont des pièges redoutables.

C'est pourquoi il nous paraît utile de souligner l'importance des risques que l'on court si l'on ne mène pas une analyse stratégique rigoureuse. Ces risques tiennent autant de l'intuition privilégiée au détriment de l'analyse systématique et chiffrée que de l'erreur qui consiste à bâtir des scénarios chiffrés sans s'interroger sur le bien fondé du chiffrage et ses hypothèses sous-jacentes.
Le tableau suivant présente huit pièges classiques dans la formulation de la stratégie. Quelques remèdes sont esquissés afin d'éviter ces pièges.

Tableau 1.5
Huit « pièges » qui guettent le stratège

N° 1 : l'excès de confiance	**Remèdes**
L'imprécision et l'excès d'optimisme conduisent à ne pas remettre en question les hypothèses de base d'un raisonnement ou d'une décision stratégique : c'est fréquent pour des décisions d'investissement.	• Bâtir des scénarios : noir, gris, rose. • Se donner des options différentes (volume, prix, part de marché, taux de croissance...).
N° 2 : la « comptabilité mentale »	**Remèdes**
Richard Thaler[1] a proposé ce terme pour signifier que les dirigeants pouvaient ne pas percevoir qu'ils étaient en perte tant que cette dernière n'était pas factuellement établie.	• Se doter de critères objectifs mesurables pour tout investissement. • Considérer qu'un euro perdu dans une restructuration ou dans un projet de R&D arrêté a la même valeur qu'un euro de perte dans le compte d'exploitation.
N° 3 : le biais du statu quo	**Remèdes**
Détenir ou posséder une activité est considéré comme un état de fait et non un choix que l'on pourrait remettre en cause.	• Considérer toute activité du portefeuille comme « potentiellement à vendre ». • Développer une analyse du risque la plus rigoureuse possible.
N° 4 : l'ancrage cognitif	**Remèdes**
Travailler initialement sur des ordres de grandeur conduit à les adopter systématiquement comme repères pour tous les raisonnements suivants.	• Connaître les tendances passées sur le long terme. • Se méfier des parallèles historiques et remettre en cause systématiquement les idées reçues, notamment sur les montants d'investissement.
N° 5 : l'escalade de l'engagement (*escalation of commitment*)	**Remèdes**
Quand un projet dans lequel on a beaucoup investi voit son budget et son calendrier déraper alors que ses perspectives de rentabilité déclinent, on y remet de l'argent pour ne pas perdre les investissements qui ont été faits jusque-là, au risque de perdre encore davantage.	• Mettre en place une analyse des investissements rigoureuse et fondée sur les cash-flows futurs. • Savoir stopper les projets en cours en considérant que les dépenses passées sont de toute manière irrécupérables (*sunk costs*) et qu'elles ne doivent plus peser sur les décisions nouvelles. • Jalonner le projet d'étapes lors desquelles on vérifie que l'on a atteint les résultats prévus avant de déclencher la nouvelle tranche d'investissement.

> 1. Kahneman D., Knetsch J.L., Thaler R.H., 1991. Thaler R.H., 1999.

····>

N° 6 : les moutons de Panurge	**Remèdes**
Adopter un comportement grégaire pour éviter d'être le seul à avoir fait ou à ne pas avoir fait quelque chose.	• Garder à l'esprit que les sources d'avantage concurrentiel sont multiples : ce qui est bon pour les autres peut être désastreux pour soi. • Les stratégies « *me-too* » sont des anti-stratégies.
N° 7 : le manque de perspective positive sur le long terme	**Remèdes**
Les changements et les transformations sont rarement associés à des aspects positifs.	• Développer une approche dépassionnée et non émotive. • Toujours remettre les choses en perspective.
N° 8 : le faux consensus (*groupthink*)	**Remèdes**
La nature humaine nous conduit à privilégier les informations qui confirment nos décisions. Une culture d'entreprise forte conduit au consensus et censure inconsciemment les oppositions.	• Créer une culture de la remise en cause des évidences. • Solliciter des experts extérieurs. • Faire travailler en parallèle plusieurs équipes-projet.

Sources : D'après Hammond II J.S., Keeney R.L., Raiffa H., « The Hidden Traps in Decision Making », Harvard Business Review, *sept.-oct. 1998, p. 47-57 ; Roxburgh Ch., « Hidden Flaws in Strategy »,* McKinsey Quarterly, *n° 2, 2003, p. 26-39.*

B/ Comment mener une analyse stratégique rigoureuse

L'analyse stratégique procède d'une démarche rigoureuse, documentée et chiffrée, dont nous allons retracer les principales étapes. Pour chaque étape, nous indiquerons les chapitres de *Strategor* où le lecteur pourra trouver les concepts, les outils et les modèles correspondants. La démarche que nous proposons part du point de vue corporate (identification des activités de l'entreprise) pour descendre ensuite vers l'analyse des *business strategies* dans chaque activité (analyse concurrentielle et avantage concurrentiel) et remonter enfin à la *corporate strategy* (choix des voies et modes de croissance). Le plan de *Strategor* a été conçu pour suivre autant que possible cette démarche.

EN PRATIQUE

L'analyse stratégique en dix étapes

La démarche que nous proposons comprend dix étapes. Les étapes 1, 2, 8, 9, 10 relèvent de la *corporate strategy*. Les étapes 3, 4, 5, 6, 7 relèvent de la *business strategy* et doivent être effectuées pour chaque « métier » (domaine d'activité) de l'entreprise.

>

····>

Tableau 1.6
Les dix étapes de l'analyse stratégique

Étapes	Analyses à mener	Principaux outils et concepts	Chapitres de Strategor
1	Quelles sont les grandes tendances du macro-environnement ?	– Modèle PESTEL	Chapitre 1
2	Qui est l'entreprise et que fait-elle ?	– Segmentation stratégique – Structure, décision, identité	Chapitres 3 et 16 Chapitres 2, 27, 28, 29
3	Quels sont les facteurs externes qui conditionnent la rentabilité de chaque métier ?	– Cinq forces de Porter – Groupes stratégiques	Chapitre 3
4	Quelle est la stratégie de l'entreprise dans chaque métier ? Sa position concurrentielle est-elle forte ?	– Courbe d'expérience et structure de coût – Valeur perçue et chaîne de valeur – Business Model	Chapitre 4 Chapitre 5 Chapitre 6
5	L'entreprise a-t-elle un avantage concurrentiel dans chaque métier ?	– Sources d'avantage concurrentiel : coût et différenciation – Ressources stratégiques	Chapitre 7 Chapitre 8
6	Les concurrents peuvent-ils imiter ou contrecarrer l'avantage concurrentiel de l'entreprise ?	– Dynamique concurrentielle et externalités de réseau	Chapitre 9
7	Quelles recommandations de business strategy peut-on faire pour améliorer les performances de l'entreprise dans chaque métier ?	– Durabilité de l'avantage concurrentiel – Organisation de l'activité – Intégration/externalisation	Chapitre 7 Chapitre 10 Chapitre 11
8	Quel est le potentiel de création de valeur du portefeuille d'activité de l'entreprise ?	– Création de valeur – Matrices de portefeuille et synergies	Chapitre 13 Chapitre 16
9	Quelles recommandations faire sur les voies et les modes de développement ?	– Croissance horizontale – Internationalisation – Diversification – Croissance interne – Croissance externe – Alliances	Chapitre 14 Chapitre 15 Chapitre 16 Chapitre 17 Chapitre 18 Chapitre 19
10	Quelles recommandations faire sur la structure, les procédures et la gouvernance de l'entreprise ?	– Structure divisionnelle – Structure en réseau – Gouvernance – Planification – Changement stratégique – Changement organisationnel	Chapitre 20 Chapitre 21 Chapitre 22 Chapitre 24 Chapitre 25 Chapitre 26

• La démarche que nous proposons s'ouvre sur une **première étape**, l'analyse du macro-environnement que nous avons présentée dans ce chapitre.

• Vient ensuite la **deuxième étape** : qui est cette entreprise et que fait-elle ? Une clé de compréhension est la segmentation stratégique, c'est-à-dire l'identification du (ou des) métier(s) qu'exerce l'entreprise :

> S'agit-il d'une entreprise mono-activité ou d'une entreprise diversifiée ?

> Dans quelle(s) industrie(s) évolue-t-elle ?

> Pour définir les domaines d'activités, faut-il tenir compte seulement de ces critères ou faut-il aussi prendre en compte les différentes zones géographiques ?

> Existe-t-il des liens entre les métiers ? Ces liens sont-ils exploités ?

Remarquons que, dans ce livre, nous utiliserons indifféremment les termes « métiers », « domaines d'activité », « *business* » ou « segments stratégiques » pour désigner les différentes activités de l'entreprise. Retenons qu'**un métier correspond à un ensemble homogène de facteurs clés de succès. L'entreprise exerce chacun de ses métiers dans une « industrie », c'est-à-dire face à un ensemble homogène de concurrents.** Lors de cette deuxième étape, on doit également analyser le contexte interne de l'organisation : la structure, les processus de prise de décision et l'identité de l'entreprise. Cela permet de mieux comprendre l'histoire de l'entreprise, son attachement à ses métiers, et d'analyser la cohérence entre la stratégie affichée et le management stratégique de l'entreprise.

Une fois ce premier diagnostic effectué, on entre dans le domaine de la *business strategy*, c'est-à-dire que l'on va analyser chaque domaine d'activité de l'entreprise. Les étapes 3 à 7 de la démarche doivent être suivies pour chaque métier identifié à l'étape 2. Si l'analyse s'avère incohérente ou trop difficile à mener, il ne faut pas hésiter à revenir à la deuxième étape et revoir la segmentation stratégique.

• Pour chaque métier, on doit mener une analyse externe et une analyse interne. L'analyse externe (**étape 3**) doit répondre aux questions suivantes :

> La rentabilité de l'industrie est-elle forte ou faible ?

> Va-t-elle s'améliorer ou se détériorer ?

> Quels sont les facteurs externes qui conditionnent cette rentabilité ?

L'analyse interne (**étape 4**) consiste à examiner la *business strategy* de l'entreprise :

> Qu'est-ce qui différencie l'entreprise de ses concurrents dans ce domaine d'activité ?

> Quel est l'impact de ces choix sur la structure de coûts, la valeur perçue de l'offre par les clients, l'innovation ?

> Quel est le *business model* de l'entreprise ?

> Quelle est la position concurrentielle de l'entreprise ? Comment se situe sa performance par rapport aux principaux concurrents ?

> Comment améliorer cette position concurrentielle ?
– Quelles sont les sources de différenciation potentielles ?
– Quelles sont les sources de réduction des coûts ?

• L'**étape 5** a pour but d'évaluer l'avantage concurrentiel de l'entreprise :

> Quels sont les avantages relatifs de l'entreprise par rapport à ses principaux concurrents ?

> L'entreprise a-t-elle un avantage concurrentiel absolu, c'est-à-dire un niveau de performance durablement supérieur à la moyenne de l'industrie ?

> Quelles sont les sources de ces avantages (ressources stratégiques : savoir faire, marque, réputation, brevets, etc.) ?

> Ces avantages concurrentiels sont-ils faciles à imiter ou à surmonter par des concurrents ?

• Il convient ensuite (**étape 6**) d'essayer d'anticiper les comportements possibles des concurrents qui pourraient contrecarrer la stratégie de l'entreprise, réduire son avantage ou l'empêcher d'en créer un :

> Quelles sont les contre-stratégies possibles pour les concurrents ?

> Si nous pouvons le faire, pourquoi pas eux ?

> L'industrie est-elle ou risque-t-elle d'être dominée par un standard technique ?

• Ces analyses sont destinées à déboucher sur des recommandations de *business strategy* (**étape 7**) :

> Comment construire ou renforcer l'avantage concurrentiel ?

> Faut-il réorganiser l'activité (organisation interne, outsourcing, etc.) ?

> Comment réagir aux actions possibles des concurrents ?

Une fois que l'on a émis des recommandations par *business*, on peut remonter au niveau *corporate* et analyser le portefeuille d'activités dans son ensemble.

• À l'**étape 8**, on doit synthétiser les analyses menées dans chaque métier pour effectuer un diagnostic du potentiel de création de valeur du portefeuille d'activités de l'entreprise :

> Le portefeuille d'activités est-il équilibré et cohérent ?

> Quelle est la valeur des synergies ?

> L'entreprise a-t-elle des ressources stratégiques transversales, ou potentiellement transversales, à ses métiers ?

> Comment ont été faits les récents choix d'allocation de ressources ?

> Comment les marchés financiers et les actionnaires ont-ils réagi aux mouvements stratégiques récents (acquisitions, alliances, nouveaux projets) ?

• Sur cette base, on peut formuler des recommandations sur les voies de croissance et les modes de développement de l'entreprise (**étape 9**) :

> L'entreprise peut-elle croître horizontalement ?

> Doit-elle s'internationaliser ? Où ? Comment ?

> Doit-elle entrer dans de nouvelles activités ? Lesquelles ?

> Quels mouvements stratégiques doit-elle envisager ?
  – Croissance interne ?
  – Croissance externe : acquisitions ? Quelles sont les cibles possibles ? À quel prix ? Quelles seront les synergies ?
  – Alliances ? Quels sont les partenaires possibles ? Quel genre de contrat passer ? Quelles sont les conséquences possibles de ces coopérations ?

• Enfin, et c'est la dernière étape (**étape 10**), l'analyse débouche sur des recommandations d'organisation :

> La structure et la culture de l'entreprise sont-elles alignées avec sa stratégie ?

> Quel est le mode dominant de spécialisation dans la structure ? Faut-il le changer ?

> Faut-il restructurer l'entreprise ?

> Faut-il changer ses processus de planification stratégique ?

> Le changement stratégique et le changement organisationnel sont-ils souhaitables ? Comment les conduire ?

Cette démarche n'est pas une recette à appliquer sans discernement. Du reste, elle est rarement menée de manière complète et exhaustive dans la réalité. Chaque entreprise et chaque situation étant particulières, il est souvent nécessaire de l'adapter ou d'y sélectionner les éléments pertinents par rapport au problème posé. Ainsi, une mission de conseil sur une fusion se concentrera sur les étapes 2, 8 et 10. Autre exemple, une étude sur l'amélioration des performances d'une *business unit* dans un grand groupe diversifié se concentrera sur les étapes 3, 4, 5 et 7. Enfin, un dirigeant qui souhaite faire réfléchir ses cadres de manière créative à la stratégie à long terme de leur entreprise privilégiera les étapes 1, 2, 9 et 10.

Plus fondamentalement, le but de *Strategor* n'est pas de donner des recettes. Si la recette de la stratégie parfaite existait, toutes les entreprises l'appliqueraient et plus personne n'aurait d'avantage dans la lutte concurrentielle. Tout l'édifice intellectuel de la stratégie, qui consiste à analyser et à rechercher des performances économiques exceptionnelles, s'écroulerait !

Strategor présente cependant des méthodes et des outils pour aider les dirigeants, les consultants et les étudiants à mener des analyses stratégiques rigoureuses. Mais ces outils et ces méthodes ne sont donnés qu'à titre d'illustration et leurs limites sont toujours discutées de manière critique. Ce que nous souhaitons transmettre dans ce livre, c'est plutôt une démarche intellectuelle, nourrie de concepts théoriques forts et d'un esprit pratique exigeant, de sorte que nos lecteurs trouvent dans ce livre les éléments de réflexion leur permettant de définir eux-mêmes leur démarche stratégique.

LES POINTS CLÉS

- Pour une entreprise, la stratégie consiste à choisir ses activités et à allouer ses ressources de manière à atteindre un niveau de performance durablement supérieur à celui de ses concurrents dans ces activités, dans le but de créer de la valeur pour ses actionnaires.

- Les trois piliers fondamentaux de la stratégie sont : 1) la création de valeur ; 2) l'affrontement concurrentiel ; 3) le choix du périmètre des activités.

- La stratégie est à la fois une décision et un processus. Il est crucial de s'assurer que la stratégie réellement menée est bien celle qui a été définie au départ.

- On distingue habituellement deux niveaux de décision stratégique : le niveau du Groupe ou *Corporate* et le niveau des activités ou *Business Units* :
  - La *corporate strategy* est centrée sur la gestion du portefeuille d'activités de l'entreprise.
  - La *business strategy* est la stratégie de l'entreprise dans une activité particulière.

- Alors que la mission de l'entreprise recouvre un spectre large de valeurs et de considérations générales, les objectifs de l'entreprise sont en général mesurables.

- Un des modèles les plus classiques pour étudier la stratégie est le modèle SWOT pour *Strengths*, *Weaknesses*, *Opportunities*, and *Threats* (Forces, Faiblesses, Opportunités et Menaces).

- Le modèle SWOT distingue deux univers : l'environnement externe et le contexte interne de l'entreprise.

- Les facteurs clefs de succès sont les attributs qu'une entreprise doit nécessairement avoir pour dépasser le niveau de rentabilité moyen du secteur dans lequel elle opère.

- Les compétences distinctives de l'entreprise sont les savoir-faire, les ressources et les actifs qui la différencient significativement et durablement de ses concurrents.

- On peut distinguer trois niveaux d'analyse de l'environnement : 1/ le macro-environnement ; 2/ les tendances à long terme de l'industrie ; 3/ l'environnement concurrentiel.

- Pour analyser le macro-environnement, le modèle PESTEL identifie six forces principales : P (politique), E (économique), S (social), T (technologique), E (environnemental), L (légal).

- L'industrie est un ensemble d'entreprises produisant des produits et/ou des services étroitement substituables. Trois facteurs en définissent les contours : la nature des produits ou services ; les acteurs présents ; la géographie.

QUIZ

1. Définir la stratégie d'une entreprise, c'est :

a. Choisir les grandes orientations à long terme de l'entreprise pour accroître ses parts de marché.

b. Déterminer les domaines d'activité de l'entreprise et allouer ses ressources de manière à atteindre une performance durablement supérieure à celle de ses concurrents.

c. Conseiller la Direction Générale sur les buts et les missions de l'entreprise.

2. Dans le modèle SWOT, la détermination des facteurs clés de succès résulte :

a. D'un diagnostic des forces et des faiblesses de l'entreprise.

b. De l'étude des stratégies mises en œuvre par les concurrents de l'entreprise.

c. De l'analyse des opportunités et des menaces de l'environnement dans lequel s'inscrit l'entreprise.

3. *Corporate strategy* et *business strategy* se distinguent par :

a. Des niveaux d'analyse différents : la *business strategy* est centrée sur une activité particulière, alors que la *corporate strategy* traite de l'ensemble du portefeuille d'activités de l'entreprise.

b. Les dirigeants concernés dans l'entreprise : la *corporate strategy* est le domaine des responsables fonctionnels du siège, alors que la *business strategy* relève des managers opérationnels.

c. Des objectifs différents : la rentabilité pour la *corporate strategy* et la croissance pour la *business strategy*.

4. Le modèle PESTEL est :

a. Un modèle d'analyse stratégique des entreprises à forte composante technologique.

b. Un modèle d'analyse du macro-environnement et de ses évolutions.

c. Un modèle permettant d'analyser la structure et l'environnement d'un marché.

5. Le concept de cycle de vie de l'industrie :

a. Permet de comprendre la dynamique d'une industrie et de guider les décisions stratégiques de l'entreprise.

b. Prédit le niveau d'expansion économique attendu en fonction des avancées techniques.

c. Indique la durée de vie prévisionnelle d'un produit et sa date attendue de remplacement.

6. La démarche d'analyse stratégique vise à :

a. Formuler des recommandations sur la base d'une évaluation rigoureuse de l'entreprise et de son environnement.

b. Évaluer et prédire les évolutions de l'environnement à court, moyen et long terme.

c. Traduire les intuitions des dirigeants de l'entreprise en plans d'actions réalistes et efficaces.

>

....>

7. Parmi les « pièges » suivants qui menacent le stratège, maintenir un projet en vie coûte que coûte relève :

a. De l'ancrage cognitif.

b. Du faux consensus.

c. De l'escalade de l'engagement.

8. Pour ne pas être victime du syndrome des « moutons de Panurge » quand on formule la stratégie d'une entreprise, il convient de :

a. Bien évaluer les barrières à l'imitation.

b. Garder à l'esprit que les sources d'avantage concurrentiel sont multiples : ce qui est bon pour les autres peut être désastreux pour soi.

c. Adopter une approche dépassionnée et non émotive.

9. La segmentation stratégique consiste à :

a. Analyser les différentes fonctions présentes au sein de l'entreprise.

b. Segmenter les produits de l'entreprise en fonction des différentes cibles de clientèle.

c. Identifier les différents domaines d'activité dans lesquels l'entreprise opère.

10. Le bon stratège est celui qui :

a. Sait percevoir les grandes tendances et les évolutions futures du marché et du macro-environnement.

b. Utilise avec rigueur et discernement les outils et méthodes de l'analyse stratégique.

c. Applique les dix étapes de l'analyse stratégique.

Réponses : 1.b, 2.c, 3.a, 4.b, 5.a, 6.a, 7.c, 8.b, 9.c, 10.b

2 De la stratégie au management stratégique : structure, décision et identité

Comme le suggérait déjà le chapitre précédent, l'élaboration d'une stratégie ne doit pas résulter d'un compromis plus ou moins démocratique entre les points de vue des différents responsables de l'entreprise. Elle est censée découler d'une analyse rationnelle de l'environnement et des forces et faiblesses de l'entreprise. C'est sur cette base que les dirigeants doivent faire des *choix* et exprimer les objectifs généraux que l'entreprise entend poursuivre. Une fois la stratégie décidée, tout projet émanant de tel ou tel responsable pourra être jugé non pas sur ses mérites propres, mais en fonction de son adéquation avec la stratégie de l'entreprise, et donc de manière cohérente avec les décisions prises sur les autres projets.

C'est du moins ce qui devrait se passer en théorie : les dirigeants de l'entreprise devraient définir la stratégie et s'assurer que le reste de l'organisation la met en œuvre de manière cohérente. En pratique, c'est évidemment bien plus compliqué. Tout d'abord, force est de constater que la stratégie n'est qu'une des facettes du métier de dirigeant. Lorsqu'on observe les comportements réels des chefs d'entreprise, on s'aperçoit rapidement qu'ils passent finalement peu de temps à faire de la stratégie[1]. Ils sont sans arrêt sollicités par des problèmes de toute autre nature, et notamment des problèmes humains. Le rôle des dirigeants n'est donc pas seulement de faire de la stratégie mais plutôt du « management stratégique », c'est-à-dire d'intégrer la stratégie dans la gestion d'un contexte organisationnel complexe. Ainsi par exemple, la situation de Vivendi en 2002 montre qu'en situation de crise, le dirigeant doit d'abord résoudre les problèmes humains, financiers et opérationnels. La stratégie n'émerge que bien après, de manière finalement assez opportuniste, en fonction des décisions qui ont été prises au fil de l'eau pour résoudre la crise (voir le Mini-cas « Vivendi » en fin de chapitre). Il n'est pas rare que les dirigeants d'entreprise doivent se comporter comme des pompiers : quand le feu fait rage, il faut agir pour l'éteindre au plus vite avec ce qu'on a sous la main ; il n'est plus temps de faire une réunion à la caserne pour réfléchir aux scénarios d'intervention possibles.

1. Mintzberg, H., 1990.

En outre, même dans les cas où la stratégie a été formulée de manière parfaitement claire, sa mise en œuvre et sa déclinaison dans les opérations n'ont rien d'automatique. Le dirigeant doit en effet déléguer ses responsabilités en cascade du sommet à la base de l'organisation. Or, plus les tâches à accomplir sont variées et plus la spécialisation des individus est forte, plus il est difficile de coordonner cet ensemble humain complexe pour que la stratégie soit exécutée sans perdre sa cohérence. Les règles de répartition des tâches et les modes de coordination constituent la structure de l'entreprise, que l'on représente souvent par un organigramme. Nous discuterons les liens entre stratégie et structure dans la première partie de ce chapitre, en soulignant notamment que si la mise en œuvre de la stratégie passe par la structure, le contenu de la stratégie est lui-même influencé par le contexte interne de l'organisation.
En réalité, le poids de la structure est tellement important que le « dirigeant » ou le « décideur » a généralement beaucoup moins de pouvoir qu'on ne pourrait le croire. Les choix qu'on lui prête ne sont pas forcément les siens, car il ne fait bien souvent qu'entériner ceux que sa structure lui propose. Certaines décisions semblent même s'être prises toutes seules, on ne sait trop quand ni par qui, tant elles apparaissent comme le produit d'une histoire ou d'un processus que personne ne maîtrise réellement. C'est pourquoi la deuxième partie de ce chapitre traite des processus de prise de décision en montrant que les choix de stratégie et de structure ne s'expliquent pas seulement par les données du problème posé, mais par la façon dont l'organisation a traité ce problème.
Enfin, au-delà de la manière dont se prennent les décisions stratégiques, il se produit dans toute organisation des phénomènes culturels et identitaires qui interfèrent très largement avec la stratégie, au point parfois de la déterminer… ou de la paralyser. Ces phénomènes sont étudiés dans la troisième partie de ce chapitre qui traite de l'identité de l'entreprise, c'est-à-dire de l'image interne de l'entreprise pour ceux qui y travaillent. L'identité procède d'un imaginaire partagé, spécifique à l'entreprise, qui ne coïncide pas forcément avec l'image externe, manipulable par la publicité et les relations publiques.
La structure, les processus de décision et l'identité interagissent non seulement avec la stratégie mais également entre eux. C'est pourquoi certains auteurs considèrent que les quatre composantes du management stratégique – stratégie, structure, décision et identité – sont comme les quatre faces d'un tétraèdre[1], volume géométrique dans lequel chaque face touche les trois autres par une crête. Cette métaphore signifie donc que, quel que soit le problème posé à la direction générale de l'entreprise, la prise en compte d'une de ces facettes conduit inéluctablement à prendre en compte les trois autres.

1 STRUCTURE

A/ Structure et stratégie

La structure, c'est-à-dire la manière dont l'entreprise est organisée, est un élément essentiel de la mise en œuvre de la stratégie. Le dirigeant de l'entreprise utilise la structure pour mettre en œuvre la stratégie comme un conducteur automobile actionne le volant, les pédales et les manettes de sa voiture pour atteindre le but de son voyage. Élaborer une structure, c'est définir formellement les missions que chaque unité de l'organisation doit accomplir, et mettre en place des modes de collaboration entre ces unités. À chaque unité est délégué un certain pouvoir pour

1. Anastassopoulos J.-P., Blanc G., Nioche J.-P., Ramanantsoa B., 1985.

exercer sa mission. Des mécanismes de coordination assurent la cohérence et la convergence des actions des différentes unités. La structure définit donc l'ensemble des fonctions assurées par les individus ou les équipes de l'entreprise, ainsi que les relations entre ces fonctions. On schématise souvent la structure par un organigramme où les fonctions sont figurées par des cases et les relations par des traits.
La question de savoir comment organiser une entreprise est une préoccupation assez ancienne. Reprenant une tradition millénaire, perpétuée par l'Armée et l'Église notamment, le Français Henri Fayol proposait au début du vingtième siècle d'appliquer à l'entreprise quelques principes simples et universels : la ligne hiérarchique doit être unique (un homme, un chef), un supérieur doit avoir au maximum sept subordonnés, le territoire de chacun doit être parfaitement délimité, et le chef est le seul apte à trancher les conflits. Cette vision pyramidale et normative de la structure était encore, dans les années 1950, celle des tenants du management scientifique, et elle a laissé des traces profondes jusqu'à nos jours, en particulier dans l'industrie lourde et le service public. Ce n'est qu'à partir des années 1960, avec les travaux de Chandler (voir l'encadré Fondements théoriques ci-après), que s'est imposée l'idée selon laquelle les entreprises devaient concevoir leur structure en fonction de leur stratégie. Cette théorie, fondée sur l'observation historique de réorganisations d'entreprises, rendait caduques les approches précédentes qui cherchaient à définir « la » structure idéale, valable quelle que soit l'entreprise et sa stratégie. Il devenait évident que non seulement une agence de publicité ne pouvait pas être organisée comme l'armée, mais aussi que deux constructeurs automobiles mettant en œuvre des stratégies différentes devaient s'organiser différemment, ou encore que, pour changer de stratégie, une entreprise devait la plupart du temps changer de structure.

Fondements théoriques

Le lien stratégie-structure selon Alfred Chandler

Dès le début des années 1960, les travaux de l'historien des affaires Alfred D. Chandler ont montré qu'il existait un lien étroit entre la stratégie et la structure d'une entreprise. Le message essentiel de Chandler est souvent résumé par la formule *« structure follows strategy »* (la structure suit la stratégie), même s'il est en réalité plus complexe.
Dans *Stratégie et Structure*[1], publié en 1962, Chandler se fait le chroniqueur des changements stratégiques, des conflits de pouvoir et des innovations organisationnelles dans quatre grandes firmes américaines (DuPont, General Motors, Standard Oil of New Jersey et Sears Roebuck). Un des éléments récurrents de ces quatre monographies historiques est le passage de la structure spécialisée par fonctions (R&D, production, commercialisation), à la structure par divisions de produits ou de marchés, dite « multi-divisionnelle ». L'auteur montre en particulier que le passage de l'une à l'autre n'est pas dû à l'accroissement de la taille en tant que telle, mais à l'augmentation de la diversité et de la complexité des décisions que les dirigeants doivent prendre. Ainsi, DuPont adopta une structure multi-divisionnelle suite à ses diversifications dans plusieurs domaines d'activité nouveaux. De même, la structure par marques de General Motors était plus décentralisée que celle de Ford parce que GM fabriquait et vendait plusieurs gammes distinctes de voitures et de camions alors que Ford s'était concentré sur un modèle unique, la célèbre Ford T. Chez Standard Oil, c'est l'internationalisation qui a poussé à se structurer par divisions géographiques. Chez Sears, c'est l'expansion de la chaîne de magasins à succursales multiples, à côté de l'activité de vente par correspondance, qui a conduit le groupe à adopter une organisation multi-divisionnelle.

> 1. Chandler A., 1962.

....>

Les recherches de Chandler montrent donc que la structure est un élément clé de la mise en œuvre de la stratégie. À chaque évolution de l'environnement, l'entreprise répond par un changement de stratégie qui implique, sous peine d'inefficacité, une évolution radicale de sa structure. C'est donc l'adaptation de la structure à la stratégie qui détermine la performance de l'entreprise.

Un aspect moins connu de la pensée de Chandler est que la structure de l'entreprise a aussi une influence significative sur les changements stratégiques, la plupart du temps pour les contrecarrer. C'est pourquoi les réorganisations ne surviennent en général qu'après une forte crise et les changements de stratégie ne se produisent qu'après une mutation violente de l'environnement. Chandler en déduit que la structure a autant d'impact sur la stratégie que la stratégie sur la structure. Dans sa préface à la réédition de son livre, il semble regretter que son message ait été compris de manière simpliste et réduit à l'idée que la stratégie détermine la structure. Selon lui, ce malentendu résulte de deux causes. D'une part, les changements de structure qu'il décrit dans *Stratégies et Structures* se sont produits, chronologiquement, après ceux de stratégie, ce qui donne l'impression d'une causalité univoque. D'autre part, son éditeur, MIT Press, lui a fait changer le titre du livre : il souhaitait l'intituler *Structures et stratégies* et non pas *Stratégies et structures* !

Ainsi, les décisions stratégiques se traduisent la plupart du temps par des décisions de structure : création d'un groupe de travail pour réfléchir à une nouvelle activité, nomination d'un chef de projet et d'une équipe pour lancer un nouveau produit, création d'un département « international » pour internationaliser l'activité, etc. C'est en ce sens que la stratégie détermine la structure. Cependant, comme le montraient déjà de manière implicite les travaux de Chandler, le lien entre stratégie et structure n'est pas aussi simple qu'il parait. Si l'on admet que la structure existe avant la stratégie, excepté lors de la phase initiale de création d'une entreprise, on est conduit à inverser le raisonnement, et à admettre aussi que la structure influence la stratégie. En effet, la structure conditionne les perceptions des dirigeants et limite les mouvements stratégiques possibles. De plus, une organisation n'a qu'une capacité d'adaptation limitée, et n'importe quel mouvement stratégique n'est pas à la portée de n'importe quelle structure. Le cas de Vivendi est un exemple intéressant à ce sujet : lorsque Jean-René Fourtou est arrivé à la tête du groupe, il a dû renouveler complètement la structure en quelques jours et mettre en place des systèmes de gestion rigoureux en quelques mois. Il n'avait ni le temps ni la possibilité de faire ses choix de structure en fonction d'une stratégie préexistante. Au contraire, ce sont les choix de structure, et notamment le choix des personnes, qui ont déterminé le contenu de la stratégie (voir le Mini-cas « Vivendi »en fin de chapitre).

Il existe donc entre stratégie et structure une relation d'influence réciproque que les dirigeants doivent maîtriser pour agir efficacement sur la destinée de leur entreprise. La structure ne saurait donc être considérée comme un simple moyen de mise en œuvre de la stratégie. Elle doit constituer un des axes essentiels de la réflexion sur le management de l'entreprise.

B/ Les principales dimensions de la structure

On peut caractériser la structure d'une entreprise sur la base de trois dimensions principales, présentées dans la figure 2.1 :

> la *spécialisation*, c'est-à-dire le mode et le degré de division du travail dans l'entreprise. Sur quels critères et jusqu'à quel degré de détail découpe-t-on les tâches au sein de l'organisation ?

> la *coordination*, c'est-à-dire le ou les modes de collaboration institués entre les unités. Quelles sont les liaisons entre unités, et quel est le degré de centralisation/décentralisation qui en résulte ?

> la *formalisation*, c'est-à-dire le degré de précision dans la définition des fonctions et des liaisons. Chaque rôle est-il défini de façon stricte et détaillée ou laisse-t-on au contraire une large part à l'interprétation individuelle ?

La spécialisation, la coordination et la formalisation sont trois forces qui facilitent en principe le pilotage de l'entreprise par la structure. Mais, paradoxalement, la résultante de ces trois forces est la bureaucratisation, source majeure de rigidité. La bureaucratisation d'une structure est inversement liée à sa capacité d'adaptation et de changement.

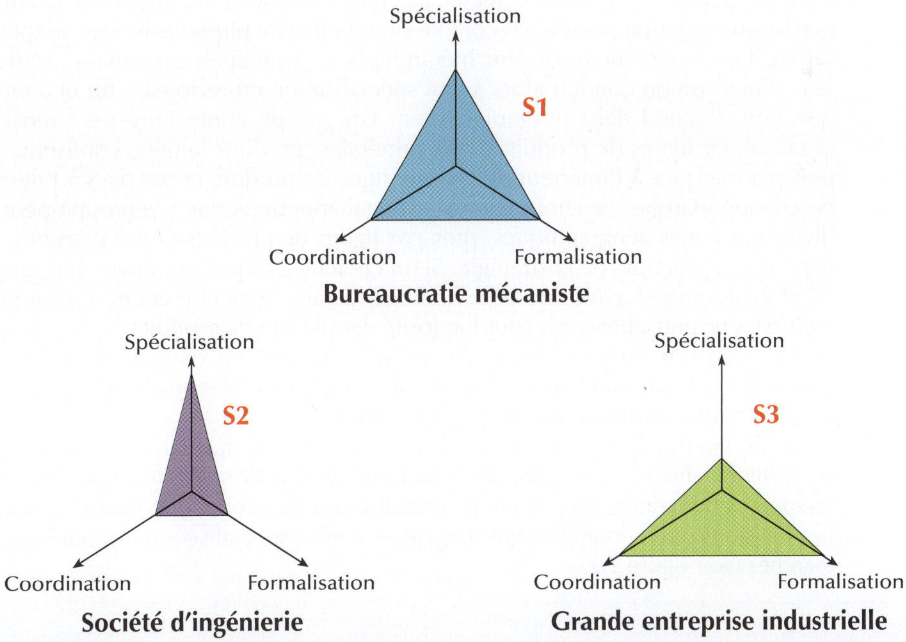

Figure 2.1
L'espace bureaucratique

Dans la figure 2.1, l'agrandissement du triangle sur les trois axes exprime une bureaucratisation croissante de la structure. La bureaucratie mécaniste (S1) est en effet caractérisée par une spécialisation à outrance (les tâches sont fragmentées et il est hors de question pour un employé de dépasser le cadre de sa fonction), une coordination très centralisée (chacun obéit et rapporte constamment à sa hiérarchie) et une formalisation pointilleuse (chaque fonction est codifiée dans une grille de qualifications et de salaires très rigide). En revanche, la structure S2, caractérisée par une coordination souple, une formalisation réduite et une spécialisation élevée, pourrait convenir à une société d'ingénierie. La structure S3, caractérisée quant à elle par une coordination étroite, une formalisation forte et une spécialisation moyenne, serait, par exemple, une grande entreprise industrielle.

La spécialisation

La spécialisation pose le problème du mode de découpage des activités. Faut-il diviser l'entreprise par fonctions : la production, le commercial, la finance, le personnel et ainsi de suite ? Vaut-il mieux la découper par groupes de produits : les avions, les hélicoptères, les missiles, les satellites et les systèmes de défense pour un groupe comme EADS, par exemple ? Ou bien par marques : Chevrolet, Buick, Pontiac, Cadillac, Saturn, pour General Motors ? Ou encore par projets, comme dans le cas des entreprises de travaux publics ou d'ingénierie ? Les travaux des théoriciens des structures, Chandler en tête, ont montré que les changements dans le mode de spécialisation, notamment le passage d'une structure fonctionnelle à une structure divisionnelle (voir figure 2.2), étaient généralement dus à des changements stratégiques comme l'internationalisation ou la diversification (voir l'encadré Fondements théoriques sur « le lien Stratégie-Structure selon Alfred Chandler »).

Ainsi, la structure d'une entreprise se caractérise-t-elle d'abord par son mode principal de spécialisation. Dans la réalité, la complexité de l'entreprise est souvent telle que sa structure doit prendre en compte simultanément plusieurs modes de spécialisation. Ces modes peuvent être hiérarchisés en principal, secondaire, tertiaire : leur superposition conduit alors à une spécialisation croissante au fur et à mesure que l'on descend dans l'organigramme. Un groupe alimentaire peut ainsi être organisé par lignes de produits (eaux minérales, produits laitiers, confiserie, etc.) puis par marques à l'intérieur de chaque ligne de produit, et par pays à l'intérieur de chaque marque. Le choix inverse est également possible : le groupe peut être divisé par zones géographiques, puis par lignes de produits et par marques. Tout dépend, en principe, de la stratégie. Si on cherche à mettre en œuvre une stratégie de globalisation et avoir une offre homogène dans le monde entier, il vaut mieux mettre les responsables pays sous l'autorité des patrons de produits. Si, au contraire, on poursuit une stratégie multi-domestique prenant en compte les différences culturelles et favorisant l'adaptation locale, les responsables produits doivent plutôt rapporter aux patrons de zones géographiques.

Dans de nombreuses entreprises, plusieurs modes de spécialisation hétérogènes coexistent. Ainsi par exemple, des départements fonctionnels, tels que finances et ressources humaines, sont souvent centralisés en position d'état-major, en support des divisions opérationnelles qui sont quant à elles spécialisées par produits ou par marchés (voir figure 2.2).

Figure 2.2
Deux grands modes de spécialisation

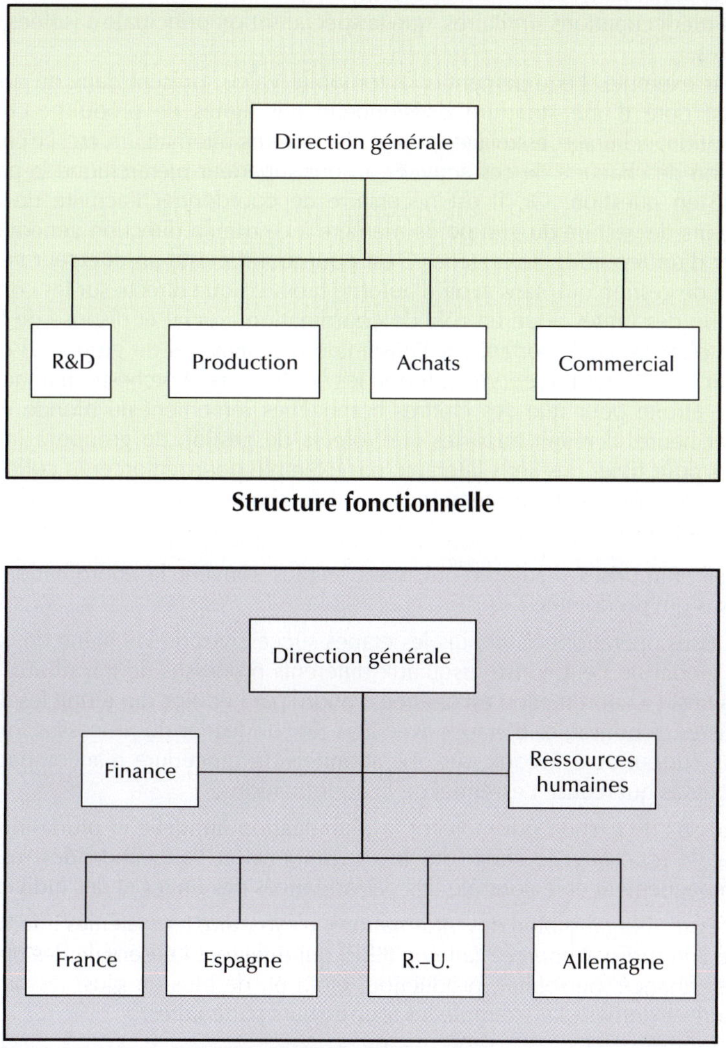

La coordination

Dans la plupart des entreprises, le principal mode de coordination demeure la hiérarchie. Celle-ci forme une pyramide plus ou moins aplatie, assortie de divers mécanismes de définition d'objectifs, d'allocation de ressources et de contrôle. Les relations verticales supérieur-subordonné sont complétées par des mécanismes favorisant les relations horizontales, tels que comités, groupes de travail ou de projets, faisant appel à des coordinateurs provisoires ou permanents (chefs de projet, chefs de produit).

La hiérarchie assure la coordination suivant les grandes lignes verticales déterminées dans l'organigramme par le mode de spécialisation principal. Des systèmes complémentaires sont mis en œuvre chaque fois qu'il semble nécessaire de coordonner des unités à préoccupations similaires, que la spécialisation principale a isolées les unes des autres.

Ainsi par exemple, l'équipementier automobile Valeo, présent dans de nombreux pays, est doté d'une structure divisionnelle par lignes de produits : chauffage-climatisation, éclairage, essuyage, antivol, démarreurs-alternateurs, etc. Le contrôleur de gestion de chacune de ces activités a pour supérieur hiérarchique le patron de l'activité en question. Or, il est nécessaire de coordonner l'activité de tous les contrôleurs de gestion du groupe de manière à ce que la direction générale puisse disposer d'un *reporting* homogène. C'est pourquoi il existe un directeur central du contrôle de gestion qui, sans avoir d'autorité hiérarchique directe sur les contrôleurs de gestion des unités, joue un rôle de coordination crucial et dispose de fait d'un pouvoir d'influence important sur l'ensemble des divisions du groupe. Il définit le format et les normes du *reporting*, forme les contrôleurs et orchestre leur activité de manière étroite pour que des chiffres homogènes remontent du monde entier en temps et heure. Il réunit aussi les contrôleurs de gestion du groupe à intervalles réguliers pour tisser des liens latéraux, par exemple pour renforcer la collaboration entre les contrôleurs de la même activité (l'éclairage) dans des pays différents (le Brésil et la France).

Dans les entreprises d'aujourd'hui, c'est le plus souvent la coordination par les processus qui prédomine :

> Processus opérationnels depuis les étapes successives de la chaîne de valeur au niveau global de l'entreprise jusqu'aux différents processus de travail aux niveaux les plus fins. La coordination est assurée d'abord par l'équipe qui réunit les différents spécialistes responsables d'étapes avec à sa tête un leader du processus, mais c'est souvent, surtout aux niveaux très opérationnels, la procédure d'accompagnement du processus qui réalise l'essentiel de la coordination ;

> Processus de gestion qui incluent la planification annuelle et pluriannuelle, les budgets, le *reporting*, le choix des investissements et l'allocation des ressources, l'accompagnement et le contrôle des performances des unités et des individus ;

> Processus d'organisation des informations, c'est-à-dire les systèmes informatiques du type *Enterprise Resource Planning* (ERP) qui intègrent l'ensemble des opérations internes (finance, personnel, production, etc..) et, de plus en plus, les principaux partenaires externes (par exemple les fournisseurs partenaires) ;

> dans certaines entreprises, en particulier dans les « organisations professionnelles » comme les cabinets de conseil, les hôpitaux et les universités, la coordination est largement réalisée à travers des processus socioculturels internalisés par les acteurs principaux, comme c'est le cas des professeurs dans les universités, des médecins dans les hôpitaux ou des experts comptables dans les cabinets d'audit.

La formalisation

Dans de nombreuses entreprises, la structure est formalisée non seulement par un organigramme, mais aussi par un manuel d'organisation qui décrit avec plus ou moins de précision la structure, les fonctions qui la composent, les liaisons entre unités, et parfois même les tâches que chacun doit accomplir, ainsi que la délégation exacte de pouvoir et le niveau de salaire correspondant à chaque poste. Quand un cabinet de conseil spécialisé aide une entreprise à se réorganiser, le rapport contient généralement, en plus de l'organigramme proposé, une description détaillée des rôles et responsabilités de chaque unité, une définition des liens hiérarchiques (qui rapporte à qui) et des liens de coordination entre unités, ainsi que la composition et les attributions des divers comités que le cabinet recommande de constituer. Ce genre de rapport, dont le but même est de formaliser la structure, comprend en général plusieurs centaines de pages !

La formalisation permet de clarifier et de rationaliser le fonctionnement de la structure. Le revers de la médaille est que la formalisation fige nécessairement ce fonctionnement dans un cadre très strict, au moins pour un certain temps. Cependant, les forces externes qui s'exercent sur l'entreprise l'obligent bien souvent à « bricoler » sa structure et à prendre des libertés avec la formalisation voulue au départ. En fonction des événements et des personnes, les rôles et les responsabilités ont tendance à fluctuer en marge de l'organigramme. De plus, l'influence relative des individus et les luttes de pouvoir qu'ils se livrent font que le fonctionnement réel de l'entreprise n'a parfois qu'un lointain rapport avec la structure formelle. On se rend vite compte que, pour faire passer telle idée ou pour obtenir tel budget, mieux vaut avoir l'approbation de telle ou telle personne, même si cela ne correspond à aucun canal officiel. Ainsi n'est-il pas rare que l'organigramme officiel soit en fait caduc dès qu'il est publié.

Aujourd'hui, nombreuses sont les entreprises qui ne publient plus d'organigramme. Mais, curieusement, n'importe quel responsable s'empresse d'en reconstituer un pour « expliquer l'entreprise » aux visiteurs extérieurs ! Formaliser de manière excessive est certes une source de rigidité qui peut contrecarrer le changement stratégique, mais entretenir le flou dans la répartition des rôles et des responsabilités devient vite une source de conflit, de duplication et d'incohérence qui peut paralyser la mise en œuvre de la stratégie. Tout l'art est donc de trouver l'équilibre entre le défaut et l'excès de formalisation, tout en reconnaissant que toutes les parties de l'organisation ne doivent pas forcément avoir le même degré de formalisation structurelle.

C/ Concevoir et animer la structure

Les travaux de Lawrence et de Lorsch (voir l'encadré Fondements théoriques : « Différenciation et intégration ») offrent un cadre d'analyse intéressant pour comprendre comment concevoir et animer une structure d'entreprise. Partant du constat que la spécialisation et la formalisation ont une influence décisive sur les comportements des individus et des équipes, ils recommandent de valoriser les différences entre unités tout en mettant en place des modes de coordination appropriés. Leur approche est fondée sur deux concepts : d'une part la **différenciation**, qui résulte de la spécialisation et des différences de formalisation entre les unités de l'organisation, et d'autre part **l'intégration**, qui recoupe la notion de coordination. L'intégration doit compenser les forces centrifuges créées par la différenciation.

La spécialisation restreint l'univers avec lequel chaque unité de l'organisation est en contact. Chaque unité se comporte comme si elle ne voyait qu'une partie de l'environnement de l'entreprise et en ignorait les autres aspects. Ainsi, dans un groupe pharmaceutique, les chercheurs ont avant tout un référentiel scientifique. Ils participent à des congrès où ils rencontrent des chercheurs universitaires (et des chercheurs employés par la concurrence !) pour parler des propriétés de molécules inconnues du commun des mortels. Ils travaillent en équipes sur des projets définis plus ou moins clairement et dont l'horizon de temps se chiffre en années. En revanche, les commerciaux, dits « visiteurs médicaux », passent leurs journées à voyager seuls

pour rencontrer des médecins praticiens et les convaincre de prescrire les médicaments du laboratoire. Leurs objectifs individuels sont fixés au mois, voire à la semaine. Leurs arguments de vente sont souvent moins scientifiques qu'on ne croit : ils vantent le goût d'un antibiotique pour enfant ou l'absence d'effets secondaires de tel ou tel antalgique que tout le monde a dans son armoire à pharmacie.
Il existe donc une différenciation importante entre chercheurs et commerciaux. Les chercheurs ont des objectifs collectifs et qualitatifs sur un horizon de temps long, alors que les commerciaux poursuivent des objectifs individuels et quantitatifs sur courte période. De plus, les chercheurs sont focalisés sur le contenu scientifique et technique de leur tâche, ce qui relègue les relations humaines au second plan, alors que les commerciaux sont principalement centrés sur le « relationnel » avec les médecins, ce qui fait des relations humaines une priorité. Cette différenciation est nécessaire à l'efficacité de chacun des groupes. La réduire aurait un impact négatif sur la performance de l'entreprise : si les chercheurs se comportaient comme des commerciaux, et réciproquement, les performances commerciales baisseraient autant que les performances scientifiques.
Mais la différenciation crée des forces centrifuges et des incohérences potentielles dans la mise en œuvre de la stratégie. La différenciation doit donc être compensée par des mécanismes d'intégration/coordination d'autant plus efficaces que cette différenciation est forte. Les entreprises les plus performantes sont en effet celles qui sont capables de faire travailler de concert des équipes de spécialistes fortement différenciées. Le travail des commerciaux et des chercheurs doit être « intégré » pour effectuer des essais cliniques avec les médecins par exemple, ou pour remonter les attentes et les commentaires des médecins vers les chercheurs en charge d'améliorer les produits. Or ce lien ne s'établit pas spontanément : l'organisation doit se doter d'« intégrateurs » capables de faire le truchement entre ces cénacles différents qui font pourtant partie de la même entreprise.

Fondements théoriques

Différenciation et intégration

Les travaux de Paul Lawrence et Jay Lorsch suggèrent que la performance d'une entreprise est fonction de l'adéquation entre la diversité des exigences que lui impose son environnement et le degré de différenciation de sa structure. Ils montrent également que la structure doit se doter de systèmes d'intégration d'autant plus sophistiqués que la différenciation est forte. Depuis sa première formulation en 1967[1], cette théorie a été utilisée de façon très systématique par la plupart des praticiens des organisations qui lui ont parfois donné une portée normative qu'elle n'avait pas forcément au départ.

La différenciation

Dans une entreprise, chaque sous-unité n'est en contact qu'avec une fraction de l'environnement, ce qui influence de manière particulière son mode d'organisation, les comportements des individus qui la composent et les relations que ceux-ci entretiennent avec les autres unités. Par exemple, si l'entreprise est structurée par fonctions, l'unité chargée de la recherche et développement a pour sous-environnement le monde scientifique, celle responsable des finances côtoie le monde des banquiers, celle consacrée à la vente interagit avec les différentes clientèles. Le mode et le degré de spécialisation dans la structure génèrent donc une partition correspondante de l'environnement en sous-environnements distincts. Ce phénomène engendre une diversité organisationnelle que Lawrence et Lorsch nomment différenciation. >

1. Lawrence P. et Lorsch J., 1967.

····> Les auteurs distinguent quatre sources de différenciation :

> la nature des objectifs, qui peuvent être quantitatifs (coût, rendement, délai, pour la production par exemple) ou purement qualitatifs (qualité de service pour le service après vente, innovation pour le laboratoire de recherche) ;

> l'horizon temporel du travail, court terme pour les commerciaux, long terme pour les chercheurs ;

> l'orientation des individus, soit sur la tâche qu'ils ont à réaliser (comme les analystes dans une banque d'affaires qui travaillent sur des modèles mathématiques), soit sur la relation humaine (comme les « *partners* » dans cette même banque, qui sont en contact permanent avec les clients et les prospects) ;

> le formalisme de l'organisation, au sens défini précédemment (les équipes de créatifs dans une agence de publicité sont organisées de manière nettement moins formelle que les studios de production de cette même agence).

Chaque unité de l'organisation entretient donc des relations privilégiées avec un sous-environnement spécifique, auquel elle doit s'adapter le mieux possible pour être efficace. Il ne faut donc pas chercher, par souci d'homogénéité ou de symétrie, à réduire les différences entre unités. Il faut au contraire les valoriser.

L'intégration

La mise en œuvre de la stratégie confronte l'entreprise à des « problèmes stratégiques dominants » qu'elle a du mal à résoudre à cause de la différenciation. Par exemple, le lancement d'un nouveau produit exige la collaboration de plusieurs unités différenciées (marketing, développement, production, service après-vente, etc.). Or la différenciation accroît les barrières à la communication. Elle engendre une dynamique centrifuge. Plus la structure d'une entreprise est différenciée, plus il est difficile de faire collaborer les différentes unités. Chaque unité a tendance à ne voir le problème posé qu'en fonction de son sous-environnement et de ses compétences propres. Toute tentative de solution nouvelle sera perçue comme une remise en cause de la répartition du pouvoir. Pis, chacun aura intérêt à éviter les conflits afin de maintenir les équilibres existants. N'étant pas explicites, les conflits auront peu de chance d'être résolus. Pour Lawrence et Lorsch, la solution n'est pas de réduire la différenciation, ce qui entraverait l'efficacité des différentes unités. Il faut, pour compenser la différenciation, mettre en place des mécanismes de révélation et de résolution des conflits. C'est ce que les auteurs appellent l'intégration.
La hiérarchie et l'ajustement mutuel spontané sont les modes les plus simples d'intégration. Mais lorsque la différenciation s'accroît, lorsque l'environnement se complexifie et si le problème stratégique concerne un grand nombre d'unités, ils ne suffisent plus. Il faut se doter de modes d'intégration complémentaires, dont voici quelques exemples :Les *personnes de liaison* (chefs de produit ou chefs de projet). Le rôle d'une *personne de liaison* consiste à mettre en communication plusieurs responsables concernés par un même problème dans des unités différentes, afin de provoquer une réflexion commune. Son objectif est de faire émerger les problèmes de coordination et de trouver une solution de consensus ou, à défaut, de susciter les arbitrages nécessaires.

> Les *groupes d'intégration*, comités ou groupes de travail. Un comité est un rassemblement de responsables dont la somme des compétences est nécessaire à la résolution d'un problème qui ne peut être confié à une seule unité de l'organisation. Son rôle peut être soit de prendre des décisions (comité de direction, par exemple), soit d'instruire un dossier au profit d'une instance de décision. Dans le premier cas, il est créé pour répondre à un problème de coordination permanent. Dans le deuxième cas, pour être efficace, un comité doit être investi d'une mission clairement définie, >

....>

d'un objectif précis assorti de délais. Le résultat de ses travaux doit impérativement être évalué et sanctionné par l'autorité qui l'a investi de cette mission. Un *groupe de travail* ou *task force* se différencie d'un simple comité par l'importance des moyens qui lui sont affectés. Les membres du groupe sont employés à temps partiel ou complet jusqu'à dissolution.

2 DÉCISION

Comme nous l'avons vu, la structure est à la fois un instrument de mise en œuvre de la stratégie et un obstacle qui rend cette mise en œuvre difficile. La structure est aussi la matrice dans laquelle la stratégie est façonnée. C'est bien souvent la structure en tant que collectivité, et non le dirigeant en tant qu'individu, qui « prend » les décisions, ce qui donne l'impression que les décisions « se prennent » toutes seules. Les exemples abondent où le choix véritablement fait à l'arrivée, le résultat du processus de prise de décision, paraît si curieux que l'on se demande comment on a pu en arriver là, comment (et non par qui) une telle décision a bien pu être prise. Le dirigeant, pilote de la structure, en est aussi le prisonnier. Quel patron n'a jamais eu le sentiment que sa marge de manœuvre était terriblement limitée ? Son rôle de stratège ne se limite-t-il pas à un choix fermé, celui d'entériner le meilleur scénario parmi ceux – et encore, quand il y en a plusieurs – qui ont été concoctés par son comité de direction ? Et ce comité lui-même fait-il autre chose que synthétiser des plans éprouvés, remis hâtivement au goût du jour et proposés comme des nouveautés par les responsables opérationnels ? Ces questions ont de quoi inquiéter les dirigeants d'entreprise, qui aimeraient bien décider de la stratégie de manière rationnelle et non pas se laisser dicter leurs choix par une structure où chacun voit midi à sa porte. C'est pourquoi, pour certains leaders, l'art du management n'est pas l'art du consensus, c'est au contraire l'art de questionner, déstabiliser, déranger, bousculer en permanence la routine organisationnelle.

Dans un groupe organisé, le processus de prise de décision n'a souvent pas grand-chose à voir avec celui d'un individu rationnel. Nous présentons dans ce chapitre quatre « modèles » qui permettent d'analyser cette réalité sous plusieurs angles : le modèle rationnel, le modèle organisationnel, le modèle politique et le modèle anarchique, dit « de la poubelle ». Ce découpage est directement inspiré des travaux de Graham Allison (voir l'encadré Fondements théoriques ci-dessous) qui montrent que chaque modèle éclaire un aspect du processus de décision et que, pour comprendre comment les décisions sont prises dans la réalité, il convient d'appliquer successivement les différents modèles à chaque situation.

Fondements théoriques

Les trois modèles de prise de décision d'Allison[1]

Dans son livre de 1971, Graham Allison analyse la crise des missiles de Cuba qui s'est déroulée en 1962. À l'époque, les États-Unis, présidés par J. F. Kennedy, découvrent que l'Union Soviétique, dirigée par N. Khrouchtchev, est en train d'installer des missiles offensifs à portée des côtes américaines, sur l'île de Cuba, gouvernée par le leader communiste Fidel Castro. Un bras de fer s'engage entre les deux

>

1. Allison G., 1971.

····> superpuissances de l'époque : les États-Unis exigent le retrait des missiles mais l'URSS semble prête à aller au conflit armé, voire à utiliser l'arme nucléaire. Une troisième guerre mondiale va peut-être avoir lieu. Finalement, les Américains décident d'instaurer un blocus autour de Cuba. Sans ouvrir le feu, la marine américaine parvient à contraindre un navire soviétique se dirigeant vers Cuba à faire demi-tour. Les Soviétiques ont baissé les bras et le monde peut respirer de nouveau.

Allison étudie trois décisions majeures prises pendant la crise : l'installation des missiles par les Soviétiques, le choix des Américains de riposter par un blocus de Cuba, et la décision des Russes de retirer les missiles. Il ne propose pas de théorie nouvelle mais montre plutôt la complémentarité entre trois axes théoriques existants : la décision rationnelle, les approches organisationnelles issues des travaux de Simon et de Cyert et March (voir l'encadré Fondements théoriques : « Rationalité limitée et théorie comportementale de l'entreprise »), et les théories issues des sciences politiques.

Sur la base de ces trois courants théoriques, Allison propose trois modèles d'interprétation de la prise de décision :

– **Le modèle I** correspond à la décision rationnelle prise par un seul acteur. Ainsi, dans cette optique, le choix du blocus par les Américains s'explique par la démarche rationnelle qu'a suivie le Président Kennedy. Avec l'aide de ses services, il a listé toutes les options possibles (intervention diplomatique, raid aérien pour détruire les missiles, débarquement de l'armée américaine à Cuba, assassinat de Castro par la CIA, blocus maritime, menace d'attaque nucléaire sur l'URSS, etc.) puis il a analysé les avantages et les inconvénients de chacune de ces solutions. À l'issue de cette analyse, le blocus est apparu comme l'option qui maximisait la fonction coût-avantage : c'était une riposte graduée, adaptée à la provocation des Russes, mais leur laissant une porte de sortie, tout en réduisant les risques d'escalade du conflit.

– **Le modèle II** décrit la décision comme résultant de procédures et de routines organisationnelles. Face au problème posé par l'installation des missiles à Cuba, chaque administration et chaque corps d'armée propose au Président Kennedy une solution toute faite, qui résulte d'un scénario élaboré à l'avance, indépendamment du problème posé. La CIA défend une option de guerre secrète et propose d'infiltrer l'entourage de Castro, l'armée de l'air propose un raid aérien, la marine un blocus, etc. Chaque entité discute toutes les options, avec un biais en faveur de celle qu'elle propose, même si certaines entités se rendent compte que les scénarios qu'elles ont en main ne sont pas adaptés et renoncent à agir. Si on laissait faire chacun selon son plan préétabli, l'action serait incohérente. De plus, les différentes entités évaluent les conséquences de la mise en œuvre de leurs propositions en fonction des scénarios préétablis et non en fonction du problème réel. L'évaluation coût-avantage est donc systématiquement biaisée et, malgré la compétence de chaque entité, on risque de prendre une décision erronée.

– **Le modèle III** suggère que la décision est le fruit d'une négociation politique entre les membres de la *task force* que Kennedy a réunie autour de lui. Chaque joueur arrive à la table avec ses enjeux et son pouvoir sur certaines ressources qu'il maîtrise. Chacun essaie d'avoir l'oreille du Président, d'améliorer sa position et d'influer sur la décision. On distingue notamment les « colombes », partisans d'une solution diplomatique, et les « faucons », partisans de la manière forte et de l'action militaire. À partir du moment où Robert McNamara, que Kennedy a appelé auprès de lui comme ministre de la défense pour maîtriser les militaires, commence à pencher pour la solution du blocus que propose la marine, le débat se clarifie soudain et le Président entrevoit la solution du problème. >

····> Selon Allison, il est nécessaire de combiner ces trois modèles pour comprendre le processus réel. Même si c'est la décision rationnelle qui l'emporte, le processus qui y a conduit n'est pas nécessairement rationnel. En revanche, plus les enjeux sont élevés (des milliers ou des millions de vies humaines dans l'exemple traité), plus le dirigeant devrait essayer de s'approcher de la rationalité, malgré les filtres organisationnels et les comportements politiques.

A/ Le modèle rationnel

Caractéristiques

Le modèle rationnel est celui qui nous vient spontanément à l'idée lorsque nous imaginons ce qui devrait se passer dans la tête du dirigeant d'une entreprise lorsqu'il formule sa stratégie. Dans ce modèle, nous faisons comme si toute l'entreprise se confondait avec cet acteur unique, doté d'objectifs et/ou de préférences relativement stables, qui cherche à faire ses choix de manière aussi rationnelle que possible.

Il vaudrait d'ailleurs mieux parler de modèle de l'acteur unique ou de modèle mono-rationnel, plutôt que de *modèle rationnel* comme on le fait généralement, et ceci pour deux raisons. D'une part, il faut éviter de suggérer que les autres modèles supposent des acteurs irrationnels, ce serait une erreur ; d'autre part, il convient de mettre l'accent sur le fait qu'une seule logique d'action est à l'œuvre. La décision est assimilée au raisonnement d'un acteur unique, individuel ou collectif, réel ou fictif, dont la conduite est rationnelle en ce sens qu'il cherche à maximiser la réalisation de certaines fins, en utilisant les moyens dont il dispose. Le degré de pureté ou de sophistication de cette rationalité peut être très variable selon les acteurs et les situations, mais il s'agit d'une rationalité homogène qui exclut tout conflit sur les objectifs et sur la façon de décider.

Les choix effectués se déduisent des objectifs et/ou des préférences (confrontés à une situation donnée). Les objectifs sont clairement et précisément définis, et l'organisation les sert comme un seul homme. Les préférences sont stables (dans le temps), mutuellement exclusives, pertinentes (elles s'appliquent sans difficulté aux situations concrètes), exhaustives (il n'y a pas de situation à laquelle elles ne puissent s'appliquer) et exogènes (elles ne changent pas en cours de route en fonction des choix effectués).

Le processus de décision se résume à une succession d'étapes logiquement enchaînées :

> formulation du problème ;

> repérage et explicitation de toutes les stratégies possibles ;

> évaluation de chaque stratégie par des critères dérivés des objectifs ou des préférences ;

> choix de la stratégie optimale.

On peut ajouter des raffinements, et la théorie économique ne s'en prive pas : probabilités, évaluation du risque, coût de l'information. Mais la nature du raisonnement reste la même.

Illustrations

Le modèle mono-rationnel est à la base de la théorie et du calcul économiques ; il inspire une grande partie des techniques de gestion. Ainsi, la procédure de choix des investissements, telle qu'elle est formulée par les spécialistes de gestion financière[1], se découpe en quatre phases :

1. Solnik B., 2001.

> ***détermination des objectifs prioritaires*** de la politique d'investissement, en fonction de la stratégie de l'entreprise ;

> ***génération des projets d'investissements***, chaque projet étant caractérisé par l'investissement initial, les flux financiers générés, la durée de vie et la valeur résiduelle ;

> ***évaluation des projets*** : à partir des caractéristiques précédentes, les projets sont évalués en fonction de critères financiers homogènes, par exemple le taux de rentabilité interne (TRI) ou la période de remboursement ;

> ***sélection des projets*** : les projets qui dépassent le seuil fixé pour les critères (par exemple, un TRI supérieur à 12 %) sont adoptés ; si l'on doit sélectionner un seul projet, on choisit celui qui présente la meilleure performance.

Cette démarche, présentée ici de manière simplifiée, peut être d'une grande sophistication technique, notamment dans la prise en compte du risque, sans que cela change sa logique.
D'une certaine manière, le modèle SWOT, présenté dans le chapitre précédent, est aussi une illustration du modèle mono-rationnel. Ce modèle suppose en effet qu'en analysant rationnellement et aussi exhaustivement que possible les opportunités et les menaces externes, ainsi que les forces et faiblesses internes, le dirigeant ou le consultant est capable de trouver la stratégie optimale compte tenu de ces données. Pour mettre en œuvre cette stratégie, il suffit ensuite de la décliner en politiques opérationnelles, ce qui, dans le modèle, ne semble pas poser de problème particulier.
SWOT est en fait l'héritage incontournable de la première des « écoles » de la stratégie, « l'école du design[1] » (voir chapitre 1) qui influence encore de manière sous-jacente la manière de penser de la plupart des consultants et des dirigeants d'entreprise. Pour « l'école du design », la démarche stratégique vise à réaliser une adéquation entre les caractéristiques de l'entreprise et celles de l'environnement. Le dirigeant mène une réflexion consciente et contrôlée pour envisager les stratégies possibles, puis en choisit une qui sera ensuite mise en œuvre conformément à son intention.

Un avatar : le modèle cognitif

Dans les années 1980, le modèle de l'acteur unique a été revitalisé par l'apport d'une perspective cognitive. Cette approche admet que les raisonnements des décideurs n'ont pas la rigueur qu'on leur prête dans le modèle rationnel. La psychologie cognitive expérimentale a en effet identifié de nombreux biais cognitifs, qui font que la pensée humaine « naturelle » s'écarte significativement du calcul rationnel lorsqu'il s'agit de prendre une décision. En lien avec le tableau 1.5 présenté au chapitre 1, le tableau 2.1 présente les principaux biais cognitifs qui perturbent ainsi la rationalité des décisions[2].
Les recherches montrent que les décideurs ont également recours à des analogies et des métaphores pour simplifier la réalité à laquelle ils sont confrontés, et trouver des référents qui leur permettent de définir le type de stratégie souhaitable sans passer par un raisonnement exhaustif. Ce faisant, ils développent des hypothèses et des croyances sur l'environnement et sur leur organisation. Leurs raisonnements suivent les itinéraires tracés par des « cartes cognitives » établissant des liens entre les éléments qu'ils perçoivent comme déterminants.
L'approche cognitive montre ainsi que les phases de repérage et d'évaluation des stratégies possibles, qui sont centrales dans le modèle monorationnel, suivent en fait des

1. Learned E.P., Christensen C.R., Andrews K.R. et Guth W.D., 1965. Mintzberg H., 1990.

2. Schwenk C.R., 1984. Schwenk C.R., 1988 Cette présentation de la perspective cognitive comme un enrichissement du modèle monorationnel est celle défendue par Schwenk (voir son livre : *The Essence of Strategic Decision-Making*, Lexington Books, 1988). C'est à notre sens une restriction considérable des potentialités des approches cognitives de la stratégie.

processus complexes et difficilement maîtrisables, qui ne respectent pas les canons de la rationalité normative. Cet aménagement du modèle laisse intacte l'idée fondamentale selon laquelle la stratégie procède avant tout de la pensée et de la volonté du dirigeant, mais admet que cette volonté et cette pensée ont leur part d'obscurité.

Tableau 2.1
Biais cognitifs et décision stratégique (d'après C. R. Schwenk[1])

Étape du processus de décision	Biais cognitifs	Effets
Formulation des buts et identification du problème	*Ancrage cognitif* : le décideur est attaché à son jugement initial et peu sensible à l'information nouvelle et divergente.	• Non-perception d'indices et d'écarts
	Escalade de l'engagement : le décideur poursuit l'action engagée d'autant plus qu'elle ne produit pas les effets attendus.	• Minimisation des écarts • Non-révision de la stratégie
	Raisonnement par analogie : le décideur transpose des cas simples connus aux cas complexes.	• Sur-simplification du problème • Stratégie non pertinente
Production d'un éventail de solutions stratégiques	*Focalisation sur une solution préférée d'emblée* : le décideur ne voit que les avantages de la solution qu'il préfère a priori, et ne voit que les inconvénients des autres solutions.	• Peu de solutions vraiment étudiées • Rejet prématuré • Évaluation insuffisante de la solution préférée
	Fausse représentativité : le décideur généralise abusivement à partir de situations passées, d'essais, d'expériences personnelles.	• Mauvaise appréciation des conséquences de la solution
Évaluation et sélection d'une solution	*Illusion de contrôle* : le décideur surestime son degré de contrôle sur le cours des choses.	• Mauvaise appréciation des risques
	Dépréciation des solutions incomplètement décrites.	• Rejet prématuré de solutions

Source : d'après C.R. Schwenk, 1985.

Portée et limites du modèle rationnel

Systématisé par les sciences économiques, le modèle monorationnel a plusieurs avantages. Il correspond à la représentation naturelle de la décision pour un Occidental. Il est encore plus évident pour un Français ayant reçu une éducation cartésienne.

Ses versions fondées sur l'idée d'une rationalité substantive universelle (celle du calcul économique) ont permis des formalisations élaborées, utilisant des outils mathématiques et des techniques quantitatives, qui se révèlent puissantes dans le cas de problèmes bien structurés et répétitifs. Ses versions qualitatives, utilisant les apports de la psychologie cognitive, ouvrent la voie au développement d'aides à la décision d'une nouvelle nature, travaillant sur les représentations des dirigeants[2].

Ce modèle présente cependant deux grandes limites :

> Tout d'abord, les modèles rationnels sont le plus souvent du type normatif et non explicatif. Ils répondent à la question « comment faire ? » plutôt qu'aux questions « comment ce choix a-t-il été fait ? » ou « pourquoi cela s'est-il passé ainsi ? »

> En second lieu, les hypothèses sous-jacentes au modèle mono-rationnel sont trop réductrices pour rendre compte de la réalité[1]. Il est irréaliste de supposer que la

1. Schwenk C.R., 1985.

2. Schwenk C.R. et Thomas H., 1983 ; Bryant J., 1989 ; Cossette P. (dir.), 1994.

décision est l'adaptation logique d'un acteur unique, doté de préférences cohérentes et stables, à un environnement purement exogène. En supposant que les choix observés sont les résultats des décisions volontaires et libres de ce décideur, le modèle nie la complexité organisationnelle ainsi que l'existence des conflits et des stratégies des individus et des groupes au sein de l'organisation.

Il est frappant de constater que la manière dont Jean-René Fourtou a pris ses décisions en 2002 pour sauver Vivendi (voir le Mini-cas « Vivendi » en fin de chapitre) s'écarte d'abord très fortement du modèle rationnel ou cognitif pour s'en rapprocher ensuite. Ainsi par exemple, les décisions de cessions d'actifs ont été purement guidées par les opportunités. De même, J. R. Fourtou a pris ses décisions de recrutement, qui étaient déterminantes, sans mise en concurrence des candidats et donc sans faire de scénario alternatif. Ce n'est qu'après plusieurs mois qu'une stratégie a commencé à se dessiner dans son esprit quand il a élaboré le scénario de rachat de SFR et qu'il s'est mis à le défendre par rapport aux autres options proposées par son Conseil d'Administration. Les protagonistes de l'histoire reconnaissent tous que c'est à partir de ce moment-là que la situation a basculé : on passait d'une gestion de crise à un choix stratégique.

B/ Le modèle organisationnel

Caractéristiques

Du point de vue théorique, le modèle organisationnel est largement inspiré des travaux de Cyert et March, eux-mêmes issus de la théorie de la rationalité limitée d'Herbert Simon (voir l'encadré Fondements théoriques ci-dessous).
Le modèle organisationnel reconnaît que l'organisation est composée de sous-unités et que ces sous-unités sont « différenciées », comme nous l'avons montré dans la première partie de ce chapitre. Chaque sous-unité est pourvue de règles et de procédures qui lui sont propres, qui conditionnent sa perception et guident son comportement. Les rapports entre les sous-unités sont eux-mêmes définis par des règles et des procédures. L'ensemble des sous-unités est coiffé par une direction.
Les sous-unités se voient attribuer des objectifs par la direction. Les sous-unités ont tendance à traiter ces objectifs comme des contraintes, c'est-à-dire comme des demandes de la direction qu'elles doivent satisfaire, mais sans renoncer à leurs propres objectifs et pratiques.
Les sous-unités tendent à traduire les problèmes qui leur sont posés de telle manière qu'ils puissent se formuler selon des schémas connus, sur lesquels elles pourront appliquer des règles et des procédures standards. Ainsi, les sous-unités ramènent des situations complexes et originales à des situations simples, interprétables facilement et proches de situations déjà rencontrées.
Les procédures habituelles guident la recherche de solution jusqu'à la première solution satisfaisante, c'est-à-dire celle dont le niveau de performance est jugé acceptable par le demandeur (direction ou environnement). Cette solution est adoptée, et la recherche d'autres solutions est alors arrêtée. On est donc loin ici de la recherche exhaustive de solutions et du choix de la solution optimale qui caractérisent le modèle mono-rationnel.
Dans ce modèle, le changement est problématique et difficilement maîtrisable. Le processus organisationnel tend à ramener les questions qui se posent à un nombre limité de problèmes connus, et à leur attribuer un nombre limité de solutions éprouvées. Ainsi, l'organisation reproduit les mêmes comportements, et tend par là à se déconnecter partiellement de l'environnement. Le changement ne peut

1. March J.G., 1981.

provenir que de deux sources : soit une lente évolution par l'apprentissage et la modification progressive des procédures ; soit la crise : l'incapacité manifeste des procédures standard à fournir une solution acceptable peut déclencher un processus exceptionnel de recherche de solution nouvelle, générateur de perturbations et de coûts élevés pour l'organisation.

Illustrations

Au fond, le message essentiel du modèle organisationnel et que, quels que soient les objectifs stratégiques que fixe le dirigeant, chaque unité de l'organisation va toujours proposer des solutions standard qui sont en fait déjà en vigueur et qu'elle ne modifie qu'à la marge : le directeur de la recherche et développement va déterrer et remettre au goût du jour tel projet de nouveau produit, le directeur du marketing telle campagne de publicité, le directeur de la production tel plan de réduction des coûts. Dès qu'une solution acceptable va être identifiée, ou dès qu'une combinaison cohérente de solutions va apparaître, elle va être adoptée, sans chercher plus loin. Il est ainsi fascinant de voir que, dans la plupart des entreprises, la meilleure façon de prévoir le contenu d'un nouveau plan stratégique est de lire celui qui avait été élaboré la dernière fois qu'on en a fait un.

Il est également frappant de constater que, malgré la crise dans laquelle est plongée l'industrie automobile au début du XXIe siècle, malgré la parfaite prévisibilité de la raréfaction du pétrole, malgré l'évidence des effets du CO_2 sur le réchauffement climatique, la plupart des constructeurs automobiles continuent contre vents et marées à commercialiser le même type de produit. Quels que soient les objectifs fixés par Carlos Ghosn chez Renault par exemple, l'entreprise continue à sortir la Laguna III pour succéder à la Laguna II, la Mégane IV pour succéder à la Mégane III, etc. Ce sont les modèles de voitures que l'organisation sécrète « naturellement ». Bien sûr, l'innovation est possible, comme le montre l'exemple de la Logan, mais elle doit bien souvent se faire « contre » la structure existante, ou « en marge » de celle-ci. Déjà, au début des années 1990, le développement de la Twingo avait été réalisé en marge de l'organisation traditionnelle, en isolant l'équipe de projet pour la préserver des routines habituelles[1]. Plus significativement encore, dans les années 1980, l'Espace, qui a été de loin le produit le plus innovant et surtout le plus profitable pour Renault sur le dernier quart de siècle, avait été en fait développé (et était fabriqué) par un partenaire extérieur, Matra Automobile... Quant à lancer des voitures animées par autre chose qu'un moteur à combustion interne, la structure de la plupart des constructeurs ne l'envisage pas sérieusement et il se trouve toujours quelqu'un pour tuer ces projets en prouvant par A + B que « ça ne marchera pas ». Le jour où La Poste française souhaite s'équiper de plusieurs dizaines de milliers de voitures électriques, elle n'a guère qu'une ressource : les acheter en Chine, à un constructeur qui n'existait pas cinq ans auparavant ! Mais les syndicats de La Poste vont-t-ils accepter qu'on abandonne ainsi le fournisseur national ?

Pour éviter les travers du modèle organisationnel, de nombreuses entreprises font appel à des consultants extérieurs, dont la mission est en fait de rétablir les droits de la rationalité défaillante. Cela n'améliore pas toujours les choses car les consultants risquent aussi d'appliquer le modèle organisationnel à leur façon : ils vont avoir tendance à plaquer sur le problème la solution qu'ils ont mise en œuvre chez leur client précédent, contribuant ainsi à répandre ce qu'ils appellent les *best practices*, c'est-à-dire en fait à faire converger toutes les entreprises d'un même secteur vers les mêmes stratégies, ce qui nivelle les performances pour tout le monde.

1. Midler, C., 1993.

Le cas de Vivendi est une illustration *a contrario* du modèle organisationnel (voir le Mini-cas « Vivendi » en fin de chapitre). En effet, M. Fourtou se retrouve en juillet 2002 à la tête d'une organisation décapitée. Il se rend compte dès le départ qu'il ne peut pas compter sur la structure en place pour obtenir les informations dont il a besoin et prendre la succession de Jean-Marie Messier. L'absence d'organisation structurée le place dans une incertitude totale (il ne connaît même pas l'amplitude de la crise de trésorerie à laquelle il doit faire face). D'un autre côté, il peut faire table rase et dispose donc d'une liberté de décision exceptionnelle par rapport à ce qui se serait passé dans une situation de succession classique.

Fondements théoriques

Rationalité limitée et théorie comportementale de l'entreprise

Dans la lignée des travaux d'Herbert Simon sur la rationalité limitée[1], Cyert et March[2] ont élaboré une théorie comportementale de l'entreprise. Leur but était de proposer une alternative aux théories économiques de la firme.

Comme l'a souligné Herbert Simon, dont la contribution aux théories de la décision a été couronnée par le prix Nobel en 1978, l'homme est rationnel, mais sa rationalité est limitée. Il manque de connaissances ; il ne se souvient que partiellement des choix antérieurs ; il lui est difficile d'anticiper les événements futurs ; il a des objectifs à court terme, ses besoins ne sont pas insatiables et il ne cherche pas à satisfaire tous ses objectifs immédiatement. Il procède donc par choix séquentiel, grâce à sa capacité de stocker des éléments de satisfaction et d'ajuster ainsi son niveau d'exigence. Face à un problème, le décideur ne cherche donc pas à choisir *la* solution optimale. Il n'a ni l'information ni les capacités intellectuelles lui permettant d'envisager toutes les solutions possibles et d'évaluer leurs avantages et leurs inconvénients. Il va donc se contenter de retenir la première solution jugée *satisfaisante*. Cette solution sera très souvent une solution ancienne déjà utilisée pour des problèmes similaires. Le décideur ne recherche une solution nouvelle que si les solutions anciennes ne sont pas adaptées.

Passant du niveau individuel au niveau organisationnel, Simon souligne que les individus acceptent de devenir membres de l'organisation, d'y participer et de subir son influence, si elle contribue directement ou indirectement à la satisfaction de leurs objectifs personnels. Une organisation est donc un système en équilibre qui, en contrepartie des efforts et de la loyauté de ses membres, leur offre des avantages financiers, sociaux, (statut social, prestige, pouvoir) ou idéologiques (comme dans une Église ou un parti politique). Le processus de décision est donc de nature organisationnelle à double titre. D'une part, l'individu voit sa rationalité limitée et influencée par l'organi sation. D'autre part, la décision s'insère dans le contexte organisationnel au sein duquel les décisions sont interdépendantes parce que les décisions actuelles sont le résultat des décisions passées et limitent l'horizon des décisions futures.

Sur ces bases, Cyert et March ont développé, dans leur livre intitulé *A Behavioral Theory of the Firm*, une théorie comportementale qui conçoit l'organisation comme une coalition d'individus qui ont des objectifs différents. Les objectifs généraux de l'organisation sont traités par les individus comme des contraintes à satisfaire. Les problèmes sont fractionnés en sous-problèmes attribués aux différentes sous-parties de l'organisation, qui traitent chacune leur morceau comme elles l'entendent, selon leur rationalité propre, en respectant toutefois la contrainte d'atteindre l'objectif général. Ainsi, l'organisation n'est pas un bloc animé d'un seul mouvement, mais une juxtaposition de rationalités locales définies par rapport à un niveau donné de performance. Elle a renoncé à toute optimisation globale.

1. Simon H. 1947. 1984. Voir en particulier les chapitres 1 à 5. March J.G. et Simon H., 2005 1964.

2. Cyert R.M. et March J.G., 1963.

....>

Conformément au principe de la rationalité limitée, les individus et les groupes n'ont ni le temps ni les moyens de rechercher systématiquement la solution optimale à chaque problème. Ils se satisfont de la première solution qui répond plus ou moins aux objectifs. Les conflits potentiels ne sont pas résolus par la recherche d'un accord global dans des termes communs, mais par le traitement séquentiel des problèmes : après avoir satisfait A, on satisfera B. A et B peuvent être des individus ou sous-groupes de l'organisation, des parties prenantes extérieures ou des objectifs contradictoires de l'organisation.

L'organisation cherche à éviter l'incertitude de deux façons : en mettant en place des procédures internes qui permettent de réagir rapidement aux « rétroactions » que renvoie l'environnement en réponse aux actions de l'organisation. Cela signifie que l'organisation privilégie la réaction à court terme, en réponse à des problèmes urgents, plutôt que l'anticipation à long terme.

L'organisation réagit donc aux problèmes que lui pose l'environnement. Si le problème est facilement identifié, on lui applique les procédures habituelles, qui génèrent la solution habituelle. Ainsi, la baisse du stock au-dessous d'un niveau N provoque une commande. Sinon, s'engage un processus de recherche qui vise à cerner le problème et à lui trouver une solution.

Cette recherche a trois caractéristiques :

- elle est *motivée* par un problème, c'est-à-dire qu'il n'y a pas de recherche spontanée, planifiée ou systématique ;
- elle est *naïve,* c'est-à-dire qu'elle reste proche des manifestations premières du problème (des symptômes), sans rechercher des causes fondamentales, et qu'elle n'envisage que les solutions habituelles, sans rechercher l'innovation ;
- elle est *biaisée* par l'expérience acquise (on juge aujourd'hui à l'aune d'hier), par les souhaits (on prévoit ce qu'on peut voir) et par les conflits internes (l'information est une source de pouvoir).

En conséquence, l'organisation fait preuve d'une certaine inertie. Elle peut en général se le permettre, car elle dispose d'un volant de ressources excédentaires qui l'autorise à ne pas modifier sa conduite, alors même que les conditions environnementales fluctuent.

Malgré cette inertie, l'organisation est capable de s'adapter à moyen et long terme à son environnement, grâce à un *processus d'apprentissage* qui porte sur trois points :

- les objectifs : l'organisation modifie les objectifs en fonction des résultats obtenus par rapport aux objectifs précédents, et en imitant d'autres organisations comparables ;
- les règles d'attention : l'organisation sélectionne des portions de l'environnement qu'elle surveille attentivement en fonction de quelques critères simples. Les événements et les problèmes rencontrés l'amènent à modifier les zones surveillées et les règles de surveillance ;
- les règles de recherche : l'organisation tend à adopter comme règles de recherche les manières de faire qui ont conduit à des succès et à écarter celles qui ont échoué ; les règles évoluent ainsi par accumulation d'essais-erreurs.

Portée et limites du modèle organisationnel

L'apport fondamental du modèle organisationnel de la décision est d'avoir mis en évidence l'importance du processus dans la détermination des choix : la substance des choix est affectée par la manière dont ils sont effectués.

En observant les pratiques réelles de décision, H. Simon et ses successeurs ont mis en évidence l'importance de l'organisation et des procédures dans les choix des entreprises. Ils expliquent ainsi pourquoi les comportements réels s'éloignent considérablement du modèle monorationnel qui sous-tend les théories économiques et les modèles de stratégie traditionnels.
Ce modèle souffre cependant de certaines lacunes :

> il explique mal les phénomènes d'innovation et de changement brutal, puisqu'il repose sur l'hypothèse selon laquelle les choix sont largement conditionnés par les structures et les procédures existantes ;

> il est imprécis sur la manière dont les sous-unités de l'organisation interagissent, sur leur intégration et sur le rôle de la direction, ainsi que sur la façon dont sont définies les structures et les procédures. Autrement dit, le modèle reste très pudique sur la question du pouvoir ;

> il admet trop facilement que les règles sont effectivement suivies au pied de la lettre et ne prend pas suffisamment en compte les jeux et les stratégies des membres de l'organisation par rapport à la structure et aux procédures.

C/ Le modèle politique

Caractéristiques

Dans le modèle politique, l'organisation est vue comme un ensemble de joueurs – individus ou groupes – placés dans des situations particulières au sein d'une structure plus ou moins précise (ligne hiérarchique, processus budgétaire, division du travail). Les joueurs sont dotés d'intérêts et d'objectifs propres, et contrôlent différentes ressources (autorité, statut, argent, temps, hommes, idées, informations).
L'organisation n'a pas d'objectifs clairs *a priori*. Ses objectifs sont discutés et redéfinis à partir de l'interprétation qu'en font les acteurs compte tenu de leur situation de pouvoir. Les objectifs peuvent rester vagues, ambigus, et leur stabilité n'est pas garantie.
Les individus ou entités mènent des stratégies particulières à partir de leur situation propre. La confrontation des stratégies particulières est en partie régulée par la structure de l'organisation et s'exprime au travers des jeux de pouvoir, dans lesquels les acteurs utilisent avec plus ou moins d'habileté les ressources dont ils disposent. Influence, coalition, conflit, ruse, sont des éléments normaux du processus politique.
Le changement est possible, mais sa maîtrise difficile. On peut assez facilement tomber d'un extrême dans l'autre. À un extrême, le processus politique donne un changement lent et progressif, par petits coups qui n'ébranlent pas l'édifice des rapports entre joueurs. À l'autre extrême, c'est la révolution, le bouleversement complet des règles du jeu, de la distribution des ressources et de la liste des joueurs.

Illustrations

Les décisions stratégiques sont à la fois l'occasion et l'objet de luttes internes dans l'entreprise. À travers les problèmes stratégiques, les cadres dirigeants poursuivent des stratégies personnelles et collectives de construction de leur autonomie et de leur influence. H. Mintzberg propose une liste des principaux jeux politiques qu'on peut rencontrer dans une organisation[1]. En voici quelques-uns :

> les jeux de *construction d'empires,* très prisés parmi les cadres supérieurs, consistent à établir et augmenter sa base de pouvoir à travers l'augmentation de la taille du

1. Mintzberg H., 1986.

service que l'on dirige, la maximisation de son budget de fonctionnement et d'investissement, l'attribution de missions et de compétences réservées. Ces jeux nécessitent souvent des alliances avec les pairs et, pour les moins puissants, le parrainage de supérieurs ou d'aînés ;

> les jeux de l'*insoumission*, pratiqués par des acteurs *a priori* peu puissants, visent à contester une décision ou plus globalement l'autorité en place. Ils se nourrissent des accès privilégiés aux savoirs et aux informations pratiques dont bénéficient ces acteurs. Parfois, ils débouchent sur un *coup de sifflet*, c'est-à-dire une dénonciation de comportements jugés illégitimes, auprès de la direction ou même à l'extérieur de l'organisation (presse, consommateurs, pouvoirs publics) ;

> les jeux du *changement au sommet* cherchent à modifier les équilibres de pouvoir dans l'entreprise. Un moyen privilégié est de se porter candidat à des postes stratégiques avec, si possible, le soutien de pairs ou de supérieurs. Parfois un groupe soudé de « jeunes Turcs » se forme avec pour but de forcer l'accès au pouvoir en se plaçant à des postes clés.

Ces jeux politiques ont bien souvent leurs règles implicites, propres à l'identité de l'organisation. Toutefois, ces règles peuvent être transgressées par des acteurs qui souhaitent un changement radical. L'entreprise peut alors se transformer en arène politique, situation d'affrontement généralisé qui constitue une crise grave pour l'organisation.

Portée et limites du modèle politique

Le modèle politique est hérité principalement de la science politique. Il a été développé à partir de l'observation des organisations ou des institutions publiques. Son apport essentiel est d'attirer l'attention sur les interactions des stratégies particulières au sein des organisations et, finalement, sur les jeux de pouvoir que cachent les discours rationnels et les organigrammes bien dessinés. Son utilisation pour décoder les situations réelles est cependant complexe, car il requiert beaucoup d'informations.

On peut lui faire deux critiques principales. D'une part, en insistant sur les stratégies individuelles, ce modèle tend à masquer le fait que les règles et les structures, dans le cadre desquelles ces stratégies s'exercent, sont aussi des instruments de pouvoir. Ainsi, une large partie des ressources dont disposent les acteurs pour influencer les décisions (autorité, budget, personnel d'étude) dépend de décisions d'organisation qui ne sont pas à proprement parler politiques. D'autre part, le modèle politique néglige l'existence d'éléments qui transcendent les stratégies individuelles : valeurs communes, projets, identité. Tous ces éléments peuvent orienter l'action plus sûrement que les processus de négociation entre individus.

E/ LE MODÈLE DE LA POUBELLE

Caractéristiques

« Supposons que nous regardions une opportunité de choix comme une poubelle dans laquelle les participants jettent divers problèmes et diverses solutions. La composition des détritus dans une poubelle dépend de ce que l'on y met, de l'éventail des poubelles disponibles, de l'étiquette apposée sur chacune d'elles, autant que de la vitesse avec laquelle on ramasse les ordures. »[1]

Le modèle de la poubelle, ou *garbage can model,* formulé par J. March, M. Cohen et J. Olsen[2], considère une décision comme le produit de la rencontre fortuite, lors

1. March J.G. et Olsen J.-P., 1976. D'autres traductions ont été proposées pour « *Garbage Can Model* » : modèle du fourre-tout, modèle des concours de circonstances.

2. Cohen M.D., March J.G. et Olsen J.-P., 1972.

d'une circonstance particulière (opportunité de choix), de problèmes (en suspens), de solutions (toutes prêtes) et de décideurs plus ou moins concernés (participants).
Les opportunités de choix sont les occasions au cours desquelles une organisation est censée produire une ou des décisions (signature de contrats, embauche ou licenciement, réunions budgétaires, comités de planification, etc.). Les problèmes sont tout ce qui implique les membres de l'organisation dans et hors de l'organisation à un moment donné. Cela dépasse largement les problèmes de gestion, pour inclure les soucis familiaux ou écologiques. Les solutions sont des réponses en quête de problèmes : elles recherchent une ou des questions pour pouvoir être mises en œuvre. L'informatique est un bon exemple de « solution » permanente face à de nombreux problèmes possibles. Les participants sont les acteurs présents lors d'une opportunité de choix. Comme leur temps est limité, ni leur présence ni leur implication n'est garantie.
Opportunités, problèmes, solutions et participants constituent autant de flux, relativement indépendants, qui parcourent l'organisation et parfois se rencontrent pour engendrer une décision.
La circulation de ces flux, et donc leur croisement, est cependant partiellement déterminée, dans l'espace et dans le temps, par la structure organisationnelle (à travers la spécialisation, la coordination et la formalisation), ainsi que par les us et coutumes. Par exemple, la spécialisation et les modes de coordination influent sur la possibilité, pour tel acteur, d'être participant dans telle opportunité de choix (par exemple, les chefs de produits participent à la réunion hebdomadaire du département marketing, mais pas à la nomination d'un nouveau chef de produit). De même, les opportunités de choix sont plus ou moins spécialisées ; par exemple, il peut être saugrenu d'évoquer un problème de rémunération lors d'une réunion de planification des investissements.

Illustrations

Dans le modèle de la poubelle, une décision donnée ne s'explique que si l'on envisage l'ensemble des problèmes, solutions et participants ayant ou n'ayant pas de rapport logique ou rationnel avec cette décision. Par exemple, telle décision s'explique en partie par l'absence de tel participant absorbé par un problème qu'il a jugé plus important.
Ce modèle suggère des explications pour des phénomènes somme toute fréquents, notamment :

> les décisions ne résolvant pas les problèmes visés, qui réapparaissent plus tard ou ailleurs ;

> l'adoption de solutions à la mode alors que la situation n'était pas problématique et que le remède s'avère parfois pire que le mal ;

> la persistance de problèmes non résolus (serpents de mer) ;

> l'incapacité d'attribuer une décision à qui que ce soit (la décision a été prise sans que personne ne l'ait vraiment voulu).

Ainsi par exemple, la décision de déployer un logiciel informatique ERP (*Enterprise Resource Planning*), apparaît parfois comme une solution très coûteuse à des problèmes qui ne se posaient pas forcément. Les ERP sont des applications dont le but est de coordonner l'ensemble des fonctions d'une entreprise (production, approvisionnement, marketing, vente, gestion des ressources humaines, etc.) autour d'un même système d'information. La mise en œuvre d'un ERP ne se limite pas à paramétrer un progiciel intégré, c'est un véritable projet d'intégration de systèmes entraînant des coûts d'ingénierie très élevés et s'étendant sur plusieurs mois, souvent au prix d'une paralysie partielle du fonctionnement de l'entreprise. De plus, l'adoption d'un ERP entraîne des changements de structure et des modifications importantes des habitudes de travail d'une grande partie des employés. C'est pourquoi on considère généralement que le coût de l'outil logiciel lui-même représente moins de 20 % du coût total de mise en place d'un tel système. Les réformes de structure nécessaires au déploiement de l'ERP engendrent souvent des problèmes nouveaux auxquels personne n'avait pensé auparavant. Aussi, après avoir souffert pendant tout le déroulement du projet, nombre d'entreprises découvrent, quand le système fonctionne enfin, des dysfonctionnements qui ne s'étaient jamais produits jusque-là. Même si, d'un autre côté, les améliorations sont patentes, les dirigeants en viennent souvent à se demander si le jeu en valait la chandelle et si leur attention n'a pas été distraite des vrais problèmes pendant tout ce temps. Quant à savoir qui a pris la décision, on se demande encore si c'est la direction générale, la direction informatique, ou les commerciaux de la société de service informatique auprès de laquelle l'entreprise a un jour externalisé une partie de son système d'information !

Portée et limites du modèle de la poubelle

Le modèle de la poubelle s'écarte résolument du paradigme de la décision comme résolution d'un problème par le choix d'une solution adéquate. En cela, il diffère totalement du modèle rationnel, mais aussi du modèle organisationnel (fondé sur l'idée de procédure pour résoudre les problèmes) et du modèle politique (où le problème et la solution sont négociés).

Le modèle de la poubelle est un sommet de la démarche de déconstruction des processus de prise de décision. Il aboutit en effet à la disparition de l'idée même de décision. Sa vision anarchique des organisations a nourri les approches qui mettent davantage l'accent sur l'action que sur la décision[1]. Il semble en effet que l'on surestime volontiers l'importance de la décision dans les entreprises. Plus que des dispositifs destinés à résoudre des problèmes, les organisations sont des générateurs d'action ; une action largement irréfléchie, qui se déploie sous l'influence de règles, programmes, habitudes, croyances, idéologies. En fait, les véritables décisions stratégiques sont rares ou représentent des rationalisations *a posteriori* d'actions déjà engagées, que les managers élaborent afin de se justifier aux yeux de leurs pairs, de leurs supérieurs ou des parties prenantes externes.

Même sans suivre totalement ces conceptions audacieuses, on doit concéder, au terme de ce parcours des principaux modèles de la décision, que le problème des dirigeants d'entreprise ne se borne pas à prendre des décisions stratégiques. Il s'agit plutôt pour eux de contrôler les processus que l'on vient de décrire et, à travers eux, de contrôler la formation de la stratégie. Dans cette perspective, les processus organisationnels, politiques ou anarchiques ne sont que des éléments d'un processus plus vaste qu'un dirigeant habile peut espérer exploiter à son profit, mais qui crée aussi une certaine dose d'inertie contre laquelle le dirigeant aura beaucoup de mal à lutter.

3 Identité

Pour être stratège, le dirigeant n'en est pas moins homme. C'est un être humain qui gouverne d'autres êtres humains. Quel que soit son génie, quels que soient les modèles et les méthodes qu'il utilise pour faire de la stratégie, la contrainte humaine est là, présente en permanence.

1. Starbuck W.H., 1983. Brunsson N., 1985, 1989.

L'entreprise est une collectivité humaine structurée, avec le jeu d'influences, de mimétismes, de coalitions, de manœuvres que cela implique. Les êtres humains qui la composent y amènent non seulement leurs capacités cognitives mais aussi leurs affects. L'investissement psychologique et affectif des individus joue un rôle fondamental dans toute entreprise et conditionne fortement ses performances. Sans cet investissement, qui va parfois jusqu'à l'identification, les entreprises en tant que groupes humains n'auraient pas la cohérence qu'elles ont. Par exemple, dans le cas de Vivendi (voir le Mini-cas ci-après), il semble que Jean-Marie Messier avait réussi à insuffler à l'entreprise le sentiment de toute puissance qui lui faisait croire qu'il pourrait transformer la vieille Générale des Eaux en start-up de la « nouvelle économie ». Il est en effet significatif de voir que sa structure et son conseil d'administration l'ont suivi très loin dans cette stratégie, même quand les événements se sont mis à lui donner tort.

On parle généralement de « culture d'entreprise » pour qualifier cette logique partagée, spécifique à chaque entreprise, qui la distingue de toute autre. Cette logique se constitue et s'affirme dans le temps. Elle donne à l'entreprise une certaine continuité, elle permet à chacun d'identifier cette entreprise par rapport aux autres et, dans certains cas, de s'identifier à elle. Certaines entreprises semblent ainsi développer une « personnalité » propre, qui déteint sur les individus qui les constituent. C'est pourquoi nous préférons parler « d'identité de l'entreprise ». Nous réservons le mot « culture d'entreprise » pour parler des manifestations visibles de l'identité, comme l'histoire de l'entreprise telle que ses membres la racontent, ses rites, sa charte de valeurs, etc.

L'identité d'une entreprise est ce qui fait qu'on puisse l'aimer, se battre pour elle, s'identifier à elle. L'identité est aussi ce qui suscite le sentiment d'appartenance, le patriotisme, ou le chauvinisme, des membres d'une organisation. C'est ce qui fait la cohérence et la stabilité d'une entreprise quelles que soient les turbulences de l'environnement et les mutations que celles-ci entraînent pour l'entreprise elle-même. Cette identité est plus ou moins forte, plus ou moins affirmée. Elle crée une certaine inertie, au sens propre du terme : une fois lancé sur une certaine trajectoire, le groupe humain qui constitue l'entreprise a du mal à s'en détourner, ce qui présente à la fois des avantages et des inconvénients.

Conditionnée par des facteurs stratégiques et structurels spécifiques à l'entreprise, l'identité s'exprime à travers un imaginaire organisationnel et des productions symboliques.[1]

A/ Les facteurs stratégiques

Identité et stratégie

De même que l'interaction entre stratégie et structure, l'interaction entre identité et stratégie est réciproque. Comme nous l'avons déjà souligné, l'identité est une force d'inertie qui conditionne très fortement la mise en œuvre de la stratégie. Certains mouvements stratégiques, comme les diversifications par exemple, sont très difficiles à mettre en œuvre parce que l'organisation a tendance à les refuser s'ils semblent créer une dissonance trop forte avec leur identité[2].

Réciproquement, la stratégie qu'a menée l'entreprise au cours de son histoire, avec ses succès et ses échecs, est un des fondements de son identité. Longtemps, par exemple, le succès de la Traction et de la DS, voitures mythiques dans toute l'Europe, a conditionné l'imaginaire, le comportement et les choix de tout le personnel de Citroën, des patrons aux ouvriers. Friser régulièrement la faillite pour se payer le développement de voitures absolument exceptionnelles comme la Traction et la DS et être capable de commercialiser ces improbables chefs-d'œuvre pendant vingt ans sans rien y changer

1. Larçon J.-P., 1979. Reitter R., Ramanantsoa B., 1985.

2. Détrie J.P., Ramanantsoa B., 1983.

ou presque (1934-1956 pour la Traction, 1955-1975 pour la DS) était une prouesse qui semblait assurer à Citroën une espèce d'immortalité, telle celle du phénix renaissant à chaque fois de ses cendres[1]. Cette fragile équation reposait sur l'idée qu'un produit tellement en avance sur son temps au moment de son lancement ne pouvait que durer, même s'il n'était pas encore au point au moment de sa mise sur le marché (les aficionados de la marque étaient alors comme des essayeurs de prototypes) et s'il devenait parfaitement démodé à la fin de sa vie commerciale (la marque vieillissait avec ses derniers clients). Encore fallait-il éviter de confondre avance technologique (c'était le cas de la Traction dont l'architecture a été largement imitée par la suite) et sophistications fragiles et alambiquées qu'aucun autre concurrent ne daigna jamais imiter (comme la suspension et l'assistance oléopneumatique de la DS). Encore fallait-il que le marché ne se retourne pas brutalement, comme ce fut le cas avec la crise pétrolière des années 1970, qui précipita Citroën, déjà passé en 1935 sous le contrôle de Michelin, dans les bras de Peugeot… avec un changement de stratégie radical et une douloureuse crise d'identité à la clef. Cette crise d'identité n'a pas été étrangère à l'échec commercial des pseudo-Citroën maladroitement dérivées de modèles d'ailleurs peu réussis de Peugeot, comme les Citroën Visa et LN, parents pauvres de la Peugeot 104… Il a fallu plus de vingt ans pour que les conflits internes s'apaisent et que Citroën accepte d'être une division du groupe PSA. Entre-temps, la part de marché et le prestige de la marque n'ont fait que s'éroder, parce que la spécificité de l'entreprise ne pouvait plus s'exprimer de manière positive.

La personnalité des dirigeants

Inextricablement liée aux choix stratégiques, la personnalité des dirigeants joue un rôle fondamental dans la formation de l'identité. Des études historiques ont montré à quel point la personnalité paranoïde d'Henry Ford, par exemple, a structuré l'identité et la stratégie de la Ford Motor Company au début du XXe siècle[2]. La vision tayloriste qui avait poussé l'entreprise à limiter sa production à un seul modèle de voiture, la fameuse Ford T, était au départ la raison principale de son succès. Mais l'entêtement d'Henry Ford à poursuivre cette stratégie contre vents et marées, manière pour lui de réparer sa dette psychologique envers l'Amérique rurale et traditionnelle qu'il avait contribué à industrialiser à marche forcée, alors que la demande évoluait vers des voitures urbaines plus luxueuses et des gammes plus variées, a bien failli coûter la vie à l'entreprise. Les cadres de la société, qui travaillaient tous les jours sous les ordres d'un tel leader, à la fois légitimé et aveuglé par son exceptionnel succès passé, se retrouvaient psychologiquement paralysés : ils auraient dû contredire le patron pour sauver l'entreprise, mais ils n'osaient le faire car celui-ci traitait en traîtres tous ceux qui faisaient mine de s'opposer à lui. Ce cas, ancien et emblématique, n'a rien perdu de son actualité. Nous connaissons tous des dirigeants qui affichent une volonté farouche d'encourager l'innovation et l'initiative, mais qui, dans les faits, font tout pour décourager ou éloigner les collaborateurs qui, parce qu'ils innovent, s'opposent à l'ordre établi, et donc à eux-mêmes.

Dans le cas Vivendi (voir le Mini-cas ci-après), il est évident que la personnalité à tendance mégalomaniaque de Jean-Marie Messier a contribué au désastre stratégique de 2002, mais il est fascinant de se rappeler que, quand M. Messier a quitté ses fonctions, une haie d'honneur a salué son départ du siège social de l'avenue de Friedland. Il fallait bien que les employés de Vivendi aient trouvé leur compte dans cette aventure qui avait conduit l'entreprise dans le mur, avec 37 milliards de dette et 38 milliards de pertes cumulées. Quand on interroge les « survivants », dont certains étaient déjà là à l'époque où Vivendi s'appelait encore

1. Broustail J., Greggio R., 2000.

2. Larçon J.-P., Reitter R., 1979.

la Générale des Eaux, ils font cette réponse étonnante : « il nous avait fait rêver ! », avec, selon les cas, des étoiles ou des poignards dans les yeux ! Il faut dire que le réveil a été particulièrement brutal. On est loin, en tout cas, de la rationalité économique qui est censée guider la stratégie. Par la suite, il est intéressant d'observer à quel point la personnalité de Jean-René Fourtou a structuré et soudé l'équipe dirigeante. D'un groupe recruté de bric et de broc, il a su faire une équipe de rugby, parfaitement soudée dans (et grâce à) l'épreuve. Le style de leadership et la volonté de M. Fourtou ont été déterminants dans le redressement de Vivendi.

Les caractéristiques du pouvoir de tutelle

Au-delà du caractère du chef d'entreprise, les caractéristiques du pouvoir de tutelle contribuent également à façonner l'identité d'une organisation. Le fait de pouvoir compter sur un actionnariat stable, par exemple, ou le fait de dépendre d'un régulateur public ou d'une entité privée, sont des éléments très fortement structurants. Il est significatif de constater à ce propos quelles inquiétudes soulève toute perspective de changement de tutelle. Les employés de la SNCF ou de La Poste sont prêts à descendre dans la rue pour conserver leur statut d'entreprise publique. Réciproquement, il ne viendrait à l'idée de personne chez Danone ou Nestlé de réclamer à cor et à cri une nationalisation. Les changements de tutelle, comme les *spin-offs,* les *LBO*, les fusions-acquisitions (voir chapitre 18) sont souvent vécus comme des traumatismes et il est généralement nécessaire de mettre en place de coûteux programmes de management post-fusion pour réparer les dégâts psychologiques que causent ces mouvements stratégiques, sous peine de voir la performance chuter considérablement. La plupart des spécialistes des fusions-acquisitions estiment d'ailleurs que la très grande majorité des échecs en la matière proviennent de problèmes d'intégration et de culture d'entreprise. Imaginons par exemple ce qui a pu se passer quand on a fusionné Pernod et Ricard, Hoeschst et Rhône Poulenc ou Daimler-Benz et Chrysler. Des équipes concurrentes, qui, au mieux, se regardaient en chiens de faïence, souvent se méprisaient et, au pire, se livraient une lutte sans merci, se retrouvaient soudain contraintes à collaborer avec leurs ennemis de la veille ! Ce genre de changement ne peut pas se faire sans pleur ni grincement de dents.

B/ LES FACTEURS STRUCTURELS

Identité et structure

La structure organisationnelle, avec ses caractéristiques de spécialisation, de coordination et de formalisation, conditionne le comportement des individus et, ce faisant, influence fortement l'identité. De plus, la structure est l'expression d'une répartition du pouvoir, ce qui est un élément fondamental de l'identité. Cette répartition est souvent mouvante et les individus, au sein de la structure, se livrent à des luttes de pouvoir qui ont des conséquences sur la définition et la mise en œuvre de la stratégie, ainsi que sur les performances de l'entreprise. Certains dirigeants exploitent d'ailleurs ces rivalités pour créer une émulation profitable. Dans d'autres cas, les baronnies paralysent l'action et rendent l'atmosphère difficilement respirable pour le non-initié. Il faut souvent du temps, quand on entre dans une organisation, pour comprendre non seulement le fonctionnement de la structure officielle, mais aussi et surtout celui de la carte de pouvoir occulte : Untel jouit d'une grande autorité parce qu'il a accompli tel exploit il y a des années ; Untel a une influence énorme à cause de ses relations politiques ; ne vous avisez pas de critiquer Unetelle en présence d'Untel, cela lui serait immédiatement rapporté, etc.

Décision et identité

Les procédures de prise de décision et les systèmes de gestion influencent également l'identité. Ainsi par exemple, les procédures de recrutement conditionnent très fortement l'intégration d'un individu dans l'organisation. Le processus de recrutement permet d'abord de filtrer les candidatures et, au-delà des critères de stricte compétence professionnelle, de recruter des individus compatibles avec l'identité de l'entreprise. C'est à travers le recrutement que l'entreprise cherche à séduire l'individu, et réciproquement. Comme toute manœuvre de séduction, le recrutement est un moment privilégié où l'identité des protagonistes se déguise et se révèle à la fois. Le fait de faire passer des tests structurés, le nombre d'entretiens, le contenu et le style des entretiens, le code vestimentaire, les horaires etc., tout est révélateur. Les cabinets de conseil en stratégie, par exemple, ont coutume de faire passer aux candidats plusieurs entretiens avec des responsables à plusieurs niveaux de seniorité : consultants, chefs de projets, partners, directeurs. Une grande partie de la conversation porte en général sur une étude que l'interviewer est en train de faire pour un client, de manière à tester le candidat sur un cas concret. En fait, l'interviewer sait très bien que le candidat, souvent frais émoulu d'une grande école, est bien incapable de lui apporter sur un plateau la solution d'un problème sur lequel il planche avec son équipe depuis déjà des semaines. En revanche, il cherche à évaluer si le candidat peut s'intégrer facilement à l'équipe, si son état d'esprit et sa démarche intellectuelle « collent » avec le style du cabinet... et s'il serait agréable ou non d'attendre un avion pendant deux heures en compagnie de ce candidat ! Le caractère du candidat, sa personnalité, jouent bien davantage que ses compétences techniques. Ces dernières seront de toute manière formatées par de nombreux séminaires de formation. Il est intéressant de remarquer que, bien que les activités des cabinets de conseil soient très similaires, tous les cabinets ne feront pas leurs offres aux mêmes candidats. Le même jeune diplômé va sembler génial aux recruteurs d'une firme et inintéressant chez le concurrent... question d'identité !

L'écologie organisationnelle

Le cadre de vie que l'entreprise offre aux individus, est également un facteur structurel important de l'identité. Palais historique ou immeuble « intelligent », bureaux fermés ou *open space*, réunionite à l'ancienne ou technologie de *knowledge management*, etc., sont autant d'éléments qui conditionnent, de manière insidieuse ou ouverte, l'image que les salariés ont de leur entreprise. Ainsi est-il toujours surprenant de constater à quel point la disposition physique des lieux et l'utilisation de la technologie déterminent le comportement des membres de l'organisation et la structuration des réseaux qu'ils développent en son sein.

Les facteurs stratégiques et structurels spécifiques à l'entreprise façonnent son identité. Cette identité est « vécue » par les individus à travers un imaginaire organisationnel et des productions symboliques.

C/ L'imaginaire organisationnel

Chaque individu, au cours de sa vie, se forge une image de soi, une image des autres et une image du monde, qui, par un jeu de miroir complexe et permanent, conditionnent sa capacité à s'accepter et à entretenir des relations avec autrui. De même, les individus qui entrent dans une entreprise s'en font une représentation qui va servir de support à leur investissement émotionnel. Cet investissement sera d'autant plus fort que l'entreprise leur renvoie une image valorisante. C'est pourquoi l'imaginaire organisationnel comprend trois composantes : les représentations de l'entreprise elle-même, les représentations des qualités du collaborateur idéal et l'image du groupe restreint (l'équipe de travail à laquelle appartient l'individu).

Les représentations de l'entreprise

Un exercice courant consiste à jouer au portrait chinois pour analyser les représentations de l'entreprise : si c'était un objet, ce serait… ; si c'était un animal, ce serait…, etc. Face à la diversité et parfois à l'incohérence des messages qu'ils reçoivent dans l'organisation, les individus ont besoin de personnifier cette entreprise dont ils font partie. Ils y parviennent si l'identité de l'organisation est suffisamment forte.

L'entreprise est-elle bonne ou méchante, puissante ou vulnérable, juste ou injuste, molle ou dure ? Ces représentations renvoient aux individus une image d'eux-mêmes plus ou moins agréable et valorisante, ce qui les incite soit à s'investir en profondeur dans l'entreprise ou, au contraire, à garder une distance psychologique importante. Personne ne peut en effet être indifférent aux représentations de l'entreprise puisqu'elles déteignent sur toutes les personnes. Dire qu'on est un consultant (voire un ancien) de McKinsey donne immédiatement une image de la personne qui le revendique. Dire qu'on est un cheminot ou un postier (ce sont les mots qu'emploient les cadres dirigeants de la SNCF ou de La Poste) donne une tout autre image. Les représentations de l'entreprise sont parfois utilisées en interne de manière ironique, mais c'est pour mieux les renforcer. Ainsi, chez McKinsey, le consultant qui se comporte de manière un peu trop ouvertement amicale et ouverte avec les assistantes, dactylos, standardistes et autres membres du *support staff* s'entendra dire, avec un sourire en coin, qu'il a un comportement très « firme », ce qui est une manière de réaffirmer que, selon les valeurs de la firme, le *support staff* doit être traité correctement, tout en faisant passer en même temps le message qu'il ne s'agirait tout de même pas de mélanger les torchons et les serviettes.

Lorsque les représentations de l'entreprise sont floues ou incohérentes, l'identité peut se morceler, ce qui a en général un effet négatif sur la stratégie et la performance. Un désaccord au sommet, une incohérence entre la stratégie affichée et les décisions prises peuvent faire de gros dégâts. Ainsi, chaque décision de promotion importante dans un cabinet de conseil, une société d'ingénierie ou un organisme de recherche, est passée au crible et interprétée par tous les membres de l'organisation : on nous dit que la priorité stratégique est le développement international et c'est Untel, qui n'a jamais quitté la France, qui vient d'être nommé vice-président ! Le pire, dans ce genre de situation, est que la promotion en question est peut-être parfaitement légitime dans l'absolu et que, du coup, le malaise ne sera pas forcément explicite. Or, si ce genre d'incohérence se reproduit trop souvent, les individus perdront progressivement confiance dans la direction de l'entreprise et cesseront d'investir émotionnellement dans une organisation qui semble les tromper. La nécessité de cohérence entre le discours et les actes, ce que les Américains appellent *walk your talk*, est un élément fondamental de renforcement de l'identité, donc de l'adhésion à la stratégie et donc, en dernier ressort, de la performance de l'entreprise. D'une certaine façon, la stratégie est en effet l'entreprise rêvée puisqu'elle définit une ambition commune à travers des objectifs qui doivent être atteints collectivement.

Les qualités du collaborateur idéal

Si l'identité est forte, la représentation du collaborateur idéal est en général très claire. Or c'est dans les qualités du collaborateur idéal que les individus trouvent l'image d'eux-mêmes que l'entreprise leur renvoie. C'est également dans cette image qu'ils ressentent ce que l'entreprise attend d'eux et quelle norme de comportement ils doivent atteindre. Ainsi, chez McKinsey, on attend des consultants, quel que soit leur niveau hiérarchique, qu'ils se soumettent à « l'obligation d'objecter » *(obligation to dissent)*, c'est-à-dire, s'ils ne sont pas d'accord avec une conclusion de l'étude à laquelle ils participent, ou s'ils perçoivent un dysfonctionnement dans l'équipe, à le dire ouvertement le plus explicitement et le plus tôt possible. Ne jamais censurer son doute est une terrible obligation, quand on y réfléchit : on risque d'avoir l'air idiot, de révéler qu'on n'a pas compris, de se mettre l'équipe ou le chef de projet à dos, de faire perdre du temps à tout le monde, etc. Il est nettement plus confortable de rester coi et loyal au groupe, surtout si on est dans une position hiérarchique dominée, même si on sent que l'équipe, son responsable en tête, s'est engagée dans une mauvaise voie. En érigeant cette règle, McKinsey essaie d'éviter les phénomènes de pensée groupale (*groupthink*, voir chapitre 1, tableau 1.5) où le groupe se met à penser autre chose que les individus qui le composent mais où personne n'ose intervenir. Il est bien évident que cette règle ne peut pas être respectée en permanence : celui qui, à trois heures du matin, alors que l'équipe finit la présentation pour le client qui est programmée pour huit heures, a soudain un doute atroce, est en général prié de le garder pour lui. Il fallait y penser avant. Mais justement, si tout le monde avait eu en tête l'obligation d'objecter pendant toute l'étude, le problème serait apparu avant. C'est bien là le but poursuivi. La firme envoie à ses membres un message très clair : votre esprit critique doit être éveillé en permanence et vous devez être capable de prendre le risque de contredire votre hiérarchie. Ce message n'est crédible que s'il est accompagné de la démonstration factuelle que cette attitude critique et non hiérarchique est non seulement tolérée mais récompensée. Sinon, l'image du collaborateur idéal sera entachée d'hypocrisie, ce qui arrive couramment dans certaines entreprises, et conduit en général à une dégradation du climat et des performances.

L'image du groupe restreint

À mi-chemin entre l'image du collaborateur idéal et l'image de l'entreprise en tant qu'entité, la représentation du groupe restreint est une composante essentielle de l'imaginaire organisationnel. L'individu sait pertinemment s'il appartient à la caste des guerriers ou à celle des serviteurs dans l'entreprise, et tous les slogans sur « on a besoin de tout le monde » n'y changent rien. Dans un hôpital, les personnages importants sont les médecins et, parmi eux, les chirurgiens, notamment ceux qui ont des spécialités pointues. Le statut est un moteur d'ambition très important. La capacité de l'entreprise à valoriser les sous-groupes et les unités les plus importantes du point de vue stratégique est un déterminant de performance très fort. En contrepartie, il est souvent difficile d'inclure ceux qui, par comparaison, se sentent laissés pour compte et dont la productivité joue pourtant un rôle essentiel dans la performance. Si les infirmières traînent les pieds dans l'hôpital, « parce qu'il n'y en a que pour les médecins », c'est la performance de toute l'organisation, y compris celle des chirurgiens, qui est en jeu.

D/ Les productions symboliques

L'imaginaire organisationnel s'exprime par des « productions symboliques », c'est-à-dire des discours, des histoires, des actes rituels, des habitudes, des comportements qui affirment et réaffirment de manière manifeste l'identité de l'entreprise.

Les mythes

Histoires qui se sont déroulées dans un temps très ancien et dont on ne connaît pas l'auteur, les mythes envoient un message permanent aux membres de l'organisation. Il n'est pas rare que, dans la même société, plusieurs personnes vous racontent

la même anecdote de l'ingénieur en mission à l'étranger qui, pour prolonger son séjour de manière imprévue, a dû s'acheter une chemise, s'est vu refuser le remboursement de la chemise, mais s'est débrouillé pour se la faire rembourser tout de même, en disant ouvertement qu'il avait fait une fausse note de frais, mais en mettant les contrôleurs de gestion au défi de trouver la fraude. Plusieurs personnes prétendent connaître l'auteur de ce forfait commis pour la bonne cause, mais personne ne prétend l'avoir fait lui-même. En fait, peu importe : la fonction de cette histoire est de dire qu'il y a des limites officielles à ne pas dépasser sur les notes de frais, mais qu'une tolérance existe, si c'est pour la bonne cause, et que les contrôleurs de gestion sauront fermer les yeux, mais pas trop souvent tout de même.
Moins anecdotique est le mythe selon lequel Marcel Dassault, assistant, sur ses vieux jours, à la présentation en vol d'un nouveau Mirage, aurait gentiment suggéré une modification de l'empennage aux ingénieurs en charge du projet. Ceux-ci n'en seraient jamais revenus de constater que le vieux maître avait raison et que, d'un coup d'œil, il avait suggéré une modification à laquelle les ingénieurs, malgré toute leur technologie et leur savoir moderne, n'avaient pas songé. Là encore, les témoins directs manquent, mais beaucoup connaissent quelqu'un qui y était. Peu importe d'ailleurs la véracité des faits ou le degré d'embellissement du mythe au cours des années, la fonction de cette histoire est de rappeler les racines de la société Dassault et de réaffirmer que son succès repose sur l'excellence technologique. Avec ce mythe, c'est la stratégie de l'entreprise qui est rappelée et légitimée, à travers les représentations de l'entreprise et celles des qualités du collaborateur idéal.

Les rites

De la même façon, les rites, tels que les vœux annuels, les pots de départ, les discussions autour de la machine à café, etc. sont des carrefours autour desquels se réaffirme l'appartenance des individus à l'entreprise. La culture d'entreprise, qui est la manifestation visible de l'identité, ne peut se passer de ces actes répétitifs, qui marquent le re-commencement de l'année, de la journée, de l'équipe etc. et traduisent à la fois le mouvement et la permanence de l'organisation.

Les tabous

Parmi les productions symboliques, il y a aussi ce dont on ne parle pas, ou alors à mots couverts, ce sur quoi il vaut mieux éviter de s'étendre, ce qu'on préfère oublier. Pendant longtemps, dans beaucoup de sociétés travaillant avec des gouvernements corrompus, la question des commissions occultes a été un tabou. Personne n'en parlait, beaucoup s'en accommodaient. Après quelques scandales retentissants et quelques mises en examen de dirigeants en vue, les groupes spécialisés dans les services aux collectivités (distribution d'eau par exemple) se sont mis à produire des chartes de comportement excluant toute caisse noire et tout versement illicite. Le problème a ainsi été résolu : maintenant qu'on en parle, ça n'existe plus !

MINI-CAS

Vivendi : la survie d'abord… pour la stratégie, on verra plus tard !

Jusqu'à la fin des années 1990, la Générale des Eaux, rebaptisée Vivendi en 1998, était une entreprise spécialisée dans les concessions de services publics : distribution d'eau, électricité, transports, ramassage d'ordures, et, plus modestement, téléphone (Cégétel) et télévision (Canal+). Sous la direction de Jean-Marie Messier, PDG depuis 1996, l'entreprise s'est ensuite lancée dans une politique d'acquisitions ambitieuse pour se développer dans les médias, l'Internet et la communication. Cette stratégie a culminé en 2000, quand Vivendi a pris le contrôle d'Universal pour 34 milliards d'euros, par échange de titres. La stratégie sous-jacente était que les contenus d'Universal (musique, cinéma, jeux vidéo) pourraient être diffusés par les réseaux de Vivendi (Cégétel, Canal+ et le portail Internet Vizzavi, en partenariat avec Vodafone, qui avait l'inconvénient de n'exister que sous forme de présentation *PowerPoint*). Après tout, M. Messier ne faisait que marcher sur les traces de Steve Case, le fondateur du fournisseur d'accès Internet AOL, qui venait de se payer la respectable compagnie Time Warner (cinéma, télévision, presse, édition, parc d'attractions, etc.) pour 183 milliards de dollars, payés en actions AOL survalorisées par la bulle Internet.

En 2002, Vivendi, qui se présentait comme « un groupe global de divertissement », détenait des parts dans 6400 sociétés opérant dans une série de secteurs hétéroclites : eau, électricité, déchets, télévision, télécoms, cinéma, édition, presse, musique, spectacles, jeux vidéo, accès Internet, restaurants, etc., sans compter deux « palazzi » à Venise, une galerie d'art à New York et une orangeraie en Chine. Même après l'éclatement de la bulle boursière en 2001, Vivendi avait continué à faire des acquisitions, alors que son cours de bourse s'effondrait et qu'il fallait dorénavant payer en cash. Entre-temps, Jean-Marie Messier avait gagné le sobriquet de J6M (Jean-Marie Messier Moi-Même Maître du Monde) dans une émission télévisée diffusée par Canal+ et il avait fait la couverture de *Paris-Match* (avec une chaussette trouée) ainsi que celles de *Time* et *Business Week* (dans des postures un peu moins ridicules). Omniprésent dans les médias, M. Messier, qui passait pour l'amant d'une actrice en vue, donnait d'inquiétants signes de mégalomanie et son sens des réalités était sérieusement mis en doute. Or, comme le disaient les anciens, la roche tarpéienne est près du Capitole.

À l'été 2002, la situation financière de Vivendi était désespérée : la compagnie avait accumulé en deux ans 38 milliards d'euros de pertes et 37 milliards d'euros de dette ! Pourtant, M. Messier lançait des rachats d'actions à hauteur de 11 milliards, tout en distribuant 1,3 milliard d'euros de dividendes !

Après le retournement de la bourse au printemps 2001, les attaques terroristes du 11 septembre 2001[1], les scandales Enron[2] (voir le Mini-cas dans le chapitre 22) et Worldcom[3] en 2001 et 2002, il lui était cependant devenu impossible de se financer. Les rumeurs de faillite se faisaient de plus en plus pressantes, tant et si bien qu'en juillet 2002, Jean-Marie Messier était contraint à la démission. Malgré son échec stratégique et financier, une haie d'honneur d'employés de Vivendi l'attendait sur le trottoir le jour de son départ, et il négocia un parachute doré de 21 millions d'euros.

C'est Jean-René Fourtou, l'ancien patron d'Aventis, qui, sous la pression de Valéry Giscard d'Estaing, ancien président de la république, et de Claude Bébéar, patron d'Axa, renonça à une retraite bien méritée pour prendre les commandes et essayer de sauver Vivendi. M. Fourtou prit ses fonctions le mercredi 3 juillet 2002 pour participer à son premier conseil d'administration. L'avant-veille, l'agence Moody's avait dégradé la notation de Vivendi au niveau des *junk bonds* (« obligations pourries »), ce qui excluait de lancer l'emprunt de 2 milliards d'euros qui avait été approuvé par le conseil.

>

1. Le 11 septembre 2001, Al-Qaïda détournait des avions de ligne pour les écraser sur les tours jumelles du World Trade Center de New York et sur le Pentagone.

2. Avant sa faillite, Enron était une compagnie texane d'électricité qui s'était lancée dans une stratégie audacieuse de dématérialisation des actifs, apparemment très profitable. À la fin de l'exercice 2001, il apparut que les comptes de la société étaient truqués. Depuis, le « scandale Enron » est devenu le symbole de la créativité financière dévoyée, de la corruption des dirigeants et de la complicité coupable des auditeurs.

3. En 2002, suite à une autre une fraude comptable, le placement de la compagnie américaine de télécommunications Worldcom, sous la protection du *chapter eleven* (la loi américaine sur les faillites), était la plus grosse faillite jamais enregistrée aux États-Unis.

····> M. Fourtou se trouvait donc face à une crise de trésorerie majeure et immédiate, mais personne n'était capable de chiffrer le véritable besoin de liquidités : la fourchette allait d'un à cinq milliards d'euros. Il demanda au conseil quelles activités étaient susceptibles d'être vendues pour dégager des ressources. La seule cession potentielle sur laquelle tout le monde était d'accord était Canal+.
Le lendemain jeudi, M. Fourtou recevait un coup de téléphone de Moody's, disant en substance : « Nous allons déclarer Vivendi insolvable si vous ne trouvez par un milliard d'euros de crédit d'ici lundi prochain ». Une semaine de folie s'ensuivit, Jean-René Fourtou essayant de faire jouer toutes ses relations, Claude Bébéar en tête, pour convaincre les banques de prêter, dans une atmosphère de panique et de chantage. On trouva finalement un accord, à un taux d'intérêt évidemment très élevé dans la nuit du lundi au mardi.

Entre-temps, le lundi matin, les enquêteurs de l'autorité des marchés financiers avaient débarqué au siège pour fouiller, copier les disques durs, interroger les cadres dirigeants, à la suite de plaintes déposées contre Vivendi par certains de ses propres actionnaires. Ces enquêtes se révélèrent infructueuses : les comptes de Vivendi étaient mauvais, mais justes !

Jean-René Fourtou devait se battre sur tous les fronts : au-delà de la crise de trésorerie et des conflits avec les banquiers, il devait renouveler l'équipe dirigeante de fond en comble et gérer la communication avec les employés, les actionnaires, les analystes financiers, les journalistes, etc. Dans ce chaos, il fallait surtout faire en sorte que les activités de l'entreprise ne s'arrêtent pas. La compagnie d'électricité de Californie, par exemple, menaçait de couper l'électricité dans les studios de cinéma parce qu'elle craignait un défaut de paiement. Par ailleurs, il fallait mettre en place des systèmes de *reporting* fiables et remonter le cash des opérations, ce qui n'avait jamais été fait jusque-là.

Pas le temps de formuler une quelconque stratégie de long terme, pas le temps d'analyser les différentes activités du groupe, pas le temps de se poser des questions sur les évolutions des marchés. M. Fourtou demanda simplement une liste de tous les actifs du groupe, avec une valorisation de chacun, et une liste d'acquéreurs possibles. Potentiellement, tout était à vendre, à condition de dégager du cash. Une fois les banquiers plus ou moins calmés, la priorité pour Jean-René Fourtou était de recruter une équipe de direction. Selon ses propres mots, *« sur le plan humain, la situation était désespérée. Le directeur financier était à bout, impossible de le présenter à des banquiers ; le directeur général adjoint avait disparu en Corse ; le directeur de la communication et le patron de Canal+ avaient démissionné avant mon arrivée ; le patron de SFR avait accepté un poste chez Deutsche Telekom. Les quelques-uns encore en place étaient exténués d'avoir essayé de ramener mon prédécesseur à la raison. Je devais recruter une équipe complète immédiatement. En trois semaines, j'ai trouvé une poignée de types blessés, en manque de job ; je les ai pris avec moi, j'ai pris le risque de les embaucher, ils ont pris le risque de venir, et ils se sont révélés excellents. C'était comme dans* "Les Sept Mercenaires" *»*. Pas question de faire appel à des chasseurs de tête. Pas le temps de débaucher des cadres dirigeants d'autres entreprises. Pas le temps de comparer. Le directeur général, Jean-Bernard Levy, le directeur financier, Jacques Espinasse et le directeur de la stratégie, Robert de Metz, rencontrés sur de simples recommandations amicales, seront recrutés chacun en deux heures, sans être mis en concurrence avec qui que ce soit. Alors qu'il aurait pu organiser une structure de défaisance et démanteler le groupe, comme cela avait été fait pour le Crédit Lyonnais quelques années auparavant, M. Fourtou voulait vraiment sauver Vivendi. Il insuffla à son équipe une volonté collective d'en découdre, en phase avec sa propre motivation.

Chaque soir, son splendide bureau avec vue sur l'Arc de triomphe se transformait en campement improvisé, avec des boîtes de pizza jonchant le sol, des cendriers débordant de mégots froids et des bouteilles entamées décorant les meubles. >

····> Il s'avéra rapidement que la vente de Canal+ était impossible, par manque de combattants. L'activité de jeux vidéo paraissait également invendable. En revanche, les activités d'édition de livres avaient un acheteur potentiel, Lagardère, pour la partie européenne. Quant à la partie américaine, Houghton Mifflin, qui avait été acquise un an auparavant, des fonds d'investissement semblaient intéressés. Après de nombreuses péripéties et un marchandage effréné, ces activités furent cédées fin 2002. Cette opération était la plus importante d'une longue série.

En deux ans, Vivendi réalisa en effet 90 cessions de filiales, soit un *closing* par semaine ! L'équipe procédait de manière totalement opportuniste, mais à la fin 2002, M. Fourtou avait commencé à se faire une idée des contours futurs du groupe. Il avait notamment constaté que Vivendi était minoritaire dans des activités bénéficiaires, comme l'opérateur de téléphone mobile SFR, Maroc Telecom, Générale des Eaux (qui deviendra Veolia par la suite), alors que le groupe consolidait à 100 % des activités en perte. Contrairement au conseil d'administration, qui voulait abandonner tous les médias et se recentrer sur les anciennes activités de la Générale des Eaux, M. Fourtou pensait qu'il valait mieux acquérir une position majoritaire dans SFR en rachetant les parts de British Telecom, et revendre les 40 % que Vivendi avait conservés dans la Générale des Eaux. C'était un coup de poker risqué car Vodafone, l'autre actionnaire de SFR, aurait pu surenchérir sur l'offre de Vivendi, voire faire une OPA sur l'ensemble du groupe. Heureusement, Vodafone, trop confiant dans la faiblesse de Vivendi, fit une offre trop basse et laissa Vivendi emporter SFR.

À partir de là, la page était tournée. Vivendi était en train de prendre le visage que nous lui connaissons en 2008. Avec le slogan « le divertissement est un besoin vital », Vivendi est en 2008 un groupe de loisirs et de télécommunications comprenant Universal Music Group (édition musicale), Canal+ (télévision à péage), SFR (téléphonie mobile en France), Maroc Telecom (télécommunications au Maroc) et Activision Blizzard (jeux video). Au fond, le rêve de M. Messier de faire converger les contenus et les réseaux dans la même entreprise s'est, d'une certaine façon, réalisé !

Questions

1) La stratégie de convergence contenus-réseaux de Vivendi est-elle pertinente ?
2) Les choix de structure de M. Fourtou ont-ils déterminé la stratégie de Vivendi ?
3) Peut-on analyser les processus de décision de M. Fourtou à l'aide des modèles présentés dans ce chapitre ?
4) Comment caractériser l'identité de Vivendi avant et après la crise de 2002 ?

Ce chapitre montre que le contexte interne de l'organisation interfère très fortement non seulement avec la mise en œuvre de la stratégie, mais aussi avec son contenu même. Dans la suite de ce livre, nous analyserons ces interactions à mesure que nous présenterons les différents thèmes de stratégie. En effet, ce livre étant un manuel de management stratégique avant d'être un ouvrage sur les organisations, il ne traite des questions de structure, de décision et d'identité que dans la mesure où elles sont liées aux problèmes de stratégie d'entreprise. Ainsi, dans la première partie de ce livre, le chapitre 10 présentera les problèmes de structure que pose la mise en œuvre de la *business strategy*, et le chapitre 20, dans la deuxième partie, ceux correspondant à la *corporate strategy*. Les questions de prise de décision et d'identité seront essentiellement traitées dans la troisième partie de l'ouvrage, notamment dans les chapitres 24 à 29. Mais, en lisant ce livre, le lecteur ne doit pas perdre de vue qu'au fond, le métier du dirigeant de l'entreprise n'est pas la stratégie en tant que telle, c'est le « management stratégique », c'est-à-dire la gestion des interactions entre stratégie, structure, décision et identité.

LES POINTS CLÉS

- Le contexte interne de l'entreprise influence non seulement la mise en œuvre de la stratégie, mais aussi son contenu et sa formulation.

- Les principales composantes du contexte interne qui interagissent avec la stratégie sont :
  – la structure, c'est-à-dire l'organisation des tâches au sein de l'entreprise ;
  – les processus de prise de décision ;
  – l'identité de l'entreprise.

- Le métier du dirigeant est le « management stratégique », défini comme la gestion des interactions entre stratégie, structure, décision et identité.

- La structure peut être définie comme l'ensemble des fonctions assurées par les individus ou les équipes de l'entreprise, ainsi que les relations entre ces fonctions.

- On peut caractériser la structure à l'aide des trois critères suivants :
  – son degré de formalisation ;
  – son degré et son (ou ses) mode(s) de spécialisation – par exemple par fonctions ou par marchés ;
  – son degré et ses modes de coordination – par exemple, la hiérarchie.

- La stratégie est produite par des processus de prise de décisions qui sont fortement influencés par la structure de l'entreprise.

- Pour analyser les processus de décision, on peut utiliser trois modèles-types, dont chacun éclaire un aspect des processus réels :
  – le modèle mono-rationnel : un acteur unique prend une décision rationnelle après avoir envisagé et comparé toutes les options possibles ;
  – le modèle organisationnel : la décision résulte de l'application de routines organisationnelles et de procédures en vigueur dans les différentes composantes de la structure ;
  – le modèle politique : la décision est le résultat négocié d'un jeu d'influence et de pouvoir entre des acteurs qui peuvent intervenir sur la stratégie de l'entreprise.

- Un quatrième modèle, le modèle de la poubelle, est en quelque sorte la négation du concept de décision : la stratégie y est présentée comme le résultat de rencontres fortuites entre des problèmes non résolus et des solutions en quête de problème.

- L'organisation étant une collectivité humaine, elle développe une « identité » qui en fait la spécificité et permet aux individus d'investir psychologiquement et affectivement dans l'entreprise.

- La culture d'entreprise est la manifestation visible de l'identité.

- L'identité est une force d'inertie pour la stratégie : une fois lancée dans une certaine direction, l'entreprise a du mal à s'écarter de sa trajectoire, sauf en cas de crise.

- L'identité est conditionnée par la stratégie passée de l'entreprise, ainsi que par sa structure et ses procédures.

- L'identité de l'entreprise est caractérisée par l'imaginaire organisationnel, qui s'articule autour de trois images :
  – image de l'entreprise ;
  – image du collaborateur idéal ;
  – image du groupe restreint.

- L'identité s'exprime par des productions symboliques (mythes, rites, tabous) qui sont des composantes de la culture de l'organisation.

QUIZ

1. Une structure peut être caractérisée par :
a. Ses degrés de spécialisation, de coordination et de formalisation.
b. Sa différenciation et sa rationalité.
c. Sa diversification et son intégration.

2. Les travaux de l'historien Alfred Chandler ont démontré que :
a. Le contenu de la stratégie découle des processus de décision.
b. La stratégie suit la structure.
c. Les changements de structure sont dus à des changements de stratégie.

3. La structure d'une entreprise est :
a. La répartition du capital entre ses principaux actionnaires.
b. Son organigramme.
c. La définition des fonctions assurées par les membres de l'entreprise et des relations entre ces fonctions.

4. Les principaux modèles de processus de décision sont :
a. Les modèles rationnel, organisationnel et politique.
b. Le modèle rationnel, le modèle cognitif et le modèle de la poubelle.
c. Le modèle imaginaire organisationnel et le modèle symbolique.

5. Dans le modèle organisationnel de prise de décision, le contenu des décisions est déterminé par :
a. Des conflits entre les membres de l'organisation.
b. Les procédures existantes.
c. Le leader de l'organisation.

6. La stratégie a une influence sur l'identité :
a. À cause des productions symboliques.
b. Assez faible.
c. Qui passe par l'histoire des succès et des échecs stratégiques, la personnalité du dirigeant et les caractéristiques du pouvoir de tutelle.

7. Pour analyser l'identité d'une entreprise, il faut :
a. Étudier son histoire et bien comprendre sa culture.
b. Examiner ses déterminants stratégiques et structurels, étudier l'imaginaire organisationnel et les productions symboliques.
c. Faire parler les employés des rites et des mythes, mais ne pas trop insister sur les tabous pour ne pas les vexer.

8. La structure et les processus de décision :
a. N'ont rien à voir. Ce sont des choses complètement différentes.
b. Sont liés : la structure influence fortement les processus de décision.
c. Résultent de la stratégie.

>

....>

9. Différenciation et intégration :

a. Sont des termes ambigus : on parle de différenciation dans la structure mais aussi de différenciation comme source d'avantage concurrentiel. De même, intégration peut désigner la coordination dans la structure ou l'intégration verticale comme mouvement stratégique.

b. La différenciation est un problème qu'il faut éviter autant que possible. Il faut faire des efforts importants d'intégration dans toutes les entreprises.

c. Varient en sens contraire : plus la différenciation est forte, plus l'intégration est faible.

10. Plus la structure est bureaucratique…

a. Plus l'identité est forte.

b. Plus la formalisation et la spécialisation sont élevées.

c. Plus la coordination est faible.

Réponses : 1.a, 2.c, 3.c, 4.a, 5.b, 6.c, 7.b, 8.b, 9.a, 10.b.

PARTIE 2

STRATÉGIES CONCURRENTIELLES (*BUSINESS STRATEGY*)

Sommaire

3 Analyser l'industrie et la concurrence

Un des déterminants fondamentaux de la performance d'une entreprise est le potentiel de rentabilité du secteur d'activité dans lequel cette entreprise opère. Les marges auxquelles on peut prétendre en vendant des cosmétiques ou du vin de Champagne sont supérieures à celles que l'on peut réaliser en fabriquant des voitures ou en gérant une compagnie aérienne. La figure 3.1 montre à quel point la rentabilité économique varie d'un secteur d'activité à l'autre. Définir dans quelles activités se développer est donc un choix stratégique fondamental.

Une fois ce choix effectué, la formulation d'une *business strategy* (ou stratégie concurrentielle) dans chacun des domaines d'activité de l'entreprise passe par l'analyse des caractéristiques du secteur en question et des facteurs qui conditionnent sa rentabilité. Pour la plupart des entreprises, le choix du domaine d'activité principal, qui est parfois le seul, a été fait de longue date et il est pratiquement inconcevable de le remettre en cause. La stratégie d'Air France-KLM, par exemple, n'a de sens que par rapport à l'industrie du transport aérien, dont la rentabilité globale pèse nécessairement sur les résultats du groupe. De même, pour aider L'Oréal à formuler une stratégie, on ne peut pas faire l'économie d'une analyse approfondie de l'industrie des cosmétiques. Le but n'est pas de conseiller à ces entreprises de choisir dans quelle industrie opérer, mais d'analyser les sources de profit dans l'industrie où elles sont, de manière à en tirer le meilleur parti possible, à améliorer leurs performances et, si possible, à capter davantage de profit que les concurrents. En effet, la rentabilité de l'industrie conditionne celle de l'entreprise mais elle ne la détermine pas complètement. C'est pourquoi, au sein d'une même industrie, les performances des concurrents diffèrent énormément (voir les exemples de la sidérurgie et de la pharmacie sur la figure 3.2). Il est même surprenant de constater, en comparant les figures 3.1 et 3.2, que la performance de la meilleure entreprise (Worthington) dans une des industries les moins rentables (la sidérurgie) est meilleure que celle de l'entreprise la moins performante (Chiron) dans une des industries les plus rentables (la pharmacie). Les entreprises les plus performantes sont celles qui, d'une part, ont particulièrement bien analysé les déterminants de la profitabilité à long terme de l'industrie où elles opèrent, et qui, d'autre part, mettent en œuvre une meilleure stratégie que les concurrents pour exploiter les gisements de profit présents dans cette industrie.

Figure 3.1
Rentabilité économique* de différentes industries, 1984-2002, États-Unis

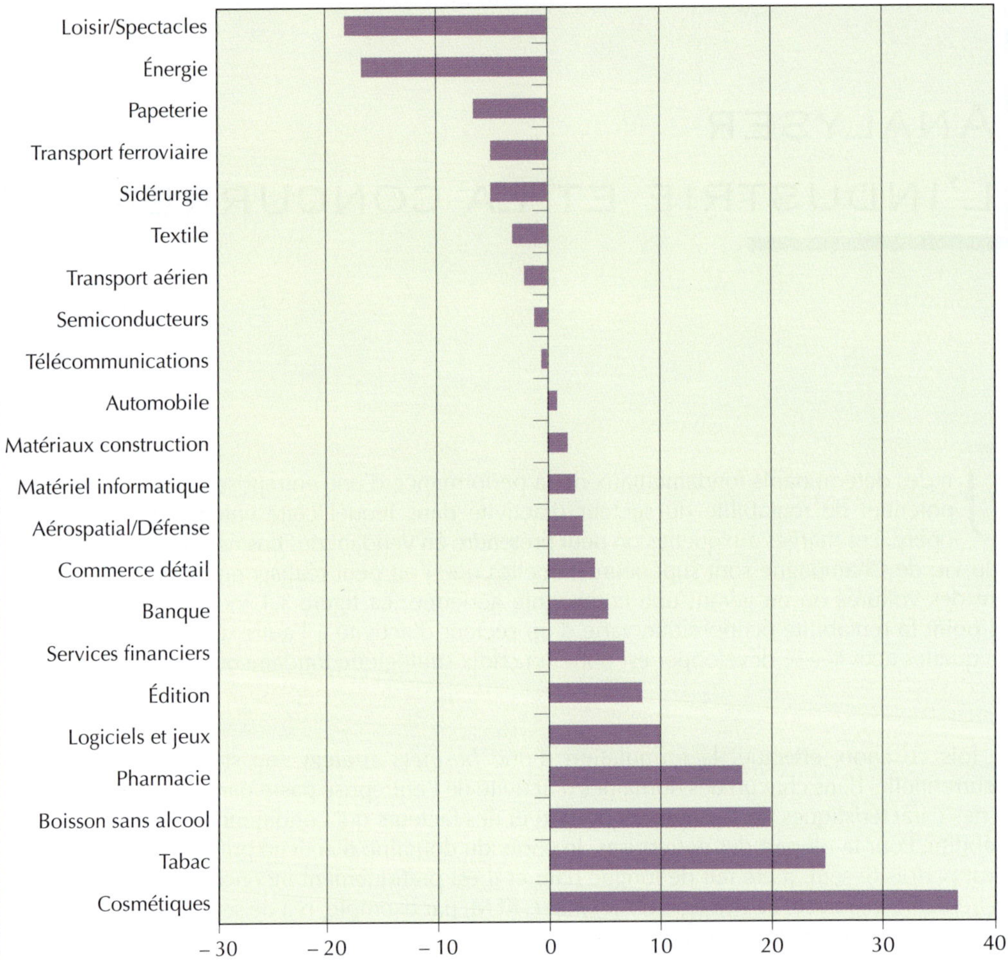

Source : d'après Ghemawat, P., Strategy and the Business Landscape, *Pearson Education 2006.*
**Rentabilité économique = retour sur capital – coût du capital (Return on equity – Cost of equity)*

Remarquons à ce propos que, si tous les spécialistes reconnaissent que la performance d'une entreprise donnée résulte à la fois de facteurs externes, propres à son industrie, et de facteurs internes, spécifiques à sa stratégie, voire à sa structure et son identité (*cf.* chapitre 2), la controverse subsiste quant au poids relatif des facteurs internes et externes (voir controverse ci-après sur l'effet de l'industrie). Il semblerait toutefois que l'effet des facteurs internes, et donc de la stratégie, ait tendance à dominer. Voilà qui est rassurant pour les stratèges et les chefs d'entreprises !

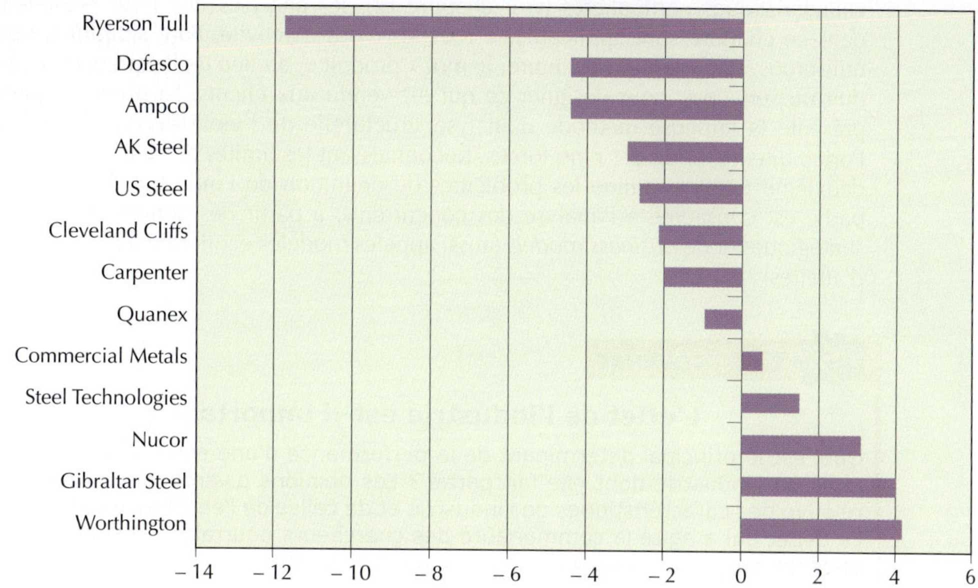

Figure 3.2
Rentabilité économique des firmes sidérurgiques, 1984-2002

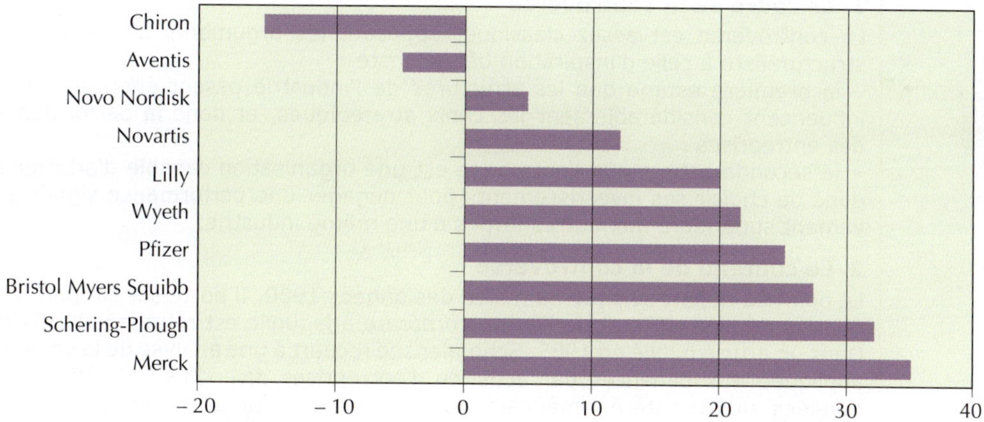

Rentabilité économique des firmes pharmaceutiques, 1984-2002

Source : d'après Ghemawat, op. cit., 2006.

Ce chapitre présente les principales techniques d'analyse d'une industrie. Les chapitres suivants discuteront les différents types de *business strategies* que l'on peut développer une fois cette analyse faite. Comme ce chapitre traite de *business strategy,* nous supposons, sauf indication contraire, que l'entreprise étudiée est monoactivité ou qu'il s'agit d'une *business unit* dans un groupe diversifié. Autrement dit, nous limiterons l'analyse à un seul secteur d'activité, sachant que, pour un groupe diversifié, il faudrait mener autant d'analyses qu'il y a d'activités différentes.

Dans ce chapitre, nous utilisons le mot « **industrie** » à l'américaine, c'est-à-dire comme un synonyme du mot français « secteur », pour désigner **un ensemble d'entreprises concurrentes offrant des produits étroitement substituables**. Cette notion englobe aussi bien les secteurs dits industriels, c'est-à-dire fabriquant des produits manufacturés, que les « industries de services », qui offrent des services intangibles, comme le transport, le conseil ou la publicité. Bien que les services aient des caractéristiques particulières (voir chapitre 12), les analyses que nous présentons dans ce chapitre sont applicables à tous les types d'activité. Pour simplifier, nous utiliserons, sauf mention contraire, le mot « produit », au lieu de l'expression « produit ou service », pour désigner ce qui est vendu aux clients. La première partie présente la fameuse méthode d'analyse structurelle de l'industrie due à Michael Porter, dite méthode des cinq forces. Reconnaissant les limites de cette méthode, la deuxième partie examine les problèmes de définition de l'industrie. La troisième partie est consacrée à l'analyse des concurrents, à partir des notions de groupes stratégiques et de *business models* (aussi appelés modèles économiques ou modèles d'affaires)

Controverse

L'effet de l'industrie est-il important ?

Quel est le principal déterminant de la performance d'une entreprise ? Sa stratégie ou l'industrie dont elle fait partie ? Les opinions divergent sur l'influence relative des caractéristiques de l'industrie et de celles de l'entreprise elle-même. Le débat qui a agité la communauté des chercheurs pourrait se résumer par la question suivante : « How much does industry matter? »

1. Le cadre de la controverse

La controverse est assez classique, opposant les arguments d'une tradition structuraliste à celle d'inspiration béhavioriste :
- la première estime que les structures de l'industrie pèsent énormément et influencent considérablement les choix stratégiques, et donc la performance, des entreprises ;
- la seconde estime que l'entreprise est une organisation capable d'arbitrer et donc de choisir ses investissements pour dégager une performance significativement supérieure aux autres firmes d'une même industrie.

2. Le contenu de la controverse

Le point de départ se situe au milieu des années 1980. Il porte sur l'importance relative de l'industrie et de l'entité *corporate* à laquelle est rattachée l'activité. Dans un article publié en 1985, Schmalensee recourt à une analyse de la variance appliquée aux bénéfices par activités d'entreprises diversifiées. Il utilise des données du ministère américain du commerce (Federal Trade Commission – FTC). Ses données portent sur l'année 1975. Le caractère pionnier des travaux de Schmalensee[1] le conduit à sélectionner l'industrie manufacturière et à retenir la rentabilité des actifs (*Return On Assets* – ROA) comme mesure de la performance. Le principal résultat est le suivant : le facteur déterminant de la profitabilité d'une firme est l'industrie. Elle expliquerait 19,5 % de la variance de la rentabilité entre *business units*. L'effet de la part de marché pèse moins de 1 % et l'effet du *corporate* n'est pas significatif.
D'autres auteurs comme Rumelt[2], Roquebert *et al.*[3], et McGahan et Porter[4] vont aussi explorer la variance des profits en contrôlant des facteurs comme l'année et le type d'industrie (manufacturière ou de service). Tous tentent de dégager le poids relatif des trois niveaux suivants : l'industrie, l'entité *corporate*, et la *business unit*.
Leurs résultats tendent à montrer que, à la fois, les caractéristiques de l'industrie et celles des *business units* ont une influence importante sur la profitabilité des *business units*. En complément, les résultats relatifs au niveau *corporate* apparaissent très dépendants du type de données et du type d'outils statistiques utilisés par les différents auteurs.

1. Schmalensee R., 1985.
2. Rumelt R.P., 1991.
3. Roquebert J.A., Phillips R. L. et Westfall P.A., 1996.
4. McGahan A.M. et Porter M.E., 1997. McGahan A.M. et Porter M.E., 2002.

Tableau 3.1
L'effet de l'industrie sur la profitabilité est-il patent ? Comparaison des principales études

	Schmalensee (1985)	**Rumelt (1991)**	**Roquebert et *al.* (1996)**	**McGahan et Porter (1997)**	**McGahan et Porter (2002)**
Type de données	FTC LOB[1]		Compustat		
Variable dépendante	ROA[2] business unit				
Années/ Périodes	1975	1974-1977	1985-1991	1981-1994	1981-1994
Méthode statistique	Analyse de co-variance				ANOVA simultanée
Type d'activités	Industries manufacturières			Industries manufacturières/toutes (sauf finances)	Toutes (sauf finances)
Nombre d'observations	1 775	6 931	16 596	18 298/ 58 132	72 742
Influence de l'industrie	19,59 %	8,32 %	10,20 %	10,81 %/ 18,68 %	9,60 %
Influence du *corporate*	n.s.	0,80 %	17,90 %	0,00 % /4,33 %	12,00 %
Influence de la *business unit*	n.s.	46,37 %	37,10 %	31,71 % /35,45 %	37,70 %
Effet de l'année	n.s.	n.s.	0,50 %	2,34 % /2,39 %	0,80 %
Autres facteurs	80,41 %	44,61 %	34,30 %	55,14 % /39,15 %	39,90 %

1. Federal Trade Commission Lines Of Business. 2. Return On Assets. n.s. : non significatif.

3. Un consensus difficile à trouver

Contestant l'effet dominant de l'industrie trouvé par Schmalensee, Rumelt développe l'argument que la part de marché est une mesure imparfaite pour expliquer la différence entre les activités. Introduisant une variable qui tient compte de la variation d'une année sur l'autre de l'effet industrie, Rumelt trouve que l'effet *business unit* explique 46 % de la variance de la performance des entreprises. Son analyse n'accorde que 8 % à l'effet de l'industrie. Rumelt conclut donc que l'effet industrie est certes significatif, mais que l'effet business est le facteur explicatif le plus important de la profitabilité des firmes de son échantillon.

Roquebert et *al.* (1996), d'un côté, et McGahan et Porter (1997), de l'autre, utilisent une autre source de données : le Compustat Business Segment Report. Roquebert et ses collègues couvrent sept années (1985-1991), tandis que McGahan et Porter retiennent quatorze années (1981-1994).

····> Ces études cherchent à expliquer la divergence entre les résultats précédents. Elles examinent aussi si ces résultats sont sujets ou non à des conditions macroéconomiques.
L'étude de Roquebert et *al.* (1996) révèle un poids très important (37,1 %) pour l'effet *business unit* et une influence significative (10,2 %) de l'industrie. Ceci confirme les résultats de Rumelt. D'un autre côté, Roquebert et ses co-auteurs trouvent un effet *corporate* significatif (17,9 %), contrairement aux deux études précédentes de Schmalensee et Rumelt.
L'étude de McGahan et Porter (1997) diffère de ces deux études tant par les données que par la méthodologie. Leur étude débouche aussi sur un effet corporate significatif, mais de niveau inférieur à celui de Roquebert et *al.* (1996).
McGahan et Porter (2002) utilisent un échantillon de taille supérieure et leur étude montre que la *business unit* a la plus forte influence (37,7 %) sur la profitabilité des firmes. L'effet industrie sort en deuxième position alors que l'année n'a pas d'influence.

1 La méthode des cinq forces de Michael Porter

Héritier de l'économie industrielle, Michael Porter, professeur à la Harvard Business School, propose, dans son ouvrage intitulé *Competitive Strategy,* une méthode systématique d'analyse structurelle de l'industrie et de la concurrence[1]. Cette méthode, résumée dans le schéma dit « des cinq forces », est devenue incontournable pour étudier la « structure » d'une industrie, c'est-à-dire la nature et l'intensité des forces concurrentielles qui conditionnent sa rentabilité à long terme. Les caractéristiques structurelles d'une industrie sont à distinguer des caractéristiques conjoncturelles (fluctuations macroéconomiques, grèves, pénuries de matières premières, brusques poussées de la demande) qui influencent aussi sa rentabilité, mais seulement à court terme. Remarquons que Porter utilise le mot « structure » au sens de l'économie industrielle et non pas au sens que nous avons défini au chapitre 2. En effet, d'après le paradigme dominant de l'économie industrielle, la « structure » de l'industrie (nombre de concurrents, degré de concentration, pouvoir de négociation des clients, etc.) conditionne la stratégie des entreprises du secteur qui, à son tour, influence la performance de chaque entreprise.
Le but de l'analyse est double. Il s'agit d'une part d'évaluer l'attractivité ou, plus précisément, le potentiel de rentabilité de l'industrie à long terme et, d'autre part, d'identifier et de comprendre les cinq forces structurelles qui pèsent sur cette rentabilité. Après avoir mené l'analyse, l'entreprise est censée être en mesure d'élaborer une stratégie pour se défendre contre ces cinq forces, voire les infléchir en sa faveur.
Les cinq forces (voir figure 3.3) sont :
- l'intensité de la concurrence entre les firmes du secteur ;
- la menace de nouveaux entrants ;
- la pression des produits ou services de substitution ;
- le pouvoir de négociation des acheteurs ;
- le pouvoir de négociation des fournisseurs.

1. Porter M.E., 1980.

Figure 3.3
Les cinq forces de Porter

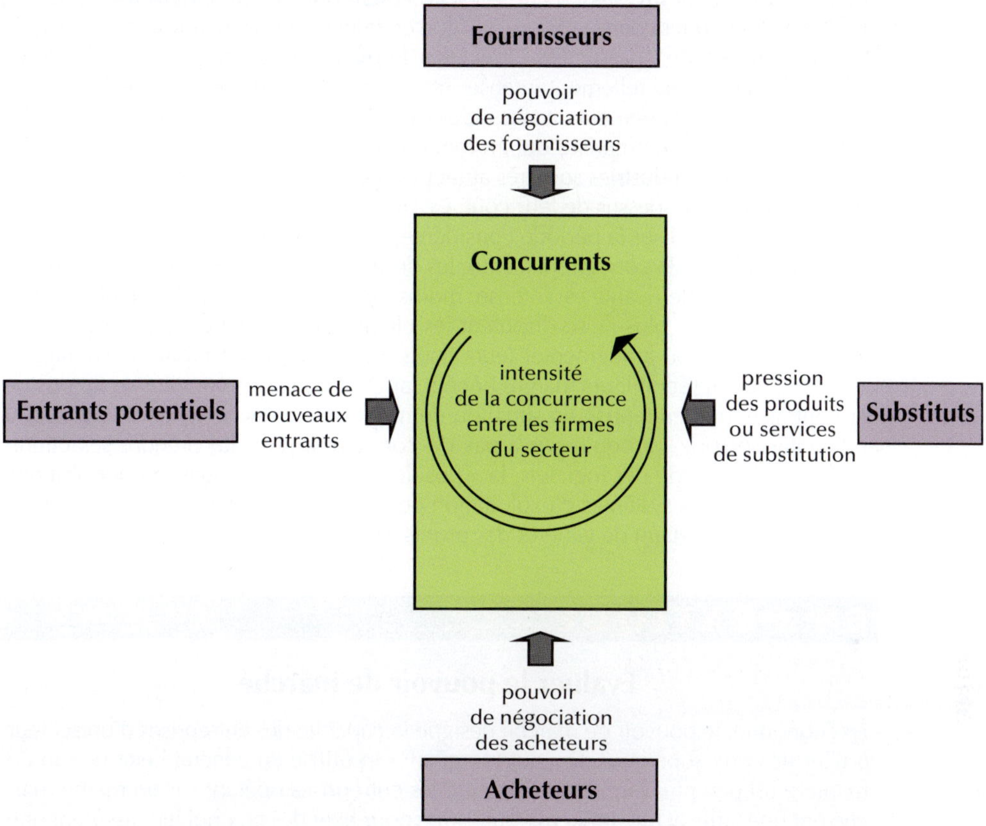

Source : d'après M.E. Porter, 1980.

A/ Structure de l'industrie, coût du capital et rentabilité

L'ensemble de ces forces pousse la rentabilité des capitaux investis dans le secteur vers un plancher que l'on appelle le coût du capital. Ce coût du capital se calcule à partir du rendement des obligations sans risque auquel on ajoute une prime de risque spécifique à l'industrie considérée. Le concept de coût du capital repose sur le postulat que les investisseurs exigent un taux de rentabilité sur investissement d'autant plus élevé que le risque est fort. Le coût du capital est donc la rentabilité minimale que les actionnaires sont en droit d'attendre d'un investissement dans l'activité en question.[1]
Le coût du capital est un coût d'opportunité : si la rentabilité des investissements devient inférieure au coût du capital, investir dans l'industrie considérée n'a aucun intérêt car l'investisseur peut mettre son argent dans des activités qui, compte tenu de leur niveau de risque relatif, sont plus rentables. Les capitaux devraient donc fuir l'industrie. En revanche, si l'industrie offre des rendements supérieurs au coût du capital, elle est attractive pour les investisseurs. Une industrie est donc considérée comme économiquement rentable si elle rémunère les capitaux au-dessus du coût du capital. On devrait donc juger de la rentabilité à long terme de l'industrie sur la base de la

1. Nous reviendrons sur cette notion dans le chapitre 13 sur la croissance et la création de valeur.

différence entre le retour sur investissement et le coût du capital, et non sur le simple critère du retour sur investissement. C'est ce critère qui est utilisé dans les figures 3.1 et 3.2. On remarquera dans la figure 3.1 que certaines industries (transport ferroviaire, sidérurgie, papeterie, spectacles) « crèvent » le plancher : sur la période considérée, les cinq forces ont été tellement intenses que la rentabilité du secteur a été inférieure au coût du capital. Autrement dit, ces industries « ont détruit de la valeur », c'est-à-dire qu'en moyenne, les entreprises qui en font partie ont appauvri leurs actionnaires. Au contraire, d'autres industries sont très attractives pour les investisseurs car les capitaux y sont rémunérés au-dessus de leur coût. Ce fut le cas des cosmétiques, du tabac, des boissons sans alcool sur la période considérée dans la figure 3.1.

En ce qui concerne la concurrence entre les firmes du secteur, on comprend intuitivement que, plus cette rivalité est intense, moins l'industrie est rentable. En effet, plus il y a de concurrents, plus ils se disputent les clients. Pour ce faire, ils ont tendance à réduire leurs prix ou à augmenter leurs coûts (par exemple en faisant davantage de publicité), ce qui réduit leurs marges bénéficiaires et donc la rentabilité de l'industrie. Par contraste, une entreprise en situation de monopole a davantage de latitude pour augmenter ses prix, puisqu'il n'y a pas de concurrent pour lui prendre ses clients. Ainsi, dans l'industrie des logiciels, la « position dominante », quasi monopolistique, de Microsoft sur les systèmes d'exploitation pour micro-ordinateurs crée un « pouvoir de marché » permettant de générer des profits très élevés.

EN PRATIQUE

Évaluer le pouvoir de marché

En économie, le pouvoir de marché désigne la capacité des entreprises d'un secteur à fixer des prix supérieurs au coût marginal. On utilise en général cette notion de manière un peu plus large pour dire que les entreprises opérant sur un même marché ont une taille et une influence suffisante pour fixer des prix qui leur assurent une rentabilité économique élevée. Remarquons qu'il s'agit en principe d'une caractéristique de l'industrie dans son ensemble et non d'une entreprise en particulier, même si l'expression est parfois utilisée pour parler du « pouvoir de marché » de telle ou telle entreprise dans l'industrie. Les autorités de régulation de la concurrence estiment le pouvoir de marché en utilisant généralement trois familles de critères :

1. la structure de marché,
2. les comportements stratégiques,
3. la performance.

1. En ce qui concerne la structure de marché, le pouvoir de marché augmente avec :

> la concentration,

> le degré d'intégration verticale de l'activité,

> les barrières à l'entrée,

> la taille requise pour exister dans l'industrie.

2. Pour étudier les comportements stratégiques traduisant l'exercice d'un pouvoir de marché, quatre critères peuvent être utilisés :

> la *politique de prix* ; des prix élevés et stables peuvent traduire une position dominante ;

>

....>

> la *discrimination entre les types de clients* ; L'entreprise peut chercher à segmenter son marché en discriminant entre des catégories-types de clients ; cette discrimination peut aller jusqu'au refus de vente, strictement interdit par la loi ;

> sans prendre une forme aussi extrême que le refus de vente, le *rapport de force* entre fournisseurs et clients, ou entre producteurs et distributeurs, conduit certaines entreprises à restreindre la liberté commerciale d'entreprises qui sont dépendantes d'elles ;

> le travail des autorités de la concurrence montre enfin *l'importance des ententes* entre producteurs pour organiser un marché : les exemples des travaux publics, du marché publicitaire avant la loi Sapin (1993), ou plus récemment du marché des vitamines (2002) sont très illustratifs.

3. Enfin, une *performance économique* révélant une profitabilité de longue durée supérieure à la moyenne des autres industries, ou bien des rentes de position, traduit de manière fortement probable l'existence d'un pouvoir de marché qui favorise ces hauts niveaux de performance.

Structure de marché	Comportements stratégiques	Performance économique
> la concentration : – nombre de firmes – parts de marché > l'intégration verticale en amont et en aval > l'existence de barrières à l'entrée > la taille minimale efficiente des entreprises	> la pratique de prix : – prix de prédation – vente en bloc > la discrimination entre clients > le refus de vente > les restrictions imposées aux fournisseurs et/ou distributeurs > les ententes entre producteurs	> l'obtention de profits « excessifs » sur une longue période > l'existence de rente(s) liée(s) à la position concurrentielle

Tableau 3.2
Critères d'analyse du pouvoir de marché

B/ UNE CONCEPTION ÉLARGIE DE L'ENVIRONNEMENT CONCURRENTIEL

Le lien entre nombre de concurrents et profitabilité est connu depuis l'origine des sciences économiques. L'apport de Porter a été de l'élargir à d'autres acteurs que les concurrents directs. Son modèle stipule que les forces concurrentielles qui pèsent sur la rentabilité d'une industrie ne se limitent pas aux entreprises qui offrent des produits directement substituables mais qu'elles incluent également les entrants potentiels, les offres de substitution, ainsi que les fournisseurs et les acheteurs.

Dans la figure 3.3, sur l'axe horizontal, en position « latérale » par rapport à l'industrie, on trouve les entrants potentiels et les substituts. Ces entreprises ne sont présentes ni dans l'industrie, ni dans la filière, mais elles ont pourtant une influence très forte : en menaçant d'envahir le marché, elles créent un « plafond de verre » qui limite les prix pratiqués dans l'industrie. En effet, les entrants potentiels sont des entreprises qui pourraient entrer dans l'industrie mais qui s'en abstiennent pour le moment, généralement parce que leurs coûts sont trop élevés par rapport aux concurrents en place. Il peut s'agir par exemple de firmes étrangères opérant dans la même industrie, mais dont l'internationalisation est freinée par des coûts de transport trop élevés ou des coûts excessifs d'adaptation du produit. Si les prix des concurrents en place augmentent trop, il peut devenir rentable pour les entrants potentiels d'entrer effectivement dans le secteur, ce qui va pousser inéluctablement les marges vers le bas.

Une menace d'entrée crédible limite donc la rentabilité de l'industrie : les concurrents en place ont intérêt à maintenir des prix assez bas pour dissuader les entrants potentiels de passer à l'acte. Il en va de même pour les offres de substitution. Plus les prix de l'industrie sont élevés, plus les offres de substitution sont attractives pour les clients, même si elles ne correspondent pas parfaitement aux besoins de ceux-ci. Il convient donc de limiter les prix pour éviter d'inciter les acheteurs à adopter les substituts. Par exemple, le prix des billets d'avion sur certaines lignes européennes comme Paris-Londres a un impact direct sur la fréquentation des trains à grande vitesse comme Eurostar, et réciproquement. De manière moins directe, le prix des places de cinéma et du baby-sitting a une influence sur les ventes d'équipements audiovisuels familiaux et sur la location de DVD à domicile. Au total, *ceteris paribus,* plus une industrie a des offres de substitution nombreuses et attractives, moins elle a de chances d'être rentable.

Par ailleurs, toute industrie est insérée dans une filière d'activité (voir ci-après l'encadré Fondements théoriques sur le *business system*) car les entreprises achètent des inputs sur un marché « amont » et vendent des outputs sur un marché « aval ». Nous avons placé les fournisseurs et les acheteurs sur l'axe vertical de la figure 3.3 car on a coutume de qualifier de « verticales » les relations client-fournisseur. Contrairement aux entrants potentiels et aux substituts, qui influencent la rentabilité de l'industrie en faisant pression sur les prix de manière « virtuelle », fournisseurs et acheteurs ont un pouvoir de négociation direct sur les prix des inputs et des outputs de l'industrie. Ils entendent utiliser ce pouvoir pour maximiser leur part de valeur ajoutée. Leur action conduit donc à réduire le potentiel de profit dans l'industrie. Notons que nous préférons utiliser le terme d'« acheteur » plutôt que celui de « client », pour souligner d'une part que l'analyse porte en priorité sur le stade immédiatement en aval de la filière et non pas sur le client final, et d'autre part que certains « clients » sont des « acheteurs » professionnels qui savent user et abuser de leur pouvoir de négociation.

Ainsi par exemple, les acheteurs des grandes surfaces comme Wal-Mart ou Carrefour ont un pouvoir de négociation très important sur les fabricants de produits alimentaires comme Danone ou Nestlé. La lutte pour la répartition du profit entre Nestlé et Carrefour est en fait beaucoup plus âpre que la lutte concurrentielle entre Nestlé et Danone. Certes, la concurrence de Danone est une menace permanente pour Nestlé, puisque Danone offre, entre autres, des eaux minérales étroitement substituables à celles de Nestlé. Mais ce combat se fait à fleuret moucheté : les deux groupes s'ingénient, à grand coup de publicité, à convaincre les consommateurs que les eaux des différentes marques sont intrinsèquement différentes, ce qui limite leur substituabilité et donc permet de limiter les effets néfastes d'une éventuelle concurrence par les prix. En revanche, la pression qu'exercent les acheteurs de la grande distribution a une influence directe sur les marges de Nestlé et Danone dont les débouchés dépendent du bon vouloir des distributeurs. De même, dans l'automobile, les acheteurs des grands constructeurs ont un pouvoir déterminant sur la rentabilité de la plupart des équipementiers. Ils demandent constamment des baisses de prix de plusieurs points en pourcentage par an et ne se soucient guère de la capacité des fournisseurs à atteindre l'objectif : la cible de prix *doit* être atteinte si le fournisseur veut rester fournisseur.

Fondements théoriques

Filière d'activité ou *business system*

Une très grande majorité des domaines d'activité ou des secteurs s'insèrent dans une filière économique ou une filière d'activité (*cf.* chapitre 11). Trois définitions de la filière permettent de bien comprendre son intérêt et son importance pour l'analyse stratégique :

> c'est un ensemble d'*opérations techniques* qui vont de la matière première jusqu'au produit final acquis par le consommateur ; la filière agroalimentaire est l'une des plus connues, comme la filière pétrolière (exploration, forage-exploitation-production, raffinage, distribution) ;

> c'est un ensemble de *relations économiques* et de *transactions commerciales* entre des entreprises situées à des stades complémentaires le long de l'axe amont-aval ; ainsi des fabricants de semi-conducteurs vendent leurs puces ou leurs systèmes à des fabricants de centraux de télécommunications, eux-mêmes les vendant à des opérateurs de réseaux ; ces derniers pouvant les louer à d'autres opérateurs ;

> c'est un ensemble d'*entreprises* mais aussi d'organisations plus ou moins hiérarchisées qui gèrent la coordination des opérations techniques et des transactions commerciales ; ainsi la filière florale voit en amont des producteurs de fleurs et en aval le fleuriste à proximité du client ; entre ces deux stades extrêmes, se trouvent des marchés organisés comme le marché aux fleurs de La Haye aux Pays-Bas ou celui de Rungis.

À moins d'être totalement intégrée, chaque industrie est donc prise en tenaille entre un secteur fournisseur et un secteur client (types de distribution et client final), c'est-à-dire un stade amont et un stade aval.

Porter propose une série de critères à utiliser pour évaluer l'intensité de chacune des cinq forces. Nous allons maintenant discuter ces critères en détail.

EN PRATIQUE

Les critères à utiliser pour évaluer l'impact des cinq forces sur la rentabilité de l'industrie

1. Intensité de la concurrence entre les entreprises du secteur

> Concentration de l'industrie
> Croissance de l'activité
> Diversité des concurrents
> Différenciation des produits
> Part des coûts fixes et difficultés de stockage
> Barrières à la sortie

2. Menace des entrants potentiels et barrières à l'entrée

> Ticket d'entrée dans l'industrie
> Économies d'échelle
> Avantages de coût indépendants de la taille
> Différenciation des produits
> Accès aux réseaux de distribution

>

....>

> Règlements et barrières légales
> Capacité de riposte des firmes en place

3. Pression des produits et services de substitution

> Élasticité croisée
> Innovation

4. et 5. Pouvoir de négociation des fournisseurs et des acheteurs

> Concentration relative
> Menace d'intégration verticale
> Impact de la qualité des inputs sur la qualité des outputs
> Différenciation des produits ou services
> Coût de remplacement du partenaire
> Part du produit fourni dans la structure de coût du client

C/ L'INTENSITÉ DE LA CONCURRENCE ENTRE LES ENTREPRISES DU SECTEUR

L'intensité de la rivalité entre les concurrents existants est un déterminant très fort de la profitabilité d'une industrie. La théorie économique nous a appris en effet que la concurrence pure et parfaite – définie comme la concurrence entre un grand nombre d'entreprises, de petite taille, sans pouvoir de marché (c'est-à-dire sans influence sur la fixation du prix de marché), vendant des produits identiques dans un secteur dépourvu de barrières à l'entrée et à la sortie – conduit à une rentabilité nulle. En effet, dans ce genre de situation, la concurrence tourne forcément à la guerre des prix et la rentabilité tend vers le coût du capital. Tous les éléments qui permettent de s'écarter de ce modèle sont propices à favoriser la rentabilité de l'industrie. Le premier élément est évidemment la concentration du secteur. Les autres sont : la croissance de l'activité, la diversité des concurrents, la différenciation des produits, l'importance des coûts fixes et les barrières à la sortie.

La concentration de l'industrie

Plus la concentration est forte, c'est-à-dire moins il y a de concurrents et plus leurs parts de marché sont élevées, moins la concurrence est intense, donc plus l'industrie est rentable. Les entreprises appartenant à des industries concentrées jouissent en effet d'un pouvoir de marché plus important : elles peuvent fixer leurs prix avec une plus grande liberté. Le prix d'un avion de ligne est fixé par Boeing et Airbus ; le prix du sirop qui sert à fabriquer le Pepsi et le Coca est fixé par PepsiCo et Coca-Cola Company. Ces situations d'oligopole (peu de concurrents), voire de duopole (deux concurrents seulement), sont favorables à des comportements collusifs : les entreprises ont davantage intérêt à mettre en œuvre des stratégies qui maximisent le profit au niveau de l'industrie que des stratégies qui pourraient améliorer la performance d'une entreprise par rapport à l'autre, au risque de réduire les profits de l'industrie dans son ensemble. Nous n'utilisons pas le terme de « collusion » de manière péjorative ou juridique, mais pour désigner des stratégies tacitement coordonnées qui donnent priorité à la rentabilité du secteur plutôt qu'à l'affrontement concurrentiel. Reconnaissons au passage que, dans les oligopoles, il existe aussi des collusions illicites qui consistent à se partager les marchés et à s'entendre de manière explicite sur les prix. Ces ententes ou cartels sont punis par les tribunaux. La Commission européenne a ainsi infligé une importante amende en 2007, en condamnant Saint-Gobain à payer 133,9 millions d'euros pour « *avoir conclu des accords illicites de partage de marchés et échangé des informations commercialement sensibles concernant des livraisons de verre automobile dans l'espace économique européen* ». Les autres membres du cartel condamnés étaient Guardian (148 millions), Pilkington (140 millions d'euros), et Asahi (65 millions).

Un bon exemple de comportement collusif parfaitement licite est celui du duopole Pepsi/Coca. Les deux entreprises préfèrent se livrer à une bataille publicitaire qui contribue à la croissance de l'industrie et au maintien de prix élevés plutôt qu'à une guerre des prix aux effets fratricides. Il est ainsi significatif que le prix du concentré que Coca et Pepsi vendent à leurs embouteilleurs n'a cessé d'augmenter depuis des dizaines d'années alors que le prix du produit final, la bouteille de soda, baisse tendanciellement en monnaie constante. La raison est simple : les embouteilleurs sont en concurrence avec toutes sortes de boissons dans les supermarchés, les restaurants et les bars, alors que, lorsqu'il vend son concentré, Coca-Cola n'a pratiquement qu'un concurrent : Pepsi, et réciproquement. En revanche, dans les secteurs où de nombreux concurrents se disputent les clients, la probabilité que quelqu'un déclenche une guerre des prix en espérant ainsi améliorer sa situation en est évidemment plus forte. Comme nous le montrons dans l'encadré « En pratique » suivant, calculer des indices de concentration permet de quantifier ce phénomène en tenant compte du nombre de concurrents et de la distribution des parts de marché entre eux.

EN PRATIQUE

Mesurer la concentration

La mesure de la concentration aide à analyser l'intensité de la concurrence sur un marché donné.

Prenons l'exemple d'une industrie composée de quatre entreprises. La concurrence sera plus intense si les quatre concurrents ont des parts de marché équivalentes, soit 25 % du marché chacun, que s'il y a un leader, détenant par exemple 55 % du marché, et une « frange » de 3 entreprises ayant chacune 15 %. Le pouvoir de marché est en effet supérieur dans la seconde hypothèse et, *ceteris paribus*, le potentiel de rentabilité de l'industrie est plus élevé.

L'une des mesures les plus classiques est celle du *ratio de concentration*. Ainsi le ratio C_n est la somme des parts de marché des *n premières entreprises*.

Par exemple, pour une industrie I_1 de quatre entreprises ayant chacune 25 % du marché, on a :

$C_4 = 1$;

$C_3 = 0,25 + 0,25 + 0,25 = 0,75$.

Pour une industrie I_2 de quatre entreprises où le leader a 55 % et les autres concurrents ont chacun 15 % du marché, on a :

$C_4 = 1$;

$C_3 = 0,55 + 0,15 + 0,15 = 0,85$.

Cette mesure est descriptive et son résultat dépend très fortement du nombre d'entreprises prises en compte. On voit en effet que le C_4 est le même dans les deux >

....>

industries alors que la seconde est plus concentrée. De plus, la faible variation du C_3 entre I_1 et I_2 reflète mal la différence de structure concurrentielle entre les deux industries.

De nombreux indices de concentration, plus ou moins sophistiqués, permettent de corriger ce problème. L'un des plus connus est l'*indice d'Herfindahl*. Une façon simple de le calculer est de faire la somme des carrés des parts de marché des n premières entreprises. Notons qu'au lieu de la part de marché, on peut prendre une autre variable appropriée à l'activité retenue (par exemple, le chiffre d'affaires dans l'automobile ou le produit net bancaire dans la banque) ; l'indicateur d'Herfindahl est alors égal à la somme des carrés de la valeur de cette variable pour les *n* premières entreprises.

Reprenons notre exemple. Pour une industrie I_1 de quatre entreprises ayant chacune 25 % du marché, on a :

$H_4 = 4 \times (1/4)^2 = 1/4 = 0,25$; (a)

$H_3 = 3 \times (1/4)^2 = 3/16 = 0,19$

Pour une industrie I_2 de quatre entreprises où le leader a 55 % et où les autres concurrents ont chacun 15 % du marché, on a :

$H_4 = 0,55^2 + 0,15^2 + 0,15^2 + 0,15^2 = 0,37$;

$H_3 = 0,55^2 + 0,15^2 + 0,15^2 = 0,35$

L'indicateur d'Herfindahl est fiable : quel que soit le nombre d'entreprises prises en compte dans le calcul, la seconde industrie I_2 apparaît toujours comme nettement plus concentrée que l'industrie I_1 (0,37 contre 0,25 pour H_4 ; 0,35 contre 0,19 pour H_3).

Une autre propriété intéressante de l'indice d'Herfindhal est sa réciproque. Comme on le voit dans l'égalité (a) ci-dessus, pour une industrie de *n* entreprises ayant toutes la même part de marché, la valeur de l'indice H_n est égale à $1/n$. En effet :

$H_n = n \times (1/n)^2 = 1/n$.

Il est en outre facile de démontrer que, pour une industrie de *n* entreprises, $1/n$ est le minimum de H_n.

La valeur de *n* correspondante est ce que l'on appelle le *nombre d'entreprises équivalentes*. Lorsqu'on calcule l'indice de Herfindahl sur une industrie donnée, on peut comparer le résultat obtenu à ce nombre d'entreprises équivalentes pour avoir une idée intuitive de la concentration du secteur. Ainsi, toute valeur de H_4 supérieure à 0,25 traduit le fait que l'industrie est plus concentrée que si elle était constituée de quatre entreprises équivalentes. Toute valeur inférieure permet de conclure que la concentration est moindre.

En cas de fusion ou d'acquisition entre concurrents, les autorités de surveillance de la concurrence analyseront l'impact de l'opération sur la concentration, et donc sur la structure de marché et la possible position dominante qui pourrait en résulter. Les autorités cherchent en effet à limiter la concentration pour encourager la concurrence au bénéfice des consommateurs.

La croissance de l'activité

Un marché en forte croissance permet aux entreprises de croître sans recourir à des baisses de prix, alors qu'un marché en récession crée de très fortes tensions, en particulier en termes de prix et de marge. Les industries les plus mûres, comme l'automobile ou le textile, sont donc caractérisées par une concurrence acharnée et des rentabilités faibles.

La diversité des concurrents

Les concurrents présents dans l'industrie peuvent être très semblables (General Motors et Ford ; Coca et Pepsi) ou, au contraire, très différents, de par leur origine technologique ou sectorielle, leur taille ou leur implantation géographique. Plus les concurrents se ressemblent et partagent une histoire commune, plus les comportements collusifs ont tendance à se développer, ce qui favorise la rentabilité du secteur. En revanche, le comportement innovant ou iconoclaste de concurrents nouveaux, étrangers ou plus agressifs, tend à peser sur les marges réalisées dans le secteur. Le marché automobile français était nettement plus rentable dans les années 1950 et 1960, tant qu'il se résumait à un affrontement Peugeot-Renault-Citroën. Les trois entreprises avaient d'ailleurs segmenté le marché de telle sorte qu'elles ne se faisaient guère d'ombre : Renault faisait des petites voitures (4 CV, Dauphine, Renault 4, Renault 8), Peugeot des grosses voitures à propulsion arrière (203, 403, 404) et Citroën des voitures originales à traction avant (2 CV et DS) réservées à une clientèle décalée ou férue de technologie. La stabilité a commencé à se fissurer quand Peugeot a osé lancer la 204, une traction avant frontalement concurrente du haut de gamme Renault, puis quand Peugeot a pris le contrôle de Citroën en 1974. Entre-temps, le marché s'était ouvert aux importations et les constructeurs nationaux se trouvent maintenant en concurrence avec des produits venus d'Europe et d'Asie. L'ouverture du marché à Ford, Opel, puis Toyota, Nissan, etc., même si leurs parts de marché restent au fond assez faibles, a considérablement réduit le confort des constructeurs nationaux. Remarquons toutefois que la globalisation n'a pas encore complètement supprimé les comportements collusifs. En Europe, même si les prix des voitures ont tendance à converger, ils restent plus élevés dans les pays où subsistent des constructeurs nationaux (France et Allemagne notamment) alors qu'ils sont nettement plus bas dans les pays non producteurs (Belgique et Pays-Bas par exemple). La méthode des groupes stratégiques, que nous présentons plus loin, est un outil intéressant pour analyser la diversité des concurrents.

La différenciation des produits

La différenciation des produits résulte de facteurs, objectifs et subjectifs, qui limitent la substituabilité des produits aux yeux des clients. Il peut s'agir de la marque, du service après-vente, ou des caractéristiques physiques des produits comme le goût, le design ou la finition. Nous développerons la notion de différenciation dans le chapitre 5 sur les stratégies de recomposition de l'offre. Lorsque cette différenciation est forte, la concurrence est imparfaite ou « monopolistique » (voir chapitre 5) : les produits n'étant pas identiques aux yeux des clients, ceux-ci acceptent de payer plus cher pour acheter leur marque préférée ou leur variété préférée. Contrairement à la diversité des concurrents, qui limite le potentiel collusif et réduit donc la rentabilité de l'industrie, la différenciation des produits améliore la profitabilité du secteur car elle valorise chaque offre en la rendant « unique » aux yeux des clients. Chaque concurrent essaie de se tailler un mini-monopole sur un segment particulier du marché. Ainsi, dans les industries du luxe, les variations de prix d'un produit ont peu d'influence sur les ventes des concurrents : Porsche ne se préoccupe guère du prix des Ferrari, et encore moins de celui des BMW que Porsche ne daigne même pas considérer comme des automobiles concurrentes des siennes. Au total, les industries où les produits sont très différenciés, comme les parfums, la pharmacie et les cosmétiques, ont donc tendance à être plus rentables que la sidérurgie, le papier ou les produits agricoles, même à concentration égale.

La part de coûts fixes et les difficultés de stockage

Dans les industries où la part de coût fixe domine dans la structure de coût, ainsi que dans les secteurs où les produits sont difficiles, voire impossibles, à stocker, les entreprises sont tentées de casser les prix pour essayer de dégager une contribution, aussi faible soit-elle, à la couverture des coûts fixes. Le potentiel de rentabilité du secteur en pâtit forcément, surtout si l'industrie est en surcapacité. L'exemple typique est celui du transport aérien. En surcapacité structurelle à cause notamment de la présence de lignes aériennes nationales protégées par les gouvernements, le transport aérien souffre d'un double problème :

- l'essentiel des coûts (avions et personnel) est fixe ;
- le service (matérialisé par le billet d'avion) est impossible à stocker : une fois que l'avion a décollé, tout siège vide est perdu.

Du coup, plus l'heure du décollage approche, plus les compagnies aériennes sont prêtes à baisser les prix jusqu'au coût marginal d'un passager supplémentaire à bord (ce coût variable, qui se résume souvent à celui d'un plateau-repas, est négligeable) pour encaisser une recette (une marge sur coût variable) qui viendra éponger un tant soit peu le coût fixe du vol, qui est incompressible. Cette situation explique que le transport aérien soit un secteur très destructeur de valeur, avec des rendements très inférieurs au coût du capital, ce qui a conduit de nombreuses compagnies à enregistrer des valorisations boursières inférieures à la valeur de leur flotte, quand ce n'est pas à la faillite pure et simple !

Les barrières à la sortie

Une forte spécialisation des actifs, des coûts fixes de sortie comme les coûts de licenciement, des restrictions sociales ou des pressions gouvernementales conduisent à créer des barrières à la sortie de l'activité. En cas de surcapacité, les concurrents se retrouvent donc piégés dans le secteur et préfèrent brader leurs produits tant que les pertes ou le manque à gagner restent inférieurs au coût de sortie. Chaque concurrent compare en effet le coût d'opportunité d'une sortie avec celui d'une riposte concurrentielle adéquate (réduction des marges, guerre des prix, rachat de concurrents, etc.). Les barrières à la sortie, contrairement aux barrières à l'entrée que nous examinons ci-après, réduisent donc le potentiel de rentabilité du secteur.

D/ Menace des entrants potentiels et barrières à l'entrée

Si une industrie rapporte davantage que le coût du capital, elle excite l'appétit des entrants potentiels. Si ceux-ci peuvent entrer sans problème, ils vont augmenter l'intensité concurrentielle et ramener le niveau de rentabilité de l'industrie à celui des industries les moins rentables, c'est-à-dire celles qui couvrent à peine le coût du capital. Comme on l'a vu, même si les entrées ne se produisent pas dans les faits, la simple menace d'entrée suffit à faire tendre la rentabilité économique vers zéro. Lorsque cette menace d'entrée est forte, on dit que le marché est **contestable** : les profits tendent vers le minimum quel que soit le nombre de concurrents effectivement en place. Heureusement, il existe dans certaines industries des **barrières à l'entrée** qui réduisent la menace parce qu'elles créent un avantage économique significatif pour les concurrents en place par rapport aux entrants potentiels. Plus les barrières à l'entrée sont élevées, plus l'industrie a de chances d'être économiquement rentable. Du coup, une industrie dans laquelle il est difficile d'entrer est, en fait, plus attractive.

La notion de barrière à l'entrée faisait à l'origine référence à des obstacles structurels et exogènes, comme la réglementation ou la rareté des matières premières. Des travaux de plus en plus nombreux insistent sur la nature « construite » de ces barrières, qui peuvent résulter du comportement des acteurs et de l'histoire sédimentée d'une industrie. Prenons l'exemple des contrats qui lient les entreprises du secteur à leurs réseaux de distribution : dans l'automobile, le système des concessionnaires exclusifs (le distributeur ne distribue qu'une marque, en échange de quoi il jouit d'une exclusivité territoriale) est une barrière à l'entrée. Une nouvelle marque ne peut pas pénétrer facilement dans un réseau existant puisque celui-ci est exclusif. Il en va de même dans le secteur des boissons où le même type d'exclusivité régit les rapports entre les grandes marques et leurs embouteilleurs.

On distingue plusieurs types de barrières à l'entrée : le ticket d'entrée dans l'industrie, les économies d'échelle et autres avantages de coût, la différenciation des produits, l'accessibilité des réseaux de distribution, les règlements et barrières légales.

Le ticket d'entrée dans l'industrie

Le premier obstacle à l'entrée dans une activité est le niveau des investissements requis. Si le « ticket d'entrée » est particulièrement onéreux, cela élève une barrière majeure à l'entrée d'acteurs à faible surface financière. Par exemple, dans le domaine bancaire, le capital d'une banque est la seule protection contre les pertes et les défauts de paiement susceptibles de survenir. Les autorités de tutelle définissent donc un niveau minimal de capital à respecter pour opérer dans l'industrie bancaire. Ce seuil est défini selon des normes simples et universelles. Il s'agit de pourcentages forfaitaires appliqués aux encours pour obtenir le capital minimal réglementaire. Par exemple, la réglementation Cooke attribue un même forfait (4 % des encours privés) aux crédits à un an et à dix ans, ou à des crédits à un client privé AAA et un client noté B.

Ce raisonnement laisse supposer que l'entrée dans une industrie donnée sera plus aisée pour un grand groupe que pour une start-up. Ceci est vrai pour une activité déjà existante et fortement structurée. C'est beaucoup moins vrai quand il s'agit d'une activité en phase de démarrage dans laquelle il existe une variété de solutions technologiques et de choix industriels, avant que la concurrence n'ait permis d'éliminer les choix stratégiques les moins performants.

Les économies d'échelle

On dit qu'une activité est soumise à des économies d'échelle lorsque le volume de production est un facteur significatif de réduction des coûts unitaires. Ainsi, les activités à forts coûts fixes (investissements physiques importants, dépenses de R&D ou de publicité élevées) ont tendance à générer des économies d'échelle car le coût fixe par unité baisse mécaniquement avec le volume produit. C'est ce qu'on appelle aussi un effet de taille. Nous approfondirons cette notion dans le chapitre 4 sur les stratégies de coût-volume. Les économies d'échelle créent une barrière à l'entrée car elles confrontent les entrants potentiels à un dilemme insoluble : soit ils entrent avec un volume réduit et ils doivent supporter des coûts unitaires nettement plus élevés que les concurrents en place ; soit ils investissent massivement pour atteindre la taille critique (celle qui minimise le coût unitaire) et ils risquent alors de se retrouver en très forte surcapacité avant de capter suffisamment de demande. Ainsi par exemple, l'industrie de la construction des grands avions de ligne reste un duopole mondial composé d'Airbus et Boeing parce que les économies d'échelle dues aux coûts de R&D sont telles qu'elles dissuadent de nouveaux entrants de tenter l'aventure. Il en va de même pour les moteurs à réaction qui équipent ces avions : ils sont les produits à très forte intensité capitalistique et technologique d'un oligopole mondial composé de quatre firmes seulement : General Electric, Pratt and Whitney, Rolls-Royce et Snecma-Safran. L'effet d'expérience (voir chapitre 4) entre aussi en ligne de compte dans les effets de taille : les concurrents en place, parce qu'ils produisent à une plus grande échelle, accumulent de l'expérience et développent des savoir-faire productifs, techniques et commerciaux qui leur permettent d'avoir des coûts plus bas que n'importe quel entrant. Cet effet d'expérience est lié au volume de production mais aussi à l'ancienneté dans le secteur. Il peut donc, comme nous allons le montrer dans la section suivante, contribuer à créer des barrières à l'entrée indépendamment de l'effet de taille proprement dit.

Les avantages de coût indépendants de la taille

Dans certaines industries, indépendamment des économies d'échelle, les concurrents en place ont des coûts plus bas parce qu'ils ont réussi à accaparer les matières premières les moins coûteuses ou les localisations les plus avantageuses, ou encore parce que leur antériorité dans l'industrie rend la copie de leur avantage concurrentiel difficile et coûteuse pour de nouveaux entrants. Un nouvel entrant qui essaierait de rattraper rapidement Coca-Cola dans l'industrie des boissons sans alcool encourrait des coûts prohibitifs. Égaler le succès de Coca-Cola exige sans doute de répéter le parcours de l'entreprise depuis plus de cent ans. Même en dépensant en six mois l'équivalent de ce que Coca-Cola a investi en publicité depuis sa création, il serait impossible d'égaler la performance de Coca. Il n'est donc pas surprenant que le seul concurrent qui y soit parvenu soit Pepsi Cola, qui est entré très tôt dans le secteur. On dit que les nouveaux entrants sont victimes de déséconomies de compression du temps (*time compression diseconomies ;* nous développerons cette notion au chapitre 7 sur l'avantage concurrentiel) parce qu'il est très coûteux, voire impossible, d'atteindre sur une courte période le même niveau de compétitivité que des concurrents qui exercent l'activité depuis des dizaines d'années. L'effet d'expérience, déjà mentionné dans la section précédente sur les économies d'échelle, est un des facteurs qui explique cette barrière à l'entrée. Remarquons à ce propos que, dans la pratique, il est difficile de distinguer les avantages de coût qui sont dus à la taille proprement dite de ceux qui sont dus à l'antériorité et à l'expérience accumulée. En effet, taille et expérience sont très corrélées. Séparer ce qui, dans l'avantage concurrentiel de Coca-Cola ou de Boeing, est dû à la taille ou à l'antériorité, est un débat purement théorique, tant les deux notions sont imbriquées.

La différenciation des produits

Nous avons déjà discuté les effets positifs de la différenciation des produits sur la rentabilité du secteur, via la réduction de l'intensité concurrentielle. La différenciation a un autre effet positif : elle renforce également les barrières à l'entrée. Un nouvel entrant va avoir du mal à créer une nouvelle différenciation dans un secteur où les offres sont déjà très différenciées : pour pouvoir rivaliser avec les concurrents en place, il va devoir par exemple dépenser davantage qu'eux en publicité ou en

R&D. Sinon, il devra accepter d'adopter un positionnement de niche ou pratiquer des prix très bas pour capter des ventes. Dans les deux cas, il a peu de chances d'atteindre le même niveau de profit que les concurrents établis. À cause du poids des marques, de la réputation, des savoir-faire productifs, il est plus difficile d'entrer dans l'industrie du luxe que dans un secteur où les produits sont de pures commodités.

L'accès aux réseaux de distribution.

Au-delà du fait qu'ils ne disposent ni d'une marque connue ni d'une base de clientèle existante, les nouveaux entrants peuvent avoir du mal à accéder physiquement aux réseaux de distribution. La grande distribution, par exemple, ne voit pas toujours d'un bon œil la création de nouvelles marques qui viennent encombrer des rayons déjà pleins, avec des perspectives de vente plus ou moins incertaines. Certains distributeurs, bien qu'ils soient indépendants juridiquement des fabricants, ont parfois des contrats d'exclusivité avec eux, ce qui leur interdit d'accueillir une nouvelle offre et renforce donc les barrières à l'entrée. La stratégie de Dell à ses débuts avait pour but essentiel de contourner les réseaux de distribution micro-informatiques habituels en développant les ventes directes sur Internet. Le but était bien de surmonter une barrière à l'entrée.

Les règlements et barrières légales

Dans certains domaines, l'obtention d'une licence ou d'une autorisation est nécessaire à l'exercice de l'activité : les licences de taxis ou de téléphonie mobile sont des barrières à l'entrée très strictes qui limitent statutairement le nombre d'opérateurs. Les brevets peuvent jouer un rôle similaire. De même, dans certains pays, les lois interdisant ou limitant les investissements étrangers dans l'économie locale sont des barrières à l'entrée qui peuvent s'avérer très efficaces pour protéger certaines productions nationales pourtant peu compétitives.

L'efficacité des barrières à l'entrée et la capacité de riposte

La recherche a démontré de longue date que, plus les barrières à l'entrée dans une industrie sont élevées (notamment l'intensité capitalistique et les dépenses de publicité), plus cette industrie est rentable. Cependant, l'efficacité des barrières à l'entrée dépend de la stratégie des concurrents en place. Avant d'entrer dans une industrie, les entrants potentiels évaluent en effet la capacité de réaction des concurrents installés. Les barrières à l'entrée sont donc d'autant plus efficaces que :

- les concurrents établis disposent de ressources importantes pour riposter : cash, capacité d'endettement, capacité de production, liens avec les acheteurs et les fournisseurs. Ces ressources leur permettent de supporter une guerre des prix ou de verrouiller les approvisionnements clés et l'accès à la distribution ;
- les concurrents établis ont montré par le passé qu'ils étaient capables de riposter et de résister à l'intrusion de nouvelles entreprises dans le secteur ;
- la croissance du marché est faible, ce qui rend la prise de part de marché par les nouveaux entrants plus difficile.

Plus fondamentalement, l'expérience montre que les barrières à l'entrée, aussi élevées soient-elles, ne restent pas éternellement insurmontables. De nouveaux entrants créatifs ou disposant de ressources spécifiques peuvent surmonter ces barrières en mettant en œuvre des stratégies nouvelles pour l'industrie dans laquelle ils pénètrent. L'entrée des compagnies *low cost* dans le transport aérien, tout comme l'entrée de Tata dans la construction automobile, s'explique par la création d'un *business model* innovant qui prend le contre-pied de la stratégie des concurrents en place et dévalue leur avantage concurrentiel (nous discuterons ces notions en détail dans les chapitres 5, 6 et 7. En outre, des entreprises opérant dans des secteurs connexes peuvent bénéficier d'économies de champ (ou économies d'envergure ; en anglais : *economies of scope*), c'est-à-dire profiter d'un partage des coûts et des ressources qui facilite leur entrée dans de nouvelles activités, grâce aux synergies avec leur métier de base. Le développement d'Amazon ne s'explique pas autrement. Démarrant par le commerce des livres, puis des supports électroniques, le nombre de références n'a cessé de croître pour couvrir de très nombreux produits et services pouvant faire l'objet d'une vente par correspondance (bijoux, parfums, médicaments…). Les économies d'envergure, qui reposent sur la valorisation de synergies, le partage de coûts fixes et le partage d'expérience, facilitent l'entrée dans de nouvelles activités et permettent parfois de surmonter des barrières à l'entrée élevées.

E/ La pression des produits et services de substitution

Substitution et élasticité-prix

La pression des substituts est assez semblable à la menace des entrants potentiels. Elle limite les prix. Une industrie qui a peu d'offres de substitution est structurellement plus rentable parce que la demande est moins *élastique*, c'est-à-dire que les clients sont moins sensibles aux variations de prix, puisqu'ils ne peuvent pas se rabattre sur un substitut (voir *infra* Fondements théoriques sur l'élasticité-prix de la demande). L'industrie pétrolière bénéficie de cette inélasticité, notamment parce qu'il n'existe pas de substitut crédible à l'essence ou au gazole pour les automobiles. Cependant, si le pétrole atteint des cours trop élevés, cela facilitera l'adoption d'énergies alternatives, comme l'électricité nucléaire ou solaire. Au total, la pression des substituts est d'autant plus forte que leur rapport utilité-prix est favorable par rapport à l'offre de référence dans l'industrie.

Substitution et innovation

D'un point de vue plus dynamique, la pression des offres de substitution peut s'aggraver brutalement, notamment à cause d'innovations technologiques qui créent de nouveaux substituts. L'effet immédiat est de détourner la demande existante des firmes en place. Par exemple, en offrant une communication téléphonique gratuite entre ordinateurs, le logiciel Skype détourne le trafic des lignes fixes. Cette apparition d'un substitut à prix dérisoire a brutalement renforcé l'intensité de la concurrence.

En parallèle avec l'innovation technologique, la menace de substitution peut trouver sa source dans l'intégration de fonctions différentes dans un même produit. Ainsi, le *personal digital assistant* (PDA) s'est développé sur le marché de la gestion du temps (agenda) en offrant quantité de fonctionnalités nouvelles. Il est dorénavant concurrencé par l'intégration de ses fonctions dans les téléphones portables. Samsung et Nokia d'un côté, et Apple, PalmOne, Sony et Hewlett-Packard de l'autre sont ainsi devenus concurrents directs sur ce marché, alors qu'ils opéraient jusque-là sur des segments différents.

Repérer les substituts potentiels

La substitution consiste à remplacer un produit ou un service existant par un autre, qui remplit la même fonction d'usage, voire une fonction plus large, procurant ainsi

à l'utilisateur une utilité plus grande pour un prix compétitif. Les menaces de substitution future sont donc à rechercher dans les nouvelles technologies qui, déjà mûres dans des activités connexes, voire éloignées, peuvent s'appliquer dans l'activité étudiée, et faire bénéficier le consommateur d'un meilleur rapport qualité-prix.
Pour anticiper la menace de substitution, il faut :

- bien connaître la fonction d'usage remplie par le produit ou le service, avec la vision la plus large possible ;
- surveiller les technologies naissantes susceptibles d'applications très variées.

En fait, les phénomènes de substitution sont de plus en plus difficiles à prévoir et à maîtriser. Ils peuvent peser sur les prix du secteur et réduire considérablement la rentabilité des entreprises en place. En confisquant une partie plus ou moins importante de la demande, ils accélèrent le déclin du secteur et peuvent conduire à une situation de surcapacité structurelle. La conjugaison de ces deux effets – baisse de la rentabilité et de la demande globale – conduit à une intensification irrémédiable de la lutte concurrentielle.

F/ Le pouvoir de négociation des fournisseurs et des acheteurs

Comme on l'a vu, toute industrie est insérée dans une filière économique. Les entreprises qui la composent se trouvent en position de client sur le marché des *inputs* et de fournisseur sur le marché des *outputs*. Sur ces deux marchés, acheteurs et vendeurs négocient les prix de telle manière que tout gain réalisé par la partie aval correspond à une perte pour la partie amont, et réciproquement. Le résultat de la négociation dépend donc directement du rapport de force entre acheteurs et vendeurs. Dans ce genre de marchandage, la partie qui est en position de force est celle qui peut se permettre de quitter la table de négociation sans avoir conclu un accord. En outre, la position du fournisseur est d'autant plus forte que la sensibilité du client au prix est faible. Cette sensibilité au prix détermine en effet l'élasticité-prix de la demande, c'est-à-dire l'effet des variations de prix sur le chiffre d'affaires des fournisseurs (voir l'encadré « Fondements théoriques » suivant).Une forte sensibilité au prix génère une demande élastique, c'est-à-dire une baisse de chiffre d'affaires quand les prix augmentent. À l'inverse, une demande inélastique permet de pratiquer des prix plus élevés sans diminution du chiffre d'affaires, même si les volumes de ventes baissent.

Fondements théoriques

L'élasticité-prix de la demande

L'élasticité-prix de la demande est le multiple qui lie les variations du prix et l'évolution de la demande d'un produit (voir figure 3.4). Par exemple, si une augmentation de 1 % du prix entraîne une baisse de 1,2 % de la demande, l'élasticité de la demande par rapport au prix est de 1,2. Dans ce cas-là, la baisse de la demande en pourcentage étant plus importante que la hausse du prix en pourcentage, le total des dépenses de la clientèle diminue. En effet, la baisse des quantités achetées n'est pas compensée par l'augmentation du prix. On dit que la demande est « élastique ». Par contre, si une augmentation de 1 % du prix entraîne une baisse en pourcentage de la demande inférieure à 1 %, l'élasticité de la demande par rapport au prix est inférieure à l'unité ; on la dit alors « inélastique ». En effet, dans ce cas, quand le prix

>

....> augmente, la dépense totale des clients augmente même si les quantités achetées diminuent. Beaucoup de biens ou de produits montrent une relation décroissante entre prix et demande. Cependant, il est bien connu que, dans nos sociétés européennes, une baisse du prix du pain n'entraînerait pas une hausse de sa consommation car il y a saturation de ce type de produit.

Figure 3.4
Élasticité-prix de la demande

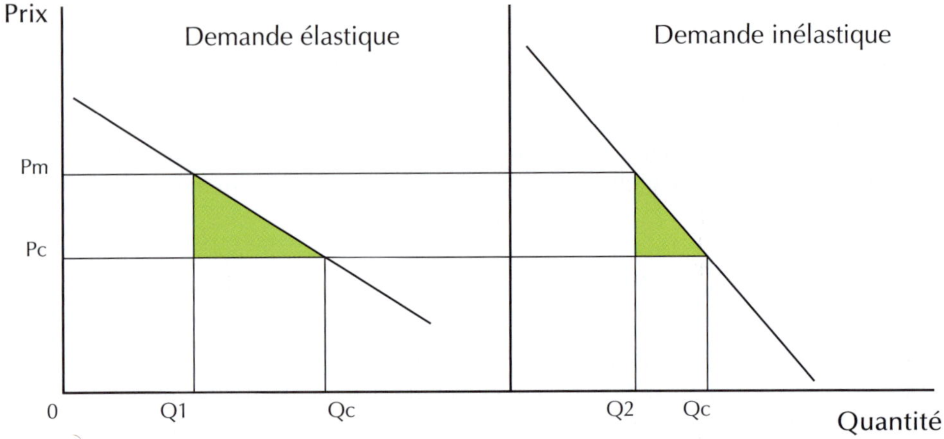

Ces principes étant posés, l'analyse du pouvoir de négociation des fournisseurs des *inputs* d'une industrie et celle du pouvoir des acheteurs des *outputs* de cette même industrie sont parfaitement symétriques, c'est pourquoi nous les mènerons de front. On peut utiliser les critères suivants pour analyser ces rapports de force : la concentration relative du secteur fournisseur et du secteur acheteur ; la menace d'intégration verticale ; l'impact de la qualité des *inputs* sur celle des *outputs* ; la différenciation des *inputs* ; le coût du remplacement du partenaire ; la part de l'*input* dans la structure de coût du client.

La concentration relative

Dans une relation fournisseur-client, le rapport de force s'établit en faveur du stade le plus concentré de la filière. La concentration de la grande distribution, par exemple, a fait considérablement baisser le prix des denrées alimentaires car celles-ci sont fournies par une série d'industries dont la plupart restent fragmentées. Sur la plupart des produits mis en rayon, il est relativement facile à un acheteur de la grande distribution de mettre plusieurs fournisseurs en concurrence, alors que perdre un contrat avec une grande chaîne de magasins est souvent inacceptable pour le producteur. Dans la filière, le profit a donc tendance à migrer vers les stades les plus concentrés.

La menace d'intégration verticale

Faire planer la menace d'une intégration possible vers le secteur fournisseur ou le secteur client instaure un rapport de force favorable qui améliore le potentiel de rentabilité de l'industrie. En effet, la menace consiste à créer une concurrence nouvelle dans le secteur amont ou aval. Cette menace est d'autant plus crédible que les barrières à l'entrée dans l'industrie en amont ou en aval sont faibles. La création de marques de distributeur (MDD), même si elle ne correspond pas systématiquement à une intégration effective de la production proprement dite, a renforcé le pouvoir de négociation des distributeurs et, ce faisant, a amélioré leur potentiel de rentabilité. Grâce aux marques de distributeur, les distributeurs peuvent mettre les marques des fournisseurs classiques en concurrence avec leurs propres marques, qui jouissent souvent d'un très bon rapport qualité-prix. Ainsi, le distributeur d'articles de sport Décathlon vend des vélos sous sa propre marque et intègre la réparation des cycles quelle que soit leur marque, ce qui lui permet non seulement d'augmenter la valeur créée pour le client en offrant de nouveaux services, mais aussi d'accroître son pouvoir de négociation vis-à-vis des fabricants de cycles en étant présent sur le service après-vente et la pièce détachée. Les stratégies d'intégration verticale seront discutées de manière plus générale et plus approfondie au chapitre 11.

L'impact de la qualité des inputs sur la qualité des outputs

Plus la qualité d'un *input* est déterminante pour l'acheteur, moins celui-ci est sensible au prix, ce qui favorise le secteur fournisseur de cet *input*. Ainsi par exemple, les fabricants d'ordinateurs ont peu de marge de manœuvre pour négocier le prix des microprocesseurs car il est hors de question de transiger sur la qualité d'un composant aussi critique. Dans un registre plus anecdotique, les fabricants de couleurs pour artistes (Rembrandt, Lefranc-Bourgeois, Old Holland, etc.) réalisent des marges exorbitantes en garantissant aux peintres que leurs tubes contiennent des pigments purs et naturels, fidèles aux recettes traditionnelles, alors que les matières premières utilisées pour le broyage de ces couleurs à l'ancienne (terres, oxydes métalliques, noir de fumée, etc.) sont pour la plupart assez bon marché. Mais quel peintre ne serait pas prêt à mettre le prix pour utiliser le même tube que Van Gogh ? Il faut dire que le marché est infesté de modernes pigments organiques de synthèse, miracles chimiques pour le moins suspects, qui, il est vrai, ne rendent pas les mêmes effets que les couleurs traditionnelles.

La différenciation des produits ou des services

L'acheteur peut mettre ses fournisseurs en concurrence de manière d'autant plus efficace que la différenciation des produits fournis est faible. Les acheteurs de « commodités » sont donc en position de force. En revanche, comme on l'a vu plus haut, la différenciation rend la substitution d'un produit ou d'un service à l'autre très difficile et confère un pouvoir au fournisseur sur son client.

Le coût de remplacement du partenaire

Le coût de remplacement *(switching cost)* est une résultante des deux facteurs précédents et se mesure par les dépenses engendrées par un changement de fournisseur ou de distributeur. Plus le coût de remplacement du partenaire est élevé, plus le pouvoir de négociation de ce partenaire est grand. On peut noter que, généralement, le coût d'un changement de fournisseur tel qu'il est perçu par un acheteur est supérieur au coût réel, ce qui renforce la fidélité du client vis-à-vis de son fournisseur habituel. Ainsi, les abonnés du téléphone ou les clients des banques ont-ils tendance à rester fidèles à leurs prestataires habituels, ce qui améliore le potentiel de rentabilité des activités téléphoniques et bancaires, tout en rendant stratégique le recrutement précoce des abonnés. Il est frappant de constater que, même chez les acheteurs professionnels dans des secteurs comme l'automobile ou l'aéronautique, le coût de changer de fournisseur ou de sous-traitant est perçu comme élevé. Les habitudes, les relations personnelles, la collaboration qui s'installent entre l'acheteur et ses fournisseurs ont tendance à scléroser les relations et à rendre les changements difficiles. Il faut dire que les fournisseurs font tout pour défendre leur *business* et renforcer ces liens.

La part du produit fourni dans la structure de coût du client

Plus un *input* pèse dans la structure de coût du secteur client, plus le client est sensible au prix de cet *input,* et plus le client va faire jouer son pouvoir de négociation pour réduire ce coût. En revanche, une industrie qui fournit à une autre une prestation qui ne représente qu'un élément de coût très marginal est (paradoxalement) en position de force pour fixer des prix élevés car ces prix n'ont qu'un impact faible sur la profitabilité du secteur client. Ainsi, dans une automobile, les composants les plus chers sont les sièges. Ce sont donc les fabricants de sièges qui subissent la plus forte pression de la part des constructeurs. Ceci est dû à une raison toute simple : une baisse de 5 % annuelle du coût des sièges a plus d'impact sur la profitabilité du secteur automobile que la même baisse obtenue sur n'importe quel autre composant. En revanche, le fournisseur du logo qui orne la calandre, ou de l'étoile qui décore le capot, peut couler des jours nettement plus tranquilles car ses gains de productivité ont une influence négligeable sur le prix des voitures. En résumé, s'il est bon d'être un « gros » client, mieux vaut être un « petit » fournisseur.

G/ Pièges et limites du modèle des cinq forces

En son temps, le modèle des cinq forces a révolutionné l'analyse stratégique. Par rapport aux *check-lists* interminables et hétérogènes des opportunités et des menaces du modèle *SWOT* (voir chapitre 1), il avait le mérite de proposer des concepts simples et opératoires pour procéder à une analyse systématique de l'industrie, en proposant une vision élargie de la concurrence et un raisonnement économique rigoureux. Rançon du succès, il a été beaucoup critiqué. Les trois reproches essentiels qu'il doit régulièrement essuyer sont :

> Son caractère statique et fermé. Le modèle suppose que l'industrie a des frontières claires et non évolutives. Il est donc pertinent pour analyser des secteurs existants et stables. Par contre, lorsqu'Apple a lancé l'i-Pod, il aurait été bien difficile d'analyser une industrie qui n'existait pas encore.

> Son côté simpliste. Dans le modèle, les frontières entre fournisseurs, acheteurs, concurrents sont réputées claires alors que, dans la réalité, il n'est pas rare que les firmes de l'industrie aient des degrés d'intégration verticale différents et se retrouvent fournisseurs ou clients de leurs concurrents.

> L'absence de la réglementation et des pouvoirs publics dans le modèle. À la lecture, il semble en effet que la rentabilité de l'industrie soit seulement soumise à la loi du marché, alors que les pouvoirs publics jouent un rôle important dans les faits. Certains analystes introduisent une sixième force pour compléter le modèle sur ce point. Ce reproche est assez souvent infondé : la plupart des interventions de l'État peuvent être capturées par le modèle sous forme de barrière à l'entrée ou à la sortie, de pouvoir de négociation de l'État client etc.

En fait, la plupart de ces problèmes peuvent se résoudre en adaptant le modèle au problème posé. Plutôt que d'être obnubilé par les cinq cases du schéma, l'analyste doit surtout comprendre la logique profonde de l'approche et l'adapter au contexte étudié, quitte à ajouter la sixième case de son choix, que ce soit l'État ou le client du client, ou une nouvelle catégorie de concurrents, ou encore les acteurs fournissant des produits complémentaires, comme les fabricants de consoles pour les éditeurs de jeux vidéo. Il faut toutefois veiller à ne pas compliquer les choses à plaisir et préserver la simplicité théorique de l'approche, qui est un gage de rigueur analytique.

Reconnaissons toutefois que le premier reproche, celui sur l'aspect statique, est justifié. C'est pourquoi nous discuterons de manière plus détaillée les questions de définition de l'industrie et d'innovation dans la seconde partie de ce chapitre. Ceci posé, bien qu'il soit statique, le modèle a un caractère fortement prédictif et il peut être utilisé comme support pour envisager des scénarios d'évolution et leurs conséquences sur la rentabilité du secteur.

Le modèle des cinq forces combat en fait nombre d'idées reçues. Il montre par exemple que ce ne sont pas les activités « à forte valeur ajoutée », « high-tech », « en croissance forte », « de luxe », ou les activités « glamour » qui sont les plus attractives. L'industrie des micro-ordinateurs connaît une croissance annuelle à deux chiffres ; pourtant les niveaux de profit dépassent rarement quelque 3 % ou 4 % du chiffre d'affaires. À l'inverse, des secteurs produisant des produits parfaitement banals, dont on ne parle jamais, à faible technologie, que les clients valorisent peu, peuvent enregistrer des taux de profit exceptionnels, si la structure concurrentielle, telle qu'elle apparaît à travers les cinq forces, s'y prête. Par exemple, dans les équipements de bureau, l'industrie des machines à affranchir le courrier est particulièrement lucrative. Il s'agit quasiment d'un duopole mondial. En effet, l'activité est dominée par un concurrent américain, Pitney Bowes qui détient plus de 60 % du marché mondial, suivi d'une entreprise française, Neopost (voir Mini-cas Neopost dans le chapitre 18 sur les fusions-acquisitions) qui frise les 25 % de part de marché, les autres concurrents étant très petits. Les barrières à l'entrée sont élevées car, pour chaque machine, il faut obtenir l'agrément des services postaux nationaux. De plus, les clients sont peu sensibles au prix car ces machines, achetées par d'obscurs services généraux, représentent un investissement négligeable. Enfin, les substituts sont inexistants, à moins d'employer quelqu'un à coller un timbre sur chaque lettre, dans chaque mailing... Une structure industrielle rêvée pour gagner de l'argent !

Dans le même ordre d'idées, soulignons que, malgré l'évidence apparente des préceptes du modèle, certains des théorèmes qu'il met en avant sont contre-intuitifs et méritent d'être médités pour éviter les erreurs de raisonnement. Ainsi, on a toujours tendance à penser qu'un fournisseur qui vend un produit représentant une forte part des achats du client est en position de force à cause d'un supposé effet de taille. En fait, le modèle montre clairement que c'est l'inverse. Autre exemple, on peut se dire intuitivement qu'il vaut mieux être petit dans un secteur fragmenté, ce qui met l'entreprise à égalité avec ses concurrents, que petit dans un secteur concentré, ce qui crée une position concurrentielle défavorable par rapport aux concurrents dominants de l'oligopole. Là encore, le modèle montre le contraire : *ceteris paribus,* une industrie concentrée est plus rentable qu'une industrie fragmentée, et les petits concurrents bénéficient comme les gros des marges élevées qui sont pratiquées dans l'activité. Par exemple, en France, le marché des gaz médicaux (oxygène pour les hôpitaux, etc.) est très largement dominé par Air Liquide, une entreprise très profitable qui fournit près de 80 % du volume. Le numéro deux du secteur, Linde Gas, qui a une part de marché d'environ 10 %, bénéficie de l'ombrelle de prix créée par Air Liquide et réalise des profits importants en France. En revanche, dans les pays comme l'Allemagne où les concurrents sont plus nombreux et les parts de marché mieux réparties, les prix sont plus bas et les entreprises moins rentables, y compris Air Liquide.

Beaucoup d'erreurs de raisonnement proviennent d'une confusion entre l'analyse à mener au niveau de l'industrie, qui est le niveau pertinent pour le modèle des cinq forces, et le niveau de l'entreprise, que nous développerons dans les chapitres suivants. Par exemple, le pouvoir de négociation des fournisseurs dont parle Porter est celui du secteur fournisseur pris globalement, par rapport à l'industrie cliente considérée dans sa globalité également. Ainsi, la pression sur les fournisseurs qui contribuent le plus à la structure de coût du client doit être comprise comme un phénomène qui affecte l'ensemble de l'industrie et non pas un fournisseur particulier. Par exemple, si un constructeur automobile achète 80 % de ses sièges à un fournisseur A et 20 % à un fournisseur B, il cherchera à les mettre en concurrence pour obtenir le même prix, le plus bas possible, des deux. Le petit fournisseur ne sera pas mieux traité que le gros.

En fait, il faut garder en permanence à l'esprit que la logique sous-jacente du modèle des cinq forces est que tous les facteurs qui permettent de s'éloigner de la concurrence pure et parfaite favorisent la rétention des profits au sein de l'industrie. C'est pour cette raison que les notions d'effet de taille (concentration, économies d'échelle, etc.) et de différenciation reviennent aussi souvent dans le raisonnement. Nous verrons dans les chapitres 4 à 7 que cette logique vaut aussi au niveau de l'entreprise, puisque les sources d'avantage concurrentiel sont justement le coût/volume et la différenciation. Ce recoupement, bien qu'il soit parfaitement justifié sur le plan théorique, entraîne fréquemment une confusion entre l'analyse de la structure de l'industrie et l'analyse de la stratégie des entreprises. Cette confusion doit être proscrite. Une bonne analyse doit bien séparer les facteurs qui conditionnent la rentabilité de l'industrie de ceux qui déterminent la performance d'une entreprise particulière dans cette industrie.

C'est pourquoi il est conseillé, après avoir mené l'analyse de l'industrie avec le modèle des cinq forces, de conduire une analyse détaillée de chacun des principaux concurrents ou des groupes de concurrents. En effet, des concurrents différents se positionnent différemment par rapport aux cinq forces et peuvent en tirer des avantages particuliers qu'il s'agit d'analyser. Ce sera l'objet de la troisième partie de ce chapitre.

2 Les problèmes de définition de l'industrie

Comme nous l'avons vu, l'utilisation de la méthode des cinq forces suppose que l'on soit capable d'identifier clairement les frontières de l'industrie. Notre définition de l'industrie repose sur l'idée que les entreprises concurrentes offrent des produits étroitement substituables, donc qu'elles opèrent sur le même « marché ». Définir le marché de référence est donc une étape essentielle pour mener à bien une analyse rigoureuse de l'environnement concurrentiel. Or, dans la pratique, c'est plus difficile qu'on ne croit.

A/ Qu'est-ce qu'un marché ?

L'analyse stratégique a toujours été confrontée à la difficulté à définir ce qu'est un marché. On pourrait dire par boutade que personne ne sait exactement ce qu'est un marché, mais que dès qu'on en voit un, tout le monde en veut une part. Dans les analyses qui précèdent, nous avons en effet utilisé la notion de « part de marché » sans éprouver le besoin de définir ce qu'était le marché et surtout quels en étaient les contours. L'économie nous propose de nous représenter le marché comme un « lieu » où se rencontrent l'offre et la demande. La perspective concurrentielle nous invite à nous représenter un « lieu » d'affrontement entre des concurrents.

B/ Sur quel marché opère l'entreprise ?

Trois critères principaux peuvent être utilisés pour identifier les contours d'un marché : le produit ou le service, l'espace géographique et la technologie. Selon la manière dont on interprète ces trois critères, on évalue la concurrence et la concentration de façon très différente.

Prenons l'exemple des moyens de transport. Pendant très longtemps, le train et l'avion étaient considérés comme complémentaires et assez peu substituables, sauf pour certaines distances. Avec le développement de la technologie des trains à grande vitesse, les distances et le temps consacrés au transport ont été analysés différemment, notamment en Europe. Ainsi, pour rejoindre de Paris des villes comme Lyon ou Londres, le transport ferroviaire est devenu totalement concurrent du transport aérien. Le TGV est concurrent de l'avion pour les déplacements d'une durée d'environ trois heures. Cet exemple est une assez bonne synthèse des quatre dimensions que nous recommandons pour mener l'analyse d'un marché. Supposons que nous analysions le marché où opèrent Air France et British Airways : suivant l'espace géographique retenu, et selon qu'on inclut ou non le TGV dans l'analyse, on aboutira à une évaluation de l'intensité concurrentielle complètement différente. Notre recommandation est de retenir systématiquement l'option la plus défavorable à l'entreprise étudiée, de manière à éviter les conclusions trop optimistes. Nous recommandons en outre de segmenter, si besoin est, l'activité en distinguant plusieurs segments stratégiques qu'il faut ensuite analyser séparément. On peut ainsi distinguer les lignes aériennes où le TGV est concurrent de celles où il ne l'est pas.

Le produit ou service

Deux dimensions sont utiles pour évaluer l'homogénéité ou l'hétérogénéité des produits sur un marché : l'innovation et les prix.

> L'innovation

Définir le marché par l'homogénéité des produits ou services actuellement offerts serait trompeur. L'innovation joue en effet un rôle important. De très nombreux produits ou services qui occuperont une place importante dans notre mode de consommation ne nous sont pas connus à ce jour. Statistiquement, on peut dire que près de la moitié des produits ou services qui seront disponibles dans cinq ans n'existent pas encore.

Demain, des services complets de location automobile (usage, assurance, entretien et renouvellement) nous seront vraisemblablement offerts en lieu et place de la propriété directe et exclusive du véhicule. Ceci bouleversera profondément le *business model* (le modèle d'affaires) des constructeurs automobiles.

Autre exemple, le taux de pénétration des terminaux mobiles en Suède a atteint 100 % début 2004. 76 % des Français de 12 ans et plus possédaient un téléphone portable fin 2007. De nombreux services se développeront sur ce parc de terminaux. De manière complémentaire, le porte-monnaie électronique sera vraisemblablement une composante future du portable, aux côtés des fonctions de l'appareil photographique et du lecteur de musique.

La capacité d'intégration de différentes fonctions d'usage dans un même objet est un facteur de bouleversement considérable des séparations classiques entre produits ou services, et donc entre secteurs d'activité. Par exemple, face au développement des jeux vidéo multijoueurs disponibles sur Internet, est-ce encore pertinent d'acheter une console de jeux vidéo individuelle ? Accéder à un service de télévision numérique payante et à la carte met en concurrence le téléviseur du salon avec l'ordinateur. Si vous ajoutez sur l'ordinateur portable la mobilité de la technologie asynchrone, et le haut débit sans fil multimédia, vous opposez ainsi la mobilité à la sédentarisation du consommateur. Enfin, imaginez la promotion d'un nouvel ouvrage papier sur les forums de Facebook, voire l'amélioration de la première version d'un roman grâce aux contributions des membres d'une communauté virtuelle.

> **Le prix**

Les prix peuvent servir d'indicateurs d'homogénéité ou d'hétérogénéité :

– le découpage du marché fait-il apparaître une segmentation stable repérable par les prix ? Ainsi, les prestations hôtelières peuvent être facilement distinguées par les niveaux de prix pratiqués ;

– les produits ou services sont-ils complémentaires ou substituables ? Par exemple, le prix d'une prestation informatique externe peut-il être comparé au coût de développement d'un service informatique en interne dans une entreprise ?

– le niveau de prix de certains produits ou services influence-t-il la consommation d'autres produits ou services ? Par exemple, le niveau des loyers immobiliers a-t-il une influence sur le nombre de prestations par abonnement (téléphone, télévision par câble...) ou le recours au crédit à la consommation ?

L'espace géographique

La consommation sur Internet s'exonère des contraintes du temps et de l'espace. Demain, un consommateur japonais pourra réserver, via Internet, pour sa famille, les billets de train de la société Amtrack pour un voyage entre New York et Washington D.C. À Grand Station à New York, deux mois plus tard, il retirera ses billets en présentant à une billetterie automatique son numéro de réservation et sa carte de crédit.

Ce premier exemple pourrait être complété par celui de la société Dell. Cette dernière a ainsi choisi de s'exonérer des circuits de distribution classiques (magasins spécialisés) et de développer un contact direct avec l'acheteur potentiel à travers une relation téléphonique ou un accès Internet pour la prise de commande.

L'espace géographique disparaît-il pour autant de l'analyse concurrentielle ? Non. Il importe encore de comprendre le rôle de l'aire géographique dans la construction d'un marché, et donc pour la concurrence. L'hôtel familial installé sur le Mont-Saint-Michel est-il sur le même marché que la société Accor ? Si cette dernière avait un hôtel au cœur de cet endroit unique au monde, la réponse serait positive. Il faudrait alors tenir compte des caractéristiques des chambres, des prestations offertes et du niveau des prix. Cependant, cet hôtel familial peut très bien bénéficier d'un avantage lié à sa localisation, comparable à celui dont bénéficierait une société minière pour l'exploitation d'un gisement. Alors, il serait possible de montrer que cet hôtel familial n'est pas sur le même marché géographique que la chaîne hôtelière mentionnée précédemment.

L'état de la technologie

À travers les précédents exemples, il est manifeste que la technologie est un facteur structurant des marchés. Certes, elle concerne le produit ou le service, à travers sa conception, sa production et sa distribution. Il suffit de penser au rôle futur des technologies du génie génétique dans la santé, l'alimentation ou la production agricole. Toutefois, la technologie a aussi un impact sur le type de distribution et d'accès au client. Imaginons la réservation d'un voyage et de son hébergement après un « voyage virtuel » dans le lieu de son choix sur un site Internet approprié. De plus, l'information commerciale peut être complétée par le témoignage des clients : des sites comme Tripadvisor, collectant cette information, classent les hôtels et jouent les intermédiaires entre un client potentiel et des sites qui agissent comme des brokers (ex. : Hotelia, Expedia, Voyages-sncf.com…). L'intermédiation se développe sur les fonctions de l'information et de la réservation hôtelière.

Conséquences sur le niveau de concentration

Combien d'entreprises sont présentes sur le marché, une fois qu'il a été segmenté ou redéfini à partir des trois dimensions précédemment proposées ? Y a-t-il une entreprise dominante ? Existe-t-il une frange d'entreprises de taille modeste ? Fait-on face à un oligopole ou à un duopole ?

EN PRATIQUE

Grille d'analyse d'un marché

PRODUIT ou SERVICE

> **Nature du produit ou du service :**
- caractéristiques techniques et d'usage,
- degré d'intégration de fonctions,
- position dans la filière : produit de première transformation, bien intermédiaire, bien durable, service, prestation…

> **Distinction des rôles entre les prescripteurs, les utilisateurs, les acheteurs et les vendeurs**

> **Ecarts de prix entre les produits : existence et stabilité des segments**

> **Indépendance (ou non) des mouvements de prix de deux produits ou services :**
- forte dépendance : critère de substituabilité,
- faible dépendance : critère de complémentarité.

> **Élasticité-croisée de la demande : influence du niveau du prix de A sur la consommation des produits B, C, ou D**

ESPACE GÉOGRAPHIQUE (local, régional, national, international)

> **Acheteurs :**
- comportements d'achat des différents types d'acheteurs,
- types d'accès au produit ou au service,
- aire géographique dans laquelle les acheteurs font leurs choix.

> **Vendeurs : aire géographique sur laquelle les ventes s'opèrent**

> **Distances pour le transport des produits**

> **Part relative des coûts de transport dans les coûts de production**

ÉTAT DE LA TECHNOLOGIE

C/ Substituabilité des produits : l'approche qualitative

Dès l'introduction de ce chapitre, nous avons défini l'industrie comme un ensemble de concurrents offrant des produits étroitement substituables, c'est-à-dire opérant sur le même marché. Dans la pratique, la substituabilité des produits est souvent difficile à estimer. On peut procéder de manière purement qualitative. Bien que ce soit un exercice subjectif par nature, l'établissement d'une liste de caractéristiques des produits et de leurs performances aide en effet à clarifier si les produits sont substituables ou non, en particulier en examinant si les caractéristiques de performance sont équivalentes ou comparables.

Les produits seront d'autant plus substituables qu'ils offriront des opportunités d'utilisation similaires. Par exemple, bien qu'ils appartiennent probablement à des segments différents, le jus d'orange et une boisson à base de cola sont substituables car ils répondent au même besoin. Ces produits aux caractéristiques et aux occasions d'usage similaires seront donc sur le même marché du moment qu'ils sont sur un même marché géographique.

De même, il existe des marchés géographiques où des produits ou services de nature dissemblable répondent au même besoin. C'est le cas de la traversée de la Manche. Trois moyens de transport sont différents mais fortement substituables : le train, l'avion, et le ferry. Sur une très longue distance intercontinentale, ces modes de transport ne seraient plus substituables.

D/ Substituabilité des produits : l'approche quantitative

Les élasticités-prix croisées de la demande

En complément à l'analyse qualitative, il est possible de mesurer de manière quantitative si des produits sont plus ou moins fortement substituables en utilisant la notion d'élasticité croisée, qui découle du concept d'élasticité-prix de la demande présenté dans l'encadré « Fondements théoriques » ci-dessus.

L'élasticité-prix croisée de la demande établit un lien entre les variations de prix du bien A avec l'évolution de la demande pour un bien B. Par exemple, une tarification à la hausse du chèque entraînerait-elle une évolution à la hausse de l'usage de la carte bancaire pour les paiements ? L'élasticité-prix croisée mesure la sensibilité de la consommation d'un bien au prix d'un autre bien. C'est donc une manière de quantifier la propension à la substitution d'un bien par un autre. Plus la demande d'un produit est sensible aux variations de prix d'un autre produit, plus ces produits sont substituables.

Les corrélations de prix

On peut aussi utiliser la corrélation entre les variations de prix de deux produits pour estimer leur substituabilité. L'idée de base est la suivante : si des vendeurs opèrent sur le même marché, ils devraient être soumis aux mêmes forces de la demande, ce qui devrait les amener à avoir des comportements concurrentiels similaires, même sans qu'il y ait entente manifeste.

Ainsi, sur le marché de la télévision à accès payant, il a été possible de montrer un certain mimétisme des comportements de prix entre Canal Satellite et TPS. Leurs campagnes de promotion sont fortement corrélées et apparaissent ajustées l'une sur l'autre en termes de positionnement de prix et d'offres de contenus[1].

Toutefois, cet outil demeure délicat à utiliser compte tenu de deux arguments :

- il n'y a pas de règle établie pour savoir ce qu'est une forte corrélation ;
- des évolutions de prix peuvent se révéler corrélées économiquement, pour des raisons macroéconomiques par exemple, sans être liées stratégiquement.

3 Les groupes stratégiques

La discussion qui précède montre que, quelle que soit la manière dont on détermine les contours d'une industrie, les produits offerts ne sont généralement pas parfaitement substituables et les concurrents en lice ne sont pas parfaitement semblables. Il est très important d'analyser cette diversité. En effet, nous avons vu dans l'exposé de la méthode des cinq forces que la diversité des concurrents est un des déterminants de l'intensité concurrentielle. C'est pourquoi, une fois menée l'analyse des facteurs ou des forces qui pèsent sur la profitabilité d'une industrie, il est nécessaire d'étudier en quoi les positionnements et les comportements des concurrents diffèrent. En effet, la concurrence « directe » des entreprises les plus semblables est souvent la moins intense et la moins dangereuse. Des concurrents semblables et peu nombreux ont en effet tendance à s'épargner mutuellement. Le danger vient la plupart du temps de concurrents éloignés, mal connus, qui mettent en œuvre des stratégies nouvelles et différentes de celles des confrères habituels.

En analysant la diversité concurrentielle, on fait généralement apparaître des structures internes au secteur, c'est-à-dire des sous-ensembles de concurrents partageant des caractéristiques stratégiques similaires et stables dans le temps et se distinguant d'autres groupes aux caractéristiques différentes. C'est ce qu'on appelle des groupes stratégiques. Ainsi, comme on peut le voir sur la figure 3.5, on peut distinguer différents groupes stratégiques au sein de l'industrie automobile. Ces groupes sont presque des industries à part entière, tant les produits et les stratégies diffèrent d'un groupe à l'autre. Quoi de commun en effet entre Honda et Rolls-Royce ? Le groupe des constructeurs de voitures de luxe (Rolls Royce) et celui des voitures de sport (Porsche) ne se concurrencent que très indirectement. Ils interfèrent également très peu avec les constructeurs de voitures « haut de gamme » comme Mercedes ou BMW. Et pourtant, il existe une interdépendance forte entre les groupes apparemment très éloignés : les Mercedes préparées par Maybach ne sont-elles pas des concurrentes des Rolls ? Ford n'a-t-il pas racheté Jaguar… avant de le revendre à Tata ?

A/ Les axes de construction des groupes stratégiques

Pour tracer une carte des groupes stratégiques, on peut utiliser des axes très variés, parmi lesquels on retrouve les dimensions que nous avons mentionnées pour définir les marchés :

- les caractéristiques des produits
- la politique de prix ;
- l'innovation ;
- la technologie ;
- la présence géographique ;
- le degré de spécialisation ;
- l'image de marque,
- le mode de distribution ;
- l'étendue des services annexes proposés ;
- la qualité perçue du produit,
- le type de politique commerciale ;
- le degré d'intégration verticale,
- la position en termes de coûts ;

1. Quélin B., 2001.

– les relations avec la société mère ;
– les relations avec les pouvoirs publics ;
– etc.

Figure 3.5
Groupes stratégiques dans l'industrie automobile

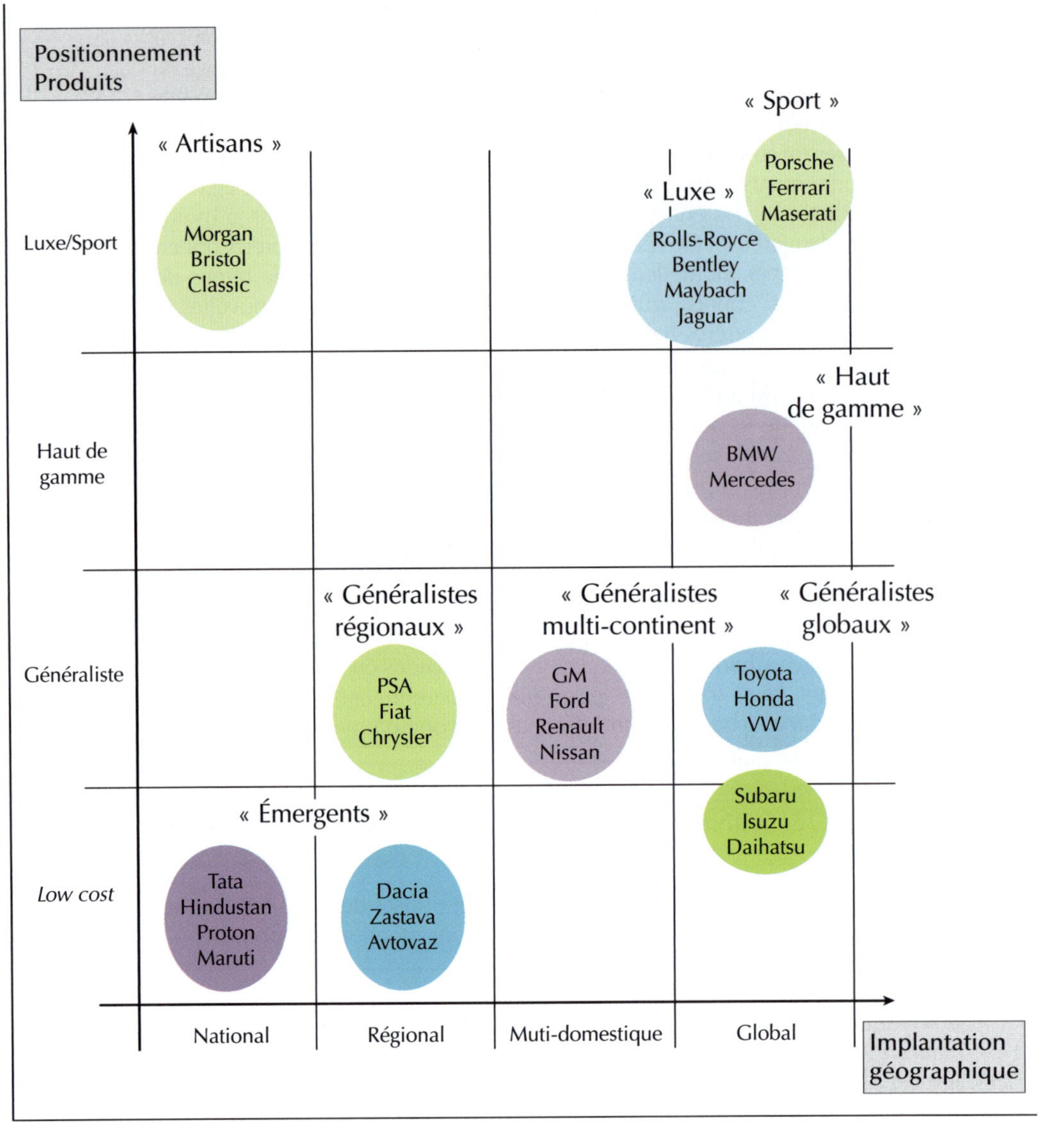

L'expérience montre que plusieurs de ces dimensions sont généralement corrélées entre elles et qu'on peut les réduire à un petit nombre d'axes indépendants. La stratégie d'une entreprise se traduit en effet par un ensemble de choix cohérents sur chacun de ces éléments. Or, dans un même secteur, les ensembles viables de choix cohérents sont en nombre fini (l'innovation est souvent liée à un choix technologique qui induit un niveau de prix et une image de marque, etc.). Un groupe stratégique est constitué par les entreprises qui ont adopté des configurations de choix similaires sur les principaux éléments listés ci-dessus.

Pour choisir les axes d'analyse, il convient donc de procéder (statistiquement ou mentalement) à une analyse en composantes principales des dimensions listées ci-dessus, de manière à identifier deux ou trois facteurs qui :

> résument le mieux les dimensions précédentes ;
> discriminent le mieux entre les concurrents du secteur ;
> rendent le meilleur compte des écarts de profitabilité dans l'industrie.

L'analyse des groupes stratégiques conduit donc de dresser une véritable topographie de la concurrence au sein d'un secteur. À condition de pouvoir conserver les mêmes paramètres au cours du temps, elle permet aussi de représenter l'évolution dans le temps de la structure concurrentielle.

B/ Concurrence intra- et inter-groupes

L'étude des groupes stratégiques débouche sur la distinction entre :

> la rivalité au sein de chacun des groupes stratégiques ;
> la lutte concurrentielle entre les groupes stratégiques.

La rivalité entre firmes d'un même groupe s'analyse comme la concurrence au sein de l'industrie. Ainsi, les entreprises appartenant à un groupe en situation de monopole ou d'oligopole ont une rivalité interne beaucoup plus faible et sont donc plus rentables que celles des groupes constitués d'un grand nombre de petits concurrents. Chaque groupe se caractérise par un profil stratégique et par une performance économique résultant de la position particulière qu'il occupe dans la filière et dans l'environnement concurrentiel du secteur. Les performances d'une entreprise s'expliquent ainsi par les caractéristiques concurrentielles du secteur, puis par celles du groupe stratégique auquel elle appartient, et enfin par sa position propre au sein de celui-ci. Mais cette topographie concurrentielle n'est jamais définitivement figée. Elle évolue plus ou moins vite en fonction de la maturité du secteur et des comportements des acteurs.

Barrières à l'entrée et à la sortie peuvent alors être analysées pour un groupe comme pour une industrie de manière à expliquer la difficulté qu'une firme peut rencontrer pour passer d'un groupe à l'autre. On parle alors de barrières à la mobilité intergroupe (ou intrasectorielle).

Au total, la lutte concurrentielle inter-groupe est fortement influencée par :

> les barrières à la mobilité intergroupe ;

> le nombre de groupes stratégiques et leur taille relative : plus les groupes sont nombreux et de taille équivalente, plus la lutte est farouche ;

> le degré d'interdépendance des groupes sur le marché : s'ils servent la même demande, la concurrence est plus forte que si leurs clientèles sont relativement spécialisées ;

> la distance stratégique entre les groupes : plus elle est forte, plus les stratégies sont diverses, ce qui devrait théoriquement contribuer à exacerber la concurrence.

D'un autre côté, si la différenciation des produits est forte, des groupes stratégiques différents peuvent se spécialiser sur des produits très différenciés, ce qui réduit l'intensité concurrentielle. On retombe alors sur le critère précédent, celui de l'interdépendance entre groupes. Notons qu'il s'agit là d'une limite de la méthode des groupes stratégiques. En effet, cette approche a tendance à créer une confusion entre la différenciation des produits, qui réduit l'intensité concurrentielle, et la diversité des concurrents, qui au contraire intensifie la rivalité.

C/ Du bon usage des groupes stratégiques

Afin de questionner son positionnement actuel ou futur, la firme se devra d'analyser successivement :

> le groupe stratégique dominant, celui intégrant les acteurs majeurs en termes de taille (et aussi souvent de rentabilité) qui structurent le jeu concurrentiel du secteur. C'est ce groupe qui détermine ce que nous appellerons l'offre de référence, que nous étudierons dans la suite de ce chapitre ;

> le ou les groupe(s) le(s) plus rentable(s), ceux intégrant les entreprises qui, en moyenne, dégagent la plus forte profitabilité. En comprendre les raisons – ressources et compétences distinctives mises en jeu, barrières à l'imitation et à la mobilité, éléments de différenciation perçus et valorisés… - constitue un exercice obligatoire et essentiel dans la compréhension des mécanismes de réduction des coûts et de différenciation au sein de l'industrie ;

> les groupes à positionnement original qui sont considérés par les acteurs en place comme des « aberrations ». Ils sont simples à repérer car ce sont ceux que les entreprises de l'industrie s'accordent unanimement à qualifier de « fous » ou « suicidaires ». Il s'agit souvent de nouveaux venus dont le positionnement et la stratégie perturbent si fortement les firmes en place que celles-ci ne peuvent ni en comprendre les ressorts ni en accepter la pérennité. Tel fut le cas il y a plus de quinze ans, dans l'industrie française de la blanchisserie industrielle et de la location de linge, de la société Anett (voir le Mini-cas suivant). Tous ne réussissent pas, comme Anett, car il faut bien reconnaître que la plupart de ces nouveaux venus ne sont en effet que des aberrations passagères, incapables de se faire une place pérenne dans l'industrie et justifiant le qualificatif de « suicidaires » dont les affuble l'ensemble des acteurs. Mais s'il existe un moyen de repérer les éventuelles entreprises susceptibles de modifier, voire bouleverser, une industrie, et d'être capable de s'adapter très vite à ces nouvelles règles plus performantes, c'est bien en analysant systématiquement et soigneusement ces cas aberrants.

MINI-CAS

Anett : la diagonale du fou gagnante

Anett est apparue dans l'industrie française de la blanchisserie industrielle et de la location de linge au début des années 1990. Ce nouveau venu a rapidement réussi à gagner les appels d'offres de grands clients face aux deux leaders de la profession – Initial BTB et le Groupe Elis, qui se partageaient plus de 50 % du marché à l'époque. Anett pratiquait des prix inférieurs de 20 % aux offres des deux leaders qui se considéraient pourtant comme les plus performants en termes de coûts dans la profession. Impossible, intolérable, intenable selon ces deux acteurs qui, malgré leur niveau d'excellence reconnue et une marge nette moyenne de l'ordre de 10 %, ne pouvaient s'aligner.

Anett ne pouvait donc être, selon eux, rentable et ce n'était qu'une aberration passagère, une « baudruche » qui allait se dégonfler… et pourtant Anett a survécu et >

····> s'est imposé comme un acteur incontournable du secteur. En 2005, il occupait malgré leur niveau d'excellence reconnue et une marge nette moyenne de l'ordre de 10 %, ne pouvaient s'aligner.

Anett ne pouvait donc être, selon eux, rentable et ce n'était qu'une aberration passagère, une « baudruche » qui allait se dégonfler… et pourtant Anett a survécu et s'est imposé comme un acteur incontournable du secteur. En 2005, il occupait la 4e place de l'industrie en chiffre d'affaires (90 M€), à proximité immédiate du 3e (RLD avec 134 M€), avec une croissance toujours supérieure à celle du secteur et une rentabilité évidente mais habilement cachée et bien difficile à calculer sous un empilement de filiales multiples.

En fait, Anett avait « inventé » à l'époque un positionnement nouveau. Contrairement aux leaders (et à l'ensemble de la profession) qui traitaient tous leurs clients (du gros CHU local au petit coiffeur ou restaurateur) à peu près de la même façon sur le plan productif, logistique et commercial, Anett avait fait le choix stratégique de se spécialiser exclusivement sur les clients à gros volumes de linges assez similaires à traiter.

Procédant ainsi, Anett pouvait faire « tourner » ses unités de blanchisserie avec une productivité bien supérieure à celle des acteurs traditionnels qui nettoyaient un nombre impressionnant de « petits paquets » disparates qu'il fallait reconnaître en début et fin du processus de nettoyage. Anett bénéficiait donc d'un bien meilleur coût de production, et aussi de coûts significativement plus faibles sur les autres maillons de la chaîne de valeur (voir cette notion au chapitre 5), notamment sur le commercial et la logistique.

Au niveau vente et après vente (environ 8 % des coûts totaux dans l'approche traditionnelle), Anett économisait les prospecteurs, typiques du démarchage des petits clients potentiels, et avait très peu de « commerciaux », uniquement affectés à la réponse aux appels d'offres des grands prospects et au suivi des clients acquis. Quant aux coûts logistiques (environ 12 % des coûts totaux dans l'approche traditionnelle), ils étaient fortement réduits étant donné le faible nombre de sites dans lesquels récupérer le linge sale et livrer le linge nettoyé. Sans compter qu'avec peu de gros clients, et donc un nombre faible de gros paquets à traiter, la probabilité d'erreurs de livraison, forte dans le métier, était naturellement réduite. Des coûts inférieurs et un meilleur service perçu… Anett avait inventé une stratégie de rupture (*cf.* chapitre 6) qui prenait les leaders à contre-pied et les perturbaient totalement.

Questions

1) Pourquoi les leaders ont-ils mis longtemps à comprendre la stratégie d'Anett ?
2) Que devraient-ils faire pour s'y adapter ?

4 Offre de référence et *business model* de l'industrie

Tout en analysant les contours de l'industrie et les groupes stratégiques, il est important de s'interroger pour savoir s'il existe, dans le secteur d'activité étudié, une offre « dominante », normative. La tradition nord-américaine l'appelle « dominant design ». Dans cette section, nous la nommerons l'offre de référence de l'industrie. C'est l'offre que le client s'attend à trouver pour un niveau de prix moyen.

A/ IDENTIFICATION DE L'OFFRE DE RÉFÉRENCE

L'offre de référence d'une industrie est celle qui est proposée par les entreprises qui composent le groupe stratégique dominant. Dans certains cas, rares il est vrai, il s'agit d'une mono-offre (ex. : le contrôle technique automobile en France), mais dans la plupart des situations, l'offre de référence est déclinée au sein d'une gamme plus ou moins large. Cette même gamme peut cependant être décomposée selon plusieurs segments clairement identifiés et reconnus au sein de la profession, chaque segment étant caractérisé par une sous-offre de référence.
Tel est le cas, par exemple, des fabricants généralistes de l'industrie automobile. Qu'il s'agisse de Ford, General Motors, Volkswagen, Renault, PSA, Fiat... tous proposent, au sein de chacun des segments existants en Europe, un modèle de base qui présente, peu ou prou, les mêmes caractéristiques et les mêmes performances techniques et le même confort que les modèles de ses concurrents directs. Si les logos étaient enlevés, il serait bien difficile de distinguer ces voitures entre elles, d'autant qu'elles se situent toutes dans la même zone de prix.
L'offre de référence d'une industrie doit être caractérisée précisément sur ses deux dimensions clés :

> son niveau de prix ; le prix moyen pratiqué par les acteurs leaders ; il est d'autant plus facile à estimer que les différences sont en général bien faibles ;

> sa valeur perçue par les clients. Il convient de noter, dès à présent, que cette valeur perçue est liée non seulement au produit en tant que tel, mais aussi à l'offre complète qui l'entoure, y compris le financement, la garantie, la qualité et la densité du service après-vente, etc.

Estimer la valeur perçue suppose tout d'abord de déterminer correctement les attributs de valeur de l'offre, c'est-à-dire les critères majeurs sur lesquels tout consommateur actuel ou potentiel de la dite offre fondera son jugement et son choix. Cela passe ensuite par la réalisation d'une évaluation statistique, fondée sur un échantillon représentatif de la demande, du positionnement perçu de l'offre de référence sur les attributs de valeur identifiés. Notons que c'est la perception qui compte plus que la réalité car c'est la perception qui est susceptible de déclencher l'achat. Ces deux opérations sont essentielles et doivent être menées avec la plus grande rigueur et la plus parfaite impartialité.

Business model (modèle d'affaires) de l'industrie

La plupart des industries se caractérisent non seulement par une offre de référence, mais aussi par un *business model* de référence partagé par les acteurs majeurs qui proposent l'offre de référence.
Le *business model* définit la manière dont les acteurs de cette industrie créent de la valeur et la repartissent entre eux-mêmes et les clients. Au-delà de la structure concurrentielle, la pertinence de ce *business model* est un des déterminants du niveau de performance moyen de l'industrie.
Ce concept de business model étant discuté plus en détail dans le chapitre 6, nous n'en donnerons ici qu'une définition simplifiée et partielle. Disons pour le moment qu'un *business model* se caractérise par un « modèle de revenus » qui spécifie la manière dont les entreprises « facturent » leurs prestations aux clients, ainsi qu'un modèle de coûts et de capitaux déterminé par les pratiques en matière d'intégration et d'externalisation des différents éléments de la chaîne de valeur de l'offre.

Dans son acception habituelle, seule la dimension « revenus » du business model est généralement retenue. Dans l'industrie des logiciels, il est ainsi d'usage de distinguer trois *business models* différents en fonction des types de revenus générés :

> le modèle « boîte » où l'utilisateur achète, en un seul paiement, un produit qu'il doit installer et qui lui appartient définitivement ;

> le modèle « licence » dans lequel le fabricant concède un droit d'utilisation à durée déterminée au consommateur contre paiement d'une somme forfaitaire fixe et d'une annuité de service et maintenance (ex. logiciel antivirus) ;

> le modèle *Application Service Provider* (dit ASP) dans lequel le client ne possède ni la propriété ni, à proprement parler, un droit sur les logiciels qu'il utilise (mais en contrepartie n'a rien à investir). Ces droits sont d'ailleurs « logés » chez son hébergeur-offreur ASP qui reçoit en échange un revenu récurrent, généralement mensuel, fondé sur une estimation ou un décompte précis de l'utilisation qui est faite des dits logiciels.

Apparemment, ce qui distingue ces trois modèles est le fait que les revenus sont soit *one shot*, soit récurrents. C'est parfaitement exact mais insuffisant pour comprendre pourquoi le modèle ASP, qui semble combiner tous les avantages tant pour le client (zéro investissement, sortie et changement possibles rapides) que pour l'offreur (revenus récurrents, donc réguliers et parfaitement prévisibles), a régressé après un démarrage flamboyant dans la fin des années 1990. En fait, ce modèle est fort risqué (gestion des sorties de contrat) tout en étant extrêmement consommateur de cash dans sa phase de développement (coûts d'acquisition et d'implémentation des nouveaux clients).
Si, dans l'industrie du logiciel, on peut identifier plusieurs *business models* différents ; dans d'autres secteurs d'activité tous les acteurs pratiquant le même *business model*. C'est souvent parce que ce *business model* s'avère particulièrement pertinent et intéressant en termes de valeur créée et captée… mais aussi, peut-être, parce que le panurgisme, très courant dans les affaires, est perçu comme moins risqué que l'innovation. Il faut bien reconnaître cependant que certains secteurs d'activité ont mis au point des *business models* très confortables, qu'ils savent faire évoluer et exploiter intelligemment (voir le Mini cas suivant).

MINI-CAS

Le *business model* des ascensoristes

Les ascensoristes - ceux qui fabriquent et entretiennent les ascenseurs dans les bâtiments et immeubles - ont atteint, en terme de *business model* et de lobbying, un degré d'excellence quasi inégalé. Ce *business model* s'appuie sur trois types de revenus :

- les ventes d'installations neuves (*one shot*) ;
- les contrats de maintenance et d'entretien (récurrent contractuel réglementé) ;
- les opérations de mise en conformité aux nouvelles normes réglementaires (*one shot* mais pouvant avoir une certaine régularité).

Les contrats de maintenance et d'entretien constituent la clé de voûte du *business model* des ascensoristes. Ils sont réglementairement obligatoires dès lors qu'un ascenseur a été installé dans un bâtiment. C'est donc l'installateur de l'équipement neuf qui les récupère quasi naturellement et qui peut, assez facilement, les >

····> conserver, sauf à commettre de grosses erreurs. Il s'agit d'une manne pour les ascensoristes, chacun se trouvant dans une situation de quasi-monopole qu'il s'agit d'exploiter de manière « bienveillante », d'autant que les coûts d'entretien ont sérieusement baissé grâce aux nouvelles technologies de communication et de gestion à distance.

Chaque concurrent a donc sa part du parc existant d'ascenseurs à entretenir qu'il lui faut absolument conserver et renouveler. On comprend aisément que le seul moment d'intense compétition est celui lié aux appels d'offres pour des installations nouvelles ou à changer. L'industrie perd de l'argent, le moins possible cependant, sur l'activité d'installation… mais c'est le meilleur moyen de protéger et d'entretenir la « vache à lait » de la maintenance.

Or la subtilité du business model de cette industrie ne s'arrête pas là. Naturellement concernés par la réglementation, les ascensoristes sont devenus des champions du lobbying sur la sécurité des personnes. C'est en surfant sur la vague du principe de précaution si prégnant à notre époque et en s'appuyant sur des accidents/incidents si courants dans la vie de tous les jours que les ascensoristes ont réussi jusqu'ici à faire émerger à peu près tous les huit ans (le temps qu'il leur faut pour couvrir le parc existant) une réglementation plus stricte nécessitant une mise en conformité de toutes les installations existantes. Une nouvelle dîme à prélever par chacun des acteurs sur le parc qu'il contrôle. Qui peut encore soutenir que l'évolution de la réglementation est une contrainte et un risque, alors que, bien gérée par une industrie, elle est au contraire une opportunité et une rente ?

Questions

1) Pourquoi la concurrence dans ce secteur ne réduit pas davantage les marges ?
2) Qu'est-ce qui pourrait contrecarrer le business model si lucratif des ascensoristes ?

Comprendre le business model de l'industrie dans tous ses aspects est donc une phase essentielle dans l'analyse du jeu concurrentiel. C'est ce qui éclaire comment les entreprises du secteur créent de la valeur et surtout comment elles réussissent à s'en approprier une partie plus ou moins grande. Mais les *business models* ne sont pas éternels, même ceux qui semblent les plus parfaits. Il arrive de temps à autre qu'un acteur, un nouvel entrant en général, en invente un nouveau, encore plus parfait, qui s'impose comme la nouvelle référence. Ainsi, les moteurs d'avion sont-ils de moins en moins vendus en tant qu'équipement à payer cash, mais plutôt sous la forme d'un contrat de service, intégrant assurance et maintenance, facturé à l'heure d'utilisation. Une évolution qui caractérise à peu près toutes les activités d'équipement, bâtiment inclus.

LES POINTS CLÉS

- Une « industrie » ou « secteur » est un ensemble d'entreprises concurrentes offrant des produits étroitement substituables.

- La performance d'une entreprise donnée résulte à la fois de facteurs externes, propres à son industrie, et de facteurs internes, spécifiques à sa stratégie. Il est donc fondamental d'analyser le potentiel de rentabilité du secteur d'activité dans lequel l'entreprise opère, pour tirer profit de ce potentiel et exploiter les gisements de profit présents dans l'industrie.

- Selon Michael Porter, le potentiel de rentabilité d'une industrie résulte de l'interaction entre cinq forces :
  - l'intensité de la concurrence entre les firmes du secteur ;
  - la menace de nouveaux entrants ;
  - la pression des produits ou services de substitution ;
  - le pouvoir de négociation des acheteurs ;
  - le pouvoir de négociation des fournisseurs.

- L'ensemble de ces forces pousse la rentabilité des capitaux investis dans le secteur vers un plancher que l'on appelle le coût du capital. Lorsque ces forces sont moins intenses, les entreprises de l'industrie peuvent plus facilement retenir les profits au sein de l'industrie et atteindre des niveaux de profitabilité économique supérieurs au coût du capital.

- Toutefois, il est parfois délicat de définir les contours de l'industrie à étudier. Trois critères peuvent aider à cerner ces contours :
  - la substituabilité des produits ou services (que l'on peut mesurer par l'élasticité croisée de la demande),
  - l'espace géographique pertinent,
  - la technologie

- Pour étudier la diversité des concurrents dans une industrie, on peut utiliser la méthode des groupes stratégiques qui consiste à établir une typologie des concurrents et de leurs stratégies.

- La méthode des groupes stratégiques permet d'analyser la concurrence intragroupe et intergroupe, ainsi que les barrières à la mobilité entre groupes.

- La plupart des industries se caractérisent par une « offre de référence », l'offre que le client s'attend à trouver pour un niveau de prix moyen. C'est l'offre proposée par les leaders du secteur. Une des composantes de la *business strategy* des entreprises est de se positionner par rapport à cette offre de référence.

- Il existe, dans la plupart des industries, un *business model* dominant qu'il est important de comprendre et d'analyser. Ce *business model* est notamment caractérisé par un modèle de revenus, c'est-à-dire un mode de facturation ou une manière particulière de générer des revenus.

QUIZ

1. La performance d'une entreprise mono-activité (ou d'une *business unit*) résulte :
a. D'une part, des caractéristiques de l'industrie dans laquelle elle opère et, d'autre part, de la stratégie qu'elle met en œuvre dans cette industrie.
b. Essentiellement de sa *corporate strategy*.
c. Essentiellement des caractéristiques de l'industrie. Celles-ci priment sur l'impact de la *business strategy* de l'entreprise.

2. Lequel de ces éléments ne figure pas parmi les cinq forces de Porter ?
a. La menace de voir de nouveaux entrants pénétrer le marché.
b. L'intensité du progrès technologique dans le secteur.
c. La menace induite par l'existence de produits de substitution.

3. L'indice d'Herfindahl mesure :
a. La part de marché des *n* premières entreprises d'un marché.
b. Le niveau de concentration d'une industrie donnée.
c. Le nombre d'entreprises équivalentes.

4 Une différenciation des produits significative conduit à :
a. Une concurrence imparfaite entre des produits perçus comme imparfaitement substituables.
b. Un plus grand choix pour les consommateurs et donc des prix plus faibles.
c. Une forte concurrence entre les entreprises pour convaincre et attirer les clients.

5 L'existence de barrières à l'entrée :
a. Interdit à des entreprises étrangères de pénétrer une industrie nationale et de prendre des parts de marché aux entreprises locales.
b. Réduit la capacité de nouveaux entrants à acquérir des licences légales et à accéder aux réseaux de distribution existants.
c. Dissuade les entrants potentiels, ce qui permet de maintenir un niveau de rentabilité plus élevé au sein de l'industrie.

6. Le modèle des cinq forces permet d'analyser :
a. La position d'une entreprise par rapport à ses concurrents, à ses fournisseurs et clients, aux nouveaux entrants potentiels, et aux produits de substitution.
b. La rentabilité économique d'une industrie en fonction des facteurs qui l'éloignent de la situation de concurrence pure et parfaite.
c. Les contours de l'industrie en fonction de la nature des produits offerts et de leur élasticité croisée.

7. Toutes choses étant égales par ailleurs, pour avoir un profit économique élevé, il vaut mieux :
a. Avoir une part de marché faible dans un duopole.
b. Avoir une part de marché forte dans une industrie fragmentée.

>

....>

c. Appartenir à une industrie qui représente une part très importante de la structure de coût de ses clients.

8. Les calculs d'élasticité-prix croisée et de corrélations de prix permettent :
a. De comparer la rentabilité de différentes entreprises concurrentes.
b. D'évaluer la substituabilité entre différents produits pour tracer les contours d'une industrie.
c. D'estimer la demande d'un produit en fonction de la demande d'un autre produit équivalent sur le marché.

9. Pour déterminer la composition des groupes stratégiques au sein d'une industrie, il faut :
a. Identifier les dimensions structurantes de l'industrie pour répertorier les entreprises partageant les mêmes caractéristiques stratégiques.
b. Segmenter les produits et services fournis en fonction des types de clientèle.
c. Etudier la stratégie des grands groupes qui opèrent dans l'industrie ou projettent d'y pénétrer.

10. Le *business model* dominant d'une industrie correspond :
a. Au modèle de création de valeur de l'entreprise *leader* sur le marché.
b. Au modèle de facturation (*one shot*, récurrent, etc.) préféré par les principaux clients.
c. Au modèle de revenus et de coûts adopté par les acteurs majeurs de l'industrie.

Réponses : 1.a, 2.b, 3.b, 4.a, 5.c, 6.b, 7.a, 8.b, 9.a, 10.c

4 Les stratégies de coût et de volume

Nous avons vu, dans les chapitres précédents, que le secteur d'activité dans lequel a choisi de se développer une entreprise va avoir un effet non négligeable sur sa rentabilité, son développement à long terme et la valeur qu'elle sera capable de créer pour ses actionnaires. Néanmoins, la stratégie est loin de se réduire à un choix d'activité judicieux : dans le même secteur coexistent en général des entreprises très performantes et des concurrents qui réussissent beaucoup moins bien. Dans les logiciels ou les microprocesseurs par exemple, pour un Microsoft ou un Intel, il existe une multitude de concurrents aux performances médiocres. Dans l'automobile, Toyota a eu des performances exceptionnelles entre 1998 et 2008, alors que sur la même période General Motors et Ford ont eu des performances plus que médiocres. L'une des stratégies les plus efficaces pour atteindre des niveaux de performance supérieurs à ceux des concurrents est de parvenir, toutes choses égales par ailleurs, à avoir des niveaux de coût inférieurs à ceux de ces mêmes concurrents. En effet, si, pour un produit donné, il existe un prix de marché qui s'impose à l'ensemble des entreprises en concurrence, l'entreprise qui a les coûts les plus bas obtient les marges les plus importantes et ses performances sont donc supérieures à celles de tout autre concurrent.

1 Avantage de coût et volume de production : l'effet d'expérience

Les stratégies de coût sont des stratégies qui orientent de façon prioritaire tous les efforts de l'entreprise vers un objectif considéré comme primordial : la minimisation de ses coûts complets. Ceux-ci incluent, outre le coût direct de fabrication d'une unité de produit, les coûts de conception, de marketing, de distribution, ainsi que les coûts administratifs et financiers, y compris le coût de l'utilisation de ressources financières, que l'on appelle le coût du capital. Or, on a observé empiriquement dans un grand nombre de secteurs d'activité que l'entreprise qui avait les coûts les plus bas était également celle qui avait la production cumulée la plus importante ; la constatation de cette relation a donné naissance au concept d'*effet d'expérience*.

A/ LA NOTION D'EFFET D'EXPÉRIENCE

La notion de courbe d'expérience trouve son origine dans des observations effectuées par des fonctionnaires du ministère américain de la défense dans les années 1930. À l'époque, les contrats d'approvisionnement passés avec les industriels de l'armement prévoyaient une rémunération du fabricant d'un matériel sur la base des coûts réels supportés par ce fabricant auxquels était ajoutée une marge négociée au moment de la passation du contrat. Ce système exigeait que le ministère de la défense fasse relever les coûts supportés par ses fournisseurs par des inspecteurs chargés de mesurer le temps passé à la production d'un type de matériel donné, la quantité de matières premières utilisée, etc. Or, certains de ces inspecteurs se sont aperçus qu'au fil du temps les profits des entreprises fournisseurs avaient tendance à augmenter de manière très significative. Pourquoi ? En contrôlant à nouveau les coûts, ils se sont rendu compte que ceux-ci avaient considérablement baissé par rapport à ceux qu'ils avaient constatés lors de leur premier relevé. Les prix accordés aux industriels sur cette base se traduisaient donc par des marges très supérieures à celles qui avaient été négociées au départ. Après avoir cru, dans un premier temps, à une simple erreur de mesure, favorisée par les industriels eux-mêmes, on a compris qu'en fait, cette baisse des coûts se prolongeait tout au long de la durée de production d'un matériel donné. Des analyses plus précises ont permis de constater que, pour un type de produit donné, les coûts baissaient d'un pourcentage approximativement constant à chaque doublement du volume de production cumulé. C'est ce qui a donné naissance à la « loi de Wright » (1936)[1], qui a elle-même servi d'inspiration, bien plus tard, à la notion de courbe d'expérience, popularisée dans les années 1970 par Bruce Henderson[2], le fondateur du Boston Consulting Group, cabinet de conseil d'origine américaine créé en 1963.

La théorie de l'effet d'expérience[3] stipule que le coût unitaire total d'un produit, mesuré en unités monétaires constantes, c'est-à-dire en annulant les effets de l'inflation, décroît de manière continue à mesure que le volume de production cumulé de ce produit augmente. Notons qu'il s'agit de la production cumulée, c'est-à-dire du nombre total d'unités produites depuis que la fabrication du produit a commencé, et non pas du volume de production à un moment donné. Par conséquent, l'effet d'expérience permet – du moins en théorie – de réduire les coûts même si la cadence de production reste constante. L'idée est donc que la production de chaque nouvel exemplaire du produit améliore la capacité de l'entreprise à faire des économies, au-delà du simple étalement des coûts fixes sur des volumes supérieurs.

Plus précisément, la théorie indique que *le coût unitaire total d'un produit baisse d'un pourcentage constant à chaque doublement de la production cumulée de ce produit*. Les observations réalisées dans de multiples secteurs d'activité montrent que ce pourcentage est généralement compris entre 10 % et 30 %.

La représentation graphique de l'effet d'expérience prend la forme d'une courbe d'expérience. La courbe présentée en figure 4.1 est celle que l'on observe dans le secteur de la construction aéronautique civile.

1. Wright T.P.,1936.
2. Henderson B. D., 1974.
3. Boston Consulting Group, 1970.
BCG, 1980.
Hedley B., 1976.

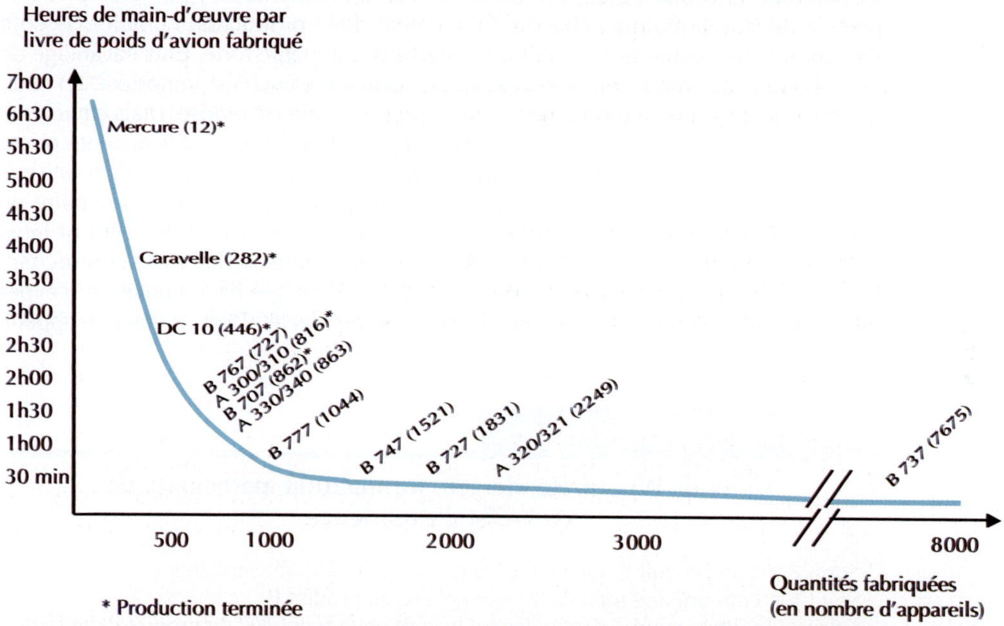

Figure 4.1
Courbe d'expérience dans la construction aéronautique civile (représentée en échelle décimale)-Livraisons cumulées à fin 2007

Cette courbe décrit l'évolution des coûts (mesurés en heures de main-d'œuvre par livre d'avion fabriqué) en fonction de la production cumulée de chaque modèle. Quelques modèles d'avions connus ont été situés sur cette courbe en fonction du nombre total d'exemplaires vendus jusqu'en 2007. Si l'on représente l'effet d'expérience en échelle logarithmique, la courbe précédente prend la forme d'une droite, comme l'indique la figure 4.2 : le logarithme du coût est proportionnel au logarithme de la production cumulée.

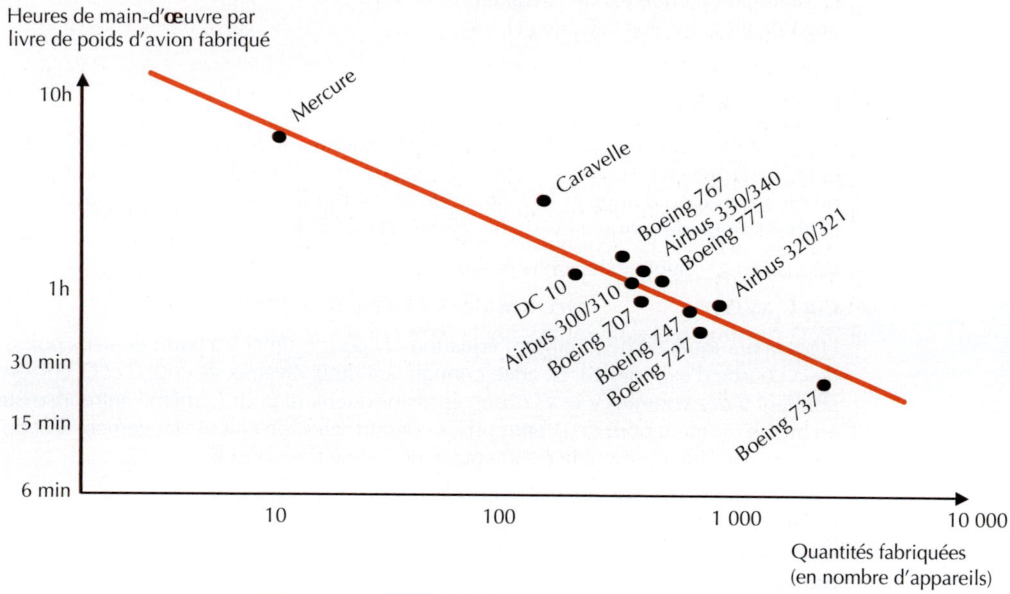

Figure 4.2
Courbe d'expérience dans la construction aéronautique civile (représentée en échelle log-log)

La pente de la droite traduit l'intensité de l'effet d'expérience ; par exemple, une pente à 20 % signifie qu'à chaque doublement de la production cumulée, le coût unitaire total diminue de 20 %. Plus la courbe a une pente forte, plus l'avantage de coût d'un concurrent ayant une production cumulée élevée est important. En effet, une courbe d'expérience donnée n'est pas propre à une entreprise, mais caractéristique d'un certain domaine d'activité : elle s'impose donc à l'ensemble des entreprises en concurrence sur ce secteur. En outre, l'expérience accumulée ne se répercute pas de façon automatique dans les coûts d'une entreprise, mais exige au contraire de celle-ci des efforts continus. Seules les entreprises les mieux gérées verront leurs coûts décroître le long de la courbe idéale caractéristique de l'activité considérée ; les autres risquent d'avoir des courbes de coûts qui, malgré l'accumulation d'expérience, s'écarteront progressivement de cette courbe idéale. C'est ce que l'on appelle une dérive des coûts.

Fondements théoriques

La loi de Wright/Henderson, formulation mathématique de l'effet d'expérience

Supposons un produit P qui a été fabriqué jusqu'ici à V_0 exemplaires.
Soit C_0 le coût unitaire total du V_0e exemplaire du produit P.
Selon la loi de la courbe d'expérience, le coût unitaire total C du produit P diminue d'un pourcentage constant k à chaque doublement de son volume de production cumulée V.
Donc, si $V_1 = 2.V_0$, alors le coût du V_1e exemplaire est $C_1 = (1 - k).C_0$
et si $V_2 = 2.V_1 = 2^2.V_0$, alors $C = (1-k).C_1 = (1 - k)^2.C_0$
et si $V_3 = 2.V_2 = 2^3.V_0$, alors $C_3 = (1-k).C_2 = (1 - k)^3.C_0$
Donc, de manière générale : si $V = 2^n.V_0$, alors $C = (1-k)^n.C_0$
Par une transformation logarithmique de ces deux égalités, on obtient :
$\log V/V_0 = n.\log 2$ et $\log C/C_0 = n.\log (1 - k)$
En éliminant n entre les deux équations, on a :
$(\log V/V_0)/\log 2 = (\log C/C_0)/\log (1 - k)$

ce qui peut s'écrire :

$$\mathbf{\log C/C_0 = K. \log V/V_0} \quad \text{avec } K = \log (1 - k)/ \log 2 \qquad (1)$$

Log C est donc une fonction linéaire de log V. Autrement dit, la courbe d'expérience peut être représentée en coordonnées log-log par une droite de pente K. Remarquons qu'on a coutume d'appeler k la pente de la courbe d'expérience, alors qu'au sens mathématique du terme, la véritable pente est en fait K.

L'équation *(1)* peut également s'écrire :

$$\mathbf{C = C_0.(V/V_0)^K} \quad \text{avec } K = \log (1 - k)/ \log 2 \qquad (2)$$

Dans la pratique, on peut utiliser l'équation *(1)* pour estimer k à partir de deux points de la courbe d'expérience. En effet, connaissant deux niveaux de coût C et C_0 correspondant à des volumes V et V_0 observés historiquement pour la même entreprise ou au même moment pour deux entreprises concurrentes, on calcule facilement K et on peut en déduire aisément le pourcentage de baisse des coûts k.

L'équation *(2)* permet quant à elle de calculer facilement le coût unitaire C du produit P pour n'importe quel niveau de production cumulée V, à condition d'avoir estimé k au préalable. De plus, si on ne connaît pas k avec précision, on peut modéliser, à l'aide de cette même équation, les baisses des coûts potentielles en fonction >

····> des différentes valeurs possibles de k. Comme k est généralement compris entre 10 % et 30 %, une telle modélisation, très facile à effectuer sur un tableur, permet d'encadrer les coûts prévisionnels dans une fourchette relativement étroite.

On trouvera une application numérique des équations *(1)* et *(2)* dans le Mini-cas sur les microprocesseurs « Power PC » et Intel.

B/ Les causes de l'effet d'expérience

L'effet d'expérience est avant tout un phénomène constaté de manière empirique, qui provient d'un grand nombre de causes (voir l'encadré « Fondements théoriques » ci-dessous) que l'on peut regrouper en quatre catégories principales :

> **L'étalement des coûts fixes**

Les coûts unitaires correspondant à une activité donnée diminuent au fur et à mesure que les capacités de production et le volume d'affaires augmentent. Ces économies proviennent notamment de l'étalement des frais fixes (recherche, conception, publicité) sur des séries plus longues. Elles sont également dues à la diminution du coût des investissements par unité de capacité, lorsque la capacité totale augmente. Par exemple, dans l'industrie automobile, le coût de conception d'un modèle est un coût fixe, qui pèsera dix fois plus sur le coût unitaire si, au lieu de produire un million d'unités, on n'en produit que cent mille. En outre, les usines et les équipements correspondant à une production d'un million d'unités sur une période donnée n'ont pas un coût dix fois supérieur aux installations nécessaires pour en produire cent mille sur la même période.

> **L'effet d'apprentissage**

L'effet d'apprentissage, souvent confondu avec l'effet d'expérience dans sa totalité, traduit avant tout l'amélioration de la productivité du travail. Au fur et à mesure de la répétition d'une tâche, le temps nécessaire à son accomplissement tend à diminuer, abaissant ainsi son coût. En effet, un ouvrier qui répète une opération voit sa dextérité, et donc sa rapidité, s'accroître avec son entraînement, alors que, parallèlement, l'organisation du travail tout entière, au niveau des unités de production, s'adapte de mieux en mieux à la tâche en question. L'effet d'apprentissage est ainsi fonction du temps écoulé autant que du volume de production cumulé.

> **L'innovation et la substitution capital/travail**

L'accumulation d'expérience permet, d'une part, d'apporter des modifications au produit lui-même afin d'en supprimer les éléments superflus, ou encore de le fabriquer avec des composants plus économiques. D'autre part, le processus de production s'améliore, notamment par un remplacement progressif de la main-d'œuvre par des moyens de production (substitution capital/travail). La fabrication d'un téléviseur au début des années soixante-dix exigeait l'assemblage de plus de cinq mille pièces élémentaires ; aujourd'hui, du fait des améliorations apportées au produit lui-même comme à son processus de fabrication, grâce à l'expérience accumulée, il faut moins de cinq cents pièces, alors même que la qualité et les performances des téléviseurs se sont considérablement accrues. Cela explique que les téléviseurs puissent être vendus à un prix équivalent, voire inférieur, en unités monétaires courantes, à celui du début des années 1970, ce qui représente une diminution très significative – plus de 80 % – de leur prix en unités monétaires constantes.

> Le pouvoir de négociation

La taille permet enfin à l'entreprise de renforcer son pouvoir de négociation vis-à-vis de ses partenaires et notamment de ses fournisseurs et clients ; elle sera ainsi capable d'obtenir ses approvisionnements à des conditions plus favorables que celles consenties à des concurrents plus modestes, ou de négocier des conditions de distribution plus avantageuses.

Notons enfin que l'effet d'expérience ne se limite pas aux activités industrielles – il se constate également dans des activités de services ; en effet, ces dernières sont sensibles aux économies d'échelle, connaissent un effet d'apprentissage, peuvent mettre en œuvre des innovations et exercer un pouvoir de négociation de nature à réduire leurs coûts[1] (voir chapitre 12 sur les stratégies dans les services).

MINI-CAS

La conversion d'Apple aux microprocesseurs Intel

En 2006, à la surprise générale, Apple a déclaré son intention de changer de fournisseur de microprocesseurs pour ses ordinateurs personnels. Apple abandonnait ainsi ses fournisseurs attitrés, IBM et Motorola, au profit d'Intel. Une telle décision s'explique avant tout par les positions respectives des microprocesseurs Intel et « Power PC » (IBM-Motorola) sur la courbe d'expérience. En effet, grâce à sa situation de fournisseur quasi exclusif de microprocesseurs pour PC au standard Windows, Intel possédait une part de marché de près de 90 %. La part de marché de « Power PC » qui, jusqu'au revirement de 2006, avait Apple pour seul client, était de 3 % seulement. Le tableau ci-dessous présente quelques chiffres clés de l'activité d'Intel :

	1998	2001
Production cumulée	542 millions d'unités	985 millions d'unités
Coût unitaire (en dollars)	116	92
Prix unitaire (en dollars)	250	182

En 2001, la production cumulée des microprocesseurs « Power PC » n'était, quant à elle, que de 53 millions d'unités. Sur cette base, et en appliquant la formule (1) de Wright/Henderson présentée dans l'encadré « Fondements théoriques » précédent, on peut calculer la pente de la courbe d'expérience, ainsi que le niveau de coût des microprocesseurs « Power PC » :

$\log (C_{2001}/C_{1998}) = K . \log (V_{2001}/V_{1998})$, soit $\log (92/116) = K . \log (985/542)$;
$\log (92/116)$ étant égal à - 0,10 et $\log (985/542)$ étant égal à 0,26,
on en déduit donc que K = - 0,39 ;

or, comme par ailleurs $K = \log (1\text{-}k)/ \log 2$, on peut en déduire que k = 24 %, c'est-à-dire que les coûts complets de production de microprocesseurs décroissent de 24 % chaque fois que la production cumulée double.

On peut maintenant calculer le coût unitaire de production des puces « Power PC » en 2001, par référence à celui des microprocesseurs d'Intel, en utilisant l'équation (2) présentée dans l'encadré « Fondements théoriques » précédent :
$C_{Power\ PC} = 92 . (53 / 985)^{-0.39} = 286$ dollars

En supposant que les fournisseurs de puces « Power PC » appliquent la même marge qu'Intel pour fixer les prix, on peut en déduire qu'Apple devait payer ses microprocesseurs 570 dollars alors que ses concurrents qui achetaient leurs micro- >

1. Détrie J.-P. et Ramanantsoa B., 1983.

····> processeurs à Intel ne les payaient que 182 dollars, soir trois fois moins cher. Et même si les fournisseurs de puces « Power PC » avaient accepté de céder leurs puces à prix coûtant, soit $286, ce prix aurait été de toute manière supérieur au prix pratiqué par Intel. Comme la situation ne pouvait qu'empirer au fil du temps en raison de l'écart des parts de marché entre « Power PC » et Intel, il n'est pas étonnant qu'Apple ait cherché comme ses concurrents à bénéficier de l'expérience considérablement plus importante d'Intel.

Questions

1) Dans cet exemple, on applique à « Power PC » la pente de la courbe d'expérience observée sur les chiffres d'Intel. Le résultat obtenu est-il juste ou entaché d'erreur ?
2) La décision d'Apple était-elle inéluctable ? Quels inconvénients présente-t-elle ? Y avait-il d'autres solutions ?

Fondements théoriques

Les avantages de coût liés à la taille vus par les économistes

Dès 1776, Adam Smith a souligné l'impact de la taille des organisations économiques sur l'efficacité de leurs activités[1]. Ricardo (1821)[2] a raffiné cette idée en introduisant les notions de rendements d'échelle croissants et décroissants. Les rendements d'échelle sont dits croissants lorsque la production d'une unité supplémentaire exige un accroissement moins que proportionnel des moyens nécessaires à cette production. Les rendements d'échelle sont dits décroissants lorsque, au contraire, la production d'une unité supplémentaire exige davantage de moyens que chacune des unités produites jusque-là. Pour Smith comme pour Ricardo, les rendements d'échelle croissants résultent d'une répartition des coûts fixes sur des volumes plus importants et sur une plus grande productivité du travail obtenue grâce à une division du travail et une spécialisation des tâches plus poussées. En affirmant que les rendements d'échelle peuvent être décroissants, Ricardo a suggéré que les bénéfices de la répartition des coûts fixes et surtout la productivité accrue obtenue de la division du travail finissent par atteindre une limite au-delà de laquelle apparaissent des déséconomies. Marshall (1920)[3], souvent considéré comme le père de l'économie industrielle, a remis en cause cette idée, affirmant que les rendements décroissants sont surtout observés dans les activités agricoles où, au-delà d'un certain point, les accroissements de production exigent la mise en culture de terres moins fertiles. Selon Marshall, les activités industrielles et de services sont susceptibles de connaître des rendements d'échelle croissants de manière pratiquement infinie.

Au-delà du simple étalement des coûts fixes et des gains de productivité du travail, on a également observé que s'appliquait souvent en matière économique une loi baptisée « cube-carré » en physique : l'accroissement des capacités de production n'exige pas un accroissement proportionnel des moyens et investissements[4]. Ainsi, la quantité de fonte nécessaire à la construction d'un pipeline augmente moins que proportionnellement avec le débit de ce pipeline, puisque la circonférence du pipeline est proportionnelle à son rayon alors que le débit est proportionnel au carré de son rayon. Cette règle, qui s'applique dans de nombreuses activités économiques, participe également aux avantages liés à la taille. De manière similaire, les « réserves de sécurité » (matières premières, produits intermédiaires, produits finis, pièces de rechange, capacité de production excédentaire, etc.) que

1. Smith, A., 1776.
2. Ricardo, D., 1970.
3. Marshall A., 1920.
4. Besanko, D., Dranove, D. and Shanley, M., 2007.

····>

doivent constituer les entreprises pour faire face à de nombreux aléas dans leur activité (fluctuation de la demande, pannes de machines, etc.) n'augmentent pas non plus en proportion du volume de production[1]. Plus tard, d'autres économistes[2] ont élargi la notion d'économies d'échelle en soulignant qu'une plus grande efficacité peut résulter non seulement de l'accroissement du volume de production d'un bien donné, mais aussi de la production simultanée de plusieurs biens partageant des composants communs ou produits avec les mêmes moyens. C'est ce que l'on a baptisé économies de champ ou économies d'envergure (*economies of scope*). Ces économies de champ sont donc un cas particulier d'économies d'échelle qui apparaissent non pas au niveau d'un bien final complet, mais à celui d'un composant ou d'un bien intermédiaire commun à plusieurs produits finaux. En présence de telles économies de champ, il est moins coûteux de produire deux biens de type différent ensemble que séparément.
Quant à l'importance variable des économies d'échelle et des économies de champ observées dans les diverses activités, les économistes les attribuent à la plus ou moins grande complexité de ces activités : plus une activité est complexe, plus elle est susceptible de connaître des économies d'échelle et de champ importantes.

En se référant au modèle de Cournot (1938)[3], les économistes ont cependant observé, dès la fin du XIXe siècle, qu'au-delà des économies d'échelle et de champ, d'autres phénomènes contribuaient à la performance des entreprises de taille importante : le pouvoir de marché et le pouvoir de négociation[4]. Alors que les économies d'échelle représentent un véritable gain d'efficacité, le pouvoir de marché et le pouvoir de négociation se traduisent avant tout par un transfert de rente entre les différentes étapes dans le processus de production. Le pouvoir de marché peut être défini comme la capacité qu'ont les entreprises dans certains secteurs d'activité à manipuler les mécanismes de fixation des prix en formant des ententes, en adoptant des comportements collusifs de manière à restreindre l'offre et à gonfler artificiellement les prix[5]. Le pouvoir de marché provient essentiellement de la concentration du secteur, c'est-à-dire du nombre de concurrents et de la répartition des parts de marché entre eux (voir le chapitre 3). Un secteur dans lequel les concurrents sont de taille importante sera, toutes choses égales par ailleurs, plus concentré, ce qui lui donnera un fort pouvoir de marché et se traduira par une forte rentabilité des entreprises de secteur. Notons que le pouvoir de marché est caractéristique d'un secteur tout entier et profite à l'ensemble des concurrents du secteur. Le pouvoir de négociation, à l'inverse, est propre à une entreprise en particulier : les concurrents de taille plus importante pourront plus facilement faire pression sur leurs fournisseurs ou leurs distributeurs pour obtenir d'eux des conditions plus avantageuses[6]. Au total, la taille des entreprises va jouer simultanément sur le pouvoir de marché dont bénéficie le secteur et sur le pouvoir de négociation propre à chaque entreprise. Cependant, si le pouvoir de marché et le pouvoir de négociation accroissent tous deux la rentabilité des entreprises, seul le pouvoir de négociation va contribuer véritablement à l'avantage concurrentiel de l'entreprise en lui procurant un avantage de coût vis-à-vis de ses concurrents.

1. Robinson E.A.G., 1958.
2. Panzar J.C. et Willig R.D., 1981.
3. Cournot A.A., 1838.
4. Bain J.S., 1951. Chamberlain E.H.., 1933 ; Marshall A., 1920. Mason E.S., 1939. Porter, M.E., 1980.
5. Bain J.S., 1951 ; Chamberlain E.H., 1933 ; Mason E.S., 1939.
6. Chipty T. et Snyder C.M., 1999. Porter, M.E., 1980. Scherer F. et Ross D., 1990.

2 Les implications stratégiques de l'effet d'expérience

A/ La poursuite du volume

Lorsque, pour une activité donnée, on constate un effet d'expérience important, la stratégie naturelle des entreprises en concurrence consiste à acquérir l'expérience la plus forte, afin de bénéficier des coûts les plus faibles. Pour avoir l'expérience la plus forte, les entreprises chercheront à avoir la production la plus grande et donc la part de marché la plus importante[1]. C'est pourquoi ces stratégies de coût sont également qualifiées de stratégies de volume.

La lutte que se livrent les entreprises pour gagner des parts de marché entraîne en général un ajustement du prix du marché sur les coûts des concurrents les plus compétitifs, c'est-à-dire ceux dont la production est la plus importante. Les concurrents dont la production – donc l'expérience – est trop faible ont des coûts trop élevés, parfois supérieurs au prix du marché. Incapables de dégager des marges suffisantes, ils sont éliminés. La figure 4.3 en donne une illustration.

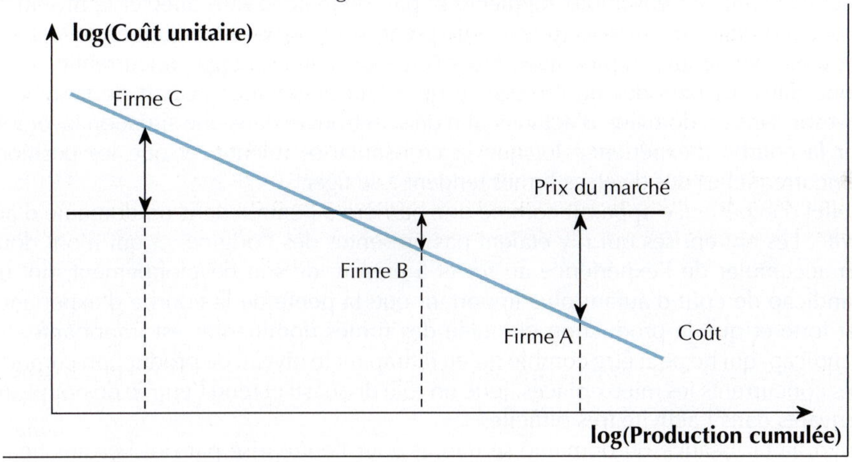

Figure 4.3
Expérience et position de coût

La figure 4.3 représente la courbe d'expérience propre à un domaine d'activité. Si l'on positionne sur ce graphe les trois firmes concurrentes A, B et C en fonction de leur expérience, et donc de leurs coûts respectifs, on constate immédiatement que, pour le prix de marché indiqué, la firme A, qui dispose de l'expérience la plus forte, obtient des marges nettement supérieures à la firme B, alors que la firme C, dont l'expérience est la plus faible, enregistre des pertes. Dans un tel contexte, la seule alternative qui s'offre à B, et surtout à C, est soit de chercher à rattraper A en gagnant des parts de marché et en accroissant sa production, soit de se retirer du marché.

Ainsi, les concurrents qui opèrent dans un domaine d'activité connaissant un effet d'expérience important sont soumis à deux impératifs. D'une part, ils doivent s'assurer que, au fur et à mesure que leur volume de production cumulée s'accroît, leurs coûts diminuent bien à un rythme correspondant à la courbe d'expérience de l'activité. Si tel n'est pas le cas, leur gestion est déficiente, et l'accumulation d'expérience ne se répercute qu'imparfaitement dans les coûts. D'autre part, ils doivent chercher à s'assurer une part de marché dominante dans leur domaine d'activité de façon à avoir la production cumulée la plus importante possible, l'expérience la plus forte et, par conséquent, les coûts les plus bas.

1. Buzzell R.D., Gale B.T., Sultan R.G.M., 1975. Ou plus généralement l'ensemble des études effectuées dans le cadre du projet PIMS (Profit Impact of Market Strategies).

En termes stratégiques, le concept d'effet d'expérience pousse donc les entreprises à consacrer l'essentiel de leurs ressources à la recherche d'un volume de production et de vente aussi important que possible, en mettant l'accent sur le contrôle de leurs coûts.

B/ EFFET D'EXPÉRIENCE ET CROISSANCE DU DOMAINE D'ACTIVITÉ

Si la croissance du domaine d'activité est faible ou nulle, les parts de marché sont très difficiles à faire évoluer ; tout gain de l'un des concurrents se traduit en effet par une diminution de la production pour les autres, ce qui les entraîne à réagir fortement pour conserver leur part de marché. Les positions relatives des entreprises en termes d'expérience, et donc de coûts, sont stables et la structure concurrentielle du domaine pratiquement figée. La production demeurant à un niveau constant ou augmentant à un rythme lent, le taux de baisse des coûts tend vers zéro.

Si, en revanche, le domaine d'activité connaît une croissance forte, les coûts continuent à baisser rapidement. L'entreprise dont la production croît plus vite que l'activité dans son ensemble augmente sa part de marché sans affecter le niveau de production des concurrents (puisqu'elle prend sur la croissance du marché), et voit ses coûts baisser plus rapidement. Elle se crée ainsi un avantage concurrentiel. C'est donc dans les périodes de croissance qu'il faut augmenter sa part de marché et investir dans un domaine d'activité, afin de se retrouver dans une situation favorable sur la courbe d'expérience lorsque la croissance se ralentit, et que les positions concurrentielles des diverses firmes tendent à se figer.

L'effet d'expérience apparaît comme une barrière à l'entrée dans un domaine d'activité. Les entreprises qui n'y étaient pas présentes dès l'origine, et qui n'ont donc pu accumuler de l'expérience au fur et à mesure de son développement, ont un handicap de coût d'autant plus important que la pente de la courbe d'expérience est forte et que la production cumulée des firmes dominantes est importante. Ce handicap, qui ne peut être comblé qu'en rattrapant le niveau de production cumulée des concurrents les mieux placés, joue un rôle dissuasif et rend l'entrée de nouveaux arrivants dans l'activité très difficile.

Enfin, la croissance du domaine se traduit pour l'entreprise par des besoins financiers importants en immobilisations (nécessité d'accroître la capacité de production) et en fonds de roulement. En revanche, une activité stable ou en déclin entraîne, pour une entreprise qui a une part de marché et une production cumulée suffisantes, des flux financiers positifs élevés (investissements faibles et marges importantes).

C/ EFFET D'EXPÉRIENCE ET STRATÉGIE DE PRIX

On rencontre cinq grands types de stratégies de prix, qui correspondent à la fois à la position concurrentielle de l'entreprise concernée et à l'intensité de la lutte dans le domaine d'activité :

- accepter des pertes initiales pour imposer un produit de substitution ;
- répercuter la baisse des coûts sur les prix ;
- maintenir les prix pour accroître ses marges ;
- « acheter » de la part de marché ;
- quitter progressivement le secteur en maximisant la rentabilité.

Ces différentes stratégies sont plus ou moins pertinentes en fonction de la position relative de chaque entreprise – dominante ou dominée – et, surtout, du stade de maturité du secteur d'activité. Le tableau 4.1 résume les différentes stratégies de prix auxquelles peut recourir l'entreprise pour profiter au mieux de sa position sur la courbe d'expérience.

Tableau 4.1
Effet d'expérience et stratégies de prix

Stratégie de dumping

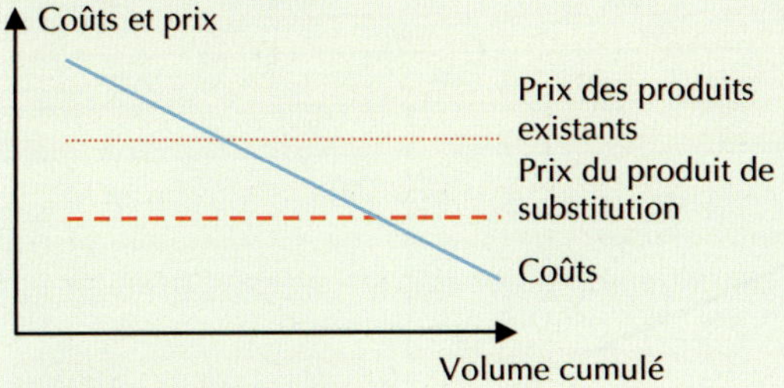

Pour imposer un produit nouveau et bénéficier à plein de l'effet d'expérience, l'entreprise vend à perte en attendant que la baisse de ses coûts lui permette de dégager des marges de plus en plus grandes. Un prix de lancement bas permet de faire croître les ventes très rapidement et d'accumuler en peu de temps une expérience importante.

Stratégie de domination

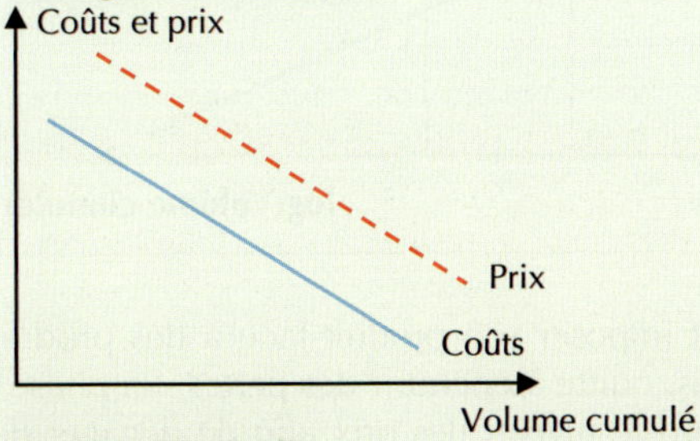

L'entreprise, en position dominante, fait baisser ses prix au même rythme que ses coûts. Elle impose ainsi le niveau des prix sur lequel doivent s'aligner les concurrents. Une telle stratégie rend difficile l'arrivée de nouveaux entrants et élimine les concurrents les plus faibles.

Stratégie d'ombrelle

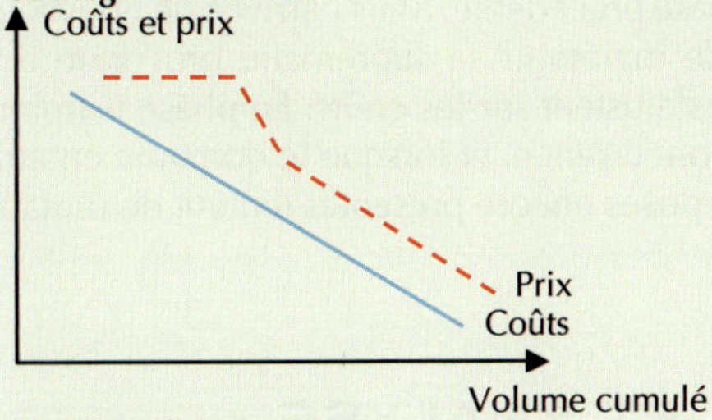

L'entreprise maintient le niveau initial de prix, accroissant ainsi ses marges, et créant ce que l'on appelle une « ombrelle » de prix. Une telle stratégie permet de rentabiliser rapidement les investissements mais favorise l'arrivée de nouveaux concurrents attirés par la rentabilité élevée du secteur. Cette arrivée de nouveaux concurrents provoque une baisse des prix très marquée puis un ajustement des prix sur les coûts.

Stratégie de rattrapage

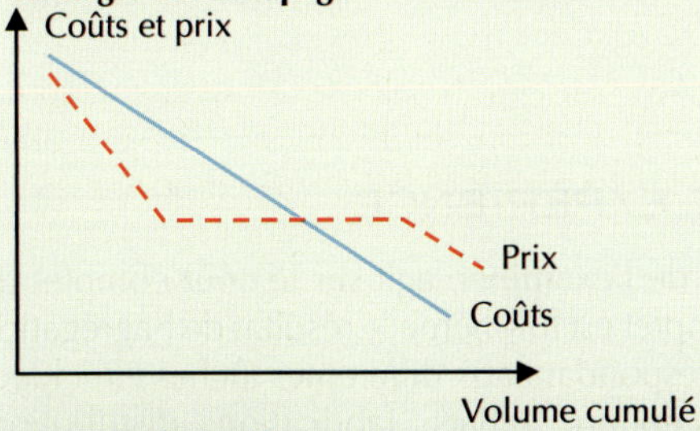

Une entreprise en position défavorable peut sacrifier ses marges, vendre à des prix inférieurs à ceux de la concurrence et souvent inférieurs à ses propres coûts afin d'accroître sa part de marché et rattraper les leaders de l'activité.

Stratégie d'abandon

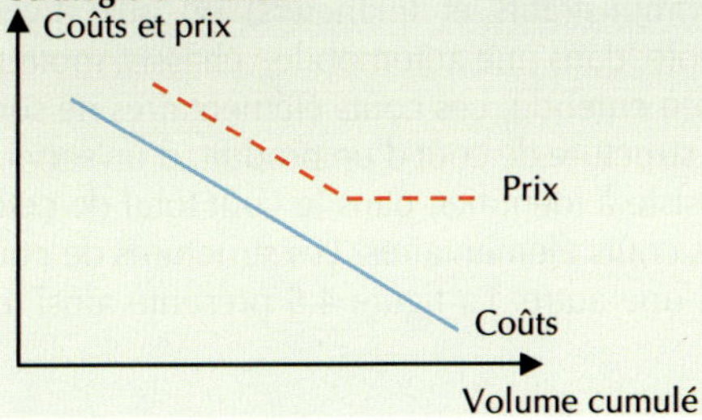

Une entreprise qui constate qu'elle ne réussira pas à conquérir une position concurrentielle favorable peut décider de se retirer progressivement du marché tout en rentabilisant au maximum les investissements réalisés. Elle verra sa part de marché fondre rapidement mais réalisera dans l'intervalle des marges intéressantes.

Une évolution classique des stratégies de prix au cours du temps et en fonction de la maturité de l'activité est représentée dans la figure 4.4.

Figure 4.4
Fixation des prix et stades de maturité

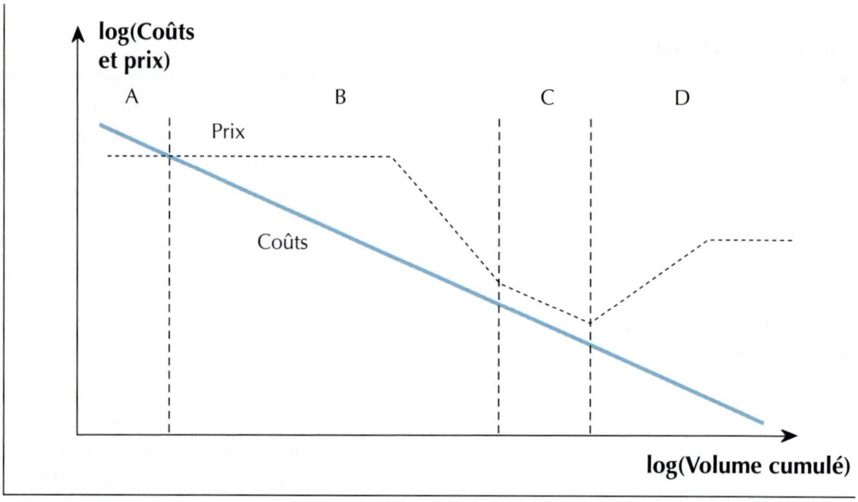

En phase A (démarrage), l'entreprise doit imposer son produit face à des produits préexistants, par une politique de prix bas, quitte à encourir des pertes. En phase B (croissance), l'entreprise maintient d'abord le niveau des prix afin de dégager des marges qui compensent les pertes de la phase précédente. Mais l'arrivée de nouveaux concurrents ou la volonté de la firme de maintenir sa suprématie provoque une baisse importante du niveau des prix qui s'ajustent sur les coûts. En phase C (maturité), on constate une stabilisation de la concurrence, et lorsque le domaine entame sa phase de déclin (D), les quelques entreprises encore présentes tentent de rentabiliser au maximum leur position.

3 Effet d'expérience et analyse des coûts

A/ Structure de coût et expérience

L'effet d'expérience, tel que nous venons de l'examiner, agit sur le coût complet du bien ou du service produit. Or ce coût complet est lui-même le résultat de l'agrégation d'un ensemble de coûts élémentaires correspondant aux différentes tâches effectuées pour produire le bien considéré (conception, achats, fabrication, distribution, promotion, service après-vente, coûts administratifs et financiers) ou aux divers composants constituant ce bien (par exemple, dans une automobile : châssis, moteur, carrosserie, transmission, sellerie, etc.). Bien entendu, ces coûts élémentaires ne sont pas tous d'importance égale. Construire la structure de coût d'un produit, d'un service ou, plus généralement, d'une activité consiste à identifier, dans le coût total de cette activité, la part que représente chacun des coûts élémentaires. Les structures de coût varient considérablement d'une activité à une autre. La figure 4.5 présente ainsi les

structures de coût très contrastées d'une activité A de nettoyage industriel, d'une activité B de fabrication d'équipement électronique et d'une activité C de négoce.
La structure de coût de l'activité A fait apparaître le caractère dominant des frais de personnel qui représentent près de 90 % du coût total.
La structure de coût de l'activité B permet d'identifier quatre éléments de coût significatifs et d'importance équivalente :

- les achats de composants électroniques pour 25 % ;
- la R&D pour 21 % ;
- la fabrication pour 23 % ;
- la commercialisation pour 21 %.

Dans l'activité C, enfin, les éléments de coût les plus importants sont les achats (75 %) et la vente (20 %).

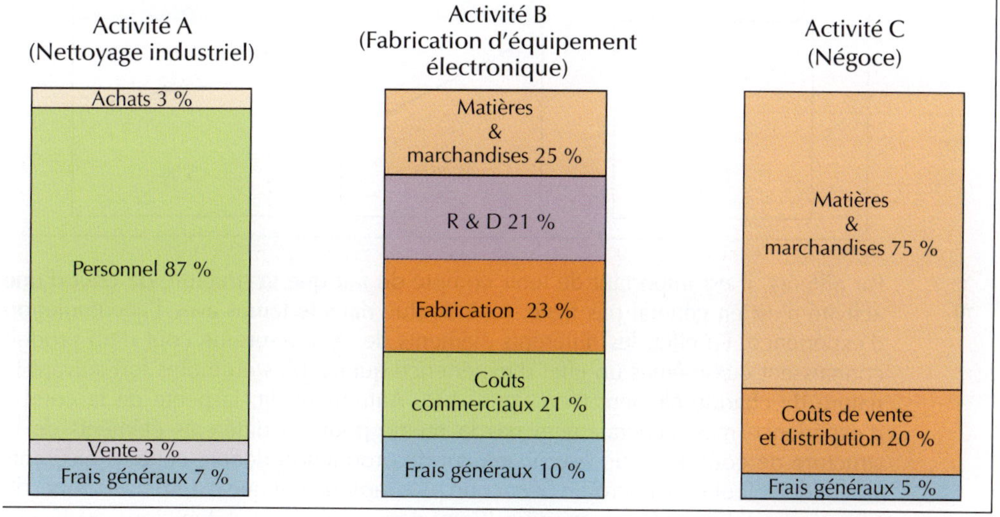

Figure 4.5 Structure de coût de trois activités

Construire la structure de coût de l'activité permet de repérer les tâches ou fonctions sur lesquelles l'entreprise devra faire porter en priorité ses efforts de réduction de coût afin de diminuer significativement ses coûts totaux. Cela permet également d'identifier les compétences qui détermineront le plus les positions de coût relatives des entreprises dans l'activité considérée. Si l'on reprend les exemples de la figure 4.5, on constate que, pour minimiser les coûts dans le nettoyage industriel, la gestion des plans de charge du personnel est une fonction essentielle ; dans la fabrication d'équipement électronique, il faut avoir un éventail de compétences plus équilibré pour réduire ses coûts totaux ; dans le négoce, enfin, l'achat et la vente sont les savoir-faire qui affecteront le plus la position de coût de l'entreprise.

Figure 4.6
L'effet d'expérience sur les divers éléments de coût

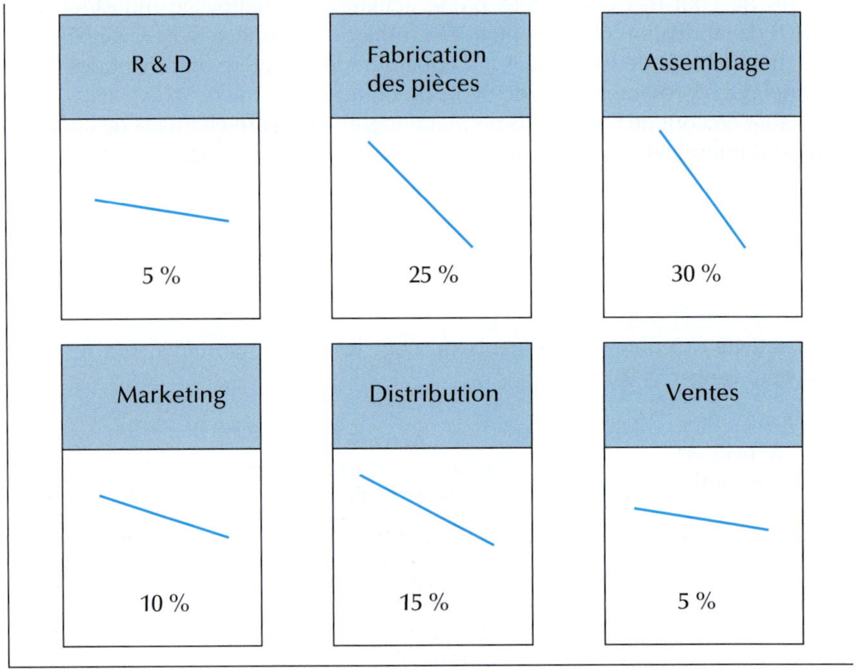

Par ailleurs, il est important de tenir compte du fait que la structure de coût d'une activité n'est en général pas figée, mais évolue dans le temps avec l'accumulation d'expérience. En effet, les différents éléments de la structure de coût d'un produit connaissent eux-mêmes un effet d'expérience qui est plus ou moins fort suivant la nature de chaque élément (voir figure 4.6). Autrement dit, la pente de la courbe d'expérience n'est généralement pas la même pour les différents éléments de la structure de coût. Pour un accroissement de production donné, certains éléments voient donc leur coût décroître beaucoup plus rapidement que d'autres. Au cours du temps, une telle évolution modifie l'importance relative des fonctions ou tâches concourant à la mise en œuvre de l'activité. À terme, ce phénomène risque de modifier les positions concurrentielles des entreprises en présence si ces entreprises diffèrent significativement en termes d'expérience sur chaque fonction ou tâche considérée. La figure 4.7 donne, pour l'activité de production de sucre, les structures de coût que l'on observe pour des capacités de production et des niveaux d'expérience différents. Pour une production de trois mille tonnes par jour, l'élément de coût le plus important, représentant 35 % du coût total, est la main-d'œuvre ; pour une production dix fois supérieure, c'est l'énergie qui constitue le poste principal avec 30 % du total, la main-d'œuvre ne représentant plus que 17 %. Au fur et à mesure de l'accroissement de sa production et de son expérience, une entreprise dans ce secteur doit donc faire évoluer ses compétences en phase avec l'évolution de la structure de coût de l'activité.

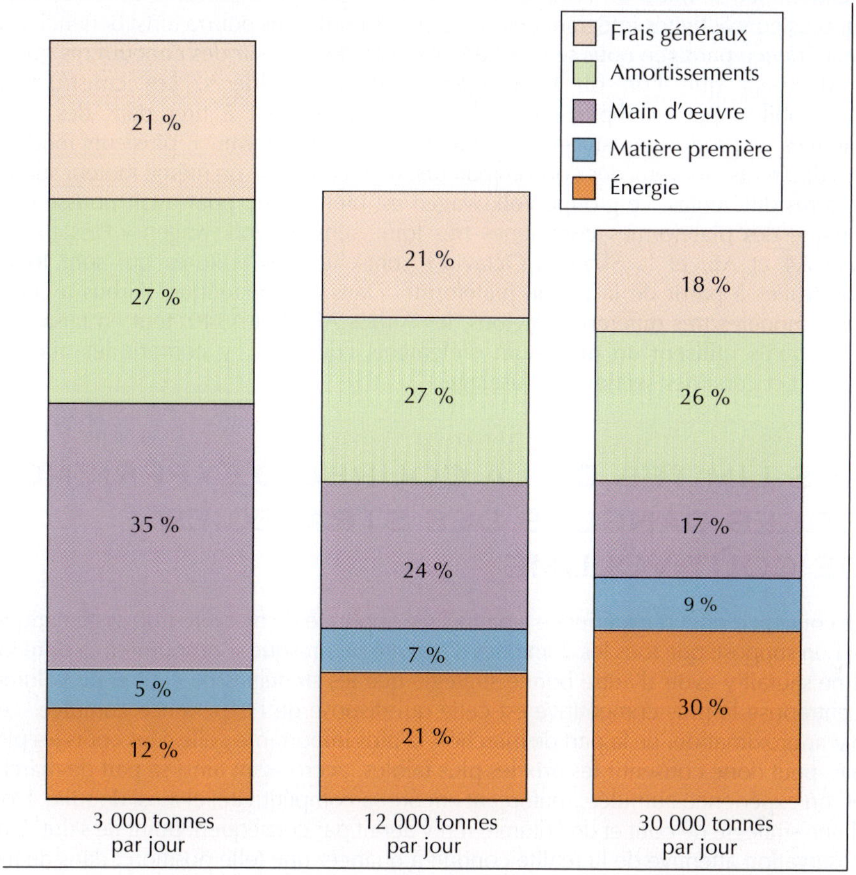

Figure 4.7
Évolution de la structure de coût de la production de sucre en fonction de la taille

B/ Structure de coûts et coûts partagés

L'analyse de la structure de coûts d'un produit ou d'une activité permet également de repérer ce que l'on appelle des expériences partagées et d'identifier des sources potentielles « d'économies de champ » (voir l'encadré « Fondements théoriques » précédent). Ainsi, dans la construction aéronautique citée plus haut, nous avons considéré en première analyse que l'expérience et, par conséquent, la diminution correspondante des coûts, étaient propres à un modèle donné d'avion. En réalité, l'expérience acquise par Boeing, par exemple, lors de la production du B707, se répercute pour partie, notamment par le biais des composants ou des sous-ensembles communs à divers modèles, dans le B727, le B737, le B747, le B767 et le B777. Cependant, ces divers modèles sont suffisamment différents pour que l'on ne puisse pas attribuer purement et simplement les diminutions de coût constatées à une expérience correspondant à la production totale de Boeing, tous modèles confondus.

Pour surmonter cette difficulté, on est à nouveau amené à s'intéresser à la structure des coûts et à analyser plus particulièrement les éléments de coût communs à plusieurs activités ou produits de l'entreprise, pour lesquels l'accumulation d'expérience se fait à un rythme accéléré. Une entreprise présente simultanément sur plusieurs activités intégrant des composants communs pourra ainsi bénéficier de l'expérience partagée pour se créer un avantage de coût sur des concurrents qui ne produiraient que l'un ou l'autre des produits considérés. Les constructeurs automobiles, par exemple, cherchent très fréquemment à tirer parti des coûts partagés en produisant, sur la base d'une même « plateforme », plusieurs modèles très différents aux yeux des consommateurs, ou en utilisant un même moteur sur des voitures différentes. Le groupe Volkswagen est bien connu pour avoir poussé cette logique des plateformes communes très loin : ainsi la Volkswagen « Passat », les Audi A4 et A6, et la Skoda « Octavia » sont-elles des voitures qui sont toutes construites à partir de la même plateforme. Dans l'aéronautique, Airbus a conçu deux modèles très différents d'avions, les Airbus A330 et A340, tout en faisant en sorte qu'ils utilisent un maximum d'éléments communs, y compris les ailes, le cockpit et certaines sections de fuselage.

4 Les limites de la courbe d'expérience et les dangers des stratégies de coût-volume

Le concept d'effet d'expérience a parfois été appliqué de manière trop systématique. Si l'on suppose que tous les domaines d'activité ou presque sont soumis à sa dure loi, il ne saurait y avoir d'autre bonne stratégie que les stratégies de coût et de volume. L'entreprise la plus compétitive est celle qui dispose de l'expérience cumulée – et, par approximation, de la part de marché – la plus importante ; elle a les coûts les plus bas, peut donc consentir les prix les plus faibles, accroissant ainsi sa part de marché et son expérience cumulée, renforçant encore sa compétitivité, et ainsi de suite. Hors d'une stratégie de coût et de volume, il n'y aurait par conséquent point de salut. Une observation attentive de la réalité conduit à nuancer une telle position : dans de très nombreux domaines d'activité coexistent des concurrents de tailles très diverses, et les plus petits d'entre eux ne se portent pas nécessairement moins bien que les plus gros. Porsche, qui fabrique à peine 100 000 voitures par an, est considéré comme le constructeur automobile le plus rentable du monde, avec des marges nettes d'environ 15 % en 2007. Porsche peut même se payer le luxe de prendre le contrôle de Volkswagen, le leader européen du secteur, qui vend plus de six millions de voitures par an… et ne génère que 4 % de résultat net sur chiffre d'affaires. Au total, si le concept d'effet d'expérience est bien un outil utile à l'analyse stratégique, il convient d'en souligner clairement les limites comme les risques[1].

A/ Difficultés de la croissance et importance des ressources en jeu

Une entreprise qui voudrait se construire un avantage de coût en s'engageant dans une stratégie de volume doit savoir que la mise en œuvre d'une telle stratégie exige la mobilisation de ressources considérables. Rattraper en part de marché une firme dominante sur un secteur d'activité en croissance suppose que l'entreprise va se développer plus rapidement que le secteur lui-même, de façon à améliorer sa position relative sur le marché. Par exemple, sur un marché en croissance de 10 % par an, une entreprise, dont la part de marché serait de 15 % et qui voudrait

1. Porter M.E., 1979. Kiechel W., 1981. Abernathy W. et Wayne L., 1977-1978.

rattraper en trois ans une firme possédant 40 % du marché, devrait croître, sur la période, de plus de 250 %. En trois ans, l'entreprise considérée aurait ainsi plus que triplé son volume de production et ses ventes ; cela suppose qu'elle ait réussi à trouver les ressources nécessaires pour financer à la fois les investissements nouveaux et l'accroissement du besoin en fonds de roulement, et qu'elle ait également pu trouver les ressources humaines indispensables pour accompagner la croissance de son activité.

B/ Expérience copiée ou contournée

Si l'accumulation d'expérience permet à une entreprise de faire baisser ses coûts, il peut arriver qu'un concurrent qui ne dispose pourtant pas d'une expérience aussi importante puisse incorporer à son propre produit des améliorations mises au point par d'autres ; la diminution de ses coûts est alors plus que proportionnelle à son expérience, et les firmes dominantes s'épuisent à accumuler de l'expérience sans que celle-ci se répercute sur leur position concurrentielle. Pour prendre un exemple extrême, une entreprise qui voudrait pénétrer sur le secteur de l'automobile ne commencerait pas par fabriquer des Ford T, mais profiterait dès le départ de la majeure partie des progrès techniques réalisés depuis cent ans par l'industrie automobile dans son ensemble.

En outre, la baisse des coûts sur une activité peut tenir pour une large part à l'utilisation de matériels et d'équipements plus performants, disponibles sur le marché. Un nouveau concurrent, bien que moins expérimenté, peut ainsi bénéficier de coûts équivalents, voire inférieurs, dans la mesure où, dernier arrivé dans l'activité, il dispose des installations les plus modernes.

Certaines recherches montrent ainsi que, dans les industries lourdes et oligopolistiques, l'effet d'expérience fait effectivement baisser les coûts au cours du temps selon la loi de Wright/Henderson, mais qu'à un instant donné, les niveaux de coût des concurrents en lice ne sont pas significativement différents : tous les survivants ont réussi à atteindre un niveau de coût similaire, quelle que soit leur taille[1]. Même dans les industries où l'effet d'expérience est très important, la convergence technique et l'adoption généralisée des « *best practices* » (meilleures pratiques) industrielles nivelle les coûts. L'effet d'expérience n'est donc pas nécessairement une source d'avantage pour un concurrent par rapport à un autre.

C/ L'apparition de rigidités

La mise en œuvre d'une stratégie de volume et de coût exige une standardisation poussée tant au niveau du produit lui-même que du processus de production. À la limite, pour profiter au maximum de l'effet d'expérience, il faudrait que l'entreprise fabrique et vende un produit unique aussi longtemps que possible. On imagine aisément les conséquences d'une telle stratégie au niveau du marché. La poursuite d'un effet d'expérience important provoque un ensemble de rigidités dans l'entreprise et affaiblit son adaptabilité aux évolutions de l'environnement. Ainsi, le déclin de Ford face à General Motors dans les années 1930, aux États-Unis, peut être largement expliqué par les effets pervers d'une stratégie de volume. En cherchant à minimiser ses coûts par une standardisation maximale, Ford a proposé pendant plusieurs décennies un produit unique, le célèbre « Modèle T », qu'il n'a pratiquement pas fait évoluer. Lorsqu'elles ont été mises sur le marché, les automobiles de General Motors, de conception beaucoup plus récente et proposées avec une

1. Lieberman M., 1989.

variété de modèles, ont alors été préférées par le marché. En outre, parce qu'elles incorporaient des améliorations techniques et étaient fabriquées dans des usines plus modernes, leur coût n'était pas sensiblement supérieur à celui des Ford.

D/ Les dangers d'une guerre des prix

Si plusieurs concurrents cherchent simultanément à mettre en œuvre une stratégie de coût, chacun va chercher à accroître sa part de marché et, pour cela, sacrifier momentanément ses marges en vendant à des prix très bas. Le risque est grand alors de voir l'ensemble des entreprises présentes sur le marché baisser également leurs prix pour préserver leur position. La conséquence d'une telle situation est une dégradation globale de la rentabilité du domaine d'activité, sans que l'un des concurrents réussisse réellement à acquérir une position dominante. L'un des principaux dangers des stratégies de coût est ainsi de dégénérer en guerre des prix, qui ne profite en fin de compte à aucun des concurrents.

E/ L'expérience confisquée par des produits de substitution

En suivant une stratégie de volume et de coût, une entreprise accepte de sacrifier provisoirement sa rentabilité, tant que l'activité est en phase de croissance, afin de s'assurer à terme une position dominante sur le marché. Cette position dominante doit lui permettre dans un deuxième temps, lorsque l'activité arrive à maturité et que sa croissance se ralentit, de dégager des marges et un cash-flow très importants. Cependant, si un nouveau produit vient précipiter le déclin de l'activité, ou si un concurrent disposant d'une technologie plus performante réussit à annuler les effets de l'expérience accumulée, l'entreprise aura sacrifié ses marges et investi en pure perte ; elle ne pourra pas profiter d'une position dominante chèrement acquise. On pourrait multiplier les exemples d'activités où l'expérience accumulée des concurrents dominants a été annulée par une innovation technologique majeure : montres mécaniques et montres à quartz, avions à hélices et avions à réaction, règles à calcul et calculettes électroniques.

F/ Les activités où la concurrence ne porte pas sur les prix et les coûts

Dans certaines activités, les stratégies de volume et de coût n'ont que peu de sens dans la mesure où la concurrence ne porte pas sur les prix et où le niveau des coûts ne saurait par conséquent être un facteur clé de succès. Dans de telles activités, l'expérience ne constitue pas un avantage concurrentiel important. Les produits de luxe correspondent typiquement à des activités où le prix n'a qu'une importance très secondaire. De même, dans des domaines à très haute technologie, les performances attendues l'emportent très nettement sur le prix des systèmes ou des matériels comme variable concurrentielle. Dans le domaine de l'armement, en particulier, le coût n'a qu'une importance tout à fait secondaire par rapport aux performances comme critère d'achat. L'entreprise la plus compétitive n'est donc pas celle qui a les coûts les plus bas, mais celle qui dispose des technologies les plus performantes[1]. Dans de telles activités, les stratégies de coût doivent s'effacer devant d'autres types de stratégies concurrentielles.

1. Dussauge P. et Cornu C., 1998. Anastassopoulos J.-P., Dussauge P., 1985.

G/ Lorsque l'avantage de coût ne découle pas du volume

Certaines analyses[1], sans remettre en cause la viabilité d'une stratégie de volume dans de nombreux domaines d'activité, font remarquer que l'expérience, si elle est souvent à l'origine de coûts plus bas, n'est en aucun cas l'unique source de diminution des coûts. Des coûts plus bas que ceux des concurrents peuvent être obtenus autrement, permettant à des petites entreprises d'avoir des coûts compétitifs par rapport aux grandes entreprises.

Parmi les moyens de réduire les coûts ne reposant pas sur l'effet de volume, on peut citer : une optimisation de l'utilisation des capacités de production, une politique d'intégration ou de sous-traitance mieux adaptée, une localisation des activités plus avantageuse, des facteurs institutionnels divers, un meilleur calendrier de lancement des produits.

Une autre façon d'avoir des coûts plus bas que ceux des concurrents dominants est de modifier partiellement la nature de l'offre en supprimant ou en réduisant certaines de ses caractéristiques, notamment des caractéristiques que certains clients ne valorisent pas. Il s'agit alors de créer une offre, souvent qualifiée de *low cost*, qui est différente de l'offre standard, sans pourtant être « différenciée », dans la mesure où elle ne permet pas de faire payer un surprix mais attire au contraire des clients très sensibles au prix. Une stratégie de volume, presque par définition, doit viser le cœur du marché, le segment de clientèle le plus important, seul à même de générer les volumes de production indispensables à l'obtention d'un effet d'expérience significatif. Si certains segments du marché ne valorisent pas toutes les caractéristiques de l'offre standard, une offre dépouillée de certaines caractéristiques pourra, dans certains cas, être produite à un coût plus bas malgré des volumes beaucoup plus faibles. Nous examinerons ces positionnements résultant d'une recomposition de l'offre dans le chapitre suivant.

Avantage de coût et stratégie de volume ne sont, par conséquent, pas forcément synonymes. Les avantages de coût indépendants du volume reposent sur des hypothèses partiellement différentes de celles qui sous-tendent la théorie de l'effet d'expérience ; ils postulent soit des imperfections dans le fonctionnement du marché, au sens de la théorie économique classique, soit des différentiels dans la qualité de la gestion des divers concurrents, soit enfin un caractère non parfaitement substituable des diverses offres en concurrence, qui font plus que compenser les effets de l'expérience.

H/ L'effet d'expérience : mythe ou réalité ?

D'autres auteurs[2] poussent la critique de la théorie de l'effet d'expérience encore plus loin en niant, sinon son existence même, du moins son caractère infini. Les constatations empiriques de l'effet d'expérience auraient donné lieu à une généralisation hâtive, qui a largement exagéré l'importance du phénomène. Selon certaines études, l'effet d'apprentissage ne se produirait que de façon limitée dans le temps, réduisant par là même la durée pendant laquelle l'effet d'expérience se ferait sentir. À partir d'un certain point, les coûts des divers concurrents convergeraient vers un même niveau, rendant l'impact stratégique du volume de production ou de l'expérience accumulée très faible. Ainsi, l'effet d'expérience améliorerait les performances d'une industrie dans son ensemble, sans différence durable entre concurrents. Par le jeu de la concurrence, les baisses de coût seraient donc rétrocédées aux clients, ce qui ne profiterait à aucun concurrent en particulier. La théorie de l'effet d'expérience

1. Porter M.E., 1997.

2. Hall G. et Howell S., 1985.

n'est donc pas, comme certains l'ont parfois cru, l'instrument universel permettant dans n'importe quelle situation l'élaboration d'une stratégie idéale.

Par ailleurs, les difficultés de la segmentation stratégique (voir chapitre 16) mettent en question la délimitation exacte du domaine d'activité auquel correspond une courbe d'expérience donnée, et rendent la mise en œuvre de stratégies de volume très délicates. L'exemple de Porsche et Volkswagen, cité ci-dessus, est significatif à cet égard : d'aucuns argumenteront que ces deux entreprises opèrent dans des segments d'activités très différents (la gamme généraliste de Volkswagen ne concurrence pas les voitures de sport de Porsche) et qu'il est donc absurde de comparer leurs positions sur une même courbe de coût.

Au total, les stratégies de volume sont plus particulièrement adaptées à des domaines d'activité homogènes où l'effet d'expérience est fort, la différenciation des produits faible, et où la concurrence porte avant tout sur les prix et les coûts. Encore convient-il d'être très attentif aux évolutions technologiques et à l'apparition de produits de substitution qui peuvent mettre en échec de telles stratégies.

Au-delà de ses implications stratégiques, qui doivent être analysées avec prudence, la notion d'expérience est cependant fort utile à une entreprise pour contrôler l'évolution de ses coûts et la comparer à l'évolution des coûts de ses principaux concurrents. À condition que les managers y croient suffisamment, le concept d'expérience peut donc conduire l'entreprise à accroître de façon continue son efficacité et la qualité de sa gestion[1].

1. Hall G. et Howell S., 1985.

LES POINTS CLÉS

- Les stratégies de coût visent prioritairement à minimiser les coûts complets. Ainsi, on a constaté de manière empirique que, dans de nombreux secteurs d'activité, l'entreprise dont les coûts sont les plus bas est également celle dont la production cumulée est la plus importante. De cette constatation est né le concept d'*effet d'expérience*.

- Cette théorie stipule que le coût unitaire total d'un produit décroît de manière continue à mesure que le volume de production cumulée de ce produit augmente : à chaque doublement de la production cumulée, le coût complet diminue d'un pourcentage constant, généralement compris entre 10 % et 30 %.

- L'effet d'expérience a quatre causes principales : l'étalement des coûts fixes, l'effet d'apprentissage, l'innovation et la substitution capital/travail et le pouvoir de négociation vis-à-vis des fournisseurs de l'entreprise.

- L'effet d'expérience ne se limite pas aux activités industrielles mais se constate également dans les activités de service.

- Ces stratégies de coût sont également qualifiées de *stratégies de volume* : le concept d'effet d'expérience pousse les entreprises à consacrer l'essentiel de leurs ressources à la recherche d'un volume de production et de vente aussi important que possible, en mettant l'accent sur le contrôle de leurs coûts.

- Il est d'autant plus facile d'accumuler de l'expérience et de faire baisser les coûts rapidement que la croissance du domaine d'activité est rapide.

- L'effet d'expérience apparaît comme une barrière à l'entrée dans domaine d'activité.

- Cinq grands types de stratégies de prix sont possibles pour exploiter l'effet d'expérience : stratégie de dumping, de domination, d'ombrelle, de rattrapage et d'abandon.

- Construire la *structure de coût* d'une activité consiste à identifier la part que représente chacun des coûts élémentaires dans le coût total. Cela permet de repérer les tâches ou fonctions dont les coûts sont les plus importants et d'identifier les compétences déterminantes pour la compétitivité des entreprises dans l'activité considérée. La structure de coût n'est pas figée mais évolue dans le temps.

- L'analyse de la structure de coût permet de repérer les expériences partagées et les sources potentielles d'économie.

- Limites et risques de l'effet d'expérience : difficultés de la croissance, importance des ressources en jeu, expérience copiée ou contournée, apparition de rigidités, danger d'une guerre des prix, confiscation de l'expérience par des produits de substitution, activités où la concurrence ne porte pas sur les prix et les coûts, activités où l'avantage de coût ne découle pas du volume.

- La théorie de l'effet d'expérience n'est pas un instrument universel permettant l'élaboration d'une stratégie idéale dans n'importe quelle situation mais elle peut aider l'entreprise à accroître son efficacité et la qualité de sa gestion de manière continue.

QUIZ

1. L'effet d'expérience…
a. Permet de réduire les coûts de production mais pas les coûts de R&D.
b. Joue sur le coût unitaire complet et intègre donc un étalement des coûts fixes.
c. Ne joue que sur les coûts variables car l'expérience permet par exemple d'économiser les matières premières, le temps de travail et de réduire les rebuts, mais les coûts fixes restent fixes.

2. Selon la loi de Wright/Henderson, les coûts baissent d'un pourcentage constant k à chaque doublement de la production cumulée. Donc, en théorie…
a. Il faut attendre d'avoir doublé la production cumulée pour que les coûts baissent.
b. Chaque nouvelle unité produite coûte moins cher que la précédente.
c. Quand la production cumulée quadruple, les coûts baissent de 2 k %.

3. Parmi les causes de l'effet d'expérience listées ci-dessous, l'une est erronée :
a. L'effet d'apprentissage.
b. La substitution du travail au capital.
c. Le pouvoir de négociation vis-à-vis des fournisseurs.

4. La structure de coût d'un produit soumis à un fort effet d'expérience…
a. Peut varier très significativement au cours du temps car chaque élément de coût suit sa propre courbe d'expérience.
b. Ne change pas : le coût total diminue selon la loi de Wright/Henderson mais la part que représente chaque élément de coût reste constante.
c. Baisse selon la loi de Wright/Henderson.

5. La courbe d'expérience d'un produit complexe intégrant plusieurs composants dont chacun suit une courbe d'expérience spécifique et conforme à la loi de Wright/Henderson…
a. Est la somme des courbes d'expérience des différents éléments de la structure de coût de ce produit, donc ce n'est pas une droite en coordonnées log-log.
b. Est la somme des courbes d'expérience des différents éléments de la structure de coût de ce produit, donc c'est bien une droite en coordonnées log-log.
c. N'est pas la somme des courbes d'expérience des différents éléments de la structure de coût de ce produit, mais c'est bien une droite en coordonnées log-log.

6. L'effet d'expérience a été découvert dans les activités industrielles, mais…
a. On peut aussi l'observer dans les activités de service.
b. Il est négligeable dans les activités de service.
c. Il est beaucoup plus important dans les activités de service car celles-ci reposent essentiellement sur les ressources humaines, donc sur l'expérience.

>

····>

7. Les stratégies de coût-volume…
a. Sont gagnantes dans tous les secteurs : un client préfère toujours payer moins cher.
b. Permettent aux entreprises du secteur d'élever les barrières à l'entrée.
c. Exigent une grande souplesse et une grande réactivité de la part des entreprises qui les mettent en œuvre.

8. Dans une industrie soumise à un fort effet d'expérience, l'entreprise leader en part de marché…
a. Est vulnérable à l'arrivée de produits de substitution.
b. A forcément les meilleures performances de l'industrie : les concurrents ont des coûts plus élevés, donc des performances inférieures.
c. Fabrique des produits de qualité plutôt inférieure par rapport aux concurrents.

9. Pour exploiter l'effet d'expérience,
a. Il faut systématiquement baisser les prix.
b. Il faut rechercher en permanence des nouvelles sources de baisse de coût.
c. Il faut toujours produire davantage.

10. Un danger classique des stratégies de coût-volume est :
a. L'apparition de rigidités.
b. La délocalisation.
c. De se retrouver en position de monopole.

Réponses : 1.b, 2.b, 3.b, 4.a, 5.a, 6.a, 7.b, 8.a, 9.b, 10.a.

5 Les stratégies de recomposition de l'offre : différenciation et *low cost*

Dans chacun des domaines d'activité où elle est présente, l'entreprise doit chercher à se constituer un avantage concurrentiel décisif, durable et défendable. Dans des domaines d'activité où les produits et services sont très standardisés ou lorsque certains concurrents proposent une offre très similaire, la seule option possible est de se battre sur les prix. Le seul avantage concurrentiel possible est donc d'avoir les coûts les plus faibles, ce qui exige souvent, comme nous l'avons vu au chapitre précédent, d'avoir les volumes de production les plus élevés et l'expérience accumulée la plus importante. Cela tendrait à démontrer que hors des stratégies de coût-volume, il n'y a point de salut ! La simple observation de la réalité montre pourtant le contraire. Comme nous le reconnaissions au chapitre précédent, Porsche est le constructeur automobile le plus rentable du monde alors que ses coûts de production sont particulièrement élevés (toutes les voitures sont fabriquées en Allemagne) et que ses volumes de production sont particulièrement réduits : à peine 100 000 voitures par an… mais quelles voitures !

En fait, certaines entreprises parviennent à créer une offre originale qui leur permet d'échapper à la concurrence directe de la part de produits ou services presque identiques aux leurs. Ce faisant, elles cherchent à construire un avantage concurrentiel indépendant du volume. Deux grandes options sont possibles :

> soit l'entreprise rend son offre plus attractive que celle des autres concurrents et peut ainsi faire payer un surprix à ses clients,

> soit au contraire l'entreprise dépouille son offre de caractéristiques coûteuses et crée ainsi un avantage de coût malgré des volumes de production souvent plus faibles, avantage de coût qu'elle pourra répercuter dans ses prix.

De telles stratégies tendent à rendre l'offre de l'entreprise difficilement comparable à celle des autres concurrents du secteur. C'est pourquoi nous les appellerons des ***stratégies de recomposition de l'offre***.

Dans le premier cas évoqué, l'entreprise cherche par la **différenciation** à fonder son avantage concurrentiel sur la spécificité de l'offre qu'elle produit, cette spécificité étant reconnue et valorisée par le marché ou par une partie suffisante du marché. La différenciation ainsi créée permet à l'entreprise d'échapper à une concurrence directe par les prix, et donc les coûts, en rendant son offre difficilement comparable à celle de ses rivaux aux coûts plus faibles. C'est cette différenciation qui justifie le surprix exigé des clients.
Le deuxième positionnement possible est symétrique du précédent : une telle stratégie ***low cost*** s'appuie également sur une recomposition de l'offre pour aboutir à la production d'une offre spécifique, qui diffère sensiblement de l'offre de référence (offre standard) du secteur, telle que nous l'avons définie au chapitre 3. Mais par un tel positionnement *low cost*, l'entreprise ne cherche pas à échapper à la concurrence par les prix. Au contraire, elle se met dans une position de coût favorable en éliminant certaines des caractéristiques de l'offre de référence. Ce faisant, elle exacerbe la concurrence par les prix pour attirer des clients.

1 Offre de référence et offres recomposées

Pour examiner les conditions dans lesquelles une entreprise peut produire une offre spécifique, il faut prendre en compte l'ensemble des dimensions qui caractérisent la nature d'une offre. On est ainsi conduit à définir l'offre de chaque entreprise de manière multidimensionnelle, c'est-à-dire comme la résultante d'un ensemble de caractéristiques différentes (qualité, localisation, image, sophistication, prix...). C'est en jouant sur certaines de ces dimensions que l'entreprise peut produire une offre spécifique et se doter ainsi, sous certaines conditions, d'un avantage concurrentiel.

Fondements théoriques

La différenciation vue par les économistes

La théorie économique classique est dominée par le modèle de la concurrence pure et parfaite. L'une des hypothèses fondamentales dans ce modèle est que les biens échangés sur le marché sont parfaitement substituables, ce qui conduit à nier toute possibilité de différenciation. Le modèle stipule en outre que les producteurs en concurrence sur le marché sont tous capables de produire dans des conditions identiques les biens considérés et, de ce fait, leur seule variable de décision et d'action est le volume de leur production.
Les économistes ont néanmoins remarqué depuis longtemps que sur de nombreux marchés coexistaient des offres non-identiques, mais cependant partiellement concurrentes. De cette constatation est née la notion de concurrence imparfaite – dite également concurrence monopolistique – proposée à l'origine par E.H. Chamberlain[1] et J. Robinson[2]. Dans cette approche, les firmes peuvent s'appuyer sur l'hétérogénéité des consommateurs pour différencier leurs offres et se créer ainsi des situations de monopole partiel. En effet, la différenciation des offres des divers concurrents rend ces offres non parfaitement substituables, ce qui remet en cause la concurrence parfaite et crée un monopole de fait pour chaque offre différenciée. Cependant, ces offres différenciées restent partiellement substituables d'où les termes de « concurrence imparfaite » ou « concurrence monopolistique ». >

1. Chamberlain E.H., 1933.
2. Robinson, J.V., 1933.

····> La théorie économique a envisagé trois modes de différenciation possibles :

> **La différenciation des produits par la qualité**. C'est ici la dispersion des préférences et des revenus des consommateurs qui offre aux producteurs des possibilités de se différencier. En effet, même dans l'hypothèse de revenus faiblement dispersés, les consommateurs peuvent avoir des goûts différents, ce qui permet aux entreprises d'adapter leur offre aux préférences des diverses catégories de consommateurs. A fortiori, dans l'hypothèse de revenus très dispersés, les firmes peuvent se spécialiser dans la production de biens ou services incorporant des attributs supplémentaires et susceptibles d'être vendus aux consommateurs disposant de revenus supérieurs. Dans cette perspective, le choix des caractéristiques du produit et des catégories de clientèle visées devient l'une des variables d'action essentielle de la firme.

> **La différenciation illusoire des produits ou pseudo-différenciation**. Ce type de différenciation résulte d'une action des entreprises pour modifier les préférences des consommateurs en faveur de leur offre, notamment par une politique de publicité et de promotion. Il est amusant de constater que cette vision de la différenciation a été formulée dans les années 1930, à une époque où la « réclame » connaissait un essor important et traduit bien le peu d'estime que les économistes avaient pour cette pratique. Quoi qu'il en soit, les dépenses publicitaires, ou toute autre dépense d'action sur les préférences deviennent ici les variables d'action principales des entreprises.

> **La différenciation spatiale des produits**. Ce type de différenciation est fondé sur la constatation que les conditions d'usage – et donc l'utilité du consommateur - d'un produit peuvent changer selon le lieu où ce produit est disponible. De ce fait, dans les activités pour lesquelles un tel phénomène existe, les producteurs sont différenciés en fonction de leur localisation. Un restaurant, un marchand de journaux, une boulangerie, une cimenterie, offrent un service de valeur beaucoup plus importante aux consommateurs se trouvant à proximité qu'à des consommateurs contraints à un long trajet pour bénéficier du service en question. Dans de telles activités, les producteurs pourront chercher à s'implanter de façon à être seuls à produire pour les consommateurs situés à proximité, se créant ainsi un monopole relatif. Dans ce cas, la localisation est une variable d'action essentielle pour les entreprises.

Il est intéressant de remarquer l'analogie dans la démarche conduisant soit à la différenciation des produits par la qualité, soit à la différenciation spatiale des produits. Dans le premier cas, l'entreprise cible un point dans un espace de caractéristiques du bien en fonction des préférences et des revenus des consommateurs. Dans le deuxième cas, elle sélectionne un point – ou une zone – géographique compte tenu de la localisation de la demande. Dans le cas de la « pseudo-différenciation » en revanche, c'est pour un point donné dans l'espace des caractéristiques du produit que l'on tente de modifier les préférences des consommateurs.

Dans la plupart des domaines d'activité, on constate qu'il existe, parmi toutes les combinaisons possibles des caractéristiques de l'offre, une **offre de référence** (voir chapitre 3). Cette offre de référence est l'offre que la majorité des consommateurs, sur un marché particulier et à un moment donné, s'attend implicitement à se voir proposer. Cette notion repose donc sur l'hypothèse que, dans tout domaine d'activité, il existe une attente implicite du marché quant à la nature et aux caractéristiques d'une offre correspondant à un prix et attirant une bonne partie des acheteurs. Toute entreprise souhaitant fixer son prix à un niveau supérieur devra produire à cet effet une offre dont certaines caractéristiques auront été améliorées ou transformées par rapport à l'offre de référence. Réciproquement, en proposant une offre dont certaines des caractéristiques n'atteindraient pas les standards déterminés par l'offre de référence, une entreprise pourra réduire ses coûts et, en proposant un prix inférieur au prix de l'offre de référence, pourra espérer intéresser certains segments de clientèle.

Sur le marché de l'automobile, par exemple, tout acheteur attend de la voiture qu'il envisage d'acquérir qu'elle soit équipée de phares, d'essuie-glaces, d'un démarreur électrique, d'une roue de secours, qu'elle soit capable d'atteindre une vitesse au moins égale à 130 km/h et qu'elle soit couverte par une garantie d'un an, etc. Une voiture capable de rouler à plus de 200 km/h ou couverte par une garantie de dix ans serait perçue par le marché comme ayant des caractéristiques exceptionnelles pouvant justifier un prix très vraisemblablement supérieur. À l'inverse, une automobile sans cendrier ni allume-cigare – et, de plus en plus, une voiture sans autoradio et sans climatisation – sera considérée comme sous-équipée et ne pourra être vendue que si son prix est adapté en conséquence.

Il est essentiel de souligner ici que ce sont moins les caractéristiques intrinsèques, objectives, du produit qui permettent d'identifier l'offre de référence et de positionner par rapport à elle des offres « supérieures » ou « inférieures », que la perception qu'a le marché de ces caractéristiques et la manière dont il les valorise.

EN PRATIQUE

Comment estimer la valeur que les clients attribuent à une caractéristique particulière de l'offre ? La méthode de l'analyse conjointe

La méthode de l'analyse conjointe – appelée en anglais *conjoint analysis* ou *trade off analysis* – est une technique utilisée en marketing pour estimer le surcroît de prix que les clients sont prêts à payer si l'on rajoute à un produit ou service une caractéristique particulière supplémentaire. On peut donc, grâce à cette méthode, chiffrer la valeur que les clients attribuent à la caractéristique en question.

Dans la pratique, on demande à un échantillon de consommateurs de choisir entre plusieurs produits de la même catégorie, incorporant ou non une série de caractéristiques dont on souhaite estimer la valeur, et proposés à des prix différents. On pourrait par exemple demander à un groupe de consommateurs d'exprimer leurs préférences entre plusieurs types de pizzas surgelées (avec telle ou telle garniture, avec plus ou moins de fromage et à différents niveaux de prix), ou entre plusieurs appartements situés dans un même ensemble immobilier (mais localisés à des étages plus ou moins élevés, orientés vers le nord ou vers le sud, et disposant ou non d'une terrasse). En obligeant les consommateurs sondés à choisir entre les produits proposés, ou mieux encore en leur demandant de les classer, on peut identifier des fonctions d'utilité partielles pour chacune des caractéristiques étudiées. Plus simplement, en constatant quel est l'écart de prix qui conduit à une indifférence du consommateur pour la variante du produit avec ou sans la caractéristique étudiée, on peut estimer la valeur (en unités monétaires) que le client attribue à cette caractéristique.

Bien entendu, tous les consommateurs n'ont pas les mêmes préférences. En permettant d'identifier des fonctions d'utilités très différentes chez divers groupes de >

····> clients potentiels, la méthode de l'analyse conjointe permet aussi de procéder à une segmentation du marché. Très utilisée depuis les années 1970, notamment lors des décisions de lancement de produits nouveaux dérivés de produits existants, cette méthode présente néanmoins certaines limites. La plus significative de ces limites est qu'elle ne permet d'étudier que des caractéristiques qui se compensent les unes les autres et, en particulier, que l'on peut compenser par un écart de prix. Une caractéristique que les consommateurs voudraient à tout prix, ou au contraire dont ils ne voudraient à aucun prix, se prête mal à une analyse conjointe. De plus, cette méthode n'est véritablement utile que dans le cas de produits relativement bien connus auxquels on peut rajouter ou retrancher des caractéristiques clairement identifiées. Dans le cas de concepts totalement nouveaux, que les consommateurs ne peuvent guère comparer à des produits existants et dont les attributs ne peuvent pas aisément être décomposés en caractéristiques élémentaires, la méthode de l'analyse conjointe n'est pas appropriée[1].

Une stratégie de coût-volume consiste à produire une offre identique en tout point à l'offre de référence dans un domaine d'activité, mais dans laquelle on est parvenu à réduire le coût et donc le prix. Une stratégie de recomposition de l'offre, en revanche, consiste à produire une offre où l'on a fait varier la position sur une, plusieurs, voire un très grand nombre, des dimensions qui caractérisent l'offre de référence. Si l'on accroît ainsi la valeur perçue par au moins certains clients, on est en position de faire payer un prix sensiblement supérieur à celui de l'offre de référence ; on aura alors opté pour un positionnement différencié. Si, à l'inverse, on produit ainsi une offre perçue comme « dégradée » par rapport à l'offre de référence, mais à un coût sensiblement inférieur, on pourra proposer cette offre à un prix beaucoup plus faible que celui de l'offre de référence et l'on aura opté pour un positionnement *low cost*. Ce positionnement *low cost* s'apparente à la différenciation en ce sens qu'il s'écarte de l'offre de référence sur un certain nombre de dimensions. Mais, contrairement à la différenciation, ce positionnement *low cost* n'a pas pour but d'échapper à une concurrence par les prix en accroissant la valeur de l'offre, mais au contraire de bénéficier à plein de la sensibilité au prix de certains consommateurs prêts à transiger sur la valeur de l'offre.

Dès lors que toute offre est définie par une multiplicité de dimensions, il existe – en théorie du moins – des possibilités pratiquement illimitées de s'écarter de l'offre de référence. Mais, en pratique, seul un petit nombre de ces possibilités correspond effectivement à une demande solvable du marché.

Dans ce cadre, nous définirons la ***différenciation*** comme la production d'une offre comportant, par rapport à l'offre de référence, des différences perçues favorablement par le marché ou par une partie du marché et permettant de faire payer un prix plus élevé. À l'inverse, nous définirons comme ***low cost*** la production d'une offre comportant, par rapport à l'offre de référence, des différences permettant de réduire sensiblement le coût, et donc le prix, de cette offre. Ces définitions permettent d'établir une typologie des sources d'avantage concurrentiel à l'aide de laquelle on peut interpréter les positionnements stratégiques des entreprises tels qu'on les observe dans la réalité. Ainsi, on peut évaluer la différenciation ou les positionnements *low cost* à partir de la manière dont ils affectent la valeur que le marché attribue à l'offre d'une part, et de l'écart de coût et de prix résultant des caractéristiques spécifiques de l'offre, d'autre part.

1. Pour une description plus détaillée de la méthode de l'analyse conjointe, on pourra se référer à Lilien G.L. et Rangaswamy A., 1998.

2 UNE GRILLE D'ANALYSE DES POSITIONNEMENTS CONCURRENTIELS

On peut représenter l'ensemble des positionnements concurrentiels que peuvent choisir d'adopter les entreprises en concurrence dans un secteur donné, ainsi que les formes d'avantage concurrentiel qu'elles doivent tenter de se créer pour cela, en fonction de deux éléments :

> la valeur perçue de l'offre, c'est-à-dire la valeur que les consommateurs attribuent à l'offre (souvent désigné en anglais par la formule *willingness to pay*) ;

> la position de cette offre en termes de coût.

Figure 5.1
Types d'avantages concurrentiels et orientations stratégiques

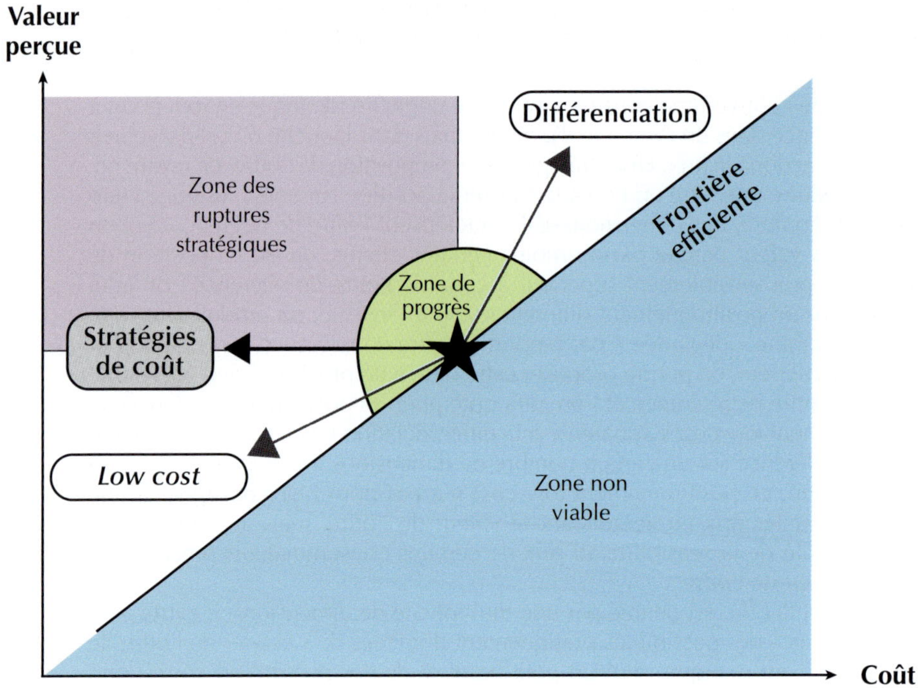

La figure 5.1 fait apparaître les positionnements suivants :

> Un positionnement non tenable situé sous la limite que nous pourrions baptiser « frontière efficiente » (en référence à la théorie financière de Modigliani et Miller dans laquelle une telle frontière identifie les placements financiers attrayants pour le marché en raison à la fois du risque et de l'espérance de profit qu'ils présentent), représentée comme une droite mais dont la forme peut être variable et dépend sans doute largement de l'activité concernée. Les offres situées en deçà de cette frontière efficiente sont confrontées à la concurrence d'offres davantage différenciées et de coût équivalent ou d'offres perçues comme de même valeur mais de coût inférieur. Dans le secteur automobile, on peut interpréter la situation de Chrysler après sa revente par Daimler comme un positionnement dans cette zone économiquement non-viable : les modèles Chrysler ne sont pas perçus comme sensiblement meilleurs

que ceux que proposent Ford, Hyundai ou Toyota, alors que les volumes de production plus faibles et un outil industriel obsolète conduisent à un niveau de coût plus élevé. Dans ces conditions, Chrysler, troisième constructeur américain, est confronté à un dilemme sans issue : soit il fixe ses prix à un niveau lui assurant une rentabilité acceptable mais il perd alors rapidement des parts de marché, soit il adopte une politique de prix plus agressive, parvient à maintenir ses parts de marché, mais creuse alors ses pertes (près de 2 milliards de dollars en 2007 et encore 500 millions au premier semestre 2008). Pour sortir d'une telle situation, Chrysler devra parvenir soit à réduire ses coûts de manière drastique, soit à améliorer ses modèles de manière significative.

> Un positionnement différencié, dans lequel l'offre se distingue de l'offre de référence à la fois par son coût plus élevé, par la valeur supérieure que lui attribue le marché, ou une partie du marché, et donc par le prix auquel elle peut prétendre. Le positionnement de BMW, de Mercedes ou de Volvo dans l'automobile peut être interprété comme correspondant à une telle différenciation

> Un positionnement *low cost*, ou dégradé, dans lequel l'entreprise parvient à produire une offre dépouillée de certaines des caractéristiques de l'offre de référence mais à un coût sensiblement plus faible, ce qui lui permet de la proposer à un prix inférieur. En lançant sa gamme Logan sous la marque Dacia, Renault a été l'un des premiers constructeurs automobiles à adopter un tel positionnement *low cost* (voir Mini-cas « Les automobiles *low cost* » ci-après).

> Une « zone de progrès » au sein de laquelle les évolutions suivant les deux dimensions valeur et coût de l'offre sont positives sans cependant entraîner un écart très significatif par rapport à l'offre de référence. Cette zone est celle de l'évolution normale et constante de toute activité, provoquée par des améliorations techniques progressives et des gains de productivité, qui conduit l'offre de référence à se déplacer avec le temps dans l'espace que nous avons défini. Par son caractère progressif, presque insensible, cette évolution ne provoque en général pas de bouleversement dans les positions respectives des divers concurrents et ne résulte pas non plus d'une stratégie délibérée de l'un d'entre eux. Il est important, cependant, pour tous les concurrents de progresser au même rythme que l'activité dans son ensemble pour éviter de se laisser distancer. Notons enfin que l'évolution de l'offre de référence s'opère souvent par assimilation, intégration de caractéristiques nouvelles qui, au départ, avaient été introduites par l'un des concurrents dans le cadre d'une différenciation, ou, à l'inverse d'une offre *low cost*, mais dont le caractère exclusif a disparu et s'est dissous dans l'offre de référence. Ainsi, dans l'automobile, certaines options considérées au départ comme des éléments exceptionnels, disponibles uniquement sur les modèles de haut de gamme, comme la direction assistée, les airbags, la climatisation, etc. se sont-elles progressivement étendues à tous les modèles.

> Une « zone des ruptures stratégiques » correspondant à des situations où la valeur de l'offre perçue par le marché est significativement supérieure à celle de l'offre de référence, cette valeur accrue s'accompagnant d'un coût, et donc potentiellement d'un prix, sensiblement plus faible. On peut ici parler de rupture stratégique dans la mesure où l'apparition de la nouvelle offre rend obsolète l'offre de référence précédente, crée de fait une nouvelle offre de référence et déplace l'ensemble de la frontière efficiente dans l'espace valeur/prix. Ces ruptures stratégiques sont en général le résultat d'innovations technologiques majeures, souvent introduites par des entreprises extérieures au domaine d'activité. On peut penser à l'introduction de l'électronique

dans l'horlogerie, provoquée par des firmes qui, jusque-là ne faisaient pas partie de l'industrie horlogère, et permettant la production d'une offre de valeur supérieure (meilleure précision, durabilité, fiabilité), ou du moins perçue comme telle par une partie importante du marché, et produite à un coût plus bas. Si la rupture stratégique est délibérément provoquée par une entreprise afin de s'assurer une position prééminente dans l'activité en détruisant l'avantage dont disposaient certains concurrents, on pourrait parler de stratégie de rupture[1]. Une telle stratégie de rupture n'aboutit cependant pas à un positionnement concurrentiel au même titre que les stratégies de coût-volume, de différenciation ou *low cost* puisque, une fois la rupture opérée, l'entreprise qui en est à l'origine devrait adopter un positionnement plus classique pour résister à ses rivaux, sauf à être capable de provoquer des ruptures stratégiques successives dont elle tirerait à chaque fois avantage. En d'autres termes, les ruptures stratégiques entraînent l'émergence de nouvelles règles du jeu. Une nouvelle carte du domaine d'activité se dessine. Nous étudierons ces stratégies dans le chapitre 6, consacré aux innovations stratégiques et aux nouveaux *business models* ;

> Enfin, les « stratégies de coût » classiques, telles que nous les avons discutées dans le chapitre précédent, sont représentées sur le diagramme ci-dessus par une flèche qui indique le sens des efforts accomplis par les entreprises mettant en œuvre de telles stratégies. Ces stratégies visent en effet à donner à l'entreprise un avantage de coût sur ses concurrents, le plus souvent en profitant de volumes de production plus importants, avantage qu'elle pourra répercuter dans ses prix, sans altérer pour autant la perception qu'a le marché de l'offre produite.

3 Une typologie des positionnements fondés sur une recomposition de l'offre

Les stratégies de coût « classiques », examinées dans le chapitre précédent, forment un ensemble très homogène où la nature de l'avantage concurrentiel recherché est unique et parfaitement identifiée. Il n'en va pas de même des stratégies fondées sur une recomposition de l'offre qui toutes s'appuient sur une remise en cause des caractéristiques de l'offre de référence, permettant soit un accroissement de prix, soit une baisse sensible des coûts. Cependant, nous l'avons souligné précédemment, il existe, en théorie du moins, un très grand nombre de caractéristiques sur la base desquelles l'offre recomposée peut s'écarter de l'offre de référence[2]. Pour tenter de classer ces positionnements très variés, que nous avons jusqu'à présent définis avant tout de manière négative par la non-conformité de l'offre produite avec l'offre de référence de l'activité, on peut les distinguer suivant deux dimensions : le sens de la variation valeur/prix qu'elles introduisent par rapport à l'offre de référence d'une part, et l'existence ou non d'un sous-ensemble du marché, d'un segment de clientèle identifié a priori, à qui cette offre est spécifiquement adressée. On peut ainsi définir quatre grandes catégories de positionnements correspondant à chacune des cases de la figure 5.2.

1. Bijon C., 1984.
2. C'est la raison pour laquelle des auteurs comme G. Koenig incluent les stratégies de différenciation dans ce qu'ils appellent des « stratégies d'évitement » ; voir Koenig G., 2004.

	La spécificité de l'offre recomposée est perçue et valorisée par l'ensemble du marché	La spécificité de l'offre recomposée n'est perçue et valorisée que par un segment particulier du marché	
Accroissement du couple « valeur-prix » par rapport à l'offre de référence	**Stratégies d'amélioration**	**Stratégies de spécialisation**	Différenciation
Diminution du couple « valeur-prix »	**Stratégies d'épuration**	**Stratégies de limitation**	*Low cost*
	Segmentation a posteriori provoquée par l'offre recomposée	Segmentation *a priori* déterminant le caractère spécifique de l'offre recomposée	

Figure 5.2
Une typologie des recompositions de l'offre

A/ L'amélioration

L'amélioration correspond à une redéfinition de l'offre, perçue et valorisée par l'ensemble du marché ou par une large majorité de celui-ci ; à prix équivalent, l'offre ainsi « améliorée » serait très largement préférée à l'offre de référence et se substituerait même à celle-ci. Les offres de haut de gamme entrent la plupart du temps dans la catégorie des offres améliorées. Mercedes, BMW ou, *a fortiori*, Rolls-Royce seraient des marques privilégiées par l'immense majorité du marché si elles étaient vendues à un prix comparable à celui des Renault, Peugeot, Volkswagen ou Fiat. À prix équivalent, l'i-Phone d'Apple aurait très vraisemblablement été, lors de son lancement en 2007, le premier choix de la plupart des abonnés à un service de téléphone mobile. Si seule une minorité d'abonnés l'ont en définitive adopté, c'est en raison d'un prix (environ 500 euros) très supérieur à celui des autres téléphones mobiles de haut de gamme disponibles à l'époque. Le partage du marché entre offre améliorée et offre de référence se fait donc surtout sur la base du prix plutôt que sur la perception de la valeur de l'offre différenciée.

B/ La spécialisation

La spécialisation, en revanche, conduit l'entreprise à produire une offre destinée à un segment de clientèle particulier, identifié *a priori* et qui seul est susceptible de valoriser le caractère spécifique donné à « l'offre spécialisée ». Il s'agit bien d'une différenciation – et à ce titre elle permet d'exiger des clients un prix plus élevé que celui de l'offre de référence –, mais dont l'effet n'a de sens que pour le segment de marché pour lequel l'offre a été conçue, qui seul sera disposé à en payer le prix plus élevé. L'offre spécialisée est en fait conçue pour répondre à un besoin spécifique du segment de marché considéré, besoin mal ou non satisfait par l'offre de référence et qui, en outre, n'est pas partagé par le reste du marché. Les offres adaptées à une catégorie particulière d'utilisateurs, gauchers, handicapés, personnes de très grande ou de très petite taille, très corpulentes, etc., sont très caractéristiques des offres spécialisées. Il est significatif que l'on trouve des entreprises qui se sont fait une spécialité de répondre aux besoins spécifiques de certains segments de clientèle particuliers, comme Volvo avec les automobiles adaptées pour des conducteurs handicapés ou certaines entreprises de confection qui ne fournissent que des tailles « extrêmes ».

C/ L'ÉPURATION

L'épuration est une stratégie *low cost* qui consiste à dégrader l'offre produite par rapport à l'offre de référence ; grâce à ses coûts plus bas, l'offre épurée peut être proposée à un prix inférieur. Comme pour les offres améliorées, les offres « épurées » sont perçues par l'ensemble du marché comme inférieures à l'offre de référence, le prix moindre étant la principale motivation d'achat. Les offres des compagnies aériennes comme Ryanair ou EasyJet peuvent être interprétées comme des offres épurées dans le domaine du transport aérien, de même d'ailleurs, à un moindre degré, que les billets assortis de conditions restrictives d'utilisation.

MINI-CAS

Les automobiles *low cost* : Renault/Dacia « Logan » et Tata « Nano »

Renault, en lançant en 1999 la Logan, une voiture conçue pour pouvoir être vendue à 5 000 euros dans les pays émergents, semble avoir choisi une stratégie d'épuration. Afin d'atteindre son objectif de prix, l'entreprise a tout fait dès la conception pour réduire les coûts de production. La Logan a été produite sur la base d'une plateforme existante (celle de la Clio, de la Modus ainsi que de la Nissan Micra), a incorporé un grand nombre de composants et de sous-ensembles précédemment développés pour d'autres modèles (notamment le moteur et la boîte de vitesse, mais aussi les poignées de porte ou... le cendrier !) et s'est vu privée – au moins dans la version de base - de toute une série d'accessoires que l'on pouvait considérer comme superflus : direction assistée, airbags, climatisation, autoradio, etc. Plus intéressant, la conception de la Logan a été très étudiée (et a d'ailleurs duré un an de plus que pour la plupart des autres modèles) et a donné lieu à des arbitrages très différents de ceux qui sont habituellement effectués sur les modèles plus classiques de Renault. On a, par exemple, privilégié la réduction des coûts d'emboutissage des panneaux de carrosserie plutôt que l'esthétique de la voiture ; pour cela, il a fallu dessiner une voiture n'employant que des panneaux peu profonds ce qui a abouti à une silhouette assez cubique. De même, on a choisi d'installer sur la Logan des vitres latérales plates, moins onéreuses à fabriquer, d'utiliser des pare-brise avant et arrière identiques et d'équiper la voiture de phares spécifiques en polycarbonate beaucoup moins chers que les blocs optiques en verre utilisés sur les autres modèles Renault. Pour réduire le nombre de moules et les manipulations de pièces correspondantes, les concepteurs de la Logan ont opté pour une planche de bord monobloc sur laquelle vient se plaquer une console centrale. La fabrication de ce modèle a évidemment été attribuée à des usines du groupe aux coûts de main-d'œuvre bas, en Roumanie, en Russie, en Colombie, en Iran, en Inde et au Maroc.

À l'origine destinée aux pays émergents, la Logan se veut un modèle moderne – ses niveaux de pollution par exemple sont conformes aux normes les plus strictes – conçu pour être fabriqué de manière très économique, plutôt qu'un modèle obsolète recyclé dont le coût est réduit par le fait que tous les investissements ont été largement amortis. Malgré ce positionnement, la Logan a connu un succès inattendu dans les marchés développés. Fin 2008, plus de 100 000 Logan avaient >

····> été écoulées en moins de trois ans sur le marché français. En effet, de nombreux acheteurs aux moyens modestes semblent avoir préféré s'offrir une voiture neuve, même « dépouillée » de certaines des caractéristiques habituellement disponibles sur les voitures vendues dans les pays développés, qu'une automobile plus traditionnelle, mais d'occasion. Le fait que Renault n'ait pas anticipé cette demande provenant de pays développés suggère que la segmentation du marché autour de cette offre *low cost* est apparue de manière assez spontanée, en réaction à la disponibilité sur le marché d'une voiture certes dépouillée mais au prix sensiblement réduit. Malgré des prix en définitive légèrement supérieurs à l'objectif originel (autour de 6 000 euros TTC en Roumanie en 2006 et de 7 500 euros TTC en France la même année), la Logan, apparue sur le marché fin 2004, est considérée comme un succès : il s'en est vendu près de 150 000 en 2005, 250 000 en 2006 et 370 000 en 2007.

Si la Logan est la première voiture délibérément conçue pour être *low cost*, elle semble avoir été à l'origine d'une véritable fuite en avant dans l'épuration. Une stratégie de ce type poussée à son paroxysme a conduit le constructeur indien Tata à lancer la Nano, une automobile destinée à être vendue moins de 100 000 roupies (soit 2 500 dollars US ou moins de 1 700 euros au taux de change de 2008). Pour atteindre des niveaux de coût compatibles avec l'objectif de prix affiché, la Nano ne mesure qu'à peine 3 m de long et 1,5 m de large, est équipée d'un moteur de 600 cm^3 et dépasse à peine la vitesse de 100 km/h. Ses équipements sont bien entendu réduits au strict minimum : pas de direction assistée, de climatisation, d'autoradio, d'airbag ou de freinage ABS, un seul essuie-glace, un seul rétroviseur, etc. Emboîtant le pas à Tata, une autre entreprise indienne, Bajaj, spécialisée dans les deux-roues et les triporteurs (les célèbres « rickshaws »), s'est associée à Renault pour produire une voiture concurrente de la Tata Nano et baptisée du nom de code ULC (*ultra low cost*).

Questions

1) En quoi peut-on dire que le lancement de la Logan correspondait pour Renault à la mise en œuvre d'une stratégie d'épuration ?
2) Quels étaient les principaux facteurs clés de succès de cette stratégie ?
3) Pourquoi les concurrents directs de Renault n'ont-ils pas copié rapidement cette stratégie ?

D/ La limitation

La limitation de l'offre correspond également à un positionnement *low cost*, mais conduit l'entreprise à cibler son offre sur un segment particulier du marché pour lequel certaines des caractéristiques de l'offre de référence sont superflues. La suppression de ces caractéristiques, qui permet de réduire le coût et le prix de l'offre « limitée », n'entraîne aucune dégradation de la valeur perçue par le segment de marché auquel elle est destinée. Ainsi, Airborne Express a réussi à se positionner favorablement dans le transport de colis express en ciblant des entreprises qui ont des flux réguliers de gros volumes de colis non urgents. Airborne peut ainsi utiliser plus de transport routier moins coûteux, et augmenter le taux d'utilisation de ses moyens de transport (camions et avions). De plus, son système informatique de *tracking* des colis est beaucoup moins sophistiqué que celui de ses deux grands concurrents (UPS et FedEx). Ce système, qui se caractérise par un coût très inférieur, n'est pas pénalisant pour les clients que cible Airborne Express. Pour ces clients, un suivi plus précis serait en effet superflu.

MINI-CAS

La MAIF

En 1934, un groupe d'instituteurs, en rébellion contre les prix et les conditions pratiqués à leur égard par les compagnies d'assurances traditionnelles, décide de créer un système d'assurance de risque automobile mutualisé à l'échelon de leur profession. Ainsi naît la MAIF, Mutuelle d'Assurance des Instituteurs de France. Pendant de longues années, la MAIF va offrir à ses sociétaires les contrats d'assurance automobile proposant les meilleures couvertures de risques à des prix inférieurs à ceux de la concurrence et obtenir les taux de satisfaction clients les plus élevés de la profession. La MAIF a ensuite progressivement développé de nouveaux champs d'activité (assurance de personnes, produits financiers, services, etc.). Elle est aujourd'hui un des principaux acteurs de l'assurance de particuliers en France.

En se focalisant sur la cible des instituteurs, la MAIF va se doter rapidement d'un avantage de coût. Les coûts d'une compagnie d'assurances sont constitués pour l'essentiel par les coûts des sinistres qu'elle va être appelée à couvrir, auxquels se rajoutent des coûts de commercialisation et de gestion. Le montant de la prime d'assurance, c'est-à-dire le prix que paye l'assuré pour être couvert, doit permettre de couvrir ces coûts et de dégager une marge. Les caractéristiques sociales de ses sociétaires (ses clients), notamment l'homogénéité de leurs comportements et styles de vie, va permettre à la MAIF d'avoir des taux de sinistres très inférieurs à la moyenne de la profession, bien que les couvertures de risques soient supérieures dans ses contrats. Du fait de leur haut niveau d'éducation, de leur engagement historique dans la diffusion de valeurs éthiques et morales, les instituteurs montrent un sens de la responsabilité supérieur à la moyenne, se traduisant par des fréquences d'accidents plus faibles et des pratiques délictueuses (fraudes à l'assurance) ou antisolidaires sensiblement plus rares. Par ailleurs, les caractéristiques socioprofessionnelles des instituteurs (niveau de revenu moyen, style de vie, etc.) ont abouti à un portefeuille de biens assurés relativement standard (peu de voitures de grand luxe ou de possessions de très grande valeur) ce qui limite le montant moyen des sinistres et permet en outre de réduire le niveau d'incertitude entourant les risques assurés. Ainsi, le portefeuille de la MAIF se caractérise par une plus grande prévisibilité que le portefeuille de risques assurés par les compagnies classiques, ce qui contribue encore à faire baisser le coût de l'assurance.

De plus, la MAIF a su rassembler ses sociétaires en un groupe d'affinité, autour d'un projet social allant bien au-delà de la traditionnelle relation assureur/assuré. Dans la logique mutualiste, le sociétaire est engagé dans la vie de sa mutuelle, il est à la fois client et actionnaire, consommateur et acteur. Or, la MAIF a su mettre en œuvre, plus que tout autre, la participation de ses adhérents. Près de 750 d'entre eux (élus bénévoles) interviennent en tant que représentants de l'intérêt des sociétaires dans la conception des produits, l'accompagnement des équipes de terrain, dans la médiation, etc., ce qui réduit d'autant les coûts administratifs. Par ailleurs, la confiance faite au client, qui résulte de cette logique mutualiste, permet des remboursements supérieurs à la moyenne tout en réduisant le coût de traitement des sinistres (contrôle de la réalité des dommages déclarés). Elle se traduit aussi par une grande fidélité du sociétariat (taux de résiliation d'environ 1 % comparé au 12 % de la profession) et peu de litiges sur le montant des remboursements (taux de recours très faible). La forte proximité de la MAIF avec le monde de l'éducation nationale et le fait qu'elle s'adresse à une « cible » parfaitement identifiée permet également de réduire les coûts de conquête des nouveaux sociétaires puisque tout nouvel instituteur se voit automatiquement proposer par ses collègues une >

····> adhésion à la MAIF dès sa prise de fonction. Combiné avec le fort taux de fidélisation des sociétaires, ceci se traduit par des coûts de commercialisation et de gestion beaucoup plus faibles que ceux des assureurs traditionnels. Des stratégies comparables à celle de la MAIF existent ailleurs dans le monde. USAA, la mutuelle des militaires américains, dont le modèle est proche, est considérée comme la compagnie d'assurance la plus performante des États-Unis. Elle a en particulier développé toute une gamme de services spécifiques autour des moments clés de la vie d'un militaire : engagement, mobilisation, changement d'affectation, etc. Elle se caractérise également par un très fort attachement de son sociétariat et par des niveaux de sinistralité inférieurs à la moyenne.

Mais la MAIF n'est plus réservée aujourd'hui aux seuls instituteurs. Elle s'est ouverte progressivement à l'ensemble des personnels de l'Éducation nationale, aux enfants des sociétaires, aux personnels des secteurs associatif et culturel et même à « tous ceux qui partagent ses valeurs », entre autres via la création de Filia-MAIF. Depuis plusieurs années, les concentrations dans le monde de l'assurance l'ont amenée à afficher une volonté de croissance plus soutenue, ce qui l'a conduite vers cette ouverture. Le défi pour la MAIF est donc de gérer ce développement et l'évolution de son sociétariat d'origine vers plus d'hétérogénéité, tout en parvenant à conserver les points forts du modèle qui lui a si bien réussi jusqu'à ce jour.

Questions

1) La MAIF est-elle un assureur *low cost* ou un assureur différencié ? Quel est le type de stratégie adopté : spécialisation, amélioration, limitation ou épuration ?
2) Comparée à une compagnie d'assurances traditionnelle, comment la MAIF est-elle parvenue à réduire ses coûts ?
3) Le positionnement stratégique de la MAIF présente-t-il des inconvénients ? Lesquels ?

La distinction marquée, dans la figure 5.2, par la séparation verticale entre amélioration et épuration d'un côté, spécialisation et limitation de l'autre, tient plus à la démarche des entreprises optant pour ces divers positionnements qu'à des caractéristiques objectives des offres produites. Dans le cas de l'amélioration ou de l'épuration, le caractère spécifique de l'offre produite est apparent pour l'ensemble du marché et l'entreprise fait le pari qu'il se trouvera un sous-ensemble suffisamment large du marché pour privilégier l'offre différenciée en raison de son rapport valeur/prix distinct de celui de l'offre de référence. Ces stratégies ont ainsi pour effet de déplacer une partie de la demande existante ou même de générer une demande nouvelle. On pourrait ici parler de segmentation *a posteriori* du marché, de segmentation provoquée par la recomposition de l'offre.

Dans le cas de la spécialisation et de la limitation, le caractère spécifique de l'offre produite n'est valorisé que par un segment du marché identifié *a priori* et pour qui l'offre est délibérément conçue par l'entreprise. On pourrait ici parler de segmentation *a priori* du marché, de segmentation déterminant la nature de la recomposition de l'offre.

Les distinctions que nous venons de suggérer entre plusieurs types de stratégies fondées sur une recomposition de l'offre ne correspondent évidemment pas à des catégories totalement étanches et le classement de telle ou telle stratégie effectivement mise en œuvre par une entreprise dans telle catégorie plutôt que telle autre peut être sujet à discussion et à interprétation. Cependant, à la fois l'origine de la recomposition de l'offre et ses conditions de succès sont susceptibles de varier en fonction du type de recomposition dont il s'agit. Nous allons tout d'abord examiner comment les entreprises peuvent rechercher des facteurs susceptibles de donner lieu à des recompositions de l'offre, puis nous analyserons les conditions que doivent remplir ces stratégies pour conduire à un avantage concurrentiel durable.

4 Sur la base de quels facteurs une entreprise peut-elle chercher à recomposer son offre ?

Lorsque l'on cherche à mettre en œuvre une stratégie de coût et de volume, l'un des outils essentiels sur lesquels on va s'appuyer est la structure des coûts de l'activité (voir chapitre 4). De façon similaire, pour mettre en œuvre une stratégie de recomposition de l'offre, on pourra examiner la **chaîne de valeur** de l'activité. Cette notion, introduite par M.E. Porter (voir l'encadré « En pratique » ci-après), permet d'identifier toutes les activités élémentaires concourant à la production d'un bien ou d'un service, d'observer leur coût, et surtout d'examiner la contribution de chacune de ces activités élémentaires à la valeur perçue par les clients. Sur cette base, on peut chercher à identifier des activités élémentaires dont le coût pourrait être réduit ou carrément supprimé, sans que la valeur perçue par les clients, ou par certaines catégories de clients, ne soit affectée trop négativement. Ainsi, Southwest Airlines, l'une des toutes premières compagnies aériennes *low cost*, a observé que la restauration à bord des vols court ou moyen-courriers représentait un coût très important sans que la clientèle – et notamment la clientèle loisir, qui paie elle-même ses voyages – n'attribue à ce service une valeur significative, correspondant à son coût ; en revanche, la clientèle « affaires », qui ne supporte pas individuellement le prix du voyage, ou les voyageurs sur des vols long-courriers, attribuent à ce service une valeur beaucoup plus grande. Sur la base de cette constatation, Southwest s'est spécialisé sur les vols courts, en supprimant la restauration à bord, ainsi d'ailleurs que la classe affaire. Cette recomposition de l'offre a fait de Southwest la compagnie aérienne la plus rentable au monde sur la période 1985-2005, et lui a permis de croître très rapidement au point de posséder une flotte de près de 500 avions (tous des Boeing 737) en 2008. Ce modèle a depuis été imité à des degrés divers par d'autres compagnies comme Ryanair ou EasyJet.

En pratique

Construire la chaîne de valeur pour repérer des opportunités de recomposition de l'offre

L'activité d'une entreprise quelle qu'elle soit n'est pas un tout homogène, mais est un ensemble d'activités élémentaires qui toutes concourent à la production des biens ou services offerts par l'entreprise. Construire la chaîne de valeur d'une entreprise, c'est donc décomposer son activité totale en activités élémentaires, estimer le coût de chacune de ces activités, tout en analysant comment chacune de ces activités élémentaires contribue à la valeur que les clients attribuent à l'offre de l'entreprise. M.E. Porter[1], qui a introduit le terme de « chaîne de valeur » en affinant la notion >

1. Porter M.E., 1985.

····> de « *business system* » développée précédemment[1], suggère de distinguer les activités principales qui participent directement à la production (approvisionnement, fabrication, distribution, marketing et vente, service après-vente), des activités « de support » (gestion des ressources humaines, développement technologique, achats, infrastructure de gestion) qui viennent en soutien des activités principales. Cette liste des activités principales et de soutien demande bien entendu à être adaptée au secteur dans lequel opère l'entreprise considérée, puis affinée au cas particulier de cette entreprise. Par exemple, on trouvera dans la figure 5.3 la chaîne de valeur d'une entreprise d'édition d'ouvrages de référence.

Pour construire la chaîne de valeur, il convient de définir des activités élémentaires qui sont techniquement séparables (c'est-à-dire que l'entreprise pourrait choisir de sous-traiter si elle le souhaitait) et chercher à isoler les activités élémentaires qui représentent une part importante des coûts totaux ou qui ont un impact significatif sur la valeur perçue par les clients. Il faut également identifier les activités élémentaires qui ont des « comportements économiques » contrastés :

> celles qui comportent une part de coûts fixes importante et dont le coût varie donc peu avec le volume, par opposition à celle qui comportent essentiellement des coûts variables ;

> celles qui connaissent un fort effet d'expérience (*cf.* chapitre 4) ;

> celles dont les coûts baissent au cours du temps *vs* celles dont les coûts augmentent,

> celles dont le coût et/ou l'impact sur la valeur perçue par les clients varient significativement en fonction des segments de clientèle visés, etc.

L'avantage concurrentiel d'une entreprise provient nécessairement de la façon dont elle est capable de mettre en œuvre, mieux que ses concurrents, certaines de ces activités élémentaires, ou bien d'organiser l'architecture d'ensemble de toutes ces activités élémentaires d'une manière plus efficace. La chaîne de valeur est donc un instrument privilégié pour réfléchir aux stratégies de recomposition de l'offre. Elle permet d'identifier les activités qui ont l'impact le plus fort sur la valeur perçue (*willingness to pay*) ainsi que celles qui représentent les coûts les plus importants. On peut donc, sur cette base, examiner la possibilité d'accroître encore la valeur perçue par les clients pour un surcroît de coût acceptable ou bien de diminuer sensiblement le coût sans trop affecter la *willingness to pay* en modifiant la façon dont telle ou telle activité élémentaire est mise en œuvre.

La logique de la chaîne de valeur est très semblable à celle que proposent les auteurs de la notion de *Blue Ocean Strategy* en mettant en avant ce qu'ils appellent les « courbes de valeur » des différents concurrents dans un secteur[2]. On trouvera une présentation détaillée de cette approche dans le chapitre 14 sur l'innovation comme moteur de la croissance horizontale.

1. Gluck F.W., 1980. Buaron R., 1981.

2. Kim C. et Mauborgne R., 2005.

Figure 5.3
La chaîne de valeur d'une entreprise d'édition d'ouvrages de référence*

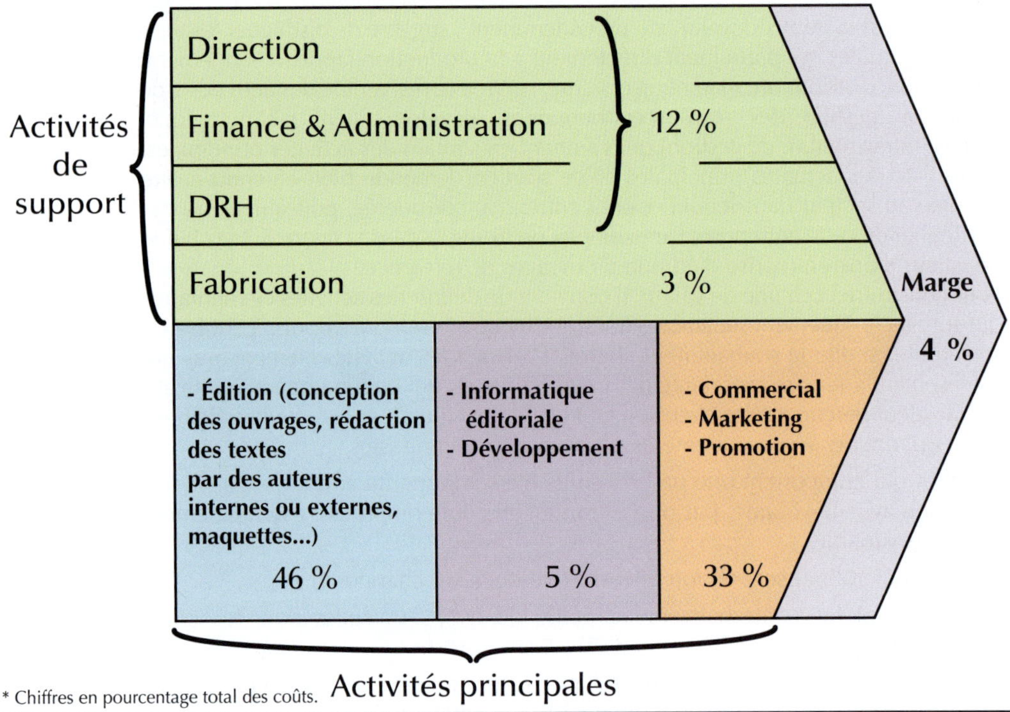

* Chiffres en pourcentage total des coûts.

Parfois, l'analyse de la chaîne de valeur peut révéler des activités élémentaires que les concurrents produisant une offre proche de l'offre de référence sous-estiment et, de ce fait, mettent en œuvre de manière insuffisamment élaborée, alors que ces activités contribuent de manière primordiale à la valeur perçue par certaines catégories de clients. La chaîne d'hôtels Four Seasons (propriétaire entre autres de l'hôtel Georges V à Paris où le prix des chambres démarrait à 695 euros fin 2008) a ainsi remarqué que beaucoup des clients auxquels elle s'adresse sont relativement indifférents au prix, peuvent trouver des prestations luxueuses dans d'autres hôtels, mais aimeraient pouvoir être déchargés de certaines activités qu'ils considèrent comme des corvées leur faisant perdre beaucoup de temps. En conséquence, Four Seasons emploie un personnel que beaucoup de ses concurrents jugeraient pléthorique, surqualifié et surpayé, mais qui est capable de rendre aux clients des services d'assistance personnelle qu'ils ne peuvent pas trouver facilement dans d'autres hôtels, même très luxueux.

MINI-CAS

Ikea

Pour Ikea, la recomposition de l'offre sur le marché du meuble peut s'analyser de la façon suivante :

> les approvisionnements sont faits sur la base de contrats à long terme qui permettent une grande stabilité de la qualité, alors que, dans le meuble traditionnel, les achats sont plus spéculatifs ;

> cette régularité de la qualité rejaillit sur la conception qui, faisant appel à la CAO, permet de concevoir une gamme large là où les fabricants traditionnels sont obligés de se spécialiser ;

> la fabrication est très automatisée ; sa liaison avec les fonctions de conception et d'approvisionnement permet de réduire les stocks de matières premières et les en-cours, alors que les fabricants ont un stock plus lourd et assemblent à la commande. Chez Ikea, les seuls stocks sont les produits en kit. Leur poids est encore diminué par la conception de la distribution ;

> la distribution traditionnelle du meuble repose sur un grand nombre de points de vente à faible débit et indépendants des fabricants. Ikea a intégré la distribution en la concentrant sur des grandes surfaces à fort débit, ce qui limite les coûts de logistique. La conception de meubles en kit permet en outre de réduire les coûts directs de vente, de limiter la taille des entrepôts et d'assurer la disponibilité immédiate du produit et une plus grande stabilité des prix.

En réorganisant la chaîne de valeur, Ikea a donc pu proposer au consommateur une offre unique, d'un coût et d'un prix plus faibles et difficilement copiables dans l'immédiat. Ikea impose en revanche au client d'assurer lui-même le transport et l'assemblage des articles achetés.

Questions

1) Par quel biais Ikea parvient-il à réduire ses coûts ?
2) Sur quels éléments de la chaîne de valeur Ikea dégrade-t-il la valeur perçue par ses clients ? Cette dégradation est-elle perçue par la plupart des clients ou existe-t-il un segment clairement identifié de clients qui ne perçoit aucune dégradation de l'offre et auquel Ikea s'adresse en priorité ? Déduisez-en le type de recomposition de l'offre mise en œuvre par Ikea.

5 Les conditions de réussite d'une recomposition de l'offre

Pour être réussie, c'est-à-dire pour déboucher sur la création d'un avantage concurrentiel durable, toute recomposition de l'offre doit satisfaire à trois conditions : elle doit avoir un effet significatif, elle doit être économiquement viable et elle doit être défendable.

A/ Un effet significatif

Lorsque la recomposition de l'offre aboutit à une différenciation (amélioration ou spécialisation), il faut que la différenciation créée soit très nettement perceptible par l'acheteur. Les clients ne perçoivent en effet pas toujours facilement les avantages que peut présenter pour eux l'offre différenciée ; s'ils ne perçoivent pas le surcroît de valeur, ils refuseront de payer un prix supérieur à celui de l'offre de référence. C'est ce qui arrive fréquemment à ce que l'on appelle les « produits d'ingénieur » ; en effet, très conscient des avantages de son offre spécifique, l'ingénieur concepteur, ou plus généralement l'entreprise productrice, aura souvent tendance à surestimer la perception qu'a le marché de ces avantages. Les produits techniques destinés au grand public sont souvent victimes de ce type d'erreur. De manière symétrique, les offres *low cost* peuvent déboucher sur une réduction des coûts trop limitée et faire craindre au marché une dégradation très forte de la valeur de l'offre pour une diminution de prix perçue comme trop faible. Toute entreprise cherchant à créer un avantage concurrentiel fondé sur une recomposition de l'offre devra par conséquent être très attentive à la perception qu'a le marché de la spécificité de son offre ou de la réduction de prix qui lui est proposée.

B/ Une recomposition de l'offre économiquement viable

Fondées sur la production d'une offre spécifique s'écartant de l'offre de référence de l'activité, les recompositions de l'offre sont des stratégies par définition « marginales ». Il est donc vital, pour qu'une telle stratégie soit viable, que l'activité au sein de laquelle elle est mise en œuvre offre des possibilités de créer des offres suffisamment différentes. Tous les domaines d'activité n'offrent en effet pas les mêmes possibilités de créer des offres différenciées ou des offres *low cost*. Certaines activités n'offrent pratiquement aucune possibilité de différenciation ou de baisse des coûts par reconfiguration de l'offre, d'autres sont très largement ouvertes à des offres spécifiques dans lesquelles l'offre de référence est à peine identifiable et, entre ces deux extrêmes, il existe tout un éventail d'activités constituant des terrains plus ou moins favorables à des recompositions de l'offre.

La viabilité d'une stratégie fondée sur une recomposition de l'offre dépend en effet de l'existence d'une demande latente suffisamment importante correspondant au nouveau couple « valeur perçue/prix » de l'offre produite par l'entreprise. L'identification de cette demande latente se présente de manière très différente selon le type de stratégie dont il s'agit.

Dans le cas des stratégies d'amélioration, la perception, et surtout la valorisation par le marché, du caractère spécifique de l'offre produite sont des facteurs décisifs. De la relation entre la valeur perçue et le prix proposé va dépendre le volume réel de la demande pour l'offre différenciée. Or, on constate que les entreprises ont souvent tendance à surestimer la valeur attribuée par le marché au caractère spécifique de leur offre ; lorsque cela se produit, la demande effective et les volumes de production sont inférieurs aux prévisions, entraînant le plus souvent un accroissement des coûts qu'il est tentant de répercuter dans les prix, limitant d'autant la demande effective et ainsi de suite.

Un exemple frappant de surestimation de la valeur perçue est celui du système de téléphone satellitaire Iridium mis en service en 1998 par un consortium d'entreprises emmené par Motorola. Grâce à une flotte de 66 satellites en orbite, ce système permettait aux abonnés, équipés de téléphones spéciaux, de communiquer depuis n'importe quel point de la planète, y compris les pôles, le milieu des océans ou au plus profond de la jungle amazonienne. Malheureusement, le montant des investissements nécessaires pour mettre en place l'infrastructure étaient tels (plus de

6 milliards de dollars !) que les prix rendant possible la rentabilisation du projet se sont révélés prohibitifs. Très peu de clients ont considéré que le service rendu justifiait de tels niveaux de prix et la société Iridium a été liquidée dès 1999. Reprise en 2001 par un groupe d'investisseurs pour seulement 25 millions de dollars, la nouvelle société Iridium comptait moins de 300 000 abonnés en 2008 pour un chiffre d'affaires inférieur à 200 millions de dollars.

Dans le cas des stratégies d'épuration, la perception de la « dégradation » de l'offre par rapport à l'offre de référence doit être plus que compensée par l'effet de la baisse de prix. L'impact réel de la dégradation de l'offre sur les coûts et les prix devient ici un élément décisif. Ainsi, si les colas sous marques de distributeurs ne parviennent pas à conquérir des parts de marché significatives face à Coca-Cola ou à Pepsi-Cola, c'est sans doute parce que les quelques centimes d'économies réalisés sur une bouteille ou une canette ne justifient pas l'abandon d'une marque forte, appréciée et valorisée par la plupart des clients, notamment les enfants et adolescents très sensibles au message et à l'image véhiculées par ces marques.

Donnant la priorité à l'offre dans la démarche stratégique suivie, les stratégies d'amélioration comme les stratégies d'épuration doivent conférer à l'offre de l'entreprise un caractère spécifique suffisamment marqué, ou permettre une diminution de prix assez sensible, pour que le pari sur la segmentation du marché provoquée par la recomposition de l'offre ne soit pas trop risqué et que la cible touchée soit suffisamment large pour rendre la stratégie économiquement viable.

Dans le cas des stratégies de limitation et plus encore de spécialisation, ce sont l'identification des segments de marchés visés, la connaissance précise de leurs besoins spécifiques et la capacité de l'entreprise à répondre à ces besoins qui deviennent essentielles. Ces stratégies de spécialisation et de limitation supposent en effet le repérage *a priori* des segments du marché pour lesquels une offre spécifique est conçue et qui deviennent les cibles de ces deux types de recomposition de l'offre. Donnant la priorité à la demande dans la démarche stratégique suivie, les stratégies de spécialisation comme les stratégies de limitation reposent largement sur des compétences marketing.

En définitive, s'écartant de l'offre de référence dont le marché est en principe relativement bien connu, les offres recomposées qui se caractérisent par un nouveau rapport « valeur perçue/prix » doivent être capables d'engendrer une demande solvable du marché suffisamment importante pour pouvoir être produites dans des conditions économiquement viables pour l'entreprise. Moins un domaine d'activité se prête « naturellement » à la production d'offres très diverses, plus il sera difficile de générer une demande importante pour une offre spécifique.

C/ Une recomposition de l'offre débouchant sur un positionnement défendable sur le long terme

Faisant produire par l'entreprise une offre spécifique, distincte de l'offre de tout autre concurrent, une recomposition de l'offre ne débouchera sur la création d'un véritable avantage concurrentiel que si elle met durablement l'entreprise à l'abri d'une concurrence directe par les prix et les coûts. Cette protection contre la concurrence ne peut venir que des conditions dans lesquelles l'entreprise est capable de donner à l'offre qu'elle produit son caractère spécifique. Il peut s'agir d'une compétence exclusive interne à l'entreprise, voire d'un brevet dont elle se réserve l'usage, et qui seul permet la création du caractère spécifique de l'offre ou qui seul permet de produire une offre épurée ou limitée à un coût qu'aucun autre concurrent ne peut égaler. Il peut s'agir également d'un avantage de coût, dû aux volumes produits, sur l'élément spécifique de l'offre qui compense, et au-delà, le désavantage de coût qu'a vraisemblablement l'entreprise sur les éléments communs avec l'offre de référence. Il peut enfin s'agir d'un accès privilégié aux segments de marchés constituant les cibles de l'offre spécialisée ou limitée. En tout état de cause, une stratégie fondée sur la production d'une offre spécifique ne peut être mise en œuvre avec succès que si elle assure à l'entreprise un avantage concurrentiel défendable, c'est-à-dire si la spécificité de l'offre de l'entreprise peut être garantie sur le moyen et le long terme, écartant ainsi tout risque de concurrence directe par les prix et les coûts. La recomposition de l'offre peut se concevoir comme le positionnement de l'offre de l'entreprise sur un continuum allant de l'offre de référence vers des offres de plus en plus différentes. Pour être viable, un tel positionnement exige le franchissement de seuils significatifs permettant, d'une part, de capter un volume de marché suffisant et rendant difficile, d'autre part, l'imitation par la concurrence. *A posteriori*, la mise en œuvre réussie d'une telle stratégie pourra être analysée comme la création par l'entreprise d'une « niche ».

LES POINTS CLÉS

- Les stratégies de recomposition de l'offre tendent à rendre l'offre de l'entreprise difficilement comparable à celle des autres concurrents du secteur.

- Dans la plupart des domaines d'activité, on constate qu'il existe, parmi toutes les combinaisons possibles des caractéristiques de l'offre, une offre de référence. Cette offre de référence est l'offre que la majorité des consommateurs, sur un marché particulier et à un moment donné, s'attend implicitement à se voir proposer.

- On définit la différenciation comme la production d'une offre comportant, par rapport à l'offre de référence, des différences perçues favorablement par le marché ou par une partie du marché et permettant de faire payer un prix plus élevé.

- On définit à l'inverse comme stratégie *low cost* la production d'une offre comportant, par rapport à l'offre de référence, des différences permettant de réduire sensiblement le coût, et donc le prix, de cette offre.

- Parmi les différenciations, on peut distinguer l'amélioration et la spécialisation. Parmi les stratégies *low cost,* on peut distinguer l'épuration et la limitation.

- L'amélioration est une forme de différenciation qui correspond à une redéfinition de l'offre, perçue et valorisée par l'ensemble du marché ou par une large majorité de celui-ci ; à prix équivalent, l'offre ainsi « améliorée » serait très largement préférée à l'offre de référence et se substituerait même à celle-ci. Le partage du marché entre offre améliorée et offre de référence se fait donc surtout sur la base du prix plutôt que sur la perception de la valeur accrue de l'offre différenciée.

- La spécialisation est également une forme de différenciation qui conduit l'entreprise à produire une offre destinée à un segment de clientèle particulier, identifié a priori et qui seul est susceptible de valoriser le caractère spécifique donné à « l'offre spécialisée ». Elle permet d'exiger des clients un prix plus élevé que celui de l'offre de référence, mais n'a de sens que pour le segment de marché pour lequel l'offre a été conçue, qui seul sera disposé à en payer le prix plus élevé.

- L'épuration est une stratégie *low cost* qui consiste à dégrader l'offre produite par rapport à l'offre de référence ; grâce à ses coûts plus bas, l'offre épurée peut être proposée à un prix inférieur. Comme pour les offres améliorées, les offres « épurées » sont perçues par l'ensemble du marché comme inférieures à l'offre de référence, le prix moindre étant la principale motivation d'achat.

- La limitation de l'offre correspond également à un positionnement *low cost,* mais conduit l'entreprise à cibler son offre sur un segment particulier du marché pour lequel certaines des caractéristiques de l'offre de référence sont superflues. La suppression de ces caractéristiques, qui permet de réduire le coût et le prix de l'offre « limitée », n'entraîne aucune dégradation de la valeur perçue par le segment de marché auquel elle est destinée.

- On appelle « rupture stratégique » l'apparition d'une offre innovante dont la valeur perçue par le marché est significativement supérieure à celle de l'offre de référence, cette valeur accrue s'accompagnant d'un coût, et donc potentiellement d'un prix, sensiblement plus faible. L'apparition de la nouvelle offre rend obsolète l'offre de référence précédente et crée de fait une nouvelle offre de référence.

>

····>

- Pour être réussie, c'est-à-dire pour déboucher sur la création d'un avantage concurrentiel durable, toute recomposition de l'offre doit satisfaire à trois conditions : elle doit avoir un effet significatif, elle doit être économiquement viable et elle doit être défendable.

- La méthode de l'analyse conjointe est une technique utilisée en marketing pour estimer le surcroît de prix que les clients sont prêts à payer si l'on rajoute à un produit ou service une caractéristique particulière supplémentaire. On peut donc, grâce à cette méthode, chiffrer la valeur que les clients attribuent à la caractéristique en question.

- Construire la chaîne de valeur d'une entreprise c'est décomposer son activité totale en activités élémentaires, estimer le coût de chacune de ces activités tout en analysant comment chacune de ces activités élémentaires contribue à la valeur que les clients attribuent à l'offre de l'entreprise. La chaîne de valeur est donc un instrument privilégié pour réfléchir aux stratégies de recomposition de l'offre. Elle permet d'identifier les activités qui ont l'impact le plus fort sur la *willingness to pay* ainsi que celles qui représentent les coûts les plus importants. On peut donc, sur cette base, examiner la possibilité d'accroître encore la valeur perçue par les clients pour un surcroît de coût acceptable ou bien de diminuer sensiblement le coût sans trop affecter la *willingness to pay* en modifiant la façon dont telle ou telle activité élémentaire est mise en œuvre.

?QUIZ

1. Une stratégie de recomposition de l'offre a pour objectif de :
a. Réduire les coûts tout en accroissant la valeur perçue de l'offre de l'entreprise.
b. Se battre sur les coûts en produisant une offre aussi standardisée que possible.
c. Rendre l'offre de l'entreprise difficilement comparable à celle de ses concurrents.

2. La différenciation consiste à :
a. Produire une offre différente de celle des concurrents.
b. Produire une offre davantage valorisée par le marché que l'offre de référence et vendue à un prix supérieur.
c. Produire une offre techniquement similaire à celle des concurrents mais parvenir à la faire percevoir comme différente grâce à la publicité.

3. Une stratégie low cost a pour but de :
a. Faire produire à l'entreprise l'offre la moins chère du marché.
b. Faire produire à l'entreprise une offre à un coût inférieur à celui de l'offre de référence.
c. Faire produire à l'entreprise une offre à un coût inférieur à celui de l'offre de référence sans dégrader les caractéristiques de cette offre.

4. Sur un marché et à un instant donné, le concept d'offre de référence décrit :
a. L'offre que la majorité des clients s'attend à trouver pour un niveau de prix donné.
b. L'offre qui sert de référence pour l'établissement des prix.
c. L'offre de l'entreprise historiquement dominante.

5. En théorie économique, la pseudo-différenciation vise à :
a. Ajouter des caractéristiques illusoires à l'offre produite par l'entreprise.
b. Déplacer les préférences des consommateurs au profit de l'offre de l'entreprise.
c. Etablir une très légère, donc peu coûteuse, différenciation de l'offre de l'entreprise.

6. Les stratégies d'amélioration et de spécialisation sont :
a. Des stratégies low cost.
b. Des stratégies de restructuration.
c. Des stratégies de différenciation.

>

....>

7. Une stratégie d'épuration s'appuie sur :
a. Une réduction de la gamme de produits offerts de manière à réduire les coûts.
b. Un design produit épuré pour séduire une clientèle haut de gamme et prête à payer un prix plus élevé.
c. Une offre dépourvue de certaines composantes et proposée à un prix inférieur à l'offre de référence.

8. Les stratégies de spécialisation et de limitation ont en commun :
a. De déplacer la demande par une recomposition de l'offre induisant une segmentation du marché a posteriori.
b. De se limiter à un segment du marché identifié a priori pour lui proposer une offre spécifiquement adaptée.
c. De recombiner l'offre de manière à augmenter la valeur perçue et réduire le prix proposé au client.

9. Décrire la chaîne de valeur d'une entreprise consiste à :
a. Identifier les activités élémentaires de l'entreprise pour en analyser le coût et la contribution à la valeur perçue par les clients.
b. Distinguer les activités de « support » des activités qui contribuent réellement à créer de la valeur pour l'entreprise.
c. Evaluer en quoi les « comportements économiques » de la chaîne de production de l'entreprise diffèrent de ceux de la concurrence.

10. Une recomposition de l'offre réussie se caractérise par:
a. Une offre clairement distincte de l'offre de référence, soutenue par un avantage spécifique de l'entreprise, et dont la spécificité est perçue et valorisée par les clients.
b. Un accroissement rapide des profits et de la rentabilité à court terme pour les actionnaires de l'entreprise.
c. Une offre novatrice sur le plan technique ou commercial, liée à la maîtrise d'une compétence, au dépôt d'un brevet ou à un avantage de coût dont les concurrents de l'entreprise sont dépourvus.

Réponses : 1.c, 2.b, 3.b, 4.a, 5.a, 6.c, 7.c, 8.b, 9.a, 10.a

6 Innovations stratégiques et nouveaux *business models*

Les ruptures stratégiques, que nous avons évoquées au chapitre précédent, proviennent généralement d'innovations qui permettent de réduire significativement les coûts tout en augmentant la valeur perçue de l'offre. Ces ruptures ont le potentiel de déplacer l'offre de référence et, ce faisant, de provoquer un bouleversement dans les positions concurrentielles des entreprises du secteur. C'est pourquoi elles proviennent rarement des concurrents déjà en place, qui ont souvent tendance à raffiner leur offre existante et à se méfier de l'innovation radicale. Les innovations de rupture sont la plupart du temps le fait de nouveaux entrants, de PME et surtout de *start-up* qui, n'ayant rien à perdre et tout à gagner, savent prendre des risques et explorer de nouveaux territoires. En effet, pour ces petits et/ou ces nouveaux acteurs, innover en s'écartant significativement de l'offre de référence est quasiment une nécessité pour s'imposer. C'est le point de vue de ces innovateurs que nous adoptons dans ce chapitre.

Remarquons toutefois que l'innovation, même radicale, ne conduit pas systématiquement à des ruptures stratégiques telles que nous les avons définies au chapitre 5. Comme nous le verrons dans ce chapitre, certaines stratégies de recomposition de l'offre, par exemple les stratégies *low cost*, sont également issues d'innovations significatives, même s'il ne s'agit pas toujours d'innovations technologiques.

Les innovations peuvent en effet être de natures très différentes. C'est pourquoi notre conception de l'innovation est bien plus large que la conception traditionnelle, fondée sur la seule technologie. Pour nous, les innovations stratégiques sont celles qui créent de nouveaux *business models* ou bouleversent les *business models* existants, en générant des recompositions de l'offre, des ruptures stratégiques, voire un bouleversement des règles du jeu concurrentiel au niveau de l'industrie. C'est ce que nous montrerons dans la première partie de ce chapitre, en précisant au passage la définition du concept de *business model*, que nous discuterons en deuxième partie. Nous pourrons ensuite, dans la troisième partie du chapitre, détailler les différents types d'innovations stratégiques, et montrer à quelles conditions elles permettent de se doter d'un avantage concurrentiel durable (voir chapitre 7 sur cette notion). Nous donnerons finalement des règles et des pistes opérationnelles pour imaginer, élaborer et réussir les innovations stratégiques.

1 Innovation stratégique et *business model* : définitions

L'innovation a existé de tout temps et a permis à l'homme de progresser et à la société tout entière d'accroître son niveau de richesse et de bien-être. Pensons par exemple à l'invention de la roue et au saut – bien plus important que celui d'Armstrong sur la Lune – que cette innovation a fait faire à l'humanité. Pourtant, le rôle clé de l'innovation dans le développement économique n'a été reconnu, scientifiquement, qu'au début du XXe siècle, grâce notamment aux travaux du célèbre Joseph Schumpeter[1], dont on trouvera une discussion dans l'encadré ci-dessous.

Fondements théoriques

Destruction créatrice, courbe en S et cycle de l'innovation

Le « père » de la théorie du développement économique par l'innovation stratégique est sans nul doute Joseph Schumpeter. Natif d'Autriche, dont il fut ministre des Finances, il termina sa carrière d'économiste en tant que chercheur et enseignant aux États-Unis où il développa sa théorie de l'innovation comme processus de « **destruction créatrice** ». Il fut le premier à mettre en avant *l'entrepreneur* – nous dirions plutôt de nos jours : *l'innovateur* – en tant qu'élément déterminant du développement et du progrès économiques.

Dans l'approche schumpetérienne, l'entrepreneur-innovateur est celui qui initie et met en œuvre des changements dans l'organisation des ressources existantes, de nouvelles combinaisons de moyens, ou de nouvelles compétences, afin de créer de nouvelles possibilités de positionnement pour son entreprise sur ses marchés. En procédant ainsi, l'entrepreneur crée à son profit de nouvelles règles du jeu qui détruisent naturellement l'ordre existant, dont les règles deviennent soudain « périmées ». C'est là le processus de destruction créatrice. L'entrepreneur dispose à ce moment d'un avantage qui se traduit par ce que Schumpeter nomme un « monopole de profits » et que les théoriciens s'accordent désormais à appeler « une rente entrepreneuriale ». Attirés par cette rente de déséquilibre, d'autres entrepreneurs essaient d'imiter l'innovateur, de manière directe si l'innovation n'est pas protégeable, ou de manière créative quand l'innovation est protégée (d'où le concept d'imitation créative décrit par Peter Drucker[2]). En parallèle, de nombreux acteurs innovent en symbiose avec l'innovation principale. La conséquence de cette profusion d'innovations, réussies ou non, est la disparition progressive de la « rente entrepreneuriale » et l'atteinte d'un nouvel équilibre économique au sein du nouveau business. Reste alors à l'entrepreneur originel, ou à tout autre innovateur, à initier une nouvelle rupture et un cycle nouveau.

L'apport fondamental de Schumpeter a été de réinterpréter les cycles économiques en termes de vagues d'innovations successives. Schumpeter trouve en effet dans la discontinuité de l'innovation une clé pour expliquer la succession des périodes de prospérité et de dépression économiques. Les innovations déclenchent l'expansion économique, qui s'éteint lorsque les effets de l'innovation s'épuisent. Une remise en ordre intervient ensuite : c'est la crise suivie d'une dépression. Les innovations >

1. Schumpeter J.A., 1934.
2. Drucker P.F., 1985.

....>

étant d'importance variable, les perturbations qu'elles provoquent sont d'amplitudes diverses. Plusieurs cycles coexistent et interagissent. Schumpeter distingue ainsi un cycle long de cinquante-cinq ans ou cycle de Kondratiev, un cycle moyen de dix ans, ou cycle de Juglar, et un cycle court d'une quarantaine de mois, ou cycle de Kitchin. La période de croissance se situe dans la phase d'expansion des cycles longs. Et cette croissance ne peut exister sans l'apparition d'une innovation majeure, de rupture, qui donne ensuite naissance à des découvertes de moindre importance.
Cette notion de **cycle des innovations** a été développée dans les années 1970 par Utterback et Abernathy[1] qui explicitent et détaillent ses trois phases essentielles :

> La première phase est une période d'incertitude en termes de marché et de technologie, appelée « phase fluide », lors de laquelle des offres alternatives naturellement différenciées se disputent la suprématie. Dans cette phase, les offres sont encore bien imparfaites et l'accent est mis sur la performance du produit. L'expérimentation et l'apprentissage règnent. Ce processus d'essais-erreurs engendre de nombreux échecs.

> Graduellement, ces expériences convergent vers un « design dominant ». Ce design dominant comprend une série de *core design concepts,* qui correspondent aux principales fonctions remplies par le nouveau produit ou service qui émerge et s'impose comme offre de référence. On se trouve alors dans la « phase de transition » qui se caractérise par un mouvement d'imitation et de développement. Le concept d'offre est désormais établi et les efforts des nouveaux acteurs portent sur la diversité des produits (émergence d'une gamme), l'amélioration des performances « techniques », la complétude, la qualité et le coût de l'offre, afin de permettre le développement du marché.

> On entre ensuite dans la « phase spécifique » au cours de laquelle la baisse des coûts devient le leitmotiv essentiel. La standardisation, la rationalisation et les économies d'échelle et d'apprentissage prennent le pas sur l'innovation proprement dite (voir chapitre 4). Le seul type d'innovation qui subsiste à ce stade est l'innovation de processus, mais ses effets s'amenuisent comme peau de chagrin... et, de fait, l'activité est à la merci d'une nouvelle innovation plus performante, défiant les règles établies et créant une nouvelle rupture.

Remarquons d'ailleurs qu'avec leur modèle, Abernathy et Utterback rationalisent et explicitent le fameux mécanisme de la **courbe en S** (comme sigmoïde) – avec ses deux axes : investissements cumulés réalisés sur la technologie et performance de la technologie – si populaire dans le domaine du management des technologies[2].

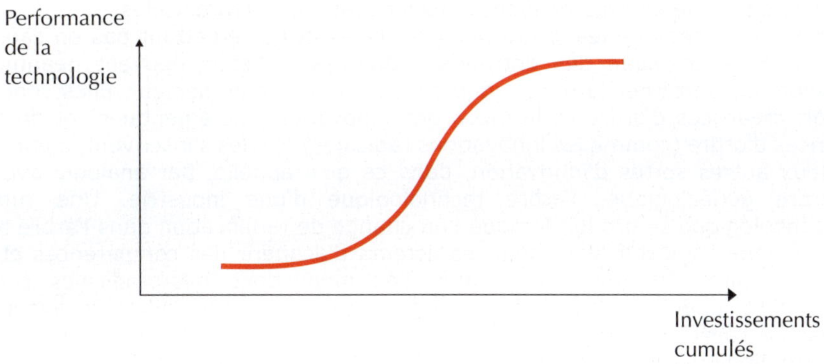

Figure 6.1
La courbe en S

1. Utterback J. et Abernathy W. 1975, 1978.
2. Foster R.N., 1986.

A/ L'innovation de rupture

À la suite de Schumpeter, la plupart des théories distinguent deux grands types d'innovation[1] :

> les innovations de rupture, également appelées « discontinues » ou, plus souvent, « radicales », ont le potentiel de détruire l'ordre existant, de changer les règles du jeu établi et de lancer un nouveau cycle d'innovation. Quand elles réussissent, les innovations radicales permettent de générer des « rentes entrepreneuriales » (voir l'encadré « Fondements théoriques » *supra*) ;

> les innovations d'amélioration, appelées aussi « incrémentales », s'inscrivent dans un cycle d'innovation déjà existant. Apparaissant généralement dans la phase finale du cycle, elles concourent seulement de façon marginale à la performance de l'innovation radicale, par des améliorations du produit ou de son processus de production.

Ce chapitre se focalise sur les innovations de rupture, qui ne sont pas réductibles à une simple accumulation d'innovations incrémentales. Comme l'a fort bien dit Schumpeter : « vous pouvez additionner autant de diligences que vous voulez, vous n'obtiendrez jamais le chemin de fer ».
Notons toutefois que cette distinction entre innovation radicale et innovation incrémentale, même si elle est amplement utilisée, n'est peut-être pas aussi tranchée que l'on s'accorde à le penser, ainsi que le montre la controverse ci-dessous. C'est pourquoi la caractérisation d'une innovation doit être faite avec précaution : toutes les innovations ne sont pas des « ruptures », mais certaines innovations qui paraissent anodines au départ peuvent se révéler plus radicales qu'il n'y paraît. Notons aussi qu'il n'y a pas une identité parfaite entre la notion de « rupture stratégique », présentée au chapitre précédent, et la notion d'innovation de rupture. Même si les deux idées coïncident dans de nombreux cas, reconnaissons que certaines innovations radicales conduisent à une recomposition de l'offre (différenciation ou *low cost*) plutôt qu'à une véritable « rupture stratégique » (*i.e.* augmentation de la valeur perçue et réduction du coût simultanées).

Controverse

L'innovation : incrémentale, radicale ou architecturale ?

T. Durand[2], suivant Utterback, fait remarquer que les innovations radicales, celles qui produisent un bouleversement du jeu concurrentiel, sont extrêmement minoritaires par rapport aux innovations incrémentales. Mais il rajoute à la typologie classique un type nouveau : les innovations microradicales.
Moins intenses que les innovations radicales et ne remettant pas en cause la position stratégique des entreprises établies, celles-ci peuvent néanmoins, selon lui, perturber la dynamique concurrentielle d'un secteur. Elles sont à la fois créatrices d'ordre (à la façon des innovations incrémentales) et destructrices d'ordre (comme les innovations radicales) et elles s'inscrivent, comme les deux autres sortes d'innovation, dans ce qu'il appelle, par analogie avec un arbre généalogique, l'arbre technologique d'une industrie. Une rupture technologique se produit lorsque l'on change de ramification dans l'arbre technologique ; il s'agit alors pour les acteurs d'acquérir des compétences et des savoir-faire résolument nouveaux. Les innovations microradicales correspondent, quant à elles, à des changements de moindre ampleur, ayant lieu dans le cadre des « sous-ramifications » de l'arbre au sein de la même branche technologique. Ainsi, le passage des DRAM (barrettes de mémoire vive) de 64 >

1. Abernathy W. et Utterback J., 1978. O'Connor, G.C. et Rice, M.E., 2001. Freeman C. et Soete L.,1974
2. Durand T., 1991.

....> à 128 puis 256 K relèverait de la microradicalité.

Pour Henderson et Clark[1], la séparation traditionnelle entre innovation incrémentale et radicale est également incomplète et potentiellement génératrice d'erreurs. En effet, les innovations radicales ne sont pas les seules susceptibles de créer des ruptures stratégiques. Les **innovations « architecturales »** ont, elles aussi, ce potentiel.

Les innovations architecturales changent l'architecture d'un produit sans en changer les composants fondamentaux. Si, d'un point de vue technologique, elles apparaissent comme relativement mineures, elles peuvent néanmoins avoir un fort impact stratégique car elles dévalorisent le savoir-faire architectural des firmes en place. Or, comme le savoir-faire architectural tend à être inclus dans la structure et les procédures des organisations établies, cette dévalorisation est difficile à repérer pour ces entreprises, et encore plus difficile à contrer. Notons cependant que les innovations architecturales ne sont pas, loin de là, complètement déconnectées des composants du produit. Il est fréquent qu'elles soient déclenchées par un changement dans un des composants, qui génère de nouveaux liens avec les autres composants du produit.

Par exemple, les compagnies aériennes dites *low cost* ont introduit une innovation architecturale dans le transport aérien. Southwest Airlines, la première d'entre elles, a changé l'architecture de l'offre en ne proposant que des liaisons point à point à partir d'aéroports secondaires, au lieu de concentrer le trafic sur un aéroport central desservi par une série d'aéroports secondaires (organisation dite *hub and spoke*). De plus, Southwest offre une classe unique à un prix unique, pour des voyages d'une heure en moyenne, sans correspondance, sans numéro de siège ni restauration à bord, en utilisant une flotte homogène de Boeing 737. Cette stratégie permet à Southwest de pratiquer des tarifs défiant toute concurrence. Si, en soi, chacun des éléments de l'innovation est très facile à copier pour un concurrent, l'ensemble ne l'est pas. En effet, pour copier Southwest, les compagnies aériennes classiques devraient changer complètement l'architecture de leur offre, en renonçant au passage à leurs clients et leurs routes les plus rentables, et en renouvelant drastiquement leur flotte. Sans être radicale à proprement parler, l'innovation introduite par les compagnies *low cost*, Southwest Airlines en tête, a profondément changé la donne dans le transport aérien, aux États-Unis puis, plus récemment, en Europe. C'est pourquoi nous considérons pour notre part que certaines innovations architecturales peuvent être considérées comme des innovations de rupture.

B/ L'INNOVATION STRATÉGIQUE : UNE RUPTURE DU *BUSINESS MODEL*

Pour nombre de théoriciens, l'innovation ne peut être que de nature technologique et, *a fortiori*, les ruptures ne peuvent être dues qu'à des discontinuités technologiques. Dans les pays développés, où les services représentent plus de 70 % du PNB, concevoir l'innovation de manière aussi étroite réduirait fortement le champ des possibles. Heureusement, il existe des opportunités d'innovation architecturale qui permettent de créer de véritables ruptures stratégiques, indépendamment de tout aspect technologique. Des exemples comme Zara dans le prêt-à-porter, Formule 1 dans l'hôtellerie, Southwest Airlines dans le transport aérien, qui ne doivent rien à la technologie en tant que telle, prouvent à l'envi que les possibilités de discontinuités sont multiformes. Au fond, ce qui compte pour ces innovations stratégiques, c'est leur impact et non leur cause. Force est de constater qu'elles modifient profondément le jeu concurrentiel et ses règles.

1. Henderson R.M. et Clark K.B., 1990.

Dans le domaine de la stratégie d'entreprise, certains auteurs, comme Hamel[1], ou Kim et Mauborgne[2], ont heureusement une conception élargie de l'innovation qui convient mieux à notre propos. Pour notre part, nous définissons l'innovation stratégique de la manière suivante :

> c'est une innovation de rupture qui crée un surcroît de valeur très significatif par rapport à l'offre de référence de l'industrie. Ce faisant, elle permet de répartir ce surcroît de valeur entre l'entreprise innovante, ses clients et les partenaires de son réseau de valeur ;

> elle « invente » un nouveau *business model* plus performant que le précédent, rendant ce dernier obsolète et non pertinent, et mettant en péril les acteurs traditionnels de l'industrie concernée. Les acteurs traditionnels ayant consacré tous leurs efforts et tous leurs investissements à la mise en œuvre d'un *business model* devenu obsolète, ils se retrouvent souvent piégés et ne parviennent pas à se reconvertir ;

> dans certains cas, l'innovation est même susceptible de faire émerger de nouveaux marchés ou de nouvelles industries, soit qu'elle permette de monétiser des besoins latents qui ne pouvaient encore être satisfaits de manière économique (les compagnies aériennes *low cost* par exemple), soit qu'elle ouvre des possibilités inimaginables jusqu'alors (Internet et les moteurs de recherche par exemple).

La valeur d'une innovation stratégique se mesure donc à la solidité et à la pertinence de son *business model*, qu'il s'agisse d'en inventer un tout nouveau ou de modifier profondément celui qui domine une industrie.
Lié au départ au seul univers des nouvelles technologies, popularisé durant la bulle Internet, le concept de *business model* a progressivement trouvé sa place dans tous les autres secteurs d'activité. C'est heureux car il se révèle un outil de réflexion stratégique précieux, pour peu qu'on le prenne dans son acception complète et intégrative[3].

C/ QU'EST CE QU'UN *BUSINESS MODEL* ?

La notion de *business model*, apparue pendant la bulle Internet à la fin des années 1990, est parfois traduite en français par « modèle économique » ou « modèle d'affaires ». Elle est rarement définie de manière rigoureuse.
Les hommes de marketing en ont souvent une vision restreinte parce qu'ils sont essentiellement centrés sur le client, ce qui est hautement respectable mais ne saurait satisfaire les stratèges. Pour eux, le *business model* est limité à la « proposition de valeur ». Un bon *business model* est celui qui offre le plus de valeur au client.
Les financiers ont une double approche, plus intégrée. Pour eux, le *business model* est d'abord un modèle de revenus : quels revenus l'offre peut-elle générer et sous quelle forme ces revenus apparaissent-ils ? En termes plus simples, comment l'offre est-elle facturée aux clients ? Le *business model* est aussi un modèle de coûts. Chaque *business model* doit se traduire en chiffres : des pourcentages représentant l'importance relative des grands postes de dépenses dans la structure de coûts de l'offre. Un financier dira par exemple qu'une entreprise de progiciel d'application doit avoir une structure de coûts avec 80 % de marge brute, 15 % de coûts R&D, 10 % de frais généraux, 40 % de coûts commerciaux et marketing, et un résultat opérationnel de l'ordre de 10 à 15 %. En effet, il est essentiel que le *business model* démontre, sur la base de ses revenus et de ses coûts, sa capacité à dégager des profits pour l'entreprise. Mais cela ne suffit pas ; le *business model* doit aussi rémunérer les capitaux engagés, de manière à créer de la valeur pour les bailleurs de fonds.

1. Hamel G., 1998.
2. Kim C. et Mauborgne R., 1997 ; 2004.
3. Moingeon B. et Lehmann-Ortega L., 2005.

Restent les spécialistes de la stratégie qui font remarquer que revenus, coûts et capitaux engagés ne sont jamais que la traduction chiffrée des choix que l'entreprise a faits pour exercer son métier, agencer sa chaîne de valeur, établir ses relations avec ses partenaires et son réseau de valeur.

C'est en intégrant ces différentes approches que nous aboutissons à la définition suivante[1] :

Un ***business model*** **est composé de trois éléments** (voir figure 6.2) :

> **Une proposition de valeur** pertinente et attractive pour les clients. L'offre doit créer un supplément de valeur pour une cible de consommateurs bien définie tout en spécifiant l'entreprise qui la porte et en distinguant cette entreprise de ses concurrents. L'offre de télécommunications « 3 en 1 » – téléphone fixe illimité sans abonnement, accès ADSL à grande vitesse illimité et accès à toutes les chaînes gratuites de la TNT – à 29,99 €, initiée en France en 2006 par Free, a clairement été perçue comme une proposition de valeur très attractive, tant par les utilisateurs existants d'Internet que par de simples utilisateurs de téléphone. Ceux-ci se sentaient en effet « rançonnés » par France Télécom, qui facturait 14 € d'abonnement par mois en plus des appels. Nombre de clients se sont donc convertis à la toile, favorisant son développement en France. Grâce à cette offre, Free a conquis en 2007 une part de marché de 20 % en France sur l'accès Internet qu'il sera bien difficile de lui reprendre. Free aurait certainement pu faire mieux si son offre n'était pas devenue le standard du marché, l'offre de référence de l'industrie, c'est-à-dire une offre largement copiée… car elle reposait sur des choix et des ressources non distinctives et facilement imitables par la concurrence.

> **Une architecture de valeur** qui explique et décrit comment l'entreprise « réalise » concrètement sa proposition de valeur. Il s'agit de décortiquer les différents éléments de la chaîne de valeur de l'offre, en distinguant ceux que l'entreprise prend en charge en interne, avec son organisation et les processus qui y sont liés, et ceux qui sont externalisés au sein de son réseau de valeur. Le réseau de valeur comprend les fournisseurs et les partenaires externes que l'entreprise implique dans le processus d'élaboration, de production et de mise sur le marché de l'offre. Ces choix d'allocation des activités sont déterminants pour la cohérence entre la proposition de valeur et l'architecture du *business model*. Ils doivent se fonder sur les ressources et compétences distinctives de l'entreprise et de son réseau de partenaires – c'est en cela que l'entreprise aura la capacité à développer un *business model* original et spécifique. Prenons l'exemple de CATIA, le progiciel numéro 1 dans le domaine de la conception assistée par ordinateur (CAO/DAO). Dassault Développement, son éditeur, se consacre à développer et vendre, sous forme de licence généralement unitaire, un produit packagé (un CD avec un manuel dans une boîte) que l'utilisateur pourra, sans aucune difficulté (ou presque), implanter sur son système informatique. Restera bien sûr à savoir l'utiliser. C'est à ce niveau que l'éditeur devra constituer l'écosystème qui assurera le succès de son offre. Ceci passe par un partenariat avec des distributeurs spécialisés et surtout avec des organismes de formation – formation continue bien entendu, mais aussi, et surtout, formation première. Quelle meilleure promotion pour le produit que celle faite par les élèves ingénieurs ou techniciens qui auront appris à exceller dans son maniement pendant leurs études ? Ne sachant travailler qu'avec ce logiciel-là, ils finiront, avec le temps, par l'imposer dans les entreprises qui les emploient !

> **Une équation économique de valeur** prouvant la capacité du *business model* à créer de la valeur pour l'entreprise qui le développe. Cette équation économique doit découler logiquement des deux autres composantes. En effet, les revenus, en type et

1. Moingeon B. et Lehmann-Ortega L., 2005.
Lecocq X., Demil B. et Warnier V., 2006.

volume, sont générés par la proposition de valeur, alors que les coûts et les capitaux engagés sont déterminés par l'architecture de valeur. Ainsi Ryanair – l'archétype des compagnies aériennes *low cost* en Europe – a dégagé en moyenne, de 2003 à 2006, une rentabilité nette de plus de 20 % de son chiffre d'affaires et une rentabilité économique (ROIC[1]) de plus de 11 %. Sa capitalisation boursière atteignait 7 milliards d'euros fin 2007, dépassant largement celle d'Air France-KLM, la « major » européenne à succès de ces dernières années, qui n'atteignait que 4,8 milliards d'euros en novembre 2007. En outre, Ryanair et EasyJet (l'autre success story du *low cost* en Europe) ont généré une création de valeur financière de 7,5 milliards de dollars entre 1995 et 2003, alors que la quasi-totalité des autres compagnies aériennes détruisait de la valeur. *Low cost… but high profit and high value !!!*

Figure 6.2
Les trois éléments constitutifs d'un *business model*

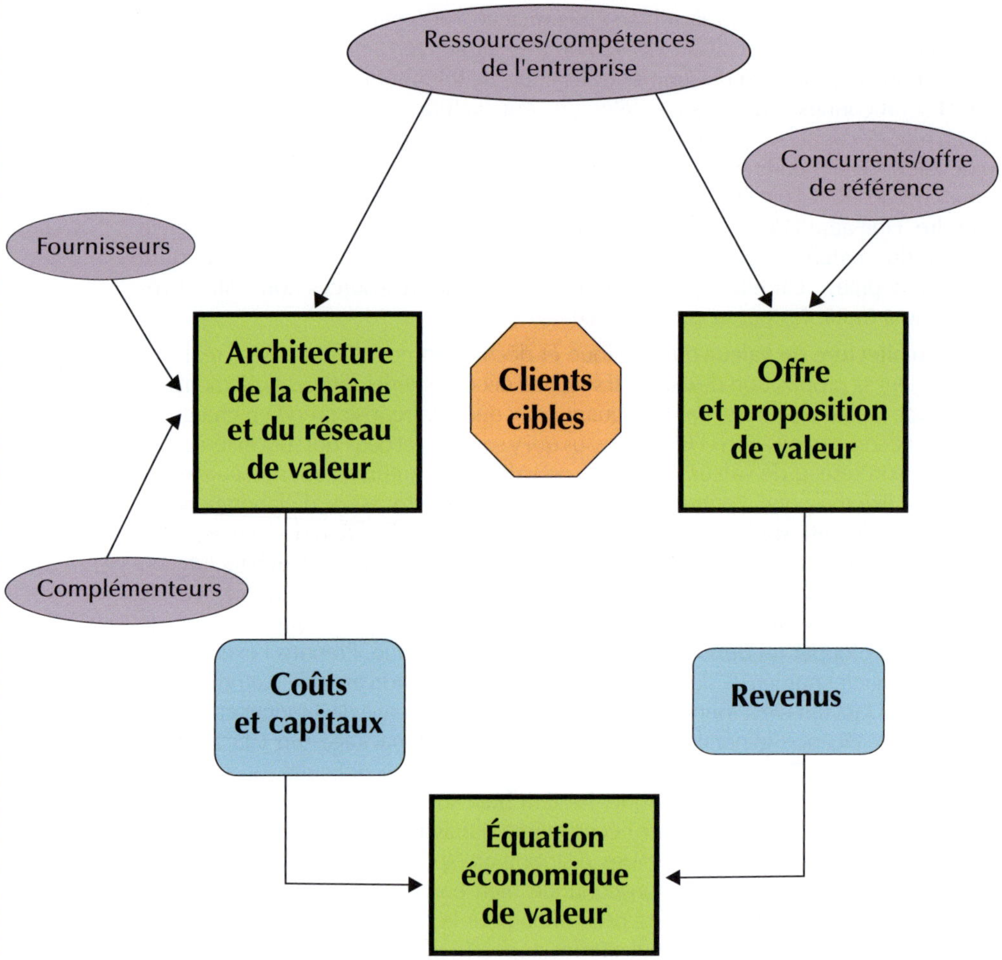

Source d'après X. Lecocq, B. Demil & V. Warnier et L. Lehmann-Ortega & B. Moingeon.

1. *Return On Invested Capital.*

2 Construire un nouveau *business model*

Pour élaborer son offre, l'entreprise combine et organise des compétences et des ressources (internes ou détenues par des partenaires) qui génèrent des coûts. Elle doit ensuite commercialiser cette offre à un prix supérieur à ces coûts. Mais en fixant son prix, elle doit veiller à transférer suffisamment de valeur aux clients afin que ceux-ci acceptent de payer le prix fixé, dans un contexte où le client compare le prix et la valeur de l'offre à ceux des offres de substitution disponibles.

Comme l'illustre la figure 6.3, l'entreprise crée, en commercialisant son offre, une valeur ajoutée qu'il s'agit de répartir entre :

> la valeur capturée par l'entreprise : prix – coûts,

> et la valeur capturée par le client : valeur perçue – prix.

Toute bonne proposition de valeur doit respecter deux règles clés :

> générer une valeur ajoutée (valeur perçue par les clients – coûts) maximale ;

> transférer une partie suffisante de cette valeur aux clients et aux partenaires, mais en retenir une part suffisante pour être économiquement rentable et rémunérer correctement les capitaux investis.

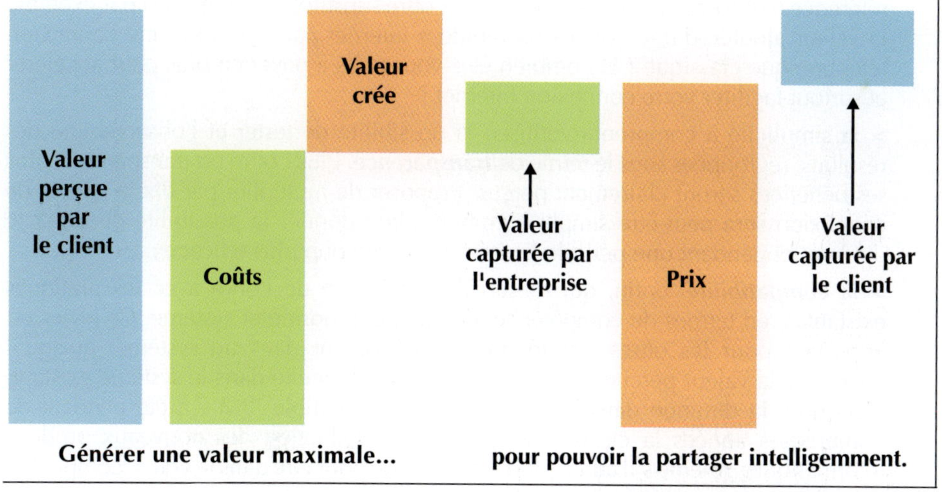

Figure 6.3
Création et capture de valeur sont les deux enjeux clés

A/ Construire une proposition de valeur attractive

L'attractivité d'une offre provient essentiellement de la valeur que capture le client en acquérant cette offre. En tant que client, nous n'achetons en effet un produit ou un service que parce que nous sommes convaincus de bénéficier d'un surcroît de valeur par rapport au prix que nous payons. Si cette notion peut sembler purement théorique dans le cas des biens de grande consommation de type B2C (*business to consumer*), elle est en revanche tout à fait tangible dans les activités B2B (*business to business*). Un client industriel n'achète une prestation à un fournisseur que si cette prestation lui permet de générer un revenu supérieur au prix payé. Sinon, l'achat ne serait pas « rentable ».

Évaluer la valeur perçue par le client

Force est de reconnaître que la valeur perçue par le client est, hélas, souvent difficile à quantifier, bien qu'il existe des méthodes – l'analyse conjointe – qui permettent de tester la valeur perçue et le prix acceptable de chacun des attributs d'une offre (voir chapitre 5). Dans un souci de simplification, nous conseillons d'analyser et estimer la valeur perçue d'une offre en l'identifiant à un compromis (un *trade-off*[1]) que tout consommateur fait entre les bénéfices et les sacrifices qu'il perçoit dans cette offre par rapport aux caractéristiques de son « offre de référence » (voir chapitres 3 et 5).

Évaluer les bénéfices perçus

Trois éléments influencent les bénéfices perçus par un client potentiel :

> l'***avantage relatif*** pour le client, lié au niveau de valeur ajoutée de l'offre. Dans le cas des offres créatrices d'un nouveau marché, le consommateur va estimer, dans l'absolu, ce que l'innovation peut lui apporter en termes d'amélioration de confort d'utilisation et de résolution de ses insatisfactions (temps consommé, impossibilité d'utilisation ou complexité de fonctionnement). Dans le cas d'une offre de substitution, le client comparera le différentiel de valeur perçue entre l'offre de référence (celle des acteurs dominants) et l'offre substitutive. Quelle est par exemple la valeur ajoutée d'une connexion rapide à Internet *par rapport à* une connexion téléphonique classique ? Et combien êtes-vous prêts à payer en plus pour accélérer et surtout faciliter votre connexion Internet ?

> la simplicité à comprendre/utiliser, la possibilité de tester et l'observabilité des résultats, regroupées sous le terme de ***transparence***. Plus l'offre est transparente, plus ses bénéfices seront clairement perçus. Proposer de multiplier par dix la vitesse de connexion sera peut-être simple à comprendre ; donner la possibilité de tester le différentiel pendant une période limitée sera beaucoup plus efficace ;

> la ***compatibilité***, enfin, qui mesure la cohérence de l'offre avec les pratiques existantes, en termes de compétence, équipement, norme et système. Ce levier est important pour les offres « systémiques » (s'insérant dans un système) puisqu'il augmente la valeur perçue si l'offre s'insère sans difficulté dans le système existant, alors qu'il la diminue dans le cas inverse. « Compatible IBM » a été pendant de nombreuses années la clé de succès pour l'introduction des nouveaux produits informatiques ; même s'il aurait plutôt fallu écrire, pour être dans le vrai, « compatible Wintel (Windows + Intel) ».

Estimer les sacrifices perçus

Les sacrifices, quant à eux, sont liés à deux éléments :

> le ***risque perçu*** lié à l'adoption de l'offre. Il correspond au risque de faire le mauvais choix, c'est-à-dire de choisir l'offre d'une entreprise qui disparaîtra ou qui ne deviendra pas le standard du marché. Ce risque est naturellement fort dans les cas de modification des standards et plus particulièrement lorsqu'il y a de fortes externalités de réseau[2] (voir chapitre 9), situation caractéristique des innovations systémiques comme le téléphone, les logiciels ou les jeux électroniques par exemple ;

1. Zeithaml V., 1988.

2. On dit qu'il y a externalité de réseau quand la valeur d'une offre augmente à mesure que sa base installée augmente. Autrement dit, les clients trouvent l'offre d'autant plus attractive que le nombre de clients l'ayant déjà adoptée est élevé. Un cas évident est celui du téléphone : il est d'autant plus intéressant d'avoir le téléphone qu'on peut appeler un nombre élevé de correspondants. À l'inverse, être seul à en disposer n'a aucune valeur car on ne peut appeler personne.

> les ***coûts de transfert*** liés à l'adoption de la nouvelle offre. Le fait d'adopter une nouvelle offre – nouvelle en soi ou nouvelle uniquement parce qu'elle émane d'un nouveau fournisseur – peut conduire le client à abandonner un équipement spécifique et coûteux qu'il utilisait dans le cadre de ses relations avec son ancien fournisseur, à perdre le fruit d'années de collaboration avec ce fournisseur, à devoir reconstruire de nouvelles routines d'organisation, à acquérir de nouveaux savoir-faire, à reformer tout son personnel... Tous ces renoncements constituent des sacrifices que les clients perçoivent souvent de manière très sensible.

Mesurer le trade-off bénéfices/sacrifices

Une fois estimés bénéfices et sacrifices, c'est au jeu de la balance qu'il convient de s'exercer. La figure 6.4 permet de positionner toute offre dans un des quadrants de la matrice et de proposer une recommandation. Il n'existe qu'un seul positionnement favorable, assurant un développement sans difficultés de l'offre, celui qui se trouve en bas à droite de la matrice. Pour les autres, retravailler le *business model* est un minimum ; abandonner est plutôt la règle.

Sacrifices perçus	Forts	« ***No Way*** » *défavorable à l'adoption* → Ne pas y mettre les pieds	« **Coup de cœur** » *indétermination forte* → Retravailler l'innovation pour en diminuer les sacrifices perçus
	Faibles	« **Pétard mouillé** » *indétermination faible* → Retravailler l'innovation pour en améliorer les performances, ou abandonner si ce n'est pas possible	« ***Value Max*** » *favorable à l'adoption* → Mettre en œuvre l'innovation en maximisant la valeur perçue par le client
		Faibles	Forts
		Bénéfices perçus	

Figure 6.4
Quatre situations dans le *trade-off* bénéfices/sacrifices perçus de la valeur perçue par le client

L'expérience montre par ailleurs que, dans l'évaluation du solde bénéfices – sacrifices, la tendance naturelle des innovateurs les pousse plutôt à l'optimisme. Nous recommandons donc de ne pas surestimer les bénéfices – n'oublions pas l'échec d'Iridium (un système de télécommunication par satellites couvrant la planète) qui a coûté quelques milliards de dollars à Motorola, ou du Wap (messagerie bas débit sur téléphone portable) qui n'a jamais trouvé sa place – et de ne pas sous-estimer, voire oublier, les sacrifices qu'entraîne l'adoption de la nouvelle offre. Le fameux exemple du clavier Dvorak (voir le Mini-cas ci-après) est illustratif de l'importance des coûts de transfert, dans le cas où l'offre est soumise à de fortes externalités de réseau, ce qui favorise l'émergence d'un standard technique dominant sur lequel l'ensemble de l'industrie a tendance à s'aligner.

MINI-CAS

Il n'était pas une fois le clavier Dvorak

La disposition du clavier que nous utilisons sur nos ordinateurs n'a pas changé depuis les premières machines à écrire du XIXe siècle. C'est en effet dans les années 1860 que Christopher Latham Sholes conçoit le clavier QWERTY (pour la langue anglaise) et met au point le prototype de la machine à écrire qui sera produite en grande série par l'armurier Remington. Les dispositions QWERTY et AZERTY (une simple adaptation du QWERTY pour la langue française) ont été en fait conçues pour gommer les imperfections mécaniques des premières machines à écrire dont les tiges de touches voisines avaient tendance à s'entremêler et à se coincer. On a donc conçu les claviers de telle sorte que les lettres les plus fréquemment utilisées se trouvent suffisamment éloignées les unes des autres, afin que les tiges de la machine ne s'emmêlent pas. Cette disposition a évidemment pour effet de ralentir la frappe.
Dans les années 1930, aux États-Unis, August Dvorak invente une autre disposition optimisée pour la frappe de texte en langue anglaise, disposition connue sous le nom de clavier Dvorak, qui génère :

> un plus grand confort et moins de fatigue musculaire ;

> pour ceux qui souffrent d'un syndrome du canal carpien, une amélioration de leur état ou une guérison ;

> souvent une diminution du nombre de fautes de frappe ;

> un gain dans la vitesse de frappe (tous les dactylographes retrouvent au minimum la vitesse qu'ils avaient sur clavier classique).

En effet, sur un clavier Dvorak, plus de la moitié des caractères d'un texte standard sont tapés en utilisant les huit touches de base, c'est-à-dire sans bouger les doigts de leur position de base, contre moins d'un quart pour un clavier QWERTY/AZERTY.
Ajoutons, bien entendu, que l'apprentissage de la dactylographie (frappe à dix doigts) sur un clavier Dvorak est nettement plus rapide et moins fastidieux que sur clavier traditionnel.
Mais le clavier Dvorak, malgré ses avantages, n'a jamais percé. Les coûts de transfert ont été jugés beaucoup trop importants car il aurait fallu 1) reformer des centaines de millions de personnes et 2) changer en même temps tous les claviers, la coexistence de deux standards de clavier étant estimée totalement impossible à gérer. Le standard QWERTY/AZERTY est donc un bel exemple d'externalité de réseau[1] qui a conduit à la domination d'une technologie inférieure.

Source : http://www.algobe/ergo/dvorak-fr.html#pourquoi.

Questions

1) À part les externalités de réseau, quelles sont les autres raisons qui peuvent expliquer l'échec du clavier Dvorak ?
2) Les claviers azerty et qwerty sont-ils éternels ? Qu'est-ce qui pourrait faire changer la disposition des touches sur les claviers à l'avenir ?

Comme c'est la valeur perçue et non la valeur réelle qui détermine la *willingness to pay* (*cf.* chapitre 5), ce sont les bénéfices et les sacrifices perçus de l'offre qui importent. Par exemple, les coûts réels de changement d'un fournisseur transformateur de matière plastique semblent particulièrement faibles, du point de vue du donneur d'ordre. Celui-ci est en effet propriétaire de ses moules (coûteux et spécifiques) que les plasturgistes placent dans des machines à injecter pour produire des pièces. Les plasturgistes sont donc de purs sous-traitants, *a priori* à la merci des

1. Voir note précédente.

clients qui peuvent du jour au lendemain reprendre leurs moules et les confier à un autre prestataire. De tels changements sont pourtant exceptionnels dans la pratique, même lorsque le client est insatisfait de son fournisseur. La raison en est que les plasturgistes ont convaincu leurs clients que la maîtrise d'un moule, son bon entretien et sa bonne utilisation s'acquièrent avec l'expérience et donc qu'il faut conserver son partenaire dans la durée. Si l'on ajoute qu'il faut aller récupérer le moule sur place puis l'apporter au nouveau fournisseur, ce qui génère beaucoup d'administration, de souci et de temps perdu, sans compter qu'on n'est jamais sûr dans ce métier que le nouveau fournisseur est meilleur que l'ancien..., on voit que les sacrifices perçus deviennent de petites montagnes qui conduisent à l'immobilisme et à des situations de *lock-in* (verrouillage).

Déterminer le prix

Le ***niveau de prix*** détermine l'effort financier que le consommateur réalise en acquérant l'offre. Il faut prendre en compte deux données de base pour fixer ce prix :

> le prix de l'offre de référence, qui est généralement aisé à déterminer,

> la somme des coûts du *business model*, qui doit être couverte par le prix.

Concentrons-nous sur le prix de l'offre de référence. *A priori,* l'entreprise doit fixer son prix de telle sorte que, pour le client, la marge d'acquisition de son offre soit supérieure à celle de l'offre de référence. Ce faisant, il convient de prendre en compte les cinq phénomènes suivants[1] :

> Dans des cas – rares – de profonde recomposition de l'architecture de valeur, l'entreprise peut se trouver dans une position où elle propose une offre perçue comme fortement améliorée par rapport à la référence tout en étant en mesure de la produire à un coût significativement plus faible. C'est la grande force du *business model* d'Ikea par rapport aux magasins de meubles traditionnels, par exemple (voir le Mini-cas correspondant dans le chapitre 5). L'entreprise dispose alors d'une très grande latitude pour fixer son prix.

> Les consommateurs ne sont pas toujours aussi sensibles au prix qu'on l'imagine. Des recherches ont montré que, dans les biens industriels, les acheteurs valorisent d'abord les performances, puis le niveau de service d'une offre, bien avant son prix. En grande consommation, une bonne moitié des clients des hypermarchés sont incapables de donner le prix des articles qu'ils mettent dans leur caddie. « Donner » au client une portion trop importante de la valeur ajoutée de l'offre en pratiquant un prix trop bas serait donc une erreur.

> La « Prospect Theory »[2] stipule que, lorsqu'ils évaluent une offre, les individus la comparent effectivement à un référent en termes de gains et de pertes... mais que leur fonction d'utilité des sacrifices a une pente bien plus forte que celle des bénéfices perçus. Ils survalorisent un sacrifice par rapport à un bénéfice d'un même montant économique. Cet élément renforce notre analyse précédente quant à l'optimisme exagéré des innovateurs. Ils ont tendance à sous-estimer les sacrifices perçus par les clients et, partant, à surestimer la valeur perçue par le client, donc à fixer des prix excessifs par rapport à l'offre de référence. Ce risque est d'autant plus grand que les sacrifices perçus par le client jouent un rôle très significatif dans sa perception de la valeur.

> Un prix doit être perçu comme équitable. Or le prix de l'offre de référence impacte fortement la perception des clients habitués à acheter un produit ou un service[3]. Même si une offre innovante présente un différentiel de valeur important par rapport

1. Hinterhuber A., 2004.
2. Kahneman D. et Tversky A., 1979.
3. Thaler R., 1985.

à l'offre de référence, son prix, pour rester acceptable, ne peut pas trop s'éloigner de celui de l'offre de référence.

> Enfin, tous les « clients » potentiels ne perçoivent ni de la même façon ni dans la même mesure la valeur d'une offre. La mythique veuve de Carpentras n'accordera pas à une connexion Internet à haut débit la même valeur qu'un jeune qui charge de la musique en *Peer to Peer* (P2P). La règle dans ce domaine est évidente : segmenter et cibler les segments de consommateurs qui valorisent le plus, voire survalorisent, le différentiel entre l'offre innovante et l'offre de référence.

B/ Concevoir une architecture de valeur performante

L'entreprise construit l'architecture de valeur de son *business model* en fonction de ses compétences, de ses ressources propres, de ses moyens et de sa capacité à intéresser à la réalisation de son offre des partenaires (fournisseurs, sous-traitants, distributeurs, complémenteurs). En effet, qui dit architecture de valeur dit externalisation. Sur quelles activités doit se concentrer l'entreprise et quelles activités doit-elle confier à des partenaires ?

Se concentrer sur son territoire de création de valeur maximum et construire son écosystème

Dans nos économies actuelles, il est de plus en plus rare qu'une entreprise puisse à elle seule réaliser toutes les activités qui existent au sein de chaînes de valeur qui deviennent de plus en plus complexes. D'autant que les clients exigent désormais, assez systématiquement, des solutions complètes, globales et auto-satisfaisantes. Les entreprises se trouvent ainsi « piégées » dans une situation paradoxale : la pression de leurs clients les pousse à des solutions complètes, source de diversification et d'éparpillement de ressources et moyens, alors que la pression des marchés financiers les conduit à se focaliser, se spécialiser, se concentrer sur leur cœur de métier, leur territoire de création de valeur. Pour résoudre ce paradoxe, la seule solution est de développer des partenariats avec des entreprises complémentaires, voire certaines fois supplémentaires. Les compagnies aériennes *low cost* ont ainsi décidé d'externaliser la plupart de leurs activités (possession, gestion et maintenance de la flotte, enregistrement et service aux passagers…) et de se concentrer en revanche sur toutes les opérations de vente (par Internet) tout en faisant une série de choix cohérents pour réduire leurs coûts : vols court courrier uniquement et de point à point, uniformisation de la flotte, localisation sur des aéroports secondaires, pas de classe affaire, ni de repas, ni de service de correspondance des bagages pour réduire les temps d'escales et mieux utiliser la flotte…

Pour qu'une architecture de valeur innovante fonctionne concrètement, il faut être capable de respecter deux conditions vis-à-vis des partenaires impliqués : 1) les intéresser à s'associer à l'offre et 2) partager tout ou partie de la valeur ajoutée créée avec eux. L'enjeu de maximisation de la valeur ajoutée évoqué précédemment est d'autant plus important que cette valeur devra être partagée avec une multitude d'acteurs et de partenaires. Et la règle de base des affaires s'applique pour chacun d'entre eux : chaque partenaire doit trouver son intérêt et capter une partie de la valeur créée. Dans la mesure du possible, il faut trouver des partenaires capables de vivre de leur propre valeur ajoutée (voir le Mini-cas sur SAP ci-après) car, si cela est impossible, il faudra leur céder une partie de la valeur créée par l'entreprise… au détriment de sa propre rentabilité.

MINI-CAS

L'architecture de valeur et l'écosystème de SAP

Un ERP est un outil qui restructure tous les processus d'une entreprise. Il ne peut donc être envisagé isolément ; c'est un choix de l'entreprise dans son ensemble, qui implique et concerne l'ensemble des entités et du personnel. Bien que le prix moyen unitaire d'une licence SAP soit moins cher que celui du logiciel CATIA que nous avons déjà évoqué, les sommes en jeu sont très supérieures. Ainsi le coût total des licences SAP vendues à Péchiney a dépassé les 15 millions d'euros. Mais surtout, la mise en place d'un ERP induit des besoins extrêmement importants d'adaptation des méthodes et des processus, de formation des équipes et de déploiement de la solution une fois celle-ci prête à fonctionner. SAP, le leader allemand de l'ERP, a choisi de se concentrer uniquement sur le développement, la complétude et l'amélioration constante de sa suite logicielle intégrée. En revanche, pour tout ce qui concerne la préparation, le conseil, l'implémentation et la formation des clients ayant acquis son produit, SAP s'appuie sur des sociétés de service extérieures (SSII, cabinets de conseil en management, en IT...) de grande notoriété. Comme 1 € de licence SAP génère en moyenne 4 € de prestations de service, les partenaires y trouvent largement leur compte et participent activement à la commercialisation du produit SAP en ouvrant les portes de « grands comptes » avec lesquels ils entretiennent des relations étroites. Tous ces acteurs vivent en effet sur la vente de compétences, de jours-hommes : un métier bien différent dans sa forme et sa mécanique de celle d'un éditeur de logiciels. Ainsi s'est créé autour de SAP un véritable écosystème qui non seulement complète l'offre SAP, mais qui de plus peut directement vivre de ses propres prestations, de sa propre valeur ajoutée, sans « manger » sur celle de l'éditeur ERP.

Questions

1) Pourquoi SAP se spécialise-t-il sur le logiciel et laisse-t-il tout le marché de l'intégration de systèmes aux sociétés de services informatiques ?
2) Quels sont les avantages et les inconvénients de cette stratégie ?

Intéresser tous les partenaires et déterminer le « bon » client

La figure 6.3 n'est que la représentation simplifiée d'une situation généralement beaucoup plus complexe. Il est rare en effet que l'acte de production et de vente d'une offre soit purement bilatéral : un vendeur – un acheteur. En règle générale, une multitude d'acteurs interviennent tant dans le processus de décision d'achat (utilisateur, acheteur, prescripteur) que dans la chaîne de valeur de l'activité concernée. Prenons le cas d'un produit alimentaire et considérons le travail du designer qui doit concevoir son emballage. Quelles fonctions doit remplir cet emballage, ou plus exactement à qui doit-il procurer de la valeur ? Il doit, bien sûr, être attractif pour le consommateur, mais il doit aussi être facile à manipuler par les distributeurs, susceptible d'être fabriqué à un coût compétitif par le fabricant d'emballages, facilement utilisable, c'est-à-dire mécanisable chez l'industriel, et enfin simple à transférer pour les transporteurs. Ce nouvel emballage concerne donc toute la chaîne de valeur et il faut prendre en considération tous ses intervenants. Dans une telle situation, la proposition de valeur doit donc intéresser, puis séduire, chacun des acteurs concernés, faute de quoi le système risque de se bloquer. Reste enfin à déterminer qui, parmi ces acteurs, est le « bon client », c'est-à-dire celui à qui il faut vendre l'innovation, celui qu'il faut convaincre en priorité, celui qui acceptera d'adopter la nouvelle offre et d'en payer le prix.

Cet acteur n'est pas toujours celui que l'on croit (voir les deux Mini-cas suivants). Par exemple, il est intéressant de s'interroger pour savoir à qui le conditionnement en brique des liquides (lait, jus de fruits) apporte le plus de valeur : au consommateur ou au transporteur et au distributeur ? Cette question n'est pas innocente car elle détermine les choix d'architecture de la chaîne de valeur et influence ainsi la profitabilité et le potentiel de diffusion du *business model*.

MINI-CAS

Trouver le « bon » client : Gorilla Inc.

Gorilla Inc. est une entreprise qui a développé une technologie permettant aux joueurs de jeux électroniques en ligne de pouvoir se défier quelles que soient leurs conditions d'accès à la bande passante. Utilisant un système propre à la technologie de Gorilla Inc., les développeurs de jeux ont la possibilité de hiérarchiser les informations qui passeront par la bande passante en fonction de son niveau d'utilisation. En cas de « bouchon », on peut par exemple se passer de montrer les spectateurs et les panneaux publicitaires d'un circuit de formule 1 ; en revanche la visualisation de la route et des positions des voitures proches constituent des donnés indispensables aux joueurs.

Pour imposer sa technologie, Gorilla Inc. a plusieurs acteurs à convaincre dans la chaîne de business des jeux en ligne :

> les joueurs, qui seront séduits par la meilleure interactivité et surtout l'utilisation du jeu, même en conditions dégradées et entre joueurs à conditions de réseau différentes ;

> les développeurs de jeux et les éditeurs, qui bénéficieront d'une plate-forme générique de qualité, ce qui leur évite de développer la leur (gain de temps et d'argent) ;

> les fournisseurs de jeux, qui, en gérant tous les jeux proposés sur une seule plate-forme générique, pourront réduire leurs coûts d'infrastructure et de maintenance ;

> et enfin les opérateurs et fournisseurs d'accès qui rentabiliseront leur bande passante en facturant plus de clients ou d'offres de qualité sans investissement supplémentaire.

Dans le cas présent, Gorilla Inc. détient des arguments susceptibles d'intéresser et de convaincre chacun des acteurs clés de sa chaîne de business.

Questions

1) Qui est le « bon client » que doit cibler Gorilla ?
2) Comment « vendre » l'innovation à ce client ?

MINI-CAS

Vendre au « bon » client : Protécoque

Protécoque est un système (une bâche + un liquide) innovant de protection et de nettoyage des coques de bateaux de loisir à moteur lors de leur séjour au port. Le projet initial prévoyait de distribuer ce système auprès des plaisanciers par un réseau de *shipchandlers* installés dans des ports de plaisance importants. Or, le *business model* de Protécoque passait sous silence le fait que le gain que ces *shipchandlers* allaient réaliser sur la commercialisation de ce système ne compenserait pas, et de loin, les marges que générait leur activité de maintenance et d'entretien des bateaux, marges qui allaient disparaître si le système rencontrait le succès. Ce mode de distribution était évidemment voué à l'échec car, si Protécoque créait beaucoup de valeur pour lui-même et pour le client final, c'était au détriment du *shipchandler*. La répartition de la valeur créée était donc intenable. Il fallait la revoir complètement pour sortir de l'impasse.

En première approche, on pouvait penser augmenter le prix et la marge du distributeur ; mais dans ce cas la valeur laissée au client final avait de fortes chances d'être insuffisante pour le convaincre d'adopter la nouvelle offre.

Une autre solution était de remplacer les *shipchandlers* par un autre canal de distribution qui ne verrait dans l'offre nouvelle que des bénéfices et aucun sacrifice. Mais l'analyse a révélé que, hors activités de maintenance de bateaux, les canaux de distribution possibles étaient peu nombreux et surtout peu crédibles en terme d'efficacité commerciale.

En dernier recours, on pouvait enfin imaginer de « court-circuiter » les *shipchandlers* et de retenir un mode de vente directe aux propriétaires de bateaux. Mais la difficulté de constituer une base de données pertinente et suffisante pour démarrer et se développer, ainsi que les risques liés à une installation du système sans les conseils d'un professionnel éliminaient cette solution. Conclusion : on se trouvait dans une impasse et il fallait abandonner le projet.

Cependant, avait-on envisagé toutes les alternatives ? Non. Il en restait une : proposer le système en B2B (*Business to Business*) aux seuls *shipchandlers*, afin qu'ils l'utilisent comme nouveau moyen d'entretien du parc de bateaux qu'ils géraient, sans effet direct sur le mode et le montant de leur facturation aux propriétaires de bateaux. Dans une telle approche, les *shipchandlers* étaient largement gagnants : pas de perte de revenus et une réduction très significative de leurs coûts de maintenance. Pour faciliter l'adoption de l'innovation, on pouvait même envisager de ne pas leur vendre le système, mais de le leur louer. Bien entendu, dans ce nouveau modèle, c'est l'utilisateur final qui ne gagne plus rien. Mais est-ce important pour une activité de loisir fondée sur le plaisir ? Les études montrent en effet que la très grande majorité des plaisanciers ignore le montant réel des coûts de maintenance de leur bateau et ne s'en préoccupe que très peu.

Questions

1) La stratégie B2B envisagée vous paraît-elle tenable ?
2) Quels sont les obstacles possibles à la réussite de Protécoque ?

C/ Aboutir à une équation économique de valeur

Alors que la proposition de valeur détermine le type et le volume de revenus, les choix effectués dans la manière dont l'entreprise architecture sa chaîne de valeur interne et externe impactent directement les coûts et les capitaux engagés. Cette équation, revenus – coûts, doit prouver la pertinence du *business model* en terme de création de valeur et de rentabilité. Il va sans dire qu'il est crucial de démontrer cette rentabilité lorsqu'on cherche des investisseurs.

Choisir son modèle de revenus et en accroître les flux

Par simplification on peut dire qu'il existe trois grandes sources de revenus :

> ***Les droits***, lorsque la firme vend le droit d'exploiter, en ses lieu et place, des actifs qu'elle possède et/ou a développés. C'est le cas des ventes de brevets ou de licences d'utilisation de ses actifs et savoir faire et, si l'on étend le concept, des services liés à l'exploitation du fichier des clients (*profiling*) par exemple. Ce type de revenus présente deux grands avantages : d'une part, une fois l'actif créé, il est généralement peu coûteux à entretenir ; d'autre part, il peut être commercialisé à l'infini pour un coût de duplication très faible. C'est donc une source de revenu qui bénéficie d'un fort effet d'échelle, très apprécié des investisseurs. Notons cependant que ces revenus ont toujours une durée de vie limitée (vingt ans pour un brevet) et que plus leur base est intangible, plus leur détournement est difficile à contrôler.

> ***Les produits*** constituent la source de revenus la plus classique. Ils présentent plusieurs avantages : ils sont très transparents et facilement testables, donc plus faciles à vendre, plus difficilement copiables que les droits et ont en général des coûts très sensibles aux économies d'échelle et d'expérience. En revanche leur mise au point et leur fabrication sont plus coûteuses que celles des droits. Leur industrialisation étant en général lourde en investissement, leur intensité capitalistique est élevée. Il faut de plus assurer le financement d'un cycle d'exploitation où les stocks vont grever des marges naturellement plus faibles que celles des droits. Le phénomène de base installée qui caractérise les industries d'équipement peut, en revanche, constituer une source génératrice de revenus complémentaires et, surtout, une occasion de relation entretenue avec les clients.

> ***Les services*** représentent la source de revenus qui se développe le plus. Plasticité, capacité de personnalisation et relation étroite avec le client constituent leurs avantages majeurs. L'inconvénient se situe généralement dans le peu d'effet d'échelle et le fort risque d'imitation qui les caractérisent. Ils sont généralement dédaignés par les investisseurs sauf s'il existe des leviers de valeur qui permettent de sortir de la relation proportionnelle revenus/coûts. eBay est de ce point de vue une excellente illustration d'un modèle d'intermédiation Internet très rentable parce qu'il ne propose aucun des services complémentaires au-delà de la pure transaction – logistique, assurance, financement – et n'entraîne en conséquence aucun des coûts variables liés à ces services. C'est parce que l'offre est simpliste et qu'elle repose sur des coûts essentiellement fixes que les effets d'échelle jouent à plein.

À la lecture des trois points précédents apparaît la règle première des bons *business models* : ils doivent s'appuyer sur des leviers exponentiels de création de valeur qui, de manière évidente, sont liés aux effets d'échelle et d'expérience.

Suivant les sources d'où ils proviennent, ces revenus peuvent se présenter sous trois formes :

> des revenus instantanés (*one shot*), généralement de fort montant. C'est le cas en particulier des ventes d'équipement, de systèmes ou de droits ;

> des revenus récurrents de montant relativement important : vente de produits ou services ou modèle de l'ASP (*Application Service Provider*)

> des revenus possiblement récurrents mais irréguliers et de faible montant unitaire ; cette situation est propice à un système d'abonnement bien calculé et peu coûteux à suivre et facturer.

Dans ce domaine, les règles du jeu actuelles sont d'essayer de générer un *mix* de revenus rapides et simultanément récurrents, ce qui permet *a priori* de réduire le risque. On comprend bien l'intérêt de l'association entre rapidité et récurrence : la rapidité réduit le temps d'atteinte du point mort et la récurrence plaît beaucoup aux financiers car elle assure un revenu parfaitement prévisible. Concilier ces deux paramètres s'avère en revanche plus difficile, même si certaines activités s'y prêtent naturellement. Ainsi, les fournisseurs d'équipement scientifique aux laboratoires d'analyse peuvent naturellement combiner rapidité et récurrence en vendant leur équipement dans un premier temps sous une forme *one shot* et en s'assurant des revenus récurrents au travers de la vente des consommables liés aux processus d'analyse et de révélation de leur matériel. D'autres situations exigent davantage de subtilité pour adapter l'offre et créer un mode combiné de revenus. La mixité de revenus est en effet possible dans beaucoup d'activités, pourvu qu'on la recherche. C'est le cas des logiciels, dès lors que l'on réduit le montant de la vente *one shot* des licences au profit d'un revenu annuel et récurrent plus important que les 10 % à 15 % annuels classiques de maintenance qui sont facturés. Mathématiquement, le montant instantané ayant été réduit, le pourcentage de facturation annuelle doit augmenter et on en profitera pour imputer en plus des revenus de services complémentaires.

Concevoir un modèle de coûts et de capitaux performant

Le modèle de coûts et de capitaux complète utilement le *business model* en introduisant une vision arithmétique simple à lire et à comprendre. Sous cette forme, on pourra s'interroger utilement sur la nature et l'importance des variables coûts du modèle, sur leurs évolutions dans le temps (la manière dont se construit et évolue la création de valeur captée par l'entreprise) et enfin sur les interactions qui existent entre ces variables (analyse de cohérence du modèle). Pour que cet exercice arithmétique soit pertinent, il convient d'utiliser les standards GAAP *(General Agreement on Accounting Principles)* de la comptabilité américaine. En effet, la comptabilité américaine facilite l'analyse managériale car elle classe les charges et coûts selon leur destination (coût des marchandises vendues, charges de R&D, frais de commercialisation et de promotion, frais financiers, etc.) et non, comme en France, selon leur nature (achats, variation de stock, charges de personnel, charges externes, etc.).

Une fois le compte de résultat prévisionnel établi, selon cette décomposition, tout l'art consiste à mener des analyses de cohérence :

> sur chacun des postes, en comparant le montant en pourcentage et l'importance dans la réussite de l'entreprise, ainsi que les choix stratégiques dont chacun de ces postes relève. Ainsi une R&D inférieure à 10 % dans un projet technologique en régime de croisière sera jugée insuffisante pour soutenir l'avance technologique sur laquelle repose le projet. Si, par ailleurs, le projet prévoit de passer par exemple à un système de vente indirecte à partir de la 3e année, il conviendra de s'assurer que ceci se traduit bien dans les chiffres de l'année 3 : baisse du taux de marge brute (vente aux distributeurs à un prix intégrant une remise pour leur rémunération) et baisse corrélative des coûts commerciaux en pourcentage (pas de commerciaux pour les ventes supplémentaires) ;

> sur l'évolution de ces postes dans le temps. Ainsi est-il de bon ton de lier le taux de marge brute au cycle de vie de l'entreprise, en lui faisant adopter une forme de loi de Gauss asymétrique : un taux faible au départ (apprentissage), qui s'améliore rapidement grâce à l'expérience et aux gains de productivité, puis qui, le projet étant concurrencé, se stabilise et décroît lentement ;

Le cas de *Business Objects* illustre nos recommandations.

MINI-CAS

Le modèle de coûts de *Business Objects*

Le modèle de coûts initial de *Business Objects*, la seule entreprise française parmi les grands éditeurs d'outil logiciel, peut être analysé en s'appuyant sur ses comptes de 1993 à 1996.

Tableau 6.1 Le modèle de coûts de *Business Objects*

En millions de dollars	1993		1994		1995		1996	
Revenus	**14,1**	**100 %**	**30,2**	**100 %**	**60,6**	**100 %**	**85,1**	**100 %**
dont :								
Licences		82 %		81 %		81 %		76 %
Services		18 %		19 %		19 %		24 %
Marge brute	**12,4**	**88 %**	**27,1**	**90 %**	**54,5**	**90 %**	**75,1**	**88 %**
Ventes et marketing	7,7	55 %	16,2	54 %	30,7	51 %	50,0	59 %
Frais généraux	1,9	13 %	3,4	11 %	5,7	9 %	7,4	9 %
R&D	2,4	17 %	4,3	14 %	8,1	13 %	10,6	12 %
Coûts opérationnels	**12,0**	**85 %**	**23,9**	**79 %**	**44,4**	**73 %**	**68,1**	**80 %**
Profit opérationnel	**0,4**	**3 %**	**3,2**	**12 %**	**10,1**	**17 %**	**7,0**	**8 %**
Résultat net	**0,2**	**2 %**	**2,4**	**8 %**	**0,2**	**13 %**	**5,2**	**6 %**

Bien que toutes les premières années de démarrage manquent, on peut voir que la marge brute évolue selon une courbe de Gauss asymétrique : amélioration, puis stabilisation suivie d'une légère et régulière décroissance. Cette décroissance résulte probablement de deux facteurs. D'une part, la concurrence a eu le temps de copier l'offre de *Business Objects*, ce qui condamne l'entreprise à baisser ses prix et donc ses marges. D'autre part, la structure des revenus évolue : baisse relative des licences, à marge élevée, au profit des services, à marge plus faible. On peut également remarquer, à ce propos, que les dirigeants de *Business Objects* ont bien compris la règle dictée par les financiers : privilégier les revenus sur lesquels la marge brute est la plus forte. C'est le cas bien sûr des licences qui ont un coût de reproduction quasi nul et ne nécessitent pas d'augmenter les effectifs, à l'inverse des services dont les marges sont plus faibles.

L'amélioration significative du bénéfice opérationnel, se produisant – comme par hasard – juste avant l'introduction en Bourse (1996), résulte d'un double mouvement : légère croissance de la marge brute (de 88 à 90 %) et forte diminution de l'ensemble des frais opérationnels (de 85 à 73 %). Cela se traduit par un profit opérationnel de 17 % en 1995, qu'on imagine lié aux effets d'échelle et d'expérience que l'entreprise a pu générer en montant en puissance – le CA passe de 14 à 60 millions de dollars.

Par ailleurs, certains équilibres essentiels sont respectés : les frais généraux passent de 13 à 9-10 %, ce qui respecte la norme, et les investissements en R&D représentent 12 % des revenus, ce qui permet d'assurer un développement soutenu et une amélioration continue du progiciel sans mettre en péril l'équilibre économique du modèle.

>

....> La poursuite de la croissance s'avère plus délicate à réaliser à partir de 1996. Tant la conquête de nouveaux clients et territoires que le renforcement de la concurrence ont un double effet : sur les prix et donc les marges, et sur la quantité de moyens commerciaux nécessaires. Conséquence : un retour à une rentabilité proche du début de la période analysée, qui serait jugée insuffisante par un financier averti.

Questions

1) Quels sont les principaux déterminants de la profitabilité de l'entreprise ?
2) Pourquoi cette profitabilité fluctue-t-elle ? Comment peut-on diminuer ces fluctuations ?

Remarquons que, dans la pratique, il ne suffit pas d'analyser la structure de coûts. Il est indispensable d'évaluer la rentabilité des capitaux engagés et de la valeur de marché de l'entreprise.

Combiner coûts et revenus pour accroître la valeur de l'entreprise

Le choix d'un *business model* n'est pas un hasard ou le produit d'une illumination. Il résulte de la prise en compte de trois éléments de base qui doivent s'agencer de manière cohérente :

> Les types et modes de revenus qu'offre l'activité dans laquelle s'insère le projet. Certaines activités sont assez « ouvertes » en termes de choix – celles combinant biens d'équipement et consommables par exemple – alors que d'autres sont restreintes à la seule vente récurrente de services (nettoyage industriel ou restauration collective par exemple).

> Les choix en matière d'architecture qui influencent non seulement la structure de coûts mais aussi le mode de revenu. Un projet dans lequel la plupart des coûts sont fixes devra impérativement, faute de financement important, se tourner vers un modèle de revenus fondé sur des ventes rapides et *one shot*, pour réduire le temps d'atteinte du point mort. En revanche, un projet à coûts principalement variables aura tout intérêt à s'orienter vers des revenus récurrents. C'est là un avantage de la variabilisation et de l'externalisation.

> Enfin, l'importance des ressources et moyens – tout spécialement financiers – dont peut disposer le projet influencera fortement le choix du *business model*. Il sera par exemple impossible à une entreprise de retenir un modèle ASP (*Application Service Provider*) si elle ne dispose pas de sources de financement importantes et régulières, ce modèle étant fortement consommateur de cash pendant toute la période de démarrage et de forte croissance.

3 Créer une innovation stratégique

Utilisons maintenant notre discussion du concept de *business model* pour analyser les innovations stratégiques et, pourquoi pas, en imaginer de nouvelles. Rappelons que nous qualifions de stratégiques les innovations de rupture qui, sans être forcément de nature technologique, changent la donne concurrentielle en modifiant significativement le *business model* en vigueur dans une activité donnée.

A/ Les types d'innovation stratégique

Les innovations stratégiques modifient le *business model* existant dans au moins une de ses deux composantes structurelles - la proposition de valeur et l'architecture de valeur (voir figure 6.5). Plus elle sera forte et plus elle combinera les deux dimensions, plus l'innovation présentera un fort caractère de rupture et plus elle aura de chances de conduire à l'invention d'un nouveau *business model*.

Figure 6.5
Quatre types d'innovation

Modification de la proposition de valeur (effet sur le rapport valeur perçue par le client/prix)	**Forte Radicale**	**Innovation stratégique fondée sur l'offre (ex. Formule 1)**	**Innovation stratégique totale, *Blue Ocean* (ex. Zara, Ikea)**
	Modérée Incrémentale	**Innovation d'amélioration (ex. Benetton)**	**Innovation stratégique fondée sur l'organisation (ex. Ryanair)**
		Modérée/Incrémentale	**Forte/Radicale**
		Modification de l'architecture de valeur (effet sur la structure de coûts et de capitaux du business)	

D'après B. Moingeon et L. Lehmann-Ortega, « Strategic Innovation », European Business Forum, été 2006.

La figure 6.6 permet de définir quatre types d'innovation, dont trois types d'innovation stratégique :

> L'innovation d'amélioration reste incrémentale et non stratégique. Elle ne modifie que marginalement les composantes du *business model*. Certaines de ces innovations peuvent contribuer à la création d'un avantage concurrentiel. L'innovation dans l'architecture de valeur de Benetton, par exemple, se limite à déplacer en aval de la chaîne de valeur l'opération de teinture des vêtements. Benetton crée ainsi des stocks de pulls en écru qui peuvent être teintés au dernier moment, en fonction des ventes de telle ou telle couleur. Ce système de production original réduit les coûts tout en améliorant l'adaptabilité de l'offre.

> L'innovation stratégique fondée sur l'offre repose essentiellement sur une rupture dans l'architecture de valeur. Elle correspond souvent aux modèles *low cost* (voir chapitre 5). Les exemples de Southwest Airlines et Ryanair en sont les illustrations classiques. Tel est aussi le cas de la chaîne d'hôtels Formule 1, une activité du Groupe Accor, qui correspond à une reconceptualisation, sous la forme industrielle de chaîne, de l'hôtellerie économique « une étoile ». Par rapport au *business model* traditionnel de ce type d'hôtel, Formule 1 a introduit de nouveaux attributs de valeur dans l'offre (hygiène et propreté, qualité de la literie, parking gardé...) qui sont fortement valorisés par les consommateurs. De plus, l'architecture de valeur a été retravaillée pour réduire fortement les coûts (réservation par Internet ou en central, pas de réception mais une récupération des clés et un paiement par carte de crédit avec un automate, pas de restauration...) et limiter les capitaux engagés (localisations peu coûteuses, approche industrielle et externalisation de l'immobilier).

> L'innovation stratégique fondée sur l'organisation repose essentiellement sur une rupture de la proposition de valeur. Elle peut être illustrée par l'exemple de Tetra Pak développé dans le Mini-cas ci-dessous.

MINI-CAS

L'innovation stratégique de Tetra Pak

Tetra Pak a non seulement inventé un nouvel emballage - un matériau complexe à base de carton assurant une protection et une conservation durable des liquides à température ambiante - mais il offre en plus à ses clients un service complet allant jusqu'au conditionnement pour la livraison. Alors que, traditionnellement, les fournisseurs d'emballages pour les liquides alimentaires fabriquaient leurs produits puis les livraient aux producteurs de lait ou de jus de fruits qui procédaient ensuite au remplissage, Tetra Pak a installé ses propres unités de fabrication d'emballages sur le lieu de production des liquides à conditionner, ce qui a permis d'accélérer considérablement le processus et de réduire le temps de mise sur le marché, tout en protégeant les produits plus longtemps (6 mois pour le lait et 12 pour les jus de fruits) grâce au matériau employé.

Ce mouvement de quasi-intégration en aval, apparemment modéré, est au moins aussi critique pour le succès de Tetra Pak que l'innovation technologique sur le matériau. En effet, il contribue à créer une rupture en soumettant aux clients une nouvelle proposition de valeur qui impacte fortement trois maillons de la chaîne de la valeur :

1. Pour les producteurs de boisson, les emballages sont produits en flux tendus (pas de stock, moins de manutention) et on évite la réfrigération ainsi que la casse pendant le transport. De plus, le remplissage des camions est mieux optimisé qu'avec des bouteilles en verre. Enfin, le suivi des commandes est amélioré grâce à la proximité géographique de Tetra Pak avec ses clients.

2. Pour les distributeurs, l'essentiel des coûts de manutention et de conservation est supprimé (plus besoin de réfrigérer).

3. Quant aux consommateurs finaux, ils bénéficient des qualités de conservation, de légèreté et de solidité de l'emballage.

Source : adapté de Govindarajan V. et Gupta A., « Strategic Innovation : A Conceptual Road Map », Business Horizons, *juillet-août 2001.*

Questions

1) Dans la chaîne, qui bénéficie le plus de l'innovation de Tetra Pak ?
2) Le choix de travailler en flux tendu avec les fabricants de boissons était-il indispensable ?

> Enfin, l'innovation stratégique « totale » est la plus perturbatrice car elle modifie de manière radicale à la fois la proposition et l'architecture de valeur. Ikea, à l'époque de son expansion en Europe, en est certainement l'illustration emblématique (voir Mini-cas dans le chapitre 5). Les chaînes de meubles traditionnelles avaient opté depuis toujours pour des magasins regroupant dans un espace restreint une gamme étroite d'articles identiques (canapés, lits...) isolés de leur environnement naturel (salon, chambre...), présentés par des vendeurs et fabriqués par des entreprises tierces. Ikea a délibérément pris le contre-pied de ces choix. Sa large gamme d'articles est mise en valeur dans de très grands magasins, sans vendeurs, dans un environnement donnant des idées de décoration, avec des horaires d'ouverture plus

longs et des espaces de garde pour les enfants en bas âge. Ikea a surtout su faire le choix original de vendre ses meubles en kit, ce qui entraîne pour le client un sacrifice perçu comme très faible car le montage est simple et expliqué dans des notices claires, alors que les prix sont beaucoup plus bas que ceux des concurrents traditionnels. En effet, le *business model* d'Ikea réduit considérablement les coûts : en plus de l'économie sur le coût de montage des produits, Ikea applique à l'industrie du meuble le système de la « banque d'organes » de l'automobile, c'est-à-dire que de nombreux modèles partagent des composants communs, ce qui favorise les effets d'échelle et d'expérience. En termes de proposition de valeur, ajoutons qu'Ikea apporte un surcroît de valeur perçue à sa cible composée de jeunes, avec des enfants en bas âge, n'ayant que peu d'argent, peu d'idées de décoration et peu de temps libre aux horaires d'ouverture habituels. Au total, Ikea a donc élaboré une proposition de valeur attractive et une architecture de valeur nouvelle.

Notons que les frontières entre ces types d'innovations ne sont pas étanches. Les distinctions entre types sont davantage une question de degré plutôt que de nature de l'innovation. La question à se poser est de comprendre à quel point l'architecture et la proposition de valeur sont véritablement altérées. Remarquons que, dans la plupart des cas réels d'innovation, on peut légitimement s'interroger sur le caractère réel et absolu de la nouveauté qui est souvent mis en avant dans le discours (voir Controverse ci-après). Bien des nouveaux *business models* ne sont en effet que des transpositions d'une activité à une autre de modèles déjà existants.
Nous reviendrons sur cette analyse dans le chapitre 13, où nous discuterons du rôle de l'innovation en matière de *corporate strategy,* pour stimuler la croissance horizontale des entreprises.

Controverse

Existe-t-il vraiment de nouveaux *business models* ?

C'est lors de la période où rien dans le business n'était impossible et où même les lois de l'économie pouvaient être réécrites – à l'époque de la « Nouvelle Économie » –, que le terme *business model* s'est imposé. L'heure était à la floraison des « nouveaux » *business models* « Internet » que les investisseurs en capital-risque regardaient avec les yeux de Chimène.
Or, c'est dans le domaine des modèles de revenus que les financiers soutiennent qu'ils ont été particulièrement innovants ou, pour les plus humbles, réceptifs à l'innovation des entrepreneurs. Et de citer l'exemple du modèle publicitaire, une invention de la Nouvelle Économie dont l'illustration exemplaire a été Yahoo. « Avec quel résultat ? » pourrait-on leur rétorquer. En effet, rares sont les entreprises Internet qui ont réussi à survivre en l'appliquant, et souvent en complétant leurs ressources par d'autres types de revenus. Mais surtout, en quoi est-ce une innovation ? Cela fait plus de trente ans que les journaux gratuits fonctionnent avec ce type de modèle en Europe. Quant au modèle ASP (*Application Service Provider*), qui, dans les logiciels, a fait fureur avant de quasi disparaître, puis de connaître un nouveau succès depuis 2005, ce n'est jamais que la copie du modèle de revenus pratiqué depuis des années par les loueurs d'automobiles longue durée.
Autre exemple, tout le monde connaît bien le *business model* captif qu'avait développé et exploité pendant des années Kodak avec tant de succès dans la photographie analogique. C'est le même modèle qu'appliquent désormais, en quasi copié-collé, les fabricants d'imprimantes : accepter de perdre sur l'équipement pour favoriser la pénétration et vendre des consommables (les >

....> cartouches d'encre) au prix du caviar (un simple calcul permet de vérifier cette affirmation) et avec des marges phénoménales. Encore faut-il être certain, pour ne pas encaisser que les pertes, de « contrôler » l'accès et la diffusion des dites cartouches ; ce que les brevets, la multiplicité sans cesse renouvelée des références et les contrats d'exclusivité permettent d'assurer. Rappelons que c'est aussi le modèle qui a fait le succès et la fortune de Gillette dans les rasoirs depuis des dizaines d'années.

Quant au nouveau *business model* de service – on ne facture plus l'investissement lourd mais on propose un droit d'utilisation et de maintenance facturé à la consommation – créé et largement développé par General Electric dans la plupart de ses activités d'équipementier (locomotives, IRM, scanners...), il n'est jamais que l'application de ce qui existait déjà, depuis longtemps, dans l'industrie des fournisseurs d'équipements aux laboratoires d'analyse : la machine est fournie gratuitement et l'entreprise se rémunère sur la base d'un contrat bien fermé d'utilisation périodique ou de vente contrainte de consommables.

On pourrait multiplier les exemples pour arriver à la conclusion qu'en matière de *business models*, comme dans beaucoup d'autres domaines, la nouveauté est toute relative. Les modèles réellement novateurs sont rares, voire inexistants... et la nouveauté relève plutôt de l'application dans un secteur d'un *business model* qui a fait ses preuves au sein d'un autre. Ce qui s'avère essentiel dans ce cas, c'est la capacité d'adapter le modèle aux caractéristiques différenciées et spécifiques du secteur d'activité visé. Bref, comme le recommande P. Drucker, il s'agit de réaliser une bonne imitation créative.

B/ Repérer et imaginer des innovations stratégiques

Pour la plupart des entrepreneurs en herbe, la question fondamentale est de savoir si les innovations stratégiques sont le fruit du hasard et de la chance ou bien s'il existe des méthodes et des moyens permettant de les identifier et de les mettre en œuvre. Dans cette partie nous présenterons quelques pistes méthodologiques pour repérer et imaginer des innovations stratégiques de rupture.

Se mettre en condition psychologique : « brûler les vaches sacrées »

Il est crucial d'adopter une posture psychologique « iconoclaste ». L'idée de destruction créatrice, si chère à Schumpeter, revient naturellement à grands pas dès lors que l'on parle de rupture. Il est fondamental pour un acteur cherchant à entrer de manière innovante dans un marché caractérisé par des traditions fortes d'être capable de critiquer ces traditions, de les oublier et de s'en détourner. On ne peut en effet trouver des solutions nouvelles et originales que si l'on remet en cause les « fondements » latents de l'activité. Fondements qui ne sont souvent même plus perçus tant ils sont habituels ; à tel point qu'on ne les identifie plus comme hypothèses ou éléments contestables de la construction intellectuelle de l'activité. C'est dans cette décision de « brûler les vaches sacrées » que réside l'essentiel de la capacité du nouvel acteur à imaginer et construire un *business model* original et déstabilisant. Ce fut le cas de Zara, dans sa décision de ne pas suivre le « sacro-saint » système des deux collections annuelles du prêt-à-porter : automne-hiver et printemps-été. En véritable rupture avec le dogme de la profession, incontournable jusqu'alors, la société propose dans ses magasins un flux continu de microcollections/produits tout au long de l'année qu'elle conçoit et, dans la plupart des cas, fabrique. Ainsi, Zara est capable d'adapter sa production et son offre en fonction de la réaction du marché. Ce procédé, qui consiste à véritablement « écouter » le marché, lui permet d'une part de sortir « plus vite » les produits qui plaisent en suivant la « mode de la rue » et, d'autre part, de réduire au maximum les invendus, qui sont souvent importants dans les enseignes ne présentant des collections que deux fois par an. Grâce à sa capacité à remettre en cause un des dogmes de son industrie, à se comporter en « hérétique », cette entreprise a su construire un nouveau *business model* performant à la fois sur les coûts et sur la valeur (les produits sont perçus comme « *cheap and chic* »).

Quatre approches pour concevoir des innovations stratégiques

Il existe quatre voies principales permettant d'imaginer des innovations stratégiques :

> ***L'approche technique*** qui repose sur « l'invention » d'une nouvelle technologie introduisant une rupture dans les règles du jeu de l'industrie. Le numérique dans l'industrie photographique, déjà cité, en est l'illustration emblématique ;

> ***L'approche « benchmark »***, qui consiste à analyser les processus, méthodes et *business models* en vigueur dans d'autres industries de manière à examiner, dans un raisonnement par analogie, si ceux-ci peuvent être appliqués dans l'activité de l'entreprise. C'est cette approche qu'a utilisée General Electric pour élaborer son nouveau *business model* de service dans ses activités d'équipementier, copiant celui des fabricants de matériels pour laboratoires d'analyse. Cette approche est d'autant plus pertinente que l'on cible, pour le benchmark, des industries qui sont assez similaires (cas des imprimantes par rapport à la photographie) de celle visée ;

> ***L'approche introspective***, qui suppose de questionner, de manière ouverte et délibérée, la façon dont le métier est traditionnellement exercé. Il s'agit de s'interroger sur les attributs de valeur habituels et, en s'appuyant sur une analyse approfondie des clients et de l'évolution de leurs besoins, d'en supprimer, d'en réduire ou d'en introduire de nouveaux. Ce fut la démarche des hôtels Formule 1. Cela consiste aussi, souvent de manière complémentaire, à rechercher les goulots d'étranglement et les processus économiquement incongrus qui existent au sein de la chaîne de valeur traditionnelle, de manière à les supprimer ou à les remplacer par des processus plus adaptés au sein d'une architecture de valeur nouvelle. Là encore, il convient de mettre en cause les « dogmes » inadaptés et inefficaces. Le cas de Dimos illustre cette approche (voir le Mini-cas ci-après) ;

> ***L'approche utopique*** qui vise à réconcilier des propositions qui semblent contradictoires à tous les acteurs traditionnels de l'industrie : de la qualité à prix bas, de la rapidité sans défaut… c'est la démarche qu'a suivie Zara en offrant des produits de mode à forte valeur et à faible prix.

MINI-CAS

Dimos évacue un maillon faible

Michel Goubaud, le dirigeant-créateur de Dimos, une entreprise de distribution de produits spécialisés pour les entreprises de couverture, est non seulement un ancien couvreur mais aussi un personnage curieux et inventif. Il y a plus de vingt-cinq ans, il s'interroge sur la meilleure manière de résoudre le problème que vivent tous les couvreurs quand ils rénovent une toiture : les anciennes tuiles ou ardoises sont jetées du haut du toit et viennent s'écraser dans les jardins, les terrasses ou les trottoirs. C'est dangereux et cela génère de la gêne pour l'environnement >

....>

et des opérations fastidieuses, sans intérêt et coûteuses, de récupération et de nettoyage. Bref il est insatisfait de la solution employée traditionnellement dans le métier.

À force de réflexion, il en arrive tout simplement à la solution des goulottes d'évacuation ; ces poubelles sans fond emboîtées les unes dans les autres et tenant avec de simples chaînettes en acier. Vous en avez certainement vu le long d'immeubles dont certains étages sont en rénovation. Et bien ce sont les siennes, ou plutôt celles de ceux à qui il a concédé des licences... car d'une part il a pu breveter son système et d'autre part il a rapidement pris conscience que son procédé avait bien d'autres utilisateurs potentiels que les seules entreprises de couverture. Il a donc licencié son invention à des transformateurs plastiques et à des entreprises de distribution et de location d'équipements destinés aux entreprises du bâtiment pour leurs travaux de rénovation dans les immeubles. Un vrai pactole... Déposé en 1979, le brevet initial sur les goulottes est depuis tombé dans le domaine public... et la manne s'est tarie ; mais pas la capacité inventive de Michel Goubaud qui a déposé, à titre personnel, plus de 30 brevets et est cité plus de 50 fois comme inventeur. Des brevets qu'il a concédés, pour la plupart, à son entreprise, Dimos, qui sous-traite la fabrication et assure la commercialisation des produits concernés. Ceci lui donne un avantage compétitif unique et réellement défendable qu'elle sait exploiter. Elle dégage en effet une rentabilité moyenne (sur 6 ans) des capitaux propres de plus de 60 %, alors que la moyenne de la profession est de l'ordre de 20 %, tout en versant à l'inventeur, également propriétaire unique de l'entreprise, des royalties annuelles conséquentes... qui bénéficient d'un régime d'imposition sur les revenus particulièrement favorable. L'illustration type de la réussite d'un « serial inventeur ».

Questions

1) Comment cette innovation crée-t-elle de la valeur ?
2) Qui bénéficie de l'innovation ?
3) Pourquoi la proposition de valeur est-elle attractive pour le client ?

Trois options pour bouleverser les architectures de valeur

Présentons maintenant trois manières de reconcevoir la chaîne de valeur, tant interne qu'externe, en les classant par ordre d'impact décroissant :

> **Réaménager partiellement l'architecture de valeur**. On peut, par ordre de difficulté et d'efficacité croissantes, rechercher une optimisation au sein de chaque maillon de la chaîne, une meilleure coordination entre les maillons et, phase ultime, une modification qui, bien que paraissant mineure et partielle, peut avoir un effet majeur sur le *business model*. Tel fut le cas de Benetton quand il déplaça l'opération de teinture de ses textiles au sein de la chaîne de valeur : au lieu de teindre, comme traditionnellement, les fils à tricoter en début du processus de production, il teinta des pulls tricotés en écru. Un petit mouvement pour un effet déterminant : en procédant ainsi, Benetton fut d'une part capable de s'adapter, quasi instantanément, aux phénomènes de mode « de la rue » sur les couleurs, accroissant ainsi ses revenus, et d'autre part de baisser ses coûts et ses capitaux engagés. Il économisait en effet sur les stocks d'encours (les pulls étaient stockés en écru, donc en quantité plus faible qu'avec tous les coloris) et réduisait au maximum les invendus (20 % en moyenne sectorielle en 2004 selon Eurostaf).

> **Identifier les aberrations de la chaîne de valeur** et les résoudre par des solutions originales et souvent simples à imaginer. Pour les repérer il peut être très utile

d'utiliser le schéma suivant (voir figure 6.6) qui se structure à partir des deux notions clés de la stratégie : valeur et coûts. Le maillon « faible », aberrant, est celui qui représente une partie importante du coût total de l'offre tout en ne concourant que de manière faible ou nulle, voire négative (l'évacuation des gravats dans le cas des goulottes d'évacuation de Dimos développé dans le Mini-cas ci-avant), à la création de valeur perçue. Externaliser est la solution généralement retenue car elle est simple ; on se débarrasse de la « patate chaude ». Mais elle est simpliste car cela ne crée pas un réel avantage concurrentiel durable, tous les concurrents pouvant procéder de même. Imaginer des solutions et des processus originaux qui permettent d'agir à la fois sur les coûts et la valeur de l'activité concernée est beaucoup plus percutant et défendable.

Figure 6.6
Repérer les maillons aberrants au sein d'une chaîne de valeur

Effet du maillon sur la valeur perçue par le client / Coût du maillon en % du coût total de l'industrie	**Fort**	**Faible**
Fort	**Normal** Non prioritaire Éventuellement améliorer la valeur perçue	« Le maillon faible » • la simplicité : externaliser **mais plutôt essayer :** • d'éliminer des fonctions • de réaménager la chaîne
Faible	Conserver et soigner : • accroître les coûts si cela augmente la valeur • protéger des copies	**Normal** Non prioritaire Éventuellement éliminer des fonctionnalités et des coûts

> **Remettre en cause l'architecture de valeur** de l'industrie en prenant, sur chaque activité de la chaîne, l'exact contre-pied des choix actuellement réalisés par les acteurs traditionnels. Cela ne marche pas à tous les coups, loin de là, mais c'est une façon percutante de remettre en cause l'ordre établi, ce qui peut permettre ensuite, par adaptations et itérations successives, de trouver une façon nouvelle et originale d'exercer le métier. Et, dans certains cas, c'est lumineux ; comme le prouve l'exemple d'Ikea que nous avons déjà abordé et que nous complétons ici (voir figure 6.7).

Figure 6.7
Remettre en cause l'architecture de valeur, l'exemple Ikea

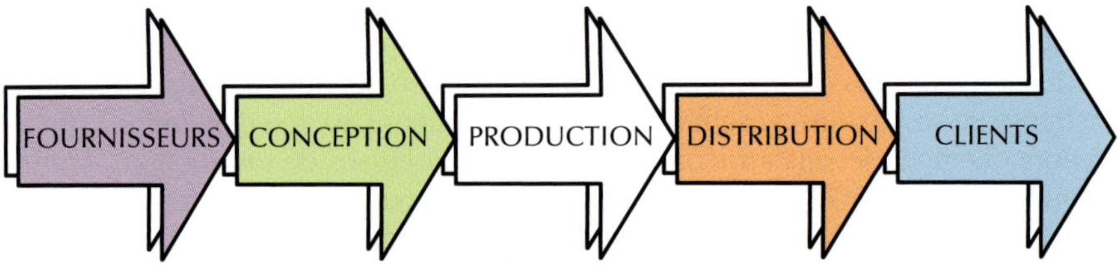

	FOURNISSEURS	CONCEPTION	PRODUCTION	DISTRIBUTION	CLIENTS
Jeu Classique	Achats *spot* opportunistes	Gamme étroite de produits	Forts stocks de matières premières Artisanat	Nombreux magasins de petite taille	Délai de livraison incertain et prix élevés
Nouveau jeu créé par Ikea	Contrats à long terme Qualité stable	Très large gamme de kits CAO	Faibles stocks de matières premières FAO	Peu de grands magasins. Faible coût logistique	Disponibilité immédiate. Prix clairs

En conclusion, malgré l'attractivité des innovations stratégiques de rupture, il ne faut pas négliger le fait que, si elles permettent de se créer un avantage concurrentiel immédiat, elles aboutissent rarement à des positionnements stratégiques durables et défendables. Formule 1 a ainsi vu fleurir rapidement des concurrents directs appliquant son concept (Confortel, Première Classe, Mister Bed...). Car l'innovation dans les *business models* n'est pas protégeable par les moyens légaux (brevets) dans la plupart des pays, bien que cela commence aux États-Unis. Et quand bien même elle le serait, il ne serait pas bien difficile de copier autour ou de faire des imitations créatives. Les stratégies de rupture fondées sur l'invention ou la modification de *business models* n'ont donc par nature qu'une durée momentanée, dont il s'agit de profiter en tant que premier attaquant (*first mover*). Ensuite, les plus réussies deviennent de nouvelles offres de référence que les concurrents se mettent à imiter. Les innovateurs sont donc condamnés très vite à en revenir à une approche classique de la *business strategy*, celle qui consiste à rechercher un avantage concurrentiel à base de coût et de différenciation par rapport à l'offre de référence, stratégie que nous avons présentée dans les chapitres 4 et 5.

LES POINTS CLÉS

On distingue deux grands types d'innovation :

> les innovations de rupture, également appelées « discontinues » ou, plus souvent, « radicales », ont le potentiel de détruire l'ordre existant, de changer les règles du jeu établi et de lancer un nouveau cycle d'innovation ;

> les innovations d'amélioration, appelées aussi « incrémentales », s'inscrivent dans un cycle d'innovation déjà existant. Apparaissant généralement dans la phase finale du cycle, elles concourent seulement à la marge à la performance de l'innovation radicale, par des améliorations du produit ou de son processus de production.

On peut définir l'innovation stratégique de la manière suivante :

> c'est une innovation de rupture qui crée un surcroît de valeur très significatif par rapport à l'offre de référence de l'industrie ;

> elle « invente » un nouveau *business model* plus performant que le précédent. Les acteurs traditionnels ayant consacré tous leurs efforts et tous leurs investissements à la mise en œuvre d'un *business model* devenu obsolète, ils se retrouvent souvent piégés et ne parviennent pas à se reconvertir ;

> dans certains cas, l'innovation est même susceptible de faire émerger de nouveaux marchés ou de nouvelles industries.

Un *business model* est composé de trois éléments :

> une proposition de valeur pertinente et attractive pour les clients ;

> une architecture de valeur qui distingue les éléments de la chaîne de valeur que l'entreprise prend en charge en interne, et ceux qu'elle externalise au sein de son réseau de valeur ;

> une équation économique de valeur prouvant la capacité du *business model* à créer de la valeur pour l'entreprise qui le développe.

Toute bonne proposition de valeur doit respecter deux règles clés :

> générer une valeur ajoutée (valeur perçue par les clients – coûts) maximale ;

> transférer une partie de cette valeur aux clients et aux partenaires, mais en retenir une part suffisante pour être économiquement rentable et rémunérer correctement les capitaux investis.

Pour évaluer la valeur perçue par le client, il faut tenir compte non seulement des bénéfices perçus (*avantage relatif, transparence, compatibilité) mais aussi des* sacrifices perçus (*risque perçu* et *coûts de transfert)*

Pour concevoir une architecture de valeur performante, l'entreprise doit se concentrer sur son territoire de création de valeur maximum et construire un écosystème composé de partenaires prenant en charge une partie des opérations nécessaires à la production et à la commercialisation de l'offre.

Il est également crucial d'identifier le « bon » client dans le business system ou la filière. Le bon client est celui qui est intéressé par la proposition de valeur et à qui on peut facturer un prix rentable.

Le bon client n'est pas toujours le client final. Ce n'est pas toujours celui dont on pensait au départ satisfaire les besoins.

>

····> L'entreprise doit choisir son modèle de revenus et en accroître les flux. Elle doit choisir de commercialiser soit des droits, soit des produits, soit des services, ou une combinaison de ces trois éléments.

Les innovations d'amélioration, qui restent incrémentales, sont non stratégiques. Elles ne modifient que marginalement les composantes du *business model*. On peut distinguer en revanche trois types d'innovation stratégique :

> L'innovation stratégique fondée sur l'organisation repose essentiellement sur une rupture dans l'architecture de valeur. Elle correspond souvent aux modèles *low cost*.

> L'innovation stratégique fondée sur l'offre repose essentiellement sur une rupture de la proposition de valeur.

> Enfin, l'innovation stratégique « totale » est la plus perturbatrice car elle modifie de manière radicale à la fois la proposition et l'architecture de valeur.

Pour repérer et imaginer des offres innovantes, quatre approches sont possibles :

> L'approche technique qui repose sur « l'invention » d'une nouvelle technologie introduisant une rupture dans les règles du jeu de l'industrie.

> L'approche « benchmark » qui consiste à analyser les processus, méthodes et *business models* en vigueur dans d'autres industries pour voir s'ils pourraient être appliqués dans l'activité de l'entreprise.

> L'approche introspective, qui suppose de questionner, de manière ouverte et délibérée, la façon dont le métier est traditionnellement exercé. Il s'agit de s'interroger sur les attributs de valeur habituels et, en s'appuyant sur une analyse approfondie des clients et de l'évolution de leurs besoins, d'en supprimer, d'en réduire ou d'en introduire de nouveaux.

> L'approche utopique qui vise à réconcilier des propositions qui semblent contradictoires à tous les acteurs traditionnels de l'industrie (*e. g.* qualité supérieure à moindre coût).

Il existe trois options pour bouleverser l'architecture de valeur :

> Réaménager partiellement l'architecture de valeur en recherchant une optimisation au sein de chaque maillon de la chaîne, une meilleure coordination entre les maillons et, phase ultime, une modification qui, bien que paraissant mineure et partielle, peut avoir un effet majeur sur le *business model*.

> Identifier les aberrations de la chaîne de valeur et les résoudre par des solutions originales et souvent simples à imaginer. Le maillon « faible », aberrant, est celui qui représente une partie importante du coût total de l'offre tout en ne concourant que de manière faible ou nulle, voire négative à la création de valeur perçue.

> Remettre en cause l'architecture de valeur de l'industrie en prenant, sur chaque activité de la chaîne, l'exact contre-pied des choix actuellement réalisés par les acteurs traditionnels.

QUIZ

1. Inspiré des travaux de Joseph Schumpeter, la notion de « destruction créatrice » désigne :

a. Le processus d'obsolescence des *business models* en place à la suite de l'introduction d'une innovation radicale.
b. Une approche de création de produit consistant à faire table rase du passé pour libérer la créativité de l'entreprise.
c. La phase finale d'un cycle de Kondratiev, caractérisée par une crise suivie d'une forte dépression.

2. Une nouvelle technologie débouche sur une innovation stratégique seulement si :

a. La technologie introduite est radicalement différente des technologies existantes et crée une discontinuité technique.
b. Les business models existants sont contestés ou dépassés par de nouveaux modèles fondés sur la nouvelle technologie.
c. L'innovation résulte d'une stratégie technologique délibérée.

3. Parmi les éléments suivants, lequel ne fait pas partie des composantes d'un *business model* :

a. L'architecture de valeur.
b. La création de valeur.
c. La proposition de valeur.

4. La proposition de valeur de l'entreprise doit être définie de manière à :

a. Minimiser la différence entre les coûts perçus par le client et les coûts réellement supportés par l'entreprise.
b. Maximiser la valeur capturée par le client et minimiser le coût des capitaux investis.
c. Maximiser à la fois la valeur perçue par le client et la rémunération des capitaux investis par l'entreprise.

5. Lors de la construction de la proposition de valeur, les « sacrifices perçus » par le client peuvent être évalués :

a. En calculant la valeur du sacrifice financier consenti par le client lors de l'adoption de l'offre proposée.
b. En estimant les coûts et les risques encourus par les clients s'ils consentent à changer d'offre pour adopter l'offre proposée.
c. Par différence entre le prix et les bénéfices perçus.

6. La conception d'une architecture de valeur passe par :

a. La construction d'un réseau de partenaires compétents pour distribuer les produits et services de l'entreprise.
b. Le développement d'un éco-système de produits et services créateurs de valeur pour les clients.
c. L'identification des éléments de la chaine de valeur qu'il convient de confier à des partenaires externes.

>

····>

7. Définir l'équation économique de valeur vise à :
a. Etablir la pertinence du business model en termes de création de valeur et de profit économique pour l'entreprise.
b. Choisir les sources de revenus sur lesquels s'appuie le business model de l'entreprise.
c. Estimer mathématiquement la valeur ajoutée créée par le business model de l'entreprise en utilisant les normes GAAP.

8. Quelles composantes structurelles du *business model* sont-elles modifiées par les innovations stratégiques les plus radicales ?
a. La proposition de valeur seulement.
b. L'architecture de valeur seulement.
c. A la fois l'architecture et la proposition de valeur.

9. Plusieurs approches sont disponibles pour concevoir des innovations stratégiques. Laquelle de ces méthodes n'en fait pas partie ?
a. L'approche utopique.
b. L'approche psycho-historique.
c. L'approche introspective.

10. Identifier les aberrations de la chaîne de valeur consiste à :
a. Détecter les maillons de la chaîne qui créent peu de valeur relativement à leur coût.
b. Restructurer chaque maillon de la chaîne pour supprimer les opérations aberrantes.
c. Prendre l'exact contrepied des choix en vigueur sur chaque activité de la chaîne.

Réponses : 1.a, 2.b, 3.b, 4.c, 5.b, 6.c, 7.a, 8.c, 9.b, 10.a

7 L'AVANTAGE CONCURRENTIEL

Pourquoi dans une activité donnée, certaines entreprises réussissent-elles mieux que d'autres ? Cette question est au cœur de toute réflexion stratégique. Depuis la nuit des temps, tous les entrepreneurs, tous les chefs d'entreprise et tous les investisseurs se la posent quotidiennement. Malheureusement – ou peut-être plutôt heureusement –, il n'existe pas de réponse claire et définitive à une telle question. D'ailleurs, si l'on était capable d'apporter de manière certaine une réponse à cette question, cela ferait disparaître la concurrence, ôterait toute pertinence à la notion même de stratégie et rendrait impossible le fonctionnement d'une économie de marché. En effet, si une entreprise possédait de manière exclusive la « recette » du succès, elle dominerait tous ses concurrents et finirait par les éliminer, s'octroyant ainsi un monopole inattaquable. Pire encore, si cette « recette » du succès était suffisamment générale pour être efficace dans tous les secteurs d'activité, l'entreprise qui en posséderait le secret l'appliquerait progressivement à tous les domaines de production et finirait par dominer entièrement l'économie dans son ensemble. Si, à l'inverse, cette « recette » du succès était facilement disponible, toutes les entreprises l'appliqueraient et plus aucune entreprise n'aurait d'avantage sur les autres, et notre question de départ – pourquoi certaines entreprises réussissent-elles mieux que d'autres ? – n'aurait aucun sens.

Paradoxalement, c'est justement parce que l'on connaît mal les raisons du succès des entreprises les plus performantes qu'il faut constamment se poser la question de l'avantage concurrentiel. En effet, même une entreprise qui réussit très bien à un moment donné ne peut être sûre de totalement appréhender l'ensemble des facteurs qui déterminent sa performance ; et donc, ces facteurs risquent à tout moment de se modifier sans même que l'entreprise ne s'en rende compte, détruisant du même coup son avantage. La seule parade est de réexaminer inlassablement les causes du succès et de tenter de préserver ou de ré-inventer l'avantage de l'entreprise, malgré les évolutions permanentes de l'environnement et les attaques incessantes des concurrents. Et, s'il n'existe pas de recettes toutes faites garantissant le succès de l'entreprise,

il y a quelques principes simples qui permettent de clarifier le problème et de procéder à un diagnostic lucide de la situation de l'entreprise, voire même de suggérer des voies d'action pour l'emporter sur la concurrence.
Dans ce chapitre, nous allons donc commencer par examiner la nature de l'avantage concurrentiel, c'est-à-dire ce que doit être capable d'offrir une entreprise afin de l'emporter, à un moment donné, sur ses concurrents. Nous étudierons ainsi comment les grands types de stratégie que nous avons discutés dans les trois chapitres précédents contribuent à créer un tel avantage. Enfin, nous nous interrogerons sur ce qui permet à certaines entreprises de créer mieux que d'autres de tels avantages concurrentiels.

1 La nature de l'avantage concurrentiel

Si l'on demande à un public peu averti pourquoi certaines entreprises réussissent mieux que d'autres, la réponse que l'on obtient généralement est que « ces entreprises proposent de bons produits – ou services – à des prix attractifs ». Cette réponse pleine de bon sens n'est en fait pas très loin de la réalité, mais elle pêche par le fait qu'elle se place uniquement du point de vue du client et ignore très largement les effets de la concurrence.
Pour simplifier, considérons qu'une entreprise réussit mieux que ses concurrents lorsque, toutes choses égales par ailleurs, elle est capable de se développer sur le long terme dans son secteur d'activité, tout en atteignant des niveaux de rentabilité supérieurs à la moyenne du secteur, c'est-à-dire en créant davantage de valeur pour ses actionnaires que la plupart de ses concurrents. Pour atteindre un tel objectif, l'entreprise n'a que deux leviers à sa disposition : le niveau des coûts qu'elle doit supporter pour produire son offre et le niveau des prix qu'elle parvient à faire accepter à ses clients. De ce point de vue, l'entreprise qui réussit le mieux est celle qui fait payer les prix les plus élevés tout en ayant les coûts les plus faibles ou, plus exactement, celle qui parvient à accroître davantage que tout autre l'écart entre ses coûts et ses prix. Le lien coût/prix/rentabilité est en effet au cœur de la notion d'avantage concurrentiel. Idéalement, toute entreprise souhaiterait pouvoir augmenter ses prix tout en réduisant ses coûts. Malheureusement, lorsqu'elle réduit ses coûts, l'entreprise abaisse en général simultanément la valeur de son offre pour le client, entraînant *ipso facto* une diminution du prix que celui-ci est disposé à payer. À l'inverse, pour faire payer au client un prix plus élevé, une entreprise doit en général améliorer la valeur perçue de son offre, ce qui se traduit le plus souvent par un accroissement des coûts. Toute entreprise est donc constamment en train d'arbitrer entre coûts et prix en cherchant à maximiser sa rentabilité.
Au total, on peut représenter les divers positionnements possibles en termes de coûts et de prix dans un secteur d'activité quel qu'il soit de la manière présentée dans la figure 7.1.

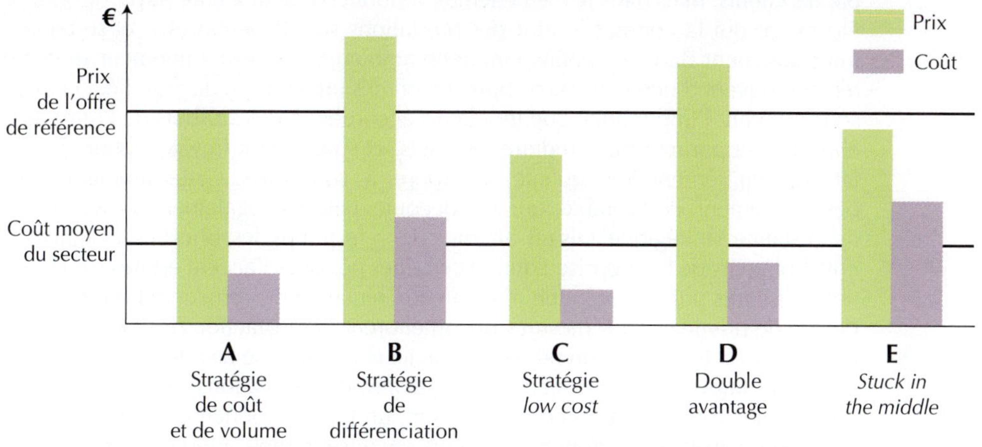

Figure 7.1
Les combinaisons coût/prix et les stratégies qui les sous-tendent

Source : d'après Ghemawat P., Strategy and the Business Landscapes, *Pearson Education, 2006, p. 51.*

Dans la figure 7.1, l'entreprise A produit une offre s'inscrivant dans le cadre de l'offre de référence du secteur, parvient donc à faire payer à ses clients un prix correspondant à cette offre de référence, et supporte des coûts légèrement inférieurs à ceux des concurrents produisant une offre similaire grâce à sa stratégie de coût, qui dans la plupart des cas est aussi une stratégie de volume. L'entreprise B a opté pour une recomposition de son offre qu'elle est parvenue à distinguer significativement de l'offre de référence, ce qui lui permet de faire payer à ses clients un prix sensiblement supérieur, mais lui impose en contrepartie de supporter des coûts plus élevés ; elle met en œuvre avec succès une stratégie de différenciation. L'entreprise C a également réussi à recomposer l'offre en éliminant certaines des caractéristiques de l'offre de référence, ce qui lui permet de réduire significativement ses coûts mais lui impose également de pratiquer des niveaux de prix plus faibles ; elle met en œuvre ce que nous avons qualifié dans le chapitre 5 de stratégie low cost. L'entreprise D parvient simultanément à faire payer à ses clients un prix plus élevé que celui de l'offre de référence et à bénéficier d'un avantage de coût par rapport aux concurrents produisant cette offre de référence ; il s'agit bien évidemment d'un positionnement idéal susceptible à terme de modifier radicalement l'équilibre du secteur d'activité. Un tel positionnement résulte souvent de ce que nous avons appelé dans le chapitre 5 une rupture stratégique (voir aussi chapitre 6).

L'entreprise E quant à elle ne dispose ni d'un avantage coût, ni de la capacité à faire payer à ses clients un prix supérieur à celui de l'offre de référence, bien au contraire. Elle est donc confrontée à la concurrence de rivaux offrant des produits similaires mais ayant des coûts plus faibles ou offrant des produits perçus comme supérieurs mais à des coûts équivalents. Ces rivaux, par définition, dégagent une rentabilité supérieure et peuvent utiliser une partie de leurs marges plus élevées pour casser les prix ou accroître leurs dépenses de publicité et ainsi gagner des parts de marché. Même si ces concurrents plus performants choisissent de ne pas être commercialement agressifs et de plutôt maintenir leurs marges, leur rentabilité supérieure en fait des placements plus attractifs pour des investisseurs, ce qui rendra à terme problématique la survie de l'entreprise moins performante E. Un positionnement comme celui de l'entreprise E résulte souvent d'une ambiguïté dans la stratégie suivie. L'entreprise cherche d'un côté à réduire ses coûts, et pour cela sacrifie certains attributs valorisés par les clients, mais dans le même temps voudrait parvenir à faire payer des prix plus élevés, ce qui la conduit à offrir des prestations supplémentaires… et se répercute inévitablement dans ses coûts. Une telle ambiguïté du positionnement stratégique résulte souvent d'une mauvaise appréciation des préférences du marché, l'entreprise sous-estimant l'importance que les clients accordent à des attributs de l'offre qu'elle choisit de supprimer pour réduire les coûts, et surestimant la valorisation des prestations supplémentaires qu'elle incorpore à son offre. Cette ambiguïté et le positionnement défavorable qui en découle peuvent également provenir d'une inconstance stratégique faisant alterner dans le temps les priorités assignées aux collaborateurs de l'entreprise : durant certaines périodes l'accent est mis sur la réduction des coûts puis, souvent en réaction aux réclamations provenant du marché, on décide de privilégier des mesures qui améliorent la satisfaction des clients. Au bout du compte, cette indécision nuit à l'efficacité et l'entreprise ne parvient ni à avoir des coûts plus faibles que ses concurrents, ni à offrir des prestations supérieures justifiant un prix plus élevé, bien au contraire. Enfin, un tel positionnement défavorable peut avoir pour cause des dysfonctionnements organisationnels internes, certaines unités dans l'entreprise cherchant à réduire les coûts par tous les moyens alors que d'autres privilégient les attributs de l'offre et la qualité des prestations. Parce qu'il traduit une ambiguïté dans les orientations stratégiques de l'entreprise, un positionnement concurrentiel tel que celui de l'entreprise E de la figure 7.1 a souvent été qualifié de « stuck in the middle » (voir la controverse « Porter contre Porter » ci-après).

2 Avantage absolu et avantage relatif

À ce stade de notre raisonnement, la réponse à notre question initiale – pourquoi certaines entreprises réussissent-elles mieux que d'autres ? – apparaît donc très simple. Cette réponse est : parce qu'elles disposent soit d'un avantage de coût, soit d'un avantage fondé sur une différenciation. Et cet avantage résulte lui-même de la mise en œuvre d'une stratégie claire : soit stratégie de coût-volume, soit stratégie de différenciation, soit encore stratégie *low cost*. Toutefois, même à ce premier niveau d'analyse, la simplicité de la réponse est trompeuse. En effet, un analyste averti serait bien en peine de classer toutes les entreprises performantes en deux catégories pourtant très simples : les entreprises disposant d'un avantage de coût et les entreprises bénéficiant d'une différenciation. Et pourtant, nous sommes arrivés logiquement à la conclusion que toute entreprise performante doit s'être dotée d'au moins l'un de ces deux types d'avantage ! Prenons l'exemple de Toyota. Toyota a indiscutablement été l'une des entreprises automobiles les plus performantes au cours de la période 1980-2005 : en 2007 encore, Toyota a réalisé les bénéfices – près de 17 milliards de dollars – les plus élevés de tout le secteur automobile au niveau mondial et a en outre dépassé General Motors en nombre de voitures vendues pour devenir l'incontestable n° 1 mondial du secteur. Mais, Toyota bénéficie-t-elle d'un avantage de coût ou d'une différenciation ? Comparée à Mercedes, BMW ou Volvo, Toyota ne peut à l'évidence pas être qualifiée de concurrent différencié et ne fait pas payer à ses clients un prix plus élevé que les trois marques mentionnées ci-dessus. Toyota doit donc nécessairement bénéficier d'un avantage de coût ! Mais comparée à Hyundai, Kia ou Citroën, les voitures Toyota sont perçues par la plupart des clients comme ayant des caractéristiques supérieures justifiant leur prix plus élevé. L'avantage de Toyota apparaît donc lié à de la différenciation.

En définitive, ce que révèle la discussion ci-dessus est que l'avantage concurrentiel d'une entreprise performante est relatif. Vis-à-vis de certains concurrents, cet avantage sera un avantage de coût alors que vis-à-vis d'autres concurrents il s'agira d'un avantage fondé sur une différenciation. Pour être performante, une entreprise doit soit avoir des coûts plus faibles que tout autre concurrent proposant une offre similaire, soit, pour un niveau de coût donné, être capable de faire payer à ses clients un prix plus élevé que tout autre concurrent en produisant une offre spécifique perçue comme supérieure. Cela signifie qu'il existe une multitude de positionnements possibles en termes de coûts et de prix qui peuvent offrir à l'entreprise une rentabilité satisfaisante. La figure 7.2 représente le positionnement dans un secteur d'activité donné d'entreprises performantes et moins performantes en fonction de leur niveau relatif de coût et de l'étendue de leur différenciation. Elle reprend la logique générale de la figure 5.1 présentée dans le chapitre 5.

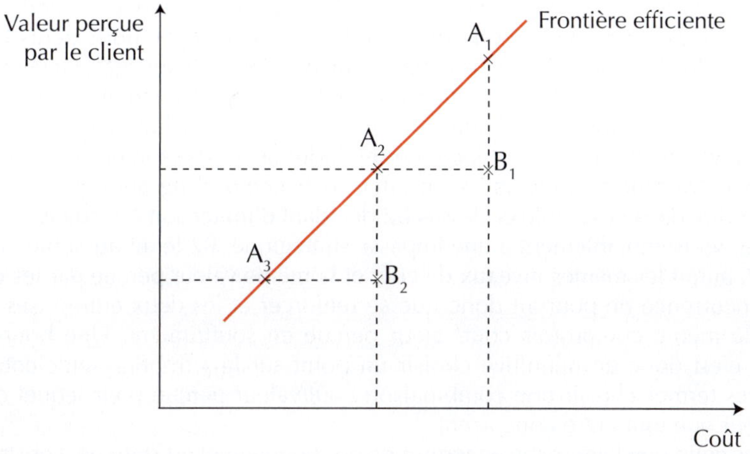

Figure 7.2
Positionnement stratégique et caractère relatif des avantages de coût ou de différenciation

Dans la figure 7.2, seules les entreprises situées sur la « frontière efficiente[1] » ont une position durablement viable dans la mesure où, pour un niveau de coût donné, leur offre est considérée comme supérieure à toute autre par les clients. Les entreprises positionnées sous la courbe affrontent la concurrence de rivaux qui, pour un niveau de coût donné, ont une offre considérée comme supérieure ou, pour un niveau de valeur perçue donné, ont des coûts inférieurs. Ainsi, dans la figure 7.2, les entreprises A1, A2 et A3 ont soit des coûts plus faibles, soit un niveau de valeur perçue plus élevé que tout autre concurrent du secteur. B1 et B2 en revanche sont confrontées à la concurrence de rivaux qui offrent, à niveau de coût égal, un niveau de valeur perçue supérieur (A1 et A2 respectivement) ou qui, à niveau de valeur perçue équivalent, ont des coûts plus faibles (A2 et A3 respectivement). B1 et B2 sont confrontés au dilemme suivant : soit ils pratiquent le même niveau de marge que leurs concurrents A2 et A3 respectivement mais ont alors des prix supérieurs pour une valeur perçue équivalente et vont donc progressivement perdre des parts de marché ; soit ils alignent leurs prix sur ceux de A2 et A3 pour éviter de perdre des parts de marché mais dégagent alors des marges plus faibles, ont moins de ressources pour investir et ne peuvent convenablement rémunérer leurs actionnaires. Quel que soit le choix en termes de prix effectué par B1 et B2, leur position n'est pas tenable à long terme. Rejoindre la « frontière efficiente » est, pour une

1. En référence à la théorie financière de Modigliani et Miller, dans laquelle une telle « frontière » identifie les placements financiers attrayants pour le marché en raison à la fois du risque et de l'espérance de profit qu'ils présentent (*cf.* chapitre 5).

entreprise positionnée en dessous, dans la zone « économiquement non-viable », une question de survie. Cependant, la véritable décision stratégique pour une telle entreprise est de choisir à quel endroit précis rejoindre la droite, c'est-à-dire sélectionner le rapport coût/valeur perçue de l'offre qui correspond le mieux à ses compétences et sur la base duquel elle va affronter la concurrence. Une fois cet arbitrage coût/valeur perçue effectué, rejoindre effectivement la courbe est une question de « bon management » bien plus que de stratégie. En effet, l'expérience prouve qu'il est possible d'avoir un niveau supérieur de valeur perçue sans accroître les coûts (l'existence de A2 démontre que B2 pourrait élever son niveau de valeur perçue sans effet sur sa position de coût) ou de maintenir le même niveau de valeur perçue mais à des niveaux de coûts sensiblement plus faibles (l'existence de A3 démontre que B2 pourrait baisser ses coûts sans effet sur son niveau de valeur perçue). La simple observation des comportements de A2 et de A3 devrait fournir à B2 des indications précieuses sur la façon de faire pour arriver à des résultats meilleurs. Cette observation est ce que l'on appelle couramment du *benchmarking*. En effet, le *benchmarking* n'est autre que l'imitation des comportements les plus efficaces. Mais comme les comportements de A2 et de A3 sont également efficaces – puisqu'ils sont tous deux positionnés sur la courbe –, B2 doit inévitablement prendre une décision « stratégique » à laquelle aucun benchmarking ne pourra se substituer : se fixer comme objectif de rejoindre la courbe soit en A3, soit en A2, ou peut-être plutôt « ailleurs » ? En effet, le *benchmarking* appliqué à la lettre, c'est-à-dire dans l'exemple ci-dessus B2 décidant d'imiter soit A3, soit A2, conduirait très vraisemblablement à une impasse stratégique. B2 ferait aussi bien que A3 ou A2, aurait les mêmes niveaux de coût et la même valeur perçue par les clients. La concurrence ne pourrait donc que se renforcer et les deux entreprises rivales avec le même compromis coût/valeur perçue en souffriraient. Une bonne stratégie, c'est donc en définitive choisir un point sur la « frontière efficiente », en d'autres termes choisir une combinaison coût/valeur perçue pour lequel on sera meilleur que tout autre concurrent.

Notons enfin que l'approche en termes de positionnement est statique. Les stratégies que nous avons discutées dans les trois chapitres précédents ont pour but de modifier la valeur perçue et/ou le coût de l'offre de l'entreprise au-delà de la frontière efficiente en vigueur (voir chapitre 5).

CONTROVERSE

Porter (1980) contre Porter (1996) ou Stratégies génériques contre combinaison coût-différenciation

Derrière la notion de *stuck in the middle*, il y a l'idée qu'une entreprise doit résolument choisir soit de se battre sur les coûts, soit de chercher à se différencier fortement afin d'échapper à la concurrence par les prix. En 1980, Porter[1] a avancé l'idée selon laquelle les positionnements les plus favorables dans un secteur d'activité quel qu'il soit étaient soit la domination par les coûts, qui, du fait des effets de volume, implique presque inévitablement une part de marché élevée, soit une différenciation marquée, qui du fait des prix plus élevés qu'elle permet implique au contraire une part de marché faible. Tout positionnement intermédiaire en termes de coût et de différenciation, mais aussi en termes de taille et de part de marché, serait inévitablement voué à l'échec. En se fondant sur l'observation de quelques secteurs d'activité, Porter en a même déduit que la rentabilité des entreprises dans un secteur en fonction de la stratégie mise en œuvre et de la part de marché suivait une courbe en U.

1. Porter M.E., 1980.

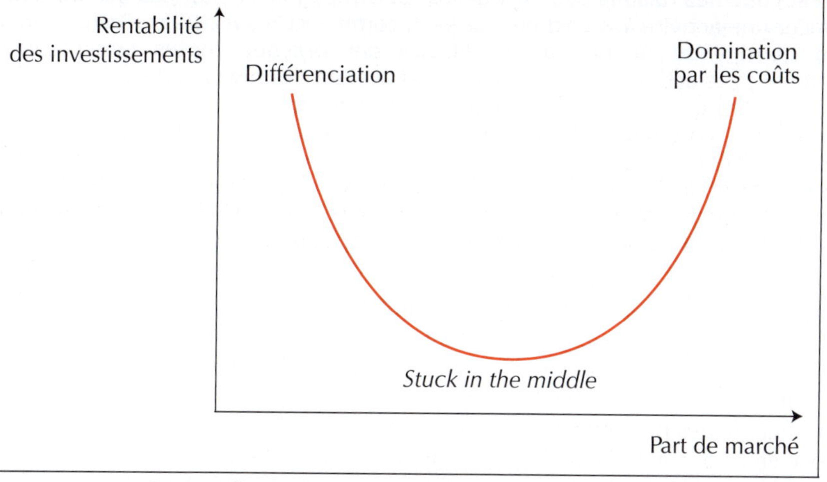

Figure 7.3
La courbe en U

Source : d'après M.E. Porter, Competitive Strategy, *The Free Press, 1980, p.43.*

Dans ce schéma, les entreprises les moins performantes sont donc bien celles qui sont *stuck in the middle*, c'est-à-dire qui sont dans une position intermédiaire en termes de part de marché et dans une position ambiguë en termes de choix stratégique.

Pourtant, près de vingt ans plus tard, Porter[1] reconnaissait implicitement que beaucoup d'entreprises très performantes n'étaient ni les leaders de leur secteur en termes de part de marché, ni les concurrents avec les coûts les plus bas, ni encore les concurrents les plus différenciés, capables de faire payer à leurs clients les prix les plus élevés. Sur la base de cette constatation, Porter proposait une analyse de l'avantage concurrentiel en termes de compromis entre coût et valeur de l'offre pour les clients. Il s'agit bien selon Porter d'un compromis en ce sens que l'entreprise ne dispose véritablement d'un avantage concurrentiel que si tout progrès sur l'une des dimensions vient nécessairement au prix d'une dégradation sur l'autre dimension. En d'autres termes, si une entreprise peut faire baisser encore ses coûts sans détériorer la valeur perçue par les clients, elle doit le faire, il n'y a rien de stratégique là-dedans ; de même, si elle peut augmenter la valeur perçue sans accroître ses coûts, il n'y a pas de question à se poser. La notion de « frontière efficiente » renvoie à cette idée : tout progrès sur l'une des dimensions se paye sur l'autre dimension. Dans cette vision, définir une stratégie c'est définir le compromis coût/différenciation sur lequel l'entreprise va se positionner en faisant en sorte qu'aucun concurrent ne puisse simultanément offrir une valeur perçue supérieure et avoir des coûts plus bas.

Cependant, il convient probablement de garder de l'idée de courbe en U qu'une entreprise ne peut en général pas efficacement faire une chose et son contraire. Si l'entreprise choisit un positionnement plutôt axé sur des coûts bas, avec en contrepartie une valeur perçue modérée, sur l'une de ses gammes de produits, il lui serait sans doute difficile de choisir un positionnement opposé sur d'autres produits. Cette difficulté pour une même entreprise de positionner simultanément plusieurs de ses offres à des endroits très éloignés sur la « frontière efficiente » de la figure 7.2 tient pour une part à la confusion que cela créerait dans la perception des clients, mais aussi, et peut-être surtout, par des difficultés d'ordre organisationnel. Les mêmes employés devraient être capables d'assurer efficacement des tâches avec des niveaux de soin, de qualité, de sophistication… et donc de coût très différent en fonction du type de produit concerné ; l'expérience montre qu'une telle polyvalence est pratiquement impossible à obtenir. >

1. Porter M.E., 1996.

....> C'est l'une des raisons pour lesquelles les compagnies aériennes qui ont tenté de lancer une activité *low cost* en leur sein, comme KLM avec Buzz, Delta avec Song ou Continental Airlines avec CAL-Lite ont presque toutes lamentablement échoué ; ces activités aériennes *low cost* avaient des niveaux de coût trop élevés, une qualité de service déplorable et finissaient même par contaminer l'activité principale. Fort d'un tel constat, Toyota n'a lancé son offre haut de gamme, concurrente de Mercedes, BMW et autres Audi, qu'en créant une marque nouvelle, Lexus, et en isolant en grande partie la nouvelle gamme de l'activité historique de l'entreprise, notamment en en confiant la responsabilité à des centres de R&D et de design ou à des unités de production spécifiques.

La seconde raison pour laquelle la simplicité apparente de la notion d'avantage concurrentiel avec ses deux composantes, coût et valeur perçue, est trompeuse tient à la quasi-infinité des sources de différenciation possibles dans la plupart des secteurs d'activité. Ainsi, si l'on cherchait à positionner BMW et Mercedes dans la figure 7.2, on situerait très probablement les deux entreprises très près l'une de l'autre, dans la zone en haut et à droite de la courbe (forte différenciation et valeur perçue de l'offre élevée/coûts et prix élevés). En première approximation, BMW et Mercedes peuvent en effet apparaître comme deux marques de voitures de luxe, pratiquant des prix assez semblables ; pourtant, si l'on interroge les clients respectifs des deux marques, on s'aperçoit que la plupart d'entre eux ont une préférence très marquée pour leur marque de prédilection et au contraire une certaine aversion pour l'autre marque. En d'autres termes, un client Mercedes perçoit BMW comme une marque bien moins attractive que Mercedes et ne serait pas du tout disposé à payer un prix similaire pour un véhicule de cette marque, alors même que l'inverse est vrai pour un client BMW ! Cela tient au fait que Mercedes et BMW se différencient sur des caractéristiques assez sensiblement distinctes : fiabilité, confort, respectabilité, associés à un certain conservatisme pour Mercedes ; technologie, performances, sportivité, associées à un côté un peu plus tapageur pour BMW. En caricaturant un peu, on peut dire qu'un amateur de Mercedes considère les BMW comme des voitures de parvenus, alors qu'un aficionado de BMW voit en toute Mercedes un taxi. Dans ces conditions, les clients vont valoriser très différemment les deux marques en fonction de leurs préférences propres. Ce que cet exemple révèle, c'est que l'axe « valeur perçue par le client » dans la figure 7.2 englobe en fait une multitude de critères de différenciation possibles. Le positionnement d'une entreprise dans ce schéma dépendra donc de la valeur que chaque client – ou client potentiel – attribuera à l'offre de l'entreprise sur chacun des très nombreux critères de différenciation possibles. Il apparaît ainsi que le positionnement des entreprises dans cet espace coût/valeur perçue est spécifique à chaque client et que l'existence ou non d'un avantage concurrentiel pour l'entreprise va dépendre de la taille des segments de marché résultant de ces positionnements spécifiques à chaque client.

MINI-CAS

Renault et l'odyssée de l'Espace

La Renault Espace a été lancée en 1984. Malgré des débuts difficiles (neuf exemplaires seulement ont été vendus lors du premier mois de commercialisation), l'Espace, premier « monospace » européen, a progressivement séduit une clientèle moderniste, familiale et huppée, grâce à sa silhouette radicalement novatrice, ainsi que son habitabilité et sa modularité exceptionnelles pour l'époque. Alors que >

....>

les familles nombreuses étaient jusque-là réduites à utiliser des breaks ou des dérivés d'utilitaires, l'Espace, vendu au prix d'une berline haut de gamme, était la seule voiture qui pouvait transporter sept personnes tout en conservant les performances routières et l'encombrement d'une berline de moyenne gamme. Les sept sièges de l'Espace étaient indépendants et pouvaient être enlevés ou retournés, ce qui offrait des options d'aménagement intérieur variées et donc des utilisations multiples : la même voiture pouvait servir alternativement de berline familiale ou de camionnette.

Entre 1984 et 2008, Renault a vendu plus d'un million d'Espace en quatre versions successives, ce que personne n'aurait pu imaginer au moment du lancement de la première version du véhicule. En effet, alors que les prévisions pour la première génération, lancée en 1984, étaient de 50 unités par jour, le seuil des 100 unités quotidiennes était atteint dès 1986. L'Espace II, lancé en 1991, atteignit les 300 par jour en 1994. L'Espace III, qui lui succéda en 1996, arriva à 350 en 1999. Pour l'Espace IV, lancé en septembre 2002, Renault tablait sur 80 000 voitures par an, soit environ 360 par jour, malgré une concurrence accrue sur ce segment.

Commercialisée sous la marque et dans le réseau Renault, l'Espace avait en fait été conçu par une autre entreprise, Matra Automobile, une filiale du groupe Lagardère. Matra Automobile s'était également vu confier la fabrication des trois premières générations d'Espace de 1984 à 2002. Pour ces trois premières générations, la carrosserie de la voiture était assemblée à partir de panneaux de matériau composite (mélange de résine et de fibres synthétiques), fabriqués par Matra et collés sur un squelette métallique en forme de « cage d'oiseau ». Cette technologie exclusive demandait des investissements trois fois plus faibles que le procédé classique d'emboutissage de tôle qu'utilisaient pratiquement tous les autres constructeurs automobiles. Ainsi, Matra a investi 230 millions d'euros pour produire l'Espace II, et 350 millions pour l'Espace III, alors que la production d'une voiture classique exigeait un investissement de l'ordre du milliard d'euros. Le revers de la médaille était que la fabrication des pièces en composite prenait davantage de temps que celle de pièces semblables en métal, et engendrait des coûts variables nettement plus élevés. Au total, on considérait dans la profession que le choix du composite se justifiait pour des productions inférieures à 500 carrosseries par jour, mais qu'au-delà, il valait mieux opter pour le métal. L'équation économique dépendait cependant de la forme des pièces de carrosserie et elle a évolué avec les progrès techniques. C'est pourquoi les constructeurs automobiles sont aujourd'hui enclins à combiner les pièces métalliques et les panneaux en composite sur les carrosseries les plus modernes.

Matra assemblait les voitures dans sa propre usine de Romorantin, en utilisant une plateforme et un moteur Renault (ceux de la Renault 18 pour l'Espace I), puis cédait les voitures complètes à Renault pour un prix fixé à environ la moitié du prix de vente TTC au client final. Renault supportait tous les coûts commerciaux. Au début des années 1990, l'Espace battait des records de rentabilité. Matra Automobile, dont c'était la seule production, avait un résultat net sur chiffre d'affaires d'environ 10 %, un montant exceptionnel dans l'automobile. Par comparaison, le résultat net de Renault, qui, tous modèles confondus, vendait plus de deux millions de voitures par an (dont 500 000 Clio environ), se situait autour de 2 % du chiffre d'affaires.

Pendant dix ans, l'Espace resta pratiquement le seul monospace en Europe, à part quelques importations comme le Chrysler Voyager. À l'automne 1994, Peugeot-Citroën s'associa à Fiat pour lancer quatre concurrents de l'Espace : la Peugeot 806, la Citroën Évasion, la Fiat Ulysse et la Lancia Zeta.

>

····> Ces quatre voitures, presque identiques, étaient dotées d'une carrosserie métallique et sortaient de la même usine française, la Sevelnord, un joint-venture 50-50 dans laquelle PSA et Fiat avaient investi 960 millions d'euros. L'usine fabriquait aussi des petits utilitaires (Peugeot Expert, Citroën Jumpy et Fiat Scudo, voir le Mini-cas « Sevelnord » dans le chapitre 19). En 2002, Sevelnord a lancé une nouvelle génération de monospaces, sous les noms de Peugeot 807, Citroën C8 et Fiat Ulysse. Mais en 2007, le P-DG de PSA a annoncé qu'il renonçait à développer une troisième génération. Au total, la production des monospaces Peugeot-Fiat a culminé à 50 000 unités en 1999 pour la première génération et 70 000 en 2003 pour la seconde génération.

Ford et Volkswagen sont également entrés sur le marché du monospace en 1995 en appliquant une stratégie similaire à celle de Peugeot et Fiat. Trois variantes d'une même voiture, la Volkswagen Sharan, la Ford Galaxy et la Seat Alhambra étaient fabriquées dans une usine commune, Auto-Europa, située au Portugal. Les volumes de production ont rapidement atteint 130 000 voitures par an et sont restés assez stables jusqu'en 2002, puis ils se sont mis à baisser, faute de renouvellement du modèle. Dès 1998, Ford a revendu ses parts dans le joint-venture à VW, tout en continuant à s'approvisionner en Galaxy auprès d'Auto-Europa.

Entre-temps, en 1997, alors que le marché des monospaces dépassait 300 000 unités par an avec un taux de croissance à deux chiffres, Renault a décidé de produire seul le successeur de l'Espace III, mettant fin ainsi à l'alliance avec Matra. Pour ce faire, Renault a investi environ 700 millions d'euros dans son usine de Sandouville pour fabriquer un monospace à carrosserie en acier, sur la base de la plateforme de la Laguna, également assemblée à Sandouville, tout comme la Vel Satis. L'Espace IV, lancé à l'automne 2002, a été produit en moyenne à 50 000 exemplaires par an entre 2003 et 2008. La décision de Renault a eu des conséquences dramatiques pour Matra Automobile. Incapable de diversifier sa production, l'entreprise a fini par signer un nouveau contrat avec Renault pour fabriquer l'Avantime, une sorte de version « coupé de luxe » du concept de monospace. Vendue pour la bagatelle de 40 000 euros, cette voiture n'a jamais trouvé son marché. Au début 2003, Matra fabriquait 16 voitures et perdait un million d'euros par jour, alors que le point mort se situait autour de 60 unités par jour. Devant le désastre, Renault a décidé, en février 2003, de jeter l'éponge et de cesser la commercialisation de l'Avantime. Matra a dû fermer son usine et licencier 950 employés. Quant au bureau d'études, il a été cédé à Pininfarina. Seule une petite équipe est restée avec Matra Automobile pour s'occuper de l'après-vente des Espace et des Avantime encore en circulation, et pour commercialiser une gamme de voitures et de bicyclettes électriques.

Le marché du monospace en Europe a cependant continué à se développer. Dès l'automne 1995, Renault lançait le Scenic, sorte d'Espace en réduction, avec cinq places seulement. Peugeot-Citroën répliquait avec le Picasso en 1997. General Motors suivait en 1998 avec l'Opel Zafira qui, grâce à la présence de deux strapontins dans le coffre, pouvait offrir jusqu'à sept places. Même Mercedes s'y est mis avec la Classe A puis la Classe B… Les prix de ces mini-monospaces, autour de 20 000 euros, étaient assez nettement inférieurs à ceux de l'Espace et de ses concurrents, qui dépassaient les 30 000 euros.

En 2008, les statistiques indiquaient que les véhicules monocorps représentaient près de 20 % du marché automobile européen, soit environ trois millions de voitures par an. Du reste, il est devenu difficile de distinguer une silhouette monocorps d'une ligne de berline, tant le design de l'Espace a influencé la plastique de l'automobile européenne contemporaine. Beau succès, hélas posthume, pour le concept inventé par Matra en 1982 ! >

....> **Questions**

1) Comment s'explique le succès de la Renault Espace ? Sur quel avantage concurrentiel était-il fondé ?
2) Pourquoi Peugeot et Fiat, d'une part, et Ford et VW, d'autre part, ont-ils décidé de former des alliances pour lutter contre l'Espace ?
3) Pourquoi Renault a-t-il renouvelé l'alliance avec Matra pour l'Espace II et l'Espace III avant d'y renoncer pour l'Espace IV ? Était-ce une bonne décision ?
4) Qu'aurait dû faire Matra Automobile pour survivre dans la construction automobile ?
5) Quelle stratégie recommander à Renault en 2008 dans le domaine des monospaces ?

3 Aux origines de l'avantage concurrentiel

Le début de ce chapitre vient donc de détailler les conditions auxquelles doit satisfaire toute entreprise afin de disposer d'un avantage concurrentiel et pouvoir ainsi se positionner favorablement face à ses rivaux dans son secteur d'activité. La logique sous-jacente reste relativement simple – combinaison coût/valeur perçue supérieure à celle de tout autre concurrent – même si les modalités pratiques en sont un peu plus subtiles qu'il n'apparaissait à première vue : l'avantage est relatif à chaque concurrent, perçu différemment par chaque client, et peut en outre se décliner de manières diverses (coût-volume, différenciation, *low cost*). Il n'en demeure pas moins que la question initiale par laquelle nous avions ouvert ce chapitre reste entière, même si elle peut maintenant se formuler de manière un peu différente : au lieu de demander « pourquoi certaines entreprises réussissent mieux que d'autres », nous pouvons préciser notre interrogation en « pourquoi certaines entreprises, mieux que d'autres, réussissent à amplifier l'écart entre les coûts qu'elles doivent supporter pour produire leur offre et le prix qu'elles parviennent à faire payer à leurs clients ». Mais fondamentalement le mystère reste entier ; nous ne savons toujours pas réellement pourquoi certaines entreprises l'emportent sur leurs concurrents. Nous nous sommes simplement dotés d'un modèle conceptuel qui permet de prédire si une nouvelle idée ou une nouvelle stratégie est susceptible ou non de déboucher sur la création d'un avantage concurrentiel. Si cette nouvelle stratégie n'a aucune influence sur la position de coût de l'entreprise ou sur la propension des clients à payer un prix plus élevé, elle ne peut en aucun cas aboutir à la création d'un avantage concurrentiel. Mais rien ne nous éclaire sur l'origine de cette capacité à faire baisser les coûts ou à accroître la valeur de l'offre produite.

C'est justement ici qu'intervient la notion de « ressources » propres à l'entreprise qui sera présentée et discutée plus en détail dans le chapitre suivant. Certaines entreprises possèdent des ressources *valorisables*, *rares*, *non imitables*, *non substituables* et *non transférables* (les initiales de ces critères forment l'acronyme VRIST, que nous commenterons dans le chapitre suivant). Elles ont également développé les compétences nécessaires pour combiner et déployer ces ressources sous la forme d'une offre qui sera donc produite à un coût compétitif et/ou fortement valorisée par le marché. Se pose alors la question de l'accumulation de ces ressources et du développement de ces compétences détenues par certaines entreprises et pas les autres. L'histoire de l'entreprise est souvent indissociable de l'accumulation progressive de ressources et de savoir-faire. Même si un concurrent reconnaît la valeur des ressources et compétences de l'entreprise, il ne pourra les acquérir qu'en refaisant l'ensemble du cheminement suivi par l'entreprise, ce qui serait en général absurde d'un point de vue économique. Pour imiter le succès de Microsoft dans les logiciels, il faudrait refaire l'ensemble de son parcours depuis 1980 et la commercialisation du système MS-DOS, l'ancêtre de Windows ! Et si ce concurrent cherchait à brûler les étapes, il en paierait le prix, soit sous forme d'investissements bien supérieurs, soit sous forme d'une efficacité moindre. C'est ce que l'on a appelé les déséconomies de compression du temps (voir l'encadré « Fondements théoriques » ci-après). Pour arriver rapidement à égaler Microsoft, un éventuel concurrent serait obligé d'investir bien plus sur une période courte que ne l'a fait de manière cumulée Microsoft au cours des vingt à trente dernières années ; faute de quoi, le résultat ne serait qu'une bien pâle imitation du succès de Microsoft. De plus, l'accumulation des ressources et le développement des compétences qui sous-tendent l'avantage concurrentiel de l'entreprise sont en général indissociables de son contexte organisationnel, rendant par là même une imitation très difficile dans un autre contexte.

Fondements théoriques

Les déséconomies de compression du temps ou *time compression diseconomies*

La notion de déséconomies de compression du temps a été proposée par Dierickx et Cool en 1989[1] sur la base d'un principe déjà évoqué par Scherer en 1967 : plus une entreprise souhaite se développer rapidement, plus le coût de son développement sera élevé. En effet, un développement rapide exige de recourir à des ressources « d'urgence », souvent coûteuses. Mansfield a ainsi montré en 1971 que, si la durée d'un projet baisse de 1 %, son coût de développement augmente de 1,75 %[2].

Les déséconomies de compression du temps empêchent également l'entreprise de tirer pleinement profit des ressources qu'elle acquiert parce que cette acquisition est réalisée dans un temps trop réduit, ce qui nuit à une absorption efficace des ressources. Pour illustrer leur propos, Dierickx et Cool (1989) utilisent l'exemple des programmes MBA en fonction de leur durée. Selon le principe des déséconomies de compression du temps, les programmes MBA qui durent une seule année, au lieu des deux ans traditionnels, ne permettent pas à leurs étudiants d'accéder au même niveau de connaissance que les programmes classiques en deux ans, même si leurs contenus sont strictement identiques. En effet, les étudiants n'ont pas les capacités nécessaires pour absorber la même quantité de connaissances et de façon aussi approfondie dans un temps plus court. Par analogie, l'entreprise qui se développe rapidement ne pourra pas bénéficier autant de la croissance que celle qui se développe plus graduellement, alors même que le coût de la croissance rapide est plus élevé. C'est notamment ce qui se passe dans les acquisitions : il est rare que l'avantage concurrentiel et les ressources de l'entreprise acquise se transmettent sans dommage à l'entreprise acquéreuse. Or l'entreprise acquéreuse paie en général une prime de contrôle élevée lors de l'acquisition (voir chapitre 18).

Notons au passage que les ressources à l'origine d'un avantage concurrentiel ne sauraient être des ressources facilement achetables ou vendables. Si elles l'étaient, en effet, l'entreprise ne créerait pas de valeur grâce à ces ressources, elle se contenterait d'exploiter la valeur des ressources elles-mêmes sans rien y ajouter. C'est la raison pour

1. Dierickx I. ; Cool K., 1989.

2. Mansfield, E., 1971.

laquelle on ne peut dire d'une entreprise qui possède une mine d'or qu'elle a un avantage concurrentiel, même si par ailleurs elle est très rentable ; toute autre entreprise qui lui achèterait la mine serait à même de dégager la même rentabilité ! Il en va de même d'un brevet, si celui-ci peut être exploité tout aussi profitablement par n'importe quelle autre entreprise ! Dans un tel cas, les actionnaires de l'entreprise pourraient en effet choisir de vendre le brevet (pour un prix qui devrait être au moins égal à la valeur actualisée de tous les *cash-flows* générés pas ce brevet) et de dissoudre l'entreprise ; la disparition de l'entreprise n'entraînerait alors aucune destruction de valeur. Pour être véritablement à l'origine d'un avantage concurrentiel tel que nous l'entendons dans ce chapitre, une ressource doit donc être indissociable de l'entreprise qui la met en œuvre. L'avantage concurrentiel vient moins du brevet lui-même que de la façon dont l'entreprise est capable de le développer ou de le mettre en œuvre.

La question des raisons du succès de certaines entreprises – et pas d'autres – qui nous préoccupe dans ce chapitre vient à nouveau de se déplacer. Les entreprises qui réussissent mieux que les autres ont un avantage concurrentiel – coût/valeur perçue – qu'elles ont pu construire grâce aux ressources et compétences qu'elles ont accumulées au cours du temps. Se pose donc maintenant la question de l'origine de ces ressources. Pourquoi certaines entreprises se retrouvent-elles en position d'accumuler des ressources et de développer des compétences mieux que d'autres ? C'est ici qu'« analyse interne » et « analyse externe », les deux grandes composantes de l'analyse stratégique (voir chapitre 1), se rejoignent à nouveau. Porter, entre autres, suggère que c'est d'un environnement local favorable que naissent les ressources et compétences qui permettront à une entreprise donnée de se forger un avantage concurrentiel durable[1]. Cet environnement local favorable est formé d'un marché porteur pour l'activité de l'entreprise, d'un groupe de concurrents actifs qui rivalisent âprement pour servir ce marché, d'un ensemble de fournisseurs et de sous-traitants qui eux-mêmes sont en concurrence pour trouver une place favorable dans la filière considérée. De tels environnements favorables ont été alternativement baptisés *clusters* ou *business districts* suivant les auteurs. Les plus célèbres de ces *clusters* sont la Silicon Valley pour toutes les activités liées à la microélectronique et l'informatique, ou la *« Formula One » Valley* dans la région d'Oxford en Angleterre où il est indispensable d'être basé si l'on prétend être compétitif dans ces activités. En effet, une entreprise localisée dans un tel contexte sera immédiatement et constamment confrontée à la rivalité des meilleurs concurrents mondiaux, ce qui constitue le meilleur aiguillon possible pour toujours se forcer à innover, baisser ses coûts et « faire mieux » que les autres. L'entreprise sera aussi aux « premières loges » pour être le témoin des innovations les plus prometteuses développées par les meilleurs concurrents mondiaux. Si l'entreprise survit dans un tel environnement, elle sera sans aucun doute capable d'affronter avec succès des concurrents moins redoutables ailleurs dans le monde. De plus, l'entreprise devra servir des clients parmi les plus exigeants au monde pour le produit ou service considéré, qui n'ont que l'embarras du choix et qui, au fil du temps ou du fait de traditions locales, ont développé un discernement sans égal, forçant encore une fois tous les concurrents à se « dépasser » sans cesse. Elle aura accès à un pool de fournisseurs habitués à servir les concurrents les plus en pointe et pourra profiter des innovations produites au niveau des composants ou sous-ensemble entrant dans la fabrication du produit considéré. Enfin, elle trouvera sur place la main-d'œuvre la plus qualifiée et la plus expérimentée dans l'activité en question. Seule une entreprise plongée dans un tel environnement favorable sera poussée à acquérir les ressources et développer les compétences à l'origine d'un avantage concurrentiel significatif.

1. Porter, M.E., 1991.

À titre d'exemple, on peut facilement concevoir qu'un restaurant ait plus de chances de devenir un « grand » restaurant au sens du guide Michelin ou de Gault et Millau s'il est installé à Paris que s'il s'ouvre dans le Nebraska. Il fera face, à Paris, à la dizaine de « trois étoiles », à la quinzaine de « deux étoiles » et à la soixantaine d'« une étoile » déjà en place. Il devra attirer une clientèle qui est habituée à ce type d'établissement et pourra compter sur des fournisseurs nombreux et de qualité, ainsi que sur une main-d'œuvre très qualifiée qui peut facilement passer d'un employeur à un autre. Rien de tout cela n'est disponible dans le Nebraska, ce qui rend les chances de succès beaucoup plus faibles pour le concurrent implanté là-bas.

Figure 7.4
Les causes du succès

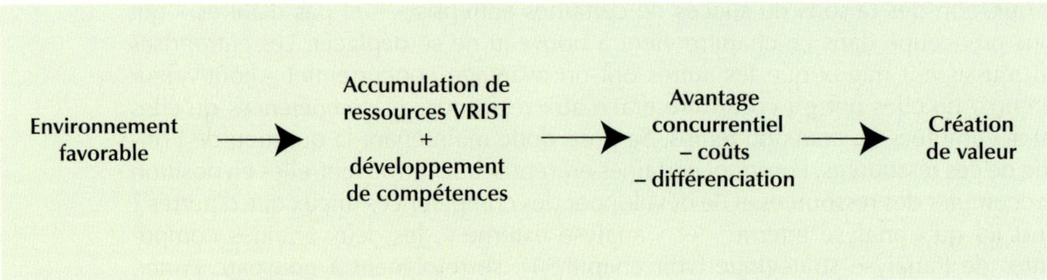

À ce stade, notre analyse du succès des entreprises performantes peut se résumer de la façon suivante :

> les entreprises qui réussissent le mieux ont un avantage concurrentiel qui ne peut être fondé que sur les coûts et la différenciation ;

> cet avantage est le produit de ressources et de compétences qui sont propres à l'entreprise et qu'elle a développées au fil du temps ;

> enfin, c'est le contexte local favorable dans lequel elle s'est développée qui a permis à l'entreprise d'accumuler ces ressources et de développer ces compétences.

Malgré tout, nous venons d'expliciter ici un ensemble de conditions nécessaires au succès, mais qui sont loin d'être suffisantes. En effet, toutes les entreprises qui sont créées dans un contexte favorable ne deviennent pas immanquablement des Intel, Microsoft, Ferrari ou autres « trois étoiles ». Le contexte à lui seul ne suffit pas. Il faut bien reconnaître alors que ces entreprises qui réussissent mieux que les autres ont encore « autre chose ». Peut-être s'est-il agi de chance ? Peut-être ont-elles été fondées ou ont-elles eu, au cours de leur développement, un dirigeant « génial » ? Peut-être ont-elles développé une « culture d'entreprise » particulièrement favorable ? Aucune de ces explications possibles n'est évidemment satisfaisante, et par leur côté simpliste, elles ne font que traduire la part d'inconnu qui demeure et demeurera sans doute très longtemps dans la compréhension des raisons du succès des entreprises performantes. Cela n'a en définitive rien d'étonnant. Comme nous l'indiquions en introduction, s'il existait une « recette du succès » infaillible en matière de stratégie d'entreprise, cette recette aboutirait à la domination éternelle d'une seule entreprise par secteur ou, plus vraisemblablement, se détruirait elle-même immédiatement.

Fondements théoriques

Concurrence pure et parfaite *vs* avantage concurrentiel

Les économistes distinguent traditionnellement cinq grandes structures de marché :
- la concurrence pure et parfaite ;
- la concurrence monopolistique ;
- l'oligopole standardisé ;
- l'oligopole différencié ;
- le monopole.

Ces cinq structures de marché se distinguent sur la base du nombre de concurrents, du caractère substituable ou non des produits et des barrières à l'entrée et à la sortie. On peut ainsi caractériser ces cinq structures de marché de la manière suivante :

Tableau 7.1 Structures de marché

Structure de marché	Nombre de concurrents	Substituabilité des produits	Barrières à l'entrée et à la sortie	Exemples
Concurrence pure et parfaite	Concurrents nombreux	Produits identiques	Barrières nulles	• Fruits et légumes • Marchés financiers : actions et obligations
Concurrence mono-polistique	Concurrents nombreux	Produits différenciés	Barrières faibles	• Horlogerie de luxe • Restaurants • Logiciels d'application
Oligopole non différencié	Concurrents peu nombreux	Produits identiques	Barrières fortes	• Essence • Mémoires électroniques • Compagnies aériennes • Téléphonie cellulaire • Acier
Oligopole différencié	Concurrents peu nombreux	Produits différenciés	Barrières fortes	• Systèmes d'exploitation pour ordinateurs • Automobiles • Produits pharmaceutiques
Monopole	Un seul concurrent	Un seul produit	Barrières insurmon-tables	• Téléphonie fixe • Transport ferroviaire de proximité • Service postal • Distribution d'eau potable

Pour les économistes, la concurrence pure et parfaite est la situation qui, du point de vue de la société en général, est la plus désirable. En situation de concurrence pure et parfaite, seules les entreprises les plus efficaces survivent et les prix sont tirés vers le bas au plus grand profit des consommateurs. Du point de vue des entreprises, à l'inverse, il n'y a pas de stratégie possible dans les situations de concurrence pure et parfaite ou de monopole. En cas de monopole, l'avantage de l'entreprise est absolu et inhérent à l'entreprise elle-même, du fait de son entrée précoce sur le marché ou d'une décision en ce sens des pouvoirs publics. La concurrence est inexistante et la seule décision à prendre est le prix à exiger pour son produit. Cette décision peut être optimisée sur la base de l'élasticité des prix, de manière à maximiser les profits de l'entreprise. Les monopoles existent en général soit par décision de l'État,

>

····>

soit parce que l'activité considérée correspond à ce que l'on appelle un « monopole naturel ». Les infrastructures ferroviaires, les routes et autoroutes, la téléphonie fixe, les lignes à haute tension sont de tels monopoles naturels : en effet, lorsqu'il existe une entreprise présente, aucun autre producteur ne peut espérer réaliser un profit en offrant un produit ou service concurrent. Du fait de la non-contestabilité de la position des entreprises en situation de monopole, c'est-à-dire de l'impossibilité pour tout concurrent éventuel d'entrer sur le marché considéré, les pouvoirs publics imposent en général tout un ensemble de contraintes en contrepartie du monopole accordé : niveau des prix, qualité de service, etc.

En situation de concurrence pure et parfaite, tous les produits sont identiques, n'importe qui peut choisir de produire sans avoir de barrière à l'entrée à surmonter, tous les concurrents, quelles que soient leurs caractéristiques particulières (taille, durée de présence dans le marché, etc.) ont les mêmes niveaux de coûts et le prix « du marché » s'impose à tous. La seule décision à prendre porte sur le volume de production et dépend de la taille du marché et du nombre d'autres concurrents (qui sont de toute façon très nombreux). Cette décision ne modifie en rien la position relative de l'entreprise et tous les concurrents sont, de manière permanente, à égalité et obtiennent la même rentabilité, qui est la rentabilité minimale en dessous de laquelle il n'y a aucun intérêt à produire parce qu'il existe de meilleures opportunités pour les capitaux comme pour les personnes concernées en dehors du marché considéré. Il ne peut donc exister d'avantage concurrentiel, au sens où nous l'avons défini dans ce chapitre, dans un contexte de concurrence pure et parfaite.

Dans les situations de concurrence monopolistique et d'oligopole, différencié ou non, les entreprises peuvent jouer sur la différenciation des produits ou sur les barrières à l'entrée, et notamment sur les économies d'échelle, pour se créer un avantage concurrentiel. Grâce à cet avantage concurrentiel elles pourront dégager des profits supérieurs au taux minimum qu'elles obtiendraient dans une situation de concurrence pure et parfaite. Et les profits obtenus par les diverses entreprises en concurrence dans l'activité n'ont aucune raison d'être égaux et dépendront de l'étendue de leur avantage concurrentiel. Les contextes de concurrence monopolistique et d'oligopole sont donc les situations dans lesquelles la stratégie telle que nous la discutons dans ce livre trouve à s'exprimer pleinement et détermine la performance des entreprises. On peut au passage constater que la stratégie consiste ainsi, pour une entreprise, à choisir les activités dans lesquelles elle va opérer, en sélectionnant dans la mesure du possible des activités qui s'éloignent le plus possible de la concurrence pure et parfaite, puis à décider comment elle va se positionner dans ces activités, c'est-à-dire déterminer le type d'avantage concurrentiel qu'elle va chercher à se créer.

Il est intéressant de remarquer au passage que les structures de marché ne sont pas figées une fois pour toutes, mais peuvent évoluer dans une certaine mesure en fonction des stratégies mises en œuvre par les entreprises en concurrence dans l'activité considérée. La stratégie consiste en effet pour une entreprise à tout faire pour s'éloigner le plus possible de la situation de concurrence pure et parfaite. Pour cela, elle peut tenter de différencier le plus possible ses offres, de construire des barrières à l'entrée, notamment des avantages de coût liés à la taille ou à la possession d'une compétence particulière, etc. Lorsque la stratégie réussit pleinement, l'entreprise va alors tendre vers une situation de monopole puisque son avantage sera tel qu'aucune concurrence viable ne sera possible. Cette situation est d'ailleurs tout à fait enviable puisqu'elle permet à l'entreprise de maximiser ses profits. Mais elle est également socialement inacceptable dans la mesure où elle aura un effet très négatif sur les prix et dans une certaine mesure sur la qualité. Cela va donc provoquer une réaction qui pourra soit prendre la forme de contraintes sur les prix,

>

····> sur les attributs des produits que l'entreprise propose, soit résulter dans un démantèlement du monopole, par exemple en imposant un éclatement de l'entreprise (comme cela s'est produit avec AT&T en 1984), ou la mise à disposition gratuite des concurrents de certains des facteurs essentiels de l'avantage concurrentiel (par exemple les « codes » du système d'exploitation Windows dans le cas de Microsoft). Stratégie d'entreprise et lois antitrust sont donc deux forces qui s'exercent dans des directions opposées.

LES POINTS CLÉS

- S'il existait une « recette infaillible du succès » applicable à toute entreprise, aucune entreprise n'aurait d'avantage sur aucune autre et il n'y aurait plus de différences dans les performances. Et la stratégie deviendrait inutile.

- Pour avoir des performances supérieures à celles de ses concurrents et dégager une rentabilité plus élevée, une entreprise ne peut jouer que sur deux paramètres : le niveau de ses coûts et le prix qu'elle parvient à faire payer à ses clients.

- Le prix que l'entreprise parvient à obtenir de ses clients, ce que l'on appelle parfois la *willingness to pay*, est fonction de la valeur perçue de son offre.

- On peut considérer qu'une entreprise a un avantage concurrentiel si aucun de ses concurrents n'est capable de produire une offre avec simultanément des coûts plus faibles et une valeur perçue plus élevée.

- Pour une entreprise bien gérée, toute diminution des coûts entraîne inévitablement une baisse simultanée de la valeur que les clients attribuent à son offre et donc une réduction du prix que l'on parviendra à leur faire payer ; réciproquement, tout accroissement de la valeur perçue de l'offre de l'entreprise ne peut être obtenu sans augmentation concomitante des coûts. Si tel n'était pas le cas, l'action envisagée s'imposerait d'elle-même.

- La bonne gestion consiste, pour un niveau de valeur perçu donné, à réduire au minimum les coûts ou, pour un niveau de coûts donné, à maximiser la valeur perçue.

- La stratégie consiste à choisir la combinaison coût/valeur perçue pour laquelle, du fait de ses compétences propres comme de l'état de la concurrence, l'entreprise pourra obtenir la performance maximale.

- Une même entreprise peut difficilement faire une chose et son contraire. Elle doit donc choisir la combinaison coût/différenciation qui lui convient le mieux et focaliser ses efforts dessus ; elle doit en revanche éviter de développer des offres qui correspondraient à des priorités trop opposées : coûts et valeurs perçues faibles d'un côté, coûts et valeurs perçues élevés d'un autre.

- La valeur perçue d'une même offre peut varier en fonction des clients. La stratégie consiste donc également à viser des segments de clientèle qui valoriseront au mieux les caractéristiques de l'offre de l'entreprise. Un même positionnement en termes de combinaison coût/valeur perçue peut correspondre en fait à deux stratégies différentes dès lors que les attributs valorisés sont différents et les segments de marché visés sont distincts.

- Les entreprises capables de se créer un avantage concurrentiel possèdent des ressources stratégiques valorisables, rares, non imitables, non substituables et non transférables (VRIST) ainsi que les compétences nécessaires pour combiner et déployer ces ressources sous la forme d'une offre combinant coût et valeur perçue par le marché de manière attractive.

- Ces ressources se développent grâce à l'environnement propice dans lequel l'entreprise opère. Un tel environnement propice comprend un niveau de concurrence élevé, des clients exigeants, un pool de fournisseurs compétents, etc.

- Mais toutes les entreprises plongées dans un tel environnement propice ne développent pas des ressources stratégiques et ne parviennent pas à se créer un avantage concurrentiel fort. L'origine de l'avantage concurrentiel garde donc une part de mystère.

?QUIZ

1. On dira d'une entreprise qu'elle possède un avantage concurrentiel si :
a. Aucun de ses concurrents n'a des coûts supérieurs aux siens.
b. Aucun de ses concurrents n'est capable de produire une offre avec une valeur perçue supérieure.
c. Aucun de ses concurrents n'est capable de produire une offre avec simultanément des coûts plus faibles et une valeur perçue plus élevée.

2. Une entreprise est dite « *stuck in the middle* » si :
a. Elle produit à un coût inférieur à la moyenne du secteur et elle parvient à faire payer à ses clients un prix plus élevé que celui de l'offre de référence.
b. Elle produit à un coût supérieur à la moyenne du secteur mais son prix reste inférieur à celui de l'offre de référence.
c. Elle produit à un coût supérieur à la moyenne du secteur mais elle parvient à faire payer à ses clients un prix plus élevé que celui de l'offre de référence.

3. Le *benchmarking* est une technique qui consiste à :
a. Étudier les pratiques d'autres entreprises, notamment concurrentes, pour adopter celles qui sont les plus efficaces.
b. Imiter les entreprises concurrentes pour parvenir à un avantage concurrentiel.
c. Établir un « banc d'essai » de produits de l'entreprise pour en améliorer la valeur perçue.

4. L'avantage concurrentiel d'une entreprise performante est qualifié de relatif car :
a. Son amplitude est liée à la conjoncture économique et à son évolution.
b. Il peut correspondre à un avantage de coût vis-à-vis de certains concurrents et à une différenciation par rapport à d'autres concurrents.
c. Chaque client apprécie son étendue en fonction de ses propres préférences.

5. Créer un avantage concurrentiel consiste à :
a. Déterminer une combinaison coût/valeur perçue grâce à laquelle l'entreprise surpasse ses concurrents.
b. Repousser l'ensemble de ses concurrents au-delà de la « frontière efficiente ».
c. Accroître la valeur perçue de l'offre au-delà de ce que proposent les concurrents.

6. Le concept de « déséconomies de compression du temps » fait référence :
a. Aux problèmes d'efficience que rencontrent les start-ups qui essaient de gagner du temps en accélérant leur croissance.
b. À l'impossibilité pour une entreprise d'accumuler ressources et compétences dans un court laps de temps.

>

....>

c. À la difficulté et aux coûts qu'entraîne l'assimilation de ressources et de compétences dans un court laps de temps.

7. Les ressources à l'origine d'un avantage concurrentiel :
a. Peuvent être acquises à l'extérieur mais à un prix souvent prohibitif.
b. Ne sont pas facilement achetables ou vendables.
c. Sont des *best practices* que l'on peut imiter en pratiquant le *benchmarking*.

8. Les entreprises qui enregistrent de manière durable une performance supérieure à leurs concurrents sont celles qui :
a. Ont réduit de manière significative les « déséconomies de compression de temps » par un meilleur management.
b. Ont eu la chance de découvrir et de préempter des ressources dont leurs concurrents ne disposent pas.
c. Ont construit un avantage concurrentiel par l'accumulation de ressources et de compétentes exclusives.

9. Un environnement local favorable, comme par exemple la Silicon Valley, permet à l'entreprise :
a. D'être confrontée aux meilleurs compétiteurs, d'avoir accès à la main d'œuvre la plus qualifiée et d'être informée des dernières innovations.
b. De développer, par l'imitation des meilleures entreprises mondiales, un avantage concurrentiel durable.
c. De se trouver aux « premières loges » pour attirer des financiers, tels que *business angels* ou fonds de capital-risque.

10. Les sources de l'avantage concurrentiel détenu par une entreprise :
a. Gardent toujours une part de mystère malgré toutes les analyses qu'on peut en faire.
b. Seront facilement captées par un acquéreur en cas de prise de contrôle de l'entreprise en question.
c. Sont généralement faciles à comprendre et à analyser ; c'est la mise en œuvre qui est difficile.

Réponses : 1.c, 2.b, 3.a, 4.b, 5.a, 6.c, 7.b, 8.c, 9.a, 10.a

8 LES RESSOURCES STRATÉGIQUES DE L'ENTREPRISE

Dans les chapitres précédents, nous avons indiqué que construire une stratégie consiste à prendre en compte les caractéristiques spécifiques de l'environnement concurrentiel (analyse de l'industrie et des concurrents) puis, sur cette base, à mobiliser les ressources et compétences propres de l'entreprise afin de bâtir un avantage concurrentiel, lui-même fondé sur une combinaison avantage de coût/valeur perçue que l'entreprise sera capable de produire mieux que tout autre concurrent. Dans ce chapitre, nous nous attacherons à préciser la nature et les propriétés essentielles de ces « ressources et compétences propres de l'entreprise » en nous appuyant sur ce que l'on appelle depuis les années 1990 « le courant des ressources » (la *Resource-based View,* ou RBV en anglais). Selon le courant des ressources, c'est l'ensemble spécifique de ressources et de compétences détenues par l'entreprise qui constitue la source principale de son avantage concurrentiel. L'analyse de ces ressources et compétences et la compréhension des contextes dans lesquels elles peuvent le mieux être déployées doit donc guider l'élaboration de la stratégie. Le courant des ressources focalise l'attention sur les déterminants internes de la performance de l'entreprise et constitue ainsi un complément essentiel de l'analyse concurrentielle qui elle tend à considérer les caractéristiques sectorielles comme primordiales. Les théoriciens du courant des ressources revendiquent d'ailleurs une contribution supérieure à l'explication de la performance de l'entreprise. Comme nous l'avons montré au chapitre 3, plusieurs études menées par des économistes et des chercheurs en management stratégique tendent en effet à montrer que les écarts de performance entre entreprises dépendent davantage des ressources dont elles disposent que du secteur dans lequel elles opèrent.

La première partie de ce chapitre décrit et explicite l'approche de la stratégie par les ressources et aptitudes. La deuxième partie présente les outils utiles pour définir une stratégie à partir des ressources et compétences de l'entreprise. Quant à la dernière partie, elle examine les effets dynamiques de cette approche centrée sur l'analyse interne de la firme.

1 Ressources et aptitudes : les unités de base de l'analyse

Il aura fallu attendre les années quatre-vingt-dix pour voir le courant des ressources, ou RBV (*Resource-based View*), redonner ses lettres de noblesse aux ressources et compétences dont dispose, à des degrés divers, toute entreprise. Selon Wernerfelt[1], les produits d'une entreprise d'une part et ses ressources d'autre part sont les deux faces d'une même médaille. Les économistes, influencés par le modèle de la concurrence pure et parfaite (voir chapitre 7), ont généralement considéré que tous les producteurs – c'est-à-dire toutes les entreprises – étaient identiques, ce qui les a donc naturellement conduits à étudier principalement le marché des produits, ainsi que les attributs que devaient posséder les marchés pour permettre l'atteinte d'un optimum économique collectif. Les stratèges d'entreprise, en revanche, reconnaissent que les entreprises, au sein d'une même industrie, forment un ensemble très hétérogène ; de plus, ils s'intéressent en priorité aux déterminants de la performance d'une entreprise en particulier. C'est donc très logiquement qu'ils se sont intéressés aux ressources propres des entreprises et, plus précisément, se sont concentrés sur l'analyse de la valeur de ces ressources. Barney, l'un des principaux inspirateurs du courant RBV, définit d'ailleurs une entreprise comme un ensemble coordonné de ressources particulières qui déterminent ses marges de manœuvre stratégiques[2]. Selon le courant des ressources, plutôt que de décomposer l'entreprise en portefeuille produits-marchés, l'analyse stratégique devrait avant tout chercher à déterminer le potentiel concurrentiel des différentes ressources que l'entreprise possède ou contrôle. En effet, toutes les ressources et compétences de l'entreprise n'ont pas la même valeur concurrentielle, et l'élaboration de toute stratégie doit s'appuyer sur une utilisation intelligente de certaines ressources et aptitudes présentes au sein de l'entreprise.

A/ Les ressources : définition et classification par type

Le courant des ressources n'a pas toujours été d'une totale clarté quant aux termes utilisés : ressources, actifs, capacités, aptitudes, savoir-faire, compétences sont des vocables indifféremment ou alternativement employés par les différents auteurs. Nous considérons pour notre part qu'il est important de bien distinguer la notion de ressource de celles d'aptitude, de compétence, de capacité, de savoir-faire, etc. et rejoignons en cela la terminologie la plus couramment utilisée[3].

Les ressources peuvent être définies comme étant l'ensemble des moyens dont l'entreprise dispose, qu'elle contrôle, et qu'elle peut engager, par le biais de ses processus productifs et organisationnels, pour créer de la valeur au sein de son activité. Certains auteurs substituent à « ressources » le terme « d'actifs ». C'est une vision intéressante car elle illustre qu'en elles-mêmes, et seules, ces ressources – comme tout actif – sont improductives. Il faut les combiner et rajouter du savoir-faire, des aptitudes, et des compétences pour que leur valeur ajoutée potentielle puisse s'exprimer et s'extraire.

Mais c'est une vision insuffisante car l'entreprise peut contrôler des ressources sans en avoir directement la propriété, comme c'est le cas par exemple avec la confiance, la réputation, ou éventuellement un certain pouvoir de nuisance. Ainsi, les ressources sont les actifs de l'entreprise et les facteurs contrôlés par celle-ci qui ont en eux certaines potentialités d'usage. Les ressources sont déclinables en plusieurs catégories

1. Wernerfelt B. 1984.
2. Barney J.B., 1997.
3. Grant R.M., 1996 ; Durand R., 2003.

– tangibles, comme un réseau de distribution, ou plus intangibles, comme une réputation – qui peuvent rendre différents services à ceux qui les contrôlent[1]. Les ressources tangibles, celles qui apparaissent clairement dans le bilan de l'entreprise, sont les plus aisées à identifier et à évaluer. Elles regroupent l'ensemble des moyens qui peuvent être physiquement observables (bâtiments, usines, terrains, machines…), ainsi bien entendu que les ressources financières. Les ressources intangibles, dont il est rarement fait mention dans le bilan, constituent pourtant, dans un grand nombre de cas, l'essentiel de la richesse « potentielle » de l'entreprise. Elles sont *a priori* plus difficiles à identifier et l'on a souvent l'habitude de distinguer parmi ces ressources intangibles les ressources technologiques, la réputation, c'est-à-dire le nom ou la marque, et les ressources liées au personnel comme l'expérience, les qualifications, la formation, la flexibilité, la culture d'entreprise, l'engagement, la loyauté, etc. La valeur réelle de ces ressources, souvent sous-estimée dans les états financiers, se manifeste par exemple, lors de la cession d'une entreprise, à travers le paiement d'un *goodwill*, c'est-à-dire d'une « sur-valeur » liée à l'existence même de ces actifs intangibles.

Le tableau 8.1 classe par type plusieurs grandes catégories de ressources génériques en fonction de leur tangibilité et de leur fongibilité. Une ressource est dite fongible lorsque l'on peut facilement en retirer toute la valeur en la vendant sur un marché ; un stock de matière première, un terrain ou un brevet sont ainsi des ressources fongibles dès lors qu'ils peuvent être utilisés efficacement par un acheteur éventuel, hors du contexte de l'entreprise. On peut observer dans le tableau que tangibilité et fongibilité ne sont pas nécessairement corrélées.

Tableau 8.1
Une classification des ressources

Financières	Cash-flow, capacité d'endettement et de fonds propres	Tangibles : +++ Fongibles : +++
Physiques	Locaux, usines, matériels, magasins, systèmes de distribution…	Tangibles : +++ Fongibles : ++
Humaines	Chercheurs, ingénieurs, marketeurs, équipes de vente, de service…	Tangibles : +++ Fongibles : +
Organisationnelles	Méthodes et systèmes de *cash-management*, qualité, marketing, vente (manuels, procédures)…	Tangibles : ++ Fongibles : =
Technologiques	Portefeuille de technologies et savoir-faire maîtrisés, de brevets, d'outils de management…	Tangibles : + Fongibles : =
Réputation	Image de marque, « réassurance », fidélité…	Tangibles : - - Fongibles : ++

Source : d'après Grant, 1996.

B/ Les aptitudes (ou capacités) : une combinaison de ressources créatrice de valeur

Si les ressources représentent l'ensemble des actifs de l'entreprise, elles n'ont cependant pas, comme nous l'avons souligné, de capacité productive propre. Elles possèdent certes en elles-mêmes un potentiel d'usage, mais ce sont les aptitudes qui autorisent et facilitent la réalisation et la matérialisation de ce potentiel. Les aptitudes

1. Amit R. et Schoemaker P.J., 1993.

sont donc des capacités d'action et de mise en œuvre sur les ressources détenues par l'entreprise. Il peut s'agir indifféremment de savoir-faire, de tour de main, d'expérience accumulée... qui activent, intègrent et combinent ces ressources. Une aptitude est la capacité d'associer et combiner un ensemble de ressources pour réaliser une tâche ou une fonction. Ainsi, si la somme des connaissances sur les structures et propriétés physico-chimiques du silicium détenue par les ingénieurs et éventuellement protégée par des brevets constitue manifestement une ressource nécessaire dans l'industrie des semi-conducteurs. Ces ressources ne sont que de peu d'utilité si elles ne sont pas activées au sein de la fonction R&D dans le cadre d'une capacité ou processus d'élaboration de nouveaux produits et procédés.
Ainsi, une ressource est un réservoir d'usages potentiels, de « services » qui peuvent être rendus ou non en fonction des aptitudes individuelles et organisationnelles disponibles au sein de l'entreprise. Les aptitudes sont les éléments clés de la compétitivité en ce qu'elles permettent de passer du potentiel au réel, de la valeur espérée à la rente concrètement réalisée.

Fondements théoriques

La notion de rente organisationnelle[1]

La théorie des ressources propose une conception de la firme dans laquelle aucune entreprise n'est identique à une autre. Cette théorie postule que les différences de performance constatées entre deux entreprises proviennent justement des différences existant entre elles et plus précisément des différences dans les ressources qu'elles contrôlent et dans leurs aptitudes à mettre en œuvre ces ressources. C'est donc l'utilisation des services potentiels des ressources qui définit la performance de l'entreprise. On distingue généralement les ressources, qui peuvent rendre certains services, des aptitudes susceptibles d'exploiter les services des ressources.
Dans l'analyse par les ressources, la performance des entreprises provient davantage de leur capacité à se constituer des rentes que de leur capacité à dégager des profits, comme le suggèrent les analyses inspirées de l'économie industrielle[2]. Le profit est ce qui reste à l'entreprise après que l'on a retiré du prix de vente les charges engagées pour la création et la livraison d'un produit ou d'un service. Dans une perspective microéconomique classique, la concurrence entre firmes entraîne une baisse des prix et conduit à l'érosion des profits. Afin de maximiser leurs profits, les entreprises doivent donc réduire autant que faire se peut leurs coûts de production. Le profit est ainsi le fruit d'un calcul différentiel, c'est-à-dire qu'il correspond à la soustraction entre un prix de vente et un coût de production. La rente quant à elle procède d'un calcul additionnel. En d'autres termes, on estime que tout revenu excédant le coût de constitution et d'utilisation d'un facteur est une rente. Maximiser les rentes ne revient pas tant à minimiser les coûts de production, qu'à utiliser au mieux les ressources disponibles pour accroître les revenus.
Dans la vision microéconomique classique, les entreprises qui recherchent le profit peuvent réaliser de belles performances à court terme mais seront éventuellement rejointes par des imitateurs. La manne se raréfie d'elle-même jusqu'à s'éteindre.
L'entreprise qui a pour stratégie d'utiliser au mieux ses ressources, et en tout cas au-delà de leur coût de constitution peut, selon la théorie des ressources, maintenir un avantage durable. En effet, le coût de constitution d'une ressource équivalente par un concurrent peut nécessiter d'énormes investissements et ainsi devenir exorbitant.
Par exemple, il est difficile et coûteux d'imposer un personnage capable de rivaliser avec la notoriété de Mickey Mouse. >

1. Durand R., 2000.
2. Winter S., 1995.

····> Mickey est ainsi une ressource qui procure à Disney des rentes considérables. Nintendo, en s'appuyant sur des ressources et des supports très différents de ceux utilisés en son temps par Walt Disney – les jeux vidéo, et sans empiéter sur les rentes de Disney, est néanmoins parvenu plus récemment à imposer un autre personnage, Super Mario, qui constitue désormais une ressource à l'origine de rentes importantes. Dans les deux cas, Mickey ou Super Mario sont des actifs qui donnent à leurs propriétaires accès à des revenus très supérieurs au coût nécessaire au seul maintien de la notoriété des personnages. Ces revenus en excès sont des rentes.

La notion de rente a été mise en avant dès 1817 par Ricardo, qui l'a appliquée au cas particulier de l'agriculture. Si l'on considère deux champs de même taille, mais dont l'un est plus fertile que l'autre, l'excédent de production – pour des efforts et coûts d'exploitation équivalents – que l'on obtiendra du champ le plus fertile constitue selon Ricardo la rente découlant de la détention d'un actif plus productif. Plus précisément cet excédent de production est ce que l'on appelle une rente « ricardienne » ou « différentielle ».

L'extension de la notion de rente au niveau de la collection de ressources et de savoir-faire de l'entreprise modifie l'analyse de la performance. La rente n'est plus seulement liée à la rareté ou à un monopole. Elle peut résulter du déséquilibre temporaire des conditions de l'offre, ou des vertus différentes des ressources détenues par l'entreprise – en termes de services et d'usages potentiels. Dans le premier cas, un concurrent subit un problème d'approvisionnement ou d'écoulement de sa production. Ce déséquilibre dans l'offre permet à une entreprise disposant de ressources productives et d'une organisation réactive de dégager des rentes temporaires. Dans le second cas, les qualités intrinsèques de quelques managers (aptitudes managériales) réduisent le temps nécessaire pour allouer les équipes de production ou de services et favorisent la création de rentes.

Les conséquences de ces réflexions sur l'analyse de la performance des entreprises sont triples. Premièrement, on introduit des dimensions stratégiques[1] dans la concurrence entre firmes dans la lutte pour la valeur, le potentiel de rente et la spécificité des ressources. Les entreprises ne poursuivent pas un objectif de profit de court terme : elles orientent leurs actions vers la captation de rentes et donc vers la recherche des sources de ces rentes, les ressources stratégiques. Deuxièmement, cette vision en termes de rentes permet de concevoir une économie dans laquelle des usages alternatifs d'un même actif sont en concurrence les uns avec les autres, faisant ainsi émerger des prix de transfert pour de telles ressources[2]. Il en découle que mêmes les actifs et ressources à l'origine du pouvoir de marché ou d'une position de monopole devraient pouvoir être valorisés et échangés. Troisièmement, les extensions des notions de rentes conduisent à rejeter la possibilité d'un équilibre de production de courte période. Elles suggèrent de réévaluer la dimension dynamique de la concurrence et de la performance, comme résultat d'une accumulation d'actions passées, porteuses de valeur économique[3]. En cela, elles renouent avec l'inspiration schumpetérienne de la pensée économique (voir chapitre 6).

La distinction entre ressources et aptitudes est bien acceptée tant par les chercheurs que les praticiens : « les ressources d'une entreprise sont définies comme des stocks d'actifs disponibles possédés ou contrôlés par l'entreprise... En revanche, les aptitudes font référence à la capacité qu'a une entreprise à déployer ses ressources, et souvent à les combiner à l'aide de processus organisationnels, pour atteindre une fin recherchée »[4]. Il s'ensuit que les ressources et aptitudes doivent avoir certaines propriétés qui leur permettent de dégager des rentes.

Nous avons vu au chapitre 3 que, du point de vue de l'analyse de l'industrie (c'est-à-dire de l'analyse de l'environnement externe de l'entreprise), des niveaux

1. Williams J.R., 1992.

2. Klein B., Crawford R., Alchian A., 1978.

3. Castanias R.P., Helfat C.E., 1991.
Rumelt R., 1995.

4. Amit R., Shoemaker P.J.H., 1993.

····> de performance élevés ne peuvent subsister durablement dans un domaine d'activité que si ce domaine est protégé par des barrières à l'entrée telles que des économies d'échelle, une forte différenciation des offres, des coûts de remplacement (*switching costs*) élevés, etc. Ces mécanismes de protection (*isolating mechanisms*) empêchent l'arrivée de nouveaux concurrents et permettent ainsi aux entreprises en place de conserver un avantage concurrentiel. Si certains de ces mécanismes restent compatibles avec les présupposés de base du courant des ressources, ce dernier situe l'origine principale de la performance des entreprises dans des propriétés intrinsèques aux ressources possédées par les entreprises, davantage que dans des caractéristiques propres du marché et de l'activité dans lesquels ces entreprises opèrent.

2 Distinguer et exploiter les ressources et aptitudes organisationnelles

Quelles sont donc ces propriétés qui expliquent et fondent le potentiel de « rente » des ressources et des aptitudes d'une entreprise ? Plusieurs auteurs, Barney et Grant en particulier, nous fournissent une démarche qui permet de structurer l'analyse en quelques étapes clés. À chacune de ces étapes correspondent des propriétés particulières que devront posséder les ressources et aptitudes et que nous présentons et détaillons ci-dessous avec le modèle du filtre VRIST (figure 8.1).

Figure 8.1
Le filtre VRIST des ressources et aptitudes organisationnelles

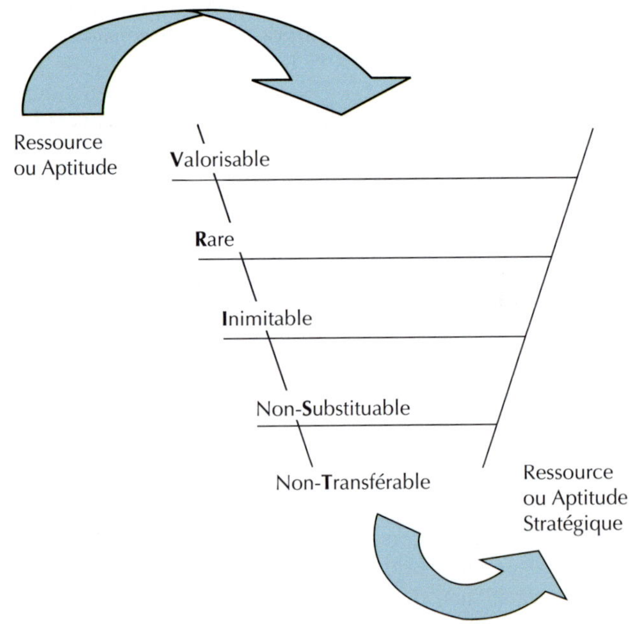

A/ Étape 1 : constituer la base potentielle d'un avantage concurrentiel

Pour constituer la base potentielle d'un avantage concurrentiel, une ressource ou aptitude organisationnelle doit se révéler :

Pertinente et valorisable

Posséder des terrains recelant des minéraux précieux est intéressant en soi mais peu pertinent pour une entreprise du secteur du tourisme. En effet, cela ne fait pas partie des bases de son activité principale. Une ressource ou une aptitude doit être associée à un ou plusieurs des critères qui fondent la valorisation de l'offre aux yeux des acheteurs. Elle doit donc revêtir une certaine pertinence pour que l'entreprise puisse exploiter son potentiel de valorisation. Une ressource ou une aptitude n'a donc qu'une valeur relative, dans la mesure où 1) elle peut être pertinente ou non pour son propriétaire et 2) son propriétaire dispose ou non des aptitudes associées pour la valoriser ;

Rare

Cette propriété est peu originale en soi, même si beaucoup d'e-entrepreneurs de la fin des années 1990 l'avaient oubliée dans leur analyse stratégique. Si les ressources pertinentes sont facilement accessibles et largement partagées par tous les acteurs d'une activité, elles ne constituent plus les bases d'une aptitude organisationnelle déterminante. Ces ressources sont basiques et néanmoins nécessaires, mais ne peuvent fonder un avantage concurrentiel. Elles sont essentielles à la survie d'une entreprise dans une industrie donnée, mais ne peuvent lui conférer d'avantage sur ses concurrents et ne contribuent donc pas à lui assurer une position dominante. Quand les constructeurs automobiles japonais ont introduit dans les années 1970 le « zéro défaut », ils se sont créés alors un avantage concurrentiel. De nos jours, cependant, cette capacité n'est plus aussi rare parmi les constructeurs automobiles et n'est donc plus autant une source d'avantage concurrentiel.

B/ Étape 2 : assurer le maintien dans le temps de cet avantage

Pour que l'avantage concurrentiel résultant de la ressource ou de l'aptitude concernée soit durable, ou plutôt « soutenable » – un néologisme dérivé du terme américain *sustainable* largement utilisé dans la littérature actuelle – encore faut-il que la ressource en question se caractérise par les qualités suivantes.

Difficilement imitable

À défaut de posséder eux-mêmes des ressources et aptitudes valorisables et rares, les concurrents peuvent chercher à imiter et répliquer la combinaison de ressources et aptitudes détenues par l'entreprise. Celle-ci ne pourra conserver son avantage concurrentiel que si ses ressources et aptitudes sont difficilement imitables. Il existe trois types de raison qui rendent une ressource ou une aptitude difficilement imitable par les concurrents.

1. Des *conditions historiques spécifiques à une firme* peuvent expliquer le fait qu'une entreprise a, au cours de son existence, développé une expérience unique sur une ressource ou une aptitude. Tout imitateur devra alors combler un différentiel de compétence tellement important, et qui plus est dans une période de temps raccourcie, que sa probabilité de réussite est très limitée.

2. L'*ambiguïté causale* caractérise une situation dans laquelle il est très difficile d'expliquer la source de l'avantage obtenu. Dans un tel contexte, Il est pratiquement impossible à un observateur extérieur, mais aussi aux personnels même de l'entreprise, de relier un niveau de performance exceptionnel à la maîtrise d'une ou de plusieurs ressources et compétences clairement identifiées. En d'autres termes, l'ambiguïté causale empêche quiconque, tant au sein de l'entreprise qu'à l'extérieur, d'identifier précisément les causes de son succès et a fortiori de reproduire ce succès passé dans une nouvelle situation concurrentielle.

3. La *complexité sociale* constitue la troisième et dernière raison d'une imitation difficile. On parle de complexité sociale dès lors qu'il y a combinaison de ressources et imbrication de savoir-faire humains intangibles. Les relations avec des fournisseurs, l'image vis-à-vis des clients, les relations interpersonnelles entre les membres d'une équipe de direction sont en général difficilement imitables. Et, globalement, plus on introduira d'intangible et plus l'on passera d'une ressource à une capacité simple puis à une capacité organisationnelle, plus la complexité sera importante et la probabilité de réplication faible, tant en interne que par les concurrents.

Par exemple, les causes originelles du succès de Microsoft sont tout à la fois issues des conditions historiques spécifiques de l'entreprise (avoir été choisi en 1981 par IBM pour fournir le système d'exploitation de sa première génération de PC), entachées d'une grande ambiguïté causale (pourquoi IBM a-t-il choisi Microsoft ? À cause des qualités du logiciel MS-DOS ? En raison des qualités commerciales et de la persévérance de Bill Gates ? Parce qu'il avait des appuis en interne ?) et caractérisées par une forte complexité organisationnelle (comment les dirigeants de Microsoft ont-ils réussi à mobiliser si efficacement leurs équipes ? Quels rôles exacts ont joué les uns et les autres – B. Gates, S. Ballmer et tous les autres fondateurs d'origine de l'entreprise ? Et surtout comment sont-ils parvenus à créer une équipe aussi soudée ?). Quiconque chercherait à reproduire le succès de Microsoft serait bien en peine de lister tous les ingrédients indispensables à ce succès et, de surcroît, ne pourrait les réunir dans un contexte historique différent de celui qui a vu naître la firme qui est depuis devenue le leader incontesté des logiciels.

Non substituable

Si l'on ne possède pas les ressources et capacités et qu'on ne peut les imiter, la seule voie qui subsiste alors est celle de la substitution : remplacer la ressource ou l'aptitude par une autre, plus facile d'accès pour le concurrent, et au moins aussi performante. Ceci se produit très classiquement dans le domaine des technologies où la substitution est devenue une règle : les entreprises leaders des locomotives à vapeur ont été victimes de la substitution des ressources et aptitudes qui faisaient leur force par d'autres ressources et aptitudes nécessaires à la production de locomotives électriques. Parfois, la possibilité de substitution est moins évidente et néanmoins plus perturbante. Tel est le cas des ruptures de schéma de distribution par exemple. Dell est de ce point de vue une illustration de substitution d'un actif – le réseau de distribution – par un autre – un système informatisé et automatisé de ventes directes – que les producteurs en place d'ordinateurs personnels n'ont pas été en mesure de combattre efficacement. Aussi, plus il est difficile de trouver des substituts à un ensemble de ressources et d'aptitudes, plus ces dernières sont potentiellement capables de maintenir un avantage concurrentiel dans le temps.

Non transférable

La transférabilité d'une ressource ou d'une aptitude est liée à la possibilité de vendre ou d'acquérir cette ressource sur le marché. Elle est donc directement liée à sa « mobilité » ; c'est ce que nous avons appelé plus haut sa « fongibilité ». De nombreuses ressources sont transférables : on peut facilement acheter ou vendre des équipements standard, implanter au sein de l'entreprise des processus commercialisés par des sociétés de conseil ou recruter du personnel. D'autres ressources sont plus difficilement transférables, et plus on s'oriente vers des compétences intégrant des routines spécifiques et très socialisées au sein de l'organisation, plus le transfert sera délicat et risqué. Hormis des raisons légales empêchant la vente ou l'achat de certains actifs stratégiques au niveau d'un pays ou d'une industrie, il existe trois sources d'immobilisme des ressources dans le cas général.

La *spécificité* des ressources caractérise leur degré d'adéquation à un usage particulier en faveur d'un client particulier. La spécificité des ressources peut réduire leur transférabilité dès lors que la vente de ces ressources donnerait à l'acquéreur une position de domination abusive sur les clients. L'*imperfection de l'information* sur la qualité et la productivité de certaines ressources peut conduire à des situations de perception de fort risque dans un processus d'éventuelle acquisition de ces ressources. Ces situations d'imperfection sont naturellement beaucoup plus fréquentes dès lors que des compétences et donc des ressources combinées par des savoir-faire humains sont en jeu. En effet, comment s'y prendre si l'on ne peut connaître facilement ni la liste des ingrédients, ni la recette, ni le tour de main ? On parlera de l'opacité des ressources et aptitudes quand il s'agira d'intégrer ces imperfections d'information. Dernière situation d'immobilisme, la *complémentarité* entre les ressources. Séparer une ressource de son contexte naturel et de ses compléments habituels conduit souvent à une perte de valeur et d'efficience forte. Cela se manifeste, entre autres, par les échecs que connaissent parfois certains dirigeants pourtant très renommés dès lors qu'ils passent d'une entreprise à une autre.

Cette notion de non-transférabilité ou non-fongibilité des ressources stratégiques est essentielle et suggère que de telles ressources produisent le maximum de valeur lorsqu'elles sont exploitées en interne par l'entreprise qui les possède. Chercher à vendre une telle ressource se traduirait par une perte de valeur. En d'autres termes, la valeur créée doit tout à la fois à la ressource en question et aux aptitudes tout à fait spécifiques de l'entreprise considérée. *A contrario*, une ressource aisément transférable ou fongible a la même valeur quelle que soit l'entreprise qui l'exploite. Comme nous l'avons vu dans le chapitre 7, l'avantage concurrentiel d'une entreprise peut ainsi être défini comme sa capacité à exploiter mieux que tout autre les ressources stratégiques qu'elle possède. Par exemple, si un brevet peut être exploité efficacement par plusieurs entreprises, et si l'information à ce sujet est connue de tous, ce brevet pourra être vendu sans difficulté pour un prix correspondant à la valeur actualisée de la rente qu'il pourra générer tout au long de sa durée de vie utile. L'entreprise qui exploite un tel brevet n'ajoute donc rien à la valeur intrinsèque du brevet lui-même et, outre la possession du brevet, n'a pas d'avantage concurrentiel. À l'inverse, si le brevet est difficilement transférable et que son exploitation optimale ne peut être faite en dehors de l'entreprise qui le possède (par exemple si avoir participé au développement du brevet permet de mieux en optimiser les potentialités, d'acquérir une famille de brevets complémentaires, ou si ce brevet est particulièrement compatible avec l'image de marque de l'entreprise, etc.), toute cession du brevet lui fera perdre de sa valeur. L'entreprise considérée est le meilleur utilisateur possible du brevet en question et son avantage concurrentiel tient dans cette capacité exceptionnelle.

C/ ÉTAPE 3 : S'APPROPRIER LE POTENTIEL DE RENTE

Enfin, l'entreprise à qui appartient l'ensemble des ressources et aptitudes doit parvenir à durablement s'approprier les bénéfices générés par son avantage concurrentiel, c'est-à-dire éviter que ces bénéfices ne soient captés par d'autres acteurs dans l'environnement (concurrents, distributeurs, clients finaux, etc.). Pour cela, les ressources et capacités d'une entreprise qui fondent son avantage doivent respecter deux qualités.

Elles doivent tout d'abord être *durables*. C'est en effet la durabilité des ressources et des aptitudes qui assure le maintien de l'avantage par rapport aux concurrents. Les ressources les plus durables constituent donc des bases plus solides d'avantage concurrentiel. C'est le cas de l'image de marque, de la réputation d'une firme par exemple, mais seulement dans une moindre mesure des brevets car ceux-ci ont une période de validité déterminée (généralement entre dix-sept et vingt ans) et, de plus, l'évolution technologique a tendance à réduire non seulement la durée de vie des produits mais aussi celle des technologies sur lesquels ils s'appuient. Soulignons enfin que la durabilité d'une ressource exige de l'entreprise un effort constant et sans faille pour en assurer l'accumulation, le perfectionnement et le renouvellement.

Elles doivent ensuite permettre *l'appropriabilité des résultats* et des retours sur investissement par l'entreprise. Ceci dépend toutefois grandement des systèmes de protection légale mis au service des entreprises, ainsi que de la capacité des institutions nationales à faire respecter le droit. Ainsi, la notion de propriété n'est pas facilement définissable et varie selon les pays ; c'est ce que certains auteurs ont dénommé les « ».

Cette double condition de durabilité et d'appropriabilité est bien illustrée par le cas des brevets. Une entreprise qui a développé une technologie brevetée, ne peut s'approprier les rentes issues de la mise en œuvre de cette technologie que jusqu'à l'expiration du brevet. Au-delà de cette durée, le brevet tombe dans le domaine public, de nouveaux concurrents apparaissent, faisant baisser les prix, et ce sont les consommateurs qui profitent alors le plus de l'innovation. C'est la raison pour laquelle certaines entreprises choisissent de ne pas breveter leurs découvertes, ce qui les obligerait à en divulguer toutes les caractéristiques, mais préfèrent plutôt les garder secrètes, espérant par là – si le secret est bien gardé- pouvoir s'approprier les rentes correspondantes pendant une durée plus longue. Pour étendre la durée de vie d'une ressource brevetée et préserver au moins partiellement les rentes qu'elle en tirait, Searle, l'entreprise qui avait breveté l'usage de l'aspartame comme produit édulcorant sans calories, a ainsi imposé à ses clients, notamment Coca-Cola et Pepsi-Cola d'apposer sur les canettes de soda le logo de la marque NutraSweet, marque que Searle avaient créée quelques années avant l'expiration de son brevet sur l'aspartame. Searle espérait ainsi que les consommateurs associeraient la marque NutraSweet aux sodas sans calories, se méfieraient des produits « light » sans le logo NutraSweet, permettant ainsi à Searle de garder une part de marché importante et des prix élevés, malgré l'apparition de nombreux concurrents fournisseurs d'aspartame. De façon similaire, si Intel impose à ses clients fabricants d'ordinateurs de coller sur leurs produits une étiquette « Intel inside », c'est parce que la concurrence accrue d'autres producteurs de microprocesseurs (comme AMD) risque d'éroder les rentes que lui avait conféré sa position de pionnier du secteur. Si les clients attribuent à Intel des qualités de pionnier et d'innovateur qu'il avait autrefois mais qu'il perd de plus en plus, peut-être seront-ils prêts à payer plus cher un ordinateur estampillé « Intel inside », ce qui par ricochet permettra à Intel de faire payer plus cher – à caractéristiques équivalentes – ses microprocesseurs et ainsi de préserver une partie de sa rente.

3 Les « compétences cœur »: des aptitudes organisationnelles stratégiques

A/ Des aptitudes aux compétences

Les aptitudes organisationnelles requièrent, nous l'avons vu, l'expertise d'individus variés qui, au sein de l'organisation, combinent des ressources tangibles et intangibles d'une manière qui contribue à créer pour l'entreprise un avantage concurrentiel. Lorsque les processus qui les sous-tendent sont répétés de manière régulière et fréquente, ces capacités organisationnelles deviennent alors des routines, c'est-à-dire des mécanismes d'action de l'entreprise reposant sur des comportements socialisés, prévisibles, naturels (pour les acteurs de l'entreprise) et quasiment automatiques. Les routines sont à l'organisation ce que les aptitudes sont aux individus. Elles sont fondées sur des savoirs tacites socialisés si bien ancrés dans l'esprit et la mémoire collective qu'ils sont pratiqués par les individus sans qu'ils en soient toujours conscients. Ainsi, Valeo, parce qu'il a un accès direct au niveau de stocks de ses fournisseurs, peut évaluer avec beaucoup de précision les délais de livraison de ses propres produits et gérer finement sa *supply chain*. Il bénéficie ainsi à la fois d'un gain de temps (et d'argent en évitant d'immobiliser des stocks) considérable et d'une meilleure flexibilité et capacité d'adaptation qui constituent, quelle que soit l'industrie considérée, un atout concurrentiel essentiel.

Mais une routine qui n'est pratiquée que dans une certaine activité, qu'au sein d'une industrie spécifique, a toutes les chances de ne rester qu'une aptitude organisationnelle comme une autre. Tant que l'aptitude routinisée n'a pas été confrontée à des réalités multiples, elle ne peut pas se transformer en compétence. Une compétence peut en effet se définir comme une aptitude dynamique, la capacité d'une firme à « intégrer, construire et reconfigurer des routines faites de divers usages de ressources spécifiques à la firme »[1]. La compétence est le savoir-faire et la connaissance acquise grâce au management réussi d'une aptitude organisationnelle au sein de plusieurs secteurs d'activité différents. Une aptitude est donc spécifique à un domaine d'activité alors qu'une compétence détient un potentiel d'utilisation multimarché qui doit être exploité pour devenir une réalité (voir les Mini-cas suivants sur Toyota et General Electric).

MINI-CAS

Toyota et son activité de conseil

Lorsque nous utilisons le terme « compétence », nous faisons référence à une aptitude organisationnelle précise qui est le fruit du travail coordonné d'employés dotés d'aptitudes individuelles et utilisant des ressources particulières. Actuellement, une des compétences stratégiques fondamentales est le management de réseaux de

> 1. Teece D.J., Pisano G., Shuen A., 1997.

····> connaissances. Une entreprise de l'industrie automobile, Toyota, est reconnue depuis longtemps pour avoir su bâtir cette compétence cruciale, le management des processus de partage de la connaissance au niveau d'un réseau de fournisseurs. Il a été ainsi démontré que les fournisseurs participants au réseau Toyota apprennent plus vite de nouvelles techniques de production que leurs concurrents. C'est principalement le résultat des missions de conseil, coordonnées par Toyota, gratuites pour les fournisseurs membres du réseau, opérées par une équipe au Japon (OMCD, Operation Management Consulting Division, composée d'une cinquantaine de personnes) et aux États-Unis (TSSC, Toyota Supplier Support Center, qui regroupe une trentaine de personnes). Sur les 31 missions effectuées entre 1992 et 1997, les gains de productivité au travail après le passage de l'équipe du TSSC ont été de 124 % en moyenne, et la réduction des stocks de 75 %[1].
Au-delà de ces résultats exceptionnels, Toyota a su résoudre trois problèmes fondamentaux inhérents à la création et au management des réseaux de connaissances : les fuites, les passagers clandestins, et le coût. Premièrement, les membres du réseau créent et partagent de la connaissance au sein du réseau de Toyota tout en évitant l'exploitation sauvage de cette connaissance par des non-membres. Deuxièmement, le comportement opportuniste du « passager clandestin » est absent du réseau, les membres étant tous des membres actifs. Troisièmement, les coûts associés au management du réseau (réunions, partage d'information, infrastructure d'échange et de communication) ont été réduits au minimum. La base de la compétence de Toyota réside dans la capacité à créer une réelle identité au réseau, qui repose sur des règles acceptées par tous en ce qui touche à la distribution des connaissances utiles à l'intérieur du réseau exclusivement. Cette identité est le fruit d'échanges d'employés (des cadres de Toyota allant travailler pour des fournisseurs – environ 10 % des directeurs des fournisseurs ont travaillé préalablement pour Toyota), de groupes de partage de connaissances entre fournisseurs non concurrents organisés sous le patronage de Toyota, et de l'acceptation du principe de réciprocité suivant lequel toutes les connaissances de Toyota sont accessibles aux membres du réseau à condition que les connaissances de chaque membre soient accessibles aux autres membres (à l'exception d'un concurrent direct toutefois).

Questions

1) Quelles ressources tangibles et intangibles est-il nécessaire de mettre en œuvre pour construire et maintenir une compétence stratégique telle que le partage de la connaissance dans un réseau de fournisseurs ?
2) Quels sont les dangers qui menacent de ruiner le potentiel de rente d'une telle compétence ?
3) Quelles parades envisagez-vous pour prévenir ces dangers ?

B/ Les compétences « cœur »

Bien que les diverses compétences d'une entreprise soient difficiles à évaluer dans l'absolu, toutes ne possèdent cependant pas la même valeur et le même potentiel de création de rente, surtout si on les compare à celles des concurrents actuels et futurs. Les plus distinctives, parfois appelées compétences « cœur » (*core competencies*, en anglais)[2], sont celles qui permettent de créer un avantage concurrentiel en combinant quatre aspects :

> elles distinguent l'entreprise de ses concurrents ;

> elles s'appuient sur et découlent de ce que l'entreprise sait et peut mieux faire que ses compétiteurs (le filtre VRIST) ;

1. Dyer J. et Nobeoka K., 2000.
2. Hamel G., Prahalad C.K., 1990.

> elles interviennent au niveau de l'« architecture » de l'entreprise, c'est-à-dire de sa structure même, de ses principes d'organisation ;

> elles peuvent être étendues avec succès à d'autres produits, marchés ou activités que celui où elles ont été appliquées au départ.

Ces quatre aspects sont le résultat d'un assemblage original et spécifique de ressources et de processus que l'entreprise a « routinisé » et décliné sur un ensemble d'activités. C'est sur ces compétences cœur que l'entreprise doit concentrer ses moyens et son apprentissage afin de créer et de renforcer constamment son différentiel de compétences et fonder son expansion en les utilisant comme leviers de développement (voir tableau 8.2 pour quelques exemples). Il y a d'ailleurs un cercle vertueux des compétences cœur : elles constituent le pivot naturel d'une diversification liée, normalement moins risquée, et tout développement dans des domaines nouveaux reliés accroît leur niveau de performance au profit de l'ensemble des activités.

Tableau 8.2
Exemples de compétences « cœurs »

NEC	Intégration des technologies de l'information et des télécoms.
Black et Decker	Conception et fabrication de petits moteurs électriques.
Canon	Intégration des technologies optique fine, microélectronique et mécanique de précision.
3M	Conception de produits nouveaux liée à la maîtrise technologique des substrats, enduits et colles et la capacité à les combiner.
Carrefour	Gestion des flux (de produits, clients, cash...).
FedEx	Logistique : maîtrise d'un réseau de distribution.

MINI-CAS

General Electric

General Electric est exemple qui permet de bien illustrer comment une aptitude peut-être transformée en une compétence stratégique. Parce que son marché est arrivé à saturation dans les années 1990 et que, de plus, beaucoup de ses clients ne disposaient plus des ressources nécessaires pour acheter ses équipements, la division « Locomotives » de GE a dû radicalement changer de *business model* ; au lieu de chercher à vendre des produits performants au meilleur prix, elle s'est mise à proposer aux sociétés de chemin de fer un service de traction « tout compris » dans lequel GE reste propriétaire du matériel, en assure l'entretien et facture le client sur la base des kilomètres parcourus et des tonnes tractées. En procédant ainsi, GE a développé, au sein de sa division Locomotives, une capacité nouvelle « d'offre service » qui se substitue de plus en plus à l'offre produit traditionnelle. General Electric a pu ensuite rapidement et efficacement réutiliser cette aptitude à changer de business model lorsque son activité « turbines à gaz » a connu les mêmes problèmes de demande et de solvabilité des clients. L'aptitude organisationnelle, utilisée de manière répétée et routinière, devint alors une compétence qui fut ensuite étendue, parfois proactivement, à certaines autres divisions, comme celle des appareils médicaux ou celle des moteurs d'avion par exemple. Il faut cependant bien remarquer que cette capacité d'utilisation et d'extension >

····>

ne fonctionne que si les activités répondent à des caractéristiques de marché et de compétition communes. Dans le cas de GE les diverses industries concernées se caractérisent par les similitudes suivantes :

> des produits lourds, très coûteux, à durée de vie longue, très intensifs en technologie et maintenance ;

> des clients en nombre limités, de type public, souvent en situation de monopole ou d'oligopole, connaissant de graves problèmes de budget ;

> des processus d'achat longs, impliquant de nombreux acteurs avec des schémas financiers complexes ;

> une situation de marché proche de la saturation.

Questions

1) La compétence que GE a développée passe-t-elle avec succès le filtre VRIST ?
2) Que devrait faire GE pour renforcer la durabilité de l'avantage concurrentiel construit sur la base de cette compétence ?

Trois phénomènes convergent pour améliorer la performance dans l'utilisation d'une compétence. D'une part, il existe des économies d'apprentissage sur les ressources humaines impliquées dans le processus et dans la manière d'utiliser les ressources disponibles. La capacité organisationnelle devient plus robuste, et plus « réplicable ». D'autre part, l'accroissement du recours à une compétence de l'organisation permet souvent de profiter d'économies d'échelle sur les ressources utilisées. Enfin, le déploiement de la compétence dans des contextes divers débouche le plus souvent sur des innovations dans les processus liés, qui bénéficient en retour à l'ensemble des fonctions et activités de l'entreprise utilisant la compétence. Il y a donc un effet de synergie qui se situe non seulement au niveau de la combinaison de ressources et d'aptitudes existantes, mais surtout, de manière dynamique, dans les effets de découverte et de rétroaction qui enrichissent la compétence au fur et à mesure de son déploiement.

Identifier précisément les compétences qui distinguent l'entreprise, la rendent spécifique – les *compétences « cœur »* – et qui sont susceptibles de lui procurer un avantage concurrentiel durable et défendable représente une phase capitale de l'analyse interne. Ces compétences doivent posséder certaines propriétés (le « filtre VRIST ») qui permettent à l'entreprise de créer et de capter de la valeur, de la « rente », sur des marchés déjà servis, adjacents mais non encore abordés, ou à définir. C'est en cela que l'analyse par les ressources est une analyse plus dynamique que l'analyse concurrentielle (analyse externe).

Remarquons deux aspects importants de l'approche de la stratégie par les « compétences cœur » :

1. c'est la recherche de la différence « valorisable » (par tout ou partie du marché) qui est privilégiée ;

2. appréhender la stratégie à partir de l'entreprise, de ses ressources et de leurs propriétés concurrentielles, est une manière d'aboutir à des stratégies originales (voir notamment le chapitre 6). L'entreprise y trouve sa capacité à agir sur l'environnement et ne le subit pas passivement comme le laisse parfois supposer l'analyse externe présentée au chapitre 3.

Une compétence cœur est en effet une compétence qui :

> permet de répondre aux opportunités commerciales actuelles ou nouvelles sans qu'il y ait de changements qualitatifs dans les actifs et capacités de la firme. L'exercice de ces possibilités d'action est purement lié à la constitution antérieure de la compétence. Il peut y avoir besoin, en revanche, de changements quantitatifs de stocks d'actifs (volume) afin de pouvoir faire face à l'extension d'activités ;

> contribue de manière importante à l'existence et à l'accroissement des bénéfices perçus par le client et donc à sa *willingness to pay* (cf. chapitres 5, 6 et 7) ;

> donne un accès potentiel à une très grande variété de marchés et d'industries. Plus elle ouvre de champs et plus elle a de valeur.

Il convient cependant de souligner que l'accumulation d'expérience sur une compétence spécifique peut conduire à une situation d'enlisement ou d'impasse. L'apprentissage d'une firme est conditionné par ses aptitudes et ses compétences actuelles et est donc naturellement concentré sur la recherche d'amélioration de ses savoir-faire existants, ce qui conduit à ignorer ou à négliger des savoir-faire nouveaux[1]. La routine, qui permet de répéter de manière quasi automatique et très efficace les comportements organisationnels à l'origine des succès passés de l'entreprise, est souvent associée également à une certaine inertie, alors même que l'exploitation systématique des savoirs existant peut se traduire par un manque de curiosité et d'exploration. Ainsi, certains auteurs signalent qu'une compétence peut devenir une rigidité organisationnelle[2]. D'autres auteurs ont également attiré l'attention sur l'effet Icare, c'est-à-dire sur le risque qui existe à surexploiter une compétence au détriment d'autres[3]. À quoi servirait une compétence parfaitement maîtrisée par une entreprise mais qui, sous la pression d'une rupture technologique ou managériale, perdrait son intérêt et sa valeur dans l'industrie où opère l'entreprise ? Les compétences peuvent donc ne pas avoir que des aspects positifs, et il est capital de les évaluer dans leur potentiel à étendre les routines actuelles et à développer de nouveaux types de routines et de ressources, donnant à l'entreprise à la fois efficacité et capacité d'adaptation.

1. March J.G., 1991.
2. Leonard-Barton D., 1995.
3. Miller D., 1992.

LES POINTS CLÉS

- En complément de l'analyse de la structure de l'industrie, l'identification et l'appréciation des ressources et aptitudes que détient une entreprise est une phase clé dans la détermination des possibilités stratégiques de cette entreprise.

- On distingue les aptitudes organisationnelles, qui combinent les usages des ressources possédées ou contrôlées par l'entreprise, et les compétences, qui résultent d'un processus répété et socialisé d'exploitation de ces capacités organisationnelles.

- Seules des aptitudes organisationnelles et les compétences peuvent constituer les bases d'un réel avantage concurrentiel spécifique à une entreprise. Pour cela elles doivent satisfaire aux conditions imposées par le filtre VRIST, c'est-à-dire qu'elles doivent être :
  - valorisables,
  - rares,
  - difficilement imitables (conditions historiques, ambiguïté causale, complexité sociale),
  - non substituables,
  - non transférables.

- Sans application répétée et multiple, une compétence perd de sa valeur.

- Entretenir les compétences, les répliquer, les enrichir, les faire évoluer et enfin les combiner avec d'autres ressources et capacités, au travers de processus maîtrisés, constitue la règle de base du maintien d'un avantage concurrentiel.

- Les compétences et aptitudes organisationnelles sont aussi la source du futur potentiel concurrentiel de l'entreprise, voire de la redéfinition des frontières de l'industrie.

?QUIZ

1. Pour le courant des ressources, les ressources d'une entreprise sont constituées :

a. Des actifs corporels et incorporels inscrits à son bilan et audités par les commissaires aux comptes dans le cadre de leur mission légale.

b. De l'ensemble des moyens dont elle dispose, qu'elle maîtrise et qu'elle peut mobiliser pour créer de la valeur.

c. De l'ensemble des fournisseurs, partenaires et clients sur lesquels l'entreprise peut s'appuyer pour créer de la valeur.

2. La réputation d'une entreprise peut-elle être considérée comme une ressource ?

a. Oui, car l'entreprise exerce un certain contrôle sur sa réputation, qui lui est propre.

b. Non, car la réputation d'une entreprise ne lui appartient pas.

c. Uniquement si l'entreprise jouit d'une bonne réputation.

3. En quoi ressources et aptitudes se distinguent-elles ?

a. Les aptitudes permettent d'activer et de matérialiser le potentiel contenu dans les ressources.

b. Les ressources sont une catégorie particulière d'aptitudes.

c. Les ressources servent à extraire le potentiel contenu dans les aptitudes pour créer de la valeur.

4. Analytiquement, une rente organisationnelle est présente quand :

a. L'organisation a développé une offre qui génère des revenus réguliers et prévisibles.

b. Le prix de vente d'un produit ou d'un service est supérieur aux charges engagées pour sa création, sa production et sa livraison.

c. Le coût de mise en œuvre d'une ressource est inférieur au revenu qu'elle génère.

5. Pour constituer la base potentielle d'un avantage concurrentiel, ressources et aptitudes doivent posséder plusieurs propriétés. Laquelle des propriétés suivantes n'en fait pas partie ?

a. Elles sont rares.

b. Elles sont valorisables par l'entreprise et pertinentes pour ses activités.

c. Elles sont achetables et vendables sur un marché.

6. Une ressource ou une aptitude crée un avantage concurrentiel durable si :

a. Elle permet d'ériger des barrières à l'entrée qui préviennent l'arrivée de nouveaux concurrents sur le long terme.

b. Elle est difficilement imitable, imparfaitement fongible et ne peut être facilement substituée.

c. Elle a été créée dans des conditions historiques spécifiques.

>

····>

7. Pour éviter que le potentiel de rente lié à ses ressources ne soit capté par d'autres acteurs, une entreprise doit veiller à ce que ses ressources et aptitudes soient :

a. Fongibles et soutenables.
b. Spécifiques et ambiguës.
c. Durables et appropriables.

8. En stratégie d'entreprise, le courant des ressources, dit aussi *Resource Based View* :

a. Met l'accent sur les sources internes d'avantage concurrentiel, ce qui le rend complémentaire de l'analyse concurrentielle, centrée quant à elle sur les facteurs externes.
b. Est pertinent pour la *business strategy* mais ne présente pas d'intérêt particulier en matière de *corporate strategy.*
c. Conteste l'hypothèse économique classique d'hétérogénéité des entreprises au sein d'une industrie.

9. Une compétence organisationnelle est définie comme une capacité à :

a. Mettre en œuvre des programmes efficaces de qualification et de formation des employés de l'entreprise.
b. Combiner ressources tangibles et intangibles d'une manière qui contribue à créer un avantage concurrentiel.
c. Développer et recombiner dynamiquement des routines mobilisant les ressources spécifiques de l'entreprise.

10. L'accumulation d'expérience sur une compétence spécifique comporte certains risques, en particulier :

a. Le renforcement durable des compétences cœur de l'entreprise au détriment des compétences périphériques.
b. L'apparition de rigidités organisationnelles.
c. La destruction progressive de la compétence spécifique par accumulation excessive d'expérience.

Réponses : 1.b, 2.a, 3.a, 4.c, 5.c, 6.b, 7.c, 8.a, 9.c, 10.b

9 La dynamique concurrentielle

Nous venons de voir dans les chapitres qui précèdent que l'avantage concurrentiel résulte de la combinaison entre les caractéristiques de l'industrie et les propriétés des ressources stratégiques des entreprises. Dans ce court chapitre, nous développons l'idée que ces éléments ne sont pas figés une bonne fois pour toutes mais doivent être compris de manière dynamique. Cela a trois conséquences. Tout d'abord, les entreprises sont en situation d'interdépendance économique, les actions des unes changeant la structure des gains pouvant être reçus par les autres. De plus, la portée des attaques et des réponses effectives au niveau d'un marché est fonction des similitudes de marchés et de ressources entre rivaux. Enfin, il existe des facteurs qui lient les actions des acteurs économiques entre eux. Ces facteurs ont des implications stratégiques fondamentales qu'il convient de conserver à l'esprit lorsqu'on pratique une analyse stratégique dynamique. C'est ainsi le cas des rendements croissants d'adoption par exemple.

Interdépendance entre acteurs et théorie des jeux

Même si nous ne développons pas ce thème en détail, il est indispensable de mentionner la théorie des jeux comme un des modes de représentation les plus riches des situations d'interdépendance économique entre acteurs. La théorie des jeux a développé un ensemble de concepts qui permet de décrire de multiples situations concurrentielles ayant une pertinence concrète[1]. L'idée de base de la théorie des jeux est de représenter la structure des actions et des revenus tirés d'actions à partir d'hypothèses de base sur l'accès des acteurs à l'information. Par exemple, dans le cas du lancement d'un nouveau produit, l'entreprise A réalisera un chiffre d'affaires de 22 si l'entreprise B lance un produit concurrent et de 32 si l'entreprise B ne lance pas de nouveau produit. De même, si l'entreprise A ne lance pas son produit et que B innove, A recevra 14 et si aucune ne décide finalement de lancer

1. Yildizoglu M., 2003. Myerson R., 1997.

de nouveautés, le chiffre d'affaires de A sera de 42. Dans ces quatre situations, les revenus de B connaissent aussi des variations. Par conséquent, les gains de l'un sont conditionnés par les actions de l'autre : on dit donc qu'ils sont interdépendants (ils peuvent l'être de manière simultanée, les deux acteurs décidant en même temps, ou séquentielle). Le principe de base de la théorie des jeux est donc l'interdépendance stratégique et le fait qu'aucune action ne produit les résultats escomptés indépendamment des actions des concurrents. Il n'y a pas par conséquent de stratégie optimale en soi. Pour parvenir à déterminer la structure des revenus de chaque acteur, il convient donc que le décideur se mette à la place de son concurrent pour envisager ses marges de manœuvre, son utilité perçue, ses ressources financières, et ses espoirs de gains.

A/ Éléments de base de la théorie des jeux

Pour décrire l'état du jeu, on distingue souvent plusieurs caractéristiques. Tout d'abord, l'ensemble des stratégies possibles. Il est bien clair que certaines stratégies possibles aujourd'hui ne l'étaient pas hier, du fait des progrès techniques ou de l'apparente irrationalité de certains acteurs qui se lancent dans des aventures industrielles. Par exemple, l'idée de lancer une compagnie aérienne régionale d'aéroports secondaires en aéroports secondaires peut sembler irrationnelle aux grandes compagnies qui recourent au système du hub, c'est-à-dire un aéroport central par lequel transitent les voyageurs. C'est pourtant le pari qu'a réalisé Ryanair, suscitant l'émulation d'autres entreprises et obligeant les compagnies nationales à répondre à l'offensive.

Ensuite, la nature de l'information qui circule entre les acteurs est fondamentale. Cette information est-elle complète ou incomplète ? Les acteurs peuvent-ils identifier les mouvements de leurs concurrents ? Fait-on l'hypothèse qu'ils agissent simultanément ou séquentiellement ? Dans le cas d'une information complète, chaque acteur connaît l'ensemble des stratégies possibles de l'autre, ainsi que les coûts/retours associés pour chaque stratégie. Dans le cas d'information incomplète, certaines dimensions sont masquées pour les acteurs qui agissent donc dans une plus grande incertitude. Cette dernière situation introduit des raisonnements probabilistes plus complexes dans le calcul de résolution des jeux.

Enfin, le niveau des gains pour chaque décision caractérise le jeu. Selon la fonction de préférence des acteurs, leur aversion au risque, le montant des gains varie – et donc la décision finale intégrant les actions des autres parties prenantes. La structure des gains permet de caractériser des types de jeu, bien connus en économie. Notamment on distingue les jeux à somme nulle – où ce que perd un acteur est forcément acquis par l'adversaire – des jeux à somme non-nulle – pour lesquels deux joueurs peuvent ressortir avec des gains positifs.

Dans les situations représentées par la théorie des jeux, certaines stratégies aboutissent à un équilibre, c'est-à-dire à un état de stabilité et d'optimalité au moins relative. Or, aucun acteur n'a intérêt à sortir a priori d'une situation stable et optimale, surtout lorsque cette situation optimale a pris en compte la situation optimale des autres acteurs. Un tel équilibre repose sur l'idée également que les acteurs sont rationnels, sans quoi ils ne seraient pas en mesure de prendre l'utilité et l'intérêt des autres parties en compte dans leurs propres décisions. L'équilibre de Nash, nommé d'après l'économiste John Nash, prix Nobel 1994, est sans conteste la situation d'équilibre la plus usitée, dans laquelle chaque acteur pense agir du mieux qu'il peut en ayant intégré l'information sur les actions des autres joueurs.

Tableau 9.1
Structure des gains

	Entreprise A	
Entreprise B	**Lancement du nouveau produit**	**Pas d'action**
Lancement du nouveau produit	*22*,12	*32*,4
Pas d'action	*14*,18	*42*,8

NB : Les chiffres en italique correspondent aux gains espérés pour l'entreprise B en fonction des actions « lancement du nouveau produit » et « pas d'action ». Les chiffres après la virgule représentent les gains pour l'entreprise A.

Ainsi, dans l'exemple ci-dessus, l'équilibre de Nash se situe dans la situation de lancement pour les deux entreprises. En effet, dans ce cas-là, l'entreprise B passerait d'un gain de 22 à 14 si elle ne lançait pas son nouveau produit. Dans le même temps, l'entreprise A préfère également le lancement car sinon ses revenus passeraient de 12 à 4. Ainsi, compte tenu de l'intérêt de l'autre, chaque entreprise tend à lancer un nouveau produit. Lorsqu'on augmente l'incertitude concernant les gains des joueurs, on peut alors recourir aux probabilités et ainsi croiser calculs probabilistes et optimisation mathématique des situations de jeux.

B/ Quelques leçons à retenir

Le développement de la théorie des jeux a été considérable au cours des cinquante dernières années et s'établit comme une discipline économique en tant que telle. Pour les dirigeants d'entreprise, il est certain que le raffinement mathématique, la schématisation nécessaire à la résolution des problèmes générés ainsi que l'information très incomplète dans laquelle ils évoluent constituent autant de freins à l'usage direct des modèles de théorie des jeux. En revanche, il est des leçons qu'il est bon de connaître, tirées des formalisations de cette discipline. Nous en citons quelques-unes ci-dessous.

> ***Ne pas se tromper de jeu.*** Utiliser les représentations de la théorie des jeux implique de se mettre dans la configuration schématique qui représente au mieux les caractéristiques de la situation réelle vécue par les managers, en terme de nombre d'acteurs, de complétude d'information, et de calculs des gains respectifs. Dans les situations réelles, il est souvent difficile de déterminer précisément les stratégies de jeu possibles et les gains associés. L'information est incomplète contrairement à de nombreux exemples simplifiés tels que celui avancé dans le Mini-cas « Le contexte plutôt que la fonction de coût ». Par conséquent, réfléchir aux différentes dimensions du jeu fournit un cadre d'analyse et de représentation qui permet de poser le problème de façon simplifiée mais pertinente.

MINI-CAS

Le contexte plutôt que la fonction de coût

Vous partagez le marché avec un concurrent. Vous connaissez votre fonction de coût mais pas celle de votre concurrent avec certitude. Les gains retirés par vous et votre concurrent sont représentés dans le tableau ci-dessous selon leshypothèses que votre fonction de coût est soit plus élevée (situation de gauche) soit plus faible (situation de droite).

>

····> **Question :**

Quelle est la bonne décision à prendre ? Produire beaucoup ou produire peu ?

Coût plus élevé que concurrent	**Vous**		**Coût plus faible que concurrent**	**Vous**	
Concurrent	**Grandes quantités**	**Faibles quantités**	Concurrent	**Grandes quantités**	**Faibles quantités**
Grandes quantités	4,1	8,4	Grandes quantités	2,2	5,1
Faibles quantités	1,5	3,3	Faibles quantités	4,8	3,3

N.B. Le chiffre avant la virgule est le gain du concurrent ; le chiffre après la virgule est le vôtre.

Si votre situation correspond au cas de gauche (vos coûts sont supérieurs à ceux de vos concurrents), l'équilibre se situe dans le cadran droit supérieur et il vous faut produire de faibles quantités et votre concurrent de grandes quantités. En effet, dans ce cas, vous n'avez pas intérêt à produire de grandes quantités vous-même (car vous passeriez d'un gain de 4 à 1) et votre concurrent obtient son gain maximum dans ce jeu (8) et ne souhaite donc pas changer. Si votre situation correspond au cas de droite (vos coûts sont inférieurs), la situation s'inverse, et vous produisez de grandes quantités pour un gain de 8 et votre concurrent de faibles quantités pour un gain de 4. Ainsi, ce cas montre bien que, plus que la fonction de coût en tant que telle, c'est le niveau relatif de votre fonction de coût par rapport à votre concurrent qui compte. Dans ce cas, la bonne décision stratégique est de trouver l'information vous permettant de déterminer la position relative de votre courbe de coût par rapport à celle de votre concurrent afin ensuite de vous placer dans le bon schéma pour décider de la quantité à produire.

> ***Mieux qu'anticiper les actions de l'autre, se mettre à la place de l'autre.*** La théorie des jeux pousse les acteurs à anticiper les actions des uns et des autres dans le cadre même d'un jeu donné. Mais en plus, elle incite à schématiser la situation concrète (le lancement d'un nouveau produit, l'entrée dans un marché, l'utilisation d'une politique commerciale agressive) comme le ferait l'adversaire. Ainsi, le bon stratège est doté de quelque chose de plus que d'une capacité d'anticipation rationnelle : une faculté de se mettre à la place de l'autre, et d'adopter ainsi sa vision du risque, de l'incertitude, et de ses préférences.

> ***Une ou plusieurs fois ?*** Une autre caractéristique fondamentale qui détermine l'issue d'un jeu consiste en le fait de savoir s'il sera répété ou non. Lorsque l'histoire des jeux précédents peut être intégrée dans le jeu présent, les comportements agressifs, de méfiance, ou de trahison influencent la matrice des gains. La réputation des acteurs se construit ainsi peu à peu, de jeux en jeux. Les autres joueurs, rationnels ou non, ont ainsi accès à des signaux tirés des jeux précédents pour établir leurs propres prévisions des comportements futurs des acteurs à partir de leur réputation.

Si l'on ne prend pas bien compte ces éléments (le type de jeu, la faculté de se mettre à la place de l'autre, et la répétition ou non du jeu), il existe quelques dangers à simplifier la réalité de la concurrence par des « jeux ». Et les décisions qui s'ensuivent seraient prises pour de mauvaises raisons. Toutefois, certains auteurs ont également démontré que les principes de simplification de la réalité mobilisés par des joueurs soumis à des tests expérimentaux pouvaient s'avérer être des réponses meilleures (c'est-à-dire en l'occurrence générant des gains supérieurs) à l'équilibre optimal d'un acteur purement rationnel. Ce qu'il faut donc retenir pour notre usage est qu'il convient donc de bien comprendre le type de situation concurrentielle dans lequel se trouvent les différents joueurs, soi-même et les autres.

Par ailleurs, les problèmes susceptibles d'être formalisés avec le langage de la théorie des jeux tendent à être résolus par les acteurs en situation concrète à partir de ce que les psychologues dénomment des heuristiques, à savoir des raccourcis pratiques tirés de l'expérience commune (des adages, des proverbes...) et particulière (l'histoire individuelle, la reconnaissance d'une situation déjà vécue, etc.). En moyenne, ces réponses heuristiques donnent des résultats acceptables par rapport aux optimums obtenus à partir de calculs précis.

Ensuite, il semble qu'il existe une tendance humaine à favoriser les probabilités de coopération au détriment des situations concurrentielles. Ceci a pour effet dans les jeux à somme non-nulle de faire ressortir des gains communs aux acteurs supérieurs à ce qu'un des acteurs pourrait retirer du jeu de manière individuelle.

Enfin, les présupposés rationalistes utilisés en théorie des jeux et notamment la notion d'équilibre rationnel ne semblent pas représenter adéquatement les situations concrètes principalement parce que la rationalité complète semble être la moins bien partagée des choses *ex ante* (avant les choix) mais la plus commentée (*ex post*).

C'est pour ces raisons qu'une approche intégrée de la dynamique concurrentielle fondée sur les ressources a été développée qui se veut plus souple et sans doute moins normative. La section suivante décrit en détail cette approche.

2 PRÉDIRE LA DYNAMIQUE CONCURRENTIELLE

Au cours de la dernière décennie, les travaux de stratégie se sont attelés à la question de déterminer la portée et la fréquence des réponses concurrentielles observables au niveau d'un marché. Une représentation graphique de ce modèle est donnée dans la figure 9.1.

Comme les chapitres 3 et 5 l'ont montré, la concurrence dans une industrie peut être décomposée suivant différents sous-marchés. Par exemple, dans l'industrie automobile, bien que BMW et Fiat utilisent tous deux la carte du restyling de modèles anciens pour attirer une nouvelle clientèle, les positionnements respectifs de la Mini et de la Fiat 500 ne les mettent pas frontalement en concurrence. Les plateformes de production utilisées, les investissements technologiques, le positionnement prix, le type de distribution, ou l'étendue des services proposés sont différents selon les constructeurs. À l'inverse, l'ouverture d'une ligne aérienne par un nouvel entrant entre deux villes A et B desservies par une compagnie historique installée depuis longtemps est clairement une attaque frontale.

Dans le modèle dynamique de rivalité concurrentielle, l'analyse concurrentielle porte sur le nombre et l'importance des différents sous-marchés couverts par les concurrents pris deux à deux[1]. Plus le nombre de sous-marchés importants couverts par deux concurrents est grand, plus grande est la similarité de marché entre ces deux concurrents. Pour reprendre l'exemple du transport aérien, l'ouverture de la ligne entre A et B sera d'autant plus ressentie comme une attaque par l'entreprise installée de longue date si les deux compagnies sont également concurrentes sur le secteur du fret par exemple. Les résultats de recherche montrent qu'une grande

1. Chen M.J., 1996.

similarité de marché entre entreprises conduit à une certaine placidité concurrentielle dans l'attaque mais à des réponses rapides et fortes[1]. En effet, les entreprises savent que déclencher les hostilités générera probablement une réponse soit sur le secteur du marché où a eu lieu l'attaque, soit ailleurs – dans un autre secteur ou une autre zone géographique.

Le second élément de l'analyse concurrentielle dans le cadre de l'étude de la dynamique concurrentielle est la similitude des ressources. Lorsque les concurrents s'appuient sur des ressources et des aptitudes stratégiques qui coïncident, la similitude est grande, ce qui implique logiquement des positionnements concurrentiels et des stratégies proches. Par exemple, les ressources (emplacements, ressources humaines, approvisionnements) des chaînes de café Starbucks et Caribou Coffee aux États-Unis partagent de nombreuses similitudes. En revanche, les ressources et aptitudes nécessaires à la production et à la vente des Mini et Fiat 500 sont plus différentes qu'il n'y paraît de prime abord.

Le croisement entre le degré de similarité de marché et de similitude des ressources permet de juger si deux entreprises sont des concurrentes directes et si elles se reconnaissent comme telles. En fonction des innovations, des acquisitions, et des reventes d'activités, ces deux facteurs évoluent en permanence, ce qui impose de revoir régulièrement ce type d'analyse concurrentielle.

Figure 9.1 Dynamique concurrentielle – étude de la réponse probable d'un concurrent

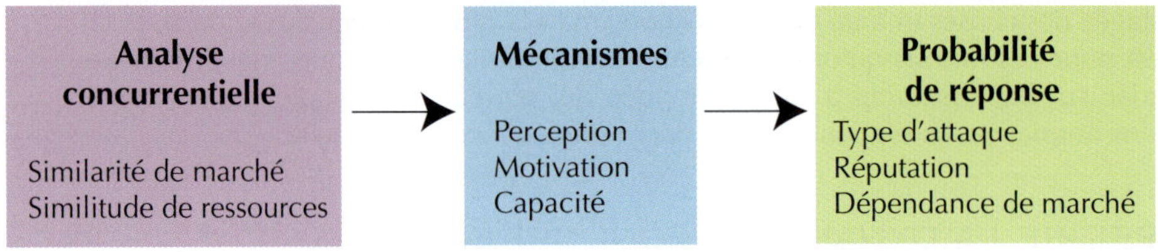

Sources : d'après M.J Chen, « Competitor Analysis and Interfirm Rivalry », Academy of Management Review, *n° 21, 1996, p. 100-134.*

La similarité de marché et la similitude des ressources influencent fortement trois mécanismes des comportements d'actions et de réponses concurrentielles : la perception, la motivation, et la capacité de riposte.

> Par perception, on comprend le degré d'acuité avec lequel une firme reconnaît les interdépendances mutuelles entre les actions des entreprises ayant une grande similarité de marché et similitude de ressources, même si ce dernier facteur est prépondérant pour déclencher une réplique à une attaque. La perception d'une base stratégique commune entre concurrents renforce les chances de répondre à une attaque concurrentielle. En revanche, une faible reconnaissance des facteurs communs (marchés ou ressources) peut conduire les concurrents vers une zone non optimale de l'équilibre concurrentiel, ou pour reprendre un exemple de théorie des jeux, un état où les joueurs repartent chacun avec une perte plutôt qu'un gain.

> Par motivation, on qualifie le calcul plus ou moins avéré des gains espérés et des pertes attendues pour l'entreprise qui répond à l'attaque ainsi que celui des gains et des pertes probables revenant aux concurrents ayant initié les hostilités. Les études ont montré qu'une similarité faible de marché renforce la motivation pour une rétorsion tandis qu'une co-présence multiple sur de nombreux théâtres concurrentiels porte plutôt à la tempérance, sous peine d'entrer dans un engrenage destructeur.

1. Gimeno J. et Woo C., 1999.

> Par capacité, on entend que l'entreprise qui souhaite riposter doit posséder les ressources nécessaires (tant les compétences que les fonds disponibles). Par exemple, BMW, Audi, et Lexus ont profité que l'attention et l'énergie de DaimlerChrysler soient portées prioritairement sur l'intégration de Chrysler dans le groupe Daimler à partir des années 2000. Entre 2003 et 2006 environ, les résultats des tests de qualité techniques furent en baisse sur les voitures Mercedes, contraignant le producteur allemand à plusieurs rappels produits. Mercedes n'avaient alors pas toutes les capacités nécessaires pour répliquer aux attaques de BMW, Audi ou Lexus qui en ont donc profité pour se développer et attaquer Mercedes sur plusieurs segments de marché et régions du monde.

Ainsi, l'analyse de la dynamique concurrentielle passe par l'examen de la perception, de la motivation, et de la capacité concurrentielle des différents rivaux en fonction de scénarios variés d'attaques. La probabilité de répliquer dépend à son tour de trois facteurs importants : la nature de l'attaque, la réputation de l'entreprise, et la dépendance de marché.

> La nature de l'attaque. Lorsque l'attaque est de nature stratégique, c'est-à-dire qu'elle mobilise des ressources en quantité et en qualité importantes et qu'elle est difficilement réversible, il est très probable que l'entreprise attaquée réponde de la même façon. Il suit logiquement qu'une attaque purement tactique suscitera une réponse tactique. L'amplitude et le rythme de réponse varient ainsi, les réponses stratégiques nécessitant cependant en moyenne plus de réflexion et de temps de mise en œuvre que les réponses purement tactiques.

> La réputation. Tirée de la théorie des jeux, la réputation correspond ici à l'idée que se fait une entreprise de la façon qu'a l'autre de réagir à partir des coups joués par le passé. Les comportements passés étant de bons indicateurs des comportements futurs, une entreprise qui réagit vite et fort au moindre empiétement sur ses territoires stratégiques sera considérée comme ayant une réputation agressive ou dure.

> La dépendance de marché. Plus un concurrent attaque la zone de marché sur laquelle s'établit la profitabilité d'une entreprise, plus la réaction de cette dernière sera forte. Une entreprise faiblement diversifiée est donc contrainte à réagir plus rapidement et radicalement aux agressions dont elle peut être la victime.

Cette grille d'analyse permet de détailler les principaux éléments expliquant la réponse probable d'un concurrent à une attaque. Elle facilite l'élaboration de scénarios de réponses de différents concurrents et permet de préparer les contre-attaques possibles. En quelque sorte, cette grille d'analyse répond en écho aux principes importants tirés de la théorie des jeux : choisir l'ensemble des stratégies pertinentes, chercher à se mettre à la place des concurrents attaqués, et estimer le nombre de répétitions des attaques-réponses-contre-attaques.

3 Facteurs influant sur la dynamique des industries

Les dynamiques industrielles sont non seulement dues aux interdépendances économiques entre les acteurs et les structures de gains espérés résultant des diverses situations envisageables, mais aussi découlent de facteurs générant des interdépendances d'un autre ordre. Notamment, certaines technologies nécessitent pour se développer qu'une « base installée » d'équipements la plus large possible soit présente chez les clients. C'est le cas des jeux vidéo sur console. Cela implique par conséquent

un type de rapports particuliers entre équipementiers et développeurs de jeux, des campagnes de vente d'un genre spécial, et un modèle d'affaires lui aussi spécifique.
Dans cette dernière section, nous présentons deux facteurs qui contribuent de manière importante à l'interdépendance des gains associés entre acteurs, favorisant tantôt l'entrée rapide sur un marché, tantôt la patience. D'une part, l'idée que certains avantages ne sont captés que de façon inversement proportionnelle à l'ordre d'entrée sur un marché accroît l'agressivité concurrentielle. Il s'agit alors de profiter de « l'avantage au premier », ou *First Mover Advantage* (FMA). D'autre part, le développement d'une industrie peut reposer sur des rendements croissants d'adoption qui contribuent à augmenter les investissements initiaux des entreprises en comptant sur le fait que l'imposition d'un standard de marché permettra au vainqueur de rembourser plus que largement les sommes engagées.

A/ L'AVANTAGE AU PREMIER, ACCÉLÉRATEUR DE L'ENGAGEMENT

Selon le principe de l'avantage au premier, partir en tête de la concurrence est à la source d'importants avantages, qui deviennent ensuite inaccessibles aux poursuivants. En effet, partir le premier permet 1°) de connaître le marché avant les autres ; 2°) d'établir sa marque et de fidéliser les clients ; 3°) de se constituer des ressources spécifiques dédiées au marché, qui sont difficilement imitables et substituables du fait de la nouveauté du marché ; et 4°) de profiter d'économies d'expérience voire d'échelle avant les autres. Ces quatre facteurs composent donc ce que l'on appelle « l'avantage au premier ».
La controverse « L'avantage au premier : mythe ou réalité » (voir ci-dessous) permet de discuter les conditions restrictives nécessaires pour qu'un tel avantage existe pour l'entreprise pionnière. En effet, être le premier à ouvrir une voie, c'est aussi engager le premier des investissements qui ont de grandes chances d'être mal calibrés compte tenu de l'information parcellaire disponible. Être le premier fait bénéficier l'éclaireur d'informations fraîches sur le potentiel du nouveau secteur mais renvoie aussi des informations aux concurrents. Cela change donc la structure des gains des différents joueurs, voire attise la convoitise d'acteurs qui n'étaient pas encore intéressés par un secteur trop embryonnaire. Le cas des banques en ligne est typique de ce scénario où de jeunes entreprises défrichèrent le secteur avant que les intervenants classiques ne misent sur les vainqueurs du premier round.

CONTROVERSE

L'avantage au premier : mythe ou réalité
Faut-il toujours être le premier ? La liste est longue des exemples où les « suiveurs » ont damé le pion aux pionniers. Reynolds en 1945 et Eversharp en 1946 inventèrent le stylo à bille mais c'est Parker et Bic qui dix ans plus tard surent transformer le produit en best-seller mondial. L'IRM (imagerie à résonance magnétique) fut développée par un relativement petit équipementier, Fonar, en 1978. La division équipements médicaux de Johnson et Johnson, et celle de General Electric déboulèrent trois ans plus tard pour emporter la mise. Le MITS Altair 8800, premier ordinateur en 1975 suivi par l'Apple II ne devait pas s'imposer face à la puissance du Personal Computer d'IBM, puis des clones. Une recherche portant sur 582 entreprises manufacturières françaises a étudié l'impact de l'ordre d'entrée dans l'industrie (premier entrant, premiers suiveurs, et derniers entrants) et du >

choix de stratégie retenue par l'entreprise (stratégie de coût, stratégie de différentiation technologique, et stratégie de différentiation marketing) sur la performance organisationnelle. Il résulte de cette étude que les entreprises qui obtiennent la meilleure performance ne sont pas les premiers entrants en moyenne, et que celles qui bénéficient le plus des stratégies de différenciation sont celles que l'on nomme « premiers suiveurs » et non les pionniers[1].

Y a-t-il donc un avantage à être le premier ? Malgré ces exemples contraires, c'est la thèse qui a été défendue pendant longtemps. Dix ans après leur travail initial de 1988 récompensé par le prix du meilleur article de la Strategic Management Society en 1996, M. Lieberman et D. Montgomery[2] établirent une sorte de rétrospective sur les recherches contradictoires conduisant tantôt à valider la thèse de l'avantage au premier et tantôt à la démentir. Ils montrent clairement qu'en ce qui concerne la part de marché, il semble établi qu'il y a bien un lien entre « entrer tôt » et « gagner des parts de marché ». Or on sait que la part de marché n'est pas un indicateur robuste de la performance. En revanche la relation se relâche dès lors que l'on étudie des ratios de performance économique. Par ailleurs, ils développent aussi l'idée que l'avantage au premier dépend essentiellement 1°) de la qualité des ressources détenues par le pionnier potentiel, et 2°) du fait que celui-ci détienne ou non l'ensemble des ressources nécessaires à l'accomplissement de sa stratégie. Trop souvent des pionniers se lancent dans l'arène mais ne disposent pas des aptitudes organisationnelles suffisantes en ce qui concerne le marketing ou le suivi de clientèle par exemple. Ils jugent que le produit ou le service seul, du fait de ses caractéristiques techniques, leur permet de dégager un avantage concurrentiel. C'est une erreur.

Avant de vouloir profiter de l'avantage au premier, il convient d'avoir parfaitement réfléchi à la chaîne de valeur complète. Être défaillant ou confier à un partenaire un maillon stratégique de cette chaîne est source de désavantage au premier – que les suiveurs exploiteront. En outre, montrer la voie à des concurrents en étant pionnier sur un segment revient à abaisser les barrières à l'entrée et à supporter de nombreux coûts : coût d'apprentissage, coût d'éducation du client, coût de fidélisation. Ces efforts peuvent bénéficier à des suiveurs qui se contenteront de s'inscrire dans le sillage du pionnier, mais sauront, parce qu'ils détiennent d'autres types de ressources (marketing ou financières), en retirer tous les fruits. Alors, être premier ou être suiveur, tout est question de maîtrise de ressources et d'aptitudes stratégiques.

Par conséquent, une entreprise qui détient une ressource stratégique qui lui permettrait d'entrer sur un marché en tant que pionnier, doit se demander 1°) quel est le degré d'imitation ou de substitution de cette ressource pour ses concurrents ; 2°) quelles sont les ressources complémentaires indispensables au succès d'une telle entrée ; et 3°) combien de temps la ressource stratégique procure-t-elle à l'entreprise un avantage concurrentiel par rapport à la rapidité avec laquelle un avantage supérieur peut être constitué par ses concurrents, isolément ou en association. D'autres alternatives sont envisageables : l'attente ou encore les alliances stratégiques.

Tiré et adapté de Durand R., *Guide du management stratégique,* Dunod, 2003, p. 148-150.

On retiendra à ce stade deux choses. D'une part, les conditions d'existence de l'avantage au premier sont restrictives et par conséquent la probabilité de surévaluer l'avantage au premier est extrêmement forte. En effet, la démonstration de la viabilité d'un nouveau secteur de marché change à la fois la structure des gains de multiples autres acteurs (et les attire) et les degrés de similarité de marché et de similitude de ressources, accroissant le sentiment de menace et la probabilité de réponse de concurrents. Dans ce contexte, l'avantage au premier tend à être de courte durée.

1. Durand R. et Coeurderoy R., 2001.

2. Lieberman M. et Montgomery D., 1998.

D'autre part, indépendamment de l'existence ou non d'un avantage au premier sur un secteur, la perception que le FMA puisse exister est fondamentale pour la dynamique industrielle. Cette croyance pousse les entrepreneurs et les entreprises établies à innover sans cesse, et génère ainsi de multiples informations sur les conditions économiques et stratégiques de l'industrie qui bénéficient en retour aux innovateurs eux-mêmes ou à des concurrents à l'écoute.

Rendements croissants et escalade des investissements

Classiquement, on estime que pour être compétitif, dans l'industrie manufacturière principalement, il est nécessaire de rechercher les économies d'échelle. Le gain procuré par les économies d'échelle et d'apprentissage au sein de la firme se traduit pour le consommateur par une baisse de prix qui rend par conséquent l'offre plus attrayante. On a opposé de nombreuses limites à ce type de raisonnement, notamment suivant les cibles de clientèle visées et les stratégies de développement retenues par les offreurs. Ainsi, ce raisonnement ne permet pas de rendre compte à lui seul de l'émergence de nombreuses sociétés qui ont conquis en peu de temps (dix ans ou moins) des parts de marché considérables dans des secteurs particuliers : les télécommunications, l'informatique, les jeux vidéos, secteurs qui présentent la particularité de reposer sur un couple de produits complémentaires *hard/soft* (pour hardware – équipement physique- et software – le programme qui fonctionne sur l'équipement).

En effet, les économies d'échelle peuvent s'appliquer à la production des composants *hard* (magnétoscopes, consoles de jeux vidéos, terminal informatique ou téléphone), mais ne suffisent pas à déterminer la progression des entreprises qui se sont plus particulièrement focalisées sur le développement du *soft*. Dans ces secteurs, il existe des rendements croissants d'adoption, ce qui signifie que contrairement aux hypothèses classiques selon lesquelles plus la concurrence s'instaure, plus les rendements de production s'amenuisent (rendements décroissants), dans le cadre de certains secteurs, les rendements croissent. Cette situation est possible à cause de l'adoption par un plus grand nombre de clients du couple *hard/soft* en question, d'où les rendements croissants d'adoption. La situation peut aboutir alors à un verrouillage du marché[1]. L'exemple célèbre des claviers des machines à écrire (et des ordinateurs) est typique de ce type d'économie où sont présents les rendements croissants d'adoption. Alors que d'autres dispositions de lettres permettraient de gagner en rapidité et confort de frappe, le clavier QWERTY aux États-Unis s'est imposé comme le standard du marché du fait que les premières écoles de secrétariat avaient fondé leurs cours et méthodes d'apprentissage sur ce clavier et que les producteurs de machines à écrire les produisaient de la sorte, jusqu'à ce qu'il devienne impossible économiquement de désapprendre à produire, enseigner, et travailler avec ce type de claviers.

Les rendements croissants d'adoption sont d'autant plus forts qu'il existe des externalités de réseau positives dans un secteur. On dit qu'une offre est sujette aux externalités de réseau lorsque l'offre prend d'autant plus de valeur pour un consommateur que 1°) le nombre total d'utilisateurs du réseau est important ; et que 2°) les produits et services complémentaires et compatibles de l'offre de base sont largement disponibles. Le téléphone portable et les sites de rencontres sur le Web sont deux illustrations exemplaires pour lesquelles les rendements croissants d'adoption, au travers d'un phénomène de standardisation et d'externalités de réseau positives, jouent à plein.

Les rendements croissants d'adoption ont donc pour effet de susciter chez les offreurs la recherche le plus rapidement possible du bénéfice de la standardisation de l'offre. Repérer quel sera le futur standard de l'industrie est donc essentiel. Faire converger les offres disparates au départ vers un standard commun est la clé du développement

1. Arthur W.B., 1989.

d'une industrie en émergence pour laquelle les profils de gains des différents joueurs sont hautement inter-reliés et incertains. Les guerres de standard ont caractérisé les cinquante dernières années du XXe siècle. Évidemment, sortir gagnant de ce type de bataille assure au vainqueur une position dominante et une rente importante et durable ; Microsoft et Intel le prouvent à l'envi. Les contreparties d'une aventure solitaire sont un démarrage plus lent (voire la non-croissance) du marché qui reste frileux face à cette incertitude du vainqueur et les pertes importantes des perdants.

Le phénomène de standardisation conduit à simplifier de nombreux paramètres sur un marché et à le ramener à des situations que la théorie des jeux permet de décrire. Tout d'abord, au niveau de la demande, il entraîne une forte diminution pour l'acheteur du risque perçu que comporte l'achat d'un produit qui ne serait pas le standard dominant de l'industrie. Ensuite, au niveau de l'offre, la standardisation permet aux producteurs de réaliser de fortes économies d'échelle et d'expérience conduisant à une baisse mécanique des coûts et donc des prix, facilitant ainsi les ventes à de nouvelles couches de consommateurs. Pour parvenir à cette phase de pénétration progressive, les producteurs sont prêts à investir massivement dès le lancement de l'offre pour convaincre les acheteurs et installer leurs produits (les terminaux, les équipements, les appareils) de façon massive. Ils sont même prêts à payer pour que s'écoulent ces produits, comme les cas de la téléphonie mobile ou du standard Bluray (voir Mini-cas ci-dessous) l'illustrent. Ce n'est que dans un second temps qu'ils espèrent rentabiliser leurs investissements par la vente des logiciels, des jeux, des programmes sur lesquels ils peuvent appliquer des marges confortables.

Les rendements croissants d'adoption encouragent donc les entreprises à investir massivement dès avant que le jeu concurrentiel ne s'ouvre pour capturer au plus tôt les acheteurs, et entraîner l'industrie sur une trajectoire dont il devient économiquement coûteux de s'échapper. Bien qu'il existe encore des concurrences frontales entre standards au niveau d'un marché (voir le Mini-cas suivant, sur « la guerre du standard DVD haute définition »), face à l'escalade des investissements consentis préalablement au lancement de nouvelles offres, depuis une quinzaine d'années, on observe que les principaux acteurs s'allient pour définir un standard commun au sein duquel ils seront en compétition. C'est ainsi que Philips et Sony, forts de leur coûteuse expérience de perdants dans la guerre du standard des cassettes vidéo (V2000 et Betamax respectivement face au standard ouvert gagnant VHS de Matsushita), ont décidé de mettre en commun tous leurs brevets et de co-définir un standard partagé, ouvert également à d'autres acteurs contre paiement de royalties sur la propriété intellectuelle commune, pour le lancement réussi des compact disques (format CD-Rom). La création de ces « patent pools », assurant la convergence de toutes les innovations directes et indirectes d'une nouvelle industrie et rassemblant la plus grande partie de la propriété intellectuelle liée, semble d'ailleurs la voie royale retenue actuellement, comme l'illustrent les exemples des standards USB (créé par USB Implementers Forum) et MPEG (géré par MPEG LA).

MINI-CAS

La guerre du standard DVD haute définition : Blu-ray *versus* HD-DVD

En 2007, deux formats sont en concurrence pour lire des disques d'une capacité nettement supérieure à celle du DVD traditionnel. Avec des capacités respectives de 15 Go (60 Gb à terme) et 25 Go (200 Gb à terme), contre 4,7 Gb pour le DVD classique, le HD-DVD et le Blu-ray pourront non seulement stocker des films en >

····> qualité haute définition, mais aussi stocker une grande quantité de bonus (dialogues en 20 langues, scènes coupées, plans du réalisateur…). Selon les experts, ces deux standards sont pratiquement aussi performants l'un que l'autre et ne se différencient qu'au niveau de la capacité et du prix.

Dans la logique d'alliance caractérisant notre époque, les deux technologies se sont construit de solides réseaux, tant avec les constructeurs (qui produisent le contenant) qu'avec les éditeurs (qui produisent le contenu). Et dans ces deux catégories, Blu-ray semble avoir l'avantage avec un consortium de près de 140 constructeurs, Sony en tête, comptant dans ses rangs Apple, Dell, HP, Panasonic, Philips, Pioneer, Samsung, Sharp, Thomson, LG, TDK… La technologie concurrente, soutenue par Toshiba, fait pâle figure malgré quelques alliés de poids : Microsoft, Intel, Hitachi, Nec, Sanyo, Acer.

En analysant plus soigneusement les membres constitutifs de ces alliances, on était tenté de penser que la technologie Blu-ray remporterait la « guerre du salon » tandis que le HD-DVD remporterait la « bataille de l'informatique ». Ce n'est pas le cas. Microsoft soutient activement le format HD-DVD, mais, prudent, inclut un lecteur de Blu-ray dans Vista, et Toshiba est le seul constructeur d'ordinateurs à annoncer la présence de lecteurs HD-DVD dans ses futurs ordinateurs.

En ce qui concerne les vidéothèques existantes, HD-DVD a réussi l'exploit d'être le premier à lancer des titres en haute définition. Toutefois, ce déséquilibre de l'offre ne pouvait être que temporaire, et la comparaison des partenariats avec les éditeurs de contenus, parmi lesquels Universal est le seul à avoir choisi DVD-HD, semblait encore une fois laisser prévoir la future domination de la technologie Blu-ray.

Mais le cheval de Troie de cette guerre de standards résidait dans les consoles. Il ne fait aucun doute que la diffusion de la technologie DVD classique a en effet été accélérée par la possibilité pour les personnes équipées de PlayStation 2 de lire des DVD sur leurs consoles. Avec 90 millions de consoles vendues dans le monde, c'est autant de lecteurs DVD que Sony a installés dans les foyers, permettant une diffusion rapide et indolore de la technologie. Pour la haute définition, Sony voulait rééditer le même exploit via sa nouvelle console, la Playstation 3, qui contient un lecteur de disques Blu-ray. Pour cela, l'entreprise n'hésita pas à employer les grands moyens et a fait le choix de vendre au début sa console à perte. Selon le cabinet iSuppli, le groupe japonais perdait 241 dollars par PlayStation 3 vendue en 2006. Mais Sony faisait le pari que l'augmentation de la production suscitée par un prix compétitif permettrait d'abaisser les coûts de production des lecteurs, et surtout que cette stratégie lui permettrait d'imposer dans tous les foyers un lecteur Blu-ray et de réitérer ainsi le succès de la PlayStation 2 sur le DVD.

Longtemps retardée, la PlayStation 3 a connu un démarrage poussif et n'a été vendue qu'à 3,6 millions d'exemplaires dans le monde en 2006, soit deux fois moins que prévu, probablement en raison de son prix (599 €), très élevé par rapport à ses concurrents : la X-Box 360 ne coûte que 399 € (plus 200 € pour l'extension HD-DVD) et la Wii de Nintendo 249 € seulement.

Du côté HD-DVD, Microsoft proposait en 2006, pour 200 dollars, un périphérique à relier à la console X-Box 360 qui permettait de lire les disques HD-DVD. Ce ne fut pas un succès non plus.

Le 19 février 2008, Toshiba a finalement annoncé son abandon de la production des équipements HD-DVD. Le Blu-Ray était déclaré vainqueur.

Ainsi pour les entreprises, l'impact des rendements croissants d'adoption modifie de façon fondamentale la structure des gains espérés ainsi que le niveau et le timing des investissements à réaliser. La probabilité de réponse agressive des concurrents s'accroît elle aussi, selon les analyses du modèle de la dynamique concurrentielle.

Au total, l'analyse stratégique ne peut se contenter de considérer seulement la structure de l'industrie (les différentes forces pressurant la profitabilité du secteur) et les propriétés des ressources et des compétences des entreprises. Elle se doit de comporter une réflexion sur trois éléments fondamentaux de la dynamique concurrentielle :

> Les interdépendances économiques entre les acteurs présents et à venir dont les actions modifient les profils de gain espérés ;

> Les degrés de similarité de marchés et de similitude de ressources qui enclenchent de manière plus ou moins probable des boucles de réaction aux attaques concurrentielles en fonction de la perception, de la motivation, et de la capacité de rétorsion des entreprises attaquées ;

> Les facteurs d'interdépendance escomptés, tel que la croyance en un « avantage au premier », ou réels, tels que les rendements croissants d'adoption tirés par les externalités de réseau, la standardisation, et les économies d'échelle.

LES POINTS CLÉS

- Les situations concurrentielles dynamiques peuvent être modélisées sous forme de jeux dont les caractéristiques essentielles sont le type de stratégies accessibles, le degré de complétude de l'information, et la nature répétée ou non du jeu.

- Ce qu'il convient de garder à l'esprit pour les managers, c'est qu'un bon stratège doit être capable :

> de définir le type de jeu correspondant à la situation dans laquelle il se trouve ;

> de se mettre dans la situation vécue par ses opposants (et non se contenter d'anticiper leurs comportements) ;

> de comprendre la façon dont les interdépendances entre les actions/réactions modifient la structure des gains du jeu.

- Une modélisation simplifiée de la probabilité de réaction d'un concurrent à une attaque est fonction de trois ensembles de facteurs.

> Tout d'abord, le degré de similarité de marchés où sont présentes les entreprises et la similitude entre les ressources et compétences détenues par ces entreprises. Il convient de se souvenir d'une part qu'une forte similarité entraîne plutôt une certaine placidité dans les attaques mais en revanche une plus grande certitude de réponse agressive, et d'autre part, que l'effet d'une grande similitude de ressources est supérieur à celui de la similarité de marché dans le déclenchement d'une réponse.

> Ensuite, trois mécanismes sont nécessaires pour que l'entreprise réagisse : la perception de l'attaque, la motivation à répondre, et la capacité à le faire.

> Enfin, la réponse sera fonction de l'ampleur stratégique de l'attaque, de la réputation passée de l'entreprise, et de sa dépendance par rapport au marché sur lequel a porté l'attaque.

- Il existe au moins deux grandes autres catégories de facteurs qui accroissent les interdépendances entre acteurs économiques, et donc influencent la dynamique concurrentielle.

> L'avantage au premier pousse les entreprises à accélérer leur entrée dans un nouveau marché. Même s'il est établi que l'avantage au premier est dans la plupart des cas plus une croyance qu'une réalité, il est indéniable qu'il joue un rôle de catalyseur du développement d'industrie par les informations qu'il procure autant aux innovateurs et pionniers qu'aux concurrents à l'affût.

> Les rendements croissants d'adoption sont quant à eux un puissant mécanisme qui pousse les entreprises à accroître leur investissement initial pour tenter de capter au plus tôt les utilisateurs, et introduire un développement industriel autour d'un standard de marché à partir duquel elles peuvent plus que récupérer le montant de l'investissement initial.

QUIZ

1. La théorie des jeux est particulièrement pertinente pour modéliser les situations dans lesquelles :
a. Le résultat des actions de l'entreprise dépend des actions de ses concurrents.
b. Tout se passe comme si les décideurs devaient « parier » sur la réussite de leur stratégie.
c. L'entreprise se trouve engagée dans un « jeu concurrentiel » avec ses concurrents.

2. L'équilibre de Nash caractérise une situation dans laquelle :
a. Les gains des joueurs peuvent être évalués de manière probabiliste.
b. Chaque joueur dispose d'information incomplète sur les autres joueurs.
c. Aucun des joueurs n'a intérêt à changer de stratégie.

3. Lequel des conseils suivants ne fait pas partie des leçons que l'on peut tirer de la théorie des jeux ?
a. Mieux que prévoir l'action du concurrent, toujours essayer de se mettre à sa place.
b. Ne jamais imiter, toujours innover.
c. Toujours se demander si le jeu sera répété ou non.

4. Dans le modèle dynamique de rivalité concurrentielle, il est fondamental d'analyser :
a. Le niveau de dynamisme des entreprises concurrentes.
b. L'évolution au cours du temps de l'avantage concurrentiel de l'entreprise.
c. La similitude des ressources et des sous-marchés couverts par les concurrents.

5. Quels sont les trois facteurs qui influencent les comportements d'actions et de réponses concurrentielles ?
a. Compétence, ressources et aptitudes.
b. Capacité d'écoute, agressivité et ressources.
c. Perception, motivation et capacité.

6. Dans le modèle dynamique de rivalité concurrentielle, une attaque est qualifiée de stratégique quand :
a. Elle est difficilement réversible et mobilise beaucoup de ressources.
b. Elle porte sur les compétences cœurs de l'entreprise.
c. Elle met en danger la durabilité et l'appropriabilité d'un avantage concurrentiel.

7. Les premiers entrants sur un marché :
a. Disposent toujours d'un avantage concurrentiel à long terme sur les suiveurs, que l'on appelle le *first mover advantage*.
b. Défrichent en général le marché au profit de suiveurs qui vont ensuite « rafler la mise ».
c. Peuvent, sous certaines conditions, bénéficier d'avantages, souvent de courte durée.

>

····>

8. Une offre est sujette à des externalités positives de réseau quand :
a. L'utilité qu'en retire un consommateur croît avec le nombre d'utilisateurs de cette offre.
b. La consommation de cette offre s'opère via des réseaux externes à l'entreprise productrice.
c. L'offre repose sur un couple produit/service (hard/soft) organisé en réseau.

9. La présence de rendements croissants d'adoption a pour effet :
a. De générer des économies d'échelle sur la fabrication des composants matériels.
b. D'inciter les producteurs à investir massivement en amont pour tenter d'imposer leur standard.
c. De faire émerger plusieurs standards différents qui entrent en concurrence sans converger.

10. L'apport essentiel des analyses de dynamique concurrentielle en stratégie est le suivant :
a. Éviter de se cantonner à la vision statique de l'entreprise face à son environnement qui est induite par les modèles classiques du type SWOT, avantage concurrentiel ou cinq forces de Porter.
b. Chiffrer les gains et les pertes induites par chaque stratégie possible grâce à la théorie des jeux.
c. Réagir rapidement et tactiquement aux agressions des concurrents de manière à les déjouer plus facilement.

Réponses : 1.a, 2.c, 3.b, 4.c, 5.c, 6.a, 7.c, 8.a, 9.b, 10.c

10 Organiser l'entreprise pour mettre en œuvre la *business strategy*

La mise en œuvre d'une stratégie concurrentielle (« *business strategy* »), que ce soit dans une entreprise spécialisée sur un seul domaine d'activité ou dans une « *business unit* » au sein d'un groupe diversifié, nécessite une organisation appropriée. Cette organisation doit favoriser la création et le développement des compétences qui donneront à l'entreprise un avantage concurrentiel. L'organisation qui répond le mieux à cet objectif est la structure fonctionnelle, c'est-à-dire une structure fondée sur une division du travail, et donc un organigramme, par fonctions : R&D, achats, production, marketing, commercialisation, service après-vente, finance, ressources humaines, etc. Ce type d'organisation est, encore aujourd'hui, le plus répandu, même si d'autres formes d'organisation (organisations par produits ou par projets par exemple) tendent à s'y substituer.

Organiser par fonctions signifie d'abord découper horizontalement le flux de production intégré, qui va des approvisionnements au service après-vente, en unités opérationnelles. Ces unités spécialisées, et homogènes quant aux savoir-faire mis en œuvre, constituent une chaîne de valeur (voir chapitre 5), qui est complétée par des activités supports. Ce découpage est guidé essentiellement par le souci de privilégier les cohérences techniques, l'efficacité interne des unités, ainsi que les économies d'échelle et d'apprentissage (voir chapitre 4) qui peuvent résulter de la concentration des compétences et des moyens. Cependant, la division de travail au sein de la chaîne de valeur provoque des ruptures dans les flux internes de travail (par exemple entre approvisionnement, fabrication de composants, assemblage et distribution…), que l'on doit compenser par la mise en œuvre de moyens de coordination appropriés. C'est pourquoi nous utiliserons dans ce chapitre les notions de formalisation, spécialisation et coordination que nous avons présentées dans la partie « structure » du chapitre 2).

L'objectif de ce chapitre est de montrer comment organiser l'activité d'une entreprise mono-activité ou d'une *business unit* autour des fonctions qui constituent sa chaîne de valeur. Après avoir présenté les principaux déterminants des structures fonctionnelles, nous analyserons les problèmes de spécialisation et de coordination que pose l'organisation d'une chaîne de valeur, puis nous présenterons les différents types de structures fonctionnelles. Enfin, après avoir examiné l'efficacité et les limites des organisations fonctionnelles, nous verrons comment leur aménagement, en particulier en introduisant des processus transversaux, leur permet de répondre aux problèmes essentiels posés par l'évolution actuelle des stratégies d'entreprise.

1 Les déterminants sectoriels de la structure d'une activité

Comme nous l'avons évoqué dans le chapitre 2, les structures doivent d'abord s'accorder à la stratégie. Mais l'adéquation stratégie-structure dépend elle-même des caractéristiques du secteur industriel dans lequel l'entreprise opère, notamment la ou les technologies que l'entreprise utilise et le type d'environnement dans lequel elle évolue. Notons toutefois que ces facteurs ne déterminent pas parfaitement l'organisation choisie. Toute entreprise, quel que soit son secteur d'activité, se trouve confrontée à d'autres facteurs comme les jeux de pouvoir interne, la culture nationale ou locale qui ont aussi une influence importante sur la conception de sa structure.

A/ La technologie

Nous appellerons technologie l'ensemble du processus de transformation réalisé par l'entreprise, ce qui comprend à la fois le flux de base des opérations internes, l'ensemble de ce que l'entreprise achète pour alimenter ce flux et ce qu'elle livre finalement à l'environnement externe. Il s'agit en d'autres termes de la chaîne de production de l'entreprise, au sens large.

La notion de technologie peut donc s'appliquer aussi bien à la fabrication de l'acier dans un groupe sidérurgique qu'au traitement des dossiers dans une compagnie d'assurances ou au cursus des étudiants dans une université. Il est évident que chacune de ces organisations adopte une structure conforme à sa mission et à sa chaîne de valeur. De plus, dans une même entreprise, coexistent souvent des technologies différentes. Ainsi, chaque service fonctionnel, le marketing, le bureau d'études ou l'usine, doit adapter sa structure interne à sa technologie propre.

L'expérience montre que la technologie impose un certain mode de division des tâches et un certain mode de coordination entre les unités chargées des différentes tâches. Cette diversité et ces interdépendances définissent donc des formes de structure différentes, même si l'on s'efforce de regrouper les activités de même nature pour maximiser l'efficacité à travers la spécialisation, et si l'on vise la minimisation des coûts de coordination en gérant au mieux les interdépendances.

Fondements théoriques

L'impact de la technologie sur les structures selon Charles Perrow

Pour C. Perrow[1], la technologie influence les choix de structure suivant deux dimensions :

> par **la variété des composantes** qu'elle met en jeu – caractère standardisé ou non des matières, fréquence des événements imprévisibles (incidents techniques, >

1. Perrow C., 1970.

....> commandes prioritaires), simplicité ou complexité des équipements. Bref, la technologie peut mettre en œuvre des opérations comportant plus ou moins d'exceptions ;

> par la **nature de l'effort à fournir pour prendre les décisions techniques**. S'agit-il d'une démarche de routine, d'une recherche rationnelle de solutions, donc analysable, ou au contraire d'une utilisation innovante des expériences antérieures ou de l'intuition immédiate, recherche que Perrow qualifie de non analysable ?

Le premier facteur détermine le besoin de flexibilité au sein de la structure : plus les exceptions que doit traiter l'organisation sont nombreuses, plus la structure doit être flexible. Le second détermine le degré de centralisation/décentralisation : plus la recherche de solutions est analysable, plus la structure peut être centralisée. En revanche, il vaut mieux décentraliser les décisions non analysables.

On peut ainsi identifier quatre types d'organisations, selon leur technologie principale. Ces quatre formes d'organisation peuvent d'ailleurs se subdiviser. En outre, l'observation montre qu'un nombre élevé d'entreprises se situent autour de la diagonale tracée en pointillé sur la figure.

	Peu d'exceptions (structures rigides)	**Beaucoup d'exceptions** (structures flexibles)
Recherche non analysable (difficilement centralisable)	Technologie artisanale (verre spéciaux)	Technologie de pointe (aérospatiale)
Recherche analysable (facilement centralisable)	Technologie routinière (sidérurgie, automobile)	Technologie d'ingéniérie (équipements lourds)

Figure 10.1
Typologie des technologies d'après Perrow

Le schéma de Perrow permet d'analyser le lien entre technologie et structure.

Dans l'industrie automobile, par exemple, où l'on produit en série, à partir de composants aux normes codifiées et au moyen d'équipements techniques bien maîtrisés, suivant un processus standardisé, les structures sont très fortement hiérarchisées et présentent un haut degré de formalisation. Les fonctions sont définies de façon précise, les règles de coordination et de planification opérationnelle sont très stables. En revanche, dans les studios de production de jeux vidéo ou les entreprises de logiciels informatiques, où chaque projet est spécifique, la structure adoptée est en général plus flexible.

Une plus grande autonomie est laissée aux développeurs et aux chefs de projet pour adapter leur organisation à chaque projet particulier. Pour assurer tous les ajustements nécessaires, on tient des réunions fréquentes entre chefs de projet, d'une part, et avec les autres composantes de l'entreprise (marketing, tests, commerciaux, etc.), d'autre part. Cette organisation se situerait dans le modèle de Perrow dans la catégorie « Technologie de pointe ». Remarquons que les activités qui ont ces caractéristiques peuvent déborder assez largement du cadre de ce qu'on appelle technologie de pointe dans le langage courant. Ainsi, les entreprises de travaux publics, notamment celles qui se spécialisent dans le génie civil (ponts, barrages, ouvrages d'art, etc.) fonctionnent de la même façon parce que chaque chantier est « unique » ou, du moins, présente des caractéristiques propres (type de réalisation, nature du terrain, exigences du maître d'œuvre, caractéristiques de la main-d'œuvre locale). >

....>

Cependant, une telle approche ne sera pas valable, même au sein de la même entreprise du bâtiment, si les projets à réaliser sont assez similaires et répétitifs, par exemple s'il s'agit de construire en France une chaîne d'hôtels une étoile. On recherchera alors des effets d'expérience en centralisant certaines fonctions, comme Recherche et développement ou Achats. Ce genre d'activité relève de la catégorie « Technologie d'ingénierie ». La centralisation va croissant quand on passe du génie civil (peu de tâches répétitives) à la construction en modèles (beaucoup de tâches répétitives). Dans le cas de la construction de maisons individuelles, on peut chercher à retrouver les avantages de la décentralisation dans la conduite des opérations en implantant des filiales et des agences régionales plus proches du terrain et largement autonomes, tout en maintenant les avantages de l'effet d'expérience en centralisant la conception des modèles et des méthodes de fabrication au siège.

À l'évidence, la technologie fait peser des contraintes très lourdes sur la définition d'une structure. Pour ne citer que deux exemples, rien ne ressemble plus *a priori* à l'organisation d'une raffinerie que celle d'une autre raffinerie, et il n'y a pas beaucoup de différences organisationnelles entre telle agence de publicité et telle autre (voir figure 10.2). Toutes les agences de publicité fonctionnent en effet de la même manière : les chefs de publicité partent des *briefs,* qui traduisent le besoin des clients-annonceurs, pour exprimer leur demande aux services spécialisés de création, de production artistique et de fabrication. Bien que la structure formelle soit la même d'une agence à l'autre, l'expérience montre que c'est à la fois la qualité des différents experts et celle des processus d'interaction, qui n'apparaissent pas nécessairement dans la structure formelle, qui sont à la source d'un avantage ou au contraire d'un désavantage concurrentiel.

Figure 10.2
Structure d'une agence de publicité

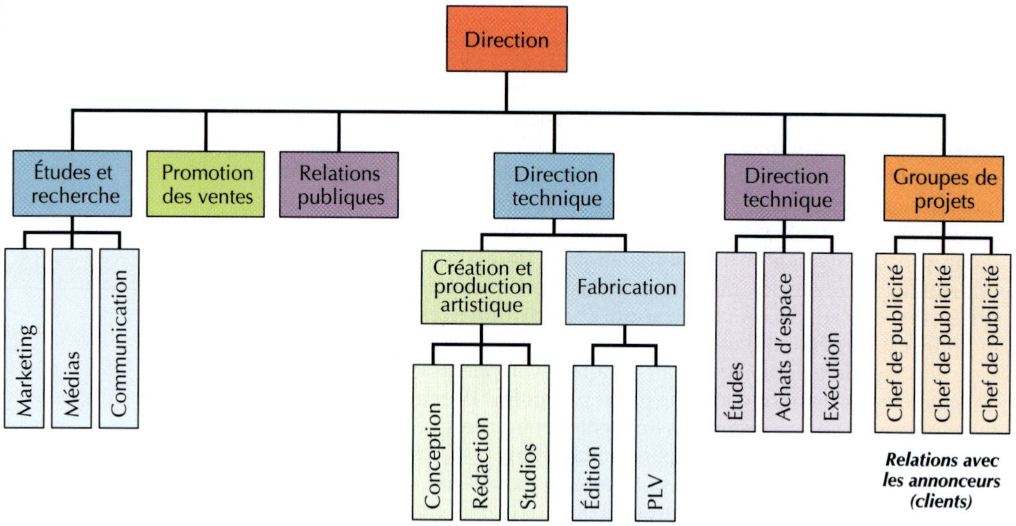

Toutefois, de nombreuses contraintes technologiques peuvent être contournées, sans perte d'efficacité, bien au contraire. Ainsi, dans les processus de production en grande série, l'introduction d'équipes autonomes, dotées d'objectifs intermédiaires (semi-produit ou service), a-t-elle fait largement disparaître les structures de production fondées sur une spécialisation taylorienne du travail, strictement fonctionnelles,

fortement hiérarchisées et routinisées. De façon générale, l'entreprise reste le plus souvent libre de concevoir ou de choisir, parmi les technologies disponibles, celles qu'elle estime les mieux à même de mobiliser les hommes.
Les difficultés rencontrées, par exemple, par les grandes entreprises d'ingénierie européennes et américaines dans les transferts de technologie aux pays en développement mettent en évidence l'importance de tels choix d'organisation. Ces entreprises n'ont pu se contenter de vendre et d'implanter ailleurs l'ensemble technologique conçu pour leur marché (brevets, machines, procédés de fabrication) sans autres modifications. Elles ont dû aider à la conception et à l'adaptation de tout un système sociotechnique adapté aux contraintes locales, économiques, sociales et surtout culturelles. Un transfert de technologie réussi est celui qui permet la maîtrise par les responsables locaux de l'ensemble « techniques-structures-hommes », souvent au prix de la modification des technologies initialement importées, et bien sûr d'une adaptation des structures.
Le lien de causalité classique entre technologie et structure s'inverse : ce n'est plus la structure qui s'adapte aux contraintes de la technologie mais la technologie qui cède le pas aux autres données de l'organisation ; c'est elle qui s'adapte aux impératifs du système humain. Ainsi, dans différentes industries, on dispose aujourd'hui d'équipements beaucoup plus flexibles qu'autrefois, ce qui permet de créer des centres de responsabilité relativement autonomes au sein de grands processus industriels qui étaient traditionnellement très intégrés (tréfilerie, raffinerie, plateformes de montage automobile, embouteillage, etc.). Ce faisant, on peut, d'une part, mieux mesurer les performances et mieux contrôler le processus de création de valeur, et, d'autre part, stimuler des comportements d'« *intrapreneurship* ».

B/ L'environnement

Dès les années 1960, de nombreux auteurs ont montré que les organisations sont des systèmes ouverts, en équilibre dynamique avec leur environnement[1]. La fonction de la structure est donc de sélectionner et de coder les données en provenance de l'environnement, afin de les transformer en informations qui génèrent à leur tour des décisions ayant un impact sur ce même environnement.
On peut mettre en évidence trois caractéristiques de l'environnement qui ont un impact sur la structure de l'organisation :

> ***Le potentiel de l'environnement***, que certains auteurs appellent sa munificence, c'est-à-dire sa capacité à permettre à l'entreprise une croissance régulière et soutenue. Plus ce potentiel est important, plus la pression environnementale est faible, ce qui donne à l'entreprise une plus grande latitude pour s'adapter aux autres déterminants de la structure, comme la technologie ou la culture. Ceci explique notamment que la plupart des entreprises n'engagent un *re-engineering* de leurs structures que dans les périodes où les opportunités de croissance se raréfient.

> ***La complexité de l'environnement***, c'est-à-dire l'hétérogénéité et le nombre de ses composants. Plus l'environnement est hétérogène, plus l'entreprise doit mettre en place des modes de spécialisation différents et des modes de coordination complexes pour assurer les interdépendances. Les entreprises de haute technologie constituent une bonne illustration de ce type d'organisation multiforme, incluant de véritables « unités virtuelles ».

> ***L'incertitude de l'environnement***, qui résulte de son dynamisme et de son instabilité. La difficulté de prévoir oblige l'entreprise à adopter une structure plus souple en termes de division du travail et de coordination, et en limite les

1 Katz D. et Kahn R.L., 1966.

possibilités de formalisation. Par exemple, une société de construction automobile traditionnelle, possédant une solide maîtrise de sa productique, éprouvera pourtant de grandes difficultés à vendre des prestations de productique à des clients extérieurs. Cette activité s'adresse en effet à un marché très incertain, alors que l'organisation d'un constructeur automobile est conçue pour gérer les activités liées à son cœur de métier, qui sont beaucoup plus prévisibles et planifiables à moyen terme. De façon générale, l'accélération de l'évolution des demandes et des technologies pousse aujourd'hui la majorité des entreprises à adopter des structures de plus en plus flexibles.

Les organisations sont aujourd'hui des systèmes ouverts. Leur structure joue donc vis-à-vis de l'environnement une fonction de médiation dont la complexité s'accroît au fur et à mesure que croissent la taille, la diversité et l'incertitude. Il faut donc rechercher une plus grande flexibilité au fur et à mesure du resserrement du réseau de contraintes environnementales auxquelles l'organisation se trouve confrontée.
En définitive, les caractéristiques de l'environnement permettent d'inscrire les structures le long d'un continuum caractérisé par deux extrêmes :

- d'un côté, l'efficacité par la standardisation, les effets d'échelle, la stabilité, la courbe d'expérience (voir chapitre 4) qui caractérisent les organisations « mécanistes » ;
- de l'autre, l'efficacité par l'adaptabilité et la diversité, qui caractérisent les structures « organiques ».

Le tableau ci-dessous présente ces deux extrêmes entre lesquels se situent beaucoup d'entreprises actuelles :

Tableau 10.1
Deux conceptions opposées de l'efficacité organisationnelle

Conception mécaniste	Conception organique
Ligne hiérarchique unique comme principal mode de coordination	Multiplicité des modes de coordination, possibilité de hiérarchies multiples
Distinction claire entre fonctionnel et opérationnel, spécialisation des rôles correspondants	Flexibilité des rôles, possibilités pour un même individu d'assumer un rôle opérationnel et un rôle fonctionnel
Recherche de l'efficacité par la spécialisation des tâches au sein du processus interne mis en œuvre par l'entreprise	Recherche de l'efficience par l'adéquation des profils de compétences aux caractéristiques de l'environnement
Recherche d'homogénéisation des comportements afin de faciliter la coordination (conformité)	Acceptation de comportements hétérogènes au prix d'un accroissement des efforts de coordination (initiative)
Accent mis sur la cohérence *a priori*	Accent mis sur la convergence *a posteriori*
Primauté des communications verticales	Primauté des communications horizontales
Primauté des procédures	Primauté des processus et des ajustements mutuels
Croyance en des règles idéales d'organisation (nombre de subordonnés, unicité de commandement)	Pas de règles idéales, mais des contraintes auxquelles il faut s'adapter le mieux possible
La stabilité est la source principale d'efficacité (centralisation de l'innovation)	La mobilité est la source principale d'efficacité (diffusion de l'innovation)

La complexité et l'incertitude croissantes de l'environnement des entreprises ont conduit depuis un demi-siècle à adopter de plus en plus des structures de type organique, et cette évolution s'est accélérée ces vingt dernières années grâce au développement des technologies de l'information et des communications (TICs). En abaissant les coûts de transaction et en permettant une meilleure mesure des performances des unités (crédibilité et transparence), les TICs ont permis de passer d'une conception pyramidale des organisations à des formes de structures non seulement plus organiques, mais aussi comme nous le verrons dans le chapitre 21, plus proches des réseaux.

2 LES COMPOSANTES DE L'ORGANISATION PAR FONCTIONS

Dans n'importe quel domaine d'activité, l'organisation d'une entreprise (ou d'une *business unit*) repose sur une division du travail qui suit les contours de la chaîne de valeur de l'activité. Comme on l'a montré au chapitre 5, la chaîne de valeur comprend à la fois des fonctions opérationnelles (ou « activités principales »), qui correspondent aux différentes étapes du processus productif « horizontal » (approvisionnement, logistique, fabrication, commercialisation, après-vente) et des fonctions support, qui sont transversales à ce processus (recherche, finance, ressources humaines)[1]. Cette conception de la chaîne de valeur est rappelée dans la figure 10.3.

Figure 10.3
La chaîne de valeur

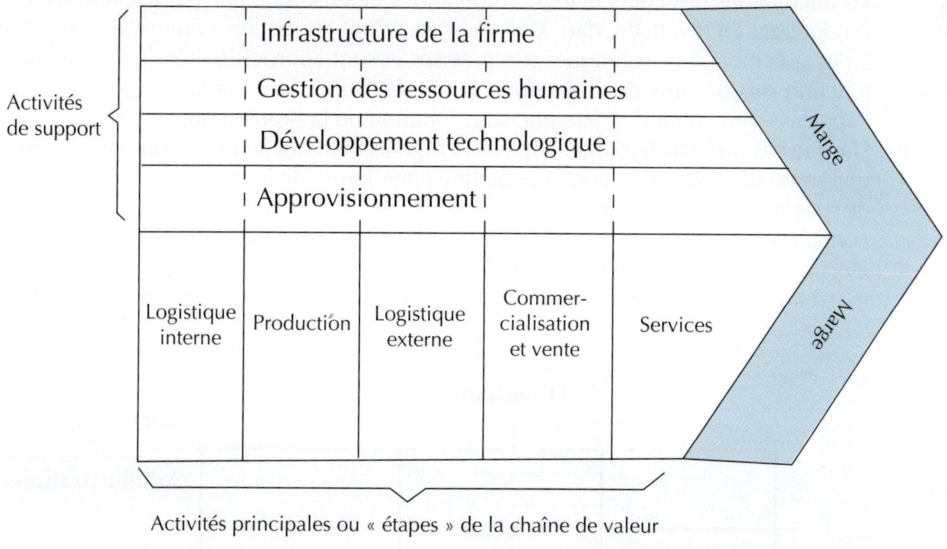

Organiser la chaîne de valeur revient donc à diviser le travail en créant des unités spécialisées par fonctions. Ces unités comprennent d'une part les unités opérationnelles, spécialisées sur chacune des activités principales de la chaîne de valeur, et d'autre part les unités de support qui fournissent des services transversaux à toutes les étapes de la chaîne. Il faut ensuite assurer la coordination et l'intégration de ces unités fonctionnelles entre elles.

1. Porter M.E., 1985.

A/ LA CONSTITUTION DES UNITÉS FONCTIONNELLES

Qu'il s'agisse d'unités opérationnelles ou d'unités support, trois règles doivent orienter la constitution des unités spécialisées par fonctions :

> **chaque unité doit correspondre à une base d'expérience** et donc à un ensemble de compétences d'une part, et à un ensemble de coûts contrôlables homogènes (ou coûts d'activité) d'autre part ;

> **l'interdépendance entre les unités ne doit pas être trop forte** de façon à permettre l'exercice d'une responsabilité effective (= un leader et une équipe) dans chaque unité ; si l'interdépendance est très forte, il faut élargir les limites et fusionner les unités ;

> **la stabilité de la stratégie doit être suffisante,** aussi bien en ce qui concerne les technologies mises en œuvre qu'en ce qui concerne les caractéristiques de la demande (maturité des produits et services).

Le respect de ces conditions est particulièrement approprié si l'entreprise poursuit une stratégie de coût (voir chapitre 4), dans un secteur en maturité, avec une offre assez standard, du type commodité ou proche de la commodité.

L'interdépendance horizontale entre unités opérationnelles le long de la chaîne de valeur, par exemple entre Logistique/Achats/Production (voir figure 10.4 ci-dessous), conditionne la position et le mode de coordination des unités. Ainsi pour une entreprise dont les matières premières sont une composante majeure des coûts et présentent un caractère banal mais spéculatif, l'approvisionnement doit constituer une fonction distincte de la production, car les décisions d'achat sont davantage conditionnées par les fluctuations des cours et les considérations de trésorerie que par les besoins de la production. En revanche, dans une entreprise dont les matières premières répondent à des spécifications techniques très précises et sont approvisionnées uniquement en fonction des besoins de la production (production à la commande, par exemple), l'approvisionnement doit être une sous-fonction de la production.

Dans le cas où la technologie impose à l'organisation une taille critique, par exemple une usine de production continue ou une plate-forme de logistique, un second mode de spécialisation vient s'ajouter au premier. Une division du travail, verticale cette fois, conduit à séparer les fonctions de conception et les fonctions d'exécution. On voit alors apparaître des spécialistes de planning, des bureaux d'études, des services de marketing, qui sont différents des services opérationnels de production ou de vente.

Figure 10.4
Structure fonctionnelle

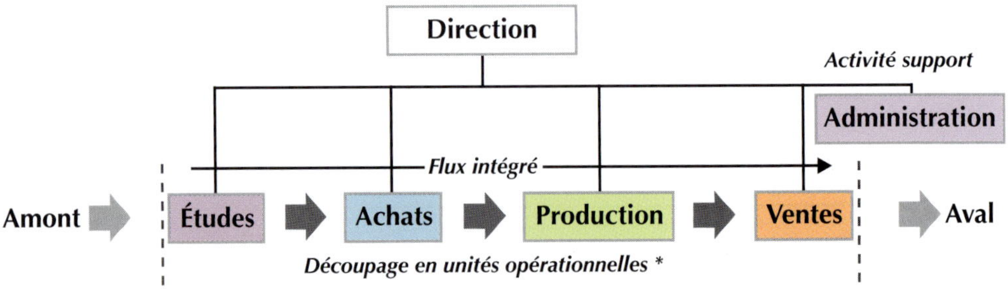

* Chaque unité opérationnelle est une étape de la chaîne de valeur.

B/ LES MODES DE COORDINATION

La division horizontale du travail ayant pour effet de « saucissonner » le processus de production en unités opérationnelles, la continuité des flux est assurée par des procédures qui organisent la mise en place des différentes fonctions opérationnelles en séquences successives, et régulent ainsi les processus. Ces procédures (règles d'ajustement, systèmes de planification et de contrôle) sont le plus souvent formalisées. Lors de leur conception, on s'efforce d'anticiper les éventuels problèmes de coordination, afin d'y répondre le plus vite possible.
Mais, quel que soit l'effort de prévision et de formalisation, les procédures ne peuvent tout résoudre à l'avance. Tout ce qui ne peut être régulé est dévolu à la hiérarchie, chargée de traiter les problèmes de communication et de décision pour lesquels des réponses standard n'ont pu être prévues.

3 LA DYNAMIQUE DES STRUCTURES FONCTIONNELLES

La PME nouvellement créée, comme la grande entreprise sidérurgique ou de transport ferré, appartient à l'univers des entreprises mono-activité. Il est pourtant évident que l'une et l'autre ne peuvent avoir les mêmes structures. Le changement de taille, lié à la croissance, est le paramètre prépondérant de l'évolution de leurs structures.

A/ LE PREMIER STADE : LA STRUCTURE EN SOLEIL

La structure en soleil est centrée autour du créateur et/ou du patron de l'entreprise. Il rassemble autour de lui un groupe de personnes, complémentaires à sa propre personnalité et à ses propres compétences. Un ingénieur, par exemple, s'entoure de collaborateurs à profils plutôt administratifs et commerciaux et assume personnellement la responsabilité technique.

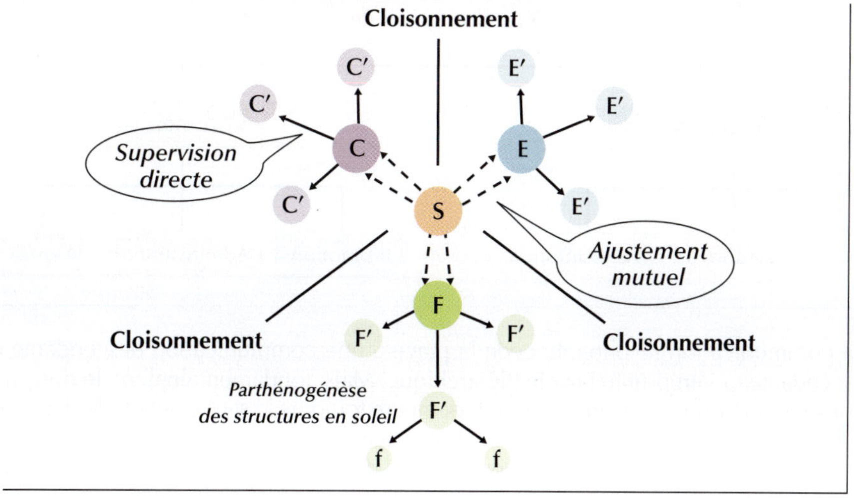

Figure 10.5 Structure en soleil

Une structure en soleil se caractérise par la prééminence des relations bilatérales qui relient les différents membres de l'équipe à leur patron. Celui-ci est au centre de

toutes les communications ; il ne délègue pas, ou peu, et assume à la fois les responsabilités stratégiques et la direction opérationnelle de l'entreprise. Seul à assurer la synthèse, il doit être au courant de tout pour diriger. La communication périphérique entre membres de l'organisation est quasiment nulle, les réunions sont rares et ne se font qu'à l'initiative et sous la direction du patron.
Lorsque l'entreprise croît, il s'opère une évolution par parthénogenèse, au cours de laquelle chacun des membres de l'équipe initiale reproduit, avec les personnes qui lui sont subordonnées, le schéma d'organisation qui régit ses propres relations au patron. Ce dernier continue cependant à s'adresser directement à tous les membres de l'entreprise pour donner les impulsions qui lui semblent nécessaires, instaurant souvent une pratique de court-circuit qui ne tarde pas à générer des tensions au sein de l'équipe.
Lorsque l'environnement et la technologie deviennent plus complexes, une distribution plus explicite des rôles entre le patron et ses principaux collaborateurs est nécessaire. Parallèlement, l'horizon de gestion de l'entreprise s'élargit et les problèmes de moyen et de long termes se font plus pressants, ce qui provoque une prise de conscience du dirigeant, et le pousse normalement à déléguer une partie croissante des responsabilités opérationnelles, et à encourager les relations directes entre responsables fonctionnels. Il faut cependant signaler que certains patrons n'arrivent pas à s'y résoudre, ou le font quand il est trop tard.

B/ Le deuxième stade : la structure fonctionnelle simple

La structure fonctionnelle simple marque une progression dans la spécialisation et dans la formalisation. Les premières définitions de fonctions apparaissent, pour rendre explicites les délégations opérationnelles. Chaque responsable de fonction commence lui-même à rationaliser l'organisation de son service. Une ligne hiérarchique s'établit et des procédures de travail sont mises en place pour organiser les relations au sein des services, et entre services, comme le montre la figure ci-après.

Figure 10.6 Structure fonctionnelle simple

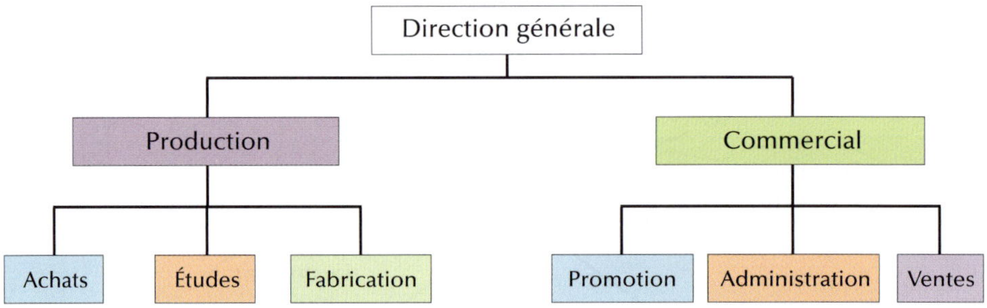

La communication rayonnante cède la place à une communication descendante et ascendante qui emprunte la voie hiérarchique. Mais, fondamentalement, le dirigeant conserve son pouvoir centralisateur. Il demeure toujours le seul susceptible d'assurer la cohérence et la convergence des actions menées au sein des différents services.
Au cours de cette phase, les compétences s'affirment, se spécialisent, provoquant des effets d'expérience et un accroissement de productivité qui accentuent les modifications de structure. Parallèlement, un risque de cloisonnement fait son apparition, car chaque responsable tend à se délimiter un territoire professionnel qu'il protège des incursions éventuelles de ses collègues.

C/ LE TROISIÈME STADE : LA STRUCTURE FONCTIONNELLE ÉVOLUÉE

Si la croissance de l'entreprise se poursuit sans que sa vocation initiale d'entreprise mono-activité ne soit remise en question, l'accroissement de son volume d'activité se traduit, sur le plan structurel, par une augmentation des niveaux hiérarchiques à l'intérieur de chaque fonction. Par exemple, les ateliers de fabrication se multiplient, des unités de production nouvelles se créent, la distribution se diversifie, entraînant la création de forces de vente distinctes. La taille permet de spécialiser davantage certains services qui regroupaient jusque-là des activités hétérogènes. De nouvelles fonctions deviennent autonomes, comme la recherche-développement ou les achats.
À ce stade, le dirigeant n'arrive plus à maîtriser seul les problèmes de cohérence et de convergence entre les fonctions. Les responsables opérationnels développent des compétences techniques et une logique propres à leurs services (la différenciation interne s'accroît), au détriment, le cas échéant, d'une vision globale de l'entreprise. L'importance des enjeux augmente fortement, accroissant les problèmes de contrôle. Enfin, la gestion de l'entreprise nécessite des compétences à la fois plus sophistiquées et plus diversifiées qu'un seul homme, fût-il exceptionnel, ne peut posséder.
Afin d'ajuster ses capacités d'action, la fonction de direction générale est alors elle-même soumise au phénomène de spécialisation. Des collaborateurs font leur apparition. Ils introduisent dans l'organisation une nouvelle forme de spécialisation fonctionnelle qui se superpose aux fonctions opérationnelles existantes. Leur rôle consiste à éclairer les décisions du directeur général en lui apportant des compétences techniques supplémentaires dans les grands domaines de la gestion : finance, planification, contrôle, ressources humaines, informatique, etc.
Cette évolution s'accompagne le plus souvent d'une différenciation plus marquée entre les fonctions opérationnelles, centrées sur le court terme, et les fonctions visant l'évolution à moyen et long terme de l'entreprise. La recherche-développement et le marketing se dégagent de la production et du commercial pour acquérir leur autonomie au sein de la direction générale.

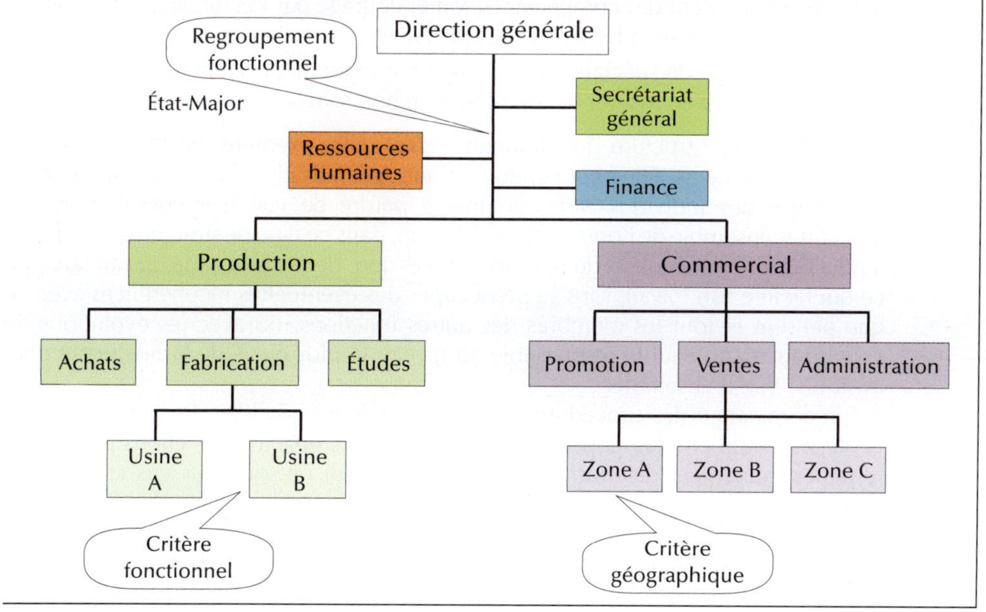

Figure 10.7 Structure fonctionnelle évoluée

Conceptuellement, il s'agit bien d'une spécialisation complémentaire, car chaque spécialiste apporte un éclairage fragmentaire que la direction générale est encore seule capable d'intégrer dans une vision d'ensemble.
Les phases suivantes de croissance d'une entreprise mono-activité n'apportent plus de modifications fondamentales à l'organisation. Chaque membre de la direction constitue progressivement autour de lui une équipe qui se transforme éventuellement en service ou département spécialisé (planification, contrôle, ressources humaines etc.). Chaque service génère à l'intérieur de l'entreprise des processus de communication formels qui lui permettent d'assurer son emprise sur les services opérationnels. Concentrées au départ au niveau de la Direction Générale, les fonctions d'état-major se diffusent parmi les principaux niveaux hiérarchiques de l'organisation, au fur et à mesure du développement de l'entreprise.
Dans certaines organisations, on voit apparaître une dissociation des fonctions de direction générale entre, d'une part, un président (CEO en anglais) ou un membre du directoire, qui coiffe directement les fonctions d'état-major, et, d'autre part, un directeur des opérations (COO), qui coordonne l'ensemble des activités opérationnelles. La taille croissante de l'entreprise génère l'apparition de nouveaux spécialistes au sein de la direction générale, comme par exemple le responsable des technologies de l'information (CIO, *Chief Information Officer*) ou même le responsable de la gestion des connaissances (CKO, *Chief Knowledge Officer*).

4 EFFICACITÉ ET PERFORMANCE DES STRUCTURES FONCTIONNELLES

Une structure fonctionnelle permet d'atteindre un niveau d'excellence technique supérieure à toute autre forme de regroupement, à condition que l'environnement et la technologie de l'entreprise restent suffisamment stables et que l'organisation interne respecte quelques règles simples de fonctionnement. Il faut, par exemple, que :

> le développement des compétences soit encouragé par l'établissement de profils de carrière s'inscrivant à l'intérieur de spécialités ;

> chaque groupe de spécialistes soit dirigé par le meilleur d'entre eux, car c'est la meilleure façon d'en assurer la cohésion et le bon fonctionnement.

Néanmoins, la structure fonctionnelle n'est pas exempte de défauts et de dysfonctionnements. Elle peut conduire à une spécialisation étriquée, restreindre la perspective des individus et les amener à perdre de vue leur contribution aux objectifs d'ensemble de l'organisation. Chacun, dans ce type de structure, a tendance à privilégier sa conception de sa propre profession, de ce qu'il aime ou sait faire, de ce qui facilite son travail, sans se préoccuper des éventuelles incohérences avec ce que pensent et font les membres des autres fonctions, ou avec les évolutions de l'environnement. Seul le responsable au niveau le plus élevé de la hiérarchie peut avoir une vue d'ensemble.
La prédominance des procédures et de la hiérarchie privilégie la communication écrite, au détriment des rapports directs. En même temps, tous les efforts portent sur le perfectionnement des instruments structurels, qui ne sont plus vus comme des réponses à des exigences stratégiques en évolution, mais comme des fins en soi. Une structure fonctionnelle est donc, par essence, centralisatrice et peut s'avérer très efficace comme elle peut, face à une nécessité de changement, devenir paralysante. C'est ce que montre le Mini-cas Indian Railways présenté dans l'encadré suivant.

MINI-CAS

Indian Railways

Avec 63 332 km de lignes installées, 1,4 million d'employés, plus de 500 milliards de t/km de fret (65 % de ses revenus) et plus de 700 milliards de passagers/km, Indian Railways (IR) est le premier réseau ferré du monde. Sous la tutelle directe d'un ministère spécialisé, c'est le plus gros employeur de l'Inde. IR transporte 40 % du trafic de fret et 20 % du trafic passager du pays, et représente directement 2,3 % du PNB indien, probablement plus du double si on considère les activités induites immédiatement en amont et en aval. L'entreprise a réussi récemment un redressement économique remarquable : ses coûts opérationnels sont passés de 98 % des revenus en 2004 à 78 % des revenus en 2007. Et pourtant elle n'a pas profondément modifié sa structure traditionnellement fonctionnelle depuis sa création par les Anglais en 1845 !

Au sommet de l'organisation, le « *board* » se compose de 6 membres spécialisés (plus le chairman). Chacun des membres du board est au sommet d'une fonction technique organisée jusqu'à la base comme un vaste silo où chacun progresse à l'ancienneté sans pouvoir changer de spécialité : Engineering, Électricité, Mécanique, Trafic, Ressources Humaines et Finance. La plupart des décisions, y compris les plus opérationnelles, ne peuvent se prendre qu'au niveau du *board*, qui lui-même n'est pas toujours capable, même collectivement, de résoudre les conflits les plus délicats entre fonctions, en particulier lorsque ceux-ci les obligeraient à sortir des règles et procédures en vigueur.

Il existe 16 zones géographiques, 67 divisions régionales et 7 unités de production de matériel ferroviaire. Les responsables de ces unités (*General Managers* et *Divisional Managers*) ont cependant des pouvoirs limités et ils ne peuvent exercer cette fonction que pendant deux ans. Véritables « généralistes » pendant leur temps d'exercice, ils rejoignent ensuite leur corps (spécialité) d'origine dont chacun reste toujours très proche.

Pour redresser la situation financière très détériorée au début des années 2000, et pour faire face à l'augmentation considérable de la demande de transports, liée à la croissance vertigineuse du PNB indien (7 à 8 % par an depuis 2000), le nouveau ministre et son équipe, arrivés en 2004, ont bousculé le *board* en l'amenant à décider d'augmenter à la fois le poids transporté par essieu, la longueur des trains, la vitesse moyenne de déplacement et certains tarifs. Pour être prises et appliquées, ces décisions exigent une forte coordination entre les différentes fonctions techniques.

L'organisation fonctionnelle, incapable jusque-là de prendre des décisions cruciales interfonctions, a pourtant su réagir avec efficacité et rapidité aux impulsions très centralisées du ministre. L'entreprise est momentanément sortie du rouge et a pu s'engager dans un énorme programme d'investissements pour au moins les dix prochaines années.

Mais l'organisation doit désormais, dans le contexte de croissance et de transformation de l'Inde, être plus à l'écoute de l'environnement et prendre des décisions plus rapides et plus près du terrain. Elle doit d'abord créer des entités tournées vers les fins plutôt que vers les moyens, et les doter d'une autonomie suffisante (direction fret et direction voyageurs au niveau du *board*, responsables de produits et de marchés auprès des clients, etc.). Il faut aussi augmenter le pouvoir (et la durée d'exercice) des *managers* de zone et de région, définir pour eux des objectifs locaux spécifiques et bâtir un système de motivation approprié…

Au total, IR est confronté à une sérieuse révolution organisationnelle et culturelle… qui reste encore largement à faire !

>

····> **Questions**

IR envisage deux réformes de structure :
– la création d'une direction fret et d'une direction voyageurs au sein du board ;
– l'allongement à quatre ans de la durée du mandat des ***General Managers*** (responsables de zone et d'unités de production d'équipements) et des ***Divisional Managers*** (responsables de régions).
1) Quels progrès peuvent amener ces réformes ?
2) Quels obstacles risquent-elles de rencontrer ?

A/ Pathologie des structures fonctionnelles

La centralisation

Les limites de la structure fonctionnelle sont celles des mécanismes de coordination des flux de travail. Quand la taille, l'incertitude, la diversité et l'interdépendance croissent significativement, la planification, le contrôle de gestion, l'informatique deviennent impuissants à satisfaire les besoins de coordination qui augmentent de façon exponentielle.
La formalisation des communications entre services apporte une cohérence « sur le papier » qui ne garantit malheureusement pas la cohérence effective. Il suffit que les conditions qui ont présidé à la conception des procédures évoluent pour que ce décalage se produise. Ainsi, la formalisation des procédures porte en elle le germe de son inefficacité. Elle est coûteuse et difficile à élaborer ; on hésitera donc à la modifier, à l'adapter aux changements de situation. Plus une procédure a été élaborée avec difficulté, plus il est psychologiquement et matériellement difficile de la remettre en question.
La conséquence de cette inertie est la multiplication des recours à la hiérarchie. Celle-ci se trouve dès lors placée dans une situation croissante d'inefficacité. Elle ne peut matériellement régler qu'un nombre limité de problèmes et doit se consacrer en priorité aux questions les plus importantes. Si la hiérarchie est envahie de demandes d'arbitrage, elle n'a plus le recul nécessaire pour étudier les questions et apprécier les implications des arbitrages rendus.

L'immobilisme

La deuxième limite que rencontre la structure fonctionnelle réside dans sa capacité limitée d'adaptation aux exigences du changement stratégique (voir chapitre 25). Centrée sur la technologie qui est apparue à un moment donné comme la réponse la plus appropriée aux besoins, elle tend naturellement à orienter tous ses efforts vers l'optimisation d'un système qui va inéluctablement devenir obsolescent. Toute modification de stratégie qui remet en cause le découpage des fonctions et les règles de liaison qui ont été formalisées devient alors difficilement acceptable par l'organisation. Les organisations fonctionnelles sont les plus difficiles à modifier : elles ne peuvent évoluer que par ruptures.
Une fois encore, le seul qui puisse avoir une vision suffisamment globale et assez de recul pour apprécier les nécessités de changement organisationnel (voir chapitre 26) est le dirigeant au sommet. Mais les informations qui remontent jusqu'à lui ont peu de chances d'être fiables, dès lors que chaque unité, enfermée dans son professionnalisme, lit et interprète les événements extérieurs en fonction de ses propres structures et procédures, de ses propres experts étroitement

spécialisés, et que les canaux de communication ont été conçus pour ne véhiculer qu'un certain type d'informations.

Les problèmes de communication

Si la taille accroît le risque d'embouteillage de la hiérarchie, elle a surtout pour effet d'allonger considérablement le cheminement d'une information pour passer d'un service à l'autre au sein d'une même fonction et, *a fortiori,* d'une fonction à une autre (voir figure 10.8).

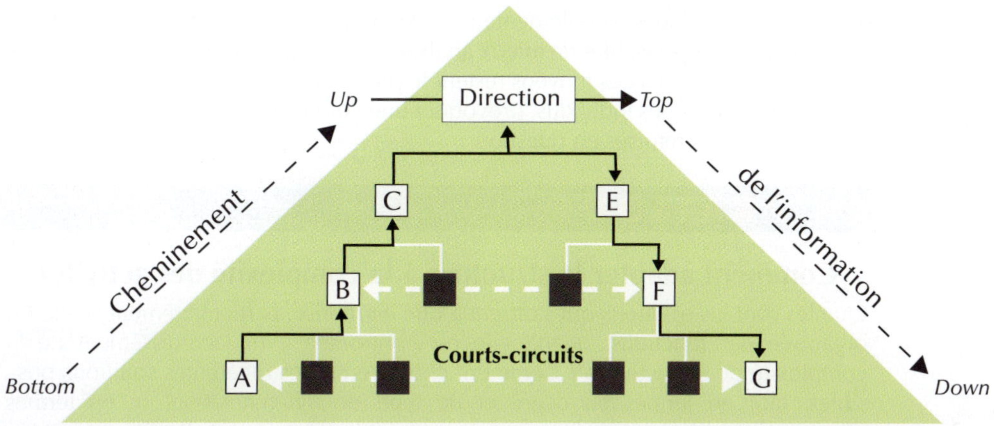

Figure 10.8 Cheminement des informations dans la structure fonctionnelle

Une modification des caractéristiques techniques d'un produit, par exemple, demandée par les services de vente, risque de ne jamais arriver à temps, car il lui faut traverser toute une série de filtres au fur et à mesure de son cheminement dans la structure. L'impossibilité d'obtenir satisfaction crée des frustrations, qui accroissent encore les difficultés naturelles de communication inhérentes à ce type de structure. Par ailleurs, l'interdépendance entre les fonctions est telle que tout changement dans une unité (par exemple, en réponse à de nouveaux besoins extérieurs, ou pour s'adapter à une nouvelle technologie, le plus souvent sous la pression de la concurrence) perturbe profondément le fonctionnement des autres unités, et risque d'ébranler tout ce bel édifice. Cette remise en cause peut être radicale, par passage à une autre structure, ou partielle. Avant d'en arriver là, les entreprises organisées par fonctions recherchent souvent un certain nombre de palliatifs.

B/ Palliatifs et solutions

En s'appuyant sur le modèle de J. Galbraith (voir encadré « En pratique » ci-dessous), on peut dégager deux sortes de remèdes aux pathologies des structures fonctionnelles :

> Tout d'abord chaque unité, pour se rendre plus indépendante des autres sans mettre en péril le fonctionnement collectif, peut prendre des marges de sécurité qui lui permettent de faire face à tout événement extérieur imprévu. Ces marges peuvent être des stocks-tampons, des matelas budgétaires, du personnel excédentaire et des délais de fabrication plus longs. Il s'agit là de solutions temporaires qui n'engagent pas un processus d'adaptation à long terme et dont on imagine facilement les effets négatifs sur la productivité.

> Plus positive, peut-être, est la mise en place de moyens qui permettent de recueillir et de traiter une quantité plus importante d'informations. On peut ainsi développer :

- des services de surveillance de l'environnement (études de marché, recherche technologique, observatoire économique) ;
- des méthodes de simulation et de prospective (scénarios, analyses de sensibilité…) ;
- des services de planification, de contrôle et de traitement de l'information (définition d'objectifs, suivis d'indicateurs, procédures de correction…).

La structure se trouve ainsi dotée de nouveaux spécialistes, d'équipements et de logiciels informatiques supplémentaires, de nouvelles méthodes de travail, qui permettent aux responsables de mieux analyser et donc de mieux prévoir et contrôler les changements. Mais ces moyens restent le plus souvent insuffisants pour modifier les comportements des individus, provoquer une volonté de collaboration et déclencher de véritables remises en question.

EN PRATIQUE

Comment adapter la structure à la complexité des activités

Quelles sont les solutions qui s'offrent à une entreprise, particulièrement si elle est organisée par fonctions, quand elle est confrontée à un accroissement de la complexité de ses activités ? Comment choisir entre les différentes solutions possibles, tant en termes de degré et de type de différenciation, qu'en termes d'instruments d'intégration ?

Jay R. Galbraith[1] identifie trois facteurs dont la combinaison détermine le degré de complexité d'une organisation :

- l'*incertitude* qui affecte les différentes tâches et activités ;
- la *diversité* des tâches et activités, c'est-à-dire le nombre de facteurs à prendre en considération pour décider ;
- l'*interdépendance* entre les tâches ou les activités.

La structure est un système qui traite des informations en provenance de l'environnement en vue de prendre des décisions qui orienteront l'action de l'entreprise. Plus l'incertitude est grande, plus la prise de décision requiert des informations nombreuses et difficiles à obtenir de manière simple. Plus les activités sont diverses (étapes de la chaîne de valeur, marchés servis, etc.), plus la nécessité de faire appel à des données et des raisonnements différents est grande. Plus les différentes activités sont interdépendantes, plus il est difficile d'en assurer la cohérence, c'est-à-dire d'évaluer l'incidence d'une décision sur l'ensemble.

Concevoir une structure efficace consiste alors à adapter sa capacité de traitement des informations aux exigences combinées des facteurs de complexité.

La figure 10.9 met en relation les facteurs de complexité avec les principaux moyens permettant d'adapter l'organisation à une complexité croissante.

Galbraith propose quatre grandes catégories de moyens :

> La création de stocks-tampons, l'augmentation des tolérances et l'allongement des délais de réponse. Ces palliatifs simplifient les problèmes d'incertitude et d'interdépendance, mais ils ont un coût élevé et peuvent faire perdre tout avantage concurrentiel ;

> Le développement des capacités techniques de traitement des informations. Cela permet non seulement de développer des simulations de marché ou des >

1. Galbraith J. R., 2001.

exercices de prospective, et donc de réduire les incertitudes, mais aussi, en perfectionnant la planification, de mieux ajuster des activités amont et aval dans une chaîne de production verticale ;

> La mise en place d'unités autonomes (étapes d'une chaîne de valeur reliées par des prix de cession, fonctions supports prestataires de services internes, et a fortiori *Business Units* classiques) permet de simplifier le traitement des informations en le délimitant au sein d'unités très largement autosuffisantes ;

> Enfin, la mise en place d'une structure matricielle (et, au-delà, ce que nous appelons aujourd'hui une organisation en réseau voir chapitres 20 et 21), ou la création de groupes de travail transversaux, permet de démultiplier le traitement de l'information, avec un plus grand nombre d'individus prenant en charge des critères plus nombreux et plus divers.

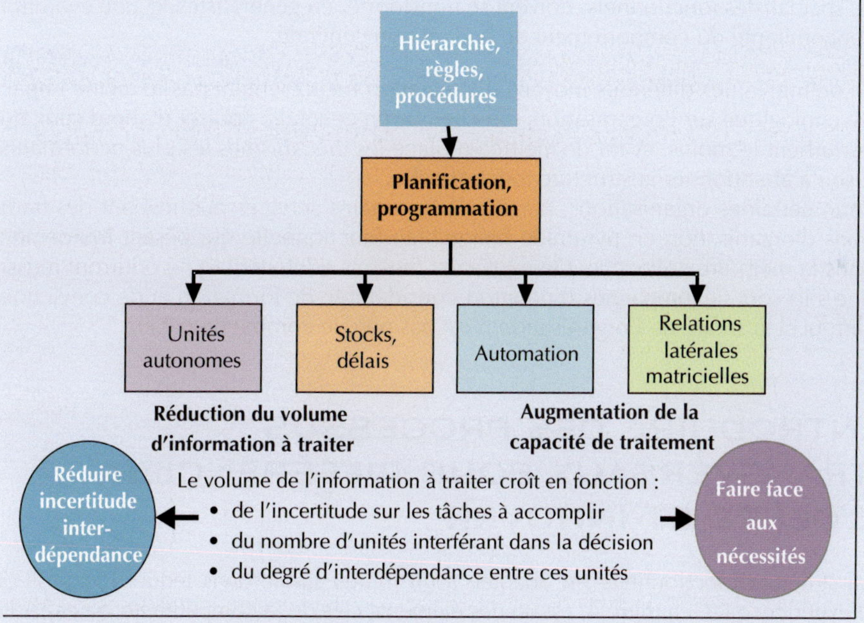

Figure 10.9
Le traitement de la complexité selon J. Galbraith

C/ Les limites des solutions et des palliatifs

Qu'il s'agisse de solutions durables ou de palliatifs temporaires, tous ces moyens ont un coût, et présentent un certain nombre de limites :

> L'ajustement par les stocks ou les délais se fait au détriment de la performance économique de l'entreprise : coût de stockage, diminution de la qualité du service client, augmentation du besoin de fonds de roulement. En contrepartie, ce palliatif a l'avantage de ne pas modifier la structure en place, ce qui le rend naturellement attractif pour les membres de l'organisation.

> Les systèmes de planification, programmation et traitement de l'information nécessitent des moyens spécifiques (procédures formalisées, systèmes informatiques, ERP…) et une réflexion préalable. Ils remettent en cause les routines existantes et

peuvent provoquer des réticences, compte tenu de leur coût d'implantation, financier et psychologique, élevé.

> Les comités et groupes de travail de toute nature mobilisent du temps de l'encadrement et de la direction générale. Ils créent des coûts d'opportunité, surtout si on ne réajuste pas l'ensemble des procédures de décision. Ils peuvent se heurter à des problèmes de crédibilité.

> Les liaisons latérales (matricielles) ou obliques exigent du temps et des hommes, mais surtout, elles compliquent le réseau de relations et de pouvoir. Elles peuvent, par conséquent, provoquer les phénomènes de rejet, inhérents à toute modification en profondeur de la culture des managers.

> La création d'unités autonomes coûte en économies d'échelle, mais aussi en réorganisation des systèmes de cession interne. De plus, et c'est de loin le problème le plus complexe, elle nécessite à la fois un changement de profil des managers, qui, de spécialistes fonctionnels, doivent se transformer en généralistes, et une évolution concomitante du comportement de la direction générale.

En définitive, les différents moyens d'intégration ne présentent pas le même impact psychologique sur l'organisation. On cherche en général à épuiser d'abord ceux qui perturbent le moins, avant de mettre en place les mécanismes les plus performants, jusqu'à abandonner la structure fonctionnelle.
Enfin certaines organisations, par exemple certains services publics, ont des traditions d'organisation en pyramide hiérarchico-fonctionnelle qui pèsent lourdement dans la mémoire collective. De nouveaux moyens d'intégration ne pourront réussir que s'ils sont accompagnés d'un effort considérable de formation et de conviction, surtout si la survie de l'organisation n'est pas perçue comme menacée.

5 Introduire des processus transversaux pour différencier l'offre et innover

La structure fonctionnelle est adaptée à un milieu stable dans lequel l'acquisition d'expérience (*cf.* chapitre 4) est un des éléments clés de la compétitivité. Sa capacité d'adaptation aux changements est limitée, mais elle est efficiente grâce aux économies d'échelle en frais généraux et en personnel qualifié. Elle met en place un système de communication simple et compréhensible par tous, dans la mesure où chacun y exerce son pouvoir dans les limites de sa spécialité. Chaque responsable d'unité est jugé sur le respect de son plan de travail, des normes d'activité et de budget qui lui sont fixées, mais il est difficile d'apprécier sa contribution aux résultats globaux de l'entreprise. De plus, la concentration des décisions majeures au sommet de la hiérarchie entraîne des conflits de priorité entre l'opérationnel et le stratégique, entre les activités routinières et les activités d'innovation, entre le court terme et le long terme et entre les produits eux-mêmes, en particulier quand la pression de la concurrence oblige à développer de nouvelles offres. En fait, l'entreprise organisée par fonctions est plus tournée vers les moyens que vers les fins, ces dernières étant supposées stables et intangibles. Focalisées sur des objectifs d'optimisation à leur niveau, les unités fonctionnelles perdent de vue la nécessité de faire face à des changements et de se réaligner sur de nouvelles stratégies. Lorsque l'entreprise cherche à mettre en œuvre une stratégie de recomposition de l'offre (*cf.* chapitre 5) ou à innover (*cf.* chapitre 6), l'introduction d'un système transversal par processus stratégiques est un moyen puissant pour faire évoluer profondément la logique de l'organisation. Lorsque l'entreprise cherche à développer ses activités de service (*cf.* chapitre 12), la mise en place de tels processus est également recommandée.

De manière plus générale, lorsqu'on introduit des processus transversaux dans une structure fonctionnelle, chacun de ces processus doit être conçu autour d'un des problèmes stratégiques clés de l'entreprise.

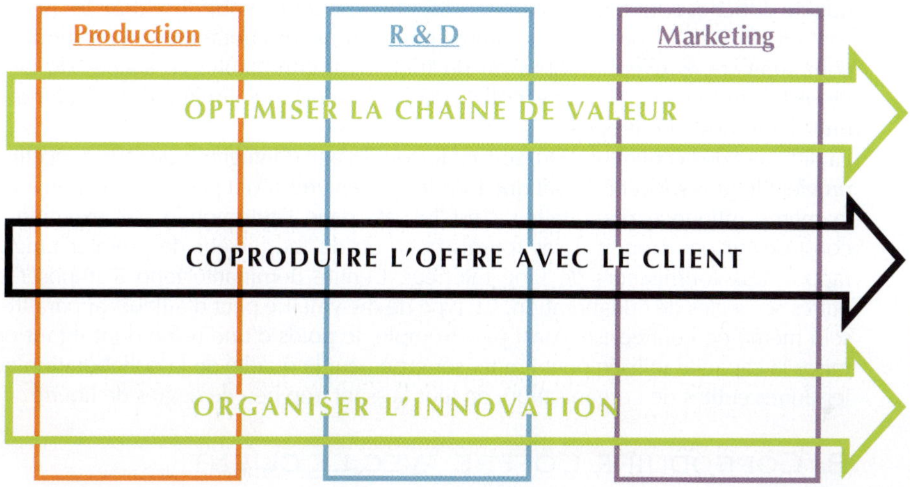

Figure 10.10 Exemples de processus transversaux au sein d'une organisation fonctionnelle

Développons, à titre d'illustration, les trois exemples de processus stratégiques transversaux (voir figure 10.10) les plus fréquents dans les organisations fonctionnelles : optimiser la chaîne de valeur, coproduire l'offre avec le client, organiser l'innovation.

A/ Optimiser la chaîne de valeur

L'optimisation de la chaîne de valeur est à la base de l'excellence opérationnelle. Dans un environnement mouvant, les changements fréquents tant de la demande que des technologies imposent une capacité d'ajustement et de révision quasi-permanente de cette optimisation.

Il faut d'abord intégrer les processus d'information entre les différents partenaires de la chaîne, des fournisseurs jusqu'aux clients en passant par tous les stades internes de production, distribution et supports, qui sont le plus souvent dispersés géographiquement. Les technologies EDI *(Electronic Data Interchange)* permettent de minimiser les stocks-tampons, répondre de façon plus flexible aux clients, connaître à tout instant la progression des flux et contrôler la planification opérationnelle. Elles peuvent même permettre de gérer les flux de paiement ; ainsi chez Wal-Mart, le paiement n'est fait au fournisseur qu'à l'instant où le code-barres du produit est capté par la caisse enregistreuse du point de vente final.

L'introduction d'une structure par processus, transversalement aux fonctions, va permettre d'assurer toute l'intégration organisationnelle en développant la qualité des communications et, par voie de conséquence, la confiance réciproque entre les partenaires de la chaîne, qui doivent collaborer à la poursuite d'objectifs communs. Il s'agit de constituer des équipes, à la manière des « Cross Functional Teams » implantés par Carlos Ghosn en 2000 chez Nissan pour assurer le redressement de l'entreprise. Ces équipes étaient composées de représentants des différentes unités fonctionnelles et géographiques et devaient prendre en commun des décisions portant soit sur la qualité ou les coûts, soit sur les choix technologiques, soit simplement sur le planning des flux.

Partage des compétences et qualité de la collaboration au sein d'équipes ou de projets multifonctionnels sont à la source d'avantages concurrentiels de coût et de qualité difficiles à imiter, absolument essentiels pour une entreprise dont les produits sont proches de la commodité, comme par exemple des bouteilles en plastique, des communications téléphoniques ou du traitement comptable. Le succès de Dell a montré l'importance de cette collaboration au-delà des limites de la chaîne des unités internes à l'entreprise.

La difficulté de la collaboration, surtout lorsqu'il s'agit d'intégrer fournisseurs et clients, provient le plus souvent du fait que tous les partenaires n'ont pas le même pouvoir ou la même influence potentielle ; c'est le cas, dans l'automobile par exemple, du constructeur par rapport à ses fournisseurs, ou du fournisseur de premier rang par rapport aux fournisseurs de rang inférieur. L'entité dominante tend à imposer aux autres ses règles de collaboration. Ce type de dissymétrie peut d'ailleurs apparaître au sein même de l'entreprise. Ainsi par exemple, le poids d'une usine dont il faut optimiser la capacité utilisée peut limiter sérieusement la qualité de la collaboration avec les autres entités de l'organisation, en leur laissant trop peu de degrés de liberté.

B/ Coproduire l'offre avec le client

Dans les organisations par fonctions, les départements de marketing et de vente sont chargés d'assurer la satisfaction du client. Tant que les changements de la demande ne sont pas trop importants, des services spécialisés comme « études et prévisions », « relations clientèle », ou des systèmes d'échanges d'informations type CRM (*Customer Relationship Management*), résolvent aisément les questions posées. Mais si l'écart par rapport à la demande habituelle devient trop important, et surtout si la concurrence impose de se différencier nettement, le département Marketing et ses services sont rapidement incapables de provoquer des changements dans les autres départements fonctionnels et de déclencher une réorientation suffisante de la stratégie. Il faut le plus souvent mettre en place des structures et des managers capables de développer un véritable partenariat avec les principaux clients. Plus encore, mieux qu'un service supplémentaire ou qu'un produit différencié qui risquent d'être très vite imités, il faut souvent offrir au client une solution unique coproduite avec lui. Ce genre d'offre sera non seulement beaucoup plus difficile à imiter qu'un simple produit différencié, mais surtout créera un phénomène de *lock-in*, c'est-à-dire de fidélisation forcée du client, qui empêchera durablement l'entrée des concurrents. Le Mini-cas « Tigre » décrit un exemple illustrant la coproduction d'un service avec le client.

MINI-CAS

Tigre développe une solution client intégrée

Jusqu'à la fin des années 1990, la société Tigre, leader de la production et la vente de tuyaux et connexions en plastique en Amérique latine, était organisée de façon linéaire, par étape de sa chaîne de valeur (voir figure 10.11). La séparation entre >

····> produits de base du type commodités, vendus aux différents réseaux de distribution, et produits différenciés, à contenu technologique élevé et destinés à des clients industriels spécifiques, ne se faisait qu'à l'intérieur de chaque unité fonctionnelle (essentiellement production, R&D, marketing-ventes).

Aujourd'hui, alors que Tigre est fortement concurrencé sur les produits de base par des producteurs de masse à coûts très bas, la société ne trouve pas suffisamment d'opportunités de croissance sur ses produits techniques spécialisés. C'est pourquoi Tigre a décidé de participer directement à de grandes opérations d'aménagement immobilier, en prenant en charge l'ensemble des problèmes d'eau et d'égouts, de la conception du système à la livraison finale des équipements. Ainsi, l'entreprise a récemment été un des acteurs majeurs dans la réalisation d'un vaste complexe hôtelier sur la côte nord-est du Brésil, dans une zone écologiquement fragile pour lequel elle a proposé une solution complète spécifique pour la distribution et l'écoulement des eaux.

Cette nouvelle approche « par solution intégrée » a posé, au début des années 2000, un problème d'organisation, puisqu'elle exigeait de faire collaborer la quasi-totalité des fonctions de l'entreprise à la construction de la solution. Ce problème de collaboration interne se composait d'un problème de collaboration externe. Il fallait en effet inclure d'autres fournisseurs dans le dispositif (par exemple des fournisseurs de tuyaux en cuivre ou de tubes en ciment), des acteurs complémentaires (génie civil en particulier), ainsi que des représentants de plusieurs fonctions différentes chez le client. De plus, cette activité était naissante et il était prévisible que, bien que stratégique à moyen terme, elle ne représenterait au mieux que 15 % à 20 % des ventes qu'au bout de quatre ou cinq ans. Enfin, il était important que cette activité rétroagisse sur les unités fonctionnelles existantes, au sein desquelles elle devrait stimuler flexibilité et innovation.

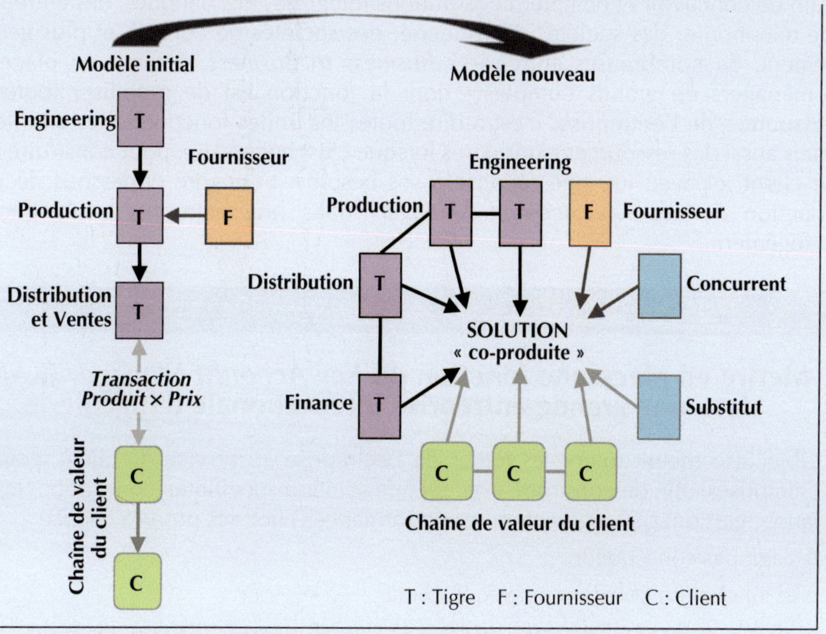

Figure 10.11
Évolution de la structure au sein de la société Tigre

La structure qui a été adoptée pour l'activité « solutions » est une structure par projets (chaque projet pouvant durer de deux à quatre ans en moyenne). Les chefs de projet désignés par la direction générale disposent d'une très petite équipe de >

····> spécialistes détachés pour la durée du projet, mais « contractent » dans les unités fonctionnelles principales les hommes et les moyens supplémentaires dont ils ont besoin à chaque stade d'avancement du projet.

Dans cette activité de conception et de conduite de solutions, chaque unité (opérationnelle et support) apporte directement sa contribution à la solution, interagit avec le client et les autres partenaires et doit devenir à la fois « stratégique » et « opérationnelle ». Chaque manager, chaque équipe de l'activité « Solution » doit changer sa façon de raisonner (vision plus large, participation aux objectifs globaux de l'entreprise...) ainsi que ses procédures et routines de travail.

Le changement stratégique sera effectif s'il est sous-tendu par un changement de structure, un nouveau système de mesure des résultats et de motivations et un réel changement culturel (expérimenter, expliquer, former). Il est envisagé qu'en fonction du développement de l'activité, un « directeur des projets » soit nommé pour coordonner les chefs de projet et surtout capitaliser leurs expériences.

Avec l'aide éventuelle d'un support marketing, ce directeur pourrait même susciter de nouvelles opportunités de croissance.

Questions

1) Comment implanter et maintenir une structure spécialisée parallèlement à la structure principale, sachant que cette nouvelle structure ne deviendra profitable que peu à peu, mais qu'elle doit « cross-fertiliser » le reste de l'entreprise ?
2) L'entreprise sera-t-elle capable d'incorporer un tel changement et de le soutenir avec succès sur le long terme ? Quelles actions entreprendre pour soutenir le changement ?

Afin de concevoir et de gérer ces solutions intégrées, des banques, des entreprises de téléphonie, des sociétés d'ingénierie, des sociétés de conseil, et plus généralement, de nombreuses entreprises *Business to Business*, ont mis en place des « managers de grands comptes » dont la fonction est de mobiliser toutes les ressources de l'entreprise, c'est-à-dire toutes les unités fonctionnelles en interne, mais aussi des ressources extérieures lorsque c'est nécessaire, pour construire pour le client, et avec lui, une réponse à ses besoins. L'encadré ci-dessous décrit la fonction de ces *Key Account Managers* dans une entreprise multinationale d'ingénierie.

EN PRATIQUE

Mettre en place une fonction du *Key Account Manager* (KAM) dans une grande entreprise internationale d'ingénierie

Objectifs : mettre toutes les forces de l'entreprise au service du client (grandes entreprises) afin de construire avec lui une solution spécifique (conception, installation, gestion) qui augmentera ses performances chez ses propres clients.

Il s'agit par conséquent :

> d'innover en collaborant avec le client ;
> d'ajouter de la valeur dans tout le « *business system* », d'amont en aval ;
> de partager équitablement coûts et résultats avec le client ;
> d'assurer une présence à long terme chez le client. >

····> Pour cela le KAM doit :

> connaître et comprendre en profondeur l'industrie du client et les stratégies des différents concurrents dans cette industrie et dans la nôtre ;

> interagir avec toute notre organisation, toute celle du client, avec d'autres fournisseurs, complémentaires ou concurrents.

Le KAM dispose d'une large autonomie pour proposer et mettre en place des stratégies, des systèmes de gouvernance, des processus d'organisation et de gestion spécifiques, pour expérimenter, et pour bâtir des solutions différenciées difficiles à imiter.
Le KAM doit proposer, négocier et mettre en place au cas par cas, en tenant compte de la spécificité de la situation, dans le cadre de nos politiques et en compatibilité avec nos méthodes, un système de mesures de performances et de motivation basé sur les résultats.

B/ Organiser l'innovation

Pour innover avec succès, il faut avoir le sens de l'opportunité et être capable de tirer de l'innovation un avantage concurrentiel durable (voir chapitres 6 et 14). Pour ce faire, l'entreprise doit non seulement être largement ouverte au monde extérieur, sensible aux évolutions sociétales, mais encore capable de générer rapidement de nouveaux processus, des transformations organisationnelles, et finalement mettre sur le marché des produits et services nouveaux avant la concurrence.
L'innovation ne se réduit pas aux seuls contenus techniques ou technologiques, elle met en jeu un ensemble de processus complexes, organisationnels, relationnels et cognitifs. Ces processus ne se limitent pas au cadre de l'entreprise, mais affectent l'ensemble du système productif. Ils placent l'entreprise dans un espace où interagissent, dans la durée, les acteurs de la recherche, de l'industrie et de la formation, mais aussi ses partenaires et concurrents, ses clients, ses fournisseurs et ses financeurs. Ces processus renouvellent les relations, remettent en cause les frontières établies, insèrent fournisseurs et clients dans des relations de coproduction, provoquent des alliances plus ou moins durables, et aboutissent en définitive, selon l'expression de Karl Weick, à « mettre en scène leur environnement »[1], au lieu de le subir.
La poursuite d'une stratégie de coût et de volume ne se conçoit qu'avec à la base une recherche permanente d'innovations de processus, aussi incrémentale soit elle, de façon à descendre le plus rapidement possible la courbe d'expérience (chapitre 4).
L'innovation de processus se traduit le plus souvent par une restructuration de la chaîne de valeur (« *process re-engeneering* »), qui révise à la fois les étapes, les flux et les circuits d'information : en général chaque processus est décomposé en différents éléments, de telle sorte que des équipes interfonctionnelles puissent conduire l'activité dans le cadre de procédures bien définies.
L'allocation de ce travail à des entreprises extérieures spécialisées de *Business Process Outsourcing* (BPO) – comme, en Europe, Capgemini, Atos Origin, ou, en Inde, Wipro, Tata Services ou Infosys – permet d'accéder à une main-d'œuvre qualifiée à coûts plus bas, jusqu'à éventuellement leur confier la gestion de tous les moyens informatiques, afin que l'entreprise puisse rediriger ses ressources sur son activité centrale.

1. Weick K.E., 1995.

Mais l'innovation peut aussi résulter d'une révolution complète de la chaîne de valeur (voir chapitres 5 et 6), y compris en amont et en aval, qui va transformer toute la structure. Le cas de Dell est bien connu, mais il faut aussi citer celui de Zara, qui a créé une chaîne de valeur rapide et flexible en faisant des choix contre-intuitifs en matière d'approvisionnement, de design, de production et de logistique. Ainsi, au lieu de sous-traiter toute sa production comme ses principaux concurrents, Zara en assure la moitié dans l'entreprise, au plus près de ses marchés, de manière à raccourcir ses délais. De plus, Zara renonce à certaines économies d'échelle en travaillant par petits lots, avec une pléthore de variantes, pour pouvoir renouveler ses offres pratiquement toutes les semaines. Au final, le cycle conception-distribution est réduit à quinze jours, ce qui crée un avantage concurrentiel significatif.

Aujourd'hui, les innovations de produits et de services se succèdent à un rythme tel qu'il faut les gérer comme des flux et non plus comme des évènements ponctuels. Ce sont de moins en moins des inventions isolées ; elles forment un ensemble cohérent de matériels, de produits, de conditionnements, de services associés. Elles revêtent un aspect systémique, mettent en jeu des coopérations qui débordent le cadre de l'entreprise, tendent à être de plus en plus partagées avec des clients et avec des fournisseurs de premier, voire de second rang, comme le montre le cas d'entreprises comme Thales, Siemens, et plus largement tous les constructeurs automobiles.

L'innovation de produit ou service dépend de la qualité de la coopération entre de nombreux acteurs qui s'inscrivent dans des logiques professionnelles différentes voire antagonistes, l'ampleur des innovations étant souvent corrélée à l'hétérogénéité même des acteurs impliqués. L'innovation ne peut pas être le territoire exclusif du service de recherche et de développement (R&D) car elle nécessite une mobilisation générale des compétences de l'entreprise. Le processus d'innovation ne peut être linéaire et hiérarchisé sous peine d'opposer les acteurs (opposer le marketing à la recherche ou à la production), de négliger ou de retarder l'implication des échelons qui sont au contact de la réalité opérationnelle et qui jouent pourtant un rôle clé pour assurer le succès de l'idée nouvelle. L'innovation s'accommode mal des modalités et des rythmes de fonctionnement des activités répétitives.

Par essence transversale, l'innovation nécessite une ouverture et une flexibilité des structures et des hommes qui composent ces structures. C'est pourquoi, comme nous venons de le voir, lorsqu'il s'agit de provoquer une rupture dans une organisation fonctionnelle peu préparée à la transversalité, la constitution d'une entité spécifique d'exploration indépendante des structures d'exploitation est préférable. Cette entité chargée de mener à bien l'intégralité du processus d'innovation et dotée de ses propres ressources doit pouvoir agir sans craindre les réactions négatives des responsables des activités courantes.

Des processus pour générer l'innovation

Cependant, une structure d'innovation totalement indépendante serait peu adaptée à la gestion de flux réguliers d'innovations qui nécessitent un large recours aux compétences métiers. De plus, l'innovation produite par une structure indépendante, une start-up par exemple, est difficilement réintégrable dans l'organisation centrale de l'entreprise. Force est alors de rechercher les moyens d'assouplir le fonctionnement de l'organisation, d'identifier et de donner de nouveaux degrés de liberté aux acteurs et surtout de mettre en place un processus original, au sein même d'une entreprise qui reste largement centrée sur une même activité, pour faire évoluer ses métiers en conjuguant connaissances et expériences accumulées dans la structure fonctionnelle.

On peut ainsi concevoir un processus en plusieurs phases, chacune étant gérée par une structure propre, (voir l'exemple du tour-opérateur décrit dans le Mini-cas suivant). La première phase, où l'imagination doit prédominer, est en général conduite par des groupes de créativité très ouverts à des participants extérieurs. Puis des équipes de projet multifonctionnelles mettent au point le design et les caractéristiques essentielles du produit ou service nouveau. Ensuite c'est en général une petite structure spécialisée qui « fabrique » et teste le prototype. Les premiers développements, en petite série mais en vraie grandeur, sont souvent confiés, dans une phase déjà avancée, à de petites entités du type start-up ou *business unit* très autonomes, jusqu'à la prise en charge finale par les structures existantes et l'entrée dans un modèle routinisé.

MINI-CAS

De l'agence de voyage au tour-opérateur : l'innovation à la Compagnie des wagons-lits Cook

La Compagnie des wagons-lits Cook, jusqu'alors agent de voyage, c'est-à-dire simple distributeur de voyages et de séjours touristiques conçus par d'autres entreprises, souhaitait s'intégrer en amont en entrant progressivement dans le métier de tour-opérateur, qui consiste à concevoir et à produire directement les séjours touristiques vendus aux particuliers.
Pour ce faire, le groupe a conçu un processus permanent d'innovation permettant d'alimenter en produits nouveaux sa nouvelle division tour-opérateur (voir figure 10.12).
Pour générer des idées nouvelles, l'entreprise a recours à une commission de réflexion (ou groupe de créativité) se réunissant de manière aussi peu formelle que possible et comportant éventuellement des invités extérieurs à l'entreprise. La composition de la commission de réflexion est différente de la composition du groupe de projet qui gère la phase suivante. Les personnes qui participent à cette commission vont être sélectionnées en fonction de leurs capacités d'innovation et de leur intérêt pour le sujet, et non, par exemple, en fonction de préoccupations telles que le respect de la hiérarchie.
Pour déboucher sur des prototypes et tester leurs différents paramètres de faisabilité, un groupe de projet a été créé. Il comprend des responsables compétents en technique, marketing et finance, détachés de la structure principale et dotés de moyens d'études et d'un budget.
Pour préparer l'insertion de la nouvelle activité dans la structure opérationnelle existante, ou définir les conditions d'un développement autonome dans une unité qui lui serait propre, un responsable nouveau produit a été nommé. Il est assisté d'une équipe permanente chargée de produire en petite série avant l'éventuel passage « final » à la division de production qui gère les activités courantes. La direction générale intervient comme le montre le schéma, pour sanctionner chacune des phases, autoriser ou non le passage à l'étape suivante, et en définir les objectifs et les moyens (voir figure ci-après).

Questions

1) Quels problèmes pose cette organisation de l'innovation dans une structure traditionnellement fonctionnelle ?
2) Comment soutenir sa mise en œuvre ?
3) Quels mécanismes de contrôle formels mettre en place ?
4) Comment faire évoluer la culture et les comportements ?

>

····>

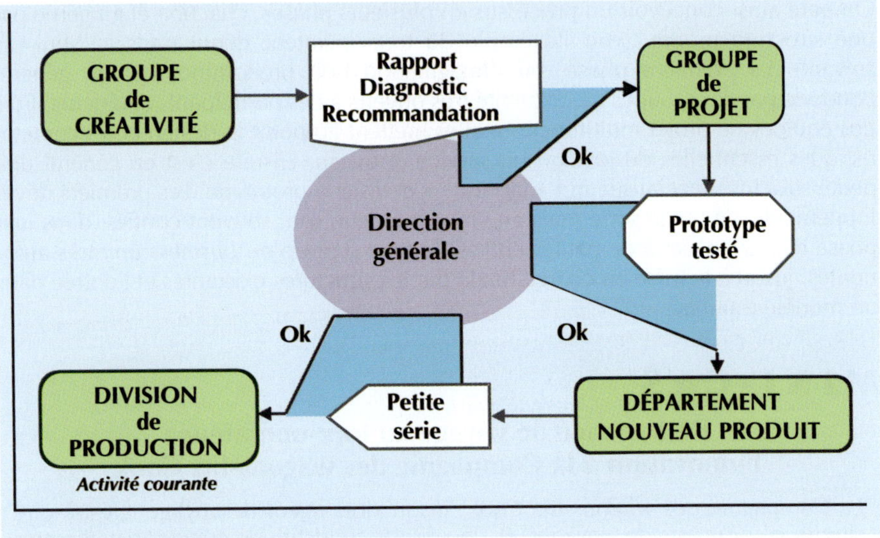

Figure 10.12 Organisation du processus d'innovation chez CWL-Cook

Les difficultés à organiser des activités nouvelles

L'organisation des processus d'innovation présente plusieurs difficultés :

> La première difficulté est celle d'inculquer aux métiers une culture de projets. Pour cela il faut leur faire comprendre que la culture projet ne remet pas en cause leur expertise, mais s'appuie au contraire sur elle pour trouver les compromis permettant de générer des innovations réussies répondant aux contraintes de mise sur le marché. Il faut aussi changer leur rapport au temps en leur fixant des objectifs temporels, précis et contraignants, à la place de l'horizon temporel plus ou moins glissant qui constitue leur rapport au temps traditionnel. Toute nouvelle activité implique en effet l'oubli des règles et de la culture enracinées dans l'activité ancienne (voir l'encadré « En pratique » ci-après).

> La deuxième difficulté réside dans la constitution d'une équipe entièrement dédiée au projet, pluridisciplinaire mais de taille restreinte, et légitime bien que ne regroupant pas toutes les compétences nécessaires.

> La troisième difficulté consiste à savoir emprunter les ressources et compétences de l'activité traditionnelle en établissant les indispensables connexions entre les métiers existants et l'équipe projet (*cf.* En pratique ci-après). Il est primordial de positionner les différents responsables de l'activité existante comme membres d'un réseau de compétences mis au service des nouveaux projets.

> Une dernière difficulté, souvent négligée, est la gestion de l'indispensable effet en retour de l'innovation sur l'activité traditionnelle, non seulement en termes de renouvellement des connaissances et savoir-faire, mais aussi en termes de motivation : les tenants de l'activité traditionnelle ne doivent pas se sentir « laissés pour compte », mais au contraire incités à rechercher d'autres pistes d'innovation…

L'innovation requiert donc la mise en œuvre de formes d'apprentissage collectif ; cet apprentissage repose non seulement sur le partage des savoirs et savoir-faire explicites et tacites que détiennent les différents acteurs appelés à collaborer, mais aussi sur l'adoption de comportements et de modes d'action nouveaux :

> **L'équipe projet est le premier lieu d'apprentissage** : ses membres d'origines différentes présentent des profils et des styles de travail qui doivent être combinés harmonieusement et évoluer au cours de la gestation du projet, de l'imagination la plus débridée à la rigueur, de manière à combiner créativité et efficacité, en sachant créer dans le temps une dynamique substituant progressivement l'action à la réflexion. Cela implique de changer de dispositions mentales, de rythme de travail, de modifier la nature des échanges entre acteurs, pour transformer la liberté, l'ouverture et le foisonnement du départ en choix clairs et définitifs imposant rigueur et discipline dans l'exécution. L'équipe doit, pour cela, arriver à se doter de méthodes de travail évolutives facilitant ces mutations.

> **Le deuxième lieu d'apprentissage est la structure fonctionnelle en place**, l'organisation en métiers où sont détenues les compétences multiples qu'il s'agit de mobiliser et coordonner, en veillant à impliquer tous les métiers concernés – les acheteurs, les designers, les producteurs, les vendeurs, les responsables de l'après-vente... qui doivent évoluer, trouver leur place dans un travail d'ingénierie simultanée et, d'une certaine façon, être contaminés par l'idée d'innovation.

> **Élément clé de cet apprentissage, la communication est au centre du processus.** Elle vise à prévenir l'irruption des problèmes, à les traiter le plus précocement possible pour trouver les compromis les plus satisfaisants et éviter le recours aux arbitrages. Il s'agit de savoir formuler collectivement les problématiques qui appelleront la recherche de solutions originales, de se doter d'outils de résolution de problèmes, de créer des supports de communication formalisés, de construire des indicateurs... Pour réussir, il faut développer les capacités de communication de tous les acteurs, membres de l'équipe et spécialistes. Les spécialistes doivent être incités et apprendre à expliciter leurs savoir-faire, de manière à construire des référentiels partagés. Mais la tension entre métiers et projets reste nécessaire pour maintenir la créativité et élaborer de « bons compromis » techniques et organisationnels.

EN PRATIQUE

L'organisation des activités innovantes

Dans leur article intitulé « *Organizational DNA for strategic innovation* »[1], V. Govinjarajan et C. Trimble observent que les entreprises innovantes adoptent en général une organisation en deux parties distinctes qu'ils qualifient de « *double-purpose organization* ». Cette proposition est comparable à celle de C. O'Reilly et M. Tushman qui utilisent l'expression « *ambidextrous organization* »[2].

Pour innover, l'entreprise doit créer, à côté de l'activité principale (appelée ici « Core Co »), une unité séparée (appelée « New Co ») qui possède un ADN différent, c'est-à-dire une chaîne Structure/systèmes/personnel/culture complètement différente. Les deux unités ont des responsables différents, avec des missions et les profils spécifiques, mais elles dépendent d'un même « sponsor ». Entre les deux unités doivent exister des liens opérationnels précis qui doivent permettre à New Co d'emprunter des ressources et compétences à Core Co. Il s'agit pour la nouvelle activité d'oublier l'ancien ADN tout en lui empruntant un certain nombre d'éléments. Nous pourrions ajouter qu'il s'agit aussi de profiter de la dynamique d'interaction pour faire évoluer Core Co.

1. Pour innover, il est indispensable d'oublier parce que :

> les clients ne nous sont pas familiers ;

1. V. Govindarajan et C. Trimble, 2005.

2. O'Reilly C. et Tushman M., 2004.

····>

> la proposition de valeur a des caractéristiques propres (coût, qualité, service.) ;
> les fonctions clés, les processus et les relations entre fonctions sont différents ;
> de nouvelles compétences sont nécessaires ;
> l'environnement, la demande, la technologie évoluent rapidement ;
> la réaction de la concurrence est difficile à prévoir.

D'où quelques règles pour pouvoir oublier :

> recruter une quantité suffisante d'outsiders ;
> reporter au « sponsor », c'est-à-dire au-dessus du responsable de Core Co ;
> créer sa propre structure interne, en définissant rôles et responsabilités ;
> adapter le système de mesure aux caractéristiques de New Co ;
> tester fréquemment les hypothèses qui fondent les prédictions ;
> développer une culture propre, basée sur l'expérimentation et l'apprentissage, qui ne partage avec « Core Co » que des principes généraux universels.

2. Cependant, il est très difficile d'emprunter parce que :

> il y a des craintes dans l'entreprise que les ventes de New Co ne cannibalisent celles de Core Co, que les actifs de Core Co ne soient altérés par New Co qui les rendraient obsolètes. De plus, l'efficacité opérationnelle, par définition à la base du succès de Core Co, risque d'être détériorée par la nouvelle activité ;
> les ressources de l'entreprise étant limitées, l'investissement dans l'activité innovante va limiter le réinvestissement dans l'activité de base ; les valeurs de chaque activité deviennent si divergentes qu'elles empêchent toute collaboration.

D'où quelques règles pour emprunter :

> renforcer des valeurs de collaboration et de travail en groupe ;
> établir une part des récompenses sur la base des résultats combinés des deux unités ;
> s'assurer que le coût des ressources empruntées est équitablement payé à Core Co.

Notons qu'on retrouve ici les principes proposés quarante ans plus tôt par P. Lawrence et J. Lorsch dans *Organization and Environment* : plus l'environnement est changeant, plus la différenciation organisationnelle doit être élevée, et plus les mécanismes d'intégration doivent être spécifiquement construits sur les objectifs stratégiques clés (voir chapitre 2).

6 LA STRUCTURE FONCTIONNELLE A-T-ELLE VÉCU ?

La structure fonctionnelle est le seul modèle général qui permette de structurer la chaîne de valeur pour une entreprise mono-activité ou pour une *business unit* autonome au sein d'un groupe diversifié. C'est aussi le modèle qui permet le mieux de tirer parti des économies d'échelle et des effets d'expérience, aussi le retrouvera-t-on au sein même des autres types de structures (voir chapitre 20). C'est certainement aussi le modèle le plus répandu, en particulier dans les PME.

Mais la structure fonctionnelle n'existe plus guère comme modèle à l'état pur (voir le Mini-cas « Marau » à la fin de ce chapitre), c'est-à-dire comme le concevaient il y a un siècle Taylor et Fayol, ou même il y a un demi-siècle Chandler, ou enfin Williamson il y a à peine vingt-cinq ans ! Plusieurs influences ont conduit à son évolution :

1. La vitesse d'évolution du contexte économique a imposé sa flexibilisation pour permettre une capacité de réaction qui lui manquait à l'origine : par exemple Fayol concevait les entreprises du Creusot pour durer au moins trente ans sans changements !

2. L'éducation croissante des managers et surtout des opérationnels a créé une demande de participation aux décisions et un rejet des modèles d'organisation trop pyramidaux.

3. La pression des marchés financiers exige aujourd'hui de maximiser la création de valeur, et par conséquent condamne toute unité interne qui ne contribuerait pas à créer plus de valeur qu'un éventuel substitut externe, ce qui contribue à désintégrer le modèle fonctionnel.

4. Les nouvelles technologies de l'information et de la communication apportent chaque jour de nouveaux moyens de transformer les organisations par fonctions, tout comme d'ailleurs les organisations par divisions, en organisations en réseau comme nous le verrons dans le chapitre 21.

5. Enfin, même les entreprises essentiellement « mono-activité » sont amenées à respecter la diversité de leurs clients, à proposer des produits et des services qui comportent un minimum de variantes, à utiliser des réseaux de distribution diversifiés, et en conséquence doivent créer des ruptures dans la cohérence du modèle fonctionnel.

En conséquence, les organisations fonctionnelles modernes adoptent un certain nombre de règles qui sont aujourd'hui celles de toute organisation efficace et apprenante, génératrice de *core competences* (compétences cœur) :

> Identifier clairement chaque unité, de façon d'abord à pouvoir en mesurer les inputs et les outputs et donc la valeur ajoutée au sein de la chaîne de valeur, et ensuite à nommer un responsable et une équipe dotés d'objectifs précis mesurés et négociés (*accountability*).

> Organiser chaque unité comme une « base d'expérience », valorisant le travail collectif des experts et l'accumulation d'un savoir-faire différentiel, si possible perceptible par le marché.

> Établir des règles d'échanges et de collaboration entre unités, qui non seulement minimisent les coûts de transaction, mais si possible génèrent aussi un différentiel additionnel de valeur (originalité et efficacité du produit, qualité des services, etc.) perceptible par le marché.

MINI-CAS

L'entreprise MARAU

L'entreprise Marau est une robinetterie de taille moyenne, dont l'activité est restée longtemps concentrée sur une gamme unique de produits, vendus par un réseau de distributeurs à des artisans plombiers. Elle a ensuite pénétré le marché des logements aidés (HLM). Puis, une société de vente par correspondance lui a demandé de concevoir une gamme de produits pour les particuliers s'occupant eux-mêmes de leur plomberie.
L'entreprise réalise 50 % de son chiffre d'affaires avec le réseau des artisans plombiers, 25 % avec les HLM et 25 % avec les particuliers.

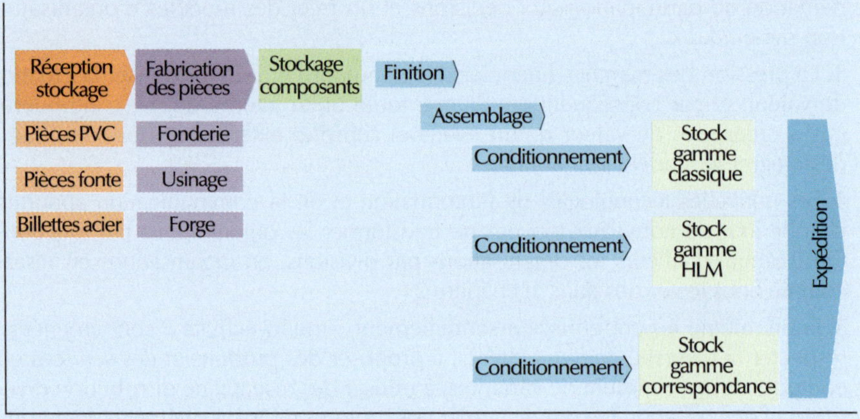

Figure 10.13 Processus de fabrication de l'entreprise Marau

Sur le plan technique, elle a intégré dans sa gamme des composants en PVC, pour répondre aux exigences de prix des sociétés d'HLM et de la vente par correspondance. Ces composants, achetés à l'extérieur, restent minoritaires dans ses fabrications. Elle a intégré totalement ses autres fabrications.
Sur 900 personnes, près de 800 font de la fabrication. L'organigramme est décrit dans la figure 10.14. La production est subdivisée en huit ateliers dirigés chacun par un contremaître ; l'ensemble est coordonné par le directeur de fabrication. Le directeur de production supervise la direction de la fabrication, les achats, le service méthodes, la comptabilité industrielle et le service de programmation-entretien.
L'activité est programmée trimestriellement à partir des prévisions de ventes ; le programme est réajusté mensuellement en fonction de la répartition des demandes entre les articles des trois gammes. Les lancements en fabrication sont mensuels. Chaque atelier dispose d'un programme de fabrication optimisé par ordinateur et qui, une fois arrêté pour le mois, doit être respecté. Les opérations se font dans la continuité : le stockage des composants ne dure que le temps nécessaire à la bonne marche des programmes de finition et d'assemblage. Le stock de produits finis est réduit au minimum. Toute commande arrivant après clôture du programme mensuel est reportée au programme suivant.
La comptabilité de gestion est organisée par sections de fabrication. Elle vise à suivre les coûts d'unité d'œuvre et à contrôler les écarts sur frais de fabrication directs et indirects.
La direction commerciale est subdivisée en quatre services. Le service à la clientèle gère les ventes et le service après-vente pour toutes les gammes, mais il est mobilisé à 80 % par la gamme classique (*Cl*). Le responsable de la gamme HLM et de la vente par correspondance (*Co*) assure à la fois une fonction de vente et d'administration des ventes auprès de ses interlocuteurs (relativement peu nombreux). Le responsable de la gamme classique est un chef des ventes qui dirige la force de vente de la société auprès de grossistes et détaillants en plomberie. Le bureau d'études est

>

····> chargé d'imaginer de nouveaux produits qui pourraient enrichir les gammes existantes ou conduire à la création de gammes nouvelles. Le directeur commercial coordonne l'ensemble. C'est lui qui dirige la négociation annuelle avec la société de vente par correspondance et supervise la réponse aux appels des sociétés HLM.

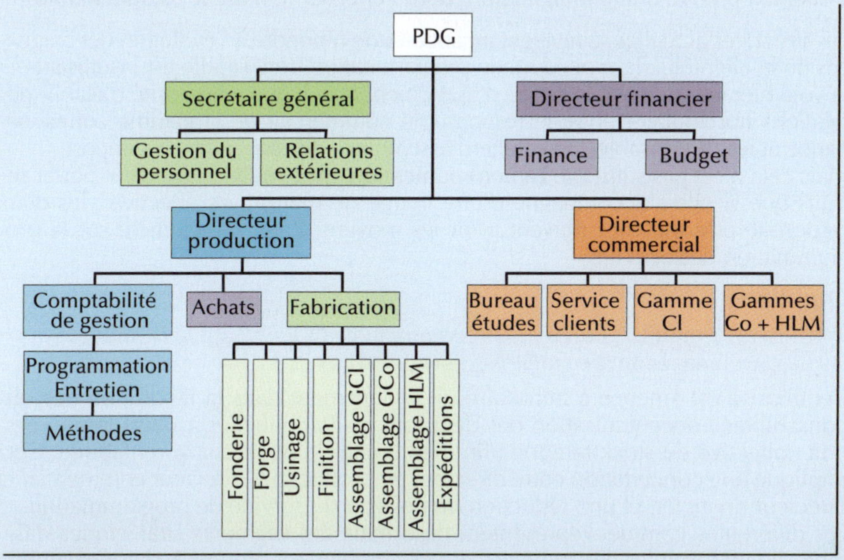

Figure 10.14 Organigramme de l'entreprise Marau

Cette organisation pose plusieurs problèmes à l'entreprise.

Les commandes urgentes : la société de vente par correspondance s'était jusque-là conformée à une programmation trimestrielle de ses commandes avec réajustement mensuel. Depuis quelque temps, elle a entamé une politique de réduction de ses stocks et exige que Marau soit en mesure de répondre à des réajustements de commandes bimensuels, voire hebdomadaires. Des réajustements de plus en plus nombreux remettent en cause la programmation mensuelle, créant des tensions entre le service de production et le service commercial et au sein même du service commercial, les réajustements réalisés se faisant au détriment des autres gammes de produits. Les relations avec la société de vente par correspondance s'enveniment, car le responsable « correspondance » ne peut fournir de réponse qu'après accord intervenu au coup par coup entre la direction de la production et la direction commerciale. En effet, du fait de la programmation centralisée, seule la direction de la production est en mesure de prendre une décision.

> *La politique commerciale* : l'attitude de la société de vente par correspondance révèle la fragilité de la position de l'entreprise. Un quart du chiffre d'affaires risque du jour au lendemain d'être perdu si l'on ne satisfait pas les exigences d'un seul client ! Le directeur général a le sentiment que ses principaux adjoints sont trop préoccupés par le fonctionnement opérationnel de leur service, qu'ils accordent trop peu d'attention à une réflexion de nature plus stratégique, alors que les concurrents sont de plus en plus innovateurs. Manifestement, les trois gammes de produits ne sont pas soumises aux mêmes contraintes et ne comportent pas les mêmes risques et les mêmes opportunités de développement.

> *L'innovation* : le bureau d'études récemment créé, grâce au recrutement d'un ingénieur de conception et d'un spécialiste d'études de marché, a énormément de mal à collaborer avec les autres services. Toutes ses propositions sont rejetées par la direction de la production, qui estime avoir suffisamment à faire pour >

····> perfectionner le processus de fabrication des produits existants et maintenir les standards de qualité. La direction commerciale elle-même n'a que mollement soutenu les propositions du bureau d'études, n'osant pas se prononcer sur les perspectives offertes par le marché aux nouveaux produits. La concurrence, quant à elle, fait preuve d'une imagination, dont l'effet sur le marché est indéniable.

Les structures actuelles se révèlent incapables de répondre à l'évolution des exigences de la clientèle : la procédure de programmation trimestrielle est insuffisante et la voie hiérarchique est un mode d'ajustement trop lent. La nécessité d'établir des relations horizontales entre le responsable commercial de la gamme correspondance et les responsables de l'atelierd'assemblage-correspondance s'impose.
Mais cela n'est pas suffisant. La communication entre individus ne peut porter ses fruits que si elle s'accompagne d'une marge de manœuvre effective : les deux responsables concernés doivent avoir les moyens d'agir directement sur la programmation des activités.

Questions

1) Comment modifier l'unité de programmation ? Quels sont les avantages et les inconvénients du changement que vous proposez ?

L'entreprise est amenée à introduire un changement dans la répartition des responsabilités : décentralisation des décisions opérationnelles à court terme, gestion collective du stock-tampon afin d'en limiter le poids sur la rentabilité. Ceci implique une concertation entre directeur de production, directeur commercial et directeur financier, et une réduction du pouvoir du service de programmation.
Les différentes gammes représentent désormais des segments stratégiques différents. Il faut formuler des stratégies de développement propres à chaque gamme, accepter moins d'économies d'échelle et moins de synergies et rechercher une intégration entre production et commercial propre à chaque gamme. L'évolution de la structure doit aller vers la création de divisions commerciales chargées de gérer le développement de chaque segment.

2) Quelles divisions commerciales faut-il créer et avec quelles missions ? Quelles doivent être les caractéristiques internes de chacune d'elles ? Comment établir les relations entre les unités ?

Quant à l'innovation, il ne suffit pas de créer un bureau d'études pour introduire la préoccupation d'innovation dans l'entreprise. Plus on développe un discours sur la nécessité d'innover, plus les services traditionnels se sentent contestés.
Pour savoir à qui, du service commercial ou du bureau d'études, revient la responsabilité d'innovation, il faut se demander en quoi elle consiste. S'agit-il de nouvelles gammes de produits, accompagnées éventuellement d'un changement de technologie, ou s'agit-il d'améliorer les gammes existantes ?

3) Décrivez le processus d'innovation (rôle de chaque unité et liaisons entre les unités) en différenciant nettement les deux hypothèses.

L'entreprise Marau débouche finalement inévitablement sur une structure de compromis.

4) Dessinez l'organigramme final que vous proposez, en représentant avec des pointillés les liaisons transversales qui vous paraissent clés pour le succès de la stratégie de cette entreprise. Montrez en quoi on passe ainsi d'un modèle encore très « mécaniste » à un modèle plus « organique ».

LES POINTS CLÉS

- Pour mettre en œuvre la stratégie concurrentielle (*business strategy*) d'une entreprise dans un domaine d'activité donné, la structure la plus fréquemment adoptée est la structure fonctionnelle, c'est-à-dire une organisation où les responsables sont spécialisés par fonction (R&D, production, commercial, etc.)

- Deux facteurs essentiels influencent la spécialisation, la formalisation et la coordination dans ce genre de structure : la technologie (au sens large, c'est-à-dire les caractéristiques de l'ensemble du processus productif) et l'environnement (c'est-à-dire le potentiel de croissance, la complexité et l'incertitude de l'industrie dans laquelle l'entreprise opère.
  > La « technologie » influence le degré de flexibilité et le degré de décentralisation requis dans la structure.
  > Plus les contraintes de l'environnement sont fortes, plus la structure doit devenir flexible et adaptable. C'est pourquoi les conceptions mécanistes (bureaucratiques) de l'organisation ont tendance à disparaître au profit de conceptions plus organiques (flexibles et protéiformes).

- Dans les structures fonctionnelles, chaque unité doit correspondre à une base d'expérience et l'interdépendance entre unités ne doit pas être excessive.

- À mesure que l'entreprise (ou la *business unit*) se développe, sa structure évolue en suivant trois grandes étapes :
  > la structure en soleil : quelques responsables autour du patron ;
  > la structure fonctionnelle simple : début de formalisation avec spécialisation par fonctions et coordination par la hiérarchie ;
  > la structure fonctionnelle évoluée : apparition de nouvelles fonctions, apparition de la distinction entre fonctions opérationnelles et fonctions d'état-major.

- Les dysfonctionnements classiques des structures fonctionnelles sont les suivants :
  > une centralisation excessive ;
  > l'immobilisme ;
  > des difficultés de communication car toute l'information passe par la hiérarchie, donc par le sommet.

- Plusieurs solutions existent pour rectifier ces dysfonctionnements :
  > la création de marges de sécurité (stocks, budgets et personnels excédentaires), ce qui entraîne des surcoûts ;
  > la mise en œuvre de méthodes de traitement de l'information par la structure (services d'études et de prospective) ;
  > la création d'unités autonomes ;
  > la mise en place de groupes de travail transversaux ou d'une organisation en réseau.

- Les structures fonctionnelles classiques sont très bien adaptées aux stratégies de coût-volume dans des environnements assez stables. Elles ont tendance à focaliser l'organisation sur les moyens plutôt que sur les fins.

- Il est donc souvent recommandé d'introduire des processus transversaux de manière à réorienter la structure vers les fins. Ces processus transversaux sont indispensables pour :
  > optimiser la chaîne de valeur ;
  > coproduire l'offre avec le client ;
  > organiser l'innovation.

QUIZ

1. La structure la plus classique pour organiser une business unit ou une entreprise mono-activité est :

a. La structure fonctionnelle qui se caractérise par une coordination par les fonctions (R&D, production, commercial, etc.).

b. La chaine de valeur qui distingue les activités principales des fonctions support.

c. La structure fonctionnelle qui se caractérise par une spécialisation par fonctions (R&D, production, commercial, etc.).

2. La conception organique de la structure se caractérise par :

a. La flexibilité des rôles : un même individu peut assumer à la fois un rôle fonctionnel et un rôle opérationnel.

b. Une grande homogénéité des comportements qui facilite la coordination.

c. Un organe de décision unique.

3. La conception mécaniste de la structure se caractérise par :

a. Un découpage précis des tâches qui permet la polyvalence : un même individu peut assumer à la fois un rôle fonctionnel et un rôle opérationnel.

b. Une ligne hiérarchique unique, mode principal de coordination.

c. D'intenses communications horizontales.

4. Au sein de l'organisation, il convient que les unités fonctionnelles soient :

a. Découpées en fonction des différentes bases d'expérience.

b. Fortement interdépendantes.

c. Transverses à tous les maillons de la chaîne de valeur.

5. La structure en soleil caractérise le plus souvent des entreprises mono-activité qui :

a. Présentent de nombreux niveaux hiérarchiques.

b. Ont été récemment créées ou sont de taille limitée.

c. Ont atteint un stade de parthénogenèse.

6. Quels sont les principaux maux dont souffrent les structures fonctionnelles :

a. Inertie, décentralisation anarchique et recours trop fréquent à la hiérarchie.

b. Incohérence des procédures, insuffisance des arbitrages et formalisation excessive.

c. Immobilisme, centralisation excessive et difficultés de communication.

7. Pour adapter une structure fonctionnelle à une plus grande complexité d'activité, laquelle des solutions suivantes est erronée ?

a. Cloisonner les systèmes d'information.

b. Créer des marges de sécurité.

c. Instaurer une structure matricielle.

>

····>

8. Une organisation transversale par processus stratégique est particulièrement adaptée au déploiement d'une stratégie :

a. De coût-volume.

b. D'accumulation d'économies d'échelles et d'effets d'expérience.

c. De différenciation ou d'innovation radicale.

9. « Coproduire l'offre avec le client » consiste à :

a. Passer un accord avec le client pour qu'il devienne fournisseur de l'entreprise.

b. Etablir un partenariat étroit avec le client de manière à répondre à ses demandes spécifiques.

c. S'allier avec des concurrents pour produire une offre qui réponde aux besoins particuliers du client.

10. Organiser l'innovation au sein de l'organisation passe un apprentissage collectif qui implique :

a. Essentiellement les équipes projets en charge de l'effort créatif, qu'il vaut mieux isoler de la structure fonctionnelle classique.

b. Essentiellement les différents spécialistes de la structure fonctionnelle qui détiennent les compétences métiers et qui doivent les mettre au service de l'innovation.

c. A la fois l'équipe projet et la structure fonctionnelle en place : l'équipe projet doit être capable de mobiliser les compétences des spécialistes « métier » de la structure classique.

Réponses : 1.c, 2.a, 3.b, 4.a, 5.b, 6.c, 7.a, 8.c, 9.b, 10.c

11 Intégration verticale et externalisation

Le chapitre précédent a examiné comment organiser l'entreprise ou la *business unit* pour mettre en œuvre la *business strategy*. Mais les questions de structure que nous avons discutées dans ce chapitre se limitaient à l'organisation des activités et des ressources internes à l'entreprise. Or, de nos jours, les entreprises travaillent en collaboration avec des partenaires extérieurs et externalisent une grande partie de leur chaîne de valeur.

Ainsi, dans la construction aéronautique ou automobile, une part croissante des composants provient de l'extérieur. Par exemple, pour améliorer sa compétitivité face à Boeing, Airbus a été amené en 2008 à céder un certain nombre d'unités de production de sous-systèmes, qui sont devenues ainsi des sous-traitants extérieurs. En effet, un client est en meilleure position s'il peut mettre plusieurs fournisseurs extérieurs en concurrence, plutôt que d'acheter systématiquement à un fournisseur interne qui se trouve *de facto* en position de monopole, avec les conséquences négatives que cela peut avoir sur sa compétitivité. Pour organiser une activité et améliorer sa performance, l'option d'externaliser certains éléments de la chaîne de valeur est donc à considérer. Pour certaines fonctions support, comme les services informatiques, l'externalisation est souvent devenue la norme. Ainsi, en 2004, Schneider Electric a décidé d'externaliser son informatique de bureau et ses applicatifs pour l'Europe et a signé un contrat avec Capgemini. Du même coup, des centaines de salariés de Schneider Electric ont changé d'employeur sans changer de poste !

Loin de concerner seulement les fonctions support, l'externalisation peut aussi toucher des activités centrales, qui sont au cœur de l'avantage concurrentiel des entreprises. Ainsi, de nombreux laboratoires pharmaceutiques recourent à une externalisation ciblée de leur recherche-développement. Par exemple, en 2006, Merck a signé un contrat avec la start-up indienne Advinus, une filiale du groupe Tata, pour lui confier la recherche et le développement clinique des désordres métaboliques liés à l'obésité. Ce contrat d'externalisation couvre donc un domaine pointu d'une ligne de produit précise.

En revanche, certaines entreprises préfèrent intégrer des opérations qui se trouvent en amont ou en aval de leur activité principale, alors que des fournisseurs ou des distributeurs extérieurs sont pourtant disponibles. Le secteur pétrolier est ainsi traditionnellement très intégré, la plupart des *majors* (Total, Exxon, Shell, etc.) contrôlant toute la filière, de la prospection des champs pétrolifères à la distribution de l'essence dans les stations-service (voir, le Mini-cas ci-après sur l'industrie pétrolière). Dans d'autres industries, certains acteurs font des choix atypiques. Ainsi, la grande distribution est généralement une activité où tous les achats se font à l'extérieur, en faisant jouer une concurrence féroce entre fournisseurs. Pourtant, Décathlon, premier distributeur sportif européen, a la particularité de concevoir la totalité des produits commercialisés sous ses marques propres. L'objectif est d'optimiser la gestion du cycle de vie des produits et de réduire le *time to market*, c'est-à-dire la durée de développement et d'adoption des produits, tout en rationalisant le portefeuille de produits et en rentabilisant les innovations en interne. Ce faisant, Décathlon intervient effectivement sur l'organisation des rapports entre distributeurs et industriels, ce qui lui permet d'aligner les principaux acteurs du *business system* sur la même vision stratégique.

Le grand avantage de l'intégration est de mieux coordonner les activités à différents stades de la filière de production et ainsi, de développer des composants et des produits spécifiques. Plus généralement, l'intégration améliore la cohérence de la stratégie et de sa mise en œuvre.

Ce chapitre examine l'intégration verticale et l'externalisation comme des stratégies alternatives ou complémentaires pour construire un avantage concurrentiel et améliorer la profitabilité d'un *business* donné. Ce faisant, il considère ces options d'un point de vue de *business strategy*. Reconnaissons toutefois que l'intégration verticale est aussi un problème de *corporate strategy*. L'intégration peut en effet être vue comme une voie de développement de l'entreprise dans de nouvelles activités, puisque, par définition, entrer dans une activité qui se situe en amont ou en aval de l'activité de base de l'entreprise correspond à une entrée dans un nouveau *business*, voire dans une nouvelle industrie. C'est pourquoi le thème de l'intégration verticale sera également évoqué dans la partie *corporate strategy* de ce livre.

Ce chapitre est structuré en cinq parties : les trois premières examinent l'intégration verticale, ses avantages et ses inconvénients ; les deux parties suivantes discutent des alternatives à l'intégration verticale, notamment l'externalisation stratégique.

1 L'intégration verticale : entrer dans de nouvelles activités et renforcer le cœur du *business model*

Une entreprise décide de s'intégrer verticalement pour trois raisons principales :
- pour renforcer son *business model* dans son activité existante ;
- pour accéder à une ressource ou à un actif rare et spécifique ;
- pour contrôler une activité amont ou aval qui crée de la valeur ajoutée.

Au total, soit l'intégration verticale représente une source de différenciation des produits ou des services offerts parce que le contrôle de la valeur ajoutée renforce le positionnement concurrentiel de l'entreprise ; soit elle réduit la structure des coûts en réorganisant la chaîne de valeur. Dans les deux cas, le contrôle des maillons essentiels de la chaîne de valeur peut présenter des avantages.

A/ L'intégration verticale : formes amont et aval

L'intégration verticale *amont* conduit l'entreprise à entrer dans une activité qui produit des facteurs, de la technologie ou des matières premières qui sont ensuite incorporés dans son activité d'origine.

L'intégration verticale *aval* amène l'entreprise à couvrir une activité ou une industrie qui, jusqu'à présent, utilisait, distribuait ou vendait ses produits ou services.

En entrant dans de nouvelles activités verticalement intégrées, l'entreprise effectue pour elle-même les opérations correspondantes et construit ainsi une nouvelle chaîne de valeur en y incorporant une activité jusqu'alors non contrôlée.

Par exemple, le groupe sidérurgique Arcelor-Mittal poursuit une stratégie d'acquisition amont de sources de matières premières. En août 2008, le groupe a ainsi conforté sa stratégie visant à lui assurer une plus grande autosuffisance en minerai, en particulier en minerai de fer. Le leader mondial de la sidérurgie a en effet annoncé avoir acquis 100 % du capital de London Mining South America, pour un montant d'environ 764 millions de dollars US. Selon les analystes du cabinet Oddo, cette acquisition ciblée permet de renforcer le degré d'intégration verticale de Mittal sur le minerai de fer à hauteur de 50 % et de viser un objectif de 80 % à terme

En 2001, la société Apple entrait dans la distribution en lançant la chaîne de magasins Apple Stores pour vendre ses ordinateurs et ses iPod. Il s'agissait d'un mouvement d'intégration aval. En 2008, Apple intervenait en amont en signant des contrats de licence de long terme et multi-usage avec un fournisseur, Imagination Technologies Group plc. Ce dernier conçoit et fabrique des processeurs graphiques, et fournit déjà Apple pour ses iPod. Au total, Apple conforte ainsi sa position concurrentielle en renforçant à la fois son intégration amont et aval.

Les figures suivantes représentent quatre étapes principales dans une filière de production allant des matières premières au consommateur. Pour une société assurant l'assemblage final, comme dans le secteur de la construction automobile par exemple, l'intégration verticale amont correspond au contrôle de la production de composants et de matières premières. *A contrario,* l'intégration aval vers la distribution-commercialisation permet d'accéder directement au client final.

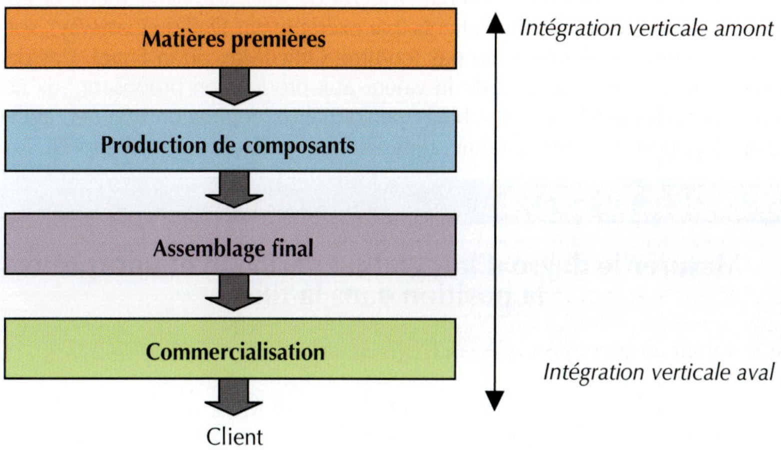

Figure 11.1
Stades de la filière et intégration verticale

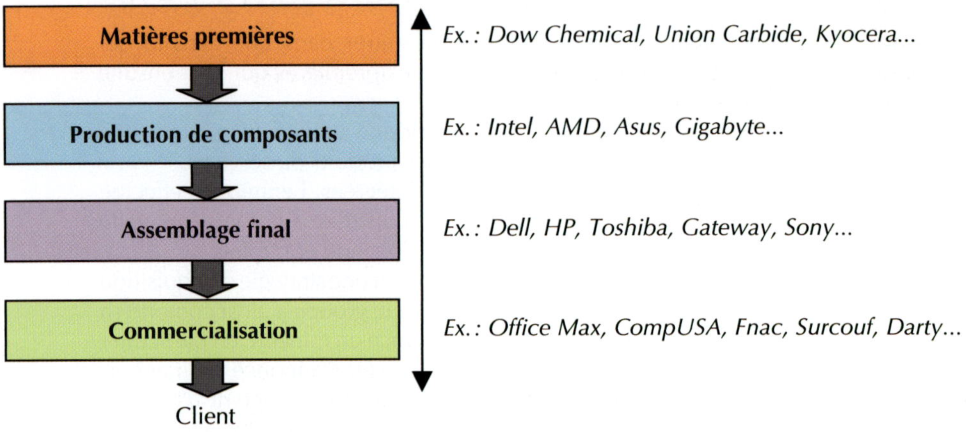

Figure 11.2 Filière de production des ordinateurs : de la matière première au client

Sources : tradingsat.com. ; Les Échos, *août 2008.*

Chaque stade ajoute de la valeur via un processus de transformation ou d'intégration dans des sous-ensembles ou systèmes. Il faut noter que chacun de ces stades peut représenter une industrie autonome et indépendante, assurant, de manière séparée d'autres activités, une production de valeur ajoutée. Ceci amène à bien sensibiliser le lecteur à l'importance du découpage des activités amont/aval, car le contrôle de la valeur ajoutée pousse les entreprises à développer des stratégies de couverture de certains stades de la filière ou du *business system*.

La figure 11.2 illustre bien comment chacun des stades de l'industrie informatique peut être considéré comme indépendant. Au premier stade, des sociétés sont spécialisées dans la céramique, la chimie ou le métal. Elles transforment des matières premières et les livrent à leurs clients en aval. Ces derniers sont aussi des spécialistes de la fabrication de composants pour ordinateurs, comme Intel ou AMD. Ces sociétés transforment la céramique et les métaux en composants électroniques, processeurs, puces et disques durs. Leurs processus industriels ajoutent de la valeur aux matières premières achetées. Au troisième stade, leurs composants sont assemblés dans des ordinateurs dont la valeur ajoutée repose sur l'association du *hardware* et du *software*. Finalement, ces produits sont soit vendus directement aux clients (par exemple par Dell ou Gateway), soit cédés à des distributeurs, spécialisés ou pas (comme OfficeMax ou la Fnac). Ces dernières sociétés ajoutent naturellement de la valeur aux produits en proposant aux consommateurs finals des services (assemblage personnalisé, connexion Internet, antivirus...) et/ou des fonctions support (garantie, réparation, entretien, centres d'appels...).

EN PRATIQUE

Mesurer le degré d'intégration verticale et interpréter la position dans la filière

Soit la valeur ajoutée, VA = CA – CI.
avec CA : chiffre d'affaires,
CI : consommations intermédiaires, qui correspondent à la somme des achats aux fournisseurs et des consommations de prestations (audit, informatiques, comptables, fiscales...)
VA : valeur ajoutée

>

····> On obtient le Taux de valeur ajoutée de la manière suivante :
Taux de VA = VA/CA = (CA – CI)/CA

Supposons une filière de production comprenant exclusivement trois stades :
– extraction de matières premières ;
– transformation de ces matières en produit ;
– distribution du produit aux clients.

Supposons qu'à chaque stade de la filière, la valeur ajoutée soit la même, soit un tiers du total. Chaque stade vendant son produit au stade qui se situe immédiatement en aval, son chiffre d'affaires correspond aux consommations intermédiaires du stade aval.
On a donc les données suivantes :

Stades de la filière	CA	CI	VA	Taux de VA
Matières premières	33,3	0	33,3	100,0 %
Transformation	66,7	33,3	33,3	50,0 %
Distribution	100	66,7	33,3	33,3 %

L'analyse nous conduit à deux constats principaux (toutes choses étant égales par ailleurs, notamment le nombre d'entreprises opérant à chaque stade de la filière) :
– le taux de valeur ajoutée d'une entreprise est d'autant plus élevé qu'elle est située en amont de la filière ;
– un même niveau absolu de la valeur ajoutée ne dit rien sur la position de la firme dans la filière, seul le taux de VA indique le degré d'intégration verticale, et donc la position vraisemblable de l'entreprise le long de la filière.

Enfin, il est possible d'en tirer une perspective :
– le taux de VA est un indicateur utile pour interpréter les choix stratégiques d'intégration verticale ou d'externalisation d'une entreprise au cours du temps. En effet, le taux de VA croît avec le degré d'intégration verticale de la firme.

Fondements théoriques

Intégration verticale et coûts de transaction

Dans la théorie économique, il existe différentes approches de l'intégration verticale : celle du pouvoir de marché est bien connue en économie industrielle, celle de la réduction des risques associés aux investissements spécifiques a la préférence des financiers.
De son côté, la théorie des coûts de transaction (TCT), développée par R. Coase et O. Williamson, considère que toute transaction entre deux partenaires (client-fournisseur, producteur-distributeur…) crée des coûts spécifiques.
Ces coûts sont qualifiés de coûts de transaction. En présence d'actifs fortement spécifiques[1], et d'une fréquence élevée des transactions, ces coûts de transactions sont particulièrement importants et la théorie recommande à la firme de recourir à l'intégration verticale pour éviter de recourir au marché pour la transaction en question, supprimer les coûts de transaction correspondants et notamment lui éviter d'être victime de l'opportunisme du partenaire.

Dans cette théorie, les coûts de transaction se composent de deux parties[2] :

> les *coûts ex ante* : ils recouvrent les coûts de prospection qui sont liés à la recherche, puis à la sélection de partenaires, et les coûts relatifs à la négociation et à la rédaction du contrat avec ces derniers ;

1. Coase R., 1937. Williamson O.E., 1975.
2. Williamson O., 1985.

····> > les *coûts ex post* : ils sont composés des coûts relatifs à la bonne exécution du contrat, et des coûts de la renégociation éventuelle, si jamais le contrat s'avère inadapté, imparfait ou incomplet pour faire face à une nouvelle situation économique.

La théorie des coûts de transaction propose le raisonnement suivant :

> Premièrement, recourir à des transactions sur le marché ou bien à l'intégration verticale est un choix stratégique pour les entreprises : ces formes d'organisation des entreprises sont encore appelées *structures de gouvernance*. Par l'intégration verticale l'entreprise choisit de renoncer à utiliser le marché, du fait de coûts trop élevés ou d'imperfections manifestes du marché (absence de prestataires, prix exorbitant, ressources inexistantes...).

> Deuxièmement, le choix parmi ces différentes formes d'organisation doit reposer sur la minimisation de la somme des coûts de production et des coûts de transaction.

Les coûts de production varient essentiellement avec le volume et l'expérience (voir chapitre 4). Par contre, plusieurs facteurs influencent la formation des coûts de transaction : d'une part, le comportement des acteurs économiques, et d'autre part la nature des transactions.

En effet, la théorie introduit deux hypothèses comportementales qui sont à l'origine des coûts de transaction :

> La *rationalité limitée* des acteurs (inspirée des travaux de H. Simon) : il est estimé que ces derniers ne peuvent connaître toutes les situations possibles ni acquérir l'ensemble des informations. La rationalité limitée renvoie donc à l'incapacité des individus à appréhender de façon parfaite leur environnement économique, dans la mesure où ils ne peuvent accéder à toute l'information nécessaire à la prise de décision, l'obtention de celle-ci étant trop coûteuse. Par ailleurs, les décisions sont prises dans l'incertitude, puisque les agents ne peuvent prévoir l'ensemble des situations possibles dans le futur. En raison de cette incertitude, le contrat liant les parties ne peut envisager tous les cas de figure possibles et ne peut donc préciser de façon exhaustive les obligations des parties : un contrat ainsi rédigé est qualifié d'incomplet.

> L'*opportunisme* : il correspond à la poursuite de l'intérêt personnel par chacune des parties prenantes à la transaction, ce qui peut conduire l'une ou l'autre des parties à user de ruse ou de tromperie ou encore à faire de la rétention d'information. L'opportunisme caractérise le comportement des individus désireux de réaliser des gains supérieurs à ceux spécifiés lors de la rédaction du contrat. Du fait de l'opportunisme possible des parties comme de leur rationalité limitée, le contrat risque de reposer sur une révélation incomplète, éventuellement déformée ou fausse, de l'information fournie par un des signataires du contrat (notamment sur ses compétences, ses intentions ; en bref, sur ce qu'il fera réellement).

Ces facteurs créent alors une asymétrie d'information entre les parties contractantes. L'émergence de comportements opportunistes s'explique par le caractère incomplet des contrats, lui-même lié à l'imperfection de l'information. En effet, chacune des parties au contrat peut avoir tendance à agir dans son propre intérêt, au détriment de son partenaire, pour s'accaparer le maximum des avantages de la relation d'échange (par exemple en détériorant subrepticement la qualité de la prestation fournie pour en réduire le coût). Cette incomplétude des contrats renforce alors la situation d'incertitude quant à la bonne exécution du contrat.

Selon la théorie des coûts de transaction, trois facteurs (ou attributs) influencent la formation des coûts de transaction. Ils permettent de différencier les transactions en fonction du niveau de coût de transaction encouru, et donc de la capacité du partenaire à exercer son opportunisme. Ces trois facteurs sont : >

....>

> la *spécificité des actifs* : beaucoup de transactions portent sur des produits ou services standards et peuvent être effectuées sans que l'une ou l'autre partie ait besoin de faire des investissements spécifiques ; dans ce cas, les coûts de transaction tendent à être relativement faibles. D'autres transactions, au contraire, portent sur des produits adaptés et exigent donc des investissements pour la mise en place d'actifs spécifiques. Les transactions qui reposent sur des investissements fortement spécifiques sont plus risquées. En effet, les actifs spécialisés ne peuvent pas être redéployés sans perte de valeur productive, en cas d'interruption prématurée des contrats. C'est ce qu'on appelle un coût d'opportunité. Par conséquent, en présence d'investissements dans des actifs fortement spécifiques, et dont la valeur pourrait être détruite par le comportement opportuniste d'un partenaire, la firme aura intérêt à intégrer la transaction pourvu que celle-ci soit suffisamment fréquente.

> L'*incertitude* des transactions : l'incertitude sur les conditions de réalisation de la transaction n'est véritablement importante que si la transaction porte sur des actifs spécifiques. En effet, en cas de rupture (ou de non-exécution) du contrat entre un client et son fournisseur portant sur un actif standardisé, le fournisseur pourra redéployer cet actif vers un autre client alors que le client pourra se tourner facilement et rapidement vers d'autres fournisseurs. En revanche, en présence d'actifs spécifiques, le client ne pourra trouver rapidement sur le marché d'autres fournisseurs alors que le fournisseur ne pourra trouver de nouveaux clients au service desquels il pourrait utiliser les actifs spécifiques dans lesquels il a investi. Ce raisonnement théorique conduit à internaliser les transactions portant sur des actifs spécifiques pour lesquelles subsiste une forte incertitude rendant difficile la rédaction d'un contrat complètement spécifié et acceptable par les deux parties. En effet, face à une trop forte incertitude, ni le client, ni le fournisseur ne veulent en général s'engager dans une transaction qui risque de leur faire supporter un préjudice important en raison des investissements non redéployables effectués.

> La *fréquence* des transactions : même si la forte spécificité des actifs et l'incertitude entourant la transaction créent une forte incitation en faveur de l'intégration verticale, celle-ci ne se justifie cependant que si la transaction considérée est suffisamment fréquente pour permettre d'amortir les investissements correspondants.

Sources : O. Williamson, The Economic Institutions of Capitalism, *Free Press, 1985 (trad. française InterÉditions en 1994) ; B. Quélin,* Les Frontières de la firme, *Économica, 2002.*

A/ INTÉGRATION VERTICALE COMPLÈTE, PARTIELLE ET PROFILÉE

À ce stade, il est important de distinguer entre intégration verticale complète, partielle et profilée. Chacune de ces notions mérite d'être définie.

Une entreprise est totalement intégrée quand elle couvre la totalité des stades d'une filière ou d'un *business system*. La détention en propre des actifs et des sociétés pour l'ensemble des activités de l'amont vers l'aval est le critère principal de l'*intégration verticale complète*. Le Mini-cas ci-après présente une industrie traditionnellement intégrée : l'industrie pétrolière. Les cinq plus grandes sociétés internationales pétrolières présentent un taux d'intégration élevé, et ont toujours montré un souci de maîtriser l'ensemble des stades techniques et industriels de la filière pétrole.

L'intégration *partielle* fait référence à une intégration verticale qui ne couvre que l'amont ou l'aval d'une filière. Ainsi, Apple, déjà cité, est un fabricant de micro-ordinateurs et autres équipements électroniques personnels fortement intégré en aval, via les Apple stores, mais faiblement intégré en amont, puisqu'il achète des

····> composants essentiels, les microprocesseurs, à des fournisseurs extérieurs (Motorola puis, plus récemment, Intel).

L'intégration *profilée* est un concept nouveau[1]. Elle fait référence à une intégration dont le degré n'est pas uniforme selon le stade de la filière. Elle correspond aussi à la nature multiple des choix organisationnels, puisqu'une entreprise aura simultanément recours à au moins deux types concurrents d'organisation pour un même stade de la filière ou un même maillon de la chaîne de valeur. Par exemple, la production de moteurs automobiles sera majoritairement intégrée, mais on aura recours à des fournisseurs extérieurs pour certains types de moteurs. Autre exemple, la distribution mettra en concurrence des magasins détenus en propre avec des commerces franchisés : les deux étant réunis sous la même enseigne commerciale. C'est le cas par exemple des agences de voyage Nouvelles Frontières ou des restaurants McDonald's : certains sont détenus par le groupe, d'autres sont confiés à des franchisés.

MINI-CAS

Le rôle stratégique de l'intégration verticale dans l'industrie pétrolière

Cinq grands stades composent traditionnellement la filière pétrolière : la prospection, l'extraction, le négoce, le transport, le raffinage-distribution. Cette filière est caractérisée par la coexistence de grandes compagnies intégrées, présentes à tous les stades, et de sociétés spécialisées sur un stade particulier. Il n'est donc pas rare que les mêmes acteurs se retrouvent à la fois fournisseurs-clients et concurrents.

La *prospection* est la première étape de la filière du pétrole. Les compagnies pétrolières font largement appel à des entreprises spécialisées qui réalisent des études géologiques. En géophysique, les principales sont : CGGVeritas, WesternGeco, PGS, BGP et Fugro. Après étude, la décision de pratiquer ou non des forages appartient aux grands donneurs d'ordre. La technicité, la précision et la justesse des méthodes d'analyse géologique déterminent la probabilité plus ou moins forte de trouver du pétrole. En cas de découverte de pétrole, l'ensemble des infrastructures nécessaires à l'extraction du pétrole, à son stockage et à son transport restent à construire.

La phase d'*extraction* est réalisée par les compagnies pétrolières internationales (comme les majors), nationales ou locales. La rentabilité économique de l'extraction est largement tributaire des prix du pétrole brut. Les prix sont fixés sur le marché international et varient constamment. Ils hypothèquent la rentabilité de certaines exploitations au coût de production élevé : extraction dans des zones difficiles d'accès, en offshore ou nécessitant un traitement complexe avant l'obtention de pétrole brut (ex. : les huiles extra-lourdes ou les sables asphaltiques). En 2007, les entreprises internationales privées n'assuraient plus que 15 % de la production mondiale et ne disposaient que de 10 % des réserves. Dans ce contexte, les Majors ont de plus en plus de difficultés à maintenir leur production et à renouveler leurs réserves (*cf.* tableau 11.1 ci-après).

Rang	Compagnies nationales	(Mb/j)	Compagnies privées	(Mb/j)
1	Saudi Aramco	8,90		
2	National Iranian Oil Co	3,80		
3	Petroleos Mexicanos	3,60		
4	Petroleos de Venezuela SA	2,50		
5			BP PLC	2,47
6	Abu Dhabi National Oil Co	2,45		

>

1. Son équivalent en anglais est *tapered integration*.

····>

Tableau 11.1
Principales entreprises mondiales selon leur production de pétrole (2006)

Rang	Compagnies nationales	(Mb/j)	Compagnies privées	(Mb/j)
7			ExxonMobil	2,28
8	PetroChina	2,27		
9	Nigerian NPC	2,22		
10	Kuwait Petroleum Corp.	2,20		
11	Lukoil	1,92		
12	Iraq National Oil CO	1,91		
13	Petroleo Brasileiro	1,80		
14			Chevron	1,73
15	National Oil Corp. (Libya)	1,70		
16	Rosneft	1,57		
17			Royal Dutch Shell	1,54
18			Total	1,50
19			ConocoPhillips	1,46
20	Sonangol	1,38		
	Total cumulé		49,2 millions de barils/jour	

Mb/j : millions de barils/jour.

Source : Oil and Gas Journal.

La plupart des entreprises d'extraction de pétrole étant nationalisées – Lukoil (Russie), Petrobras (Brésil), Saudi Aramco (Arabie Saoudite), StatoilHydro (Norvège), PDVSA (Venezuela), Pemex (Mexique), NNPC (Nigeria), etc. –, les gouvernements vendent donc leur pétrole directement d'État à État ou à travers le marché international. Des *négociants* achètent et revendent ce pétrole. Parmi les plus importants négociants, on trouve les sociétés suivantes : Vitol (Pays-Bas), Glencore (Suisse), Addax BV (Addax & Oryx Group, Pays-Bas), Cargill-Alliant Energy (États-Unis), Trafigura Beheer BV (Pays-Bas), Arcadia Petroleum (Royaume-Uni, filiale de Mitsui, Japon).

De façon générale, le *transport* du pétrole brut se fait de deux manières : sur terre par oléoduc et sur mer par cargo. Le transport sur terre peut également se faire par chemin de fer ou par camions mais le coût est généralement élevé par rapport à l'oléoduc. Le pétrole de Russie dont la principale destination est l'Europe, est transporté par oléoduc ; il en est de même des échanges entre le Canada et les États-Unis.

Les oléoducs sont également utilisés pour les transports internes à une région (comme en Europe). L'autre moyen de transport est l'utilisation de cargo. Les voies maritimes principales sont celles partant du Golfe Persique à destination de l'Asie, de l'Europe et de l'Amérique. Le coût du fret par cargo est calculé entre deux ports sur la base d'un cargo type en référence à sa taille, son âge, sa vitesse, etc.

L'industrie du *raffinage* assure la transformation du pétrole brut en produits pétroliers. Cependant, cette capacité n'est pas répartie de manière égale selon les régions du monde, tant en terme de nombre de raffineries qu'en terme de technologie utilisée par ces raffineries. Les études spécialisées indiquent une disparité entre les techniques de raffinage et leur localisation géographique.

La *distribution* des produits pétroliers fait intervenir des revendeurs différents suivant les pays. Ainsi, en France, en Allemagne et au Royaume Uni, la grande

>

distribution concurrence fortement les réseaux de stations service des grandes marques ou des raffineurs. Par contre, en Italie, aux Pays Bas et aux États-Unis, la distribution se fait presque exclusivement via des stations services hors grandes et moyennes surfaces (GMS). En France, où la grande distribution fut la première en Europe à s'emparer de la distribution de l'essence aux particuliers, la quantité de carburant vendue par les GMS est d'environ 40 % de la consommation totale, contre 50 % pour les raffineurs intégrés et 10 % pour les indépendants.

Figure 11.3
Filière pétrole : Majors complètement intégrées et sociétés spécialisées

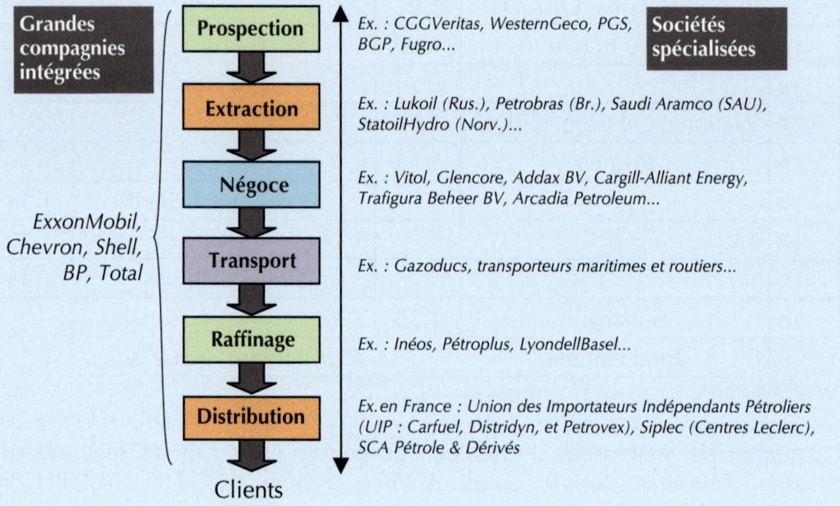

Il est courant de regrouper les diverses activités pétrolières en deux ensembles, qualifiés de complémentaires : l'amont et l'aval. Ainsi, on emploie le terme d'intégration verticale pour exprimer le fait qu'une même compagnie pétrolière est présente tant à l'amont qu'à l'aval, bien que les degrés d'intégration verticale de chacune puissent être différents.

Au début des années 1980, une quinzaine de compagnies pétrolières principales existait : six Majors et neuf Indépendants. En 2008, les cinq compagnies internationales privées sont : ExxonMobil, Chevron, Shell, BP, et Total. Du point de vue de leur capitalisation financière, les groupes d'hydrocarbures (nationaux et privés) dominent le classement des entreprises cotées, PetroChina et ExxonMobil occupant les deux premières places mondiales.

La recherche d'une intégration verticale plus complète – c'est-à-dire d'une plus grande présence en amont – peut découler de deux logiques différentes, l'une industrielle et l'autre économique :

> d'un point de vue industriel, l'amont constitue souvent le fondement de l'activité des compagnies. En effet, il existe des facteurs de sécurité d'approvisionnement, d'économie de transaction et d'économie d'échelle qui expliquent le recours à un degré élevé d'intégration verticale ;

> d'un point de vue économique, dans la mesure où les ventes du secteur amont sont les fournitures du secteur aval, le caractère contra-cyclique des résultats des deux secteurs est un atout. Il existe donc un lien entre l'intégration verticale et la stabilité des bénéfices des compagnies pétrolières.

····> Sur la période 1980-1989, pour l'ensemble des compagnies pétrolières, le coefficient de corrélation entre les bénéfices amont et les bénéfices aval est négatif. Cela signifie que plus les compagnies sont intégrées verticalement et moins leurs résultats pour l'amont et pour l'aval sont corrélés entre eux.

L'intégration verticale donne ainsi aux plus grandes des compagnies pétrolières un outil de lissage de leurs bénéfices, leur permettant de contrer la volatilité provoquée par les évènements industriels et économiques. De même, la volatilité du bénéfice global (somme de l'amont et de l'aval) est pour chaque compagnie inférieure à celles des bénéfices issus des activités sectorielles.

Les Majors se caractérisent donc par des volatilités financières plus faibles. La volatilité de leur bénéfice global est limitée du fait d'une intégration verticale importante. Enfin, l'intégration verticale semble particulièrement bien adaptée en période de forte variation des prix du brut (la période 2008 est exemplaire à ce titre). Au contraire, les autres compagnies spécialisées, soit sur l'amont, soit sur l'aval (*cf.* figure 11.3), connaissent des risques sectoriels plus élevés, du fait de leur spécialisation.

Finalement, trois facteurs assurent principalement la stabilité des bénéfices des compagnies pétrolières : a) la taille de la compagnie, b) la diversification géographique des activités, c) l'intégration verticale. Cette dernière caractéristique peut compenser la faiblesse relative dans les autres domaines (comme par exemple, en exploitation, du fait de la montée en puissance de sociétés nationales contrôlées par les États – *cf.* tableau 11.1).

Sources : Perruchet D. et Cueille J.P., « Vertical Integration and Risk Level in International Oil Companies », Oil & Gas Science and Technology, *vol. 46, n° 2, 1991, p. 277-288 ;* L'Industrie pétrolière en 2007, *Minefi-DREM, 2008.*

Questions

1) Comment analyser l'écart entre le taux d'intégration verticale de certains acteurs et la réalité de l'intégration d'une filière : quel est l'impact des choix stratégiques ?
2) Pourquoi les majors intègrent-ils l'activité raffinage ? Quels sont les avantages et les inconvénients de cette stratégie ?
3) L'intégration verticale permet de mieux contrôler les ressources et de lisser les risques financiers. Ces avantages sont-ils réellement stratégiques ? Améliorent-ils durablement la performance de l'entreprise ? Sont-ils pertinents pour les actionnaires ?

Une *intégration partielle* correspond à la présence de l'entreprise sur un ou deux stades successifs d'une filière d'activité en amont ou en aval. Ainsi, les groupes pharmaceutiques intègrent la recherche, le développement, la production, et parfois certains centres logistiques. Par contre, ils n'ont jamais intégré la distribution de détail.

De même, le groupement « Les Mousquetaires », qui détient les enseignes Intermarché et Bricomarché, mène une stratégie d'intégration industrielle amont dans l'alimentaire mais pas dans le bricolage. Intermarché possède ses propres unités de production pour plusieurs catégories de produits alimentaires : en 2007, 44 usines du groupe le fournissaient en produits de la mer, pâtisserie, produits de boucherie, de charcuterie… Le groupement Les Mousquetaires est ainsi le premier armateur de pêche français, avec une quarantaine de navires. Ce groupement présente aussi un degré d'intégration verticale élevé par le biais de ses marques propres (Monique Ranou, Capitaine Cook, les eaux minérales de Luchon et d'Aix-les-Bains…). Ces produits maison constituent près de 35 % des ventes du groupement dans les magasins alimentaires. Dans le bricolage en revanche, Bricomarché n'est pas intégré en amont, bien que son organisation soit par ailleurs semblable à celle d'Intermarché : chaque point de vente est exploité par un adhérent au travers d'une société que ce dernier contrôle majoritairement. En 2007, le groupement Les Mousquetaires comptaient 3 000 adhérents. Par contre, une société, la SCM, est propriétaire à 100 % des structures communes (marketing, achats, logistique, services).

La société Ikea est un autre exemple d'intégration partielle. Elle n'a jamais intégré l'amont, en particulier dans la filière bois mais gère en propre l'ensemble de ses magasins. La répartition géographique de ses achats donne ainsi une bonne indication de ses fournisseurs : Chine 22 %, Pologne 16 %, Italie 8 %, Suède et Allemagne 6 %. Par contre, la répartition de ses ventes par pays indique une concentration de sa présence commerciale dans les pays occidentaux : Allemagne 16 %, États-Unis 10 %, Grande-Bretagne 9 %, France 9 %, Suède 7 %.

Figure 11.4 L'intégration verticale partielle en aval (exemples : Ikea, constructeurs automobiles…)

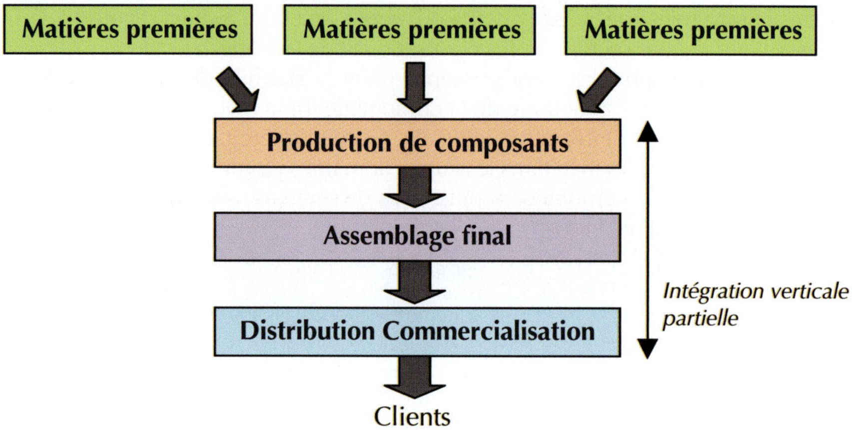

Les formes complète ou partielle de l'intégration verticale ne présentent pas de difficulté de compréhension. Cependant, les mouvements stratégiques des entreprises conduisent à raffiner la notion. Ainsi, le degré d'intégration verticale fait l'objet de choix d'organisation plus subtils.

À ce titre, la notion d'*intégration verticale profilée* est devenue importante. C'est une opération à travers laquelle on réduit l'épaisseur et la masse de l'organisation (dimension effilée de la notion) sur certains stades du *business system* (Alcatel se défaisant de ses centres de production européens de terminaux mobiles, par exemple). L'effilage correspond ainsi à une dé-intégration partielle sur une étape particulière de la chaîne de valeur. L'intégration verticale profilée se traduit alors par le recours à des fournisseurs, des producteurs ou des distributeurs externes à l'entreprise, et fréquemment mis en concurrence avec l'organisation interne.

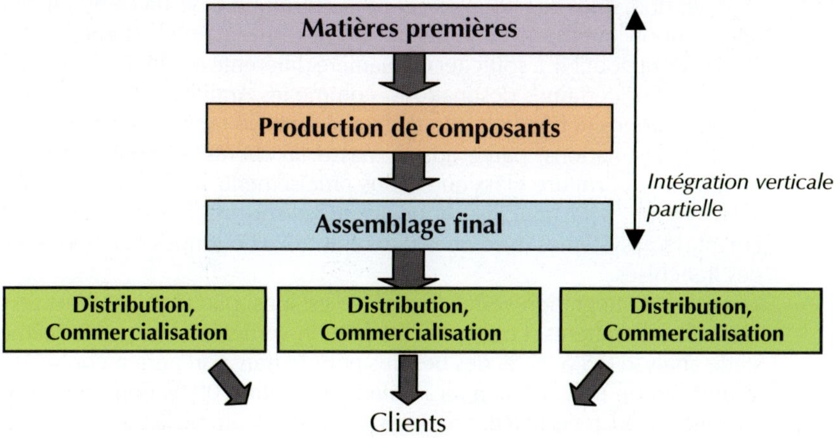

Figure 11.5
L'intégration verticale partielle en amont (exemples : laboratoires pharma-ceutiques, chimistes…)

MINI-CAS

L'intégration verticale profilée chez Nouvelles Frontières

Un exemple d'intégration verticale profilée est fourni pour la société Nouvelles Frontières (NF)[1]. D'abord tour-opérateur, cette société est intégrée en aval car elle distribue elle-même ses produits et services via un réseau spécifique d'agences de voyage. En 1986, la société s'intègre en amont et ouvre ses premiers hôtels-clubs Paladien. En 1990, Nouvelles Frontières devient propriétaire de la compagnie de transport aérien Corsair. En 1995, elle crée son site Internet pour la distribution de ses produits. En 2005, la société procède à l'achat de la marque Havas Voyages pour consolider sa présence dans la distribution. Ces mouvements stratégiques de prise de contrôle illustrent parfaitement l'intégration verticale de la société. En aucun cas les activités intégrées ne correspondent à 100 % de ses besoins ; ceci est particulièrement vrai pour le transport aérien comme pour l'hôtellerie.
Au total, en 2008, le portefeuille du Groupe Nouvelles Frontières (NF) regroupe les activités suivantes :

1. dans l'hôtellerie : les deux chaînes hôtelières (36 hôtels-clubs Paladien, 13 hôtels-clubs Koudou) ;

2. une compagnie aérienne Corsairfly (8 appareils) ;

3. une activité de tour-opérateur (les marques Nouvelles Frontières et TUI France) ;

4. une activité de distribution (228 agences exclusives Nouvelles Frontières, 88 franchisées, 141 agences Havas Voyages et 5 centres d'appels Nouvelles Frontières).

L'intégration verticale profilée ne permet pas à NF de répondre pleinement à ses besoins. A savoir, en termes de destination des clients, le volume assuré en 2007 par Corsair (filiale à 100 %) représente 72 % des passagers sur la destination des Antilles, et 88 % pour la Réunion/Madagascar, contre 22 % et 0 % respectivement pour le Maroc et les États-Unis. Pour de nombreuses autres destinations, l'achat de vols secs à des compagnies aériennes est la meilleure réponse de NF aux besoins de ses clients.

1. Cette société est devenue filiale du groupe allemand TUI en 2002, puis consolidée en 2007.

>

····> Dans les domaines de l'hôtellerie et de la distribution, NF met ainsi en concurrence une solution interne avec le recours à des prestataires externes indépendants. Cela revient pour NF à solliciter de manière différente les filiales ou les fournisseurs externes. Sur certaines destinations, comme les Antilles, NF donne priorité à ses moyens aériens et hôteliers afin de leur assurer un taux de remplissage élevé. Sur d'autres destinations, parce que la masse de clients est éparse, NF recourt aux contrats de fourniture classiques. Plus précisément, sur la partie distribution, NF a eu recours à la franchise pour accélérer son implantation géographique en créant deux systèmes juridiques différents : des boutiques détenues en propre, et des franchisés.

La notion d'intégration verticale profilée est ainsi parfaitement illustrée par le cas Nouvelles Frontières. Le degré d'intégration verticale n'est pas le même selon le stade analysé (15 à 20 % des besoins pour le transport aérien contre 100 % pour la distribution ; 7 à 10 % pour l'hôtellerie contre 100 % pour le tour-opérateur). Par ailleurs, NF recourt à des régimes juridiques, comme la franchise, pour garantir le contrôle à 100 % de la distribution, tout en en limitant le coût lié au développement du réseau d'agences. Au final, l'intégration verticale profilée permet des arbitrages stratégiques.

Figure 11.6
Intégration profilée et filière d'activité : l'exemple de Nouvelles Frontières

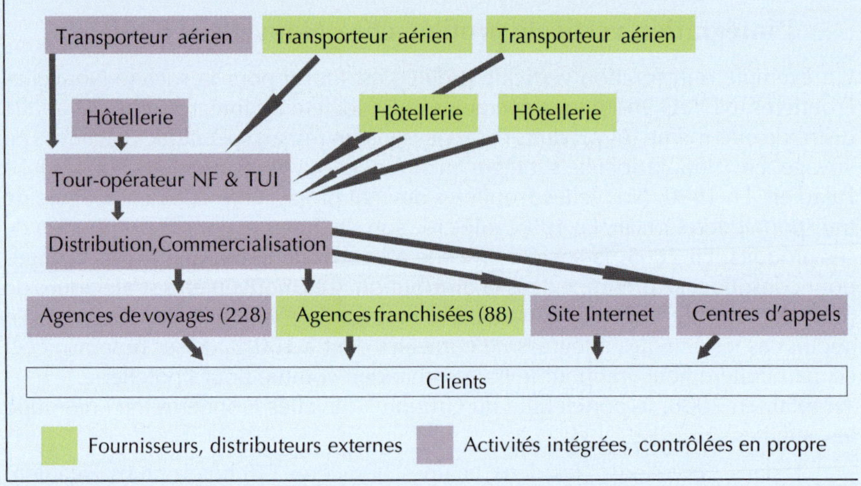

Questions

1) Si l'intégration verticale adoptée par une entreprise couvre des activités différentes, comment tenir compte des règles du jeu et du *business model* propre à chaque activité ?
2) Pourquoi mettre en concurrence des formes d'organisation différentes (intégration et franchise par exemple) pour des activités identiques ? Quels en sont les avantages et les inconvénients ?

Ces différents exemples illustrent l'importance des choix d'organisation verticale dans les mouvements stratégiques des entreprises. L'intégration verticale complète est certes devenue rare. Par contre, l'intégration verticale partielle permet le contrôle de la valeur ajoutée de plusieurs stades successifs. Enfin, l'intégration verticale profilée illustre le fait que les entreprises achètent, produisent ou distribuent en recourant à la fois à des unités détenues en propre et qu'elles contrôlent sur un plan capitalistique, et à des fournisseurs, producteurs ou distributeurs externes et indépendants avec lesquels elles établissent des relations commerciales et nouent des contrats. Les avantages de l'intégration verticale profilée vis-à-vis de l'intégration verticale complète ou partielle seront discutés ultérieurement dans ce chapitre.

2 Les avantages stratégiques de l'intégration verticale

Parce qu'elle permet une plus forte différenciation, une réduction des coûts, et une diminution de l'intensité concurrentielle, l'intégration verticale conduit à :

- **a.** favoriser les investissements dans des actifs spécialisés ou spécifiques ;
- **b.** améliorer la qualité des produits et services ;
- **c.** mieux gérer les impératifs et calendriers.

Développons ces trois points.

A/ Les investissements dans les actifs spécifiques

Un actif spécialisé est un actif spécifique destiné à un usage particulier et dont la valeur est significativement réduite en cas d'usage alternatif. Ce coût, qui en réduit la valeur, s'appelle le coût d'opportunité et il souligne le risque de réaliser des investissements non rentables dans des actifs hautement spécifiques.
Six formes de spécificité sont généralement distinguées :

> *La spécificité de site*

Elle concerne les activités pour lesquelles la localisation géographique est essentielle. On pense évidemment aux activités d'extraction minière ou de matières premières (ex. : la bauxite pour l'aluminium) ou les sources d'énergie (ex. : pétrole, gaz). La dimension spatiale de certains réseaux de distribution, ou bien les points géographiques pour le relais du signal en téléphonie mobile ou en radiodiffusion hertzienne jouent aussi un rôle important en termes d'investissement. Investir dans des activités fortement spécifiques et spatialement localisées oblige à immédiatement considérer les conditions économiques de leur exploitation (*cf.* ci-dessous la spécificité des actifs dédiés) et de leur rentabilité.

> *La spécificité des actifs physiques*

Ils correspondent à un investissement personnalisé ou bien ils ont été développés pour un usage particulier. Ce sera le cas d'un laminoir pour un industriel de la sidérurgie, d'un centre d'entreposage pour un groupe de la distribution alimentaire, ou bien d'une régie de post-production pour une chaîne de télévision.

> *La spécificité des actifs humains*

Elle correspond à l'accumulation de savoir-faire et de connaissances dans des personnes ou des équipes qui constitue une base d'expérience difficilement remplaçable : c'est ainsi l'exemple d'une équipe de développeurs de logiciels applicatifs, ou bien une équipe d'analystes dans une banque d'affaires, spécialisée dans un secteur d'activité particulier ; l'un des risques associés est la mobilité de ce capital humain, à même de quitter l'entreprise avec son expertise et son savoir faire.

> *La spécificité des actifs dédiés*

Ce sont les actifs qui sont requis pour les besoins d'une opération ou d'une transaction, pour réaliser au mieux la rentabilité des investissements spécifiques. On peut imaginer un groupe pétrochimique dont les besoins ont conduit à la construction d'un oléoduc entre le lieu de raffinage et son usine : cet actif est ainsi dédié à une transaction sujette aux variations de volume et d'activité, mais demeure fortement spécifique. La question est de savoir qui du pétrolier ou du pétrochimiste va supporter le coût d'investissement dans la *pipe line*. Si le pétrolier investit traditionnellement dans une telle infrastructure dédiée, il demandera en contrepartie des engagements de volume et de prix à son client (contrats de long terme).

> *La spécificité de marque*

C'est un actif fortement intangible qui sert fréquemment d'indicateur de notoriété des produits, des services ou des activités d'une entreprise. C'est donc un véhicule de réputation, et qui, par définition, est fortement spécifique et n'est pas aisément remplaçable. La valeur et la notoriété d'une marque expliquent très bien sa propension à convaincre des distributeurs à la rejoindre comme franchisés, ou des industriels comme fabricants sous licence.

> *La spécificité temporelle*

C'est une notion liée à la gestion des grands projets, comme la construction navale, aéronautique ou immobilière. Un maître d'ouvrage fera appel à la fois à ses propres équipes, mais aussi à un certain nombre de fournisseurs, d'équipementiers et de prestataires. Chacun de ces derniers s'engage sur un calendrier et un contenu d'intervention ou de prestation. L'ordonnancement des différents corps de métier impliqués dans ces grands projets est essentiel pour la bonne exécution. Le respect des délais a un impact fort sur le calendrier de la bonne exécution de la construction, et donc sur l'économie globale du projet.

B/ L'amélioration de la qualité des produits et services

L'intégration verticale peut être un facteur d'amélioration de la qualité de ses produits, et permettre ainsi de renforcer la différenciation de l'offre de l'entreprise (voir chapitre 5). Par exemple, la société Benetton a intégré certains stades amont. C'est le cas des troupeaux de moutons, mais aussi certains sites de production (ex. : traitement de la laine, peignage, coloration-teinture). Pourtant, en aval, la société travaille avec un réseau international de magasins franchisés. Un autre exemple est fourni par la société américaine General Foods qui a intégré les plantations de bananes afin de mieux contrôler la qualité et le mûrissement dans son réseau de distribution. Dans les deux cas, l'investissement dans l'amont de la chaîne de valeur assure aux sociétés un contrôle de la qualité. Cette dernière est valorisée par les consommateurs, ce qui permet de pratiquer des prix plus élevés que la concurrence. Une meilleure qualité, rendue possible par l'intégration verticale, peut ainsi devenir une source d'avantage concurrentiel.

C/ Une meilleure gestion du temps

L'intégration verticale permet aux entreprises de maîtriser des ressources déterminantes de leur avantage concurrentiel. Par exemple, gérer les stocks comme les flux de marchandises et d'information est une caractéristique essentielle de l'industrie de l'habillement. C'est pourquoi, au cours des vingt dernières années, à l'engagement des distributeurs de vêtements dans la production a répondu l'intégration aval des producteurs dans la distribution. Nous avons en effet assisté à un double mouvement : l'intégration amont des distributeurs, et l'intégration aval des producteurs. Pour les distributeurs, il s'agit de mieux maîtriser les temps et les volumes de production, dans un secteur où la distribution est sensible à la fois aux aléas climatiques et aux effets de mode, et donc au coût des stocks et des invendus. Pour les producteurs, l'adaptation a été déterminée par trois facteurs : a) l'image et le pouvoir de la marque, b) la fréquence des transactions, c) le pouvoir de marché de la distribution. L'appartenance (éventuelle) à un groupe a associé cette intégration verticale aval à un certain désengagement amont de la production.
La figure 11.7 illustre la stratégie d'intégration verticale en aval des industriels de l'habillement. Elle représente leurs quatre choix possibles d'organisation :

1. la non-intégration associée à des contrats achat-vente avec des distributeurs multimarques et non exclusifs ;

2. l'intégration totale en aval via l'investissement dans des succursales mono-marques ;

3. la quasi-intégration en aval qui limite les investissements capitalistiques puisque les franchisés demeurent indépendants, mais qui contrôle ces derniers via des accords d'exclusivité (produits/zones), un contrôle de gestion, et un contrat ;

4. l'intégration profilée créant une concurrence entre un réseau de distribution en propre et un réseau de franchisés.

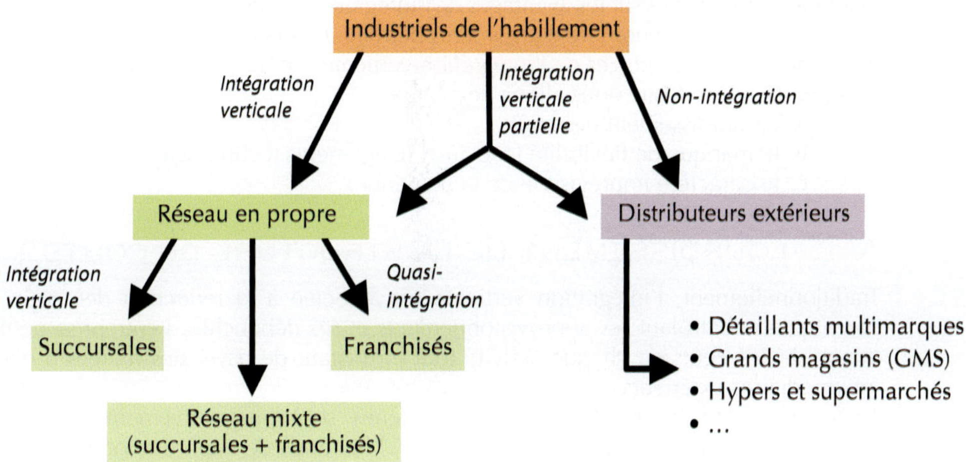

Figure 11.7 Le choix du réseau de distribution des entreprises de l'habillement

Source : Billiottet K., « L'Évolution du métier des industriels de l'habillement, franchise ou succursales », Sessi, n° 126, décembre 1999.

Au total, les règles de fonctionnement ont été totalement bouleversées. La production en petite série a supplanté la production de masse organisée en deux collections annuelles traditionnelles. Ce nouveau mode de fonctionnement consiste à proposer de nouveaux vêtements en permanence. Désormais, des formes de commerce modernes dominent la distribution d'habillement : elles proposent des prix très concurrentiels et disposent d'importants moyens informatiques et logistiques, ainsi que de fortes capacités de gestion et de publicité. Ceci correspond bien à des investissements spécifiques réalisés par les entreprises, au service d'une marque et d'un réseau de distribution spécialisé.

Il s'agit de répondre rapidement à la demande et de proposer le bon article au bon moment. Le facteur clé de succès est devenu la capacité à réagir rapidement à l'évolution du marché et à devancer la demande. Les acteurs de la distribution ont ainsi mis en place une organisation en circuit court : en devenant donneurs d'ordres, en développant leur propre production et en mettant en place une livraison en juste-à-temps. Les distributeurs se sont ainsi engagés dans une stratégie de remontée de filière, en intervenant de façon directe dans la création/conception de leurs produits vendus sous marque propre. Cette stratégie d'intégration dans des fonctions situées en amont de la distribution reflète la volonté des réseaux d'enseigne de contrôler la filière et d'accroître leur part de valeur ajoutée. La suppression des intermédiaires leur a permis de gagner du temps et de réduire leurs différents coûts.

A contrario, la réponse stratégique des industriels de l'habillement a été de prendre en charge la distribution de leurs produits par l'intermédiaire de la création (ou du rachat) de leurs propres réseaux de points de vente, détenus en propre ou en franchise.

3 Les faux avantages, les inconvénients et les limites de l'intégration verticale

Quelques idées reçues sur les avantages de l'intégration verticale doivent être battues en brèche. Un certain nombre d'arguments permettent en effet de mettre en doute la réalité de certains avantages de l'intégration verticale. Ces arguments portent sur les trois points suivants que nous allons développer :

- **a.** l'alourdissement des coûts ;
- **b.** le manque de flexibilité face aux changements technologiques ;
- **c.** le caractère imprévisible de la demande.

A/ L'alourdissement de la structure de coûts

Traditionnellement, l'intégration verticale est associée à la réduction des coûts, parce qu'en contrôlant ses approvisionnements et ses débouchés, l'entreprise peut minimiser les coûts de chaque activité tout en évitant de payer des marges à des intermédiaires extérieurs.

Toutefois, au fil du temps, deux phénomènes sont progressivement apparus. Premièrement, dans de nombreuses situations, l'habitude de s'approvisionner ou de distribuer auprès d'une filiale n'est pas remise en cause, alors que la forte spécificité qui justifiait l'intégration verticale au départ a pu s'éroder au cours du temps. L'habitude en interne conduit à procéder aux investissements de renouvellement. L'intégration verticale peut ainsi conduire à des surinvestissements de capacité.

Deuxièmement, la myopie et les habitudes dissuadent l'entreprise de démarcher des fournisseurs ou des prestataires extérieurs qui pourraient être à même d'offrir la même prestation à un prix inférieur. L'intégration verticale est un frein à la mise en concurrence des fournisseurs internes. Cela peut se traduire par un excès d'investissement et de spécificité technologique (par exemple, effectuer des développements informatiques spécifiques alors que des logiciels standards feraient parfaitement l'affaire), tout ceci se traduisant par un alourdissement de la structure de coûts, aux antipodes de l'objectif initial recherché.

Ceci peut être dû à plusieurs facteurs, parmi lesquels : une politique salariale et de main-d'œuvre inadéquate (par exemple, il s'agit de savoir combien coûte l'informatique en comparaison aux concurrents) ; un excès de taille qui se traduit par un surdimensionnement des moyens ; une organisation pléthorique qui s'est progressivement alourdie et qui facture ainsi en interne les surcoûts de son fonctionnement.

Ces trois principaux défauts sont liés à la certitude qu'a le service ou la filiale en position de fournisseur de toujours pouvoir vendre au client interne. Le comportement face à un client captif est classique et se manifeste par les trois caractéristiques suivantes :

- mauvais contrôle des coûts de production,
- dérapage des coûts de structure,
- absence de références aux meilleures pratiques issues du marché.

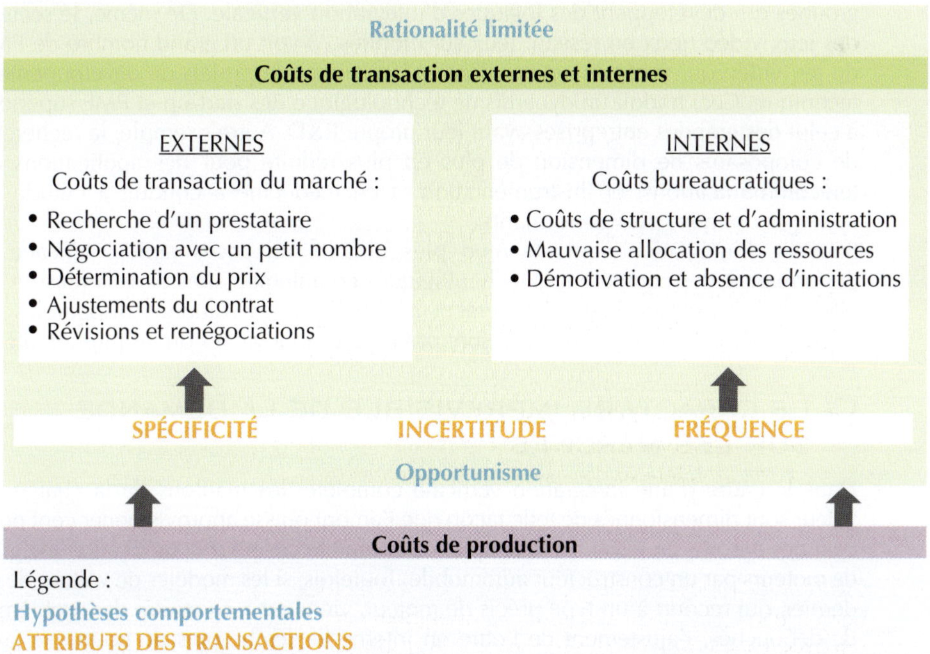

Figure 11.8 Intégration et dé-intégration verticales : le modèle des coûts de transaction

Les incitations sont donc négatives, et il est difficile d'obtenir des efforts de productivité, effectivement mesurables, pour endiguer la croissance des prix de cession internes. Il est par exemple difficile de savoir précisément combien coûte la fonction paie de l'usine assurée en interne par un service du groupe ; de ce fait, il est difficile de contenir ces coûts. De plus, l'absence de concurrence conduit très fréquemment à la hausse de ces prix liés à des transactions entre filiales d'une même entité.

Cette perspective vient ainsi enrichir le modèle de la théorie des coûts de transaction. Les coûts de transaction étaient liés à la difficulté initiale de trouver des fournisseurs ou prestataires et de passer des contrats avec eux. Une fois analysés les défauts de l'intégration verticale, il est possible de montrer qu'il existe des coûts spécifiques associés à la solution d'intégration. Ces coûts sont qualifiés de coûts bureaucratiques. De tels défauts sont liés à des défaillances managériales, et les surcoûts ainsi supportés sont définis comme des coûts bureaucratiques. Ces principaux défauts peuvent être partiellement résolus grâce à l'intégration verticale profilée qui permet de mettre en concurrence des fournisseurs internes avec des offres externes. Elle réimplante dans le fonctionnement interne de l'entreprise des règles de mise en concurrence entre un prestataire externe et une offre interne ; en bref en recourant à des règles de marché.

B/ LE RETARD À L'INNOVATION ET AU CHANGEMENT TECHNOLOGIQUE

Dans des environnements à rapide changement technologique, l'intégration verticale ralentit l'adaptation de l'entreprise à la célérité des innovations et à la remise en cause des standards technologiques.
Par exemple, selon l'ANVAR, le secteur multimédia voit cohabiter à la fois un large tissu de petites entreprises positionnées sur des marchés de niche et des grands groupes qui développent des logiques d'intégration verticale. De même, le secteur des jeux vidéo (jeux en réseau, jeux sur mobiles...) voit un grand nombre de PME du jeu vidéo qui sont très actives dans le lancement de projets de développement technique. Ceci traduit un dynamisme technologique des start-up et PME supérieur à celui des grandes entreprises ayant leur propre R&D. Autre exemple, la recherche de composants de dimension de plus en plus réduite pour des applications en télécommunications, en instrumentation et en médecine a conduit à l'étude de systèmes optiques plus performants.
Souvent, l'intégration verticale rend plus difficile un accès rapide, efficace et performant à des compétences technologiques complémentaires dans la mesure où elle conduit presque systématiquement à privilégier les solutions disponibles en interne, même lorsque celles-ci ne sont pas les plus innovantes ou les plus adaptées.

C/ LE CARACTÈRE IMPRÉVISIBLE DE LA DEMANDE SUR LES MARCHÉS

Dans le cadre d'une intégration verticale complète, les maillons de la chaîne de valeur sont dimensionnés de telle façon que l'amont puisse approvisionner cent pour cent des besoins de l'aval. Par exemple, ceci serait le cas pour la fabrication intégrée de moteurs par un constructeur automobile. Toutefois, si les modèles de voiture de ce dernier, qui recourt à un type précis de moteur, viennent à connaître des problèmes de débouchés, l'ajustement de l'offre en interne et des besoins ne pourra se faire qu'en renonçant à utiliser à pleine capacité le potentiel de production de moteurs. Ceci entraînera automatiquement un accroissement des coûts de production.
Dans des environnements où la demande est difficilement prévisible, l'intégration verticale profilée est donc à préférer à l'intégration totale. Pourquoi ? L'intégration complète fait supporter l'intégralité des coûts à la demande interne.

Au total, les principales limites à l'intégration verticale sont les suivantes :

- les coûts bureaucratiques émoussent les incitations à réduire les coûts opérationnels, à augmenter la productivité et à accroître la performance économique ;
- le caractère captif des débouchés en interne peut conduire à une performance financière élevée pour l'activité concernée (par exemple par la fixation de prix de cession internes élevés), mais à une performance économique globale dégradée (par exemple si les surcoûts supportés par le client interne et liés aux prix de cession empêchent ce dernier de conquérir les parts de marché espérées ou d'atteindre la rentabilité économique optimale) ;
- les changements technologiques ou l'incertitude sur la demande ne peuvent être correctement anticipés et négociés du fait de la rigidité d'un *business model* basé sur les bénéfices initiaux de l'intégration verticale, et les investissements spécifiques consentis.

Le management stratégique des entreprises doit donc mener un examen approfondi des avantages et inconvénients de l'intégration verticale amont et aval. Il est à noter que l'intégration verticale profilée permet, en partie au moins, de faire jouer les mécanismes d'incitation créés par le marché et la concurrence, même pour les fournisseurs ou distributeurs internalisés. Les formes les plus modernes d'organisation de la chaîne de valeur vont être étudiées dans les paragraphes suivants.

4 Les alternatives à l'intégration verticale

L'intégration verticale présentant un certain nombre d'avantages, mais aussi d'inconvénients, les entreprises ont cherché à en limiter le poids et le coût en innovant sur un plan organisationnel. L'intégration verticale profilée en est un bon exemple. En complément, nous rappelons combien les alliances stratégiques de type complémentaire (*cf.* chapitre 19) constituent aussi une alternative sérieuse à l'intégration verticale. En fait, elles permettent de limiter l'engagement capitalistique considérable exigé pour prendre le contrôle d'une activité située en amont ou en aval, même si elles reposent, pour un grand nombre d'entre elles, sur un engagement de moyen ou de long terme. Nous examinerons d'abord la politique de double source qui réintroduit des règles de marché et de mise en concurrence et, à travers celles-ci, des mécanismes d'incitation efficients. Ensuite, nous examinerons dans quelle mesure les contrats de long terme et la quasi-intégration peuvent être considérés comme des alternatives à l'intégration verticale.

A/ La mise en concurrence via la double source et le maintien des règles du marché

Dans le cas de fournisseurs et d'équipementiers, l'instauration de relations de moyen et de long terme peut passer par la mise en concurrence de deux fournisseurs : c'est ce que l'on appelle la double source. Par exemple, la société Toyota a été pionnière en la matière. En échange d'un engagement sur un volume d'achat à l'année et sur une certaine durée d'approvisionnement, le fournisseur est conduit à investir dans des équipements ou des processus industriels spécifiques. Toutefois, même en s'engageant sur des volumes d'achats, le donneur d'ordre ne se place pas dans une relation de dépendance et d'exclusivité, puisqu'il divise son marché d'approvisionnement entre deux fournisseurs. Il obtient ainsi un comparatif et un *benchmarking* tant pour la structure de coût que pour la performance opérationnelle, ou encore pour la qualité et l'organisation de ses fournisseurs. La double source maintient donc une forme de concurrence entre les deux fournisseurs et constitue un aiguillon les incitant à faire au moins aussi bien l'un que l'autre. Elle crée des mécanismes d'incitation. La menace de transférer un volume plus important de commandes au fournisseur le plus performant est une menace crédible. On peut envisager que l'un des fournisseurs soit une filiale, auquel cas il est vertueux de mixer l'intégration verticale profilée et la double source.

B/ La quasi-intégration

De manière générale, la quasi-intégration désigne les solutions alternatives à l'intégration verticale et qui présentent des avantages assez similaires : joint-ventures, contrats de long terme, licence de brevets, franchises... La quasi-intégration est donc une forme organisationnelle de développement de l'entreprise. Elle ne recourt ni à la croissance interne ni à la croissance externe, mais s'effectue par une croissance de type contractuel. L'entreprise quasi intégrée étend ainsi son périmètre d'activités en contrôlant un réseau de fournisseurs ou de prestataires sans devoir acquérir les droits de propriété correspondants et donc investir beaucoup. Elle évite ainsi de supporter les coûts afférents à l'intégration verticale et à la prise de contrôle des activités en amont ou en aval.
Imaginons l'exemple d'un industriel du logiciel ou des jeux vidéo qui passe des contrats avec des individus fortement qualifiés et spécialisés, difficiles à trouver sur le marché. Ces derniers ne sont pas des salariés mais sont rémunérés sur la base d'honoraires et ont un statut proche du consultant *free lance*, conservant ainsi leur indépendance. Par contrat, le donneur d'ordre leur assigne des tâches à accomplir dans un certain délai. L'accord peut être renouvelé ou étendu en fonction de l'activité du donneur d'ordre et de son succès commercial. Il ne s'agit pas d'intégration verticale puisque les prestataires ne sont pas intégrés à l'entreprise par un contrat de travail. Ces prestataires ne sont pas non plus organisés collectivement en entreprise avec laquelle le donneur d'ordre aurait passé un contrat de fourniture de prestation ou de sous-traitance. Ces multiples contrats individuels exigent donc une coordination entre les acteurs (donneur d'ordre et consultants, et entre consultants) bien plus forte qu'un contrat classique de sous-traitance. Cette fonction de gestion et de coordination fait la substance de la quasi-intégration. Le renouvellement des contrats dans le temps souligne les intérêts respectifs à maintenir cette relation.
La quasi-intégration désigne donc, au final, une configuration contractuelle formée de relations de long terme. Les relations sont cependant de nature quasi hiérarchique entre le donneur d'ordre et les prestataires comme c'est le cas par exemple entre les constructeurs automobiles et leurs concessionnaires, ou entre franchiseur et franchisés. Une partie des activités est confiée à des entreprises affiliées. La quasi-intégration réduit les besoins en capitaux : par exemple, dans le cas de la franchise, c'est au franchisé de fournir les locaux et d'acquérir les équipements. Du point de vue de la flexibilité, la quasi-intégration est une meilleure option que l'intégration complète. L'encadré « En pratique » ci-dessous présente les principes fondamentaux qui permettent de sécuriser les contrats de long terme avec des fournisseurs ou des distributeurs. Pour prolonger cette discussion, on trouvera dans le chapitre 19 des recommandations utiles en ce qui concerne les alliances, montages qui enrichissent la notion de quasi-intégration.

EN PRATIQUE

Comment sécuriser les contrats de long terme

1. Construire une relation durable basée sur les intérêts bien compris de chacun : l'échange d'otages

Dans les industries minières ou d'énergie, les contrats peuvent durer de vingt à trente ans en moyenne. Dans le cadre des contrats de long terme, l'une des questions récurrentes est liée à l'investissement dans des équipements, comme par exemple un oléoduc ou un terminal pétrolier, ou bien dans des technologies spécifiques.
De prime abord, si un fournisseur consent un engagement financier important dans le cadre d'un contrat de long terme, il semble se placer dans une relation de dépendance forte vis-à-vis de son donneur d'ordre. L'investissement spécifique qu'il réalise ne sera valorisé qu'à travers les contrats avec ce donneur d'ordre. Toutefois, ce dernier peut également se trouver dans une situation de dépendance comparable dès lors qu'un seul fournisseur a accepté d'investir. La cession gratuite d'une licence technologique ou la prise en charge d'une partie de l'investissement fixe par le donneur d'ordre peuvent aussi illustrer la notion d'échange d'otages (*mutual hostage* en anglais). Ainsi, un donneur d'ordre peut décider de prendre à sa charge l'investissement pour l'achat d'une machine-outil ou d'un équipement industriel spécialisé. Cet actif spécifique est cependant installé dans les locaux du fournisseur. L'engagement financier est important et donne de la crédibilité à l'engagement contractuel du donneur d'ordre. D'un autre côté, en couvrant les coûts fixes, le contrat de long terme met l'accent sur les efforts en matière de coût de production et de productivité attendus du fournisseur, qui n'a plus à supporter les coûts de l'investissement initial.

2. Créer des engagements crédibles, mesurables et tangibles

Un engagement crédible (*credible commitment,* en anglais) correspond à un investissement à même de rendre irréversible l'engagement d'un signataire du contrat. .

Dans l'exemple développé dans le mini-cas ci-après, le contrat entre Fisher Body et General Motors reposait sur un engagement d'une durée de dix ans. GM s'était engagé à acheter les pièces fabriquées par son fournisseur sur l'ensemble de cette période. L'exclusivité et la durée sont des formes d'engagement crédible. En échange, Fisher Body s'engageait à faire bénéficier General Motors des meilleures conditions de prix par rapport à n'importe quel autre contrat signé avec un autre donneur d'ordre. Dans les relations entre un franchiseur et un franchisé, le fait que le premier concède à son franchisé une exclusivité de sa marque et de ses produits ou services sur une zone de chalandise délimitée illustre aussi la crédibilité de l'engagement.

5 L'EXTERNALISATION STRATÉGIQUE

En Europe, l'externalisation a connu une croissance de l'ordre de 3 % par an au cours de la première décennie du XXIe siècle, des pays comme l'Espagne, l'Italie et la France y venant de manière plus tardive que des pays précurseurs comme la Grande-Bretagne ou les pays scandinaves.
Comme toute décision stratégique, l'externalisation a un impact sur la structure des coûts de l'entreprise, ainsi que sur les sources de différenciation et sur l'éventail de ses compétences. Considérer l'externalisation comme stratégique, et non comme

purement opérationnelle, ouvre une véritable réflexion sur les tendances futures du métier : doit-on continuer à assurer soi-même l'informatique, la maintenance, le transport et la logistique ? Quel est l'avenir du maintien des sites de production ? Quel avantage stratégique procurerait l'externalisation de la recherche et développement ? Voilà quelques questions qui illustrent, si besoin, la dimension stratégique de toute décision d'externalisation.

Nous allons, ci-après, étudier les formes prises par l'externalisation. Ensuite, nous examinerons les principales raisons évoquées par les entreprises pour justifier leur décision d'externaliser, et enfin nous analyserons les principaux risques associés à cette réorganisation majeure de la chaîne de valeur.

A/ Externalisation, *business model* et localisation géographique

L'externalisation est sujette à confusion. Il importe donc de ne pas la confondre avec les délocalisations. Ces dernières correspondent en effet à la fermeture partielle ou totale d'un site, suivie de la réimplantation d'une activité comparable dans un autre pays, et de l'importation de la production délocalisée dans le pays d'origine. L'externalisation quant à elle correspond à la décision de confier des activités à un prestataire, sous la forme d'un contrat d'une durée moyenne de quatre années. Moyennant le respect de ce contrat, le prestataire est responsable de la fourniture du service ou de la prestation et des moyens nécessaires pour la réaliser. De fait, il n'est pas dans une relation de sous-traitance, avec une menace permanente de réduction de son volume d'activité.

La figure 11.9 distingue quatre situations différentes en listant succinctement quelques critères pour le prestataire d'une activité externalisée[1]. Ce schéma aide à bien comprendre ce qu'est l'externalisation, et comment la dimension géographique n'en est pas absente. Sa construction repose sur deux axes. Le premier est géographique et traduit le degré de proximité. Le second oppose le faire et le faire-faire. Les quatre situations présentées sont : les choix internes, subdivisés entre l'organisation interne (comme les centres de coûts partagés) et la filialisation ; l'externalisation classique, l'externalisation délocalisée.

Deux formes d'organisation modernes se sont développées dans les entreprises : les centres de services partagés et les filiales.

Premièrement, les *centres de services partagés* (CSP) sont des solutions internes (cadran inférieur gauche). Ils permettent de regrouper, de réorganiser et de professionnaliser un pôle de services ou d'activités jusque-là disséminés dans l'entreprise (par exemple la paie, le recrutement, la comptabilité…). L'activité regroupée passe du statut de centre de coûts à celui de centre de services, voire centre de profit. Son activité est proposée en interne, sur un mode contractuel et sur la base d'un prix de cession. Par exemple, la société Arcelor avait développé pour la France, dès 2001, un CSP pour la paie. Le pôle regroupait à la fois l'émission et la production des bulletins de paie, mais avait aussi développé un centre d'appels pour les conseils, avis et informations destinés aux personnels des entités du groupe. Lors de la mise en place de ce CSP, les trente-deux filiales françaises avaient le choix de conserver leur prestataire externe ou de recourir aux services du CSP. La durée des contrats internes était de cinq ans.

Deuxièmement, forte d'un objectif de développement international, une entreprise entreprend d'investir à l'étranger, dans des marchés à forte croissance pour ses produits ou services (cadran inférieur droit). L'*investissement direct à l'étranger* requiert un choix d'organisation : le choix à opérer est entre la filiale à 100 %, le joint-venture avec un partenaire (local et/ou financier), ou une participation minoritaire. Par exemple,

1. Quélin B., 2005.

Lafarge signe en 2005 un partenariat avec la société chinoise Shui On Construction and Materials Ltd afin de créer le joint-venture Lafarge Shui On Cement. Devenue leader sur le marché du sud-ouest de la Chine, ce joint-venture représente une capacité de production de 24 millions de tonnes à la fin 2007. Forme très fréquente de développement international des entreprises, cet arrangement organisationnel ne doit absolument pas être confondu avec une délocalisation ou une externalisation délocalisée. L'investissement à l'étranger requiert une sélection de ses partenaires, des choix juridiques appropriés au contrôle des actifs, et une forme d'organisation adaptée. Il participe à la croissance internationale de l'entreprise (*cf.* chapitre 15).

Troisièmement, l'*externalisation classique* correspond au choix d'un prestataire pour assurer une activité qui était à l'origine assurée par des équipes en interne (cadran supérieur gauche). Elle peut reposer sur un transfert de contrats de travail du donneur d'ordre vers le prestataire. Par exemple, EDF externalise l'entretien des bâtiments de ses centrales nucléaires à une entreprise spécialisée. Autre exemple, Schneider-Electric a externalisé en 2004 l'informatique de ses unités basées en Europe en signant un contrat de dix ans avec Capgemini. Près de 1 000 salariés – tant des personnels à contrats à durée indéterminée que des intérimaires – ont ainsi été concernés et ont changé d'employeur.

Quatrièmement, une dernière forme d'organisation connaît un très fort développement. Elle est qualifiée d'*externalisation délocalisée* ou *offshoring* (cadran supérieur droit). Pour l'externalisation délocalisée, il est très peu vraisemblable que les contrats de travail puissent être transférés au prestataire, en particulier pour des raisons juridiques. Par exemple, une grande banque confie le développement de ses applicatifs informatiques à TCS, Wipro ou Infosys basés en Inde. Un opérateur mobile signe un contrat avec Teleperformance pour localiser ses centres d'appels client au Maroc.

Mode d'organisation : Faire ou faire-faire		Externalisation classique	Externalisation délocalisée
	Externalisation	Prestataires locaux/nationaux/globaux CRITÈRES • Forte implantation • Développement industriel sur les marchés d'origine des nouveaux concurrents (Inde, Chine...)	Nouveaux prestataires délocalisés/offshoring CRITÈRES • Forte base nationale (ex. Inde) • Développement commercial sur les marchés d'origine des clients (E.-U., Europe...)
	Choix interne	Organisation interne CRITÈRES • Prestataire interne • Contractualisation interne • Centre de services partagés (CSP)	Filiale, joint-venture, accords de coopération CRITÈRES • Offensif – proximité au marché local – investissements croissants • Défensif – désengagement à terme
		Choix interne de proximité Localisation nationale *onshore*	Internationalisation Localisation internationale *offshore*

Figure 11.9
Quatre formes d'organisation : CSP, investissement direct, externalisation et *offshoring*

B/ Les motifs de l'externalisation

Quatre motivations peuvent pousser à l'externalisation : la baisse des coûts, le recentrage sur le cœur de métier, le recours à un prestataire spécialisé compétent, la flexibilité[1].

La baisse des coûts opérationnels

Le premier critère est la baisse des coûts, à la fois opérationnels et d'organisation. Cependant, du point de vue du client, elle doit s'accompagner du maintien d'un niveau de qualité. Ceci correspond à une attente forte de la plupart des clients vis-à-vis des efforts de productivité à consentir par le prestataire et des investissements requis pour éviter de laisser se détériorer la qualité des prestations tout au long du contrat. Par exemple, un opérateur de téléphonie mobile confie un centre d'appels à un prestataire en visant une baisse d'environ 20 % de ses coûts, du fait d'une organisation différente du prestataire, et de la capacité de ce dernier à mutualiser certains de ses coûts, et à répartir ses coûts fixes entre les clients de son portefeuille, ce que n'offre pas une solution interne.

Le recentrage sur le cœur de métier

Le deuxième critère concerne le recentrage sur le cœur de métier. Il est fortement associé à la réduction du coût du capital engagé. Les deux points apparaissent fortement associés dans l'esprit des managers. Ceci traduit le lien qu'ils établissent entre un recentrage sur des activités cœur et les engagements capitalistiques des entreprises. Les dirigeants font ainsi une distinction entre les activités jugées prioritaires et celles perçues comme périphériques. Les premières font l'objet d'investissements à caractère stratégiques qui sont durables. Elles bénéficient d'investissements pour assurer la pérennité du cœur de métier ainsi que son potentiel concurrentiel. Les secondes peuvent faire l'objet de décisions d'externalisation. Les entreprises en réduiraient d'autant leurs engagements en capitaux immobilisés et réserveraient les investissements nouveaux aux activités stratégiques. Un exemple très intéressant est donné par Danone. La problématique de l'environnement est jugée comme critique pour l'avenir de l'activité industrielle du groupe alimentaire. Les usines de production de produits laitiers rejettent cependant des déchets et des eaux usées. Estimant que le traitement des déchets est périphérique au cœur de métier, l'entreprise a ainsi externalisé à un prestataire de services la maîtrise des rejets et déchets de ses unités de production, et donc la gestion technique des questions d'environnement.

L'accès à une expertise externe

L'exemple précédent illustre bien le fait que l'externalisation peut rendre possible le recours à une expertise qui n'est pas disponible au sein de l'entreprise. Le troisième critère concerne précisément l'accès à une expertise externe. Au moment de réinvestir, les entreprises constatent fréquemment un écart de performance, d'expertise et de qualification entre la solution interne et l'offre de certains prestataires sur le marché. Ceci les pousse donc à avoir recours à l'externalisation. Fréquemment, les prestataires dotés d'une forte expertise ont également une surface financière leur permettant d'accompagner leurs clients sur le plan international.

La flexibilité

Le quatrième critère traduit une préoccupation liée à la flexibilité. Les entreprises ont une double attente :

1. Quélin B., Duhamel F., 2003.

> une adaptation structurelle aux évolutions de leurs marchés ou de leurs besoins ;
> un ajustement conjoncturel des moyens mis en œuvre.

Il s'agit d'accéder à une flexibilité que ne leur offrait pas précédemment la solution interne. L'exemple d'un centre d'appels externalisé illustre bien cette variabilisation des charges et le bénéfice qui en découle en termes de flexibilité. Par exemple, lancer une campagne de marketing ou de promotion commerciale requiert beaucoup de moyens humains sur une période assez courte. Seul un prestataire à qui l'activité a été externalisée peut piloter cette allocation de ressources sans obérer les coûts fixes.

C/ Les risques associés à l'externalisation

Bien que l'externalisation d'activités ou de fonctions de la chaîne de valeur présente un certain nombre d'avantages, les risques associés ne manquent cependant pas. Naturellement, le risque de défaillance, en particulier financière, du prestataire est important. De même, bien évaluer ses compétences, ses références dans l'industrie, et sa réputation permet de conforter le choix de l'externalisation, et le contenu du contrat de prestation. Les deux risques étudiés ci-dessous sont intrinsèques à toute relation contractuelle de durée moyenne ou longue avec un degré de spécificité non négligeable : le risque de *holdup* et de dépendance ; la perte de contrôle et d'information.

Le *holdup* et le risque de dépendance

La notion de *holdup* est illustrée par la situation décrite dans le Mini-cas suivant (voir aussi chapitre 19 sur les alliances stratégiques). Dans le cas précis de l'externalisation, le concept de *holdup* fait référence à une situation de forte dépendance du client vis-à-vis du prestataire. La conséquence est double :

> un risque de hausse de prix des prestations ;

> l'érosion de la qualité de la prestation pour un prix maintenu, mais qui, de fait, en diminue la contribution en valeur ajoutée.

Nous avons vu précédemment que l'un des moyens de réduire ces risques est d'organiser la double source. Cette approche pour gérer le contrat d'externalisation est difficile à mettre en place, tant le volume d'activité permet au prestataire à la fois de réduire les coûts opérationnels, et de lisser ses investissements. Aussi, pour réduire le risque, il importe de prévoir des modalités de révision des termes du contrat (évolution des niveaux de performance, des indicateurs de productivité), de définir un échéancier des investissements, et de prévoir des tranches d'élargissement du périmètre du contrat, moyennant l'atteinte de résultats mesurables. Ces mécanismes d'incitation sont d'excellents outils pour réduire voire annuler le risque de *holdup*. Enfin, la présence de concurrents sur le marché pour le prestataire, et la perspective de futurs contrats d'externalisation (soit avec le client, soit avec d'autres clients) sont des mécanismes performants, car ils pèsent sur la réputation future du prestataire, et donc sur la valeur future de son chiffre d'affaires.

MINI-CAS

Fisher Body vs General Motors : un cas historique

L'exemple du cas Fisher Body/General Motors a été abondamment analysé dans la littérature économique. Fisher Body (FB) était un équipementier, et General Motors (GM) un constructeur d'automobiles.
1919 : General Motors signe un contrat avec Fisher Body pour la fourniture de carrosseries métalliques. FB est contraint d'investir dans des outils et équipements spécifiques ; de ce fait, FB craint l'opportunisme de GM, et exige donc un contrat de long terme (dix ans). GM craint, de son côté, l'opportunisme de FB dans la fixation du prix une fois le contrat signé, alors GM exige la clause de la nation la plus favorisée (ce qui correspond au droit d'exiger des conditions commerciales meilleures que n'importe quel autre client que FB pourrait trouver).
Le taux de marge sur coûts variables, prédéfini au contrat, était de 17,6 %. Le prix était donc fixé en fonction des coûts variables qui couvraient en particulier la masse salariale, les matières premières, et les coûts de transport pour la livraison. Cependant, le contrat était incomplet (tout n'avait pas été prévu).
En effet, GM a connu une évolution technologique de ses besoins si forte que, si FB représentait 10 % de ses besoins en 1919, FB atteignait 65 % des besoins de GM en 1926. Malheureusement, le mode de fixation du prix incitait fortement FB à utiliser une technique peu efficiente et très intensive en travail (la main-d'œuvre est un coût variable, les matières premières et le transport aussi) ; FB refusa donc de faire de nouveaux investissements plus capitalistiques et resta localisé loin des usines GM (le coût du transport était supporté par le client).
En 1926, GM décida de s'intégrer verticalement dans les carrosseries métalliques en prenant le contrôle capitalistique de FB.
Ce cas souligne l'intérêt de l'intégration verticale face à l'opportunisme.

Questions

1) Pourquoi GM avait-il signé ce contrat avec FB au lieu de s'intégrer verticalement dès le départ ?
2) En quoi consiste le *holdup* dans ce cas ?
3) Pourquoi GM a-t-il pris le contrôle de FB ? Était-ce la seule solution ? Quels sont les inconvénients de cette décision ?

La perte de contrôle et d'information

Une entreprise qui externalise doit apprécier les risques de perte d'informations relatives à l'activité concernée. Ainsi, une société ayant externalisé son centre d'appels, voire son centre de relation clientèle, encourt un risque élevé de ne pas y accéder correctement, et de ne pas pouvoir traiter ces informations, pourtant essentielles à sa connaissance des comportements d'achat de ses clients. Par exemple, le retour client sur les problèmes rencontrés ou les types de pannes représente des sources d'amélioration pour un produit technologique et est susceptible d'aider à améliorer la conception du produit. Ainsi, la société Dell reste très attentive à ce que les informations recueillies par les centres d'appels externalisés (au Maroc, par exemple) soient formalisées et consolidées dans des bases d'informations qui demeurent sa propriété exclusive.
De même, une société qui externalise une partie de sa recherche prend un risque élevé de ne pas avoir accès aux processus de recherche, aux informations relatives

aux essais, et enfin de ne pas garantir ses droits de propriété sur les résultats. Par exemple, de nombreux laboratoires pharmaceutiques occidentaux signent depuis 2007 des contrats pour externaliser une partie de leur recherche, en particulier en Inde et en Chine. Parmi les sociétés pharmaceutiques qui ont externalisé une partie de leur R&D en Inde on peut citer : Merck avec Ranbaxy sur les antibiotiques, et avec Advinus pour le diabète ; de Forest Labs avec Jubilant et Aurigene sur l'obésité ; d'Eli Lilly avec Suven sur les maladies du cerveau et avec Piramal. Il est intéressant de constater que, par exemple, Jubilant a signé des contrats avec pas moins de cinq importants laboratoires dont Eli Lilly, Amgen, et Forest Labs. Prévenir toute fuite d'informations sensibles vers la concurrence, parce que les résultats de recherche obtenus auront un impact considérable sur la date de lancement d'un nouveau médicament est donc essentiel en cas d'externalisation.

En conclusion, deux tendances de fond dominent la question des formes organisationnelles adoptées par les entreprises. Premièrement, l'intégration verticale tend à reculer au bénéfice de formes alternatives comme les contrats de long terme, la quasi-intégration ou la franchise. La dé-intégration est forte et croissante. Deuxièmement, l'externalisation concerne un nombre croissant d'activités continuant à contribuer à l'avantage concurrentiel des entreprises, et possédant un certain niveau de spécificité. Cette tendance en fait un choix stratégique à part entière. Toutefois, il faut noter que ce choix possède un caractère assez irréversible, car les cas de ré-internalisation sont peu fréquents. Par contre, la mise en concurrence et le remplacement d'un prestataire par un autre ne sont pas rares. Des formes organisationnelles modernes et nouvelles sont utilisées par les entreprises pour faire face aux défis du contrôle de la valeur ajoutée, pour gérer l'accès aux différentes expertises fortement spécialisées, et pour gérer la forte dispersion d'une marque à l'international.

LES POINTS CLÉS

- Les trois raisons principales de recourir à l'intégration verticale sont :
  - renforcer son business model dans l'activité existante ;
  - accéder à une ressource ou à un actif rare et spécifique ;
  - contrôler une activité amont ou aval qui crée de la valeur ajoutée.

- L'intégration verticale *amont* consiste à entrer dans une activité qui produit des facteurs, de la technologie ou des matières premières qui sont ensuite incorporés dans l'activité d'origine de l'entreprise.

- L'intégration verticale *aval* conduit l'entreprise à prendre le contrôle d'une activité qui utilise, distribue ou vend ses produits ou services.

- Une entreprise est totalement intégrée quand elle couvre la totalité des stades d'une filière ou d'un business system : c'est l'*intégration verticale complète*.

- L'intégration *partielle* fait référence à une intégration verticale qui ne couvre que l'amont ou l'aval d'une filière.

- L'intégration *profilée* est une situation dans laquelle une entreprise recourt simultanément à deux types d'organisation différents pour un même stade de la filière ou un même maillon de la chaîne de valeur. Exemples : production intégrée et fournisseur ; distribution intégrée et franchise.

- La théorie des coûts de transaction est une théorie dominante pour expliquer l'intégration verticale. Dans cette théorie, l'intégration verticale résulte principalement de la spécificité des actifs.

- L'un des principaux avantages de l'intégration verticale est de mieux coordonner les activités à différents stades de la filière de production.

- L'intégration verticale améliore la cohérence de la stratégie et de sa mise en œuvre. Elle permet de :
  - favoriser les investissements dans des actifs spécialisés ou spécifiques ;
  - améliorer la qualité des produits et services ;
  - mieux gérer les impératifs et calendriers.

- Les trois limites principales de l'intégration verticale sont :
  - l'alourdissement des coûts ;
  - le manque de flexibilité face aux changements technologiques ;
  - le caractère imprévisible de la demande.

- L'externalisation correspond à la décision de confier des activités à un prestataire, sous la forme d'un contrat de moyen ou de long terme. C'est un choix stratégique car elle transforme le *business model*.

- Les quatre principales raisons de recourir à l'externalisation sont : la baisse des coûts opérationnels ; le recentrage sur le cœur de métier ; l'accès à une expertise externe ; la flexibilité.

- Les risques associés à l'externalisation sont d'une part le risque de *holdup* et de dépendance, d'autre part la perte de contrôle et d'information.

QUIZ

1. Quelles sont les principales raisons qui motivent une intégration verticale ?

a. La maîtrise complète de la chaîne de valeur qui permet de mieux servir le client, de la conception à la distribution du produit.

b. Le contrôle d'activités créatrices de valeur et l'accès à des ressources rares.

c. L'élimination d'un concurrent gênant et la création de rentes monopolistiques.

2. Comment mesure-t-on la valeur ajoutée par une entreprise ?

a. En soustrayant le montant des consommations intermédiaires du chiffre d'affaires.

b. En additionnant le chiffre d'affaires de chaque *business unit*.

c. En déduisant la taxe sur la valeur ajoutée du montant du chiffre d'affaires.

3. Dans la théorie des coûts de transaction, la décision d'intégrer une activité en interne plutôt que de passer par le marché dépend des trois facteurs suivants :

a. La spécificité des actifs, l'incertitude et la fréquence des transactions.

b. La gouvernance, le coût de transaction et l'incertitude.

c. La fréquence, l'incertitude et l'opportunisme.

4. La mise en concurrence d'agences commerciales détenues en propre et d'agences franchisées répond à une logique d'intégration :

a. Complète.

b. Partielle.

c. Profilée.

5. La valeur d'un actif dit spécifique ou spécialisé :

a. Diminue fortement quand l'actif est utilisé à un usage différent de celui auquel il est destiné.

b. Est fortement liée à la technologie employée par l'actif.

c. Croît avec le degré de spécialisation de l'entreprise qui l'utilise.

6. Lequel de ces bénéfices stratégiques peut-on attendre de l'intégration verticale ?

a. Un renforcement de l'image de marque.

b. Un effet volume sur les achats qui réduit les coûts des matières premières.

c. Une amélioration de la qualité des produits et services.

7. Pourquoi l'intégration verticale ne permet-elle pas toujours de réduire les coûts ?

a. L'intégration verticale réduit les incitations à améliorer la productivité et la performance économique.

b. L'intégration verticale élimine les intermédiaires qui prélèvent des marges excessives.
c. L'intégration verticale augmente la pression sur les salaires et contraint à octroyer des augmentations à un plus grand nombre d'employés.

8. Le mécanisme d' « échange d'otages » permet de sécuriser un contrat à long terme par l'échange :
a. De lettres d'engagement confidentielles utilisables en cas de défection d'une des parties.
b. D'engagements contractuels réciproques entre les parties.
c. D'employés de chacune des entreprises impliquées.

9. Pour une entreprise, externaliser consiste à :
a. Délocaliser une activité dans une zone géographique à bas coûts.
b. Confier une activité de la chaîne de valeur à une autre entreprise.
c. Découper l'entreprise en filiales indépendantes du siège.

10. Dans le cadre d'une relation contractuelle de long terme, il y a *holdup* quand :
a. L'entreprise qui externalise perd le contrôle de l'information relative aux activités gérées par son partenaire.
b. Une situation non prévue par le contrat est exploitée de manière opportuniste par une des parties.
c. Une organisation liée au crime organisé tente de s'immiscer dans les activités des entreprises partenaires.

Réponses : 1.b, 2.a, 3.a, 4.c, 5.a, 6.c, 7.a, 8.b, 9.b, 10.b

12 LA STRATÉGIE DANS LES SERVICES[1]

La réflexion en stratégie telle que nous l'avons présentée et discutée jusqu'à présent dans ce livre est pour l'essentiel issue d'une observation des activités manufacturières. Et pourtant, dans les pays développés, les activités industrielles ne représentent plus qu'une part très minoritaire de l'ensemble de l'activité économique. Ce sont aujourd'hui les activités de service qui sont à l'origine de la grande majorité de la richesse créée. De plus, tant dans les pays développés que dans les pays émergents, la part des services dans l'économie ne cesse de croître. Le tableau 12.1 ci-dessous indique la part des services dans l'économie au niveau mondial et dans quelques pays, ainsi que son évolution au cours du temps.

Tableau 12.1 La part des activités de services dans le PIB

	Monde	Pays développés	États-Unis	France	Allemagne	Royaume-Uni	Pays en développement	Chine	Inde
1971	53,6 %	56,1 %	62,0 %	57,2 %	49,8 %	54,0 %	44,3 %	23,8 %	37,8 %
1981	56,3 %	59,3 %	62,8 %	63,6 %	57,6 %	56,0 %	45,3 %	21,8 %	40,1 %
1991	62,6 %	64,9 %	71,5 %	69,9 %	62,0 %	65,1 %	50,3 %	33,4 %	44,6 %
2001	68,2 %	71,3 %	75,8 %	74,7 %	69,0 %	71,9 %	53,8 %	40,7 %	51,5 %
2005	69,0 %	72,4 %	76,0 %	77,0 %	69,7 %	74,8 %	52,1 %	39,9 %	54,1 %

Source : Banque mondiale.

Or, si la plupart des grands principes qui fondent le raisonnement stratégique s'appliquent à toute activité économique, les services n'en présentent pas moins des caractéristiques particulières qui justifient un examen séparé. De plus, comme nous le verrons un peu plus loin, la distinction produit/service ou activité manufacturière/activité de service n'est pas aussi claire qu'il y paraît de prime abord : la très grande majorité des secteurs économiques combinent produits et services dans des

1. Ce chapitre a été rédigé avec le soutien de la chaire HEC/Accor-Air France-SNCF sur le « Management des services ».

proportions variables. Et dans beaucoup de secteurs, l'essentiel de la croissance vient bien davantage de l'augmentation des ventes de services associés aux produits que d'une croissance des ventes de produits eux-mêmes, ce qui peut exiger des entreprises des ajustements de leur stratégie. Surtout, une part importante de l'innovation dans de nombreux secteurs porte sur ces services associés plus que sur les produits, ce qui fait des services une composante déterminante de l'avantage concurrentiel.

1 En quoi les services sont-ils différents des produits ?

La distinction entre produits et services a interpellé les économistes pratiquement depuis que la science économique existe (voir l'encadré « Fondements théoriques » sur « la distinction produit/service vue par les économistes »). On peut définir un service comme une prestation fournie par une partie à une autre[1] alors qu'un produit est un bien matériel vendu par une partie à une autre. Ce qui distingue fondamentalement un produit d'un service, c'est que, dans un produit, toutes les prestations qui font l'objet de la transaction entre le fournisseur du produit et son client sont en fait matérialisées dans le produit lui-même ; en d'autres termes, le client ignore tout des conditions dans lesquelles un ensemble de prestations souvent très diverses organisées par le fournisseur a permis d'aboutir au produit considéré ; la valeur pour ce client de l'offre du fournisseur est tout entière contenue dans le produit lui-même. À l'inverse, dans un service, la transaction porte sur une ou plusieurs prestations dont le client ne pourra juger avec exactitude de la valeur qu'elles ont pour lui qu'une fois la ou les prestations fournies. D'un point de vue plus pratique, cette distinction entre produits et services est fondée, d'une part, sur le caractère tangible ou intangible de ce qui est échangé et, d'autre part, sur le fait qu'une transaction portant sur un produit donne lieu à un transfert de propriété entre les parties, alors qu'une transaction sur un service ne donne lieu à aucun transfert de propriété. Ainsi, une automobile ou une bouteille d'eau minérale sont des biens tangibles quand une coupe de cheveux, une mission de conseil ou un voyage en train sont eux intangibles. Par ailleurs, lorsqu'un client achète une voiture à un concessionnaire, la transaction porte sur le transfert de la propriété de cette voiture du concessionnaire au client. En revanche, la transaction entre le coiffeur et son client, entre un cabinet de consultant et la firme cliente ou entre un voyageur et la SNCF ne s'accompagne d'aucun transfert de propriété. Beaucoup d'activités de service consistent d'ailleurs à jouer un rôle d'intermédiaire entre diverses parties et sont ainsi dématérialisées à l'extrême. C'est le cas par exemple des activités bancaires et des services financiers. Une entreprise comme Accor Services s'est ainsi créée et développée en inventant une activité originale d'intermédiation, puis en la déclinant dans des domaines divers et dans de nombreux pays (voir ci-après le Mini-cas Accor Services).

MINI-CAS

Accor Services

Accor Services est l'un des deux grands métiers du groupe Accor, mieux connu par le grand public pour être l'un des leaders mondiaux de l'hôtellerie avec ses chaînes Sofitel, Pullman, Novotel, Mercure, Ibis, Motel 6, Formule 1… Accor Services est le leader mondial des services prépayés. 30 millions de salariés dans >

1. Lovelock C., Wirtz J., Lapert D. et Munos A., 2008.

....>

plus de 40 pays et sur 5 continents utilisent ses services, dont l'emblématique Ticket Restaurant, pour un volume d'émission de près de 13 milliards d'euros en 2008.
Crée en France en 1962, le Ticket Restaurant est au départ un simple bon d'échange : une solution pour déjeuner chaque jour en dehors de l'entreprise dans le restaurant de son choix. Grâce à ce service, le salarié peut se restaurer à un prix raisonnable puisque son employeur participe au coût du repas. Ce dernier fait coup double en bénéficiant d'exonérations de charges sociales et fiscales incitatives, tout en contribuant à la satisfaction de ses salariés, qui eux profitent d'un surcroît de pouvoir d'achat également exonéré. Au bout de la chaîne, les restaurateurs affiliés au Ticket Restaurant y gagnent une clientèle additionnelle, régulière et fidèle. Le Ticket Restaurant a ensuite été décliné sous forme de Ticket Alimentation, inventé pour la première fois au Brésil à la fin des années 1970, et étendu par la suite aux principaux pays d'Amérique Latine. Fonctionnant sur le même modèle que le Ticket Restaurant, il permet aux salariés d'acheter des produits alimentaires et donc de nourrir des familles entières. Au-delà des solutions alimentaires, Accor Services s'est plus tard développé dans les services à la personne avec par exemple les CESU en France (Chèque Emploi Service Universel, un système de prise en charge partielle par l'État des coûts des services à la personne) ou les Childcare Vouchers au Royaume-Uni (un système de prise en charge partielle par l'employeur de la garde d'enfants). Accor Services a également innové dans les outils de récompenses et de fidélisation des salariés ou des forces de vente en créant de nombreux système de chèques cadeaux dans de nombreux pays et a racheté les solutions Kadéos en France.
Le modèle économique des services prépayés nécessite peu d'investissements et comporte pour le prestataire quatre sources de revenus : l'entreprise cliente, acheteur du service auprès de Accor Services, le marchant affilié qui paie une commission d'apporteur d'affaires à Accor Services, les intérêts financiers que perçoit Accor Services sur les avances de trésorerie et, le cas échéant, la valeur des titres perdus ou périmés qui bénéficie à Accor Services. Une première caractéristique singulière des services prépayés, c'est que, s'ils sont vendus une fois, ils bénéficient à plusieurs parties prenantes. Pour chaque vente, il y a bien un acheteur (l'entreprise), mais trois partenaires qui sont autant de bénéficiaires : de Accor Services à l'entreprise, de l'employeur à l'employé, du salarié au commerçant affilié et enfin, pour boucler la boucle, de l'affilié à Accor Services. Une deuxième caractéristique de ce service est l'importance de la confiance. Accor Services joue en effet le rôle de tiers de confiance et se porte garant de la transaction, de l'échange entre toutes les parties pour lesquelles la confiance réciproque ne va pas forcément de soi. D'une certaine façon, l'activité d'Accor Services constitue un service (le prépaiement et les avantages fiscaux qui lui sont associés) appliqué à des services (la restauration, les services à la personne, la garde d'enfants, etc.).
Le système des services prépayés, parfaitement intangible dans son principe, est en fait matérialisé par un support, le carnet de tickets ou, de plus en plus, par une carte prépayée. Accor Services parle d'ailleurs plus volontiers de « produit » que de « service » pour évoquer les Tickets Restaurant ou autres titres. Ce choix n'est pas anodin et révèle en fait une organisation plus industrielle qu'on ne le croit souvent. Derrière chaque carnet de tickets, il y a des titres papier hautement sécurisés et une logistique de livraison complexe. Derrière chaque carte prépayée, il y a beaucoup d'innovation technologique permettant à Accor Services de créer des relations commerciales très personnalisées. C'est pourquoi certains analystes parlent, à propos de Accor Services et de ses prestations, de « monnaie relationnelle »...
Un quart des transactions sont désormais électroniques. Les nouvelles technologies – cartes, internet, téléphonie mobile... – vont dématérialiser encore plus les services prépayés.
Accor Services a connu une croissance quasi ininterrompue depuis le lancement du Ticket Restaurant au début des années 1960, par la diversification des services

>

....>

proposés ainsi que par l'extension géographique, en Europe et en Amérique latine d'abord, et plus récemment aux États-Unis et en Asie.

Questions

1) Que vend Accor Services ? Pourquoi s'agit-il de services et non de produits ?
2) Quel est le modèle économique de Accor Services ? D'où l'entreprise tire-t-elle sa rentabilité ?

Là où la distinction entre produit et service se complique, c'est que la fourniture d'un même bien peut être considérée soit comme une prestation de service soit comme une fourniture de produit selon la nature de la transaction entre les parties. Une automobile – incontestablement un bien tangible – fera l'objet d'un service si au lieu d'être achetée par le client elle est louée ; dans ce cas, il n'y a pas transfert de propriété de la voiture et la qualité de la prestation se jugera tout au long de la relation prévue par le contrat de location. Notons en outre que dans ce cas, la transaction sur le produit – l'automobile achetée – et la transaction sur le service – la location de la voiture – peuvent concerner les deux mêmes parties (le concessionnaire et le client) si au lieu d'acheter la voiture le client choisit un contrat de leasing sur plusieurs années avec une option d'achat en fin de contrat. Par ailleurs, beaucoup de transactions portent simultanément sur des biens tangibles, qui donnent lieu à un transfert de propriété, et sur des objets intangibles sans transfert de propriété. C'est le cas par exemple lorsque l'on achète une automobile couverte par une garantie : le véhicule lui-même est un objet tangible et voit sa propriété transférée, alors que la garantie, qui est partie intégrante de la transaction, n'est pas tangible et ne fait l'objet d'aucun transfert de propriété, mais est une prestation que le vendeur s'engage à assurer, c'est-à-dire un service.

Fondements théoriques

La distinction produit/service vue par les économistes

Les économistes ont traditionnellement distingué trois grands secteurs d'activité économique :

> le secteur primaire, dans lequel des biens matériels sont produits par transformation directe de ressources naturelles ; appartiennent notamment au secteur primaire les activités agricoles et minières ;

> le secteur secondaire, dans lequel des biens matériels sont produits par transformation d'autres biens matériels ;

> le secteur tertiaire, celui des services, dans lequel il n'y a ni production ni transformation de biens matériels.

Une telle catégorisation était déjà utilisée par Adam Smith, Jean-Baptiste Say ou Karl Marx. Il est intéressant de remarquer que le secteur des services n'est ainsi défini que de manière négative : sont des services toutes les activités qui n'appartiennent ni au secteur primaire, ni au secteur secondaire[1]. Cela traduit le peu d'intérêt que, jusqu'à une période récente, les économistes ont porté aux activités de service.
Ce qui n'a rien d'étonnant lorsque l'on sait que pendant très longtemps ces mêmes économistes ont considéré que les services n'étaient pas des activités productrices de richesse. En effet, Adam Smith comme Karl Marx, définissait la « richesse » comme étant du travail accumulé sous forme de biens susceptibles d'être possédés. Pour Karl Marx, les services, qui vivent aux dépens de l'économie réelle mais ne participent pas à la création de richesse, constituent même des activités « parasites »[2]. >

1. Illeris S., 2007.
2. Laufer R., 1995.

····> Ce n'est qu'à partir des années 1970 et de la stagnation, voire du déclin, des activités industrielles dans les pays développés que les économistes se sont intéressés de plus près aux services. Ce faisant, ils ont remarqué que si les besoins humains élémentaires (se nourrir, se vêtir, se loger, etc.) sont satisfaits principalement par la production de biens matériels, la demande de services tend à croître de manière exponentielle avec l'élévation du niveau de vie. Ils ont aussi noté la très grande hétérogénéité des services ; en particulier, les activités de services tendent à créer à la fois les emplois les plus qualifiés (dans la recherche, la création culturelle et artistique, et plus généralement dans toutes les activités à fort contenu de connaissances comme la médecine, la finance, la gestion, etc.) mais aussi les emplois les moins qualifiés (comme les services à la personne, les services de nettoyage, ou les activités administratives de base). Les économistes distinguent très souvent les services marchands (transports, activités culturelles, loisirs, services aux entreprises) des services publics non-marchands (sécurité, éducation, santé…) ; malheureusement, ce qui est marchand dans un pays ou à une époque peut être public dans d'autres pays ou dans le même pays mais à une autre époque. Enfin, sur la question de la création de richesse, plus aucun économiste ne considère que les services en général ne contribuent en rien à la création de richesse ; néanmoins, ils reconnaissent aussi qu'un accroissement de la production de certains services n'accroît pas nécessairement la richesse collective : ainsi, davantage de transports collectifs rendus nécessaires par l'éloignement croissant du domicile et du lieu de travail ou par la saturation des infrastructures, c'est-à-dire les embouteillages, ne peut raisonnablement s'interpréter comme un accroissement de richesse.

Du fait de leur caractère polymorphe, définir précisément ce que sont les activités de service n'est pas aisé. La définition de ces activités n'a d'ailleurs guère progressé par rapport à la définition « négative » traditionnelle donnée plus haut. Une définition « positive » récente décrit un service de la manière suivante : « lorsqu'une entité A qui possède ou contrôle une capacité humaine ou technique vend à une entité B le droit d'utiliser cette capacité de manière temporaire afin de produire un effet bénéfique sur un agent C ou sur des biens possédés par C »[1]. Reconnaissons que cette définition n'est ni très intuitive, ni très concise !

La distinction que nous venons d'expliciter entre produits et services induit toute un ensemble de différences dans le fonctionnement des activités de service lorsqu'on les compare aux activités manufacturières. Ces différences ont à leur tour d'importantes conséquences sur la façon dont la concurrence va se jouer dans les activités de service, sur les enjeux stratégiques principaux qu'affrontent les entreprises de service, sur la façon dont ces entreprises peuvent se créer un avantage concurrentiel et enfin sur les principales sources de cet avantage concurrentiel.

Les caractéristiques spécifiques que l'on retrouve, à des degrés divers, dans beaucoup de services et qui affectent la concurrence dans ces activités ainsi que les stratégies possibles pour les entreprises de ces secteurs sont :

> le caractère indissociable de la production et de la consommation des services et, de ce fait, l'impossibilité de stocker les services ;

> la présence physique fréquente des clients sur le lieu de production des services et souvent même la participation des clients à la production des services ;

> la place souvent essentielle des ressources humaines dans la fourniture de services, ce qui, associé au caractère indissociable de leur production et de leur consommation, rend difficile la standardisation des services fournis.

1. Gadrey J., 2000.

2 La simultanéité de la production et de la consommation de service

Comme nous l'avons souligné plus haut, les prestations du fournisseur d'un produit sont entièrement matérialisées dans ce produit. Le fournisseur peut donc mettre en œuvre ces prestations (la conception et la fabrication du produit) à un moment donné puis transférer la propriété du produit au client ultérieurement, et ce client peut ensuite utiliser le produit pendant une durée plus ou moins longue, jusqu'à la destruction du produit ou la cession de sa propriété à un tiers. Un service, à l'inverse, n'est pas matérialisé dans un bien tangible dont la propriété peut être transférée du fournisseur au client. De ce fait, un service est inévitablement consommé par le client au fur et à mesure de sa production par le fournisseur. Un client bénéficie du service qu'il achète à son coiffeur pendant que ce dernier lui coupe les cheveux ; un client bénéficie des services de sa banque alors même que celle-ci fait fructifier ses économies ou met à sa disposition un prêt ; un voyageur consomme un trajet en avion pendant que la compagnie aérienne fait desservir une destination donnée par un équipage pilotant l'un de ses appareils. Cette observation, somme toute triviale, a une conséquence majeure : le fournisseur d'un service ne peut accumuler sa production pour la vendre à une date ultérieure, ni fournir des prestations à l'avance et ainsi créer des stocks pour faire face aux fluctuations futures de la demande. Dans les activités de service, toute production qui n'est pas simultanément consommée est irrémédiablement perdue. Et une entreprise qui ne peut produire pour satisfaire une demande de service lorsque cette demande se manifeste, faute de capacité disponible à ce moment précis, verra cette vente lui échapper, sauf si le client accepte de différer sa consommation. Pire encore, le client qui refuserait de différer sa consommation du service en question n'aurait d'autre recours que de réorienter son achat vers un concurrent avec toutes les conséquences en termes de fidélisation que cela implique souvent.

Cette impossibilité à stocker les services explique que l'une des clés du succès dans ces activités soit la capacité à ajuster de manière à la fois instantanée et continue l'offre à la demande, c'est-à-dire la production du service à sa demande. Or, comme l'offre se réduit à la production de l'instant, sans possibilité de stocker ou de déstocker, c'est la capacité de production elle-même qu'il est critique d'ajuster au mieux à la demande – et à ses fluctuations - tout au long de l'année. C'est la raison pour laquelle les entreprises de service utilisent, lorsqu'elles le peuvent, des personnels intérimaires ou employés à temps partiel pour faire face aux pics de consommation. Les grandes surfaces, par exemple, ont recours massivement à des caissiers ou caissières à temps partiel pour mieux servir les clients lors des jours et heures d'affluence en début de soirée ou le samedi. De manière similaire, la SNCF remet en service des équipements obsolètes lors des grands départs ou retour de vacances pour pouvoir servir davantage de clients. Cependant, de tels ajustements momentanés de la capacité de production, qu'il s'agisse des ressources humaines ou des installations et équipements, ne sont en général possibles que de manière limitée et ont souvent, comme nous le verrons ci-dessous, des effets négatifs sur la qualité de service.

Lorsque ajuster la capacité de production est insuffisant ou a des effets négatifs trop importants, les entreprises de service peuvent chercher à influer sur le niveau de la demande pour tenter de le faire coller d'aussi près que possible à la capacité de production disponible. En jouant sur l'élasticité de la demande au prix, beaucoup d'entreprises de service cherchent ainsi à optimiser l'utilisation de leur capacité de production. C'est la raison pour laquelle il est très fréquent de trouver exactement le même service proposé par la même entreprise, mais à des niveaux de prix sensiblement différents selon la période à laquelle on souhaite en bénéficier. Qui n'a pas profité un jour de la « happy hour » dans un bar ou café, d'une réduction au cinéma en milieu de semaine, de vacances à prix bradés « hors période de congés scolaires » ou de réductions sur les entrées à Disneyland ou Parc Astérix en novembre ? Ce système d'influence sur la demande pour adapter celle-ci au mieux à la capacité disponible a d'ailleurs été poussé à des niveaux de sophistication extrêmes, d'abord par les compagnies aériennes puis par de nombreux autres fournisseurs de services, sous le nom de *yield management*[1].

EN PRATIQUE

Le *yield management*

Le *yield management*, que l'on pourrait traduire en français par « l'optimisation du revenu pour un niveau de capacité donné » ou plus synthétiquement par le « management du rendement », est une technique qui s'est largement répandue dans les entreprises de service depuis les années 1980. Le but de cette méthode est de parvenir à générer le chiffre d'affaires le plus élevé possible sur la base d'une capacité disponible donnée, par exemple le nombre de sièges offerts sur un vol ou le nombre de chambres disponibles dans un hôtel. Cette technique est pertinente lorsque :

> la capacité de service disponible est fixe ; en d'autres termes, on ne peut facilement satisfaire une demande supplémentaire en accroissant instantanément l'offre ; dans une telle situation, l'entreprise doit « gérer la pénurie » au mieux pour tirer le maximum de contribution de la capacité dont elle dispose ;

> les coûts du service sont pour l'essentiel fixes ; dans ces conditions, il est toujours préférable d'accepter un client payant supplémentaire, quel que soit le prix auquel le service lui est vendu – pourvu que ce prix soit supérieur aux coûts variables supportés pour servir ce client – que de laisser se perdre une partie de la capacité disponible ;

> l'élasticité au prix est suffisante pour que l'on puisse accroître sensiblement le niveau de la demande en réduisant le prix ;

> il est possible de « discriminer » entre plusieurs catégories de clients à qui l'on fera payer des prix différents.

L'objectif d'un bon système de *yield management* est de faire payer à chaque client un prix qui soit aussi élevé que possible, c'est-à-dire qui soit le plus proche possible de la valeur qu'il attribue au service, de sa *willingness to pay*. En contradiction avec l'approche économique classique qui voudrait que de la confrontation de l'offre et de la demande émerge un prix de marché qui s'impose à tous, tout l'art du *yield management* consiste à trouver des moyens pour que les différentes « tranches » de services ne soient pas substituables entre elles et ne donnent donc pas lieu à la formation d'un prix unique.

Dans la pratique, on va découper l'offre du service considéré en tranches distinctes correspondant à des catégories de clients dont on sait qu'ils sont disposés à payer des niveaux de prix sensiblement différents (par exemple, les voyageurs d'affaires et les touristes). On va ensuite estimer le niveau de demande émanant du groupe disposé à payer le prix le plus élevé (les voyageurs d'affaires) puis réserver à ce groupe la part de la capacité correspondante. On va ensuite déterminer le >

1. Lovelock C., Wirtz J., Lapert D. et Munos A., 2008 ; Capiez A., 2003.

····>

prix maximum que l'on pourra faire payer au deuxième groupe de clients (les touristes) tout en saturant la capacité disponible. Il faut ensuite trouver un mécanisme de « discrimination » qui empêche les clients disposés à payer le plus (les voyageurs d'affaires) de profiter des prix offerts aux clients les plus sensibles au prix (les touristes). Pour cela, on pourra créer des barrières physiques (une classe affaires différente d'une classe économique), introduire des différences dans le mode de transaction (réservation obligatoire avant une certaine date, frais d'annulation ou de modification, ce qui est pénalisant pour les voyageurs d'affaires), dans le type de consommation (séjour d'au moins une semaine, obligation de passer la nuit du samedi au dimanche au lieu de destination, qui sont deux conditions en général dissuasives pour des voyageurs d'affaires) ou encore dans les caractéristiques de l'acheteur (moins de 25 ans, ou plus de 65 ans, deux catégories dans lesquelles les voyageurs d'affaires sont peu fréquents). Dans la réalité, il est courant de définir beaucoup plus de catégories – et donc de niveaux de prix – que les deux mentionnées ci-dessus : par exemple, il n'est pas rare pour une compagnie aérienne de proposer 10 à 15 catégories de prix avec des conditions d'utilisation ou des dates de réservations différentes. Pour qu'un tel système fonctionne correctement, l'entreprise doit disposer d'une information très détaillée sur ses clients ainsi que de prévisions fiables sur le niveau de la demande à tout moment. C'est sur cette base qu'elle pourra décider du nombre de niveaux de prix à proposer, de la taille des « tranches » de capacité disponible à réserver à chaque catégorie de clients et à chaque niveau de prix, des mécanismes de « discrimination » les plus efficaces pour empêcher les clients d'une catégorie de profiter des prix plus faibles proposés aux autres catégories, etc. Ensuite, l'entreprise pourra modifier la taille des diverses tranches en fonction de l'évolution de la demande réelle : si les réservations dans les niveaux de prix les plus élevés sont supérieures aux prévisions, on pourra accroître la taille des places allouées aux tranches correspondantes, au détriment des tranches de prix plus faibles ; si au contraire les réservations réelles à un certain moment sont inférieures aux prévisions on libérera davantage de places accessibles à des prix plus faibles.

De tels systèmes de *yield management* sont aujourd'hui couramment utilisés dans des activités de services comme le transport aérien (voir le Mini-cas le « *revenue management* à Air France » ci-après), le transport ferroviaire, l'hôtellerie, la location de voiture, etc. En revanche, des tentatives pour appliquer un système de *yield management* aux salles de cinéma ont échoué faute d'une élasticité aux prix suffisante.

Ce comportement de l'entreprise, qui consiste à faire varier le prix d'un même service en fonction des dates, des types de clients ou des conditions d'utilisation soulève des questions intéressantes du point de vue de la stratégie. Si les deux composantes de l'avantage concurrentiel – coût et valeur perçue par le client ou *willingness to pay* – restent pertinentes dans les services comme dans les autres activités économiques, elles n'en prennent pas moins des aspects assez particuliers.

Du côté de l'avantage de coût tout d'abord, beaucoup d'activités de service se caractérisent par le fait que les coûts sont pour l'essentiel fixes et liés à la capacité de production de l'entreprise. En effet, comme nous le verrons plus loin, une partie très significative des coûts est constituée par des coûts de personnel auxquels se rajoute l'amortissement des équipements nécessaires pour fournir le service. Et même si l'on peut faire fluctuer le nombre d'employés pour faire face aux variations de la demande, l'amplitude de l'ajustement possible est limitée par les lois sociales dans beaucoup de pays, mais aussi par le besoin de conserver suffisamment de personnel stable pour assurer un service de qualité. Dans la plupart des services, les coûts véritablement variables – les produits capillaires chez un coiffeur, les frais de déplacement dans un cabinet de conseil ou même les produits alimentaires pour un restaurant –

ne représentent qu'une part faible des coûts totaux. De plus, même une partie des fournitures, que l'on considère habituellement comme des coûts variables dans d'autres activités, sont en fait fixes dans les services pour un niveau d'offre donné : le carburant pour faire voler un avion est un coût fixe au niveau du vol considéré dès lors que l'on décide d'assurer une desserte, quel que soit le nombre de passagers à bord du vol, et même si ces coûts de carburants varient avec le nombre de vols opérés par la compagnie aérienne.

Du fait de cette particularité, le niveau des coûts unitaires – seuls pertinents dans une perspective de concurrence – dans les services dépend en fait beaucoup plus du taux d'utilisation de la capacité disponible que de la valeur absolue des coûts, fixes pour l'essentiel, supportés par l'entreprise. C'est la raison pour laquelle les entreprises de services déploient autant d'effort pour assurer une utilisation maximale de la capacité de production disponible. Dans les activités manufacturières, la part des coûts fixes tend à être moindre et, surtout, l'entreprise peut décider d'optimiser sa production en fonction de sa capacité installée, indépendamment du moment où la demande s'exprime. En effet, le stockage et le déstockage permettent de faire face aux fluctuations de la demande tout en gardant un niveau de production optimisé, grâce auquel les coûts de production sont minimisés. Il suffit que sur le long terme, l'offre et la demande s'ajustent. Et si ce n'est pas le cas, l'entreprise pourra dans la durée soit réduire, soit augmenter sa capacité de production pour réaliser cet ajustement. Ainsi, les fabricants de jouets produisent toute l'année pour constituer des stocks qu'ils écouleront sur seulement six à huit semaines autour de Noël, cette période de l'année concentrant entre 70 % et 80 % de la demande dans la plupart des pays occidentaux. Dans les services en revanche, l'ajustement doit être instantané et permanent !

Du côté de la *willingness to pay*, le défi auquel doivent faire face beaucoup d'entreprises de service est d'optimiser l'utilisation de la capacité de production disponible et pour cela d'offrir des prix attractifs à des clients qui ne consommeraient pas ledit service à un prix plus élevé, sans pour autant provoquer une baisse des prix généralisée qui rendrait pratiquement impossible une rentabilisation de l'activité. C'est là tout l'objectif des méthodes du type *yield management*. Il faut pour cela introduire des conditions d'accès aux différentes tarifications ou des nuances dans le service qui sont différemment valorisées par différents segments de clients, afin d'ajuster le prix à la *willingness to pay* de chaque catégorie de clients sans entraîner de contamination. On peut ainsi discriminer sur la base des catégories de clients : tarifs étudiants au cinéma, réductions « carte vermeille » (c'est-à-dire pour le troisième âge) ou familles nombreuses à la SNCF, etc. On peut imposer des calendriers d'utilisation durant lesquels les prix seront réduits : heures creuses, périodes « vertes », « happy hours », etc. On peut encore introduire des différences de tarifications liées aux conditions d'utilisation : réservations remboursables ou non, modifiables ou non, vendues uniquement pour des trajets aller-retour, avec ou sans week-end sur place, etc. L'ajustement de la capacité de production au niveau de la consommation étant critique, être capable de prévoir aussi longtemps à l'avance que possible la demande devient un facteur clé de succès : cela explique que beaucoup d'entreprises de service offrent des prix plus attractifs aux clients qui acceptent de réserver des prestations de manière anticipée ; elles discriminent alors en fonction de l'intervalle entre date d'achat et date de consommation.

MINI-CAS

Le *revenue management* à Air France

Air France a développé et perfectionné un système de *yield management* qui a été rebaptisé en interne *Revenue Management* pour bien rendre compte du fait que l'on cherche à optimiser la recette obtenue de chaque vol. Ce système est organisé autour de trois activités : le *pricing*, la gestion des vols, le *revenue integrity*.

1. Le rôle du service de *pricing* est de gérer la demande en définissant la politique tarifaire au départ de tous les marchés et vers toutes les destinations. Les « priceurs » doivent proposer des tarifs qui permettent de développer les marchés Loisirs, mais doivent dans le même temps protéger les recettes de la classe Affaires – qui représentent une part importante du chiffre d'affaires d'Air France – ainsi que celles en provenance des marchés les plus rémunérateurs. Enfin, ils doivent réagir aux changements externes : prix pratiqués par la concurrence, effets de la situation économique sur la demande, etc. Les « priceurs » ont à leur disposition deux outils principaux :

> la veille concurrentielle qui est essentielle pour offrir des prix bien positionnés sur les divers marchés. En raison du nombre très élevé de combinaisons possibles ville de départ/ville d'arrivée (ou O&D, Origine-Destination) et vu le nombre de classes tarifaires pour chaque compagnie en concurrence sur ces O&D , les « priceurs » d'Air France surveillent plus de 30 millions de lignes tarifaires chaque jour ;

> la segmentation de la clientèle qui permet d'offrir une gamme de produits tarifaires adaptés à chacun des segments de clients en fonction de leur sensibilité respective à différents attributs du service, notamment les contraintes de réservation, de dates, de séjours, etc.

À la différence des compagnies *low cost* qui ont recours à des systèmes de *yield management* dans lesquels les tarifs sont directement ajustés en fonction du nombre de sièges restant à vendre sur un vol donné, les compagnies dites « Major » (comme Air France) utilisent une segmentation des clients fondée sur trois éléments : les comportements d'achat, les comportements de voyage, une typologie des clients. Cette segmentation prend en compte la « valeur du temps » pour le client, sachant que cette valeur n'est pas la même pour les clients Loisirs et les clients Affaires.

Cette segmentation reconnaît également l'importance de l'immatériel dans le prix d'un billet : les tarifs les plus élevés donnent droit à une totale liberté d'utilisation. Si l'on prend l'exemple d'un trajet Paris-New York aller-retour en cabine économique, le billet Air France le moins cher en 2008 se situait autour de 400 € avec des conditions d'achat figées (achat au moins deux mois avant le départ, pas de flexibilité ni de remboursement possible). Ce tarif peut convenir pour des voyageurs Loisirs.

Dans la même cabine économique, on pouvait aussi trouver des billets à 3 500 €, totalement flexibles, sans condition d'achat, parfaitement adaptés à la clientèle Affaires. Entre ces tarifs extrêmes existait un éventail de onze classes tarifaires principales avec pour chacune des conditions d'éligibilité précises. Par exemple, toujours sur le Paris-New York aller-retour en classe économique, il existait des billets à 700 € disponibles jusqu'à sept jours avant le départ, mais avec des restrictions quant au séjour (un dimanche sur place et séjour d'une durée de moins de 3 mois), remboursables et échangeables, mais moyennant des frais.

À l'inverse, les *low cost* ont désegmenté leur offre et, si leur tarif d'appel était à 39 € en 2008 pour un vol court-courrier comme Nice-Paris, il n'était pas rare de payer 390 € pour acheter quelques jours plus tard exactement le même billet, non échangeable, non remboursable, sans aucune flexibilité supplémentaire ni aucun avantage par rapport au billet à 39 €.

>

····> **2.** Le rôle du service de la gestion des vols consiste à trier et orienter la demande en déterminant le taux de suroffre (*overbooking*) et le nombre de places disponibles à la vente par classe de réservation. Le but est de trouver le meilleur compromis entre coefficient de remplissage et recette unitaire afin de maximiser le produit des deux. On peut illustrer cette recherche de l'optimum en reprenant l'exemple du Paris-New York et en limitant à trois classes de réservation la cabine économique de 230 sièges. Trois compagnies A, B, C vont gérer leurs vols en privilégiant, pour la compagnie A, le remplissage, pour la compagnie B, la recette unitaire, pour la compagnie C, le meilleur compromis entre recette unitaire et remplissage.

	Compagnie A	Compagnie B	Compagnie C
Nombre de réservations vendues en classe L (200 €)	120	40	75
Nombre de réservations vendues en classe H (350 €)	60	65	80
Nombre de réservations vendues en classe Y (1 800 €)	30	55	50
Total de sièges vendus en cabine économique	210	160	205
Coefficient de remplissage par rapport à la capacité de 230 sièges éco	91 %	70 %	89 %
Recette unitaire (RU) RU = RT/sièges vendus	471 €	811 €	649 €
Recette totale (RT)	99 000 €	129 750 €	133 000 €

On voit dans le tableau que maximiser soit le remplissage (compagnie A) soit la recette unitaire (compagnie B) est moins efficace que trouver un compromis optimal entre ces deux critères. Cette gestion du volume de places disponibles à la vente dans les différentes classes se fait à l'aide de quatre leviers :

> **La suroffre**

L'objet de la suroffre est de compenser les « *no show* » (passagers qui ne se présentent pas bien qu'étant réservés sur un vol) par une surréservation. C'est la gestion d'un double risque : le risque de ne pas pouvoir embarquer des passagers qui sont pourtant réservés, et celui de partir avec des sièges vides. Pour Air France, les statistiques faisaient état en 2008 de 3,6 passagers sur 10 000 débarqués pour cause de suroffre. Ce chiffre de 3,6 est à comparer aux 281 sièges supplémentaires vendus grâce à cette pratique de suroffre.

> **Le mix tarifaire**

Le mix tarifaire, c'est la bonne compréhension de l'adéquation entre offre et demande. Cela consiste à allouer les quotas de places par classe de réservation en fonction de la demande attendue. Des logiciels experts permettent d'ouvrir et fermer les classes de réservation en fonction du type de demande attendue : par exemple, aux heures de pointe, la quasi-totalité de la capacité des avions court-courrier est allouée aux classes à haute contribution, alors que pour les vols de milieu de journée on permet une large ouverture des classes de réservation aux moyennes et basses contributions. >

····>

> La gestion des groupes

La gestion des tarifs appliqués aux groupes paraît étonnante si on la compare aux pratiques usuelles en matière d'achats. En effet, plus le groupe est grand, plus les tarifs sont élevés. Ceci relève pourtant d'une logique simple : le groupe doit apporter une contribution comparable à celle qu'aurait rapportée la somme des individus qui composent ce groupe. Si l'on suppose qu'il y a 20 places pour la classe la plus basse à 200 € (soit une recette attendue 20 x 200 = 4 000 €) et 20 places pour la classe immédiatement supérieure à 400 € (soit une recette attendue de 20 x 400 = 8 000 €), un groupe de 40 personnes ne doit pas rapporter moins que 4 000 + 8 000 = 12 000 €, soit un tarif moyen de 12 000/40 = 300 €. Si la classe immédiatement supérieure était de 20 places à 600 €, un groupe de 60 personnes devrait rapporter : 20 (200 + 400 + 600) = 24 000 €, soit un tarif unitaire de 24 000/60 = 400 €. Plus le groupe est grand, plus c'est cher. En effet, faire des remises plus importantes pour des quantités achetées supérieures n'a de sens que si l'on peut augmenter la quantité produite. Or, dans le transport aérien, les quantités produites sont limitées : le but n'est donc pas d'en vendre plus, mais de mieux vendre, c'est-à-dire plus cher.

> La gestion par O&D (origine-destination)

Le principe de cette « gestion O&D » consiste à arbitrer entre un passager sur un vol point à point (sans correspondance) et un passager sur un parcours comprenant plusieurs tronçons sur le réseau Air France, en traitant les demandes en fonction de leur plus-value économique sur l'ensemble du réseau. Prenons l'exemple de deux passagers souhaitant réserver sur un vol au départ de Madrid le même jour : M. Gonzalez est prêt à payer 261 € pour aller de Madrid à Paris tandis que M. Chen est prêt à payer 430 € pour aller à Bangkok, via Paris. S'il ne reste qu'une seule place à bord du vol Madrid-Paris mais qu'il reste plusieurs places sur le vol Paris-Bangkok, c'est M. Chen que l'on prendra car sa contribution au réseau sera de 430 € contre seulement 261 € pour M. Gonzalez. Des systèmes experts puissants permettent aux analystes du *revenue management* d'Air France de procéder à ces arbitrages sur l'ensemble du réseau. Ils opèrent grâce à des calculs de prix planchers. Ces arbitrages sont faits en sachant qu'un parcours O&D de deux tronçons ne peut être vendu en dessous de la somme arithmétique des deux prix planchers qui correspondent à ce parcours.
Les quatre leviers qui viennent d'être évoqués sont pilotés simultanément et durant toute la vie d'un vol, de l'ouverture à la réservation jusqu'au décollage de l'avion, ce qui, pour les vols long-courrier, peut aller jusqu'à 365 jours.

3. La dernière activité relevant du *revenue management* est effectuée par le service de *revenue integrity*. En effet, toute transaction commerciale peut donner lieu à des fraudes. La mission du service de *revenue integrity* est de les combattre. Pour chaque billet vendu, il s'agit de garantir la conformité entre la recette attendue compte tenu des conditions tarifaires applicables et la recette réellement encaissée. Les contrôles du service de *revenue integrity* se font au niveau des réservations, des émissions, et enfin de l'enregistrement en aéroport. L'enjeu peut représenter jusqu'à 1 à 2 % du chiffre d'affaires total !

Au total, pour gérer plus de 1 000 vols quotidiens, c'est 220 personnes qui travaillent au *revenue management* d'Air France. Il y a bien sûr les « priceurs », les analystes de vol, le service de *revenue integrity*, mais aussi l'assistance à maîtrise d'ouvrage qui permet de faire évoluer le système car le *revenue management* doit se transformer au même rythme que le comportement des clients. On mesure l'importance de l'enjeu lorsque l'on sait que le *revenue management* représente de 5 à 7 % du chiffre d'affaires total, dans une industrie où les marges sont inférieures à 3 % les meilleures années.

>

····>

Questions

1) Quels sont les éléments essentiels du *revenue management* d'Air France ? En quoi est-il différent d'un système classique de *yield management* ?
2) Quelles sont les difficultés d'application d'un tel système ?
3) Comment ce système contribue-t-il à améliorer la performance de l'entreprise ?

Plus fondamentalement, le besoin de tirer parti de l'élasticité de la demande aux prix pour assurer une utilisation optimale de la capacité de production et, pour cela, de faire varier le prix d'un même service dans une fourchette très large, modifie quelque peu l'approche en termes de compromis coût-différenciation que nous avons présentée et discutée au chapitre 7. Pour jouer à plein sur l'élasticité de la demande, la même entreprise doit simultanément offrir des services – et souvent les mêmes services - positionnés vers le haut et vers le bas de la dimension « valeur perçue de l'offre » dans la figure 7.3 (voir chapitre 7). La position d'une entreprise sur la « frontière efficiente » dans cette figure n'a plus guère de sens qu'en moyenne : la position sur la dimension « valeur perçue de l'offre » dépendra de la moyenne pondérée des divers niveaux de prix auxquels l'entreprise sera parvenue à vendre ses services alors même que la position sur la dimension « coût » dépendra davantage de l'utilisation moyenne de la capacité de production disponible que de son coût total. Par exemple, Singapore Airlines est en général considérée comme une compagnie aérienne de « haut de gamme », notamment si on la compare à ses deux concurrents géographiquement les plus proches, Garuda, la compagnie nationale indonésienne, et MAS, Malaysian Airline System, la compagnie nationale malaise. Et pourtant, du fait de son recours au yield management, Singapore Airlines vend très régulièrement des places d'avion dans une classe donnée à des tarifs inférieurs à ceux disponibles chez Garuda ou MAS, lorsque les taux de remplissage respectifs des uns et des autres le justifient. Mais, du fait de son positionnement et de sa réputation, Singapore Airlines parvient à vendre davantage de place à des tarifs plus élevés et en moyenne ses tarifs sont supérieurs à ceux de ses deux concurrents.

3 La présence physique des clients sur le lieu de production et la coproduction du service avec les clients

De par leur nature même, de très nombreux services exigent la présence physique du client pour pouvoir être délivrés. Le passager a besoin d'être dans l'avion pour bénéficier du service de transport ; le client doit être assis à une table dans le restaurant pour profiter du repas, et l'on ne peut se faire coiffer sans être dans un salon de coiffure, auprès du coiffeur. De ce fait, le client est en position d'observer la production, ou une partie des opérations de production, du service. Cette observation, en elle-même, est susceptible d'affecter la valeur perçue par le client pour un service donné. Par exemple, l'apparence du commandant de bord, son uniforme, les quelques mots sur le vol qu'il va prononcer à l'intention des passagers, ont une influence sur la perception du service reçu. De même, l'apparence du restaurant, son état de propreté, ce que le client entrevoit des cuisines ou de l'ambiance entre cuisiniers et serveurs, vont participer de l'expérience vécue et donc de la valeur perçue du service. En d'autres termes, la plupart des entreprises de service sont dans l'obligation de « mettre en scène » au moins une partie de leurs opérations pour influencer favorablement la valeur perçue par le client. Certaines entreprises de service poussent d'ailleurs la démarche relativement loin, tels ces restaurants qui installent les cuisines au centre de la salle ou installent une cloison en verre permettant aux clients d'assister au travail des cuisiniers. En revanche, lorsqu'il achète un produit tangible, le client ne voit en général rien du processus de production qui permet de lui fournir le produit et va donc juger l'entreprise et ses produits presque exclusivement sur la base des produits eux-mêmes et de leurs caractéristiques tangibles (caractéristiques techniques, apparence, etc.) et intangibles (image de marque, réputation, etc.).

Non seulement le client doit en général être présent sur le lieu de production, mais il doit même souvent participer lui-même à la production du service qu'il achète. C'est le cas par exemple lors d'un séjour de vacances. Pour bénéficier pleinement des prestations offertes, le client devra s'inscrire à telle ou telle activité, participer à divers évènements, etc. De plus, la valeur perçue du service va dépendre dans une large mesure de la façon dont le client participe à la production du service. C'est évident dans l'exemple ci-dessus d'un club de vacances ou d'un voyage organisé en groupe. Mais même pour un trajet en train ou en avion, si le client a emporté de la lecture ou du travail ou s'est organisé pour faire le trajet avec quelqu'un d'autre, son expérience du service sera sensiblement différente que s'il n'a rien prévu pour s'occuper pendant plusieurs heures.

MINI-CAS

La coproduction du service à la SNCF : iDTGV

iDTGV est une marque créée par la SNCF pour un service de TGV un peu particulier. Ce service se distingue par les ambiances de voyages proposées à bord – Zen pour la tranquillité, Zap pour une détente animée – ainsi que par sa distribution, qui se fait exclusivement sur internet, par le biais d'un site Web à l'ergonomie originale. Avec la mise en place de ce service, la SNCF a cherché à impliquer les clients de deux manières différentes : en les faisant participer à la conception du service, puis en les faisant intervenir dans la production du service dont ils vont concrètement faire l'expérience.

Tout d'abord, le client peut intervenir pour participer à la définition de certaines des composantes du service. Par exemple, dès le lancement d'iDTGV, la SNCF a mis en place des sondages sur le site www.idtgv.com afin d'identifier les DVD ou les jeux vidéo que les clients souhaitaient louer à bord du train. Par ailleurs, tous les quatre mois, les clients sont invités à voter sur le site pour des produits de restauration qu'ils souhaitent trouver à bord et composeront, en fonction des votes obtenus, la carte qui sera proposée pendant le quadrimestre suivant ; l'équipe marketing d'iDTGV tient également compte des recommandations du personnel de restauration pour déterminer la carte finale.

La SNCF propose au client une palette de prestations et c'est lui qui compose son voyage iDTGV à la carte. Sur le site, il opte pour une ambiance de voyage (Zen ou Zap), il choisit sa place à bord, et il peut même décider d'entrer en contact avec d'autres voyageurs dans le train par le biais d'idtgvandco.com, un réseau social réservé aux voyageurs iDTGV.

Il est intéressant de remarquer que lorsque le client effectue ces choix (car il peut décider ne pas choisir et se retrouve alors par défaut en Zap) et obtient ce qu'il a >

....> demandé, son niveau de satisfaction augmente très significativement. La coproduction est ainsi une manière pour la SNCF de montrer qu'elle est à l'écoute de ses clients et qu'elle leur donne les moyens de vivre l'expérience de service qui répond le mieux à leurs besoins.

La SNCF donne en outre aux clients les moyens de parler eux-mêmes de la marque iDTGV. L'entreprise a ainsi organisé, lors de l'une de ses campagnes d'image, un « advergame » qui consistait à enregistrer des scénettes dans le même format que la campagne publicitaire officielle diffusée au même moment sur le Web, à la télévision et au cinéma. Les clients étaient invités à choisir les personnages et les dialogues de leur choix pour faire d'autres scénettes qu'ils pouvaient ensuite diffuser auprès de leur réseau d'amis et de contacts. Cette coproduction a eu un succès retentissant sur MSN, ainsi que sur le site iDTGV bien sûr. Une telle coproduction est très impliquante pour les clients qui endossent ainsi la marque.

Questions

1) Comment la SNCF fait-elle participer les clients à la conception du service iDTGV ? Comment les fait-elle participer à la coproduction de leur propre voyage ?
2) Quels avantages retire la SNCF de cette participation des clients à la conception et à la production du service iDTGV ?
3) En quoi la coproduction est-elle source de création de valeur ? Pour les clients ? Pour la SNCF ?

La participation du client à la production du service peut prendre diverses formes parmi lesquelles on peut distinguer notamment[1] :

> la coopération, lorsque le client informe le prestataire afin que celui-ci puisse lui apporter un service aussi approprié que possible. Le client participe alors à la spécification précise des prestations qu'il va recevoir. C'est le cas, par exemple, chez le coiffeur lorsque le client précise le type de coupe qu'il souhaite et oriente l'action du coiffeur ;

> la participation physique, lorsque le client participe activement à la production du service. C'est le cas par exemple lors de l'utilisation d'un distributeur automatique de billets, du passage à une caisse automatique au supermarché ou de l'achat d'essence à une pompe en libre-service. Dans ce cas, le client se substitue à du personnel de l'entreprise prestataire et produit pour lui-même une partie du service qu'il acquiert.

La participation du client à la production du service implique en outre souvent une interaction avec d'autres clients. Cette interaction avec d'autres clients peut même avoir une influence déterminante sur la qualité perçue de la prestation. La satisfaction à l'issue d'un voyage organisé dépend en grande partie des autres participants au voyage et des relations que l'on a ou non nouées avec eux ; pour la clientèle d'affaire en avion ou en train, pouvoir travailler dans le calme pendant le trajet est un élément essentiel de la qualité du service et dépend très largement des autres voyageurs installés dans le même wagon. C'est la raison pour laquelle la « sélection » des clients joue souvent un rôle primordial dans la qualité de service ; les entreprises de service doivent segmenter leur clientèle et ériger des cloisons entre catégories si elles veulent préserver leur qualité de service.

1. Eiglier P., et Langeard E., 1987.

4 Le rôle central des ressources humaines dans les activités de service et les difficultés de la standardisation et de la différenciation qui en découlent

Si les clients participent souvent à la production des services qu'ils consomment, il n'en demeure pas moins que les employés de l'entreprise prestataire jouent un rôle primordial dans la qualité du service fourni. Parce que la production et la consommation de services sont toujours simultanées et que, de surcroît, les clients sont présents sur le lieu de production, les employés du prestataire n'ont pas droit à l'erreur. Toute imperfection dans la production du service sera presque inévitablement ressentie par le client et sera difficile à corriger a posteriori, tout au plus pourra-t-on lui offrir des compensations. Si une chambre d'hôtel a été mal nettoyée, si un voyage organisé ne se déroule pas comme annoncé, ou si un vol est affecté par des retards, il est difficile de le cacher au client ! Dans les activités manufacturières à l'inverse, le client ne perçoit pas les défauts dans le processus de production pourvu que ces défauts soient corrigés en bout de chaîne, avant la remise du produit au client.

Comme les activités de services sont également, pour beaucoup d'entre elles, des activités à fort contenu de main-d'œuvre, dans lesquelles les personnels sont en contact fréquent avec les clients, les imperfections dans la production du service sont souvent liées à des problèmes de gestion du personnel. Dans les activités de service, les questions de recrutement, de formation et de rétention sont donc tout à fait essentielles. Pour le personnel en relation avec les clients, les capacités relationnelles sont capitales et il est souvent préférable de recruter des collaborateurs sur la base de leur personnalité, de leurs attitudes et de leur comportement que de leurs compétences purement techniques ; en effet, les compétences techniques peuvent s'acquérir par le biais de la formation professionnelle alors que les attitudes et comportements se modifient beaucoup plus difficilement. Or, la plupart des entreprises savent mieux évaluer les compétences techniques des candidats à l'embauche que leurs attitudes et comportements et ont donc tendance à privilégier les premières par rapport aux seconds dans les processus de recrutement. S'il existe aussi dans les activités manufacturières, ce problème prend une tout autre ampleur dans les activités de service.

Le rôle important des ressources humaines dans les services, l'intervention fréquente des clients dans la coproduction des services, ainsi que le caractère simultané de la production et de la consommation des services, rendent ces activités beaucoup plus difficiles à standardiser que la plupart des activités manufacturières. On peut en effet standardiser les caractéristiques d'un produit, à la fois *a priori* en organisant le processus de production à cet effet – notamment par le recours à la mécanisation et à l'automatisation –, puis *a posteriori* en éliminant les produits défectueux grâce au contrôle de la qualité. Dans le cas des services, on peut également tenter de standardiser l'offre en organisant de manière appropriée le processus de production, mais cette standardisation butte sur le fort contenu de main-d'œuvre de la plupart des activités de service et sur l'intervention des clients. Ainsi, McDonald's tente de standardiser la qualité de service dans ses restaurants en précisant et en normalisant tous les aspects du travail des employés, jusque dans les moindres détails, mais ne peut éviter une certaine variabilité liée à l'attitude du personnel lors du contact avec les clients ; chaque employé aura un contact de nature différente avec les clients et, pour un même employé, ce contact pourra même varier d'un client à l'autre, en fonction de l'attitude de celui-ci. Et comme la production du service est concomitante avec sa consommation par le client, il est tout à fait impossible de standardiser *a posteriori* en sélectionnant et en éliminant les services qui n'auraient pas atteint les niveaux de qualité souhaités. McDonald's ne peut en effet pas annuler les transactions au cours desquelles l'employé n'a pas été aussi avenant que l'entreprise l'aurait souhaité et une compagnie aérienne ne peut retirer du marché les vols arrivés en retard ! Seul un dédommagement *a posteriori* est possible.

Cette difficulté à standardiser les services est l'une des raisons pour lesquelles les stratégies de différenciation sont souvent délicates à mettre en œuvre avec succès dans les activités de service. Comment être sûr que le service sera à la hauteur des attentes des clients dans un hôtel « cinq étoiles », de manière à justifier le prix élevé pratiqué, si la qualité de service dépend pour une grande part des attitudes, inévitablement individuelles, des employés, voire même de leur humeur du moment ? S'ajoute à ces problèmes de standardisation le fait que les clients ne peuvent facilement observer les caractéristiques du service qu'ils envisagent d'acquérir et ne savent donc évaluer *a priori* la valeur que ce service aura pour eux. Pour un produit, il est possible de l'examiner, souvent même de l'essayer, avant l'achat, et l'incertitude sur ses caractéristiques réelles est donc relativement faible. Pour beaucoup de services au contraire, seule l'expérience du service permet d'en connaître réellement les caractéristiques, et donc la valeur. De ce fait, les stratégies visant à créer un positionnement différencié et à faire payer un prix supérieur se heurtent souvent, dans les services, à des réticences des clients. Cependant, lorsque de telles stratégies de différenciation sont couronnées de succès, elles tendent à reposer très fortement sur le bouche-à-oreille de clients satisfaits, sur l'accumulation au fil du temps d'expériences satisfaisantes pour les clients et donc sur des effets de réputation. En conséquence, une fois cette réputation établie, et pourvu que l'entreprise soit capable de maintenir la qualité de service à l'origine de la différenciation, un tel positionnement différencié est peu vulnérable aux attaques de la concurrence, notamment aux tentatives d'imitation. Pour remettre en cause la position différenciée d'un produit, il suffit de proposer un produit concurrent ayant, sur les attributs à l'origine de la différenciation, des performances supérieures ; cela est particulièrement vrai pour les différenciations basées sur une supériorité technique, facilement repérable par les clients et donc mesurable. Dans les services, comme seule l'expérience permet au client d'apprécier la valeur réelle du service, proposer un service meilleur n'entraînera pas de remise en cause rapide des positions établies, l'offre supérieure mettra beaucoup plus longtemps à s'imposer, laissant au concurrent en place davantage de temps pour réagir. De plus, comme nous l'avons abondamment commenté ci-dessus, la nature même des services fait reposer pour une large part de telles stratégies de différenciation sur le personnel de l'entreprise, et tout particulièrement sur le personnel au contact des clients. Pour les entreprises de service qui parviennent à se différencier grâce à une meilleure performance de ces personnels, cette différenciation est très difficile à imiter par les concurrents puisqu'elle repose sur des éléments intangibles, dont la nature exacte n'est pas facile à identifier et à observer et qui surtout ne peuvent être répliqués à court ou moyen terme. Changer les attitudes et comportements du personnel est en effet l'un des changements les plus difficiles à mettre en œuvre dans une organisation !

5 Le continuum produits-services et le rôle des services « associés » dans la croissance, dans l'innovation et dans l'avantage concurrentiel

Nous avons souligné en introduction de ce chapitre que la distinction produit/service est rarement aussi nette que les définitions initiales pourraient le laisser supposer. Nous avons observé que le même bien peut être vendu sous forme de produit ou de service selon l'objet sur lequel porte la transaction : location *vs* vente d'une voiture ou d'un bien immobilier, par exemple. Surtout, dans la grande majorité des activités économiques, produits et services sont vendus de manière combinée et vouloir classer comme « de service » ou « manufacturière » telle ou telle entreprise, voire tel ou tel secteur, n'a guère de sens ; ainsi, un restaurant vend à la fois des produits – les plats servis – et du service – le lieu, l'ambiance et le fait de servir les plats ; Peugeot, Ford ou Volkswagen vendent bien sûr des automobiles, mais aussi toute une gamme de services associés allant de la garantie au financement, en passant par l'assurance, le service après vente, etc.
Or, dans bien des secteurs que l'on considère traditionnellement comme des secteurs manufacturiers, la part des services tend à augmenter de manière significative depuis quelques années. Et, pour beaucoup d'entreprises, la croissance de leur activité passe davantage par un accroissement de la part des services qu'elles sont capables de vendre en complément de leurs produits que d'une augmentation des ventes des produits eux-mêmes. Ainsi, le développement d'entreprises aussi célèbres qu'IBM ou Hewlett-Packard depuis le début des années 1990 provient avant tout de la formidable expansion de leurs activités de services informatiques : alors que ces activités de service n'étaient à l'origine conçues que comme des prolongements de la fourniture de matériel, exigés par les clients mais de peu d'intérêt pour l'entreprise, elles sont désormais devenues des activités essentielles, en termes de chiffre d'affaires comme de rentabilité. Surtout, ces activités de service « associées » à la vente de produits sont devenues l'un des principaux vecteurs d'innovation pour beaucoup d'entreprises, l'un des facteurs leur permettant de se différencier de leurs concurrents et donc l'une des composantes principales de leur avantage concurrentiel. Michelin, par exemple, propose de plus en plus souvent à ses clients transporteurs de leur assurer un « service pneumatiques » tout compris par lequel l'entreprise de Clermont-Ferrand s'engage à faire rouler les camions de ses clients en leur facturant des prestations au kilomètre parcouru mais sans leur vendre les pneus qui équipent ces camions. Le transporteur n'a plus à se préoccuper de contrôler l'état des pneus de ses camions, de décider du moment où il convient d'en changer et délègue à Michelin le soin d'optimiser la gestion du parc de pneus. Les deux parties y trouvent leur intérêt puisque le transporteur peut s'en remettre à un prestataire bien plus compétent que lui pour gérer les choix en matière de pneumatiques alors que Michelin noue une relation de long terme avec son client sans avoir à affronter une concurrence par les prix ou à devoir prouver la supériorité de ses produits à chaque nouvel achat de pneumatique. De plus en plus d'entreprises ont ainsi développé une activité de service par laquelle elles fournissent à leurs clients les prestations rendues possibles par leurs produits, plutôt que de simplement leur vendre ces produits ; nous avons vu dans le chapitre 8 que General Electric avait même fait de cette aptitude à vendre les prestations de ses équipements (locomotives, moteurs d'avions, turbines, etc.) plutôt

que les équipements eux-mêmes l'une des compétences « cœur » de l'entreprise et avait largement axé son développement là-dessus.

L'une des difficultés associées à cette évolution tient au fait que beaucoup d'entreprises ont traditionnellement fourni quelques services en complément des produits qu'elles vendent et considèrent donc ces services comme des avantages accordés au client pour le convaincre d'acheter le produit. Pour cette raison, peu d'entreprises industrielles ont pris l'habitude de facturer les services qu'elles fournissent et, même lorsqu'elles les facturent, les prix pratiqués couvrent à peine les coûts. Dans ces conditions, vouloir accroître la part des services dans l'activité de l'entreprise, voire chercher à remplacer la vente de produits par la prestation de services n'a guère d'intérêt. C'est pourquoi, avant de se lancer dans une stratégie de croissance par les services, une entreprise devrait commencer par faire payer aux clients les services qu'elle leur fournit déjà à un prix permettant de dégager des marges intéressantes. De plus, accroître la part des services vendus pour en faire une activité attractive et représentant une part significative du chiffre d'affaires de l'entreprise exige de transformer assez radicalement l'organisation des unités chargées de fournir ces services : ce qui n'était auparavant qu'un service après-vente ou d'assistance technique sans objectif de rentabilité va devoir se transformer en unité opérationnelle à part entière, avec des processus optimisés et un souci constant de productivité et de rentabilité. Enfin, la force de vente va devoir réorienter ses efforts pour vendre les services de l'entreprise au même titre que ses produits, et ne plus les offrir comme bonus afin d'emporter la conclusion du contrat[1].

Mais si l'entreprise parvient à faire des services associés à ses produits une activité à part entière, cette activité est susceptible de devenir l'un des moteurs de sa croissance et de sa rentabilité. En effet, si elle parvient à faire évoluer son offre de services de manière à résoudre les problèmes de ses clients dans leur globalité plutôt que seulement les problèmes liés à l'utilisation de ses produits, elle devient un partenaire de long terme, peu susceptible d'être mis en concurrence de manière récurrente. Lorsque Michelin parvient à persuader ses clients transporteurs de lui confier la gestion complète des pneumatiques de leur flotte ou que General Electric obtient d'une compagnie aérienne d'assurer la propulsion des avions sans même lui vendre les moteurs, ces deux entreprises cessent d'être des fournisseurs que l'on met systématiquement en concurrence à chaque nouveau contrat mais deviennent des prestataires de services essentiels à la bonne marche de l'entreprise cliente et que celle-ci hésitera donc à remplacer, même lorsque des alternatives plus économiques se présenteront.

En définitive, produits et services ont des caractéristiques très différentes et ces différences ont d'importantes implications stratégiques pour les entreprises appartenant majoritairement à l'un ou l'autre secteur. Il apparaît dans le même temps que produits et services deviennent de plus en plus indissociables dans l'offre de beaucoup d'entreprises mais qu'une part croissante des innovations et de l'avantage concurrentiel provient des services offerts, non plus seulement en complément de produits, mais plutôt comme activité à part entière, activité dans laquelle sont englobés les produits qui étaient à l'origine la raison d'être des entreprises en question. C'est la raison pour laquelle les innovations stratégiques et les nouveaux *business models* doivent beaucoup au développement des offres de service (voir chapitre 6).

1. Reinartz W. et Ulaga W., 2008.

LES POINTS CLÉS

- Un service peut être défini comme un objet d'échange intangible dont la vente ne donne pas lieu à un transfert de propriété entre le vendeur et l'acheteur.

- La consommation d'un service intervient de manière simultanée avec sa production. De ce fait, les services ne peuvent être stockés.

- Parce qu'aucun stockage n'est possible, il est essentiel pour toute entreprise de service de parvenir à une adéquation entre le niveau de la demande et la capacité de production disponible.

- Le *yield management* est une technique utilisée par beaucoup d'entreprises de service pour influer sur le niveau de la demande en profitant de l'élasticité de la demande au prix. Le *yield management* permet d'obtenir une meilleure adéquation entre capacité de production et niveau de la demande effective, tout en optimisant le chiffre d'affaires obtenu de la capacité de production disponible.

- La fourniture de nombreux services exige la présence du client sur le lieu de production du service.

- La fourniture de nombreux services repose sur la participation du client à la coproduction du service que ce client achète. Souvent même, les autres clients participent également à la production du service.

- Les ressources humaines jouent un rôle déterminant dans la production de la plupart des services, ce qui, associé à la simultanéité de leur production et de leur consommation, les rend difficiles à standardiser.

- La difficulté à standardiser les services rend les stratégies de différenciation délicate à mettre en œuvre dans les activités de service. Mais lorsque de telles stratégies sont mises en œuvre avec succès, elles sont difficiles à imiter par la concurrence et sont souvent à l'origine d'un avantage concurrentiel durable.

- La part des services tend à augmenter de manière significative dans bien des secteurs que l'on considère traditionnellement comme des secteurs manufacturiers. De plus, pour beaucoup d'entreprises de ces secteurs, la croissance de leur activité passe davantage par un accroissement de la part des services qu'elles sont capables de vendre en complément de leurs produits que d'une augmentation des ventes des produits eux-mêmes.

- Il apparaît que produits et services deviennent de plus en plus indissociables dans l'offre de beaucoup d'entreprises, mais qu'une part croissante des innovations et de l'avantage concurrentiel provient des services offerts, non plus seulement en complément de produits, mais plutôt comme activité à part entière, activité dans laquelle sont englobés les produits qui étaient à l'origine la raison d'être des entreprises en question.

QUIZ

1. Les services se distinguent des produits principalement par le fait que :
a. Les clients participent à leur production.
b. Ils sont produits sur le lieu même où ils vont être consommés.
c. Production et consommation interviennent de manière simultanée.

2. Le *yield management* permet :
a. De faire évoluer la capacité de production d'un service pour l'ajuster à la demande.
b. De faire varier le niveau de la demande pour l'ajuster à la capacité de production disponible.
c. De réduire les prix pour maximiser l'utilisation de la capacité disponible.

3. Laquelle de ces affirmations est fausse :
a. La vente d'un service ne se traduit pas par un transfert de propriété de vendeur au client.
b. Les services peuvent difficilement être stockés.
c. Les offres de services sont difficiles à standardiser.

4. Dans beaucoup d'entreprises de services :
a. Les coûts variables sont très élevés et les coûts fixes très faibles.
b. La valeur perçue par les clients excède leur *willingness-to-pay.*
c. Les coûts unitaires dépendent du taux d'utilisation des capacités de production.

5. Plusieurs techniques permettent d'ajuster le prix d'une offre de service à la *willingness-to-pay* des clients. Laquelle des pratiques suivantes n'en fait pas partie ?
a. Adapter le prix au coût de production unitaire du service.
b. Proposer un tarif spécifique à chaque catégorie de clients.
c. Moduler les tarifs en fonction du calendrier.

6. Pour utiliser au maximum sa capacité de production quand la demande est élastique au prix, une entreprise de service doit :
a. Faire varier de manière flexible ses prix et son positionnement sur la dimension « valeur perçue ».
b. Chercher à maximiser son volume de vente quel que soit l'effort à fournir sur le prix.
c. Offrir simultanément des services positionnés vers le haut et vers le bas de la dimension « valeur perçue ».

7. Faire participer le client à la production du service consiste à :
a. L'impliquer dans la fixation du prix du service.
b. Orchestrer son intervention dans la spécification et la production du service.
c. Laisser au client le soin d'assurer lui-même l'essentiel de la prestation de service.

>

····>

8. Peut-on standardiser une offre de service ?

a. Oui, par l'instauration de règles mécaniques et un strict encadrement hiérarchique.

b. En partie seulement, par la formation des employés et la définition de procédures précises.

c. Non, car les clients interviennent aux côtés des employés dans le processus de production, ce qui rend vain tout effort de standardisation.

9. Dans les services, les stratégies de différenciation :

a. Reposent sur la fixation d'un prix élevé pour signaler au client un différentiel de qualité.

b. Ne sont jamais acquises car elles s'appuient avant tout sur la propagation du « bouche-à-oreille ».

c. Sont difficiles à construire mais offrent un avantage durable une fois établie la réputation du service.

10. Pour une entreprise manufacturière, passer d'une offre de produits à laquelle sont associés des services à une offre de services à part entière permet :

a. De protéger l'entreprise de la pression concurrentielle par la formation d'une relation à long terme avec ses clients.

b. D'alléger son bilan en se concentrant sur le développement d'actifs immatériels plutôt que sur l'acquisition d'actifs matériels.

c. De simplifier ses processus industriels en supprimant des contraintes techniques sans valeur ajoutée pour le client.

Réponses : 1.c, 2.b, 3.c, 4.c, 5.a, 6.c, 7.b, 8.b, 9.c, 10.a

PARTIE 3

STRATÉGIES DE CROISSANCE (*CORPORATE STRATEGY*)

Sommaire

13 Croissance et création de valeur

Ce chapitre introduit la troisième partie de *Strategor*, consacrée à la *corporate strategy*, c'est-à-dire aux stratégies de croissance et d'allocation de ressources entre différentes activités. Toute la deuxième partie du livre était centrée sur la *business strategy,* autrement dit la stratégie concurrentielle d'une entreprise dans un domaine d'activité donné. En étudiant la *business strategy,* nous avons exploré les conditions et les facteurs qui permettent à une entreprise ou à une *business unit* d'avoir un profit économique supérieur à celui de ses concurrents dans une industrie donnée, mais nous n'avons pas explicitement abordé la question de la croissance de ce profit. On pourrait en effet considérer que si l'entreprise a réussi à construire un avantage concurrentiel dans son *core business*, elle a tout intérêt à s'en tenir là et à exploiter cet avantage tant qu'il existe, de manière à se créer une rente stable. À quoi bon croître ? En fait, aucune entreprise n'envisage son futur sans croissance. Croissance de la valeur pour les marchés boursiers, croissance des résultats pour les financiers, croissance du chiffre d'affaires et de la taille pour l'ensemble du personnel – direction générale incluse. Il suffit d'écouter les discours officiels des équipes de direction pour constater que, dès qu'il s'agit de stratégie, le terme croissance revient comme un leitmotiv. Pourquoi les entreprises ont-elles tellement faim de croissance ? Quel mal y aurait-il donc à gérer une activité stable, du moment qu'elle est lucrative ? Le problème est qu'on cesserait de « faire rêver » les actionnaires. Or c'est sur les attentes des actionnaires que repose la valeur de l'entreprise (et bien souvent la rémunération et le job du dirigeant). Il faut leur faire miroiter de la croissance pour créer davantage de valeur. Cependant, le fait de croître hors des sentiers battus expose l'entreprise à de nouveaux risques et à un nouvel environnement, ce qui fait peser une menace importante sur l'aptitude des dirigeants à rentabiliser cette croissance. Croissance et création de valeur entretiennent donc des rapports ambigus. L'entreprise se développe pour augmenter la richesse et la satisfaction de ses actionnaires, mais ce faisant, elle sème le doute sur sa propre capacité à créer de la valeur dans les nouvelles activités où elle s'engage. C'est pourquoi nous allons discuter le lien entre croissance et création de valeur dans la première partie de ce chapitre.

Cependant, la plupart des entreprises annoncent sans sourciller des objectifs de croissance « à deux chiffres ». Rappelons tout de même qu'à l'été 2008, avant l'arrivée de la récession, la Banque Mondiale prévoyait que la croissance mondiale s'établirait à 3,3 % pour l'année. Le FMI, quant à lui, tablait sur 4,8 %. Quel dirigeant d'entreprise se contenterait de chiffres aussi bas ? Aucun ! Et pourtant, la croissance du PIB n'est pas autre chose que la croissance de l'ensemble des richesses que produisent les entreprises. Toutes les entreprises n'atteignent donc pas leurs objectifs de croissance, loin s'en faut ! Il est vrai que la croissance des uns se fait parfois aux dépens des autres, notamment lorsqu'il s'agit de croissance « externe », c'est-à-dire de fusions acquisitions. En effet, dans une acquisition, la croissance d'une entreprise entraîne la disparition de l'autre, sans que l'effet sur la croissance économique soit nécessairement positif. La croissance « interne » (ou croissance organique), au contraire, génère en principe une croissance nette pour l'économie, mais nous verrons qu'elle présente d'importantes difficultés de mise en œuvre. Dans la deuxième partie de ce chapitre, nous comparerons les trois principales voies de croissance qui s'offrent à une entreprise (innovation, internationalisation, diversification) et les trois modes de développement qui lui permettent de passer à l'acte (croissance interne, croissance externe, alliances). Chacun de ces six thèmes fera ensuite l'objet d'un chapitre spécifique (chapitres 14 à 19).

1 La croissance créatrice de valeur, objectif fondamental de la *corporate strategy*

A/ Qu'est-ce que la *corporate strategy* ?

La distinction entre *business strategy* et *corporate strategy* est devenue classique dans la littérature en management.

Comme on l'a vu dans la deuxième partie de ce livre, la *business strategy*, ou stratégie concurrentielle, est la stratégie mise en œuvre par une entreprise dans un domaine d'activité donné. La *business strategy* traite du positionnement de l'entreprise dans un secteur déterminé, par rapport à ses concurrents, en prenant en compte le marché sur lequel l'entreprise vend ses produits, mais aussi celui sur lequel elle se procure les *inputs* nécessaires. Le principal objectif de la *business strategy* est d'assurer à l'entreprise des performances durablement et significativement supérieures à celles de ses concurrents dans une industrie donnée. La démarche consiste à essayer de créer un avantage concurrentiel durable, sur la base d'un différentiel de coût et/ou d'une différenciation de l'offre.

La *corporate strategy*, ou stratégie de croissance, concerne la composition et le management du portefeuille d'activités de l'entreprise. Alors que la *business strategy* cherche à maximiser la performance de l'entreprise dans un domaine d'activité donné, le but de la *corporate strategy* est de maximiser la valeur globale de l'entreprise en choisissant les activités dans lesquelles l'entreprise doit investir et se développer. La notion de croissance est donc au cœur du problème. En termes opérationnels, il s'agit en effet de répondre à trois questions :

> Dans quelle direction l'entreprise doit-elle se développer ? En particulier, peut-elle, ou doit-elle, croître hors de son marché domestique (internationalisation) et de son métier de base (diversification) ?

> Quels modes de développement choisir (croissance interne, externe, alliances) ?

> Comment l'entreprise doit-elle allouer ses ressources entre ses différentes activités, présentes et futures ?

La démarche de la *corporate strategy* consiste à essayer de créer un portefeuille d'activités cohérent en assemblant des activités qui ont collectivement une valeur supérieure à la somme des valeurs qu'elles auraient individuellement si elles restaient indépendantes. La raison d'être de la *corporate strategy* est que l'ensemble ait une valeur supérieure à la somme des parties. Les synergies entre les activités jouent donc un rôle fondamental dans la notion même de *corporate strategy*.
Contrairement à certaines idées reçues, bien que la question de la diversification soit centrale, la *corporate strategy* ne concerne pas uniquement les grands groupes diversifiés. Toute entreprise, qu'elle soit grande ou petite, spécialisée ou diversifiée, peut (et doit) se poser le problème de sa croissance, dans ou hors de son domaine d'activité de base. Par exemple, les entreprises mono activité qui se trouvent confrontées à la maturité, voire au déclin de leur métier de base, doivent trouver les chemins de la croissance hors de cette industrie, et donc redéployer leurs ressources dans de nouvelles activités. Il s'agit bien d'un problème de *corporate strategy*, même si l'entreprise, au moment où elle se le pose, n'est pas diversifiée. C'est ainsi que Nokia, par exemple, est devenu le leader mondial des téléphones portables dès la fin des années 1990, alors que ses activités historiques étaient la fabrication de papier, puis celle de bottes en caoutchouc !

B/ QU'EST-CE QUE LA CRÉATION DE VALEUR ?

Depuis les années 1990, l'objectif prioritaire de la *corporate strategy* est devenu de créer de la valeur pour les actionnaires. La croissance, objectif majeur des décennies précédentes, a été reléguée au second plan. Cette évolution s'est produite sous l'influence de plusieurs facteurs. D'une part, les récessions économiques et les hausses de taux d'intérêt du milieu des années 1970, du début des années 1980 et du début des années 1990, ont révélé la faiblesse des performances réelles des grands conglomérats. D'autre part, la pression des actionnaires et des marchés financiers sur les entreprises s'est considérablement accrue. Les figures de proue de cet activisme actionnarial ont été les fameux fonds de pension américains, comme par exemple CALPERS (la caisse de retraite des fonctionnaires de Californie). Ces actionnaires d'un genre nouveau, plus regardants que naguère sur la rentabilité de leurs investissements, se sont mis à exiger la présence d'administrateurs actifs et indépendants dans les conseils d'administration et, quand cela leur paraissait nécessaire, n'ont plus hésité à demander la tête des dirigeants des entreprises concernées (cette évolution de la gouvernance sera discutée en détail au chapitre 22). On a donc assisté, dès la fin des années 1980 et au début des années 1990, notamment aux États-Unis, à une valse des dirigeants à la tête des grands groupes, accompagnée d'une série de raids boursiers visant à prendre le contrôle de grands groupes diversifiés pour les démanteler et les revendre « par appartements ». Les actionnaires reprenaient le pouvoir que les dirigeants leur avaient « confisqué » et ils exigeaient que les entreprises aient pour objectif prioritaire de les enrichir, c'est-à-dire de « créer de la valeur ».
Mais, au fond, qu'est-ce que la création de valeur ? Nous allons essayer de répondre à cette question de manière à la fois conceptuelle et imagée, sans trop entrer dans la formalisation mathématique, et donc au prix de quelques simplifications. Le lecteur intéressé par le sujet pourra se référer aux livres de finance qui nous ont servi de source[1].

1. Vernimen P., Quiry P. Le Fury, 2009. Koller T., Goedhart M., Wessels D., 2005.
Damodaran A., 2001, 2006.

Rémunération des actionnaires et valeur de l'entreprise

Les actionnaires ont accès à deux types de gains : d'une part les dividendes qui leur sont versés par l'entreprise et d'autre part les gains en capital, c'est-à-dire les plus-values qui résultent de l'augmentation de la valeur des actions qu'ils détiennent. En principe, les actionnaires considèrent ces deux types de gains comme équivalents. D'une part, ils encaissent leurs dividendes et peuvent les investir où ils veulent. D'autre part, ils peuvent revendre leurs actions pour réaliser leurs plus-values. La somme des dividendes et des gains en capital s'appelle la rémunération totale des actionnaires ou TRS (*Total Return to Shareholders*). Pour maximiser la richesse des actionnaires, il faut donc maximiser le TRS.

La provenance des dividendes est claire : versés en espèces sonnantes et trébuchantes, ils résultent des profits récents de l'entreprise. En revanche, les gains en capital ont quelque chose de mystérieux. Chaque jour à la Bourse, le cours de l'action change, au gré de phénomènes parfois difficiles à interpréter. Un ou deux pour cent de variation, cela semble peu, mais si on les ramène à la valeur totale du capital de l'entreprise, c'est-à-dire à la capitalisation boursière (cours de Bourse multiplié par le nombre d'actions), cela peut représenter des sommes astronomiques. Ainsi, la capitalisation boursière de Total, la deuxième de la zone euro, était de 136 milliards d'euros au 31 décembre 2007. Un pour cent de variation, c'est donc plus d'un milliard d'euros qui disparaissent ou apparaissent comme par enchantement à l'ouverture de la Bourse Euronext !

En fait, la valeur d'une entreprise est égale à la somme de sa capitalisation boursière (nombre d'action multiplié par la valeur de l'action) et de sa dette nette (dette diminuée du cash disponible). Elle correspond par ailleurs à la valeur actualisée des *cash-flows* que l'entreprise va générer dans le futur. En fonction des informations dont ils disposent, les investisseurs se font en effet une opinion sur la capacité de l'entreprise à générer du cash qui leur reviendra tôt ou tard sous forme de dividendes ou de plus-values. C'est sur la base de ces anticipations qu'ils sont prêts à acheter ou à vendre les actions de l'entreprise. Par le jeu de l'offre et de la demande, le prix de l'action se fixe donc de telle sorte que la valeur de l'entreprise corresponde à l'ensemble des flux de liquidités qu'elle est susceptible de générer dans le futur. Les investisseurs ne sont pas intéressés par les performances passées de l'entreprise, ni par la valeur des actifs que détient l'entreprise, mais par les profits futurs que l'entreprise va générer. Ainsi par exemple, investir dans une compagnie aérienne n'est pas équivalent à acheter des avions, c'est faire un pari sur la capacité future de la compagnie aérienne à générer des profits qui feront mieux que couvrir le prix des avions. Cette valeur est inconnue. On ne peut qu'essayer de la deviner en fonction des annonces que fait l'entreprise sur sa stratégie. Un investisseur qui pense que cette valeur est en fait supérieure au cours de Bourse va acheter des actions. Un investisseur qui croit qu'elle est plus faible va vendre. La valeur du capital que les actionnaires ont mis dans une entreprise, qui est reflétée par la capitalisation boursière, est donc la différence entre la valeur inconnue des futurs *cash-flows* de l'entreprise et la dette nette de l'entreprise. Cette valeur dépend directement des attentes des actionnaires, c'est-à-dire des « rêves » de rentabilité future que l'entreprise est capable de provoquer dans l'esprit des investisseurs.

Niveau de risque et coût du capital

Or les actionnaires ont le choix entre investir dans l'entreprise ou investir ailleurs. Ils peuvent par exemple placer leur argent sur un livret de caisse d'épargne à 1 % ou 2 %, rendement faible, certes, mais absolument sûr, éthique, net d'impôts et… peu porteur de rêve. Ils peuvent aussi faire des placements en obligations d'État, c'est-à-dire prêter leur argent à l'État aux alentours de 4 %, ce qui présente un risque très faible et un rêve très sage. Pour qu'ils acceptent de prendre le risque de mettre leurs économies dans l'entreprise, il faut que les perspectives de gain soient supérieures à ces placements sans risque. En effet, les actionnaires n'acceptent de courir un risque plus élevé que s'ils peuvent espérer des gains plus importants. Pour comprendre cette notion, on peut se référer à la notion de pari : dans une course hippique, on gagne davantage en jouant « gagnant » (on parie que le cheval arrivera premier) que « placé » (on parie que le cheval arrivera dans les trois premiers). La raison est que le risque de se tromper, c'est-à-dire le risque de perdre sa mise, est plus fort quand on joue gagnant. Si le rapport était le même (c'est-à-dire si, à mise égale, la rémunération était la même) tout le monde jouerait placé. Pour attirer le joueur dans un jeu plus hasardeux, il faut donc lui faire miroiter un rapport supérieur (par exemple 15 contre 1 au lieu de 5 contre 1). Il en va de même pour les actionnaires : pour leur faire accepter un investissement plus risqué, il faut leur offrir des perspectives de gains plus élevés. Ainsi, un placement qui est censé rapporter 5 % par an n'a pas la même valeur s'il est fait sur le marché monétaire ou sur le marché boursier : dans le premier cas, l'investisseur est pratiquement sûr de ne pas perdre son argent, alors que dans le second cas, il peut perdre une grande partie, voire la totalité, de son investissement. En fait, les 5 % ne rémunèrent que le fait d'avoir à attendre les gains. S'il y a un risque, il faut offrir davantage.

La rémunération que les actionnaires attendent d'un placement dépend donc du niveau de risque. Ce risque peut être appréhendé par la volatilité de la valeur de l'action. Plus le cours de Bourse est sensible aux aléas économiques, plus le placement apparaît comme risqué. C'est ce qu'on appelle le bêta (β ou « risque non diversifiable ») de l'entreprise. Ce niveau de risque détermine le coût du capital, c'est-à-dire le coût d'opportunité de l'investissement, qui est généré par le fait de renoncer à un autre investissement qui rapporterait autant. Le coût du capital est donc la rentabilité minimale que les actionnaires attendent de leur investissement dans une activité donnée. Si la rentabilité espérée est inférieure à ce coût du capital, ils préfèrent investir ailleurs.

Le profit économique

Il résulte de ce qui précède que le profit à prendre en compte pour savoir si une entreprise crée de la valeur n'est pas le résultat net ou le profit comptable. En effet, même si le profit comptable tient compte de la plupart des coûts supportés par l'entreprise (achats, salaires, frais financiers, impôts, etc.), il ne tient pas compte du coût qui nous intéresse ici : le coût du capital. Il est calculé comme si les fonds fournis par les actionnaires étaient gratuits et pouvaient se contenter de n'importe quel niveau de rémunération. Or les actionnaires ne gagnent à investir dans l'entreprise que si la rentabilité qui s'en dégage fait mieux que compenser le coût d'opportunité du capital. D'où la notion de profit économique, c'est-à-dire le profit qui reste une fois que tous les coûts ont été couverts, y compris le coût du capital. Le profit économique est donc nul lorsque la rentabilité des capitaux investis (*ROIC, Return On Invested Capital)* est égale au coût du capital. Il devient positif lorsque la rentabilité dépasse le coût du capital, et négatif dans le cas opposé. Le profit économique se calcule en multipliant les capitaux investis par la différence entre le ROIC et le coût du capital :

Profit économique = Capitaux investis x (Rentabilité des capitaux investis – Coût du capital).

Profit économique, coût du capital et création de valeur

Suez Environnement, firme spécialisée dans les concessions de services publics (notamment la distribution d'eau à travers sa filiale Lyonnaise des Eaux), jouit d'un coût du capital particulièrement bas parce que son bêta est très faible. La consommation d'eau varie peu en fonction des conditions économiques, et chaque concession municipale garantit à l'entreprise un monopole local et des marges stables pendant des dizaines d'années. De plus, au moment du renouvellement de chaque concession, la firme en place est avantagée par rapport à ses concurrents pour remporter le nouveau contrat. Au total, le coût moyen pondéré du capital (ou *WACC, Weighted Average Cost of Capital*) de Suez Environnement se situe entre 6 % et 7 %. Essilor, le leader mondial des verres ophtalmiques, opère dans une activité un peu plus risquée, mais qui reste relativement stable et prévisible : son WACC est estimé à 8 %. Des activités comme la production cinématographique sont nettement plus risquées puisque personne ne sait prédire avec précision le succès d'un film (d'où les co-productions pour essayer de mutualiser le risque). Elles doivent donc faire miroiter aux actionnaires une rentabilité potentielle plus élevée en cas de réussite du film, et pâtissent donc d'un coût du capital nettement plus élevé, qui dépasse les 10 %. Autrement dit, un investissement d'un montant de 100 serait considéré comme générant le même profit économique s'il permettait d'espérer un gain annuel de 5 sur le marché monétaire, de 6,5 chez Suez, de 8 chez Essilor et de 12 chez Gaumont. Ce profit économique serait en fait égal à zéro, puisque le placement ne ferait alors que rembourser le coût du capital. Dans la réalité, Essilor, qui a un WACC de 8 %, a régulièrement généré un résultat net annuel représentant plus de 17 % de ses capitaux investis sur les années 2004 à 2007. Son profit économique est donc très élevé. Si les investisseurs sont convaincus qu'Essilor est capable de continuer à produire autant de richesse dans le futur, cette entreprise est fortement créatrice de valeur.
En résumé, retenons trois lois fondamentales :

> la valeur d'une entreprise est la somme de ses *cash-flow*s futurs actualisés au coût du capital, ce qui est mathématiquement égal à la somme des investissements et des profits économiques futurs actualisés au coût du capital ;

> une entreprise ne crée de la valeur que si son profit économique est positif, c'est-à-dire si sa rentabilité des capitaux investis est supérieure à son coût du capital (ROIC > WACC) ;

> pour que cette création de valeur bénéficie aux actionnaires, le TRS généré par l'entreprise doit dépasser chaque année son coût du capital. Sinon, les actionnaires perdent de l'argent et sont incités à investir ailleurs. Cela signifie notamment qu'une entreprise qui ne distribuerait pas de dividendes devrait faire en sorte que son cours de Bourse augmente chaque année d'un pourcentage égal à son coût du capital. La loi du marché est dure mais c'est la loi !

Au total, pour créer de la valeur, une entreprise doit générer un profit économique positif et gérer les attentes de ses actionnaires par rapport à ce profit économique futur, de telle sorte que son cours de Bourse reflète des attentes certes élevées, mais qu'elle sera en mesure de satisfaire.
La croissance des profits économiques futurs joue donc un rôle fondamental dans la création de valeur. Plus cette croissance est perçue comme forte, plus les actionnaires vont être alléchés par l'idée d'investir dans l'entreprise. Mais attention, la croissance qui les intéresse est la croissance des profits économiques, pas la croissance du chiffre d'affaires ni celle de la taille (nombre d'employés, actifs détenus) de

l'entreprise. La croissance du chiffre d'affaires, par exemple, n'est pas forcément un but en soi puisqu'elle peut conduire à la destruction de valeur si elle n'augmente pas le profit économique de l'entreprise. Il est possible en effet que les marges soient plus faibles dans les activités futures que dans les activités présentes (baisse du ROIC) et que le risque soit plus fort (augmentation du WACC), ce qui peut conduire à un profit économique négatif.

C/ *Business strategy, corporate strategy* et création de valeur

La question de la création de valeur est cruciale pour la *corporate strategy*, alors qu'elle n'était qu'implicite pour la *business strategy*. En effet, le but de la *business strategy* est de créer un avantage concurrentiel qui permette à l'entreprise d'avoir des performances significativement et durablement supérieures à celles des concurrents. Comme on raisonne au niveau d'une seule industrie, on peut considérer que, la structure du secteur (les « cinq forces » discutées au chapitre 3) étant ce qu'elle est, le potentiel de profit économique est *a priori* le même pour tous les concurrents, tout l'art de la stratégie étant de mieux capter ce potentiel. Il suffit donc de raisonner en relatif par rapport aux concurrents, le but étant de trouver comment les battre sur le critère du profit économique à long terme.

Le raisonnement est d'autant plus simple que, dans une industrie donnée, le coût du capital est similaire pour tous les concurrents, puisque, l'activité étant la même, le niveau de risque est *a priori* identique. Donc, une entreprise qui a réussi à se doter d'un avantage concurrentiel crée forcément davantage de valeur que ses concurrents puisqu'elle génère de meilleures performances pour un coût du capital équivalent. Sauf cas très particulier, cette entreprise est donc forcément créatrice de valeur. Du reste, nous avons vu au chapitre 3 que, même dans les industries globalement destructrices de valeur, il existe toujours des entreprises qui ont un profit économique positif. Pour qu'il en soit autrement, il faudrait que toutes les firmes présentes dans l'industrie détruisent de la valeur, ce qui devrait normalement entraîner la disparition de l'industrie par défection des investisseurs.

En matière de *corporate strategy*, le problème de la création de valeur se pose différemment. Comme l'entreprise innove, s'internationalise ou se diversifie, elle entre dans des activités dont les perspectives de profit économique peuvent être totalement différentes de celles de son *core business*, soit parce qu'elles sont plus risquées, soit parce qu'elles sont mois rentables. De plus, rien ne garantit que des managers qui ont réussi dans un contexte donné réussissent aussi bien dans une nouvelle activité ou un nouveau pays.

Deux problèmes se posent donc :

> Analyser correctement la profitabilité économique du projet de croissance
  - Coût du capital (niveau de risque)
  - Attractivité de la nouvelle activité (structure de l'industrie) ;

> Évaluer dans quelle mesure les compétences du management s'appliquent à la nouvelle activité, c'est-à-dire évaluer leur capacité à dégager des synergies avec le *core business*.

Pour reprendre nos exemples précédents, supposons qu'une entreprise spécialisée dans la distribution d'eau se diversifie dans la production cinématographique. Venant d'un secteur où le coût du capital est particulièrement bas, elle entre dans un secteur où le coût du capital est particulièrement élevé. Utiliser l'argent gagné dans la distribution d'eau pour l'investir dans le cinéma, c'est donc forcer des actionnaires qui jouaient « placé » à jouer « gagnant », ce qui pose le problème de la liberté de choix des investisseurs. Ajoutons que la concurrence est féroce dans le cinéma alors qu'elle est très feutrée dans la distribution d'eau (on reproche souvent aux compagnies des eaux de se partager le territoire national au lieu de réellement s'affronter pour décrocher les contrats). Donc le ROIC a de fortes chances d'être plus faible dans le cinéma que dans la distribution d'eau. Il est donc assez probable que les profits économiques soient plus faibles dans le cinéma que dans la distribution d'eau, voire qu'ils soient négatifs. En plus de la liberté de choix des actionnaires, c'est donc leur rémunération qu'on met en péril. C'est pourtant ce qu'avait fait Jean-Marie Messier en fusionnant Vivendi (ex-Générale des Eaux) avec Universal. Les conséquences de cette opération ont été désastreuses (voir Mini-cas Vivendi dans le chapitre 2).

Normalement, les investisseurs devraient être libres de faire eux-mêmes ce genre d'allocation de ressources entre activités, en diversifiant leur portefeuille de placements dans un panel d'activités clairement identifiées, sur la base d'une appréciation du coût d'opportunité du capital. Nous discuterons plus en détail les problèmes spécifiques que pose la diversification au chapitre 16, et les problèmes de gouvernance (c'est-à-dire les relations managers actionnaires) au chapitre 22.

Pour l'heure, retenons simplement que le rôle du management est en principe de gérer l'entreprise, pas de confisquer le pouvoir des actionnaires pour prendre des décisions de diversification de portefeuille à leur place. La *business strategy* est, de plein droit, du ressort du management de l'entreprise. En revanche, la légitimité des dirigeants en matière de *corporate strategy,* c'est-à-dire d'allocation de ressources entre domaines d'activités, peut être contestée en permanence par les actionnaires. Dans une entreprise mono activité, les fonctions de *corporate* et de *business strategy* sont confondues. Autrement dit, les responsables de la stratégie concurrentielle de l'entreprise sont en contact direct avec les actionnaires. Dans un groupe diversifié ou multinational en revanche, les dirigeants de l'entité *corporate* ne sont pas directement responsables des *business units*. Ils ne sont pas non plus totalement libres de leurs choix d'allocation de ressources puisque ce sont les actionnaires qui sont propriétaires de ces ressources. Ces dirigeants ne sont donc que des intermédiaires entre les actionnaires et les patrons opérationnels d'unités. Leur rôle et leur valeur ajoutée sont donc contestables. Ils doivent démontrer qu'ils apportent quelque chose à la fois aux patrons d'unités et aux actionnaires.

D'un point de vue plus théorique, cette discussion est liée aux hypothèses que l'on fait sur la nature profonde des objectifs que poursuivent les dirigeants d'entreprise lorsqu'ils prennent des décisions de *corporate strategy*. Historiquement, le courant dominant en stratégie d'entreprise a longtemps fait le postulat, la plupart du temps implicite, que les dirigeants cherchaient constamment à maximiser le profit ou la valeur de l'entreprise. Puis, progressivement, la théorie de l'agence[1] (voir l'encadré « Fondements théoriques : la théorie de l'agence » dans le chapitre 22), qui inspire nombre d'économistes et de financiers, a eu tendance à s'imposer dans le champ de la stratégie d'entreprise. Cette théorie stipule que les dirigeants des entreprises agissent en fonction d'intérêts et d'objectifs qui leur sont propres et qui peuvent entrer en contradiction avec ceux des actionnaires. Les dirigeants peuvent en effet perdre de vue l'objectif de maximisation de la valeur, le seul qui intéresse les actionnaires, et utiliser le contrôle qu'ils ont sur les ressources de l'entreprise pour consolider leur propre position à la tête de l'organisation, renforcer leur pouvoir, maintenir des équilibres politiques internes, agrandir leur territoire, accroître le

1. Jensen M.C. et Meckling W.H., 1976.

chiffre d'affaires au détriment de la rentabilité économique, développer certaines activités au détriment des autres, investir dans des activités qui les intéressent personnellement, éviter les OPA, etc., autant de manœuvres qui consolident la position du dirigeant et augmentent généralement sa rémunération, mais qui peuvent appauvrir les actionnaires au lieu de les enrichir. Nous développerons cette théorie au chapitre 22 sur la gouvernance.

EN PRATIQUE

Comment calculer le WACC ?

Dans le texte principal de ce chapitre, nous avons simplifié en considérant que le coût des ressources financières de l'entreprise se limitait au coût du capital investi par les actionnaires. En fait, l'entreprise peut arbitrer entre augmenter son capital ou augmenter sa dette. C'est pourquoi, en pratique, il convient de comparer la rentabilité des investissements au coût moyen pondéré du capital et de la dette que l'on appelle WACC en anglais (*Weighted Average Cost of Capital)*. Remarquons que le mot français « capital » correspond à la notion d'*equity* (fonds propres) en anglais. C'est le total *equity* + *debt* qu'on appelle *capital* en anglais. Le WACC est donc la moyenne entre le coût du capital et le coût de la dette.

La première étape consiste à calculer la part de dette et la part de capital dans les capitaux investis dans l'entreprise. Ces chiffres doivent être exprimés en valeurs de marché. Le capital est donc la capitalisation boursière de l'entreprise et non la valeur nominale de ses fonds propres. La dette est la dette nette (disponible déduit). Supposons que l'entreprise ait une capitalisation boursière de 8 millions d'euros et une dette nette de 2 millions d'euros. Sa valeur est de 10 millions d'euros. La part du capital dans sa valeur est de 0,8 et la part de la dette est de 0,2. Ces chiffres vont servir à pondérer le coût du capital et le coût de la dette dans le WACC.

Pour les entreprises cotées en Bourse, les autres informations nécessaires au calcul du WACC sont disponibles auprès d'agences comme Moody's, Standard & Poor's, etc.

Ainsi, pour évaluer le coût de la dette, on peut connaître chaque jour le taux d'intérêt qui s'applique à telle ou telle entreprise, en fonction du risque que présente l'entreprise pour les banques. Ce risque est évalué par le *rating* de l'entreprise, qui est généralement exprimé par une notation en lettres (AAA, AA, A, BBB +, etc.). Appelons ***i*** le taux d'intérêt qui s'applique à l'entreprise considérée. Comme les frais financiers passent dans le compte de résultat, ils sont déductibles des impôts.

Le coût de la dette est donc ***i*** diminué de l'économie d'impôt générée par l'endettement. Donc, si ***t*** est le taux d'impôt sur les sociétés, le coût de la dette est :

$$\mathbf{i\,(1 - t)}$$

Pour évaluer le coût du capital (*cost of equity*), il faut, comme nous l'avons vu, tenir compte du coût d'opportunité pour les actionnaires. Le MEDAF (Modèle d'Évaluation des Actifs Financiers) ou CAPM *(Capital Asset Pricing Model)* estime ce coût à partir de la rentabilité des placements sans risque auquel on ajoute une prime de risque spécifique à l'activité[1]. Cette prime de risque se calcule comme le β de l'entreprise multiplié par la différence entre la rentabilité du marché et la rentabilité des placements sans risque. Le β quant à lui est la corrélation entre le cours de Bourse de l'entreprise et le marché boursier dans son ensemble. >

····>

Ainsi, une activité présente un très fort risque non diversifiable si ses variations amplifient les variations du marché boursier (*β > 1*). Elle est par contre peu risquée si elle reste insensible aux variations du marché (β proche de zéro). Le coût du capital n'étant pas déductible des impôts, il ne doit pas être corrigé. Si on suppose que le taux sans risque est 4 % et que le marché boursier dans son ensemble rapporte 9 % par an, le coût du capital se calcule de la manière suivante :

$$4\ \% + \beta\,.(9\% - 4\ \%)$$

Pour évaluer le WACC, il ne reste plus qu'à calculer la moyenne pondérée entre les deux taux, soit :

$$WACC = 0{,}2.\ i\ (1- t) + 0{,}8.\ [4\ \% + \beta.\ (9\ \% - 4\ \%)]$$

EN PRATIQUE

Comment calculer la valeur de l'entreprise ?

La méthode la plus courante pour calculer la valeur d'une entreprise est la méthode des *cash-flows* actualisés (méthode DCF : *Discounted Cash Flows*). Le *cash-flow* annuel d'une entreprise est son résultat opérationnel après impôts (*NOPAT : Net Operating Profit After Tax*) augmenté des amortissements et diminué des investissements de l'année. Cette méthode donne exactement le même résultat que la méthode qui consiste à ajouter à la valeur des capitaux investis la valeur actualisée des profits économiques futurs. C'est donc bien une valorisation de l'entreprise en fonction de ses profits économiques futurs.

Dans la méthode DCF, on utilise le WACC comme taux d'actualisation des *cash-flows* annuels. Si CF_k est le *cash-flow* prévu pour l'année *k*, la valeur de l'entreprise s'élève à :

$$V_E = \sum_{k=1}^{10} CF_k/(1+WACC)^k + VR$$

Cette formule permet de diminuer la valeur des *cash-flows* prévus à mesure qu'ils s'éloignent dans le temps. On ne peut évidemment pas prédire les *cash-flows* annuels à l'infini. On utilise donc une approximation pour valoriser les *cash-flows* qui seront produits au-delà de la période de prévision explicite (10 ans par exemple). Cette valeur résiduelle VR est estimée sur la base du dernier *cash-flow* prévu, CF_{10} (celui de la dixième année) et d'une hypothèse de croissance ***g*** des profits futurs de l'entreprise.

On a :

$$VR = CF_{10}/(WACC - g)$$

La formule de calcul de VR correspond à la valeur d'une activité dont les profits augmenteraient régulièrement et indéfiniment d'un pourcentage constant g.

En l'absence de prévision précise des profits annuels, on peut utiliser cette formule comme première approche simple de la valeur totale d'une entreprise à partir de son *cash-flow* annuel et de son taux de croissance prévisible.

Retenons donc que **le profit futur, la croissance et le coût du capital sont les trois déterminants principaux de la valeur d'une entreprise.**

La valeur d'une entreprise est la somme de sa capitalisation boursière et de sa dette. Donc, en soustrayant de V_E la valeur de la dette, on doit retrouver la capita lisation boursière de l'entreprise. Si on constate un écart, on peut en déduire que les investisseurs sous-évaluent ou sur-évaluent les profits économiques futurs de l'entreprise. C'est sur ce genre d'analyse que s'appuient les analystes financiers >

1. Sharpe W.F., 1964. Lintner J., 1965. Mossin J., 1966.

····>

pour recommander d'acheter ou de vendre un titre. La méthode peut aussi servir à comprendre quelles hypothèses de croissance et de rentabilité sous-tendent la capitalisation boursière observée d'une entreprise. Enfin, cette méthode permet d'évaluer des parties (filiales, nouvelles activités) de l'entreprise qui ne sont pas cotées en tant que telles et dont la valeur est amalgamée dans la valeur totale de l'entreprise. C'est donc cette méthode qui est utilisée pour évaluer la *corporate strategy* d'une entreprise en vérifiant si sa valeur totale (dette plus capitalisation) est supérieure ou inférieure à la somme de ses parties (chaque *business* étant évalué par son DCF).

2 Voies et modes de croissance

Le tableau suivant croise les voies et les modes de croissance possibles pour une entreprise que nous présenterons et discuterons dans les chapitres suivants. L'entreprise peut se développer dans quatre grandes voies : dans son *core business* (croissance horizontale, *cf.* chapitre 14), à l'étranger (internationalisation ou globalisation, *cf.* chapitre 15), vers d'autres métiers (diversification, *cf.* chapitre 16) ou dans sa filière économique (intégration verticale, *cf.* chapitre 11). Elle peut le faire soit par ses propres moyens (croissance « interne » ou « organique », *cf.* chapitre 17), soit en prenant le contrôle d'autres entreprises (croissance « externe », *cf.* chapitre 18), soit en coopérant avec d'autres entreprises (« alliances stratégiques », *cf.* chapitre 19).

Tableau 13.1
Voies et modes de croissance

Modes / Voies	Croissance interne	Croissance externe	Coopération
Dans le *core business*	Innovation	Concentration	Alliances horizontales
Vers de nouvelles zones géographiques	Implantation autonome à l'étranger	Acquisitions internationales	Joint-ventures internationaux
Vers d'autres métiers	Diversification organique	Diversification par acquisition	Partenariats intersectoriels
En amont ou en aval	Intégration verticale	Acquisitions de fournisseurs ou de clients	Partenariats verticaux et externalisation

Source : d'après Karnani, A., « Five Ways to Grow the Market and Create Value », Financial Times*, octobre 1999.*

A/ Les voies de développement

De nombreuses entreprises multinationales ont bâti leur puissance et leur renommée en concentrant leur développement sur un seul métier, qu'elles ont cherché à rendre aussi innovant et global que possible. Tel est le cas de Boeing dans l'aéronautique ou d'Intel dans les semi-conducteurs. Ce sont à la fois des exemples de croissance horizontale et de globalisation.

La croissance « horizontale » est la première voie de développement qui s'offre à une entreprise. Il s'agit de croître dans le *core business*, autrement dit en exerçant son métier de base sur son propre marché. Le potentiel de création de valeur de la croissance horizontale est généralement élevé. En effet, une forte perspective de croissance dans le métier de base permet à l'entreprise de créer des profits économiques supplémentaires sans modification significative du coût du capital, et sans dispersion des ressources managériales.
Le problème est que, la plupart du temps, ce potentiel de croissance « naturel » est déjà connu des actionnaires et donc déjà pris en compte dans la valorisation de l'entreprise. Pour croître au-delà, et augmenter significativement la valeur de l'entreprise, la seule option est d'innover. C'est pourquoi le chapitre 14, consacré à la croissance interne horizontale, est essentiellement consacré aux opportunités d'innovation dans l'industrie où opère l'entreprise, en allant des plus immédiates aux plus lointaines.
Les autres options de croissance horizontale sont soit les concentrations, que nous discuterons dans le chapitre 18 consacré à la croissance externe, soit les alliances entre concurrents que nous traiterons au chapitre 19 sur les alliances stratégiques.
Quant au développement international, il se divise en deux grandes catégories. L'internationalisation proprement dite consiste à s'adapter aux conditions locales en modifiant l'offre dans chaque pays. C'est ce que fait un groupe comme Hachette, qui décline son magazine *Elle* en une série de versions très différentes d'un pays à l'autre. Ce genre de stratégie exige parfois que l'on collabore avec des partenaires locaux, d'où la création de joint-ventures internationaux. La globalisation, en revanche, consiste à servir un marché unifié sur le plan mondial avec une offre pratiquement identique partout. C'est ce que font Airbus, Boeing, Microsoft ou Intel. Comme on le verra au chapitre 15, beaucoup de situations réelles se situent en fait entre ces deux extrêmes.
Certains groupes ont fondé leur développement sur une logique totalement différente, celle de la diversification. Se lancer dans de nouveaux domaines d'activité exige alors de nouvelles ressources et compétences à acquérir et à intégrer. Bouygues est sans doute un exemple très représentatif de cette voie de développement. Ses activités s'étendent aujourd'hui de la construction à l'immobilier et aux travaux routiers (Colas), en passant par la télévision (TF1), et la téléphonie (Bouygues Telecom). On distingue habituellement deux types de diversification. La diversification conglomérale consiste à entrer dans des secteurs sans aucun lien entre eux. La diversification liée repose sur un partage de compétences entre le *core business* et les nouvelles activités de l'entreprise. Ainsi, certains domaines d'activités de Bouygues sont liés à ses compétences de base dans le BTP, les autres ont un aspect purement congloméral.
La notion de synergie joue un rôle clef dans la diversification liée. L'évaluation des synergies entre le domaine d'activité traditionnel et le nouveau constitue une étape particulièrement délicate dans le choix d'une diversification liée. Une surévaluation de ces synergies peut en effet conduire à l'échec. C'est ce qui a failli arriver à Rossignol lorsque l'entreprise s'est lancée dans la production de raquettes de tennis. Tant sur le plan technologique que commercial, les synergies avec l'activité ski paraissaient *a priori* fortes. À l'expérience pourtant, elles se sont révélées très faibles. En abordant cette nouvelle activité, Rossignol comptait optimiser l'utilisation de son réseau de vente en jouant sur la complémentarité des cycles saisonniers des deux activités. C'était oublier que les interlocuteurs de ses vendeurs n'étaient pas les mêmes au sein des magasins ou des centrales d'achat. La création d'un second réseau, fort coûteuse, s'imposa alors pour éviter l'échec de la diversification.

La technologie et le marché sont les deux sources principales de synergies. Partant d'une situation dans laquelle le marché et la technologie sont connus, l'entreprise peut se déployer selon deux axes si elle veut minimiser les risques : conserver une des dimensions avec lesquelles elle est familière (soit les clients, soit la technologie) et innover dans l'autre, c'est-à-dire offrir à ses clients une nouvelle gamme de produits ou de services, ou bien offrir à de nouveaux clients la gamme actuelle.
Certaines entreprises semblent faire de la technologie l'axe principal le long duquel se développe leur stratégie de croissance ; la maîtrise d'une technologie ou d'un ensemble convergent de technologies constitue leur principale compétence distinctive. Ces entreprises ont une position technologique forte ou très forte. Le caractère dominant de la technologie se révèle particulièrement à l'occasion de mouvements stratégiques de diversification liée, que ces entreprises accomplissent plus volontiers en exploitant leurs compétences technologiques sur de nouveaux marchés et dans de nouvelles activités. Texas Instruments, par exemple, s'est servi de sa position dominante dans le domaine des circuits intégrés et des microprocesseurs pour pénétrer les activités de l'horlogerie, du jouet et de la micro-informatique. Il en va de même pour Canon qui, grâce à ses compétences technologiques accumulées, a pu passer de la photo à la vidéo, puis aux photocopieurs, à la télécopie, aux imprimantes à bulle d'encre, puis à l'impression laser, et enfin à la photo numérique. La technologie est pour ces entreprises au centre de la définition qu'elles donnent elles-mêmes de leur métier.
Remarquons enfin que l'intégration verticale, discutée au chapitre 11 comme un élément de la *business strategy,* peut également être vue comme une voie de développement, même si, de nos jours, la plupart des entreprises considèrent plutôt l'intégration et l'externalisation comme des moyens d'optimiser la chaine de valeur d'un métier donné. Le chapitre 11 montre bien que les décisions d'intégration ou de désintégration verticale ont en général pour but d'optimiser les opérations dans une activité donnée et de renforcer l'avantage concurrentiel de l'entreprise dans l'activité en question. À notre sens, ces décisions relèvent donc de la *business strategy* plutôt que de la *corporate strategy*. On pourrait toutefois nous rétorquer qu'une fois la décision d'intégration mise en œuvre, l'entreprise se retrouve de fait diversifiée (dans le secteur en amont ou en aval de son activité principale) et doit donc faire face à des concurrents nouveaux et se doter de compétences nouvelles. Vue sous cet angle, l'intégration est une forme de diversification et les analyses développées dans le chapitre 16 s'y appliquent donc de manière pertinente.

B/ Les modes de croissance : le choix entre croissance interne, croissance externe et alliances

Les avantages et inconvénients des différents modes de croissance sont résumés dans le tableau 13.2. La croissance interne est, par nature, souvent lente et coûteuse à mettre en œuvre, ne serait-ce qu'à cause des nouvelles compétences à acquérir et des éventuelles barrières à l'entrée dans la nouvelle activité. À l'inverse, la croissance externe peut être très rapide - une fois les négociations effectuées, le rachat peut se faire rapidement. Dans le cas de la croissance horizontale, les fusions sont un moyen rapide et efficace de concentration du marché, ce qui réduit le niveau de rivalité concurrentielle et renforce le pouvoir de marché des entreprises du secteur, tout en améliorant la position concurrentielle du nouveau groupe constitué, deux facteurs très favorables à l'augmentation des marges et des profits.

Mais la croissance externe présente deux risques majeurs. L'un est lié au coût du rachat, qui est souvent très (trop) élevé pour deux raisons complémentaires : d'une part l'acquéreur se trouve en position d'asymétrie d'information par rapport à la cible qui est seule à connaître sa vraie valeur et, d'autre part, pour emporter l'affaire, il est généralement nécessaire de payer une « prime de rachat et de contrôle ». Ces deux phénomènes, sur lesquels nous reviendrons dans le chapitre 18, sont bien visibles pour les opérations de fusions-acquisitions en Bourse où, pour obtenir le soutien des actionnaires et de l'équipe dirigeante, des primes de l'ordre de 25 à 50 %, voire plus, sont monnaie courante (les exemples de Sanofi absorbant Aventis et de Mittal rachetant Arcelor le montrent bien). Le deuxième risque de la croissance externe découle des problèmes d'intégration organisationnelle et culturelle qui ne manquent pas de se manifester lors de la mise en œuvre du rapprochement. Combien d'acquisitions n'ont jamais réussi à créer de la valeur pour les actionnaires – autour de 50 % selon les différentes études sur le sujet – pour des raisons qui tiennent à la fois à la surprime payée, aux synergies surestimées qui se révèlent impossibles à mettre en œuvre compte tenu du décalage culturel entre les deux entités fusionnées et des bagarres de pouvoir de leurs équipes dirigeantes.

La coopération apporte des solutions à certains de ces problèmes mais elle a hélas d'autres inconvénients. Le fait de pouvoir circonscrire la coopération à des projets précis, au lieu d'intégrer les partenaires dans leur ensemble comme dans une fusion, permet d'éviter la plupart des problèmes de mise en œuvre des fusions. Par ailleurs, les alliances sont plus réversibles que les acquisitions (l'entreprise peut cesser de coopérer ou vendre ses parts du joint-venture à son partenaire). Par rapport à la croissance interne, la coopération permet de partager le fardeau des investissements avec un partenaire. Elle crée également un contexte favorable à l'apprentissage. Dans une alliance, il est relativement aisé de capter les compétences apportées par le partenaire. La coopération facilite donc l'accès aux ressources nécessaires à la croissance, ce qui est souvent un problème dans la croissance organique. Le revers de la médaille est que les alliances sont particulièrement difficiles à gérer à cause du partage du contrôle avec le partenaire et des conflits possibles entre alliés. Il arrive souvent que l'entreprise perde le contrôle de l'alliance au profit du partenaire. Enfin, l'apprentissage peut se produire dans les deux sens. C'est le partenaire qui peut capter les compétences de l'entreprise et se renforcer à ses dépens. Une alliance a donc souvent un effet « boomerang » : l'ancien partenaire vient concurrencer l'entreprise sur son propre marché. Pensons par exemple aux alliances que les constructeurs automobiles chinois ont nouées avec les firmes européennes il y a quelques années. Il est frappant de constater que des voitures d'origine chinoise ressemblant étrangement à des VW ou des BMW arrivent maintenant en Europe à des prix défiant toute concurrence. Les avantages et les inconvénients des alliances seront développés en détail dans le chapitre 19.

	+	-
Croissance interne	• Pas de remise en cause des frontières et de l'équipe dirigeante de l'entreprise • Utilise les compétences internes existantes • Pas de problèmes de compatibilité culturelle	• Lenteur • Barrières à l'entrée • Coût d'acquisition des compétences nécessaires
Croissance externe (fusions/acquisitions)	• Rapidité • Contrôle total • Avantages de la concentration : amélioration du pouvoir de marché et de la position concurrentielle	• Coût de la prime de contrôle • Asymétrie d'informations pour l'évaluation de la cible • Problèmes de compatibilité et d'intégration de l'entreprise absorbée
Coopération (alliances)	• Périmètre limité • Réversibilité • Partage des investissements • Apprentissage	• Partage des profits • Conflits avec le partenaire • Perte de contrôle • Effet boomerang

Tableau 13.2
Avantages et inconvénients des différents modes de croissance

LES POINTS CLÉS

- La *corporate strategy* a pour but de maximiser la valeur globale de l'entreprise en gérant le portefeuille d'activités, c'est-à-dire en choisissant les activités dans lesquelles l'entreprise doit investir et se développer. La notion de croissance est centrale dans les trois choix principaux de *corporate strategy* :

  > Dans quelle direction l'entreprise doit-elle se développer ? En particulier, doit-elle croître dans son métier de base (innovation), hors de son marché domestique (internationalisation) ou vers d'autres métiers (diversification) ?

  > Quels modes de développement choisir (croissance interne, externe, alliances) ?

  > Comment l'entreprise doit-elle allouer ses ressources entre ses différentes activités, présentes et futures ?

- Depuis les années 1990, l'objectif prioritaire de la *corporate strategy* est devenu de créer de la valeur pour les actionnaires. La croissance, objectif majeur des décennies précédentes, a été reléguée au second plan.

- Pour maximiser la richesse des actionnaires, il faut maximiser le TRS (*Total Shareholder Return*), qui est la somme des dividendes et de l'augmentation de la valeur du capital.

- La valeur d'une entreprise est égale à la somme de sa capitalisation boursière (nombre d'actions multiplié par la valeur de l'action) et de sa dette nette (dette diminuée du *cash* disponible).

- La capitalisation boursière varie en fonction des anticipations des actionnaires sur les futurs profits de l'entreprise.

- La rémunération minimale que les actionnaires attendent de l'entreprise augmente avec le niveau de risque. On l'appelle le coût du capital.

- La valeur d'une entreprise est la somme de ses *cash-flows* futurs actualisés au coût du capital, ce qui est mathématiquement égal à la somme des investissements et des profits économiques futurs actualisés au coût du capital.

- Une entreprise ne crée de la valeur que si son profit économique est positif, c'est-à-dire si sa rentabilité des capitaux investis est supérieure à son coût du capital (ROIC > WACC).
  Pour que cette création de valeur bénéficie aux actionnaires, le TRS généré par l'entreprise doit dépasser chaque année son coût du capital. Sinon, les actionnaires perdent de l'argent et sont incités à investir ailleurs.

- Pour créer de la valeur, une entreprise doit générer un profit économique positif et gérer les attentes de ses actionnaires par rapport à ce profit économique futur, de telle sorte que son cours de Bourse reflète des attentes certes élevées, mais qu'elle sera en mesure de satisfaire.

- Les décisions de croissance doivent être prises en fonction des critères suivants.

  > La profitabilité économique attendue du projet de croissance :
    - coût du capital (niveau de risque) ;
    - attractivité de la nouvelle activité (structure de l'industrie) ;
    - capacité de l'entreprise à dégager des synergies avec le *core business*.

>

····> > On distingue quatre voies de croissance possibles :
– dans le *core business* (croissance horizontale, *cf.* chapitre 14) ;
– vers de nouveaux marchés géographiques (internationalisation ou globalisation, *cf.* chapitre 15) ;
– vers d'autres métiers (diversification, *cf.* chapitre 16) ;
– en amont ou en aval de la filière économique (intégration verticale, *cf.* chapitre 11).

L'entreprise peut se développer dans chacune de ces voies de croissance par trois modes de développement :

> par ses propres moyens (croissance « interne » ou « organique », *cf.* chapitre 17) ;

> en prenant le contrôle d'autres entreprises (croissance « externe », *cf.* chapitre 18) ;

> en coopérant avec d'autres entreprises (« alliances stratégiques », *cf.* chapitre 19).

QUIZ

1. Le principal objectif de la *corporate strategy* est :
a. D'assurer à l'entreprise des performances durablement supérieures à celles de ses concurrents dans son activité.
b. De maximiser la valeur globale de l'entreprise en choisissant et en développant son portefeuille d'activités.
c. De faire croître le chiffre d'affaires et les bénéfices de l'entreprise pour répondre aux attentes des actionnaires.

2. Il y a synergies entre les différentes activités de l'entreprise si et seulement si :
a. La valeur de l'entreprise dans sa globalité est supérieure à la somme des valeurs de ses activités prises séparément.
b. La masse des dépenses de l'entreprise est réduite par la mise en commun des achats des différentes activités.
c. Les objectifs de la *corporate strategy* et ceux de la *business strategy* sont convergents.

3. Selon la théorie financière, la valeur de l'entreprise est égale à :
a. La valeur actualisée de ses cash-flows futurs.
b. La somme des dividendes et des gains en capital.
c. La capitalisation boursière de l'entreprise.

4. Le concept de coût du capital d'une entreprise traduit :
a. Le coût d'opportunité de l'entreprise lorsqu'elle procède à un investissement dont le risque est non diversifiable.
b. Le degré de non diversifiabilité du risque de l'entreprise pour ses actionnaires.
c. Le niveau minimal de rentabilité des capitaux investis qu'attendent les actionnaires, compte tenu du degré de risque des activités.

5. Une entreprise crée de la valeur quand :
a. Elle dégage un résultat positif qui permet de rémunérer l'actionnaire.
b. La somme des cash-flows actualisés est supérieure au montant de la dette nette.
c. La rentabilité des capitaux investis dépasse le coût du capital.

6. Quel est le postulat central de la théorie de l'agence ?
a. Les dirigeants d'entreprise cherchent à maximiser la valeur créée pour les actionnaires.
b. Actionnaires et dirigeants ont des intérêts et des objectifs différents.
c. La confiance est au cœur de la relation entre dirigeants et actionnaires.

7. Croissance organique, croissance externe et coopération sont :
a. Différentes voies de croissance que peut emprunter l'entreprise.
b. Différents moyens de réduire le niveau de pression concurrentielle.
c. Différents leviers actionnables pour construire un avantage concurrentiel.

>

····>

8. La diversification d'une entreprise est dite conglomérale quand :
a. Les différentes activités de l'entreprise n'ont pas de synergie entre elles.
b. L'entreprise a atteint une situation de quasi-monopole sur ses différents marchés.
c. Il y a de fortes synergies entre les différentes activités de l'entreprise.

9. Laquelle de ces affirmations est fausse ?
a. La croissance externe permet de croître plus vite que la croissance interne.
b. La croissance interne génère fréquemment des problèmes d'intégration organisationnelle et culturelle.
c. L'asymétrie d'information entre acquéreur et vendeur rend la croissance externe risquée.

10. La croissance…
a. … peut détruire de la valeur même si les nouvelles activités dégagent des profits.
b. … crée de la valeur, à condition que le coût du capital des nouvelles activités soit inférieur à celui des anciennes activités.
c. … détruit de la valeur si l'entreprise entre dans des activités ou des pays où le coût du capital est supérieur à celui de son *core business*.

Réponses : 1.b, 2.a, 3.a, 4.c, 5.c, 6.b, 7.a, 8.a, 9.b, 10.a

14 L'INNOVATION, MOTEUR DE LA CROISSANCE HORIZONTALE

Comme on l'a vu dans le chapitre précédent, la première voie de développement qui s'offre à une entreprise est la croissance « horizontale », c'est-à-dire la croissance dans son *core business*, autrement dit en exerçant son métier de base sur son propre marché et dans sa propre industrie. Du point de vue des investisseurs, toutes choses étant égales par ailleurs, la croissance horizontale offre un potentiel de création de valeur *a priori* plus fort que d'autres voies de développement comme l'internationalisation ou la diversification. En effet, les marchés financiers apprécient les entreprises qui ont de fortes perspectives de croissance dans leur métier de base et qui peuvent donc créer des profits supplémentaires sans avoir à se diversifier dans de nouvelles industries ni à pénétrer de nouvelles zones géographiques. Ces entreprises peuvent capitaliser sur leurs compétences existantes et éviter de s'exposer à des risques nouveaux. Ce faisant, elles peuvent croître en exploitant des synergies importantes, sans modifier significativement leur coût du capital, sans disperser leurs ressources et sans subir de décote de conglomérat.

Par exemple, un spécialiste européen du hard discount comme Lidl a devant lui un potentiel de croissance horizontale intéressant parce qu'il peut augmenter le nombre de ses magasins en Europe. À l'inverse, Carrefour, qui est pourtant le numéro deux mondial de la distribution, fait face à un essoufflement de son métier de base, les hypermarchés en France, et doit aller chercher la croissance sur des marchés exotiques et/ou avec de nouveaux formats de magasins. Dans cette situation, Lidl est bien plus attractif que Carrefour pour un investisseur. Au premier semestre 2008, Lidl a assuré à lui seul 20 % de la croissance des produits de grande consommation en France alors qu'il détenait à peine 5 % de ce marché. Quel contraste saisissant avec Carrefour, omniprésent en France, qui a annoncé à l'automne 2008 qu'il allait réduire la surface de ses plus grands hypermarchés français pour tenter d'endiguer leur baisse de rentabilité ! Moralité : le cours de Bourse de Carrefour a chuté de plus de 40 % au cours du premier semestre 2008. Bien que Carrefour diversifie ses formats et se développe à l'international, les difficultés qu'il a rencontrées dans son *core business* ont coûté son siège au directeur général du groupe en novembre 2008. Les principaux actionnaires, Bernard Arnault et Colony Capital, alarmés par la panne de croissance des hypermarchés en France, ont en effet décidé de remplacer José Luis Duran, directeur général depuis 2005, par Lars Olofsson, ancien vice-président marketing et vente du groupe Nestlé.

Face aux exigences des actionnaires, la croissance horizontale est bien souvent une nécessité. La réponse stratégique classique consiste à améliorer la pénétration de l'entreprise au sein de son industrie, en exploitant et en cultivant son avantage concurrentiel. Dès lors, pourquoi envisager la croissance horizontale comme un problème de *corporate strategy* ? Après tout, les analyses que nous avons développées dans la partie *business strategy* de ce livre devraient suffire : si l'entreprise a su créer un avantage concurrentiel, elle va prospérer et croître dans son *core business* !

Le problème est que, la plupart du temps, ce potentiel de croissance « naturel » est déjà pris en compte dans la valorisation de l'entreprise. L'exploiter ne crée donc guère de valeur pour les actionnaires. Pour croître au-delà, et augmenter la valeur de l'entreprise de manière significative, la seule option est d'innover. C'est pourquoi ce chapitre est essentiellement consacré aux opportunités d'innovation dans l'industrie où opère l'entreprise, en allant des plus immédiates au plus lointaines. Nous discuterons les conditions de réussite de différents types d'innovation. Nous verrons aussi comment favoriser l'innovation au sein des entreprises établies et nous discuterons des moyens de s'approprier les bénéfices des innovations de manière durable et défendable. Alors que l'innovation est souvent vue comme un problème de technologie, nous montrerons dans ce chapitre qu'on peut innover de manière très variée, y compris dans des industries où la technologie joue un rôle réduit, voire inexistant, notamment dans les services.

1 Innover pour soutenir l'avantage concurrentiel

A/ L'innovation : une nécessité

Dans nos pays développés, le cœur de l'activité de la plupart des entreprises se trouve sur des marchés à maturité, c'est-à-dire des marchés qui ne croissent plus de manière significative. La seule possibilité de croissance horizontale est donc de prendre de la part de marché aux concurrents, soit par croissance interne, soit par croissance externe, c'est-à-dire en rachetant ces concurrents. Il s'agit d'un jeu à somme nulle : toute croissance d'une entreprise se fait aux dépens d'au moins une autre.

Il existe heureusement des industries en phase de croissance naturelle. Ce sont des terrains rêvés pour la croissance horizontale : chacun peut espérer croître en se laissant « porter » par le marché. C'est bien pour cette raison que les industries en forte croissance sont bien plus attractives que les industries mûres.

Toutefois, quand la croissance horizontale est conçue de cette manière, c'est-à-dire sans changement du contenu de l'offre, elle présente des opportunités de création de valeur finalement assez faibles, quelle que soit la croissance de l'industrie :

> Dans les industries mûres, la croissance horizontale coûte souvent cher, soit parce qu'il faut faire des fusions-acquisitions et donc payer des primes de contrôle, soit parce qu'il faut prendre des clients aux concurrents et donc réduire les marges par réduction des prix et/ou augmentation des coûts (coûts publicitaires par exemple).

> Dans les industries en forte croissance, la croissance du marché est déjà prise en compte dans la valorisation de l'entreprise. L'entreprise ne crée donc de valeur que si elle parvient à faire toujours mieux que le reste de l'industrie, ce qui nous ramène au problème précédent : réduire les marges ou acquérir des concurrents pour croître davantage.

C'est pourquoi le principal potentiel de croissance créatrice de valeur dans une industrie donnée réside en fait dans l'innovation, c'est-à-dire dans la capacité de l'entreprise à renouveler son offre. Seule l'innovation en effet permet de stimuler le marché et de créer de nouvelles opportunités de croissance au-delà des anticipations connues des actionnaires.

Alors que les start-up recherchent les ruptures radicales (voir chapitre 6), les entreprises établies ont tendance à rechercher des innovations qui restent cohérentes avec leur *business strategy*. Il s'agit la plupart du temps d'innover de manière continue et incrémentale pour améliorer l'offre existante en cultivant et en raffinant l'avantage concurrentiel de l'entreprise. C'est pourquoi ces innovations sont des innovations d'amélioration, au sens défini dans le chapitre 6. Comme nous l'avons vu dans la partie *business strategy* de ce livre, tout avantage concurrentiel repose sur une combinaison coût-différenciation. L'innovation d'amélioration doit donc réduire les coûts et/ou améliorer la différenciation.

B/ Innover pour réduire les coûts

Les innovations de réduction des coûts sont généralement des innovations de processus qui ne modifient pas la valeur perçue des attributs intrinsèques de la nouvelle offre par rapport au modèle dominant. Ces innovations incrémentales sont généralement liées à la mise en œuvre d'une stratégie de coût volume, telle que nous l'avons présentée au chapitre 4. Pour accélérer sa descente sur la courbe d'expérience, l'entreprise doit innover pour chercher des sources toujours nouvelles de réduction des coûts. En effet, l'effet d'expérience n'a rien d'automatique. Il faut constamment faire appel à la créativité pour repousser toujours plus loin la frontière de l'efficacité productive.

On peut ranger dans cette catégorie toutes les innovations de processus de production, de logistique, de distribution… (Total Quality Management, 6 Sigma, Kanban et Kaisen, dématérialisation des échanges, externalisation et délocalisation…) qui font les beaux jours des sociétés de conseil, habiles à diffuser l'innovation et en faire perdre l'exclusivité, et donc la valeur, pour celui qui l'a initiée. Ces innovations deviennent vite des *best practices* sur lesquelles s'alignent tous les acteurs de l'industrie. Par le jeu de la concurrence, leurs avantages sont rapidement transférés aux clients, sous forme de réduction de prix et d'amélioration de la qualité.

Fort heureusement il existe des innovations de ce type qui peuvent être protégées, notamment par des brevets, et garder ainsi tout leur potentiel de croissance et de valeur pour leur inventeur. Ce fut le cas de cette entreprise qui breveta un procédé lui permettant de fabriquer des vis sans fin aux attributs identiques à ceux de l'offre de référence. L'avantage était que la nouvelle vis était fabriquée sur une seule et unique machine alors que le processus habituel était décomposé en sept opérations successives et délicates effectuées sur des matériels différents. Les économies induites lui permettaient de produire ses vis avec un avantage de coût de 20 % sur le concurrent dominant. Fallait-il garder le nouveau procédé pour soi, ou l'offrir aux concurrents (changer de métier : ne plus vendre les vis et devenir un vendeur de matériel reposant sur le nouveau procédé) ou bien encore combiner ces deux options en exploitant soi-même le procédé tout en le licenciant aux concurrents pour encaisser des revenus réguliers et à forte marge ? En cherchant simplement à réduire ses coûts dans le cadre d'une *business strategy* très classique, cette entreprise en venait à se poser un problème fondamental de *corporate strategy* : dans quel business fallait-il aller ?

C/ Innover pour améliorer la différenciation

Les entreprises qui mettent en œuvre une stratégie de recomposition de l'offre, telle que nous l'avons présentée au chapitre 5, cherchent généralement à trouver des innovations de produit et de positionnement qui modifient la proposition de valeur sans remettre en cause leur *business model*.

Ces innovations visent à renforcer le positionnement de l'entreprise par rapport à l'offre de référence en offrant des produits ou des services nouveaux, mais cohérents avec l'offre courante de l'entreprise. Ces offres introduisent des attributs de valeur nouveaux et valorisés par la cible, ou bien elles suppriment des attributs peu adaptés à la cible. Ainsi, à chaque fois que BMW sort un nouveau modèle, il doit taper plus haut et plus fort que ses anciens modèles, pour inciter les clients fidèles à renouveler leur voiture. Le constructeur bavarois doit aussi accentuer (ou au moins maintenir) la différence avec les concurrents comme Lexus ou Mercedes, de manière à attirer de nouveaux acheteurs ou à retenir des clients susceptibles de changer de marque. Les innovations introduites sur chaque modèle font de BMW un constructeur reconnu pour son excellence et son raffinement technologique. Du premier moteur turbo dans les années 1970, en passant par l'ABS dans les années 1980, pour arriver aux moteurs *efficient dynamics* (sportifs et peu polluants) dans les années 2000, cette course à l'innovation est une course sans fin, qui consomme énormément de ressources. L'avantage concurrentiel de BMW repose, au moins en partie, sur sa capacité à innover encore et toujours pour chaque nouveau modèle. Mais, tôt ou tard, ces brillantes innovations se retrouvent sous le capot des véhicules concurrents. Là encore, le problème de *corporate strategy* se pose : faut-il garder ces innovations pour soi ou les commercialiser et se positionner en prestataire vis-à-vis des concurrents. Porsche, par exemple, a fait le choix de développer son activité d'ingénierie automobile et de travailler pour les autres constructeurs, en parallèle avec sa propre activité de constructeur, qui reste très limitée en volume.

D/ Quand l'avantage concurrentiel limite la croissance

Les innovations dont nous venons de parler, qui sont consubstantiellement liées à la mise en œuvre des deux stratégies génériques que nous avons présentées dans les chapitres 4 et 5 de ce livre, sont en général relativement faciles à copier et peu durables. Seule la capacité de l'entreprise à les exploiter vite et à en lancer régulièrement de nouvelles, lui permet d'en tirer tous les fruits. Il est donc indispensable de générer et de renouveler constamment le vivier d'opportunités d'innovations et de procéder comme le joueur d'échecs qui sait anticiper plusieurs coups successifs. Ce genre de pratique, si elle est bien menée, s'avère extrêmement perturbatrice pour les concurrents. Sa mise en œuvre suppose des principes de fonctionnement interne très particuliers que nous examinerons dans la dernière partie de ce chapitre.

Mais au fond, ces « innovations » n'en sont pas. Du moins, ce ne sont pas des innovations stratégiques au sens où nous avons défini ce terme au chapitre 6. Ce ne sont que des innovations d'amélioration d'un avantage concurrentiel existant, et non des innovations de rupture. Or, se cantonner à la mise en œuvre de la stratégie existante, en innovant incrémentalement, est en fait le meilleur moyen de limiter la croissance. Pensons à General Motors qui se retrouve au bord de la faillite en 2008 après avoir été le leader mondial de l'industrie automobile. Par manque d'anticipation sur les évolutions profondes du marché, par laxisme vis-à-vis des concurrents asiatiques qui se sont approprié le segment des voitures économiques, le géant américain est devenu un colosse aux pieds d'argile. Les parkings de ses concessionnaires regorgent de pick-up et autres vans gloutons devenus invendables. La direction du groupe n'a plus qu'à demander des subventions pour... faire de la recherche-développement et... innover ! Mais n'est-il pas trop tard ?

Une entreprise décuplera son potentiel de croissance horizontale si elle est à l'affût d'opportunités qui ne sont pas forcément cohérentes avec son avantage concurrentiel actuel, au risque même de le détruire. Alors même que le terme « croissance » évoque un processus constant et continu, surtout quand on pense à la croissance horizontale, il est souvent indispensable d'introduire des ruptures pour croître. Seules les innovations de rupture procurent des offres véritablement nouvelles à mettre sur le marché. Et si l'entreprise n'innove pas, des concurrents, ou de nouveaux entrants, le feront. Plutôt que de se laisser prendre des parts de marché par les innovateurs, il vaut mieux cannibaliser son offre soi-même !

Même sans aller jusque-là, il est en tout cas souvent nécessaire de travailler « contre » le cœur de l'entreprise et en marge de l'organisation traditionnelle. L'exemple d'Accor (voir Mini-cas ci-après) est très éclairant à cet égard : l'équipe mise en place par M. Dubrule pour travailler sur l'innovation Suitehotel était clandestine au départ !

La croissance horizontale est donc un phénomène assez paradoxal. D'un côté, elle semble *a priori* la voie de développement la plus naturelle, d'autant plus qu'il s'agit généralement d'un mode de croissance organique, même si des alliances ou des acquisitions peuvent être nécessaires pour rassembler les compétences nécessaires à la mise en œuvre de l'innovation. D'un autre côté, cette croissance est souvent la plus difficile à obtenir parce qu'elle exige d'innover et que les entreprises établies dans une industrie ont en fait du mal à développer des innovations stratégiques. Essayons de mieux comprendre d'où vient cette difficulté avant de proposer des pistes pour la résoudre.

EN PRATIQUE

Innovation incrémentale ou innovation de rupture

L'innovation incrémentale, ou innovation d'amélioration, n'entraîne qu'un changement limité par rapport à l'offre de référence et n'exige pas de réels savoir-faire nouveaux. L'amélioration progressive des performances et du rendement des moteurs à explosion pour les automobiles en est un exemple. Depuis la fin du XIXe siècle, l'évolution s'est faite de manière continue, sans remettre en cause la conception fondamentale du moteur ni exiger à aucun moment des compétences radicalement nouvelles, même si, au bout du compte, le contenu technologique des moteurs a beaucoup changé. De même, en électronique, la loi de Moore postule que la puissance des microprocesseurs et la taille des mémoires doublent en moyenne tous les 18 mois, et ceci à coût égal. Cette loi a été vérifiée dans les années 1980-1990 avec les puces des micro-ordinateurs, puisqu'on a vu se succéder avec régularité des Intel 8088, 80286, 386 et 486 sur les compatibles PC, chacun de ces microprocesseurs offrant des performances deux fois supérieures à celles de son prédécesseur.

>

....>

Seule l'innovation stratégique, ou innovation de rupture, modifie profondément les références habituelles concernant la valeur perçue d'une l'offre et son coût. Ainsi, toujours dans le domaine de la motorisation automobile, le moteur à piston rotatif, le moteur à deux temps à injection ou bien encore le moteur hybride thermique-électrique constituent tous trois des innovations de rupture introduisant des standards nouveaux en matière de silence, de pollution, de légèreté ou de consommation d'énergie. Ces nouveaux concepts exigent également des savoir-faire nouveaux, souvent totalement étrangers au savoir-faire traditionnel. Ils forcent donc les firmes en place à se poser de nouvelles questions, à développer de nouvelles compétences techniques et commerciales et à employer de nouvelles méthodes de résolution des problèmes. C'est pourquoi les innovations radicales sont particulièrement rares : selon le cabinet de conseil Booz-Allen, seulement 6 à 10 % des nouveaux produits, par exemple, seraient vraiment des innovations stratégiques au sens strict.

Dans le domaine de la photographie, les années 1990 ont vu émerger deux nouvelles technologies. L'APS, avec ses attributs originaux (trois formats de photos, pellicule automatique et interchangeable), n'était cependant qu'une innovation incrémentale qui améliorait, sans la modifier profondément, la photographie analogique. C'était d'ailleurs un nouveau standard partagé, promu par l'ensemble des acteurs classiques de l'industrie. La photographie numérique, en revanche, a été une innovation de rupture. Non seulement elle introduisait de nouvelles compétences dans le métier mais, en supprimant la pellicule, elle mettait en péril le business model si florissant des acteurs majeurs de l'industrie. Et l'on sait par quelles périodes d'errance et par quels affres Kodak et Polaroïd sont passés depuis (voir Mini-cas « Polaroïd » dans le chapitre 25).

2 Oser les innovations de rupture

A/ Surmonter les obstacles internes à l'innovation

Devant la difficulté d'améliorer les performances d'une activité existante, quel chef d'entreprise n'a pas rêvé de profiter de la connaissance du secteur pour innover radicalement et créer ainsi un potentiel de croissance complètement nouveau ? Or, force est de constater qu'il y a loin de la coupe aux lèvres : bien peu d'innovations de rupture sont générées par des entreprises établies. Ainsi, sur 27 inventions clés apparues dans les cinquante années qui ont suivi la Seconde Guerre mondiale, seulement 7 sont dues à des entreprises établies[1]. Il est tellement difficile de rompre avec une stratégie éprouvée et une activité existante pour s'aventurer sur des chemins inconnus ! L'innovation se heurte en effet à quatre obstacles essentiels.

> Le premier obstacle est le niveau de risque. Si les innovations de rupture débouchent parfois sur des succès retentissants, avec des croissances très fortes et des profits élevés, elles se soldent le plus souvent par des échecs cuisants. La forte probabilité d'échec se combine avec la nécessité d'engager des ressources importantes sur une longue durée, ce qui rend le niveau de risque dissuasif. En cela, l'innovation de rupture suit la règle économique habituelle « *high risk, high return… or high loss* ».

1. Hamberg D., 1996.

> Vient ensuite le diktat du ROI (*Return On Investment*), paradoxalement issu de la notion de création de valeur pour l'actionnaire. C'est pour valoriser l'entreprise que l'on cherche la croissance horizontale. Pourtant, la logique de création de valeur qui exige que le ROI soit supérieur au coût du capital (voir chapitre 13) est désormais si bien intégrée par les grandes entreprises que celles-ci mettent systématiquement en œuvre des processus de sélection des investissements qui placent la barre de rentabilité à des niveaux astronomiques dès que le projet paraît incertain. Ces critères trop conservateurs « tuent dans l'œuf » toute velléité d'accepter le non-normé, le non-maîtrisé, le non-prévisible, autant dire toutes les innovations qui surprennent et dérangent. Le dirigeant d'un constructeur automobile nous confiait un jour que, dès qu'un projet véritablement innovant émergeait, la « machine à ne pas faire les voitures » se mettait en route ! Cette remarque rejoint la question des processus de prise de décision dans les organisations (voir chapitres 2 et 25).

> Ce second obstacle est d'autant plus important qu'il se combine à un troisième : la pratique assidue de l'analyse concurrentielle et de l'intelligence économique. Ces pratiques, qui sont censées améliorer les performances des entreprises en leur permettant de compenser leurs points faibles et de se rapprocher des « meilleurs de leur classe », conduisent en fait à un parfait conformisme. On préfère copier les concurrents les plus performants plutôt que d'identifier et de valoriser ses différences en mettant en œuvre des stratégies innovantes. Voilà une utilisation paradoxale des théories de Porter[1] qui est pourtant le chantre de la différenciation (voir chapitre 5).

> Le quatrième obstacle est l'identité de l'entreprise, force d'inertie qui peut s'opposer consciemment ou non à l'accueil de l'innovation dans l'organisation (voir chapitres 2 et 27). L'innovation est souvent vue comme une trahison de la stratégie qui a fait le succès passé de l'entreprise. Il est donc parfois nécessaire de la protéger du reste de l'organisation en mettant en place des structures particulières, comme l'a fait Nestlé pour Nespresso ou Accor pour Suitehotel (voir Mini-cas ci-après).

Résultat : l'innovation des entreprises « établies » est rarement autre qu'une innovation incrémentale. Passer à l'innovation de rupture est souvent difficile. C'est souvent perçu comme demander l'impossible. C'est pourquoi nombre d'entreprises établies préfèrent racheter des start-up innovantes plutôt qu'innover elles-mêmes. Paradoxe encore : les grandes entreprises ont pourtant davantage de moyens à consacrer à la recherche-développement que les start-up.
Pour croître et innover, les entreprises n'ont d'autre choix que d'accepter la prise de risque et de renoncer à copier les recettes des autres. C'est plus facile à dire qu'à faire.

MINI-CAS

Innovation chez Accor : après Formule 1, voici Suitehotel !

Lors d'un voyage aux États-Unis en 1997, Paul Dubrule, coprésident d'Accor, fait le rapprochement entre deux phénomènes apparemment indépendants :

> dans les États du Sud, un hôtel en construction sur quatre est un établissement offrant uniquement des suites, alors que ce concept n'existe pas en Europe ;

> 40 % des entreprises créées aux États-Unis sont créées par des femmes, alors que l'industrie hôtelière ne s'est jamais beaucoup préoccupée des besoins spécifiques de la clientèle féminine.

De retour en France, il décide de créer, au sein du groupe Accor, une chaîne d'hôtels de suites destinée à répondre aux besoins des femmes en déplacement >

1. Porter M.E., 1985, 1986.

····> professionnel. Son idée est que les femmes apprécieront de disposer d'une suite avec une kitchenette et un espace de travail distinct de l'espace de repos. Il pense que cette clientèle aimerait avoir la possibilité de se préparer elle-même des repas, au lieu de sortir systématiquement dîner, et d'organiser des réunions dans sa suite, au lieu d'utiliser les salles prévues à cet effet.

Plus globalement, Dubrule veut créer un concept hôtelier nouveau. Depuis Formule 1, qui a révolutionné l'hôtel une étoile en 1985, Accor n'a lancé aucun produit véritablement novateur. Il est temps que cela change. Il choisit Olivier Devys, son directeur de cabinet, comme responsable du projet. Olivier Devys n'a pas d'expérience hôtelière. Qu'à cela ne tienne, il ne sera pas encombré de préjugés. Dubrule lui déclare :

« J'ai créé Ibis contre Novotel, Formule 1 contre Ibis. Nos hôtels de suites seront créés contre toute l'hôtellerie Accor… Vous avez carte blanche. Dans les premiers temps, vous travaillerez en perruque et vous me rapporterez directement. »

Une fois l'équipe constituée, elle se met effectivement à travailler en perruque, c'est-à-dire clandestinement, sans budget dédié et en dehors des procédures et du temps de travail normaux.

Devys choisit de travailler avec un jeune architecte, Pascal Pingon, alors responsable technique du pôle hôtellerie économique, qui a fait ses premières armes sur Formule 1 et n'a eu de cesse depuis que de standardiser, mondialiser, préfabriquer. En mars 1998, les deux compères quadrillent le Sud des États-Unis pour étudier les hôtels de suites qui se développent à grande vitesse. Ils constatent que certains de ces hôtels accueillent des clients pour de courts séjours, et qu'ils sont donc substituables à des hôtels de milieu de gamme. En Europe, cette pratique est embryonnaire. Il s'agit de la développer.

De fil en aiguille, l'équipe projet élabore un cahier des charges plus précis :

> suite de 30 m² (20 % de plus que Novotel) comprenant deux pièces (chambre et salon – espace de travail) avec bar, kitchenette, salle de bain avec baignoire et douche ;

> connexion Internet illimitée et deux prises de téléphone (les usages professionnels d'Internet sont en plein développement à l'époque) ;

> service limité : pas de restauration ni de salles de réunion ;

> présence permanente d'un hôte ;

> prix semblable à celui d'une chambre d'hôtel de milieu de gamme, entre Ibis et Novotel.

Ce positionnement a l'air au départ impossible si on se fie à la norme de l'industrie, résumée par la règle du millième édictée par Conrad Hilton dans les années 1960 : une chambre doit être louée pour un prix de nuitée égal au millième de son coût de construction. Dans le projet Suitehotel, le prix diverge de cette règle : il est trop bas par rapport à la superficie de la chambre. En fait, c'est la suppression ou la réduction des espaces collectifs (restaurants, salles de réunion, grand lobby) qui permet de compenser le surcoût. Alors qu'un Novotel comprend 25 à 30 m² d'espaces collectifs par chambre de 25 m², Suitehotel n'en aura que 15. Au fond, les m² récupérés dans les espaces collectifs sont redistribués en espace privatif dans les suites.

À l'été 1998, l'équipe projet devient officielle et se voit attribuer un budget. Elle doit développer un business plan. Pascal Pingon décide d'industrialiser le « bloc technique » (ensemble toilettes, salle de bain, kitchenette) et de le préfabriquer en série, dans la même usine pour le monde entier. Il s'inspire ainsi du concept Formule 1, où la chambre, beaucoup plus petite, est intégralement préfabriquée et transportée sur le lieu de construction.

Au total, la chambre Suitehotel sera construite selon les principes de la chambre une étoile Formule 1, offrira un espace vital supérieur à un quatre-étoiles, un >

····> équipement entre le trois et le quatre-étoiles, pour un prix compris entre le deux et le trois-étoiles.

Pour résoudre cette équation « impossible », on a éliminé des éléments de l'offre hôtelière traditionnelle comme le *check-out,* la restauration en salle et les espaces collectifs ; on a réduit les prestations en matière de décoration et de réception. D'un autre côté, on a amélioré les équipements de télécommunications et la salle de bains en l'équipant d'une douche et d'une baignoire ; et surtout, on a considérablement agrandi l'espace privatif offert au client.

La direction générale d'Accor, convaincue par le concept, a décidé de mettre en œuvre le projet dans une société séparée, comme elle l'avait fait précédemment pour Ibis, puis pour Formule 1. En effet, les dirigeants d'Accor étaient convaincus que rattacher ce projet à une division existante du groupe aurait freiné son développement, à cause de la peur de la cannibalisation.

Le premier Suitehotel a été inauguré près de Lille le 23 novembre 1999.

Questions

1) La conception de l'offre Suitehotel est-elle cohérente avec la démarche Blue Ocean présentée plus loin dans ce chapitre ?
2) S'agit-il d'une innovation de rupture ?
3) Quelle démarche et quel mode d'organisation Paul Dubrule a-t-il choisis pour lancer cette innovation ? Cette démarche était-elle pertinente ? Que pourrait-on proposer pour améliorer l'efficacité du projet ?

Source : Dumont A., Innover dans les services, *Village mondial, 2001.*

B/ Résoudre le dilemme de l'innovateur

Le grand spécialiste américain de l'innovation, Clayton Christensen, donne une clef intéressante pour comprendre la difficulté paradoxale des leaders d'une industrie à développer des innovations de rupture[1]. D'après lui, ce n'est pas parce qu'elles commettent des erreurs que les entreprises établies ratent les innovations majeures dans leur industrie. Ainsi, presque tous les distributeurs classiques ont raté le hard discount, tous les fabricants de mini-ordinateurs ont raté le virage des ordinateurs personnels, les grands sidérurgistes n'ont pas su résister aux *mini-mills*… non pas parce que les dirigeants de ces entreprises étaient incompétents et qu'ils ont pris de mauvaises décisions, mais parce qu'ils étaient très compétents et qu'ils ont pris des décisions rationnelles ! D'où le concept de « dilemme de l'innovateur » : réagir rationnellement à certaines innovations conduit tout droit à l'échec. Alors comment réagir ?

En fait, toutes les innovations stratégiques ne font pas d'aussi gros dégâts. Seules les innovations que Christensen qualifie de ***disruptive,*** soulignant ainsi qu'il s'agit d'innovations qui introduisent non seulement une rupture, mais aussi une perturbation, sont dangereuses pour les entreprises performantes. Les autres innovations, dites ***sustaining,*** sont très bien exploitées par les leaders. Les innovations *sustaining*, qui peuvent être des innovations de rupture ou non, améliorent les performances des produits existants et présentent donc un avantage évident pour les clients existants. À l'inverse, les innovations *disruptive* semblent peu attractives et n'intéressent, du moins au départ, qu'une clientèle limitée. Selon Christensen, les entreprises leaders, justement parce qu'elles sont performantes et bien gérées, sont parfaitement à l'aise avec les innovations *sustaining,* mais sont complètement désarmées face aux innovations *disruptive.* La démonstration tient en trois points :

1. Christensen C.M., 1997.

> La technologie disruptive crée une nouvelle proposition de valeur. Le produit ou le service est moins cher, plus simple, plus pratique à utiliser mais il a une performance moindre, au moins à court terme. Cette infériorité technique n'est cependant pas absolue : sur certains attributs, l'innovation disruptive est mieux placée que l'offre de référence. Il en est ainsi du *hard discount* par rapport aux hypermarchés, tout comme des premiers transistors par rapport aux postes à lampes, des premiers micro-ordinateurs par rapport aux minis, etc.

> Sans le savoir, les leaders du secteur font le lit de l'innovation disruptive parce qu'ils ont tendance, en raffinant sans arrêt leur offre, à faire aux clients une proposition de valeur finalement trop élevée par rapport aux besoins de ceux-ci. La pénétration de l'innovation disruptive peut donc être très rapide, une fois que les clients se rendent compte que la nouvelle offre répond en fait à leur besoin pour moins cher. C'est ainsi qu'en Europe, les hypermarchés en sont progressivement arrivés à pratiquer des prix trop élevés par rapport au pouvoir d'achat des ménages les plus modestes, qui constituaient au départ leur cœur de cible.

> Investir dans une offre disruptive émergente ne serait pas rationnel pour une firme établie. Les nouveaux produits, plus simples et moins chers, génèrent des marges plus faibles. Au départ, ils ne sont attractifs que pour des clients marginaux et peu rentables. Donc, les entreprises les plus performantes, qui sont à l'écoute de leurs meilleurs clients et qui savent investir dans le développement de produits rentables générant des volumes importants, ne voient pas l'intérêt de mettre le moindre sou dans ces innovations. Au départ, le micro-ordinateur a été perçu comme l'ordinateur du pauvre, le *hard discount* comme la supérette de l'indigent, la compagnie aérienne *low cost* comme un concurrent de l'autocar... pas de quoi inquiéter IBM, Carrefour ou Air France !

Au total, quand les leaders se rendent compte que la nouvelle offre cannibalise l'offre de référence, il est déjà trop tard. S'ils ne se sont pas positionnés suffisamment tôt, ils ne parviennent pas à rattraper leur retard. Ce sont les nouveaux entrants, ceux qui ont su se lancer assez tôt avec l'offre disruptive, qui triomphent.
Pour éviter ce sombre pronostic, les entreprises leaders ont intérêt à cannibaliser elles-mêmes leur offre. Elles doivent investir tôt et agressivement dans les innovations disruptives. Deux stratégies sont possibles :
- créer un nouveau marché en attirant des non-consommateurs de l'offre de référence ;
- cannibaliser le marché existant par le bas.

Une série de tests peut aider à évaluer les chances de succès de ces deux stratégies :

EN PRATIQUE

Évaluer les innovations *disruptive*[1]

En lançant une innovation disruptive, l'entreprise cherche à déstabiliser le marché à son profit, soit en créant un nouveau marché, soit en cannibalisant par le bas l'offre de référence.
Trois tests permettent d'évaluer le potentiel de l'innovation à attirer des non-consommateurs de l'offre de référence, créant ainsi un « nouveau » marché qui cannibalisera le marché traditionnel par la suite :

> L'innovation cible-t-elle des consommateurs potentiels pour lesquels l'offre de référence est inaccessible, parce qu'elle est trop chère ou qu'elle exige des savoir-faire particuliers ?

1. Christensen C.M. et *al.*, 2002.

>

....>

> Ces consommateurs potentiels accueilleront-ils avec enthousiasme un produit ou un service plus simple ?

> Ce produit simple leur permettra-t-il de réaliser plus facilement et de manière plus efficace ce qu'ils essayaient de faire d'une tout autre manière auparavant ?

Deux tests permettent d'estimer le potentiel de l'innovation à se substituer par le bas à l'offre de référence :

> L'offre de référence est-elle déjà « meilleure qu'il ne faut » pour les clients traditionnels ?

> Est-il possible de créer un nouveau business model ?

La thèse de Christensen a un caractère éminemment polémique. Apparemment, les innovations les plus porteuses de bouleversement, mais aussi de croissance, se font au mépris des clients existants. Ne répondez pas à leurs besoins ! Dégradez l'offre ! Évitez les études de marché, elles vous avertissent toujours trop tard ! Pour innover, la première chose à faire semble être de servir des clients qui sont partout, sauf dans la cible de l'entreprise. Cette thèse iconoclaste bat en brèche l'avis général de nombreux experts, notamment dans les industries de services, qui croient dur comme fer que les seules innovations valables et porteuses de croissance sont celles qui proviennent d'une surveillance attentive, et créative, de l'expérience que les clients vivent avec le produit. Nous discutons cette affirmation dans l'encadré suivant.

CONTROVERSE

« Techno push » ou « Market pull » ?

Une entreprise est-elle plus innovante si elle écoute en priorité ses ingénieurs ou ses commerciaux ? Cette polémique en rejoint une autre, plus théorique. Le point de vue « techno push » renvoie à la théorie des ressources (voir chapitre 8), selon laquelle la compétitivité de l'entreprise provient de facteurs endogènes. À l'inverse, l'approche « market pull » rejoint ceux qui pensent que les facteurs de compétitivité d'une entreprise sont principalement exogènes.

On trouve la R&D à l'origine de beaucoup d'innovations radicales, et son impact sur la croissance des marchés est considérable : automobile, avion, transistor, PC, Walkman et téléphonie mobile sont des exemples connus. D'autant que si les nouveaux entrants échouent généralement à renverser le leader, ils l'emportent dans 70 % des cas lorsqu'ils utilisent une rupture technologique[1]. Il existe donc une école selon laquelle le **techno push** est le vecteur principal de création de valeur. C'est notamment le cas dans les entreprises a forte culture d'ingénieurs. Il est alors courant que l'opinion du client ne soit prise en compte qu'en dernier ressort, au moment de la commercialisation, voire pas du tout dans 50 % des cas[2]. Il n'en demeure pas moins que les entreprises rencontrent des difficultés à utiliser l'innovation technologique pour créer de la valeur, car, comme nous l'avons vu, elle offre, au départ, des marges moindres et intéresse rarement les clients existants.

Une entreprise orientée « marché » est celle qui cherche à comprendre les besoins exprimés et latents de ses clients[3]. La création de valeur par les clients peut se définir en prenant le contre-pied de la sagesse populaire, qui dit qu'il ne faut pas vendre la peau de l'ours avant de l'avoir tué. Innover par le marché revient en fait à se demander à quoi bon tuer l'ours si on n'a pas vendu sa peau. Il faut ne plus être au service de sa technologie, mais mettre >

1. Markides C., 1997.
2. Allen J. et *al.*, 2006.
3. Slater S. et Narver J., 1999.

····> sa technologie au service de ses clients. De fait, pour de nombreux auteurs, le client est à la base du processus de création de valeur par l'innovation. N'oublions pas cependant que l'approche **market pull** peut s'avérer contre-productive. DEC est un cas souvent cité[1] pour son incapacité à comprendre l'intérêt du marché (alors naissant) du PC, ce qui aurait nécessité de prendre du recul par rapport à ses clients habituels, pas intéressés par un tel produit. Bien que DEC possédât toutes les compétences pour se lancer dans ce nouveau marché, cette erreur l'a conduit inexorablement au déclin, la niche de départ étant devenue le marché principal.

Le bon sens privilégie une approche combinée et le problème se pose plutôt en termes de phasage. Il est naturel qu'une innovation technologique commence par une phase clairement techno push, pendant laquelle les uniques clients seront constitués de clients pionniers. Mais lors de la commercialisation à une clientèle de masse, l'innovateur devra se tourner vers ses clients.

C/ Innover dans les services

Au-delà des innovations technologiques qui se produisent dans des secteurs comme l'électronique grand public ou l'informatique, les logiques que nous venons de discuter s'appliquent parfaitement aux services (*cf.* chapitre 12). Les stratégies *low cost* des compagnies aériennes ou des distributeurs de *hard discount* en sont des exemples frappants. À titre d'illustration, la figure 14.1 schématise l'architecture de valeur du *hard discount* alimentaire, en identifiant notamment tous les éléments qui ont été supprimés par rapport à la distribution traditionnelle. Le succès de ce genre d'innovation tient à deux types de rupture dans le business model :

> une modification profonde de l'architecture de valeur du business model traditionnel, comme le montre la figure 14.1, qui se traduit en général par une simplification et une bien plus grande externalisation, et donc un moindre besoin de capitaux ;

> et, en conséquence, une transformation importante de l'équation économique traditionnelle. La rentabilité opérationnelle peut être inférieure (plus faibles marge brute et prix) mais elle est largement compensée par la rotation de l'actif économique qui est souvent bien supérieure. Ainsi le *hard discount* travaille à des marges brutes inférieures de 5 points aux supermarchés mais connaît une rotation de stock trois à quatre fois plus rapide. Il est donc beaucoup plus créateur de valeur pour les entreprises qui le pratiquent efficacement.

1. Christensen C. et Overdorf M., 2000.

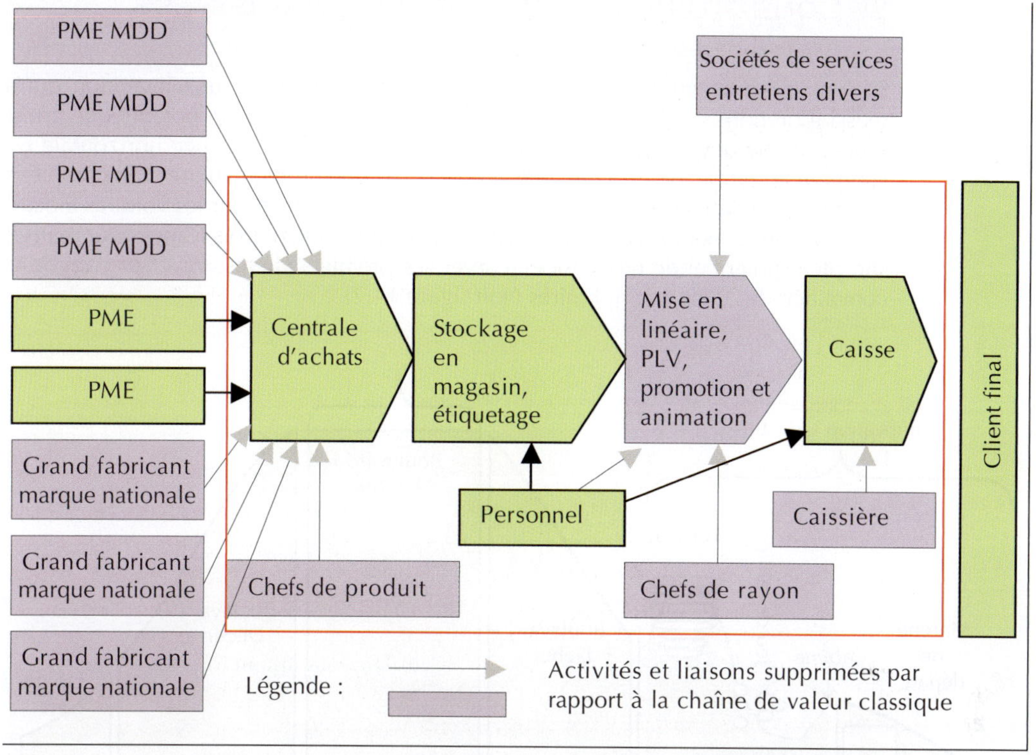

Figure 14.1 Architecture de valeur du *hard discount* alimentaire

Source d'après Catillon, 2005.

Les services, terrains de prédilection de ces innovations « architecturales », représentent plus de 70 % du PNB de nos économies développées. Ils présentent donc des opportunités majeures. L'encadré suivant explicite les principales sources d'innovations dans les services.

EN PRATIQUE

Les 8 leviers générateurs d'innovations dans les services

- Être centré client et analyser l'expérience client.
- Encourager et tester les idées internes.
- Exploiter, faire évoluer la réglementation.
- S'appuyer sur les technologies nouvelles… pour le secteur.
- « Benchmarker » et appliquer les processus d'autres secteurs.
- Identifier des incohérences/inefficiences dans la chaîne de valeur de l'activité.
- Reconsidérer les principaux attributs de l'offre de référence.
- … Sans compter sur la chance et le hasard.

D/ Construire et développer un business autour de l'innovation

Si l'on utilise la terminologie consacrée, une innovation est une invention qui a réussi à prendre sa place sur un marché en exploitant son plein potentiel de croissance. On ne devrait donc parler d'innovation que si la croissance horizontale est vraiment au rendez-vous. Une idée simple, mais une problématique bien complexe et difficile à maîtriser, comme le montre le Mini-cas ci-après sur les voitures électriques. D'après Geoffrey A. Moore[1], l'innovation doit franchir trois étapes pour réaliser son plein potentiel de croissance : capter ses premiers clients, traverser l'abîme et convaincre les clients majoritaires (voir figure 14.2).

Figure 14.2 Le cycle d'adoption d'une innovation radicale

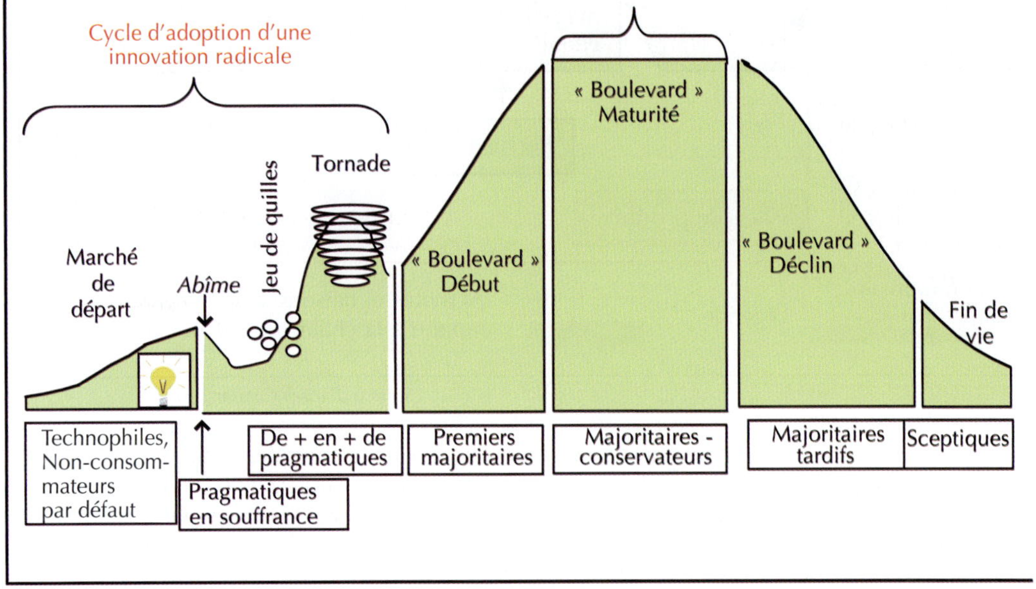

Source d'après Geoffrey Moore, op. cit., *1999.*

Identifier et capter les « clients pionniers » *(early adopters)*

L'innovation étant au départ sous performante par rapport à l'offre de référence, son potentiel client initial est très limité. Il se restreint à deux types de cibles :

> les « non-consommateurs par défaut », qui ne sont pas ou peu consommateurs de l'offre de référence pour des raisons de moyens, financiers essentiellement, et qui peuvent saisir l'opportunité de la nouvelle offre, moins performante mais moins chère ;

> les « technophiles » ou « visionnaires » qui survalorisent les caractéristiques spécifiques et distinctives de l'offre innovante tout en sous valorisant certains attributs de valeur de l'offre traditionnelle.

Dans cette phase de démarrage, il est primordial pour l'entreprise innovatrice d'identifier ces clients pionniers et de construire une offre et un *business model* qui leur soient adaptés, afin de pouvoir les capter rapidement et totalement. Remarquons

1. Moore Geoffrey A., 1991, 1998. Moore Geoffrey A., 2004.

que, contrairement aux idées reçues, les « technophiles » ne sont qu'un des groupes possibles. S'intéresser aux non-consommateurs peut être plus porteur.

Traverser l'abîme (*cross the chasm*)

Les clients pionniers ne représentent, selon les secteurs, que 2 à 10 % du marché global. C'est dire qu'après leur captation, la croissance risque de stagner, voire même de régresser dans le cas des biens durables. Il faut alors passer à ce que l'on nomme les « pragmatiques » et savoir les convaincre. C'est ce que Moore appelle « traverser l'abîme » parce que les attentes de ces deux segments sont très différentes et, qu'en raison de ces différences, les clients pionniers ne sont pas forcément des référents pour convaincre les pragmatiques. Ceux-ci sont des clients de l'offre de référence. Pour changer, ils attendent non seulement un différentiel de performance significatif par rapport à cette offre, mais surtout sont très soucieux de la fiabilité et des risques de transfert, qualités dont manque l'offre innovante. Il faut alors segmenter, cibler, prioriser, adapter et conquérir progressivement chacun des segments de la population des pragmatiques. En commençant par les « pragmatiques en souffrance », ceux pour lesquels l'offre de référence est très insatisfaisante. Il n'empêche cependant que cette dernière devra s'améliorer pour faciliter la substitution. Cette amélioration se fera progressivement, grâce au volume et à l'apprentissage engrangés au fur et à mesure des cibles conquises. C'est ce que Moore appelle le phénomène de « jeu de quille » (un segment conquis permet d'aborder et de conquérir les segments adjacents et proches qui « tombent » comme des quilles). Il faut essayer à ce stade de générer la « tornade », c'est-à-dire la phase d'hypercroissance où les pragmatiques adoptent massivement l'offre innovante, qui s'améliore avec l'expérience et le volume.

Convaincre la « majorité » du marché traditionnel

La majorité des clients est surtout sensible à des arguments économiques. Elle est également très soucieuse des coûts de transfert, perçus et pas nécessairement réels. Les « majoritaires » surévaluent ce qu'ils ont l'habitude de posséder. Ils sous-estiment les gains de la nouveauté et surévaluent significativement les pertes qu'ils endureront s'ils doivent passer à ce qui est nouveau et inhabituel[1]. En moyenne, ces consommateurs potentiels surévaluent leurs pertes, en cas de transfert, d'un facteur de 3. Et comme les innovateurs surévaluent les gains relatifs de leur offre d'un facteur de 3 également, on en arrive au paradoxe de l'innovation ou « l'effet 9x »[2]. Ce chiffre est confirmé par de nombreux auteurs qui estiment que, pour réussir, une innovation radicale doit proposer une performance de 5 à 10 fois supérieure à celle de l'offre de référence[3]. Andy Grove, le fondateur d'Intel, conseille quant à lui d'ambitionner un facteur de progrès de 10. Ce sont des résultats que l'on peut constater dans le secteur des équipements de santé (IRM ou technologie de l'angioplastie à ballon). Bref l'innovation doit non seulement avoir un potentiel d'amélioration fort mais, pour pénétrer cette cible et les suivantes, les entreprises innovantes doivent être capables de le démontrer en progressant régulièrement ou par sauts et en complétant l'innovation radicale par toute une série d'innovations de produit ou de processus. Le succès passe donc par une réconciliation de tous les types d'innovations.

1. Gourville J., 2006 ; Kahneman D., Knetsch J.L. et Thaler R.H., 1991.
2. Gourville J., *op. cit.*
3. O'Connor G. et Rice M., 2001.

MINI-CAS

Le développement chaotique de la voiture électrique

Innovation de rupture par rapport aux véhicules à moteur à combustion (l'offre de référence), la voiture électrique a de nombreux atouts (écologiques en particulier) mais part avec de nombreux handicaps (autonomie et vitesse entre autres), liés à des insuffisances dans ses composants (batteries lourdes, volumineuses et de faible puissance), qui devraient disparaître progressivement cependant.
Au tout départ, elle ne pouvait convaincre que ceux qui avaient perdu (ou n'avaient jamais eu) leur permis de conduire (non consommateurs forcés de l'offre de référence) et des fanatiques de la défense de l'environnement (consommateurs par défaut de l'offre de référence).
Certaines flottes « captives » : postes, télécommunications, *utilities* au sens large, service après vente de biens d'équipement, sociétés de nettoyage industriel, services aéroportuaires, etc. se sont équipées de voitures électriques... - Il s'agit d'activités qui déplacent du personnel ou des biens sur des distances journalières faibles et qui peuvent être sensibilisées (incitations fiscales ou réglementaires) au passage à l'électricité. Certaines municipalités, pour éviter la congestion automobile et protéger l'environnement de leur ville, mettent à disposition de leurs habitants une offre de location courte durée de voitures électriques (avec bornes de rechargement accessibles et nombreuses) pour favoriser leurs déplacements en ville. Toutefois, la voiture électrique n'a pas « envahi » ces espaces. Elle n'a jamais atteint les volumes nécessaires à l'amélioration des performances et des coûts.
Bien peu d'automobilistes sont prêts à abandonner leurs modèles à combustion interne. Une situation comprise par Toyota qui présente un modèle hybride (Prius) combinant les avantages de la combustion et de l'électricité, tout en générant hélas un surcoût ; une solution momentanée intelligente... en attendant la baisse des coûts et la hausse des performances. Cette dernière semble être en bonne voie cependant... et l'on attend avec impatience le lancement prévu en 2008 de la voiture électrique, à batteries légères, du Groupe Bolloré.

Questions

1) Cette innovation a-t-elle franchi les trois étapes de diffusion décrites par Moore ?
2) Dans ces étapes, quels types de cibles a-t-elle atteints ?
3) Cette innovation offre-t-elle un potentiel de croissance horizontale significatif ? Pour qui ?

EN PRATIQUE

Neuf pistes pour surmonter le paradoxe de l'innovation

- Favoriser l'intimité avec les clients pour éviter l'asymétrie d'information et suivre l'évolution de leurs besoins.
- S'affranchir du *benchmark* traditionnel : plus les entreprises cherchent à creuser leur métier, moins elles comprennent l'évolution des besoins clients. Ce sont les « non-concurrents » qu'il faut étudier.
- Identifier les « non-clients » aux besoins latents non satisfaits, source des développements futurs.
- Contourner les utilisateurs « conservateurs » en vendant la nouvelle offre à des intermédiaires. Les autommobilistes les plus conservateurs sont facilement prêts à acheter des microprocesseurs, s'ils sont implantés dans une voiture.

>

····> • Négocier avec les interlocuteurs, qui, chez les clients, sont en charge du retour sur investissement, ce que Moore appelle les « *economic buyers* » ; ils sont moins sensibles aux coûts de transfert.

• Minimiser les coûts de transfert, principal paramètre des sacrifices perçus : la Toyota Prius à moteur hybride est le bon exemple d'une innovation de rupture qui ne demande pas aux clients de changer leurs habitudes.

• Modifier le *business model* pour donner l'impression au client d'un prix moins élevé : c'est ce qu'a fait Bouygues Télécom en « donnant » le mobile en échange d'un contrat d'abonnement de 24 mois minimum.

• Avoir les moyens d'assumer la phase de traversée de l'abîme, fossé plus (Internet) ou moins (téléphonie mobile) large. Le temps nécessaire au retour sur investissement doit pouvoir être anticipé pour être correctement financé.

• Mettre « tous ses œufs dans le même panier » : viser une seule quille dans le jeu de quilles. Cette métaphore signifie qu'il faut capitaliser sur un segment déterminé comme prioritaire (celui qui valorise la nouvelle offre au plus haut), pour faciliter le développement vers d'autres, la quille du départ faisant tomber les suivantes.

3 EXPLORER « L'OCÉAN BLEU »

Il existe une démarche, popularisée sous le nom évocateur d'« océan bleu » (*Blue Ocean*)[1], pour explorer avec audace et sans restriction les vastes opportunités d'innovation de rupture qui sont cachées dans les activités *a priori* les plus banales. Cette méthode prétend mettre à la portée des dirigeants d'entreprise les innovations dont ils n'osent rêver, alors que la croissance et les bénéfices qu'on peut en tirer sont immenses, comme l'océan bleu ! Au lecteur d'en juger.

A/ IDENTIFIER LES INTERSTICES DE TERRITOIRE LAISSÉS LIBRES PAR LES OFFRES DE RÉFÉRENCE

On peut définir un nouveau marché par l'absurde : c'est un marché où ni l'offre ni la demande n'existent.

Si l'on peut assez facilement identifier de nombreux marchés pour lesquels la demande existe mais pas l'offre (le vaccin contre le sida, par exemple), ou pour lesquels l'offre existe mais pas la demande (le système Iridium lancé par Motorola dans la téléphonie portable, par exemple), il est cependant plus délicat de repérer un marché – sur quoi fonder cette identification ? – où ni l'offre ni la demande n'existent. Kim et Mauborgne, auteurs du concept d'Océan bleu, suggèrent d'identifier une demande latente, provenant de ceux que nous appelleront les « non-clients ». C'est ainsi qu'a procédé la société Callaway Golf lorsqu'elle s'est demandé pourquoi il y avait si peu de golfeurs parmi les amateurs de sport. Et c'est le constat que l'obstacle principal à la pratique de ce sport résidait dans la difficulté de la frappe de la balle qui conduisit cette entreprise à lancer le Big Bertha, un type de club dont la surface de frappe était si sensiblement agrandie qu'il amena de nombreux non-golfeurs à la pratique de ce sport, élargissant ses frontières et assurant le succès spectaculaire de Callaway.

1. Kim C. et Mauborgne R., 2005, 2005.

Une fois ce manque constaté – des non-clients qui pourraient être tentés par une offre pour peu qu'elle corresponde à leurs besoins et/ou leurs moyens – l'opportunité d'« ouvrir » le marché doit être affinée en analysant comment les besoins actuels sont satisfaits. Comme on l'a vu aux chapitres 3 et 5, face à une nouvelle offre s'adressant à de nouveaux clients, il existe toujours une (ou plusieurs) offre de référence à laquelle l'innovation cherche à se substituer. Pour identifier cette offre concurrente, il convient d'ouvrir au maximum le champ d'observation pour considérer la référence au sens large : les offres qui proposent, sous une forme différente, la même fonctionnalité, mais aussi les « alternatives » monétisées ou non, qui satisfont le même type de besoin. Pour gérer ses finances personnelles, on peut utiliser un logiciel, faire appel à un comptable ou utiliser un crayon et une calculette. Pour accéder à des loisirs, on peut aller au restaurant, au cinéma, en boîte ou...

Plutôt que de limiter l'analyse à une offre de référence classique et évidente, ce qui reviendrait à « jouer » dans les limites du marché habituel, il est impératif de discerner un vide qui pourrait exister entre deux offres existantes, qu'elles soient monétisées ou non. C'est ainsi qu'ont procédé plusieurs entreprises innovantes exemplaires[1] :

> Southwest Airlines : entre les compagnies aériennes classiques et la voiture aux États-Unis (le train n'y étant pas considéré comme une alternative) ;

> NTT DoCoMo (entreprise japonaise qui propose, sur un terminal mobile, des fonctionnalités de type Internet) : entre Internet et le mobile ;

> le Cirque du soleil : entre le cirque traditionnel et le théâtre ;

> NetJets (compagnie aérienne américaine qui propose du temps partagé d'avions privés pour hommes d'affaires) : entre la première classe des compagnies aériennes et le jet d'entreprise ;

> Casella Wines, viticulteur australien, dont le positionnement est décrit dans le Mini-cas ci-après.

MINI-CAS

Casella Wines

Casella Wines, producteur australien, a inventé un vin d'un genre nouveau, le Yellow Tail, qui illustre bien la création d'un nouveau marché par le changement des règles du jeu et l'élargissement des frontières.

Au départ de leur processus de réflexion, les managers de Casella Wines ont remarqué que le vin se vendait trois fois moins que d'autres boissons alcoolisées (bières, cocktails) sur le marché américain, par ailleurs assez atone. La principale raison de cette faible consommation relative reposait sur une défiance de la plupart des consommateurs américains envers le vin. Son goût considéré comme complexe (moins sucré que d'autres boissons), les difficultés culturelles liées au produit (qui intimidait jusqu'aux vendeurs) et le problème du choix face à une offre pléthorique et peu claire, constituaient autant de facteurs rebutants.

La proposition de valeur de Yellow Tail pour ses clients fut donc un vin doux et fruité, facile à boire et à choisir grâce à deux vins de cépage (un rouge et un blanc), dotés d'étiquettes simples et originales. Pour Casella Wines, la création de valeur apportée par Yellow Tail reposa essentiellement sur l'élimination du vieillissement, ce qui permit une bien meilleure rotation des stocks et une production plus simple.

Résultat de la stratégie de Casella Wines : « Yellow Tail » devint en 2004 le vin le plus importé aux États-Unis (devant les vins français et italiens) et le numéro 1 du marché en bouteilles de 75 cl (devant les vins californiens).

1. Ces exemples figurent dans le livre de Kim et Mauborgne, 2005.

Questions

1) Quels facteurs de succès indispensables ne sont pas décrits dans ce mini-cas ?
2) Quels sont les attributs de l'offre qui ont été éliminés, réduits, améliorés ou créés ?
3) À quels autres produits du même genre pourrait-on appliquer ce type de raisonnement pour créer une nouvelle offre dans un autre pays ? Par exemple, pour développer la Worcester sauce en France ou le cassoulet au Royaume-Uni ?

Ayant tout d'abord identifié la demande qui n'existait pas (les « non-clients »), nous pouvons ainsi identifier l'offre qui n'existait pas, celle qui se situe dans l'interstice laissé libre entre deux offres existantes. Et ce sont ces deux offres existantes, laissant la place à un potentiel de nouveau territoire ou marché, qui serviront ensuite d'offres de référence. La sélection de ces offres de référence, pivot de l'extension éventuelle du marché, est donc cruciale. C'est le « non-client » qui doit contribuer à les inspirer, alors que ce sera à l'entreprise de choisir celle sur laquelle elle alignera son offre et son prix, afin de créer le maximum de valeur.

B/ DÉTERMINER ET ÉVALUER LES OFFRES DE RÉFÉRENCE

Satisfaire la demande latente suppose d'élaborer une nouvelle offre. La meilleure solution passe par une redéfinition (une « reconceptualisation ») et une nouvelle combinaison des attributs de valeur des offres de référence retenues. Encore faut-il avoir identifié et mesuré ces attributs, car ils varient pour chaque produit ou service et pour chaque marché.

Pour identifier les attributs des offres existantes, il convient de procéder à un sondage, effectué sur un échantillon aussi représentatif et exhaustif que possible de la cible des consommateurs actuels des offres de référence, en *focus groups* (petits groupes de clients potentiels à qui on soumet la nouvelle offre pour recueillir leurs réactions par des entretiens qualitatifs). Certains auteurs se méfient cependant des biais potentiels introduits par la dynamique de groupe et préfèrent les entretiens en tête-à-tête[1]. La technique d'analyse est décrite dans l'encadré suivant.

EN PRATIQUE

Analyser les attributs des offres de référence

L'objectif du sondage auprès de la cible est d'une part de repérer les attributs de valeur des offres de référence et, d'autre part, de noter les de 1 à 5 en termes d'importance relative (5 étant le maximum et 1 le minimum). Cette hiérarchisation des critères est obtenue par la moyenne des notations des différentes personnes interrogées. On sélectionne ensuite les critères les plus importants. Notons qu'il est inutile (voire contre-productif) de retenir un grand nombre de critères. Le nombre d'attributs de la valeur d'une offre doit se situer entre cinq et dix au grand maximum, afin de pouvoir interpréter les données de manière pratique, et de s'assurer que seuls les attributs significatifs sont pris en compte.

Une fois les attributs de valeur déterminés et hiérarchisés, il s'agit ensuite de mesurer la valeur perçue par les clients de chacune de ces offres sur chacun des attributs

1. Cram T., 2006.

····> retenus. Pour ce faire, on demande à l'échantillon interrogé de noter chaque offre de 1 à 5 sur chacun des attributs de valeur retenus, suivant le degré de satisfaction que leur apporte l'offre sur chacun de ces critères. Sur cette base, on peut tracer la courbe de valeur des offres, c'est-à-dire une droite brisée qui relie les notes qu'obtient chaque offre sur chaque critère[1]. On trouvera des exemples de ces courbes de valeur dans les figures 14.3 et 14.4. En superposant les courbes de valeur des différentes offres, on obtient une représentation très parlante de la manière dont les clients valorisent le profil des différentes offres.

Une méthode d'évaluation plus élaborée peut également être utilisée, l'analyse conjointe[2], dont nous avons parlé au chapitre 5. Cette méthode permet de mettre un prix sur chaque attribut de l'offre, ce qui est bien plus précis que la comparaison des courbes de valeur. L'inconvénient est que cette méthode n'est utilisable pour comparer plusieurs offres que si les attributs des offres que l'on compare sont strictement identiques. Cette condition n'est généralement pas vérifiée quand on inclut des offres innovantes dans le dispositif, puisque les offres innovantes ont souvent des attributs inédits.

C/ Développer l'offre innovante sur un nouveau territoire

Construire la nouvelle offre de rupture

Une fois les attributs de valeur des offres de référence identifiés, hiérarchisés et évalués, il s'agit de travailler sur les deux axes d'une nouvelle offre, à savoir :

> une proposition de valeur plus intéressante pour les non consommateurs des offres de référence ;

> une architecture de valeur originale et plus performante en termes de coûts.

Pour parvenir à ce résultat, il existe plusieurs voies complémentaires[3] :

> ***Combiner les attributs*** de deux offres de référence pour en concevoir une troisième, de nature à satisfaire la demande latente identifiée. C'est ce qu'a fait NetJets en alliant les avantages des jets privés d'entreprise (disponibilité, sécurité, rapidité) et ceux de la 1re classe des compagnies aériennes (faiblesse des coûts fixes). On cherche donc à combiner le meilleur des deux offres de référence pour en créer une nouvelle.

> ***Éliminer ou réduire certains attributs*** des offres de référence. Il s'agit de cibler les attributs de faible poids et surtout peu valorisés par les non-clients et dont la suppression ou la réduction permet à la nouvelle offre de réduire significativement son coût. Actionner ces deux leviers (**éliminer** et **réduire**) est très utile, car les besoins des clients se modifient dans le temps sans que les acteurs en place ne détectent toujours ces changements, ce qui les conduit souvent, comme on l'a vu plus haut, à offrir « trop » à leurs clients. Ainsi, lorsque Accor a créé Formule 1 dans les années 1980, des services comme la réception, les salons et la restauration ont été éliminés par rapport à l'offre de référence.

> ***Renforcer certains attributs et/ou en créer de nouveaux.*** Ces attributs doivent être clairement perçus et valorisés par la cible des non-clients et ne doivent pas générer de surcoûts irrécupérables. Dans le cas de Suitehotel, l'hygiène, le confort et l'espace de travail ont été significativement renforcés et alignés sur des normes situées entre les hôtels 3 et 4 étoiles. De plus, la surface et la disposition des « suites »

1. Kim C. et Mauborgne R., 1997.
2. Bergstein H. et Estelami H., 2002.
3. Kim et Mauborgne, 2005.

ont été conçues en dehors de toutes les normes de l'industrie. **Renforcer** la prestation de l'offre sur certains attributs relève d'une démarche de différenciation, telle que nous l'avons présentée au chapitre 5. **Créer** de nouveaux attributs relève de l'innovation proprement dite.

Éliminer et réduire certains attributs permet de réduire les coûts. En créer et en renforcer d'autres permet d'augmenter la valeur perçue par les clients. On retrouve les principes de l'avantage concurrentiel que nous avons discutés dans les chapitres 4 à 7. Si on parvient à jouer sur les deux tableaux, la différence de performance par rapport aux offres classiques peut être très significative.

EN PRATIQUE

Où trouver l'inspiration pour inventer une offre « océan bleu » ?

- Combiner systématiquement les attributs d'offres qui semblent totalement différentes pour le moment (transport routier et aérien, cirque et opéra).
- Questionner systématiquement les idées reçues et les règles d'or de l'industrie, les choses considérées comme possibles ou impossibles (tant de m^2 par chambre dans l'hôtellerie).
- Se demander pourquoi les clients achètent les offres de substitution (cinéma *vs* cirque *vs* location de DVD à la maison).
- Analyser ce qui se passe dans d'autres pays.
- Se demander pourquoi les offres des autres groupes stratégiques (*cf.* chapitre 3) sont attractives.
- Considérer d'autres intervenants dans l'acte d'achat ou de consommation (prescripteur *vs* acheteur *vs* utilisateur) et considérer leurs besoins.
- Réfléchir aux compléments possibles de l'offre (services induits ou optionnels comme la garde des enfants chez Ikea).
- Rendre fonctionnel ce qui est émotionnel et inversement (The Body Shop *vs* Swatch).
- Réfléchir de manière prospective aux tendances sociologiques et technologiques lourdes.

Évaluer la nouvelle offre de rupture

Une fois ces opérations réalisées, on peut alors évaluer l'intérêt de la nouvelle offre à l'aide de la méthodologie décrite dans l'encadré « En pratique » ci-dessus, mais cette fois-ci, avec un panel représentatif de non-clients. Cette évaluation permettra de comparer la nouvelle offre avec les offres de référence. Le but est de vérifier que la rupture existe bien. Si la courbe de valeur de la nouvelle offre est trop proche de celles des référents, cela signifie qu'il faudra retravailler les trois opérations précédentes pour obtenir un résultat plus prometteur.

Là encore la méthode consiste à tracer la « courbe de valeur » de la nouvelle offre et de la comparer avec celles des offres existantes. On aura eu soin d'ajouter dans le schéma les nouveaux attributs de l'offre, s'il y a lieu. La comparaison entre les courbes aide à visualiser la différence de profil entre la nouvelle offre et ses références.

Complétant le Mini-cas Casella Wines, la figure 14.3 présente une comparaison des courbes de valeur du Yellow Tail, le vin australien nouveau de Casella, des vins de marque et des vins de table. La rupture au niveau des attributs de valeur saute aux yeux, qu'il s'agisse des attributs communs aux trois types de vin ou de ceux créés par Yellow Tail.

Figure 14.3
Courbe de valeur du vin Yellow Tail (Casella Wines)

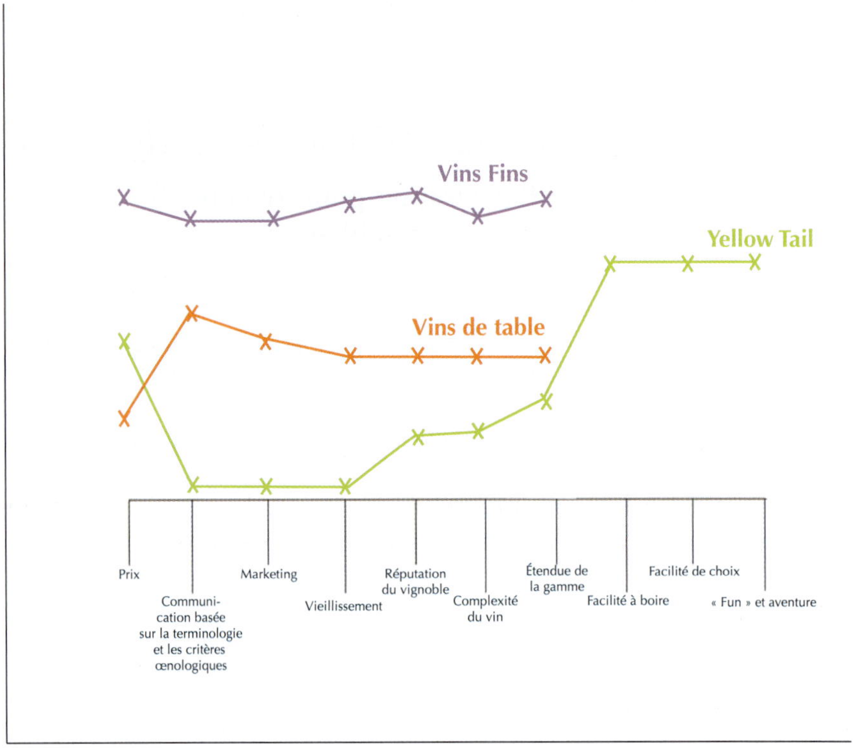

Source d'après Kim et Mauborgne, 1997.

Conquérir le nouveau territoire

Ayant identifié tant des non-consommateurs que des interstices libres entre deux offres existantes, ayant évalué les attributs de valeur de ces offres, et « manipulé » ces attributs pour élaborer une offre originale, l'entreprise peut désormais opérer sur un nouveau territoire. Ce que Kim et Mauborgne appellent le *Blue Ocean*, un concept original et en rupture avec la plupart des théories dominantes (voir Controverse ci-après). Et, dans les « Océans bleus », la plupart résultant d'un élargissement des frontières d'une activité existante, l'espace à conquérir est immense et la compétition hors sujet dans la mesure où les règles du jeu sont en cours d'élaboration.

L'océan bleu peut donc s'avérer vierge de toute offre comparable sur une longue durée, à l'instar d'entreprises comme CNN, Federal Express ou Bloomberg, qui sont restés près de dix ans à l'abri d'imitateurs. Même dans les industries peu rentables, fortement concurrentielles et à faibles barrières à l'entrée, comme le spectacle vivant, il est possible de créer ces nouveaux espaces de croissance rentable. Ainsi, le Cirque du soleil, fondé au Québec, a connu une croissance spectaculaire et des profits élevés dans le monde entier, sans prendre de part de marché aux cirques traditionnels, en ciblant les adultes, en éliminant les animaux (économie substantielle), les intermèdes parlés (plus de problème de langue) et les numéros de stars (économie non négligeable), mais en améliorant le confort, la musique, la scénographie, et en introduisant des spectacles à thème, des effets spéciaux, du chant et de la danse, à la manière d'un opéra circassien. On trouvera la courbe de valeur du Cirque du soleil comparée aux offres de référence (opéra et théâtre d'un côté, cirque traditionnel de l'autre) en figure 14.4.

Figure 14.4
Courbe de valeur du Cirque du soleil

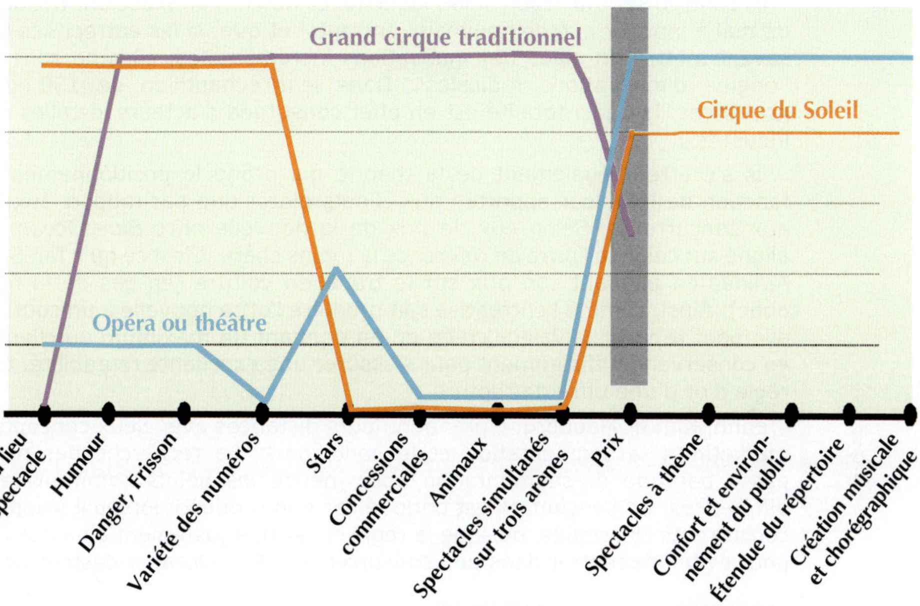

Source d'après Kim et Mauborgne, 1997.

L'explication de la solidité et de la durabilité de l'avantage tient tout d'abord au côté iconoclaste de la stratégie *Blue Ocean* qui contribue à ce que les acteurs traditionnels aient les plus grandes difficultés à imiter l'offre nouvelle, engoncés dans leurs habitudes et leurs certitudes et surtout dans les choix souvent irréversibles et les investissements non redéployables qu'ils ont préalablement faits. Ceci n'est vrai, bien entendu, que si la nouvelle proposition de valeur va de pair avec une architecture de valeur nouvelle et originale. Dans l'hypothèse inverse, si la rupture n'est pas suffisante, l'imitation est à la portée des acteurs en place.

Pour autant, les entreprises initiatrices de ces nouveaux « océans bleus » ne sont pas à l'abri de nouveaux entrants imitateurs qui ne souffrent pas des mêmes maux que les acteurs en place. La solution pour se constituer un avantage durable et défendable est d'une part d'exploiter vite leur avantage de premier entrant et, d'autre part, d'ériger de solides barrières à l'entrée fondées sur un assemblage peu transparent de ressources et compétences très spécifiques intégrant beaucoup d'immatériel, donc difficilement copiable.

CONTROVERSE

Blue Ocean à rebours des théories existantes

Avec le concept de *Blue Ocean,* Kim et Mauborgne prennent leur distance avec la plupart des autres théories de l'innovation :

> ils s'écartent de la théorie de la destruction créatrice de Schumpeter, les stratégies de type *Blue Ocean* ne détruisant pas d'industries mais en créant de nouvelles. Elles ajoutent donc de l'espace, sans détruire l'ordre existant ;

> ils contredisent la vision selon laquelle les acteurs en place ont beaucoup plus de mal à innover que de nouveaux entrants[1] et que, si les entreprises installées savent mettre en place des innovations incrémentales, elles ne sont jamais à l'origine d'innovations radicales[2]. Dans leur échantillon de 150 entreprises novatrices, la quasi-totalité est en effet constituée d'acteurs installés dans leur industrie ;

> ils s'écartent également de la théorie qui prône le positionnement prix en fonction de la valeur apportée aux clients plutôt que par rapport aux coûts ou aux concurrents. Selon eux, le prix de la nouvelle offre *Blue Ocean* doit être aligné sur celui de l'offre de référence la moins chère. C'est ce qu'a fait Southwest Airlines en alignant son prix sur le trajet en voiture (en bas de la fourchette donc). Ainsi, comme l'entreprise sait produire l'offre nouvelle à un coût moindre, elle peut répartir la valeur créée en en donnant un maximum au client tout en en conservant suffisamment pour s'assurer une excellente rentabilité. C'est là la règle d'or d'une offre de rupture ;

> enfin, Kim et Mauborgne prennent leurs distances avec deux concepts clés du marketing : la segmentation et le *benchmark*. La recherche des non-clients passe par une dé-segmentation pour mettre les points communs avant les différences. Le *benchmark* est critiqué car non productif lorsqu'il s'applique aux concurrents classiques, puisque la règle consiste à justement à ne pas les imiter pour éviter de rentrer dans une concurrence « *Red Ocean* » destructrice.

4 FAVORISER L'INNOVATION ET LA RENTABILISER

Pour rentabiliser la croissance issue de l'innovation, encore faut-il en être l'initiateur (ou le suiveur immédiat) et être capable de s'approprier une part suffisante de la rente générée.

A/ DES MÉCANISMES POUR FAVORISER L'INNOVATION AU SEIN DES ENTREPRISES ÉTABLIES[3]

Ne pas initier d'innovations est un véritable gâchis dans la mesure où il existe, au sein de toute grande organisation, un ensemble de ressources et de moyens qui font que, matériellement, l'innovation y est naturellement plus aisée que dans une entreprise en création. Que doivent donc faire les grandes entreprises pour savoir initier, accueillir et « exploiter » les innovations ? Les réponses correspondent aux quatre facettes du management stratégique que nous avons présentées dès le chapitre 2 : Stratégie, Structure, Décision, Identité.

1. Markides C., 1999.
2. Christensen C. et Overdorf M., 2000.
3. Cette partie doit beaucoup au chapitre «L'entrepreneuriat : un défi à relever », écrit par M. Santi, 1994.

Agir sur le cadre et l'orientation stratégique

Définir une vocation et un cadre stratégique larges

Fixer des axes précis de développement stratégique aboutit, dans la plupart des cas, à figer la stratégie future et bloquer les initiatives qui ne s'y intègrent pas. Si, à l'opposé, la direction souhaite laisser des aires de liberté importantes pour que l'originalité, la nouveauté, l'imprévisible – des aspects propres à l'innovation – puissent être acceptés et intégrés, elle est naturellement conduite à fonder et définir sa stratégie sur la seule base d'une vocation, d'une vision, de ce que l'on appelle une intention stratégique (*strategic intent*).

Valoriser l'innovation et la nouveauté dans l'analyse stratégique

Si, dans le processus d'analyse stratégique qui est développé et pratiqué au sein d'une entreprise, les activités existantes constituent le seul véritable objet de préoccupation, l'innovation apparaîtra comme contre nature, avec le résultat que l'on peut imaginer. Il faut au contraire privilégier un processus stratégique qui remette en cause profondément tous les produits, activités, processus et business models de l'entreprise. C'est le meilleur moyen de rendre l'innovation attirante et de créer, ou recréer, dans une deuxième étape, tout un champ d'expérimentation laissant libre cours à la créativité des managers. La règle des 25 % des revenus générés par des produits de moins de cinq ans, appliquée des années durant chez 3M à tous les stades de l'organisation, a fortement concouru à sa réputation méritée d'entreprise extrêmement innovante.

Réserver des budgets discrétionnaires globaux

Les ressources dégagées par les activités existantes doivent alimenter un «pot commun» dont les règles d'affectation sont liées aux besoins des axes de croissance majeurs et ressortent du seul pouvoir de la direction générale. Mais, pour éviter que toutes les ressources soient mobilisées sur ce qui est défini et programmé, il est capital que la direction réserve des fonds non affectés qui puissent être engagés de manière discrétionnaire. Ces budgets discrétionnaires, réservés à l'exploration de nouvelles idées, doivent être étendus à l'ensemble de l'entreprise et leur proportion accrue. L'autorité d'engager ces fonds doit progressivement être accordée à des échelons de plus en plus bas. Il importe enfin que ces budgets soient accordés pour un montant fixe et que le porteur de projet d'innovation reste libre de la manière d'allouer et de dépenser les fonds qui lui sont accordés.

Adopter une organisation et des procédures adaptées

Des structures plates, en réseau, où l'interdisciplinarité est la règle

Les grandes entreprises innovatrices se caractérisent toutes par une structure plate et une organisation sous forme de réseau de PME (voir chapitre 21). Cela n'étonnera personne. L'esprit d'innovation s'épanouit mal dans des entreprises où la hiérarchie étouffe l'initiative et où la centralisation réduit la capacité de réaction et donne peu d'espace à l'originalité. Mais ces deux caractéristiques sont insuffisantes si elles ne sont pas complétées par deux autres qualités structurelles de coordination : l'interdisciplinarité et l'intercommunication. L'interdisciplinarité constitue la qualité essentielle des équipes imaginatives et opérationnelles. Quant aux réseaux de communication informels, ils sont vitaux pour l'innovation, aussi bien au sein de l'entreprise, qu'entre l'entreprise et son réseau étendu de partenaires. C'est le flux croisé d'informations et de compétences qui génère et porte les idées nouvelles.

Des cordons sanitaires pour les projets originaux

Les caractéristiques principales des projets innovants sont leur originalité, leur incertitude et leur faible taille initiale. Il faut donc les protéger par un cordon sanitaire qui leur évite d'être en concurrence frontale dans un combat pour le gain des ressources, les protège de la contamination des procédures inadaptées et leur donne le temps et les moyens spécifiques pour grandir avant de pouvoir accéder au « grand jeu ». Mettre les projets innovants à l'écart présente trois autres avantages : maintenir une plus grande discrétion autour d'eux, les organiser dès le départ comme une activité indépendante, puisque c'est ce qu'ils deviendront s'ils réussissent, et donner une aire de liberté à l'équipe projet. C'est ainsi qu'a procédé IBM, en raison de la lourdeur de ses procédures et de sa culture grands systèmes, pour développer son activité micro-ordinateurs.

Des points d'appuis et défenseurs institutionnels

Ce cordon sanitaire et ces avantages anormaux ne pourront être obtenus sans un accord, tacite au minimum, de l'organisation et l'action de certains de ses membres. Plusieurs rôles sont à cet égard critiques pour le succès de ces projets innovants qui nécessitent tout d'abord un « champion » qui adopte et chérit l'idée et sait la transformer en business. Il leur faut également un sponsor, une figure d'autorité qui dispose du pouvoir de les protéger et de moyens pour les nourrir. Il leur faudra encore des « mentors » pour les orienter dans les phases clés et des « pédiatres », des spécialistes pour les guérir des maladies infantiles.

Des aménagements dans les normes de fonctionnement organisationnel

Alors que la monoculture favorise la reproductibilité, l'innovation suppose une pluriculture d'expérience sectorielle et un métissage sur le plan intellectuel. Par ailleurs, des compétences et des profils atypiques seront utiles pour les entreprises qui veulent innover. Vis-à-vis des innovateurs, il convient également de créer un système de récompense et de promotion avec les règles suivantes : le droit à l'échec existe pour ceux qui osent ; la fonction d' « innovateur patenté » existe et est valorisée hiérarchiquement ; ceux qui réussissent peuvent disposer pour d'autres projets des moyens nécessaires. C'est le concept d'intracapital qui consiste à récompenser ceux qui mènent à bien des innovations en leur donnant un droit de tirage naturel dans les fonds discrétionnaires, pour tout nouveau projet.

Changer les processus de prise de décision stratégique

Une planification peu détaillée et à fort degré de liberté

Le processus classique de planification stratégique se caractérisant par une grande rigidité, un formalisme important et une forte précision n'a plus cours actuellement. C'est heureux pour les projets innovants car personne ne peut planifier quelque chose de vraiment nouveau et l'innovation ne se produit jamais conformément au plan. La réussite d'un tel projet n'est pas seulement liée à une bonne évaluation de la situation et des risques mais aussi, et surtout, à l'apprentissage par l'erreur et à la capacité à surmonter les difficultés imprévues quand elles se présentent. Intégrer de tels projets dans un processus de planification suppose que ce dernier se caractérise par une grande plasticité interne.

Des modes particuliers de sélection et de contrôle des projets innovants

Comment favoriser des projets innovants si l'on exige des projets nouveaux de respecter des normes de rentabilité identiques à celles des activités courantes ? Un projet innovant n'apporte au départ ni croissance, ni bénéfice ; à l'inverse, il absorbe des ressources, car c'est un investissement sur le futur. Il faut donc créer un système parallèle de suivi et de contrôle des projets nouveaux qui soit original mais performant et génère un fort apprentissage organisationnel. Le minimum à mettre en place est un feedback systématique, à chaque fin d'étape, des résultats obtenus par rapport aux résultats escomptés (*milestones planning*), et une analyse critique régulière de la poursuite du projet (stop, go ou réorientation).

Un suivi concret et constant par les dirigeants et les sponsors

Le fait est que ceux qui ont peu de contact avec le terrain, d'où émergent les idées nouvelles, ont naturellement de ces dernières une perception, sur le plan du risque, largement déformée. Une direction qui veut favoriser l'esprit d'entreprise se doit donc d'aller sur le terrain, à la rencontre de ses troupes et à l'écoute des innovateurs. Elle acquerra une meilleure vision des opportunités et pourra donner les coups de pouce, si nécessaire, à certains projets. Quant aux sponsors, ils ont à charge de suivre régulièrement leurs projets et leurs équipes d'innovation, de les protéger des systèmes d'autodéfense de l'organisation et de leur assurer les moyens de subsistance.

Développer une culture d'innovation

Une équipe de direction qui focalise l'identité sur l'innovation

Tant l'existence d'une forte culture technique dans l'équipe de direction que le caractère multidisciplinaire et pluri-culturel de celle-ci conduisent généralement à une bonne capacité innovatrice de l'organisation. Le discours institutionnel doit aussi créer une atmosphère favorable. Quand G. Moore, l'ex-président d'Intel, dit « Nous voulons être l'entreprise la plus remarquable sur le plan des innovations dans l'industrie des semi-conducteurs et celle qui sera à l'initiative de toutes ses révolutions futures », il dresse un panorama clair des comportements valorisés au sein de son entreprise.

Promouvoir les mythes et ritualiser les pratiques favorables à l'innovation

Mais une équipe de direction et un discours institutionnel favorables à l'innovation ne sont pas suffisants s'ils ne sont pas accompagnés de valeurs et pratiques entrepreneuriales concrètes. Les mythes s'appuieront sur les figures emblématiques d'innovateurs internes à succès (ou externes dans une première phase). Ils mettront en exergue les valeurs de droit à l'échec, ténacité, non-conformisme, ancrage terrain et non respect des règles bloquantes, si essentiels à l'innovation. Des rites adaptés devront également être développés. Le non-conformisme peut se traduire par des rites vestimentaires et d'atmosphère de travail. L'exemple de Microsoft est à cet égard exemplaire : pas d'horaires de travail fixés, liberté vestimentaire, de petits bâtiments dans une forêt, des installations sportives ouvertes au sein de l'entreprise... Dans les réunions périodiques, on peut réserver une plage de temps significative aux innovations ayant connu une réussite exceptionnelle dans la période récente. Les rapports d'« étonnement » constituent un autre rite positif.

B/ S'approprier les bénéfices de l'innovation

Il existe cinq manières pour une entreprise de conserver le bénéfice de son innovation : les droits de propriété intellectuelle, le secret, la complexité et le savoir-faire tacite, le *lead time* et la courbe d'expérience, et enfin les partenaires et ressources complémentaires.

Les droits de propriété intellectuelle (DPI)

Le principe des DPI est d'accorder à l'innovateur un monopole momentané (vingt ans pour un brevet entretenu en Europe) de l'exploitation de sa découverte en échange d'une divulgation publique de son nouveau savoir-faire, ce qui fait progresser la connaissance générale. Les DPI recouvrent :

> **les brevets,** qui couvrent toute invention nouvelle de produit ou processus, non évidente, utile et concourant à faire progresser l'état de l'art. En Europe, seules les inventions techniques peuvent être protégées, alors qu'aux États-Unis un software et un *business process* sont protégeables ;

> **les marques,** qui permettent d'identifier et distinguer les offres. Dans le luxe et les sodas, elles représentent environ 50 % de la capitalisation boursière des firmes !

> **les dessins et modèles,** qui protègent les formes, couleurs, aspects des produits ;

> **et les copyrights**, si importants dans les industries artistiques.

Globalement, plus ces DPI sont nombreux (un portefeuille de brevets liés est préférable à un seul brevet global ou princeps) et combinés, et plus la protection est efficace. Mais cette efficacité dépend aussi beaucoup du type d'innovation : forte, a priori, pour les technologies/produits mais beaucoup plus faible pour les innovations de service, plus facilement contournables ou « copiables autour ». Cela n'empêche nullement Dell de déposer annuellement un nombre impressionnant de brevets et de *business process* (davantage pour bloquer ses concurrents, avec une stratégie de type « champ de mines », que pour se protéger réellement) et Amazon de revendiquer le monopole sur son système d'achat Internet « one-click-of-a-mouse ». Quelles que soient les imperfections du système, les entreprises sont devenues très soucieuses de la valeur économique de leur portefeuille de propriété intellectuelle et déposent de plus en plus. Comme les actifs immatériels représentent, selon les dernières études, plus de 75 % de leur capitalisation boursière, la bonne gestion de leurs DPI devient une priorité.

Le secret

Le désavantage des DPI est de rendre l'information publique et donc de faciliter le détournement et l'imitation créative, d'autant plus aisés quand il s'agit de « formules et de recettes », comme dans la chimie fine. C'est la raison pour laquelle certaines entreprises et secteurs préfèrent se protéger par le secret. Celui-ci suppose tout un ensemble de dispositifs et méthodes à mettre en place au sein de l'entreprise (clauses de secret dans tous les contrats, contrats de travail inclus ; zones d'accès protégées ; classement de tous les documents) qui s'avère souvent bien lourd à gérer… et qui se révèle souvent inefficace, compte tenu de la multiplication des échanges au sein des communautés de métier et de la valeur d'un bon rétro-engineering.

Caractères tacite et complexe de l'innovation

Le potentiel de non-imitation d'une innovation dépend fondamentalement de la difficulté à la comprendre et à la communiquer. Et si le savoir-faire codifiable est par définition communicable et interprétable aisément, l'accumulation d'un savoir faire tacite diffus et fondé sur un assemblage de ressources spécifiques et immatérielles l'est beaucoup moins. Plus le savoir-faire sera complexe, plus il sera dur à imiter. C'est ainsi que certaines innovations de service peuvent être durables et défendables car elles sont fondées sur un ensemble complexe et original d'éléments matériels et immatériels, individuellement identifiables mais dont la combinaison gagnante est difficile à reproduire ; ce que nous appellerons des innovations « impressionnistes » en référence aux tableaux des peintres du même nom composés de taches simples en vue de près mais dont la beauté et l'originalité apparaissent en prenant de la distance. On peut donc en conclure que, paradoxalement, il vaut mieux déposer les innovations qui sont codifiables et garder secrètes celles qui ont les qualités inverses.

Lead time et courbe d'expérience

Si les caractères tacite et complexe d'une innovation ne la protègent pas éternellement, ils lui donnent au moins du temps. On appelle *lead time* le temps dont dispose l'innovateur avant d'être rattrapé par la concurrence. Et ce temps, il convient de l'utiliser habilement pour acquérir les compétences, la notoriété, l'expérience et la position permettant de croître, renforcer les barrières à l'entrée, défendre le leadership et exploiter l'avantage concurrentiel en s'appropriant la rente entrepreneuriale. Microsoft et Intel sont deux illustrations exemplaires, sur le plan de la rentabilité et de la valeur, de la bonne exploitation du *lead time*. Et c'est durant cette période que les innovateurs sont les seuls à bénéficier de l'effet d'expérience, pouvant, s'ils sont capables de générer des volumes importants très vite, créer un différentiel de coûts et de prix difficile à rattraper (voir chapitre 4).

Partenaires et ressources complémentaires

La réussite d'une innovation dépend fortement, nous l'avons vu, de la capacité de l'entreprise à l'exploiter rapidement, ce qui suppose des moyens financiers, industriels et commerciaux importants. L'entreprise a généralement besoin de ressources complémentaires à sa capacité innovatrice, ressources qu'elle devra mobiliser seule ou, la plupart du temps, au sein d'un réseau de partenaires. Remarquons que si elle est capable de « capter » les meilleurs partenaires possibles pour chaque élément de son architecture de valeur, elle renforce son avantage et les barrières à l'imitation. La contrepartie est qu'elle devra nécessairement partager la valeur créée, et donc sa rente, avec les partenaires pour les intéresser à faire partie de son réseau. Plus les partenaires apporteront au pool des ressources spécifiques et rares, plus la partie de la rente créée qu'ils capteront sera importante. S'ils apportent en revanche des ressources génériques, l'entreprise conservera l'essentiel de la rente, mais celle-ci sera moins durable et défendable car le réseau sera plus aisé à copier par les futurs concurrents. C'est un des dilemmes de l'innovation.

5 INNOVATION ET STRATÉGIES DE CROISSANCE

Au total, dans ce chapitre, nous avons traité de la croissance horizontale sous l'angle de l'innovation, donc essentiellement du point de vue de la croissance interne. Ce parti pris peut sembler paradoxal dans la mesure où une des premières idées qui vient à l'esprit quand on parle de croissance horizontale est celle des fusions entre concurrents, sujet qui sera traité dans le chapitre 18 sur la croissance externe. Reconnaissons que la croissance horizontale innovante que nous avons évoquée dans ce chapitre peut s'appuyer sur des acquisitions et des alliances. Cisco, par exemple, groupe très innovant et en forte croissance, est une vaste machine à acquérir et à s'allier avec de très nombreuses petites entreprises. Notre traitement du sujet peut donc sembler incomplet, mais il résulte de notre conviction que l'innovation est la meilleure manière de créer de la valeur dans une activité existante. Cela dit, le rôle des acquisitions et des alliances dans la croissance et dans l'innovation est bel et bien traité dans ce livre, aux chapitres 18 et 19.

Soulignons également que le type de démarche que nous avons présenté dans ce chapitre relève bien de la *corporate strategy*, même si le sujet touche à la stratégie de l'entreprise dans un domaine d'activité donné. Le contraste avec la *business strategy* est en effet frappant. La démarche classique de la stratégie concurrentielle consiste essentiellement à analyser la concurrence par rapport à une demande existante, avec des outils du type « cinq forces de Porter » ou « groupes stratégiques » (voir chapitre 3), puis à étudier l'offre de l'entreprise du point de vue de l'avantage concurrentiel, c'est-à-dire par comparaison avec les offres concurrentes du point de vue des coûts et de la différenciation (chapitres 4 à 6). Toute la question se résume à essayer de trouver une stratégie meilleure que celles des concurrents, dans un contexte sectoriel bien défini. Autrement dit, on lutte contre des concurrents « connus » sur un terrain défini *ex ante*. Par contraste, la démarche de *corporate strategy* présentée dans ce chapitre consiste à élargir le terrain pour aller jouer là où les concurrents ne sont pas, du moins pas encore. Comme on l'a vu, cette démarche peut entrer en conflit avec la *business strategy* classique. De plus, elle exige que la direction générale de l'entreprise agisse sur toutes les composantes du management stratégique, c'est-à-dire non seulement la stratégie, mais aussi la structure, les processus de prise de décision et l'identité de l'entreprise. Il s'agit donc d'un processus particulièrement complexe, impliquant l'entreprise dans son ensemble.

LES POINTS CLÉS

- La croissance horizontale consiste à développer l'entreprise dans son industrie.
- Le potentiel de croissance lié à l'avantage concurrentiel existant est déjà pris en compte dans la valorisation de l'entreprise. Pour créer de la valeur significativement, le meilleur moyen est d'innover.
- Les innovations d'amélioration consistent à raffiner et cultiver l'avantage concurrentiel existant.
- Les innovations de rupture correspondent à des business models nouveaux, qui remettent en cause le jeu concurrentiel existant.
- L'avantage concurrentiel existant et la *business strategy* courante peuvent être des freins à l'innovation.
- Les entreprises établies ont du mal à innover, par peur de saper leur avantage concurrentiel.
- Le dilemme de l'innovateur : si on prend des décisions stratégiques rationnelles, on n'investit pas dans les innovations « disruptives » qui sont pourtant les plus porteuses de création de valeur. Il est donc parfois nécessaire de mettre la rationalité en veilleuse et d'encourager l'innovation, même si elle est perturbatrice.
- Les stratégies « océan bleu » consistent à créer une offre nouvelle sur un terrain nouveau, dont les concurrents sont absents.
- Les courbes de valeur permettent de comparer plusieurs offres, dont les offres innovantes, sur la base de leurs attributs de valeur.
- On peut créer de nouvelles offres par élimination ou réduction d'attributs de valeur, pour diminuer les coûts.
- On peut créer de nouvelles offres par amélioration ou création d'attributs de valeur, pour se différencier.
- On peut créer de nouvelles offres par combinaison d'attributs de valeur d'offres considérées jusque-là comme totalement différentes et non concurrentes.
- Pour encourager l'innovation, il faut jouer sur toutes les facettes du management stratégique : stratégie, structure, décision, identité.

QUIZ

1. La croissance horizontale consiste à :
a. Croître dans sa zone géographique.
b. Croître en dehors de son industrie.
c. Croître dans son industrie.

2. Une innovation de rupture se traduit par :
a. Une amélioration continue de l'offre à l'encontre de la tendance du marché.
b. Un accroissement de la puissance technologique tel que prédit par la loi de Moore.
c. Une remise en cause des *business models* et des savoir-faire existants.

3. Laquelle de ces affirmations relatives aux obstacles internes à l'innovation est fausse :
a. L'inertie organisationnelle permet de passer outre les freins identitaires à l'innovation.
b. La logique de création de valeur conduit à rejeter des innovations jugées insuffisamment rentables en regard des risques encourus.
c. L'analyse concurrentielle entraîne un conformisme peu propice à l'innovation radicale.

4. Le « dilemme de l'innovateur » peut conduire une entreprise établie à l'échec. De quoi s'agit-il ?
a. L'innovation crée non seulement une rupture mais également une perturbation à laquelle les entreprises établies ont du mal à réagir.
b. La prise de décision rationnelle conduit les entreprises établies à ignorer les innovations radicales.
c. Les innovateurs compétents ne sont pas rationnels.

5. Dans l'approche « océan bleu », la « courbe de valeur » représente graphiquement :
a. La valeur perçue d'une offre sur une série d'attributs significatifs pour les clients.
b. La valeur ajoutée de l'offre innovante par comparaison avec les offres traditionnelles.
c. L'évolution de la valeur de l'offre innovante au cours du temps.

6.L'approche « océan bleu » préconise :
a. D'identifier les non-clients de l'offre existante pour leur proposer une offre illusoire.
b. D'identifier les offres existantes que les clients de l'offre actuelle ignorent.
c. D'identifier la demande qui n'existe pas pour lui proposer une offre qui n'existe pas.

>

....>

7. Pour favoriser l'innovation, la direction générale doit :
a. Déterminer des axes précis de développement stratégiques propres à guider l'innovation.
b. Définir une intention stratégique et accepter des espaces de créativité.
c. Laisser libre cours à l'originalité et à l'imprévisibilité de ses équipes.

8. L'organisation des grandes entreprises innovantes se caractérise par :
a. Une structure interdisciplinaire, plate et en réseau.
b. Une structure hiérarchisée, fonctionnelle et centralisée.
c. Une absence de structure définie.

9. Pour promouvoir les mythes favorables à l'innovation, il convient de :
a. Mettre en exergue et valoriser les figures d'innovateurs au sein de l'entreprise.
b. Forger une iconographie de l'innovateur guidant l'entreprise vers le succès.
c. Puiser dans les mythologies anciennes l'inspiration d'une innovation radicale.

10. Pour conserver le bénéfice de ses innovations, l'entreprise dispose de différentes approches. Laquelle des démarches suivantes n'est pas recommandée ?
a. Veiller à garder le secret sur ses innovations.
b. Accumuler un savoir faire tacite difficilement imitable.
c. Mettre ses innovations à la disposition de ses partenaires.

Réponses : 1.c, 2.c, 3.a, 4.b, 5.a, 6.c, 7.b, 8.a, 9.a, 10.c

15 Globalisation et stratégies internationales

La globalisation, ou mondialisation, désigne un phénomène économique et social caractérisé avant tout par le développement des échanges internationaux : échanges de biens et services, flux d'investissement, flux d'information et, dans une moindre mesure, les flux migratoires d'un pays à l'autre. Ce phénomène tend à accroître l'interdépendance économique entre les pays et les régions et provoque une plus grande intégration des économies et des sociétés au plan mondial.

La globalisation rend caduque toute conception domestique de la stratégie d'entreprise, tant pour les PME que pour les grandes entreprises multinationales. Les PME sont désormais affectées de plein fouet par la concurrence internationale mais peuvent également profiter, davantage que par le passé, des opportunités offertes par les débouchés à l'étranger. Les multinationales, de leur côté, sont les principaux agents de la mondialisation : un tiers environ du commerce mondial est en fait un commerce intra-entreprise, c'est-à-dire constitué d'échanges entre filiales d'un même groupe. Certaines entreprises ont une attitude passive face à cette évolution et subissent la mondialisation comme une contrainte qui affecte leur position acquise sur un marché domestique autrefois protégé. D'autres ont une attitude proactive et reconfigurent leurs activités de manière à tirer parti des opportunités de la globalisation, par exemple en se spécialisant pour mieux affronter la concurrence mondiale et tenter de devenir le leader d'un domaine d'activité précis.

Dans ce chapitre nous examinerons d'abord les forces qui poussent vers la globalisation puis nous analyserons l'impact de ces forces sur la dynamique de la concurrence. Nous étudierons ensuite les stratégies qui permettent aux entreprises de se forger un avantage concurrentiel dans un contexte de concurrence mondialisée, notamment en reconfigurant leur chaîne de valeur et en s'organisant de manière adaptée. Enfin, nous nous interrogerons sur le lien existant entre l'avantage dont semblent disposer certains pays ou certaines régions dans la concurrence mondiale et le succès des entreprises originaires de ces pays ou régions.

1 LES MOTEURS DE LA GLOBALISATION

La globalisation n'est pas un phénomène récent. Dans l'Antiquité, les marchandises circulaient d'un bout à l'autre de la Méditerranée et même au-delà, comme l'attestent les vestiges des nombreux comptoirs phéniciens découverts tant au Proche-Orient que sur la côte atlantique du Maroc. On a retrouvé des monnaies romaines jusque dans ce qui est devenu le Vietnam d'aujourd'hui, preuve que des échanges avaient lieu entre l'Empire Romain et l'Extrême-Orient. Au Moyen Âge, la route de la soie faisait transiter des marchandises sur des milliers de kilomètres, les acheminant de la Chine (déjà !!!) au Moyen-Orient, puis de là jusqu'en Europe. Plus tard, la Compagnie des Indes orientales, qui organisait le commerce entre ce qui allait devenir l'Empire britannique et la Grande-Bretagne, peut être considérée comme l'une des toutes premières entreprises multinationales. Et beaucoup des grandes entreprises multinationales que nous connaissons encore aujourd'hui – comme Unilever, Shell, Procter & Gamble, Ford, Philips, General Motors, General Electric, etc. – ont entamé leur expansion internationale dès les années trente. Si l'on ne parle véritablement de « globalisation » que depuis le début des années quatre-vingt, ce n'est pas tant que le phénomène n'existait pas auparavant, mais qu'il s'est considérablement accéléré et amplifié au cours des trente dernières années. Depuis 1975, la croissance du commerce international a été environ deux fois plus rapide que la croissance de l'économie dans son ensemble, alors même que les investissements directs à l'étranger ont eux-mêmes cru deux fois plus vite que les échanges internationaux de biens et de services. Voici quelques-uns des principaux facteurs qui expliquent cette intensification de la globalisation.

A/ LE DÉVELOPPEMENT DU LIBRE-ÉCHANGE

La diffusion progressive des théories économiques libérales à partir de la fin des années 1970, symbolisée par l'arrivée au pouvoir de Margaret Thatcher au Royaume-Uni (1979) puis de Ronald Reagan aux États-Unis (1980), a conduit à un démantèlement progressif des barrières douanières entre pays développés. La fin du communisme en Europe de l'Est a ensuite fait basculer tout un ensemble de pays, auparavant largement isolés du reste de l'économie mondiale, dans cet univers de libre-échange. Enfin, de nombreux pays émergents, et non des moindres, comme la Chine, l'Inde, le Brésil, l'Indonésie, le Mexique, etc., autrefois adeptes d'un protectionnisme affiché et assumé, ont, à des degrés divers, évolué vers une beaucoup plus grande ouverture au commerce international et aux investissements en provenance de l'étranger. Ces transformations se sont accompagnées de la mise en place d'institutions chargées de réglementer les échanges internationaux, soit au niveau régional, soit au niveau mondial. Sur le plan régional, des institutions comme la Communauté Économique Européenne (CEE), l'ALENA (Association de libre-échange nord-américaine, en anglais NAFTA : *North American Free Trade Association*), le Mercosur (réunissant les pays du cône sud de l'Amérique latine), l'ASEAN (Association of South East Asian Nations) ont contribué à l'essor du libre-échange. L'Organisation mondiale du commerce (OMC ou, en anglais, WTO, *World Trade Organisation*), quant à elle, a été créée en 1995 pour limiter les entraves au commerce international, garantir un traitement identique des firmes étrangères et des firmes locales par les États signataires et, plus généralement, promouvoir le libre-échange. De fait, l'immense majorité des habitants de la planète vit désormais sous un régime de relatif libre-échange. Cette évolution a ouvert, en quelques années, de très nombreux marchés jusque-là protégés aux échanges économiques internationaux et a ainsi créé d'immenses opportunités d'expansion pour toutes les entreprises des pays concernés, mais a aussi permis l'arrivée de nouveaux concurrents sur des marchés où les entreprises locales jouissaient auparavant d'une certaine protection.

B/ Le développement des moyens de transport et de communication

Dans le même temps, les progrès en matière de transport et de communication ont considérablement facilité et amélioré l'efficacité des échanges internationaux, tout en réduisant leur coût dans des proportions très significatives. Il est désormais possible de concevoir un vêtement en Europe ou en Amérique du Nord, de faire instantanément parvenir les spécifications à un fournisseur en Chine, en Tunisie ou à l'île Maurice, faire fabriquer les quantités voulues et livrer la marchandise en quelques jours aux points de vente disséminés aux quatre coins de la planète. Les entreprises peuvent ainsi localiser leurs diverses activités là où les conditions de production sont optimales : R&D aux États-Unis, fabrication de composants sophistiqués en Irlande, production de sous-ensembles en Chine et assemblage final au Mexique, par exemple. La facilité des communications et des déplacements, même si elle n'a pas totalement éliminé les effets de la distance géographique[1], a rendu considérablement plus aisé le management d'activités dispersées de par le monde et a sensiblement diminué les coûts associés à cette dispersion.

C/ L'homogénéisation de la demande

L'expansion internationale des entreprises a en outre été facilitée par une certaine homogénéisation de la demande à travers le monde. Même si des différences notables subsistent, il n'en demeure pas moins que les préférences des consommateurs dans de très nombreux domaines comme par exemple les équipements de confort ou de loisirs (électroménager, électronique grand public, etc.), les habitudes en matière d'habillement et même, dans une certaine mesure, les habitudes alimentaires se sont considérablement rapprochées au cours des trois ou quatre dernières décennies. Ce rapprochement a été provoqué, entre autres, par la multiplication des voyages et déplacements qui mettent de plus en plus fréquemment en contact des populations qui auparavant ne se rencontraient quasiment jamais, par la diffusion de la télévision et du cinéma et, à travers elle, de programmes qui véhiculent un modèle culturel, et donc de consommation, dominant. Et cette homogénéisation de la demande a bien entendu été encore accentuée par l'expansion des entreprises multinationales qui ont diffusé leurs produits et services partout où ceux-ci semblaient susceptibles de trouver des débouchés. Les consommateurs semblent désormais susceptibles d'abandonner rapidement leurs préférences locales traditionnelles lorsqu'apparaît sur le marché un produit ou un service nouveau de qualité à un prix attractif, qu'il s'agisse des consommateurs des pays développés, ou des consommateurs disposant d'un pouvoir d'achat suffisant dans les pays émergents. Cela ne veut pas dire que les spécificités locales n'existent plus ou sont vouées à disparaître – en particulier dans les secteurs d'activités liés à la culture, à la langue, aux normes comportementales, etc. – et donc que l'on ne puisse pas bâtir des stratégies fondées sur ces spécificités.

1. Ghemawat P., 2001.

D/ L'accroissement des économies d'échelle

Dans de très nombreux secteurs d'activité, les économies d'échelle (voir chapitre 4) ont eu tendance à s'accroître de manière significative au cours du temps. Et ce phénomène semble s'être plus particulièrement accéléré depuis les années soixante. Il est dû pour une large part aux dépenses croissantes de R&D ainsi qu'à l'accroissement de l'automatisation de la production dans un grand nombre de secteurs. Dans la pharmacie par exemple, on considère qu'un investissement en R&D supérieur à 1 milliard d'euros est désormais nécessaire pour mettre sur le marché un nouveau médicament, alors que ce montant était cinq à dix fois plus faible il y a seulement trente ans ! Cette augmentation des coûts fixes de R&D et de production pousse donc les entreprises à accroître les volumes vendus, notamment en recherchant des débouchés additionnels à l'étranger. De plus, les entreprises locales qui ne bénéficient pas d'une présence internationale étendue et des volumes de production qui lui sont associés ont de plus en plus de mal à rivaliser avec les concurrents multinationaux qui peuvent mieux amortir les coûts fixes. Ces entreprises locales souffrent alors de coûts beaucoup plus élevés, ou sont condamnées à rogner sur leurs coûts de R&D, ne peuvent suivre le rythme de l'innovation et finissent éventuellement par disparaître, laissant la place aux multinationales. Dans l'automobile, la plupart des concurrents locaux ont ainsi soit disparu, soit été absorbés par des rivaux de plus grande taille et dotés d'une plus grande couverture internationale. C'est le cas de tous les « petits » constructeurs français, comme Simca ou Citroën, qui ont été absorbés par Peugeot. C'est le cas également de la quasi-totalité des constructeurs britanniques comme Austin, Morris, Triumph, MG, etc., qui ont progressivement été regroupés dans le groupe Rover, ce dernier finissant lui-même par disparaître faute d'une taille et d'une présence internationale suffisante.

MINI-CAS

L'émergence des multinationales chinoises[1]

Longtemps cantonnée dans le rôle ingrat d'« usine du monde », la Chine s'est réveillée dans les années 1980-1990. Les entreprises chinoises ne sont plus seulement des sous-traitants pour les groupes étrangers en mal de délocalisation de leurs activités à fort contenu de main-d'œuvre ; de plus en plus de groupes chinois mettent désormais en œuvre des technologies avancées et développent des produits sophistiqués. Plus significatif encore, les plus en pointe des grands groupes chinois se sont résolument engagés dans une stratégie d'expansion internationale, n'hésitant pas à faire de grosses acquisitions pour accélérer ce processus. Le mouvement a connu une accélération spectaculaire après l'entrée de la Chine dans l'Organisation mondiale du travail en 2001. Haier, CNPC (China National Petroleum Corporation), Lenovo, Huawei ou SAIC (Shanghai Automotive Industries Corporation) font partie de ces groupes emblématiques de la transformation de l'économie chinoise.

China National Petroleum Corporation (CNPC)

CNPC est entreprise d'État fondée en 1988. C'est la plus importante compagnie pétrolière et gazière intégrée de Chine et la dixième compagnie pétrolière dans le monde. Si l'on tient compte de sa filiale PetroChina, CNPC était la deuxième entreprise du monde par l'importance de ses effectifs en 2006. Dans le domaine du pétrole et du gaz, CNPC a des activités d'exploration, de développement >

1. Larçon J.P., 2009.

····> et de production dans 30 pays et régions, notamment en Azerbaïdjan, au Canada, en Indonésie, au Myanmar, en Afrique du Nord, à Oman, au Pérou, en Russie, au Soudan, en Thaïlande, au Turkménistan et au Venezuela. Le premier investissement international de CNPC a été fait au Soudan en 1995 lors de la création d'une filiale commune avec le gouvernement local pour l'exploitation de champs pétroliers soudanais. Il s'agit de la plus importante base de production de CNPC à l'étranger. En 2005, CNPC a fait l'acquisition de la société PetroKazakhstan pour 4,18 milliards de dollars, à l'époque la plus grosse acquisition à l'étranger effectuée par une compagnie chinoise. L'année suivante, CNPC s'est associée au géant russe Rostneft pour l'exploration pétrolière et gazière en Russie puis, par la suite, avec Lukoil pour des projets communs en Asie centrale. En 2007, CNPC a fait d'importants investissements en Irak. Début 2009, CNPC rachetait l'entreprise canadienne Verenex Energy Inc, y compris ses importants actifs en Libye pour 400 millions de dollars américains.

Haier

Fondé en 1984, le Groupe Haier était encore, vingt-cinq ans plus tard, une entreprise en partie contrôlée par l'État. Devenu le troisième fabricant d'appareils électroménagers dans le monde, Haier produit des réfrigérateurs, congélateurs, climatiseurs, fours à micro-ondes, lave-linge, lave-vaisselle, téléviseurs, téléphones portables et ordinateurs. En 2006, le chiffre d'affaires mondial de Haier s'élevait à 107 milliards de RMB, soit 11 milliards d'euros environ, avec des effectifs de 50 000 personnes. Le processus d'internationalisation a conduit Haier en Indonésie dès 1996, puis aux Philippines, en Malaisie, et en Serbie en 1997. Haier s'est ensuite installé aux États-Unis en 1999 en créant une usine d'appareils électroménagers à Hamilton, en Caroline du Sud, et a ouvert un siège social à New York avant de tenter, mais sans succès, de racheter le géant américain de l'électroménager Maytag. Haier est présent en Europe depuis 2001 grâce à l'acquisition d'une usine de production de réfrigérateurs en Italie près de Padoue. En Inde, Haier a racheté en 2007 la division électroménager d'Anchor Daewoo et son usine de fabrication de réfrigérateurs située à Pune, dans l'État du Maharastra.

Huawei Technologies

Huawei Technologies, basée à Shenzhen, a été créée en 1988 dans le giron de l'armée populaire chinoise. C'est l'un des plus importants équipementiers en télécommunications et réseaux dans le monde. Il s'agit d'une société privée dont le capital est entièrement détenu par ses employés. En 2006, Huawei employait 62 000 personnes dans le monde. L'entreprise avait pour clients 31 des 50 plus gros opérateurs de télécoms mondiaux, et près de 70 % de son chiffre d'affaires provenait de marchés hors de Chine. Ses principaux centres de R&D sont situés en Chine bien sûr, mais aussi en Suède, à Dallas et dans la Silicon Valley aux États-Unis, à Bangalore en Inde, et en Russie. Huawei Technologies a créé en 2003 une filiale commune avec 3Com pour la fabrication de routeurs et de commutateurs selon un protocole Internet. En 2007, Huawei s'est associé à l'offre du fonds d'investissement Bain Capital sur 3Com pour un montant total de 2,2 milliards de dollars, payés au comptant.

Lenovo

Lenovo est une entreprise chinoise de haute technologie qui a racheté l'activité PC d'IBM en 2004. À la suite de cette acquisition, Lenovo est devenu le troisième producteur mondial de PC. Et a symboliquement décidé d'installer son quartier général à New York. Les principaux centres d'exploitation de l'entreprise sont situés à Pékin, à Paris, dans le Research Triangle Park en Caroline du Nord, et à Singapour. Les principaux centres de recherche sont installés au Japon (Yamato), >

····> en Chine (Beijing, Shanghai et Shenzhen) et aux États-Unis (Raleigh, Caroline du Nord). La fabrication et l'assemblage de PC sont entièrement effectués en Chine dans les usines de Shenzhen, Huiyang, Beijing et Shanghai, mais la production de composants est très largement dispersée dans le monde. En 2006, les effectifs mondiaux de l'entreprise dépassaient les 25 000 personnes. L'actionnaire majoritaire du groupe Lenovo est Legend Holdings Limited, elle-même contrôlée par l'Académie des sciences chinoises.

Shanghai Automotive Industry Corporation (SAIC)

SAIC est l'un des trois premiers constructeurs automobiles chinois. C'est une entreprise publique qui produit des voitures particulières, des camions, des tracteurs, des motos, des bus et des équipements pour l'automobile. SAIC est associé à Volkswagen depuis 1982 dans le cadre du joint-venture Shanghai Volkswagen Automotive Company, qui produit des Passat, Touran, Polo Gol et Santana. SAIC est également partenaire de General Motors dans le cadre d'un autre joint-venture 50-50 baptisé Shanghai GM. Les voitures sont vendues sous les marques Buick, Cadillac, Chevrolet, Opel, Saab et Wuling. En 2004, SAIC a pris le contrôle de SsangYong Motor Company, une entreprise coréenne en difficulté. L'entreprise fabrique à Shanghai et commercialise en Chine la Roewe 750, c'est-à-dire l'ancien modèle Rover 75. Les droits sur ce modèle de voiture ont été acquis par SAIC en 2004 au moment de la faillite du groupe britannique MG Rover, mais, n'ayant pu racheter la marque Rover proprement dite, SAIC a lancé sa propre marque, Roewe. Parallèlement, une autre entreprise chinoise, Nanjing Automobile Group, avait repris la marque MG pour la produire en Chine. En 2007, le gouvernement chinois a incité SAIC et Nanjing Auto à fusionner, créant ainsi le plus grand groupe automobile chinois.

Questions

1) Quel est l'objectif principal que poursuit chacune des entreprises décrites, au travers de sa stratégie internationale ?
2) Quels sont les différents modes d'entrée dans les marchés étrangers utilisés par ces entreprises ?

La globalisation est un phénomène général, mais qui cependant touche les entreprises de manière très différenciée. Certaines entreprises doivent, presque du jour au lendemain, affronter sur leur marché domestique la concurrence de rivaux aux coûts très bas ou à la technologie plus avancée ; pour d'autres, la globalisation ne change rien ou presque à leur environnement et à leur situation propre ; pour d'autres encore, la globalisation apporte surtout des opportunités de croissance inespérées. Pour tenter de comprendre ces situations contrastées, il faut, comme dans toute bonne analyse stratégique, commencer par examiner le secteur d'activité de l'entreprise (voir chapitre 3) et remarquer que tous les secteurs ne sont pas affectés par la globalisation de manière uniforme.

2 La structure de la concurrence au niveau international : industries « multidomestiques » et industries « globales »

On peut tout d'abord distinguer les secteurs d'activités sur la base du caractère plus ou moins standardisé ou différencié de la demande, et donc de l'offre, au niveau international. Dans certains secteurs, les produits et services offerts varient considérablement d'un pays à l'autre alors que dans d'autres secteurs c'est le même produit ou service qui convient aux quatre coins de la planète. On distingue ainsi deux cas extrêmes : les industries « multidomestiques » et les industries « globales », beaucoup de secteurs se situant en réalité entre ces deux extrêmes.

A/ Les industries multidomestiques

Une industrie est considérée comme multidomestique lorsque la concurrence se joue essentiellement pays par pays. Dans une industrie multidomestique, la position concurrentielle d'une entreprise dans un pays est largement indépendante de sa position dans d'autres pays. La même entreprise peut jouir d'une position très forte d'un côté de la frontière et être en position de grande faiblesse de l'autre côté de la frontière. Autrement dit, dans une industrie multidomestique, l'avantage concurrentiel que peut construire une entreprise est spécifique à chaque pays. Dès que cette entreprise passe la frontière pour développer ses activités dans un pays voisin, il lui faut à nouveau se créer un avantage concurrentiel largement distinct de celui dont elle disposait dans le pays d'origine : dans une industrie multidomestique, l'avantage concurrentiel « voyage mal ». C'est l'une des raisons pour lesquelles l'expansion internationale dans les secteurs multidomestiques se fait souvent par le biais d'acquisitions : en prenant le contrôle d'une entreprise locale, une multinationale acquiert une marque reconnue localement, un accès aux réseaux de distribution et plus généralement les diverses composantes d'un avantage concurrentiel spécifique au pays cible. La presse quotidienne est un exemple de secteur multidomestique : les principaux journaux quotidiens dans un pays – comme *Le Monde, Le Figaro* ou *Libération* en France, *El Pais, El Mundo* ou *ABC* en Espagne, ou encore *La Stampa* ou le *Corriere della Sera* en Italie – ne cherchent même pas à se créer un marché dans les pays voisins. Et, pour s'internationaliser, le groupe espagnol PRISA, propriétaire du journal *El Pais*, a choisi de prendre une participation dans *Le Monde*. La brasserie est également un secteur multidomestique, les marques leaders dans un pays ayant au mieux une diffusion confidentielle dans les pays voisins : Kronenbourg, leader en France, a des ventes très faibles en Angleterre, en Allemagne, en Italie ou en Espagne, alors que Nastro Azzuro, leader en Italie est inconnu dans les autres pays, de même que Cruzcampo, la marque leader en Espagne. Beaucoup d'autres activités dans les produits de grande consommation ont également un caractère multidomestique très affirmé ; il suffit pour s'en convaincre de se promener dans les rayons d'un supermarché en France, en Angleterre, aux États-Unis ou en Chine : la majorité des produits vendus sont spécifiques à chaque pays et, même lorsque sont proposés des produits de même nature, ils le sont avec des formulations différentes, des marques spécifiques, des emballages adaptés…

B/ Les industries globales

Une industrie est dite « globale » lorsque la concurrence dans cette industrie se joue au niveau international. En d'autres termes, la position concurrentielle d'une entreprise dans un pays ou dans un autre n'a guère de signification, c'est sa position au niveau mondial qui importe. Les positions dans les différents pays sont d'ailleurs fortement liées entre elles. Dans une industrie globale, une entreprise disposant d'un avantage concurrentiel significatif dans un pays peut aisément se développer dans un autre pays en s'appuyant sur son même avantage concurrentiel. Cet avantage est facilement transférable d'un pays à l'autre. De ce fait, acquérir une entreprise locale pour pénétrer un nouveau marché ne présente guère d'intérêt, sauf éventuellement si une telle acquisition permet d'accélérer le processus. Les moteurs d'avion ou les microprocesseurs sont de telles activités globales. Lorsque General Electric, Pratt & Whitney ou Rolls-Royce parviennent à développer un moteur d'avion doté d'excellentes performances en termes de poussée, de fiabilité et de consommation, à un coût raisonnable, l'avantage que cela leur confère est exploitable auprès de pratiquement toutes les compagnies aériennes du monde. De même, la supériorité en termes de performances et de coût des 80186, 80286, 80386, 80486, Pentium, Pentium II, Pentium III, Celeron et autres familles de microprocesseurs d'Intel a permis à l'entreprise de Santa Clara de dominer ses concurrents AMD, Samsung, Texas Instruments, ou encore STMicroelectronics partout dans le monde.

C/ Les déterminants du caractère global ou multidomestique de l'industrie

Ce qui détermine le caractère plus ou moins global ou multidomestique d'une industrie est l'influence combinée de deux facteurs principaux :

> le besoin d'adaptation au contexte local ;

> l'importance des économies d'échelle dans l'industrie.

Lorsque la nature de l'activité exige des entreprises qu'elles adaptent de manière approfondie leur offre au contexte local de chacun des pays dans lesquels elles souhaitent se développer, cela limite inévitablement l'étendue de ce qu'elles peuvent transférer d'un pays à l'autre lors de leur expansion internationale, et donc l'ampleur de l'avantage concurrentiel dont elles peuvent bénéficier d'emblée dans le pays cible, sans avoir à recréer un avantage spécifique local. Supporter des coûts de transport élevés, surmonter des barrières réglementaires imposées par le pays cible, modifier la conception du produit pour le rendre compatible avec les préférences des clients locaux, créer des réseaux de distribution dans le nouvel environnement local, établir la notoriété d'une marque auprès d'acheteurs potentiels qui n'en ont jamais entendu parler jusque-là, sont autant d'obstacles qui vont réduire la portée de l'avantage dont dispose l'entreprise à son arrivée dans un nouveau marché. Dans les cas extrêmes, l'entreprise est obligée de se réinventer entièrement pour pouvoir opérer dans un nouveau pays. Face aux concurrents locaux, une entreprise multinationale n'a guère d'autre choix que de devenir elle-même aussi « locale » que possible en développant des produits spécifiques pour le marché visé, en implantant sur place des capacités de production, en investissant pour établir la notoriété de sa marque, ou même en promouvant une nouvelle marque mieux adaptée à l'environnement local. L'entreprise est ainsi amenée à recréer localement un avantage concurrentiel sans lien ou presque avec l'avantage concurrentiel dont elle dispose dans son pays d'origine.

À l'inverse, lorsqu'un secteur se caractérise par des économies d'échelle très importantes, une entreprise déjà dominante dans le secteur arrive dans tout nouveau marché local avec un avantage de coût considérable que lui confère sa taille mondiale. Face à des concurrents locaux aux volumes de production limités par la taille du marché local, une entreprise multinationale peut s'appuyer sur sa présence dans de multiples marchés pour investir davantage, notamment en R&D, tout en amortissant ces dépenses sur les volumes accrus obtenus des multiples marchés servis. Les entreprises multinationales sont alors à même de développer des produits et services plus performants, tout en ayant des coûts unitaires plus faibles grâce aux économies d'échelle dont elles bénéficient. Bien entendu, le bénéfice de la taille associé à une présence dans de multiples marchés ne se matérialise que si les produits et services vendus, ainsi que les activités sous-jacentes à la production de ces produits et services, sont suffisamment homogènes pour permettre des économies d'échelle importantes. Sinon, les multinationales sont obligées de tellement modifier leur offre d'un pays à l'autre que les économies d'échelle tirées de leur présence internationale sont très limitées.

Deviennent donc « globaux » les secteurs d'activité dans lesquels les économies d'échelle sont très importantes et l'emportent de manière manifeste sur les besoins d'adaptation ; les secteurs « multidomestiques » sont ceux où les besoins d'adaptation sont très forts et les économies d'échelle trop limitées pour justifier une standardisation de l'offre. Cependant, presque tous les secteurs se caractérisent à la fois par un certain besoin d'adaptation au contexte local et par des économies d'échelle non négligeables et ne sont donc ni totalement globaux, ni purement multidomestiques, mais se positionnent, à des degrés divers, entre ces deux extrêmes.

Il est très important de noter, en outre, que les deux facteurs décrits ci-dessus, le besoin d'adaptation locale et les économies d'échelle obtenues d'une standardisation mondiale, évoluent dans le temps. Comme nous l'avons mentionné dans la partie 1 du présent chapitre, dans la plupart des secteurs d'activité, la demande tend à s'homogénéiser, les réseaux de distribution à se rapprocher, les barrières réglementaires à s'atténuer, et donc les besoins d'adaptation à se réduire. Par exemple, de plus en plus de consommateurs dans le monde sont désormais disposés à consommer des produits laitiers frais, même dans des pays comme la Chine où la consommation de tels produits était très éloignée des habitudes alimentaires traditionnelles, ce qui ouvre d'intéressantes perspectives d'expansion internationale à des entreprises comme Nestlé ou Danone. Dans le même temps, l'expansion internationale de Wal-Mart, de Carrefour et des autres grandes enseignes de la distribution réduit les difficultés rencontrées par ces entreprises, mais aussi par des sociétés de taille plus réduite comme la Sodiaal (marque Yoplait), qui, dans de nombreux pays, peuvent désormais s'appuyer sur des distributeurs avec qui ils ont l'habitude de travailler sur leur marché domestique. Cela contribue donc à globaliser le secteur des produits laitiers frais et plus généralement celui des produits de grande consommation.

Dans le même temps, du fait de l'évolution technologique, les dépenses de R&D et d'automation tendent à s'élever dans de nombreux secteurs, accroissant par là même l'ampleur des économies d'échelle potentielles. Par exemple, dans l'électronique grand public, on estime que les coûts de développement des produits ont été multipliés par dix depuis 1980, rendant ainsi impossible la survie d'entreprises à la présence surtout locale comme Grundig ou Telefunken en Allemagne, Continental ou Ducretet en France, RCA aux États-Unis ou encore Gradiente au Brésil. L'effet conjugué de ces deux évolutions explique que de plus en plus d'industries tendent à se globaliser au cours du temps. Il n'en demeure pas moins que la plupart des domaines d'activité requièrent un certain niveau d'adaptation locale, différent d'un secteur à l'autre.

Les deux facteurs qui influencent le caractère plus ou moins global ou multidomestique d'une industrie – besoin d'adaptation locale et ampleur des économies d'échelle - créent, pour les entreprises, des exigences contradictoires. D'un côté, l'adaptation aux divers contextes locaux empêche la réalisation d'économies d'échelle significatives alors que, de l'autre, la poursuite d'économies d'échelle exige une standardisation poussée de l'offre de l'entreprise au niveau mondial, empêchant par là même les adaptations locales. Toute entreprise ayant des activités internationales est confrontée à ce dilemme. De fait, le slogan à la mode « *think global, act local* », pour séduisant qu'il soit, n'a guère de signification réelle : une entreprise ne peut pas facilement maximiser les économies d'échelle tout en s'adaptant au contexte local. Tout au plus peut-elle tenter de trouver un compromis acceptable entre ces deux exigences contradictoires, c'est-à-dire un compromis qui corresponde le mieux possible au caractère plus ou moins global ou, au contraire, multidomestique de l'industrie dans laquelle elle opère, ainsi qu'au positionnement particulier qu'elle a choisi dans cette industrie.

Malgré ces difficultés, le premier volet de toute stratégie internationale consiste pour l'entreprise à choisir l'arbitrage qui lui convient le mieux entre standardisation de ses activités au niveau mondial et adaptation aux divers contextes locaux auxquels elle est confrontée. Le deuxième volet de la stratégie internationale consiste à choisir les modes d'internationalisation privilégiés pour chacune des activités qui constitue la chaîne de valeur de l'entreprise ainsi que la localisation géographique de ces activités.

Controverse

Le monde se globalise-t-il vraiment ?

Theodore Levitt, un éminent professeur de la Harvard Business School, a écrit en 1983 un article prémonitoire, devenu célèbre depuis, sur « The Globalisation of Markets[1] ». La thèse de l'auteur est qu'un mouvement irréversible vers la globalisation des marchés s'est mis en marche et que plus rien ne peut l'arrêter. Ce mouvement a été mis en branle par le développement technologique : la facilité avec laquelle voyagent désormais les personnes, l'information et les idées aurait créé chez tous les habitants de la planète une soif insatiable pour tous les produits et services modernes dont, même dans les endroits les plus reculés, tous ont entendu parler.

En standardisant leur offre, les firmes véritablement globales peuvent tirer parti des économies d'échelle pour réduire leurs coûts, offrir des biens plus sophistiqués et à des prix plus faibles, que même les populations à faible pouvoir d'achat pourront s'offrir. Cette évolution va, selon Levitt, complètement marginaliser les concurrents locaux ou multinationaux qui gaspillent des ressources à essayer d'adapter leur offre aux différents marchés locaux. Pire encore, les prix très bas des produits standardisés vont faire voler en éclat les préférences locales, les habitudes particulières et les coutumes spécifiques de telle ou telle région ou groupe de consommateurs, renforçant encore la domination des entreprises globales.

À l'opposé de cette thèse, Susan Douglas et Yoram Wind affirment que cette idée de globalisation est une chimère ou, au mieux, un phénomène limité à quelques secteurs ou marchés très particuliers[2]. Tout d'abord, affirment-ils, la préférence pour des produits standardisés à l'échelle mondiale est l'apanage d'une toute petite minorité de consommateurs qui, quel que soit leur pays d'origine ou de résidence, sont prêts à acheter des montres Rolex, des parfums Dior ou des sacs >

1. Levitt T., 1983.

2. Douglas S. et Wind Y., 1987.

····> Louis Vuitton. L'immense majorité de la population mondiale préfère en fait acheter des produits d'usage quotidien correspondant à leurs habitudes et traditions, qui varient donc très fortement d'une région à l'autre du monde.
De plus, la thèse sur le caractère inéluctable et universel de la globalisation postule un accroissement significatif et continu des économies d'échelle du fait de l'évolution technologique. Or, constatent Douglas et Wind, les progrès technologiques se traduisent souvent par une réduction des coûts fixes de conception comme de production et par une plus grande flexibilité dans les processus de production. Dans ces conditions, nul besoin de fabriquer en grande quantité le même produit pour tous ; produire des offres adaptées aux préférences variées de consommateurs très divers ne se traduit pas nécessairement par des niveaux de coûts prohibitifs. Et cela est d'autant plus vrai que dans nombre de secteurs d'activité, les coûts de production ne représentent qu'une part minoritaire du coût total.
Plus récemment, d'autres auteurs se sont joints au débat en insistant à la fois sur la nécessité pour les entreprises de s'adapter localement et sur les avantages qui pouvaient être retirés d'une telle adaptation locale[1]. Ghemawat montre en particulier que pour de nombreuses activités économiques, les flux internationaux ne représentent en général que de 5 % à 15 % de l'activité totale, ce qui semble contredire l'idée d'une globalisation généralisée de toute l'activité économique[2]. Certains experts vont même jusqu'à prédire que les tensions protectionnistes provoquées par la crise financière internationale qui a éclaté en 2008 pourraient entraîner un retour en arrière et une certaine « dé-globalisation » de l'économie mondiale.

3 Les modes d'internationalisation

L'internationalisation de l'économie se produit à travers deux modes essentiels : le commerce international de biens et services d'une part et les investissements directs à l'étranger d'autre part. En d'autres termes, une entreprise qui cherche à s'internationaliser a le choix entre deux modes d'internationalisation : elle peut soit exporter ses produits à partir de son pays d'origine, soit investir dans un pays étranger et vendre ses produits dans ce pays hôte en produisant localement. Et bien sûr, dans la réalité, beaucoup d'entreprises combinent à des degrés divers ces deux modes, par exemple en exportant des composants et sous-ensembles et en effectuant l'assemblage localement. Il n'en demeure pas moins que le mode d'internationalisation dominant varie considérablement d'un secteur d'activité à un autre. Certains secteurs s'internationalisent avant tout par développement du commerce international. C'est le cas par exemple de la construction aéronautique : la très grande majorité des avions Boeing ou Airbus vendus à l'étranger sont assemblés à Everett et à Toulouse respectivement et exportés vers les pays dont les compagnies aériennes ont passé commande à l'un ou à l'autre des deux grands constructeurs mondiaux. D'autres secteurs, à l'inverse, s'internationalisent avant tout par investissement direct à l'étranger. C'est le cas par exemple du secteur de la brasserie : les leaders mondiaux du secteur comme InBev, SAB-Miller ou Carlsberg vendent leurs produits dans de très nombreux pays du monde, mais exportent en définitive très peu. InBev produit et vend, entre autres, les bières Stella en Belgique, les marques Antartica et Brahma au Brésil, Budweiser aux États-Unis et Tsing Tao en Chine, alors même que la plupart des consommateurs français ignorent que c'est le brasseur d'origine danoise Carlsberg qui fabrique et commercialise les bières Kronenbourg et 1664 en France !

1. Ghemawat P., 2001.
Ghemawat P., 2003.
Rigby D.K. et Vishwanath V., 2006.
2. Ghemawat P., 2006.

Outre leur caractère plus ou moins global ou, au contraire, multidomestique, on peut donc classer les secteurs d'activités en fonction de la façon dont les entreprises appartenant à chaque secteur ont recours en priorité à l'un ou à l'autre des mécanismes d'internationalisation que nous venons d'évoquer : commerce international d'une part, investissements directs à l'étranger d'autre part.

Tableau 15.1
Secteurs d'activité et modes d'internationalisation

	Investissements directs à l'étranger limités	Investissements directs à l'étranger importants
Commerce international important	**Activités globales exportatrices :** Construction aéronautique Production agricole Viticulture Horlogerie-joaillerie	**Activités globales complexes :** Automobile Électronique Électroménager Pharmacie
Commerce international faible	**Activités locales :** Transport ferroviaire Banque de détail Coiffure Presse quotidienne	**Activités multidomestiques :** Brasserie Hôtellerie Grande distribution Audit et conseil

Source d'après Grant, R.M., Contemporary Strategy Analysis, *Blackwell Publishing, 2008, p. 362.*

Les activités locales sont peu affectées par la globalisation. Dans chaque pays, les entreprises opérant dans ces secteurs sont pour l'essentiel des entreprises originaires du pays considéré. Il peut s'agir tout d'abord de secteurs réglementés, fermés à la concurrence étrangère, comme le transport ferroviaire, les services postaux, les transports urbains, etc. ; un changement de réglementation peut alors provoquer l'ouverture de ces secteurs à la concurrence internationale, comme cela s'est produit en Europe pour les services téléphoniques ou la distribution de gaz et d'électricité. Il peut encore s'agir de secteurs fragmentés dans lesquels les économies d'échelle sont limitées, les spécificités locales fortes, les avantages dont jouissent les premiers installés difficiles à surmonter et le transport des produits ou la délocalisation des services peu aisés. La presse quotidienne, par exemple, reste pour l'essentiel contrôlée par des groupes de presse nationaux, voire régionaux, alors que beaucoup de services de proximité (plomberie, coiffure, blanchisserie, services de santé, etc.) sont fournis par des prestataires locaux.

Les activités multidomestiques sont des secteurs dans lesquels, comme nous l'avons évoqué précédemment, la concurrence se joue avant tout pays par pays, où les produits sont fortement différenciés d'un pays à l'autre, rendant par là même préférable une production locale, ou des secteurs où le commerce international est rendu difficile par la nature des activités (services impossibles à transférer ou produits difficiles et chers à transporter). Opèrent dans ces secteurs des entreprises multinationales, présentes dans de nombreux pays, mais qui, dans chacun de ces pays, produisent sur place ce qu'elles vendent localement. L'hôtellerie de haut de gamme est ainsi dominée par des chaînes internationales telles que Hilton, Sheraton, Sofitel, etc., à qui la nature de leur activité impose de gérer des établissements dans tous les endroits où elles souhaitent être présentes. De même, dans la grande distribution, des enseignes comme Wal-Mart, Carrefour, Metro ou Tesco n'ont d'autre choix que d'ouvrir des magasins dans les pays dans lesquels elles veulent réaliser des ventes. Ces secteurs multinationaux dispersés sont cependant loin de tous être des activités de service : les produits alimentaires de grande consommation (*packaged foods,* en anglais) sont dominés par des multinationales comme Nestlé, Unilever, Kraft ou Danone, présentes dans de très nombreux pays, mais qui produisent pour l'essentiel sur place pour s'adapter aux préférences et habitudes très différentes des consommateurs des divers pays.

Les activités globales exportatrices sont des secteurs dans lesquels des entreprises localisées à un endroit précis effectuent l'essentiel de la production, mais vendent cette production à travers le monde. Il peut s'agir de secteurs sujets à de forts effets d'échelle, produisant des biens peu différenciés d'un pays à l'autre et en outre faciles à transporter ; dans ces conditions, une entreprise a intérêt à concentrer toute la production à un endroit et à exporter vers tous les marchés. Il peut également s'agir de secteurs dans lesquels les conditions naturelles locales sont essentielles à la production d'un bien donné : le vin de Bordeaux, de Bourgogne comme de Californie ne peut être produit que dans la région correspondante – pas seulement pour des raisons d'appellations protégées, mais aussi en raison de conditions climatiques et de terroir, essentielles aux caractéristiques du vin considéré. Il en va de même du caviar qui ne peut venir que de la mer Caspienne.

Les activités globales complexes se caractérisent à la fois par des économies d'échelle importantes et par une demande relativement homogène ; ce sont également des secteurs dans lesquels il y a à la fois beaucoup d'investissements directs à l'étranger mais aussi beaucoup de commerce international. Dans ces secteurs, le commerce intra-entreprise est très important. Les entreprises de ces secteurs localisent une partie de la production dans les marchés qu'elles servent mais concentrent certaines activités dans leur pays d'origine ou bien spécialisent les divers sites localisés dans les différents pays, et redistribuent ensuite la production entre ces pays. Dans l'automobile par exemple, des entreprises comme General Motors ou Volkswagen ont des unités de production dans des pays aussi divers que le Brésil, le Mexique, la Chine, etc. Mais ces unités sont surtout des usines d'assemblage qui servent le marché local et travaillent avec des pièces, des composants ou des sous-ensembles provenant d'autres pays. Dans le même temps, certaines usines dans ces pays sont spécialisées sur un modèle ou une famille de modèles et exportent une partie de la production vers le reste du monde. Ainsi, l'usine Volkswagen de Puebla au Mexique a longtemps été la seule au monde à produire la célèbre Coccinelle, qui était pourtant vendue dans le monde entier.

Si la logique d'ensemble qui sous-tend le tableau 15.1 semble s'appliquer de manière uniforme à chaque secteur d'activité, il convient de remarquer que, dans un même secteur, différentes entreprises peuvent faire des choix différents en matière de dosage de la part de commerce international et d'investissements directs à l'étranger dans leur activité internationale. Par exemple, une entreprise comme Porsche a choisi d'exporter les véhicules qu'elle vend partout dans le monde depuis ses usines allemandes de Zuffenhausen et de Leipzig. À l'inverse, General Motors opère en Europe et, dans une moindre mesure en Chine ou au Brésil, à partir des bureaux d'études, des usines et autres installations implantées sur place. Ainsi, la filiale européenne de General Motors a longtemps opéré comme une entreprise locale à part entière, concevant et produisant elle-même ses modèles et n'important que très peu de composants de sa maison mère aux États-Unis ; même les marques, Opel et Vauxhall, étaient spécifiques au marché européen ! De plus, la même entreprise peut faire des choix différents sur les différentes activités qui constituent sa chaîne de valeur. Ainsi, dans la construction aéronautique, que nous avions pourtant classée dans les activités globales exportatrices, Boeing comme Airbus réalisent-ils des investissements à l'étranger pour créer des bureaux commerciaux ou des bases de service après-vente ; Airbus a même choisi d'investir dans une chaîne d'assemblage de son modèle A320 à Tianjin en Chine pour mieux servir les compagnies aériennes chinoises qui sont d'importants clients pour cette famille d'appareils. De même, une entreprise comme Daimler, qui a privilégié l'exportation par rapport aux investissements directs à l'étranger, a-t-elle choisi de manière sélective d'investir dans des usines d'assemblage pour certains de ses modèles dans des pays comme les États-Unis, l'Afrique du Sud ou la Chine, tout en continuant à exporter vers ses propres installations à l'étranger la plupart des composants qui entrent dans la fabrication de ses voitures.

Cet arbitrage entre commerce international et investissements directs à l'étranger constitue le deuxième volet essentiel de toute stratégie internationale. Ce volet de la stratégie internationale se décline ensuite à travers les choix d'implantation géographique des diverses activités qui constituent la chaîne de valeur de l'entreprise.

Fondements théoriques

Les théories du commerce international et de la firme multinationale

Bien que déjà évoquée par Adam Smith dès 1776 dans son célèbre ouvrage sur la richesse des nations[1], la question du commerce international et celle, sous-jacente, de la spécialisation des activités économiques par pays, n'a commencé à être véritablement étudiée et conceptualisée qu'avec David Ricardo au début du XIXe siècle. L'une des contributions essentielles de Ricardo dans ce domaine est la notion d'avantage comparatif[2]. Ricardo utilise cette notion pour démontrer qu'un pays, quelle que soit sa compétitivité, doit se spécialiser dans la production des biens pour lesquels il dispose de l'avantage le plus important ou du désavantage le plus faible. Le corollaire de cette spécialisation est, pour Ricardo, le libre-échange qui permet de profiter au mieux des avantages comparatifs des divers pays et de maximiser ainsi la production collective, mais aussi la production de chacun des pays concernés. L'origine de l'avantage comparatif se trouve dans la dotation en ressources des différents pays.

Une avancée importante dans la compréhension de l'investissement direct à l'étranger, et donc de l'existence des firmes multinationales, est la théorie du cycle de vie du produit due à Raymond Vernon[3]. Selon Vernon, qui a étudié dans les années soixante les formes d'expansion internationale des grandes firmes américaines, les produits innovants sont d'abord introduits par ces firmes à un prix élevé dans leur marché domestique, où le pouvoir d'achat est supérieur à celui que l'on observe à l'époque dans tout autre marché de taille importante ; dans un deuxième temps, l'augmentation des volumes produits et l'accroissement de la concurrence font baisser les prix, rendant possibles les exportations vers des pays à pouvoir d'achat plus faible ; ces exportations entraînent, dans un troisième temps, l'apparition de concurrents étrangers aux coûts, notamment de main-d'œuvre, plus faibles, obligeant par là même les firmes américaines à délocaliser la production pour bénéficier des mêmes conditions de coût ; dans une dernière phase, le produit considéré cesse d'être fabriqué aux États-Unis et la demande intérieure américaine est servie par des importations qui sont le fait soit d'entreprises étrangères, soit des filiales à l'étranger des firmes américaines. Cette analyse est évidemment très datée puisqu'elle fait référence à une époque où la domination économique et technique >

1. Smith A., 1776.
2. Ricardo D., 1817, 1970.
3. Vernon R., 1966.

····> des firmes américaines était incontestable. Elle est néanmoins intéressante dans la mesure où elle propose une explication simultanée des flux de marchandises et de flux d'investissement organisés par les entreprises.

Une autre approche des entreprises multinationales est celle dite « éclectique » mise en avant par John Dunning[1]. Cette théorie a été qualifiée d'éclectique parce qu'elle combine les apports de plusieurs courants de pensée, notamment celui des avantages inhérents à la firme, celui de l'avantage comparatif des pays, et celui des coûts de transaction (voir à ce sujet le chapitre 11). Selon Dunning, les entreprises deviennent multinationales lorsque les trois avantages « OLI » sont réunis : O désigne le *ownership advantage*, c'est-à-dire les avantages spécifiques que possède la firme et qui fondent son avantage concurrentiel ; L désigne le *localization advantage*, c'est-à-dire l'avantage dérivé d'une présence locale dans un pays donné et qui est produit par les avantages comparatifs de ce pays ; I désigne l'*internalization advantage*, c'est-à-dire l'avantage obtenu, en présence de coûts de transaction significatifs, en conservant l'activité au sein de l'entreprise plutôt qu'en cédant à une firme locale les composantes du *ownership advantage* (sous forme de licence par exemple) qui permettrait à cette firme locale d'être aussi efficace que l'entreprise étrangère. En l'absence de l'un de ces trois avantages, l'entreprise ne peut se multinationaliser : s'il lui manque l'avantage O, l'entreprise ne dispose pas de l'avantage concurrentiel lui permettant de se développer à l'étranger ; en l'absence de l'avantage L, elle n'a aucune raison d'implanter des activités à l'étranger ; en l'absence de l'avantage I, l'entreprise tirerait davantage de profit de la cession de ses ressources propres (technologie, marque, savoir-faire, etc.) que de leur exploitation en propre dans le pays cible.

Une dernière approche de l'expansion internationale des entreprises met l'accent moins sur les facteurs favorisant cette expansion que sur les étapes du processus de développement international. Il s'agit de l'approche proposée par ce que l'on a appelé l'école d'Uppsala, du nom de l'université en Suède où travaillaient les chercheurs à l'origine de cette conceptualisation[2]. Johanson et Vahlne ont ainsi distingué quatre phases dans le processus d'internationalisation des firmes qu'ils ont étudiées :

> une première phase d'exportations irrégulières, engendrées de manière assez aléatoire par des opportunités apparues sur des marchés « étrangers » ;

> une deuxième phase d'exportations plus régulières, effectuées par le biais d'agents indépendants ;

> une troisième phase caractérisée par la création à l'étranger de filiales commerciales ;

> une quatrième phase dans laquelle l'entreprise s'implante de manière significative et durable en créant à l'étranger des filiales de production.

Dans ce modèle, l'entreprise accroît son engagement dans un pays étranger au fur et à mesure que sa compréhension du marché et plus généralement de l'environnement local augmente. Les auteurs de ce « modèle » notent que plus ce qu'ils appellent la « distance psychique » entre l'entreprise et le pays cible est grande, plus le processus d'évolution conduisant l'entreprise d'une phase à la suivante est lent.

1. Dunning J., 1980.

2. Johanson J. et Vahlne J.E., 1977.

4 Les stratégies internationales

Les décisions essentielles en matière de stratégie internationale concernent donc, d'une part, le caractère plus ou moins standardisé au niveau mondial ou, au contraire, adapté aux divers contextes locaux, de l'offre de l'entreprise et, d'autre part, le recours plus ou moins important au commerce international et/ou aux investissements directs à l'étranger.

A/ Adaptation locale *vs* standardisation mondiale ?

Le premier grand volet de la stratégie internationale concerne le choix entre la standardisation des activités de l'entreprise au niveau mondial et l'adaptation de ces activités aux divers contextes locaux. Il ne s'agit bien sûr pas d'un choix entre deux alternatives extrêmes, mais plutôt d'un dosage de ces deux composantes du positionnement stratégique international de l'entreprise. En optant pour davantage d'adaptation locale, l'entreprise répond mieux aux préférences des consommateurs et aux exigences de l'environnement dans chaque pays et est donc susceptible d'acquérir une part significative du marché local. À l'inverse, en standardisant davantage son offre, et donc ses activités, l'entreprise bénéficie d'économies d'échelle plus importantes et donc de coûts plus faibles. Le choix de l'entreprise doit bien entendu tenir compte des caractéristiques sectorielles que nous avons examinées précédemment. Si le secteur est « global », c'est-à-dire caractérisé par des économies d'échelle importantes au niveau mondial, alors la standardisation produira des effets en termes de coûts tels qu'il sera difficile à une offre même mieux adaptée au contexte local de supporter la concurrence de produits mondiaux. Cela signifie donc que plus un secteur est global, moins les stratégies d'adaptation locale seront viables. Surtout, plus un secteur évoluera dans le temps vers davantage de globalisation et plus la position de concurrents locaux, présent dans un seul pays, ou de concurrents ayant choisi une stratégie d'adaptation locale, deviendra précaire. La disparition de nombreuses entreprises au cours des trente à quarante dernières années s'explique largement par cette inadéquation croissante entre la stratégie d'adaptation locale mise en œuvre et la globalisation croissante de leur secteur d'activité. Le fabricant de camions lyonnais Berliet avait ainsi basé son développement, dans les années 1950, sur la production de véhicules particulièrement bien adaptés à l'empire colonial français : camions utilisés dans les activités de forage pétrolier en Algérie, camions capables de liaisons trans-sahariennes, etc. L'indépendance des anciennes colonies, associée à des économies d'échelle croissantes au niveau européen a conduit à la disparition de Berliet, repris par RVI (Renault Véhicules Industriels) en 1975, lui-même racheté par Volvo Trucks en 2001.

Le choix des stratégies possibles dans un secteur « multidomestique » est plus large. En effet, si l'adaptation locale y est une stratégie naturelle, il est néanmoins possible, dans un secteur multidomestique, d'opter pour une stratégie de standardisation poussée au niveau international. En refusant de s'adapter aux spécificités de la demande locale, sans pour autant bénéficier d'un avantage de coût très significatif – en raison des économies d'échelle modérées qui caractérisent tout secteur multidomestique –, l'entreprise renonce à conquérir une part de marché importante. Elle reste un acteur marginal dans un marché qui privilégie dans sa grande majorité les offres adaptées. Mais si elle parvient à capter une part de marché même faible auprès de clients moins sensible à l'adaptation locale, voire même manifestant une préférence pour une offre identique d'un pays à l'autre, dans un grand nombre de pays, alors cette stratégie peut se révéler payante. Dans le secteur de la bière, que nous avions analysé comme étant un exemple type d'industrie multidomestique, Heineken parvient à vendre un produit standardisé dans pratiquement tous les pays du monde. Pour ce faire, le brasseur néerlandais cible les segments de clientèle les moins attachés aux spécificités locales : voyageurs internationaux dans les aéroports et les hôtels de luxe, classes aisées pour qui consommer « étranger » est une forme de snobisme, etc. La part de marché de la marque Heineken dans chacun des très nombreux pays où elle est présente est en général faible, mais les volumes vendus dans le monde par la firme néerlandaise sont au total très importants.

Il serait difficile aujourd'hui de distinguer clairement les entreprises qui ont une stratégie de standardisation internationale de celles qui ont choisi l'adaptation locale dans la mesure où la plupart des entreprises modulent désormais cet arbitrage standardisation mondiale/adaptation locale en fonction des diverses activités qu'elles mettent en œuvre. Ainsi, il est très rare qu'une entreprise choisisse de localiser ses activités de R&D et donne une grande autonomie à ses filiales par pays dans ce domaine. À l'inverse, peu d'entreprises standardisent leur marketing au niveau mondial, donnant au contraire aux filiales au contact des différents marchés l'autonomie et les ressources pour mettre en œuvre des politiques de distribution, de prix et de communication adaptées aux clientèles, à la concurrence et aux contraintes locales. Même en matière de fabrication, il est courant que les entreprises standardisent les composants et sous-ensembles mais autorisent une certaine adaptation locale dans les caractéristiques du produit final. C'est par exemple le cas dans l'automobile, où plus aucun constructeur ne peut se permettre de développer des modèles totalement spécifiques pour les différents marchés locaux, en raison des coûts de développement trop élevés et des économies d'échelle trop importantes. Ils imposent donc aux filiales locales, dans tous les pays, d'utiliser les mêmes plateformes, motorisations et composants principaux, mais permettent des variantes locales, surtout au niveau de la carrosserie et des aménagements intérieurs. Ainsi, Peugeot et Citroën assemblent et vendent en Chine des modèles que l'on retrouve dans la plupart des autres marchés où ces marques sont implantées, notamment les Peugeot 207 et 307 et les Citroën ZX, Saxo et C3. Cependant, plusieurs des modèles vendus en Chine ont, pour un observateur européen, un « look » un peu étrange ; en particulier, ils se voient affublés d'un coffre et sont ainsi transformés en véhicules « trois volumes » (alors qu'en Europe ce sont des « deux volumes »), sont abondamment décorés d'ornements chromés et ont été rebaptisés « Élysées » ou « Triomphe ». Les tableaux de bord sont pourvus de nombreux cadrans et couverts d'indicateurs lumineux. Ces adaptations sont destinées à satisfaire la préférence des clients chinois pour les véhicules trois volumes, ainsi que leur goût pour un style résolument high-tech et une ornementation plutôt appuyée. Si Peugeot et Citroën consentent à faire ces adaptations, c'est à la fois parce qu'elles conditionnent fortement l'accueil fait à leurs modèles par le marché chinois et aussi parce qu'elles ne remettent que très faiblement en cause les économies d'échelle obtenues sur ces modèles au niveau mondial.

MINI-CAS

La stratégie internationale de McDonald's

McDonald's est souvent considéré comme l'archétype de la « world company », firme mondialisée sans véritables racines nationales, ayant comme seule ambition de faire manger à la planète entière le même hamburger *made in the USA*. De fait, cette ambition semble être devenue réalité, puisqu'en 2009 le n° 1 mondial du *fast-food* contrôlait plus de 30 000 restaurants à l'enseigne du célèbre M jaune, implantés dans plus de 100 pays différents, et qui servaient 52 millions de repas par jour. Tous ces restaurants dans le monde sont bien entendu tenus de respecter les règles de fonctionnement très strictes de l'entreprise, qu'il s'agisse de la charte visuelle s'appliquant à la marque, des exigences en matière d'entretien et de propreté des locaux, des principes en matière d'hygiène dans la préparation et la conservation des aliments, etc.

Pourtant, à y regarder de plus près, la réalité est beaucoup plus complexe. 70 % des restaurants de la chaîne sont en fait possédés et gérés par des entrepreneurs locaux qui ont choisi de devenir franchisés de la marque. Si tous ces restaurants – ou presque – servent le même menu de base composé d'un burger et de frites, accompagné d'un *soft drink*, il existe néanmoins d'importantes variations par pays : les restaurants McDonald's ne servent pas de McBacon – ni aucun autre produit à base de porc – dans les pays musulmans, alors même que toute la viande de bœuf ou de poulet servie en Israël est cachère. En Inde, c'est la viande de bœuf qui est bannie : un comble pour le roi du hamburger !

Plus généralement, beaucoup des plats servis sont spécifiques à chaque pays. En France, des croissants, pains au chocolat et pains aux raisins sont proposés pour le petit déjeuner. En Inde, une place de choix est faite aux « Veggie Burgers » et aux sauces très épicées. Au Mexique, McDonald's sert des tortillas, burritos et autres molletes, et au Japon des… hot dogs ! Dans certains pays comme l'Espagne, l'Italie ou la France, il est possible de consommer de la bière, alors que dans la plupart des autres pays toute boisson alcoolisée est proscrite.

Outre les menus, le « cœur de cible » en termes de clientèle est différent d'un pays à l'autre. Aux États-Unis, McDonald's s'adresse en priorité aux segments de la population à revenus modestes, aux automobilistes sur les aires d'autoroutes, ou bien encore aux très jeunes enfants (entre 3 et 8 ans). Dans les pays émergents comme l'Inde, l'Indonésie, ou la Colombie, la clientèle principale est constituée d'adolescents et de jeunes adultes des catégories sociales aisées.

Alors que le client moyen aux États-Unis recherche avant tout un repas rapide et bon marché, l'adolescent de Jakarta ou de Mumbai recherche une ambiance et un endroit où retrouver ses amis. Il n'est donc pas surprenant de constater que le temps moyen que passe un client dans un restaurant varie considérablement en fonction du pays : de quelques minutes, en général entre cinq et dix, aux États-Unis, à entre trente à quarante-cinq minutes dans les pays émergents. Ces différences ont inévitablement une influence significative sur la localisation, la taille, l'apparence et la disposition des restaurants dans les différentes régions du monde. Les restaurants aux États-Unis sont avant tout situés dans des quartiers populaires et sont pour l'essentiel un comptoir de vente avec un petit nombre de tables au confort spartiate où les quelques clients qui le souhaitent peuvent s'asseoir brièvement le temps d'avaler leur burger. À l'inverse, les restaurants dans la plupart des pays émergents sont localisés sur des artères commerçantes, animées, où les jeunes viennent se promener ou faire du shopping ; la décoration est beaucoup plus soignée et le confort meilleur ; enfin, la taille des établissements et leur capacité d'accueil sont beaucoup plus importantes.

Bien entendu, ces différences ont à leur tour un impact important sur les coûts, et les prix doivent donc être modulés en conséquence. Paradoxalement, c'est dans

>

....>

les pays en voie de développement, où le revenu par habitant est plus faible, que les prix de McDonald's sont les plus élevés, au moins lorsque l'on tient compte du pouvoir d'achat relatif. Mais il ne peut pas en être autrement puisque ces prix doivent permettre de couvrir des coûts immobiliers bien plus élevés.

Questions

1) De quel côté de l'axe global-multidomestique est positionnée l'activité du fast-food ?

2) Comment la stratégie de McDonald's tient-t-elle compte de cette caractéristique de son secteur d'activité ?

B/ LA LOCALISATION DES ACTIVITÉS AU NIVEAU INTERNATIONAL : CONFIGURATION CONCENTRÉE OU CONFIGURATION DISPERSÉE ?

Ayant défini le caractère plus ou moins standardisé de ses activités sur le plan mondial et l'étendue des adaptations qu'elle consentira à effectuer pays par pays, l'entreprise doit encore décider du mode d'internationalisation qu'elle va privilégier et de la localisation de ses activités dans le monde.

Le recours prioritaire au commerce international, c'est-à-dire aux exportations depuis un lieu de production principal, va déboucher sur ce que l'on appelle une **configuration concentrée** : l'entreprise concentre toute sa production, ainsi que l'essentiel de ses autres activités (recherche, conception et design des produits, développement, marketing, activités de support, parfois même service après-vente...), à un endroit, en général dans son pays d'origine, voire dans la ville dans laquelle l'entreprise a été créée, et sert l'ensemble des marchés à l'étranger par le biais d'exportations. Une entreprise comme Caterpillar, le leader mondial du matériel de travaux publics, a ainsi longtemps basé l'essentiel de ses activités, et notamment toutes ses activités de production, à Peoria, exportant depuis cette petite ville de l'Indiana ses bulldozers et autres machines de terrassement à travers le monde. Une telle configuration concentrée permet de maximiser les économies d'échelle en réunissant au même endroit tous les individus, mais aussi tous les équipements, machines et autres actifs qui participent à l'activité ; il n'y a ainsi aucune duplication d'activités au sein de l'entreprise. Cette configuration réduit les besoins de coordination entre les activités tournées vers le marché domestique et celles qui servent les marchés étrangers et simplifie au maximum la gestion en donnant à la direction un contrôle direct et immédiat sur toutes les activités de l'entreprise. La configuration concentrée élimine le risque politique en limitant les investissements hors du pays d'origine, notamment dans les pays à risque. Enfin, si la localisation d'origine de l'entreprise est source d'avantage (proximité de sources de matières premières, accès privilégié à des personnels qualifiés, à un réseau de sous-traitants particulièrement compétents, etc.), la configuration concentrée lui permet de maximiser l'avantage comparatif qui en résulte. En revanche, une telle configuration fait apparaître l'entreprise comme « étrangère » dans tous les pays où elle cherche à vendre et rend difficile les adaptations aux divers contextes locaux. Elle n'est donc adaptée qu'à des activités relativement globales.

Une stratégie internationale privilégiant les investissements directs à l'étranger conduit à une **configuration dispersée**. En optant pour une telle configuration dispersée, l'entreprise installe des activités significatives dans les pays où elle cherche à se développer. Cela lui permet de devenir un peu, aux yeux des autorités comme de l'opinion publique locales, une entreprise « nationale », qui crée des emplois et participe au progrès économique du pays. Elle peut alors espérer bénéficier d'un traitement de faveur, voire d'une certaine protection vis-à-vis de la concurrence venant de l'étranger. Une configuration dispersée protège également l'entreprise des variations de taux de change puisqu'une part de ses coûts est libellée dans la même devise que le chiffre d'affaires réalisé localement. Surtout, une configuration dispersée donne à l'entreprise une présence importante à proximité des clients qu'elle cherche à servir et lui permet donc de mieux comprendre leurs attentes, leurs besoins spécifiques, et d'adapter son offre en conséquence. Hindustan Lever, la filiale indienne d'Unilever, a ainsi poussé l'adaptation locale de ses activités très loin : l'entreprise vend dans ce pays des produits spécialement conçus pour les consommateurs indiens. Surf, par exemple, est une marque de lessive qui est commercialisée en très petits sachets afin de réduire au maximum le prix et de s'adapter au pouvoir d'achat très réduit de la population rurale indienne. Hindustan Lever a également développé une crème cosmétique « éclaicissante », baptisée Fair & Lovely, qui exploite un certain snobisme existant dans certaines couches de la population indienne pour lesquelles avoir la peau claire est très désirable ; l'entreprise a d'ailleurs été critiquée pour exploiter ainsi des formes de discrimination latentes dans la société indienne. Enfin, Hindustan Lever n'est pas une filiale à 100 % d'Unilever et une partie de son capital est cotée à la bourse de Mumbay, en faisant ainsi une entreprise indienne[1], au moins en partie, aux yeux des autorités locales.

Lorsqu'une entreprise opte pour une telle configuration dispersée, elle peut soit chercher à limiter au maximum les exportations et importations et doit alors rendre ses implantations dans les divers pays aussi autonomes que possible, soit au contraire, chercher à optimiser les avantages que procurent les implantations dans les divers pays, accepter des échanges intra-entreprise importants et alors organiser une coordination étroite entre toutes ses implantations à travers le monde. Dans le premier cas on parlera de configuration dispersée décentralisée, dans le second cas de configuration dispersée coordonnée.

La **configuration dispersée décentralisée** repose sur le principe que les activités dans les divers pays doivent être gérées comme s'il s'agissait d'entreprises indépendantes. L'entreprise qui choisit une telle configuration cherche par ce biais à maximiser l'adaptation au contexte local ainsi que la réactivité aux changements intervenant dans ce contexte. Chaque filiale à l'étranger dispose de l'ensemble des ressources nécessaires à son activité et à son développement, peut prendre en toute indépendance toutes les décisions de gestion sur la base des conditions locales, et ses relations avec la maison mère s'apparentent à celle d'une entreprise indépendante avec ses actionnaires. La gestion mondiale d'une entreprise optant pour une telle configuration dispersée décentralisée en est rendue extrêmement simple : tant qu'une filiale locale ne réclame pas de ressources supplémentaires, affiche des résultats satisfaisants et reverse de temps en temps des dividendes au siège, il n'y a pas à se mêler de sa gestion. Une telle configuration dispersée décentralisée est donc particulièrement bien adaptée aux activités que nous avons qualifiées plus haut de multidomestiques. Le groupe néerlandais Philips a longtemps géré ses activités internationales sur la base d'une telle configuration dispersée décentralisée : la filiale française pouvait, dans le secteur électroménager, lancer des produits propres au marché français qu'elle estimait mieux adaptés à la demande locale ; c'est ainsi que Philips a longtemps fabriqué en France des machines à laver à chargement par le haut, très demandées par les clients français mais pratiquement inconnues en Europe du Nord.

1. Karnani A., 2007.

Si une configuration dispersée décentralisée permet une meilleure adaptation aux conditions locales et simplifie beaucoup la gestion de l'entreprise au niveau mondial, elle a malheureusement deux inconvénients majeurs : elle limite les économies d'échelle dont pourrait bénéficier l'entreprise du fait de sa taille mondiale et rend difficile toute action concertée s'étendant au-delà des limites d'un seul pays. Si l'entreprise produit localement pour chaque pays, elle ne peut bien évidemment accroître la taille de ses usines au-delà de la taille du marché local et laisse échapper les économies d'échelle potentielles qu'elle pourrait réaliser si elle concentrait la production soit au niveau mondial, soit même au niveau d'un continent tout entier. Par ailleurs, l'autonomie accordée à chaque filiale, à l'origine de son adaptation et de sa réactivité, ainsi que de la simplicité de gestion de l'ensemble, empêchent pour l'essentiel toute stratégie véritablement mondiale et même toute politique fonctionnelle multinationale. Les diverses filiales vont, par exemple, adopter pour leurs produits des positionnements en termes de prix distincts, vont parfois utiliser des marques différentes, ou même, vont faire évoluer les produits dans des directions contradictoires. Procter & Gamble, qui gérait autrefois ses diverses filiales en Europe selon un modèle dispersé décentralisé s'est aperçu au bout de quelque temps que la même marque pouvait être devenue la marque haut de gamme dans un pays et la marque à bas prix dans un autre. C'est notamment la mésaventure qui leur est arrivé avec la marque de lessive liquide Vizir positionnée en haut de gamme en France mais en marque économique en Allemagne. En raison de l'autonomie interne accordée aux diverses filiales par pays, Carrefour s'est longtemps appelé Pryca en Espagne, avant de rebaptiser tous ses hypermarchés espagnols avec la marque phare du groupe ; de même, les supérettes, longtemps connues sous le nom Champion en France, avant de devenir Carrefour-Market, utilisent l'enseigne Dia en Espagne. En raison de politiques de prix décidées pays par pays, de nombreuses sociétés automobiles ont, à un moment ou un autre, été confrontées au problème des clients qui vont acheter des véhicules à l'étranger parce qu'ils peuvent y bénéficier de conditions nettement plus avantageuses : au début des années 2000, un même modèle Volkswagen pouvait ainsi coûter de 20 % à 25 % moins cher en Italie qu'en Allemagne, parce que la filiale italienne de VW cherchait à gagner des parts de marché dans la Péninsule et consentait donc des rabais importants. Plus grave encore, lorsque Philips a cherché à imposer son standard vidéo V2000 dans les années quatre-vingt, il a considéré judicieux de l'introduire simultanément dans tous les grands marchés du monde... avant de s'apercevoir que sa filiale aux États-Unis avait acheté la licence du système VHS de Matsushita et commercialisait déjà des magnétoscopes sous ce standard concurrent !

Les inconvénients de la configuration dispersée décentralisée ont conduit beaucoup d'entreprises à évoluer vers une **configuration dispersée coordonnée**. L'adoption d'une telle configuration a pour objectif de permettre à la fois :

> l'optimisation des choix de localisation des diverses activités ;

> la réalisation d'économies d'échelle significatives ;

> la mise en œuvre de politiques coordonnées au niveau international ;

> l'adaptation aux caractéristiques de l'environnement local et la réactivité face aux évolutions de cet environnement.

Avec une **configuration dispersée coordonnée**, une entreprise peut avoir des activités significatives dans de nombreux pays et ainsi apparaître comme une firme au moins en partie « locale », mais, au lieu d'effectuer dans le pays lui-même tout ce qui concerne le marché local, elle peut localiser chaque activité dans un pays différent : la R&D dans le pays A, la fabrication de composants dans le pays B, l'assemblage dans le pays C, etc. La localisation de chaque activité sera ainsi décidée en fonction des atouts disponibles sur place : les activités à fort contenu de main-d'œuvre seront installées dans des pays à bas coûts salariaux alors que les activités de recherche iront vers des pays ou des régions disposant de formations pointes dans le domaine considéré. Beaucoup d'entreprises choisissent depuis quelques années de localiser à Bangalore en Inde certaines de leurs activités de programmation et de développement de logiciels parce qu'il est facile de recruter sur place des ingénieurs et programmeurs très qualifiés ; les call-centers des entreprises servant des marchés francophones sont souvent situés en Afrique du Nord ou en Afrique de l'Ouest parce que l'on y trouve une main-d'œuvre relativement peu onéreuse et parlant français alors que les call-centers des entreprises servant des marchés anglophones se trouveront plutôt au Bangladesh ou en Inde.

En spécialisant ainsi les activités par pays, il est possible de maximiser les économies d'échelle obtenues : si toute la production d'un composant est allouée à une seule filiale locale, celle-ci bénéficiera du volume total produit. Bien entendu, une configuration dispersée coordonnée exige ensuite un très important flux d'échanges intra-entreprise puisque chaque filiale est spécialisée dans une activité donnée et dépend des autres pays pour les autres activités. Cette dépendance réciproque crée un contexte très favorable à l'harmonisation des politiques mises en œuvre dans les différents pays. Les dirigeants des différentes filiales sont obligés de communiquer et de coordonner leurs actions très régulièrement ce qui réduit considérablement les risques de voir des politiques contradictoires être appliquées dans les divers pays. Cette coordination étroite entre filiales favorise en outre les apprentissages réciproques et permet à l'entreprise de transférer les innovations, issues d'un pays, vers les autres pays lorsque leur diffusion apparaît intéressante. Enfin, par la présence qu'elle a sur place, dans de nombreux pays, l'entreprise sera à même de bien comprendre les besoins locaux et, dans une certaine mesure, de s'y adapter. Une configuration dispersée coordonnée est donc particulièrement adaptée aux activités que nous avons définies précédemment comme des activités globales complexes, c'est-à-dire des activités globales caractérisées par de fortes économies d'échelle, mais qui exigent néanmoins un certain degré d'adaptation locale. Il convient de noter cependant que cette adaptation au contexte local sera moins facile, moins complète et moins rapide que dans le cas d'une configuration dispersée décentralisée. En effet, la filiale locale ne dispose pas, dans une configuration dispersée coordonnée, de tous les moyens et de l'autonomie de décision lui permettant de s'adapter ; elle doit pour cela obtenir l'accord et surtout le soutien des autres filiales locales dont elle est dépendante pour mettre en œuvre sa stratégie.

Sur la base de ces choix de stratégie internationale en termes, d'une part, d'arbitrage entre standardisation et adaptation locale et, d'autre part, de configuration des activités au niveau mondial, nous pouvons identifier les stratégies qui correspondent le mieux aux divers types d'activités identifiés dans la partie 3 du présent chapitre.

	Investissements directs à l'étranger limités	Investissements directs à l'étranger importants
Commerce international important	**Activités globales exportatrices** **Stratégie internationale :** Standardisation mondiale & Configuration concentrée	**Activités globales complexes** **Stratégie internationale :** Compromis standardisation/ adaptation différents suivant les éléments de la chaîne de valeur & Configuration dispersée coordonnée
Commerce international faible	**Activités locales** **Stratégie internationale :** Adaptation locale & Configuration dispersée décentralisée	**Activités multidomestiques** **Stratégie internationale :** Adaptation locale & Configuration dispersée décentralisée, mais certaines ressources intangibles sont coordonnées (technologie, marques, etc.)

Tableau 15.2
Secteurs d'activité, modes d'internationalisation et stratégies internationales dominantes

Au total, dans la définition de sa stratégie internationale, l'entreprise doit tenir compte des contraintes que lui imposent les caractéristiques du secteur d'activité mais dispose aussi d'une marge de manœuvre lui permettant de décider quel type de positionnement précis en termes d'arbitrage standardisation/adaptation locale et de configuration lui permet de tirer au mieux parti des atouts dont elle dispose dans tous les marchés où elle décide d'être présente. Surtout, cette stratégie internationale doit se décliner au fil du temps, à la fois en fonction des évolutions sectorielles et de la situation propre de l'entreprise. On considère ainsi que pour disposer d'une bonne base sur laquelle asseoir son expansion internationale, l'entreprise doit d'abord consolider sa position dans son marché domestique, si possible en devenant un acteur central dans le processus de concentration de l'industrie locale. Cette position de départ solide lui permet ensuite d'exploiter des avantages comparatifs locaux, c'est-à-dire l'accès à des ressources supérieures disponibles dans son pays d'origine, ainsi éventuellement que des avantages concurrentiels qu'elle se sera forgés localement pour attaquer des marchés étrangers. Il est par ailleurs essentiel que, dans son processus d'internationalisation, l'entreprise cherche constamment à accroître la standardisation de son offre au même rythme que l'industrie se globalise, mais en gardant si possible un temps d'avance sur cette évolution. L'entreprise doit également choisir avec le plus grand soin et dans une vision à long terme les pays hôtes dans lesquels elle entend se développer ; sur cette base, elle doit investir de manière durable, quels que soient les soubresauts de la conjoncture locale. Rien n'est pire, en effet, que de s'installer dans un pays hôte pour s'apercevoir au bout de quelque temps que la rentabilité n'est pas au rendez-vous, se retirer, puis, parce que le pays représente un marché trop important pour être ignoré, chercher à revenir au bout de quelques années. Renault en a fait l'amère expérience, tant aux États-Unis qu'au Mexique ; les séquelles dues à ces entrées-sorties (concessionnaires abandonnés, équipementiers laissés pour compte, clients dépourvus de service après-vente, etc.) privent désormais Renault de pratiquement tout espoir de retour, à tel point que, sur ces marchés, Renault a cédé la place à son partenaire Nissan… qui y vend parfois des modèles Renault mais rebadgés Nissan !

Lorsque l'entreprise a établi des bases solides dans de nombreuses régions du monde, elle peut coordonner ses actions au niveau international et utiliser sa présence mondiale pour combattre des concurrents moins internationalisés en attaquant agressivement là où ils sont le plus vulnérables par le biais de « subventions croisées » (*cross-subsidization*) entre les diverses implantations géographiques. Audi, qui jouit d'une présence dominante sur le segment des voitures de haut de gamme en Chine, a ainsi utilisé cette présence forte pour attaquer agressivement Mercedes et BMW sur les marchés européen et américain. Enfin, plus son secteur d'activité se globalise et plus l'entreprise s'internationalise en accroissant la standardisation de son offre, plus elle doit se préoccuper de sa part de marché mondiale plutôt que des parts de marché locales dans tel ou tel pays. Un tel changement de perspective et de mode de management pose bien entendu de difficiles problèmes de structure et d'organisation, question que nous allons aborder dans la partie suivante.

5 L'ORGANISATION DES ENTREPRISES INTERNATIONALES

Des études menées sur le processus d'internationalisation suivi par la plupart des entreprises montrent que ce processus progresse à travers plusieurs phases (voir *supra* encadré « Fondements théoriques »). Au fur et à mesure que l'entreprise s'internationalise, elle adapte son organisation pour suivre cette évolution, voire pour la consolider.

Au tout début du processus, la présence internationale de l'entreprise est davantage le fruit du hasard ou d'initiatives individuelles que le résultat d'une stratégie véritablement délibérée. L'organisation des activités internationales – pour l'essentiel des exportations - fait de celles-ci des activités marginales, qui fonctionnent « en perruque », presque clandestinement, par rapport aux activités de base, dans le pays d'origine. Les managers de l'entreprise traitent les demandes provenant de l'étranger en plus de leur travail normal, « quand ils en ont le temps ». Si une présence locale s'avère indispensable, des filiales sont créées de manière ad hoc, là où le besoin s'en fait sentir. Ces filiales n'ont que peu de ressources propres, mais sont peu contrôlées par leur maison mère.

Si les activités internationales prennent de l'ampleur, un besoin – ou au moins un désir - de coordonner ces activités apparaît. L'entreprise créée alors une direction internationale qui supervise l'activité des responsables de tel ou tel marché à l'étranger ou des filiales locales lorsqu'il y en a. Au fur et à mesure de la croissance et de la diversification des activités internationales, on introduit des échelons intermédiaires : responsables de pays et responsables de zones. Ces managers ont pour mission de gérer les diverses composantes de l'activité de l'entreprise dans un pays ou une zone donnée. Ils assurent ainsi l'adaptation de l'offre de l'entreprise au contexte local et mettent en place des moyens pour intégrer les activités dans le pays aux caractéristiques du contexte local. Mais peu à peu, ces filiales locales deviennent de véritables « entreprises dans l'entreprise ». Au fil du temps, elles se dotent de moyens propres, sont capables de se développer dans leur pays ou leur zone, pratiquement sans aucun soutien ni intervention de la maison mère. Mais, confrontée chacune à un environnement local spécifique, elles commencent inévitablement à diverger dans les politiques de produit, de prix, de positionnement qu'elles mettent en œuvre.

Si l'entreprise opère dans un secteur multidomestique et si elle a opté pour une configuration dispersée décentralisée, cette évolution peut lui convenir. Mais si le secteur tend à se globaliser progressivement, si l'entreprise veut coordonner ses activités internationales, les standardiser, au moins dans une certaine mesure, il lui faut alors faire évoluer son organisation. Des responsables de produits avec des compétences mondiales viendront se superposer aux responsables de pays et de zone. Leur mission sera de maintenir – ou de recréer – une certaine cohérence dans les politiques mises en œuvre sur une famille de produits dans les divers pays. Ces responsables de produits mondiaux devront ainsi chercher à optimiser les activités de fabrication en évitant des duplications trop dommageables aux économies d'échelle, limiter les divergences entre les produits vendus dans les différents pays, faire valoir les principes intangibles en matière de politiques fonctionnelles que l'entreprise entend voir appliquer partout dans le monde, quels que soient par ailleurs les besoins d'adaptation locale.

En fonction de l'arbitrage entre adaptation locale et standardisation choisi par l'entreprise, on pourra donner davantage de poids aux responsables de pays et de zone ou aux contraires aux responsables de produits mondiaux. Si l'on donne la responsabilité principale en matière de chiffre d'affaires et de résultat aux responsables par pays et que, en cas de conflit, le dernier mot leur revient, l'entreprise aura tendance à faire primer les préoccupations locales, et donc l'adaptation aux différents marchés, dans sa stratégie internationale. Si, au contraire, on donne un pouvoir de décision supérieur et les responsabilités en matière de résultats financiers aux responsables de produits ou par fonction, la standardisation, la recherche d'économies d'échelle et la cohérence des politiques au niveau international l'emporteront. Si l'entreprise considère que la logique de son développement est bien davantage liée à des impératifs en matière de technologie, de production et de coût, et que ces impératifs transcendent les exigences créées par les divers contextes locaux dans lesquels elle opère, alors les responsables de la coordination par produit deviendront de véritables directeurs de division à vocation mondiale. Les responsables par pays, quant à eux, se verront relégués au rôle de simples « ambassadeurs » de l'entreprise, chargés de gérer un bureau de représentation local et de centraliser les relations avec les autorités administratives et politiques, mais sans aucun pouvoir réel, même sur les implantations et moyens de l'entreprise dans le pays, telles que usines, force de vente, centre de R&D, etc.

Si l'entreprise refuse d'opérer un arbitrage général entre standardisation et adaptation locale, préférant laisser les décisions se prendre au cas par cas en fonction des circonstances, elle pourra opter pour une structure matricielle dans laquelle tout responsable opérationnel relèvera simultanément de deux lignes hiérarchiques – et aura donc deux chefs – l'une représentant la famille de produits ou la fonction concernée et l'autre le pays ou la zone dans laquelle opère ce responsable (voir le chapitre 21 sur les structures matricielles et en réseau).

La prise en compte de la dimension géographique dans l'organisation de l'entreprise relève de la logique générale sur les structures aptes à gérer la diversité qui sera présentée et discutée dans le chapitre 20.

Remarquons enfin que la mise en œuvre des stratégies internationales a donné lieu à l'émergence d'une forme organisationnelle originale, le joint-venture. En s'alliant avec des partenaires locaux, les entreprises multinationales tentent de surmonter plus facilement les obstacles à l'entrée dans des marchés étrangers. La formation de joint-venture leur permet de faire apparaître leurs opérations dans le pays hôte comme davantage intégrées au tissu économique et social local et, par le biais de leur partenaire, les aide à mieux comprendre les besoins d'adaptation de leurs produits ou services et leur donne un accès plus facile aux réseaux de distribution dans le pays (voir ci-après l'encadré « En pratique » sur les joint-ventures de multinationalisation, ainsi que le chapitre 19 sur « les alliances stratégiques »).

EN PRATIQUE

Les joint-ventures de multinationalisation[1]

Un joint-venture de multinationalisation est une filiale locale commune créée par une entreprise étrangère conjointement avec une société originaire du pays hôte. L'objectif d'un tel joint-venture est de faciliter la pénétration commerciale de l'entreprise multinationale dans une nouvelle zone géographique grâce à l'aide d'un partenaire local. Dans la plupart des cas, avant que le joint venture ne soit fondé, ce partenaire local n'est pas un concurrent dans le secteur d'activité dans lequel le joint-venture est formé ; c'est ce qui distingue les joint-ventures de multinationalisation des « alliances stratégiques » qui font l'objet du chapitre 19.

Dans certains pays, la formation d'un joint-venture de multinationalisation est imposé par la législation locale à toute entreprise souhaitant investir dans le pays hôte. En Chine, par exemple, toute entreprise étrangère souhaitant investir dans le pays ne pouvait le faire que dans le cadre d'un joint-venture détenu en majorité par le partenaire chinois ; suite à l'entrée de la Chine dans l'OMC, cette législation a été assouplie et seuls les secteurs dits « stratégiques » (comme l'automobile) sont concernés. Lorsque le joint-venture est créé uniquement pour des raisons légales, le partenaire local n'est souvent qu'une façade, un *sleeping partner*, dont la motivation est surtout financière et la seule contribution une citoyenneté permettant de satisfaire aux réglementations locales. Dans d'autres cas cependant, le partenaire local espère, par le biais du joint-venture, acquérir des compétences, notamment technologiques, qui en feront à terme un acteur à part entière du secteur considéré. Zhong Guo, l'un des constructeurs automobiles chinois, a ainsi mis à profit sa coopération avec BMW – les véhicules BMW vendus en Chine sont assemblés dans un joint-venture contrôlé en majorité par Zhong Guo – pour développer une gamme de voitures « indigènes ». Ces véhicules ont indéniablement un air de famille avec les BMW, notamment le modèle haut de gamme du constructeur chinois baptisé *Brilliance*. Si ce modèle n'a eu que peu de succès en Europe en raison de performances en matière de tenue de route et de sécurité considérées comme médiocres, son prix très compétitif lui a ouvert des marchés dans des pays émergents, en particulier en Afrique.

Parfois, la contribution du partenaire local est absolument essentielle au succès de la multinationale dans le pays hôte. C'est notamment le cas lorsque les circuits de distribution locaux sont difficiles à comprendre et à pénétrer, ou lorsque le recours >

1. Garrette B. et Dussauge P., 1995.

...> à une marque locale connue est un facteur de succès important. Le succès initial de Danone en Chine – le chiffre d'affaires réalisé dans le pays ayant compté pour jusqu'à 10 % du CA total du groupe – doit beaucoup aux relations établies par son partenaire local avec une multitude de distributeurs, de grossistes et de détaillants dans la « Chine de l'intérieur », une région beaucoup moins développée que la Chine du littoral et que les multinationales ont beaucoup de mal à pénétrer. La marque du partenaire, Wahaha, a également joué un rôle important dans le succès de Danone en Chine... du moins jusqu'à ce que la rupture avec Wahaha en 2007 ne vienne tout remettre en cause (voir le Mini-cas Danone-Wahaha dans le chapitre 19).

Comme dans toute alliance ou coopération, le choix d'un « bon » partenaire est un élément critique lors de la décision de former un joint-venture de multinationalisation. Un « bon » partenaire est tout d'abord un partenaire qui sera capable de faire effectivement les contributions que l'on attend de lui : relations avec les pouvoirs publics, possession de compétences et d'actifs essentiels au succès du joint-venture, comme des terrains dans des localisations appropriées, la maîtrise de réseaux de distribution, une connaissance du marché local, etc. En deuxième lieu, ce partenaire ne doit pas avoir des objectifs à moyen terme qui rentrent trop directement en conflit avec ceux de la firme étrangère. Enfin, la compréhension et l'estime réciproque seront des atouts importants pour éviter les conflits qui peuvent très facilement et rapidement prendre de l'ampleur et que les arrangements contractuels sont le plus souvent incapables d'empêcher ou de résoudre.

6 CONDITIONS LOCALES ET AVANTAGE CONCURRENTIEL DANS LA COMPÉTITION INTERNATIONALE

Certaines entreprises semblent tirer de leur origine géographique des atouts qu'elles peuvent ensuite utiliser dans la concurrence internationale. N'accuse-t-on pas régulièrement les entreprises originaires de pays émergents de détruire des emplois et de contribuer ainsi au développement du chômage dans les pays développés en exploitant une main-d'œuvre locale sous-payée et ne bénéficiant d'aucune protection sociale ? De même, les principales compagnies aériennes mondiales reprochent à Emirates, la compagnie aérienne qui a connu le taux de croissance le plus élevé au cours des premières années du XXIe siècle, de s'approvisionner en kérosène à des conditions extrêmement favorables, tout simplement parce qu'elle est originaire de Dubaï, l'un des principaux pays producteurs de pétrole. Alcan, l'un des géants mondiaux de l'aluminium, racheté en 2007 par le groupe Rio Tinto, a longtemps bénéficié d'un approvisionnement en électricité à des coûts très bas parce que, étant d'origine canadienne et ayant la plupart de ses unités de production installées au Québec, il achetait son énergie à Hydro-Québec qui lui-même produisait une électricité très bon marché grâce à ses nombreux barrages installés sur les cours d'eau québécois.

S'il est indéniable que de nombreuses entreprises bénéficient ainsi d'avantages qualifiés de **comparatifs**, il est important de souligner que ces avantages ne sont guère durables et peuvent être récupérés par n'importe quelle entreprise étrangère à la seule condition qu'elle accepte de venir s'implanter sur place. Beaucoup d'entreprises occidentales profitent ainsi des bas coûts de main-d'œuvre chinois en installant en Chine des unités de production. Ce faisant, elles réduisent à néant les avantages que pouvaient dériver les entreprises chinoises de cet avantage comparatif. Toutes les grandes compagnies pétrolières ont installé au Moyen-Orient des capacités de raffinage afin de bénéficier de coûts d'approvisionnement en pétrole plus compétitifs. Enfin, toutes les grandes sociétés de services informatiques mondiales, d'IBM à Capgemini, en passant par EDS, Hewlett-Packard ou Atos Origin se sont implantées à Bangalore pour bénéficier de la disponibilité dans la région d'ingénieurs informatiques qualifiés mais aux rémunérations sensiblement plus faibles qu'en Europe ou en Amérique du Nord.

Dans certains cas, l'avantage obtenu par des entreprises du fait de leur origine géographique tient moins à la disponibilité d'un facteur de production dans des conditions plus favorables qu'à un soutien ou une aide des pouvoirs publics. On parle alors d'avantage **institutionnel**. Comme les avantages comparatifs, les avantages institutionnels ne sont guère durables puisque les accords commerciaux internationaux imposent de plus en plus aux états signataires de traiter sur un pied d'égalité toutes les entreprises opérant dans le pays, quelle que soit leur origine. Il suffit donc, là aussi, de s'installer sur place pour bénéficier des mêmes avantages institutionnels.

Beaucoup plus durables en revanche sont les avantages concurrentiels que certaines entreprises parviennent à créer, en partie au moins, grâce à un environnement local favorable. Porter a ainsi conceptualisé le lien entre les conditions particulières de l'environnement local et l'avantage concurrentiel que certaines entreprises semblent tirer de cet environnement[1]. Selon Porter, un environnement qui stimule la compétitivité internationale des entreprises locales doit comporter quatre groupes de facteurs favorables :

> Des facteurs de productions disponibles localement dans des conditions favorables ; il s'agit là de facteurs qui, pris isolément, sont susceptibles de créer pour les entreprises un avantage comparatif. Il peut s'agir de matières premières abondantes et bon marché, de conditions climatiques ou de terroir, de main-d'œuvre qualifiée, etc. Le climat, la composition des sols et l'exposition des terroirs en Bourgogne ou dans la région bordelaise contribuent incontestablement à la compétitivité des entreprises viticoles originaires de ces deux régions.

> Une demande locale sophistiquée et exigeante, qui pousse les entreprises à innover et à constamment améliorer leur offre, à la fois en termes de coût et de qualité. La présence en France d'un marché important pour des vins de qualité serait ainsi de nature à favoriser la compétitivité des vins français.

> Des activités complémentaires bien développées dans l'environnement local immédiat. L'existence d'entreprises susceptibles de fournir aux viticulteurs de Bourgogne ou du Bordelais tous les produits complémentaires essentiels à leur activité (fûts en chêne, bouchons, équipements de récolte, de pressage, de fermentation, etc.) serait un élément méconnu mais essentiel de leur compétitivité internationale.

> Enfin, une forte rivalité entre touts les concurrents locaux garantit une émulation continue qui seule permet de se maintenir à la pointe de l'évolution dans l'activité considérée. De ce point de vue, la classification des grands crus de Bordeaux, établie en 1855 et jamais révisée depuis, est un frein à une saine émulation entre toutes les entreprises du secteur et pourrait provoquer à terme un déclin face à des concurrents qui eux sont contraints de constamment se renouveler et se dépasser pour réussir

1. Porter M.E., 1990.

dans la compétition internationale. À la lumière de cette approche, on pourrait attribuer à une telle classification qui fige la concurrence une part du déclin des vins de Bordeaux face aux vins dits « du Nouveau Monde », c'est-à-dire de Californie, d'Argentine, du Chili ou d'Australie.

L'existence simultanée de ces quatre groupes de facteurs est essentielle, selon Porter, à l'émergence de ce que l'on a appelé des « *clusters* locaux » ou des « districts industriels », c'est-à-dire des régions qui concentrent une grande part des entreprises qui, dans le monde, dominent un secteur d'activité. Pour une entreprise, être originaire d'un tel *cluster* favorise la compétitivité internationale. Il convient cependant de remarquer que les entreprises originaires d'un *cluster* ne parviennent pas toutes à devenir des concurrents dominants à l'échelle mondiale. Cette observation renvoie à la discussion sur l'origine de l'avantage concurrentiel présentée dans le chapitre 7. Si l'on connaît les ingrédients qui contribuent à l'avantage concurrentiel, la recette précise de cet avantage reste largement un mystère. Cette conclusion d'ordre général s'applique tout particulièrement au contexte de la concurrence internationale où la recette de l'avantage concurrentiel fait intervenir un nombre encore plus grand d'ingrédients et relève incontestablement d'une formulation très complexe.

LES POINTS CLÉS

- La globalisation désigne un phénomène économique et social caractérisé avant tout par le développement des échanges internationaux. Ce phénomène tend à accroître l'interdépendance économique entre les pays et les régions et provoque une plus grande intégration des sociétés et des économies au plan mondial.

- Les principaux facteurs favorisant la globalisation sont : le développement du libre échange, le développement de moyens de transport et de communication, l'homogénéisation de la demande et une tendance à l'accroissement des économies d'échelle.

- L'internationalisation de l'économie se produit à travers deux mécanismes essentiels : le commerce international de biens et services d'une part et les investissements directs à l'étranger d'autre part.

- Les secteurs d'activités peuvent être positionnés sur un continuum qui va des secteurs « globaux » aux secteurs « multidomestiques ». On considère comme « globaux » les secteurs d'activité dans lesquels les économies d'échelle sont très importantes et l'emportent de manière manifeste sur les besoins d'adaptation ; les secteurs « multidomestiques » sont ceux où les besoins d'adaptation sont très forts et les économies d'échelle trop limitées pour justifier une standardisation de l'offre.

- L'homogénéisation de la demande au niveau mondial et surtout une forte tendance à l'accroissement des économies d'échelle conduisent de plus en plus de secteur d'activités à se globaliser.

- La formulation d'une stratégie internationale consiste, d'une part, à choisir la configuration des activités de l'entreprise à l'échelle mondiale et, d'autre part, à arbitrer entre standardisation de l'offre et adaptation locale.

- En optant pour une configuration concentrée, l'entreprise choisit de localiser toute sa production, ainsi que l'essentiel de ses autres activités à un seul endroit dans le monde, en général dans son pays d'origine.

- En optant pour une configuration dispersée, l'entreprise installe des activités significatives dans les pays où elle cherche à se développer. Si elle choisit une configuration dispersée décentralisée, elle donne à chaque filiale locale l'autonomie et les ressources pour définir et mettre en œuvre la stratégie dans le pays hôte. Si elle choisit une configuration dispersée coordonnée, les diverses filiales sont spécialisées par activité et dépendent les unes des autres.

- L'organisation de l'entreprise doit refléter la part donnée à la standardisation mondiale et à l'adaptation locale dans la stratégie. Si la standardisation est vue comme prioritaire, les directions mondiales par produit doivent dominer les unités locales. Si l'adaptation est le facteur critique, les unités locales doivent avoir le dernier mot et être responsables des objectifs financiers.

- L'entreprise peut tirer de son environnement local d'origine trois types d'avantages : un avantage comparatif, un avantage institutionnel et un avantage concurrentiel. Seul le troisième de ces avantages est difficile à imiter et durable. Mais c'est également un type d'avantage qui ne peut provenir de manière automatique d'un environnement favorable.

QUIZ

1. Le concept de globalisation décrit :
a. Un mouvement d'externalisation des tâches à faible valeur ajoutée dans les pays à bas coûts.
b. Un phénomène d'intensification des échanges internationaux et d'intégration des économies à l'échelle mondiale.
c. La transformation d'entreprises ancrées dans un espace géographique en entreprises multinationales.

2. Une industrie est dite « multidomestique » quand :
a. Chaque marché national est caractérisé par un jeu concurrentiel distinct.
b. Elle opère sur plusieurs segments d'un marché national.
c. Les technologies qu'elle utilise sont développées dans différents pays.

3. Le besoin d'adaptation au contexte local et l'importance des économies d'échelle influencent :
a. Le degré de globalisation d'une industrie.
b. La fréquence des échanges multinationaux au sein de l'industrie.
c. L'intensité du recours au marketing global dans l'industrie.

4. Laquelle des stratégies suivantes n'est pas une stratégie d'internationalisation ?
a. L'investissement direct à l'étranger.
b. L'exportation.
c. La transposition locale d'un *business model* étranger.

5. Une plus grande adaptation de l'offre aux spécificités locales permet :
a. D'accroître les économies d'échelle.
b. De conquérir des parts du marché local.
c. De se positionner favorablement face à la concurrence.

6. Dans un contexte « global », une stratégie de standardisation est :
a. Impossible à mettre en œuvre.
b. Modulable avec une stratégie d'adaptation locale.
c. La meilleure approche.

7. Une configuration « concentrée » des activités permet de favoriser :
a. Le pouvoir de marché.
b. Les économies d'échelle.
c. L'adaptation aux contextes locaux.

8. A quel principe organisateur répond la « configuration dispersée décentralisée » ?
a. Chaque filiale locale est gérée comme une entreprise indépendante.
b. Le réseau des filiales locales est gouverné de manière coordonnée.

>

····>

c. La centralisation des activités est liée à leur dispersion géographique.

9. En quoi une joint-venture de multinationalisation (JVM) se distingue-t-elle généralement d'une alliance stratégique ?
a. La JVM n'a pas de vocation stratégique.
b. Le partenaire local de la JVM n'est pas un concurrent potentiel.
c. En rien, ces deux termes désignent la même chose.

10. Une entreprise bénéficie d'un avantage institutionnel quand :
a. Elle est devenue une institution du fait de son ancienneté dans l'industrie.
b. Elle est financée par des investisseurs institutionnels.
c. Elle bénéficie du soutien d'institutions publiques.

Réponses : 1.b, 2.a, 3.a, 4.c, 5.b, 6.c, 7.b, 8.a, 9.b, 10.c

16 DIVERSIFICATION ET MANAGEMENT DU PORTEFEUILLE D'ACTIVITÉS

En matière de stratégie d'entreprise, la question de la diversification, c'est-à-dire celle du développement de l'entreprise dans des domaines autres que son métier de base, est probablement celle qui a donné lieu au plus grand nombre de controverses, que ce soit parmi les chercheurs, les enseignants, les cadres dirigeants, les investisseurs, les analystes financiers, etc. La pensée des uns et des autres sur le sujet a du reste considérablement évolué au cours du temps. Vue comme la panacée aux problèmes de croissance des entreprises dans les années 1970, la diversification a été vouée aux gémonies par les investisseurs et les analystes financiers dans les années 1990, au moment où la notion de création de valeur pour l'actionnaire s'est mise à dominer la pensée stratégique. Du point de vue des actionnaires, la diversification est a priori suspecte, puisque c'est une manœuvre par laquelle les managers leur imposent un investissement dans un nouveau secteur d'activité. Or, les actionnaires n'auraient peut-être pas choisi d'investir dans ce secteur-là s'ils avaient pu disposer plus librement de leurs ressources. Ils peuvent parfaitement diversifier leurs placements eux-mêmes. C'est d'ailleurs ce qu'ils font en arbitrant en permanence entre plusieurs titres. Quand l'entreprise se diversifie, elle confisque en quelque sorte le pouvoir d'arbitrage des actionnaires. De plus, les dirigeants de l'entreprise ne sont pas forcément compétents pour réussir dans le nouveau domaine d'activité où ils se lancent. C'est pourquoi, au total, le marché financier est réputé préférer les entreprises mono-activité aux entreprises diversifiées.

La diversification a pourtant été prudemment et partiellement réhabilitée dans les années 2000 comme un moyen somme toute légitime de croître dans certains contextes économiques bien particuliers, notamment lorsque les marchés des capitaux et des compétences ont du mal à fonctionner de manière efficiente et liquide. Ainsi par exemple en Inde, seuls les grands groupes industriels détiennent l'essentiel des moyens financiers et humains nécessaires au lancement d'une nouvelle activité, et ces moyens sont très difficiles à trouver sur le marché. C'est donc au sein des grandes entreprises que les nouvelles activités ont tendance à se créer, et c'est là qu'elles ont le plus de chances de survivre et de se développer, réconciliant par là même diversification et performance.

Quels que soient les mouvements de balancier qui caractérisent la pensée sur la diversification, si l'on considère la réalité des entreprises sur le long terme et hors de toute idéologie, force est de constater que, partout dans le monde, depuis plusieurs décennies, des entreprises très connues, et unanimement reconnues comme performantes, sont restées insensibles aux variations de la mode et du contexte, comme si elles étaient tout autant sourdes aux panégyriques du recentrage qu'aux apologies de la diversification. Ces entreprises ont contre vents et marées maintenu une dose significative et finalement assez constante de diversification, assez limitée pour certaines, comme par exemple Dassault, LVMH ou Nestlé, ou très élevée pour d'autres, comme General Electric, United Technologies ou Tata. Ces groupes affichent des performances très au-dessus de la moyenne dans la plupart de leurs branches et n'ont rien à envier sur ce plan à leurs concurrents spécialisés dans chacun de leurs domaines d'activités.

De plus, si l'on considère comme stratégique la capacité à attirer les ressources humaines et les talents, la plupart des études montrent que lorsqu'on demande à de jeunes cadres ambitieux quel serait leur employeur idéal, ceux-ci ont tendance à citer soit des banques d'affaires et des cabinets de conseil prestigieux où ils ne passeront que quelques années en début de parcours, soit des grands groupes internationaux significativement diversifiés où ils espèrent pouvoir faire carrière à long terme, parce que, justement, les activités étant diversifiées, les perspectives d'évolution sont plus intéressantes. Malgré l'emprise du discours, dominant dans les milieux boursiers occidentaux, sur les bienfaits de la spécialisation et du recentrage dans le *core business*, tout jeune cadre a donc de fortes chances de travailler pour un groupe diversifié à un moment ou un autre de sa carrière.

Ce chapitre présente la notion de diversification et expose la méthode de segmentation stratégique, indispensable à l'analyse stratégique des groupes diversifiés. Il discute ensuite les modèles classiques d'analyse de portefeuille d'activités (matrice du BCG en tête) pour monter que ces modèles ne sont plus cohérents avec l'objectif de création de valeur qui domine actuellement la *corporate strategy.* D'autres modèles, plus actuels, sont ensuite étudiés. Le chapitre se termine sur une discussion de la création de valeur à travers la diversification liée et donc les synergies.

1 DIVERSIFICATION ET SEGMENTATION STRATÉGIQUE

A/ QU'EST-CE QUE LA DIVERSIFICATION ?

La diversification est la décision d'une entreprise d'entrer dans un nouveau domaine d'activité. Une entreprise diversifiée est donc une entreprise présente dans au moins deux domaines d'activité différents, et donc généralement dans deux industries différentes. Par entrée dans un nouveau domaine d'activité, nous entendons un ajout au portefeuille d'activités d'un nouveau métier correspondant à une chaîne de valeur spécifique, et non pas simplement une extension de la gamme des produits ou des services offerts par l'entreprise alors qu'elle reste en fait dans son industrie d'appartenance.

Cette définition semble aller de soi. Elle pose pourtant quelques problèmes pratiques lorsqu'on cherche à distinguer la diversification des autres voies de croissance. Ainsi, dans le chapitre 15, nous n'avons pas qualifié l'expansion internationale de diversification, car l'entreprise qui s'internationalise change de pays mais reste dans la même industrie. Toutefois, on pourrait arguer que les facteurs clés de succès de l'industrie alimentaire, par exemple, sont très différents en Chine et en Europe, ce qui pourrait expliquer les difficultés que Danone, un des leaders européens du secteur, a rencontrées lorsqu'il s'est implanté en Chine avec son partenaire Wahaha (voir le Mini-cas correspondant dans le chapitre 19 sur les alliances stratégiques). Du coup, il serait pertinent de dire que Danone a fait un mouvement de « diversification géographique » en s'implantant en Chine. En effet, deux activités techniquement similaires, l'une en Europe et l'autre en Chine, peuvent présenter des différences plus grandes que deux activités européennes produisant des offres techniquement différentes, comme par exemple les boissons sans alcool et les produits laitiers. On pourrait raisonner de même avec l'intégration verticale que nous avons présentée dans le chapitre 11 comme un problème de *business strategy*, c'est-à-dire comme un choix d'organisation d'une même chaine de valeur. En effet, une fois que le mouvement d'intégration a été effectué, on peut dire que l'entreprise est diversifiée puisqu'elle opère dans deux industries, son secteur de base et celui, en amont ou en aval, dans lequel elle s'est intégrée. Ainsi, Nouvelles Frontières est un tour operator qui possède une compagnie aérienne, Corsair, ce qui correspond à une intégration amont (voir le Mini-cas correspondant dans le chapitre 11), mais aussi à une diversification puisque le tour operating et le transport aérien correspondent à deux métiers et à deux industries tout à fait différents. Au fond, les raisonnements que nous allons développer dans ce chapitre complètent ceux que nous avons présentés dans les chapitres précédents et peuvent souvent s'appliquer aux mêmes cas. Voir l'intégration verticale à la fois comme un choix de *business strategy* et de diversification, donc de *corporate strategy,* peut être très productif du point de vue de l'analyse et de la formulation de la stratégie. Il en va de même de la croissance horizontale, qui peut être vue comme une croissance dans l'industrie (c'est ce que nous avons fait au chapitre 14) mais aussi comme une diversification puisque la nouvelle activité innovante va coexister avec l'ancienne, ce qui va *de facto* conduire l'entreprise à gérer un portefeuille constitué de deux activités.

Ces débats tournent en fait autour de la question de la segmentation stratégique, c'est-à-dire de la question de savoir si un ensemble d'activités donné fait partie d'un même « métier » ou doit être segmenté en plusieurs domaines d'activité différents. Cette question est particulièrement pertinente lorsqu'on étudie le portefeuille d'activités d'une entreprise qui a atteint un certain stade de maturité et qui, suite à une série de décisions passées, se retrouve à la tête d'un périmètre d'activités complexe, que l'on va chercher à découper en domaines d'activités cohérents.

Ainsi, on peut se poser le problème de savoir jusqu'à quel point un grand groupe comme Suez, par exemple, est diversifié. Malgré sa taille et le nombre de ses filiales, on peut soutenir que l'entreprise est finalement peu diversifiée puisque, depuis la cession des activités de services financiers, de BTP et de communication, le groupe s'est recentré au début des années 2000 sur les activités dites *utilities* (eau, gaz, électricité, etc.). Jusqu'en 2007, on pouvait toutefois distinguer, dans le portefeuille d'activités de Suez, les activités « énergie » (Tractebel, Electrabel) et les activités « environnement » (Lyonnaise des Eaux, SITA). Le groupe était donc constitué d'au moins deux pôles, énergie et environnement.

En 2007, Suez a introduit en Bourse la majorité du capital de son pôle environnement qui est devenu un groupe distinct, Suez Environnement. Ce groupe comprend

principalement des activités « eau » (Lyonnaise des Eaux) et des activités « propreté » (SITA). Plus finement, dans l'activité « eau », on peut distinguer la distribution d'eau (Lyonnaise des Eaux) et le traitement de l'eau (Degrémont) qui sont des activités complémentaires mais qui utilisent des technologies différentes et qui font face à des concurrents différents. Dans les activités propreté, on peut séparer la collecte de déchets pour les municipalités du traitement de déchets industriels. Ces deux activités ont une structure de coût et exigent des savoir-faire complètement différents. Suez Environnement, qui apparaissait comme un pôle homogène chez Suez, peut donc être vu comme un groupe diversifié.
Suez, de son côté, a fusionné en 2008 avec Gaz de France pour donner naissance à GDF-Suez. Il s'agit plutôt d'une fusion « horizontale » (*i. e.* dans le même secteur d'activité) que d'une diversification puisque les deux groupes opèrent dans les activités gazières. Cela dit, le portefeuille de GDF-Suez inclut la production et la distribution de gaz, mais aussi les centrales nucléaires d'Electrabel et la distribution d'électricité, ce qui correspond à deux activités dont les technologies sont très différentes et qui n'ont pas les mêmes concurrents.
Comme on le voit, tout dépend du degré d'agrégation ou de désagrégation auquel on s'arrête. N'importe quelle entreprise, même la plus petite start-up, pourra être vue comme diversifiée. En fait, la segmentation stratégique est une notion gigogne : on peut toujours redécouper plus finement et identifier plusieurs sous-segments à l'intérieur d'un même domaine d'activité. Tout dépend du point de vue auquel on se place. Gérard Mestrallet, le P-DG du groupe Suez, va forcément prendre ses décisions sur la base d'un portefeuille d'activités plus agrégé que le patron de la branche « électricité » du groupe qui, lui, va distinguer plusieurs segments dans l'activité dont il a la charge. Les problèmes d'allocation de ressources se posent en effet à plusieurs niveaux et ils s'agrègent à mesure que l'on monte dans la hiérarchie de l'entreprise. Cela dit, du point de vue de la direction générale du groupe, celui qui nous occupe dans ce chapitre, il est indispensable d'identifier les entités sur lesquelles les décisions stratégiques vont être prises et donc de réfléchir à la segmentation de ces activités. C'est non seulement crucial d'un point de vue stratégique pour prendre des décisions cohérentes d'allocation de ressources, mais c'est également nécessaire d'un point de vue organisationnel, pour définir les contours des *business units* autour desquelles on va structurer l'organisation de l'entreprise, question que nous discuterons dans le chapitre 20.

B/ La segmentation stratégique, un débat dépassé ?

Généralement, une entreprise se présente comme un ensemble confus et agrégé de produits, fonctions, départements, divisions, etc. L'organisation de l'entreprise peut regrouper artificiellement plusieurs domaines d'activité différents, comme elle peut, inversement, scinder un même domaine d'activité en plusieurs centres de décision autonomes. Face à cette diversité, la première étape de toute démarche systématique d'analyse stratégique consiste, comme nous l'avons vu au chapitre 1, à procéder à une segmentation stratégique de l'entreprise, c'est-à-dire à découper l'ensemble en domaines d'activité cohérents. Rappelons que nous utilisons les termes « métier », « domaine d'activité » ou « segment stratégique » pour désigner le même objet, mais avec des nuances de sens : « métier » permet de faire référence à un assemblage de compétences, « domaine d'activité » à l'offre et au marché, et « segment stratégique » à la démarche de segmentation stratégique.

Les domaines d'activité étant les unités d'analyse sur lesquelles s'appuie le raisonnement stratégique, il est important de définir ces unités de la façon la plus pertinente possible par rapport aux choix stratégiques à effectuer. Cette question a fait couler beaucoup d'encre dans les années 1970 et 1980[1], époque au cours de laquelle les modèles d'analyse de portefeuille d'activités du type matrice du BCG (que nous présenterons plus loin) étaient à la mode et dominaient la pensée stratégique dans les entreprises comme dans les cabinets de conseil. Comme on le verra dans les pages qui viennent, les recommandations issues de ces modèles étant très sensibles aux contours des domaines d'activités considérés, il convenait de bien justifier les choix de segmentation effectués. À l'époque, tout le monde était d'accord sur l'importance du sujet et personne ne s'accordait sur la méthode à employer.

À l'heure actuelle, ce serait plutôt l'inverse : le sujet apparaît comme mineur parce qu'une méthode unique a tendance à s'imposer, celle des analystes financiers. En effet, face à un groupe diversifié, les analystes financiers cherchent à comparer la performance du groupe à la somme des performances d'entreprises spécialisées dans chacun des métiers où le groupe est présent. Du coup, le critère pertinent de segmentation stratégique est celui qui permet de faire l'analyse, c'est-à-dire l'existence de concurrents spécialisés dans chacun des domaines où opère l'entreprise considérée. Autrement dit, à chaque domaine d'activité correspond une industrie, c'est-à-dire un ensemble de concurrents. Ces concurrents sont soit des entreprises spécialisées, soit des divisions identifiables de groupes concurrents, et ils servent de référence pour comparer la performance de l'entreprise étudiée. Il s'agit d'une vision externe de la segmentation stratégique, dans laquelle le découpage des activités de l'entreprise est imposé par des facteurs exogènes.

Bien que cette conception ait tendance à dominer actuellement, il nous semble utile de ne pas évacuer trop vite le point de vue interne, celui de la direction générale de l'entreprise, car décider les allocations de ressources (financières et humaines) nécessite une approche plus détaillée. La direction générale souhaite souvent disposer d'une segmentation plus fine et plus riche, fondée sur une analyse des compétences internes et des facteurs clés de succès, et pas seulement sur la notion d'industrie. Par ailleurs, nous avons souligné au chapitre 3 que la notion d'industrie pouvait recouvrir un ensemble d'activités finalement assez hétérogène, comme en témoigne notamment l'existence, au sein d'une même industrie, de groupes stratégiques distincts. La notion de groupe stratégique est d'ailleurs très proche de celle de segment stratégique.

C/ Raisonner à la bonne échelle

La segmentation stratégique des activités de l'entreprise a pour objectif principal de fournir au dirigeant une représentation du champ de bataille, à l'échelle appropriée. L'état-major d'une armée en campagne ne peut élaborer son plan avec une carte au 1/10 000e. En revanche, cette dernière échelle sera très utile sur le terrain pour la progression des différentes unités. Il en est de même pour l'entreprise : les dirigeants doivent raisonner en trouvant le degré de finesse le plus pertinent pour traiter les informations dont ils disposent.

En contrepoint de la vision externe qui consiste à assimiler « segment stratégique » et « industrie », on peut identifier les segments stratégiques d'une entreprise à partir d'une analyse des facteurs clés de succès, c'est-à-dire des compétences et des ressources requises pour être compétitif dans une activité donnée. Chaque segment doit correspondre à un ensemble homogène de facteurs clés de succès, donc à une chaîne de valeur spécifique. Le découpage effectué doit permettre l'allocation des

1. Abell D.F., 1980.
Ader E.et Lauriol J., 1986.
de Bodinat H., 1980.

ressources la plus judicieuse. Les choix d'affectation des investissements, des hommes, ou même des locaux, doivent en effet être faits sur des unités cohérentes et homogènes.
Une bonne segmentation repose donc sur le choix d'un juste niveau d'agrégation. La segmentation ne doit être ni trop fine ni trop agrégée. Trop fine, elle conduit à sous-estimer les partages de coûts et de ressources. Trop agrégée, elle surestime les mêmes facteurs, mais surtout néglige la spécificité des compétences requises par chaque activité et masque les écarts de performance d'activités différentes incluses dans le même segment stratégique.

D/ SEGMENTER PAR REGROUPEMENT ET PAR DÉCOUPAGE

Le mot même de segmentation évoquant une action de découpage, la démarche qui vient spontanément à l'esprit consiste à segmenter l'entreprise en la considérant comme un bloc dans lequel il s'agit de découper des morceaux dont chacun correspond à un métier. Dans la pratique, on part du sommet, puis on identifie les grands secteurs d'activités, puis les branches, puis les divisions qui correspondent aux segments. Voilà qui ressemble fort à un organigramme ! C'est bien là l'inconvénient de la méthode : on en vient facilement à suivre les lignes de l'organigramme existant et on ne remet pas suffisamment en question les choix de segmentation antérieurs de l'entreprise, ce qui peut conduire à des erreurs d'analyse importantes.
L'alternative est de procéder par regroupement, c'est-à-dire partir des produits (ou services) commercialisés par l'entreprise pour les regrouper en segments stratégiques aussi homogènes que possible. Appartiendront au même segment stratégique des activités ayant les trois caractéristiques suivantes :

> elles correspondent à une combinaison cohérente de facteurs clés de succès ;

> elles appartiennent à la même chaîne de valeur et ont une structure de coûts semblable ;

> elles font face aux mêmes concurrents.

Ces trois critères se recoupent en général. Les facteurs clés de succès étant semblables, les produits ou les services qui se regroupent sur le premier critère ont toutes les chances de mettre en jeu des compétences identiques et de partager de nombreuses ressources communes. Du coup, la chaîne de valeur est la même, la structure de coût est proche, et les concurrents ont toutes les chances d'être les mêmes, ce qui fait que les produits et services considérés se regroupent également sur les deux autres critères.
L'encadré « En pratique : Les principaux critères de segmentation stratégique » donne une liste indicative des principales variables que l'on peut utiliser pour opérationnaliser nos trois critères et mener l'analyse en situation réelle.
Dans la pratique, il est souvent intéressant de mener successivement les deux démarches de segmentation, par découpage et par regroupement, pour voir comment elles convergent. Cela permet fréquemment de mettre au jour des problèmes stratégiques jusque-là sous-estimés et d'engager une conversation productive avec l'état-major de l'entreprise sur le périmètre et la cohérence des activités du groupe.
Remarquons d'ailleurs que, même si nous avons présenté nos trois critères de segmentation comme des critères de regroupement, ils peuvent également être utilisés comme des critères de découpage. En effet, la combinaison de ces trois critères montre parfois qu'une activité, qui semblait homogène à première vue, doit

en fait être découpée en deux segments distincts. Ainsi, les échecs répétés des constructeurs automobiles généralistes comme Ford ou Renault pour concurrencer Mercedes et BMW dans le « segment » haut de gamme suggèrent que ce segment constitue bien un métier différent au sein de l'industrie automobile. Même en rachetant Jaguar, Ford n'a pas réussi à y pénétrer de manière rentable. Quant à Peugeot ou Renault, il suffit de comparer les ventes des 607 et des Vel Satis (au mieux quelques dizaines d'unités par jour) à celles des Mercedes Classe E (environ 600 par jour), pour se convaincre que les facteurs clés de succès ne sont pas les mêmes. Réciproquement, le lancement très difficile de la Mercedes Classe A, qu'il a fallu retirer un temps du marché, montre que la « descente en gamme » n'est pas nécessairement plus facile que la « montée ».

E/ Ne pas confondre segmentation stratégique et segmentation marketing

L'un des écueils les plus fréquents en matière de segmentation stratégique est la confusion avec la segmentation marketing. Or les objectifs de la segmentation marketing sont bien différents de ceux de la segmentation stratégique. La segmentation marketing consiste à faire une typologie des clients et des produits présents sur un marché, en fonction des besoins, des comportements et des modes d'achat. Le but est d'adapter les produits à différentes cibles de consommateurs[1]. La segmentation marketing conditionne le marketing mix : caractéristiques des produits, publicité, distribution, force de vente et politique de prix. Dans la presse enfantine, par exemple, on peut segmenter le marché en croisant les tranches d'âge (maternelle, primaire, collège) et les centres d'intérêt (lecture, sciences, sports, hobbies) de manière à élaborer une gamme complète de magazines couvrant au mieux le marché des jeunes lecteurs.

Fonder la réflexion stratégique sur une segmentation marketing supposerait que l'on puisse formuler une *business strategy* différente sur chaque couple produit/client, alors que l'analyse stratégique se situe à un niveau beaucoup plus agrégé. Prenons par exemple le marché des eaux en bouteilles, qui représente environ 10 % du marché des boissons. Les différents produits disponibles sont les eaux minérales, les eaux de source et les eaux purifiées, qui peuvent être plates, gazeuses ou aromatisées et être conditionnées en bouteilles de verre ou de plastique (PVC ou PET), en 33, 50, 100, 150 ou 200 cl. Les sources sont spécialisées et font tout leur possible pour se différencier par le goût, les bénéfices santé et les cibles de clientèles. Sur la base de ces caractéristiques, on peut distinguer différents segments de marché sur lesquels les chefs de produit des différentes marques vont suivre leurs parts de marché grâce aux panels de consommateurs. Pourtant, de notre point de vue, l'industrie des eaux en bouteille ne comporte qu'un seul et même segment stratégique. En effet, les facteurs clés de succès sont très homogènes. Plus de 80 % de la production est distribuée par les grandes surfaces alimentaires. L'impact de la notoriété des marques est prépondérant. Après le rachat de Perrier, le marché est dominé par deux grands groupes, Danone et Nestlé, qui sont présents sur l'ensemble de la gamme. Le marketing, avec en particulier la segmentation, c'est-à-dire la capacité à cibler différents clients avec différents produits, est un facteur clé de succès essentiel que tous les concurrents utilisent de manière similaire pour essayer de se différencier dans cette industrie finalement très homogène.

1. Lendrevie J., Lévy J., Lindon D., 2007.

EN PRATIQUE

Les principaux critères de segmentation stratégique

> **La concurrence**

La présence de concurrents identiques dans deux produits ou services est un critère fondamental de regroupement en un seul segment stratégique. En effet, un segment stratégique n'a de signification que si une entreprise peut être rentable en s'y spécialisant. Si une activité comporte des concurrents à la fois spécialisés et rentables, elle peut être considérée comme un domaine d'activité distinct.

L'analyse concurrentielle développée dans le chapitre 3, en particulier la topographie des groupes stratégiques opérant dans un domaine d'activité donné, constitue à cet égard un précieux outil d'investigation.

> **La structure de coûts**

Un domaine d'activité est généralement caractérisé par une structure des coûts spécifique (*cf.* chapitre 4). Examiner la structure de coûts est un bon moyen d'analyser la chaîne de valeur (*cf.* chapitre 5) et de mesurer de manière quantitative l'ampleur des ressources partagées entre activités. En examinant les structures de coûts de deux activités, il est donc possible de déterminer si elles appartiennent ou non au même segment stratégique. On peut procéder en trois étapes :

- effectuer pour chaque activité une analyse des coûts par fonction de la chaine de valeur, depuis les achats de matière première jusqu'au service après-vente ;
- identifier les *coûts partagés* par les deux activités. Il s'agit des bases d'expérience communes aux deux activités, par exemple le partage d'un même réseau de distribution ;
- déterminer par différence les coûts spécifiques à chaque activité. Ces coûts disparaissent si l'activité est abandonnée.

La part relative des coûts partagés et des coûts spécifiques permet de savoir si l'on peut ou non regrouper deux activités. Si les coûts partagés sont prépondérants, c'est un argument pour regrouper les deux activités dans le même segment stratégique. En revanche, si les coûts spécifiques sont largement supérieurs aux coûts partagés, alors il est plus pertinent de considérer deux domaines d'activité différents.

> **Les ressources et compétences**

Ce critère découle du précédent et permet de l'enrichir. Chaque élément considéré dans l'analyse de la structure de coûts traduit généralement la mise en œuvre de compétences particulières. Il peut s'agir notamment de technologies, qui sont souvent des éléments fondamentaux de la chaîne de valeur et peuvent donc être utilisés comme critère de segmentation. Dans la transformation du plastique, par exemple, l'injection et le thermoformage permettent de diviser l'industrie en deux segments distincts, correspondant à ces deux techniques de production. Cependant, certaines compétences sont plus immatérielles, plus abstraites, et elles n'apparaissent pas en tant que telles dans la structure de coûts alors qu'elles constituent un facteur clé de succès prépondérant. C'est par exemple le cas des personnages des films d'animation chez Disney ou des concepts de jeu dans les studios de jeux vidéo. Peu visibles dans les coûts, non disponibles sur le marché, difficiles à imiter car non codifiables en général, ces ressources immatérielles jouent un rôle souvent déterminant dans le succès des firmes les plus performantes. Or, comme nous l'avons vu au chapitre 8, le rôle de ces compétences est d'autant plus crucial qu'il est souvent incompréhensible pour qui ne connaît pas intimement l'activité en question. >

Le raisonnement sur les compétences est le même que sur les coûts spécifiques et les coûts partagés. L'identification de nombreuses compétences partagées conduit à regrouper les activités dans un même segment stratégique.

En fait, l'analyse des coûts et des compétences partagés consiste à identifier les sources de synergie entre activités. Ce concept exprime le fait que deux activités exercées en commun ont une meilleure efficacité que lorsqu'elles sont exercées séparément. Plus les coûts et les compétences partagés par deux activités sont importants, plus la synergie entre ces activités est forte. Comme chaque segment stratégique doit être suffisamment indépendant des autres pour que l'on puisse y développer une stratégie spécifique, c'est l'absence de synergie qui révèle l'existence de deux segments distincts. C'est pourquoi, dans la pratique, on cherche à minimiser la synergie entre les différents segments et à la maximiser à l'intérieur de chaque segment.

> **Le type de clientèle et le circuit de distribution**

Conceptuellement, ce critère est inclus dans le précédent, mais l'expérience montre que, dans la pratique, il est souvent utile de l'isoler et de le considérer en tant que tel, pour déterminer rapidement si les activités que l'on compare touchent ou non des bases de clientèle identiques et utilisent ou non les mêmes circuits de distribution. Ce critère est emprunté à la segmentation marketing, mais il doit être utilisé à un niveau d'agrégation très supérieur. On peut par exemple distinguer, dans le portefeuille d'activités de Veolia, les services destinés au grand public de ceux vendus à des industriels. Ainsi, l'activité de Veolia peut être segmentée en regroupant d'un côté tous les services publics (distribution d'eau, propreté, transports) fournis aux municipalités et collectivités publiques par des contrats de concession (*Business to Administration,* ou B2A) et d'un autre côté, les services offerts aux clients industriels (*Business to Business,* ou B2B). Bien que les services aux clients industriels partagent un certain nombre de coûts et de compétences avec les services aux collectivités, ils exigent l'utilisation de technologies différentes et surtout la mise en œuvre d'une démarche commerciale radicalement différente. Dans d'autres industries, c'est le canal de distribution qui peut être un critère de segmentation déterminant. L'impact de la grande distribution a révolutionné bien des activités, et savoir négocier avec les acheteurs des grandes surfaces constitue souvent un facteur clé de succès en soi. Comme on l'a vu au chapitre 3, l'accès aux réseaux de distribution représente d'ailleurs fréquemment une barrière à l'entrée dans un nouveau domaine d'activité.

> **Le marché géographique pertinent**

Dans certains secteurs globalisés, la dimension géographique n'est pas (ou n'est plus) un critère de segmentation pertinent. Toutefois, comme on l'a vu au chapitre 15, il existe des situations où les conditions de la concurrence sont radicalement différentes d'un pays à l'autre, et où le marché pertinent reste national. Du coup, les facteurs clés de succès peuvent être significativement différents pour une même activité dans différents pays. Dans ces situations, l'ignorance de la dimension géographique peut conduire des entreprises à sous-estimer les efforts à faire pour s'implanter sur un nouveau marché, en particulier pour exporter. C'est pourquoi la segmentation stratégique doit considérer la dimension géographique dans ces situations.

On pourrait multiplier à loisir les critères de segmentation. En combinant tous les critères possibles, on peut segmenter presqu'à l'infini… voire couper les cheveux en quatre. Soyons pragmatiques et souvenons-nous que la segmentation doit plutôt être conçue comme une arborescence : la direction générale du groupe doit raisonner en termes d'allocation de ressources entre les « industries » ou les « grands métiers » où le groupe est présent. Cela ne doit pas l'empêcher d'isoler de ces métiers une activité en démarrage, par exemple, et de la considérer comme un segment stratégique en soi, ne serait-ce que pour ne pas la perdre de vue et suivre spécifiquement les investissements qui y sont faits. Au niveau immédiatement inférieur, les patrons de branches peuvent à leur tour découper leur périmètre en segments correspondant à des ensembles homogènes de facteurs clés de succès. Les responsables de *business units* peuvent, à leur niveau, considérer leur business comme un portefeuille comprenant plusieurs domaines d'activités. Lorsqu'elle est menée de manière rationnelle et systématique, cette démarche de segmentation stratégique influence directement les décisions de structure, que nous discuterons aux chapitres 20 et 21.

2 Les modèles de portefeuille d'activités

Dans les années 1970, les grands cabinets de conseil en stratégie (McKinsey, BCG, Arthur D. Little), en collaboration avec certains de leurs clients (notamment Shell et General Electric pour McKinsey), ont tenté de modéliser les décisions d'allocations de ressources au sein d'un portefeuille d'activités diversifié. À l'époque, le modèle d'entreprise « gagnant » était le grand groupe diversifié, structuré en divisions (voir chapitres 2 et 20). Chaque division était censée épouser les contours d'une *strategic business unit* (SBU), c'est-à-dire un domaine d'activité stratégique, avoir une grande autonomie de gestion et être dirigée par un « patron » pleinement responsable des résultats. Dans le contexte de l'époque, les « bonnes pratiques » de management, notamment la finance et le contrôle de gestion, étaient vues comme indépendantes des savoir-faire opérationnels liés aux activités. Il ne faisait guère de doute que l'entrée d'une nouvelle activité dans un grand groupe performant comme General Electric, ne pouvait qu'améliorer les performances de cette activité, quelles qu'en soient les caractéristiques techniques ou commerciales. Dès lors, la *corporate strategy* consistait à décider dans quelles activités se diversifier et, une fois cela fait, à décider comment allouer les ressources (essentiellement le *cash-flow*) entre les différents domaines d'activités présents dans le portefeuille. Le but de la *corporate strategy* était essentiellement de croître (et non de créer de la valeur, *cf.* nos discussions dans le chapitre 13) et la clé du succès était d'avoir un portefeuille d'activités équilibré, c'est-à-dire autofinancé au maximum. C'est donc à McKinsey, au Boston Consulting Group et à leurs grands groupes clients des années 1960-1970 que l'on doit les modèles de *corporate strategy* qui ont dominé la pensée stratégique pratiquement jusqu'à la fin des années 1980.
La méthode, commune à tous ces modèles, peut se résumer en quatre phases :

1. Segmenter l'entreprise en domaines d'activité aussi indépendants que possible.

2. Évaluer chaque segment stratégique retenu selon deux critères (*cf.* chapitre 1) : l'attractivité du segment (qui relève de l'analyse externe) et la position concurrentielle de l'entreprise dans ce segment (qui relève de l'analyse interne) :

– l'attractivité du segment (ou attractivité de l'industrie, au sens où nous en avons parlé au chapitre 3) indique le potentiel intrinsèque du domaine d'activité à générer des profits et donc à attirer des investissements, indépendamment de la position de l'entreprise sur ce segment. Par voie de conséquence, l'attractivité permet d'évaluer les priorités en termes d'allocation de ressources au sein du portefeuille d'activités. Un segment très attractif génère des besoins financiers importants ;
– la position concurrentielle mesure la compétitivité de l'entreprise sur le segment analysé, relativement à ses principaux concurrents (au sens de l'avantage concurrentiel relatif, tel que nous l'avons discuté au chapitre 7). Évaluer la position concurrentielle de l'entreprise sur chaque segment permet de mesurer la capacité de l'entreprise à dégager une rentabilité supérieure à la moyenne de l'industrie dans chacun de ses domaines d'activité.

3. Positionner ces segments, représentés par des cercles de surface proportionnelle à leur part dans le chiffre d'affaires total de l'entreprise, dans un tableau à double entrée, appelé matrice, dont chacun des axes correspond à un des critères déjà cités (position concurrentielle et attractivité). Cette grille permet de déterminer la prescription stratégique à suivre (investissement, rentabilisation ou désinvestissement) pour chaque segment.

4. Analyser la structure globale du portefeuille afin de déterminer la stratégie optimale d'allocation de ressources entre domaines d'activités.

A/ La matrice du Boston Consulting Group

Tout le monde a entendu parler des fameuses « vaches à lait » (ou *cash cows,* en anglais), dont il convient de traire le *cash-flow*, des « poids morts » (ou *dogs*), dont il faut malheureusement se débarrasser, et des « vedettes » (ou *stars*), dont il faut cultiver les caprices. Avec les « dilemmes », dont on ne sait trop que faire, le tableau est complet ! Si ces icônes sont aussi connues, c'est parce que, de toutes les matrices de portefeuille d'activité développées par les cabinets de conseil, la matrice du BCG[1] est certainement la plus connue et la plus simple à mettre en œuvre. Elle est construite autour des deux variables suivantes :

> le taux de croissance de chaque domaine d'activité, qui opérationnalise le critère d'attractivité des segments stratégiques ;

> la part de marché relative de l'entreprise dans chaque domaine d'activité, qui opérationnalise le critère de position concurrentielle. La part de marché relative est le ratio suivant :

$$\frac{\text{Part de marché de l'entreprise}}{\text{Part de marché du concurrent principal}}$$

Dans les domaines d'activité où l'entreprise est leader en volume, on divise donc sa part de marché par celle du concurrent qui est en deuxième position. On obtient ainsi un ratio supérieur à 1. Pour tous les autres domaines d'activité, on divise la part de marché de l'entreprise par celle du concurrent leader en volume et on obtient un ratio inférieur à 1.
Le choix de cette variable fait référence à l'effet d'expérience (voir chapitre 4). En effet, selon cette théorie, l'entreprise qui a l'expérience la plus forte (approchée ici par la part de marché relative) a les coûts les plus bas. Et ces coûts sont d'autant plus bas que l'expérience est importante. La part de marché relative est donc un indicateur

1. BCG, 1980.
Hedley B., 1977.

instantané de la position de l'entreprise par rapport à ses concurrents sur l'échelle des coûts. C'est donc un indicateur de sa position concurrentielle.
Quant au taux de croissance, il est, dans ce modèle, le facteur essentiel de l'attractivité du segment stratégique. Cette idée (souvent fausse !) repose également sur la notion d'effet d'expérience : les activités en croissance connaissent des baisses de coûts importantes et permettent la création d'avantages de coût-volume durables, à condition d'investir suffisamment pour développer la production. À l'inverse, dans les activités stables, les coûts, ainsi que les parts de marché, sont figés ; les jeux sont faits : inutile d'investir.

D'un point de vue financier, on a donc, pour chaque domaine d'activité :

> au travers de la croissance, une mesure de ses besoins en investissements (capacité de production, besoin en fonds de roulement) ;

> au travers de la part de marché relative (liée au niveau de coût via la position sur la courbe d'expérience), une mesure du cash-flow qui s'en dégage.

De manière simpliste, le modèle prescrit d'extraire le cash-flow des activités qui en génèrent au-delà de leurs besoins pour l'investir dans les activités qui en consomment au-delà de leur capacité d'autofinancement. Au fond, les responsables de *business units* ont prise sur tout sauf sur leur *cash-flow*, qui est la propriété du groupe. Réciproquement, la compétence du *corporate* dans ce modèle est essentiellement financière. Elle n'a pas à connaître des décisions de *business strategy* propres à chaque domaine d'activité.
En pratique, la matrice du BCG se présente sous la forme d'un tableau carré construit en mettant en ordonnée le taux de croissance de l'activité et en abscisse la part de marché relative de l'entreprise.

Figure 16.1
La matrice du BCG

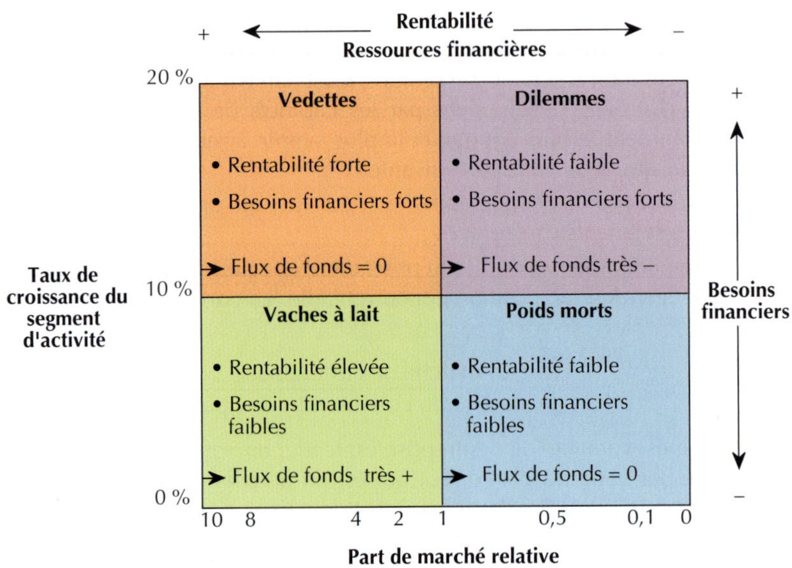

La part de marché relative est mesurée sur une échelle logarithmique (souvenir de la courbe d'expérience, *cf.* chapitre 4) allant, de droite à gauche, de zéro à dix, la valeur médiane se situant à 1. La césure sépare, à gauche, les activités où l'entreprise

est leader en volume (part de marché relative supérieure à un) de celles, à droite, où elle est dominée par au moins un concurrent plus gros (part de marché relative inférieure à un).
Le taux de croissance s'établit sur une échelle croissante, de bas en haut, allant de 0 % à 20 % (ou plus). La valeur médiane était à la naissance du modèle 10 % ; elle est devenue par la suite le taux de croissance du PIB.
Les deux valeurs médianes permettent de constituer quatre quadrants, dans lesquels les domaines d'activité sont placés selon leurs caractéristiques :

> Les « vedettes » sont en croissance rapide. L'entreprise étant dominante et ayant les coûts les plus faibles et la rentabilité la plus forte, les « vedettes » doivent être les cibles d'investissement prioritaires. En investissant massivement pour augmenter autant que possible sa part de marché dans les « vedettes », l'entreprise prépare le futur, car ces « vedettes », en vieillissant, deviendront des « vaches à lait ».

> Les « vaches à lait » sont des domaines d'activité à faible croissance, mûrs ou en déclin, qui exigent peu d'investissements nouveaux, tant en capacité de production qu'en financement du besoin en fonds de roulement, mais souvent des investissements de productivité pour maintenir l'avantage de coût. Ce sont des activités fortement rentables, dans la mesure où l'entreprise occupe la position dominante, celle du leader par les coûts. Ces activités dégagent un flux financier important, qui devra être réinvesti intelligemment, c'est-à-dire ailleurs. Il convient donc de « traire » les « vaches à lait », essentiellement pour financer les « vedettes » et certains « dilemmes » bien choisis.

> Les « dilemmes » sont aussi en croissance mais l'entreprise y occupe une position concurrentielle médiocre. Ce sont donc des activités peu rentables malgré leur croissance élevée. D'où le « dilemme » : investir massivement pour améliorer la position sur la courbe des coûts en profitant de la progression du marché, ou désinvestir (revendre au concurrent pour qui cette activité est une « vedette ») pour se concentrer sur ses propres « vedettes ».

> Les « poids morts » ont un faible potentiel de développement. Leur rentabilité est faible, voire nulle ou négative, l'entreprise étant mal située sur la courbe d'expérience par rapport à son concurrent principal. Si l'activité est encore rentable, c'est que l'entreprise bénéficie d'une ombrelle de prix créée par le concurrent dominant (voir chapitre 4). Dans ce cas, l'entreprise peut conserver un « poids mort » à condition de ne pas investir et de se contenter de dégager des liquidités. Dans le cas où l'activité n'est pas rentable, parce que les prix imposés par le leader sont trop bas, mieux vaut l'abandonner, en la vendant ou en la laissant mourir. Dans cette dernière hypothèse, il faut se désengager en pratiquant de façon sélective des prix assurant la meilleure rentabilité possible.

B/ Les pièges de la matrice BCG

La matrice du BCG étant un modèle particulièrement simple, utilisant peu de variables, sa mise en œuvre est aisée. Nul besoin d'analyses financières ou économiques sophistiquées pour trouver la part de marché relative et le taux de croissance de chaque domaine d'activité. La seule difficulté réside dans la segmentation stratégique. En effet, selon la manière dont on définit les contours d'un segment, il peut devenir une « vache à lait » ou un « poids mort », un « dilemme » ou une « *star* ». Le lecteur pourra s'en convaincre en étudiant le mini-cas suivant.

MINI-CAS

Lea & Perrins

Au Royaume-Uni, HP Foods a plus de 90 % du marché de la Worcestershire Sauce avec sa marque Lea & Perrins. Le principal produit concurrent est la Worcestershire Sauce de Heinz, qui a moins de 5 % du marché. Le reste est aux mains de marques de distributeurs, dont certaines sont d'ailleurs fabriquées par HP Foods. La Worcestershire Sauce est un produit très traditionnel que l'on trouve dans tous les pubs, ainsi que dans les placards de la plupart des cuisines anglaises. Le marché est en très faible croissance, voir en stagnation. L'activité nécessite peu d'investissement. Chez HP Foods, elle génère un *cash-flow* très positif.

La Worcestershire Sauce n'est qu'un produit parmi tant d'autres dans le domaine des sauces conditionnées, qui comprend aussi la sauce soja, le Tabasco, le ketchup, la moutarde, etc., et dont le ketchup représente à lui seul plus de 60 %. La croissance est forte sur ce marché, grâce notamment à l'introduction de produits ethniques et de goûts nouveaux (sauces asiatiques, sud-américaines, etc.) dans un pays qui ne se caractérise pas par une tradition gastronomique très marquée et qui est donc réceptif à des produits venus du monde entier, pourvu qu'ils soient faciles à utiliser. Au Royaume-Uni, Heinz est le leader incontesté de ce marché. Le groupe est présent sur tous les segments de sauces et détient notamment 40 % du marché britannique du ketchup.

Questions

1) Quelle est la part de marché relative de Lea & Perrins ?
2) Quelle position occupe cette activité dans le portefeuille d'activités de HP Foods ?
3) Quelle recommandation stratégique peut-on en déduire ?

Au-delà des problèmes de segmentation, qui ne sont pas spécifiques à ce modèle, l'utilisation de la matrice du BCG présente des pièges très particuliers, qu'il faut veiller à éviter. La contrepartie de sa simplicité est que sa logique repose sur des postulats extrêmement forts, qui sont loin d'être toujours vérifiées.

Le premier postulat réside dans le choix d'une seule variable, la part de marché relative, pour mesurer la position concurrentielle. Ce choix n'est pertinent que si l'effet d'expérience joue à plein et si le coût est la seule source d'avantage concurrentiel. La matrice du BCG est directement issue du concept de courbe d'expérience, également promu par le BCG à la même époque. Or, on sait maintenant qu'en soi, la courbe d'expérience est rarement une source d'avantage concurrentiel durable (voir chapitre 4). Plusieurs recherches ont en effet montré que, bien que l'effet d'expérience existe dans la plupart des industries, le raisonnement sur ses implications en termes de position concurrentielle ne s'applique pas jusqu'au bout. En effet, la courbe d'expérience s'applique très bien au niveau de l'industrie dans son ensemble, mais explique mal les écarts de performance entre concurrents : tous les concurrents présents finissent par avoir peu ou prou le même niveau de coût parce que les savoir-faire productifs se diffusent rapidement au sein de l'industrie, notamment par le biais des consultants (justement) et des fournisseurs d'équipements[1].

De plus, le défaut de la matrice du BCG est de réduire l'analyse de l'avantage concurrentiel à une seule variable, le volume, et d'ignorer la différenciation, ce qui est extrêmement limitatif. Ainsi, la part de marché (négligeable) de Porsche sur le marché automobile mondial est un très mauvais indicateur de sa position concurrentielle et de sa rentabilité, qui sont excellentes. Évidemment, on pourrait rétorquer que les

1. Lieberman M., 1989.

concurrents de Porsche se résument à Maserati, Aston Martin et Ferrari et que, dans le segment ainsi défini, Porsche, qui fabrique 100 000 voitures par an, est dominant. Mais ce serait retomber dans le problème précédent, celui du déterminisme de la segmentation stratégique : en délimitant astucieusement les contours d'un segment, on peut lui faire occuper pratiquement n'importe quelle case de la matrice.

Le deuxième postulat réside dans le choix de la deuxième variable, le taux de croissance, pour mesurer l'attractivité du secteur. Même si cela a l'air intuitivement pertinent, c'est souvent erroné, comme on l'a montré au chapitre 3. Il existe des secteurs à forte croissance qui ne sont pas du tout attractifs, ne serait-ce que parce qu'ils sont dépourvus de barrières à l'entrée, comme par exemple la fabrication de micro-ordinateurs. Les seules entreprises « anormalement » rentables dans ce domaine ont toujours été Intel et Microsoft qui sont des fournisseurs spécialisés, l'un sur les microprocesseurs, l'autre sur les systèmes d'exploitation, c'est-à-dire dans des domaines où les barrières à l'entrée sont fortes. Là encore, le défaut de la matrice du BCG est de passer outre l'analyse détaillée de l'environnement concurrentiel de chaque domaine d'activité (*cf.* chapitre 3) en la réduisant à une seule variable, le taux de croissance de l'industrie.

Le troisième postulat est celui de l'indépendance totale entre domaines d'activité. Par définition, on peut désinvestir d'un « poids mort », par exemple, sans que les autres segments subissent pour autant de conséquences négatives. Or la plupart des entreprises diversifiées sont présentes dans des domaines qui entretiennent entre eux des liens technologiques et/ou commerciaux. Se priver d'une activité, même si elle n'est pas rentable, c'est peut-être faire disparaître une compétence nécessaire au succès d'une autre activité qui, elle, est extrêmement rentable. Que deviendraient les chaînes de télévision généralistes, par exemple, si elles ne produisaient plus de films de cinéma ? Le défaut est ici de nier l'existence des synergies, qui sont pourtant la raison d'être de la plupart des diversifications réussies.

Le quatrième postulat est celui de l'homogénéité, ou de l'absence, du coût du capital. Dans la matrice du BCG, un euro gagné dans la distribution des eaux municipales a la même valeur qu'un euro investi dans la production cinématographique. Voilà qui justifiait la fusion Vivendi-Universal, un échec pourtant retentissant (voir Mini-cas au chapitre 2). C'est évidemment aberrant puisque le niveau de risque est complètement différent. Dans le cinéma, il faut espérer que quelques films soient des succès planétaires pour compenser le nombre élevé d'échecs, alors que, dans la distribution d'eau, la rentabilité de chaque investissement est peut-être faible, mais elle est garantie par la stabilité du marché et par la durée du contrat passé avec la municipalité. La théorie financière la plus basique stipule que dans ce cas, le coût du capital est plus élevé dans le cinéma que dans la distribution d'eau, c'est-à-dire que (théoriquement) les investisseurs ne mettront de l'argent dans le cinéma que si la promesse de rendement est nettement plus élevée que dans la distribution d'eau. Le simple bon sens permet d'ailleurs de comprendre qu'à rentabilité égale dans les deux secteurs, il est évident que tout le monde mettrait son argent dans l'activité la plus sûre et que personne n'irait le risquer dans l'autre. Le défaut de la matrice du BCG est ici de se mêler d'allouer des ressources alors qu'elle ignore délibérément leur coût !

C/ Les matrices McKinsey et Arthur D. Little

Dès les années 1970, les cabinets de conseil concurrents du BCG ont mis sur le marché des modèles permettant de remédier à certaines des limites que nous venons de discuter.

Ainsi, Arthur D. Little[1] (ADL) et McKinsey[2] ont-ils proposé des matrices qui évaluaient la position concurrentielle de l'entreprise de façon qualitative et complexe, au lieu de s'en tenir à la notion de part de marché relative. Répondant à la première des critiques précédentes, ces approches reconnaissaient que la compétitivité ne se fonde pas uniquement sur les coûts et les prix, mais sur une multiplicité de facteurs déterminant la force relative de l'entreprise par rapport à ses concurrents (qualité des produits, image de marque, maîtrise technologique, accès au réseau de distribution, etc.). ADL et McKinsey proposaient une liste indicative des facteurs clés de succès possibles, mais c'étaient les consultants qui les choisissaient et qui les pondéraient au cas par cas, de manière à rendre compte des caractères spécifiques des activités considérées. Chaque activité était ensuite notée sur la base de cette combinaison de facteurs, et c'était la note moyenne pondérée qui servait de mesure pour positionner les domaines d'activité sur l'axe horizontal de la matrice.

Les modèles d'ADL et McKinsey tentaient également de surmonter la deuxième limite, celle sur la mesure de l'attractivité des segments stratégiques : la matrice ADL utilisait pour ce faire le degré de maturité de l'activité. Ce critère était fondé sur les quatre phases du cycle de vie de l'industrie présenté dans le chapitre 1 : démarrage, croissance, maturité et déclin. Intégrant le taux de croissance de l'activité, il mesurait, comme dans le modèle BCG, les besoins financiers des activités, qui sont importants dans les deux premières phases du cycle et déclinent fortement par la suite. Mais il permettait également de donner une indication sur le niveau de risque sectoriel, c'est-à-dire de la probabilité de variations importantes ou de ruptures imprévues de l'activité (réglementations nouvelles, innovations technologiques, explosion du marché). Une activité en démarrage est évidemment davantage sujette à ce type de mutations qu'une activité mûre et stable.

Quant à la matrice McKinsey, elle mesurait l'attractivité des segments stratégiques en combinant une série de variables dans un critère appelé « valeur du secteur ». Ce critère original combinait la valeur intrinsèque de l'activité, mesurée grâce à des variables liés à la notion de cycle de vie, et sa valeur relative, qui correspondait à l'intérêt que l'activité représentait pour l'entreprise elle-même, et dépendait d'éléments tels que l'existence de synergies avec d'autres activités du groupe, la valeur de cette activité en tant que base d'expérience, les possibilités de verrouillage (barrières à l'entrée) du secteur, ou la maîtrise d'un facteur clé critique (sécurité d'approvisionnement ou de débouchés). Par ce biais, la matrice McKinsey apportait un élément de réponse à la troisième des limites de la matrice BCG discutées précédemment, puisqu'elle s'affranchissait de l'hypothèse d'une indépendance des segments entre eux et reconnaissait l'existence de synergies au sein du portefeuille.

1. Wright R., 1973.
2. « Planning a Chemical Company's Prospects », document McKinsey-Royal Dutch Shell, 1972.

Position concurrentielle	Valeur de l'activité : Forte	Valeur de l'activité : Moyenne	Valeur de l'activité : Faible
Forte	Maintenir la position de leader coûte que coûte	Maintenir la position Suivre le développement	Rentabiliser (« traire »)
Moyenne	Améliorer la position	Rentabiliser prudemment	Se retirer sélectivement (segmenter)
Faible	Doubler la mise ou abandonner	Se retirer progressivement et sélectivement	Abandonner Désinvestir

Figure 16.2
La matrice McKinsey

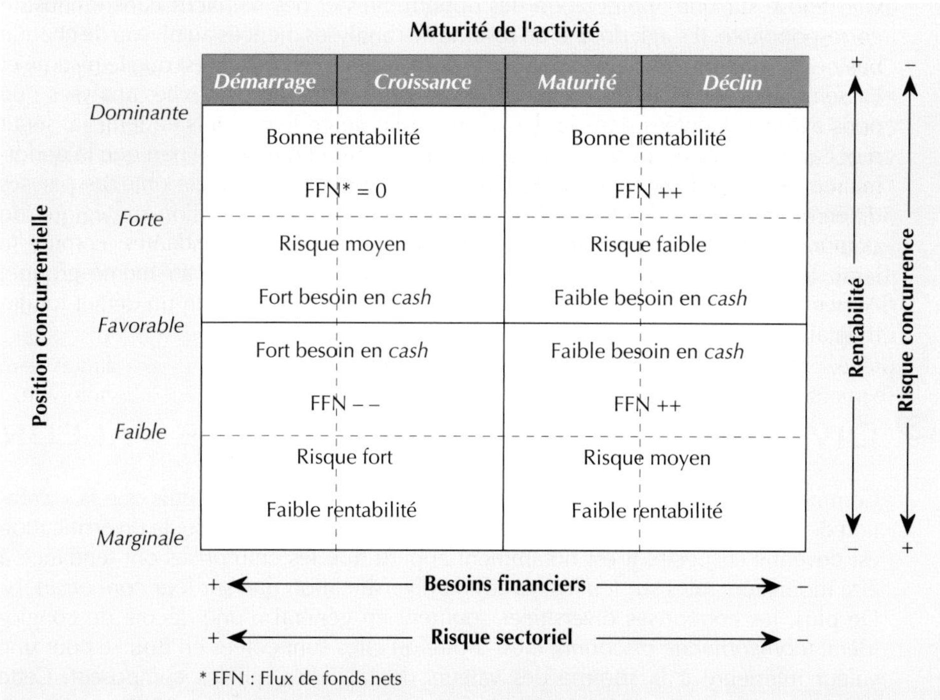

Figure 16.3
La matrice ADL

En contrepartie de leur richesse qualitative, liée à la combinatoire des variables utilisées et à la multiplicité des pondérations possibles entre variables, les modèles de

McKinsey et ADL n'avaient pas le caractère instrumental de la matrice BCG. De plus, les consultants étaient amenés à pondérer les critères et à noter les segments avec une certaine subjectivité… souvent motivée par le désir de ne pas contredire le client. Or il est bien évident qu'en changeant les critères et en les pondérant d'une manière ou d'une autre, on pouvait atteindre à peu près n'importe quel résultat. C'est pourquoi ces matrices, lourdes à mettre en œuvre mais faciles à « manipuler », ont vite cessé d'être utilisées.

Soulignons en conclusion qu'à part le nombre de cases dans la matrice, la seule différence notable entre tous ces modèles de portefeuille d'activités réside dans le choix des variables qui servent à opérationnaliser les deux critères de base utilisés (position concurrentielle et attractivité). Chaque lecteur de ce livre peut donc développer lui-même un nouveau modèle. Il lui suffit pour ce faire de choisir une combinaison originale de critères, quantitatifs ou qualitatifs, mesurant les deux variables de base communes à tous les modèles. Nous lui conseillons en outre de créer une matrice dont le nombre de cases soit faible, mais différent de celui des matrices classiques, et de trouver des noms amusants pour désigner chaque case. Dans ce domaine, la supériorité du BCG ne fait aucun doute.

Plaisanterie mise à part, il est tout de même paradoxal de constater que les modèles de portefeuille d'activités, qui sont censés être des modèles de *corporate strategy*, évaluent les segments stratégiques selon deux critères essentiellement issus de la *business strategy* et, plus précisément, du modèle SWOT : l'évaluation de la position concurrentielle dépend d'une analyse des forces et faiblesses de l'entreprise dans les domaines d'activités considérés ; l'évaluation de l'attractivité des domaines d'activité repose sur une appréciation des opportunités et des menaces dans l'industrie correspondante. Il s'agit donc d'un résumé des analyses menées au niveau de chaque business. Autrement dit, une analyse de portefeuille bien faite n'est que le résumé et l'assemblage des analyses menées dans chaque domaine d'activité, analyses que nous avons présentées dans la deuxième partie de ce livre. Or, s'en tenir là, serait nier l'apport de la *corporate strategy*, puisque ce serait dire d'une part que la performance de l'entreprise est, au maximum, la somme des résultats obtenus par ses différents domaines d'activité et que, d'autre part, la seule mission stratégique du *corporate* est d'allouer le *cash-flow* entre des activités indépendantes, comme le ferait le marché financier si ces activités n'appartenaient pas au même groupe. Autrement dit, toutes les matrices de portefeuille ont en commun un défaut fondamental : elles ignorent la notion de création de valeur.

3 DIVERSIFICATION ET CRÉATION DE VALEUR

Comme nous le remarquions en introduction de ce chapitre, depuis que la « création de valeur » est devenue le leitmotiv de la stratégie d'entreprise, la diversification est devenue suspecte. Il est notamment apparu que les entreprises ont tendance à être moins rentables sur leurs activités de diversification que sur leur *core business*. De plus, les entreprises diversifiées souffrent en général d'une décote de conglomérat (*conglomerate discount*), c'est-à-dire qu'elles sont cotées en Bourse pour une valeur inférieure à la somme des valeurs des activités qui les composent. Cette décote atteint souvent 20 % à 30 % de la valeur du groupe. En 2008, un groupe comme Vivendi, diversifié dans le radiotéléphone, la télévision, l'édition musicale, les télécommunications, les jeux vidéo, subissait, selon certains analystes, une décote d'environ 25 %.

Les décotes de conglomérat fragilisent les groupes diversifiés. Vers la fin des années 1980, plusieurs grandes entreprises ont été la proie de raiders qui ont encaissé de solides plus-values en prenant le contrôle du groupe pour le démanteler et le revendre « par appartements ». Le cas le plus emblématique est probablement celui du raid opéré en 1989 par KKR sur le géant de l'alimentaire et du tabac RJR Nabisco, pour la modique somme de 25 milliards de dollars de l'époque ! Des opérations de cette ampleur ont clairement montré que même les plus grandes entreprises n'étaient plus à l'abri ni d'une prise de contrôle hostile, ni d'un limogeage généralisé de leur équipe dirigeante. Face à une telle menace, de nombreux groupes industriels ont préféré procéder eux-mêmes à des désinvestissements massifs pour se dégager de leurs diversifications excessives et se recentrer sur leur métier principal. Ainsi Philips a-t-il cédé à l'époque sa branche électroménager, ses activités de production musicale (Polygram), ainsi que sa filiale Grundig. Au total, pendant les années 1980-1990, alors que le turnover des dirigeants augmentait significativement aux États-Unis, le nombre d'entreprises diversifiées dans les palmarès comme le Fortune 500 diminuait considérablement.

A/ Indispensables synergies

L'argument essentiel contre la diversification est que les actionnaires sont capables de diversifier leur risque et d'équilibrer leur portefeuille d'investissements par eux-mêmes, en achetant et en revendant des titres en bourse. Investir dans une entreprise diversifiée est donc moins intéressant qu'investir dans une série d'entreprises spécialisées. Cela n'est intéressant que si le groupe crée davantage de valeur que ne le ferait un portefeuille d'actions d'entreprises spécialisées opérant dans les mêmes secteurs. La diversification ne se justifie donc que si l'activité dans laquelle l'entreprise se diversifie entre en synergie avec les activités déjà présentes. On dit qu'un groupe présente des synergies lorsque la valeur de l'ensemble du groupe est supérieure à la somme de ses parties (d'où la formule imagée 2 + 2 = 5), c'est-à-dire si, du fait de leur appartenance à la même organisation, les activités ont collectivement une valeur supérieure à la somme des valeurs qu'elles auraient si elles étaient gérées par des entreprises indépendantes. Ce surcroît de valeur provient de liens opérationnels qui permettent de partager certains coûts entre plusieurs activités ou de créer des perspectives de croissance que les activités n'auraient pas si elles étaient hors du groupe.

Les autres motivations de la diversification couramment avancées par les dirigeants des entreprises sont en général contraires aux intérêts des actionnaires. En outre, diversifier une entreprise dans le but de diversifier ses risques n'est pas un but légitime puisque cela conduit à confisquer aux actionnaires leur pouvoir d'arbitrage entre les différents investissements qu'ils pourraient faire eux-mêmes dans des actions d'entreprises mono-activité. Le désir d'utiliser les excédents de *cash-flow* produits par une « vache à lait » est également condamnable : il vaudrait mieux rendre ces liquidités aux actionnaires pour qu'ils en usent librement. Du coup, se diversifier pour survivre est tout aussi discutable.

Au total, les approches basées sur la création de valeur poussent les entreprises au recentrage. En effet, elles rejettent la plupart des motivations possibles de la diversification pour n'en retenir qu'une : la synergie. Cela les différencie fondamentalement des modèles de portefeuille d'activités que nous avons présentés dans la section précédente. Ceux-ci préconisaient en effet implicitement de diversifier l'entreprise pour créer un marché interne des capitaux, ce qui ne créait aucun apport de valeur

supplémentaire par rapport à la diversification que les actionnaires peuvent effectuer eux-mêmes en achetant des titres sur le marché boursier.
Nous allons maintenant présenter les principaux modèles et outils d'analyse correspondant aux approches de la **diversification** basées sur la création de valeur.

B/ Les trois tests de Porter et le *parenting advantage*

Selon Porter, toute entreprise envisageant de se diversifier devrait soumettre sa décision à trois tests[1] :

> **le test de l'attractivité.** Le secteur dans lequel l'entreprise se diversifie doit être attractif ou doit pouvoir le devenir du fait de l'action de l'entreprise ;

> **le test du coût d'entrée.** Le coût de l'entrée dans le nouveau domaine d'activité ne doit pas excéder la valeur actualisée des *cash-flows* futurs que l'entreprise pourra en tirer ;

> **le test du surcroît de valeur (*better off test*).** La nouvelle activité doit bénéficier de synergies avec le reste de l'entreprise, de manière à ce que ses performances au sein du groupe soient supérieures à celles qu'aurait (ou qu'avait) l'activité hors du groupe.

Cette approche souligne que l'attractivité d'une industrie, c'est-à-dire sa capacité à générer une profitabilité économique supérieure au coût du capital (*cf.* chapitre 3), ne saurait à elle seule justifier une diversification dans l'industrie en question, contrairement à ce que laissaient supposer les anciennes matrices de portefeuille d'activités. Non seulement il faut éviter de confondre attractivité et croissance, comme le faisait la matrice du BCG, mais encore faut-il considérer que l'attractivité se paie.
D'où le deuxième test, celui du coût d'entrée : si le domaine de diversification est attractif, il est probable que le ticket d'entrée, c'est-à-dire le coût à supporter pour entrer dans l'activité, est élevé. Il s'agit donc de vérifier qu'on récupérera bien cet investissement initial grâce aux profits futurs de la nouvelle activité. Par exemple, dans le cas d'une diversification par croissance externe, il n'est pas rare de verser une prime de contrôle de 20 % à 30 % de la valeur de la cible. On ne peut justifier l'opération que si on est capable d'améliorer suffisamment les performances de la cible pour rembourser cette prime. Cet argument sera davantage développé dans le chapitre 18 sur les fusions-acquisitions.
Le troisième test, celui des synergies, donne la clé du problème. Si l'entreprise est capable d'exploiter des liens opérationnels (techniques, commerciaux ou autres) entre ses activités existantes et le domaine de diversification, elle pourra améliorer les performances de sa nouvelle activité au-delà des attentes des actionnaires précédents. Ou alors, si les performances de la nouvelle activité ne s'améliorent pas, ce seront les activités existantes qui bénéficieront des synergies avec la nouvelle activité, ce qui augmentera les performances du groupe dans son ensemble.
Pour certains auteurs toutefois, le test du surcroît de valeur n'est pas suffisant. Selon Goold et Campbell[2], une diversification ne se justifie pleinement que si l'entreprise arrive à démontrer que non seulement elle apporte de la valeur à sa nouvelle activité, mais encore qu'elle apporte davantage de valeur que n'importe quel autre parent possible. Autrement dit, l'entreprise doit démontrer qu'elle est le meilleur parent possible de l'activité cible. C'est ce que les auteurs appellent le *parenting advantage* (avantage parental) par analogie avec l'avantage concurrentiel. Cette analogie provient du fait que les groupes sont en concurrence les uns avec les autres

1. Porter M.E., 1987.
2. Goold M., Campbell A., Alexander M., 1995.

sur le marché du *corporate control*, c'est-à-dire le marché de la prise de contrôle des activités. Pour gagner le droit de gérer une activité, un groupe doit démontrer qu'il dispose d'un avantage sur ses rivaux, c'est-à-dire qu'il est capable de créer davantage de valeur pour les actionnaires que n'importe quel autre groupe. Au total, si on généralise ce principe à tout le portefeuille d'activités, le groupe doit prouver qu'il est le meilleur parent possible de chacune de ses activités.

C/ LE MODÈLE MACS

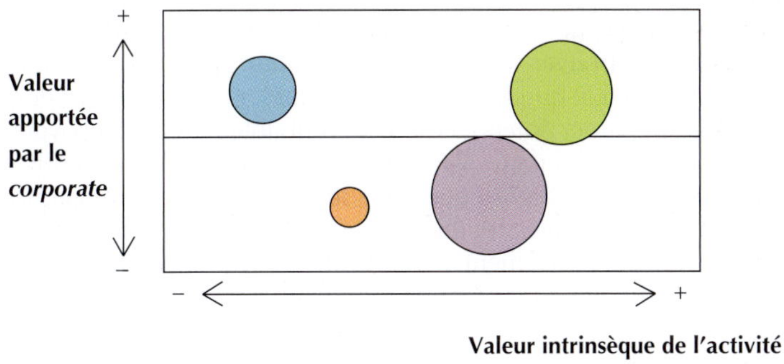

Figure 16.4
Le modèle MACS

Source d'après McKinsey.

Le modèle MACS (*Market Activated Corporate Strategy*), développé par McKinsey, est un modèle de portefeuille d'activités reposant sur le principe du *parenting advantage*. Il a pour but d'orienter les choix d'allocation de ressources en vue de maximiser la valeur de l'entreprise.
Il s'agit d'une matrice où l'on peut positionner les domaines d'activités d'une entreprise en fonction de deux critères :

- la valeur intrinsèque de chaque activité (axe horizontal) ;
- la capacité du groupe à accroître cette valeur (axe vertical).

Ces axes correspondent au premier et au troisième test de Porter que nous avons discutés précédemment. La question du coût d'entrée (deuxième test) n'est pas posée car le modèle est avant tout un outil de diagnostic du portefeuille existant. Il ne traite que des activités présentes dans le groupe et non des activités dans lesquelles celui-ci pourrait envisager de se diversifier.
L'axe horizontal est en quelque sorte la diagonale des axes des anciennes matrices de portefeuille. Il synthétise en effet les deux dimensions des anciens modèles, la position concurrentielle et l'attractivité du secteur, en une seule, la valeur intrinsèque de l'activité. Par rapport aux catégories de la matrice du BCG, on va trouver de gauche à droite : les « poids morts », les « dilemmes », les « vaches à lait » et les « *stars* ». La valeur intrinsèque de chaque activité est mesurée par la valeur actualisée des *cash-flows* futurs que l'activité est capable de générer en tant que telle, indépendamment de son appartenance au groupe.
L'axe vertical sert à évaluer le surcroît de valeur que le groupe apporte à chaque activité, autrement dit le niveau de synergie entre chaque activité et le reste du portefeuille. Cette dimension est plus difficile à quantifier, puisqu'il s'agit d'isoler et de valoriser les partages de coût et les opportunités de croissance que chaque activité doit à son appartenance au groupe. Il est souvent surprenant de voir à quel point les consultants et leurs clients peuvent être optimistes sur l'évaluation financière des

synergies. La ligne horizontale qui coupe la matrice en deux correspond au critère du meilleur parent. Le groupe dispose d'un *parenting advantage* pour les activités situées au-dessus de cette ligne. En revanche, il existe un meilleur parent que l'entreprise considérée pour les activités situées au-dessous.

Les activités dans lesquelles l'entreprise doit se développer en priorité sont les activités à forte valeur dont l'entreprise est le meilleur parent. Au-delà de cette recommandation presque tautologique, le modèle MACS aboutit dans certains cas à des conclusions qui peuvent paraître paradoxales pour qui ne pousse pas jusqu'au bout la logique de création de valeur. MACS préconise en effet de désinvestir des activités dont le groupe n'est pas le meilleur propriétaire, ce qui peut conduire à abandonner des activités à forte valeur intrinsèque. En effet, certaines activités de grande valeur peuvent trouver à l'extérieur un meilleur parent, qui serait capable de les valoriser encore mieux que le propriétaire actuel, en faisant jouer des synergies plus importantes. Ce parent potentiel est donc probablement prêt à payer une prime de contrôle élevée, ce qui fait que l'activité peut être cédée pour un prix dépassant significativement sa valeur intrinsèque dans le groupe actuel. Remarquons que la réciproque est également vraie : toujours d'après MACS, il est pertinent de conserver des activités à valeur relativement faible si le groupe en est le meilleur parent possible, car on détruirait de la valeur en les cédant à un moins bon propriétaire.

Malgré son intérêt, le modèle MACS a été peu utilisé dans les entreprises à cause des difficultés de valorisation financière de chaque activité et des apports du *corporate*. Valoriser les apports du *corporate* et appliquer le critère du meilleur parent est en effet séduisant intellectuellement, mais difficile à faire dans la pratique. On retiendra toutefois le message le plus original et le plus fondamental de ce modèle : pour créer de la valeur, l'entreprise ne doit pas hésiter à procéder à des cessions ou à des *spin-offs* d'activités parfois très rentables mais dont elle est incapable d'exploiter pleinement le potentiel. Les années 1990 ont vu s'opérer un grand nombre d'opérations de ce type, qui paraîtraient surprenantes dans une logique de portefeuille classique.

MINI-CAS

Amora-Maille

Fin 1997, Danone se sépare d'Amora-Maille, filiale spécialisée essentiellement dans la moutarde et quelques autres condiments, et la vend à un groupe de trois fonds d'investissement : Paribas Affaires industrielles, Fonds Partenaires, et Finance & Investors. En fait, le groupe Danone cherche à se recentrer sur les produits laitiers, les eaux et les biscuits, et donc à sortir des activités d'épicerie. C'est pour ce faire qu'il cède non seulement Amora-Maille, mais aussi Panzani (pâtes) et William Saurin (plats cuisinés). L'ensemble de ces activités est valorisé à 600 millions d'euros, pour un chiffre d'affaires de 760 millions d'euros, dont moins d'un tiers pour Amora-Maille. À l'époque, Amora-Maille n'exporte pratiquement pas.

Entre 1997 et 1999, Amora-Maille double ses profits. Le chiffre d'affaires atteint 350 millions d'euros dont 17 % à l'export. Comment se fait-il que, livrée à elle-même, cette activité ait des performances tellement supérieures à celles qu'elle avait au sein d'un groupe leader de l'alimentaire où les synergies avec les autres activités auraient dû être fortes ? Bien sûr, la pression sur les résultats créée par le nouvel actionnaire y est sûrement pour quelque chose : un fonds de *private equity* a une perspective de plus-value à nettement plus court terme qu'un grand groupe multinational traditionnel. Mais ce n'est pas tout. En fait, le potentiel d'Amora-Maille était sous-exploité chez Danone car la moutarde apparaissait comme une activité périphérique. En matière d'export notamment, le groupe Danone exigeait >

····> que toutes ses filiales utilisent les services centraux d'une même « division international export » dont les responsables avaient forcément tendance à privilégier les produits leur apportant les plus gros volumes (eaux minérales, produits laitiers), ce qui bridait le développement d'Amora qui ne générait pour eux qu'une activité très faible. Une fois débarrassée de cette contrainte, Amora-Maille a eu les coudées franches pour croître rapidement à l'international.

En mars 2000, Unilever rachète Amora-Maille à Paribas Affaires Industrielles pour 715 millions d'euros. Belle plus-value : Amora-Maille vaut alors à elle seule autant que l'ensemble des trois activités cédées par Danone en 1997 ! De plus, pour s'emparer d'Amora-Maille, Unilever doit sacrifier ses sauces Bénédicta (France), Bénédictin (Belgique) et Grey Poupon (Royaume-Uni, Suède) qui faisaient jusque-là partie de son portefeuille. En effet, la Commission européenne juge que la position d'Unilever risque de devenir dominante dans l'activité en question.

Questions

1) Les fonds d'investissements étaient-ils de meilleurs parents que Danone pour cette activité ?
2) Unilever est-il un meilleur parent que Danone ? L'acquisition passe-t-elle les trois tests de Porter ?

D/ « L'HEXAGONE » DE MCKINSEY

Au-delà du modèle MACS, l'effort de McKinsey pour élaborer une approche de la *corporate strategy* basée sur la création de valeur s'est matérialisé par la publication du livre *Valuation*[1] qui présente notamment le célèbre « hexagone ».

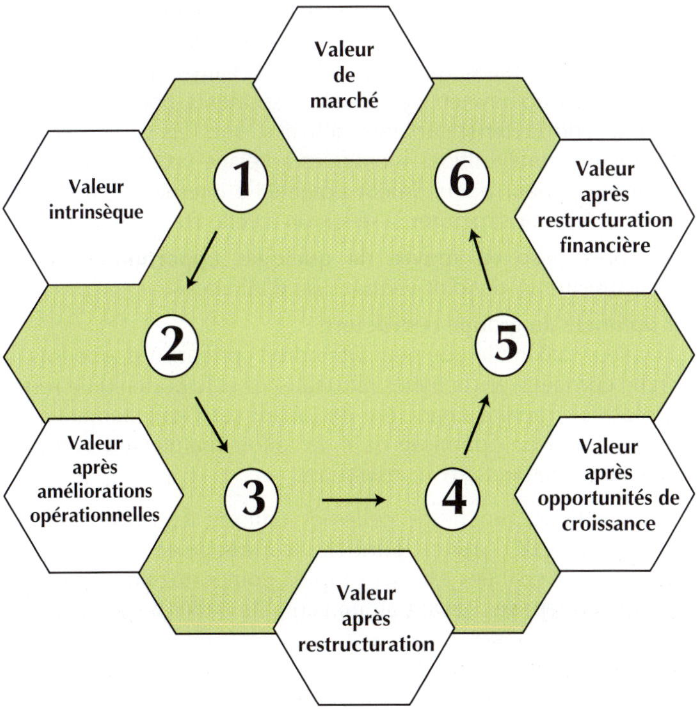

Figure 16.5
« L'hexagone » de McKinsey

1. Koller, T., Goedhart, M., Wessels, D., 2005.

Cette démarche en six étapes permet de restructurer les activités d'un groupe diversifié dans le but de maximiser sa valeur :

> **La valeur de marché de l'entreprise**
Le point de départ est la valeur de l'entreprise au moment où on commence l'analyse. Cette valeur est égale à la capitalisation boursière (nombre d'actions multiplié par le cours de l'action) augmentée de la dette nette (dette moins *cash*).

> **La valeur réelle de l'entreprise**
En principe, la valeur de marché de l'entreprise devrait être égale à la valeur actualisée de ses *cash-flows* futurs. Or il se peut que les anticipations du marché reposent sur une perception défavorable du potentiel de rentabilité future, et que la valeur réelle de l'entreprise soit supérieure à sa valeur de marché. Donc, même sans aucun changement de stratégie ou d'organisation, il est parfois possible de mieux valoriser l'entreprise en influant sur les anticipations des investisseurs, grâce à une communication financière plus efficace. Cette action permet de réduire l'écart de perception des investisseurs et de faire en sorte que la valeur de marché rejoigne la valeur réelle. C'est pourquoi les entreprises consacrent de plus en plus de temps et de moyens à leur communication financière.

> **La valeur potentielle après améliorations opérationnelles**
Cette valeur peut être atteinte en procédant à des changements stratégiques et organisationnels dans chacune des activités du groupe, de manière à augmenter les *cash-flows* que ces activités génèrent. Il s'agit de rechercher les opportunités stratégiques non exploitées (exportation, repositionnement des produits, *outsourcing*, etc.) ou de réorganiser l'entreprise pour réduire les coûts dans l'ensemble de ses activités. Cette étape correspond en fait à une remise à plat de la *business strategy* dans chacun des domaines d'activités de l'entreprise.

> **La valeur potentielle après restructuration du portefeuille**
Une fois déterminée la valeur potentielle de chacune des activités, par comparaison avec la valeur de l'ensemble du groupe, il s'agit d'évaluer si une restructuration du portefeuille d'activités, notamment des désinvestissements, pourrait créer de la valeur. La question clé est de savoir si certaines activités, une fois valorisées à leur valeur potentielle grâce aux améliorations identifiées à l'étape précédente, pourraient être cédées à un prix supérieur à leur valeur potentielle interne au groupe. Le modèle MACS peut être utile pour structurer la réflexion à cette étape de la démarche.

> **La valeur après mise en œuvre de quelques opportunités de croissance,** par le biais d'acquisitions, de joint-ventures ou d'alliances.

> **La valeur optimale du groupe restructuré**
Il s'agit de la valeur maximale que peut atteindre l'entreprise si, une fois les perceptions du marché corrigées, les activités rationalisées et le portefeuille restructuré, on optimise en plus sa structure financière en jouant sur l'endettement et le coût du capital. C'est cette valeur optimisée qu'il va falloir maintenant communiquer au marché et plus généralement aux investisseurs.

À travers cette méthode, proche de celles qu'utilisent les raiders et les firmes de *private equity* lors des LBO (voir chapitre 18), le message envoyé aux dirigeants des grandes entreprises diversifiées est très simple : comportez-vous comme un raider avec votre propre entreprise… avant qu'un véritable raider ne le fasse.

4 LES SYNERGIES : MIRAGE OU RÉALITÉ ?

Les recommandations des modèles précédents se résument ainsi : pour créer de la valeur, un groupe doit privilégier la **diversification liée,** c'est-à-dire la diversification dans des activités présentant des synergies avec les activités existantes (par exemple grâce à des partages de ressources communes, comme une technologie ou un réseau de distribution) et éviter la diversification conglomérale, c'est-à-dire la diversification dans des activités sans lien opérationnel avec les activités existantes. L'entreprise diversifiée doit alors poursuivre trois buts :

> maximiser la valeur intrinsèque de chacune des activités du portefeuille *(business strategy)* ;

> exploiter au maximum les synergies entre les métiers existants *(corporate strategy)* ;

> explorer les nouvelles activités qui pourraient permettre de croître en développant de nouvelles synergies *(growth strategy)*.

Malheureusement, dans la pratique, il y a souvent loin de la coupe aux lèvres. Comme nous l'avons vu, beaucoup d'entreprises diversifiées souffrent d'une décote de conglomérat significative. Les synergies que les dirigeants d'entreprises invoquent constamment pour justifier le périmètre de leur groupe sont donc souvent bien difficiles à valoriser, quand elles ne brillent pas par leur absence !

A/ ÉVALUER LES SYNERGIES

La diversification peut améliorer la profitabilité d'une entreprise, voire augmenter sa valeur, sans qu'il y ait pour autant de synergie. Il suffit pour cela que l'entreprise se diversifie dans une activité plus profitable que ses activités existantes et qu'elle réussisse à gérer cette nouvelle activité mieux que ne le faisait le propriétaire précédent. Ce thème sera développé dans le chapitre 18 sur les fusions-acquisitions. *A contrario,* la valeur d'une entreprise peut diminuer au moment d'une diversification alors qu'il y a des synergies, tout simplement parce que le coût d'entrée dans la nouvelle activité est trop élevé et que l'exploitation des synergies ne permet pas de compenser ce coût. C'est pour cette raison qu'au moment de l'annonce d'une acquisition, le cours de bourse de l'entreprise acquéreuse a souvent tendance à baisser, même s'il y a des synergies évidentes. Évaluer les synergies par différence entre la valeur du groupe avant et après une diversification ou un recentrage n'aboutit donc pas forcément à une mesure fiable.

La méthode la plus fiable actuellement utilisée pour évaluer la création de valeur et les synergies au niveau d'un groupe est la méthode *chop-shop*[1]. Cette méthode consiste à comparer la performance de l'entreprise diversifiée avec celle d'un portefeuille d'activités virtuel composé d'entreprises spécialisées dans chacun des domaines d'activité du groupe, chaque activité étant pondérée en fonction de son importance réelle dans le groupe. Idéalement, chaque entreprise spécialisée qui sert de base de comparaison devrait être de taille équivalente à celle de l'activité correspondante dans le groupe diversifié et elle devrait opérer sur les mêmes zones géographiques. Construire un portefeuille parfaitement comparable est souvent impossible. S'en approcher aussi près que possible est la tâche la plus difficile pour mettre en œuvre la méthode.

Cette méthode est inspirée de celle qu'utilisent les analystes financiers pour savoir si la valeur boursière d'une firme diversifiée bénéficie d'une prime de synergie ou

1. Le Baron D., Sperdell L., 1987.

d'une décote de conglomérat. Les analystes financiers effectuent un calcul de la « somme des parties » en calculant la moyenne pondérée des cours de bourse de concurrents spécialisés dans les mêmes secteurs que le groupe diversifié, puis, par comparaison avec la valeur de marché de celui-ci, évaluent la création ou la destruction de valeur au niveau du groupe.

Jusqu'au début des années 1990, l'idée communément admise par les experts en stratégie d'entreprise était que la diversification liée était potentiellement créatrice de valeur, par opposition à la diversification conglomérale, qui était censée détruire de la valeur, à cause de l'absence de synergie. Au milieu des années 1990, plusieurs recherches utilisant la méthode *chop-shop* ont cherché à démontrer ce résultat, sans beaucoup de succès. Ces recherches ont montré que les groupes diversifiés sont généralement moins performants qu'un portefeuille équivalent d'entreprises spécialisées, même s'il existe des liens entre les activités[1]. Il a été démontré en outre que les entreprises diversifiées améliorent leurs performances quand elles se recentrent sur un nombre d'activités plus faible[2]. Ces résultats ont conforté l'opinion largement répandue chez les analystes financiers et les investisseurs, à savoir que la diversification a en soi des effets négatifs. Cette opinion repose sur l'idée selon laquelle une équipe de management focalisée et spécialisée sur la gestion d'une activité spécifique acquiert une expérience irremplaçable et construit une véritable expertise sur l'activité en question. Une telle équipe experte fera donc toujours mieux que des dirigeants « multicartes » dont l'attention, le talent et le temps sont dispersés entre plusieurs activités différentes. La notion de synergie est donc un miroir aux alouettes utilisé par les dirigeants pour justifier leurs opérations de croissance aux yeux des investisseurs, alors que leur véritable motivation est de construire un groupe aussi gros que possible pour asseoir leur pouvoir, augmenter leur salaire, accéder à un autofinancement plus important et rendre les prises de contrôle difficiles, autant de motivations dont les actionnaires n'ont que faire. Ces résultats ont donné une caution scientifique aux nombreuses opérations de recentrage dont les années 1990 ont été émaillées.

Toutefois, au début des années 2000, de nouvelles recherches ont remis en cause ces idées en partant du principe que les recherches précédentes n'avaient pas pris en compte l'existence de facteurs qui affectent à la fois la diversification et la performance[3]. En contrôlant l'influence de facteurs comme la performance passée et la possession de ressources intangibles, qui ont un impact positif à la fois sur la diversification et la performance, il apparaît que la diversification liée peut effectivement créer de la valeur. Plus précisément, les *corporate strategies* fondées sur des diversifications liées par l'exploitation de ressources intangibles, comme par exemple une image de marque ou une expertise technologique exclusive, seraient créatrices de valeur.

B/ Les sources de synergies

On distingue trois sources possibles de synergies : les synergies opérationnelles, les synergies financières et la collusion multisecteurs. Selon nous, seules les premières ont un réel potentiel de création de valeur et ce sont donc les seules synergies qui puissent véritablement motiver une stratégie de diversification. Le concept de synergie financière se justifie de moins en moins sur le plan théorique et, en pratique, il ne correspond à une réalité que dans des cas très particuliers. Quant à la collusion multisecteurs, bien que ce soit un concept intéressant d'un point de vue théorique, son impact réel reste à prouver.

1. Lang H.P., Stulz R.M., 1994.
Berger P.G., Ofek E., 1996.
2. Bhagat, S., Shleifer A., Vishny R.W., Jarrel G., Summers L., 1990.
3. Campa J.M., Kedia S., 2002.

C/ Les synergies opérationnelles

Les synergies opérationnelles correspondent à ce que les économistes appellent des économies de champ (*scope economies*). Elles proviennent de l'utilisation de la même ressource (technologie, marque, réseau de distribution, etc.) dans plusieurs domaines d'activité différents. De telles synergies peuvent conduire à des économies sur les coûts et les investissements, puisqu'on n'est pas forcé de dupliquer certains éléments de la chaîne de valeur d'une activité pour entrer dans une autre. Elles génèrent également des opportunités de croissance du chiffre d'affaires, par exemple en transférant un savoir-faire commercial ou une marque d'une activité vers une autre. Au fond, il n'existe que deux sources de synergies opérationnelles : les partages de coût et les créations d'opportunités par combinaison de ressources.

MINI-CAS

Mickey et Donald, sources de synergies chez Disney

Disney est une entreprise plus diversifiée qu'il n'y paraît puisqu'elle est présente dans le cinéma d'animation, la télévision, la distribution de musique et de vidéo, les parcs d'attraction et les jouets et autres produits dérivés. Mais toutes ces activités sont liées par l'exploitation des mêmes ressources, à savoir les personnages des dessins animés Walt Disney. Les personnages, leur histoire, la musique qui leur est associée, sont exploités simultanément dans des activités multiples : dessins animés, films de cinéma, vidéos, parcs d'attraction, CD et produits dérivés (tee-shirts, jouets, etc.). Cela entraîne d'importantes économies de champ puisque le coût de la création de ces personnages est amorti sur un important volume d'activités. De plus, les dépenses de marketing dans une activité renforcent également les autres activités. La promotion d'un nouveau dessin animé, par exemple, fait connaître un nouveau personnage, ce qui a un effet induit sur les parcs d'attraction ou les produits dérivés qui se mettent à exploiter le même personnage. Or les parcs d'attraction et les produits dérivés ont également leur propre marketing, qui est lui-même indirectement actif sur le dessin animé. Ainsi, même si chaque activité est gérée séparément, chaque dollar dépensé en création ou en marketing dans une activité a un effet sur les autres, ce qui se décline en gains dans l'ensemble des activités du groupe et crée une importante synergie.

Questions

1) Pourquoi les personnages sont-ils des ressources stratégiques pour Disney ?
2) Du point de vue stratégique et organisationnel, que doit faire Disney pour valoriser au mieux les synergies créées par ses personnages ?
3) Si on compare Disney à Warner qui a un portefeuille d'activités comparable, qui des deux valorise le mieux les synergies ?

On pourrait croire que l'exploitation de synergies opérationnelles est en soi un motif de diversification inattaquable. Or il n'en est rien. Les synergies pourraient être exploitées hors de l'entreprise, avec l'aide de partenaires spécialisés. Ainsi, Disney pourrait céder les licences de ses personnages à une entreprise spécialisée dans les parcs d'attraction. Si Disney pense que céder des licences est trop dangereux, par exemple parce que le licencié pourrait dégrader l'image de marque en commercialisant des produits de mauvaise qualité, Disney pourrait créer un *joint-venture* avec un spécialiste des parcs d'attraction de manière à exercer un contrôle via sa participation au capital (voir chapitre 19).

En fait, il n'est pertinent de se diversifier soi-même dans l'activité liée que si c'est moins coûteux et moins risqué que de passer un contrat ou de faire une alliance. Comme le stipule la théorie des coûts de transaction (*cf.* chapitre 11), il convient donc de comparer les coûts d'organisation interne de la diversification (coût de coordination, coût de transfert interne de savoir-faire, etc.) avec les coûts de transaction externes (coût de sélection du partenaire, coût d'élaboration et de suivi du contrat, etc.). La diversification ne se justifie que si, dans un contrat marchand ou une alliance, les risques de comportement opportuniste du partenaire sont si élevés qu'ils risquent de dégrader la valeur des ressources mises en jeu. Cette condition a davantage de chances d'être vérifiée dans le cas de ressources intangibles, qui « n'ont pas de prix » et sont donc impossibles à négocier sur le marché, que pour des actifs matériels. C'est pourquoi les recherches précédemment citées montrent que la diversification est créatrice de valeur quand elle est liée par ce type de ressource.

Les pseudo-synergies financières

Souvent, les dirigeants d'entreprises évoquent l'existence de synergies financières pour justifier la diversification, ce que la théorie financière moderne récuse. En effet, ces « synergies » consistent essentiellement à :

> diversifier le portefeuille d'activités de l'entreprise pour diversifier son risque, équilibrer son portefeuille et lisser ses résultats, sous prétexte que les actionnaires valorisent la stabilité des profits ;

> créer un marché interne des capitaux pour allouer le *cash-flow* en interne, sous prétexte que les dirigeants de l'entreprise sont mieux informés sur les opportunités que des investisseurs extérieurs.

Théoriquement, ces pseudo-synergies ne justifient pas la diversification de l'entreprise puisque les actionnaires peuvent diversifier leur portefeuille eux-mêmes et que le marché est censé être transparent, ce qui fait que, lorsqu'il s'agit de diversification, c'est-à-dire d'investissement en dehors du domaine d'activité de l'entreprise, les investisseurs ont collectivement davantage d'informations que n'importe quel dirigeant d'entreprise individuel. C'est de plus en plus vrai vu les moyens que les entreprises et les banques d'affaires consacrent à la diffusion de l'information. Il n'y a donc de « synergie financière » que si le marché financier n'est pas efficient. C'est pourquoi, dans la réalité, les seuls marchés où on peut trouver trace de telles synergies sont les pays où le marché boursier est sous-développé, comme par exemple la Corée, l'Inde ou la Chine. Mais, il y a fort à parier que, sous l'effet de la globalisation et de la croissance, ces pays seront bientôt dotés des mêmes mécanismes boursiers que les pays développés.

La collusion multisecteurs (*multi-point competition*)

La présence simultanée des mêmes entreprises dans une série d'industries identiques permet à ces entreprises de développer une forme de collusion implicite, qui incite à limiter la concurrence entre elles et à maintenir de ce fait des prix artificiellement élevés. Le mécanisme sous-jacent est que chaque groupe qui se sent en position de force dans un secteur d'activité pourrait adopter un comportement agressif dans ce secteur, mais qu'il ne le fait pas car il subit en permanence la menace d'une rétorsion sur une autre activité où les dommages pourraient être plus sensibles pour lui[1]. Dès lors, se diversifier dans les mêmes activités que son concurrent principal, de manière à faire peser des menaces de rétorsion sur le plus grand nombre d'activités possible peut permettre d'augmenter les profits tout en diminuant le risque, ce qui est

1. Karnani, A., Wernerfelt, B., 1985.

susceptible de créer de la valeur, même si les activités n'ont pas de lien opérationnel entre elles. Certaines entreprises ont tendance à se diversifier dans les mêmes secteurs d'activités que leurs concurrents. Ainsi, la Lyonnaise des Eaux (Suez Environnement) et la Générale des Eaux (Veolia, ex-Vivendi), leaders de la distribution des eaux municipales, se sont toutes deux diversifiées dans le Bâtiment-Travaux Publics (GTM pour la Lyonnaise, Vinci pour Vivendi) et la télévision (Canal + pour Vivendi et M6 pour la Lyonnaise), ce qui correspond à une diversification conglomérale. De son côté, Bouygues, leader mondial du BTP, s'est également diversifié dans la distribution d'eau (avec la Saur) et la télévision (avec TF1). Du coup, pendant toute la décennie 1990, les trois groupes avaient des portefeuilles d'activités similaires, composés d'industries non liées entre elles (BTP, services collectifs, télévision). Du fait de la fusion de la Lyonnaise avec Suez, de son recentrage sur les services collectifs, de la scission de Vivendi et de Veolia, puis de la vente de la Saur par Bouygues, cette situation a disparu au début des années 2000. On peut toutefois se demander si le bénéfice n'en était pas de préserver chacun des groupes sur son *core business* en faisant planer une menace permanente de concurrence sur les activités périphériques.

Pour séduisante que soit cette théorie, elle n'a jamais été définitivement démontrée dans les faits. Certes, la concurrence multisecteur existe, mais il n'est pas évident qu'elle conduise à la forme de collusion que prévoit la théorie. Cette collusion a en revanche été mise en évidence dans le cas d'entreprises mono-activités présentes sur les mêmes marchés géographiques. Ainsi, les compagnies aériennes présentes sur les mêmes lignes ont tendance à développer ce genre de collusion et à maintenir des prix élevés[1], de même que Veolia et Suez Environnement sont souvent accusées de se partager les marchés des eaux municipales en limitant les effets de la concurrence, ce qui est d'autant plus facile que chaque concession dans une ville donne un monopole local à son bénéficiaire.

D/ Recherche synergies désespérément

L'intrusion de la notion de création de valeur dans la *corporate strategy* a beaucoup fait évoluer la pensée sur la diversification. De nos jours, face au poids des marchés financiers dans la prise de décision stratégique, les dirigeants de grandes entreprises ont une marge de manœuvre plus limitée en ce qui concerne la diversification. Il ne suffit plus d'être un « parent acceptable » de ses activités et de s'assurer que la *business strategy* est correctement formulée et mise en œuvre dans chaque entité du groupe. Il faut démontrer que l'appartenance de ces activités au groupe leur apporte effectivement une valeur supplémentaire, démonstration souvent bien difficile à faire. Les fameuses synergies opérationnelles, qui seules peuvent justifier la diversification, sont souvent moins fortes que ne veulent bien le dire les dirigeants des entreprises.

De plus, même si elles existent sur le papier, il faut pour les exploiter se doter d'une organisation qui encourage la transversalité et les échanges entre domaines d'activités différents, ce qui exige souvent un travail important sur la structure. Mais, dans les grandes entreprises, les responsables de *business units* savent bien que les programmes transversaux imposés par le *corporate* créent souvent des pertes de temps et d'efficacité[2]. Ils préfèrent bien souvent se concentrer sur la gestion de leur activité, au lieu de faire jouer d'hypothétiques synergies, de passer par les services centraux pour les activités de support (juridique, international, etc.) et de respecter des procédures « groupe » qui ne sont pas forcément adaptées aux spécificités de leur domaine d'activité. Les politiques transversales sont alors vues au mieux comme des

1. Borenstein S., 1991. Gimeno J., Woo C.Y., 1999.
2. Goold M., Campbell A., 1998.

distractions imposées par l'appartenance au groupe, et au pire comme l'obligation de passer sous les fourches caudines d'une hiérarchie qui reste loin des opérations. La difficulté est donc de créer des incitations à l'exploitation des synergies sans pour autant déresponsabiliser les dirigeants de chaque activité, qui doivent rester pleinement et individuellement responsables des résultats de leur activité. Ces questions seront développées dans les chapitres 20 et 21 qui traitent des structures nécessaires à la mise en œuvre de la *corporate strategy*.

LES POINTS CLÉS

- La diversification est la décision d'une entreprise d'entrer dans un nouveau domaine d'activité. Une entreprise diversifiée est donc une entreprise présente dans au moins deux domaines d'activité différents, et donc généralement dans deux industries différentes.

- Du point de vue des actionnaires, la diversification est *a priori* suspecte, puisque c'est une manœuvre par laquelle les managers leur imposent un investissement dans un nouveau secteur d'activité. Or les actionnaires peuvent parfaitement diversifier leurs placements eux-mêmes.

- Des recherches récentes montrent toutefois que la diversification peut créer de la valeur, lorsqu'elle permet de partager des ressources stratégiques intangibles entre les activités d'un même groupe.

- La première étape de l'analyse stratégique **d'une entreprise diversifiée** consiste à procéder à une segmentation stratégique de l'entreprise, c'est-à-dire à découper l'ensemble des activités de l'entreprise en segments stratégiques cohérents.

- D'un point de vue externe, par exemple pour les analystes financiers, chaque domaine d'activité correspond à une industrie, c'est-à-dire à un ensemble homogène de concurrents.

- En contrepoint de la vision externe qui consiste à assimiler « segment stratégique » et « industrie », on peut identifier les segments stratégiques d'une entreprise à partir d'une analyse des facteurs clés de succès, c'est-à-dire des compétences et des ressources requises pour être compétitif dans une activité donnée. Appartiendront au même segment stratégique les activités ayant les trois caractéristiques suivantes :
  - elles correspondent à une combinaison cohérente de facteurs clés de succès ;
  - elles appartiennent à la même chaîne de valeur et ont une structure de coût semblable ;
  - elles font face aux mêmes concurrents.

- Dans la pratique, on peut utiliser les critères de segmentation suivants :
  - Concurrence,
  - Structure de coût,
  - Ressources et compétences partagées (y compris technologie),
  - Clientèle et canaux de distribution,
  - Géographie.

- La matrice du Boston Consulting Group est la méthode la plus connue pour analyser le portefeuille d'activités d'un groupe diversifié. Elle établit une typologie des domaines d'activités en quatre catégories : les « vaches à lait » (ou *cash cows,* en anglais) les « poids morts » (ou *dogs*), les « vedettes » (ou *stars*) et les « dilemmes » (ou *question marks*). Elle est construite autour des deux variables suivantes :
  - le taux de croissance de chaque domaine d'activité ;
  - la part de marché relative de l'entreprise dans chaque domaine d'activité.

- Cette méthode, dérivée de la notion d'effet d'expérience, repose sur des postulats extrêmement forts, qui sont en fait rarement vérifiés dans la réalité. Elle donne donc des résultats erronés dans la plupart des situations réelles.

- Tous les modèles classiques de portefeuille d'activités (BCG, ADL, McKinsey) ne font en fait que résumer les analyses SWOT menées au niveau de chaque business et recommander une allocation >

····> du *cash-flow* entre les domaines d'activités, comme le ferait un investisseur extérieur. Toutes les matrices de portefeuille ont donc en commun un défaut fondamental : elles ignorent la notion de création de valeur par le *corporate*.

Selon Porter, toute entreprise envisageant de se diversifier devrait soumettre sa décision à trois tests pour vérifier que la diversification crée de la valeur :

> le test de l'attractivité. Le secteur dans lequel l'entreprise se diversifie doit être attractif ou doit pouvoir le devenir sous l'action de l'entreprise ;

> le test du coût d'entrée. Le coût de l'entrée dans le nouveau domaine d'activité ne doit pas excéder la valeur actualisée des *cash-flows* futurs que l'entreprise pourra en tirer ;

> le test du surcroît de valeur (*better off test*). La nouvelle activité doit bénéficier de synergies avec le reste de l'entreprise, de manière à ce que ses performances au sein du groupe soient supérieures à celles de la même activité hors du groupe.

Pour certains auteurs toutefois, le test du surcroît de valeur n'est pas suffisant. Il faut appliquer le test du *parenting advantage :* l'entreprise doit démontrer qu'elle est le meilleur parent possible de l'activité cible.

La diversification ne se justifie donc que si l'activité dans laquelle l'entreprise se diversifie entre en synergie avec les activités déjà présentes. On dit qu'un groupe présente des synergies lorsque la valeur de l'ensemble du groupe est supérieure à la somme de ses parties (d'où la formule imagée 2 + 2 = 5). Pourtant, dans la réalité, les entreprises diversifiées souffrent souvent d'une décote de conglomérat (*conglomerate discount*), c'est-à-dire qu'elles sont cotées en bourse pour une valeur inférieure à la somme des valeurs des activités qui les composent.

Pour créer de la valeur, un groupe doit donc privilégier la diversification liée et éviter la diversification conglomérale.

Le modèle MACS (*Market Activated Corporate Strategy*), développé par McKinsey, est un modèle de portefeuille d'activités reposant sur le principe du *parenting advantage*. Il a pour but d'orienter les choix d'allocation de ressources en vue de maximiser la valeur de l'entreprise. Il s'agit d'une matrice où l'on peut positionner les domaines d'activités d'une entreprise en fonction de deux critères :

> la valeur intrinsèque de chaque activité ;

> la capacité du groupe à accroître cette valeur.

McKinsey a également proposé « l'hexagone », une démarche en six étapes qui permet de restructurer les activités d'un groupe diversifié dans le but de maximiser sa valeur.

La méthode la plus fiable actuellement utilisée pour évaluer la création de valeur et les synergies au niveau d'un groupe est la méthode *chop-shop*, qui consiste à comparer la performance de l'entreprise diversifiée avec celle d'un portefeuille d'activités virtuel composé d'entreprises spécialisées dans chacun des domaines d'activité du groupe.

On distingue habituellement trois sources possibles de synergies : les synergies opérationnelles (coûts et opportunités de croissance rentable), les synergies financières et la collusion multisecteurs. Seules les premières ont un réel potentiel de création de valeur.

Même si les synergies existent sur le papier, il faut pour les exploiter se doter d'une organisation qui encourage la transversalité et les échanges entre domaines d'activités différents. La difficulté est donc de créer des incitations à l'exploitation des synergies sans pour autant déresponsabiliser les dirigeants de chaque activité, qui doivent rester pleinement et individuellement responsables des résultats de leur activité.

QUIZ

1. On utilise le terme de diversification quand une entreprise :
a. Entre dans un nouveau domaine d'activité.
b. Fait le choix de servir un marché diversifié.
c. Entreprend de rationaliser des activités distinctes.

2. Quel est l'argument essentiel opposé par financiers aux stratégies de diversification des entreprises ?
a. La diversification conduit à éparpiller des ressources qui pourraient être mieux employées dans le *core business* des entreprises.
b. La diversification choisie par les dirigeants s'impose aux actionnaires alors que ceux-ci peuvent diversifier leur portefeuille eux-mêmes, selon leurs propres préférences et à moindre frais.
c. Historiquement, les entreprises diversifiées ont des performances inférieures aux entreprises mono-activités.

3. La segmentation stratégique est pertinente quand :
a. Elle permet de dissocier les activités en fonction de leurs spécificités du point de vue des facteurs clefs de succès et de la chaîne de valeur.
b. Elle est calquée sur le découpage par industries des analystes financiers.
c. Elle est suffisamment agrégée pour offrir une vue d'ensemble de l'entreprise.

4. Segmentation marketing et segmentation stratégique :
a. Répondent au même objectif.
b. Coïncident largement.
c. Ne doivent pas être confondues.

5. La matrice BCG :
a. Ignore la notion de création de valeur.
b. Est basée sur des recherches scientifiques rigoureuses.
c. Prédit de manière fiable la rentabilité de chaque domaine d'activité en fonction de sa part de marché relative et de son taux de croissance.

6. Dans quel cas, la diversification est-elle économiquement justifiée ?
a. Quand la nouvelle activité présente des synergies avec les activités existantes.
b. Quand elle permet de réduire le niveau de risque de l'entreprise.
c. Quand des excédents de *cash-flows* inutilisés sont investis.

7. Les trois tests de Porter ont pour objectif de vérifier que :
a. Le coût d'acquisition n'excède pas la valeur actualisée des *cash-flows* futurs.
b. L'opération de diversification envisagée crée de la valeur.
c. La chaîne de valeur de l'activité acquise est compatible avec celle de l'entreprise.

>

....>

8. Pour évaluer la création de valeur et les synergies au sein d'un groupe diversifié, la méthode la plus fiable consiste à :

a. Comparer la valeur de l'entreprise avant et après l'opération de diversification.

b. Comparer la performance de l'entreprise diversifiée avec celle d'un portefeuille virtuel composé d'entreprises spécialisées dans chaque activité du groupe.

c. Recourir à un panel de consultants et d'experts des différentes activités du groupe.

9. Il y a synergies opérationnelles quand:

a. Le partage de ressources sur différentes activités engendre des économies de champ.

b. La création d'un marché interne de capitaux permet une meilleure allocation de ressources au sein du groupe diversifié.

c. La présence simultanée de l'entreprise dans différentes industries permet de réduire l'intensité de la concurrence.

10. La théorie de la concurrence multi-secteur prédit que des groupes diversifiés sur les mêmes marchés :

a. S'entendent sur la répartition des parts de marché dans chaque secteur.

b. Se livrent à une guerre concurrentielle d'autant plus féroce qu'ils se connaissent bien.

c. Développent une forme de collusion qui tend à affaiblir l'intensité concurrentielle dans les industries concernées.

Réponses : 1.a, 2.b, 3.a, 4.c, 5.a, 6.a, 7.b, 8.b, 9.a, 10.c

17 La croissance interne

La croissance interne, ou croissance organique, est réalisée à partir des ressources internes à l'entreprise. C'est donc le mode de développement le plus naturel et le plus intuitif, du moins en apparence. Pourtant, la croissance interne est souvent difficile à isoler et par conséquent à cerner. Beaucoup d'entreprises font de la croissance organique comme Monsieur Jourdain faisait de la prose, sans vraiment le vouloir ni l'avoir décidé. C'est pourquoi ce mode de développement attire peu l'attention des médias ou des chercheurs, quelle que soit leur discipline. La croissance interne est, dans le meilleur des cas, considérée comme le scénario de base auquel se comparent d'autres formes de croissance jugées plus élaborées, et vraisemblablement plus intéressantes, et qui seront abordées dans les deux chapitres suivants, qui traitent respectivement des fusions-acquisitions et des alliances stratégiques.

Plusieurs raisons peuvent expliquer ce constat. La première tient aux difficultés de localiser la croissance interne à la fois dans le temps et dans l'espace. En effet, la croissance interne est souvent le résultat d'une somme d'actions menées, au cours du temps, par l'entreprise, plutôt qu'une décision prise à un moment donné par ses dirigeants, contrairement aux opérations de croissance externe (fusions et alliances) qui résultent d'une décision clairement identifiée. Alors qu'il est aisé de connaître la date de la fusion de deux entreprises, il est beaucoup plus complexe d'identifier la date de la croissance interne. En outre, la croissance interne est souvent diffuse : les effets qu'elle procure peuvent concerner simultanément différentes divisions ou filiales, de telle sorte qu'il peut être difficile de la délimiter avec précision.

La seconde raison relève de la confidentialité de ce mode de croissance. En effet, réalisée par définition en interne, cette croissance ne suppose pas l'implication de partenaires extérieurs. Par conséquent, la diffusion d'informations à l'extérieur de l'entreprise ne va pas de soi, contrairement aux formes de croissance dites « externes ». Du reste, la valeur même de la croissance interne réside dans le secret, permettant en particulier d'éviter la transmission aux concurrents de l'avantage concurrentiel ainsi construit.

La croissance interne fait donc peu l'objet de médiatisation et les dirigeants d'entreprise hésitent en général à partager des informations relevant de la croissance interne de leur entreprise. Peu étudiée, la croissance interne manque aussi de mesures et de repères clairement identifiés. Peut-on attribuer à la croissance interne une augmentation du chiffre d'affaires, du nombre de salariés, de l'actif net ?

Mystérieuse, la croissance interne constitue pourtant le moyen le plus naturel et le plus important de croître pour les entreprises et elle permet de mettre en œuvre différents types de stratégies. Plusieurs études ont spécifiquement démontré la contribution fondamentale de la croissance interne à la croissance des entreprises en général[1]. Contrairement aux idées reçues, sur longue période, la croissance des entreprises est essentiellement le produit de leur croissance interne, et non de fusions - acquisitions. Parallèlement, comme nous allons le voir dans ce chapitre, nombre d'entreprises jugées très performantes, telles Wal-Mart, Southwest Airlines, Zara, ou Dell ont essentiellement usé de croissance interne.

Partant d'une définition de la croissance interne, nous analyserons ses avantages, puis ses limites, pour finir sur quelques considérations pratiques sur la manière de mener ce type de croissance.

1 QU'EST-CE QUE LA CROISSANCE INTERNE ?

A/ DÉFINITION

La croissance interne peut être définie comme l'utilisation de ressources et compétences développées en interne pour accroître la taille des opérations existantes ou élargir le champ couvert par l'entreprise. La firme poursuivant une politique de croissance interne effectue des investissements financés soit par les profits réalisés en interne et non distribués, soit par le recours aux marchés de capitaux[2]. En d'autres termes, la croissance interne correspond à une augmentation du chiffre d'affaires, des actifs et/ou du nombre de salariés de l'entreprise, grâce à l'utilisation de ressources développées en interne ou acquises sur le marché, et non par l'intermédiaire d'une autre entreprise. La croissance interne peut être utilisée seule ou en complément d'autres modes de développement comme les fusions-acquisitions et les alliances stratégiques.

Encore qualifiée de croissance organique, la croissance interne fait aussi référence à une évolution « naturelle » des entreprises, comparable à celle des organismes vivants[3]. Elle est guidée par l'interaction des processus et compétences qui caractérisent l'entreprise et qui comprennent les politiques de recrutement, les processus d'évaluation de projets d'investissement, de recherche et développement, de marketing, etc.

Plus concrètement, la croissance interne s'accompagne en général d'une croissance des actifs : lorsqu'il s'agit d'une entreprise industrielle, elle se manifeste par une augmentation de la capacité de production. Pour les entreprises de distribution, il s'agit d'accroître le nombre de points de vente. Pour les autres entreprises de service, la croissance interne s'accompagne d'une augmentation des ressources, le plus souvent humaines, permettant de produire les services offerts par l'entreprise.

L'exemple du développement de Wal-Mart montre de façon plus concrète en quoi consiste la croissance interne.

1. Weston J.F., 1961. Franko L.G., 2003.
2. Jacquemin A., 1979.
3. Hannan M.T. et Freeman J., 1977.

MINI-CAS

Wal-Mart : la croissance interne, moteur d'une expansion ininterrompue

Né le 2 juillet 1962, date de l'ouverture du premier magasin, Wal-Mart est devenu en un peu plus de quarante ans le leader mondial de la grande distribution avec un chiffre d'affaires de 345 milliards de dollars en 2006, en progression de plus de 9 % par rapport à l'année précédente, et un bénéfice net de 11,3 milliards de dollars. Dans son secteur d'activité, Wal-Mart réalise un chiffre d'affaires plus de trois fois supérieur au numéro deux mondial, Carrefour, qui est pourtant plus international. Le géant mondial de la distribution détient à lui seul près de 6 800 magasins dans le monde. Pour 2008, Wal-Mart comptait poursuivre cette croissance et prévoit d'ouvrir entre 625 et 660 magasins dans le monde.

Les performances de Wal-Mart sont encore plus exceptionnelles lorsqu'elles sont comparées aux résultats de ses concurrents américains. En effet, Wal-Mart a été créé par Sam Walton – dont les descendants continuent à exercer des fonctions clés de l'entreprise – en 1962, la même année que deux de ses principaux concurrents américains Target et Kmart dont les destinées sont moins glorieuses : Target se contente d'une niche haut de gamme avec un chiffre d'affaires de l'ordre de 40 milliards de dollars alors que Kmart a connu des difficultés financières telles qu'il a dû se mettre sous la protection du fameux chapitre 11 (réglementation américaine sur les faillites) avant de fusionner en 2005 avec le distributeur Sears, lui aussi en sévère difficulté.

Pourtant, jusqu'à la fin des années 1980, Wal-Mart avait un chiffre d'affaires inférieur à celui de Kmart, qui apparaissait comme le leader de l'industrie. Wal-Mart a en effet connu une croissance relativement lente au cours des vingt-cinq premières années, notamment en raison des moyens utilisés, à savoir principalement la croissance interne. Le modèle de Wal-Mart reposait essentiellement sur un maillage progressif du territoire américain avec des plateformes logistiques à partir desquelles il développait des marchés locaux, prioritairement dans les villes de taille moyenne, zones non encore couvertes par la grande distribution. Par ce biais, Wal-Mart cherchait à s'assurer des positions de monopole local dans les villes moyennes où ses concurrents négligeaient de s'implanter. Ceux-ci, Kmart en tête, jugeaient en effet que l'implantation d'une grande surface ne pouvait pas être rentable dans les villes de moins de 100 000 habitants. Wal-Mart a réussi à contourner ce problème de taille critique en dissociant ses magasins de ses plateformes logistiques. Wal-Mart a ainsi installé ses magasins en grappes autour de plateformes logistiques centrales qui lui permettaient d'atteindre la taille critique sur la plateforme sans l'atteindre sur chaque magasin. Chaque plateforme pouvait desservir jusqu'à 175 magasins dans un rayon de 250 à 500 km. Implanter des magasins dans des bassins de population que les concurrents jugeaient trop limités devenait donc possible, à condition qu'il y ait un nombre de villes suffisant dans la région pour rentabiliser la plateforme centrale. Ce mode de développement, par marcottage, ne pouvait reposer que sur une croissance organique. Les compétences développées dans les premières implantations ont été déployées progressivement grâce au recrutement et à la formation de nouveaux collaborateurs appliquant les méthodes « maison » tant dans les points de vente que dans les centres logistiques ou au siège.

Par la suite, Wal-Mart s'est émancipé de son mode de développement originel pour s'implanter dans les grands centres urbains et concurrencer, puis dépasser, les autres distributeurs, à partir des années 1990. Ce faisant, Wal-Mart, dont le slogan commercial est : « *Every Day Low Price* », a installé une image de prix bas qu'il a déclinée sur ses différents formats de distribution, grâce à une stratégie intégralement tournée vers une réduction extrême des coûts. L'utilisation des systèmes >

····> d'information, les relations avec les fournisseurs, les politiques vis-à-vis des employées, la gestion des magasins, les méthodes d'approvisionnement, etc. sont guidés par cet objectif ultime de réduire les coûts tout en assurant un bon niveau de service.

Grâce à cette stratégie, Wal-Mart est parvenu à franchir le milliard de dollars de chiffre d'affaires par an en 1980, le milliard de dollars par mois en 1986, et devrait dépasser le milliard de dollars par jour en 2007 (chiffre d'affaires estimé pour 2007 : 375 milliards de dollars) !

En revanche, la croissance internationale de Wal-Mart, plus récente, s'est davantage appuyée sur des acquisitions (Wertkauf et Interspar en Allemagne en 1997 et 1998, Asda au Royaume-Uni en 1999) avec des succès plus mitigés, conduisant même parfois à des cessions (cession de Wertkauk en 2006).

De façon générale, la croissance interne de Wal-Mart est le symbole de sa réussite et le reflet de sa capacité à « cloner » ses compétences et son modèle, à l'origine local, pour assurer son expansion fulgurante notamment aux États-Unis, tout au moins au cours de ses 45 premières années d'existence. Sa capacité à faire de même à l'international est aujourd'hui moins claire, notamment en raison des barrières réglementaires et culturelles qui l'empêchent de reproduire strictement le modèle développé aux États-Unis.

Questions

1) Quel type de business strategy et quel type d'avantage concurrentiel Wal-Mart a-t-il développé ?
2) Comment expliquer un tel succès ? Pourquoi Kmart, qui était leader au départ, s'est-il laissé dépasser ?
3) Quels étaient les risques de la stratégie de croissance interne originelle de Wal-Mart dans les villes moyennes ?
4) Quels sont les risques de sa stratégie actuelle ?

B/ Les différentes formes de croissance interne

La croissance interne suppose que l'entreprise détienne un certain nombre d'actifs, ressources et compétences qu'elle est capable de valoriser pour faire croître son activité. Selon la nature de ces ressources et leur disponibilité, l'entreprise peut choisir de les déployer dans différentes voies de développement, à savoir la croissance au sein de ses propres métiers, la diversification liée ou non liée (voir chapitre 16), l'internationalisation (voir chapitre 15) ou l'intégration verticale (voir chapitre 11).

> ***La croissance interne au sein de ses propres métiers et marchés,*** que l'on qualifie parfois de « croissance horizontale », suppose de tirer parti de la croissance du marché ou de gagner des parts de marchés au détriment des concurrents. Quel que soit le cas de figure, la croissance horizontale réalisée en interne est souvent le produit d'une forte capacité d'innovation (voir chapitre 14). Par exemple, le lancement d'Actimel par Danone a permis au géant de l'agroalimentaire de recruter de nouveaux clients et d'accroître la consommation de ses produits en générant un nouveau besoin en matière de produits laitiers. Pour preuve, lancé dès 1994 sur le marché test de la Belgique, puis en 1996 et 1997 sur les principaux marchés européens, Actimel affichait encore des taux de croissance de l'ordre de 40 % en 2004. Le succès d'Actimel est tel que certaines entreprises tentent de le reproduire dans d'autres secteurs d'activité : L'Oréal relance ainsi fin 2007 sa marque Biotherm au niveau mondial à l'issue de recherches menées avec l'Université de Stanford aux

États-Unis, avec un positionnement « dermobiotique » dont les vertus sont comparables à celles de l'Actimel en alimentaire. Dans d'autres cas, l'innovation relève du *business model* (voir chapitre 6) et permet à l'entreprise de réduire ses coûts et par conséquent ses prix pour gagner de nouveaux consommateurs. L'exemple d'IKEA, que nous avons développé dans le chapitre 5, est très significatif à cet égard. IKEA est parvenu à une position de leader sur son marché grâce à une reconstruction de la chaîne de valeur traditionnelle de l'industrie du meuble, en déléguant une partie de la fabrication au client, chargé de finaliser l'assemblage de son meuble. Ce modèle innovant a permis à IKEA de faire considérablement baisser ses coûts de fabrication et de gestion par rapport à ses concurrents tout en offrant à ses clients une disponibilité immédiate du produit à un prix très avantageux.
Dans ce genre de situation, l'entreprise tire parti d'une innovation qui lui est propre et qu'elle a développée en interne à partir de ses ressources et compétences. La croissance interne est le mode de développement qui permet, par définition, de tels développements.

> ***La croissance interne vers de nouvelles activités.*** L'entreprise qui a développé des ressources et compétences valorisables, difficilement imitables et lui procurant en conséquence un avantage concurrentiel, décide souvent, pour les valoriser encore davantage, de les étendre à d'autres produits ou services. Une marque forte peut représenter une telle ressource : une fois développée et reconnue, suite notamment à des investissements marketing et publicitaires importants, la marque peut être déployée vers des secteurs adjacents ou complémentaires aux produits ou services d'origine. Cette diversification, dite alors liée, bénéficie donc de certaines des compétences déjà développées. Ainsi, le maroquinier Louis Vuitton, créé en 1854, est devenu le fleuron du leader mondial du luxe LVMH suite à la fusion avec Moët-Hennessy en 1987, groupe racheté en 1990 par Bernard Arnault au travers de la maison de luxe Dior. Après des décennies de forte croissance dans la maroquinerie, son activité d'origine, l'entreprise Louis Vuitton a choisi d'étendre sa célèbre marque à d'autres produits. Spécifiquement, elle a lancé les activités chaussures et prêt-à-porter en 1998, les montres en 2002 et une ligne complète de joaillerie en 2004. La croissance interne a permis à l'entreprise de valoriser ses ressources pré-existantes dans de nouvelles activités tout en assurant la continuité avec ses activités historiques. En particulier, l'extension vers les nouvelles gammes de produits a bénéficié de la force de la marque Louis Vuitton, construite depuis plusieurs décennies, ainsi que du réseau de distribution existant.

> ***La croissance interne vers de nouveaux pays :*** lorsqu'une entreprise décide d'étendre son champ géographique, la croissance interne lui permet d'assurer une forte continuité entre la culture et les pratiques de la maison-mère et celles du pays cible. En effet, la conquête de nouveaux pays consiste souvent à étendre la « formule de succès » réalisée localement à d'autres régions du monde. Par conséquent, il est important de s'assurer de déployer les mêmes ressources et compétences qui ont bâti la marque, le produit, le service, tout en les adaptant au pays d'accueil. La croissance interne permet justement de valoriser des compétences développées au niveau central en R&D ou marketing par exemple, pour les déployer vers de nouveaux pays. Parallèlement, la croissance interne permet d'assurer la conformité entre le modèle d'origine et l'activité lancée dans les nouveaux pays cibles. C'est ainsi qu'« American Apparel » parvient à transposer son concept original de fabrication et distribution de textile coton au positionnement éthique et solidaire dans des pays tels que la France ou l'Allemagne. De même, le distributeur anglais Tesco a choisi de se développer aux États-Unis par croissance

interne parce qu'il estime pouvoir tirer parti de ses compétences spécifiques développées au Royaume-Uni. Tesco, spécialiste de la distribution de proximité, cherche ainsi à déployer son modèle sur le plus gros marché mondial de la distribution, le marché américain. Le format de commerce de proximité n'existant pas aux États-Unis, Tesco ne peut pas racheter un acteur existant pour s'y implanter. De plus, le groupe britannique a intérêt à redéployer sur le territoire américain son modèle déjà largement éprouvé au Royaume-Uni, en l'adaptant sans le pervertir. Un tel redéploiement suppose de développer, sur place, les structures adéquates. Dans cette optique, Tesco met en place depuis 2006 une organisation destinée à ouvrir et à gérer des magasins en commençant par la côte ouest. Des managers expérimentés de la maison-mère ont été envoyés sur place pour recruter et former les employés de la filiale naissante aux méthodes « maison », identifier des zones de chalandise pertinentes pour les points de vente et développer les structures logistiques correspondantes.

> ***Le développement interne en amont ou en aval :*** la croissance interne permet également, même si c'est plus rare, d'étendre les activités d'une entreprise le long de la filière économique, en amont ou en aval (voir chapitre 11). La croissance interne permet alors de contrôler totalement cette expansion, et souvent, comme pour la diversification et l'internationalisation, d'appliquer des ressources pré-existantes vers une activité nouvelle, pour les optimiser au maximum. Une telle voie de développement est alors particulièrement pertinente lorsque les ressources détenues présentent un avantage concurrentiel fort, notamment dans le cas d'une marque forte et/ou d'une innovation remarquable. C'est ainsi que Nestlé a souhaité accompagner son succès du lancement des capsules Nespresso par l'ouverture de points de vente à la même effigie, chargées de commercialiser les différents produits et de promouvoir l'image et l'esprit de la marque. Ce mouvement d'intégration en aval est exceptionnel pour Nestlé, qui reste habituellement centré sur ses activités de développement et de production de produits alimentaires. De façon générale, la croissance interne en amont ou en aval permet aussi d'internaliser certaines activités et donc de maximiser la rentabilité et / ou d'atteindre un niveau de prix plus intéressant puisqu'elle évite de concéder une partie de la marge au fournisseur ou au distributeur.

La croissance interne est en général réalisée au sein de la structure juridique existante. Néanmoins, lorsqu'elle concerne le lancement d'une nouvelle activité (diversification) ou la conquête de nouveaux marchés géographiques (internationalisation), voire le développement en amont ou en aval (intégration verticale), elle peut également s'accompagner de la création d'une structure juridique dédiée. En particulier, la pénétration de nouveaux marchés nécessite souvent la création d'une filiale pour s'adapter au contexte juridique du pays d'accueil.

MINI-CAS

Apple : croissance interne et innovation protéiforme

La croissance remarquable d'Apple est essentiellement le produit de la croissance interne et s'articule autour des quatre principales voies de développement (diversification, croissance horizontale, verticale et internationale). En effet, au cours de son histoire, Apple a utilisé la croissance interne pour faire croître les revenus de ses marchés et produits existants, pour développer des offres adjacentes aux précédentes en bâtissant sur ses compétences distinctives, pour étendre sa zone d'influence géographique et pour intégrer certaines activités en amont ou en aval (i-tunes, magasins Apple).

Créé en 1976 par Steve Job, Apple ne cesse d'innover pour faciliter aux utilisateurs l'utilisation de l'outil informatique. Les premiers grands succès commerciaux furent le Macintosh (lancé en 1984 et vendu à plus de 100 000 exemplaires dès les six premiers mois) et le Macintosh portable (en 1989). Quelques années plus tard, Apple continue à innover dans le domaine des ordinateurs portables et lance l'iMac en 1995. Grâce à son design et à certaines de ses avancées technologiques (notamment le standard de connexion USB), ce produit devient un nouveau succès commercial, tirant la croissance de l'entreprise dans son métier d'origine, tant sur le marché américain que dans de nombreux autres pays, en particulier en Europe. Pour preuve, en 2004, 40 % des ventes d'Apple étaient réalisées en dehors des États-Unis.

Les innovations suivantes permettent à Apple d'accélérer sa croissance et d'étendre ses activités à d'autres domaines que la micro-informatique. Apple lance son lecteur de musique numérique iPod fin 2001, puis le site de vente de musique numériques iTunes en 2003. Ce faisant, Apple se diversifie vers des produits adjacents puisque le fonctionnement de l'iPod est largement associé au micro-ordinateur, au départ exclusivement au Mac, puis, par la suite, à tout PC sous Windows.

Parallèlement, Apple lance ses propres boutiques, les « Apple stores » permettant de prolonger l'expérience Apple jusqu'à la distribution finale et d'entretenir une relation directe avec le consommateur. Comme pour i-Tunes, Apple décide là encore d'user de croissance interne pour étendre ses activités verticalement, le long de la filière économique.

En juin 2007, Apple poursuit ses diversifications en lançant son téléphone portable, l'iPhone.

L'évolution du chiffre d'affaires d'Apple confirme l'ampleur de la croissance réalisée au cours de la période récente, ainsi que sa composition. L'exercice fiscal 2006 affiche un chiffre d'affaires de 19,3 milliards de dollars, en progression de 38 % par rapport à l'exercice précédent, et un résultat net de près de 2 milliards de dollars, représentant plus de 10 % de marge nette. Depuis le lancement à grande échelle de l'iPod et le développement d'iTunes, Apple affiche des taux de croissance extrêmement forts : + 34 % en 2004 par rapport à 2003, + 67% entre 2005 et 2004, et enfin + 38% entre 2006 et 2005.

Questions

1) Quels sont les avantages, les risques et les inconvénients de la stratégie de croissance interne d'Apple ?
2) Quel avantage concurrentiel Apple exploite-t-il dans cette stratégie de croissance interne « tous azimuts » ?
3) Quel est le lien entre cette stratégie et les données présentées dans le Mini-cas sur Intel et Power PC dans le chapitre 4 ?

2 Pourquoi faire de la croissance interne ?

A/ Les ressources stratégiques, moteurs de la croissance interne

La spécificité de la croissance interne tient à l'imperfection du marché des ressources stratégiques. En effet, contrairement à certains autres marchés, tels que les marchés financiers ou certains marchés de matières premières par exemple, aucun marché formalisé ou structuré n'existe pour acheter ou vendre des ressources stratégiques. En effet, les ressources ne sont susceptibles de créer un avantage concurrentiel (voir chapitre 8) que si elles sont valorisables, rares, non imitables et non substituables. Elles ne sont donc, par définition, ni « échangeables » ni négociables sur un marché, en général parce qu'elles ne sont pas explicitement formalisables et/ou formalisées. C'est le cas notamment des ressources imbriquées dans une organisation, les ressources tacites ou les ressources qui sont le produit d'une histoire spécifique. De cette façon, l'exemple de Wal-Mart (voir le Mini-cas ci-dessus), montre que les ressources clés de l'entreprise, notamment dans le domaine logistique, sont le produit de son histoire et de son choix de développement dans les villes moyennes américaines non encore couvertes par la grande distribution. Il était donc impossible à Wal-Mart d'acquérir les ressources (logistiques, magasins,...) correspondant à son plan de développement puisqu'avant l'arrivée de Wal-Mart, elles n'existaient pas, dans les zones que l'entreprise avait choisies pour son expansion. De plus, ces ressources étaient liées les unes aux autres ; elles appartenaient à un système complexe, dont les éléments étaient difficiles à isoler.

Comme les ressources stratégiques ne peuvent être acquises sur le marché, leur détention suppose généralement de les développer en interne et donc de recourir à la croissance organique. Une alternative est d'acquérir l'entreprise qui les a développées pour y avoir accès. Néanmoins, une telle acquisition a souvent un coût prohibitif puisqu'elle impose aussi le rachat d'actifs non désirés. De plus, le transfert des ressources de l'entreprise acquise vers l'entreprise acquéreuse n'est jamais garanti. Les démissions fréquentes de dirigeants ou experts clés lors de fusions-acquisitions montrent à quel point la croissance externe n'est pas toujours aussi efficace qu'on le croit pour s'approprier certaines ressources. Ainsi, la démission de chez Gucci du duo formé par Tom Ford et Domenico de Sole, quelques mois après le rachat de l'entreprise par Pinault-Printemps-Redoute en est une bonne illustration. Cette démission a d'ailleurs directement entraîné une baisse du cours de Bourse de la maison de luxe, confirmant la valeur et l'aspect stratégique de la ressource que représentaient ces deux dirigeants. L'alliance reste une dernière voie possible pour accéder à certaines ressources rares. Néanmoins, dans les alliances, les entreprises ne parviennent pas toujours à internaliser les ressources apportées par leurs partenaires et peuvent donc difficilement les utiliser pour leurs propres développements. En outre, les alliances créent un risque de partager certaines de ses propres ressources stratégiques avec un partenaire parfois concurrent, susceptible d'avoir un comportement opportuniste. Nous développerons ce thème dans le chapitre 19 sur les alliances stratégiques.

Au-delà des problématiques soulevées par les autres voies de développement, le développement interne des ressources est particulièrement efficace dans le cas d'une stratégie d'innovation puisque, par définition, les ressources nécessaires ne pré-existent nulle part. Quand le niveau d'innovation est fort et que l'entreprise souhaite s'approprier les bénéfices de l'innovation, le développement interne est souvent la seule voie possible. Les innovations qui créent un avantage concurrentiel pour l'entreprise innovatrice relèvent la plupart du temps de la croissance interne. L'iPod, Google Earth, ou les verres progressifs Varilux sont des exemples d'innovations développées en interne, respectivement par Apple, Google et Essilor. De plus, le développement interne de ces compétences permet d'en accroître encore la valeur. En effet, le développement interne de ressources favorise le maintien de l'avantage concurrentiel créé en ce qu'il est moins facilement diffusé à l'extérieur de l'entreprise. Ainsi, lors du développement puis du lancement de son photocopieur de petite taille, économique et à cartouches rechargeables, Canon a veillé à préserver, en interne, les compétences de recherche et de fabrication liées à son innovation. Grâce à ce développement exclusivement interne, Canon est parvenu à éviter l'imitation rapide par ses puissants concurrents tels que Rank Xerox, et à maintenir ainsi son avantage concurrentiel.

Parallèlement, le processus de développement interne des ressources et compétences constitue en soi un apprentissage à forte valeur ajoutée. Les entreprises qui se développent en interne ont une croissance plus progressive et bénéficient alors mieux de la courbe d'expérience (voir chapitre 4). Par exemple, la pénétration réussie dans un nouveau pays implique une compréhension en profondeur des habitudes, cultures et règlementations, qui facilite le succès futur de la filiale. Le recours à un agent, ou l'acquisition d'une entreprise locale ne crée pas les mêmes opportunités d'apprentissage.

Enfin, comme le marché des ressources est peu efficient, il est également très difficile de revendre des ressources et compétences éventuellement excédentaires. Dans un tel contexte, le développement interne représente un bon moyen de redéployer ces compétences non utilisées vers d'autres domaines. C'est ainsi que l'unité de recherche de Procter & Gamble dédiée à la recherche fondamentale sur les lessives a utilisé le temps et les compétences disponibles au sein de son équipe pour investiguer d'autres applications. Ces chercheurs ont ainsi découvert dans les années 1970 une molécule susceptible de freiner la détérioration osseuse. Après des années de mise au point, puis de tests, cette molécule, découverte à partir de ressources excédentaires, a finalement donné naissance au développement de médicaments contre l'ostéoporose, Didronel puis Actonel, et plus généralement au lancement d'une activité dans le domaine du médicament. Cet exemple illustre de quelle façon certaines ressources excédentaires, ici les compétences de recherche fondamentales, peuvent être utilisées, de façon préméditée ou non, pour développer de nouvelles activités et contribuer ainsi à la croissance de l'entreprise.

Fondements théoriques

La théorie de la croissance de la firme selon Penrose

En 1959, une économiste anglaise, Edith Tilton Penrose publiait *The Theory of the Growth of the Firm,* un ouvrage fondamental consacré à la croissance de l'entreprise[1]. Les thèmes essentiels de ce livre sont la croissance organique et les raisons pour lesquelles certaines entreprises croissent alors que d'autres voient leur expansion freinée. Selon Penrose, le besoin et l'opportunité de trouver de nouvelles applications aux ressources sous-exploitées de la firme, et en particulier son équipe de direction et ses ressources humaines, expliquent sa croissance ainsi que la direction de cette croissance. À l'inverse, l'absence de ressources sous-utilisées constitue un frein à la croissance de l'entreprise. >

1. Penrose E. T., 1959.

....>

Plus spécifiquement, Penrose détaille les facteurs externes qui, en créant des opportunités d'utilisation et de redéploiement des ressources, stimulent la croissance organique. Ces facteurs incluent l'augmentation de la demande, les évolutions technologiques et toutes les évolutions ouvrant de nouveaux marchés. Elle cite également les obstacles à la croissance comme l'accroissement de l'intensité concurrentielle ou les coûts de pénétration de nouveaux marchés. Enfin, Edith Penrose analyse les bénéfices de la croissance en distinguant les économies dites « de dimension », directement liées à la taille (économies d'échelle en particulier) et les économies dites « de croissance » liées à une meilleure utilisation des ressources de l'entreprise.
Souvent cité pour son apport à la théorie des ressources et compétences (voir chapitre 8), cet ouvrage visionnaire représente une excellente formalisation des origines de la croissance organique et des avantages qu'elle procure.

B/ Les avantages de la croissance interne

La croissance interne présente plusieurs bénéfices pour les entreprises qui sont capables de la mener. En particulier, ce mode de développement, réalisé par définition en interne contrairement aux autres formes de croissance – fusions-acquisitions et alliances stratégiques –, présente l'avantage d'être guidé et contrôlé à 100 % par l'entreprise elle-même. Cette caractéristique a différentes implications. En premier lieu, elle suggère que l'intégralité des bénéfices réalisés lorsqu'une telle croissance est réussie, revienne à l'entreprise. À l'inverse, tout développement réalisé par l'intermédiaire d'une alliance stratégique (voir chapitre 19) fait systématiquement l'objet d'un partage des bénéfices entre les partenaires. Dans le cas de fusions-acquisitions, une partie des profits issus de la croissance revient aux actionnaires de l'entreprise acquise, immédiatement par anticipation (par exemple par le biais du prix payé pour l'acquisition lors de l'opération) ou de façon différée – si les actionnaires de l'entreprise acquise conservent par exemple une part du capital de la nouvelle société.
En second lieu, la croissance interne procure l'avantage de pouvoir orienter la direction prise par la croissance à la fois dans le temps et dans l'espace. En effet, l'entreprise qui se développe en interne peut librement choisir où elle veut installer ses nouvelles usines, ses nouveaux centres logistiques, ses nouveaux points de vente ou filiales. Un tel choix, impossible par le biais de modes externes, permet à l'entreprise d'optimiser la rentabilité d'un tel développement. Ainsi, le modèle originel de croissance organique de Wal-Mart (voir le Mini-cas ci-dessus) a permis à l'entreprise d'optimiser ses flux logistiques à l'aide d'un développement de ses magasins en « étoile » par rapport à ses plateformes logistiques. De plus, la croissance interne est progressive et permet de doser l'augmentation des ressources et actifs en fonction de l'augmentation attendue du chiffre d'affaires. Dans l'industrie automobile par exemple, Toyota accroît sa capacité de production au fur et à mesure de l'augmentation de ses ventes et parvient ainsi à optimiser l'utilisation de ses moyens de production et par conséquent son niveau de productivité. C'est ainsi que Toyota a décidé d'ouvrir une usine dans le Nord de la France, à Valenciennes, dans les années 1990, lorsque le marché européen (et en particulier le marché français) a été jugé suffisamment important. À l'inverse, certains de ses concurrents ont réalisé, dans le même temps, des acquisitions qui ont nécessité des rationalisations ou fermetures de site pour ajuster les capacités à un marché en stagnation, voire en déclin. Les rapprochements entre Volkswagen et Seat ou BMW et Rover en sont des illustrations.

En troisième lieu, la croissance interne permet alors d'assurer une cohérence entre l'entreprise telle qu'elle est et ses antennes ou filiales futures. Ceci facilite en particulier le déploiement d'une image et d'une stratégie marketing fortes ainsi que l'assurance d'éviter les conflits de cultures tellement fréquents dans le cadre de croissance externe. Les entreprises bénéficiant d'une image particulièrement forte sont spécifiquement concernées puisqu'elles ont intérêt à déployer une telle image, dans sa globalité, dans leurs zones de développement. Le recours à des modes externes risquerait, à l'inverse, de la diluer. C'est ainsi que Zara, à l'origine limité au marché espagnol, est parvenu à dupliquer son modèle de fabrication et distribution de textile dans toute l'Europe, et dans une moindre mesure en Amérique et en Asie, grâce à l'ouverture de nouveaux points de vente et à la gestion essentiellement centralisée des fonctions de création, fabrication et logistique. Les points de vente sont également des vecteurs de communication puisqu'ils sont les uniques ambassadeurs de la marque qui utilise très peu les outils « classiques » du marketing.

Parallèlement, et particulièrement dans le cadre de diversification ou d'expansion vers de nouveaux pays, la croissance organique facilite l'intégration des nouvelles activités puisqu'elles sont développées progressivement et à partir des ressources et structures existantes. Ainsi, le développement d'Apple dans les baladeurs MP3 (voir le Mini-cas ci-dessus) est géré dans la continuité des activités précédentes. À l'inverse, le développement du groupe Pinault-Printemps-Redoute dans le luxe à travers les acquisitions de plusieurs entreprises dont les plus importantes sont Gucci et Yves Saint Laurent, a fait l'objet de processus d'acquisition longs et complexes pour une intégration limitée avec les autres activités du groupe.

La croissance interne a aussi le mérite de ne pas poser le problème de la compatibilité culturelle ou organisationnelle, si fréquent dans les fusions-acquisitions. En effet, l'entreprise se développe en adéquation avec sa culture d'origine et n'a donc pas à gérer le choc frontal entre deux cultures, à l'origine de surcoûts, de déboires, voire d'échecs, dans le cas des fusions-acquisitions.

Enfin et surtout, la croissance organique présente l'avantage de préserver plus longtemps un avantage concurrentiel, développé en interne au cours du temps grâce un système complexe de décisions et compétences imbriquées les unes aux autres et dans l'organisation, et qui restent souvent tacites. En effet, le non-recours à des entreprises extérieures pour le développement permet de maintenir plus longtemps le mystère sur l'avantage compétitif puisqu'il limite les contacts avec l'extérieur ainsi que le travail de formalisation du modèle économique. L'exemple de la compagnie aérienne américaine Southwest qui est parvenue à afficher des résultats en croissance sur 34 années consécutives essentiellement grâce à la croissance interne, et ce malgré la crise du secteur des compagnies aériennes, illustre bien cet avantage. En effet, aucun de ses concurrents n'a réussi à l'imiter totalement.

Au-delà des bénéfices mis en avant, il existe différents contextes dans lesquels la croissance interne est particulièrement adaptée. En particulier, la croissance interne est parfois choisie lorsque la croissance externe est rendue difficile ou impossible par des contraintes juridiques, réglementaires ou économiques. En effet, les lois antitrusts empêchent souvent de recourir aux fusions-acquisitions de peur d'atteindre le niveau de position dominante fixé par les autorités de la concurrence. C'est ainsi que la tentative de rachat de Legrand par son concurrent Schneider Electric en janvier 2001, a été finalement bloquée par la Commission Européenne en octobre 2001, menant à la séparation des deux entreprises en 2002. Parallèlement, la structure juridique de certaines entreprises empêche de réaliser des opérations de croissance externe faute de détenir une structure capitalistique et organisationnelle

centralisée. De cette façon, certains acteurs européens de la grande distribution, tels que Leclerc ou Intermarché en France, Eroski en Espagne, Edeka en Allemagne ou Conad en Italie, sont des groupements d'indépendants et le capital de l'entreprise comme les structures décisionnelles sont équitablement répartis entre ses adhérents, c'est-à-dire les propriétaires des magasins. En conséquence, le développement de telles enseignes par croissance externe est extrêmement délicat à réaliser voire impossible puisqu'il supposerait une participation de tous les adhérents. C'est pourquoi, la croissance de ces entreprises passe par l'ouverture de nouveaux magasins. Enfin, la croissance organique est parfois choisie faute d'identifier des cibles d'acquisition intéressantes ou abordables.
De par son caractère progressif, la croissance interne ne demande pas, contrairement aux fusions et acquisitions, la détention de ressources financières importantes ou le recours à un endettement élevé. Si la croissance interne peut être plus coûteuse au total parce qu'elle nécessite le développement de tous les actifs nécessaires au développement, elle est plus progressive et permet donc à chaque entreprise de « doser » le rythme de croissance qui lui convient, notamment en fonction de ses ressources financières. C'est pourquoi, la majorité des entreprises petites et moyennes n'ont souvent d'autre choix que de se développer par croissance interne. De même, les entreprises, même de taille importante, qui connaissent des difficultés financières ou sont caractérisées par un niveau d'endettement déjà élevé, ne peuvent pas toujours se permettre d'investir les montants nécessaires pour réaliser une opération de croissance externe. En effet, l'acquisition d'une entreprise suppose le plus souvent un investissement important réalisé en une seule fois, à un moment donné. Cette voie est par conséquent réservée aux entreprises qui ont la capacité financière de le faire.

3 Les difficultés de la croissance interne

Si elle présente de nombreux avantages, la croissance interne est cependant difficile à mener. C'est pourquoi on considère parfois que seules les entreprises très performantes au départ, notamment celles qui détiennent des ressources rares et de grande valeur, sont capables de croître de manière organique. En effet, la croissance organique suppose que l'entreprise détienne déjà des ressources, et qu'elle soit capable de les valoriser, de les faire fructifier et de les déployer vers ses différentes activités. Il est de ce fait difficile d'établir avec certitude si la croissance interne génère une performance supérieure, ou si, à l'inverse, elle est la conséquence d'un niveau de performance élevé.
Parallèlement à cette limite d'ordre général, la croissance organique présente aussi l'inconvénient d'être plus lente et souvent plus coûteuse que d'autres formes de croissance puisqu'elle impose un développement propre et donc progressif de toutes les structures, ressources ou actifs nécessaires à la croissance. En particulier, lorsque la croissance organique concerne une diversification ou la conquête de nouveaux marchés, la mise en place des structures et ressources nécessaires peut être particulièrement chronophage. En effet, un tel développement pose notamment la question de la gestion des ressources humaines correspondantes : il suppose d'abord de pouvoir recruter les compétences nécessaires et en nombre suffisant, puis de les motiver et de les retenir. Ainsi, l'ouverture prévue en 2007 de magasins du distributeur anglais Tesco aux États-Unis, a entraîné un travail préalable de plusieurs années pour réaliser cette nouvelle

implantation : après une phase d'analyse et d'étude concernant le format et la localisation, une filiale a été établie pour préparer l'activité future et en particulier bâtir les structures logistiques et commerciales ainsi que les relations avec les fournisseurs.
De même, pour se développer dans le secteur pharmaceutique (médicaments sur ordonnance) suite à la découverte de son médicament contre l'ostéoporose Didronel, Procter & Gamble, présent auparavant dans le secteur de la grande consommation uniquement, s'est vu obligé de développer les structures propres à cette nouvelle activité à savoir une force de vente médicale, des usines spécialisées, des compétences dans les domaines réglementaires et de négociation avec les autorités publiques (type FDA, Food and Drug Administration), une cellule de recherche et développement spécifique capable de mener les différentes phases fondamentales et cliniques propres à la mise au point d'un médicament, etc. Devant l'ampleur des ressources à développer, la difficulté de recruter en nombre les personnes de bon niveau, capables d'assurer ces nouvelles fonctions, et la nécessité d'atteindre assez rapidement une taille critique dans le secteur, Procter & Gamble a finalement décidé de recourir à des acquisitions telles que Norwich Eaton Pharmaceuticals aux États-Unis en 1982 ou les laboratoires Nativelle en France en 1986. Cet exemple illustre également le handicap particulier que présente la croissance interne lorsque le contexte impose une croissance rapide. En particulier, la lenteur inhérente à la croissance interne est particulièrement pénalisante dans les marchés à croissance forte, dans lesquels il est important de gagner rapidement des parts de marché avant que le marché ne se stabilise. Elle est également problématique dans les secteurs où les investissements capitalistiques sont tels qu'il est nécessaire d'atteindre rapidement une taille critique très importante. Ces deux caractéristiques s'appliquent à l'industrie pharmaceutique des années 1980 et 1990.
Par ailleurs, dans les secteurs à maturité ou en déclin, la croissance interne est souvent un mirage, dans la mesure où elle suppose un accroissement des actifs existants et entraîne donc le risque d'augmenter les volumes de produits (ou services) disponibles sur le marché, pourtant déjà saturé. Dans ce contexte particulier, la croissance externe est préférable parce qu'elle permet de rationaliser les actifs et d'éviter d'accroître les capacités.
Enfin, une focalisation exclusive sur la croissance interne peut être à l'origine de dérive stratégique, faute d'avoir su se renouveler. En effet, la croissance interne ne favorise pas la remise en question des structures et compétences existantes : la reconfiguration ou transformation de ressources n'est pas naturellement stimulée par un « benchmark », ou étalonnage, vis-à-vis de l'extérieur puisque, à la différence de ce qui se passe dans les alliances et les acquisitions, les contacts avec d'autres entreprises sont, par définition, limités. C'est ainsi que certains pionniers de l'informatique, tels que DEC (Digital Equipment Corporation) ont aujourd'hui disparu, faute d'avoir su évoluer.

EN PRATIQUE

Comment mener la croissance interne ?

Selon les voies de développement choisis et les avantages recherchés, les moyens de croître de manière organique varient.
Pour exécuter une croissance rapide au sein de ses propres métiers, certains acteurs choisissent de réaliser une baisse des prix qui représente probablement l'un des moyens les plus radicaux, mais également les plus dangereux d'exécuter la croissance organique. De cette façon, Amazon s'est implanté sur le marché de la vente >

....> à distance de livres en baissant les prix par rapport à ses concurrents et plus spécifiquement en offrant les frais de livraison, plutôt que de les valoriser comme un service rendu. Amazon est ainsi parvenu à conquérir une part de marché très significative et à s'imposer comme distributeur incontournable, néanmoins au détriment de sa rentabilité au cours de ses premières années d'existence. Par la suite, une réorganisation complète de ses processus, notamment logistiques, a permis une réduction des coûts et par conséquent un rétablissement de la profitabilité malgré un niveau de prix relativement bas. De façon générale, la stratégie de baisse des prix représente un moyen efficace de réaliser une croissance interne rapide. Cette stratégie est notamment utile dans des cas de croissance très forte du marché, d'investissements capitalistiques élevés ou en présence d'externalités de réseau. Parallèlement, la croissance interne rapide peut également être mise en œuvre par une stratégie marketing agressive, pouvant prendre différentes formes : publicité, promotions... Néanmoins, ces moyens procurent rarement un avantage compétitif durable car ils sont aisément imitables par les concurrents et génèrent souvent des guerres des prix ou des dépenses marketing qui entament largement le niveau de rentabilité du secteur dans son ensemble.
Les moyens plus durables mais également plus délicats de mettre en œuvre la croissance organique reposent sur l'innovation, éventuellement complétée par la suite d'une duplication lorsque le concept, vraiment innovant et difficilement imitable peut être reproduit dans d'autres régions du monde par exemple. C'est ainsi que la chaîne américaine Starbuck s'attache aujourd'hui à développer des points de vente en Europe après avoir maillé le territoire américain. La croissance fulgurante de Google (voir le Mini-cas ci-dessous) montre qu'il est parfois possible de croître rapidement, principalement en interne grâce à l'innovation et en présence d'externalités de réseaux. Cet exemple montre également que la croissance interne est souvent complémentaire à la croissance externe, même lorsque la capacité d'innovation est forte, et surtout lorsqu'il est capital de croître vite.

MINI-CAS

Google : Une croissance organique fulgurante, vite complétée par des acquisitions

Créé en 1999 par deux étudiants de Stanford, Larry Page et Sergey Brin, Google valait, huit ans plus tard, environ 140 milliards de dollars, soit plus de la moitié de Microsoft, et réalisait en 2006 un chiffre d'affaires de 10,6 milliards de dollars pour une marge nette de 42 %. Son chiffre d'affaires progresse chaque année de plus de 70 % et sa marge connaît aussi une croissance à deux chiffres. L'institut américain ComScore fixait sa part de marché en février 2007 à 48,1 % !
Un tel succès repose essentiellement sur l'algorithme révolutionnaire « Page Rank », mis au point par les deux fondateurs, qui permet de classer les résultats d'une recherche en fonction du nombre de liens renvoyant à une page.
Par la suite, Google a enrichi son moteur de recherche par d'autres innovations proposant aux internautes de nombreux services associés et toujours gratuits : Google Talk, service de téléphonie sur Internet, GMail, messagerie, Google Earth, globe terrestre virtuel, « Google Local for Mobile », service de géolocalisation et annuaire sur support mobile, etc.
Google s'est ainsi imposé comme acteur incontournable de l'Internet en dérivant ses revenus de la publicité et en devenant ainsi la première régie publicitaire sur >

····> internet. La valeur même de Google s'accroît avec le nombre d'utilisateurs d'internet et surtout avec le nombre d'utilisateurs des services de Google, dont le profil et l'ampleur peuvent être valorisés auprès des clients de Google, c'est-à-dire les annonceurs. Parallèlement, pour préserver cet avantage concurrentiel, Google a compris qu'il est capital de continuer à innover. Pour ce faire, l'entreprise investit lourdement en recherche et développement (en 2006, 17 % du chiffre d'affaires, soit 1,2 milliard de dollars) ; elle recrute des talents dans la Silicon Valley et ailleurs et développe une culture de la créativité et de l'innovation, en invitant notamment ses employés à passer 20 % de leur temps de travail hors de leurs tâches quotidiennes. Une fois qu'ils ont mis au point une idée, les employés la présentent à la directrice de la recherche puis aux deux fondateurs.

Si l'innovation et la recherche en interne sont à l'origine d'une part importante de la croissance de Google, l'entreprise a de plus en plus recours aux acquisitions d'entreprises innovantes pour compléter son portefeuille de services et maintenir son taux de croissance. En particulier, elle a racheté Picassa, service de gestion de photos, YouTube dans le partage de vidéos, Writley service de traitement de texte en ligne. Parallèlement, Google développe les partenariats stratégiques, tels que celui signé avec BSkyB. Ces nouveaux modes de développement contribuent aujourd'hui à la stratégie de croissance de Google.

Questions

1) Sur quels facteurs et quelles ressources reposent l'avantage concurrentiel et la croissance organique de Google ?
2) Les acquisitions de Google permettront-elles à l'entreprise de maintenir, voire d'améliorer, ses niveaux remarquables de croissance et de performance obtenus grâce à la croissance organique ?
3) Comment interpréter le fait que Google s'éloigne de son modèle initial, essentiellement fondé sur la croissance interne et l'innovation ?

LES POINTS CLÉS

La croissance interne peut être définie comme l'utilisation de ressources et compétences internes à l'entreprise pour accroître sa taille ou élargir son champ d'activités.
Contrairement aux idées reçues, la croissance à long terme des entreprises est essentiellement le produit de leur croissance interne, et non de fusions-acquisitions.

On peut distinguer quatre voies de croissance interne :

- au sein des métiers de l'entreprise (croissance horizontale) ;
- vers de nouvelles activités ;
- vers de nouveaux marchés ;
- plus rarement, en amont ou en aval de la filière (croissance verticale).

On peut interpréter la croissance interne comme résultant des imperfections du marché des ressources :

- certaines ressources ne peuvent pas être achetées sur le marché et doivent nécessairement être développées en interne, ce qui conduit à la croissance organique ;
- réciproquement, les entreprises croissent pour trouver de nouvelles applications à des ressources sous-utilisées (notamment managériales) qu'elles ne peuvent pas vendre sur le marché.

Les avantages de la croissance interne sont :

- le contrôle total des ressources ;
- l'optimisation des investissements ;
- la cohérence de l'image et du marketing ;
- une meilleure préservation de l'avantage concurrentiel ;
- la compatibilité culturelle et identitaire entre les anciennes et les nouvelles activités.

Les inconvénients de la croissance interne sont :

- la lenteur ;
- la nécessité d'investir dans des actifs complémentaires ;
- la difficulté à croître dans les secteurs à maturité ;
- l'apparition éventuelle de rigidités.

QUIZ

1. Les études montrent que, sur une longue période, la croissance des entreprises :
a. Est essentiellement assurée par croissance interne.
b. Provient surtout d'opérations de croissance externe.
c. S'opère principalement par le biais d'alliances stratégiques.

2. La croissance interne
a. Est généralement plus lente et plus risquée que la croissance organique.
b. Consiste à trouver de nouvelles utilisations aux ressources stratégiques de l'entreprise.
c. Est incompatible avec une stratégie d'acquisitions.

3. La croissance interne horizontale consiste à se développer :
a. De manière autonome et dans son propre métier.
b. De manière autonome et vers de nouvelles activités.
c. Par concentration de l'industrie.

4. Le recours à la croissance organique est une réponse à l'imperfection du marché des ressources stratégiques. En quoi le marché des ressources stratégique est-il « imparfait » ?
a. Les ressources stratégiques sont valorisées au-dessus de leur valeur réelle car il n'y a pas assez de concurrence.
b. Les ressources stratégiques ne peuvent pas être facilement échangées sur un marché.
c. Les ressources stratégiques sont rares et donc chères.

5. Dans laquelle des situations suivantes la croissance interne est-elle la plus appropriée ?
a. L'entreprise est particulièrement innovante.
b. L'entreprise manque de ressources stratégiques et doit les développer en interne car le marché des ressources est imparfait.
c. L'entreprise doit atteindre rapidement une taille critique.

6. Lequel des avantages suivants est le moins compatible avec la croissance interne ?
a. Maîtriser la croissance dans l'espace et dans le temps.
b. Conquérir très rapidement de nouveaux marchés.
c. Intégrer sans heurt de nouvelles activités.

7. Quel est le lien entre croissance organique et performance ?
a. La croissance organique est l'apanage des entreprises performantes.
b. La croissance organique permet d'atteindre une performance supérieure.
c. Il est souvent difficile d'établir si la croissance organique précède la performance ou procède de celle-ci.

>

····>

8. Par comparaison avec la croissance externe, la croissance interne :
a. Est généralement plus coûteuse.
b. S'inscrit dans un temps plus long.
c. Crée significativement moins de valeur.

9. L'avantage engendré par la croissance interne est plus durable quand elle s'appuie sur :
a. L'innovation.
b. L'accroissement de l'effort marketing.
c. La baisse des prix.

10. La croissance interne permet de mettre en œuvre
a. Les stratégies de diversification, d'internationalisation et d'intégration verticale.
b. Les stratégies de croissance horizontale uniquement.
c. Les stratégies de croissance horizontale, d'internationalisation et d'intégration verticale, mais pas les diversifications.

Réponses : 1.a, 2.b, 3.a, 4.b, 5.a, 6.b, 7.c, 8.b, 9.a, 10.a

18 La croissance externe : les fusions-acquisitions

Les fusions-acquisitions sont probablement les mouvements stratégiques les plus médiatisés. Alors que leur gestion reste l'apanage d'une poignée de dirigeants, banquiers d'affaires et autres avocats très spécialisés, les opérations de fusions-acquisitions sont paradoxalement très familières du grand public, qui les considère souvent comme l'emblème même de la finance et de la stratégie. Pourtant, elles ne représentent qu'un moyen parmi d'autres de mettre en œuvre une stratégie donnée. Situées à l'intersection de différentes disciplines (finance, stratégie, droit, économie), les opérations de fusion-acquisition fascinent à la fois les chercheurs et les praticiens depuis plus d'un siècle.

Malgré l'échec retentissant de certaines méga-fusions emblématiques, telles que Daimler-Chrysler ou AOL-Time Warner, démantelées depuis pour avoir détruit des milliards d'euros de valeur boursière, et malgré les études qui démontrent que, dans une large majorité de cas, les acquisitions ne créent pas de valeur pour les actionnaires de l'entreprise acquéreuse, les fusions-acquisitions continuent à se multiplier. Le nombre et la valeur des opérations sont tendanciellement en croissance, même si cette croissance se produit par vagues. Ainsi, après un net ralentissement au début des années 2000 lié à la crise économique, encore aggravée par les événements du 11 septembre 2001, le volume des fusions-acquisitions, tant international qu'européen, a repris sa croissance. Selon les estimations du cabinet d'études Dealogic, l'année 2006 a marqué un nouveau record avec un volume de transaction à 3 368 milliards de dollars (soit 2 634 milliards d'euros), dépassant ainsi le précédent record de l'année 2000. Les chiffres enregistrés au premier semestre 2007 accentuaient encore cette tendance à 2 790 milliards de dollars, soit une progression de plus de 50 % par rapport au premier semestre 2006. La crise des *subprimes* de 2008 a ensuite limité les capacités d'endettement des entreprises, ce qui a créé un obstacle aux opérations financées par la dette, notamment les LBO (*Leveraged Buy Out*). Toutefois, cette crise a également créé des opportunités d'acquisition. Elle a en effet dévalué brutalement le capital de certaines firmes, notamment les banques et

les compagnies d'assurance, tout en asséchant leurs liquidités, ce qui en a fait des cibles très bon marché. C'est ainsi qu'en octobre 2008, BNP-Paribas est venu à la rescousse de Fortis… pour finir par en prendre le contrôle.
Sur la période récente, le marché des fusions-acquisitions est caractérisé par deux grandes évolutions :

> l'internationalisation des acteurs, et notamment l'entrée de nouveaux pays investisseurs tels que la Chine ou l'Inde. Par exemple, le groupe indien Mittal a racheté en 2006 Arcelor, le leader européen de la sidérurgie ;

> la montée en puissance des fonds d'investissement ou fonds de LBO, qui a néanmoins connu un coup de frein brutal en 2008 avec l'assèchement du crédit (voir Controverse ci-dessous). Par exemple, le fonds américain Blackstone a annoncé le rachat de la chaîne hôtelière Hilton en juillet 2007, réalisant ainsi l'une des plus importantes opérations de croissance externe jamais réalisées par un fonds.

Le rôle joué par les pays émergents dans les transactions de fusions-acquisitions s'exerce à la fois par l'intermédiaire des entreprises « locales » qui rachètent certains de leurs concurrents internationaux, ainsi que de façon plus indirecte, à travers les investissements publics et les fonds souverains. Dans ce dernier cas, les deux grandes tendances précédemment évoquées – internationalisation et montée en puissance des fonds d'investissement – interviennent souvent simultanément. C'est ainsi que le gouvernement chinois a récemment annoncé un investissement de 3 milliards de dollars dans le fonds d'origine américaine Blackstone, l'un des plus importants et puissants fonds d'investissement au monde. De façon générale, comme nous le montrerons dans ce chapitre, ces grandes tendances influencent non seulement le paysage international des opérations de fusions-acquisitions, mais également leur structure et leur mise en œuvre.
L'objet de ce chapitre est de présenter les logiques économiques qui sous-tendent les acquisitions et d'étudier dans quelle mesure ces dernières sont susceptibles d'améliorer les performances de l'acquéreur. Ainsi, la première partie est consacrée à la définition et présentation des différents types de fusions-acquisitions. La deuxième partie est dédiée aux motivations et aux avantages attendus de cette forme de croissance. La troisième partie aborde les limites et les problèmes des fusions-acquisitions. Enfin, une dernière partie traite de façon concrète des différentes étapes du processus d'acquisition.

Controverse

Les LBO sont-ils vraiment rentables ?

Les hôtels Hilton, Europcar, Chrysler... Au milieu des années 2000, il est devenu impossible d'ouvrir un journal économique sans tomber sur un nouveau LBO *(Leveraged Buy Out)*, ce mécanisme par lequel les fonds de *private equity* prennent le contrôle des entreprises grâce à l'effet de levier (*leverage*), c'est-à-dire par un accroissement significatif de leur dette. Naguère réservé à des conglomérats peu rentables ou à des PME en difficulté, ce type de reprise s'applique maintenant à des cibles de plus en plus prestigieuses. Les priorités d'un LBO sont claires : pour rembourser sa dette et en payer les intérêts, l'entreprise doit impérativement générer des *cash-flows* importants, améliorer sa rentabilité et faire croître son activité (par croissance organique ou externe). Ce faisant, elle augmente sa valeur et, au bout de quelques années, le fonds la revend en espérant encaisser une plus-value significative. C'est ainsi que les firmes de *private equity* (appelées *general partners* dans le jargon des >

spécialistes) créent de la valeur et enrichissent leurs bailleurs de fonds (que l'on nomme *limited partners*).

Les *general partners,* comme Blackstone ou KKR, sont en effet des prestataires de services qui lèvent les fonds de *private equity* auprès de *limited partners* qui sont généralement des banques, des sociétés d'assurance et des fonds de pension. En faisant fructifier cet argent, les *general partners* ne font donc rien de moins que financer notre crédit, nos risques et nos retraites !

Ils semblent d'ailleurs accomplir cette mission avec succès : certains fonds de *private equity* affichent des retours sur investissement de plus de 50 % par an ! Du coup, les investisseurs leur allouent des sommes de plus en plus importantes : on est passé de 10 milliards en 1991 à 460 milliards de dollars en 2006, et à 240 milliards pour les six premiers mois de 2007[1]. Pour donner un ordre de grandeur, rappelons qu'en 2007, les LBO représentent plus du quart de la valeur totale des fusions-acquisitions effectuées dans le monde (et un bon tiers aux États-Unis) !

Les marchés financiers auraient-ils trouvé la pierre philosophale ? L'engouement des investisseurs pour les LBO est-il vraiment justifié ?

Pour juger de la rentabilité des LBO dans son ensemble, il ne suffit pas de s'arrêter aux opérations les plus visibles mais il faut étudier de manière exhaustive les performances des fonds de *private equity* et les comparer à celles du marché boursier dans son ensemble. C'est ce qu'ont fait deux chercheurs d'HEC et de l'Insead, Oliver Gottschalg et Ludovic Phalippou[2]. Ces experts ont systématiquement évalué les résultats de 852 fonds levés entre 1980 et 1993[3] par comparaison avec la rentabilité que l'on obtiendrait en investissant le même capital dans l'indice Standard & Poor's 500, en achetant et en revendant les titres aux mêmes dates. Leur analyse révèle que, dans leur ensemble, les fonds de *private equity* ont créé davantage de valeur que le marché boursier, puisque leur rentabilité avant frais de gestion dépasse celle du S&P 500 d'environ 4 % par an sur la période considérée. On est évidemment loin de la rentabilité mirifique des meilleures opérations, qui dépassent parfois de 20 points en pourcentage, voire davantage, les rendements de la Bourse. Mais le résultat est tout de même significativement positif, ce qui donne des arguments aux *general partners* pour collecter toujours davantage de fonds.

Forts de ce résultat, les deux chercheurs ont analysé comment la valeur créée dans un LBO est répartie entre le *general partner* et le *limited partner.* Et c'est là que le bât blesse ! Les *general partners* se rémunèrent en facturant des frais de gestion et une commission à leurs bailleurs de fonds. Or le calcul montre que le total annuel de ces frais s'élève en moyenne à environ 7 % du montant du capital effectivement investi dans des LBO pendant la période considérée. Autrement dit, les fonds de *private equity* génèrent 4 % de valeur de plus que l'indice boursier, mais comme ils facturent 7 % de frais aux *limited partners*, la rentabilité réelle nette pour ces derniers est donc inférieure de 3 % par an à celle qu'ils auraient pu obtenir en investissant leur argent dans l'indice S&P 500 !

Pour être précis, remarquons que les *general partners* prélèvent deux types de frais : un fixe, appelé *management fee,* calculé en pourcentage des fonds alloués (de l'ordre de 2 % en général), et un variable, appelé *carried interest,* calculé en pourcentage des gains réalisés, dès lors que les *limited partners* ont atteint un seuil de rentabilité minimale (en général de 8 % par an). Une des raisons pour lesquelles les frais sont aussi élevés est que les *management fees* sont la plupart du temps calculées sur la base du total des capitaux alloués par les *limited partners* pendant les cinq premières années du fonds (période d'investissement), alors que les gestionnaires de fonds ne font travailler qu'une fraction de ces capitaux, en fonction des opportunités d'achat qui se présentent à eux. En moyenne, sur la vie d'un fonds, c'est seulement 80 %, et non pas la totalité, des capitaux

1 Source : Private Equity Intelligence.

2 Gottschalg O., Phalippou L., 2007.

3 Les fonds plus récents n'étant pas arrivés à maturité, il est impossible de juger de leur performance globale.

····> qui est effectivement engagée dans des opérations. La prise en compte de ces éléments réduit, de facto, la performance intrinsèque des capitaux investis.
Au total, la recherche montre donc qu'investir dans des LBO est bien moins rentable qu'on ne le croit :

> d'abord, parce qu'en soi la rentabilité moyenne des LBO est plus basse qu'on ne le pense généralement : seulement 4 points en pourcentage de plus que le S&P 500 ;

> ensuite parce que les gestionnaires de fonds ont tendance à prélever une part importante des sommes qui leur sont confiées par les limited partners.

Conclusion : Même si quelques fonds de *private equity* atteignent des sommets de rentabilité, c'est loin d'être le cas de tous. Il vaudrait mieux que les investisseurs institutionnels, notamment les banques et les fonds de pension, évitent de leur faire une confiance aveugle !
Les professionnels invitent néanmoins à rester prudents quant à l'interprétation des résultats de cette recherche. Ils rappellent en particulier que la croissance des LBO ne date que de la fin des années 1990, avec une embellie dans les années 2005-2007. Sachant que la période pertinente d'investissement pour un fonds est d'une dizaine d'années, il sera vraiment intéressant de mesurer la performance réelle de ces opérations à l'horizon 2010. De plus, il sera pertinent d'évaluer leur devenir et leur performance suite à la crise des financements intervenue en 2007-2008. Les professionnels font aussi valoir que, malgré leur croissance, les LBO restent très marginaux par rapport aux autres classes d'actifs. Ils sont certes considérés comme un investissement alternatif par la plupart des investisseurs institutionnels et privés, mais la proportion des montants investis dans ces opérations reste très faible (de l'ordre de 5 %) en comparaison des autres classes d'actifs. Enfin, il faut souligner que les LBO sont passés en quelques années d'un artisanat confidentiel à la création d'une véritable industrie. En particulier, le développement des opérations LBO s'est accompagné d'une intense professionnalisation du métier, notamment depuis 2000. Nombre de grands groupes ont trouvé dans les LBO le moyen de se délester aisément d'une activité, d'une filiale ou d'une marque qu'ils ne jugeaient plus stratégique. De plus, les pratiques en matière de gouvernance et de culture insufflées par les fonds sont de plus en plus valorisées. Ainsi, les dirigeants de certains grands groupes cherchent aujourd'hui à s'inspirer du mode de fonctionnement des fonds, notamment en matière de gouvernance. En outre, l'expérience de la direction d'une entreprise sous LBO est de plus en plus valorisée par les cabinets de recrutement et les entreprises.
En conséquence, il est encore trop tôt pour conclure de façon définitive sur la rentabilité réelle de ces nouveaux types d'investissement. Néanmoins, il est d'ores et déjà possible d'affirmer que le développement du métier du LBO a introduit des mutations profondes dans les activités de fusions-acquisitions et dans le management des entreprises en général.

1 QU'EST-CE QU'UNE FUSION-ACQUISITION ?

A/ DÉFINITION

Souvent qualifiées d'opérations de croissance externe par opposition à la croissance interne décrite au chapitre précédent, les fusions-acquisitions engagent au minimum deux (et en général deux seulement) entreprises, qui mettent en commun leurs ressources pour ne plus former qu'une seule entreprise à la suite de l'opération.

C'est cette caractéristique fondamentale qui distingue les fusions-acquisitions des alliances, étudiées dans le chapitre suivant. Dans les alliances, les partenaires préservent leur autonomie, alors que dans les fusions, ils se « fondent » dans la même entité. La « nouvelle » entreprise ainsi constituée peut adopter la raison sociale de l'une des entreprises d'origine ou décider d'utiliser une nouvelle raison sociale. Ainsi, Procter & Gamble a conservé son nom suite au rachat de Gillette, alors que d'autres opérations aboutissent à la création d'une nouvelle identité, qu'il s'agisse d'une association des deux précédentes – BNP-Paribas par exemple – ou d'une création pure, à l'image de ce qu'ont réalisé les deux géants suisses de l'industrie pharmaceutique Sandoz et Ciba-Geigy en se rebaptisant Novartis.

B/ LES ASPECTS JURIDIQUES DES FUSIONS-ACQUISITIONS

En matière juridique, le terme même de fusion-acquisition relève d'un abus de langage dans la mesure où la quasi-totalité des opérations réalisées en France et en Europe sont de « simples » acquisitions. En effet, si le droit américain prévoit un dispositif juridique spécifique pour la fusion véritable entre deux entreprises, il n'en est pas de même pour l'essentiel des droits européens, et en particulier les droits français, anglais ou allemand. En France par exemple, les fusions sont presque inexistantes, à l'exception de quelques cas très spécifiques tels que Safran, issu de la fusion entre Sagem et Snecma. Les autres cas, même qualifiés de fusions, sont des acquisitions au sens juridique du terme, c'est-à-dire un rachat de titres de la société acquise, qui devient alors filiale de la société acquéreuse. Ainsi, la « fusion » Total-Fina-Elf est en réalité un rachat de Elf par Total-Fina.

Parmi les opérations d'acquisition, il convient de distinguer celles qui concernent les entreprises cotées. L'acquisition d'une entreprise cotée peut être réalisée sous forme d'OPA (Offre Publique d'Achat), c'est-à-dire en contrepartie de numéraire, ou sous forme d'OPE (Offre Publique d'Échange), c'est-à-dire en échange de titres, ou par combinaison des deux modalités. L'acquisition d'entreprises non cotées repose sur une négociation d'un contrat d'acquisition de gré à gré entre les entreprises concernées, c'est-à-dire l'acquéreur et la cible.

Dans le cadre de ce chapitre, nous ne traiterons pas des alliances, qui sont des coopérations et non des fusions, ni des simples prises de participation financière, qui ne permettent pas à l'acquéreur d'accéder au rôle d'opérateur industriel. Par ailleurs, nous ne tiendrons pas compte des distinctions juridiques et emploierons indifféremment les termes génériques « acquisition », « rachat » ou « fusions-acquisitions ». Nous renvoyons le lecteur qui souhaiterait approfondir cet aspect aux nombreux ouvrages de droit qui traitent des modalités juridiques des opérations de croissance externe.

C/ LES DIFFÉRENTS TYPES DE FUSIONS-ACQUISITIONS

On distingue habituellement les acquisitions en fonction du type d'acquéreur. Les opérations réalisées par des acteurs dits « industriels » visent à améliorer la position concurrentielle de l'entreprise en exploitant des synergies entre les activités de la cible et celles déjà présentes chez l'acquéreur. Elles sont l'instrument d'une « stratégie », au sens où nous l'entendons dans ce livre. Par contraste, les prises de contrôle réalisées par des acteurs plutôt qualifiés de financiers, ont généralement pour objectif de revaloriser l'entreprise acquise en tant que telle, indépendamment de toute synergie avec l'acquéreur, afin de réaliser des plus-values financières à court ou moyen terme. Dans le deuxième cas, la création de valeur relève en général d'une amélioration de la gestion de l'entité acquise ou d'une exploitation d'une situation de sous-évaluation par le marché financier. Dans la suite de ce chapitre, nous emploierons les termes d'acquisitions « stratégiques » et « financières » pour distinguer ces deux grands types de fusion-acquisition. Néanmoins, les frontières entre ces catégories sont de moins en moins claires. En effet, les acquisitions dites stratégiques visent parfois à réaliser des plus-values assez rapides par l'intermédiaire de réorganisations voire de démantèlements. C'est ainsi que la banque néerlandaise ABN Amro a été rachetée en octobre 2007 par un consortium composé de son compatriote Fortis, de l'Écossais Royal Bank of Scotland et du Portugais Santander, dans l'objectif d'être démantelée pour que chacun des acheteurs puisse tirer parti des actifs qui lui convenaient le mieux. Réciproquement, il arrive que les acquéreurs « financiers » améliorent la performance des entreprises acquises non seulement par des actions de *turnaround* internes, mais aussi en mettant en œuvre un programme d'acquisitions et de consolidation du secteur, ce qui les conduit à créer des synergies à la manière des acquisitions dites « stratégiques ».

Comme la croissance interne ou les alliances stratégiques, les acquisitions stratégiques ne représentent qu'un moyen parmi d'autres de mettre en œuvre les différentes voies de développement mises en évidence dans les chapitres précédents (concentration, internationalisation, intégration, diversification, etc.). C'est pourquoi on distingue habituellement les fusions horizontales (c'est-à-dire les concentrations entre concurrents d'une même industrie), les acquisitions verticales (intégration verticale entre fournisseurs et clients) et les acquisitions de diversification (fusions entre firmes opérant dans des industries et des filières différentes). Parmi ces dernières, on distingue habituellement la diversification liée de la diversification conglomérale (voir chapitre 16). Pour mieux rendre compte des différentes logiques qui sous-tendent les acquisitions stratégiques et pour pouvoir formuler des recommandations pertinentes sur leur mise en œuvre, nous préférons pour notre part utiliser une typologie un peu différente, qui distingue les acquisitions d'assainissement, les acquisitions de consolidation géographique, les acquisitions d'extension produit ou marché, les acquisitions comme substitut à la R&D interne et les acquisitions verticales[1].

Nous tenons toutefois à souligner que les fusions-acquisitions sont la plupart du temps composites (une fusion peut être à la fois de nature horizontale et verticale, par exemple) et que la classification de certaines acquisitions dépend du degré de finesse de la segmentation retenue. Ainsi, l'acquisition d'Havas Voyages par Thomas Cook en 2000 relève à la fois d'une logique de consolidation du secteur des tour-opérateurs et d'une logique verticale par intégration du réseau d'agences de voyage de Havas en France.

Les acquisitions d'assainissement

Parmi les plus grosses opérations, nombre d'acquisitions horizontales se produisent dans des secteurs d'activité à maturité, caractérisés par une situation globale de surcapacité. Ces secteurs, tels l'automobile ou la sidérurgie, sont en général anciens, à forte intensité capitalistique, et par conséquent composés d'un nombre limité de gros acteurs. Dans ce contexte, les opérations de fusions-acquisitions visent à la survie des acteurs concernés grâce à une rationalisation des capacités et des moyens suite à l'acquisition. Ces opérations de concentration permettent de réduire la capacité de l'ensemble ainsi constitué, d'accroître la part de marché et le pouvoir de négociation de l'acquéreur dans un secteur à taux de croissance nul ou négatif et d'accroître l'efficacité opérationnelle (notamment par l'intermédiaire d'économies

1 Bower J.L., 2001.

d'échelle et de gamme). Ainsi, le rachat d'Arcelor par Mittal relève d'une telle volonté d'assainissement des capacités disponibles sur le marché de la sidérurgie, d'accroissement de l'efficience opérationnelle et d'augmentation du poids de Mittal. Néanmoins, l'accroissement de l'efficacité opérationnelle ne peut intervenir qu'à la suite de nombreuses rationalisations et restructurations, qui sont d'autant plus difficiles à mener que ces opérations impliquent, par définition, des « géants » de leur secteur d'activité marqués par une histoire et une culture propres, profondes et anciennes. Dans l'industrie automobile par exemple, le rachat de Chrysler par Daimler (voir le Mini-cas ci-après) était clairement motivé par de tels objectifs. L'échec observé par la suite indique l'incapacité des dirigeants à mettre en œuvre leurs intentions.

Les acquisitions de consolidation géographique

Comme les précédentes, les acquisitions de consolidation géographique sont des opérations horizontales. Elles concernent des entreprises appartenant au même secteur d'activité et opérant au même niveau de la chaîne de valeur, mais se produisent dans des secteurs d'activité à moindre niveau de maturité et dont les acteurs restent régionaux ou nationaux. Ces acquisitions visent à regrouper des acteurs qui ne sont pas directement concurrents puisqu'ils interviennent sur des marchés géographiques distincts. L'expansion géographique (voir chapitre 15) ainsi mise en œuvre permet de réduire les coûts et d'améliorer l'offre pour les clients. La réussite de ces opérations repose notamment sur la capacité de l'entreprise à intégrer la cible tout en préservant sa culture et ses ressources clés (managers, base de clients établis, en particulier). De telles opérations sont intervenues au cours des dernières années dans des secteurs tels que les agences de publicité, les prestataires logistiques, les compagnies aériennes ou les banques. Elles se traduisent souvent par le rachat d'entreprises de petite taille, parfois familiales. Dans d'autres cas, il s'agit de regrouper des leaders nationaux pour constituer des groupes d'envergure internationale. Spécifiquement, le rachat de KLM par Air France a permis au nouveau groupe ainsi constitué d'élargir la palette de services offerts aux clients, notamment en termes de destinations couvertes et de réduire certains coûts à travers une mise en commun de fonctions telles que les moyens informatiques ou le marketing (programme de fidélité, base de données clients…).
Dans le cadre de la globalisation, le rachat d'un concurrent à l'étranger permet d'acquérir une position plus forte sur le marché international. Le rachat en 2007 de la division biscuits LU de Danone par Kraft Foods a permis au groupe américain de renforcer sa présence à l'international en faisant passer la part de l'international dans son chiffre d'affaire de 33 à 40 %. Par ailleurs, le rachat d'entreprises étrangères est souvent un moyen efficace de pénétrer les réseaux de distribution nationaux (à moins que l'entreprise cliente ne vienne à changer de fournisseur si son fournisseur habituel passe sous contrôle étranger, comme on a parfois pu le constater dans le secteur de la défense). Par exemple, c'est grâce au rachat d'Uniroyal que Michelin a réussi à atteindre une part de 30 % dans les commandes de pneumatiques de General Motors.

Les acquisitions d'extension produit ou marché

Les acquisitions d'extension produit ou marché ont pour but d'étendre le champ couvert par l'entreprise. Elles sont souvent qualifiées d'acquisitions de diversification. Leur réussite dépend notamment de la taille de l'entreprise acquise et de la capacité de l'acquéreur à gérer le processus d'acquisition. Lorsque les activités de l'entreprise acquise présentent des liens de nature technique ou commerciale avec les activités de l'acquéreur, l'opération permet de partager certains coûts ou savoir-faire. On parle alors de diversification liée. Dans de telles acquisitions, les activités de logistique font souvent l'objet d'une rationalisation intense, de manière à réaliser des gains de productivité substantiels. Par exemple, le groupe Pinault-Printemps-Redoute a été constitué au cours des années 1990 par des acquisitions successives d'enseignes telles que Conforama (équipement de la maison), La Redoute (VPC, ou Vente Par Correspondance, en France, essentiellement de textile à l'origine), Le Printemps (grands magasins), la Fnac (distribution de produits culturels et loisirs) ou Brylane Home (VPC aux États-Unis). Ces différentes entreprises ont le point commun d'être des enseignes grand public de distribution spécialisée, mais elles opèrent dans des segments et marchés très différents. Le regroupement de ces différentes enseignes au sein du groupe PPR a permis d'exploiter certaines synergies, notamment dans les domaines de la logistique, des achats et des cartes de paiement. Plus concrètement, des cartes de paiement multi-enseignes inter-opérables ont été créées. Par ailleurs, certaines plates-formes et autres moyens logistiques ont été regroupés, notamment pour la livraison aux clients (VPC et commerce électronique), pour les produits vendus dans plusieurs enseignes (produits électroniques ou électroménagers commercialisés à la fois par la Fnac, Conforama, le Printemps et La Redoute). Parallèlement à cette réflexion sur une meilleure rationalisation des flux logistiques, les achats ont également fait l'objet de nouvelles négociations auprès des fournisseurs communs. En effet et de façon plus générale, de tels regroupements peuvent également permettre à l'acquéreur de renforcer son pouvoir de négociation.

Certaines de ces acquisitions permettent de faire évoluer les frontières d'un secteur, au bénéfice des acteurs les plus dynamiques. De cette façon, France Télécom a utilisé de nombreuses acquisitions pour recentrer son activité de la téléphonie fixe vers la téléphonie mobile (acquisition d'Orange en particulier ou, plus récemment, de l'opérateur autrichien One GmbH) et les activités Internet (rachat de Cityvox début 2008 par exemple).

Lorsque les acquisitions d'extension impliquent des entreprises présentes sur des secteurs ayant très peu de points communs, on parle de diversification non liée (*unrelated*) ou conglomérale. De telles opérations s'inscrivent dans une stratégie de groupe dont l'objectif est de parvenir à un équilibre financier global. Les complémentarités financières qui existent entre des activités très différentes peuvent également permettre de bénéficier d'un pouvoir de négociation accru, par exemple vis-à-vis de partenaires financiers. Dans une logique de portefeuille d'activités (voir chapitre 16), ces acquisitions permettent d'équilibrer les flux de *cash-flow* entre activités : l'excédent de *cash-flow* généré par des activités mûres, au sein desquelles l'entreprise occupe une position dominante, permet de financer les investissements dans des activités en fort développement. Ainsi, une entreprise opérant dans des activités à forts besoins d'investissement cherchera à acquérir une entreprise possédant des activités mûres et génératrices de *cash-flow*. Dans ce cas, plutôt que recourir directement à des financements extérieurs par endettement, l'acquéreur préférera financer son développement grâce au *cash-flow* généré par l'entreprise achetée. Bien évidemment, ces acquisitions sont généralement payées par de simples échanges d'actions pour éviter toute sortie de *cash*. Les dirigeants contrôlent ainsi le développement de l'entreprise en contrepartie d'une dilution accrue du capital de ses actionnaires.

Les regroupements congloméraux ont été analysés comme un moyen de recréer (ou internaliser) un mini-marché financier au sein de l'entreprise, ce qui permet des économies en évitant de recourir au marché extérieur. Selon les promoteurs des conglomérats, la gestion financière centralisée permet aux dirigeants du groupe d'allouer les ressources de l'entreprise de façon optimale, ces derniers étant jugés plus à même d'opérer ce type d'arbitrage que le marché financier. La diversification des activités permettrait aussi de diminuer le risque global de l'entreprise, ce qui devrait se traduire par un surplus de richesse pour l'actionnaire. Néanmoins, la théorie financière moderne conteste cet argument. Elle dit en effet que les actionnaires peuvent eux-mêmes diversifier leur portefeuille d'actions et acheter directement sur les marchés financiers les titres des entreprises visées, et ce au prix du marché, c'est-à-dire en économisant la « prime de fusion » que l'entreprise acquéreuse est souvent obligée de payer pour prendre le contrôle de la firme convoitée. Or ces primes de contrôle ne sont pas négligeables puisqu'elles peuvent assez facilement atteindre 30 % du cours de Bourse. Au fond, la diversification conglomérale ne se justifie que si le marché financier est trop étroit et insuffisamment efficient, ce qui empêche les entreprises de se financer directement et les actionnaires de diversifier leur risque correctement. C'est pourquoi les pays où les marchés financiers sont insuffisamment ouverts, comme l'Inde ou la Corée, ont été historiquement propices au développement des conglomérats.

En règle générale, sur les marchés financiers qui fonctionnent de manière satisfaisante, les conglomérats subissent une décote boursière de 20 % à 30 %, ce qui signifie que leur valeur de marché est inférieure de 20 % à 30 % à la somme des valeurs de leurs différentes composantes. C'est donc au moment du démantèlement que la valeur est créée ! Il existe très peu d'exceptions à cette règle. L'exemple emblématique de General Electric est quasiment le seul que l'on puisse régulièrement citer. D'autres dirigeants ont tenté de construire des conglomérats avec des succès mitigés. Le groupe Vivendi-Universal par exemple, à l'origine présent dans le secteur de la distribution de l'eau (Compagnie générale des eaux), s'est diversifié au cours des années 1990, essentiellement par croissance externe, dans les secteurs des médias, des nouvelles technologies et de la téléphonie, pour devenir Vivendi en 1998, puis Vivendi-Universal en 2000 suite au rachat des activités de divertissement (dont Universal) du Canadien Seagram. L'ampleur des difficultés financières rencontrées par le groupe à partir de 2002 a mis en évidence les limites d'une telle stratégie de diversification. Après le départ du P-DG Jean-Marie Messier en juin 2002, les nouveaux dirigeants du groupe ont été amenés à effectuer une centaine de cessions en 2002-2003 pour recentrer le groupe sur les télécommunications (SFR, Maroc Telecom), la télévision (Canal+), l'édition musicale et les jeux vidéo. Ce recentrage ne signifie pas pour autant que le groupe ne soit plus un conglomérat. Au contraire, la plupart des analystes financiers considéraient encore en 2008 qu'il subissait une décote de 30 %.

Les acquisitions comme substitut à la R&D interne

Dans certains cas, les acquisitions sont utilisées comme moyen d'accéder à de nouvelles compétences. Elles deviennent alors un substitut à la R&D (Recherche et Développement) interne, de manière à accroître la vitesse de mise sur le marché de nouveaux produits. Ces acquisitions concernent particulièrement les activités à forte intensité technologique. Ainsi Cisco a-t-il racheté plusieurs dizaines de petites entreprises innovantes, ce qui lui a permis d'acquérir rapidement les compétences nécessaires pour maintenir ou accroître sa position concurrentielle dans le secteur des équipements de communication et des serveurs Internet.

Dans l'industrie pharmaceutique également, les principaux laboratoires tentent aujourd'hui de réaliser des acquisitions d'entreprises de biotechnologie pour accéder à des compétences spécifiques et rares en matière de recherche et s'approprier ainsi le lancement de futurs médicaments à fort potentiel. Par exemple, AstraZeneca a racheté en 2007 MedImmune, société américaine de biotechnologie.

Les acquisitions verticales

Les acquisitions verticales consistent à racheter une entreprise en amont ou en aval de la filière où opère l'entreprise. Elles visent à améliorer l'efficacité du nouvel ensemble par l'internalisation d'opérations permettant de générer des économies sur le plan technique, d'éviter une double marge ou d'accroître le pouvoir de marché (voir chapitre 11 sur les avantages de l'intégration verticale).

L'internalisation d'une activité consiste pour l'entreprise à intégrer en son sein une relation qui auparavant se réalisait sur le marché. Des économies de production peuvent ainsi être réalisées grâce à la suppression d'étapes logistiques liées au transfert physique du bien d'un site à l'autre (manutention, transport, livraison, stockage). Pour des processus de production en continu, l'intégration technique peut générer des économies substantielles. Ainsi, de nombreuses entreprises sidérurgiques se sont intégrées en aval, afin d'associer sur un même site la fabrication de l'acier et son laminage : le laminage continu dégage en effet des économies techniques considérables. L'intégration permet également de réaliser des économies liées à l'organisation du transfert (planning, coordination administrative) ou de favoriser la flexibilité organisationnelle (ce qui peut être important pour les techniques de juste-à-temps, les ateliers flexibles, etc.).

À titre d'exemple, l'activité de Coca-Cola, leader mondial des *soft drinks*, se limite traditionnellement à vendre son sirop de base et son savoir-faire à des embouteilleurs indépendants, en se contentant de leur licencier la marque. En 1989, Coca-Cola a pourtant repris pour 135 millions d'euros sa concession française, jusqu'alors confiée à Pernod-Ricard. Coca-Cola est ainsi devenu propriétaire de la Société Parisienne de Boissons Gazeuses et de neuf usines d'embouteillage. Ce rachat manifestait la volonté de Coca-Cola de dynamiser le marché français des boissons gazeuses, l'un des moins développés du monde occidental. Par ailleurs, Coca-Cola en a profité pour rationaliser les capacités de production de l'entreprise acquise.

Enfin, certaines entreprises rachètent un fournisseur pour surveiller l'environnement du stade amont ainsi que l'évolution des technologies et des coûts, ce qui les place dans une position plus favorable dans la négociation avec les autres fournisseurs. Cette pratique correspond à une intégration partielle puisque l'entreprise acquise ne satisfait pas l'ensemble des besoins de l'acquéreur mais fait planer sur les autres fournisseurs la menace d'une intégration plus importante (voir la notion d'intégration profilée dans le chapitre 11). De manière symétrique, le rachat d'entreprises situées en aval (prescripteurs ou distributeurs, par exemple) permet de créer une demande captive et représente une barrière à l'entrée pour les concurrents potentiels de l'entreprise acquéreuse. Néanmoins, de telles acquisitions posent un problème de conflit d'intérêt vis-à-vis des autres fournisseurs du distributeur acquis parce que ceux-ci deviennent des concurrents. Le rachat de Séphora par le groupe LVMH a souligné ce type de difficultés puisque le groupe de luxe n'a pu offrir des conditions privilégiées à ses propres marques, telles que Dior ou Givenchy, sans détériorer ses relations avec d'autres fournisseurs, tels que Chanel ou Hermès, ce qui ne pouvait que nuire aux intérêts de Séphora.

2 POURQUOI FUSIONNER ?

Les entreprises se lancent dans des fusions-acquisitions pour des raisons complexes où les motifs purement économiques se mêlent souvent à des motivations d'un tout autre ordre, par exemple les questions de statut social et professionnel des dirigeants. Le désir du P-DG d'être aux commandes d'une entreprise plus grande, le désir de diriger un groupe prédateur et non pas une proie potentielle, ou tout simplement le désir de protéger son propre poste, sont de puissants moteurs. Quand ils sont mus par ce genre de motivation, les dirigeants, qui sont les « employés » des actionnaires, ont tendance à faire passer leurs intérêts propres avant ceux des actionnaires. Nous développerons ces questions de « gouvernance » dans le chapitre 22. En effet, si les dirigeants s'en tenaient à des motivations purement économiques, ils ne se livreraient aux opérations de croissance externe que dans le but exclusif d'enrichir significativement leurs actionnaires. Plus précisément, ils chercheraient soit à créer de la valeur, soit à extraire de la valeur :

> Les fusions-acquisitions permettent de créer de la valeur lorsque le rapprochement entre les deux entreprises impliquées produit, grâce aux synergies entre ces entreprises, une richesse nouvelle qui n'aurait pas pu être créée sans fusionner.

> Une acquisition peut aussi permettre d'extraire de la valeur de l'entreprise acquise, c'est-à-dire de s'approprier une richesse latente que la cible ne parvenait pas à réaliser avant l'acquisition. Pour ce faire, l'acquéreur doit être capable d'améliorer les performances financières de l'entreprise acquise en tant que telle, indépendamment de toute synergie.

L'objectif de création de valeur correspond plutôt aux acquisitions « stratégiques » réalisées par des acteurs « industriels », alors que l'objectif d'extraction de valeur conduit généralement à des acquisitions effectuées par des acteurs « financiers » comme les fonds de *private equity*. La figure 18.1 résume les différents types de motivation que nous venons d'évoquer et que nous allons maintenant détailler.

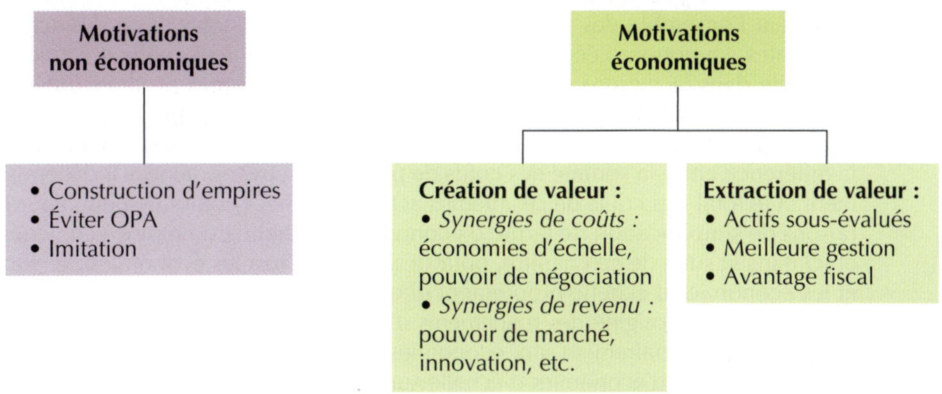

Figure 18.1
Les motivations des fusions-acquisitions

A/ Les motivations de nature économique

Créer de la valeur

La synergie est la première justification économique que les dirigeants revendiquent quand ils font des fusions et acquisitions « stratégiques ». Se résumant généralement par la formule 1 + 1 = 3, la synergie correspond à toute création de valeur supplémentaire obtenue grâce au regroupement de deux (ou plusieurs) entreprises et qui n'aurait pas été obtenue sans la mise en œuvre effective de ce regroupement. Cette définition exclut tout gain qui serait obtenu à l'issue d'une acquisition indépendamment des effets du regroupement (gains obtenus suite à un redressement de la cible ou à l'exploitation d'une situation de sous-évaluation).
Les synergies peuvent être de deux grands types : les synergies de coûts (économies d'échelle, pouvoir de négociation) et les synergies de revenus (pouvoir de marché, innovation, complémentarité de ressources). Si des synergies des deux types peuvent coexister dans une même opération, il est néanmoins difficile de les exploiter simultanément car la quête des unes a tendance à nuire à l'obtention des autres. En effet, les restructurations tournées vers les économies d'échelle conduisent souvent à des rationalisations qui permettent rarement de préserver toutes les ressources nécessaires aux synergies de revenus, par exemple les ressources humaines, susceptibles de favoriser l'innovation.

Faire des économies d'échelle et de gamme

Au sens strict du terme, les économies d'échelle désignent, pour un produit donné, une baisse du coût de revient unitaire liée à l'accroissement du volume. Une telle baisse de coût est attribuable à un amortissement des coûts fixes combiné à un effet d'apprentissage (voir chapitre 4). Dans cette optique, les acquisitions permettent de dégager des économies d'échelle lorsque les entreprises qui fusionnent fabriquent ou commercialisent strictement les mêmes produits. Les économies d'échelle ne concerneraient donc en principe que les acquisitions d'assainissement et, dans une moindre mesure, les acquisitions de consolidation géographiques.
Cependant, les acquisitions permettent également de dégager des économies de champ (économies « de gamme » ou « d'envergure » ou *economies of scope*[1]), qui désignent l'ensemble des gains générés par le partage d'actifs entre des activités différentes. La notion d'économies de champ se différencie de celle d'économies d'échelle dans la mesure où le partage d'actifs concerne des produits différents, qui ne sont pas substituables, et donc pas directement concurrents sur leur marché final. Ces économies, que l'on pourrait qualifier de « transversales », représentent la différence entre la somme des coûts de plusieurs activités menées indépendamment et le total des coûts de ces mêmes activités menées conjointement. Pour des raisons de simplification, le terme d'économies d'échelle est employé en général, et ici dans la suite de ce chapitre, pour désigner à la fois les économies de champ et les économies d'échelle proprement dites.
Sans revenir sur l'origine des rendements d'échelle (voir chapitre 4), il convient de préciser que, contrairement aux économies d'échelle liées à la production stricto sensu, l'existence d'économies d'échelle sur d'autres fonctions de l'entreprise telles que la commercialisation, la recherche-développement, les services administratifs, n'a pas été validée par des études rigoureuses et objectives. Dans ces domaines, l'avantage de coût conféré par la taille n'a pas été clairement établi car les économies réalisées semblent dépendre autant, si ce n'est plus, d'un renforcement du pouvoir de négociation de l'entreprise que d'une efficience interne accrue. Cependant, les acqui-

1. Panzar J.C., Willig R.D., 1981.

sitions sont incontestablement un moyen d'atteindre une taille critique, non seulement sur la production, mais aussi sur d'autres fonctions comme la recherche-développement ou la publicité. Ainsi, dans des secteurs à fort contenu technologique ou scientifique (aéronautique, électronique de défense, télécommunications, pharmacie, par exemple), les fusions peuvent répondre à l'impératif d'amortir sur des volumes de vente accrus les frais de recherche et développement qui peuvent représenter jusqu'à 20 % du chiffre d'affaires. De même, dans les industries de produits de grande consommation où le marketing joue un rôle essentiel, la concentration peut s'expliquer, au moins en partie, par le besoin d'atteindre la taille critique sur la publicité.

Augmenter le pouvoir de négociation et le pouvoir de marché

L'effet de taille induit par les fusions-acquisitions leur confère un autre avantage souvent mis en avant, de façon plus ou moins claire, par les dirigeants : celui d'obtenir de meilleures conditions auprès des partenaires commerciaux en amont (conditions d'achat auprès des fournisseurs) ou en aval (conditions de vente auprès des clients ou des distributeurs). De tels bénéfices, qui ne découlent pas d'une création de valeur à proprement parler – contrairement aux économies d'échelle –, proviennent en fait d'une modification de la répartition des rentes au détriment d'autres acteurs.

Les fusions-acquisitions d'assainissement représentent un moyen particulièrement efficace pour réaliser ce type de bénéfices dans la mesure où elles réduisent mécaniquement le nombre de concurrents et accroissent en conséquence le niveau de concentration relatif par rapport aux autres acteurs de la filière. C'est pourquoi il existe une réglementation dite « antitrust », plus ou moins contraignante selon les pays, pour éviter une trop forte concentration de certains secteurs d'activité menant à un pouvoir très élevé (se rapprochant du pouvoir monopolistique ou oligopolistique) de certains acteurs au détriment de certains autres et particulièrement du consommateur final. De cette façon, la fusion entre Schneider Electric et Legrand, qui avait notamment pour objectif de mieux négocier certaines conditions commerciales, a été bloquée en 2001 par la Commission européenne. En effet, il a été estimé que le nouveau groupe ainsi constitué représenterait de 40 % à 70 % de parts de marché cumulées dans les tableaux électriques et de 40 % à 90 % dans les appareils électriques, ce qui risquerait d'avoir un impact négatif sur le consommateur final.

Lorsque l'effet de la concentration bénéficie à tous les concurrents du secteur, on parle de « pouvoir de marché ». S'il affecte uniquement l'acteur qui a réalisé l'acquisition, on parle alors d'une augmentation du pouvoir de négociation. Alors que le pouvoir de négociation permet de réduire les coûts d'achat et représente par là même une synergie de coûts, le pouvoir de marché a pour effet d'accroître le prix de vente et par conséquent le chiffre d'affaires, ce qui correspond à une synergie de revenu.

Accéder à des ressources complémentaires

Au-delà des effets de taille, les synergies de revenu reposent généralement sur l'acquisition de ressources complémentaires. Or les fusions-acquisitions permettent d'acquérir certaines ressources ou compétences qu'il serait trop coûteux ou trop long de développer en interne, et difficile voire impossible d'acquérir sans prendre le contrôle de l'entreprise qui détient ces ressources. En effet, le marché des firmes est plus formalisé et plus accessible que le marché des ressources. Par exemple, la décision de Pinault-Printemps-Redoute de se lancer sur le marché du luxe a nécessité l'acquisition de compétences correspondant à cette nouvelle activité : marques, réseau de distribution, bureau de style, etc. Ces différentes compétences nécessitent des années de développement et sont, qui plus est, liées les unes aux autres de telle sorte qu'il est difficile de les acquérir de façon isolée. Les compétences recherchées par une entreprise sont dites « imbriquées » à l'intérieur d'une organisation. C'est pourquoi l'entrée de PPR dans le luxe a été réalisée par l'acquisition de Gucci puis d'Yves Saint Laurent. Cette orientation vers le luxe aurait théoriquement pu être réalisée par l'acquisition de la marque Gucci seulement, sans prendre le contrôle de l'entreprise du même nom. Néanmoins, non seulement la marque Gucci n'était pas en vente de façon isolée, mais encore elle n'aurait pu être exploitée et valorisée par PPR puisque le groupe ne détenait pas les autres ressources nécessaires à l'exploitation d'une telle marque. Parallèlement, l'intégration de Gucci au sein du groupe PPR a été rapidement complétée par l'acquisition du pôle beauté de Sanofi, comprenant Yves Saint Laurent et les parfums Van Cleef & Arpels, précédemment détenus par l'actionnaire de PPR à travers sa holding Artemis. La marque Yves Saint Laurent, en particulier, a pu rapidement bénéficier des compétences de création et de marketing qui se sont avérées bénéfiques pour Gucci. Réciproquement, le groupe Gucci a utilisé le savoir-faire de PPR, notamment dans le domaine immobilier, pour développer ses points de vente.

Extraire de la valeur

Différents cas de figure permettent à l'acquéreur d'extraire de la valeur d'une acquisition, c'est-à-dire de s'approprier, grâce à l'acquisition, une valeur qui était latente dans la cible. Même s'ils ne sont pas les seuls à la pratiquer et même si leurs performances ne sont pas toujours aussi fortes qu'on le croit, les fonds de LBO apparaissent comme les spécialistes de l'extraction de valeur (voir Controverse ci-dessus).

Bénéficier d'avantages fiscaux

On peut extraire de la valeur d'une acquisition en utilisant la fiscalité. Ainsi, lorsqu'une société qui a accumulé des pertes reportables fusionne avec une société profitable, la consolidation fiscale des deux entreprises peut permettre de créer un avantage fiscal important. En effet, suite à la fusion, les pertes de la première société viendront chaque année compenser les profits de la seconde, ce qui rend le groupe fusionné non imposable jusqu'à épuisement des pertes reportables. Cet avantage fiscal est en quelque sorte une ressource particulière de l'entreprise qui a accumulé les pertes, si ce n'est que sa valorisation dépend de l'apport de l'entreprise bénéficiaire et de sa capacité à réaliser des bénéfices futurs. Par exemple, Vivendi avait accumulé le total extravagant de 38 milliards d'euros de pertes entre 2000 et 2002, ce qui a conduit à l'éviction de son P-DG Jean-Marie Messier. Le groupe est redevenu bénéficiaire à partir de 2003, sous la direction de Jean-René Fourtou, mais, compte tenu de la faiblesse de ses profits, il lui aurait fallu des dizaines d'années pour récupérer le crédit d'impôt constitué par ses pertes antérieures. Cependant, en 2003, en prenant le contrôle de la Société française de radiotéléphone (SFR), dont Vivendi était déjà actionnaire minoritaire, le groupe a pu consolider fiscalement une entreprise très profitable et, ce faisant, accélérer considérablement le report de ses pertes. Ainsi, Vivendi a été en mesure d'encaisser les bénéfices de SFR de 2003 à 2008 sans payer aucune taxe. L'économie d'impôt ainsi réalisée était d'environ 800 millions d'euros par an. Qui résisterait à l'envie de s'approprier un tel montant de *cash* ?

Revaloriser l'entreprise cible

Le rachat d'une entreprise peut être un moyen de prendre le contrôle d'actifs temporairement sous-évalués (ou du moins perçus comme tels). L'objectif de l'acquisition est alors de réaliser des plus-values à court terme en revendant la cible en l'état ou par « morceaux », notamment si cette dernière est un groupe diversifié. Une entreprise peut être sous-évaluée pour les raisons suivantes :

> il existe une différence entre la valeur du *cash-flow* actualisé « en l'état » et la valeur de marché actuelle de la société. Cet écart de perception provient généralement d'une mauvaise communication de l'entreprise auprès du marché boursier ;

> les améliorations réalisées au sein de l'entreprise n'ont pas encore eu d'impact sur les bénéfices et sur le cours de l'action ;

> certains actifs de l'entreprise sont réellement sous-évalués. Il s'agit notamment des actifs incorporels tels que la marque, la réputation, la clientèle, les brevets ou le potentiel d'innovation. Ainsi, les fonds d'investissement rachètent souvent des marques à des groupes internationaux et parviennent à créer davantage de valeur grâce à une meilleure motivation des managers, notamment liée à de fortes incitations financières et au contexte plus entrepreneurial et plus créatif inhérent à une petite structure. C'est ainsi que le rachat de Lacoste par un fonds d'investissement a permis de revaloriser la vieille marque au crocodile grâce à une stratégie marketing et commerciale plus dynamique et mieux ciblée.

Améliorer la gestion de la cible

Certains acquéreurs « en série » sont passés maîtres dans l'art du *turnaround* : ils savent améliorer la productivité de leurs cibles en appliquant des méthodes de gestion éprouvées et particulièrement efficaces, tant d'un point de vue opérationnel que stratégique. L'exemple de Hanson Trust, présenté dans le Mini-cas ci-dessous, en est une bonne illustration. L'amélioration de la gestion opérationnelle peut se traduire par un contrôle plus strict des coûts de production, par une gestion plus rigoureuse de la trésorerie d'exploitation, par une réduction des frais généraux, par un dégraissage de certains services, etc. Sur le plan stratégique, l'acquéreur peut constater que les actifs de la cible sont mal employés suite à des erreurs, voire à une absence de stratégie. Il peut également être amené à redéployer le portefeuille d'activités de la cible. Par exemple, il peut procéder à un recentrage des activités de la cible autour d'un métier jugé extrêmement rentable, mais qui est noyé dans un ensemble d'activités hétérogènes. Le désinvestissement d'activités marginales ou peu rentables peut apporter les fonds nécessaires au renforcement de l'activité de base. Par ailleurs, l'utilisation d'un effet de levier financier permet aux fonds et aux entreprises dans lesquelles ils investissent de déployer de nouvelles ressources.

MINI-CAS

Hanson Trust

Hanson Trust est un conglomérat britannique diversifié dans la fabrication de brouettes et de pelles hydrauliques, dans l'exploitation de mines d'or et de charbon ainsi que dans les matériaux de construction. Le groupe de Lord Hanson, constitué en vingt ans par soixante-dix raids boursiers, affiche depuis 1980 une rentabilité sur capitaux propres de 40 % en moyenne par an. Les gains financiers qu'exploite ce conglomérat (compensation des prix des acquisitions par de juteuses cessions d'actifs non stratégiques, placements de trésorerie, protection contre les retournements conjoncturels grâce à la diversité des activités) ne suffisent pas à expliquer ces résultats spectaculaires. La compétence distinctive de Hanson Trust réside dans sa capacité à redresser les entreprises acquises. Hanson Trust s'est doté d'une équipe d'une centaine de personnes chargées de diagnostiquer les « vices cachés » des cibles et de mettre en place des politiques de redressement adaptées. Par exemple, les mesures de redressement qui >

····> ont été appliquées à Imperial Tobacco, ex-leader britannique des cigarettes, suite à son rachat en 1985, ont été particulièrement drastiques : réduction de 50 % des effectifs, fermeture des usines les moins rentables, réduction de moitié du nombre de marques, rationalisation des structures de commercialisation, réduction des stocks. Par ailleurs, une compression des niveaux hiérarchiques, une décentralisation des responsabilités et un système basé sur l'intéressement aux résultats, ont permis de renforcer la motivation des cadres. De nouveaux instruments de contrôle ont été élaborés ; ainsi, les dirigeants des filiales ne sont plus évalués sur l'augmentation du chiffre d'affaires mais sur le bénéfice par action. Au total, la productivité a quasiment triplé au cours des dix années durant lesquelles Imperial Tobacco a été détenue par Hanson Trust, qui a réintroduit l'entreprise en Bourse en 1996 en encaissant une belle plus-value.

Questions

1) À quel(s) type(s) de fusions-acquisitions appartiennent vraisemblablement les acquisitions de Hanson Trust ?
2) Peut-on dire que Hanson dispose d'un avantage concurrentiel ? Si oui, quel est-il ? D'où provient-il ?

B/ Les autres types de motivation

Si la création de valeur pour l'actionnaire est certainement l'argument le plus fréquemment utilisé pour justifier les fusions-acquisitions, l'analyse plus approfondie de ces opérations laisse apparaître d'autres motivations : les motivations personnelles des dirigeants et les facteurs liés à la dynamique concurrentielle.

Les motivations personnelles des dirigeants

De façon générale, les études sur les fusions-acquisitions peinent à démontrer la performance des ces opérations, notamment pour les actionnaires de la société acquéreuse. C'est pourquoi les motivations de nature non économique sont de plus en plus mises en avant pour justifier les opérations de fusions-acquisitions. En particulier, le comportement des dirigeants, en quête de pouvoir ou d'enrichissement personnel, permet d'expliquer la réalisation de telles opérations (voir chapitre 22 sur la gouvernance). En effet, la finalisation des opérations de croissance externe implique très souvent un intéressement financier considérable des dirigeants. Par ailleurs, la réalisation d'une opération de fusion-acquisition constitue une activité prestigieuse et attractive pour des dirigeants en quête de pouvoir supplémentaire et soucieux de s'éloigner des problématiques opérationnelles quotidiennes.

L'effet d'imitation

Devant la pression concurrentielle croissante, les dirigeants sont souvent amenés à prendre certaines décisions stratégiques de façon rapide et quasi « automatique », en reproduisant les actions déjà expérimentées dans le passé ou par imitation de certains de leurs concurrents. Ce comportement s'applique tout particulièrement aux fusions-acquisitions. En effet, les fusions-acquisitions offrent un moyen rapide d'accélérer le développement de l'entreprise et sont souvent réalisées dans l'urgence, dans des environnements très concurrentiels. Les vagues de fusions que l'on peut observer à intervalles réguliers dans certains secteurs en témoignent. De cette façon, la fusion entre BP et Amoco en 1999 a très largement inspiré le rapprochement entre Elf et Total-Fina, réalisé quelques mois plus tard.

Affaiblir ou préempter un concurrent

En raison de leur effet immédiat et direct sur l'environnement concurrentiel, les acquisitions peuvent être utilisées pour affaiblir ou faire disparaître un concurrent important : c'est ainsi que Rexel, leader mondial de la distribution de matériel électrique en *business to business* s'est allié avec son challenger Sonepar fin octobre 2007, pour lancer une OPA sur leur concurrent commun international Hagemeyer dans l'objectif de le démanteler. Une telle opération visait essentiellement à faire disparaître l'un des plus importants concurrents internationaux du secteur de la distribution de matériel électrique.

Les acquisitions peuvent aussi, dans certaines circonstances, permettre de bloquer l'accès d'un marché donné à un concurrent particulièrement dangereux. Le rachat de Promodes par Carrefour en 1999 était notamment motivé par la volonté d'éviter l'entrée de Wal-Mart sur le marché français. En effet, la situation boursière de l'époque rendait Promodes et Carrefour « OPAbles » par Wal-Mart. Le rapprochement des deux entreprises a permis de bloquer, tout au moins provisoirement, l'entrée en force de Wal-Mart sur le marché français.

3 LES DIFFICULTÉS DES FUSIONS-ACQUISITIONS

Les résultats des fusions-acquisitions s'avèrent le plus souvent mitigés, notamment pour l'acquéreur. Dans de nombreux cas, il est bien difficile de créer ou d'extraire suffisamment de valeur pour compenser la prime de contrôle qu'ont payée les actionnaires de la société acquéreuse. Paradoxalement, les gagnants de ces opérations sont la plupart du temps les actionnaires de l'entreprise acquise, qui perçoivent cette prime de contrôle, alors que le principe même d'être racheté est en général considéré comme un échec stratégique. De cette façon, le rachat de la banque ABN Amro en octobre 2007 par un groupement composé de trois banques a été présenté par les analystes financiers comme une sanction du marché, en réponse à des années d'échec de la stratégie menée par la banque. Pourtant, quelques mois plus tard, le prix payé aux actionnaires d'ABN Amro pour l'acquisition s'est avéré particulièrement élevé alors que deux des trois acquéreurs rencontraient de sérieuses difficultés financières. En effet, moins d'un an après l'opération ABN Amro, Royal Bank of Scotland et Fortis ont dû être sauvés par leurs gouvernements respectifs. Certains actifs de Fortis ont été rachetés au passage par BNP-Paribas.

Les résultats très mitigés des opérations de croissance externe sont attribuables à deux types de facteurs : les surcoûts de la croissance externe et les difficultés à tirer pleinement parti des actifs acquis. Les premiers se manifestent dès la transaction ; les secondes apparaissent après que la transaction a été effectuée, quand il s'agit de mettre en œuvre la fusion.

A/ LES SURCOÛTS DES OPÉRATIONS DE CROISSANCE EXTERNE

Si les fusions-acquisitions peuvent générer des bénéfices, elles représentent également un moyen de croître plus coûteux que certains autres. En effet, la transaction d'acquisition suppose le paiement d'une prime de contrôle qui en augmente le prix par rapport à la valeur objective de la cible. Cette prime, et en conséquence le prix de l'acquisition, s'accroît avec le nombre d'acquéreurs potentiels, qui sont poussés par la concurrence à réviser leur offre à la hausse pour remporter l'entreprise convoitée. De plus, le prix d'acquisition est également influencé par ce que les économistes appellent « l'asymétrie d'information », c'est-à-dire le fait que le vendeur est en position de force parce qu'il détient davantage d'informations que l'acheteur sur l'entreprise cible. C'est pourquoi, avec le rôle croissant des fonds d'investissement, les processus d'acquisition et de cession se professionnalisent, soit pour se protéger de cette asymétrie d'information, soit pour mieux l'exploiter. Les enchères, de plus en plus fréquentes, entraînent une hausse des prix. Parallèlement, les vendeurs – de plus en plus souvent des fonds d'investissement et de LBO – sont, dans bien des cas, des professionnels de la finance et des acquisitions. Ils sont parfaitement capables d'exploiter leurs compétences pour vendre au meilleur prix. Il n'est d'ailleurs pas rare que des LBO soient réalisés « en cascade », c'est-à-dire les uns à la suite des autres, sur la même entreprise (LBO secondaires ou tertiaires), ce qui entraîne mécaniquement une pression à la hausse sur les prix d'acquisition. En effet, le prix de sortie d'un LBO secondaire doit être bien entendu plus élevé que celui d'un LBO primaire, pour assurer une plus-value significative au vendeur. Du coup, ces opérations pâtissent souvent d'une mauvaise réputation. Si deux fonds d'investissement sont « passés sur le corps » d'une entreprise au moyen de deux LBO successifs pour en tirer tout le cash possible, comment se fait-il que l'entreprise en question ait encore les moyens de se développer ? Bien que tenace et parfois justifiée par l'inflation galopante des prix d'acquisition provoquée par certains fonds, cette image se révèle souvent erronée. En effet, il n'est pas rare que, comme pour Neopost, obscure division d'Alcatel devenue une star de la Bourse (voir le Mini-cas ci-dessous), un LBO secondaire permette d'extraire un potentiel de valeur insoupçonné au départ.

MINI-CAS

Neopost, ou comment transformer le parent pauvre en star de la Bourse, en deux LBO

Basée à Bagneux, près de Paris, la société Neopost est spécialisée dans les équipements de gestion du courrier, principalement les machines à affranchir. Dominante sur le segment de l'affranchissement en France, l'entreprise est présente dans la plupart des pays du monde. Son histoire remonte aux années 1920, quand ses fondateurs ont introduit les premières machines à affranchir en France.

Depuis les années 1970, l'activité était intégrée au groupe Alcatel, qui a décidé de s'en séparer en 1991, considérant que ce genre de matériel ne faisait pas partie de son *core business*. Il a d'abord fallu effectuer de complexes opérations de « détourage » pour récupérer et rassembler dans une même filiale, baptisée Neopost, les activités courrier, qui étaient dispersées dans différentes unités du groupe. En 1992, Neopost a été racheté en LBO par un groupe d'investisseurs conduit par Fonds partenaires. Quatre ans plus tard, Fonds partenaires cherchait à réaliser son investissement. Malheureusement, une entrée en Bourse semblait irréaliste à cause de l'état du marché à cette époque, et Fonds partenaires ne trouvait pas non plus d'acquéreur « industriel » intéressé par Neopost. Finalement, BC Partners, qui était le second investisseur derrière Fonds partenaires dans le LBO de 1992, décida de prendre le contrôle de Neopost dans le cadre d'un LBO secondaire lancé en 1997. Suite au premier LBO en 1992, Neopost était devenu une compagnie indépendante, ce qui présentait des avantages et des inconvénients. Le groupe Alcatel >

····> traitait ses activités courrier comme des vaches à lait : les investissements technologiques étaient limités et la croissance n'était pas un objectif prioritaire. En revanche, les divers responsables d'unités avaient pris l'habitude de s'appuyer sur leur maison mère, qu'ils pouvaient solliciter lorsqu'ils avaient besoin de ressources supplémentaires, qu'il s'agisse de fonds ou de personnel. Une fois sorties du giron d'Alcatel, les différentes entités nationales de Neopost durent d'abord apprendre à fonctionner ensemble comme une entreprise homogène. Il était devenu également crucial de centraliser la trésorerie et de la gérer correctement pour financer un véritable effort de R&D interne et une stratégie de croissance autonome. Jacques Vandamme, le P-DG de Neopost, travaillait en étroite collaboration avec les fonds de *private equity* actionnaires pour mettre en œuvre ces changements stratégiques. À son départ à la retraite en 1995, son successeur, Jean-Paul Villot, fixa des objectifs encore plus ambitieux : la priorité était donnée à la « croissance rentable » et l'entreprise devait devenir « mondiale » et « entrer dans l'ère digitale » à l'horizon 2000. Après quelques difficultés de croissance passagères, en particulier au Royaume-Uni et aux États-Unis, cette nouvelle stratégie commença à payer et revenus et marges s'améliorèrent dans la plupart des pays et des activités.

BC Partners, un des leaders des *private equity* européens, conduisit le LBO secondaire en septembre 1997. Contrairement à d'autres acheteurs possibles, BC Partners, qui connaissait très bien Neopost et avait un siège au conseil d'administration depuis son entrée au capital en 1992, était convaincu que l'entreprise avait encore un potentiel de croissance élevé et que l'équipe de management en place était capable d'améliorer considérablement la rentabilité. Les dirigeants de Neopost travaillaient main dans la main avec ceux de BC Partners, qui jouaient un rôle actif dans le développement de l'entreprise et prenaient part à certaines décisions stratégiques, comme le recrutement de Jean-Paul Villot. À la suite du LBO secondaire, un membre de l'équipe BC Partners alla même jusqu'à assurer lui-même la fonction de directeur financier de Neopost pendant plusieurs mois, le temps de recruter Denis Thierry sur ce poste.

Les fonds de LBO ont généralement une durée de vie de dix à douze ans. Après cette période, le fonds est liquidé et tout le capital est retourné aux bailleurs de fonds, les *limited partners*. Dans ce cadre, BC Partners avait prévu de rester au capital de Neopost pendant quatre à six ans puis de revendre sa participation, soit par une introduction en Bourse, soit par une transaction de gré à gré avec une nouvelle maison mère. Mais cette seconde option était difficile à réaliser car l'industrie des machines à affranchir était déjà très concentrée au niveau mondial et la législation antitrust dissuadait le concurrent principal de Neopost de s'en porter acquéreur. Quant aux autres acteurs de l'industrie, ils étaient trop petits et n'avaient pas les fonds nécessaires. Restait la possibilité d'une acquisition par un grand groupe congloméral, mais cela semblait peu probable dans le contexte de la fin des années 1990.

La seule sortie vraisemblable était donc l'introduction en Bourse, ce qui allait être une première en France car aucun LBO d'envergure ne s'était encore débouclé de la sorte à cette époque. Un an après la prise de contrôle par BC Partners, les ventes et les profits de Neopost avaient augmenté significativement, la part de marché aux États-Unis avait spectaculairement progressé et l'équipe de management conduite par Jean-Paul Villot avait largement démontré son talent. BC Partners vit dans ce succès rapide l'opportunité d'une sortie audacieuse. C'est ainsi que, moins de deux ans après le LBO de 1997, une part majoritaire du capital de Neopost a été introduite à la Bourse de Paris le 23 février 1999. Pendant les mois suivants, les investisseurs partenaires du fonds ont progressivement revendu leurs participations, alors que le cours de Bourse de Neopost continuait à grimper rapidement. >

····> En plus d'une croissance organique significative au cours des années qui ont suivi, Neopost a consolidé sa position concurrentielle par des acquisitions à l'étranger, ce qui lui a permis de devenir le numéro 2 incontesté dans son industrie, derrière son principal concurrent américain. En dix ans à partir du LBO initial de 1992, Neopost a multiplié son chiffre d'affaires par 3, ses profits par 10, ses effectifs par 2,5 et sa capitalisation boursière par 8 !

Questions

1) Pourquoi Neopost a-t-il fait l'objet de deux LBO successifs ? Était-ce justifié ?
2) Quels sont les facteurs qui expliquent la réussite de ces opérations ?
3) Que recommander à Neopost pour l'avenir ?

B/ Les difficultés à tirer pleinement parti des actifs acquis

Un processus d'intégration souvent coûteux et lourd

La réalisation de synergies entre l'acquéreur et la cible suppose une intégration des activités le plus souvent accompagnée de restructurations, réorganisations et autres cessions d'actifs ou rationalisations. De façon très concrète, la réalisation d'économies d'échelle au niveau de la production, par exemple, exige souvent une centralisation de la production sur un site unique, ce qui entraîne la fermeture ou la restructuration des autres sites. Ainsi, le rachat d'Arcelor par Mittal a été suivi de la fermeture du plusieurs sites, dont celle de l'usine de Gandrange en Moselle, annoncée en janvier 2008. De façon générale, le processus d'intégration et la rationalisation des actifs et ressources qui les accompagne retardent et amoindrissent les bénéfices générés par les fusions-acquisitions. Or les problèmes d'intégration sont d'autant plus élevés que les firmes acquises sont de grande taille.

Des actifs moins intéressants que prévu

Parallèlement aux difficultés rencontrées au sein du processus d'intégration, nombre d'acquisitions se révèlent moins intéressantes que prévu en raison de la perte de certaines ressources clés. De cette façon, après une bataille féroce contre son rival LVMH, Pinault-Printemps-Redoute est finalement parvenu à racheter Gucci en 1999, à un prix extrêmement élevé, tiré par un marché particulièrement favorable et une lutte concurrentielle aiguisée. Quelques mois plus tard, Tom Ford et Domenico de Sole, duo qui dirigeait alors l'entreprise et qui était considéré comme l'auteur du renouveau de la marque, annoncent leur départ pour cause de mésentente avec leur actionnaire. La valeur boursière de l'entreprise et, par voie de conséquence, la valeur de l'acquisition, s'en trouve immédiatement affectée.

Plus généralement, l'incompatibilité culturelle entre les deux entreprises qui fusionnent réduit souvent la contribution de certaines ressources, notamment les ressources humaines. Au-delà du départ de certains dirigeants ou managers, la perte de motivation d'une partie des salariés, qui peuvent se sentir lésés ou contraints par un pouvoir hostile, n'est pas un facteur négligeable pour expliquer les détériorations de performance souvent observées post-fusion.

L'exemple de Daimler-Chrysler détaillé ci-dessous est une très bonne illustration des différents types de difficultés rencontrées dans le cadre des fusions-acquisitions. Cet exemple met en évidence la question de l'évaluation de la cible, ainsi que les nombreuses difficultés liées à la fusion effective de deux entreprises très différentes.

Alors qu'une intégration semble un préalable nécessaire à la réalisation des classiques synergies, notamment les économies d'échelle et le pouvoir de négociation avec les fournisseurs, la préservation des ressources rares et spécifiques aurait dû imposer de maintenir une certaine indépendance entre les deux entreprises. Il est très difficile de résoudre la tension entre ces deux logiques opposées.

MINI-CAS

La fusion Daimler-Chrysler, autopsie d'un échec

La fusion entre l'Américain Chrysler et l'Allemand Daimler-Benz, réalisée en 1998, est estimée avoir coûté plus de 12 milliards de dollars en termes de destruction de valeur au cours de ses neuf années d'existence, c'est-à-dire jusqu'à la scission d'août 2007. Cette perte de valeur a affecté non seulement Chrysler, acheté par Daimler-Benz pour 36 milliards de dollars et revendu pour 7,4 milliards de dollars à un fonds d'investissement new-yorkais, Cerberus Capital Management, mais également Daimler, dont les résultats financiers se sont largement détériorés au cours de la période, notamment en raison des difficultés à gérer la fusion[1].

Pourtant, au moment de la transaction en 1998, Daimler-Benz et Chrysler étaient, chacun sur son marché, des acteurs performants de l'industrie automobile : Chrysler était décrit comme un modèle aux États-Unis, notamment dans la gestion de son réseau de fournisseurs, et avait une rentabilité largement supérieure à celle de ses concurrents. De son côté, Daimler-Benz était l'exemple même de la réussite dans l'industrie automobile européenne, notamment sur les produits haut de gamme grâce à la marque Mercedes. Les activités des deux entreprises apparaissaient alors complémentaires, tant au niveau géographique qu'au niveau des segments de marché. L'objectif de la fusion était de créer un géant international de l'automobile, avec un chiffre d'affaires consolidé de 1 000 milliards de dollars. Parallèlement, nombre de synergies futures avaient été mises en avant pour justifier cette opération largement saluée par la presse et les analystes : mise en commun des achats, de la distribution, de la recherche-développement et, à terme, mise en place de plates-formes communes avec des pièces identiques pour les deux marques…

Pourtant, au regard des résultats, il est aujourd'hui incontestable que cette fusion a été un échec retentissant. Différents types d'arguments, notamment liés à des problèmes de mise en œuvre, d'intégration et de fuite de ressources clés, combinés à un retournement de la conjoncture économique, peuvent expliquer ce constat. L'échec observé est d'autant plus important que le prix payé par Daimler-Benz pour acquérir Chrysler était très élevé : il représentait une prime de 28 % par rapport au prix de l'action, prix justifié par la bonne santé du constructeur américain à l'époque. Or les cultures des deux groupes étaient difficilement compatibles : l'organisation très stricte des Allemands contrastait avec la créativité et l'autonomie des Américains. Les différences culturelles, bien réelles, ont été mal appréhendées à l'origine par les deux acteurs, qui n'ont pas pris les précautions nécessaires pour assurer une combinaison réussie. De plus, les potentiels de synergies se sont avérés extrêmement délicats à mettre en œuvre. Il faut dire que les deux entreprises étaient séparées par une distance de 7 000 km et qu'elles agissaient sur des marchés distincts, tant au niveau de la cible que de la géographie. À titre d'exemple, les projets initiaux de plates-formes communes n'ont pu être réalisés en raison de différences trop importantes entre les modèles Chrysler, à traction avant (ou à quatre roues motrices pour les Jeep) et l'essentiel des modèles Mercedes, à propulsion arrière, impliquant une >

1. Steinmann L., 2001.

····> conception très différente. En outre, les dirigeants clés de Chrysler, sur lesquels Daimler comptait s'appuyer pour transmettre un savoir-faire spécifique, ont rapidement quitté l'entreprise. Enfin, des problématiques de gouvernance ont largement contribué à l'échec.
En particulier, la volonté affichée de Daimler-Benz de réaliser une « fusion entre égaux » s'est rapidement avérée trompeuse, Chrysler devenant une simple division du groupe.

Questions

1) À quel type de fusion-acquisition appartient l'opération Daimler-Chrysler ? Quelles en étaient les motivations ?
2) En termes de stratégie, de structure et d'identité (*cf.* chapitre 2), quelles sont les principales raisons de son échec ?
3) Comment se fait-il que les entreprises n'aient pas anticipé les difficultés de mise en œuvre ?
4) Un rapprochement Daimler-Chrysler aurait-il pu réussir ? Comment ?

De façon générale, les fusions-acquisitions peinent à faire bénéficier l'acquéreur de l'intégralité des ressources acquises et des bénéfices liés à la taille rapidement atteinte. C'est pourquoi, pour reprendre la notion présentée au chapitre 7 sur l'avantage concurrentiel, on peut dire que les fusions-acquisitions souffrent de « déséconomies de compression du temps », c'est-à-dire qu'elles ne parviennent pas tirer pleinement parti de la croissance parce que celle-ci a été réalisée trop rapidement. De façon générale, l'accélération de croissance entraîne en effet des rendements décroissants. Or les fusions-acquisitions sont un des moyens les plus rapides de croître. Elles sont par conséquent davantage sujettes aux déséconomies de compression du temps que d'autres formes de croissance comme la croissance interne. À croissance égale, les fusions-acquisitions coûtent plus cher que la croissance interne – la prime d'acquisition en représente l'une des matérialisations – et elles aboutissent rarement au même niveau d'optimisation des ressources. En termes d'arbitrage coût/bénéfice, les fusions-acquisitions optent donc pour la rapidité de la croissance au détriment de son coût.

4 Mettre en œuvre les fusions-acquisitions

EN PRATIQUE

Le processus d'acquisition

Le processus d'acquisition comprend différentes phases, qui commencent par une formulation de la stratégie de l'acquéreur, suivie par une sélection et analyse des cibles potentielles. Une fois ces phases préliminaires réalisées, le processus d'acquisition débute réellement avec une évaluation stratégique et financière de la cible – ou *due diligence* – et se termine par une négociation du prix et des conditions d'acquisition avant clôture de la transaction. Une fois la transaction >

····> réalisée, commence la prise de contrôle effective, accompagnée ou non d'un processus d'intégration[1].

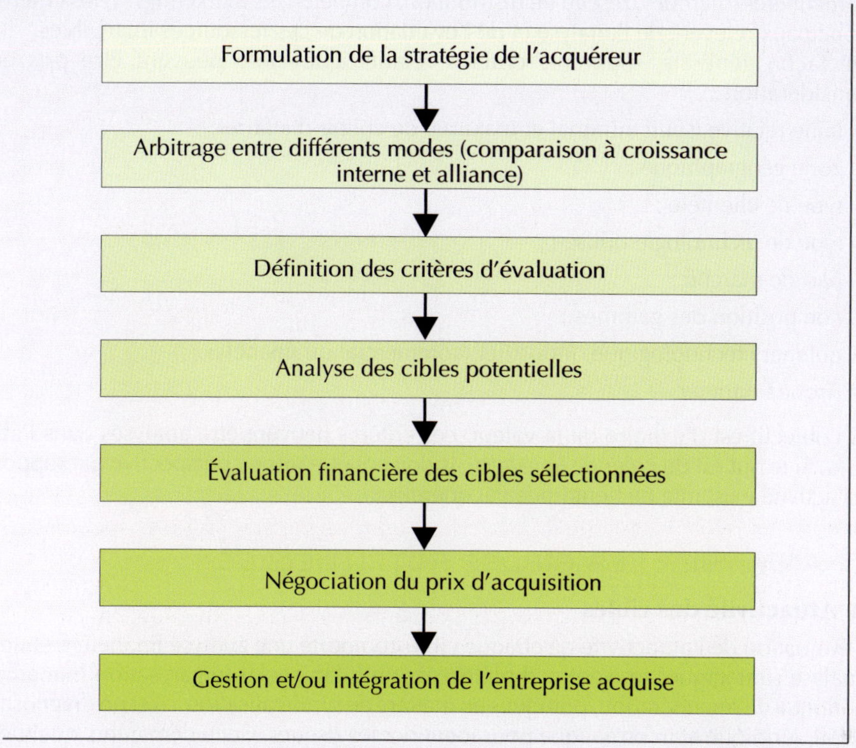

Figure 18.2
Les sept phases du processus d'acquisition

A/ FORMULER UNE STRATÉGIE D'ACQUISITION

Cette première étape consiste à effectuer une analyse stratégique classique. Après avoir analysé la position concurrentielle de l'entreprise sur ses différentes activités, la direction générale doit déterminer les voies de développement afin d'assurer la croissance à long terme ainsi que les modalités de son développement : la croissance interne, l'alliance stratégique ou la croissance externe. Comme les fusions-acquisitions ne représentent qu'un moyen parmi d'autres de réaliser une stratégie donnée, il est nécessaire d'évaluer la faisabilité et la pertinence d'une acquisition par comparaison aux autres voies possibles. Si l'acquisition est alors retenue, l'acquéreur devra préciser son rôle dans la stratégie du groupe et les objectifs recherchés : synergies de coûts, synergies de revenu, extraction de valeur, etc.

B/ DÉFINIR LES CRITÈRES D'ACQUISITION

Après avoir formulé clairement le rôle de l'acquisition dans la stratégie de l'entreprise, la seconde étape consiste à déterminer des critères permettant d'opérer une première sélection des cibles intéressantes pour l'entreprise (pratique du *screening*)[2]. Selon le type d'acquisition réalisé et les objectifs recherchés, les critères pris en compte varient. Ainsi, dans le cas d'acquisitions d'assainissement visant à réduire la

1. Morosini P. et Steger U., 2004.
2. Ebeling H.W., Doorley T.L., 1983.

capacité et à générer des économies d'échelle, les critères prioritaires concernent l'analyse des actifs et l'opportunité de les rationaliser. À l'inverse, lorsque les acquisitions constituent un substitut à la R&D ou le moyen d'accéder à des ressources particulières (marques, réseau de distribution, compétences marketing...), les critères principaux relèvent de l'analyse et de l'évaluation de ces ressources intangibles.
De façon générale, différents critères relatifs à la cible peuvent être pris en considération :

> taille relative (seuil minimal et maximal de chiffre d'affaires) ;
> zone géographique ;
> type de clientèle ;
> type de technologie utilisée ;
> part de marché ;
> composition des gammes ;
> potentiel technologique, industriel, commercial ou financier ;
> risque financier.

Si l'objectif est d'extraire de la valeur, ces critères peuvent être analysés dans l'absolu. Si le but est de créer de la valeur, ils doivent être mis en perspective par rapport à l'activité existante de l'entreprise acquéreuse.

C/ Analyser les cibles potentielles

Attractivité des cibles

L'évaluation de l'attractivité de chaque cible comporte une analyse financière et une analyse stratégique, souvent complétée par un bilan social (organisation humaine, politique de rémunération, pratiques en matière de syndicalisation...) et un diagnostic fiscal, juridique et informatique pour identifier les risques. Cette démarche, qualifiée en anglais de *due diligence*, est traditionnellement pratiquée par l'acquéreur. Néanmoins, devant la part croissante des acteurs financiers (fonds d'investissement ou de LBO) qui souvent connaissent mal l'activité de la cible et les caractéristiques de son secteur d'activité, le processus d'acquisition comporte de plus en plus souvent une *due diligence* vendeur, c'est-à-dire une analyse financière, stratégique, sociale, fiscale, etc., réalisée par le vendeur et tenue à disposition de l'acheteur.

Analyse financière des cibles

L'étude de l'attractivité de la cible se limite dans la plupart des cas à l'analyse financière classique. Ce travail est généralement pris en charge par les banques d'affaires, chargées d'organiser la transaction entre l'offreur et la cible. Nous conseillons vivement de réaliser en parallèle une analyse stratégique de la cible.

EN PRATIQUE

L'analyse financière de la cible

L'analyse financière de la cible consiste à étudier sur plusieurs années :

> le compte de résultat : il permet d'analyser l'évolution du chiffre d'affaires, de la valeur ajoutée, de divers soldes intermédiaires de gestion, du résultat net ; >

····> > le tableau des emplois et ressources : il permet de connaître la politique d'investissement, la capacité d'autofinancement, l'évolution des fonds propres et la politique d'endettement de la cible ;

> le bilan : il permet de connaître la structure du capital ainsi que la composition des immobilisations nettes, des stocks et de la trésorerie.

Enfin, l'analyse des ratios d'exploitation (rentabilité économique : résultat net/chiffre d'affaires ; rentabilité financière : résultat net/capitaux propres ; niveau d'endettement : endettement/capitaux propres) permet de comparer l'état financier de la cible par rapport à la moyenne du secteur auquel elle appartient.

L'analyse financière permet de vérifier si l'entreprise est saine sur le plan financier, et éventuellement si elle offre des opportunités de synergies financières ou de réalisation de plus-values financières pour l'acquéreur (capacité d'endettement inutilisée, accès à des liquidités importantes, parc immobilier sous-évalué, par exemple).

Analyse stratégique des cibles

Il s'agit d'approfondir l'étude déjà entamée lors de la première sélection des cibles potentielles. Plusieurs éléments sont à considérer :

> la position concurrentielle de l'entreprise sur ses différents marchés (part de marché, risque de nouveaux concurrents, qualité de la gamme, durabilité de l'avantage compétitif, analyse de la structure de coût) ;

> le potentiel de développement de l'entreprise par ses propres ressources (qualité du management, ressources technologiques, industrielles, commerciales et financières) ;

> le potentiel de synergies entre l'acquéreur et la cible et les rationalisations envisageables (existence d'actifs redondants, potentiel d'économies d'échelle, complémentarité des zones géographiques).

Disponibilité des cibles

Pour chaque cible, il est crucial de s'assurer qu'il est réellement possible d'en prendre le contrôle. Le secteur auquel appartient la cible peut être protégé par l'État, par exemple s'il appartient à une industrie stratégique (aéronautique, électronique de défense). La réglementation relative aux concentrations d'entreprises ou aux investissements transnationaux constitue également un frein à la prise de contrôle.

Par ailleurs, la structure de l'actionnariat peut être un obstacle à la prise de contrôle. Deux éléments sont à prendre en compte : le type d'actionnaires (individu, famille, groupe, institutionnels, public) et le degré de concentration du capital (part des principaux actionnaires, part des actions cotées, répartition des droits de vote).

D/ VALORISER LES CIBLES SÉLECTIONNÉES

Après avoir réalisé l'analyse financière et stratégique de chaque cible, il faut procéder à leur évaluation financière. Deux valeurs sont à prendre en considération : la valeur intrinsèque de la cible d'une part, et la valeur relative de l'acquisition d'autre part :

> la valeur intrinsèque de la cible correspond à la valeur financière de l'entreprise en l'état, indépendamment des effets bénéfiques de la fusion (c'est-à-dire sans prise en compte de synergies éventuelles avec l'acquéreur, ni de la mise en œuvre d'une politique de redressement ou de revente d'actifs avec plus-values financières) ;

> la valeur relative intègre, en sus de la valeur intrinsèque, le potentiel de création de valeur. Il existe plusieurs valeurs relatives pour une même cible qui dépendent de la capacité de l'acquéreur à agir sur les revenus (flux économiques et financiers) et les coûts de fonctionnement de la cible. La valeur relative varie par conséquent en fonction des ressources financières, technologiques et commerciales de l'acquéreur.

La valeur intrinsèque

La valeur d'une entreprise est la somme de son capital et de sa dette (voir chapitre 13). Pour prendre le contrôle de l'entreprise, il suffit d'acheter le capital aux actionnaires. Pour les cibles cotées, la valeur du capital est reflétée à chaque instant par la capitalisation boursière (cours de Bourse multiplié par le nombre d'actions). C'est théoriquement le prix minimal à payer pour prendre le contrôle d'une société. Mais pour les entreprises non cotées en Bourse, cette estimation par le marché n'existe pas. Il est donc indispensable de disposer d'autres méthodes d'évaluation. De plus, même pour les cibles cotées, la capitalisation boursière ne donne pas toujours une évaluation qui satisfasse à la fois l'acheteur et le vendeur. En effet, de nombreuses transactions résultent du fait que l'acheteur et le vendeur estiment que la cible est sous-évaluée par la Bourse. Il est cependant évident que le vendeur a intérêt à maximiser cet écart de valorisation alors que l'acheteur a intérêt à le minimiser. Compte tenu des asymétries d'information, il est donc crucial pour l'acquéreur de procéder à sa propre estimation de la valeur intrinsèque de l'entreprise. En soustrayant la dette, l'acquéreur pourra ainsi estimer la valeur du capital qu'il cherche à acquérir.

EN PRATIQUE

Calculer la valeur intrinsèque de la cible

Plusieurs méthodes ont été élaborées pour estimer la valeur intrinsèque. Parmi ces méthodes, on distingue généralement les méthodes comptables, fondées sur la valeur patrimoniale de l'entreprise, et les méthodes financières, fondées sur la valeur de rentabilité (ou valeur de marché) de l'entreprise. De façon générale, il est important d'être vigilant sur le caractère subjectif de toute forme d'évaluation. Pour une même opération, il est conseillé d'appliquer et de confronter différentes méthodes. Il est en effet préférable d'avoir un ordre de grandeur, approximatif mais fiable, plutôt qu'un seul chiffre, précis mais faux.

Les méthodes comptables

L'évaluation patrimoniale consiste à évaluer l'entreprise en fonction de ses actifs. La valeur comptable des actifs, telle qu'elle apparaît dans le bilan, reflète généralement mal la réalité économique. C'est pourquoi on évalue les actifs en estimant soit leur coût de remplacement, soit leur valeur de revente (sur le marché secondaire). Dans le premier cas, on cherche à évaluer ce que coûterait à l'acquéreur la constitution d'actifs identiques : ce type de méthode est particulièrement approprié aux décisions d'arbitrage entre croissance interne et externe. Dans le second cas, la valeur de revente des actifs peut être estimée par la valeur à la casse (vente des actifs dans des conditions de liquidation les plus défavorables), la valeur de liquidation (valeur marchande des actifs sur le marché secondaire en cas de cessation d'activité) ou par l'actif net réévalué. L'actif net réévalué est la méthode comptable d'évaluation des entreprises la plus fréquemment utilisée et consiste à réévaluer (ou déprécier) des >

····> éléments de l'actif, et éventuellement du passif, en fonction de leurs plus-values (ou moins-values) latentes (actifs de production invendables, augmentation de la valeur d'un immeuble depuis son inscription à l'actif, vétusté de certains locaux). Généralement, on ajoute à cette valeur patrimoniale des éléments qui ne figurent pas au bilan, mais qui apportent à l'entreprise une capacité distinctive ou une rente de situation qui génère une rentabilité supérieure. Il s'agit d'actifs généralement incorporels tels que la marque, le fonds de commerce, la notoriété, le potentiel de développement humain, un emplacement géographique favorable. Cette survaleur qui s'ajoute à la valeur patrimoniale correspond à la notion de *goodwill*.

Les méthodes financières

Contrairement aux méthodes comptables, qui ne prennent en compte que les performances passées, les méthodes financières intègrent les perspectives de développement de la cible puisqu'elles évaluent les entreprises à partir de leur rentabilité prévisionnelle. L'entreprise n'est donc plus évaluée en fonction des actifs constitutifs de son patrimoine, mais en fonction des flux de fonds financiers qu'elle sera à même de générer suite au rachat. La méthode la plus fréquemment utilisée est l'actualisation des *cash-flows* espérés (DCF : *Discounted Cash Flows*). Elle consiste à évaluer les flux de liquidités futurs qui seront générés par les actifs de l'entreprise sur une période déterminée, à les actualiser au coût du capital de manière à estimer leur valeur présente, à laquelle on ajoute une valeur finale également actualisée (voir chapitre 13). Cette méthode implique de déterminer les paramètres suivants :

> les flux prévisionnels de liquidités : résultat d'exploitation, majoré des dotations aux amortissements et des autres charges non déboursées, et diminué des investissements et de l'augmentation du besoin en fonds de roulement ;

> la période de prévision : il est rare qu'elle soit supérieure à dix ans ;

> le taux d'actualisation : il est lié au risque du projet d'investissement. On a généralement recours au coût du capital évalué par le MÉDAF (Modèle d'Équilibre des Actifs Financiers), qui détermine le taux de rendement exigé par les actionnaires, comme la somme d'un taux sans risque (celui des bons du Trésor) et d'une prime de risque qui dépend de la volatilité du titre, considéré par rapport au marché (*bêta*) et de la prime de risque du portefeuille de marché ;

> la valeur finale (résiduelle) : elle peut être estimée à partir du bilan prévisionnel ou des *cash-flows* de la dernière année, par exemple. Notons que plus la période de prévision est courte, plus le poids de la valeur terminale est important. Il est très fréquent que les prévisions soient réalisées sur trois à cinq ans, ce qui conduit à reporter sur la valeur terminale près des deux tiers de la valeur totale.

Compte tenu des difficultés d'application des méthodes comptables et financières exposées ci-dessus, de nombreux banquiers d'affaires se contentent de calculer une valeur intrinsèque approximative en considérant que celle-ci est un « multiple » du niveau de profit annuel : on dit ainsi qu'une société « vaut » dix ans de résultat opérationnel ou quinze ans de résultat net. Il arrive même qu'on estime le prix en fonction du chiffre d'affaires : dans tel secteur, les entreprises valent environ un an de chiffre d'affaires ! Les fonds d'investissement, qui rachètent principalement des entreprises non cotées, font un raisonnement analogue lorsqu'ils estiment la valeur des cibles par un multiple de l'EBITDA (*Earning Before Interests, Tax, Depreciation and Amortization,* c'est-à-dire une sorte de *cash-flow* brut, calculé en prenant le résultat avant frais financiers, impôts, amortissement et dépréciations) ou l'EBIT

(*Earning Before Interests and Tax*, qui correspond à la notion de résultat opérationnel).

Le calcul le plus fréquemment effectué consiste à multiplier le résultat prévisionnel de l'entreprise par un facteur appelé PER (*Price/Earnings Ratio* : ratio du prix de l'action sur le bénéfice par action). Plus les perspectives de croissance de l'entreprise sont favorables, plus le PER doit être élevé, car les investisseurs sont en principe prêts à survaloriser les bénéfices futurs de cette entreprise par rapport à son niveau de bénéfice actuel. Dans toutes ces approches, le PER et autres multiples sont estimés à partir de « comparables », c'est-à-dire d'entreprises qui ont deux caractéristiques :

> leurs activités et leur structure sont assez semblables à celles de la cible ;

> leur valeur est connue, soit parce qu'elles sont cotées, soit parce qu'elle ont été acquises récemment.

L'idée de base est que l'acquéreur est prêt à payer davantage que les multiples des comparables si la cible présente des perspectives supérieures en termes de croissance, de rentabilité et de génération de liquidités.

La valeur relative

Si les méthodes pour estimer la valeur intrinsèque de l'entreprise sont connues et largement pratiquées, il est également important d'estimer la valeur relative de la cible en prenant en compte les caractéristiques de l'acquéreur. Cette étape est essentielle car elle permet de déterminer un seuil maximal de prix à payer, au-delà duquel toute chance de réaliser une acquisition rentable risquerait d'être fortement compromise. Le paiement d'une prime d'acquisition aux actionnaires de la cible en sus de la valeur intrinsèque ne se justifie en effet que si le potentiel de création de valeur est suffisamment élevé pour compenser ce surcoût. La méthodologie utilisée pour évaluer ce potentiel de création de valeur a été élaborée à partir des mécanismes de création de valeur que nous avons présentés dans la première section du présent chapitre. Il est clair que s'agissant d'un potentiel futur à réaliser, on a généralement recours à une approche fondée sur l'estimation des *cash-flows* à venir.

La valeur relative de la cible varie en fonction du potentiel de création de valeur que chaque offreur sera à même de créer. Ainsi, une cible sera d'une importance plus ou moins stratégique pour chaque acheteur, ce qui explique les surenchères auxquelles on assiste généralement dans les cas d'acquisitions hostiles. De façon générale, la méthode des *cash-flows* actualisés suppose de prendre en compte un certain nombre d'hypothèses quant au potentiel de création de valeur futur, et notamment de synergies créées. Par conséquent, la prudence est de mise : les résultats obtenus sont soumis à toutes sortes d'erreurs, souvent à cause d'hypothèses trop optimistes sur l'évolution de l'activité ou sur le potentiel de synergie.

Même en prenant des hypothèses conservatrices, l'évaluation du potentiel de création de valeur manque fréquemment de fiabilité, à cause de l'asymétrie d'information entre l'acquéreur et la cible (rétention d'informations, « vices cachés ») et de la difficulté de quantifier certains types de gains. Par exemple, les économies d'échelle relatives aux services fonctionnels ou administratifs et les gains liés à des transferts de savoir-faire sont difficiles à évaluer. En général, les synergies d'efficience technique et économique sont plus délicates à estimer que les gains obtenus grâce à un renforcement du pouvoir de marché (tarifs préférentiels auprès des fournisseurs, par exemple).

Outre le problème de quantification, se pose également le problème de la réalisation concrète des synergies. La mise en œuvre de synergies d'efficience technique et économique est souvent aléatoire car des mesures de consolidation physique ou administrative douloureuses sont généralement nécessaires. La mise en place de mesures de rationalisation physique comporte un risque important (résistances aux changements, plans sociaux, transfert physique de personnel). Les fusions de réseaux commerciaux sont également très risquées, car des phénomènes de « cannibalisation » entre les produits peuvent interférer et avoir des effets délétères sur les parts de marché des entreprises. Difficultés d'évaluation et difficultés de mise en œuvre sont donc deux sources de surévaluation de la valeur relative de la cible qui expliquent en grande partie les nombreux échecs constatés dans la mise en œuvre des fusions-acquisitions. En outre, la création de valeur ainsi calculée ne garantit pas forcément un enrichissement des actionnaires de l'acquéreur à hauteur de cette création de valeur. En effet, la valeur de marché de l'entreprise a souvent anticipé le rachat et les synergies correspondantes, de telle sorte que son prix prend déjà en compte une partie de l'effet lié à la création de valeur de l'acquisition. Dans ce cas, la plus-value pour les actionnaires de l'acquéreur s'en trouve réduite d'autant.

Le schéma ci-dessous (figure 18.3) résume les différents mécanismes de création de valeur pour les différents acteurs. Dans l'exemple présenté, la valeur effectivement créée par l'acquisition est de 50 (différence entre la valeur intrinsèque de la cible et la valeur pour l'acquéreur) alors que la valeur réellement captée par l'acquéreur n'est que de 10, soit la différence entre la valeur relative et le prix payé (150 – 140 = 10). En pratique, il n'est pas rare que la valeur captée par l'acquéreur soit nulle, voire négative, même si l'acquisition en elle-même crée de la valeur. Remarquons que les actionnaires de la cible, quant à eux, gagnent de toute manière l'écart entre le prix d'acquisition et la valeur de marché pré-acquisition, c'est-à-dire 20 dans le cas présenté ci-dessous. Les actionnaires de la cible sont donc généralement assurés de capter une partie significative de la valeur créée par l'acquisition.

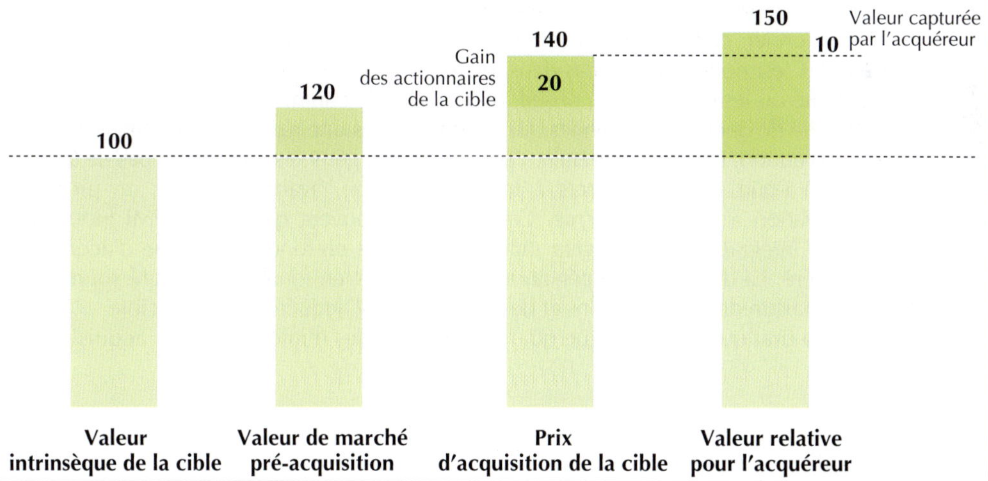

Figure 18.3 Valeur intrinsèque, prix d'acquisition et valeur relative

E/ NÉGOCIER LE PRIX D'ACQUISITION

Le prix réellement payé doit se situer entre la valeur intrinsèque de l'entreprise et sa valeur relative. Mais le prix d'acquisition se détermine en fonction de l'offre et de la demande, car le marché des firmes est un marché concurrentiel où plusieurs équipes dirigeantes ou plusieurs fonds d'investissement peuvent être amenés à se disputer le droit de prendre le contrôle d'une entreprise[1]. Dans les secteurs où cette concurrence

1. Eccles R.G., Lanes K.L. et Wilson T.C., 1999.

est forte, l'acquéreur est souvent obligé de surenchérir. Il faut alors qu'il se fixe un montant maximal s'il souhaite rentabiliser son investissement dans un délai raisonnable. En revanche, il existe des secteurs où l'offre est supérieure à la demande. Il s'agit souvent des secteurs en déclin (textile, construction mécanique), où de nombreuses entreprises sont mises en vente pour un nombre limité de repreneurs potentiels.

F/ Intégrer l'entreprise acquise

L'intégration de l'entreprise acquise au sein des structures de l'acquéreur dépend évidemment des objectifs poursuivis par l'acquéreur. Si l'acquéreur souhaite extraire de la valeur, il s'attachera à redresser la cible ou à tirer parti des actifs qui l'intéressent, avant de revendre éventuellement. En revanche, si l'acquisition est un moyen de réaliser des synergies, une intégration entre l'acquéreur et l'entreprise acquise sera alors nécessaire. Cette intégration est plus ou moins forte selon le type de synergies attendues. Par exemple, l'exploitation de synergies d'efficience technique exigera une consolidation physique des actifs, alors que le renforcement du pouvoir de négociation ne demandera qu'une centralisation administrative de certains services.

La mise en œuvre des fusions est un exercice délicat, car elle s'opère généralement dans un climat tendu où les salariés de la cible s'inquiètent de leur sort individuel et collectif. De plus, l'acquisition est souvent perçue comme la sanction d'une mauvaise gestion, ce qui favorise l'apparition de relations de type vainqueur/vaincu : d'un côté se manifeste un sentiment d'arrogance et de supériorité qui inhibe tout échange ; de l'autre se développe un complexe d'infériorité qui limite toute participation. Outre ce choc psychologique que crée l'annonce d'une fusion, des facteurs plus profonds constituent des obstacles à la mise en œuvre efficace du changement souhaité par l'acquéreur : la perte d'identité et la redistribution des cartes du pouvoir défavorable aux cadres de l'entreprise acquise. Ces facteurs conduisent souvent les cadres clés de l'entreprise à démissionner, ce qui représente une menace lourde pour le bon déroulement de la fusion. C'est notamment le cas dans les sociétés de services telles que les agences de publicité ou les cabinets de conseil, où le fonds de commerce est très volatil car il est tributaire de quelques personnes qui se sont forgées une réputation dans leur domaine d'intervention. De façon générale, l'acquéreur doit gérer les différents types de traumatisme à court terme inhérents à toute acquisition, avant d'entamer un processus d'intégration à plus long terme. Ce processus, souvent qualifié de PMI (pour *Post-Merger Integration*), peut revêtir différentes formes en fonction du type d'acquisition considéré. La démarche d'intégration varie en effet en fonction du degré souhaité de combinaison des organisations et des stratégies de l'acquéreur et de la cible.

Dans la pratique, on distingue quatre grands modes d'intégration des acquisitions :

EN PRATIQUE

Les différents modes d'intégration des acquisitions

		Interdépendance stratégique	
		Faible	Forte
Autonomie organisationnelle	Forte	Préservation	Symbiose
	Faible	Holding	Absorption

Source d'après Haspeslagh et Jemison

Figure 18.4 Modes d'intégration des acquisitions

La matrice ci-dessus montre que le choix du mode d'intégration dépend du type d'acquisition considérée[1] :

L'absorption

L'absorption est adaptée aux acquisitions qui impliquent une forte interdépendance stratégique mais ne demandent pas de préserver une forte autonomie organisationnelle de la cible. Ce mode d'intégration est caractéristique des acquisitions d'assainissement et, dans une moindre mesure, des acquisitions de consolidation. En effet, dans ces contextes, la création de valeur dépend de la capacité de l'acquéreur à réduire les coûts à partir d'une rationalisation rapide des actifs (assainissement) ou à dégager des synergies par un rapprochement opérationnel des différentes entités (consolidation).

La préservation

Ce mode d'intégration consiste à maintenir une forte autonomie organisationnelle de la cible quand le rapprochement entraîne peu d'interdépendance au niveau stratégique. Le succès de l'acquisition dépend, dans ce cas, d'une préservation des actifs acquis. Ce mode d'intégration est adapté aux acquisitions verticales et à certaines acquisitions d'extension de marché ou produit. L'expansion géographique au sein d'une nouvelle région par acquisition d'un acteur local important correspond à ce cas de figure lorsque l'activité du pays en question est fortement indépendante (dans les activités de service par exemple) et nécessite peu d'adaptations par rapport au modèle de la maison mère. Ainsi, le rachat d'Asda par Wal-Mart ne s'est pas traduit par une intégration d'Asda aux structures américaines du leader mondial de la distribution, ni par des interactions stratégiques fortes entre les deux entreprises. Le succès de l'acquisition repose, à l'inverse, sur la capacité de Wal-Mart à préserver le chiffre d'affaires, le résultat et les perspectives de croissance du distributeur anglais.

La symbiose

La symbiose est le mode d'intégration le plus délicat à mettre en œuvre. Il consiste à préserver l'autonomie organisationnelle de la cible tout en bénéficiant de retombées sur les activités de l'acquéreur. Celui-ci cherche en effet à acquérir des compétences spécifiques dont la valeur dépend de la préservation de leur contexte d'origine. Ce mode d'intégration peut être particulièrement adapté aux acquisitions comme substitut à la R&D interne, ainsi qu'à de nombreuses acquisitions >

1. Haspeslagh P.C. et Jemison D.B., 1991.

d'extension produits ou marché. Ainsi, l'acquisition d'une équipe de recherche en biotechnologie par un laboratoire pharmaceutique peut s'avérer un échec si les chercheurs concernés quittent l'entreprise suite au rachat. Pour éviter un tel comportement et continuer à favoriser l'originalité de leurs activités de recherche, il est important de préserver leur environnement d'origine et ne pas les regrouper par exemple avec le département de recherche du laboratoire. Néanmoins, pour tirer parti de l'acquisition, le laboratoire doit savoir « importer » le savoir développé par la cible pour l'appliquer aux activités de l'entreprise.

Le mode holding

L'acquéreur se comporte en holding, c'est-à-dire qu'il choisit de ne pas intégrer la cible et de lui laisser une totale autonomie organisationnelle. Cette approche correspond généralement aux acquisitions à faible synergie, dont la motivation essentielle est l'extraction de valeur. Elle est typique des fonds d'investissement.

MINI-CAS

Procter-Gillette, ou comment réussir la combinaison de deux géants de la grande consommation

En rachetant Gillette en octobre 2005, Procter & Gamble est devenu la première entreprise de biens de grande consommation dans le monde, devant Unilever, avec un chiffre d'affaires combiné de plus de 68 milliards de dollars en 2006, et de plus de 76 milliards de dollars en 2007. Pour Procter & Gamble, groupe dont la culture historique est plutôt tournée vers la croissance interne et où les promotions sont exclusivement internes, cette opération était la plus importante acquisition jamais réalisée[1].

Les deux entreprises ont des activités complémentaires, tant au niveau géographique (Procter & Gamble est très présent en Asie alors que Gillette l'est davantage en Amérique du Sud) qu'en termes de produits (piles, rasoirs et petit électroménager pour Gillette ; produits d'hygiène, beauté, pharmacie, entretien de la maison et alimentaire pour Procter & Gamble). Par ailleurs, les deux entreprises sont considérées comme des modèles de bonne gestion. Séparément, les deux groupes avaient déjà largement optimisé leurs ressources et leur gestion en général. En conséquence, le potentiel d'amélioration était jugé faible au moment de la fusion. Quant aux synergies, elles ne paraissaient guère convaincantes car les sites de production des deux groupes fabriquaient des produits très différents et il était alors peu probable que le rapprochement puisse affecter leur rentabilité.

Deux ans après l'opération, les observateurs extérieurs et intérieurs s'accordent pourtant à dire que cette fusion peut être considérée comme un succès puisque les objectifs fixés au moment de son annonce ont été largement atteints sinon dépassés, que le groupe dans son ensemble poursuit sa croissance et ses très bons résultats, et cela dans toutes ses activités, tant les domaines historiques de Procter & Gamble (beauté et santé, entretien de la maison, soins bébé et famille, alimentaire) que dans ceux apportés par Gillette (rasoirs, piles et petit électroménager). En effet, malgré les coûts engendrés par l'acquisition, la croissance organique se maintient (de 4 à 6 % en 2007) et la marge opérationnelle continue à croître, pour atteindre 20,2 % en 2007, contre 19,4 % en 2006 et 18,5 % en 2005.

1. Neff J., 2007.

····> Parallèlement, les projets d'intégration se poursuivent et ont déjà été réalisés au niveau de la force de vente, des réseaux de distribution et des systèmes d'information et de facturation. De façon plus précise, le nouveau groupe a déjà dégagé des économies à travers de meilleures négociations, tant vis-à-vis des fournisseurs que des clients, et certaines rationalisations de ressources dans les domaines où cela était possible : l'activité soins dentaires en particulier et les structures fonctionnelles telles que l'informatique, le service client, la comptabilité, etc. Parallèlement, le nouveau groupe travaille à une meilleure exploitation de la complémentarité des compétences des deux entreprises. Ainsi, des crèmes de soin Gillette ont été lancées en combinant les compétences historiques de Procter & Gamble en matière de soins et les ressources de Gillette en termes de marque et de connaissance de la cible masculine. De même, de nombreux projets de développement géographique bénéficiant de la complémentarité des deux entreprises sont en cours.

Enfin, le processus d'intégration semble avoir limité les dégâts en matière de fuite de ressources. En effet, nombre des ex-dirigeants de Gillette occupent des positions clés dans l'organigramme du groupe : ils dirigent en particulier les divisions des déodorants, des soins bucco-dentaires ainsi que la division commerciale, marketing et média d'Amérique du Nord. Pour la première fois dans l'histoire de Procter & Gamble, de telles responsabilités sont exercées par des salariés qui n'ont pas commencé leur carrière chez Procter & Gamble. Une étude de satisfaction interne a d'ailleurs montré que les employés de Gillette sont globalement contents de l'intégration de leur entreprise dans Procter & Gamble.

Questions

1) À quel type de fusion-acquisition appartient l'opération Procter-Gillette ? Quelles en étaient les motivations et les risques ?
2) Pourquoi le succès de cette fusion a-t-il dépassé les espérances des analystes ?
3) Quelles leçons peut-on en tirer en matière de stratégies de croissance externe et de management de l'intégration post-fusion ?

LES POINTS CLÉS

- Une fusion-acquisition est une opération de croissance externe engageant deux entreprises qui mettent en commun leurs ressources pour ne plus former qu'une seule entreprise à la suite de l'opération.

- Deux grandes évolutions caractérisent la période récente : l'internationalisation des acteurs et la montée en puissance des fonds d'investissement ou fonds de LBO.

- Le droit américain prévoit un dispositif spécifique pour la fusion entre deux entreprises, contrairement à l'Europe où la quasi-totalité des opérations sont des acquisitions.

- On peut distinguer les fusions-acquisitions « stratégiques » des acquisitions purement financières.

- On classe habituellement les fusions-acquisitions stratégiques en opérations horizontales (entre concurrents d'une même industrie), verticales (entre fournisseurs et clients), et acquisitions de diversification (fusion entre firmes opérant dans des industries et des filières différentes). Parmi ces dernières, on peut distinguer la diversification liée de la diversification conglomérale.

- Nous proposons la typologie suivante :

  > ***Les acquisitions d'assainissement*** visent, dans un contexte de surcapacité, à assurer la survie des acteurs concernés grâce à une rationalisation des capacités et des moyens.

  > ***Les acquisitions de consolidation géographique*** visent à regrouper des acteurs opérant sur des marchés géographiques distincts afin de réduire les coûts et d'améliorer l'offre pour les clients.

  > ***Les acquisitions d'extension produit ou marché*** visent à étendre le champ couvert par l'entreprise. C'est dans cette catégorie qu'on trouve les diversifications liées (liens de nature technique ou commerciale) ou non liées (stratégie de groupe visant à parvenir à un équilibre financier global).

  > ***Les acquisitions comme substitut à la R&D interne*** visent à accéder à de nouvelles compétences et à accroître la vitesse de mise sur le marché de nouveaux produits (activités à forte intensité technologique).

  > ***Les acquisitions verticales*** visent à internaliser des opérations en amont ou en aval dans la filière où opère l'acquéreur.

- Les motivations qui poussent à fusionner sont de deux grands types :

  > **Motivations de nature économique :**

  – créer de la valeur via des synergies de coût et de revenu (économies d'échelle, pouvoir de négociation, combinaison de ressources complémentaires) ;

  – extraire de la valeur (avantages fiscaux, amélioration de la gestion ou revalorisation de l'entreprise cible).

  > **Autres motivations :** motivations personnelles des dirigeants, effet d'imitation, désir d'affaiblir ou de préempter un concurrent.

- Les difficultés rencontrées lors des fusions-acquisitions sont dues à deux types de facteurs :

  > les surcoûts des opérations de croissance externe (paiement d'une prime de contrôle) ;

  > les difficultés à tirer pleinement parti des actifs acquis (processus d'intégration souvent coûteux et lourd, actifs moins intéressants que prévu).

>

····> Le processus de mise en œuvre des fusions-acquisitions comprend différentes phases :

> Formuler une stratégie d'acquisition (analyse stratégique classique, évaluation de la faisabilité et de la pertinence d'une acquisition par comparaison aux autres voies possibles).

> Définir les critères d'acquisition permettant d'opérer une première sélection des cibles intéressantes pour l'entreprise.

> Analyser les cibles potentielles, du point de vue de leur attractivité (analyse financière et stratégique) et de leur disponibilité.

> Valoriser les cibles sélectionnées : évaluer leur valeur intrinsèque en confrontant méthodes comptables (évaluer l'entreprise en fonction de ses actifs) et méthodes financières (évaluer l'entreprise à partir de sa rentabilité prévisionnelle), ainsi que leur valeur relative (prise en compte du potentiel de création de valeur future et des synergies créées).

> Négocier le prix d'acquisition, qui doit en principe se situer entre la valeur intrinsèque de l'entreprise et sa valeur relative, mais qui est en fait déterminé par la concurrence entre les acquéreurs potentiels.

> Choisir un mode d'intégration de l'entreprise acquise en fonction des objectifs poursuivis par l'acquéreur : l'absorption (acquisitions d'assainissement ou de consolidation), la préservation (acquisitions verticales et certaines acquisitions d'extension), la symbiose (acquisitions comme substitut à la R&D, acquisitions d'extension) et l'approche « holding » (acquisitions à faibles synergies dont la motivation essentielle est l'extraction de valeur).

? QUIZ

1. En Europe, la plupart des fusions…
a. Sont en fait des acquisitions d'une entreprise par l'autre.
b. Sont des rapprochements entre égaux.
c. Sont en fait des alliances stratégiques.

2. Les fonds de LBO…
a. Font nettement moins d'acquisitions que les entreprises « industrielles ».
b. Financent leurs acquisitions essentiellement par la dette, ce qui crée une pression importante sur la rentabilité des entreprises qu'ils ont en portefeuille.
c. Créent de la valeur en exploitant au maximum les synergies qui existent entre les entreprises qu'ils rachètent.

3. Une acquisition crée de la valeur si…
a. On arrive à améliorer la gestion de l'entreprise cible.
b. On exploite des avantages fiscaux.
c. On augmente le pouvoir de négociation vis-à-vis des fournisseurs, par exemple en rationalisant les achats.

4. Prendre le contrôle d'un concurrent agressif pour l'affaiblir…
a. Crée généralement de la valeur.
b. Correspond à une motivation non économique.
c. Est généralement interdit par les autorités antitrust.

5. Les grands groupes pharmaceutiques qui rachètent des start-up de biotechnologie…
a. Utilisent les acquisitions comme substitut à la R&D interne.
b. Font des acquisitions verticales.
c. Font des acquisitions d'extension de produit.

6. Les conglomérats…
a. Subissent généralement une décote de 20 % à 30 %, ce qui signifie que leur valeur totale est inférieure de 20 % à 30 % à la somme des parties qui les composent.
b. Subissent généralement une décote de 20 % à 30 %, ce qui signifie qu'on peut en prendre le contrôle pour un prix de 20 % à 30 % inférieur à leur capitalisation boursière.
c. Bénéficient d'une décote de 20 % à 30 %, ce qui signifie qu'à cause de la stabilité de leurs profits, ils ont accès à des ressources financières à des taux de 20 % à 30 % inférieurs à ceux des entreprises plus spécialisées donc plus risquées.

7. Si une acquisition crée de la valeur…
a. Les actionnaires de l'entreprise acquéreuse sont généralement assurés de capter une partie de cette valeur.
b. Le prix d'acquisition est nécessairement supérieur à la valeur intrinsèque de la cible.

>

····>

c. Les actionnaires de l'entreprise acquise sont généralement assurés de capter une partie de cette valeur.

8. Dans le processus d'intégration post-fusion…
a. Les éléments de structure et d'identité d'entreprise jouent un rôle déterminant dans le succès du rapprochement.
b. Il vaut mieux fusionner toutes les composantes de l'organisation le plus vite possible.
c. Il arrive souvent que certains responsables mécontents démissionnent et c'est une bonne chose car cela évite les coûts de licenciements.

9. Pour évaluer la valeur intrinsèque de la cible…
a. Il faut avoir une idée claire des synergies avec l'acquéreur.
b. Il faut confronter les chiffres obtenus par plusieurs méthodes (comptable, financière, multiples).
c. Il suffit de prendre en compte le cours de Bourse qui donne à tout moment un reflet fiable de la valeur d'une entreprise.

10. Pour formuler une stratégie d'acquisition…
a. Il est recommandé de se faire aider par une banque d'affaires.
b. Il faut commencer par étudier la disponibilité des cibles.
c. Il est recommandé de comparer les avantages et les inconvénients de la croissance externe avec ceux d'autres modes de croissance (croissance interne, alliances).

Réponses : 1.a, 2.b, 3.c, 4.b, 5.a, 6.a, 7.c, 8.a, 9.b, 10.c.

19 Les alliances stratégiques

Une erreur couramment répandue, notamment dans la presse économique, consiste à confondre les alliances stratégiques, que nous allons étudier dans ce chapitre, avec les fusions-acquisitions, que nous avons analysées dans le chapitre précédent. Or, la plupart des analyses et des recommandations qui s'appliquent aux fusions-acquisitions ne sont pas valables pour les alliances. Ce sont en effet deux types de rapprochement très différents : dans une fusion-acquisition, les entreprises impliquées se fondent au sein d'un même groupe, doté d'un actionnariat commun et contrôlé par une hiérarchie unique, alors que, dans une alliance stratégique, les entreprises partenaires coopèrent de manière ciblée, sur des projets précis, en conservant une hiérarchie propre et une autonomie totale sur toutes leurs activités qui restent en dehors de l'alliance.

Si le thème des fusions-acquisitions a toujours été central en stratégie d'entreprise, le thème des alliances stratégiques n'est apparu que beaucoup plus récemment, au début des années 1990. Auparavant, le phénomène de la coopération restait assez marginal, sauf dans certains secteurs d'activité, comme la construction aéronautique, où les entreprises européennes ont commencé à coopérer dès le début des années soixante. Rappelons-nous, par exemple, l'avion supersonique Concorde, développé et produit à l'époque par le Français Sud-Aviation (maintenant regroupé au sein du groupe européen EADS) et le Britannique British Aircraft Corporation (devenu British Aerospace par la suite). Malgré son échec commercial, cette alliance a énormément contribué à renforcer les entreprises participantes, non seulement dans le domaine technologique, mais aussi en matière de management de la coopération. Les leçons tirées de l'expérience Concorde par les Français et les Britanniques ont joué un rôle crucial lorsqu'il s'est agi de mettre en œuvre une autre alliance européenne célèbre, plus large et nettement plus heureuse sur le plan commercial, à savoir Airbus.

Depuis les années 1990, les alliances se sont rapidement généralisées à la plupart des industries et des services, sous l'effet de la globalisation, de l'évolution

technologique et d'un certain assouplissement du droit de la concurrence. La globalisation (voir chapitre 115) a ouvert les marchés nationaux à la concurrence mondiale, ce qui a incité les entreprises à nouer des alliances internationales. Quant à l'évolution technologique, qui a touché par exemple l'électronique, l'informatique ou les télécommunications, elle s'est traduite à la fois par une explosion des coûts de recherche-développement (R&D) et par un raccourcissement drastique du cycle de vie des produits. Prises dans un effet de ciseau, les entreprises doivent rentabiliser des investissements de plus en plus lourds sur une durée de plus en plus courte. Elles sont donc incitées à former des alliances, d'une part pour partager les coûts de développement et d'autre part pour accéder très rapidement au marché le plus large possible. Enfin, dans de nombreux pays, notamment aux États-Unis, les autorités antitrust se sont mises à mieux tolérer les alliances, qu'elles considéraient naguère comme suspectes parce qu'elles les assimilaient à des collusions anticoncurrentielles. Ainsi, en 1984, le Congrès américain a ratifié le *National Cooperative Research Act* (NCRA), qui autorise les entreprises concurrentes à coopérer en matière technologique. Le but était d'aider les entreprises américaines à combler leur retard par rapport aux sociétés japonaises qui bénéficiaient d'une longue tradition de coopération technologique et industrielle encouragée et soutenue par leurs pouvoirs publics.
C'est ainsi que le fait de coopérer avec d'autres entreprises – parfois même avec des entreprises concurrentes – est devenu de nos jours une option parfaitement normale dès qu'il s'agit de réduire les coûts, d'alléger les investissements, d'innover, d'accéder à de nouvelles technologies ou de mondialiser les activités.

1 Qu'est-ce qu'une alliance stratégique ?

Avec la récente prolifération de la coopération, le terme « alliance stratégique » s'est quelque peu galvaudé et on l'utilise parfois à tort et à travers, pour désigner toutes sortes de protocoles d'accord plus ou moins flous auxquels les signataires désirent faire un peu de publicité. Cet abus de langage contribue à accréditer l'idée, entendue de la bouche même de grands dirigeants d'entreprises, que « les alliances, ça ne marche pas » ou que « c'est complètement secondaire par rapport aux grandes opérations de croissance externe ». Or, les véritables alliances stratégiques, pour peu qu'elles soient structurées correctement et qu'elles répondent à des objectifs viables et précis, ont un potentiel de création de valeur très élevé, même si elles posent des problèmes de management ardus. Encore faut-il s'entendre sur ce qu'on appelle une alliance stratégique.

A/ Définition

Une alliance stratégique est…

> une coopération à moyen/long terme, décidée au plus haut niveau et revêtant une importance stratégique pour les entreprises impliquées ;

> généralement bilatérale (ou sinon limitée à un petit nombre de partenaires) ;

> souvent nouée entre des entreprises concurrentes ou potentiellement concurrentes (cette condition n'est pas nécessaire mais elle est fréquemment vérifiée) ;

> focalisée sur un projet de croissance concret et bien défini (les autres activités des partenaires restent hors du cadre de l'alliance) ;

> mise en œuvre en coordonnant les compétences et les ressources des partenaires pour développer, produire et/ou commercialiser des produits et des services (certaines alliances sont limitées à la R&D ou à la commercialisation par un partenaire d'un produit développé par l'autre ; d'autres couvrent toute la chaîne de valeur, du développement jusqu'à la commercialisation d'une offre commune) ;

> fondée sur le partage du pouvoir de décision entre les entreprises alliées (il n'y a pas de lien de subordination ou de contrôle entre les partenaires ; ceux-ci restent indépendants et libres de leur stratégie et de leur organisation sur toutes les activités exclues de l'alliance) ;

> dotée d'une clause d'exclusivité réciproque (chaque partenaire s'engage à ne pas concurrencer directement les activités de l'alliance, que ce soit de manière autonome ou à travers d'autres alliances).

Le joint-venture Nestlé-General Mills, décrit dans le Mini-cas suivant, est un bon exemple d'alliance stratégique. Il porte sur un domaine d'activité précis, les céréales pour le petit déjeuner, et il joue un rôle significatif dans la stratégie des deux entreprises alliées, même s'il ne concerne qu'une part minoritaire de leurs activités.

MINI-CAS

Cereal Partners Worldwide : une alliance Nestlé-General Mills

Le joint-venture Cereal Partners Worldwide associe General Mills et Nestlé dans le domaine des céréales pour petit déjeuner depuis la fin des années 1980.

Malgré leurs origines et leurs implantations géographiques différentes (Nestlé, premier groupe agroalimentaire mondial, est originaire de Suisse, alors que General Mills est une société essentiellement centrée sur les États-Unis), Nestlé et General Mills sont en concurrence dans plusieurs domaines, notamment les produits laitiers, les biscuits et les plats cuisinés. Ils ont choisi de former une alliance stratégique dans une activité bien précise, celle des produits à base de céréales pour le petit déjeuner commercialisés sous les marques Weetos, Golden Grahams, Cheerios, Chocapic, Nesquick, Fitness, etc. Cette alliance couvre tous les marchés du monde, à l'exclusion des États-Unis où General Mills continue à opérer de manière autonome. Bien qu'elle soit de très grande envergure, elle n'a pas conduit à une fusion, ni d'ailleurs à des prises de participation significatives entre les deux groupes. Pour la mettre en œuvre, les entreprises partenaires ont seulement décidé de coordonner les compétences et ressources nécessaires, chacun prenant appui sur les points forts de l'autre : General Mills a apporté la plupart des produits (Weetos, Cheerios, etc.) ainsi que les compétences marketing ; Nestlé, de son côté, a apporté l'outil industriel et surtout l'accès aux réseaux de distribution, notamment en Europe. Les produits commercialisés par l'alliance sont, à quelques exceptions près, les mêmes que ceux de la gamme General Mills aux États-Unis. Seule différence notable, le packaging porte la signature Nestlé, assez discrètement toutefois, car ce sont les marques des produits eux-mêmes qui sont mises en valeur. L'alliance Cereal Partners Worldwide est considérée de part et d'autre comme un succès. Les premiers profits ont été enregistrés en 1999, avec un an d'avance sur le plan initial, et le développement ne s'est pas ralenti depuis.

Au-delà de son succès économique à court terme, cette alliance représentait un enjeu stratégique très important pour les deux partenaires : >

....>

> Nestlé avait fait auparavant plusieurs tentatives pour lancer seul ses propres produits (comme Chocapic en France par exemple) et n'avait connu que des demi-succès. Devant les difficultés à tenir les objectifs de rentabilité exigés par le groupe, l'activité aurait probablement été abandonnée si Nestlé n'avait pas trouvé un partenaire pour la développer. Fort de son expérience américaine, General Mills a convaincu Nestlé de mettre en œuvre dans le cadre de l'alliance une politique marketing fondée sur les marques des différents produits (et non pas sur la marque ombrelle Nestlé) et une stratégie de volume appuyée par des investissements massifs dans de grandes unités de production. Ces deux éléments, qui allaient à l'encontre de la stratégie antérieure de Nestlé dans cette activité, ont fortement contribué au succès de l'entreprise.

> General Mills, malgré sa forte part de marché aux États-Unis, avait accumulé un retard important en matière d'internationalisation par rapport à son concurrent principal, Kellogg's, le leader mondial. Il était grand temps de réagir, sans quoi Kellogg's, qui rencontrait bien peu de résistance hors des USA, aurait pu jouir d'une domination totale sur les marchés étrangers où la croissance était la plus forte. En l'espèce, l'expérience exceptionnelle, plus que centenaire, de Nestlé en matière d'internationalisation des produits alimentaires a été d'un grand apport pour permettre à General Mills de surmonter son handicap.

Questions

1) Pourquoi Nestlé et General Mills n'ont-ils pas fusionné au lieu de faire cette alliance ?
2) Les contributions, les positions et les gains des deux partenaires vous semblent-ils équilibrés ?
3) À terme, qu'est-ce qui pourrait conduire à une rupture ?
4) Quelle autre issue serait envisageable ? Pourquoi ?

B/ NE PAS CONFONDRE ALLIANCE ET FUSION

Comme les fusions, les alliances sont des opérations à caractère stratégique, décidées au plus haut niveau, généralement bilatérales. Mais la ressemblance s'arrête là. À cause de leurs avantages et de leurs inconvénients par rapport aux fusions, les alliances doivent être gérées d'une manière spécifique.

La collaboration est limitée à un périmètre précis

Les alliances portent sur des projets précis. Elles permettent d'exploiter les synergies entre les partenaires en circonscrivant très précisément le domaine de la collaboration, ce qui est un avantage très significatif par rapport aux fusions et acquisitions. En effet, les fusions ont souvent l'inconvénient d'entraîner soit des diversifications non désirées, soit une concentration excessive du secteur. C'est pourquoi les fusions sont fréquemment suivies d'une phase de recentrage, longue et coûteuse, qui consiste à se débarrasser des activités trop éloignées du cœur de métier ou à réduire la part de marché dans le secteur cible pour répondre aux injonctions des autorités de réglementation de la concurrence.

Les intérêts des partenaires peuvent diverger

L'absence de lien de subordination et le partage du contrôle qui caractérisent les alliances contraignent les partenaires à « négocier » constamment entre eux pour prendre des décisions. Aucun allié ne peut imposer son point de vue à l'autre.

Chaque allié dispose d'une latitude suffisante pour défendre ses propres intérêts dans l'alliance et pour mettre en œuvre sa propre stratégie. Dans une alliance, rien ne garantit donc que les stratégies et les objectifs des partenaires soient constamment convergents, alors qu'il existe toujours une force de rappel capitalistique et organisationnelle dans les fusions. Ce manque de convergence peut facilement entraîner les alliances dans une dangereuse spirale de surcoût et d'inefficacité.
Le fait que les partenaires conservent leur autonomie présente toutefois des avantages. En effet, la protection d'une certaine marge de manœuvre stratégique se double d'une préservation de l'identité et de la culture interne des entreprises alliées, qui subit en général des chocs redoutables dans les cas d'acquisition. Les alliances sont exemptes des coûteuses phases de *post-merger integration* qui suivent les fusions.

La performance est difficile à évaluer

Alors que la performance des fusions-acquisitions est constamment évaluée par les analystes financiers et que c'est une préoccupation fondamentale pour les investisseurs, la performance des alliances reste souvent transparente pour l'extérieur. L'acquisition de Chrysler par Daimler-Benz, par exemple, a été considérée comme un échec retentissant à cause de la destruction de valeur qu'elle a entraînée pour les actionnaires de Daimler-Benz. Ceux-ci se sont considérés comme spoliés en constatant que les synergies réelles, bien inférieures à celles annoncées, étaient loin de compenser la prime d'acquisition qu'ils avaient payée. Ils ont attaqué les dirigeants du groupe, rendant ainsi le « scandale » public. Rien de tel n'existe dans les alliances : il n'y a jamais de prime d'acquisition, le chiffrage des synergies est rarement rendu public et la performance elle-même est rarement communiquée. Ainsi, nul ne connaît le niveau de profit de l'alliance entre General Electric et Snecma (groupe Safran) sur les moteurs d'avion CFM (voir le Mini-cas ci-après) alors qu'il s'agit pourtant d'une opération de grande envergure qui génère un chiffre d'affaires annuel d'environ cinq milliards d'euros.
Combiné au fait que les intérêts des partenaires peuvent diverger, ce problème d'évaluation de la performance rend la gouvernance des alliances particulièrement difficile : il n'y a pas d'instance supérieure qui force les partenaires à aligner leurs intérêts et à maximiser la profitabilité du projet commun. Le cas d'Airbus est tout à fait significatif à cet égard : tant qu'il s'agissait d'un GIE, c'est-à-dire d'une alliance non capitalistique entre Aérospatiale, DASA (Daimler-Benz), British Aerospace et CASA, les problèmes, les retards et les surcoûts créés par la coopération restaient transparents pour le public en général et pour les actionnaires des entreprises alliées en particulier. Depuis, les parties prenantes ont fusionné dans EADS, dont Airbus est devenu une filiale. Du coup, les retards de développement de l'A380, révélés au public en 2007, ont été perçus comme ayant un impact direct sur la valorisation d'EADS et donc sur le patrimoine des actionnaires, ce qui en a fait une préoccupation publique. Or, ces retards étaient largement dus à des problèmes de coordination et de mauvaise intégration technique entre les partenaires français et allemands, problèmes typiques d'une alliance qu'Airbus n'est plus, ou ne devrait plus être. Les méthodes de management héritées de l'alliance ont donc pesé sur l'efficience de la fusion. Mais ce qui était toléré (ou passé sous silence) dans une alliance devenait intolérable dans une entreprise intégrée.

MINI-CAS

CFM International : une alliance General Electric-Snecma

C'est en 1972 que General Electric (GE) et Snecma ont signé un accord de principe pour concevoir et produire en commun un nouveau moteur d'avion, le CFM56. Les deux entreprises, jusque-là spécialistes des réacteurs militaires, ont noué cette alliance dans un but commun, celui de se développer sur le marché de la motorisation des avions de ligne. Le joint-venture CFM International a été créé deux ans plus tard. Son rôle se limite à la facturation des moteurs vendus et à la coordination du travail entre les partenaires.

Cette alliance, qui dure depuis près de quarante ans, a bien failli être mort-née : le projet a manqué capoter quand, sous la pression de l'US Air Force, le département de la Défense américain a opposé son veto à l'utilisation par CFM International du corps haute pression du moteur militaire F101 développé par GE. Un tel transfert de technologie était en effet considéré comme dangereux pour la sécurité nationale. Il a fallu de longues négociations et l'intervention personnelle des présidents Nixon et Pompidou pour que GE obtienne une licence d'exportation en 1973. Cette autorisation stipulait que les corps haute pression envoyés par GE à Snecma devaient être mis sous scellés afin d'empêcher le partenaire français de faire du *reverse engineering* sur les parties les plus techniquement avancées du moteur.

Les deux alliés ont opté dès le départ pour une organisation originale : ils ont décidé de se partager en parts égales le chiffre d'affaires généré par les ventes de moteurs et de se répartir le travail équitablement, chacun étant responsable du développement et de la fabrication de la moitié du moteur (parties haute pression pour GE, parties basse pression pour Snecma), ainsi que de sa commercialisation dans la moitié du monde. Un tel montage, impliquant que chaque moteur soit fabriqué pour partie en France et pour partie aux États-Unis, apparaissait comme une nouveauté complète et une hérésie industrielle. Chaque allié percevant la moitié des recettes et supportant une partie des coûts, le profit total de l'alliance n'apparaît nulle part.

Les débuts commerciaux de CFM ont été très décevants. Ce n'est qu'en 1979 que CFM International a enregistré ses premières commandes et encore celles-ci n'étaient-elles destinées qu'à renouveler les moteurs de quelques vieux quadriréacteurs DC8. Il a fallu ensuite attendre 1981 pour que le gouvernement fédéral américain confie à CFM la remotorisation de ses KC135. Heureusement, un coup de théâtre s'est produit en 1982 lorsque, contre toute attente, Boeing a sélectionné CFM International, contre un consortium mené par Rolls-Royce, comme motoriste exclusif pour ses nouveaux Boeing 737. Grâce à ce contrat, l'alliance est devenue un succès planétaire.

Les livraisons de CFM56 ont explosé dans les années 1980 et 1990. À fin 2002, 13 368 CFM56, à environ 5 millions de dollars l'unité, ont été livrés. C'est ainsi que CFM équipe plus du quart des avions à réaction en service en 2003, soit 100 % des Boeing 737 construits depuis 1983, 49 % des DC8, 100 % des Airbus A318, 68 % des A319, 56 % des A320, 59 % des A321 et 100 % des A340-200 et 300. Depuis 2000, le CFM56 est devenu le moteur à réaction le plus utilisé dans le monde. L'arrêt de sa production ne devrait pas intervenir avant 2015-2020. CFM International espère vendre, d'ici là, près de 17 000 moteurs supplémentaires.

L'alliance CFM est très importante pour les deux partenaires : les ventes de moteurs CFM56 représentent 90 % de l'activité « moteurs civils » de Snecma et 65 % de celle de GE. Sur les moteurs de moyenne poussée (18 000 à 50 000 livres), les deux entreprises sont liées par un accord d'exclusivité réciproque. >

····> Hors de ce segment, chaque entreprise est totalement libre de produire les moteurs qu'elle souhaite. De plus, chaque partenaire reste propriétaire des technologies qu'il développe dans le cadre de l'alliance et il peut les réutiliser librement pour ses propres moteurs. Les deux alliés peuvent donc se retrouver en concurrence frontale sur les gammes de produits non concernées par l'alliance. C'est ainsi que le S146, développé dans les années 2000 par Snecma en collaboration avec le motoriste russe NPO-Saturn, est un concurrent du CF34, développé par General Electric dans les années 1980. Or, bien que plus petits, ces deux moteurs présentent de troublantes similitudes avec le CFM56, développé conjointement par les deux entreprises depuis les années 1970...
Il est probable que sans le succès de CFM International, Snecma, qui est intégrée au groupe Safran depuis 2005, ne serait jamais devenue capable de concurrencer de manière crédible les grands motoristes américains, notamment son propre partenaire General Electric.

Source : P. Dussauge et B. Garrette, cas « CFM International », HEC Paris, 2003.

Questions

1) Pourquoi une entreprise aussi puissante que GE est-elle entrée dans cette alliance ?
2) Quels sont les avantages et les inconvénients de l'organisation adoptée par Snecma et GE pour gérer l'alliance ?
3) Quel est l'avenir de Snecma dans et hors de cette alliance ?
4) Quelle issue peut-on prévoir à terme ? GE va-t-il prendre le contrôle de Snecma ?

C/ Les structures juridiques des alliances

On assimile souvent les alliances stratégiques aux joint-ventures (ou, en français, co-entreprises), c'est-à-dire aux filiales communes à plusieurs entreprises. Or, la création d'une filiale commune n'est pas indispensable pour gérer une coopération, ce n'est qu'un choix de structure juridique parmi d'autres possibles. Pour donner un cadre légal à une alliance stratégique, il existe en effet quatre types d'outils :

> La signature de **simples contrats** de coopération entre les partenaires. Lorsque les alliances se limitent à des contrats marchands et qu'il n'y a ni échange ni mise en commun de capital entre les partenaires, on parle d'alliances non capitalistiques.

> La création d'une **filiale commune**, ou joint-venture, c'est-à-dire une société distincte des partenaires, dont ceux-ci se partagent le capital. Les résultats générés par le joint-venture sont répartis entre les partenaires au *pro rata* de la participation de chacun. Ces participations sont généralement équilibrées (proche du 50/50 dans les joint-ventures bilatéraux) car, la plupart du temps, aucun des partenaires ne veut se retrouver en minorité vis-à-vis de l'autre. D'un point de vue juridique, les joint-ventures sont des sociétés industrielles et commerciales comme les autres et ils adoptent les statuts autorisés dans les pays où ils sont créés. Leur seule particularité par rapport à des filiales classiques est que leur capital est détenu par plusieurs sociétés mères. En matière de droit de la concurrence, les joint-ventures sont soumis, vis-à-vis des autorités antitrust, aux mêmes obligations de notification et aux mêmes autorisations que les fusions-acquisitions (voir chapitre précédent).

> La formation d'un **GIE** (groupement d'intérêt économique) en France, ou d'un GEIE (groupement européen d'intérêt économique) en Europe, c'est-à-dire une entité organisationnelle distincte des partenaires, mais non dotée d'un capital. Les

partenaires financent le fonctionnement de l'organisation commune en se répartissant les coûts, mais leurs dépenses ne sont pas capitalisées et le GIE ne génère ni profit ni perte. À la différence des trois autres outils cités dans cette liste, le GIE est une forme juridique exclusivement réservée à la coopération interentreprise. D'un point de vue légal, les missions d'un GIE doivent être limitées à des activités venant en support des activités principales des partenaires.

> La prise de **participation minoritaire** d'un partenaire au capital de l'autre, ces participations pouvant être éventuellement croisées, à condition qu'aucun partenaire n'en vienne à exercer un contrôle total sur l'autre. L'entreprise qui devient actionnaire de son partenaire est intéressée aux résultats de celui-ci et peut, si la participation est suffisante, avoir un siège à son conseil d'administration. À elle seule, une prise de participation minoritaire ne peut constituer une alliance stratégique, puisque, par construction, elle ne définit pas sur quoi porte la coopération.

Remarquons que ces quatre outils ne sont pas mutuellement exclusifs : plusieurs d'entre eux peuvent être utilisés simultanément pour mettre en œuvre une même alliance. Les entreprises partenaires peuvent prendre des participations au capital l'une de l'autre, tout en signant des contrats marchands sur certains aspects précis de leur collaboration (cession d'une licence ou fourniture de composants, par exemple) et tout en créant un joint-venture pour mettre en commun certains actifs (unités de production ou équipes de R&D par exemple). Ainsi, Renault et Nissan, qui sont liées par des participations croisées (Renault détenait en 2009 44 % du capital de Nissan, et Nissan 15 % de celui de Renault), ont créé deux joint-ventures, RNPO (Renault Nissan Purchasing Organisation) pour mettre en commun les achats, et RNIS (Renault Nissan Information Services) pour partager l'informatique.

Pourquoi créer un joint-venture ?

La création d'un joint-venture est souvent nécessaire quand les entreprises alliées investissent conjointement dans de nouveaux actifs ou quand elles mettent en commun des actifs existants (usines communes par exemple). Un autre avantage des joint-ventures réside dans la possibilité d'effectuer des opérations en capital. Cela facilite l'entrée de nouveaux partenaires dans l'alliance ainsi que la sortie – totale ou partielle – des partenaires initiaux : un partenaire peut racheter les parts de l'autre, vendre ses parts à un tiers, ou disposer d'une option d'achat ou de vente des titres qu'il possède dans le joint-venture.

Tous les joint-ventures ne sont pas des alliances stratégiques

Certaines alliances stratégiques fonctionnent parfaitement sans joint-venture. Ainsi, Renault a collaboré de 1982 à 2003 avec Matra Automobile (racheté depuis par PininFarina) sur les véhicules Espace et Avantime, sans créer de filiale commune et sans prendre de participation dans Matra, mais en signant simplement une série de contrats (voir le Mini-cas « Renault et l'Odyssée de l'Espace » dans le chapitre 7). Réciproquement, la création d'une filiale commune à deux entreprises n'implique pas nécessairement que leur coopération soit une alliance stratégique. Ainsi, depuis les années 1960, les multinationales ont largement utilisé les joint-ventures pour s'implanter dans certains pays comme la Chine, l'Inde ou le Mexique, dont la législation exigeait que toute société opérant sur leur territoire soit majoritairement détenue par des capitaux locaux. Accepter la participation capitalistique de partenaires autochtones était le prix à payer par les entreprises étrangères pour avoir le droit d'installer une filiale dans ces pays. Quels que soient les partenaires locaux

– groupes industriels, investisseurs individuels ou institutionnels, agences publiques – , leur apport essentiel était d'être titulaire du bon passeport. Avec la globalisation, ces contraintes se sont considérablement relâchées (voir le chapitre 15) et ce type de joint-venture a maintenant tendance à disparaître pour laisser la place à des coopérations plus équilibrées[1].

La coopération dépasse souvent le cadre de la structure commune

Soulignons enfin qu'assimiler une alliance à l'entité juridique (joint-venture ou GIE) qui est éventuellement créée pour structurer cette alliance est, la plupart du temps, une erreur grossière. Dans de nombreux cas en effet, la collaboration entre les entreprises partenaires dépasse largement le cadre de cette structure commune. Ainsi par exemple, le GIE ATR (Avion de transport régional) est uniquement chargé de la commercialisation et de l'après-vente des avions dont les sous-ensembles sont fabriqués et assemblés directement par les entreprises partenaires, EADS et Alenia. Toute l'activité industrielle générée par cette alliance est localisée au sein des entreprises alliées et non pas dans la structure commune. De même, le joint-venture CFM International, créé par General Electric et Snecma (voir le Mini-cas correspondant dans ce chapitre), est seulement une structure légère de coordination et de facturation. Tous les travaux de développement, de fabrication, d'assemblage, de commercialisation et de service client sont effectués directement par les entreprises partenaires dans leurs propres établissements, en dehors du joint-venture. Il serait donc complètement erroné, par exemple, d'évaluer la performance économique de cette alliance sur la base des profits générés par le joint-venture CFM International, car le montant de ces éventuels profits ne dépend que des *management fees*, soit une commission sur les ventes, que les partenaires versent au joint-venture pour couvrir ses frais.

2 POURQUOI FORMER DES ALLIANCES ?

D'un point de vue économique, les alliances stratégiques servent à créer de la valeur en exploitant les synergies existant entre les entreprises alliées. Ces synergies peuvent être de deux types : des synergies de coût, fondées sur les économies d'échelle, et les synergies de « lien », fondées sur les complémentarités entre partenaires. Cette distinction entre échelle (*scale*) et lien (*link*) est à l'origine de la théorie économique de la formation des joint-ventures (voir l'encadré « Fondements théoriques » ci-après). Ces objectifs économiques peuvent se combiner avec d'autres buts stratégiques que nous allons également discuter[2].

Fondements théoriques

Une théorie économique de la formation des joint-ventures

À la suite des travaux de Williamson sur les coûts de transaction (voir l'encadré « Fondements théoriques "Intégration verticale et coûts de transaction" » dans le chapitre 11), Jean-François Hennart a développé une théorie qui justifie économiquement la formation des joint-ventures par la minimisation des coûts de production et des coûts de transaction. Cette théorie distingue les alliances tournées vers les économies d'échelle *(scale joint ventures)* et les alliances motivées par la complémentarité entre partenaires *(link joint ventures)*.

1. Kale P., Anand J., 2006.
2. Doz Y., Hamel G., 1998.

····> Les joint-ventures d'échelle *(scale joint ventures)* correspondent au même mouvement stratégique pour tous les partenaires impliqués et ceux-ci contribuent à l'alliance en apportant des compétences et des actifs similaires. Par exemple, à travers l'alliance Sevelnord, décrite dans le Mini-cas ci-après, Peugeot et Fiat mettent en œuvre un mouvement stratégique identique (une extension de gamme pour croître dans le secteur automobile), et ils font des contributions symétriques à l'alliance (ils développent le produit en commun, investissent dans une unité de production commune et commercialisent les véhicules dans leurs réseaux de vente respectifs).

Dans les joint-ventures de complémentarité *(link joint ventures),* les partenaires effectuent des mouvements stratégiques différents en mettant en jeu des compétences et des actifs complémentaires. Ainsi, la formation d'Atos Euronext Market Solutions, décrite dans le Mini-cas suivant de ce chapitre, correspond à une croissance dans le secteur des services informatiques pour Atos Origin, qui apporte des compétences informatiques, et à une désintégration verticale pour Euronext, qui apporte sa compétence de gestionnaire des marchés financiers.

Les entreprises forment des alliances d'échelle quand elles n'arrivent pas à atteindre la taille minimum efficiente sur une de leurs activités (par exemple un des composants du produit ou un des produits de la gamme). Cette situation résulte en général de différences structurelles entre les tailles critiques à différents stades de la chaîne de valeur : les constructeurs automobiles européens sont assez gros pour produire la plupart des voitures de manière efficiente, mais ils n'ont pas les débouchés suffisants pour certains moteurs, comme par exemple les six-cylindres (voir le Mini-cas « Les moteurs V6 Peugeot-Renault » de ce chapitre) ou pour certains produits, comme les grands monospaces. La taille minimum efficiente étant, par définition, le volume minimum à atteindre pour minimiser les coûts de production, les entreprises produisant des volumes inférieurs ont forcément des coûts plus élevés que certains de leurs concurrents. Elles cherchent à compenser ce handicap en coopérant avec d'autres entreprises confrontées au même problème. Mais attention, il s'agit là d'une condition nécessaire à la formation d'une alliance, mais ce n'est pas une condition suffisante : le problème de taille critique pourrait être résolu soit en fusionnant, soit en faisant appel au marché, c'est-à-dire en achetant le produit ou le composant à un fournisseur extérieur ou en signant un contrat spécifiant qu'un des partenaires produit pour les autres et leur revend une partie du volume. Si les partenaires n'optent pas pour la fusion, c'est parce que le problème de taille critique ne touche qu'une partie très minoritaire de leur activité et qu'une fusion serait bien trop coûteuse pour le résoudre. S'ils n'optent pas pour le marché, c'est à cause des coûts de transaction. Quand les composants sont trop spécifiques, il est dangereux d'en confier la production à un fournisseur extérieur qui risque de développer des comportements opportunistes, c'est-à-dire d'augmenter les prix, de ne pas investir suffisamment, etc. De même, s'il s'agit d'un produit considéré comme stratégique, ou particulièrement innovant, l'entreprise aura beaucoup de réticence à renoncer à en maîtriser la technologie et la production. On retrouve ici les arguments de la théorie des coûts de transaction, présentée dans le chapitre 11. La solution pour minimiser les coûts de production et de transaction est d'investir conjointement dans les « actifs spécifiques » à l'activité concernée et donc de créer un joint-venture.

Les entreprises forment des alliances de complémentarité pour accéder à des compétences qu'elles n'ont pas mais qui leur sont nécessaires pour croître dans de nouveaux marchés. Ainsi, par exemple, une start-up de la biotechnologie médicale s'allie avec une grande firme pharmaceutique parce qu'elle est incapable d'obtenir seule les autorisations de mise sur le marché et qu'elle ne dispose pas de réseau de vente. Réciproquement, la firme pharmaceutique est intéressée par l'alliance parce que la start-up a développé une technologie innovante qui complète son portefeuille de >

····> produits. Là encore, il s'agit d'une condition nécessaire mais pas suffisante pour expliquer la formation d'un joint-venture : les entreprises pourraient fusionner (le groupe pharmaceutique pourrait racheter la start-up) ou faire appel au marché (la start-up pourrait licencier sa technologie au groupe pharmaceutique). Si une acquisition ne se produit pas, c'est soit pour les mêmes raisons que précédemment (la compétence visée ne représente qu'une petite partie des activités de l'entreprise cible et une acquisition entraînerait l'entreprise acquéreuse dans une diversification non souhaitée), soit parce que l'acquisition de l'entreprise ne garantit pas l'acquisition de la compétence visée (il suffit que les personnes détentrices des talents clefs quittent l'entreprise au moment de l'acquisition pour que l'acquéreur se retrouve avec une coquille vide entre les mains). Si les partenaires ne font pas appel au marché, c'est parce que les coûts de transaction sont trop élevés pour les compétences que chacun apporte. C'est souvent le cas quand les deux partenaires cherchent à combiner des savoir-faire tacites, difficiles à codifier et à transmettre par des contrats. La seule solution est d'internaliser conjointement les opérations dans lesquelles se combinent ces compétences et donc de créer un joint-venture.

Source : Hennart J. F., « A Transaction Costs Theory of Equity Joint Ventures », Strategic Management Journal, *1988, vol. 9, p. 361-374.*

A/ Faire des économies d'échelle

Les alliances stratégiques permettent d'obtenir certains des avantages que procurent habituellement les opérations de concentration, sans subir toutes les contraintes des fusions. Les entreprises alliées peuvent ainsi bénéficier, en unissant leurs forces sur une activité donnée, d'effets d'échelle ou d'expérience, réservés en principe à des groupes plus importants, sans cependant se fondre totalement dans une entité plus vaste et sans aliéner définitivement leur autonomie stratégique.

Ces effets d'échelle sont particulièrement recherchés dans les alliances entre concurrents. Si tant d'alliances se sont nouées depuis la fin des années 1950 entre firmes européennes dans l'aéronautique et l'armement, c'est parce que ces domaines sont très sensibles aux économies d'échelle, tout en étant soumis à des impératifs d'indépendance nationale. Les économies d'échelle auraient dû favoriser la concentration, mais la contrainte politique pousse au maintien de groupes nationaux autonomes et s'oppose donc à toute concentration internationale. Les alliances apparaissent dans ce contexte comme une réponse possible, en permettant d'atteindre la taille critique tout en évitant les fusions.

Même sans contrainte politique, dans des secteurs où la taille critique est très élevée sur certains éléments de la chaîne de valeur, comme par exemple la chimie ou l'automobile, les concurrents forment des alliances pour regrouper les volumes et rendre viables certains projets qui auraient été sous-dimensionnés s'ils avaient été lancés par une entreprise seule. Ainsi, les grands groupes chimiques créent des usines communes pour fabriquer certains produits intermédiaires qui nécessitent des volumes très élevés. De même, les constructeurs automobiles investissent parfois conjointement dans des usines communes pour produire des moteurs ou même certains modèles de véhicules. Dans ce genre de situation, une alliance est préférable à une fusion, car la nécessité de collaborer ne porte que sur une partie des activités des partenaires. La collaboration Peugeot-Fiat sur les monospaces, présentée dans le Mini-cas ci-après, montre comment une alliance stratégique permet d'atteindre la taille critique sur une partie spécifique de l'activité de deux concurrents.

MINI-CAS

Sevelnord : une alliance Peugeot-Fiat

Sevelnord (Société européenne des véhicules légers du Nord), qui employait plus de 4 000 salariés en 2009, assemble les monospaces Peugeot 807, Citroën C8, Fiat Ulysse, Lancia Phedra, ainsi que les véhicules utilitaires Peugeot Expert, Citroën Jumpy et Fiat Scudo, à Valenciennes, dans le Nord de la France.

Ce joint-venture 50/50 a été créé en 1988 quand Peugeot et Fiat ont décidé de développer et de fabriquer en commun un monospace pour concurrencer l'Espace Renault, alors dominant sur le marché européen. À l'époque, les deux entreprises collaboraient déjà sur plusieurs projets, notamment sur un véhicule utilitaire, commercialisé sous les marques Peugeot Boxer, Citroën Jumper et Fiat Ducato. Cette camionnette est fabriquée à Val di Sangro (Italie du Sud), dans une autre usine commune, la Sevelsud, qui a été créée en 1978. Ce partenariat était lui-même issu d'accords plus anciens entre Fiat et Citroën sur la fabrication des camionnettes C35 qui sillonnaient déjà nos routes dans les années 1970.

En 1994, la Sevelnord a commencé à produire le premier monospace commun à Peugeot et Fiat, commercialisé sous les marques Peugeot 806, Citroën Évasion, Fiat Ulysse et Lancia Zeta. L'alliance a été renouvelée dès 1995 pour développer la génération des Peugeot 807, Citroën C8 et Fiat Ulysse, puis de nouveau en 2002 pour une nouvelle gamme à venir.

L'alliance Sevelnord repose sur la même logique que sa grande sœur Sevelsud : dans les utilitaires comme dans les monospaces, les volumes vendus par chaque constructeur permettent difficilement d'atteindre la taille minimum efficiente pour un modèle donné. Dans l'industrie automobile, on considère en effet qu'une usine a besoin de produire au moins 500 véhicules par jour pour optimiser ses coûts. En deçà de ce volume, il est très difficile d'être compétitif avec des concurrents qui produisent davantage. Or, si les parts de marché de Fiat et Peugeot en Europe leur permettent de dépasser ce volume pour la plupart des gammes de voitures à grande diffusion, elles ne sont pas suffisantes pour atteindre ce seuil dans les utilitaires et les grands monospaces, qui restent des véhicules aux débouchés limités. En revanche, en groupant leur production dans une usine commune et en acceptant de commercialiser des produits pratiquement identiques (les versions Peugeot, Citroën, Fiat et Lancia ne diffèrent que par quelques détails esthétiques, notamment la forme des feux arrière et la calandre), les deux groupes peuvent être présents de manière rentable et compétitive sur des segments de produits qu'ils considèrent comme nécessaires dans la gamme d'un grand constructeur généraliste.

Cependant, en 2008, devant des prévisions de marché défavorables aux grands monospaces, qui perdent du terrain au profit de véhicules plus compacts comme le Renault Scenic ou l'Opel Zafira, Peugeot-Citroën a décidé de stopper le développement du successeur du 807 et du C8. Il y a donc fort à parier que, lorsque ces grands monospaces auront fini leur carrière, Sevelnord se spécialisera sur les véhicules utilitaires, qui assuraient déjà plus des trois quarts des volumes de l'usine en 2008.

Questions

1) Quel est l'intérêt de faire ce genre d'alliance ? Pourquoi ne pas fusionner ?
2) Quel est l'intérêt de ce joint-venture si Peugeot et Fiat ne font plus de monospaces ensemble ?
3) Que va devenir cette usine à terme ?

B/ Combiner des compétences complémentaires

Au-delà des effets d'échelle, les alliances stratégiques permettent de combiner des compétences et des actifs complémentaires pour créer de nouvelles activités ou améliorer la performance d'activités existantes. C'est souvent l'effet recherché dans les alliances entre des entreprises qui ne sont pas directement concurrentes, mais opèrent dans des secteurs connexes. Ces alliances ont pour but de créer un *business* nouveau ou d'améliorer les performances d'un business existant, sans qu'il soit utile de fusionner les entreprises impliquées, souvent parce que le nouveau business créé grâce à l'alliance ne représente qu'une petite partie du portefeuille d'activités des protagonistes. Ainsi Atos Origin, leader européen des services informatiques, a créé avec la Bourse européenne Euronext le joint-venture Atos Euronext Market Solutions, pour combiner les compétences financières de la Bourse avec les compétences informatiques d'Atos de manière à offrir un service d'*outsourcing* informatique aux marchés financiers du monde entier (voir Mini-cas ci-dessous).

MINI-CAS

Atos Euronext Market Solutions

Atos Euronext Market Solutions (AEMS) était un joint-venture 50/50 entre le groupe de services informatiques Atos Origin et la société Euronext. Euronext résulte de la fusion entre les Bourses de Paris, Bruxelles, Amsterdam et Lisbonne avec le LIFFE (marché londonien des produits à terme). En 2008, Euronext a fusionné avec la Bourse de New York (NYSE, New York Stock Exchange) pour créer NYSE-Euronext. En 2007, AEMS, qui était consolidée dans les comptes d'Atos Origin[1], employait plus de 1 000 personnes, représentait 7 % du chiffre d'affaires du groupe et générait des marges opérationnelles nettement supérieures à 10 %, ce qui en faisait une des affaires les plus profitables de l'industrie des services informatiques. Loin de se limiter aux activités informatiques d'Euronext, qui ne représentaient que 45 % de son activité, AEMS mettait en œuvre sa propre stratégie de croissance et exportait son expertise et ses systèmes dans différentes places financières du monde (Montréal, Toronto, *Boston Option Exchange, Chicago Mercantile Exchange,* etc.). Héritière d'un joint-venture fondé en 1996 entre Atos et la Bourse de Paris, AEMS a été créé au début 2000, quelques mois avant la création de l'entité Euronext elle-même.

Depuis le milieu des années 1990, l'informatique joue un rôle central pour améliorer l'efficience et la fiabilité des marchés financiers. Elle supprime en effet les délais, les désaccords, les approximations, et donc les ordres en suspens, tout en accroissant la rapidité et la traçabilité des transactions et en réduisant drastiquement le coût d'accès au marché. L'informatisation de la Bourse est donc un instrument très puissant de réduction des coûts de transaction. Grâce à elle, la Bourse devient une place de marché très liquide et de très grande capacité, accessible immédiatement depuis le monde entier, ce qui réduit le rôle et les marges des intermédiaires locaux, tout en maximisant la transparence des prix et des transactions. Comme les services informatiques sont au cœur de l'activité boursière et représentent environ 40 % de la structure de coût d'une Bourse, externaliser l'informatique est à la fois une décision stratégiquement difficile et une opportunité alléchante de réduction des coûts. En formant un joint-venture au lieu d'externaliser complètement l'activité, Euronext a pu bénéficier des économies d'échelle et de la compétence technique d'Atos Origin, tout en conservant un contrôle stratégique sur l'activité. L'existence d'AEMS a également facilité la fusion des Bourses elles-mêmes. En effet, depuis le milieu des années 1990, la Bourse de Paris, d'abord seule, puis en partenariat avec Atos, a transféré sa technologie en Europe >

1. Atos Origin avait 50 % du capital d'AEMS et en contrôlait le management.

····> et dans le reste du monde, ce qui a contribué à créer une convergence technique entre les différents marchés. Le premier client du système a d'ailleurs été la Bourse de Bruxelles, qui s'est retrouvée dans Euronext quelques années plus tard. Dans un contexte où l'internationalisation du marché des capitaux pousse à une consolidation des Bourses au niveau mondial, le fait de disposer d'une technologie commune facilite les rapprochements.

Au-delà de son intérêt économique, l'alliance Atos Euronext revêtait une importance stratégique pour les deux partenaires. Pour Euronext, c'était à la fois un instrument de rapprochement avec les autres Bourses européennes et un outil de veille technologique sur les développements informatiques dans l'activité. Pour Atos Origin, il s'agissait d'un vecteur de pénétration commerciale et technique dans le milieu plutôt fermé des institutions bancaires et financières.

L'alliance a toutefois été dissoute en 2008, lorsqu'Euronext a fusionné avec NYSE. La Bourse de New York a en effet refusé de céder son informatique au joint-venture. L'ensemble NYSE-Euronext a donc réintégré son informatique en rachetant les parts d'Atos Origin dans AEMS.

Questions

1) Pourquoi Atos et Euronext avaient-ils créé un joint-venture au lieu de faire un contrat d'outsourcing classique ?
2) Était-ce une alliance « gagnant-gagnant » (*win-win*) ? Qui y gagnait le plus ?
3) NYSE a-t-il eu raison de réintégrer AEMS ? Pourquoi ne pas garder un joint-venture avec Atos Origin ?
4) La nouvelle organisation va-t-elle brider le développement de l'ex-AEMS ?

C/ Apprendre

Les alliances créent des opportunités d'apprentissage et de transfert de compétences entre les entreprises alliées. Il est de notoriété publique que c'est à travers leurs alliances avec leurs concurrents japonais que les constructeurs automobiles américains ont appris, dans les années 1980, les méthodes de management industriel – juste-à-temps, qualité totale, etc. – qui faisaient la supériorité des voitures japonaises à l'époque. Réciproquement, c'est grâce aux mêmes alliances que les constructeurs automobiles japonais ont appris comment fabriquer et vendre leurs produits sur le sol américain, ce qui leur a permis par la suite de s'implanter de manière autonome en Amérique du Nord. Le cas de l'alliance General Motors-Toyota au sein du joint-venture californien Nummi (New United Motor Manufacturing Inc.) en est l'exemple le plus connu.

Les alliances sont un outil d'apprentissage très performant lorsqu'il s'agit d'accéder à des compétences non disponibles sur le marché. En effet, certains savoir-faire ne peuvent pas être transférés en signant des contrats de transfert de technologie, ni en débauchant quelques personnes clés, soit parce qu'ils sont difficilement codifiables, soit parce qu'ils sont détenus par une collectivité dans son ensemble et non par des individus en particulier. Intimement liés à l'organisation qui les possède, ils nécessitent de reproduire l'organisation en question pour être expérimentés et communiqués, d'où la nécessité de nouer des alliances.

Paradoxalement, les alliances facilitent davantage l'apprentissage que les fusions-acquisitions. En effet, les opportunités d'apprentissage proviennent de l'existence de fortes différences de compétences entre les entreprises partenaires, différences qu'il s'agit de comprendre et de faire durer si l'on veut que l'apprentissage soit possible. Or les acquisitions ont tendance à réduire ces différences pour intégrer l'entreprise acquise dans

l'organisation et les systèmes de l'entreprise acquéreuse, réduisant du même coup les occasions d'apprendre les savoir-faire de l'entreprise acquise. Intégrer une petite entreprise innovante et spécialisée dans une grande organisation quelque peu bureaucratique, c'est souvent tuer la poule aux œufs d'or. Ainsi par exemple, alors que Renault a collaboré avec Matra Automobile pendant vingt ans (de 1982 à 2003) sur l'Espace et l'Avantime, réalisant du même coup un apprentissage important sur les monospaces, le même Renault a pris le contrôle d'Alpine et l'a rapidement « digéré » au sein de son organisation, réduisant du même coup, d'une manière drastique, les apports possibles de la greffe. Le résultat est que Renault commercialise avec succès une gamme de monospaces (Espace et Scenic) qu'il produit maintenant seul après avoir rompu son alliance avec Matra Automobile (fusionné avec Pininfarina en 2003), alors que Renault a cessé depuis longtemps de produire les coupés sportifs qui faisaient la gloire d'Alpine et a beaucoup de mal à revenir sur ce marché.
Il existe toutefois un débat entre les experts des alliances sur les bienfaits et les méfaits de la coopération en matière de transfert de compétences (voir l'encadré « Controverse » ci-dessous).

Controverse

La « coopétition » : stratégie de la symbiose ou du cheval de Troie ?

Quand les alliances stratégiques associent des concurrents, ceux-ci se retrouvent en situation de **coopétition**, c'est-à-dire que leurs relations combinent coopération et compétition. Selon Nalebuff et Brandenburger, les inventeurs du concept[1], la coopétition a avant tout un aspect positif : les entreprises auraient tort de se limiter aux stratégies concurrentielles classiques, elles doivent également créer des opportunités à travers la coopération. Mon concurrent d'hier peut donc devenir mon allié de demain, au moins sur certains aspects de mon activité. Cela favorise la compétition transparente, l'émulation, l'intelligence collective, la diffusion des meilleures pratiques. Comme dans la nature, où les organismes survivent et prospèrent en se mettant en symbiose avec leur écosystème, les entreprises d'un même secteur ou d'une même filière doivent vivre en symbiose les unes avec les autres.
Cette logique est voisine de celle de l'« entreprise étendue » ou de la « constellation d'entreprises[2] », qui rejoint la question des réseaux de l'externalisation et de la fragmentation des activités. Ainsi, il est de notoriété publique que certaines entreprises leaders, comme Benetton dans l'habillement, ou Toyota dans l'automobile, ont, pour une large part, construit leur avantage concurrentiel sur un réseau de partenaires avec lequel ils collaborent étroitement pour concevoir et fabriquer leurs produits. L'entreprise au « centre stratégique » du réseau se comporte comme une araignée au centre de sa toile. Elle sélectionne ses partenaires, organise leur activité et les aide à se développer en leur transférant les technologies et les méthodologies nécessaires. Elle encourage ses partenaires à collaborer et à partager les technologies et les innovations entre eux, de manière à renforcer la compétitivité du réseau dans son ensemble[3].
Dans ce genre d'approche, l'apprentissage et le transfert de compétences entre partenaires sont vus comme des éléments positifs, qui bénéficient à toutes les parties prenantes.
À l'opposé, certains auteurs, comme Doz, Hamel et Prahalad[4], analysent les alliances stratégiques comme une forme déguisée d'affrontement concurrentiel, où, sous couvert de collaboration, un des partenaires s'arme délibérément pour affaiblir l'autre, comme dans le mythe du cheval de Troie. Selon eux, >

1. Brandenburger A., Nalebuff B., 1996 ; Nalebuff B., Brandenburger A., 1996.
2. Nohria N., Eccles R., 1992 ; Normann R., Ramirez R., 1993.
3. Lorenzoni G., Baden-Fuller C., 1995.
4. Doz Y., Hamel G., Prahalad C.K., 1989.

....> l'apprentissage et le transfert de savoir-faire sont les armes de ce conflit larvé. Chaque partenaire cherche à apprendre de l'autre, c'est-à-dire à lui subtiliser ses compétences les plus stratégiques, pour les utiliser contre lui par la suite. Du coup, chacun doit aussi chercher à protéger ses propres compétences pour éviter de créer ou de renforcer un allié qui peut facilement devenir ou redevenir un concurrent.

Il est intéressant de constater que la même entreprise, Toyota par exemple, peut adopter l'une ou l'autre des deux attitudes en fonction de la situation. D'un côté, Toyota transfère volontiers ses technologies à ses fournisseurs pour les encourager à l'innovation et favorise la collaboration entre fournisseurs sur les plateaux de développement de ses automobiles. Mais Toyota ne s'est pas comportée de la même manière avec General Motors dans le joint-venture Nummi, créé au milieu des années 1980 : cette alliance est rapidement devenue une « course à l'apprentissage » où chaque partenaire a cherché à tirer avantage de l'alliance pour se renforcer aux dépens de l'autre. General Motors cherchait à apprendre le « *Toyota Production System* » pour le transférer à ses propres usines et se renforcer vis-à-vis de Toyota, pendant que Toyota s'exerçait à gérer une usine en Amérique du Nord, pour y installer ses propres unités de production et concurrencer General Motors.

La confrontation de ces approches montre que, dans les alliances, l'apprentissage est une arme à double tranchant.

Remarquons toutefois que l'image de la symbiose fonctionne particulièrement bien pour décrire la coopération de quasi-intégration qui s'instaure entre un « centre stratégique » et l'ensemble des partenaires qui constitue son réseau. À l'inverse, l'image du cheval de Troie caractérise davantage les relations bilatérales entre des alliés qui coopèrent sur un pied d'égalité, ce qui correspond davantage à notre définition des alliances. Cela dit, le mythe du cheval de Troie ne s'applique pas à toutes les alliances stratégiques, mais seulement à celles où des transferts de savoir-faire entre alliés sont susceptibles de renforcer significativement un allié par rapport à l'autre.

D/ Se protéger contre des concurrents plus puissants

Les alliances stratégiques permettent à des concurrents en position de faiblesse de former des coalitions pour améliorer leur position concurrentielle. L'exemple d'Airbus, déjà cité, illustre cet objectif : l'alliance a permis aux entreprises de l'industrie aéronautique européenne de survivre malgré la domination mondiale de Boeing, renforcée par le rachat de McDonnell Douglas. Dans le même ordre d'idées, quelques semaines seulement après l'annonce de la fusion Carrefour-Promodes en 1999, Casino et Cora se sont alliés pour créer Opéra, une centrale d'achat commune. Ils ont été bien vite imités par Leclerc et Système U. Ces deux alliances avaient pour objectif de compenser l'avantage de coût dont Carrefour allait pouvoir profiter dans le domaine des achats. Opéra a été dissous en 2002, mais Casino a rapidement formé une nouvelle alliance avec Auchan pour ses achats internationaux. Il n'est pas rare qu'une fusion importante dans une industrie déclenche une vague de concentration par réaction en chaîne de la part des concurrents. Dans un tel contexte, certains acteurs peuvent réagir en optant pour des alliances plutôt que des acquisitions.

Notons que ces stratégies défensives peuvent avoir des aspects anticoncurrentiels ou protectionnistes, éventuellement illicites. Des concurrents qui se sentent menacés par l'évolution de leur industrie peuvent en effet, sous couvert d'alliance stratégique, s'entendre sur les prix de vente, ou ériger des barrières à l'entrée artificielles, et ainsi cartelliser le marché. La différence entre une alliance stratégique et une entente anticoncurrentielle n'est pas toujours évidente, c'est pourquoi les autorités antitrust, en Amérique du Nord comme en Europe, sont très vigilantes sur ce genre de rapprochements. Pendant longtemps, les autorités américaines ont d'ailleurs eu tendance à avoir une attitude plus limitative sur les alliances entre concurrents que sur les fusions en bonne et due forme.

E/ Créer une « option » stratégique pour l'avenir

Les alliances n'étant pas des mariages irrévocables, elles autorisent un certain degré de réversibilité. Toute alliance crée implicitement – ou explicitement – la possibilité pour chaque entreprise impliquée d'abandonner le projet au profit de son partenaire, ou au contraire de continuer seul la même activité dans le futur. Ce mécanisme d'option, qui s'apparente à celui des stock-options (droit d'acheter ou de vendre à l'avenir des actions à un prix fixé à l'avance) est particulièrement clair dans certains joint-ventures où les parents s'entendent dès le départ sur des clauses de sortie spécifiant à quelles conditions chaque partenaire peut vendre ses parts ou acheter celles de l'autre. De telles clauses peuvent ouvrir les mêmes droits d'achat ou de vente à tous les partenaires, ou bien spécifier que seul l'un des partenaires a le droit de rachat, ou encore limiter l'option à un droit de premier refus. La principale difficulté dans la rédaction de ces clauses est de définir la méthode de valorisation des parts et les délais à partir desquels l'option peut être exercée.

Grâce à cette logique d'option, les alliances peuvent devenir des instruments de mise en œuvre de la *stratégie de croissance d'une entreprise* dans des contextes de forte incertitude. Qu'il s'agisse de développer l'entreprise sur des marchés mal connus ou de la recentrer en abandonnant certaines activités difficiles à valoriser, former un joint-venture permet d'enclencher le processus immédiatement mais prudemment, en se réservant l'option de prendre le contrôle total, ou au contraire de désinvestir complètement, quand on jugera que le moment est propice. Dans le cas de la conquête d'un nouveau marché, l'alliance sert de tête de pont pour comprendre les conditions locales et tester les perspectives de croissance avant de se lancer en vraie grandeur quand l'incertitude se réduit[1]. Dans le cas où l'entreprise cherche à se retirer d'une activité, l'alliance est une étape transitoire vers une cession complète, étape pendant laquelle le vendeur transmet son savoir-faire à l'acheteur qui peut quant à lui se faire une idée précise de la valeur de l'activité qu'il acquiert. Le cas Philips-Whirlpool, présenté dans le Mini-cas suivant, illustre cette utilisation des alliances.

Notons à ce propos qu'assimiler systématiquement à une stratégie du cheval de Troie (voir Controverse ci-dessus) les alliances qui se terminent par le rachat des parts d'un partenaire par l'autre serait complètement erroné. Cette issue peut parfaitement correspondre au fait qu'un des alliés a exercé une option de rachat qui lui était contractuellement consentie.

1. Kogut B., 1991.

MINI-CAS

Philips-Whirlpool

Le joint-venture Philips-Whirlpool a été formé en 1989 et racheté par Whirlpool en 1992. Pour Philips, l'objectif était de recentrer son portefeuille d'activité mondial en se désengageant de l'électroménager. Pour Whirlpool, leader américain de cette activité, il s'agissait d'acquérir une position significative en Europe. Au lieu d'effectuer une cession immédiate, Philips vendit 53 % de sa branche européenne d'électroménager à Whirlpool pour 361 millions de dollars. L'accord prévoyait que Whirpool avait une option d'achat sur les parts de Philips à partir de janvier 1990 et qu'il pourrait utiliser la marque Philips jusqu'en 1998. La stratégie de Whirpool consista à standardiser autant que possible les produits au niveau européen, à l'inverse de la stratégie et de l'organisation très décentralisées de Philips. De plus, pour imposer progressivement sa marque, le groupe américain commença par commercialiser l'ex-gamme Philips sous la dénomination Philips-Whirlpool, puis se mit à supprimer le nom de Philips pays par pays, en fonction de l'évolution de la notoriété de Whirlpool. De manière à profiter du savoir-faire de Philips pendant une durée suffisante, Whirlpool attendit 1992 pour racheter les parts restantes de Philips.

Entre-temps, l'activité s'était considérablement valorisée grâce aux efforts des deux partenaires, si bien que la transaction s'effectua pour 610 millions de dollars. Quant à la conversion du marché européen à la marque Whirlpool, elle était complètement terminée en 1998. La phase d'alliance, pendant laquelle l'activité fut gérée en double commande, permit aux deux partenaires d'effectuer le passage de témoin d'une manière progressive, en combinant leurs approches de l'activité. Il était en effet intéressant pour Whirlpool, absent de l'Europe jusque-là, de tester le marché européen en bénéficiant de la longue expérience du groupe Philips en la matière. Réciproquement, la phase de collaboration permit à Philips de mieux valoriser son activité et donc de la vendre dans de meilleures conditions, la différence de prix rémunérant ses apports de savoir-faire.

Une fois seul maître à bord, Whirlpool s'est probablement mis à sous-estimer les particularités locales de la demande dans les différents pays, ce qui l'a conduit à pousser trop loin sa stratégie de standardisation à l'échelle européenne. Au début des années 2000, l'activité était en perte et une révision drastique de la stratégie de Whirlpool s'imposait.

Questions

1) Par rapport à une cession immédiate, quels sont les avantages et les inconvénients de mettre l'activité en joint-venture avant de la céder ?
2) Dans une cession d'activité, qui gagne le plus à passer par une phase d'alliance ? Le vendeur ou l'acheteur ? Philips ou Whirlpool ?

3 Les pièges des alliances

Malgré leurs avantages, les alliances stratégiques sont loin d'être une panacée. Elles se caractérisent par une série de problèmes et de pièges que nous allons analyser maintenant, avant de voir comment les résoudre.

A/ Sous-exploiter les synergies

Le premier inconvénient des alliances est qu'elles sont rarement des structures optimales du point de vue de l'efficience. Du coup, même si les synergies potentielles entre alliés sont très élevées, la structure mise en place permet rarement de tirer tout le profit de ces synergies. Chaque partenaire a tendance à protéger ses actifs, ses technologies et son personnel, ce qui limite les rationalisations que l'on pourrait attendre d'un rapprochement. Pour arriver à des compromis satisfaisant toutes les parties prenantes, on laisse souvent subsister des duplications dans les opérations, ce qui limite les économies d'échelle et augmente les investissements nécessaires. Ainsi par exemple, la plupart des programmes en coopération dans l'industrie européenne de la défense sont-ils organisés de telle sorte que l'assemblage final des matériels développés en co-maîtrise d'œuvre est effectué simultanément dans plusieurs pays par chacun des partenaires. Autrement dit, on assemble le même avion ou le même système d'armes dans deux usines situées dans des pays différents. Alors que les entreprises s'entendent en général assez facilement pour se répartir entre elles le développement et la fabrication des sous-ensembles constitutifs de l'équipement à réaliser, aucune ne veut lâcher l'assemblage du système complet car ce serait se priver d'apparaître comme le fournisseur de premier rang vis-à-vis de son armée nationale. Comme toutes les entreprises alliées font le même raisonnement, elles sont objectivement d'accord pour dupliquer cette opération, même si c'est au détriment des coûts du programme. Par construction, les alliances étant des structures négociées, elles tolèrent facilement le compromis, les duplications et le manque de rationalisation. Cela peut permettre à des pratiques antiéconomiques de s'installer durablement et d'entraîner l'alliance dans une spirale de destruction de valeur.

Si le but est de rationaliser l'industrie, un mouvement de concentration par fusion-acquisition est en fait préférable à une ou des alliances[1]. C'est bien ce qui a poussé les leaders européens de l'industrie aérospatiale à fusionner au sein d'EADS au début des années 2000 plutôt que de continuer à travailler ensemble par le biais de coopérations multiples sur différents types de produits (Airbus, Eurocopter, Euromissile), comme ils le faisaient depuis les années 1960, au prix de nombreuses duplications et d'une sous-optimisation de l'ensemble des activités.

Si le but est de combiner des compétences complémentaires, le danger est que les entreprises alliées ne consacrent pas à l'alliance leurs meilleurs talents et qu'elles essaient d'en garder l'exclusivité pour elles-mêmes. Si les deux partenaires se comportent de la sorte, tout le monde sous-investit et l'alliance a bien du mal à atteindre ses objectifs.

En plus de la sous-exploitation des synergies, la coopération crée des coûts spécifiques de négociation, de coordination et de contrôle qui pèsent sur les performances des alliances. Nos propres recherches nous ont ainsi montré que les coûts de développement étaient généralement plus élevés pour les produits développés dans le cadre d'alliances stratégiques entre concurrents que pour les produits développés de manière autonome. Le développement en coopération prend en effet plus de temps car il nécessite davantage de discussion, de négociation sur la répartition des tâches, de définition des interfaces, de coordination du travail, etc., et donc des équipes de gestion de projet plus lourdes.

1. Garrette B., 1998.

B/ Coopérer ou ne pas coopérer

Le fait que deux entreprises aient noué une alliance n'entraîne pas forcément que les partenaires coopèrent loyalement et sans arrière-pensée. Le problème fondamental de la coopération est en effet que les partenaires sont constamment tiraillés entre la volonté de coopérer loyalement, ce qui exige des investissements mais est nécessaire pour que l'alliance produise ses effets bénéfiques, et la tentation de se comporter en « passager clandestin » *(free rider)*, c'est-à-dire de profiter des contributions du partenaire en évitant d'investir soi-même, donc de réaliser des gains sur le dos du partenaire. Le comportement ambigu qui en résulte dépend très largement de la manière dont chaque partenaire anticipe le comportement de l'autre. Pourquoi coopérer loyalement si je pense que mon partenaire ne va pas le faire ?
Cette situation a été formalisée par la théorie des jeux dans le modèle dit du « dilemme du prisonnier » (voir l'encadré « Fondements théoriques » suivant). En fait, la seule solution du dilemme est que la coopération dure suffisamment longtemps pour que les partenaires développent une relation de confiance. La confiance les conduit en effet à privilégier les objectifs communs, qu'ils peuvent atteindre ensemble, par rapport aux objectifs particuliers de chacun, qu'ils n'atteignent souvent que l'un aux dépens de l'autre, ce qui finit par produire un résultat négatif pour tous.

Fondements théoriques

Le dilemme du prisonnier

Le modèle de théorie des jeux développé par Merrill Ford en 1951 est connu sous le nom de « dilemme du prisonnier » car il évoque la situation d'un prévenu qui hésite devant le marché que lui propose la police : dénoncer son complice en échange de la liberté. Dois-je « balancer » mon complice ou rester muet en espérant qu'il ne parlera pas non plus et que, faute de preuve, aucun de nous deux ne sera inquiété ? Question difficile car tout dépend de la loyauté du complice : s'il parle le premier, c'est moi qui vais être condamné et parler ne sera plus d'aucune utilité.
Dans *Tosca* de Puccini, l'issue de ce dilemme est particulièrement dramatique. Condamné à mort, l'amant de Tosca va être fusillé. C'est alors que le chef de la police propose un marché à Tosca : si elle accepte de lui accorder ses faveurs, il fera charger à blanc les fusils du peloton d'exécution et l'amant de Tosca s'en tirera sain et sauf. Tosca finit par accepter. Mais, au moment où le policier essaie d'obtenir son dû, Tosca le poignarde, croyant ainsi sauver à la fois sa pureté et la vie de son amant. Hélas, le policier n'a pas tenu parole non plus : il a laissé le peloton tirer à balles réelles. Le condamné a bel et bien été exécuté.
Le modèle du « dilemme du prisonnier » a été conçu pour expliquer ce paradoxe : alors que la coopération bénéficierait aux deux partenaires, chacun a tendance à agir de manière égoïste et à essayer de doubler l'autre, ce qui conduit à une issue néfaste pour les deux.
Dans une alliance stratégique, il n'est évidemment pas question de dénoncer ou de poignarder son allié, mais il existe trois manières de tricher pour essayer de gagner davantage sur le dos du partenaire :

>

····> > **La tromperie *(Adverse Selection)* :** Un partenaire peut tromper l'autre sur la valeur des contributions qu'il fait à l'alliance. Ainsi est-il assez facile de surévaluer ce qu'apporte une connaissance approfondie du marché local ou une connexion privilégiée avec les autorités politiques, surtout si l'autre partenaire ne connaît pas bien le pays concerné.

> **Le sabotage *(Moral Hazard)* :** Bien que le partenaire dispose des compétences nécessaires au bon fonctionnement de l'alliance, il ne les met pas à la disposition du projet commun. Il sous-investit ou affecte à l'alliance ses moins bons éléments qui réalisent un apprentissage important au contact de leurs homologues, mais sans contribuer suffisamment par eux-mêmes.

> **L'extorsion *(Hold up)* :** Si un des alliés fait des investissements spécifiques à l'alliance, c'est-à-dire des investissements qui ne rapportent que dans le cadre de la collaboration mais qui auraient une valeur très faible si l'alliance était rompue (par exemple un processus de production spécifique au design des produits conçus par l'autre allié) il s'expose à un risque d'extorsion. L'autre partenaire peut profiter de la situation pour exiger une part plus importante des gains générés conjointement, puisque l'allié qui a fait des investissements spécifiques perd moins en restant dans l'alliance qu'en la rompant. Cet argument dérive de la théorie des coûts de transaction (voir chapitre 11).

L'incitation à tricher provient de la structure des gains que peuvent obtenir les joueurs selon qu'ils coopèrent loyalement ou non. Coopérer améliore la performance globale de l'alliance et oblige à partager les gains équitablement. Tricher réduit la performance de l'alliance mais permet au tricheur de s'approprier des gains plus importants, à condition que l'autre allié ne triche pas. Le problème est que, si les deux trichent, la performance de l'alliance est très basse et il n'y a plus grand-chose à partager.
Dans le « dilemme du prisonnier », la structure des gains est la suivante :

		Allié B	
		Coopère	Triche
Allié A	coopère	A gagne 3 B gagne 3	A gagne 0 B gagne 5
	triche	A gagne 5 B gagne 0	A gagne 1 B gagne 1

Face à cette matrice de gains, la tentation est forte pour A de tricher pour « doubler » son partenaire. Au mieux, si B est assez naïf pour coopérer loyalement, A va gagner 5, alors qu'il ne gagnerait que 3 en coopérant. Au pire, si B triche aussi, A va gagner 1 au lieu de zéro s'il coopérait. Comme B fait le même raisonnement, il triche aussi et l'alliance ne rapporte au total que 2 (1 pour A et 1 pour B), alors qu'elle aurait rapporté 6 (3 pour A et 3 pour B) si les deux partenaires avaient coopéré loyalement. Mais chacun a réussi à éviter d'engraisser son partenaire sans rien gagner.
Pour éviter que ces phénomènes de tricherie ne s'installent, la seule solution, qui maximise à la fois la performance de l'alliance et les gains des alliés, est que les partenaires s'éduquent mutuellement et instaurent entre eux un lien de confiance. Seule la confiance autorise chacun à croire que, s'il coopère, l'autre va coopérer. Pour cela, il faut que le jeu se répète. >

....> Axelrod a proposé une « martingale » qui permet de résoudre le dilemme du prisonnier dans un jeu à plusieurs coups. Il s'agit de la stratégie *tit-for-tat*, ce qu'on pourrait traduire par « œil pour œil, dent pour dent ». Elle consiste à jouer en fonction du coup précédent que vient de jouer le partenaire : s'il a coopéré au coup précédent, je coopère ; s'il a triché, je triche. Ainsi, tant que mon partenaire coopère, je fais de même et nous obtenons les gains maximaux (3 pour chacun). Dès qu'il triche, je gagne zéro et il gagne 5, mais je triche aussi au coup suivant, ce qui me permet d'éviter que cette situation se reproduise et nous cantonne dans des gains de 1. Dès qu'il va se remettre à coopérer, il verra que je ferai loyalement de même et que, pour pérenniser ses gains, il aura intérêt à coopérer lui aussi.

Sources : Faulkner D., « Cooperative Strategy, Strategic Alliances and Networks », dans Faulkner D., Campbell A., The Oxford Handbook of Strategy, *Oxford University Press, 2006.*
Axelrod R. M., The Evolution of Cooperation, *New York, Basic Books,1984.*
Barney J. B., Hesterley W. S., Strategic Management and Competitive Advantage, *Upper Saddle River, Pearson/Prentice Hall, 2006.*

C/ Créer ou renforcer un concurrent

L'apprentissage, que nous avons présenté comme un avantage des alliances, peut se muer en piège redoutable (voir la Controverse sur « la coopétition » dans ce chapitre) : ce partenaire qui, grâce à l'alliance que j'ai nouée avec lui, a accès à mes technologies, mes savoir-faire, mes partenaires distributeurs ou fournisseurs, n'est-il pas en train d'apprendre à mes dépens ? Ne va-t-il pas, à terme, se métamorphoser en concurrent redoutable, grâce à ce qu'il aura appris avec moi ? Ne suis-je pas en train de nourrir un ennemi en mon sein ? Les exemples d'alliances qui se transforment en affrontement entre concurrents au bout de quelques années sont légion.
Les entreprises chinoises, par exemple, ont formé des alliances avec des multinationales étrangères dans le but délibéré d'apprendre, de capter des technologies et des savoir-faire commerciaux, comme l'avaient fait avant elles les groupes coréens ou taïwanais. Ainsi, l'industrie automobile chinoise s'est-elle développée grâce à des alliances avec Volkswagen, General Motors ou Peugeot-Citroën. Les constructeurs chinois sont maintenant devenus capables de concurrencer leurs partenaires sur des marchés où ceux-ci se croyaient jusque-là à l'abri. Les autorités chinoises étant plutôt souples sur les notions de propriété intellectuelle et de concurrence déloyale, certaines de ces alliances tournent au conflit ouvert et, une fois l'apprentissage effectué, la coopération du départ tourne à la compétition sauvage. Le dilemme du prisonnier n'est plus du tout un dilemme pour le partenaire qui a capté les compétences de l'autre : il devient évident qu'il n'a plus aucun intérêt à coopérer. Le cas de Danone et Wahaha, présenté dans le Mini-cas ci-après, est particulièrement intéressant à cet égard.

MINI-CAS

Danone-Wahaha

Créé en 1987, le groupe Wahaha est devenu en vingt ans le leader du marché chinois des boissons non alcoolisées, grâce à une stratégie de croissance externe agressive menée tambour battant par son fondateur Zong Qinghou. En 2008, le chiffre d'affaires de Wahaha représente 15 % des ventes totales de boissons en Chine. Sa gamme de produits comprend des eaux en bouteille, des sodas, des jus >

····> de fruit, des soupes, des boissons à base de thé, mais aussi des yaourts et des produits laitiers. Plus récemment, Wahaha s'est diversifié dans l'habillement, l'hygiène et la santé. Sous la marque Future Cola, Wahaha commercialise un soda considéré comme le concurrent le plus sérieux de Pepsi-Cola et de Coca-Cola sur le marché chinois.

L'alliance de Wahaha avec Danone a joué un rôle clef dans le succès du groupe chinois. Cette alliance a commencé en 1996, quand Danone a investi 43 millions de dollars dans cinq usines Wahaha, créant ainsi cinq joint-ventures. Dans chaque co-entreprise, la part de Danone était de 51 % et celle de Wahaha de 49 %, mais la gestion des opérations était confiée au partenaire chinois. Danone a développé ces partenariats pendant une dizaine d'années, si bien qu'en 2007, la multinationale française détenait des parts dans 39 unités de production du groupe Wahaha, alors qu'une cinquantaine de filiales de Wahaha restaient hors de l'alliance. Au total, Danone possédait plus de 40 % des actifs du groupe chinois via ses co-entreprises, ce qui l'amenait souvent à présenter Wahaha comme une de ses trois marques phares, au même titre que Evian et Danone. Danone laissait même entendre parfois que Wahaha était l'une de ses filiales. Mais Wahaha, qui a toujours insisté sur son indépendance, présentait l'alliance comme un simple investissement conjoint dans un nombre limité d'usines en joint-venture.

En plus de son impact en Chine, l'alliance avec Danone a permis à Wahaha de s'internationaliser. En 2004, les deux alliés ont créé un joint-venture en Indonésie (70 % Danone et 30 % Wahaha) pour produire une gamme composée de produits laitiers de Danone et de boissons lactées de Wahaha. De manière autonome, Wahaha s'est ensuite implanté commercialement en Thaïlande ainsi que sur la côte ouest des États-Unis où réside une importante communauté chinoise. Ses projets incluent la création d'une usine en Pologne pour développer sa présence en Europe.

De son côté, Danone a noué des alliances avec d'autres partenaires chinois en formant des joint-ventures et en prenant des participations au capital de plusieurs entreprises locales. Ainsi Danone possède 20 % de Shanghai Bright Dairy, un des principaux producteurs de produits laitiers, et contrôle Robust, un des leaders des eaux minérales et des boissons lactées.

En 2007, le torchon brûle entre les deux partenaires. Danone a porté plainte contre Wahaha qu'il accuse d'avoir développé, en parallèle à l'alliance, un réseau indépendant de production et de distribution de boissons identiques à celles commercialisées par la co-entreprise. Wahaha, de son côté, affirme que Danone ne lui a jamais interdit explicitement de concurrencer l'alliance par des activités parallèles. Danone propose un arrangement à l'amiable qui consisterait à réintégrer une vingtaine d'usines litigieuses dans l'alliance. Zong Qinghou refuse et démissionne de son poste de directeur de la co-entreprise. Il décide de poursuivre Danone devant la justice chinoise pour « activités illégales ». Disant détenir des preuves des violations de la loi perpétrées par Danone, il réclame 5 milliards d'euros de dommages et intérêts. Selon la presse chinoise, plusieurs dirigeants d'usines auraient menacé de faire plonger les ventes du joint-venture si Danone persistait à vouloir nommer un cadre français à la tête de l'alliance. D'autres auraient proféré des menaces physiques contre les cadres de Danone en visite dans les usines de la co-entreprise.

Questions

1) Comment Danone aurait-il pu éviter ce conflit?
2) Du point de vue de Wahaha, est-il pertinent de développer des activités en propre, parallèlement à celles de l'alliance ?
3) Les alliances complémentaires de ce genre sont-elles inéluctablement instables ? Si oui, pourquoi les nouer ?

Il est donc indispensable de protéger ses compétences clés lorsqu'on coopère. Mais, d'un autre côté, le désir de se protéger contre les dangers de fuite technologique, ou de transmission involontaire de toute autre sorte de compétence, incite chaque partenaire à réduire son exposition, à filtrer les informations d'une manière excessive, à priver l'alliance de ses savoir-faire les plus avancés, ce qui peut nuire considérablement à l'efficacité de la coopération. Le dosage optimal entre protection et transparence est donc difficile à trouver : un degré trop faible de collaboration risque de nuire à la réalisation des synergies, mais trop de transparence peut aboutir à l'affaiblissement de la position de l'une ou l'autre des firmes partenaires.

4 Comment faire fonctionner une alliance stratégique ?

Nous allons proposer dans cette partie quelques principes généraux qui peuvent aider les entreprises à atteindre les objectifs des alliances tout en évitant leurs pièges. Pour formuler des recommandations plus précises sur le management des alliances, il faudra ensuite distinguer entre plusieurs types d'alliances stratégiques, ce que nous ferons dans la dernière partie de ce chapitre.

A/ La recette du succès n'est pas au contrat

Les alliances stratégiques sont ce que les économistes appellent des **« contrats incomplets »**, c'est-à-dire des arrangements complexes où il est très difficile d'envisager au départ tout ce qui va bien pouvoir se produire pendant la durée de vie de la coopération. Il arrive trop souvent que les responsables des entreprises impliquées dans une négociation dépensent une énergie et un temps excessif pour négocier chaque ligne d'un contrat couvrant des centaines de pages, tout en sachant pertinemment que, par la suite, l'alliance va se développer (et parfois se finir) d'une manière totalement imprévisible au départ.

En fait, les dirigeants qui ont l'expérience des alliances s'accordent à reconnaître que, dans les alliances qui se passent bien, plus personne ne relit jamais le contrat. Une fois l'alliance signée, dès que les équipes se mettent en place pour mettre en œuvre la coopération, l'objectif principal devient de développer l'activité ou le projet commun quoi qu'il arrive, pas de respecter le contrat à la lettre. Ce n'est qu'en cas de crise aiguë qu'on se réfère à l'accord écrit. Et c'est en général très mauvais signe, car si on le consulte, c'est généralement pour étudier les modalités de sortie. Il en va des contrats d'alliance comme des contrats de mariage : on ne les relit qu'en cas de divorce. C'est pourquoi les clauses de sortie y occupent en général une place de choix, et qu'elles doivent être rédigées avec soin. L'encadré suivant présente les clauses de sortie les plus classiques.

EN PRATIQUE

Exemples de clauses de sortie

– Option « *call* » ou « *put* » : Un allié a le droit de vendre (« *put* ») ou d'acheter (« *call* ») les parts de l'autre dans le joint-venture à une certaine échéance, pour un montant prédéfini ou calculé au moment de la vente selon une formule de valorisation (par exemple un multiple du chiffre d'affaires).

– *Put* avec valorisation par un tiers : une tierce partie neutre détermine la valeur de la part mise en vente par un partenaire au moment de sa sortie.

– Droit de premier refus : Si un acheteur extérieur propose un prix pour les parts d'un des alliés, l'autre a le droit de préempter les parts en question au prix proposé.

– Offres cachetées : Au moment de la rupture, chaque allié soumet une offre cachetée pour racheter le joint-venture et le mieux-disant gagne.

– Enchères « *shotgun* » : L'allié A offre un prix auquel il propose d'acheter la part de l'allié B, mais, si B refuse, A est obligé de lui céder ses propres parts à ce même prix.

– « *Revolving shotgun* » : Un allié offre un prix auquel l'autre doit soit vendre, soit acheter en renchérissant de 5 % ; on continue jusqu'à la vente effective.

On aura compris que rechercher les clefs du succès d'une alliance stratégique dans le montage juridique, ce serait comme chercher la recette de l'harmonie conjugale dans un contrat de mariage. Les structures juridiques ne font que protéger les entreprises alliées contre les risques de tricherie d'un partenaire par rapport à l'autre, ceux-là même que nous avons évoqués lors de notre discussion du dilemme du prisonnier (voir l'encadré « Fondements théoriques » sur ce thème). Elles ne garantissent pas que la stratégie qui a conduit à former l'alliance soit pertinente, ni que les projets communs des partenaires réussissent. Les montages juridiques sont indispensables pour former l'alliance et pour la défaire ; en revanche, ils ont généralement peu d'impact sur son développement et sa réussite. Le succès d'une alliance réside plutôt dans la stratégie des entreprises impliquées et dans l'organisation mise en place pour mettre en œuvre cette stratégie.

B/ Définir des objectifs stratégiques clairs, comprendre ceux du partenaire, se méfier du discours « *win-win* »

Dès la négociation d'une alliance, le marchandage qui entoure fréquemment le montage juridique et organisationnel élude très souvent les implications stratégiques de la coopération pour se focaliser sur des questions de personnes ou des aspects contractuels, comptables et financiers, tels que la répartition du capital d'une éventuelle filiale commune, la négociation des prix de cession entre partenaires, la nomination des responsables du projet commun, etc. Ce marchandage peut même faire prématurément échouer la négociation ou brider le développement de l'alliance alors que celle-ci correspond aux intérêts stratégiques des divers partenaires.

Et ce n'est pas parce que l'alliance finit par être signée que le problème est résolu pour autant. Par nature, une alliance laisse subsister tout au long de son existence des centres de décision multiples. Les prises de décision risquent souvent de résulter

d'un compromis entre les points de vue des différents partenaires, ceux-ci cherchant selon toute vraisemblance à faire prévaloir ou à défendre plus ou moins explicitement leurs intérêts propres. De tels compromis peuvent conduire à de mauvaises décisions stratégiques, voire à une absence totale de stratégie pour l'alliance. C'est pourquoi il est indispensable de formuler clairement les objectifs stratégiques que poursuit l'alliance. Ces objectifs serviront de référence par la suite, pour trancher entre les points de vue des partenaires.
Or, dans la pratique, les discussions sur les objectifs de l'alliance sont souvent perturbées par le fait que les entreprises impliquées mélangent, sciemment ou non, leurs objectifs communs avec les objectifs spécifiques à chaque partenaire. Par définition, ces deux types d'objectifs s'amalgament dans les alliances :

> D'un côté, les partenaires affichent forcément des objectifs communs et partagés. Sans cette convergence, l'alliance ne se ferait même pas : tous les dirigeants expérimentés en la matière insistent sur le fait que seules les alliances *win-win*, c'est-à-dire celles où tous les partenaires ont quelque chose à gagner, sont viables. Cette notion est frappée au coin du bon sens : aucune entreprise n'est prête à signer un contrat qui ne lui apporte rien, ou un contrat léonin où elle a le sentiment de « se faire avoir ».

> D'un autre côté, comme les partenaires demeurent, malgré l'alliance, des entreprises autonomes et parfois concurrentes, les alliances stratégiques sont aussi le vecteur d'objectifs particuliers, potentiellement conflictuels, propres à chaque firme impliquée dans l'alliance.

Certains dirigeants, pressés de former une alliance, ont tendance à « cacher la poussière sous le tapis » et à nier ces contradictions potentielles en se réfugiant dans un discours *win-win* simplifié : du moment que le projet commun réussit, les deux entreprises alliées gagnent forcément quelque chose en collaborant. C'est pourtant loin d'être toujours le cas.

Pour formuler précisément les objectifs stratégiques d'une alliance, on peut les classer en trois catégories :

> Les objectifs « communs », c'est-à-dire les objectifs du projet mené en coopération, qui doivent être chiffrés autant que possible (par exemple, vendre telle quantité de produits, à telle échéance, etc.). Ces objectifs doivent être fixés comme on le ferait pour élaborer le *business plan* d'une activité quelconque, en mettant de côté le fait que le projet concerné soit mis en œuvre en alliance.

> Les objectifs propres à chaque partenaire qui sont cohérents avec les objectifs communs et/ou ne posent pas de problème à l'autre partenaire (par exemple, utiliser l'alliance pour se développer dans une activité non concurrente de celle du partenaire).

> Les objectifs spécifiques à chaque partenaire qui peuvent nuire à la coopération et/ou entrer en conflit avec ceux de l'autre partenaire (par exemple, capter tel savoir-faire et se développer à terme dans une activité concurrente de l'alliance).

Nous recommandons de discuter ouvertement et de trouver un accord sur les trois types d'objectifs avant de se lancer dans une alliance. En effet, dans de nombreuses négociations, les partenaires jettent un voile pudique sur les objectifs du troisième type, qui en restent au stade de « l'agenda caché », véritable poison des alliances. Or, quand ces objectifs du troisième type finissent par se manifester, il est en général trop tard, d'où l'image déjà évoquée du cheval de Troie. Il vaut mieux être clair sur ces sujets dès le départ, quitte par exemple à chiffrer et monnayer les compétences

qu'un partenaire veut acquérir et à écrire les clauses de sortie en conséquence, ou à proposer une contrepartie dans un autre domaine.
Sachant que l'alliance ne sera jamais une structure totalement optimisée car chaque partenaire va l'utiliser pour atteindre non seulement les objectifs « communs », mais aussi des objectifs qui lui sont propres, la clé est de mettre en place un système de partage des investissements, des coûts et des gains qui distingue clairement ce qui est partagé de ce qui reste propre à chaque partenaire. L'exemple de CFM International (voir le Mini-cas correspondant dans ce chapitre) est très éclairant à ce sujet : les alliés ne partagent que le chiffre d'affaires et chacun prend en charge ses coûts, qui lui restent propres, et ses investissements, qui lui restent acquis. Cela permet à chaque allié d'utiliser à ses propres fins les investissements réalisés dans le cadre de l'alliance.
Il est également important de se mettre d'accord sur une métrique précise et des critères clairs pour mesurer l'atteinte de tous les objectifs. Il est surprenant de constater que, dans certaines alliances, les difficultés proviennent d'un simple malentendu : ce qui semble un succès satisfaisant pour un partenaire peut être vu comme un échec par l'autre, situation pourtant assez facile à éviter dès le départ.

C/ Se mettre d'accord sur la structure, les processus de prise de décision et les échéances

Tous les responsables impliqués dans le management des alliances se plaignent des difficultés que crée la coopération dès qu'il s'agit de prendre des décisions, même sur la base d'objectifs clairs et explicites. La composition des comités de direction des joint-ventures, qui comprennent souvent un nombre égal de représentants des deux partenaires, le désir des dirigeants de noyauter autant que possible la structure en plaçant des « hommes à eux » pour surveiller les agissements du partenaire, sont autant d'éléments qui conduisent chaque allié à perdre de vue les objectifs de l'alliance pour défendre ses intérêts spécifiques. Du reste, toutes les études montrent que, quelle que soit la valeur relative des actifs apportés par les entreprises partenaires lors de la formation de l'alliance, l'écrasante majorité des joint-ventures sont des accords à 50/50, ou très proches de 50/50 (par exemple 51/49), ce qui montre bien que les entreprises n'acceptent de collaborer qu'à condition d'avoir un pouvoir suffisant dans les prises de décision. Cet équilibre du pouvoir a bien sûr ses vertus, mais il conduit à des blocages durables lorsque les intérêts des partenaires commencent à diverger.
Le remède consiste à mettre en place une organisation suffisamment autonome pour éviter les blocages et les conflits entre partenaires, ou, au moins, capable d'arbitrer lorsque ces blocages et ces conflits se manifestent. Les joint-ventures les plus performants sont souvent ceux qui sont dotés d'un responsable suffisamment autonome, capable de prendre des décisions dans l'intérêt du projet commun, en limitant au minimum les interférences des entreprises actionnaires. Dans certaines alliances, ce responsable détient une voix prépondérante au comité de pilotage de l'alliance, ce qui lui permet de débloquer les décisions sur lesquelles les représentants des actionnaires ne sont pas d'accord.
En outre, il est important de prévoir des échéances auxquelles la stratégie de l'alliance peut être rediscutée ou remise en cause, et des échéances précises auxquelles l'alliance peut être dissoute ou renégociée, sachant qu'en dehors de ces échéances, l'alliance doit être aussi stable que possible.

D/ Anticiper l'évolution de l'alliance et ses conséquences stratégiques

Les alliances stratégiques devraient en principe correspondre à une anticipation, par chaque entreprise impliquée, de l'évolution de l'alliance, de son issue et surtout de ses effets à long terme pour l'entreprise et son allié. Or de nombreuses entreprises nouent des alliances pour atteindre des objectifs immédiats et limités, en sous-estimant les implications stratégiques à long terme de ces alliances. Si, dans certains cas, une entreprise peut ne voir sa situation affectée que de manière très marginale par sa participation à une alliance, dans d'autres cas, une telle participation peut avoir des conséquences beaucoup plus importantes, voire dramatiques. Ainsi, au début des années 1990, l'agence de publicité européenne Publicis avait misé l'essentiel de son développement international sur une alliance stratégique avec l'agence américaine FCB-True North. En 1991, les deux agences réunies avaient un réseau de 173 bureaux dans 43 pays et s'étaient hissées conjointement à la huitième place de l'industrie mondiale de la publicité. Mais en 1994, suite à un changement de direction, FCB-True North qui craignait de devenir trop dépendant de Publicis (en 1994, 55 % des profits de FCB provenaient de la coopération avec Publicis) décida de rompre au prétexte que Publicis avait acheté une petite agence aux États-Unis et risquait de concurrencer son partenaire. Bien que Publicis ait gagné le procès qui l'opposa à son ex-partenaire, les dirigeants de Publicis se rendirent vite compte que cette alliance leur avait fait perdre cinq ans dans la course à l'internationalisation qui bouleversait le secteur. En 1996, une fois l'alliance rompue, Publicis se retrouvait exactement dans la même situation qu'à la fin des années 1980. La seule ressource était de se lancer dans une stratégie agressive de croissance externe, ce qui fut fait avec la prise de contrôle du Britannique Saatchi and Saatchi en 2000 et de l'américain Leo Burnett en 2002.

Il est donc capital, dès la formation d'une alliance et tout au long de son existence, d'anticiper autant que possible les évolutions qu'elle est susceptible de subir, ses issues probables, et les implications stratégiques de ces issues. C'est en menant cet exercice de prospective que l'on peut décider s'il faut nouer l'alliance ou pas, et, par la suite, s'il faut la rompre, la prolonger ou en corriger les effets par d'autres mouvements stratégiques. Cela fait partie d'un savoir-faire de management des alliances que les entreprises doivent développer. Les recherches montrent en effet que les entreprises qui se dotent d'une fonction « alliance » centralisée et qui développent ce savoir-faire transversal obtiennent de meilleurs résultats en matière de collaboration que celles qui se contentent de gérer chaque alliance de manière spécifique et décentralisée[1]. Or, d'autres recherches ont également montré que les évolutions des alliances stratégiques sont largement prédictibles en fonction du type d'alliance noué au départ. Comprendre dans quelle catégorie se situe une alliance donnée permet de piloter son évolution et d'anticiper ses conséquences les plus probables.

1. Kale P., Dyer J.H., Singh H., 2002.

5 Gérer l'alliance en fonction de ses caractéristiques stratégiques et organisationnelles

A/ Déterminer à quel type appartient l'alliance

Des travaux statistiques nous ont permis d'établir qu'il existe des liens significatifs entre les objectifs, les pièges, les évolutions et les issues des alliances stratégiques[1]. Par exemple, les objectifs de taille critique sont souvent liés à des stratégies défensives, alors que les objectifs de complémentarité correspondent plutôt à des stratégies offensives. Autre exemple, les alliances en amont de la chaîne de valeur, qui sont transparentes pour le client, ont tendance à se pérenniser davantage que les alliances qui touchent aux activités commerciales des partenaires. L'ensemble de ces liens nous a conduits à élaborer une typologie des alliances stratégiques en trois grandes catégories : les co-intégrations et les pseudo-concentrations, qui sont toutes deux des alliances d'échelle *(scale alliances)*, et les alliances complémentaires, qui sont des alliances de lien *(link alliances)*.

La co-intégration

Les alliances de co-intégration (figure 19.1) unissent des entreprises, généralement concurrentes, qui apportent des compétences de nature similaire et s'associent pour réaliser des économies d'échelle en limitant leur coopération à des stades amont du processus de production. Les éléments communs sont incorporés à des produits qui restent spécifiques à chaque entreprise et peuvent se retrouver en concurrence sur le marché. Ainsi, par exemple, Peugeot et Renault produisent en commun un moteur V6 utilisé dans leurs modèles haut de gamme respectifs (Vel Satis et 607, 807 et Espace) qui restent frontalement concurrents (voir le Mini-cas ci-dessous).

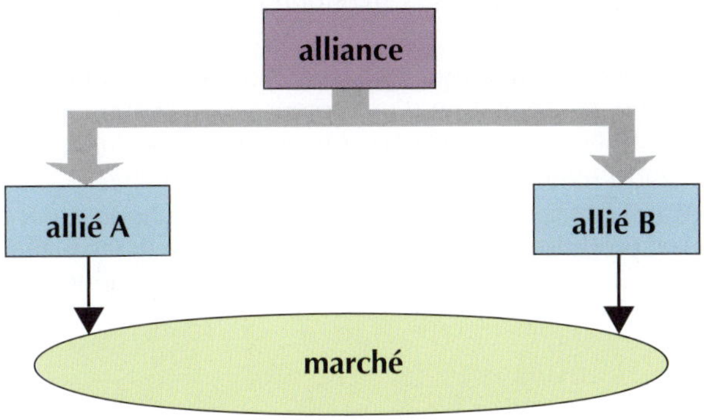

Figure 19.1
Co-intégration

Les co-intégrations sont des alliances précompétitives dont l'effet sur la concurrence est très limité. En effet, ces alliances sont la plupart du temps transparentes pour les clients. Elles sont généralement limitées à la R&D et/ou à la production de sous-ensembles ou de composants. Elles associent souvent des entreprises originaires de la même région du monde (alliances intra-européennes, intra-américaines ou intra-japonaises). Les partenaires dans ce type d'alliances sont généralement des firmes de taille équivalente. Ce type d'alliance est particulièrement fréquent dans l'industrie

1. Garrette B., Dussauge P., 1995 ; Dussauge P., Garrette B., 1999.

automobile (fabrication de composants communs) et dans le secteur informatique (R&D commune ou fabrication de composants électroniques).

MINI-CAS

Les moteurs V6 Peugeot-Renault

Le moteur V6 qui équipe certaines versions des Renault Espace et Vel Satis, ainsi que des Peugeot 607, 807 et 407 coupés, est l'héritier d'une alliance signée en 1971 avec un troisième constructeur, Volvo. Une co-entreprise, la Franco-Suédoise de Moteurs, avait été créée pour l'occasion, avec un capital réparti à égalité de parts entre les trois partenaires (15 millions de francs chacun à l'époque). Cette alliance a permis de mettre au point un moteur à six cylindres en V, le moteur PRV (Peugeot-Renault-Volvo), dont la fabrication a été confiée à la Française de Mécanique, filiale commune à 50/50 entre Peugeot et Renault. Alors que la production du PRV était concentrée sur le site de la Française de Mécanique à Douvrin (Pas-de-Calais), les études des différentes variantes du moteur étaient quant à elles réparties entre les partenaires et réalisées par leurs propres bureaux d'études, ce qui laissait place à une certaine indépendance technologique. La production du moteur V6-PRV a commencé en 1974 et l'accord a été renouvelé en 1983. Volvo s'est ensuite retiré de l'alliance en 1989, tout en restant client de la Française de Mécanique pour quelques années. Les moteurs PRV ont d'abord équipé les 604 et les R30, puis les 605, XM, et Safrane.
En 1996, l'alliance, qui est devenue bilatérale, lance, toujours à la Française de Mécanique, la production d'un moteur V6 entièrement nouveau, le ES9, pour remplacer le PRV arrivé en fin de carrière.

À partir de 2000, le moteur ES9 a été remplacé par un nouveau dérivé de 2 946 cm^3. Au milieu des années 2000, la Française de Mécanique en produit plus de 20 000 unités par an.
La longévité d'une telle alliance, paradoxale parce qu'elle associe des entreprises frontalement concurrentes, s'explique par deux raisons qui ne se sont jamais démenties :

> aucun des constructeurs impliqués n'a les débouchés suffisants pour rentabiliser le développement et la fabrication d'un moteur V6 en propre, alors qu'intégrer à sa gamme une berline, un monospace ou un coupé de luxe équipés d'un tel moteur est toujours apparu comme une nécessité commerciale ;

> l'alternative, qui consiste à acheter des moteurs six cylindres aux constructeurs américains qui en produisent de larges quantités, n'a jamais été jugée satisfaisante, parce que les performances et les cylindrées des moteurs américains sont très mal adaptées au marché européen.

Questions

1) Renault et Peugeot sont-ils condamnés à coopérer dans cette alliance ?
2) Si les deux entreprises cessent de coopérer, que va devenir la Française de Mécanique ? Quelle serait la meilleure issue ?

La pseudo-concentration

Les alliances de pseudo-concentration (figure 19.2) associent des entreprises qui développent, produisent et commercialisent un produit commun. Ces alliances associent toujours des entreprises opérant dans la même industrie. Les compétences et contributions des partenaires sont de nature similaire et l'objectif recherché est un objectif de taille critique. L'alliance porte sur toute la chaîne de valeur (R&D, production et commercialisation) et c'est un seul et même produit, commun à tous les alliés, qui est mis sur le marché. Ainsi, le supersonique Concorde a-t-il été développé, produit et commercialisé par Sud-Aviation et British Aircraft Corporation. Les avions sortis des chaînes de l'un ou l'autre constructeur étaient identiques et ne pouvaient donc être mis en concurrence sur le marché. Airbus est également un exemple de pseudo-concentration, tout comme l'avion de combat européen Eurofighter, ainsi que le moteur d'avion CFM (voir le Mini-cas correspondant dans ce chapitre) et le joint-venture Sevelnord (voir le Mini-cas correspondant dans ce chapitre).

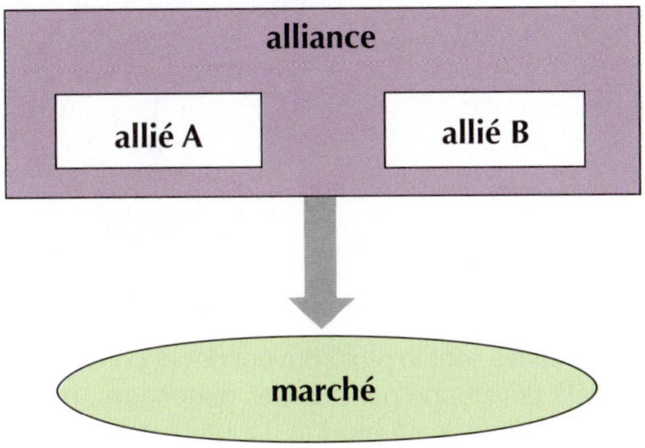

Figure 19.2 Pseudo-concentration

Les pseudo-concentrations ont un effet important sur la concurrence du point de vue des clients. En effet, comme les alliés sont généralement concurrents et commercialisent un produit identique, ils sont pratiquement forcés de créer une interface unique vis-à-vis du client. Ainsi, GE et Snecma se sont répartis entre eux les compagnies aériennes clientes et interviennent auprès de celles-ci au titre de CFM International. Cela n'exclut évidemment pas des rivalités internes au consortium, mais une coordination de la relation avec le client doit rendre ces rivalités aussi invisibles que possible.

Les pseudo-concentrations sont particulièrement fréquentes en Europe où les entreprises souffrent souvent d'un handicap de taille par rapport à leurs concurrents américains et asiatiques. Les partenaires sont des firmes de taille équivalente. L'industrie de l'aérospatial et de l'armement[1] est très friande des pseudo-concentrations car les entreprises de ce secteur, malgré leur taille souvent importante, ont du mal à faire face seules à l'ampleur de l'effort de R&D requis ainsi qu'au niveau élevé des investissements nécessaires à la production. De telles alliances permettent de partager les dépenses et les investissements tout en élargissant les marchés grâce à l'addition des marchés domestiques de chaque partenaire.

L'alliance complémentaire

Les alliances complémentaires (figure 19.3) associent des entreprises dont les compétences et les contributions sont de nature différente. Dans la plupart des cas, il s'agit d'alliances où l'une des entreprises a développé un produit ou un service dont la commercialisation s'effectue grâce au réseau de l'autre. Il arrive parfois que la complémentarité repose sur des bases plus complexes, l'un des partenaires amenant par exemple des compétences marketing (produit, positionnement, etc.), l'autre la production et l'accès au réseau commercial, comme c'est le cas dans l'alliance Cereal Partners entre General Mills et Nestlé (voir le Mini-cas correspondant dans ce

1. Dussauge P., Cornu C., 1998.

chapitre). Ce genre d'alliance est très fréquent dans l'industrie pharmaceutique où les grands laboratoires multinationaux commercialisent des médicaments développés en collaboration avec de petites entreprises innovantes, notamment dans le domaine des biotechnologies. Atos-Euronext (voir le Mini-cas correspondant dans ce chapitre) est un exemple d'alliance complémentaire dans une industrie de service, de même que Disney-Pixar (voir le Mini-cas ci-après).

Figure 19.3
Alliance complémentaire

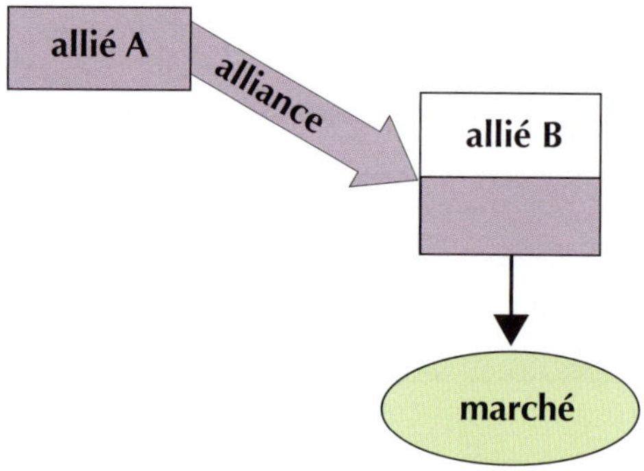

Les alliances complémentaires sont le plus souvent des accords limités à la commercialisation d'un produit déjà développé par l'un des partenaires, mais, dans certains cas, elles s'étendent à la production de ce produit. La plupart de ces alliances sont créées pour pénétrer de nouveaux marchés géographiques. Ces alliances complémentaires associent fréquemment des firmes japonaises avec des entreprises américaines ou européennes, aux positions concurrentielles déséquilibrées. Elles sont très courantes dans l'électronique grand public, les télécommunications, l'automobile et l'informatique.

MINI-CAS

Disney-Pixar

Après des débuts difficiles dans les clips, la publicité et les jeux vidéo, la société Pixar, créée par Steve Jobs (le bailleur de fonds, fondateur d'Apple), John Lasseter (le créatif, issu des studios Disney) et Ed Catmull (le technicien), émerge comme un pionnier de l'animation en trois dimensions en réalisant les effets spéciaux du film *Terminator 2* et ceux du dessin animé *La Belle et la Bête* de Disney. Malgré le succès du film, qui reste un dessin animé classique en deux dimensions, Disney se rend compte de son retard sur l'animation 3D par rapport à des réalisations concurrentes comme *Qui veut la peau de Roger Rabbit ?*

En mai 1991, Disney et Pixar signent un contrat exclusif pour trois longs métrages d'animation en 3D. Les films seront réalisés par Pixar et distribués par Disney qui prend également en charge la totalité des frais de production. En échange, Disney recevra 87 % des recettes (dont 12,5 % en tant que distributeur et, en tant que producteur, 85 % de ce qui reste après déduction de la commission de distribution). Disney s'arroge aussi l'intégralité des droits sur les produits dérivés, ainsi que sur les suites éventuelles des films réalisés dans le cadre de l'alliance. Ce contrat peut sembler léonin, mais à l'époque, Pixar est au bord de la faillite et voit dans l'alliance avec Disney une planche de salut. >

····> Un seul film sera en fait réalisé sous ce régime contractuel. Il s'agit de Toy Story, qui sort en 1995. C'est un succès mondial, avec 362 millions de dollars de recettes. Pourtant, Disney a craint le pire car le projet paraissait très risqué. Il a fallu quatre années de travail et un budget de 30 millions de dollars pour faire ce film, le premier long-métrage du monde intégralement réalisé en 3D. Le succès de Toy Story permet à Pixar de sortir la tête de l'eau, de s'introduire en bourse et de renégocier l'alliance avec Disney.

En 1997, après avoir menacé de rompre l'alliance, Pixar trouve un nouvel accord avec Disney : Pixar prendra en charge 50 % des frais de production et recevra en échange 50 % des recettes après déduction de la commission de distribution de 12,5 % due à Disney. Les bénéfices sur les produits dérivés seront partagés à parts égales entre les deux alliés. Disney acquiert par ailleurs 5 % du capital de Pixar et conserve le droit de donner des suites aux films de l'alliance, avec ou sans Pixar.

Les films *1 001 pattes* (lancé en 1998 ; budget : 45 millions de dollars ; recettes : 363 millions de dollars), *Toy Story 2* (1999 ; budget : 90 millions ; recettes : 485 millions), *Monstres et Cie* (2001 ; budget : 120 millions ; recettes : 529 millions) et *Le Monde de Nemo* (2003 ; budget : 95 millions ; recettes : 865 millions), réalisés dans le cadre de ce contrat, sont tous des succès mondiaux.

Pixar est devenu extrêmement rentable et les films coréalisés dans l'alliance représentent le quart des bénéfices des studios Disney entre 1997 et 2001. En revanche, Disney enregistre une perte de 100 millions de dollars sur son dessin animé en deux dimensions, *La Planète au Trésor* en 2002. C'est à ce moment que Pixar tente de renégocier une nouvelle fois l'alliance. Pixar veut prendre en charge la totalité des frais de production et percevoir l'intégralité des recettes après versement d'une commission de distribution de 7 % à Disney. Pixar veut également avoir la pleine propriété des personnages. Après plusieurs mois de marchandage, les négociations échouent et l'alliance est rompue le 2 février 2004. À cette annonce, l'action Pixar prend plus de 3 % alors que celle de Disney baisse de presque 2 %.

Pendant que Pixar cherche un autre partenaire pour distribuer ses films, Disney réalise seul un film d'animation en 3D, *Chicken Little*, qui rencontre un succès mitigé. Entre-temps, Disney a changé de PDG. Bob Iger, qui remplace Michael Eisner, décide de reprendre les négociations avec Pixar.

En janvier 2006, un accord est trouvé : Disney rachète Pixar pour 7,4 milliards de dollars. Cette acquisition se faisant par échange de titres, Steve Jobs devient le premier actionnaire individuel de Disney avec une participation de 3,7 milliards, soit 15 % du capital. Steve Jobs siège au conseil d'administration du nouveau groupe et ce sont des anciens de Pixar qui prennent la direction artistique de Disney. Un des ex-Pixar devient même directeur créatif des parcs d'attraction. Tous les films d'animation de Disney seront donc réalisés sous la direction de Pixar, si bien que l'on est en droit de se demander qui a racheté qui...

Questions

1) En fait, qui a racheté qui ? Qui sort gagnant ?
2) Pourquoi les termes de l'alliance ont-ils été modifiés plusieurs fois ? Ces changements étaient-ils légitimes, pertinents ?
3) Disney aurait-il pu avoir une meilleure stratégie dans cette alliance ? Laquelle ?

Source : Barthélemy J., « Création et appropriation de la valeur dans un partenariat, le cas Disney-Pixar », Revue française de gestion, *2006, vol. 32, n° 164, p. 141-155.*

B/ Organiser et piloter l'alliance selon son type

Chaque type d'alliance correspond à une logique stratégique différente. Les évolutions probables des alliances diffèrent d'un type à l'autre, de même que l'impact à long terme sur la compétitivité des entreprises impliquées. Chaque type d'alliance exige donc une approche différente en termes de stratégie et de management.

Dans les co-intégrations et les pseudo-concentrations, l'objectif principal est de maximiser les économies d'échelle, c'est pourquoi il est recommandé d'investir conjointement dans des actifs en joint-venture (usines communes par exemple) de manière à rationaliser au maximum les opérations à forts effets d'échelle. En revanche, pour protéger les compétences stratégiques des partenaires, il est possible de répartir certaines tâches entre eux, à condition d'éviter les duplications et de bien définir les interfaces. Ainsi est-il fréquent dans les co-intégrations que la production des composants ou sous-ensembles communs soit effectuée dans une usine commune alors que les travaux de R&D sont répartis entre les alliés et effectués dans leurs propres bureaux d'études, chacun restant propriétaire de ses technologies. C'est notamment le cas du moteur V6 Peugeot-Renault (voir le Mini-cas correspondant dans ce chapitre). Cette organisation permet de maximiser les effets d'échelle sur la production tout en protégeant les compétences technologiques clefs de chaque partenaire.

L'arbitrage entre répartition et mise en commun des tâches doit également tenir compte de la nature des actifs concernés. Il est par exemple plus facile et moins coûteux de regrouper des services commerciaux créés spécialement pour le projet que de réunir des unités de production préexistantes et géographiquement dispersées. La répartition des tâches au sein de l'alliance sur l'avion de transport régional ATR illustre ce principe : les tâches de développement et de production ont été réparties entre EADS et Alenia alors que la commercialisation est effectuée par une structure commune. De manière générale, dans les pseudo-concentrations, les partenaires ont tendance à découper le produit en sous-ensembles dont la maîtrise d'œuvre est confiée à chaque partenaire. C'est par exemple le cas dans le moteur d'avion CFM (voir le Mini-cas correspondant dans ce chapitre).

Ce problème se pose dans des termes très différents pour les alliances complémentaires où les spécialisations des partenaires existent *a priori* et sont même la raison d'être de la collaboration. L'organisation la plus naturelle est que chaque allié prenne la responsabilité des tâches liées aux compétences qu'il possède. Dans ce cas de figure, les alliés n'ont pas besoin de créer de filiale commune, de simples contrats non capitalistiques suffisent à coordonner l'ensemble. Toutefois, certaines alliances complémentaires donnent lieu à la création de co-entreprises au sein desquelles les équipes des entreprises alliées travaillent en commun. Ces montages, qui ne sont pas a priori indispensables, sont recommandés lorsque les partenaires cherchent à organiser entre eux des transferts de compétences : grâce au travail en commun au sein de la structure en joint-venture, l'apprentissage va être facilité. Si l'alliance Nummi, qui associe General Motors et Toyota depuis 1984, avait pour seul but de commercialiser dans le réseau GM des véhicules conçus par Toyota, un simple contrat client-fournisseur serait suffisant. Si les deux partenaires sont tombés d'accord pour mettre une usine en joint-venture, c'est pour deux raisons : d'une part, Toyota voulait apprendre de son allié à gérer du personnel américain et, d'autre part, GM cherchait à capter le savoir-faire de son partenaire en matière de gestion de production « à la japonaise ». Dans ce cas-là, l'apprentissage mutuel était librement consenti. Mais dans d'autres cas, les co-entreprises peuvent être des outils très dangereux. En facilitant les transferts de compétences dans les alliances complémentaires, elles peuvent conduire à des situations très conflictuelles, où chaque partenaire accuse l'autre de s'approprier les activités de l'alliance.

Les conséquences des choix d'organisation ne sont heureusement pas toujours aussi dramatiques. Ces conséquences sont d'ailleurs largement déterminées par le type d'alliance noué au départ. Ainsi, la plupart des alliances de co-intégration ont peu de conséquences stratégiques à long terme pour les entreprises alliées, car ce sont des opérations plutôt périphériques. Au cours du temps, les alliances de co-intégration ont toutefois tendance à rencontrer des problèmes d'efficience. Au bout de quelques années, il arrive souvent que les composants produits en joint-venture deviennent progressivement trop coûteux, inadaptés aux besoins des entreprises partenaires et obsolètes face aux évolutions technologiques du marché. En effet, dans les co-intégrations, les problèmes classiques de l'intégration verticale (rigidité, coupure avec le marché... voir chapitre 11) sont aggravés par des difficultés liées au partage du pouvoir entre alliés. Il est très difficile de restructurer l'activité et de prendre des décisions radicales parce que ces choix doivent être négociés et approuvés par les partenaires. Or ces partenaires sont souvent concurrents, et donc leurs intérêts tendent à diverger au cours du temps. Une situation dans laquelle l'alliance ne remplit plus correctement son rôle peut perdurer plus ou moins longtemps. De plus, l'existence d'une co-entreprise disposant de ses propres installations et d'un personnel spécifique, comme c'est fréquemment le cas dans les co-intégrations, contribue à ce phénomène d'inertie.

La Française de Mécanique, créée dans le cadre des accords Peugeot-Renault initiés à la fin des années 1960 pour concevoir et produire des moteurs communs, a connu une évolution à long terme qui illustre bien ce problème typique des co-intégrations. Le premier moteur commun, fabriqué dans les années 1970 pour la Peugeot 104 et la Renault 14, n'a jamais eu de véritable successeur, à l'exception du moteur V6 cité dans le mini-cas correspondant du présent chapitre, parce que les accords Peugeot-Renault ont été rompus dès 1974. La co-entreprise, qui n'a pas été dissoute pour autant, a été utilisée par la suite pour juxtaposer des fabrications de moteurs spécifiques à chaque constructeur, ce qui anéantit pratiquement l'effet de taille escompté au départ, mais n'a pas empêché la Française de Mécanique de devenir la plus grosse unité de fabrication de moteurs automobiles en Europe. Livrée à son propre sort, la société a cherché à satisfaire les besoins divergents de ses clients-actionnaires. On aboutit alors à une situation paradoxale dans laquelle les coûts liés à la gestion complexe d'une structure commune ne sont plus compensés par les gains économiques envisagés à sa création. Mais l'existence même de la structure constitue pour les firmes alliées un obstacle à la dissolution de l'alliance.

La meilleure manière de traiter ce problème est de donner au départ la plus grande autonomie possible à la structure commune et de la doter d'un management indépendant des actionnaires, évalué sur sa capacité à maintenir la compétitivité et l'excellence opérationnelle de l'unité commune. Limiter la durée de la collaboration est également recommandé, à condition que les conditions de sortie ne soient pas dissuasives pour les partenaires. L'idéal est, quand c'est possible, de permettre au joint-venture de travailler avec d'autres clients que les maisons mères. C'est là un gage de compétitivité primordial sur le long terme. Mais cela est souvent illusoire car la plupart des co-intégrations sont formées pour produire des composants spécifiques aux entreprises alliées, donc difficiles voire impossibles à trouver ou à offrir sur le marché ; c'est pourquoi il paraît souvent contradictoire d'inciter le joint-venture à trouver des clients extérieurs. Bien souvent, au bout de plusieurs années, lorsque la compétitivité décline trop, la seule solution est de donner mandat à l'un des alliés pour reprendre en main le joint-venture, le restructurer ou le liquider, évolution qu'il vaut mieux prévoir dans les clauses de sortie.

Dans les alliances de pseudo-concentration, le problème principal que pose la répartition des sous-ensembles entre les partenaires est celui d'une spécialisation industrielle rampante. Ainsi, au bout de trente ans de collaboration dans Airbus, une entreprise comme Aérospatiale, maintenant fusionnée dans EADS, s'était-elle retrouvée dans une situation où elle n'avait plus développé ni fabriqué d'ailes d'avion de ligne depuis la Caravelle des années soixante, les voilures des différents modèles d'Airbus étant la chasse gardée de British Aerospace. Pour éviter ce désapprentissage, les entreprises ont tendance à organiser une rotation des tâches entre elles ou à participer à des alliances multiples dans lesquelles elles réalisent des sous-ensembles différents. C'est ainsi qu'Aérospatiale s'était lancée dans l'alliance ATR en prenant en charge la voilure de l'appareil, ce qui lui permettait de compenser son handicap dans Airbus. Une autre parade, plus coûteuse, est de s'assurer que l'entreprise développe en interne des produits complets suffisamment semblables à ceux de l'alliance, pour conserver l'ensemble des compétences associé à ces produits.

Les alliances de complémentarité posent des problèmes d'un tout autre type. C'est en effet dans ces alliances que les « fuites de compétences » au profit d'un partenaire et au détriment de l'autre ont les conséquences les plus cruciales sur la situation des entreprises alliées. C'est aussi dans les alliances complémentaires que des spirales de dépendance d'un allié vis-à-vis de l'autre apparaissent le plus fréquemment. Les exemples de Disney-Pixar et de Danone-Wahaha montrent de manière spectaculaire comment les positions relatives des partenaires peuvent changer pendant les quelques années que dure l'alliance. Qui aurait cru que Pixar, au bord du gouffre quand Disney lui a proposé une alliance, deviendrait suffisamment fort pour imposer ses conditions au géant du film d'animation ? Réciproquement, comment se fait-il que Disney n'ait pas profité de son alliance avec Pixar pour capter les compétences techniques et artistiques qui lui manquaient pour réussir de manière autonome dans les longs métrages en 3D et se passer, à terme, de l'apport de Pixar ? Dans l'alliance GM-Toyota, il semble que Toyota ait mieux compris qu'une course de vitesse s'engageait avec son partenaire pour la captation de compétences. Dans la mesure où c'est par les hommes que s'effectue l'acquisition de ces compétences, le partenaire japonais a fait passer des cadres, sélectionnés pour leur potentiel d'apprentissage, dans des postes opérationnels du joint-venture Nummi. Ensuite, Toyota a réutilisé ces cadres « nummisés » pour les affecter dans ses propres usines aux États-Unis, où ils pouvaient exercer tous leurs talents et concurrencer le leader américain du secteur, General Motors.

Des données plus générales sur les évolutions et les issues des alliances corroborent les conclusions que nous venons de présenter sur la base d'exemples. Il apparaît ainsi que les alliances complémentaires conduisent plus souvent que les autres à des issues déséquilibrées, comme la reprise du joint-venture par un des partenaires[1]. Il a également été démontré que les positions concurrentielles relatives des partenaires varient davantage dans le cas des alliances complémentaires que dans les cas d'alliances de co-intégration ou de pseudo-concentration[2].

Le tableau suivant résume notre analyse et nos recommandations sur le management stratégique des différents types d'alliance.

1. Dussauge P, Garrette B, Mitchell W., 2000.

2. Dussauge P., Garrette B., Mitchell W., 2004.

EN PRATIQUE

Le management stratégique des alliances

	Co-intégration	Pseudo-concentration	Alliance complémentaire
Problèmes principaux	> Perte d'efficacité > Obsolescence	> Spécialisation rampante > Désapprentissage	> Course à l'apprentissage > Renforcement d'un partenaire aux dépens de l'autre
Évolution probable	> Inertie > Restructuration > Faible impact sur la position concurrentielle des partenaires/concurrents	> Rotation des rôles des partenaires, > Concentration en bonne et due forme	> Reprise de l'activité par un des partenaires > Fort impact sur la position concurrentielle des partenaires/concurrents
Recommandations	> Limiter la durée > Prévoir dès le départ des clauses de sortie bien précises (dissolution) > Viser constamment l'excellence opérationnelle	> Créer un portefeuille d'alliances avec plusieurs partenaires > Développer des projets autonomes semblables > Préparer une éventuelle concentration du secteur	> Identifier les compétences à apprendre et les compétences à protéger > Apprendre et diffuser les compétences nouvelles dans l'entreprise > Prévoir dès le départ des clauses de sortie bien précises (options de rachat)

En conclusion, au-delà de quelques règles générales qui sont valables pour toutes les alliances, il apparaît que les pièges et problèmes du management des alliances sont avant tout déterminés par le type d'alliance noué au départ, type d'alliance qui dépend lui-même des objectifs poursuivis par les concurrents-partenaires.

Dans les pseudo-concentrations, l'efficacité de l'ensemble s'oppose souvent au maintien de l'autonomie stratégique de chaque allié. Pour préserver cette autonomie, chaque entreprise doit jouer sur ses projets propres et sur sa participation à d'autres alliances.

Dans les alliances de co-intégration, la structure mise en place provoque une inertie qui nuit progressivement à l'efficacité du partenariat. Il convient donc de mettre en place un système de management stratégique capable de piloter l'alliance en fonction de l'évolution de son environnement.

Dans ces deux types d'alliance, les positions des divers partenaires vis-à-vis de ces problèmes sont symétriques, et il est intéressant de rappeler que, statistiquement, ces alliances lient entre eux des partenaires européens et concurrents.

Dans les alliances de complémentarité, en revanche, les positions respectives des partenaires sont dissymétriques. Un des alliés sera souvent amené à mettre en place des systèmes de protection contre les fuites technologiques (ou liées à d'autres compétences). C'est essentiellement dans ce type d'alliance que se posent les problèmes de renforcement d'un allié au détriment de l'autre. Il est donc important de fixer avec précision les objectifs et les limites de l'apprentissage et de la coopération, ainsi que de décoder avec perspicacité les intentions du partenaire. Les clauses de sortie de l'alliance, et notamment les options d'achat ou de revente de l'activité, ainsi que les formules de valorisation des apports de chaque partenaire, notamment en ce qui concerne les apports intangibles, doivent être discutées et négociées avec une attention toute particulière. Mais une fois l'alliance nouée, toutes les occasions d'apprentissage doivent être exploitées. C'est en effet le partenaire qui gagne la course à l'apprentissage qui se trouve en position de force lorsque l'alliance vient à se rompre.

LES POINTS CLÉS

- Une alliance stratégique est une coopération qui revêt une importance stratégique pour les entreprises impliquées. Ces alliances sont généralement bilatérales et associent la plupart du temps des entreprises concurrentes. La collaboration entre les entreprises est limitée à un périmètre et un projet précis.

- Les structures juridiques des alliances combinent quatre types d'outils : la signature de simples contrats de coopération entre les partenaires (alliances non capitalistiques), la création d'une filiale commune (joint-venture), la formation d'un GIE (groupement d'intérêt économique) en France ou d'un GEIE en Europe et la prise de participation minoritaire d'un partenaire au capital de l'autre.

- Il est souvent nécessaire de créer un joint-venture quand des entreprises alliées investissent conjointement dans de nouveaux actifs ou quand elles mettent en commun des actifs existants. Le joint-venture permet également d'effectuer des opérations en capital au cours de la vie de l'alliance. Tous les joint-ventures ne sont pas des alliances stratégiques et, réciproquement, la création d'une filiale commune à deux entreprises n'implique pas nécessairement une coopération de type alliance stratégique.

- Les alliances stratégiques servent à créer de la valeur en exploitant les synergies existant entre les entreprises alliées. Ces synergies sont de deux types :

  > synergies de coût : les alliances stratégiques permettent aux entreprises de bénéficier d'effets d'échelle et d'expérience sans aliéner leur autonomie stratégique ;

  > synergies de complémentarité : les alliances stratégiques permettent de combiner des compétences et des actifs complémentaires pour créer de nouvelles activités ou améliorer la performance d'activités existantes.

- Les alliances stratégiques présentent plusieurs avantages :

  > en général, les alliances sont moins coûteuses que les acquisitions et elles permettent d'éviter les problèmes d'intégration caractéristiques des fusions ;

  > elles créent des opportunités d'apprentissage et de transfert de compétences entre les entreprises alliées, et ceci plus facilement que les fusions-acquisitions ;

  > elles permettent à des concurrents en position de faiblesse de former des coalitions pour améliorer leur position concurrentielle ;

  > elles créent une « option » stratégique pour l'avenir en autorisant un certain degré de réversibilité. L'entreprise peut « exercer » cette option, par exemple en prenant le contrôle du joint-venture créé pour mettre l'alliance en œuvre.

- Les alliances présentent une série de problèmes et de risques :

  > les intérêts des partenaires peuvent facilement diverger et entraîner des problèmes d'efficience ;

  > la performance des alliances est difficile à évaluer, ce qui pose des problèmes de gouvernance ;

  > les alliances sont rarement des structures optimales du point de vue de l'efficience ;

  > les partenaires ne coopèrent pas forcément de façon loyale ;

  > l'apprentissage peut transformer un partenaire en concurrent.

>

····> Quelques principes généraux peuvent aider les entreprises à gérer les alliances avec succès tout en évitant leurs pièges :

> les clauses de sortie doivent être rédigées avec soin ;

> il est indispensable de se mettre d'accord sur les objectifs stratégiques ;

> il faut trouver un accord sur la structure, le processus de prise de décision et les échéances ;

> il est capital d'anticiper l'évolution de l'alliance et ses conséquences stratégiques dès sa formation et tout au long de son existence.

Le management et l'évolution de l'alliance dépendent du type d'alliance noué au départ. On peut distinguer trois types d'alliances :

> Les co-intégrations sont des alliances préconcurrentielles dans lesquelles des concurrents coopèrent pour faire des économies d'échelle sur un stade amont du processus de production. Ces alliances posent souvent des problèmes d'efficience et d'inertie mais elles ont rarement des conséquences stratégiques déterminantes pour l'avenir des entreprises alliées.

> Les pseudo-concentrations associent des entreprises concurrentes qui développent, produisent et commercialisent un produit commun. On organise souvent ces alliances en répartissant le développement et la production des différents éléments constitutifs du produit entre les partenaires. Du coup, les partenaires ont tendance à se spécialiser et à devenir des « sous-traitants » de l'alliance. Il est donc important qu'ils développent d'autres projets autonomes en parallèle pour préserver leur savoir-faire.

> Les alliances complémentaires associent des entreprises dont les compétences et les contributions sont de nature différente. Dans la plupart des cas, il s'agit d'alliances où l'une des entreprises a développé un produit ou un service dont la commercialisation s'effectue grâce au réseau de l'autre. Certaines entreprises utilisent ces alliances comme cheval de Troie pour capter les compétences de leurs partenaires et se renforcer à leurs dépens. Il convient donc d'être très vigilant sur les notions de propriété intellectuelle et commerciale et de bien rédiger les clauses de sortie. Il faut également profiter de l'alliance pour apprendre.

QUIZ

1. Les alliances de co-intégration sont…
a. Des alliances additives (*scale alliances* en anglais).
b. Des alliances complémentaires.
c. Des alliances fournisseur-client.

2. Dans les contrats d'alliances, les clauses de sortie sont…
a. Sans importance : si les partenaires ont une stratégie claire et forment une alliance win-win, il est inutile de risquer le conflit en discutant prématurément des problèmes de rupture éventuelle.
b. Cruciales : leur présence contribue à la longévité et à l'équilibre de l'alliance.
c. Généralement peu détaillées car les alliances sont des contrats incomplets.

3. Dans le dilemme du prisonnier…
a. Chaque joueur trahit par peur d'être trahi.
b. Plus on joue, plus on perd.
c. Il vaut mieux coopérer car cela incite l'autre partenaire à coopérer.

4. Une des affirmations suivantes est fausse. Laquelle ?
a. Dans les alliances, les entreprises alliées gardent leur autonomie.
b. Les alliances sont généralement accompagnées d'un accord d'exclusivité.
c. Dans une alliance, les partenaires coopèrent sur une grande variété de projets.

5. Dans les alliances complémentaires, le principal problème est…
a. Le renforcement d'un partenaire aux dépens de l'autre.
b. La difficulté à élaborer les clauses de sortie.
c. L'inertie qui s'installe progressivement : les entreprises continuent à coopérer alors qu'il faudrait dissoudre l'alliance.

6. Les alliances sont de bons moyens…
a. De combiner les compétences des entreprises partenaires.
b. D'éviter les OPA hostiles.
c. De diversifier les activités de l'entreprise.

7. Par rapport à une fusion, une alliance a l'avantage…
a. D'être circonscrite à un projet précis.
b. D'éviter les conflits entre les entreprises participantes.
c. D'être « win-win » alors que dans les fusions-acquisitions, il y a toujours un gagnant et un perdant.

>

····>

8. Pour concentrer les activités de deux entreprises de manière à faire des économies d'échelle...
a. Il vaut mieux fusionner que faire une alliance.
b. Il vaut mieux s'allier que fusionner.
c. Il est équivalent de fusionner ou de former une alliance.

9. Pour combiner des compétences complémentaires de deux entreprises,
a. Il vaut mieux fusionner que faire une alliance.
b. Il vaut mieux s'allier que fusionner.
c. Il est équivalent de fusionner ou de former une alliance.

10. La principale différence entre une alliance et une entente est...
a. Qu'une entente nuit généralement aux intérêts des clients.
b. Purement juridique.
c. Ténue. Ces termes sont pratiquement synonymes.

Réponses : 1.a, 2.b, 3.a, 4.c, 5.a, 6.a, 7.a, 8.a, 9.b, 10.a.

20

Corporate strategy et structure : organiser la diversité

L'entreprise diversifiée adopte le plus souvent une structure qualifiée traditionnellement de « divisionnelle » (voir chapitre 2) et que l'on nomme souvent aujourd'hui structure en unités stratégiques (*business units*). L'objectif de cette organisation est d'exploiter simultanément deux sources de création de valeur :

> d'une part, la valeur créée au sein de chacun des « *business* », ou segments stratégiques pris séparément ;

> d'autre part, la valeur créée par les synergies entre ces différents *business* par des effets d'échelle (*scale*), et/ou des effets de complémentarité (*scope*).

À travers les structures et processus, ainsi que les systèmes de mesure des performances et de motivation, il s'agit donc de trouver un équilibre entre :

> d'un côté, la spécificité de chaque segment stratégique qui implique des centres de responsabilité autonomes (des unités stratégiques – *business units* – soit par produit, soit par marché ou, de plus en plus, par client ou catégorie de clients), dotés d'une dynamique d'entrepreneur qui stimule la responsabilisation, la mobilisation, voire la prise de risque, et en conséquence maximise à la fois efficience stratégique et efficacité opérationnelle ;

> de l'autre, la mise en commun des ressources et compétences exploitées en même temps par différents segments (économies d'échelle sur des ressources-support communes, et surtout partage de compétences essentielles ou « *core competences* », créatrices d'une valeur additionnelle perçue par le marché), mise en commun qui exige une coordination centrale assurant la cohérence et la convergence des objectifs, et des unités-support gérant les ressources partagées et fonctionnant comme des unités de moyens fournissant leurs services aux unités stratégiques.

De plus, dans la structure divisionnelle, le degré d'autonomie des unités stratégiques dépend de la logique stratégique du groupe (voir chapitre 13) :

> diversification reliée horizontalement, s'appuyant sur des connaissances partagées sur les marchés et des ressources technologiques communes ;

> diversification reliée verticalement, différents stades de la chaîne de valeur fonctionnant comme prestataires des stades suivants, mais pouvant aussi accéder directement à un marché propre ;

> diversification conglomérale, avec une logique de pur portefeuille d'activités très diverses qui n'ont en commun que la gestion financière et la gouvernance institutionnelle.

Ce chapitre analyse comment, dans ces diverses situations, les entreprises multi-activités parviennent à spécialiser et responsabiliser les *business units* tout en assurant une coordination suffisante et une véritable création de valeur additionnelle au niveau *corporate*. La première partie examine le découpage des responsabilités au sein de la structure divisionnelle. La seconde partie traite des modes de coordination entre activités. La troisième partie présente l'évolution des structures divisionnelles. La quatrième partie étudie leurs avantages et leurs inconvénients. Enfin, la cinquième partie discute le problème de la gestion des compétences dans ce genre de structure.

1 Découpage des responsabilités dans la structure divisionnelle

Une entreprise diversifiée se caractérise par la coexistence de plusieurs flux intégrés (conception-production-vente) distincts en tout ou partie les uns des autres. Par exemple, la Volkswagen Golf, la Skoda Octavia et l'Audi TT partagent la même plateforme de production (assemblage et fournisseurs de premier rang), mais leur marketing et leur distribution sont effectués par des organisations totalement séparées. En effet, les clientèles sont très différentes et le prix haut de gamme de l'Audi, voiture de luxe, est près de trois fois le prix d'entrée de gamme de la Skoda, voiture populaire, la Golf se situant à mi-chemin entre les deux autres. Au sein d'une même entreprise, chaque sous-ensemble correspondant à un flux plus ou moins complet, propose une offre spécifique de produit ou service, fait appel à des technologies particulières de production ou de commercialisation, couvre une partie spécifique de la chaîne de valeur, et exige des approches stratégiques et des méthodes de management opérationnel différentes. Le respect de ces différences étant une condition fondamentale de succès, il est indispensable que l'entreprise diversifiée se structure en conséquence et adopte une spécialisation par segment stratégique ou par ensemble homogène de segments stratégiques (appelés divisions dans la figure ci-après).
Organiser par divisions (ou encore par « unités stratégiques » ou « centres de responsabilité stratégique » ou *business units*, qu'on traduit parfois par « unité d'affaires »), c'est donc reconnaître que la différenciation des activités de l'entreprise est telle que, non seulement on ne peut guère obtenir d'économies d'échelle en regroupant par grandes fonctions les différents spécialistes, mais encore qu'une telle organisation peut être nuisible au bon développement de chaque activité, parce qu'elle ne reconnaît pas suffisamment ses caractéristiques propres.

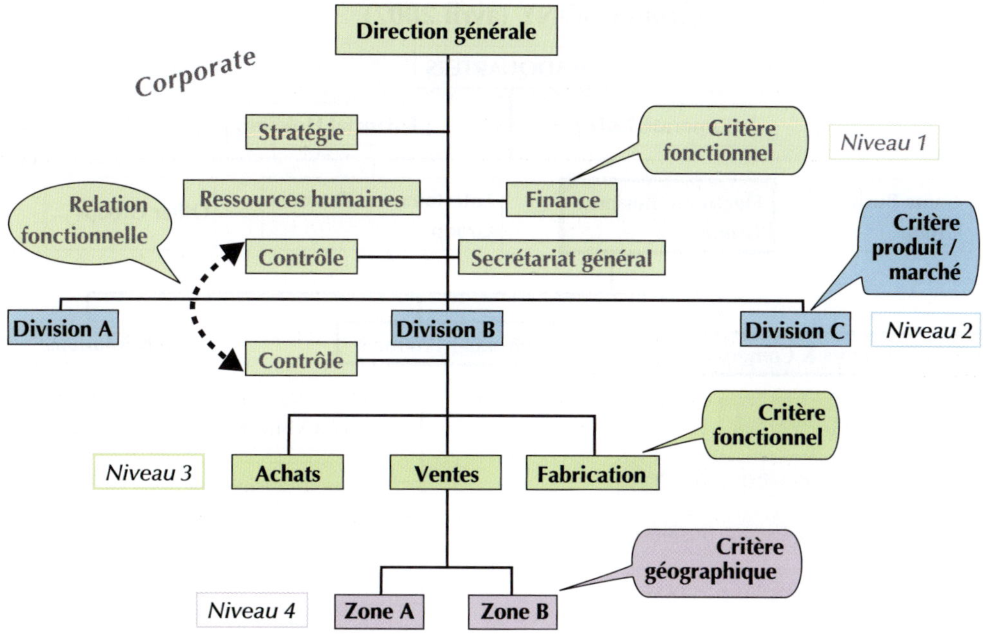

Figure 20.1 Structure divisionnelle (entreprise à diversification reliée)

Chaque division réunit l'essentiel des moyens en hommes et en infrastructures nécessaires au développement de son activité. L'unité doit, dans une large mesure, se suffire à elle-même : la structure d'une entreprise diversifiée apparaît en quelque sorte comme une juxtaposition d'entreprises mono-activité qui constituent ensemble un portefeuille d'unités stratégiques de base.
Enfin, le but de la stratégie étant de créer de la valeur (*cf.* chapitre 13), on doit pouvoir mesurer les résultats de chaque unité, sous forme de profit/perte ou, mieux, de rentabilité des actifs, si ces derniers sont séparables et affectables à chaque unité.

Cela implique :

> une évaluation des *inputs,* c'est-à-dire des prestations ou produits acquis directement à l'extérieur ou à d'autres unités internes ;

> une évaluation des coûts directs de fonctionnement interne de l'unité (*throughputs*) ;

> une évaluation des *outputs,* c'est-à-dire des livraisons à d'autres unités internes et/ou des ventes à la clientèle extérieure.

Lorsque la diversité est très grande, tout particulièrement dans les multinationales, le système peut se démultiplier sur plusieurs échelons : ainsi, dans le cas du groupe Sony (figure 20.2), l'organigramme fait apparaître trois niveaux stratégiques sous l'état-major du groupe mondial – successivement *branch, division* et *business unit* –, ce dernier niveau (par exemple *Energy Business* ou *Video Business*) étant lui-même partagé entre différents pays ou différentes régions du monde.

Figure 20.2 Le groupe Sony

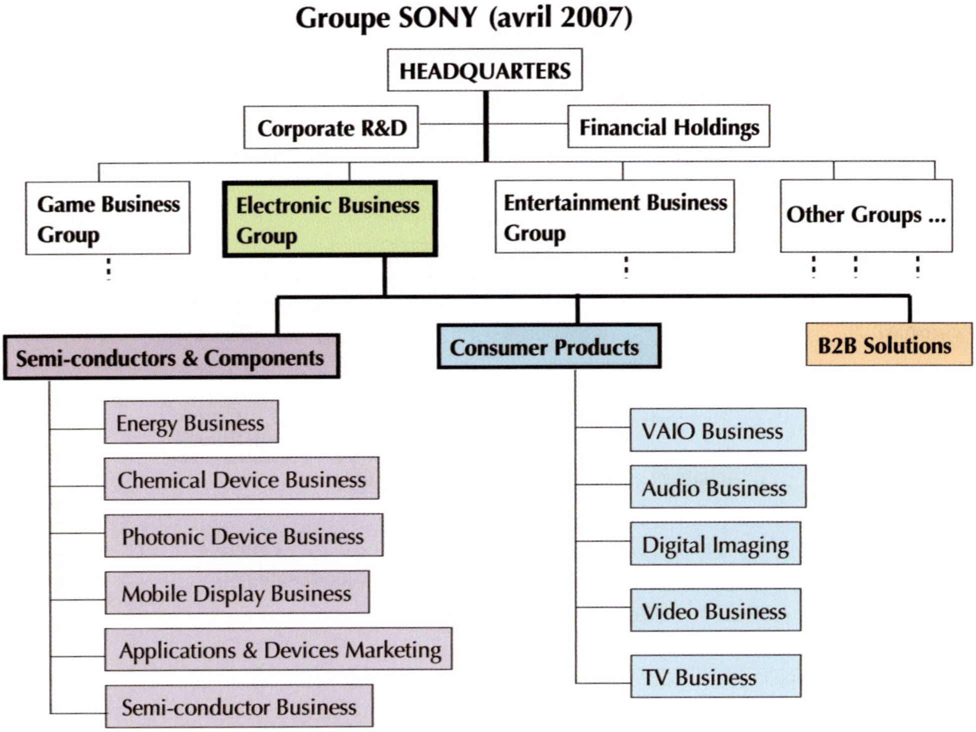

Ainsi, selon la taille des entreprises, ce concept de subdivision en centres de responsabilité peut se retrouver aujourd'hui à deux, trois ou quatre niveaux différents avec des appellations distinctes d'une entreprise à l'autre. De manière générale, on peut cependant distinguer trois niveaux en montant dans l'organigramme :

> **Les départements** (par exemple, *Video Business* ou *Chemical Device Business*, chez Sony) correspondent à un domaine élémentaire d'activité et constituent le niveau le plus déconcentré auquel est attachée généralement une responsabilité de résultat. Le plus souvent, ce niveau se limite très strictement aux opérations et bénéficie largement du soutien des services situés au niveau au-dessus. À un extrême, l'unité peut se réduire par exemple à un manager de grand compte qui assemble les offres proposées par les autres unités. À l'autre extrême, il peut s'agir d'une usine, d'un laboratoire, ou d'une région de vente, qui par définition n'a pas de véritable maîtrise stratégique.

> **Les divisions** proprement dites, ou **unités stratégiques**, responsables d'un ensemble homogène produit-marché (*Consumer Products* ou B2B Solutions, chez Sony), disposent non seulement de tous les moyens nécessaires à la gestion opérationnelle, mais aussi de l'essentiel des moyens nécessaires à la défense de leur position concurrentielle. Elles peuvent disposer d'actifs et d'effectifs plus ou moins importants : une vingtaine de personnes (par exemple pour une société de conseil ou d'ingénierie), une cinquantaine de personnes pour l'entreprise japonaise Kyocera, qui appelle ces unités « amibes », et jusqu'à 200 personnes pour le groupe ABB, par exemple. Ainsi, en 2005, ABB était composé d'environ 1 200 entités décentralisées de 200 personnes, chacune étant subdivisée en 5 ou 6 équipes autonomes. Certaines entreprises ont des divisions encore plus importantes, comme Hewlett-Packard qui, en 2004, fixait

la limite maximale de ses divisions à 1 000 personnes, ou encore Sony décrit ci-dessus. Ces unités disposant d'actifs propres sont donc évaluées sur leur capacité à rentabiliser ces actifs au-delà du coût du capital (voir chapitre 13 et chapitre 22).

> Au niveau encore supérieur, les grandes entreprises multinationales diversifiées s'organisent, comme Sony, en « **branches** » ou « **groupes** » ou « **pôles** » (par exemple *Electronic Business Group* ou *Entertainment Business Group*, dans l'organigramme de Sony) qui correspondent en général à des métiers et dont chacun couvre l'ensemble du monde dans le domaine concerné. Ainsi, Saint-Gobain est constitué de plus de 300 sociétés dispersées dans une soixantaine de pays et regroupées, en 2008, en cinq pôles distincts : Vitrage, Matériaux de haute performance, Produits pour la construction, Distribution bâtiment, Conditionnement. Ces pôles ont la responsabilité de la stratégie dans le monde, et sont appuyés, au niveau de l'état-major central, par neuf directions fonctionnelles (Ressources humaines, Finance, Plan, Audit et contrôle interne, Juridique et fiscal, Recherche-développement, Communication, Marketing) et au niveau local par des délégations générales géographiques. Ces appuis aux pôles traduisent le caractère « relié » de la diversification du Groupe Saint-Gobain.

Dans les grandes entreprises, un certain nombre d'unités fonctionnelles communes apparaissent, non seulement au niveau de l'ensemble du groupe, mais aussi au sein même de chaque pôle ou branche. Elles sont d'autant plus importantes et nombreuses que l'entreprise cherche à travers elles à exploiter des synergies entre toutes les unités stratégiques qui la composent :

> à un extrême (conglomérat d'activités indépendantes, diversification non reliée : voir Mini-cas Virgin ci-après), il n'y a guère, auprès de la direction générale, qu'un département financier ;

> à l'autre extrême (diversification reliée), plusieurs voire toutes les fonctions classiques, par exemple le marketing ou la production (ou, comme chez Sony, la recherche-développement), sont représentées au niveau du groupe ou de la branche. On peut même aller, lorsque les activités sont très étroitement reliées, jusqu'à une organisation en moyens (les supports fonctionnels) et en fins (les divisions, ou *business units*, voir figure 20.1). Cette structure, par la densité des échanges entre unités qu'elle suppose, préfigure déjà l'organisation en réseau que nous examinerons dans le chapitre suivant.

Il n'y a donc pas un modèle unique d'entreprise divisionnalisée. Bien au contraire, le stratège dispose d'une large panoplie, incluant structure, systèmes et processus, qui doivent s'aligner sur la stratégie pour en garantir la mise en œuvre, et même parfois pour la susciter et la lancer.

MINI-CAS

Le groupe Virgin

Virgin est un conglomérat constitué d'environ 150 entreprises, de tailles petite ou moyenne et dirigé par Richard Branson. Ce dernier est à la fois le principal actionnaire, le président du groupe et le *Chief Executive Officer* de certaines des plus importantes entreprises du groupe.

Sur le plan juridique, on a affaire à un réseau très complexe d'entreprises dont le capital est le plus fréquemment enregistré *offshore* et qui ont de nombreux actionnaires minoritaires – en général difficiles à identifier –, ce qui constitue un système très efficace d'optimisation fiscale.

>

····> Chaque entreprise, le plus souvent très rentable, est conduite de façon totalement autonome par un dirigeant salarié, mais qui est fortement intéressé à son succès et qui, en même temps, est un associé actif de R. Branson au niveau du groupe Virgin. Il n'y a pas, sauf exception, de recherche de synergie entre les entreprises du groupe. Chaque entreprise porte la marque Virgin et paie des royalties au groupe. L'entrée et la sortie d'entreprises du groupe sont assez fréquentes et constituent une source importante de plus-values pour Virgin.

Figure 20.3
Organigramme financier de Virgin en 2007

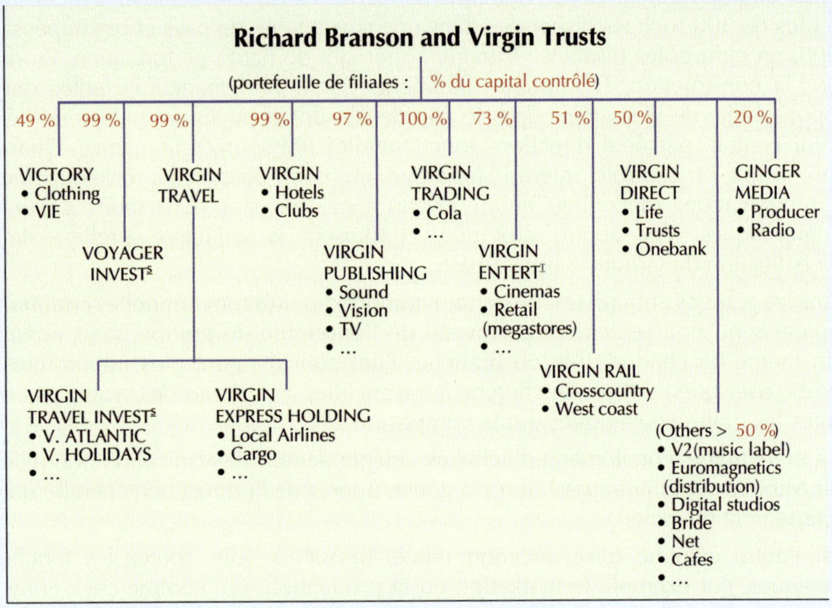

Qu'est-ce que Virgin ? Plusieurs réponses simultanées s'imposent, chacune entraînant une série de conséquences organisationnelles :

> si c'est d'abord un groupe de franchisés gérant une marque, l'accent doit être mis sur des règles de respect des normes de la marque, et sur un système de royalties versées au groupe par chaque unité en fonction de ses résultats ;

> si c'est d'abord un groupe qui cherche à incuber et développer de nouvelles activités, alors il faut disposer au siège d'une équipe qui évalue des opportunités, pilote des lancements de *start-up*, accompagne la croissance et prépare d'éventuelles reventes sur le marché ;

> si c'est d'abord un conglomérat financier, gestionnaire d'entreprises indépendantes, il faut une entité centrale qui pilote la gestion et l'optimisation des flux financiers internes et des placements sur le marché financier externe ;

> mais ne s'agit-il pas avant tout de développer l'empire personnel de Richard Branson ? Dans ce cas il faut surtout monter l'organisation qui permet le mieux de gérer sa fortune personnelle, et éventuellement penser à sa succession…

Questions

1) Pourquoi n'existe-t-il pas de département ressources humaines, marketing ou informatique au niveau du groupe Virgin ?
2) Pourquoi Virgin est-elle toujours classée par les étudiants britanniques dans le groupe de tête des entreprises où ils ont envie de travailler ?

2 Les modes de coordination dans la structure divisionnelle

Chaque division se comporte en principe comme une entreprise mono-activité. Les problèmes de structure internes aux divisions correspondent donc à ceux que nous avons discutés dans le chapitre 10. À l'intérieur des divisions, on retrouve généralement des structures fonctionnelles, ce qui n'est pas sans poser problème par rapport aux fonctions de niveau *corporate*. Ainsi, le contrôleur de gestion d'une division donnée dépend hiérarchiquement du patron de la division, mais ses tâches sont fortement déterminées par le directeur du contrôle de gestion central. La répartition des missions et la définition des limites entre les fonctions internes aux unités stratégiques et les fonctions inter-unités placées au niveau *corporate* doit être considérée comme une question clé de stratégie : il s'agit avant tout de construire et gérer des compétences essentielles qui devront être un levier de création de valeur, et non de viser uniquement des économies de coût, comme c'est trop souvent le cas, particulièrement lorsque l'entreprise est en difficulté. Remarquons toutefois que la coordination interunités ne relève pas uniquement des départements fonctionnels placés au niveau *corporate* ; elle peut être relayée par les divisions elles-mêmes. Ainsi, une entreprise qui dispose de plusieurs unités similaires (comme un ensemble de *mini-mills* dans la sidérurgie ou de grands magasins dans la distribution) pourra désigner l'une d'elle comme « pôle de compétences » fournissant des services-support aux autres unités, en la dotant d'une fonction et d'une équipe Qualité, ainsi que d'un département Développement technologique, beaucoup plus complets que ceux des autres unités industrielles. Cette solution est fréquemment adoptée dans la sidérurgie, la pétrochimie ou la papeterie lourde.

Entre les divisions, la coordination passe d'abord par les liaisons hiérarchiques entre directeurs de division et directeur général du groupe. Mais plus les interdépendances entre les divisions sont grandes, plus le problème devient complexe, car la question des *core competences* du groupe est en jeu, et plus le rôle des départements fonctionnels placés au niveau *corporate* devient important dans le transfert et la valorisation de ces compétences.

En principe, le rôle de ces départements fonctionnels vis-à-vis des divisions est double (voir l'encadré Fondements théoriques ci-après) : d'une part, ils doivent conseiller et orienter les divisions dans la définition de leurs politiques spécifiques et dans la mise en œuvre des décisions correspondantes (ressources humaines, financières ou technologiques, que Mintzberg qualifie de « technostructure ») ; d'autre part, ils doivent fournir des services spécialisés, systématiquement ou à la demande, de façon à réaliser des économies d'échelle et/ou créer des avantages de spécialisation (paie, service juridique, traitement d'informations par exemple, que Mintzberg appelle « support logistique »). Mais ces services doivent apporter à l'entreprise, par leur spécificité et leur proximité des opérations, un véritable différentiel de valeur par rapport à des prestataires externes, sinon ils risquent de se voir externalisés. Les services informatiques, par exemple, sont de plus en plus souvent confiés à des sociétés de service externes, les salariés changeant souvent d'employeur sans changer de poste.

Fondements théoriques

Le modèle d'Henry Mintzberg

Dès que l'entreprise atteint une certaine taille et un certain degré de diversification, sa structure se caractérise par la coexistence d'unités opérationnelles qui gèrent les domaines d'activité et de départements fonctionnels qui assurent un rôle transversal au niveau *corporate*. H. Mintzberg[1] propose de distinguer deux catégories parmi ces départements fonctionnels :

> la **technostructure**, composée d'analystes et de concepteurs de systèmes, qui définissent les règles et les méthodes de travail et assurent les suivis et les contrôles (ressources humaines, contrôle de gestion, trésorerie, qualité, recherche et développement, etc.) ;

> le **support logistique**, qui se situe hors du flux direct de travail de l'entreprise et propose aux opérationnels des services spécialisés (paie, informatique, juridique, services généraux, etc.).

Dans la pratique, cependant, ce sont souvent les mêmes services qui tiennent les deux rôles cités, malgré les conflits fréquents qui résultent de cette confusion. De plus, les dirigeants de ces services (par exemple le directeur financier ou le directeur du personnel) sont le plus souvent en même temps des membres de ce que Mintzberg appelle le « sommet stratégique » ou « *apex* » de l'organisation, c'est-à-dire de la direction générale du groupe. Ils se retrouvent donc avec trois rôles différents !

Au lieu de représenter les types structurels par des organigrammes, Mintzberg utilise des *Gestalt*, c'est-à-dire des « configurations ». Chacune de ces configurations correspond à un archétype d'organisation où domine une des cinq forces qui, selon Mintzberg, sont à l'œuvre dans toute organisation : centralisation, professionnalisation, collaboration, balkanisation, standardisation (voir figure 20.4).

Danny Miller[2] propose de considérer ces *Gestalt* comme des configurations plus larges qui caractérisent de façon cohérente à la fois une stratégie, une structure et un type d'environnement avec lequel l'organisation développe des échanges. Il observe que chaque type structurel (la structure simple, la bureaucratie mécaniste, la bureaucratie professionnelle, la forme divisionnalisée, l'adhocratie) correspond à un type de stratégie déterminé dans un environnement spécifique. Ces configurations sont en nombre limité par l'effet de la sélection naturelle et de l'adaptation fonctionnelle imposées par l'environnement. Chacune englobe un grand nombre de caractéristiques complexes (de stratégie, d'organisation, de relation avec l'environnement, de culture) et corrélées de façon harmonieuse. Elles peuvent se modifier soit par un processus adaptatif progressif, soit par une rupture plus brutale qui peut amener à passer d'une configuration à l'autre.

La structure simple et la bureaucratie mécaniste ont été présentées dans le chapitre 10 ; la forme divisionnalisée est l'objet principal de ce chapitre. Les deux autres configurations (bureaucratie professionnelle et adhocratie) apportent des éléments de réflexion originaux pour construire notre réflexion sur l'adaptation des structures à la complexité et au changement.

>

1. Mintzberg H., 2003.
2. Miller D., 1986.

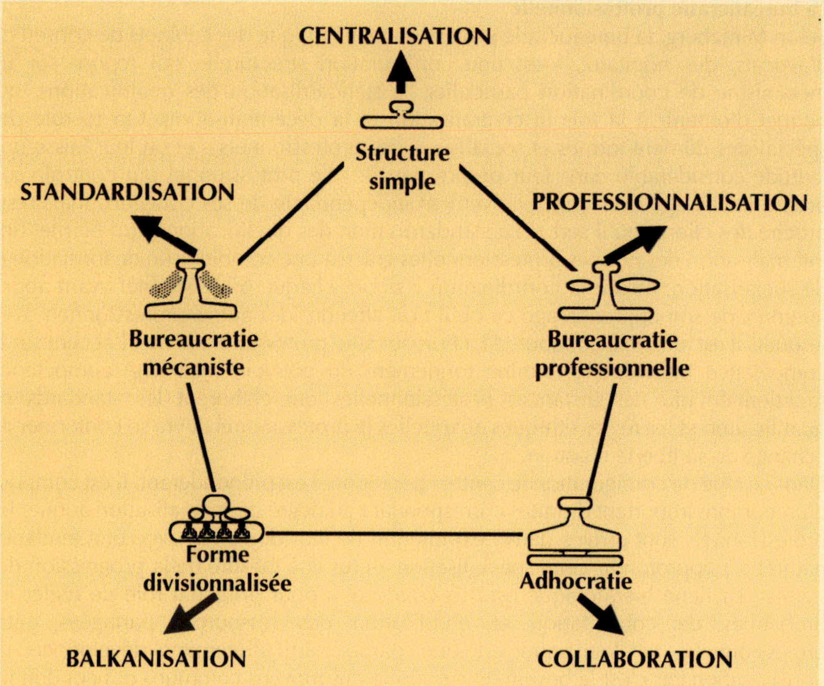

D'après H. Mintzberg, 2003.

Figure 20.4
Le pentagone des forces de Mintzberg

Configurations structurelles (Gestalt)		Mécanisme principal de coordination	Partie clé de l'organisation	Type de décentralisation
	Structure Simple	Supervision directe	Sommet stratégique	Centralisation horizontale et verticale
	Bureaucratie mécaniste	Standardisation des procédés de travail	Techno-structure	Décentralisation limitée (horizontale et verticale)
	Forme divisionnalisée	Standardisation des produits	Ligne hiérarchique	Décentralisation verticale limitée
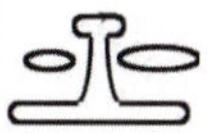	Bureaucratie professionnelle	Standardisation des qualifications	Centre opérationnel	Décentralisation verticale et horizontale
	Adhocratie	Ajustement mutuel	Logistique	Décentralisation sélective

Source : d'après H. Mintzberg, 2003.

Tableau 20.1
Les configurations structurelles de Mintzberg

....>

La bureaucratie professionnelle

Selon Mintzberg, la bureaucratie professionnelle, typique des cabinets de conseil ou d'avocats, des hôpitaux, « est une configuration structurelle qui repose sur un mécanisme de coordination particulier, la standardisation des qualifications, qui permet d'obtenir à la fois la centralisation et la décentralisation. On recrute des spécialistes dûment formés et socialisés – des professionnels – et on leur laisse une latitude considérable dans leur propre travail... Le professionnel qui contrôle son propre travail agit de façon relativement indépendante de ses collègues mais reste proche des clients qu'il sert ». La standardisation des qualifications, qui permet une internalisation des normes professionnelles grâce à une combinaison de formation et de socialisation, assure la coordination *a priori*, chaque professionnel ayant appris au cours de son apprentissage ce qu'il doit attendre des autres professionnels avec lesquels il est amené à collaborer. La bureaucratie professionnelle met l'accent sur la compétence individuelle comme fondement du pouvoir, mais une compétence sanctionnée par des instances professionnelles qui élaborent les standards de qualification et les règles éthiques auxquelles le professionnel devra se conformer en échange de sa liberté d'action.

Dans ce type de configuration le centre opérationnel est prépondérant. Il est composé d'un nombre important d'unités correspondant au degré de spécialisation auquel les professionnels sont arrivés dans l'exploration de leur domaine, avec une tendance naturelle à approfondir cette spécialisation au fur et à mesure de la progression des savoirs. La ligne hiérarchique est très courte et a pour principal rôle de régler les problèmes de cohabitation et d'utilisation des ressources partagées entre professionnels. La logistique est une partie particulièrement développée de l'organisation car c'est le besoin de recourir à des moyens communs qui conduit les professionnels à en accepter les contraintes. La technostructure est atrophiée en raison de la standardisation des qualifications et l'administration a pour rôle essentiel de protéger les professionnels des perturbations provenant de l'environnement et de gérer les conséquences éventuelles de ces perturbations au plan interne.

La stratégie dans cette configuration est pour une large part le résultat des stratégies des professionnels pris individuellement et des instances externes qui les encadrent. Elle représente l'effet cumulé au fil du temps des projets – des initiatives stratégiques – que ses membres ont convaincu l'organisation d'entreprendre. Les professionnels ont intérêt à accroître leurs compétences car c'est sur elles que repose leur latitude de contrôle de leur travail et des décisions qui l'affectent. En conséquence, les professionnels ont tendance à être très responsables et très motivés.

L'adhocratie

L'innovation sophistiquée requiert une configuration « qui permet de fusionner les travaux d'experts appartenant à des disciplines diverses dans des groupes de projets constitués en fonction des besoins et travaillant sans à-coups », par exemple dans les grandes sociétés d'ingénierie. Le mécanisme de coordination principal est l'ajustement mutuel entre les opérateurs au sein des univers spécialisés où ils sont regroupés et au sein des projets finalisés qu'ils sont chargés de conduire transversalement. La structure des adhocraties doit être flexible, organique, et se renouveler d'elle-même. Selon Mintzberg, « les responsabilités changent de main. De vastes structures organisationnelles sont démantelées, remontées sous de nouvelles formes, puis réarrangées de nouveau... De toutes les configurations structurelles, l'adhocratie est celle qui respecte le moins les principes classiques de gestion, et spécialement l'unité de commandement. »

La coordination n'est pas l'apanage d'un petit groupe de responsables, elle est assumée par la plupart des membres de l'organisation. Ce sont les mécanismes de liaisons qui sont l'élément clé du fonctionnement de l'adhocratie, ce sont eux qui

>

····> permettent d'incorporer l'instabilité à la conception de la structure. Dans l'adhocratie, il y a abondance de cadres-managers, mais ceux-ci ne donnent pas de directives, ce sont des experts parmi les experts, qui participent avec les autres au travail effectué en consacrant une partie importante de leur temps à entretenir les négociations et les mécanismes de liaison nécessaires à la coordination transversale. Il y a une distribution plus égalitaire du pouvoir entre toutes les parties de l'organisation.

Une des caractéristiques essentielles de l'adhocratie est que les activités administratives et opérationnelles tendent à y être confondues comme un élément indissociable de la réalisation. La distinction entre fonctionnels et opérationnels s'estompe. Les fonctions support ne sont pas placées dans une position de prestataires de service, elles contribuent par leur expertise à l'originalité des réponses élaborées par l'organisation aux attentes de ses clients. « Le contrôle sur le processus de formalisation de la stratégie n'est pas clairement localisé, ni au sommet stratégique, ni ailleurs... La distinction entre formulation et mise en œuvre de la stratégie perd son sens. » Les cadres dirigeants ne peuvent consacrer beaucoup de temps à la formulation de stratégies explicites, ils sont mobilisés par le traitement des conflits engendrés par le foisonnement des initiatives, le pilotage des projets et surtout la recherche de nouvelles opportunités. La structure par projets qui caractérise l'adhocratie est décrite dans le chapitre suivant.

L'examen des deux modèles de bureaucratie professionnelle et d'adhocratie proposés par Mintzberg nous permet de mieux comprendre les difficultés de mise en œuvre des structures. Celles-ci constituent nécessairement, comme l'a montré Miller, le résultat d'un compromis, non seulement entre les cinq forces incarnées par chacune des configurations structurelles, mais aussi entre la mondialisation, la taille croissante, l'importance de l'innovation, qui conduit à un défi paradoxal. Les entreprises doivent concevoir des structures capables de développer des « contraires », être à la fois capable de globalisation et d'adaptation locale, de centralisation et d'autonomie des unités, d'innovation et de standardisation, sans qu'une dimension porte préjudice à l'autre. La conception de telles structures, intériorisant les contraintes de l'environnement, appelle un changement de paradigme. Un bon exemple en est l'organisation virtuelle conçue par Alcatel (voir le Mini-cas ci-dessous) pour gérer un produit en rupture avec sa stratégie traditionnelle, l'ADSL.

MINI-CAS

Alcatel et l'ADSL

La technologie ADSL apparue dans les années 1990 permettait d'élever la capacité de transmission des données de 64 Kbit/s jusqu'à plus de 8 Mbit/s. À cette époque, l'ADSL alimente le marché, émergent mais à fort taux de croissance, de l'Internet à haut débit, tout en empruntant les infrastructures du réseau téléphonique fixe. Pour saisir une telle opportunité, une commercialisation rapide et globale s'impose, et cette fois Alcatel, mis à mal par les nouvelles technologies de connexion apportées par Cisco, est bien décidé à ne pas se trouver dans la position de l'innovateur de pointe dépossédé du succès commercial par ses concurrents.

Ayant exploré différentes manières de l'emporter, les personnes chargées de cette investigation se convainquent qu'accélérer l'innovation passe par le recours à des structures plus petites dotées d'une mission claire et motivante, d'une entière autonomie de décision, d'une responsabilité commerciale mondiale, intégrant puissamment les différents domaines fonctionnels concernés. >

....> Une société virtuelle rassemblant les compétences spécifiques nécessaires pour affronter le challenge ADSL est lancée au début de 1997 à Anvers, son directeur reportant directement au président de la division Access. Cette société virtuelle mobilise rapidement 250 personnes travaillant en transversal comme une équipe soudée et capable de décider rapidement. Elle assume un ensemble de responsabilités allant de la recherche, de la gestion du produit, du marketing et des ventes, aux opérations, en passant par le recrutement de son propre personnel. Focalisée sur son objectif, l'équipe, composée des spécialistes du domaine, est en mesure de traiter l'ensemble des dimensions de l'affaire. Elle peut appréhender facilement, comprendre et prendre en compte immédiatement les initiatives de la concurrence. Les membres de l'équipe sont particulièrement motivés, sans recours à des moyens d'incitation y compris de type monétaire. Ses grands axes d'action sont déterminés par un conseil de surveillance qui s'interdit d'intervenir au jour le jour.

Le succès de l'ADSL est pour Alcatel, qui double ses ventes entre 1997 et 1998, et occupe la place de leader mondial avec 50 % de part de marché dans les années 2000, la preuve que cette forme d'organisation est idéale pour répondre à des challenges de ce type. Mais ce succès pose aux dirigeants une question cruciale : que faire des enseignements de l'expérience ? Est-elle généralisable au sein du groupe pour en perfectionner la capacité d'innovation ? Plus largement, comment concilier la mobilisation centrale des synergies tout en offrant de l'autonomie à certaines parties de l'organisation ? Comment laisser des espaces de liberté tout en conjurant le risque de retour de l'esprit de clocher et d'une mentalité de défense des territoires ?

La plupart des grandes entreprises diversifiées et d'envergure mondiale partagent le questionnement d'Alcatel. Elles aussi ont du mal à imaginer que se côtoient, au sein d'une même structure, de petites entités – disposant d'une forte autonomie, impliquant fortement leurs membres dans des projets risqués et captivants – et de grosses machines – centrées sur l'efficience, mettant en œuvre des routines opérationnelles éprouvées mais peu motivantes, lourdes, rigides, mais mobilisant la majorité des ressources – sans phénomène de rejet réciproque et dans une dynamique de complémentarité et d'appui mutuel.

Questions

1) Jusqu'à quel point Alcatel peut-elle répéter l'expérience de la société virtuelle ADSL pour gérer d'autres nouveaux produits à croissance et évolution rapides ? Y a-t-il d'autres solutions pour protéger et stimuler le développement de nouveaux produits ?
2) Au-delà de la mise en place formalisée de structures, processus, systèmes d'information et de gestion, quelles actions une entreprise multi-activité doit-elle engager pour faciliter l'innovation ?

Dans la structure divisionnelle, les relations entre les fonctionnels du groupe et leurs interlocuteurs dans les divisions couvrent en réalité une grande variété de situations. Cela va de la dépendance totale des divisions à une réelle indépendance, parfois selon le moment ou selon la personnalité des titulaires, mais essentiellement selon la stratégie des groupes.

Par exemple, les grands groupes d'information et de divertissement ont généralement des structures divisionnelles en grandes branches (TV, radio, presse et, de plus en plus Internet), elles-mêmes subdivisées en *business units* selon leurs produits finaux (chaînes de diffusion, journaux imprimés…). Certains groupes adoptent un modèle très congloméral, avec des *business units* par média qui sont en fait de véritables entreprises très indépendantes, chacune gérant toute sa chaîne de valeur depuis la

capture des informations ou la production de contenus jusqu'à la diffusion, avec des services centraux communs strictement limités à la gestion financière et aux relations institutionnelles. Beaucoup d'entreprises du secteur ont ouvert à des tiers le capital de leurs unités les plus lourdes en investissements, et sont donc contraintes à cette stratégie totalement décentralisée. Mais d'autres entreprises du secteur cherchent au contraire à maximiser les synergies, par exemple en matière de sources d'information et de contenus de divertissement, en développant au sein de chaque branche des unités centrales fortes, particulièrement dans ces deux domaines ; ces unités centrales cumulent les rôles de sommet stratégique, de technostructure et de support logistique fournisseur des unités. Enfin, certains groupes du secteur, grâce à une forte concentration de leur capital – comme dans le cas du groupe Globo au Brésil –, peuvent même aujourd'hui aller au-delà en bâtissant des unités et des processus organisationnels qui exploitent toutes les synergies possibles (effets de taille sur les moyens utilisés, pouvoir de négociation en amont et en aval, ressources et compétences mises en commun), tant en matière d'information que de divertissement, au niveau de l'ensemble des grands médias. Ces groupes construisent et exploitent ainsi de vraies synergies entre la télévision, la presse, la radio et l'Internet.
Par leur fonction et par les instruments d'intégration dont ils disposent, les responsables du plan et du contrôle de gestion développent des outils qui jouent traditionnellement un rôle de coordination privilégié dans la structuration de l'entreprise. Ces responsables ont une vue complète de l'ensemble des divisions et départements. La coordination dans la structure divisionnelle dépend largement des procédures et de la façon dont celles-ci sont mises en œuvre : système de planification, de budgétisation et de *reporting,* procédures d'approbation des investissements, méthodes de définition des objectifs, d'évaluation et de suivi des performances des unités et de leurs gestionnaires. De plus en plus apparaît aussi dans les organisations, comme nous l'avons évoqué dans le chapitre 10, la figure du CIO (*Chief Information Officer*), dont le rôle est de coordonner les systèmes d'information, et qui de ce fait exerce une fonction d'intégration, particulièrement à travers la mise en place d'ERP (*Enterprise Resource Planning*) par fonction et par unité, ainsi qu'inter-fonctions et unités, dont l'effet structurant, très efficace en termes opérationnels, peut s'avérer très contraignant vis-à-vis des possibilités d'évolution de la stratégie et du *design* organisationnel.

3 Dynamique des structures divisionnelles

A/ Le passage à la divisionnalisation

La diversification des activités qui résulte de l'évolution de la demande, des pressions de la concurrence, de l'apparition de technologies nouvelles, impose donc l'adoption d'une structure en divisions autonomes, permettant de différencier les flux de production et de vente propres à chaque activité. Lorsque les activités se diversifient, la prise de décision exige de traiter une quantité de plus en plus élevée d'informations, qui sont elles-mêmes de plus en plus spécifiques. Dans une structure fonctionnelle, la direction générale est seule à détenir les informations intégrées nécessaires à la prise de décision. Elle devient très vite un goulot d'étranglement incapable de percevoir et de traiter toutes les informations, de transmettre et d'expliquer les décisions prises, de coordonner les actions des unités fonctionnelles.

Mais surtout, la diversification exige de pouvoir conduire un raisonnement stratégique spécifique pour chaque activité. Il faut pouvoir comprendre l'environnement propre à chaque *business*, contrôler les coûts et les recettes de chaque activité, et, lorsque c'est possible, décider des investissements spécifiques à l'unité. Ces missions échoient aux directeurs de division ou/et de *business units,* qui négocient leur plan avec la direction du groupe et sont suivis en principe périodiquement et « par exception ».
Le passage des structures fonctionnelles aux structures divisionnelles et l'évolution des structures divisionnelles posent trois grandes questions :

> Faut-il faire quelques grandes divisions ou un nombre plus élevé de divisions plus petites, quitte à créer, comme chez Sony par exemple, plusieurs niveaux hiérarchiques de divisionnalisation ?

> Où faut-il placer les lignes de démarcation entre divisions et comment traiter les éventuelles superpositions et les interdépendances ?

> Comment traiter au mieux les synergies exploitables et les cohérences à respecter entre activités ? Quels rôles et quels contenus donner, en conséquence, aux services fonctionnels centraux ou à des services fonctionnels par branche ?

Lorsque les interdépendances sont fortes (par exemple, dans une intégration verticale, les produits appartenant tous à une même filière), il importe d'analyser soigneusement le flux interne de produits et de services, afin de placer les frontières entre divisions, là où les interdépendances sont les moins fortes, et minimiser ainsi les cessions internes de produits ou de services. Chez Hewlett-Packard, par exemple, les différentes divisions de produits et de systèmes peuvent librement acheter leurs composants, soit à la division spécialisée du groupe, soit à l'extérieur si le groupe donne son accord. En fait, il y a une grande diversité de structures divisionnelles, qui découle des différences qui existent dans les logiques et les degrés de diversification des entreprises. La conception de la « fonction parentale » du groupe varie en conséquence (voir l'encadré En pratique « Comment organiser l'entreprise pour exploiter l'avantage parental »).

Fondements théoriques

Croissance, diversification et recentrage : une approche historique de l'évolution des structures

Les stades de diversification/divisionnalisation
Dans les années 1970-1975, une équipe de chercheurs de Harvard, sous la direction de B. Scott[1], a proposé un modèle qui perfectionne le schéma dichotomique de Chandler présenté au chapitre 2 (stratégie en mono-activité = structure fonctionnelle ; stratégie diversifiée = structure divisionnelle).
Ces auteurs ont montré, en particulier, que les grandes entreprises se répartissaient en quatre grands types :

1. **Les entreprises monoproductrices**, organisées par fonctions, telles que nous les avons décrites dans le chapitre 10 ;
2. **Les entreprises à produit dominant** dont 70 à 95 % des ventes proviennent d'un seul produit ou d'un ensemble de produits très intégrés. Leur structure est fonctionnelle pour l'essentiel, mais elles disposent généralement de divisions ou de filiales suffisamment autonomes pour gérer leurs activités de diversification. Dans cette catégorie entrent la plupart des grands groupes de la sidérurgie, de l'automobile, du papier, du ciment, de la banque ou de l'assurance, mais aussi, par exemple, IBM, Xerox, et Microsoft.

>

1. Scott B., 1973. Cet article résume les principales conclusions d'un ensemble de thèses publiées entre 1970 et 1974 par des doctorants de Harvard.

····>

3. c'est-à-dire une organisation divisionnelle par *business units* opérationnelles coiffée par des départements fonctionnels *corporate*. Un des rôles essentiels des départements fonctionnels est précisément d'exploiter les synergies entre activités. C'est le cas, par exemple, des grands groupes de l'équipement électrique ou mécanique (Philips, Mitsubishi, Alstom, Schneider Electric).

4. Les conglomérats, dont la diversification s'est effectuée essentiellement dans des activités sans lien réel entre elles, et qui adoptent en général une structure de *holding*, laissant une très grande latitude stratégique à chaque filiale. On peut citer ici Textron, United Technologies, Virgin et, en France, PPR ou Bolloré.

L'observation de l'évolution des grandes entreprises nord-américaines et européennes sur vingt ans a ainsi permis à l'équipe de Harvard de montrer que les passages entre stades tendaient essentiellement à se faire comme indiqué par les flèches pleines de la figure 20.5.

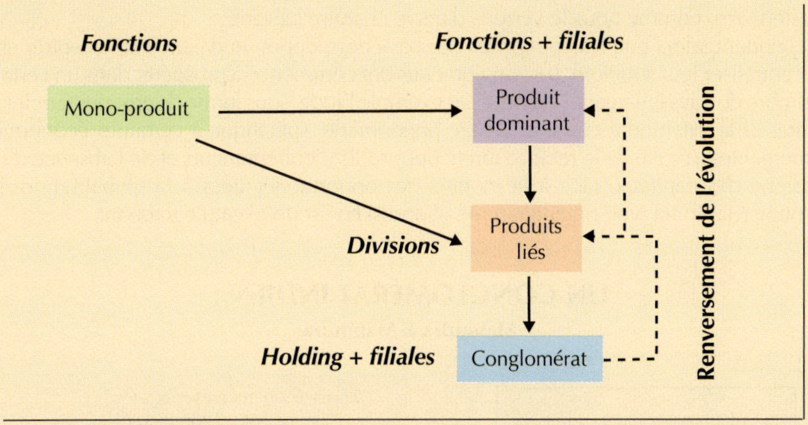

Figure 20.5 Évolution historique des structures

L'inversion de l'évolution

La montée des difficultés économiques dans le monde à partir des chocs pétroliers des années 1970, mais aussi l'efficacité croissante des marchés financiers, ont peu à peu ralenti cette évolution vers la diversification et la divisionnalisation, et en ont même parfois inversé le sens. La plupart des grandes entreprises, particulièrement en Europe occidentale, mais aussi en Amérique du Nord et au Japon, ont eu tendance dans les années 1990 à recentrer leur stratégie sur une technologie principale, ou une grappe de technologies cohérentes ou même sur un marché homogène.

BSN-Gervais Danone, par exemple, a abandonné ses activités verrières pour se recentrer sur l'agroalimentaire, ne conservant des premières que l'emballage des produits alimentaires, étroitement lié à son métier principal pour finalement choisir en 1995 de vendre ces vestiges de son activité passée et de se rebaptiser Danone. Le recentrage se poursuit dans les années 2000 avec la vente des activités biscuits. La redistribution de la téléphonie entre Alcatel et Thomson, résulte de la même logique.

Aux États-Unis, dès le début des années 1970, le nombre des conglomérats commence à diminuer. R. Rumelt[1] a montré que leurs performances économiques étaient régulièrement inférieures à celles des entreprises diversifiées à produits liés. Cette observation conduit d'ailleurs les *raiders* des années 1980 et 1990 à éviter le plus souvent de fusionner leurs entreprises dans des structures communes.

L'évolution des structures, du moins dans les pays développés, a suivi cette évolution des stratégies (flèches pointillées de la figure 20.5) : les états-majors centraux et les grands responsables fonctionnels accroissent leur pouvoir en fonction de la poursuite

>

1. Rumelt R., 1982.

····> des synergies de groupe et de la volonté de créer de la valeur à partir de *core competences*. La priorité à l'avance technologique plaide pour des services de recherche, de développement et d'ingénierie fortement centralisés ; le poids des investissements qui en résultent et le coût croissant du capital donnent la primauté aux directions financières ; la gestion des cadres, la politique des salaires, la globalisation des relations avec les syndicats limitent les mouvements de décentralisation des directions du personnel. Les directeurs de division tendent à perdre de leur autonomie stratégique et ne retrouvent du pouvoir que grâce aux progrès de la collégialité dans la préparation des décisions stratégiques au niveau de l'ensemble du groupe.

Mais, dès la fin des années 1990, sous la pression des marchés financiers, la rentabilité à court terme a repris progressivement ses droits, obligeant les dirigeants à réduire les services support centraux, ainsi que beaucoup de supports installés au sein des unités, déclenchant une véritable course à l'*outsourcing*, qui à son tour aujourd'hui atteint ses limites, et amène de plus en plus à organiser les entreprises comme des réseaux de partenaires, comme nous le verrons dans le chapitre suivant.

Cependant, alors que les entreprises des pays développés tendaient à se recentrer et à recentraliser leur structure, les conglomérats ont commencé à prospérer dans un certain nombre de pays émergents, comme par exemple l'Inde, sous forme de groupes familiaux (Tata, Birla, Mahindra et autres…). Ce phénomène, spécifique à certaines économies émergentes, résulte de la relative rareté des profils d'entrepreneurs et de l'absence d'un marché des capitaux, face à la montée des opportunités liées à la globalisation. Le groupe Mahindra (voir organigramme ci-après) en est un exemple frappant.

Figure 20.6
Organigramme de Mahindra

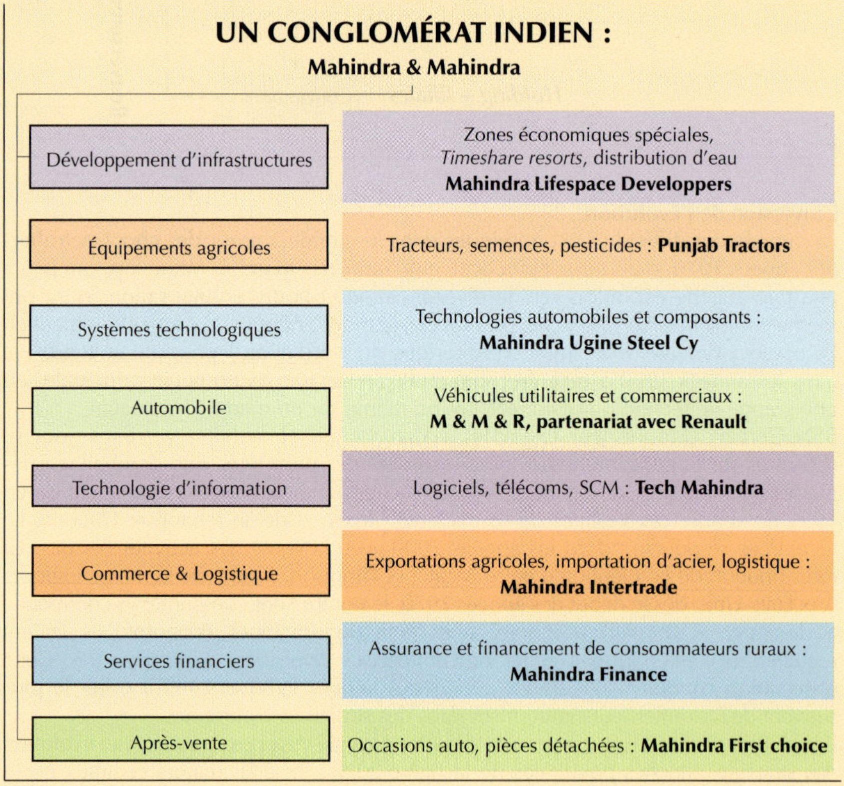

B/ Le problème des entreprises verticalement intégrées

Dans beaucoup de secteurs industriels (ciment, pétrole, sidérurgie, automobile, chimie) et même dans certaines activités de services (banques ou assurances, par exemple), les contraintes technologiques et les économies d'échelle laissent peu de possibilités de décentralisation. Les entreprises sont intégrées verticalement (voir chapitre 11) mais la plupart des stades du processus technologique peuvent cependant se constituer en division ou unité stratégique, surtout s'ils ont un accès au marché, ce qui facilite la détermination de prix de cession interne.

Dans l'organisation de l'entreprise d'aciers spéciaux décrite dans la figure 20.7 ci-après, les stades verticaux de la chaîne de valeur, de même que les supports prestataires de services, sont constitués en divisions. Chaque division verticale achète à un prix de cession interne ses produits ou services aux divisions en amont, et vend de même ses prestations en aval. Le problème est assez simple si la division peut acheter ou vendre, librement ou sous des conditions prédéfinies, à l'extérieur. Il suffit alors de se référer aux prix du marché (diminués de la marge pratiquée en moyenne dans le secteur), et la division dispose d'un compte de résultats, d'actifs propres et d'une autonomie de gestion conformes aux principes d'organisation décrits plus haut. Dans l'exemple donné, la division « mines », qui vend plus de 70 % de son minerai à l'extérieur, et la division « fonderie et forge » qui a des débouchés propres, tendent à avoir chacune leur propre structure commerciale, différente de celle de l'acier (barres et plaques), et à se comporter comme des unités très autonomes.

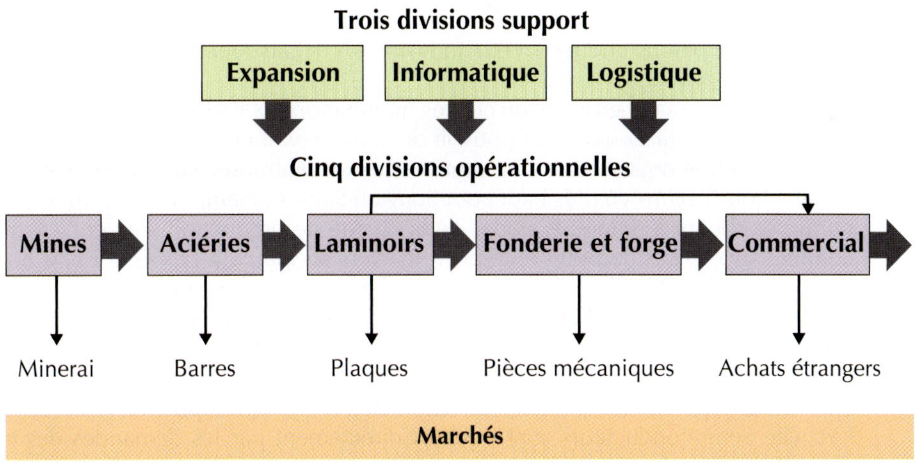

Figure 20.7 Structure d'une entreprise d'aciers spéciaux

Le problème se complique sérieusement lorsqu'il n'y a pas de ventes intermédiaires ou de semi-produits du même type sur le marché. Il s'agit alors de cessions internes de produits intermédiaires, sans aucune référence possible à un prix de marché. Il serait artificiel de donner aux responsables de l'unité un objectif de profit (ou pire, de ROI, *Return On Investment*) dans la mesure où les prix internes résultent d'un arbitrage au niveau du groupe, toujours contestable, et souvent contesté !

Dans l'exemple de la figure 20.7 ci-dessus, il est bien difficile de rendre l'aciérie indépendante du laminoir, compte tenu de la continuité du flux de production.

De la même façon, la logistique, par essence au service de toutes les autres divisions, voit son efficacité dépendre des fluctuations de leurs besoins, et même de la qualité de leur gestion.

Les cessions internes risquent de devenir une source de conflit et de complexité excessive des systèmes, surtout lorsque l'intégration verticale est très forte, plus qu'une source de motivation et d'autonomie. Même si, aujourd'hui, les technologies d'information et de communication permettent de réaliser des progrès considérables, tant pour mesurer les valeurs ajoutées à chaque stade (*activity based costs,* par exemple) que pour flexibiliser les processus d'échange et de négociation (mesure des prix de cession), la marge de manœuvre reste étroite. Le succès dépend plus d'une culture et d'une identité communes que d'un perfectionnement des définitions de fonctions et des méthodes de contrôle.

Dans cet esprit, la direction automobile de Renault avait décidé, dès 1983, de regrouper ses usines en quatre divisions opérationnelles : produits industriels pour l'automobile, pièces brutes, mécanique et carrosserie-montage. La première était en position de fournisseur pour les trois autres et la dernière était en position de client des trois autres. Chaque division avait été dotée d'un compte d'exploitation propre, avec ses méthodes et les achats opérationnels nécessaires à ses fabrications, entraînant ainsi la disparition du service central des méthodes (symbole de la division taylorienne du travail) et la diminution des activités du service central des achats. Ce changement de forme n'a pu s'imposer, après plusieurs marches arrière, qu'au prix d'une profonde modification des comportements et des traditions de l'organisation. Aujourd'hui, Renault et Nissan ont mis en place une véritable entreprise commune spécialisée dans les achats, RNPO (Renault Nissan Purchasing Organization) qui achète les pièces aux fournisseurs et les vend aux activités en aval, réalisant de formidables économies d'échelle par le regroupement de Renault et Nissan (rappelons que dans cette industrie les achats représentent plus de 70 % des coûts de production).

De nombreux grands groupes diversifiés multinationaux font de l'intégration verticale un levier pour exercer leur pouvoir de marché (voir chapitre 11). Pour ce faire, ils bâtissent une organisation divisionnelle très décentralisée sur plusieurs niveaux comme nous l'avons vu plus haut pour Sony ou Saint-Gobain, mais ces unités autonomes se situant à différents stades de la chaîne de production vendent à la fois, comme dans le cas de notre entreprise d'aciers spéciaux, à l'extérieur et à l'intérieur. Ainsi, chez Samsung, les unités en aval tirent une bonne part de leur avantage concurrentiel de leur collaboration avec des unités amont que la plupart de leurs concurrents ne possèdent pas (voir figure 20.8). L'activité Semi-conducteurs a son propre marché externe mais une bonne part de sa production est destinée aux activités du groupe situées en aval. La recherche et les développements au sein de l'activité Semi-conducteurs sont orientés directement par les demandes des trois autres branches du groupe en aval, ce qui constitue une des sources essentielles d'avantage concurrentiel du groupe Samsung.

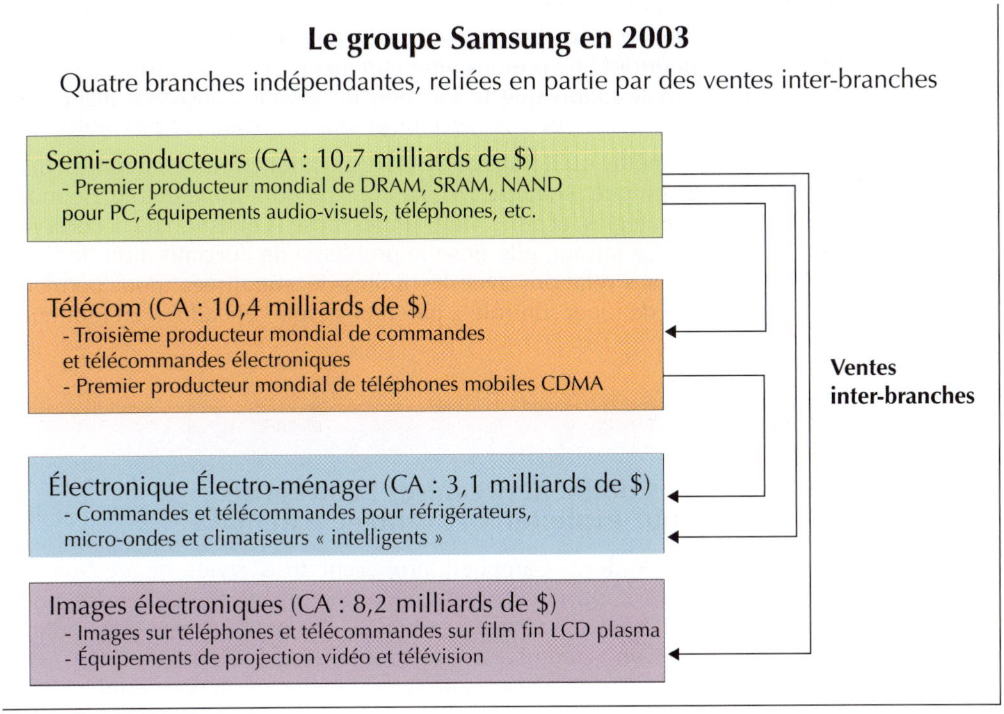

Figure 20.8
Le groupe Samsung

4 EFFICACITÉ ET LIMITES DES STRUCTURES DIVISIONNELLES

A/ AVANTAGES DES STRUCTURES DIVISIONNELLES

Les structures divisionnelles ont aujourd'hui largement fait la preuve de leur intérêt et de leur efficacité :

> en se calquant sur la segmentation stratégique, elles permettent d'évaluer la position de l'entreprise dans chaque domaine d'activité par rapport à son marché et à ses concurrents, tout en améliorant la capacité de réaction face aux changements de l'environnement ;

> en constituant des ensembles homogènes suffisamment autonomes, elles permettent de définir des centres de responsabilité dotés d'objectifs et de moyens propres, dont les résultats peuvent être suivis séparément, ce qui entraîne une mobilisation plus forte des responsables et un esprit d'*intrapreneurship*. Des entreprises comme Johnson & Johnson, 3M, ou Hewlett-Packard doivent très largement leur succès à la prolifération entrepreneuriale de *business units* autonomes ;

> en faisant des différentes divisions des centres de profit autonomes, elles permettent à la direction du groupe de les évaluer, de les comparer et de les contrôler sur une base financière commune, et donc d'agir comme un investisseur face à un marché interne du capital[1] ;

1. Williamson, O.E., 1975.

> en démultipliant la fonction de direction générale dans chaque activité, elles permettent l'émergence de cadres généralistes, capables de vision et d'aptitudes stratégiques, qui pourront être promus ultérieurement. Ces cadres sont chargés de la stratégie par activité tandis que la fonction du groupe consiste à élaborer la stratégie d'ensemble.

Cette logique est la même qu'il s'agisse de diversification produit (chapitre 16) ou d'expansion géographique (chapitre 15). La construction d'une entreprise multinationale ou multistratégies, et donc multi-unités, pose la question de la *corporate strategy* du groupe. Ce faisant, elle pose le problème de l'organisation de l'état-major central et de ses relations avec les unités décentralisées, pour permettre au niveau *corporate* de jouer son rôle « parental » (voir l'encadré « En pratique » ci-dessous).

EN PRATIQUE

Comment organiser l'entreprise pour exploiter « l'avantage parental »

Michael Goold et Andrew Campbell proposent trois styles de gestion de l'entreprise diversifiée, ou encore trois façons d'organiser l'entreprise pour construire et exploiter un « avantage parental[1] ». Ils ont développé cette notion d'avantage parental en référence à la notion d'avantage concurrentiel (voir chapitre 7) : alors que l'avantage concurrentiel provient d'un positionnement et de ressources spécifiques à un domaine d'activité particulier, l'avantage parental provient des ressources de niveau *corporate* et permet à l'ensemble de l'entreprise d'avoir une valeur supérieure à la somme des différentes activités. Ces trois styles de gestion caractérisent la mise en œuvre de trois *corporate strategies* différentes.
Ils résultent de la combinaison de deux méthodes que l'état-major central peut utiliser pour influencer les unités stratégiques (voir figure 20.9) :

> l'une (axe vertical sur la figure 20.9) consiste à utiliser les processus de planification, comme le font de nombreuses grandes entreprises japonaises, souvent de façon très participative, ou, de façon plus autoritaire, la plupart des entreprises publiques ;

> l'autre (axe horizontal sur la figure 20.9) consiste à élaborer et négocier des objectifs dont on surveillera la réalisation, soit dans le cadre d'une démarche planifiée de type *Balanced Score-Card* (BSC) où chaque unité suit une série d'objectifs cohérents et convergents sur le moyen terme, soit en fixant un seul objectif financier à court terme pour chaque unité. Le premier modèle est plutôt « européen », encore que les méthodes du type BSC se soient répandues dans un très grand nombre de groupes industriels dans le monde, alors que le second est plutôt « anglo-américain » et a toujours eu du mal à s'imposer en Europe continentale ou au Japon.

Avec le recul, on observe aujourd'hui :

> que le modèle de planification stratégique (*strategic planning*) convient mieux aux services publics, aux entreprises mono-activité, ou/et verticalement intégrées, aux entreprises à activité fortement dominante (acier, automobile, grande distribution, transports.) ; >

1. Goold M. et Campbell A., 1995.

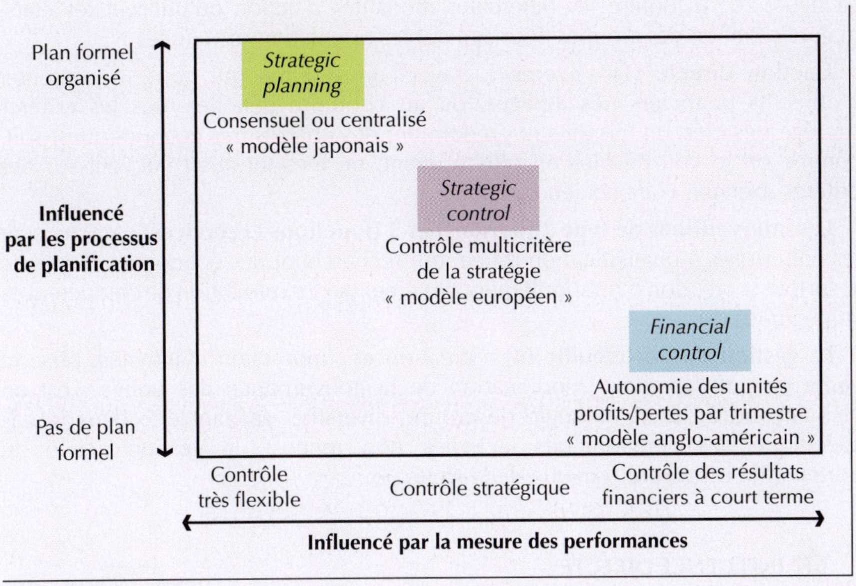

Figure 20.9
Trois modèles d'avantage parental : comment la direction centrale du groupe influence les unités décentralisées

> qu'à l'autre extrême le modèle basé sur les résultats financiers (*financial control*) est pratiquement le seul possible pour des conglomérats à la Virgin ou à la Mahindra, décrits par ailleurs dans ce chapitre, qui gèrent en fait des portefeuilles d'entreprises et souvent de participations ;

> que le modèle central de « contrôle stratégique » (*strategic control*) est sans doute le plus répandu parmi les groupes industriels diversifiés, lorsque l'avantage parental résulte essentiellement du partage des ressources et compétences entre les unités : il permet à la fois de stimuler l'*intrapreneurship* au niveau des unités et de bénéficier des synergies du groupe.

Mais il faut aussi observer que ces modèles ne sont pas souvent « purs », dans la mesure où les stratégies de groupe peuvent être nuancées et adopter des logiques différentes pour différentes unités (par exemple entre unité de produit et unité de service, entre grands clients et clientèle de masse) ou à différents niveaux de décentralisation (branches, pays, unités stratégiques, unités opérationnelles.). Le choix même de tel ou tel indicateur de mesure de performance peut rapprocher un modèle d'un autre ; à ce titre par exemple un système multicritères de contrôle stratégique peut parfaitement donner une place importante à la mesure de l'EVA (*Economic Value Added,* voir chapitre 22) ou du ROIC (*Return On Invested Capital)* de chaque unité, se rapprochant ainsi du modèle du contrôle financier.

Par-dessus tout, il ne faut pas perdre de vue que ces modèles ne sont jamais totalement contraints : d'une part, le choix d'un modèle reste culturel (non seulement au sens international du terme, mais aussi au sens de conformité à l'identité de l'entreprise) et d'autre part, il est soumis à la décision du ou des dirigeants, qui peuvent l'imposer du sommet, mettant directement la pression sur les comportements des managers d'unités, et provoquant ainsi une réorientation de la stratégie.

····> La figure 20.10 montre les différentes modalités d'action qu'utilisent les états-majors centraux des groupes pour agir sur les orientations des unités :

> **L'action directe (1)** s'exerce à travers un système qui peut se contenter d'objectifs financiers très agrégés, ou au contraire détailler tous les critères stratégiques clés, en faisant soit prédominer des critères très économiques, soit, comme on le voit de plus en plus souvent, en mettant aussi l'accent sur des critères sociaux, voire sociétaux ;

> **Les interventions de type 2 (liaisons) et 3 (fonctions et services)** caractérisent les entreprises à diversification reliée, qui recherchent des économies d'échelle et surtout la création d'un supplément de valeur par l'exploitation de compétences stratégiques ;

> **La gestion du portefeuille (4)** – création et suppression d'activités, prise et vente de participations, modification de la gouvernance des unités – est un élément clé de toute stratégie de groupe diversifié, sachant que dans le cas spécifique des conglomérats (activités non reliées), la gestion active du portefeuille est au cœur même de la stratégie.

Figure 20.10
Comment les états-majors centraux d'un groupe créent de la valeur

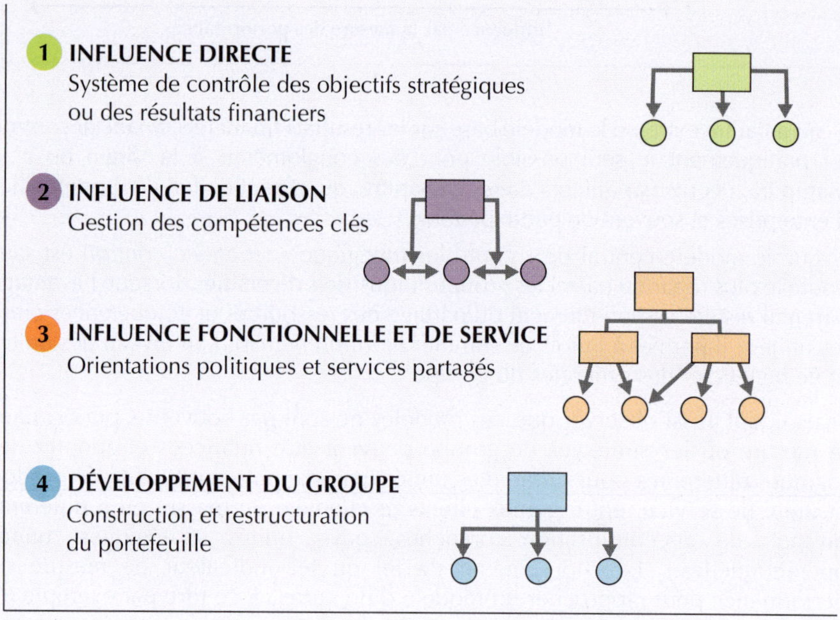

B/ Les pathologies des structures divisionnelles

Les structures divisionnelles ont des inconvénients qu'il faut s'efforcer de limiter, voire de compenser :

> elles ne permettent pas d'exploiter au mieux les économies d'échelle. En cherchant à optimiser les résultats au niveau de chaque unité stratégique, on les sous-optimise inévitablement au niveau global ;

> elles ne facilitent pas la transmission des compétences techniques, dans la mesure où les spécialistes sont dispersés dans les unités. En fait, elles peuvent, dans certains cas, conduire à un manque de réaction face aux changements technologiques, en privilégiant trop fortement les réponses par rapport aux demandes immédiates du marché ;

> de façon plus générale, elles privilégient l'allocation des ressources entre les différentes divisions sans prendre en compte correctement les efforts de synergie entre les divisions. Bien souvent, ces efforts ne sont ni mesurés ni récompensés ;

> elles peuvent devenir extrêmement compliquées à gérer lorsque les interdépendances deviennent trop fortes, en particulier lorsque l'activité est intégrée verticalement.

Les difficultés que rencontrent les structures en unités stratégiques trouvent leur source dans deux problèmes que l'on pourrait qualifier l'un de technique, l'autre de culturel. Le premier est inévitable : en privilégiant un critère de divisionnalisation (c'est-à-dire un mode de segmentation stratégique), on néglige nécessairement d'autres critères possibles. Ainsi, en plaçant sur la ligne hiérarchique des responsables de produits, comment coordonner des actions par pays si l'entreprise est multinationale, comment gérer les technologies communes à plusieurs produits, comment fournir des solutions multiproduits à certains grands clients ? On doit inévitablement arbitrer entre d'un côté l'efficacité qu'apportent les responsabilités accrues et la souplesse de gestion, et de l'autre les déséconomies d'échelle engendrées par la répartition des équipements et des spécialistes entre des unités plus autonomes. Si le poids des services centraux devient trop important, on perd les avantages de l'autonomie ; s'il est trop faible, on perd les avantages de la synergie. Ainsi, il est commun dans une banque d'affaires de voir plusieurs chefs de produit venir négocier chez le même client, en lui offrant souvent des solutions concurrentes !

Le problème devient excessivement complexe lorsque la plupart des activités de l'entreprise participent de la même filière industrielle, comme par exemple la sidérurgie ou la pétrochimie. La multiplication des procédures de coordination (prix de cession) ou des procédures de limitation des pouvoirs (autorisation de dépenses) peut conduire à briser la dynamique de l'autonomie des divisions. Il est évident que le directeur de la division pièces brutes de Ford ne pourra jamais avoir la même autonomie que celui de la division Evian de Danone, mais le système peut lui accorder des degrés de liberté plus ou moins importants. De nombreux responsables d'unité ont d'ailleurs réussi à réaliser seuls de gros investissements, en mettant habilement bout à bout une série de petites autorisations de dépenses dont chacune ne dépasse pas le plafond prévu par les procédures internes. Par conséquent, plutôt que d'ajouter des contrôles pour assurer des coordinations, mieux vaut opter pour un nouveau type de structure qui prenne en compte dès le départ la multiplicité des critères. C'est ce que proposent, comme nous le verrons plus loin, des structures matricielles et plus généralement les structures en réseaux.

Mais, une des principales critiques faites aux *business units* est leur contradiction fondamentale avec la vision actuelle de l'entreprise comme créatrice de connaissances, et la vision du marché comme lieu de concurrence entre centres de compétences. Selon Hamel et Prahalad[1], les *business units* « enferment » les connaissances et empêchent leur fertilisation croisée au sein du groupe, au point que l'existence même du groupe n'a plus de justification économique. La gestion des compétences constitue donc le principal défi actuel des organisations diversifiées ; structures et processus doivent jouer dans ce domaine un rôle important.

1. Hamel G., Prahalad C.K., 1990.

5 L'ORGANISATION DES COMPÉTENCES STRATÉGIQUES

Le concept de compétence (voir chapitre 8) se trouve au carrefour de plusieurs approches, économique, sociologique, organisationnelle. Il conduit, nous l'avons vu, à un renouvellement de la réflexion stratégique, l'adaptation à l'environnement laissant la priorité à la valorisation des ressources et des compétences internes à la firme et à leur expression sous la forme de métiers maîtrisés et de capacités d'apprentissage et d'innovation.

Nous nous intéresserons ici à l'impact de l'organisation sur la construction des compétences, et à l'incidence des choix concernant leur localisation, et leurs modalités de développement sur l'avantage stratégique et la performance de l'entreprise.

A/ LA FORMATION DES COMPÉTENCES

Les compétences résultent de combinaisons de savoirs, de comportements individuels et d'expériences collectives sur lesquelles l'organisation influe largement. L'entreprise doit concentrer son énergie sur un nombre limité de compétences clés, sur lesquelles elle capitalisera un maximum d'expérience, afin d'en faire les éléments déterminants du succès dans le champ stratégique choisi.

Figure 20.11
Des ressources de base aux avantages concurrentiels

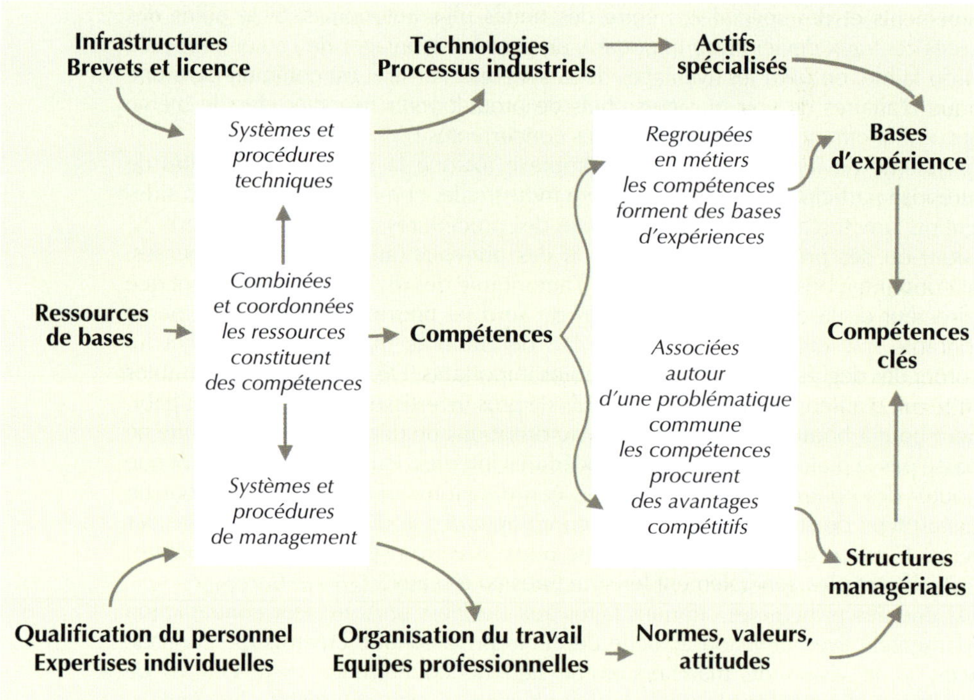

B/ Le « *design* » de l'organisation et le développement des compétences

Les compétences résultent d'une combinaison des ressources de base dont dispose l'entreprise. Dès lors, plusieurs questions se posent : comment regrouper les individus pour que l'association de leurs qualifications et de leurs expertises individuelles génère des compétences ? Quelle doit être la taille des unités de base de l'organisation pour que cette mutation s'opère dans les meilleures conditions ? Une fois ces questions résolues, il faut alors s'interroger sur la manière la plus efficace de mobiliser ces unités de base, de les faire coopérer, pour produire de réelles bases d'expériences, faire émerger des compétences clés et les transformer en avantages compétitifs.

Construire les compétences relève de la différenciation de l'organisation, les transformer en avantages compétitifs met en jeu les mécanismes d'intégration (voir la définition de ces concepts dans le chapitre 2). Plus l'éventail des compétences détenues est important, plus l'entreprise doit être en mesure de gérer un nombre important d'unités spécialisées pour éviter un amalgame improductif, mais il lui faut, alors, être capable de mettre en œuvre des capacités d'intégration puissantes pour éviter une trop grande dispersion.

Si l'on admet que seules des compétences difficilement accessibles et imitables par la concurrence peuvent générer des avantages compétitifs durables et défendables (voir le test VRIST dans le chapitre 8), les structures doivent être conçues de manière à provoquer des échanges complexes entre des individus nombreux et différents tout en protégeant vis-à-vis de l'extérieur le résultat de ces échanges des risques d'imitation. Il leur faut pour cela favoriser l'émergence de compétences au caractère plus tacite, moins tangible, détenues individuellement et partagées collectivement, reposant davantage sur les capacités organisationnelles que sur les caractéristiques techniques des ressources qu'elles mobilisent, faisant davantage appel à des capacités d'ordre comportemental que cognitif, moins dépendantes des caractéristiques environnementales et donc plus volontaristes.

Au-delà, il faut prévoir en permanence le renouvellement des compétences existantes par de nouvelles compétences potentielles. C'est une des raisons majeures qui pousse les entreprises à adopter des structures de type organique, voire en réseau, moins vulnérables au plan stratégique car elles permettent de gérer par ajustement mutuel des compétences plus évolutives.

Dans une structure qui valorise le concept de compétence, les unités de base constituent la partie la plus stable de l'organisation car elles sont détentrice des compétences durables. Elles constituent en quelque sorte le « clavier » organisationnel qui permet d'organiser les multiples combinaisons de compétences nécessaires pour répondre aux problèmes stratégiques auxquels l'entreprise est confrontée. C'est dans ces unités spécialisées, ou dans une relation étroite et répétée entre quelques unités, que sont associées les compétences individuelles, les actifs spécifiques et les processus et systèmes techniques qui caractérisent la compétence clé. Mais celle-ci ne créera un avantage concurrentiel durable que si, d'un côté, elle est soutenue par des structures et des systèmes appropriés, et de l'autre, si elle s'ancre profondément dans l'identité de l'entreprise

Prenons pour exemple les activités de prestation de services intellectuels (formation, conseil, ingénierie…). Les compétences individuelles jouent un rôle primordial dans ces activités. Comme l'a montré Mintzberg, chaque univers professionnel codifie son domaine de savoir propre. Ainsi, dans le domaine de la formation, c'est la codification académique du savoir qui importe. Dans une institution de formation à l'économie, par exemple, ce sont les subdivisions du savoir économique qui sont pertinentes, la gestion des entreprises trouvant sa place dans l'univers de la microéconomie. Dans une institution dédiée à la gestion des entreprises, par contre, les savoirs économiques peuvent constituer une entité unique, assimilée à une des disciplines de gestion (finance, marketing, contrôle de gestion, etc.). Suivant la taille de l'institution, chaque discipline peut constituer une unité à part entière ou n'être représentée que par un individu, associé à d'autres au sein d'unités composites. Suivant la stratégie de l'institution, ces compétences seront plus ou moins spécialisées. Une stratégie fondée sur un domaine de savoir conduira à une hyperspécialisation des compétences, alors qu'une stratégie fondée sur un terrain d'application spécifique, la création d'entreprise, par exemple, engendrera une diversification des disciplines à la place de l'hyperspécialisation précédente.

Dans l'industrie automobile, les actifs spécifiques et les systèmes techniques sont déterminants dans la création d'un avantage compétitif. L'exigence d'une plus grande variété et d'un renouvellement plus rapide des modèles a conduit à adopter une conception modulaire permettant d'envisager une organisation totalement différente des unités de bases. La base de travail n'est plus le modèle de véhicule, mais les sous-ensembles fonctionnels (moteur, suspension, transmission…), un modèle étant une intégration originale de sous-ensembles qui n'ont pas vocation à lui être exclusivement destinés. La fabrication de la Smart par exemple a poussé cette logique d'organisation très loin. Les synergies sont au cœur du nouveau système technique dont le découpage beaucoup plus fin permet d'identifier des unités de taille plus réduite chargées de concevoir des sous-ensembles indépendants mais adaptables de manière à créer le plus possible de diversité en les combinant de différentes manières.

MINI-CAS

Embraer

Le caractère intégré des compétences stratégiques et de leurs conséquences structurelles apparaît très clairement dans le cas de la société brésilienne Embraer, qui construit des avions de transport régional (30 à 120 sièges) vendus dans le monde entier. Elle s'est progressivement diversifiée dans les marchés de la défense et des jets d'affaires. Elle dispose depuis quelques années d'un véritable avantage (en termes de prix et de performances) sur son concurrent Bombardier. À la différence de ce dernier, qui s'est développé par acquisitions (Canadair et Learjet en particulier), Embraer s'est développée de façon organique, accumulant progressivement un potentiel d'expérience très intégré à la culture et aux processus internes assez informels qui la caractérisent. Ainsi, l'entreprise est parvenue sans difficulté à construire et vendre avec succès à la fois un avion d'observation militaire et un jet d'affaires, tous deux conçus sur la base d'un avion régional préexistant, les équipes passant sans problème d'un modèle à l'autre. Pendant ce temps, confronté aux difficultés d'intégration de ses acquisitions, Bombardier avait du mal à réaliser un partage des ressources et des compétences et une cohérence des logiques stratégiques en interne, et du coup se retrouvait en retard sur son concurrent brésilien.

Mais Embraer se trouve aujourd'hui confronté au problème de l'organisation d'une croissance diversifiée dans trois domaines d'activité (aviations régionale et militaire, jets d'affaires) dont les caractéristiques techniques, commerciales et économiques sont extrêmement différentes. En conséquence, l'entreprise adopte en 2007 une structure en trois divisions autonomes, correspondant à ces trois activités. Ces trois domaines partagent, en grande partie, des éléments clés de la chaîne de valeur : la recherche-développement, la chaîne amont des fournisseurs de grands éléments et l'assemblage final des avions.

>

····> **Question**
Quelles mesures l'entreprise doit-elle prendre en termes de structures, systèmes et procédures, comportements et culture, pour préserver son avantage concurrentiel tout en visant des marchés très différents ?

C/ La localisation des compétences

La localisation des compétences au sein de la structure se pose en termes de rareté et de besoin. Plus large est le champ d'utilisation des compétences, plus il est souhaitable de les diffuser au sein de l'organisation de manière à ce que le partage de ces compétences ne conduise pas à opérer inutilement des arbitrages. À l'inverse, la localisation de compétences rares, très spécifiques ou utilisées moins fréquemment, est plus délicate. Elles doivent être à la disposition des composantes de la structure les plus à même de les développer lorsqu'il s'agit de compétences rares, au plus près de leur mobilisation pour les plus spécifiques et d'un accès facile pour les moins fréquemment utilisées.

Ainsi, dans un groupe de presse, on cherchera à valoriser deux types de compétences : d'un côté celle des « éditeurs » qui ont une connaissance approfondie des attentes de leurs lecteurs cibles, de l'autre celle des journalistes spécialisés dans leur secteur d'information ; les uns et les autres constituent des bases de compétences essentielles pour le groupe. Chaque catégorie sera structurée en unités spécialisées, les éditeurs, spécialisés par supports (revue X, journal Y.), « achetant » les articles proposés par les équipes de journalistes spécialisées par thème (économie, sports, santé…). La façon de combiner ces compétences, qui est à la fois un problème d'organisation (structure en unités spécialisées et processus de négociation) et de culture (objectifs et valeurs du groupe suffisamment partagées par les acteurs), constitue la base d'un avantage concurrentiel difficile à imiter.

Dans l'industrie du médicament, l'importance stratégique et le coût de la recherche fondamentale conduisent à concentrer les compétences correspondantes, et à les placer directement sous l'autorité des décideurs les plus élevés au niveau international. Tout aussi stratégiques dans un contexte concurrentiel exacerbé, les compétences concernant les procédures administratives, très spécifiques à chaque pays dans cette industrie, permettant d'élaborer les dossiers de mise sur le marché des médicaments sont, elles aussi, concentrées, mais cette fois au niveau national. Par contre, les compétences de marketing et de ventes sont très largement diffusées, chaque pays, chaque marché, chaque ligne de produits requérant des compétences différenciées, qui exigent des équipes près du terrain et très autonomes.

Trois tests permettent de définir des pôles de compétences. A chacun de ces tests nous proposons de rattacher des caractéristiques organisationnelles :

> Un pôle doit être difficilement imitable par les concurrents : au-delà de son enracinement historique et culturel, sa formalisation dans l'organisation est complexe et le plus souvent difficile à expliciter (individus et équipes porteurs de savoir-faire, machines et softwares uniques, processus de travail inter-unités, motivations et comportements des acteurs).

> Un pôle doit procurer accès à une grande variété de marchés : il contribue donc à plusieurs unités stratégiques. Qu'il soit individualisé et rattaché à une direction centrale, ou qu'il soit enraciné dans une unité particulière, il doit fertiliser les autres par de la formation, du conseil, des audits internes, etc. (voir figure 20.12).

> Un pôle doit contribuer de manière significative aux bénéfices perçus par les clients finaux : les compétences résidant le plus souvent dans des unités-support et dans des processus internes transversaux, les liaisons entre ces unités et processus d'une part, et les clients et les marchés finaux d'autre part doivent être structurées. La relation est souvent de type partenarial, favorisant la co-création de valeur, comme nous le verrons plus loin dans les organisations en réseau.

D/ L'exploitation des compétences

La valorisation du potentiel de compétences détenu par l'entreprise pose de nombreux problèmes. Plus elles sont spécifiques et rares, plus les compétences doivent pouvoir être mobilisées rapidement. C'est par leur disponibilité qu'elles procurent à l'entreprise des avantages stratégiques. Plus elles sont diffusées au sein de l'organisation, plus les compétences ont tendance à déborder de leur cadre de codification et à devenir tacites, sous la pression des spécificités locales. Plus elles sont spécifiques, plus les compétences ont tendance à demeurer, voire à s'isoler dans le cadre structurel[1] qui les a vues naître et se développer.
Plus précisément, l'entreprise doit faire face à quatre dilemmes[2] :

> le dilemme de la codification des compétences, qui facilite leur transfert, mais peut bloquer leur évolution et faciliter leur imitation ;

> le dilemme de la spécificité des compétences, qui permet d'accroître le potentiel de différenciation, mais en limite la transférabilité ;

> le dilemme de la continuité des compétences, qui conduit à privilégier leur approfondissement au détriment de nouvelles opportunités éventuelles ;

> le dilemme de la solidité des compétences qui peut procurer des avantages compétitifs plus durables, mais aussi créer des difficultés de reconversion.

Pour ne pas se trouver prisonnière de ces dilemmes, l'entreprise doit développer ses capacités organisationnelles, c'est-à-dire d'une part ses structures, processus et systèmes de gestion, et d'autre part son identité et ses valeurs, de façon à articuler de manière originale les compétences qu'elle détient.
Diversification et taille donnent un relief particulier à ces questions. Elles imposent de mettre en place des mécanismes qui permettent de palier les difficultés qu'elles créent, de faciliter les échanges et les ajustements mutuels indispensables, afin que chaque unité stratégique soit capable de valoriser les compétences « cœur » du groupe. Ces mécanismes sont multiples et leur mise en œuvre doit faire l'objet d'une réflexion d'ordre stratégique (voir le Mini-cas Sommer-Allibert ci-après). Ils vont de la mise en œuvre d'initiatives transversales à la création de bases de données partagées, en passant par l'organisation de la mobilité des individus, les prêts de spécialistes, des prestations de conseils interunités, voire la création d'une position élevée de *Chief Knowledge Officer*, comme dans la figure 20.12 ci-après.
Ainsi, la valorisation des compétences détenues par une unité organisationnelle dépend largement de son ouverture et de sa capacité à leur associer des connaissances et des compétences externes susceptibles de les fertiliser. C'est un principe valable à l'intérieur (entre unités) comme à l'extérieur (avec des partenaires) de l'entreprise. Dans un contexte d'incertitude élevée, cette ouverture constitue une soupape importante permettant de mieux gérer les dilemmes évoqués précédemment. Encore faut-il pour cela que la conception de l'organisation s'y prête, et que sa culture autorise et encourage le dépassement des frontières traditionnelles entre territoires.

1. Hamel G., Prahalad C.K., 1990.
2. Doz Y., 2002.

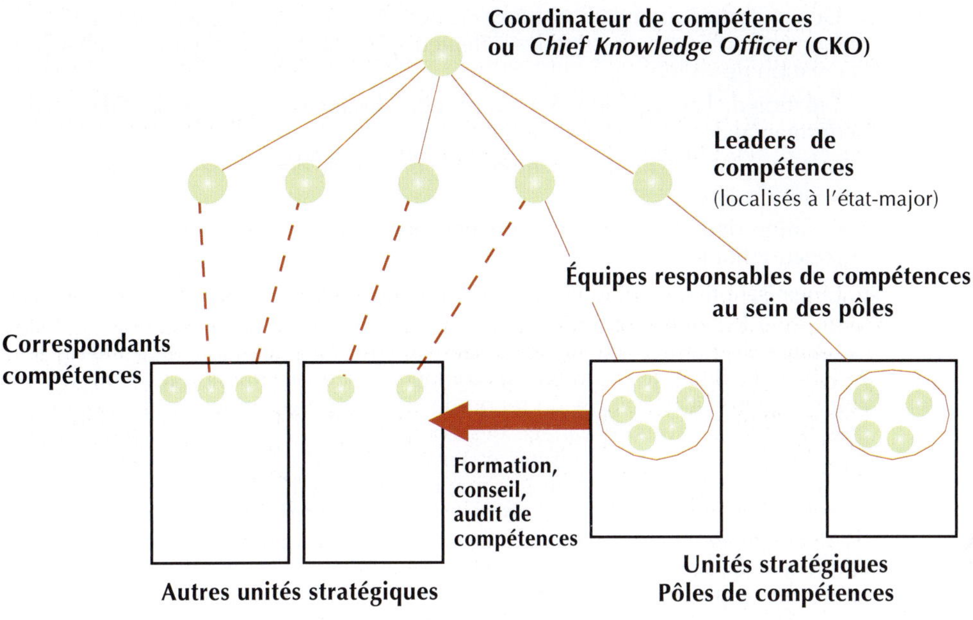

Figure 20.12 Organisation de la gestion des compétences

Cela suppose un renouvellement de la conception des organisations et du changement, en particulier dans le sens d'une évolution vers les réseaux que nous aborderons dans le chapitre suivant.

MINI-CAS

Sommer-Allibert

Le groupe Sommer-Allibert est né de la fusion d'une entreprise de tapis et revêtements de sols (Sommer) et d'un fabricant de composants plastique (Allibert). Tout au long de son existence, le groupe a tenté d'exploiter des savoir-faire technologiques et commerciaux complémentaires sur des marchés assez diversifiés : automobile (équipements internes tels que tableaux de bord, garnitures de portières, etc.), construction (salles de bain et cuisines), mobilier et fournitures pour la maison, le bureau et l'industrie, packaging…

Au milieu des années 1990, le groupe avait un chiffre d'affaires de 2 milliards d'euros réalisé pour plus de 30 % à l'étranger, et l'essentiel de sa croissance provenait de la sous-traitance automobile. Le groupe décide alors de différencier l'organisation de ses cinq divisions produit/marché (voir figure 20.13) et d'en faire de véritables centres de profits jugés sur leur ROI (*Return On Investment*), mais tout en renforçant les synergies de nature tant industrielles que commerciales au sein du groupe, sans pour autant alourdir ses superstructures, représentées par une direction générale « Gestion » et une direction générale « Industriel ».

Pour cela, le groupe s'engage dans un processus de gestion des compétences reposant sur un dispositif en six points :

> Renforcement du rôle de la direction des ressources humaines (DRH) du groupe, chargée de définir les conditions de la mobilité interne à travers l'identification de trajectoires de carrière au sein du groupe.

>

····>

> Généralisation d'initiatives transversales destinées à organiser des lieux de rencontre et d'échanges entre les détenteurs de compétences (en particulier par la création de « clubs »).

> Création de bases de données industrielles destinées à apprécier les facteurs de performance de chaque technologie.

> Mise en place de modalités internes de prêt ou de détachement de spécialistes entre les divisions.

> Création de groupes transversaux destinés à assurer une veille technologique et concurrentielle.

> Organisation de sessions de formation orientées en fonction des résultats fournis par le système de veille.

Ce dispositif était essentiellement basé sur les échanges mutuels à travers les « clubs », facilitant les transferts de compétences d'une division au profit d'une autre. Il affirmait la volonté de rendre la structure divisionnelle plus ouverte et plus flexible à travers le partage des compétences, l'échange d'expérience, la diffusion de la gestion de projets et l'instauration d'une mobilité des hommes fondée sur le transfert et la transposition des compétences acquises. Ce faisant, il évitait la constitution d'une technostructure supplémentaire et un alourdissement du siège qui aurait été coûteux et surtout aurait provoqué une levée de boucliers et une résistance naturelle au sein des divisions. Parallèlement, l'entreprise développe des actions de recherche appliquée en collaboration avec certains grands clients et certains fournisseurs d'équipements industriels.

Figure 20.13 Le dispositif de gestion des compétences de Sommer-Allibert (1995-1998)

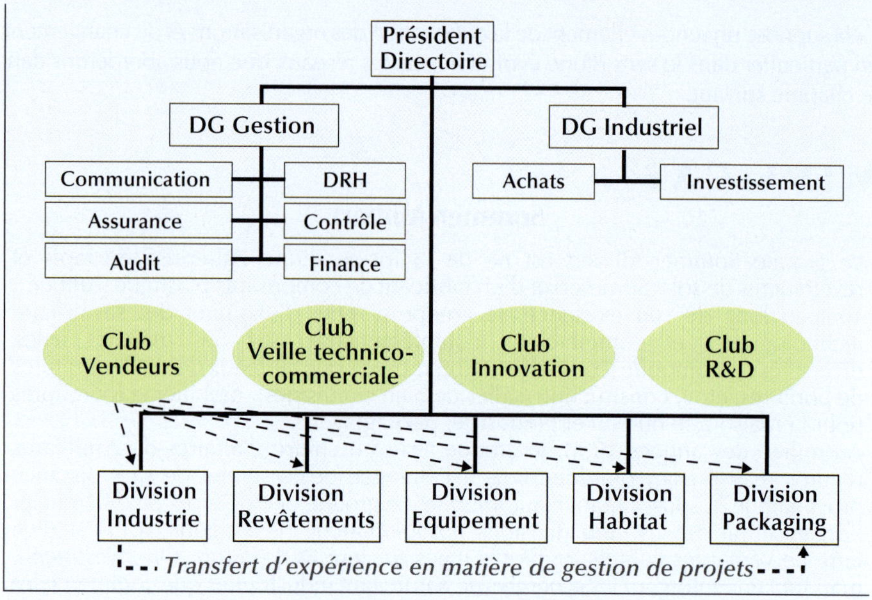

En 1999, capitaux propres et endettement ne suffisent plus à soutenir la croissance, en particulier dans l'automobile où les constructeurs demandent à leurs sous-traitants de les suivre dans le monde entier. Le P-DG et principal actionnaire déclare : « Nous devons choisir entre trois stratégies possibles : nous transformer en conglomérat totalement diversifié, nous spécialiser dans l'équipement automobile ou rester un groupe industriel en resserrant encore nos activités autour de nos compétences technologiques. »

>

....> En 2001, les activités automobiles de Sommer-Allibert seront finalement absorbées par l'équipementier automobile Faurecia, filiale de PSA, alors que les activités de revêtement de sols qui ont pris le contrôle de Tarkett, l'un des leaders européens du secteur, en 1997, deviennent indépendantes.

Questions

1) Quelles sont les actions essentielles à entreprendre en interne (structure, systèmes, processus, développement humain, informations, identité, etc..) pour mettre en œuvre chacune des trois stratégies envisagées par le PDG en 1999 ?
2) Comment conduire le processus de changement dans chacun des trois cas ?
3) Quelle option a votre préférence et pourquoi ?

EN PRATIQUE

Construire la structure divisionnelle à partir des activités et des processus structurants de l'entreprise

Paradigmes stratégiques	*Rôles du corporate dans l'organisation*	Exemples
1 Holding financier	• Achète/vend des entreprises et des participations • Définit des objectifs financiers	Banques d'affaires *Private Equity Funds*
2 Architecte stratégique (conglomérat)	• Définit l'arène stratégique globale • Laisse une large autonomie aux unités stratégiques • Contrôle les résultat financiers des unités	Virgin General Electric LVMH Sara Lee
3 Contrôleur stratégique (diversifié relié)	• Détermine les orientations et les compétences clés • Organise les synergies entre unités • Contrôle les objectifs stratégiques des unités (BSC)	Saint-Gobain Nestlé Unilever Procter & Gamble
4 Opérateur (mono-activité)	• Définit et gère tous les investissements • Établit et contrôle les indicateurs opérationnels	Michelin Toyota SNCF Arcelor-Mittal

Figure 20.14
Types de stratégies et d'organisations

L'observation des entreprises de taille importante dans le monde permet d'identifier quatre grandes catégories de structures, que nous présentons dans la figure 20.14. Cette typologie simplifiée, inspirée des travaux théoriques présentés dans ce chapitre (voir l'encadré « Fondements théoriques » sur le modèle d'Henry Mintzberg), va des holdings financières aux entreprises mono-activité, et englobe stratégie, structure, systèmes de management, « style » au sens de Goold et Campbell, et nous ajouterons « identité », au sens défini dans le chapitre 2. Ainsi, sans exclure de nombreux cas intermédiaires ou hybrides, la très grande majorité des entreprises diversifiées au sens strict du terme se retrouve dans les catégories 2 (Architecte stratégique-conglomérats) et 3 (Contrôleur stratégique – à diversification reliée). Si les entreprises de la catégorie 3 possèdent certaines activités non reliées, elles géreront ces unités comme le font les entreprises du modèle 2 ; si certaines entreprises de la catégorie 4 ont certaines activités de diversification reliée, elles >

····> géreront ces unités comme les entreprises du modèle 3. Non seulement ces modèles hybrides sont très fréquents, mais ils témoignent de la dynamique des entreprises qui ne peuvent jamais se satisfaire d'un modèle abouti définitif.

Pour parvenir à réaliser le meilleur ajustement possible dans le découpage des divisions (et subdivisions), dans les liaisons entre divisions, et dans la définition de leur degré d'autonomie-contrôle, il faut dresser un graphe complet de l'entreprise, de sa ou ses chaînes de valeur et des principaux processus structurants. Ce graphe doit permettre de situer les unités de base (usines, ateliers, laboratoires, zones de vente, services spécialisés…), leur taille et leur mode d'organisation interne. Il doit montrer les types de relations qui s'établissent entre elles : cessions de matières, de semi-produits ou de produits, prestations de services internes, liaisons d'information ou de contrôle, valeur ajoutée à chaque étape.

Ce graphe peut être très complexe dans certains secteurs d'activité, comme la chimie et ses dérivés par exemple, où les flux de produit amont/aval/latéraux sont multiples et très interdépendants. Une bonne analyse stratégique et organisationnelle impose, au-delà du schéma interne, d'examiner l'ensemble des flux internes et externes (achats, ventes, à des filiales, à d'autres entreprises, parfois concurrentes). Le découpage en filiales, divisions, unités stratégiques et opérationnelles, et la répartition des pôles de décision qu'il implique, peut être fortement remis en question par une évolution technologique des processus de production et des produits, par les fluctuations de la demande, par l'arrivée de concurrents internationaux etc. La transformation profonde des compagnies d'assurances par l'informatisation d'abord, puis le b*usiness process outsourcing* ensuite, ou les conséquences organisationnelles du recentrage de certains groupes industriels sur des produits à forte valeur ajoutée suite à l'entrée des produits chinois, en sont de bons exemples.

À partir de ce graphe élargi (réseau inter-unités et inter-partenaires), on peut évaluer les facteurs (la technologie par exemple) qui imposent certains regroupements (dans une même unité) ou déterminent le type de coordination à établir entre unités et avec les services centraux. Toutefois, il subsiste toujours un degré de liberté dans les choix stratégiques et organisationnels. On peut, par exemple, regrouper certains services-support en pools ou les répartir entre les divisions, affecter un produit à une unité plutôt qu'à une autre, autoriser une division en aval à s'approvisionner simultanément à l'intérieur et à l'extérieur du groupe, en étant bien conscient des conséquences stratégiques, et bien souvent identitaires, de ces choix structurels. La difficulté d'anticiper l'avenir impose de plus en plus de construire des organisations qui maintiennent ouvert le choix des possibles. Ce sont ces organisations stratégiques que nous examinerons dans le chapitre suivant.

LES POINTS CLÉS

L'objectif (et le défi) des organisations divisionnelles est de concilier, d'un côté, la logique stratégique de chaque activité (qui crée de la valeur au sein de chaque unité), et de l'autre, l'exploitation d'économies d'échelle et de compétences partagées (qui créent de la valeur au niveau du groupe).

Dans les grandes entreprises diversifiées et multinationales, la divisionnalisation se démultiplie à plusieurs échelons qui correspondent chacun à un niveau de gestion stratégique essentiel. De même, la localisation des supports fonctionnels et leurs interconnexions doit résulter d'une réflexion stratégique appropriée.

Parmi les entreprises organisées en divisions et/ou *business units*, il faut distinguer entre différentes catégories dont la logique stratégique est différente :

> Les entreprises à activité dominante (ex. : sidérurgie, automobile, assurances, etc..), dont le cœur d'activité relève d'une organisation fonctionnelle, mais qui disposent de quelques unités de diversification (ex : cycles autrefois pour Peugeot, mines pour Arcelor-Mittal, banque pour certaines compagnies d'assurance.).

> Les entreprises à diversification reliée (exemples : General Electric, Saint-Gobain, Hewlett-Packard), qui s'efforcent de créer de la valeur au niveau du groupe au-delà de la valeur créée par chaque unité (ex. : système de financement des ventes chez GE, logistique de distribution chez Saint-Gobain, partage des *supply chain models* chez HP…). Une sous-catégorie se caractérise par des liaisons verticales entre les unités et branches (ex. : Samsung, groupes pétrochimiques…).

> Les conglomérats (ex. : Virgin, Mahindra, Sara Lee…), où chaque unité, très indépendante, n'est contrôlée que sur sa performance financière, et où le groupe ne dispose pratiquement pas d'unités fonctionnelles ou support, et n'encourage pas l'exploitation de synergies entre unités.

Aux catégories ci-dessus, Mintzberg propose d'ajouter deux grands types, ou *Gestalt,* importants dans le monde actuel :

> les organisations professionnelles (ex. : universités, hôpitaux, sociétés d'audit…) qui reposent sur la standardisation et la socialisation des qualifications de ses membres (médecins spécialisés, infirmières, aides soignantes.). La base du pouvoir est la compétence individuelle et la ligne hiérarchique est très courte ;

> les adhocraties (ex. : sociétés d'ingénierie…) qui permettent de mobiliser les travaux d'experts très divers sur des projets spécifiques. Leur structure est très flexible et mobile, la coordination reposant essentiellement sur l'ajustement mutuel.

Dans une entreprise diversifiée, l'avantage parental apporté par le groupe passe par une organisation qui comporte :

> des systèmes de planification et de contrôle, pouvant aller du plus financier (mesure de l'EVA ou du ROIC de chaque unité) au plus stratégique (mesure des différents KPI, ou *Key Performance Indicators*) ;

> des unités fonctionnelles centrales, qui définissent des orientations spécialisées (technostructure) et fournissent des services (logistique) aux divisions ou *business units ;*

> une fonction de direction générale qui consiste à gérer le portefeuille d'activités du groupe : acquisitions et ventes d'activités, alliances stratégiques.

>

····> Il est essentiel que les unités n'enferment au sein de leur structure ni leurs ressources ni leurs compétences, ce que beaucoup de systèmes organisationnels, en valorisant excessivement la responsabilisation des leaders d'unités, poussent naturellement à faire. L'organisation de la gestion des compétences-cœur de l'entreprise diversifiée est un défi essentiel qui exige :

> la localisation des pôles de compétences, au siège ou au sein de certaines *business units*, et la gestion du développement de ces pôles ;

> le pilotage de la diffusion, de l'utilisation et de l'approfondissement des compétences d'une unité stratégique à l'autre ;

> l'organisation du renouvellement et du développement de nouveaux pôles de compétences, en s'appuyant sur des structures de veille et d'innovation.

QUIZ

1. Les choix de structure des entreprises diversifiées résultent de la recherche d'un équilibre entre :
a. Taille et contrôlabilité des *business units*.
b. Autonomie et coordination des *business units*.
c. Croissance et rentabilité des *business units*.

2. Dans la structure divisionnelle :
a. La spécialisation se fait par produits ou zones géographiques ; la spécialisation par fonctions est exclue.
b. La hiérarchie est plus plate que dans une structure fonctionnelle puisque chaque responsable de *business unit* rapporte directement à la direction générale.
c. Chaque division est généralement organisée comme une entreprise mono-activité, c'est-à-dire qu'elle est dotée d'une structure fonctionnelle.

3. Pour Mintzberg, les services fonctionnels se subdivisent en deux catégories. Lesquelles ?
a. La technostructure et le support logistique.
b. La bureaucratie mécaniste et la bureaucratie professionnelle.
c. Les activités principales et les activités de support.

4. L'adhocratie est une configuration organisationnelle fondée sur :
a. L'ajustement mutuel entre les acteurs.
b. La coordination par une stricte hiérarchie.
c. La division des tâches selon une approche méritocratique.

5. Dans un groupe intégré verticalement, l'organisation en divisions distinctes est :
a. Généralement impossible à instaurer.
b. Optimale pour assurer la continuité des flux de production.
c. Délicate à mettre en œuvre du fait des flux de cession interne.

6. Au sein d'un groupe diversifié, l'avantage parental est fondé sur :
a. La valeur créée grâce à des ressources spécifiques développées à l'échelon *corporate*.
b. La capacité organisationnelle à contrôler la performance et à maintenir la discipline des différentes unités.
c. L'adéquation de la culture d'entreprise au projet stratégique.

7. Dans un groupe diversifié, la création et l'exploitation d'un avantage parental nécessite :
a. Des systèmes de planification et de contrôle, des fonctions centrales en support des *business units* et une direction générale qui formule et met en œuvre une stratégie de croissance (*corporate strategy*) cohérente.

>

....>

b. Une très grande autonomie des *business units* et des entités *corporate* aussi légères et peu interventionnistes que possible.
c. L'existence d'une activité dominante qui permet de créer des « compétences-cœur » qui seront ensuite appliquées aux activités de diversification.

8. Une des principales critiques adressée à la structure en *business units* porte sur :
a. L'incapacité des *business units* à valoriser les innovations de l'entreprise.
b. La faible circulation des savoirs et des compétences entre les *business units*.
c. La rivalité interne entre les *business units* en matière d'allocation de ressources et de compétences.

9. Laquelle des affirmations suivantes relatives aux pôles de compétence est-elle inexacte ?
a. Un pôle doit être difficilement imitable par les concurrents.
b. Un pôle doit donner accès à une grande variété de marchés.
c. Un pôle doit contribuer significativement à la croissance de l'activité.

10. La codification des compétences crée le dilemme suivant :
a. La codification facilite le transfert de compétences mais fige leur évolution et facilite leur imitation.
b. La codification accroît la base de connaissance de l'entreprise mais prive les détenteurs de compétence de leur valeur ajoutée.
c. La codification facilite l'innovation mais ralentit la croissance en créant des coûts bureaucratiques.

Réponses : 1.b, 2.c, 3.a, 4.a, 5.c, 6.a, 7.a, 8.b, 9.c, 10.a

21 Matrices, projets et réseaux : construire des organisations plus stratégiques

L'évolution des structures a connu une inflexion capitale vers la fin des années 1960. C'est à cette époque que la diversification et l'internationalisation des activités ont conduit certaines entreprises, américaines d'abord, européennes ensuite, à rechercher les moyens de concilier des exigences contradictoires et de faire face à un univers de changements permanents. Ces entreprises ont souhaité développer les synergies entre leurs activités, le plus souvent déjà organisées en divisions (ou *business units*), et consacrer des moyens communs à la réalisation de plusieurs missions différentes, qui ne pouvaient être hiérarchisées les unes par rapport aux autres et qui, de surcroît, obéissaient à des logiques de développement différentes. Les entreprises confrontées à cette problématique ne pouvaient dès lors plus se satisfaire d'une spécialisation fondée sur la prééminence d'un seul critère (la fonction, la technologie, le produit, le marché...).

Devant la croissance de la complexité, il fallait inventer de nouvelles structures combinant des modes de spécialisation et de coordination multiples, ce qui remettait en cause un des fondements du modèle monodimensionnel, l'unicité de commandement. Cela ne faisait que confirmer les limites de la stricte application de ce principe, connues depuis assez longtemps pour avoir suscité l'instauration de relations de coordination transversales, chargées de pallier l'incapacité de la voie hiérarchique à répondre à l'accroissement des besoins de coordination. Cette tendance a débouché sur une évolution des structures traditionnellement « mécanistes » vers des structures beaucoup plus « organiques » (voir chapitre 10).

Ainsi, dans le courant des années 1970-1980, face à la complexité croissante de l'environnement qui exigeait d'augmenter à la fois la différenciation et l'intégration au sein des organisations, sont apparus deux types de structure nouveaux, d'inspiration proche : les structures matricielles et les structures par projet. Les premières ont fait couler beaucoup d'encre et engendré des débats passionnés, alors que les secondes ont été adoptées sans provoquer de remous ni de polémiques. Aujourd'hui, la grande majorité des organisations, bien qu'elles ne soient qu'exceptionnellement totalement matricielles ou par projet, empruntent de nombreux éléments à ces deux types de structure.

Mais, depuis le début des années 2000, on assiste à un nouveau changement de perspective, sous l'action combinée de la concurrence, accrue par les dérégulations et la globalisation, et des exigences accrues de création de valeur pour l'actionnaire. Les entreprises transforment progressivement leur organisation interne en réseau d'unités inter-reliées, dont on peut évaluer l'efficacité et l'efficience propres ; en même temps, elles se dotent d'un réseau externe de partenaires-collaborateurs, constituant ainsi un véritable écosystème dont la gestion devient une nouvelle dimension de la stratégie.

Nous avons vu dans ce livre qu'une fois installée, la structure détermine très largement la stratégie. Devant la quasi-impossibilité aujourd'hui de prévoir et de planifier à long terme, c'est l'organisation qui doit devenir stratégique, c'est-à-dire capable de réinventer la stratégie en permanence : les structures matricielles et par projets faisaient déjà un premier pas dans ce sens ; les réseaux, avec le support des nouvelles technologies d'information et communication, permettent aujourd'hui d'aller beaucoup plus loin.

1 La structure matricielle

Boeing a sans doute été, il y a une quarantaine d'années, la première entreprise à adopter une structure matricielle. Chaque équipe de travail appartient non seulement à une branche correspondant à sa spécialité technique (ailes, système de guidage, etc.) mais aussi à son département de programme (par type d'avion : 737, 757, 767...), tant pour ce qui concerne la fabrication industrielle que pour la conception des prototypes ou la commercialisation finale. La même forme d'organisation est utilisée avec succès par la grande majorité des entreprises du secteur aéronautique et spatial dans le monde, dès lors qu'elles montent en série des produits différents qui puisent dans des ressources technologiques communes. De manière générale, les structures matricielles se caractérisent par le croisement de deux critères de spécialisation : le programme et la spécialité technique dans le cas de Boeing, les métiers et les fonctions dans d'autres cas, ou encore les domaines d'activité et les pays.

Lorsque l'entreprise est diversifiée dans des activités qui font appel à des processus et des savoir-faire communs, l'organisation en divisions strictement autonomes apparaît en effet comme coûteuse, car elle néglige les importantes économies que l'on pourrait faire en concentrant certains moyens au niveau de l'ensemble de l'entreprise. On peut alors envisager une structure matricielle qui, d'une certaine façon, combine les deux autres structures (par fonctions et par divisions) dans une perspective multidimensionnelle, en remettant en cause le principe d'unicité de commandement.

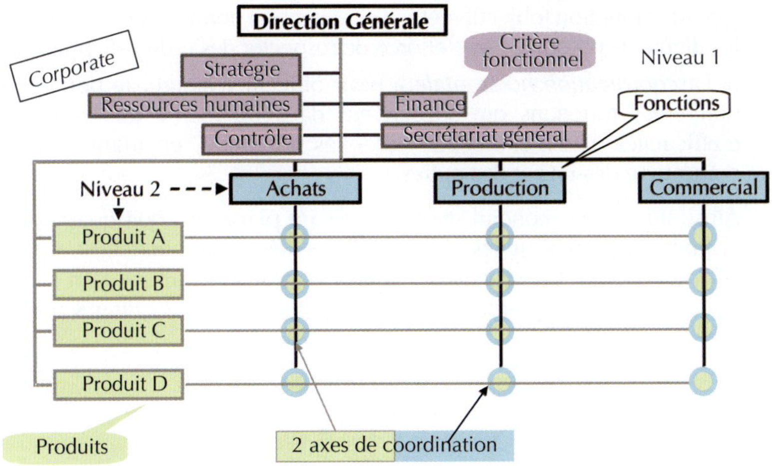

Figure 21.1
La structure matricielle

A/ Le croisement de deux critères de spécialisation

Dans la structure matricielle, chaque unité élémentaire est à l'intersection de deux spécialités, par exemple une fonction et un métier. Chaque fonction se structure de la façon la plus efficace pour elle. Par exemple, les achats sont répartis selon la nature des composants (matières premières, pièces mécaniques, électronique) ; mais à ce découpage se superpose un découpage par produit. On a ainsi un responsable des achats de matières premières entrant dans la fabrication du produit A, du produit B ou du produit X.

Le responsable des achats veille à l'économie globale du service (ajustement des moyens au volume global des achats, détermination des normes des commandes, nombre de fournisseurs, procédures). Le responsable du produit X détermine les caractéristiques de prix, qualité, délais, requises pour la gamme de produits qu'il gère. Quant au responsable des achats de matières premières du produit X, il est le garant vis-à-vis de chacun d'eux du respect des normes que les deux autres responsables ont édictées. Le même raisonnement s'applique à chacune des fonctions concourant à la réalisation des activités de l'entreprise.

B/ Les modes de coordination

Si l'on veut optimiser deux missions indépendantes, « gérer le produit P » et « vendre l'ensemble des produits » par exemple, on ne peut subordonner l'une à l'autre. Il faut équilibrer les pouvoirs de chacun des responsables et organiser leur confrontation, afin de gérer les conflits que la dualité des missions engendre inévitablement. Ainsi, le responsable des ventes d'un produit sera supervisé par le directeur des ventes de l'entreprise, auquel il rendra compte de son comportement de vendeur, et par le directeur de la division produit, auquel il répondra des objectifs spécifiques affectés au produit dans son ensemble.

Chacun des moyens mis en commun est ainsi soumis à une double influence, ou à une double appartenance, comme le montre la figure 21.2.

> La *coordination verticale* a pour objectif d'optimiser l'utilisation des moyens dévolus à chaque fonction (objectif d'efficience) par une bonne allocation de ces moyens entre les différents produits. Elle s'efforce de respecter des ordres de priorité.

> La *coordination horizontale* a pour objectif d'assurer le bon enchaînement des différentes fonctions qui s'inscrivent dans un même flux d'opérations (objectif d'efficacité). Elle s'efforce de gérer les interfaces, en tirant parti des marges de manœuvre des uns et des autres.

Ainsi, au niveau mondial, Nokia a mis en place en 2004 quatre grandes activités-produit verticales (elles-mêmes segmentées par marchés), et deux grandes activités-support transversales : ventes et marketing d'une part ; opérations, logistique, achats et plates-formes technologiques (exemple « Plug & play ») d'autre part.

Figure 21.2
Les couples différenciation-intégration dans la structure matricielle

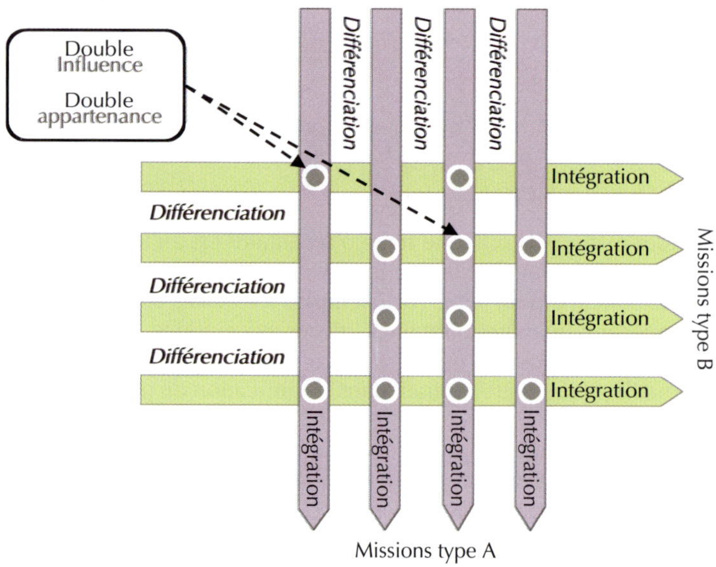

C/ La dynamique des structures matricielles

Chacune des formes de coordination est tributaire de l'autre : la conduite des opérations implique la recherche permanente de compromis entre efficience (productivité) et efficacité (qualité de réalisation des objectifs), qui ne peut résulter que d'une collaboration très étroite entre les personnes investies de ces deux responsabilités.
Chaque responsable fonctionnel (« achats », « production », etc.) est chargé d'assurer un rôle d'intégrateur vis-à-vis des responsables de produit qui mobilisent les ressources de ses services. Lorsqu'il décèle un risque de non-respect des objectifs assignés à un produit, il est de son devoir de chercher un compromis acceptable avec le responsable du produit concerné, voire de solliciter un arbitrage au niveau supérieur.
Chaque responsable de produit est, de son côté, chargé d'assurer un rôle d'intégrateur entre les responsables fonctionnels, en particulier en intervenant lorsque l'écart de performance d'un service fonctionnel risque de provoquer des répercussions en chaîne sur le processus de conception-production-vente de son produit.

Le responsable qui se trouve à l'intersection entre les exigences fonctionnelles et les exigences concernant les produits joue un rôle capital. Les causes de dysfonctionnements doivent être détectées à son niveau. Il doit prendre l'initiative d'alerter les coordinateurs des deux lignes lorsqu'il pressent une difficulté dont la résolution n'est plus de son ressort. Pour que la structure matricielle fonctionne bien, *il doit assumer une double appartenance* :

> au service fonctionnel, qui attend de lui une compétence technique sur laquelle il sera jugé ;

> à l'équipe produit, qui attend de lui une solidarité et une implication dans le résultat d'ensemble du *business*.

La dynamique d'une structure matricielle apparaît clairement dans l'exemple d'une université (voir le Mini-cas ci-dessous). Dans l'université, la structure matricielle est assez facile à implanter, car chaque professeur ressent la dualité et la complémentarité des objectifs de l'organisation à laquelle il appartient. Dans beaucoup d'autres cas, la mise en place d'une structure matricielle provoque un choc culturel qui n'est toléré par les membres de l'entreprise que si le choix d'une telle organisation leur paraît légitime. En effet, la structure matricielle remet en cause le concept de hiérarchie comme système stable de codification du pouvoir des individus. Le pouvoir n'est plus une donnée stable, mais une résultante précaire des arbitrages nécessités par la complexité et l'incertitude dans lesquelles se meut l'entreprise. L'efficacité d'une organisation matricielle dépend donc de la compréhension et de l'acceptation par les individus de cette règle du jeu.

MINI-CAS

Structures matricielles dans une université

Une université s'appuie essentiellement sur un potentiel humain qui fait sa richesse, et sur lequel repose largement sa capacité de développement. C'est à travers l'action du corps enseignant que se réalise la synergie entre sa mission de recherche et sa mission d'enseignement (mission A et mission B dans la figure 21.2), synergie qui est à l'origine du concept d'université. L'adoption d'une structure matricielle est la seule manière d'assumer la totalité des missions qui lui sont confiées.
Si l'université adopte une structure reposant sur un critère dominant (soit l'enseignement, soit la recherche), les enseignants seront regroupés soit par programmes de formation (priorité à l'enseignement), soit par départements correspondant à des disciplines scientifiques (priorité à la recherche). Dans le premier cas, la recherche aura du mal à s'imposer, car les responsables des programmes de formation (par exemple master en finance, master en sociologie, MBA, etc.) constitueront la ligne hiérarchique. Ceux-ci effectueront les principaux arbitrages en fonction de critères d'enseignement, les coordinateurs des activités de recherche n'ayant à leur disposition que les instruments d'incitation propres aux intégrateurs décrits dans le chapitre 2. Dans le second cas, on observera le phénomène inverse. La formation de vétérinaires, par exemple, fera dans le premier cas partie d'un ensemble de formations s'adressant à l'environnement rural, alors que dans l'autre cas elle appartiendra à l'univers biomédical. Dans le premier cas, le professeur vétérinaire travaillera essentiellement avec les enseignants des disciplines agricoles et sera en partie coupé de son univers scientifique d'origine. Dans le deuxième cas, son milieu de travail sera composé de médecins et de biologistes, mais il aura peu de contacts avec les autres enseignants de l'univers rural. >

....>

En revanche, si l'université adopte une structure matricielle, le même professeur vétérinaire fera partie de l'équipe des formations rurales pour ses activités d'enseignement, et de l'univers biomédical pour ses activités de recherche. Il devra s'adapter aux exigences propres à chacun de ces univers et l'allocation de son temps sera le résultat d'une négociation tripartite entre lui-même (ou son équipe), les responsables de l'axe enseignement et les responsables de l'axe recherche.
L'adoption d'une structure matricielle permet, de plus, une adaptabilité plus grande de l'université aux différences de rythme d'évolution des enseignements et de la recherche. La pluridisciplinarité scientifique pourra être modifiée sans être affectée par les exigences des structures d'enseignement. À l'inverse, les enseignements pourront s'adapter sans être freinés par les cloisons entre disciplines scientifiques. La tradition, en France, voulait que les universités soient organisées essentiellement par départements scientifiques, sans s'interroger sur le profil des étudiants ainsi formés, tandis que les grandes écoles d'ingénieurs et de commerce étaient principalement structurées par programmes de formation, ce qui entraînait une faiblesse de la recherche. L'adoption progressive de structures plus matricielles dans les deux types d'institution a rétabli l'équilibre des priorités.

Questions

1) En vous appuyant sur votre vécu d'étudiant, comment décririez vous la structure de votre institution d'enseignement supérieur ?
2) Quels étaient ou quels en sont les avantages et les inconvénients ?
3) Si vous êtes passé par deux institutions différentes, comparez leurs structures et faites un bilan des conséquences stratégiques et opérationnelles des choix organisationnels qui ont été faits.

D/ Efficacité et pathologie des structures matricielles

La plupart des critiques faites aux structures matricielles mettent en cause la dualité hiérarchique : une personne ne peut dépendre de deux supérieurs sans que cela soit un facteur d'incohérence grave, ou la négation même de l'autorité hiérarchique. De plus, ces structures peuvent ralentir les processus de décision par les conflits et les blocages qu'elles génèrent. Cette critique résulte souvent d'une incompréhension des fondements de la structure matricielle et des rôles respectifs joués par les trois principaux types de responsables qu'elle mobilise.
Le rôle des intégrateurs en ligne et en colonne dans la figure 21.1 n'est pas de donner des ordres aux différents responsables placés à l'intersection d'une ligne et d'une colonne, mais au contraire de définir d'un commun accord les conditions de travail et les objectifs desdits responsables. En effet, ces objectifs ne peuvent résulter que d'un compromis entre les exigences de chacune des missions. Les intégrateurs doivent ensuite assurer la communication entre les différents responsables qui interviennent le long de la ligne ou de la colonne dont ils assument la coordination, afin d'atteindre le niveau de performances requis.
Si l'on reprend l'ensemble de la matrice fonction/produit, le coordinateur vertical (fonction) doit optimiser l'emploi des moyens mis à sa disposition, tout en respectant les objectifs auxquels il s'est engagé vis-à-vis des coordinateurs « produits ». Pour cela, il agit sur l'allocation de ces moyens aux différents sous-ensembles représentés par les différentes cases de la matrice qui s'inscrivent dans sa colonne. Le coordinateur horizontal (produits), quant à lui, s'assure que les flux entre services fonctionnels se déroulent comme prévu, et anticipe les conséquences d'éventuels

écarts, afin de réaliser les ajustements nécessaires au respect des performances dévolues à sa ligne de produits.

Dans une telle optique, le rôle du responsable placé à l'intersection ligne/colonne ne peut être interprété comme celui d'un simple exécutant soumis à des injonctions contradictoires. Il est le seul qui puisse déclencher un arbitrage de niveau supérieur s'il sent, en fonction des informations qui lui sont fournies, qu'il risque de ne pas atteindre le niveau de performance requis. Par exemple, si son équipe vient à manquer de certains spécialistes, il avertira le coordinateur fonctionnel, qui s'efforcera de puiser dans les autres équipes de même spécialité, travaillant sur d'autres produits. Si ce recours est impossible et si le coordinateur fonctionnel n'aboutit pas à un compromis avec les coordinateurs « produits » concernés, on aura alors recours à l'arbitrage du responsable de niveau supérieur.

Dans la structure matricielle, une décision n'est jamais l'apanage d'un seul individu qui régente un territoire bien délimité, mais le résultat de la confrontation entre plusieurs individus, le nombre d'intervenants dépendant de la complexité du problème et des interdépendances qu'il met en cause. La structure matricielle est conçue pour gérer des interfaces, le domaine d'action de chaque responsable étant largement décentralisé. Elle met l'accent sur la performance collective plus que sur la performance individuelle.

Lorsque cette règle du jeu n'est pas comprise et respectée, des luttes de pouvoir entre intégrateurs horizontaux et verticaux se produisent, dont l'enjeu est le contrôle hiérarchique de chaque case de la matrice. Chaque problème d'interface est alors considéré comme un terrain où l'on peut affirmer sa suprématie, et non comme un terrain de coopération. Il en résulte une dynamique inverse de la dynamique souhaitée ; les recours aux arbitrages de niveau supérieur sont systématiques, la direction générale est saturée, la réunionnite sévit. Dans un tel contexte, les responsables placés à l'intersection des deux axes de coordination sont soit totalement passifs, attendant la fin du combat des chefs, soit suffisamment habiles pour tirer profit de cette situation en s'autorisant des initiatives qui confortent leur indépendance. Le cloisonnement de l'organisation va croissant et la coordination est laissée au hasard des affinités interpersonnelles. Une telle situation se résout généralement par un abandon de la structure matricielle et un retour à une structure plus simple.

De nombreuses tentatives d'implantation de structures matricielles se sont soldées par des échecs parce que leurs promoteurs avaient sous-estimé la révolution culturelle nécessaire, ou parfois plus simplement parce que la complexité des problèmes n'était pas suffisante pour justifier l'adoption d'une structure matricielle. Avant d'adopter une solution aussi complexe, il faut s'assurer qu'elle correspond à des exigences réelles. C'est ce qu'auraient dû dire les auteurs du *Prix de l'excellence*[1] au lieu de condamner d'emblée les structures matricielles, qui se sont révélées extrêmement efficaces dans un certain nombre d'entreprises. Puisque ces structures fonctionnent sur des solutions de compromis, leur adoption ne permet pas toujours de mettre en œuvre toutes les économies d'échelle et les synergies potentiellement réalisables, mais ce qu'elles permettent d'économiser en coûts de coordination par rapport aux structures classiques est le plus souvent une contrepartie suffisante.

Finalement, l'organisation matricielle se heurte surtout à la nécessité impérative de simplicité organisationnelle ; Sam Palmisano, P-DG d'IBM, montre bien comment le problème se pose… et se résout :

« Il n'y a pas de façon optimale d'organiser IBM. On nous considère traditionnellement comme une grande entreprise qui réussit et qui est "bien gérée". C'était un compliment. Mais dans notre environnement actuel de changements rapides, c'est

1. Peters T.J. et Waterman R.H., 1983.

un problème. Pensez à notre organisation matricielle… Si vous dessinez notre entière organisation en trois dimensions, vous obtiendrez plus de 100 000 cellules, cellules dans lesquelles il faut tous les jours boucler un compte de résultat, prendre des décisions, allouer des ressources, arbitrer des choix. Vous rendrez les gens fous si vous essayez de piloter ces interactions de façon centralisée. Donc il n'y a aucun moyen d'optimiser IBM soit à travers sa structure organisationnelle soit par dictat managérial, il faut donner du pouvoir aux gens et s'assurer qu'ils prennent les bonnes orientations… Je parle des décisions qui soutiennent et font vivre la stratégie d'IBM et de ses marques, des décisions qui façonnent une culture. »

Au total, la structure matricielle a soulevé un enthousiasme exagéré lors de son apparition. Elle a été appliquée avec plus ou moins de discernement à de nombreux types d'organisations, dès lors que l'analyse des flux entre produits et fonctions faisait apparaître des possibilités d'économies d'échelle importantes. Les difficultés de mise en œuvre ont provoqué un phénomène de rejet, tout aussi exagéré que l'engouement initial. Mais la plupart des organisations ont désormais incorporé des éléments en matrice : responsables de produits et responsables de régions (ou de pays) d'une part, responsables de clients et responsables de produits (ou de chaîne de production et logistique) d'autre part, sont sans doute les couples matriciels les plus répandus aujourd'hui dans les entreprises.

2 La structure par projets

De nombreuses entreprises sont confrontées à des problèmes d'organisation liés au caractère non répétitif de leurs activités. Celui-ci peut s'exprimer de différentes manières et concerner tout ou une partie de l'entreprise. D'un côté, on trouve l'entreprise qui fabrique à la commande à partir d'un catalogue de produits plus ou moins standardisés, la non-répétitivité des activités se traduisant par des procédures spécifiques de lancement et de suivi des fabrications, mais n'affectant pas l'organisation de base des ateliers ni, *a fortiori,* des autres services (fabrication d'engins d'essai, de machines spéciales). D'un autre côté, on trouve l'entreprise qui doit, pour chacune de ses activités, créer des structures *ad hoc,* faisant intervenir la quasi-totalité des fonctions mises en œuvre dans toute organisation (grands travaux publics ou cabinets de conseil).

Les structures par projet se rencontrent pratiquement dans tous les secteurs de l'activité économique : activité d'extraction, industrie lourde, industrie de première transformation, conception de systèmes complexes, services divers.

A/ L'introduction de la dimension temporelle dans la structure

Les modes de structuration définis jusqu'ici supposent une certaine permanence des activités de l'entreprise, une relative stabilité de ses processus d'action. Ils tendent à favoriser l'acquisition des bases d'expérience nécessaires par la répétition, la standardisation, la concentration des compétences au sein des différents services, même dans le cas de structures assez flexibles, aptes à s'adapter à des environnements complexes et incertains.

La non-répétitivité des activités introduit la notion de durée finie, le temps apparaissant comme une dimension supplémentaire de l'organisation. La mise en œuvre de

structures opérationnelles à durée déterminée devient une base d'expérience supplémentaire que l'entreprise doit maîtriser et savoir exploiter. Les activités à durée déterminée vont être organisées autour du concept de projet.
Un projet peut se définir de la manière suivante :

> le produit ou service à réaliser n'est pas répétitif : il est individualisé dans son exécution, sinon dans sa conception ; il est réalisé à un moment donné, dans un lieu précis, dans des conditions particulières, afin de satisfaire un besoin unique ;

> l'organisation des moyens de production (voire d'études) et le processus de réalisation sont fonction de ces spécificités ;

> la maîtrise du temps (délais) est fondamentale. Une programmation propre, portant aussi bien sur les éléments techniques que sur les éléments financiers et commerciaux, est indispensable ;

> la réalisation se fait de manière autonome par rapport au reste de l'entreprise. Des projets peuvent se développer parallèlement les uns aux autres, ou cohabiter avec des activités de production classique à flux répétitif.

Un projet apparaît comme un processus continu qui va de l'idée initiale à la réalisation finale. Gestation et réalisation du projet sont étroitement liées. De plus, un projet se déroule rarement de manière linéaire, ses différentes composantes techniques s'exécutant suivant une chronologie et des relations d'ordre complexe. Des itérations et des remises en cause diverses peuvent intervenir en cours de réalisation, pour des raisons techniques, de délais et de coûts. Pour répondre à de telles exigences, il faut mettre en place des processus d'intégration spécifiques à chaque situation.

B/ Les types de structures par projets

On adopte des solutions organisationnelles très différentes selon qu'il s'agit de réaliser un barrage, de concevoir un prototype industriel, de mettre au point un système d'armement ou de gérer un contrat de conseil. De même, la structure d'un organisme international de coopération spatiale différera considérablement de celle d'une petite société privée qui développe des systèmes informatiques ou d'une entreprise multinationale d'ingénierie industrielle, toutes trois étant pourtant organisées par projets.
Pour définir la structure la plus appropriée, on prend en considération les déterminants habituels (taille, technologie et environnement), les caractéristiques génériques des projets mis en œuvre (nature, taille, durée, répétitivité), et éventuellement l'importance relative du volume d'activité des projets dans l'ensemble des activités de l'entreprise. On peut distinguer trois grandes configurations : structure pure par projets, structure mixte projets-fonctions, et structure matricielle projets-métiers.

La structure pure par projets

Lorsqu'une organisation met en œuvre des projets de grande taille, d'une durée importante (deux ans ou plus), très différents les uns des autres ou suffisamment distants pour que l'essentiel des moyens en hommes et en matériel soit mobilisé en lieu et en heure, on peut découper l'entreprise en autant de sous-ensembles quasi indépendants qu'il y a de projets. Les entreprises de travaux publics qui réalisent de grands travaux à l'étranger (construction de barrages, plates-formes en mer) et certaines sociétés de conseil ou d'ingénierie adoptent souvent une telle structure.

Figure 21.3
Structure pure
par projets

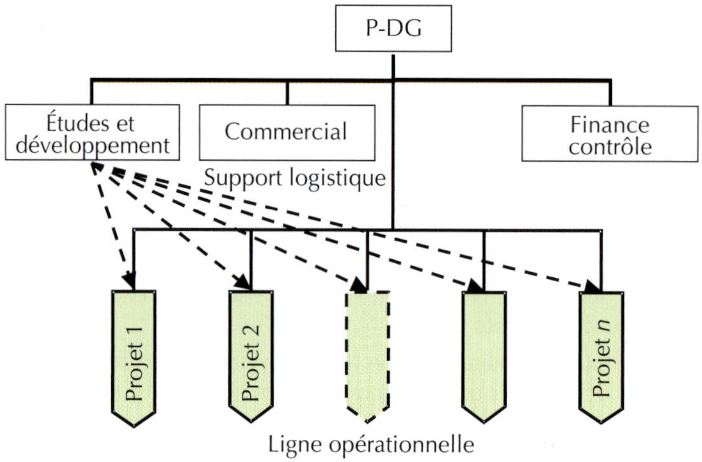

Chaque projet est doté de moyens propres en hommes et équipements, et placé sous la direction d'un responsable auquel sont largement déléguées les décisions opérationnelles. L'entreprise apparaît comme un conglomérat de projets, le niveau central assumant essentiellement des responsabilités d'ordre financier et stratégique (équilibre des flux financiers et des risques, développement de nouveaux projets permettant d'assurer la continuité de l'activité économique de l'entreprise). Dans ce cas, tous les moyens opérationnels sont rattachés aux projets et non à l'entreprise, celle-ci ne se préoccupant pas prioritairement d'en assurer une optimisation globale : les équipements, par exemple, sont amortis sur la durée du projet et peuvent même ne pas apparaître dans les immobilisations de l'entreprise.

La structure mixte projets-fonctions

La structure mixte projets-fonctions convient à des entreprises dont les projets sont susceptibles de puiser dans un gisement commun en hommes et/ou en matériel. Des économies d'échelle entre projets sont alors possibles, et l'entreprise doit adopter une structure fonctionnelle pour la gestion des moyens communs, avec une structure par projets pour leur exécution.

C'est le cas lorsque les projets sont plus répétitifs, d'une durée relativement courte et lorsque l'originalité technique d'un projet par rapport à un autre est faible. Les entreprises de BTP implantées sur des marchés régionaux et offrant des prestations relativement standardisées comme les « maisons de maçon » de Bouygues, les sociétés de conseil et d'ingénierie diversifiées, les sociétés de service informatique, les entreprises fabriquant des engins en petite série ou des carrosseries spéciales, adoptent généralement une structure de ce type.

Il y a, en quelque sorte, par rapport à la situation précédente, un déplacement des bases d'expérience, sources d'avantage concurrentiel, de la partie mouvante vers la partie stable de l'organisation. La partie fonctionnelle de la structure s'apparente un peu à une succession de réservoirs de moyens, dans lesquels les projets puisent les hommes et les équipements dont ils ont besoin aux différentes phases d'avancement des travaux. Les chefs de projet ont la responsabilité pleine et entière des moyens qui leur sont affectés durant la durée du projet. Les directeurs de services fonctionnels supports sont chargés d'adapter le potentiel de moyens aux prévisions d'activité.

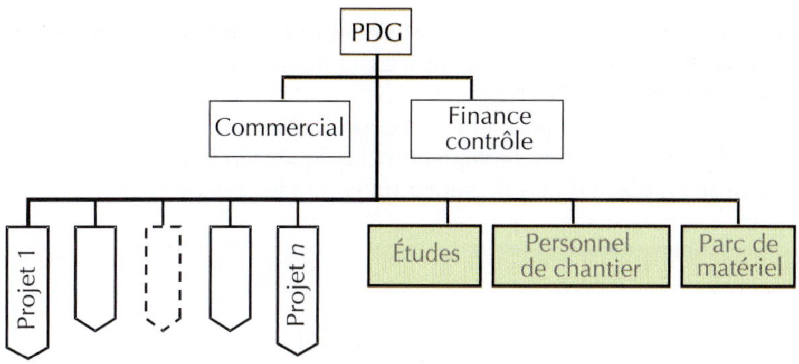

Figure 21.4
Structure mixte projets-fonctions

Ils s'assurent de l'adéquation de la qualification des hommes et des matériels aux besoins, et des progrès des méthodes et des techniques employées. La standardisation des méthodes leur incombe, car c'est la source majeure d'économies d'échelle, dont ils sont les garants. Enfin, ils peuvent jouer un rôle d'expertise technique à la demande.

La structure matricielle projets-métiers

L'application d'un schéma matriciel s'impose dès que la technologie développée dans les projets est à la fois sophistiquée et évolutive.

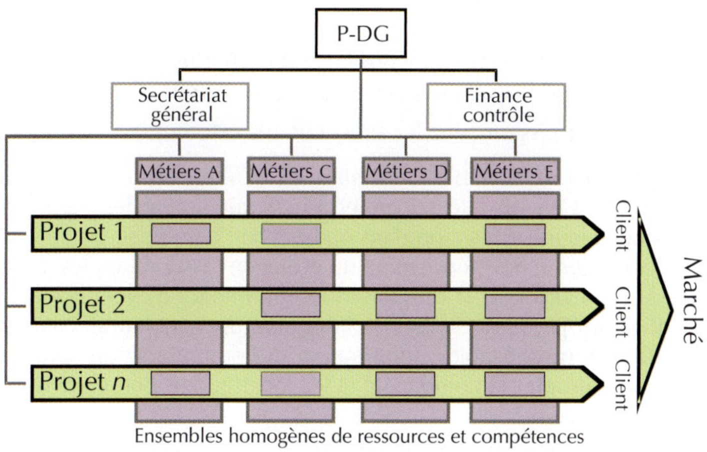

Figure 21.5
Structure matricielle projets-métiers

Les entreprises et organismes qui œuvrent dans des domaines à technologie de pointe, comme la Nasa, le CNES ou de nombreuses sociétés d'ingénierie, sont des exemples de cette structure. Dans ce cas, il est difficile de séparer les moyens et les opérations, car les progrès et les conditions de succès des uns et des autres sont étroitement liés. Lorsque les différents projets développés font appel au même ensemble de compétences technologiques, la structure matricielle projets-métiers est la plus efficace.

C/ Fonctionnement des structures par projets

Les trois configurations présentées ci-dessus sont des transpositions au concept de projet des trois structures de base : la structure fonctionnelle, la structure divisionnelle et la structure matricielle.

La différence réside dans le problème de coordination particulier que posent les projets, auquel les mécanismes d'intégration classiques répondent mal et qui nécessite donc la mise en place d'un intégrateur différent : le chef de projet.

EN PRATIQUE

Le chef de projet

Son rôle essentiel est d'assurer la réalisation effective du projet, en veillant à l'optimisation des trois paramètres interdépendants (qualité technique, délais et coûts), qui caractérisent la performance à atteindre. Pour cela, il doit concevoir, organiser et contrôler un processus original de réalisation.

Il lui appartient de définir le processus opératoire qui sera mis en œuvre, les moyens nécessaires pour le mener à bien, et les instruments de suivi opérationnels. Les échecs de la gestion par projets proviennent souvent de la désignation tardive du chef de projet, quand la phase de conception est déjà très avancée.

Il incombe au chef de projet d'organiser la mobilisation des moyens nécessaires à la réalisation du projet, que ces moyens lui appartiennent en propre, ou qu'ils soient localisés dans la structure permanente de l'entreprise ou au-dehors. Il définit donc l'organigramme du projet et assigne des objectifs de réalisation à chacun des responsables, selon diverses modalités :

> relation de supérieur hiérarchique avec ses subordonnés directs ;

> négociation avec les responsables de la structure interne de l'entreprise ;

> relation client-fournisseur avec les sous-traitants externes.

Il instaure un climat de collaboration entre les différents responsables, afin que ceux-ci s'identifient en priorité au projet, quels que soient leur groupe naturel d'appartenance et leur localisation dans ou hors de l'entreprise.

Il doit enfin contrôler le développement du projet en rassemblant les informations nécessaires à la prévision et la minimisation de l'impact d'éventuels aléas sur le déroulement du projet, et en veillant à la qualité de la communication existant entre les différents responsables. Information et communication sont ses armes principales pour affronter la complexité et les incertitudes inhérentes à toute activité non standardisée.

Comme tout intégrateur, le chef de projet doit faire face à la résolution des nombreux conflits concernant la programmation, la définition des priorités, la disposition du personnel et des moyens techniques, le choix des solutions techniques, l'obtention des informations, l'imputation des coûts et des écarts éventuels, les relations interpersonnelles.

Pour réussir dans sa mission, il lui faut jouer des différents modes de résolution de conflits (confrontation, compromis, diplomatie, pression ou retrait) et tirer parti de ses qualités personnelles (expertise, empathie, charisme) et des leviers que la direction doit mettre à sa disposition (appui hiérarchique le plus élevé possible, maîtrise des ressources financières allouées au projet, moyens d'incitation sur les individus en termes de salaires, de promotion, d'affectation).

D/ L'acquisition d'expérience

Dans une activité par projets, l'acquisition d'expérience est plus difficile que dans une activité répétitive, car les possibilités de standardisation sont faibles. De plus, la tendance naturelle dans une structure par projets est d'exagérer la spécificité et l'originalité de chaque projet. Il existe cependant deux sources de capitalisation de l'expérience :

> les hommes qui ont assumé des responsabilités de chefs de projet ou qui ont déjà été membres d'une équipe de projet ;

> les procédures de prévision et de contrôle portant sur les trois paramètres de qualité, coûts et délais.

Plus que les autres, l'entreprise mettant en œuvre des projets souffre d'une rotation excessive du personnel d'encadrement, qui constitue pourtant sa seule mémoire vivante. En conséquence, elle doit s'attacher les chefs de projet, faciliter les échanges d'expérience entre eux, organiser leur recyclage et offrir aux meilleurs des possibilités de carrière hors de la gestion de projets.

L'entreprise doit développer une forte culture interne pour compenser les risques d'éclatement que présente toute gestion par projets. STMicroelectronics en constitue un excellent exemple: les cadres, quelle que soit leur origine nationale, sont dispersés dans le monde entier, mais ils partagent une même vision de leur fonction, de leur profil et du comportement idéal de l'ingénieur de projet, ce qui assure une remarquable unité, malgré la multiplicité des projets et leur spécificité.

Les procédures de gestion des projets (suivi des délais et des coûts, en particulier) représentent le seul patrimoine méthodologique commun susceptible de servir de cadre de référence, d'éviter à chacun de repartir de zéro pour chaque nouvelle affaire, et de mobiliser la compétence et la créativité de chacun sur la spécificité de chaque projet.

C'est aux services d'état-major de veiller à la diffusion des méthodologies et à la capitalisation. Ainsi, chez STMicroelectronics, l'état-major qualifiera certains projets avancés de « golden projects », ils bénéficieront d'un financement supplémentaire pour permettre la capitalisation de leurs avancées en recherche-développement. Les procédures sont aussi un facteur important de cohérence, laquelle doit tempérer la tendance naturelle d'une organisation par projets à une différenciation opérationnelle excessive. L'élaboration de ces procédures doit être l'œuvre collective des chefs de projet, car elles sont la base du langage commun indispensable à toute organisation.

Dans le cas des sociétés de conseil, la capitalisation des connaissances et des compétences est essentielle d'un projet à l'autre, car elle constitue une base fondamentale d'innovation pour ces entreprises. C'est ce qui a conduit, par exemple, des cabinets comme McKinsey ou Accenture à mettre en place des systèmes virtuels de gestion des compétences à travers lesquels chaque responsable de projet, où qu'il soit dans le monde, met à la disposition des autres l'expérience qu'il vient d'acquérir.

Au total, la gestion par projets s'est rapidement diffusée dans toutes les entreprises où la maîtrise des délais est fondamentale et dépend de la qualité des relations qui s'établissent entre les services concernés (dans la même entreprise ou entre plusieurs entreprises). C'est le cas de services impliqués dans la création de nouveaux produits, par exemple dans la construction automobile, ou pour la mise en œuvre d'investissements lourds, souvent sous l'impulsion des sociétés d'ingénierie prestataires de services. La gestion par projets a ensuite conquis de nouveaux espaces sous l'effet de l'accélération des changements, de l'accroissement de la complexité et de l'importance croissante des activités associant plusieurs entreprises au sein de consortiums ou sous d'autres formes de partenariat. Elle a ainsi naturellement inspiré les principes de structuration et de fonctionnement de nombreuses organisations multinationales comme Airbus Industrie, les agences de lancement de satellites ou encore les filiales communes de conception et de production de systèmes d'armes[1]. Aujourd'hui, l'organisation par projets est la seule option, en particulier dans la phase de conception et de montage, pour les nombreuses entreprises de services (informatique, téléphonie, banques, *business process outsourcing*, etc.) qui proposent des solutions spécifiques à certains de leurs grands clients.

3 LES RÉSEAUX

Toute décision stratégique implique une bonne compréhension des lieux et des modes de création de la valeur dans l'entreprise. Il s'agit plus spécifiquement de savoir comment s'organisent, au sein de la structure, les capacités dynamiques et les compétences essentielles qui font la différence sur le marché. Une bonne analyse ne peut se faire que si l'entreprise dispose d'une « organisation stratégique », c'est-à-dire une organisation qui permette d'identifier les unités et les liaisons créatrices de valeur, de façon à pouvoir ensuite mettre en œuvre avec souplesse et rapidité les changements de structure, processus et systèmes de gestion nécessaire à toute évolution stratégique. En particulier, la capacité stratégique à engager des opérations d'*insourcing/outsourcing*, en réaction à l'accroissement de la pression concurrentielle et de la pression des marchés financiers sur les résultats, implique l'existence d'une organisation adaptée qui permette :

> de mesurer la valeur qu'ajoute réellement chaque stade de la chaîne des opérations et chacune des activités support, tant en termes d'efficacité (c'est-à-dire de convergence avec la stratégie) que d'efficience (c'est-à-dire d'optimisation du rapport *outputs*/coûts) ;

> de prendre, rapidement s'il le faut, une décision d'externalisation (ou au contraire d'acquisition) de telle ou telle activité. Le raisonnement est le même pour analyser correctement les synergies recherchées dans des décisions de diversification ou d'internationalisation.

Il est donc essentiel :

1. de séparer nettement en unités suffisamment autonomes (centres de profits ou centres de coûts) chacune des activités opérationnelles et de support, en leur attribuant des objectifs périodiques et des moyens propres, matériels et humains, négociés avec la direction générale ;

2. de doter chaque unité d'un leader et d'une équipe susceptibles de développer un véritable comportement entrepreneurial (*intrapreneurship*), tout en tissant des liens privilégiés avec les autres unités internes, et sans perdre de vue les objectifs globaux de l'entreprise ;

3. d'évaluer les coûts des entrants (*inputs*), les coûts internes (*throughputs*) et les « revenus » (*outputs*) de chaque unité, ainsi que ses caractéristiques de comportement économique (*drivers*), comme la sensibilité aux variations de volume et de prix, le retour sur investissement, la courbe d'expérience, etc. ;

1. Dussauge P, Cornu C., 1998.

4. d'identifier la contribution de chaque unité à la création de l'avantage concurrentiel de l'entreprise, et donc d'effectuer les « benchmarks » nécessaires avec des entreprises concurrentes ou disposant d'unités similaires ;

5. de permettre à chaque unité, dans des conditions clairement définies, d'établir des relations contractuelles ou quasi-contractuelles avec toute autre unité interne ou, pour certaines d'entre elles, avec toute entité externe (client, fournisseur, apporteur de technologie, etc.).

Ces cinq points réunis caractérisent une organisation en réseau (ici au sens strict de réseau interne à l'entreprise) dans ses quatre dimensions :

> administrative (gouvernance et règles de fonctionnement),
> économique (contribution apportée ou valeur ajoutée par chaque unité),
> sociale (liens de collaboration entre unités),
> culturelle (confiance inter-unités, identité perçue et, en définitive, capital social créé par le réseau).

On peut observer aujourd'hui que la plupart des entreprises tendent à évoluer du modèle classique pyramidal et mécaniste vers un modèle en réseau – souvent après avoir d'abord rendu le modèle initial plus organique, voire après avoir opté un temps pour une organisation matricielle. Le modèle en réseau est fréquent dans des entreprises de téléphonie, de services informatiques, ou même plus récemment dans des banques. Le plus souvent, on distingue des unités-fins (*business units*, ou même simplement *key account managers*) et des unités-support (fonctions et étapes intermédiaires de la chaîne de valeur), reliées entre elles par des prestations internes, conformément au schéma ci-après.

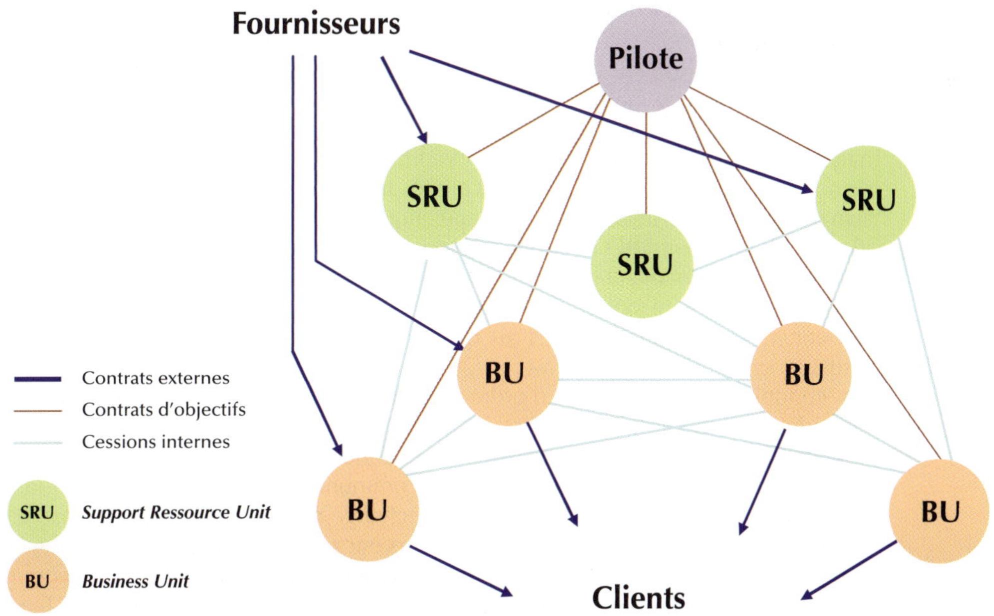

Figure 21.6 L'entreprise en réseau

Le schéma de l'architecture interne en réseau appelle plusieurs observations :

> Le réseau interne ne saurait être confondu avec un pur marché, bien qu'il s'en approche : les liens avec la direction générale (appelée « Pilote » sur le schéma) traduisent la nécessité d'une gouvernance du réseau par une hiérarchie représentant l'intérêt général de l'entreprise et assurant la convergence de ses objectifs par la définition d'orientations claires, l'allocation de ressources aux unités en fonction de la *corporate strategy*, et des arbitrages entre unités en fonction des demandes.

> Les connexions entre unités (liens représentés en bleu clair sur le schéma) sont tout aussi importantes que les unités elles-mêmes, qui constituent les « nœuds » du réseau ; leur représentation identique sur la figure 21.6 ne doit pas cacher leur extrême variété : les services fournis par le département de ressources humaines diffèrent considérablement de la livraison de produits par un « support » de production à une unité de distribution, ou encore du transfert de compétences entre deux *business units*. Ces connexions sont gérées par les négociations entre unités.

> De façon plus générale, un simple schéma structurel, comme celui de la figure 21.6, ne représente jamais que l'anatomie d'une organisation (et encore, seulement sa partie stable, négligeant les multiples projets transversaux) et oublie par essence toute la dynamique des processus de décision, qui dépend des processus organisationnels, des attitudes individuelles et de la culture existante.

A/ Les éléments d'une structure en réseau

Un réseau est composé de pôles (les « nœuds » du réseau) et de connexions (les liaisons entre pôles). Dans le cas de l'entreprise, il ne s'agit pas d'un réseau « naturel » sans hiérarchie, mais d'un réseau disposant d'un système de gouvernance qui l'oriente et le contrôle.

Les pôles sont les unités visibles de l'organisation. Ils peuvent revêtir des formes organisationnelles et des tailles diverses. Ainsi, lorsque Sam Palmisano décrit (*cf.* citation dans la première partie de ce chapitre) la structure d'IBM en 3D avec plus de 100 000 cellules dans le monde, il est déjà beaucoup plus proche d'une structure en réseau que d'une matrice traditionnelle. Historiquement, en particulier dans les entreprises où l'évolution technologique est la clé du succès, les cellules des réseaux naissent souvent de petites unités ou « ventures » autonomes, créées pour explorer de nouvelles opportunités. Ces petites entités sont au départ protégées et nourries au sein d'organisations internes conçues spécifiquement pour cet objectif, comme chez IBM le département EBO (*Emerging Business Opportunities*) ou, chez Nokia, NVO (*New Ventures Organization*). Passant ensuite progressivement de la phase d'exploration d'une activité potentielle à celle d'exploitation d'une activité réelle, elles deviennent des unités soumises au régime normal de l'organisation (mesure des résultats, système de récompense, etc.).

Les connexions peuvent être d'ordre bureaucratique (ordres, standards partagés, procédures), économique (transactions de produits ou services, paiements), opérationnel (travail en commun, prise de décision collective, partage de ressources ou de savoir-faire), culturel (valeurs partagées, communauté d'enjeux), informationnel (accessibilité à des sources d'information, échange ou partage d'informations), etc. En fait, comme nous l'illustrons dans plusieurs encadrés au cours de ce chapitre, ces connections peuvent poursuivre différents types d'objectifs stratégiques comme gérer un métier (Embraer ou Li & Fung), construire des solutions intégrées (Tigre), collaborer sur un grand projet clients (STMicroelectronics), etc. Dans un même

réseau, ces connexions peuvent être plus ou moins homogènes et plus ou moins formalisées. Elles sont toujours multidimensionnelles puisqu'elles sont susceptibles de relier à la fois des produits, des pays, des groupes de clients, des fonctions support, des étapes de la chaîne de valeur (achats, production, technologies, logistique...), et leur force relative varie en fonction des risques et opportunités de l'environnement, conférant ainsi à l'organisation l'agilité stratégique nécessaire.
Ce qui importe dans un réseau, c'est plus sa manière de fonctionner que sa composition à un moment donné. Son fonctionnement peut être appréhendé grâce à plusieurs dimensions : sa cohésion, son potentiel combinatoire et son mode d'activation.

La cohésion

Un réseau est caractérisé par l'intensité de sa cohésion ; celle-ci peut être plus ou moins forte suivant la nature plus ou moins objective ou affective des échanges entre les pôles, leur hétérogénéité, leur multiplicité et leur densité. Ainsi, un grand service public spécialisé (électricité ou transport, par exemple) se caractérisera par une cohésion souvent beaucoup plus intense qu'un groupe privé très diversifié ; cependant chez Benetton, l'adhésion aux valeurs et à l'image de l'entreprise est très forte, aussi bien chez les sous-traitants et façonniers, en amont, que chez les franchisés, en aval ; en dernier ressort, c'est l'arbitrage de la direction générale qui garantira la cohérence des décisions.

Le potentiel combinatoire

Un réseau est caractérisé par le nombre de connexions qui peuvent être réalisées par chacun des pôles avec les autres pôles. Ce potentiel combinatoire est lié au degré d'agrégation des pôles et à leur diversité. Il constitue une des clés essentielles de la capacité d'adaptation et d'innovation de l'organisation. Toute recherche d'amélioration des synergies, par exemple par une meilleure exploitation de technologies voisines dans un groupe diversifié, implique une augmentation du nombre des connexions entre les unités (ou pôles) qui la composent, ainsi qu'une sophistication de ces connexions, le plus souvent dans une perspective de gestion des connaissances et des compétences.

Le mode d'activation

On entend par activation le fait d'induire de nouveaux échanges entre pôles ou de créer de nouvelles connexions ayant pour résultat de modifier la composition du réseau et, par voie de conséquence, de modifier la stratégie de l'organisation. Ce pouvoir d'activation peut être plus ou moins distribué au sein du réseau. Il sera souvent concentré entre les mains d'une direction générale, qui doit en tout état de cause garder la flexibilité de réallouer stratégiquement les ressources. Au contraire, dans certaines associations volontaires et très ouvertes – dont Linux ou Wikipedia seraient de bonnes illustrations –, tous les pôles détiennent la possibilité de créer de nouvelles connexions à l'intérieur ou à l'extérieur du réseau ; ce mode d'activation peut être qualifié d'anarchique ou de bouillonnant.
Ce bouillonnement peut être limité, dans le cas de l'entreprise en réseau, par un processus de sélection des initiatives. Processus qui peut, soit être canalisé formellement par le système de contrôle stratégique, soit passer par un engagement fort dans les valeurs et l'identité de l'organisation, et le plus souvent les deux à la fois.

Les structures dites « organiques » (décrites dans le chapitre 10), tout comme les structures apparues postérieurement, en matrice et par projets, doivent être interprétées non seulement comme des stades intermédiaires entre les structures mécanistes et le réseau, mais aussi comme faisant partie d'un processus d'évolution entre ces deux modèles extrêmes (voir l'encadré « Fondements théoriques » suivant). Toutefois cette évolution traduit une rupture dans le rôle essentiel de la structure : ce qui importe d'abord dans la vision « réseau », c'est la capacité de l'organisation à générer de la stratégie, en particulier à innover, alors que ce qui importait dans la vision bureaucratique, c'était sa capacité de mise en œuvre d'une stratégie existante. S'organiser en réseau n'est pas lié au choix d'une stratégie donnée, c'est ouvrir l'entreprise à un large éventail de stratégies possibles.

Fondements théoriques

Le concept de réseau

Ainsi qu'on peut décrire tout organisme vivant comme un réseau de cellules ou de molécules, on peut considérer comme un réseau d'unités ou d'individus n'importe quelle organisation humaine. Mais peut-on qualifier de réseau, par exemple, les cases et les traits représentés sur tout organigramme, ou encore le portefeuille d'alliances d'une entreprise ? Nous choisissons dans ce chapitre d'appeler « structure en réseau » un type particulier et nouveau d'organisation dans laquelle les unités (les nœuds du réseau) jouissent d'une large autonomie, et établissent entre elles des relations de collaboration (les liens du réseau), l'ensemble étant coordonné, en général souplement (« *loosely coupled* », selon K. Weick[1]) par la direction générale de l'entreprise. Nous distinguons le réseau interne, constitué par les unités appartenant à l'entreprise, du réseau externe, constitué de ses partenaires à sa périphérie immédiate. La limite entre les deux réseaux, souvent imprécise et mouvante, apparaît plutôt comme une question de degré, mais constitue précisément un enjeu clé de la stratégie de l'écosystème constitué par l'ensemble des deux types de réseaux.
Max Boisot et Xiaohui Lu[2] proposent de considérer les réseaux comme un troisième type d'organisation, qu'ils appellent « *organization as ecology* », par opposition à la structure mécaniste (*cf.* Fayol et Taylor) et la structure organique (*cf.* Lawrence et Lorsch) que nous avons décrites dans le chapitre 10.
Les caractéristiques de ce type d'organisation interne et externe en réseau, que l'on peut qualifier d'« écosystème », sont :

> **Organisation et environnement sont totalement interpénétrés ;** il ne s'agit plus seulement de s'adapter, comme le proposaient par exemple Lawrence et Lorsch, mais de construire et d'agir sur son environnement comme le suggérait K. Weick ; le réseau ouvre sur un large éventail de possibles et confère à la direction une véritable agilité stratégique dans l'allocation de ses ressources prioritaires.

> **Le déterminisme proposé par les deux types antérieurs n'est plus concevable** dans un contexte aujourd'hui totalement ouvert, non linéaire, fait d'événements émergents et de ruptures radicales, où l'accent doit être mis sur l'innovation et la volonté de transformation permanente de l'entreprise. L'apprentissage organisationnel est du type « exploration » et non plus du type « exploitation », pour utiliser la distinction proposée par J. March and H. Simon[3].

> **On ne peut plus opposer collaboration interne et compétition externe,** qui doivent être désormais successives, voire simultanées. C'est au stratège qu'il appartient de puiser dans un registre aussi large que possible de structures de gouvernance (hiérarchie, participations capitalistes, joint-ventures, contrats de tous types...). En conséquence, il faut considérer qu'il y a un continuum entre le réseau d'unités internes et le réseau de partenaires externes, qui sont susceptibles en permanence d'échanger leur statut en fonction de la stratégie (par exemple, acquisition d'un sous-traitant ou, au contraire, *outsourcing* d'une activité interne). >

1. Weick K., 1995.
2. Boisot M. et Lu X., 2007.
3. March J. et Simon H., 1993.

....>

> **La connectivité entre unités doit être à la fois très forte et très souple,** exploitant au mieux pour ce faire les dernières technologies de l'information et la communication. La conception et l'adéquation de ces systèmes techniques deviennent un enjeu stratégique que les dirigeants doivent maîtriser. Les relations de confiance, souvent tacites, remplacent les règles et l'autorité rationnelle que décrivait Weber dans sa présentation de la bureaucratie. L'autorité formelle n'est plus qu'une des nombreuses relations qui décrivent le système ; elle peut parfois même disparaître, comme dans certains réseaux volontaires (Linux, par exemple). La stratégie consiste à donner du sens à l'écosystème et à le faire évoluer directement ou indirectement.

En définitive, dans un réseau, comme le faisait remarquer A. Giddens[1], ce sont le plus souvent les processus qui donnent naissance à la structure qui, à son tour, permet à de nouveaux processus d'apparaître. Les liaisons entre les nœuds (unités) évoluent à la fois spontanément et par l'action volontaire des stratèges, et cette évolution génère de nouvelles limites pour les unités et pour l'organisation comme institution.À la limite, l'organisation n'est plus un objet stable, mais le simple attribut d'un processus interactif complexe entre des acteurs mouvants qui, tantôt collaborent, tantôt se font concurrence. Un outil précieux, mais aussi un défi difficile pour le management et pour les managers de demain.

Historiquement, deux éléments ont caractérisé le passage au modèle de réseau :

> L'apport considérable des nouvelles technologies de l'information et de la communication, qui ont facilité la saisie, le traitement, l'échange et le partage d'informations, permettant par exemple souplesse, rapidité et précision dans le calcul de coûts d'activité (*activity-based costs*), l'élaboration de prix de cession, les négociations entre unités, les échanges d'informations entre partenaires comme, par exemple, les systèmes automatisés de CRM (*Client Relationship Management*).

> L'évolution de la réflexion conceptuelle, avec la substitution du paradigme du marché à celui de la hiérarchie – marché interne d'abord, mais dont les limites souples permettent un continuum avec le marché externe (clients, fournisseurs, divers prestataires et, en généralisant, tout partenaire extérieur), le rôle essentiel du dirigeant-stratège consistant précisément à choisir la position et la gestion à moyen et long terme de ces partenaires à la périphérie, stratégie et structure se définissant comme éléments d'une théorie des limites de la firme.

Transformer la chaîne de valeur d'une entreprise en réseau ou marché interne permet donc d'abord de faire une meilleure analyse stratégique de ses potentialités et de mieux localiser ses sources de performance, afin de prendre les meilleures décisions possibles, par exemple en matière de gestion des compétences ou d'*outsourcing*. Mais cela doit aussi permettre, essentiellement grâce à la décentralisation, de libérer un maximum d'énergie interne (*entrepreneurship*) et donc, si la convergence est correctement gérée, d'optimiser les résultats opérationnels. Ce sont exactement ces trois objectifs (gestion des compétences, décision d'*outsourcing/insourcing,* et efficacité opérationnelle) que poursuit le groupe de presse présenté dans le Mini-cas ci-après.

1. Giddens A. 1984.

MINI-CAS

Organisation d'un groupe de presse

Il était de tradition, dans le monde de la presse d'information, que la structure de la rédaction d'un quotidien soit très pyramidale et placée sous la férule d'un directeur de la rédaction dont l'objectif principal est de « boucler » son journal chaque jour. Ce modèle organisationnel s'est avéré très efficace tant que les journaux sont restés des entreprises artisanales, et tant que les groupes de presse sont restés des conglomérats de petites unités très indépendantes. Mais la concurrence croissante des autres médias, la pression pour des résultats financiers et les possibilités ouvertes par les journaux *on line*, ont posé la question des synergies entre les rédactions des différents journaux et magazines du groupe : était-il logique de maintenir des pyramides juxtaposées indépendantes ? Ne pouvait-on pas créer de nouvelles unités (imprimées ou *on line*) en partageant l'expérience et les coûts des unités existantes ? La difficulté vient de ce qu'il faut d'abord innover grâce à une structure ad hoc, sans casser la courbe d'expérience du ou des journaux plus anciens, mais ensuite faire que les activités anciennes soient à leur tour dynamisées par les nouvelles activités.

La solution schématisée ci-après a été adoptée par différents groupes de presse dans le monde. La rédaction de chaque titre reste une *business unit* autonome ; mais elle n'est constituée que d'une toute petite équipe, très resserrée autour de son rédacteur en chef, qui doit acheter la plupart de ses articles à des unités ressources (« bases d'expérience ») composées de journalistes permanents et de « pigistes » indépendants spécialisés dans chaque domaine. La conséquence de ce modèle en « réseau de moyens et de fins » est qu'un même journaliste pourra proposer sur un même sujet des papiers différents en fonction des caractéristiques des demandes exprimées par les différentes rédactions, par exemple sensationnaliste pour un magazine « people » ou très factuel, voire lapidaire, pour un quotidien gratuit...

Figure 21.7 Schéma d'organisation d'un groupe de presse

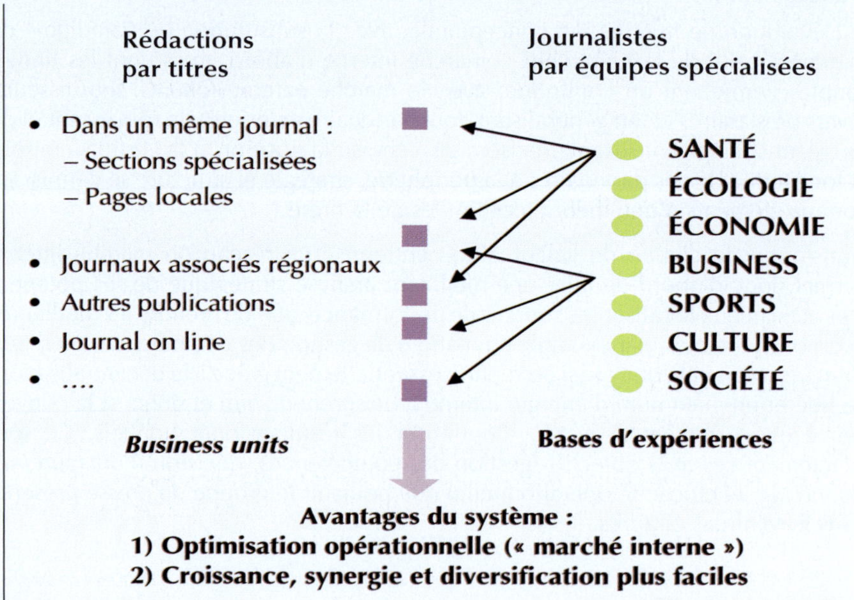

>

····>

Questions

1) Qu'est ce qui différencie cette structure d'une structure divisionnelle classique ? Quelles sont les difficultés de fonctionnement qu'elle risque de rencontrer et comment les surmonter ?
2) Comment organiser en interne et manager les bases d'expérience ? Quel rôle faire jouer aux journalistes salariés, d'une part, et aux pigistes, d'autre part ?

B/ La remise en cause du paradigme classique d'organisation

Le réseau s'oppose au paradigme traditionnel d'organisation pyramidale à travers les cinq points suivants :

> Le réseau remet en cause la division verticale du travail. La dissociation du travail de conception et du travail d'exécution constitue un des obstacles majeurs à la réalisation de structures décentralisées flexibles et combinables qui permettraient d'atteindre simultanément des objectifs multiples. Le modèle en réseau met fin à la séparation, préconisée par Taylor et Fayol, entre réflexion et action au sein des unités de base de l'organisation, séparation déjà contestée par le développement des structures organiques.

> Le réseau remet aussi en cause la prééminence de la coordination par la hiérarchie. Le concept de hiérarchie implique une organisation conçue comme un ensemble de dimensions subordonnées les unes aux autres. Dans le réseau, l'organisation est composée de multiples dimensions d'importance équivalente, et la hiérarchie devient un mode d'intégration parmi d'autres. Le chef était détenteur du savoir et donneur d'ordres qui devaient être exécutés sans discuter ; il s'efface au profit du leader, dont le rôle est ainsi défini[1] :

- être un « designer » (ou architecte) qui imagine et met en place le mode de fonctionnement de l'organisation ;
- être un coordinateur, chargé de traiter les problèmes de relation et d'arbitrage que les ajustements transversaux directs entre individus n'ont pas pu résoudre ;
- être un coach, chargé de former et de préparer les membres de son équipe à l'action autonome.

> Le concept d'intégration multiple se substitue au concept traditionnel de hiérarchie. L'intégration multiple ne réserve pas le pouvoir d'initiative aux seuls coordinateurs leaders d'unités ; le rôle des opérationnels dans la régulation devient aussi fondamental que celui des coordonnateurs, les uns ayant une perception plus fine des réalités du terrain, et les autres une vision plus globale des différents champs d'action et des priorités de l'entreprise. Le déclenchement des processus d'intégration appartient ainsi à n'importe quel membre de l'organisation.

> Une autre base de la construction classique des organisations, la distinction entre rôles opérationnels et rôles fonctionnels, perd de son intérêt, car ceux-ci ne sont plus distribués de manière rigide et exclusive. Chaque responsable apporte tour à tour son expertise « fonctionnelle », lors de la conception de la stratégie, et ses capacités « opérationnelles », lors de la mise en œuvre de celle-ci.

> Enfin, une remise en cause de la vision traditionnelle de la formalisation s'impose. En effet, la flexibilité et la multiplicité des rôles joués par un même individu amoindrissent considérablement l'importance de la formalisation du contenu des

1. Senge P., 1999.

postes sur lequel se centrait auparavant l'organigramme traditionnel. Les normes et procédures qui régissaient les interactions entre individus sont supplantées par des processus de régulation dynamiques dans lesquels le mode d'insertion de chacun doit être clairement perçu et compris de tous.

Les concepts de spécialisation, coordination et formalisation étant ainsi remis en cause, les structures en réseau ne peuvent plus être appréhendées comme dans l'espace bureaucratique décrit dans le chapitre 2. De ce fait, des pans entiers de la dynamique des organisations sont renouvelés. La capacité à faire parvenir l'information aux individus les mieux placés pour l'utiliser remplace la rétention d'information comme source de pouvoir. Le concept de délégation s'efface au profit de celui de solidarité, la formalisation au profit de la transparence. La performance commune l'emporte sur la performance individuelle. Les structures en réseau constituent ainsi un nouveau paradigme de l'action organisée.

C/ Du réseau interne au réseau externe

Toute unité d'une organisation doit contribuer à la création de valeur au niveau de l'ensemble auquel elle appartient. Si cette condition n'est pas remplie, quels que soient les efforts d'amélioration opérationnelle entrepris, il faut, comme nous l'avons montré plus haut (*cf.* chapitre 11), envisager une éventuelle externalisation en achetant au lieu de faire soi-même. Selon la théorie des coûts de transaction, toute une gamme de modes d'organisation « hybrides », intermédiaires entre le « marché » et la « hiérarchie », sont envisageables.

On a pu observer depuis une vingtaine d'années un double mouvement : si, d'un côté, les externalisations se sont multipliées, de l'autre elles présentent de plus en plus souvent la forme d'un partenariat structuré plutôt que d'une transaction pure et simple, l'objectif étant d'abord d'assurer la sécurité des approvisionnements, souvent même de construire ensemble une solution innovante qui créera de la valeur en aval de la chaîne. Un exemple très caractéristique est celui d'Embraer, entreprise brésilienne de construction aéronautique, leader mondial dans la fabrication et la vente des jets pour lignes régionales : son avantage concurrentiel principal réside dans la gestion stratégique du réseau de ses fournisseurs internationaux (voir le Mini-cas ci-après). Un exemple extrême d'externalisation est celui de l'entreprise de Hong-Kong Li & Fung, qui gère une chaîne de valeur totalement externe (voir le Mini-cas ci-après).

Il n'y a pas d'entreprise, même parmi les plus puissantes, qui dispose en interne de toutes les ressources et compétences dont elle a besoin pour croître et être concurrentielle à long terme sur les marchés internationaux. IBM, GM, ou Exxon pouvaient encore faire ce rêve il y a vingt-cinq ans et rabrouer les chercheurs comme nous qui leur parlaient de stratégies d'alliance (*cf.* chapitre 19) : « Ce sont des stratégies pour les faibles », nous disait en 1989 un des dirigeants européens d'IBM. Ce n'est plus du tout le cas aujourd'hui : les multinationales de l'informatique, avec des milliers de petites entreprises de service, celles de l'automobile avec leurs sous-traitants à plusieurs niveaux, celles du pétrole avec leurs fournisseurs d'équipements et de services spécialisés, toutes, aujourd'hui, bâtissent leur stratégie sur la capacité de leur réseau externe à leur fournir les ressources et les compétences qui leur manquent.

Les objectifs au moment de la construction ou des modifications du réseau de partenaires externes ont pu être très divers : diminution des actifs immobilisés, recherche de compétences plus pointues, accroissement de la capillarité en aval, stabilisation ou sécurisation du système…

En contrepartie, ces mêmes entreprises se concentrent en interne sur un nombre limité d'éléments de leur chaîne de valeur : ceux qui constituent la source de véritables avantages concurrentiels, que ce soient les compétences de design et de commercialisation chez Embraer, les capacités de mise sur le marché chez Procter & Gamble, ou celles de développement chez Microsoft. Mais à ces compétences essentielles, ces entreprises doivent ajouter des compétences d'intégration ou de gestion stratégique et opérationnelle d'un réseau externe qui feront de l'ensemble (réseau interne de l'entreprise et réseau externe des partenaires) un véritable écosystème viable à long terme. Le cas de Cisco illustre parfaitement cette stratégie (voir le Mini-cas ci-après). Le développement et le pilotage de cet écosystème représentent une nouvelle dimension de la stratégie.

MINI-CAS

Embraer, Li & Fung et Cisco

1. Embraer

Fondée en 1969 par le gouvernement brésilien pour doter le pays d'une capacité de construction aéronautique, Embraer a été privatisé en 1994 et n'a cessé de se développer avec succès depuis cette date, aussi bien dans le domaine des jets commerciaux régionaux (modèles ERJ 135 à 145, avec 37 à 50 sièges, et modèles EMB 170 à 190, avec de 70 à 122 sièges) qui constituent son fer de lance, que dans le domaine des jets d'affaires depuis 2001 (le dernier modèle a, en 2008, une liste d'attente de cinq ans !) et celui des avions militaires d'observation et d'appui. En 2007, Embraer a réalisé un chiffre d'affaires de 5 245 millions de dollars, avec 46 % du marché mondial des jets de 30 à 120 sièges, contre 43 % pour Bombardier, et un bénéfice net de 489 millions de dollars. Mais Japonais et Russes se préparent à entrer sur ce marché, tandis que les deux leaders Embraer et Bombardier doivent s'associer aux Chinois et aux Indiens pour remporter des marchés dans ces pays.
Aujourd'hui, Embraer dispose d'une trentaine de grands fournisseurs internationaux (sans compter de multiples fournisseurs locaux) et, parmi eux, 16 partenaires *risk-sharing* qui reçoivent un montant forfaitaire par avion vendu (montant indexé sur les coûts du secteur) et gagnent sur les pièces de rechange correspondantes. Ces partenaires représentent environ les deux tiers des coûts totaux de développement et fabrication. Ils sont responsables de la conception, du développement et de la fabrication des éléments structurels (en particulier Kawasaki au Japon, Latécoère en France, Sonaca en Belgique, Gamesa en Espagne, Enaer au Chili), des systèmes (GE, Hamilton, Honeywell aux États-Unis, Liebherr en Allemagne) et de l'aménagement intérieur (C&D, aux États-Unis), certains s'étant installés au Brésil près d'Embraer pour réduire les cycles de production. Embraer même est directement responsable de la conception des avions, du montage final et de l'intégration de l'ensemble.
Mais la société conserve une solide maîtrise des éléments sous-traités, au point de pouvoir suppléer parfois aux défaillances de certains fournisseurs. Selon nos analyses, l'organisation et la capacité de gestion de ce réseau externe ont donné à Embraer un avantage de qualité, de coût et de flexibilité sur ses principaux concurrents plus intégrés verticalement, en particulier le canadien Bombardier.

2. Li & Fung

À Hongkong, la société Li & Fung a créé, à partir d'une ancienne maison de commerce, une entreprise totalement désintégrée verticalement qui *outsource* toutes les activités de production à un réseau de partenaires externes. Son chiffre d'affaires approchait 12 milliards de dollars en 2007, suite à une série d'acquisitions en 2006 (Quelle) et 2007 (Tommy Hilfiger, Peter Black et d'autres >

....> entreprises plus petites de distribution américaines), et devrait passer à 20 milliards en 2010. Ses 13 000 employés sont répartis dans une centaine de divisions autonomes, spécialisées dans l'achat de matières premières, le contrôle de la production et la logistique, dotées de professionnels de haut niveau localisés à Hongkong, en Chine continentale et dans 80 bureaux situés dans 40 pays différents.

À ces divisions s'ajoute une unité centrale de support regroupant à Hongkong les finances, les systèmes d'information et la gestion *corporate*. Chaque division possède son propre compte de résultat, dispose d'une large autorité décisionnelle pour, en fonction des demandes du client final (Gap, Lacoste, Disney, etc., les vêtements représentant 40 % des ventes mais la diversification – jouets, électronique... – augmentant très vite), contrôler qualité et délais de chaque fournisseur. Ceux-ci constituent un réseau de 10 000 partenaires d'une taille comprise entre 100 et 1 000 employés (environ 50 % en Chine), dont Li & Fung emploie entre 30 % et 70 % de la capacité.

Ainsi, Li & Fung fait travailler en permanence plus de 500 000 personnes. La qualité et le succès des relations à long terme avec ce réseau de partenaires externes reposent sur l'apport de compétences des techniciens de Li & Fung, la confiance dans les relations au sein du réseau, et sur la capacité du groupe à concevoir, gérer et développer les opérations de l'ensemble de la chaîne de valeur. C'est la base de l'avantage concurrentiel de l'ensemble ainsi constitué.

3. Cisco

Créée en 1984, Cisco est entrée au Nasdaq en 1990 comme une start-up spécialisée dans le domaine des *routeurs* qui apportait des solutions très innovantes, révolutionnant l'industrie de la téléphonie. De pur spécialiste, en vingt ans, l'entreprise a évolué, à travers une série d'acquisitions (près de 150 à fin 2008) et d'alliances (au nombre de 5 000, selon une déclaration un peu sensationnaliste de son président, en 2006 !), vers une position de leader mondial dans le secteur très large et en croissance continue des réseaux informatiques.

Cisco offre aujourd'hui à ses clients une gamme complète d'infrastructures de réseaux, impose ses standards à l'ensemble du secteur, et détient les experts les plus qualifiés. Son chiffre d'affaires en 2006 était de 30 milliards de dollars, ses dépenses de recherche-développement approchent des 4 milliards de dollars par an.

Cisco a environ 40 000 employés, regroupés d'une part en 30 unités de produit, et d'autre part en trois branches « marchés » (Service Providers & Telecom, Key Accounts, Small & Medium Entreprises). Mais, comme le titrait un article d'une revue d'économie, Cisco est « une multinationale qui veut maintenir la flexibilité d'une start-up ». Chacune des 150 entreprises acquises est restée très autonome au sein de sa division de produit et constitue une unité du réseau interne ; son ancien dirigeant porte généralement le titre de vice-président de Cisco et garde l'essentiel de ses fonctions, et les principaux managers restent en place et reçoivent des stock-options. 95 % des employés des entreprises acquises restent chez Cisco (en moyenne dans le monde, après une acquisition, 40 % des employés seulement restent dans l'entreprise). De plus, en amont de sa chaîne de valeur, Cisco a un réseau de partenaires qui développent du matériel et du logiciel et, en aval, un autre réseau de partenaires développe des services et des applications spécialisées. Tous ces alliés sont soit en joint-venture avec Cisco, soit liés par des contrats à moyen ou long terme. Certaines relations sont seulement fondées sur la confiance. Ainsi, au cœur du succès de Cisco, on trouve la capacité de gestion stratégique de son large écosystème (réseau interne et externe) en perpétuelle évolution. >

....> **Questions**

1) Comparez les trois exemples : qu'est-ce qui les rapproche et qu'est-ce qui les différencie en termes de réseau ?
2) En quoi la confiance constitue-t-elle un élément essentiel du capital social et, en définitive, du surcroît de valeur créé par le réseau ?
3) Dans quelles conditions les trois entreprises peuvent-elles être amenées à substituer à certains partenariats un contrôle direct, et vice versa ?

Plus généralement, au-delà de la stricte désintégration en amont, c'est l'ensemble des relations clients-fournisseurs qui, principalement pour échapper aux difficultés de l'hyper-compétition et stabiliser les échanges, tend à se construire en relations de partenariat. En particulier, ainsi que nous l'avons vu dans le chapitre 10, les partenariats-clients ne cessent de se développer, d'abord dans les situations *Business to Business*, mais aussi dans les situations de fidélisation du consommateur final (comme les clubs ou les cartes de fidélité). Le prototype même du réseau aval est celui de la franchise, qui permet d'unir les avantages d'économie d'échelle réalisées par le franchiseur à ceux de la capillarité et de l'« *entrepreneurship* » des franchisés. Les entreprises qui produisent des softwares (Microsoft, Oracle, SAP...) utilisent ainsi des systèmes de distribution indépendants très capillaires, répartis dans le monde entier. Microsoft par exemple utilise plus de 5 000 partenaires, depuis de purs distributeurs jusqu'à des prestataires de services informatiques spécialisés (ces derniers peuvent vendre 1 dollar de software Microsoft pour plus de 10 dollars de services informatiques). Ces partenaires représentent plus de 90 % des ventes totales de logiciels Microsoft.

Même dans le domaine de la recherche-développement, le réseau externe devient une arme stratégique fondamentale pour accéder à des ressources et des compétences que beaucoup d'entreprises ne parviennent plus à développer totalement en interne pour alimenter leur croissance et maintenir leur rentabilité. Ainsi les entreprises du secteur pharmaceutique ont-elles recours à des sociétés spécialisées dans chacune des étapes du processus de recherche (*cf.* chapitre 11). Par ailleurs, ces entreprises savent depuis longtemps qu'il vaut mieux garder en réseau les *ventures* de biotechnologie plutôt que de les absorber et risquer de les étouffer dans leur structure. Un exemple très caractéristique est celui du modèle d'innovation ouverte adopté par Procter & Gamble, décrit dans le Mini-cas suivant.

MINI-CAS

Procter & Gamble

La stratégie de l'entreprise est basée sur le lancement continu de nouveaux produits ; mais il est impossible à Procter & Gamble de générer en interne la quantité de nouveaux produits nécessaires pour soutenir cette stratégie. Dès 2002, son réseau *Connect + Develop* (schématisé ci-dessous) était à l'origine de 25 % de ses nouveaux produits. Les objectifs pour 2006 visaient à obtenir 50 % de ses nouveaux produits par ce réseau externe. Son président directeur général, A G. Lafley, a déclaré en 2006 : « Nous avons collaboré chez P & G avec des partenaires extérieurs depuis des générations, mais jamais l'importance de ces alliances n'a été aussi grande... Notre vision est simple ; nous voulons être les meilleurs sans conteste pour détecter, développer et valoriser nos relations de partenariat avec les meilleurs dans chaque catégorie. Nous voulons que P & G soit un aimant pour les meilleurs et les plus inspirés. » >

Sur le site Web du groupe, P & G invite n'importe quel contributeur potentiel dans le monde à proposer des idées nouvelles de produits, de services ou de processus. L'objectif est clairement de chercher des idées, non seulement chez les spécialistes habituels (ceux qui sont dans le premier niveau d'écosystème entourant l'entreprise), mais aussi n'importe où dans le monde puisque maintenant la e-technologie le permet.

Figure 21.8
Le réseau *Connect + Develop* de Procter & Gamble

Questions

1) Quels sont les risques et les limites de ce mode de fonctionnement ?
2) Comment les contrôler ?
3) Quels systèmes d'accompagnement mettre en place ?

Les conditions de fonctionnement d'une structure en réseau

Diversité et complémentarité des composantes du réseau

Au-delà même de leur système clients-fournisseurs, les entreprises cherchent à construire des accords avec les multiples acteurs de leur environnement, comme nous l'avons montré en particulier dans le chapitre 19 sur les stratégies d'alliance : industries complémentaires, apporteurs de technologies, parcs industriels et technologiques, régions d'insertion des différents établissements de l'entreprise, autorités administratives locales, nationales et internationales, ONG, etc. L'entreprise se retrouve ainsi au centre d'un réseau « périphérique » constituant, selon de nombreux auteurs[1], un véritable écosystème, qui se prolonge dans le réseau interne de l'organisation et qu'il faut piloter opérationnellement et stratégiquement, car il conditionne la survie de l'entreprise à long terme.

Ainsi, un réseau d'entreprises comprend une entreprise « centrale », « cœur », « pilote » ou « pivot[2] », entourée de :

– ses fournisseurs,
– ses clients,
– des entreprises concurrentes, directement ou indirectement, avec lesquelles elle développe certains échanges,

1. Nohria N. et Eccles R.G. (dir.), 1992.
2. Jarillo C., 1995.

– des entreprises complémentaires, dont le destin est plus ou moins lié au sien (software *et* hardware, divertissement *et* télévision, rails *et* trains…),
– des partenaires non commerciaux, sociaux, politiques, administratifs, ONG, etc.

Les préalables à la constitution d'un réseau externe

Un certain nombre de conditions s'imposent pour construire et faire évoluer un réseau externe :

> définir quelles sont les limites entre l'entreprise même (entreprise cœur) et sa périphérie ;

> définir les modes de gouvernance de chaque partenariat : contrats à long terme et clauses de révision, joint-ventures, participations, etc. ;

> analyser les scénarios de développement de chacun des acteurs et des interactions au sein du réseau ;

> développer et institutionnaliser les règles et procédures de fonctionnement du réseau ;

> gérer sur le long terme le partage de la valeur créée entre les partenaires de façon que chacun ait un sentiment d'équité ;

> promouvoir la qualité des relations entre partenaires (transparence, confiance…), qui contribue à créer la valeur du réseau.

Anticiper la mise en œuvre

Une des principales difficultés de la stratégie de réseau réside dans l'aspect humain. Ceux qui ont été des leaders performants dans une entreprise monolithique ont souvent beaucoup de mal dans une entreprise en réseau, car ils doivent acquérir de nouvelles compétences :

> en interne, ils ne sont plus seulement des chefs d'équipe, mais ils doivent aussi négocier avec leurs pairs, responsables des autres unités ;

> à l'extérieur, ils doivent négocier avec leurs pairs dans d'autres entreprises, qui ont des objectifs différents et une autre culture ;

> plus généralement, ils doivent gérer les ambiguïtés de la « coopétition » (voir chapitre 19), où les concurrents sont aussi des alliés, où les rôles de clients et de fournisseurs se superposent – comme pour les acheteurs chez les systémiers comme Thales ou Safran ; ils doivent aussi gérer des demandes contradictoires entre les différents *stakeholders*.

Les dirigeants de l'entreprise en réseau externe doivent pouvoir répondre de façon récurrente à un certain nombre de questions :

> Quels sont les objectifs spécifiques de chaque collaboration ?

> Quel est le meilleur système de gouvernance de chaque partenariat ?

> Quels processus mettre en place pour gérer chaque type d'échange inter-organisationnel ?

> Comment développer chez les gestionnaires des comportements et une culture de collaboration ?

> Quels sont les scénarios envisageables pour le futur de chacun des acteurs et celui de l'écosystème dans son ensemble ?

Au total, un réseau de partenaires apporte un certain nombre d'avantages :

> Il accroît la capacité d'anticipation de l'entreprise, qui peut accéder à travers ses partenaires à de multiples informations sur différents environnements.

> Il permet de partager des ressources opérationnelles avec un certain nombre de partenaires et de bénéficier ainsi d'effets d'échelle et de complémentarité.

> Il permet, surtout, de prendre appui et d'exploiter des connaissances, des pratiques et des compétences développées par d'autres, et de déboucher sur des innovations à partir de nouvelles combinaisons de compétences.

> Plus largement, il confère à l'entreprise un capital social plus large, basé à la fois sur des contrats et sur la confiance. Ainsi la force de l'identité et des valeurs partagées au sein du réseau de Benetton, depuis les façonniers en amont jusqu'aux franchisés en aval, garantit la qualité de l'intégration et constitue un véritable avantage concurrentiel pour la marque.

La notion d'écosystème prend tout son sens dès lors qu'existe entre les membres du réseau un partenariat véritablement collaboratif qui va plus loin que la simple transaction de marché et vise des objectifs stratégiques partagés. Ce partenariat constitue alors un véritable système interactif, dont la perspective est la survie de l'ensemble à long terme. Le schéma vaut en définitive pour tout type d'entreprise, qu'on peut toujours considérer comme étant le pivot d'un réseau ; mais il est particulièrement intéressant pour les entreprises multinationales (parfois qualifiées de « *flagships* » ou « vaisseaux amiraux »[1]), dont le large écosystème impacte profondément l'environnement mondial. Cependant, cet écosystème est rarement homogène : filiales détenues à 100 %, purs partenaires commerciaux, joint-ventures, contractants OEM, sous-traitants de rangs divers..., avec lesquels l'interdépendance est plus ou moins étroite, donc exige des systèmes de coordination très différents, allant du contrôle total à la simple relation de marché empreinte de plus ou moins de fidélité.

Remarquons en conclusion qu'il n'existe pas de modèle organisationnel unique et idéal. La question est toujours de trouver quelle est, à tel moment et dans tel contexte économique et humain, la meilleure façon de concilier l'efficacité opérationnelle et la capacité stratégique de l'organisation. Plusieurs réponses performantes peuvent coexister à un moment donné, et le choix des dirigeants peut être plus ou moins ouvert. Le choix d'une conception de la structure devra désormais puiser son inspiration dans les modèles organiques, matriciels et par projets, qui ont largement montré leur capacité à faire face à des environnements complexes et changeants. Mais la forme la plus aboutie de structure qui permet aujourd'hui à l'entreprise de disposer de la plus grande agilité, tant stratégique qu'opérationnelle, est sans doute celle du réseau, à la fois interne et externe, qui constitue l'écosystème de l'entreprise.
Rappelons finalement deux points essentiels :

> La perspective du « réseau-écosystème » ne vise pas qu'à améliorer la mise en œuvre de la stratégie (encore moins d'une stratégie particulière), mais se propose d'augmenter la capacité à créer des stratégies nouvelles ; il y a là un renversement de la logique traditionnelle.

> La structure, au sens formel du terme, ne résout pas tout ; ce n'est qu'un modeste facilitateur. L'efficacité opérationnelle et la capacité stratégique sont largement fonction des hommes, de l'organisation de leurs compétences et de leurs motivations individuelles, de la dynamique de travail des équipes et, en définitive, de la qualité du leadership dans l'entreprise.

1. Rugman A.M. et D'Cruz J., 2000.

LES POINTS CLÉS

- Les structures matricielles se caractérisent par le croisement de deux critères de spécialisation, par exemple les domaines d'activité et les fonctions. Chaque unité élémentaire est à l'intersection de deux spécialités, par exemple une fonction et un métier.

- Dans une matrice fonctions-produits :

> chaque responsable fonctionnel (« achats », « production », etc.) est chargé d'assurer un rôle d'intégrateur vis-à-vis des responsables de produit qui mobilisent les ressources de ses services ;

> chaque responsable de produit est, de son côté, chargé d'assurer un rôle d'intégrateur entre les responsables fonctionnels, en particulier en intervenant lorsque l'écart de performance d'un service fonctionnel risque de provoquer des répercussions en chaîne sur le processus de conception-production-vente de son produit.

- La structure matricielle remet en cause la notion d'unicité de commandement, car chaque responsable a une double appartenance. En fait, elle remet en question la notion même de hiérarchie.

- La plupart des reproches faits aux structures matricielles portent sur la dualité hiérarchique. C'est souvent un malentendu : le rôle des intégrateurs en ligne et en colonne n'est pas de donner des ordres aux différents responsables placés aux intersections, mais au contraire de définir d'un commun accord les objectifs desdits responsables.

- Dans la structure matricielle, une décision n'est jamais l'apanage d'un seul individu qui régente un territoire bien délimité, mais le résultat de la confrontation entre plusieurs individus, le nombre d'intervenants dépendant de la complexité du problème et des interdépendances qu'il met en cause.

- Les activités à durée déterminée vont être organisées autour du concept de projet. Un projet peut se définir de la manière suivante :

  a. le produit ou service à réaliser n'est pas répétitif : il est réalisé à un moment donné, dans un lieu précis, dans des conditions particulières, afin de satisfaire un besoin unique ;
  b. la maîtrise des délais est fondamentale. Une programmation spécifique, portant aussi bien sur les éléments techniques que sur les éléments financiers et commerciaux, est indispensable ;
  c. la réalisation se fait de manière autonome par rapport au reste de l'entreprise. Des projets peuvent se développer parallèlement les uns aux autres, ou cohabiter avec des activités de production classique à flux répétitif.

- On peut distinguer trois types de structures par projets :

> la structure par projets simple,

> la structure mixte projets-fonctions, comme dans les sociétés de conseil,

> la structure matricielle projets-métiers, comme à la NASA ou au CNES.

- La gestion par projets s'est rapidement diffusée pour la création de nouveaux produits, par exemple dans la construction automobile, ou pour la mise en œuvre d'investissements lourds, souvent sous l'impulsion des sociétés d'ingénierie prestataires de services. Aujourd'hui, l'organisation par projets est la seule option, en particulier dans la phase de conception et de montage, pour les nombreuses entreprises de services (informatique, téléphonie, banques, *business process outsourcing*, etc.) qui proposent des solutions spécifiques à certains de leurs grands clients.

>

····> Aujourd'hui, la plupart des entreprises tendent à évoluer du modèle classique pyramidal et mécaniste vers un modèle plus organique, puis vers une structure en réseau. Le modèle en réseau est fréquent dans des entreprises de téléphonie, de services informatiques, ou même plus récemment dans des banques. Le plus souvent, on distingue des unités-fins (*business units*, ou même simplement *key account managers*) et des unités-support (fonctions support et étapes intermédiaires de la chaîne de valeur), reliées entre elles par des prestations internes.

Un réseau est composé de pôles (les « nœuds » du réseau) et de connexions (les liaisons entre pôles). Dans le cas de l'entreprise, il ne s'agit pas d'un réseau « naturel » sans hiérarchie, mais d'un réseau disposant d'un système de gouvernance qui l'oriente et le contrôle.

> Les pôles sont les unités visibles de l'organisation. Ils peuvent revêtir des formes organisationnelles et être de taille variée.

> Les connexions peuvent être d'ordre bureaucratique (ordres, standards partagés, procédures), économique (transactions de produits ou services, paiements), opérationnel (travail en commun, prise de décision collective, partage de ressources ou de savoir-faire), culturel (valeurs partagées, communauté d'enjeux), informationnel (accessibilité à des sources d'information, échange ou partage d'informations), etc.

Le fonctionnement d'un réseau interne dépend de sa cohésion, son potentiel combinatoire er son mode d'activation.

Le réseau remet en cause la division verticale du travail, ainsi que la prééminence de la hiérarchie comme mode de coordination.

Le réseau peut être élargi à des partenaires externes via l'*outsourcing* et les alliances stratégiques. On parle alors d'écosystème. Les réseaux inter-entreprises sont souvent des lieux d'innovation.

La perspective du « réseau-écosystème » ne vise pas qu'à améliorer la mise en œuvre de la stratégie (encore moins d'une stratégie particulière), mais se propose d'augmenter la capacité à créer des stratégies nouvelles ; il y a là un renversement de la logique traditionnelle.

QUIZ

1. La structure d'une entreprise dont les unités organisationnelles sont à la fois rattachées à une fonction de support et à une division de produit est dite :

a. Structure en réseau.
b. Structure par projets.
c. Structure matricielle.

2. Au sein d'une structure matricielle, les responsables d'unités sont conduits à rechercher en permanence un compromis entre :

a. Efficience et efficacité.
b. Coût et qualité.
c. Rapidité et adaptabilité.

3. Dans l'esprit d'une structure matricielle, le responsable d'une unité :

a. Voit ses moyens et ses objectifs fixés indépendamment par deux hiérarchies distinctes.
b. Négocie ses moyens et ses objectifs auprès de deux hiérarchies différentes.
c. Décide en toute autonomie de ses moyens et de ses objectifs.

4. Quel est le principal danger d'une structure matricielle ?

a. Une balkanisation de l'entreprise sous l'effet des luttes de pouvoirs entre responsables.
b. Une modification profonde de la culture d'entreprise empêchant tout retour à une structure classique.
c. Une crise d'identité des responsables d'unités perdus dans les méandres de la matrice.

5. L'organisation par projets est particulièrement adaptée quand :

a. Le processus de production, ainsi que les ressources et les compétences à mobiliser, sont uniques et spécifiques au produit ou service à réaliser.
b. Le produit ou le service à réaliser correspond à un besoin et des circonstances uniques, la maîtrise des délais est essentielle et la réalisation du projet peut se faire de manière suffisamment autonome par rapport au reste de l'entreprise.
c. L'entreprise cherche à innover en combinant les compétences spécialisées qui ont été développées au service de différents clients et qui se retrouvent disséminées dans différentes parties de l'organisation.

6. Quand les projets de l'entreprise sont indépendants les uns des autres et très spécifiques, la structure idoine est :

a. Une structure matricielle projet-métiers.
b. Une structure mixte projet-fonctions.
c. Une structure pure par projets.

>

····>

7. Dans une entreprise ayant adopté une structure par projets, la capitalisation d'expérience :
a. Se fait naturellement dans la plupart des cas.
b. Nécessite des procédures adaptées et un pilotage attentif.
c. Est rendue quasiment impossible par le rapide turnover des équipes projets.

8. Dans une structure en réseau, les unités organisationnelles :
a. Interagissent sur le modèle du marché pur.
b. Jouissent d'une large autonomie dans le cadre défini par la direction générale.
c. Doivent soumettre toute décision opérationnelle à leur hiérarchie.

9. L'activation d'un réseau est :
a. Le fait de créer de nouvelles « connexions » entre « nœuds » existants ou d'ajouter de nouveaux pôles au réseau.
b. Le fait de mobiliser le réseau existant pour lancer un nouveau projet.
c. La mise en œuvre par la direction générale de la stratégie de l'entreprise, au moyen du réseau et, plus largement, de l'écosystème.

10. Le « capital social » que l'entreprise développe en développant un réseau de partenaires est :
a. Le capital inscrit au bilan de l'entreprise.
b. Le capital sympathie dont jouit l'entreprise de par son rôle social.
c. La valeur des relations qu'entretient l'entreprise avec d'autres organisations.

Réponses : 1.c, 2.a, 3.b, 4.a, 5.b, 6.c, 7.b, 8.b, 9.a, 10.c

22 Gouvernance et stratégie

Les questions de « gouvernance » – notion souvent traduite en français par « gouvernement d'entreprise » – ont fait l'objet depuis une vingtaine d'années de nombreux débats et ont entraîné plusieurs réformes provoquées par différents « scandales » qui ont marqué la vie des affaires. Derrière ce terme un peu pompeux se cachent des questions aussi essentielles que l'organisation du conseil d'administration, la mesure et la transparence dans les rémunérations des dirigeants, la qualité et l'honnêteté de la communication financière, la recherche de création de valeur pour les actionnaires, etc.

La réflexion sur la gouvernance emprunte à l'économie, l'histoire, la sociologie, le droit et, bien sûr, la gestion, au travers de ses différentes disciplines comme la finance, mais aussi la comptabilité, la gestion des ressources humaines ou la stratégie.

De manière très générale, l'entreprise peut être appréhendée comme un système de coopération établi entre divers partenaires apporteurs de ressources, partenaires dont le but commun est de s'enrichir, c'est-à-dire de faire produire à l'entreprise un surplus par rapport aux ressources consommées. Afin d'attirer ces partenaires puis de garantir la pérennité de l'entreprise, il convient donc de leur offrir une rémunération satisfaisante, compte tenu de leurs objectifs et des risques qu'ils assument. Le gouvernement d'entreprise s'inscrit dans cette problématique générale et a pour objet de définir les organes et les mécanismes qui fixent les droits et les obligations des différentes parties prenantes à l'entreprise afin de maximiser la valeur créée et d'assurer sa répartition équitable.

Contrastant avec cette conception très large de ce qu'est la gouvernance, le débat récent s'est focalisé sur un aspect restreint de la question : la confrontation entre les dirigeants et les actionnaires. Sans la mise en place de mécanismes appropriés, les dirigeants géreraient l'entreprise en fonction de leurs intérêts propres qui peuvent sensiblement différer de ceux des actionnaires. Les pratiques de bonne gouvernance, dans cette perspective plus limitée, consistent à établir des mécanismes de contrôle et d'incitation qui permettent d'aligner l'action des dirigeants avec les intérêts des actionnaires.

Le dirigeant, du fait de la position centrale qu'il occupe dans l'entreprise, est un acteur majeur du processus conduisant à la création de la richesse et à sa répartition. Pourtant, il convient de bien distinguer gouvernance et stratégie d'entreprise. Si la gouvernance s'intéresse bien sûr à la nature des choix stratégiques du dirigeant ainsi qu'à la manière dont ces décisions sont prises, l'essentiel de la réflexion porte sur la façon dont les décisions et les actions du dirigeant sont affectées par les différents mécanismes qui délimitent son « espace discrétionnaire » et orientent ses actions.
Dans la suite de ce chapitre, nous nous intéressons aux raisons qui justifient l'intérêt actuel pour les questions de gouvernance en analysant l'origine du débat autour de ce thème. Nous décrirons ensuite l'architecture des mécanismes de gouvernement d'entreprise en portant une attention particulière au conseil d'administration. Nous ouvrirons, enfin, des pistes de réflexion sur certaines conséquences des problèmes de gouvernance sur la stratégie des entreprises[1].

1 Pourquoi la gouvernance est devenue une question stratégique

A/ La prise de pouvoir historique des dirigeants aux dépens des actionnaires

Même si le mot est nouveau, la gouvernance d'entreprise n'est pas une préoccupation récente. On peut dire en fait que les problèmes relevant de la gouvernance sont associés à l'émergence du capitalisme, voire même au concept d'entreprise, dès lors que se crée une dissociation entre les responsables de la gestion de l'entreprise (les dirigeants) et les apporteurs des ressources nécessaires au projet productif (dont les actionnaires).
Jusqu'au début du XXe siècle, la propriété de l'entreprise est principalement restée dans des mains de familles propriétaires, les « dynasties industrielles » dont les noms sont encore célèbres (Krupp, de Wendell, de Dietrich, Schneider, Carnegie, etc.). Quand il n'y a pas identité entre la famille actionnaire et les dirigeants gestionnaires, la distance entre les deux parties est fortement réduite du fait de l'implication de l'actionnaire familial principal dans le contrôle de la stratégie et de la gestion de l'entreprise.
Au tournant des XIXe et XXe siècles, cette forme d'entreprise a pourtant du mal à subsister. En particulier, les besoins en capitaux nécessaires au financement des investissements industriels se révèlent trop importants pour les capacités financières des actionnaires familiaux, qui se trouvent contraints d'ouvrir le capital de leur entreprise à de nouveaux investisseurs. En 1932, dans leur ouvrage pionnier demeuré célèbre, Berle et Means[2] décrivent l'émergence d'une nouvelle forme de propriété, la « propriété sans contrôle », née de la séparation entre les fonctions de propriété et de gestion, qui étaient jusque-là dans les mêmes mains, celles de l'entrepreneur et de sa famille. Or, dans un nombre croissant d'entreprises, la dispersion de l'actionnariat devient telle qu'aucun actionnaire n'est en mesure ni de désigner ni de contrôler les dirigeants. Beaucoup d'entreprises deviennent en effet de grandes sociétés cotées à actionnariat dispersé, où les dirigeants ne détiennent pas une part significative du capital. Cette situation favorise l'émancipation des dirigeants qui, dans les faits, ne sont pratiquement plus contrôlés. Sur fond de crise de 1929, la thèse de Berle et Means est à l'origine d'un renforcement de la réglementation boursière aux États-Unis, débouchant notamment sur la création d'une autorité de régulation des marchés financiers, la SEC (*Securities and Exchange Commission*).

1. Le Joly K., 1998 ; Le Joly K. et Moingeon B. (dir.), 2001.
2. Berle A.A., Means G.C., 1932.

Mais, parallèlement, et alors que la taille des entreprises augmente, de nouvelles formes d'organisation et de nouveaux modes de gestion se généralisent. C'est l'émergence du management, comme technique scientifiquement fondée de la gestion des entreprises, et de la « technostructure »[1] qui contribuent à imposer la légitimité du « manager professionnel » et son statut dominant au sein de l'entreprise. Marquée par le développement des grands groupes et des multinationales, la période de croissance qui suit la Seconde Guerre mondiale consacre le pouvoir, désormais presque sans partage, de ces dirigeants professionnels. Les actionnaires sont les grands oubliés de l'histoire.

B/ Le grand retour des actionnaires

C'est au milieu des années 1980 que l'intérêt pour les questions de gouvernance commence à se manifester aux États-Unis, alors qu'une série d'événements contribuent à remettre en cause les marges de manœuvre des dirigeants.

À l'époque, les États-Unis connaissent une vague de rachats hostiles d'entreprises (OPA) conduisant au changement des équipes dirigeantes des sociétés cibles. Ces opérations constituent une première occasion de remettre en cause la capacité des dirigeants des grands groupes cotés à maximiser la valeur de leur entreprise pour les actionnaires. Parallèlement, la découverte, dans plusieurs sociétés, de paiements illicites réalisés à l'insu du conseil d'administration conduit la *Securities and Exchange Commission* (SEC) à intervenir en réformant l'organisation du conseil d'administration par la création de trois comités spécifiques (comité d'audit, comité de rémunération, comité de nomination voir *infra*). En 1991 et 1992, les pertes records affichées de manière inattendue par plusieurs grands groupes américains mettent en défaut le système de surveillance assuré par le conseil d'administration et conduisent au remplacement des dirigeants de certaines des plus grandes entreprises américaines : IBM, General Motors, Kodak, American Express… À la même époque, au Royaume-Uni, l'effondrement du groupe de presse Maxwell et plusieurs cas de faillites (Polly Peck, BCCI) contribuent également à alimenter le débat.

Devant la faillite constatée, ou supposée, des mécanismes traditionnels de gouvernance, et en particulier du conseil d'administration, un mouvement de réformes s'organise. D'abord concentré aux États-Unis, il s'étend progressivement à l'Europe puis au reste du monde en donnant lieu à d'intenses débats.

Dans les premiers temps, l'initiative vient des entreprises elles-mêmes, des organismes professionnels, ou des institutions internationales telles que l'OCDE, en prenant la forme de codes de « bonne conduite ». Sans valeur légale, de tels codes tirent leur force de la publicité qui est donnée au fait que les entreprises les respectent ou non. Dans certains pays, des règlements, à valeur obligatoire, sont mis en place par les autorités de régulation des marchés financiers (tels que la SEC aux États-Unis, ou l'AMF[2] en France).

Partout, les réformes vont dans le même sens et portent sur les mêmes thèmes :

> le rôle du conseil d'administration, sa composition, l'organisation de ses travaux ;

> la clarification des responsabilités au sommet de l'entreprise à travers la séparation des fonctions de président du conseil d'administration et de directeur général exécutif ;

> l'amélioration de la transparence de l'information envers les actionnaires, notamment en matière de rémunération des dirigeants ;

> le renforcement des moyens de défense et d'intervention des actionnaires par une politique d'activation des droits de vote attachés aux titres qu'ils détiennent.

1. Galbraith J. K., 1967.

2. L'Autorité des marchés financiers (AMF) est créée en 2003 dans le cadre de la loi de sécurité financière et résulte de la fusion de la Commission des opérations de Bourse (COB) avec le Conseil des marchés financiers (CMF) et le Conseil de discipline de la gestion financière (CDGF).

En 2000, sur fond de crise économique mondiale, la faillite retentissante de la société Enron (voir Mini-cas ci-dessous) marque une nouvelle inflexion majeure dans le débat sur la gouvernance.

MINI-CAS

Enron

Le 2 décembre 2001, la société Enron est placée sous la protection du chapitre 11 de la loi américaine sur les faillites. Ce qui semble, au départ, constituer une faillite « ordinaire » devient, à partir du mois de janvier 2002, le « scandale Enron », qui relance la réflexion sur la gouvernance.
La société Enron est née en 1985, au Texas, de la fusion de deux distributeurs de gaz naturel, Houston Natural Gaz et Internorth. Dans un contexte de restructuration profonde du secteur de l'énergie, Enron devient un acteur important de la libéralisation des marchés de l'énergie. Enron était au départ une société traditionnelle de transport d'énergie, gérant des pipelines, qui a progressivement développé des activités d'amont et d'aval pour se transformer radicalement et devenir une société de négoce. Cette activité consistait à offrir aux producteurs et distributeurs de gaz et d'électricité une place de marché électronique et des instruments qui leur permettaient d'effectuer des transactions et de se protéger des fluctuations de prix des matières premières. D'abord concentrée sur le secteur de l'énergie, Enron a ensuite diversifié ses activités pour couvrir de nouveaux marchés : capacités internet à haut débit, émissions polluantes, semi-conducteurs...
Pour avoir « repoussé les frontières »[1] de son métier, la société Enron a été célébrée comme une icône de la « nouvelle économie ». En 2000, Enron était la septième capitalisation boursière des États-Unis. Son chiffre d'affaires dépassait les 100 milliards de dollars et elle comptait plus de 20 000 salariés dans le monde. Pendant cinq années consécutives, Enron a été élue la compagnie la plus innovante par le magazine *Fortune*.
La nature des activités de négoce d'Enron lui imposait de tenir le rôle de contrepartie afin d'assurer le bon dénouement des transactions effectuées sur sa plateforme électronique de négoce. Pour cela, la société devait disposer d'importantes lignes de crédit et elle s'exposait à d'importantes fluctuations de ses bénéfices selon les trimestres. Ces fluctuations risquaient de peser sur la notation de la société, notation qui influait à son tour sur sa capacité à obtenir des financements et à attirer des investisseurs. En vue de s'assurer une notation attractive, Enron commença à mettre l'accent sur l'augmentation de son *cash-flow*, la réduction de son endettement et le « lissage » de ses bénéfices publiés.
Parmi les pratiques d'Enron qui ont le plus attiré l'attention une fois que le scandale a éclaté figurent les *Special Purpose Entitites* (SPE). Afin d'accroître la rentabilité apparente de ses capitaux, Enron a entrepris de se désengager de ses investissements les plus lourds ou de ses engagements les plus risqués en les faisant porter par des filiales non consolidées. Les comptes publiés par Enron faisaient ainsi apparaître une rentabilité très forte, avec des actifs limités et des niveaux de risques faibles. À la suite de la faillite de la société, les enquêtes menées ont révélé un ensemble complexe de ces entreprises *ad hoc*, portant certains actifs de la société, liées à quelques-uns de ses principaux cadres dirigeants mais non consolidées et n'apparaissant donc pas dans les états financiers d'Enron.

Les raisons de la faillite d'Enron sont nombreuses et complexes. Seule une partie des pratiques mises au jour relève véritablement de comportement délictueux (délit d'initié, détournements de fonds, dissimulation et destruction de preuves...). Ces pratiques ont été rendues possibles par des dysfonctionnements généralisés >

1. Hamel G., 2002.

....> des systèmes de contrôle interne et externe de l'entreprise dont la découverte a provoqué une perte de confiance et un mouvement de panique des investisseurs et des banquiers :

> manque d'indépendance et négligences du conseil d'administration qui, bien qu'en général informé des stratégies et des projets de la direction, et malgré des signaux d'alerte, n'a pas réagi ;

> insuffisance de la supervision en interne ;

> manque d'indépendance et d'objectivité du cabinet d'audit Arthur Andersen dans l'exercice de sa mission de commissaires aux comptes de l'entreprise, alors que ce cabinet fournissait par ailleurs à l'entreprise d'importants services d'audit interne et de conseil.

Arthur Andersen sera d'ailleurs une victime collatérale de la faillite d'Enron. En 2002, suite à une enquête menée par le département de la Justice, la firme d'audit est condamnée par le tribunal fédéral de Houston pour complicité dans la destruction de documents comptables. Cette mise en cause conduit à l'arrêt des activités d'Arthur Andersen aux États-Unis et au démantèlement du réseau international du cabinet.

Questions

1) En quoi les conditions de la faillite d'Enron sont-elles dues à une défaillance de la gouvernance de l'entreprise ?
2) Quels mécanismes de gouvernance ont-ils plus particulièrement failli ?
3) Pourquoi le cabinet d'audit Arthur Andersen a-t-il été entraîné dans la chute d'Enron ?

Premier d'une série de plusieurs scandales aux États-Unis (WorldCom, Adelphia, Global Crossing…) et en Europe (Parmalat, Ahold, Vivendi) de nature à ébranler durablement et profondément la confiance établie dans les marchés financiers, l'affaire Enron invite à une réflexion sur le fonctionnement de ces marchés. Plus particulièrement, parce qu'il est primordial de garantir la qualité de l'information financière transmise au marché, le débat sur la gouvernance se focalise sur l'organisation de la chaîne d'information financière. Sont ainsi réexaminés les rôles, les responsabilités et les modes de fonctionnement des professions de l'intermédiation financière : conflits d'intérêt au sein des banques, indépendance et pluralisme des analystes financiers, des agences de notation, ou des sociétés d'audit (séparation entre les missions légales de contrôle et les activités contractuelles de conseil).

Inspirée directement par ces réflexions, la loi américaine Sarbanes-Oxley de juillet 2002 (souvent désignée par l'abréviation SOx) renforce l'indépendance et les responsabilités des administrateurs, tout en exigeant une certification personnelle sur l'honneur, assortie de sanctions pénales, de la véracité des comptes par le CEO (*Chief Executive Officer,* ou directeur général éxecutif). En matière de profession financière, elle institue une structure publique de contrôle des firmes d'audit, placée auprès de la SEC. Parallèlement, elle interdit aux cabinets d'audit d'exercer des activités de conseil dans les sociétés dont ils certifient les comptes.

C/ La montée en puissance des fonds de pension et autres investisseurs institutionnels

La crise de confiance à l'égard des dirigeants d'entreprise provoquée par les affaires du type Enron est intervenue dans un contexte où se produisait un autre phénomène aux répercussions considérables : la modification structurelle de la forme de détention des actions, liée au développement de l'épargne collective.
Aux États-Unis, d'où le phénomène est parti, le système de financement des retraites par capitalisation a fait des fonds de pension et des compagnies d'assurance les premiers intervenants des marchés financiers américains. Phénomène devenu mondial, la mutualisation de l'épargne actionnariale a conduit à la montée en puissance des « investisseurs institutionnels », ce qui a contribué à transformer profondément la nature des relations entre actionnaires et dirigeants. En effet, la détention directe d'actions par les individus s'accompagnait d'une dilution du contrôle exercé par les actionnaires. À l'inverse, la concentration des titres entre les mains de gestionnaires de fonds professionnels soumis, par la concurrence et par la réglementation, à un devoir de bonne gestion des intérêts des épargnants, a conduit à un plus grand activisme de la part de ces investisseurs.[1]
Le terme « investisseur institutionnel » désigne un investisseur professionnel qui gère l'épargne d'un groupe d'individus, d'une autre organisation ou d'un groupe d'organisations, et qui investit à leur profit. Il existe trois grands types d'investisseurs institutionnels :

> les banques et les assurances, investisseurs institutionnels traditionnels ;

> les fonds d'investissement (*mutual funds* en anglais, OPCVM, ou organismes de placement collectif en valeurs mobilières, en français) dont le capital est constitué par les souscripteurs et dont l'objet social exclusif est de placer l'argent collecté en titres d'entreprises. Il existe une grande diversité de fonds d'investissement dans le monde et notamment en France, deuxième pays au monde pour ce type de placement derrière les États-Unis ;

> les fonds de pension, ou caisses de retraite, publics et privés, qui gèrent des fonds dont les bénéficiaires sont des salariés ou des retraités. Les placements effectués par les fonds de pension sont en grande partie destinés à financer les retraites de leurs souscripteurs. Ces fonds participent donc indirectement à l'actionnariat salarié et constituent un groupe puissant, bien qu'hétérogène.

Le poids de ces différents types d'investisseurs institutionnels est très variable suivant les pays. Aux États-Unis, les fonds de pension dominent. Au Japon, la première place revient aux assurances. En France, elle revient aux OPCVM.
Deux voies sont théoriquement ouvertes aux investisseurs institutionnels pour exercer leur influence sur les dirigeants des entreprises dont ils sont actionnaires :

> la première, sans ingérence dans la gestion de l'entreprise, consiste à vendre leurs actions, faisant ainsi baisser le cours du titre (*exit strategy* ou « vote avec les pieds ») lorsqu'ils sont mécontents des dirigeants et de la stratégie suivie ;

> la seconde consiste, sans vendre les titres, à faire pression sur le management en s'assurant que ce dernier respecte bien leurs intérêts (*voice strategy*). L'interventionnisme des investisseurs institutionnels s'exerce alors par différents moyens et à divers degrés : publication de « listes noires » d'entreprises ou de dirigeants les moins performants, contacts directs auprès des dirigeants, vote et propositions de résolutions soumises à l'assemblée générale des actionnaires, etc.

1. Peyrelevade J., 1999.

À titre d'exemple, le fonds CalPERS (*California Public Employees Retirement System)*, fonds de retraite des fonctionnaires de l'État de Californie, a fait figure de pionnier en matière d'activisme actionnarial. Ses activités ont débuté dans les années 1980 et son action a d'abord été centrée sur la contestation des protections anti-OPA. Celles-ci sont contraires aux intérêts des actionnaires puisqu'elles rendent leurs titres moins liquides, donc moins attractifs. Ces protections incluent notamment :

> les pilules empoisonnées (*poison pills*) qui sont des clauses particulières dans les statuts de l'entreprise visant à handicaper les chances d'une offre d'achat hostile. Il s'agit par exemple de la limitation des droits de vote, de l'autorisation d'émissions d'actions supplémentaires ou du blocage de certains actifs.

> les parachutes dorés (*golden parachutes*) sont des clauses contractuelles entre un dirigeant et son entreprise, qui fixe des indemnités de départ, généralement très élevées, versées lors d'une éviction suite à un licenciement, une restructuration, une fusion avec une autre société.

La politique de CalPERS s'est peu à peu étoffée par la suite pour édicter, à partir de 1987, un programme complet de *Corporate Governance*, qui donne le ton au niveau mondial. Depuis 1990, CalPERS établit une liste des 50 entreprises les plus mal gérées, cibles désignées de son activisme.

2 La gouvernance d'entreprise en théorie

D'un point de vue théorique, la réflexion sur la gouvernance s'inspire très directement de la « Théorie de l'Agence » (voir Fondements théoriques ci-dessous). Apparue à la fin des années 1970, cette théorie définit un certain nombre de concepts et de propositions utiles pour modéliser les problèmes de gouvernance. Elle analyse en effet les conflits qui apparaissent entre l'actionnaire (le principal) et le dirigeant (l'agent), et elle suggère des mécanismes de résolution de ces conflits.

Fondements théoriques

La Théorie de l'Agence

L'un des apports centraux de la Théorie de l'Agence est de souligner que l'entreprise est le centre de conflits potentiels entre ses différents acteurs et, notamment, entre les dirigeants et les actionnaires.

La Théorie de l'Agence définit l'entreprise comme un « nœud de contrats » permettant de gérer l'ensemble des relations entre les individus qui concourent à son activité. Selon les termes mêmes des auteurs de la Théorie de l'Agence : « la firme [...] est une fiction légale qui sert de lieu de réalisation à un processus complexe amenant l'équilibre entre les objectifs conflictuels d'individus [...] à l'intérieur d'un cadre de relations contractuelles ».[1]

La notion de « relation d'agence » tient une place particulière dans cette approche. Jensen et Meckling la définissent comme : « un contrat dans lequel une personne (*le principal*) a recours aux services d'une autre personne (*l'agent*) pour accomplir en son nom une tâche quelconque, ce qui implique une délégation de nature décisionnelle à l'agent »[2]. Ainsi, le dirigeant non propriétaire est-il l'agent de l'ensemble des actionnaires et reçoit-il de ces derniers une délégation du pouvoir normalement dévolu au propriétaire. Du fait de cette délégation, le dirigeant peut prendre toutes les décisions

1. Jensen M. C., et Meckling W. H., 1976.
2. *Ibid.*

....> de stratégie et de management qui s'imposent, au nom des propriétaires (les actionnaires), et en principe en fonction de leurs intérêts.

Partant d'une hypothèse, classique en économie, selon laquelle chaque individu est avant tout motivé par la poursuite son intérêt propre, la Théorie de l'Agence observe que des divergences d'intérêt peuvent opposer le principal et l'agent. Il y a, en effet, peu de chances que les intérêts du principal et de l'agent soient parfaitement convergents et que l'agent prenne systématiquement des décisions au mieux des intérêts du principal. L'agent tendra, au contraire, à profiter de la liberté décisionnelle qui lui est accordée pour gérer les affaires du principal dans un sens qui est davantage favorable à ses propres intérêts qu'à ceux du principal, voire d'une manière qui peut être préjudiciable à ce dernier. Le simple fait qu'une telle situation puisse se produire suffit à créer le doute.

Dans un univers d'information complète, où les efforts déployés par l'agent seraient parfaitement observables, de tels conflits d'intérêt pourraient être résolus par un contrat obligeant l'agent à agir conformément aux intérêts du principal. En supposant qu'aucun coût ne soit associé à l'établissement et à l'exécution de ce type de contrat, le problème d'agence serait supprimé. La réalité de la vie des entreprises est cependant souvent marquée par la complexité, l'ambiguïté et l'imprévisibilité des actions des dirigeants. Dans un univers où l'information est imparfaite, le contrat qui lie les parties est nécessairement incomplet. De plus, il existe une asymétrie d'information entre les parties qui fait que le principal (le ou les propriétaires de l'entreprise) n'a pas les moyens de contrôler parfaitement et à peu de frais l'action de l'agent (le dirigeant) ; en effet, le dirigeant d'une entreprise connaît bien mieux la situation de l'entreprise et les détails de son activité que les actionnaires, surtout si l'actionnariat de l'entreprise est très fragmenté et qu'aucun actionnaire n'a une part significative du capital. Or, l'actionnaire est très vulnérable aux actions des dirigeants dans la mesure où, à la différence des autres créanciers (banques, salariés, fournisseurs, etc.) dont les risques sont limités par le fait qu'ils bénéficient d'une rémunération fixée à l'avance (taux d'intérêt, niveau de salaire, prix des fournitures, etc.), l'actionnaire ne dispose d'un droit que sur les revenus nets de l'entreprise. C'est pourquoi on dit que les actionnaires ont le statut particulier de « créanciers résiduels » : ils ne sont rémunérés que si la stratégie de l'entreprise a permis de dégager un surplus.

Le premier problème est que les dirigeants et les actionnaires ne raisonnent pas, a priori, sur le même horizon temporel. Tandis que les dirigeants agissent en fonction de l'échéance de leur contrat, les actionnaires agissent en fonction d'un horizon dépendant de leur propre stratégie d'investissement. Une deuxième source de conflit provient de la spécificité du « capital » que les deux parties engagent dans l'entreprise. Alors que le capital investi par les actionnaires est financier, et par-là même « dissociable », le capital engagé par le dirigeant est avant tout humain. De ce fait, un actionnaire peut morceler ses investissements entre plusieurs entreprises et ainsi diversifier ses risques. Le dirigeant, quant à lui, se consacre entièrement à une seule entreprise. Son sort personnel est directement lié à la survie et à la pérennité de l'entreprise. De là naît une divergence d'objectifs qui peut conduire le dirigeant à fixer des stratégies d'investissement et de financement sous optimales pour les actionnaires. Ainsi, il est le plus souvent dans l'intérêt des actionnaires qu'une entreprise s'engage dans des projets risqués mais potentiellement très rémunérateurs, alors que le dirigeant pourra préférer une politique plus prudente, même si cela conduit à renoncer à des opportunités intéressantes, mais risquées. De même, les dirigeants peuvent être favorables à la diversification de l'entreprise qui permet de lisser les hauts et les bas des diverses activités et assure ainsi une plus grande stabilité à l'entreprise – et donc à la situation de ses dirigeants – alors que les actionnaires ont rarement intérêt à une telle diversification qui tend souvent à détruire de la valeur (voir chapitre 16). De manière plus anecdotique, les dirigeants peuvent avoir une attirance particulière pour un secteur alors que celui-ci n'est pas particulièrement rentable ou, au contraire, une aversion pour certaines activités malgré la rentabilité de celles-ci, et prendre en conséquence des décisions stratégiques qui accroissent leur propre satisfaction mais pénalisent les actionnaires. Ainsi, Edgar Bromfman Jr, P-DG de Seagram, l'un des leaders mondiaux des boissons alcoolisées est soupçonné d'avoir fait racheter à l'entreprise les studios Universal plus par fascination pour le cinéma que par soucis de rentabilité accrue. La fusion quelques années plus tard de Vivendi et d'Universal a souvent été attribuée à une égale fascination du PDG de Vivendi pour les stars d'Hollywood, avec des résultats désastreux pour les actionnaires puisque cette fusion a presque conduit Vivendi à la faillite (voir le Mini-cas Vivendi dans le chapitre 2). *A contrario*, Jérôme Monod, président de la Lyonnaise des eaux (ancêtre de Suez Environnement), n'a eu de cesse de faire vendre à son groupe les Pompes funèbres générales, l'une de ses filiales les plus rentables, par aversion personnelle, dit-on, pour cette activité.

Une autre source de conflit vient de la latitude, plus ou moins grande, dont dispose le dirigeant pour prélever pour lui-même, une part des ressources de la firme sous la forme de rémunération, bien sûr, mais aussi d'avantages en nature plus difficiles à contrôler (notes de frais, voitures de fonction, jet privé, etc.).

Par ailleurs, les dirigeants peuvent mettre en œuvre différentes stratégies pour protéger leur poste en échappant aux mécanismes de contrôle. Ces « stratégies d'enracinement » consistent à créer des protections empêchant l'éviction du dirigeant ou rendant plus difficile la mise en œuvre de sanctions.

Selon la théorie de l'enracinement[1], le dirigeant aurait pour objectif de maximiser la rentabilité de l'investissement en capital humain qu'il engage dans l'entreprise. Dans le but d'accroître ce capital humain, le dirigeant, loin de subir passivement les systèmes de contrôle propres à aligner son comportement sur celui des actionnaires, développerait des stratégies actives visant à :

> rendre son remplacement particulièrement coûteux ;

> influencer favorablement la perception qu'ont les actionnaires de ses capacités, en les persuadant qu'il est le plus compétent pour diriger l'entreprise et qu'il consacre tous ses efforts à cette tâche.

Certaines stratégies ont pour but de prévenir l'éviction lors d'un changement brutal d'actionnariat, notamment à la suite d'une OPA. Les pactes d'actionnaires, les mesures anti-OPA, telles que les pilules empoisonnées, entrent dans cette catégorie. D'autres stratégies ont pour but de rendre « inopérants » les organes chargés de contrôler l'action du dirigeant. Le dirigeant peut, par exemple, utiliser ses « réseaux » personnels pour s'assurer la présence d'administrateurs bienveillants au sein de son conseil d'administration.

Le choix des activités et des investissements, touchant à la stratégie et à l'organisation de l'entreprise, est également considéré comme un vecteur privilégié d'enracinement. L'enracinement peut, par exemple, résulter de la mise en œuvre, par le dirigeant, de stratégies étroitement dépendantes de ses compétences personnelles. La théorie parle d'investissements « idiosyncratiques », c'est-à-dire d'investissements spécifiques à la relation du dirigeant et de l'entreprise, dont la valeur dépend de sa présence à la tête de l'entreprise. Par exemple, le dirigeant peut engager prioritairement des investissements dans un domaine qu'il connaît très bien ou dans des pays où il a des relations privilégiées. Il espère ainsi rendre sa présence à la tête de l'entreprise

1. Shleifer A., Vishny R.W., 1989.

indispensable, même si ces investissements n'étaient pas, dans l'absolu, les meilleurs possibles pour les actionnaires.
Dans cette optique, un certain nombre de choix stratégiques classiques peuvent être réinterprétés comme résultant de stratégies d'enracinement. C'est le cas des investissements de croissance externe, qui accroissent la taille de l'entreprise et la rendent ainsi moins vulnérable aux tentatives de prise de contrôle, ce qui protège la position des dirigeants en place. C'est aussi le cas des investissements en recherche et développement dont la visibilité est généralement réduite. Enfin, c'est - encore ! - le cas des stratégies de diversification que les dirigeants sont suspectés de privilégier comme un moyen de brouiller le périmètre de l'entreprise, d'accroître sa complexité, d'opacifier l'information relative à sa gestion, de diminuer l'efficacité du contrôle interne, l'ensemble rendant le contrôle plus difficile et plus coûteux.
Dans sa version initiale, la théorie de l'enracinement reposait sur une vision purement opportuniste du dirigeant dont le seul but serait d'accroître son bien-être au détriment des autres parties prenantes et, en particulier, des actionnaires. Cette vision a été ensuite contestée par plusieurs auteurs[1] qui proposent une version « bienfaisante » de l'enracinement. Partant d'une analyse de la création de valeur, ces auteurs mettent en avant le rôle crucial joué par les capacités managériales du dirigeant et notamment celles qui sont spécifiques à l'entreprise. Le développement d'un tel capital managérial par le dirigeant ne se ferait pas nécessairement au détriment de l'intérêt des actionnaires et des autres parties prenantes, mais contribuerait plutôt à la création de valeur par l'entreprise. Dès lors, un renversement de perspective se produit par rapport aux modèles classiques de l'agence ou de l'enracinement : il convient de préserver ce capital humain et d'inciter le dirigeant compétent à accroître ce capital, en le protégeant et en réduisant son risque d'éviction.

3 Les règles de gouvernance

Influencée par l'évolution de l'actionnariat et inspirée par la théorie de l'agence, l'approche actuelle de la gouvernance consiste à renforcer les systèmes de contrôle et d'incitation des dirigeants afin d'éviter qu'ils ne prennent des décisions contraires aux intérêts des actionnaires.
On distingue souvent les dispositifs « internes » et les mécanismes « externes » à l'entreprise.

A/ Les mécanismes internes de contrôle et d'incitation

Les mécanismes visant à aligner les actions des dirigeants avec les intérêts des actionnaires engendrent des coûts, dénommés coûts d'agence. Les coûts d'agence incluent non seulement les coûts de surveillance des dirigeants, mais aussi un « coût d'opportunité », également dit « perte résiduelle », qui désigne l'écart entre le résultat de l'action réelle du dirigeant et ce qu'aurait donné un comportement conduisant à la maximisation des intérêts des actionnaires. Une gouvernance efficace doit s'appuyer sur des systèmes d'incitation et de surveillance qui minimisent ces coûts d'agence.

1. Castanias R.P, Helfat C.E., 1991, 1992.

L'organisation interne de l'entreprise

Issue de la Théorie de l'Agence, la distinction fondamentale entre le pouvoir de décision et la responsabilité du contrôle au sein des entreprises a conduit à identifier deux situations exigeant des modes d'organisation distincts :

> Lorsque les individus qui prennent les décisions stratégiques ne sont pas ceux qui détiennent la propriété de l'entreprise, le pouvoir de décision doit être séparé de la responsabilité de contrôle. C'est le cas dans les grandes sociétés par actions, cotées en bourse et au capital fortement dispersé entre de multiples actionnaires. Cette séparation est tout particulièrement adaptée aux entreprises dites complexes où la variété des activités et des marchés, ainsi que la multiplicité des unités, rendent difficile de faire des choix stratégiques judicieux sans une implication quotidienne dans l'entreprise. Une telle complexité conduit à spécialiser les fonctions de direction, les fonctions de propriété et les fonctions de contrôle.

> Lorsque les responsabilités de gestion et la propriété de l'entreprise sont détenues par un même petit groupe d'individus, la réunion des fonctions de décision et de contrôle entre les mains d'un nombre limité d'individus conduit, au contraire, à restreindre la propriété à ces mêmes individus. C'est le cas type de l'entreprise familiale de petite taille.

Le conseil d'administration

Le conseil d'administration est l'endroit où s'organise la confrontation entre les membres « internes » de l'entreprise, qui formulent et mettent en œuvre la stratégie, et les membres « externes », qui cherchent à contrôler et à influencer les membres internes[1]. Du fait de sa place singulière à l'interface des dirigeants de l'entreprise et de ses actionnaires, le conseil d'administration joue bien évidemment un rôle crucial dans la gouvernance.
Le conseil d'administration est, avant tout, un organe de contrôle des dirigeants. Plus précisément, il est le « sommet » des systèmes de contrôle de l'entreprise. Son rôle est, d'une part, de contrôler et de ratifier les décisions initiées et mises en œuvre par les dirigeants et, d'autre part, de nommer, récompenser (à travers la politique de rémunération) et parfois révoquer les principaux dirigeants.

La composition du conseil d'administration

Afin que le conseil d'administration puisse remplir efficacement sa mission, une grande attention doit être portée à sa composition :

> dans le cas de la grande entreprise dont l'actionnariat est dispersé, constituer le conseil uniquement d'actionnaires est en général exclu. En effet, la participation au capital de chacun des actionnaires est trop limitée et leur patrimoine trop diversifié pour qu'ils puissent s'impliquer de manière suffisante dans le fonctionnement d'une entreprise particulière. D'autre part, dans le cas d'un actionnaire dominant, le risque de conflit d'intérêts entre cet actionnaire dominant et les actionnaires minoritaires n'est pas à exclure ;

> la présence d'administrateurs internes, c'est-à-dire de salariés de l'entreprise, pourrait convenir dans la mesure où ces derniers disposent d'une information pertinente sur les activités de l'entreprise. Ils risquent cependant de privilégier les intérêts de telle ou telle catégorie de salariés au détriment des actionnaires. Parfois, ils présentent même un risque de collusion avec la direction ;

1. Mintzberg H., 1983.

> les évolutions intervenues depuis les années 1990 en matière de gouvernance ont conduit à considérer désormais la présence d'administrateurs externes comme essentielle. Le renforcement de la présence d'administrateurs indépendants, libérés de l'influence des dirigeants mais aussi des actionnaires, a en effet été recommandé comme l'un des moyens principaux de doter le conseil d'une expertise objective sur la stratégie de l'entreprise.

La constitution de comités spécialisés est également encouragée. Dans la mesure où les administrateurs internes en sont exclus, ces comités peuvent devenir un lieu d'expression libéré de l'influence des dirigeants. Les comités n'ont pas vocation à se substituer au conseil d'administration, mais permettent de mieux préparer ses travaux. Les trois comités les plus fréquemment créés sont :

> le « comité d'audit », qui est chargé, en relation avec les auditeurs externes, de garantir l'exactitude de l'information financière et de surveiller l'élaboration des documents comptables ;

> le « comité de nomination » qui est chargé de suggérer au conseil d'administration un choix de candidats pour la succession des dirigeants et des administrateurs ;

> le « comité de rémunération » qui propose une politique de rétribution (salaires, bonus, intéressement) des principaux dirigeants et administrateurs.

Si la révocation du dirigeant constitue l'ultime recours à disposition du conseil d'administration pour sanctionner un comportement inefficace ou déviant du dirigeant, il faut admettre qu'une telle mesure intervient en général trop tardivement, en période de crise ou à l'issue d'une longue période de faible performance, et lorsque certaines décisions néfastes irréversibles ont déjà été prises. Pour éviter d'en arriver à des mesures extrêmes de ce type, le conseil d'administration doit parvenir à contrôler et à orienter de manière plus continue les choix et comportements de l'équipe dirigeante. Il dispose, pour cela, de deux principaux leviers :

> la définition des modalités de rémunération des dirigeants,

> le contrôle, en vue de leur ratification, des décisions initiées et mises en œuvre par les dirigeants.

La rémunération des dirigeants

La rémunération des dirigeants a toujours suscité de nombreux débats, voire de brûlantes controverses, lorsqu'il est question des niveaux, jugés excessifs, des rémunérations versées à des « grands patrons » dont les actes ne sont pas toujours couronnés de succès. Quoi qu'il en soit, la rémunération est un levier important pour aligner les intérêts des dirigeants sur ceux des actionnaires. On peut distinguer deux composantes principales de la rémunération globale :

> une partie fixe comprenant le salaire, les avantages sociaux (retraite et prévoyance) et les avantages en nature ;

> une partie variable dont le montant dépend de certains objectifs de performance, et qui peut être scindée en deux sous-éléments : les primes ou bonus, qui sont des outils d'intéressement à court terme ; les options sur les titres (stock-options en anglais), et les formules d'actionnariat qui sont des outils d'intéressement à long terme.

Pour aligner au mieux les décisions des dirigeants avec les intérêts des actionnaires, la plupart des entreprises ont mis en place des programmes de rémunération variable fondés sur des mesures de performance boursière.

Les instruments privilégiés d'une telle politique sont les plans de stock-options. Une option sur titre donne la possibilité, pour une période de temps déterminée (période de levée), d'acquérir des actions de l'entreprise à un prix fixé au moment de l'attribution de l'option. Si le cours de l'action augmente, le dirigeant exerce son option, c'est-à-dire qu'il achète des actions au prix fixé à l'avance et les revend au cours du marché, encaissant ainsi la différence. Les plans de stock-options sont censés inciter les dirigeants à mettre en œuvre une politique qui accroisse la valeur de l'entreprise.

Cette forme de rémunération a fait l'objet de virulentes critiques. Les montants octroyés sont souvent considérés comme démesurés et les plans sont parfois mis en place dans des périodes trop propices de faiblesse des cours, ce qui permet aux dirigeants de bénéficier de plus-values quasi certaines. Les options sont également critiquées parce qu'elles constituent une forme de rémunération qui n'est pas directement liée aux résultats de l'entreprise mais aux cours de Bourse ; or ces cours sont également influencés par des tendances générales sans lien avec la qualité de la stratégie de l'entreprise définie et mise en œuvre par les dirigeants.

Il appartient au conseil d'administration, et plus précisément en son sein au comité des rémunérations, de déterminer la rémunération des dirigeants. L'indépendance des membres du comité des rémunérations, impliquant l'absence de liens avec la direction générale, est censée limiter les jeux d'influence et de réciprocité. Une attention particulière doit être accordée aux plans de stock-options en raison des montants en jeu, à leur coût pour l'entreprise et à la dilution qu'ils entraînent pour les actionnaires.

Le contrôle et la ratification des décisions

Depuis longtemps, on s'interroge sur la qualité réelle du contrôle exercé par le conseil d'administration, suspecté de n'être qu'une chambre d'enregistrement des décisions des dirigeants. En 2001, la faillite d'Enron a démontré de manière évidente le manque de diligence du conseil d'administration de cette société, malgré le respect apparent des règles formelles relatives à sa composition et à son fonctionnement.

L'efficacité du contrôle exercé par le conseil d'administration dépend de sa capacité à :

> détecter d'éventuelles insuffisances dans la gestion de l'entreprise ;

> comprendre l'origine de ces insuffisances ;

> définir les mesures correctrices pertinentes, voire les sanctions envers ceux qui sont à l'origine de ces insuffisances ;

> imposer de telles mesures.

L'exercice de ces tâches requiert, de la part des administrateurs :

> des qualités d'indépendance et d'objectivité : les administrateurs disposent-ils de l'information suffisante ? Ont-ils le pouvoir et la volonté d'imposer les sanctions nécessaires ?

> la capacité de porter un jugement éclairé et critique sur les propositions émises par la direction : les administrateurs sont-ils en mesure d'apprécier correctement la qualité des informations mises à leur disposition ? Ont-ils le recul suffisant pour diagnostiquer d'éventuelles erreurs de gestion et définir les ajustements pertinents ?

L'indépendance des administrateurs est souvent mise en avant comme le principal déterminant de l'efficacité du conseil d'administration. Si les administrateurs internes, familiers de l'entreprise et de son environnement, disposent de l'information pertinente pour évaluer sa gestion, ils peuvent manquer d'impartialité en raison,

notamment, du lien de subordination qui les lie aux dirigeants. Mais, inversement, si les administrateurs externes, sans lien avec l'entreprise et ses dirigeants, sont supposés avoir les qualités d'indépendance et d'objectivité nécessaires à l'exercice d'un contrôle impartial de la direction, ils peuvent manquer de l'indispensable connaissance approfondie de l'entreprise.
Qu'il soit question du contrôle ex-ante (avant leur mise en œuvre) ou ex-post des décisions stratégiques, la réflexion sur le rôle du conseil d'administration se fonde sur une conception de la décision stratégique comme issue d'un processus volontariste qu'il est possible d'orienter par la mise en place de systèmes d'incitations ou de contrôle. Or, l'analyse des processus réels de décision conduit à relativiser le caractère intentionnel des choix stratégiques (voir chapitre 2 et chapitre 25). Si l'essentiel des décisions et des actions concernant l'entreprise échappe largement à la direction générale, comment le conseil d'administration peut-il effectivement orienter et contrôler la stratégie de l'entreprise ?
Dans ce contexte, l'action du conseil d'administration pourrait se limiter dans les faits à deux domaines principaux : contrôler les performances, et non les décisions, d'une part ; organiser l'accord des différents partenaires de l'entreprise sur la stratégie qu'elle doit mener d'autre part.

Sans doute une approche adéquate, en matière de conseil d'administration, consiste-t-elle à :

> respecter un équilibre entre administrateurs internes et indépendants et penser le conseil d'administration comme un portefeuille de compétences afin de s'assurer la présence des personnalités dont l'expertise correspond aux défis stratégiques de l'entreprise ;

> s'interroger sur la motivation et les moyens de motivation des administrateurs ;

> éviter l'isolement du conseil par rapport aux systèmes de contrôle et d'information internes à l'entreprise.

Controverse

Une vision alternative du rôle du conseil d'administration

Un examen critique des missions du conseil d'administration conduit à envisager le rôle de ce dernier moins comme un organe de contrôle que comme un acteur de la stratégie de l'entreprise, tirant parti de sa position singulière à « l'interface » de l'entreprise et de son environnement.
Une telle vision est inspirée de la « théorie de la dépendance envers les ressources »[1]. L'idée centrale dans cette théorie est que la survie et la réussite d'une organisation dépendent de sa capacité à acquérir et à renouveler les ressources qui sont essentielles à son fonctionnement : capital financier, ressources techniques, ressources humaines, information... Parce que la plupart de ces ressources sont hors de son contrôle, l'entreprise est en constante interaction avec son environnement pour obtenir ces ressources et, de ce fait, dépendante de cet environnement.
Dans un tel contexte, la « cooptation » est un moyen pour l'entreprise de prévenir et maîtriser les menaces qui résultent de cette dépendance et qui peuvent mettre en péril son existence ou sa stabilité. En intégrant à son conseil d'administration des individus qui vont l'aider à obtenir les ressources qui lui sont nécessaires, l'entreprise assure les conditions de son succès futur. Par exemple, en faisant appel à d'anciens élus ou haut fonctionnaires, l'entreprise va pouvoir bénéficier de leurs réseaux pour avoir plus facilement accès à des marchés publics ; avec des banquiers ou d'anciens banquiers, l'entreprise va pouvoir plus facilement obtenir >

1. Pfeffer J., Salancik G.R., 1978.

les ressources financières nécessaires à son développement. À cet égard, il est intéressant de constater que Al Gore, ancien vice-président américain, a été membre du conseil d'administration de Google alors que Tony Blair, ancien Premier ministre britannique a été membre du conseil d'administration de J.P. Morgan Chase, et il ne s'agit là que de deux exemples récents parmi beaucoup d'autres.
Plus généralement, le conseil d'administration peut ainsi être vu comme un lieu privilégié de cooptation de personnalités qui peuvent apporter leur soutien à l'entreprise dans des domaines multiples :

> faciliter la collecte des ressources rares, notamment des ressources financières,

> intervenir directement pour faciliter les négociations de l'entreprise avec certaines parties de l'environnement,

> aider à l'établissement de nouveaux contacts en dehors de l'environnement immédiat de l'entreprise,

> apporter une forme de conseil,

> représenter une forme de caution, propre à renforcer la légitimité de l'entreprise et du dirigeant.

Cette approche opère en quelque sorte un retournement de perspective par rapport à l'approche traditionnelle du conseil d'administration comme organe de contrôle des dirigeants :

> le conseil d'administration n'a plus désormais une orientation essentiellement interne. Il est, également, un instrument, un portail d'accès, tourné vers l'extérieur ;

> il n'est plus seulement un organe de contrôle de la stratégie, il est une source de valeur ajoutée dans la conduite de la stratégie de l'entreprise par les informations et les ressources stratégiques qu'il met à la disposition de l'entreprise.

Ainsi, lorsque Jean-René Fourtou a été sollicité pour prendre la tête de Vivendi en 2002 dans des circonstances particulièrement difficiles (voir le Mini-cas dans le chapitre 2), une de ses exigences a été la présence de Claude Bébéar, le président d'Axa, au conseil d'administration du groupe. Il savait en effet que Claude Bébéar, qu'il connaissait bien, serait d'un appui précieux pour négocier avec les banques, dans une situation où Vivendi avait accumulé une dette astronomique et risquait d'être déclaré insolvable par les agences de notation. Claude Bébéar est en effet une personnalité incontournable sur la place de Paris et aucune banque ne souhaitait se payer le luxe de perdre la clientèle d'Axa ou de certains autres grands groupes sur lesquels l'homme et ses réseaux ont quelque influence.

L'assemblée générale des actionnaires

Réunie une fois par an (assemblée générale ordinaire) avec pour objet d'examiner la situation de l'entreprise et d'approuver les comptes de l'exercice écoulé, ou convoquée sur ordre du jour *ad hoc* (assemblée générale extraordinaire), l'assemblée générale est l'instrument de la souveraineté des actionnaires. La dispersion de l'actionnariat et la faible représentation des actionnaires aux assemblées, avaient fait perdre à cet organe le rôle central qu'il doit normalement jouer dans l'expression du pouvoir des actionnaires. Le mouvement en faveur d'une meilleure gouvernance a contribué à réhabiliter le rôle de l'assemblée. En particulier, la montée en puissance des actionnaires institutionnels s'est traduite par un degré plus fort d'implication de ces derniers. Ainsi, partout dans le monde, une même tendance impose aux gestionnaires de fonds d'exercer leurs responsabilités en votant pour le compte de leurs mandants. Cette évolution a été relayée par une prise de parole plus active des représentants des actionnaires minoritaires.

B/ Les mécanismes externes

En ce qui concerne les mécanismes externes contribuant à une bonne gouvernance, il faut souligner le rôle du droit qui est une dimension essentielle du gouvernement d'entreprise. Aux yeux de la loi, les dirigeants sont susceptibles d'engager leur responsabilité pénale ou civile par leurs actes, ou l'absence de certains actes. Il convient également de noter le rôle plus diffus, mais essentiel, de la presse ou d'organismes spécialisés qui contribuent par leur action à imposer des règles et des normes de bon gouvernement d'entreprise. Le marché, enfin, est un mécanisme externe essentiel pour garantir une bonne gouvernance.

Le marché concurrentiel des biens et services tout d'abord, qui sanctionne la qualité des décisions stratégiques, représente une première contrainte qui s'impose aux dirigeants. Cependant, la contrainte imposée par le marché concurrentiel ne peut être que diffuse : elle est indirecte et peut être relativement faible dans certains cas (lorsque le marché est insuffisamment concurrentiel, ou bien quand les barrières à l'entrée sont fortes). Il faut souligner le rôle du marché de l'emploi et, plus particulièrement, du marché des cadres dirigeants où la valeur du capital humain est appréciée à partir de la performance réalisée. La perspective d'être « jeté » sur le marché exerce une pression directe sur les dirigeants.

Enfin, le marché financier est censé exercer un effet disciplinaire important. En premier lieu, le marché financier est le lieu où les actions de l'entreprise sont évaluées et négociées. Les actionnaires y trouvent, à travers le cours du titre, une mesure condensée et objectivée de la valeur de la stratégie de l'entreprise. Les actionnaires mécontents peuvent s'y défaire de leurs titres. Les mouvements enregistrés sur le cours de bourse sont autant de signaux sur la qualité des dirigeants et de leur stratégie. Le marché financier exerce ainsi une pression pour orienter les décisions dans le sens des intérêts des actionnaires. Le marché financier est aussi le lieu des prises de contrôle des entreprises, ce qui permet de faire peser sur les dirigeants une menace d'éviction, si leur performance est jugée insuffisante au point qu'il apparaisse rentable d'acquérir l'entreprise afin de les remplacer (voir la discussion des motivations des fusions et acquisitions dans le chapitre 18).

À une lecture linéaire et séparée des mécanismes de gouvernance, il convient de substituer une lecture systémique rendant mieux compte de leur complémentarité et du rôle central joué par le marché financier pour assurer la cohérence et la dynamique du système de gouvernance (voir figure 22.1).

Dans un cadre libéral, le marché occupe une place centrale du fait de son rôle d'évaluation et de sanction de la qualité de la stratégie des entreprises. Mais, afin d'exercer efficacement leur pouvoir de discipline sur cette stratégie, les investisseurs doivent être correctement informés. Les réformes de gouvernance engagées au cours des vingt dernières années peuvent être réinterprétées dans ce sens. À travers la réforme des organes internes de gouvernance, il s'agit de promouvoir une plus grande transparence et une meilleure information du marché. La structure de gouvernement de l'entreprise est redessinée afin de garantir que toute l'information utile parvienne au marché, en veillant notamment à ce qu'elle ne soit pas manipulée par les membres internes de l'entreprise.

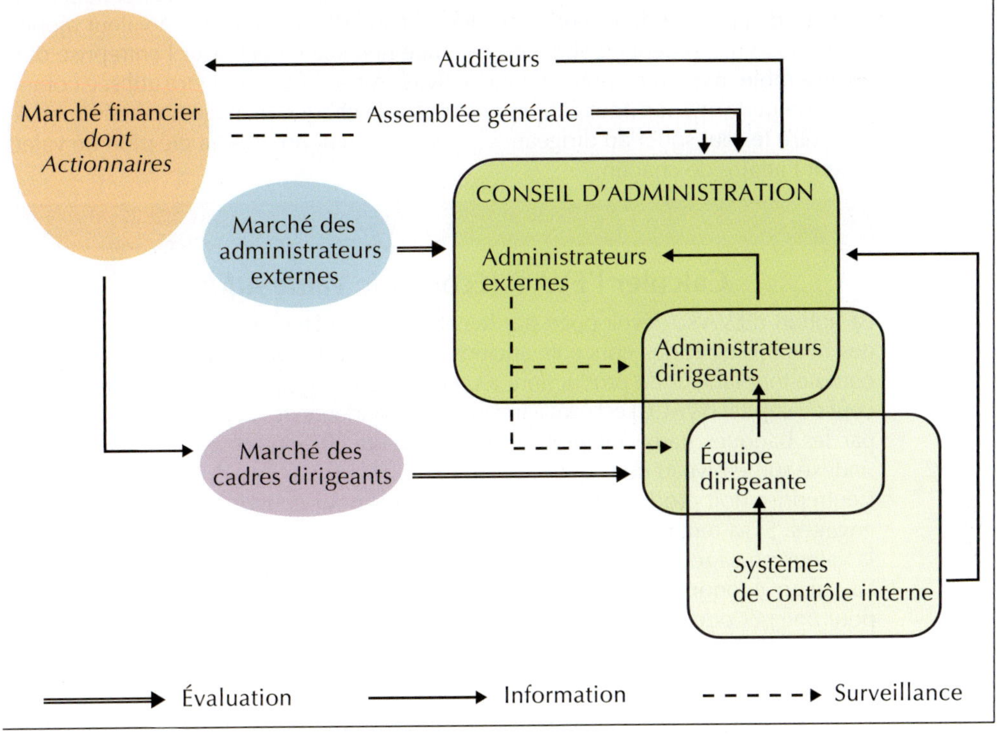

Figure 22.1
Une vision systémique de la gouvernance

4 Les conséquences sur la stratégie

Les réformes de gouvernance mises en œuvre au cours des vingt dernières années traduisent une conception libérale de l'économie et de l'entreprise. Plusieurs auteurs ont évoqué à cet égard une « financiarisation de l'entreprise »[1]. L'objectif poursuivi est clair : il s'agit de maximiser la richesse des actionnaires en valorisant au maximum le capital investi. La « création de valeur » s'impose alors à la direction de l'entreprise comme unique finalité.

A/ Un risque de financiarisation de la stratégie ?

Le « retour de l'actionnaire » et le mouvement en faveur de la gouvernance qui l'a accompagné se sont traduits par le développement de nouveaux modes de gestion et notamment par l'apparition de nouveaux modèles de pilotage de l'investissement et de la stratégie. Si les années 1970 et 1980 avaient vu la vogue des modèles stratégiques, ceux-ci ont été largement remplacés, depuis le début des années 1990, par le modèle financier dit de la « création de valeur ». Ainsi McKinsey a-t-il troqué ses anciennes matrices de portefeuille d'activités contre des approches du type « hexagone » dont l'inspiration est résolument financière[2] (voir chapitre 16). La diffusion de l'EVA® (*Economic Value Added*) ou d'autres approches similaires, popularisées par les cabinets de conseil, peut être considérée comme un symptôme de cette

1. Orléan A., 1999.
2. ,Koller T., Goedhart M., Wessels D., 2005.

financiarisation de la stratégie. Le but de ce genre d'approche est en effet de diffuser l'objectif de création de valeur à tous les niveaux de l'entreprise. La valeur ajoutée économique (EVA) peut en effet être calculée non seulement pour l'entreprise dans son ensemble, mais aussi pour chaque activité. Ainsi, l'EVA peut être utilisée comme critère de performance pour calculer le bonus de chaque manager opérationnel. Au lieu d'être le seul souci du dirigeant vis-à-vis des actionnaires, la création de valeur devient l'affaire de chacun.

EN PRATIQUE

Calculer l'EVA® (*Economic Value Added*)[1]

La notion d'EVA®, développée par le cabinet Stern Stewart & Co., est fondée sur des hypothèses et des concepts anciens issus de la théorie financière. Le capital, comme tout facteur de production, a un coût. Comme on l'a vu au chapitre 13, le coût du capital (WACC) est égal à la moyenne pondérée du coût de la dette apportée par les banques (taux d'intérêt) et du capital social apporté par les actionnaires (indexé sur le niveau de risque).

L'entreprise doit produire des résultats suffisants pour couvrir le coût des capitaux engagés. Si sa rentabilité est supérieure à son coût du capital, l'entreprise crée de la valeur ; si sa rentabilité est inférieure, elle détruit de la valeur.

La valeur économique créée (*Economic Value Added,* en anglais) est calculée, pour une période t, comme l'écart entre la rentabilité économique réelle des capitaux investis et le coût « théorique » de ces capitaux :

$EVA_t = (r_t - k_t) . C_t$

ou encore :

$EVA_t = NOPAT - (k_t . C_t)$

EVA_t = valeur économique créée de la période t,
C_t = montant des capitaux investis en t,
r_t = rentabilité économique en t des capitaux investis. $r_t = NOPAT/C_t$
NOPAT = *Net Operating Profit After Tax* (résultat opérationnel après impôt)
k_t = coût moyen pondéré du capital en t (WACC).

Pour les tenants de ce modèle, l'objectif de l'entreprise est la maximisation de l'EVA, mesure du résultat de l'entreprise après rémunération des capitaux.

Le concept d'EVA dépasse le simple instrument de mesure. Il est associé à une approche plus large de création de valeur dont les apports se situent à deux niveaux.

D'une part, le modèle EVA a un apport pédagogique, celui de convaincre les dirigeants que la création de valeur n'équivaut pas au seul profit comptable mais se mesure à l'aune de la rémunération normalement exigible des ressources qu'ils engagent, à savoir le coût du capital, lui-même dépendant du niveau de risque, économique et financier, auquel l'entreprise expose ses bailleurs de fonds par ses activités et sa structure financière.

D'autre part, le modèle propose une méthodologie qui permet d'instrumentaliser la mesure de la rentabilité économique à tous les niveaux et pour toutes les activités de l'entreprise, de manière à créer un lien fort entre les objectifs financiers de création de valeur et les actions opérationnelles et stratégiques. On peut ainsi intégrer l'EVA aux procédures de fixation des objectifs opérationnels et stratégiques, aux systèmes d'évaluation des performances, et aux systèmes d'incitation et de rémunération.

1. Stewart G.B., 1991.

L'introduction croissante de modèles dérivés de l'EVA dans le management n'est qu'une des manifestations de l'évolution des systèmes de pilotage des entreprises vers un pilotage de type financier. Les conséquences du recours à de telles méthodes sur la stratégie de l'entreprise sont importantes. En particulier, les stratégies de diversification qui ont marqué les Trente Glorieuses (de 1945 à 1975), ont commencé à être contestées dans les années 1980. Parce que, comme nous l'avons mentionné plus haut, les stratégies de diversification peuvent donner lieu à des conflits d'intérêt entre les dirigeants et les actionnaires, la montée en puissance du gouvernement d'entreprise et la financiarisation de la stratégie ont encouragé les mouvements de recentrage. Un tel recentrage répond d'abord à une exigence de lisibilité plus grande des activités de l'entreprise de la part des investisseurs et observateurs extérieurs à l'entreprise. Par ailleurs, l'émergence de nouveaux types d'actionnaires a apporté une vision différente des priorités stratégiques de l'entreprise. Pour les financiers, la diversification des risques n'est pas du ressort de l'entreprise, elle incombe à l'actionnaire et au gérant de fonds professionnel qui saura mieux et à moindre coût composer le portefeuille le mieux équilibré en termes de risque (voir chapitre 13).

Pernod-Ricard et Danone sont deux grands groupes qui se sont considérablement recentrés entre 1995 et 2005, largement sous la pression des marchés financiers. Pernod-Ricard a ainsi cédé en 2001 à Cadbury-Schweppes tout un ensemble d'activités qui ne faisaient pas partie de son cœur de métier, les alcools et spiritueux. Ont ainsi été vendues des activités dans les boissons gazeuses (Orangina), les boissons lactées parfumées (Yoo-hoo), les jus de fruits (Pampryl, Champomy…) et les parfums alimentaires. Dans le même temps, Pernod-Ricard procédait à d'importantes acquisitions pour se renforcer dans les boissons alcoolisées. L'acquisition de Seagram en 2001, suivie de celle d'Allied Domecq en 2005, lui apportait des marques telles que le whisky Chivas, le gin Beefeater, le cognac Courvoisier, les liqueurs de café Kahlua et Tia Maria, la vodka Stolichnaya, la tequila Sauza, etc. et en faisait le deuxième groupe mondial du secteur avec un chiffre d'affaires de 6,5 milliards d'euros en 2007. La stratégie de recentrage de Danone suit un parcours parallèle. En 1999, le groupe cède ses activités dans la brasserie (marques Kronenbourg, Kanterbräu, 1664, Grimbergen, Panaché Force 4, etc.) au britannique Scottish & Newcastle – lui-même repris depuis par Carlsberg – avant de vendre sa division « biscuits » (marques LU, Prince, Figolu, Pim's, Mikado, Pépito, etc.) à l'américain Kraft Foods en 2007. Danone s'est ainsi concentré sur deux activités, l'eau minérale et les produits laitiers dans lesquelles il est devenu l'un des leaders mondiaux. En 2000, Franck Riboud, le P-DG de Danone, avait été obligé de renoncer à l'acquisition du géant américain des céréales et des boissons énergétiques Quaker Oats sous la pression de la Bourse : à l'annonce du projet de rachat, la valeur de l'action Danone avait chuté d'environ 15 % ; quelques jours plus tard, F. Riboud retirait son offre, permettant ainsi à l'action Danone de regagner une grande partie de ce qu'elle avait perdu.

Plus fondamentalement, du point de vue de l'investisseur, la rentabilité se mesure par le rapport entre un revenu et le capital investi pour engendrer ce revenu. Il y a donc trois manières d'améliorer la rentabilité d'un investissement. La première est d'agir sur le revenu en améliorant les marges, via la gestion des coûts, la transformation de charges fixes en charges variables, l'amélioration de la productivité. La seconde est de diminuer l'investissement en actifs sans réduire le revenu correspondant. La troisième est d'agir sur le seul montant des capitaux propres en minimisant ce dernier par rapport à la dette.

Si la troisième voie est du domaine de la politique financière de l'entreprise, les deux premiers axes renvoient au champ de la stratégie. Plus particulièrement, les politiques résolues de recentrage et d'externalisation peuvent, en effet, être interprétées comme un moyen de transformer la structure de coûts de l'entreprise et surtout de réduire l'actif de l'entreprise au minimum en vue de faire levier sur la rentabilité[1].

Au final, que cela plaise ou non, la création de valeur s'est désormais imposée aux dirigeants d'entreprise comme la finalité première de la stratégie qu'ils mettent en œuvre. Une telle orientation donne bien entendu lieu à de nombreuses critiques. L'accent mis sur la création de valeur n'induit-il pas un risque de « court-termisme », les dirigeants étant incités à présenter, trimestre après trimestre, des résultats flatteurs ? Ce faisant, ne vont-ils pas différer, voire sacrifier, l'investissement, négliger le maintien et le développement des compétences de l'entreprise, et compromettre ainsi sa croissance future ? À cette critique, les tenants de la régulation par le marché objecteront que les investisseurs ne privilégient pas la rentabilité à court terme mais bien la valeur actuelle nette de tous les cash-flows futurs, et que, si ce processus d'actualisation conduit bien à attribuer une valeur plus importante aux profits immédiats qu'à ceux qui apparaîtront à l'avenir, toute stratégie qui hypothéquera le futur de l'entreprise et réduira ainsi la valeur des investissements qu'elle a reçus, sera irrémédiablement sanctionnée par le marché boursier. Les tenants de ce point de vue en veulent pour preuve qu'il n'est pas rare que des entreprises annonçant des résultats excellents voient néanmoins leur cours de bourse s'effondrer, lorsque les investisseurs voient dans ces résultats excellents une hypothèque sur l'avenir. Le débat sur la question reste ouvert.

B/ Modèle universel ou particularismes nationaux ?

Si, comme nous l'avons montré dans la première partie de ce chapitre, un mouvement en faveur du gouvernement d'entreprise semble s'être installé, l'intensité et la nature de ce mouvement et des débats qui l'entourent ont varié dans le temps et dans l'espace. À partir du début des années 1990, l'exportation du thème de la gouvernance en dehors de la sphère anglo-saxonne a posé la question de la pertinence de la transposition des règles de *corporate governance* dans différents contextes nationaux. L'existence de différents « modèles » ou « systèmes » nationaux de gouvernement est, en effet, reconnue depuis longtemps.

Plusieurs typologies ont été proposées pour décrire ces systèmes de gouvernance. Elles se recoupent en partie pour mettre en avant les différences observées en matière de systèmes et de modes de financement des entreprises, de structures d'actionnariat, de méthodes de contrôle des dirigeants, voire de conception de l'entreprise. Ainsi, on a traditionnellement opposé deux grands systèmes : le système « orienté marchés » ou « externe » qui caractérise les pays anglo-saxons et le système des pays germaniques, des pays latins, voire du Japon, plus difficile à caractériser, « orienté banques », « orienté réseaux » ou « interne », selon les cas. Les deux systèmes se distinguent à plusieurs égards.

Le modèle « orienté marché » est marqué par des marchés de capitaux développés et liquides reflétant le rôle prépondérant des financements de marché par rapport au financement bancaire traditionnellement faible. Par suite, il est caractérisé par une base d'actionnariat dispersée. À l'inverse, le système « orienté banques » est caractérisé par des marchés de capitaux moins développés et moins liquides. La base d'actionnariat des entreprises est davantage concentrée et caractérisée par des liens capitalistiques importants, voire des participations croisées, entre les entreprises et entre les entreprises et les banques.

1. Batsch L., 2002.

Nous avons montré la cohérence du système anglo-saxon, dit externe, où le suivi et le contrôle des dirigeants s'effectuent principalement par l'intermédiaire du marché des capitaux. Dans ce modèle, la liquidité du marché permet aux actionnaires de se désengager facilement de leurs participations. En outre, un marché des prises de contrôle actif peut constituer une menace pour les équipes dirigeantes en place. Un tel système repose sur des mécanismes de défense des droits des actionnaires élaborés et suppose, comme nous l'avons vu, une grande qualité de l'information transmise au marché financier.

Le système « interne » est plus délicat à caractériser du point de vue du mode de régulation du comportement des dirigeants. Alors que le faible développement du marché des capitaux constitue un obstacle à la régulation par ce dernier, le contrôle des dirigeants prend principalement la forme d'un contrôle direct et « négocié » de la part de partenaires (actionnaires de référence et créanciers notamment) avec lesquels des relations à long terme ont été développées. Plus internalisé, moins formalisé, un tel système peut se satisfaire d'une information moins standardisée et diffusée de manière plus restreinte. Notons que le problème de gouvernance peut être ici particulièrement déplacé. Tandis que les intérêts défendus par les actionnaires de référence peuvent ne pas coïncider avec ceux des actionnaires minoritaires, s'ouvre la question de la protection de ces derniers.

Les deux systèmes se distinguent également par leur conception sous-jacente de l'entreprise. Dans le système « orienté marché », l'entreprise est essentiellement envisagée comme un instrument de maximisation de la richesse des actionnaires. Dans le système alternatif, une vision pluraliste de l'entreprise tend à faire valoir un intérêt commun qui impose de considérer simultanément l'ensemble des intérêts des différentes parties prenantes.

Une telle distinction, esquissée à grands traits, ne doit être interprétée qu'avec prudence. Les systèmes de gouvernance sont en effet ancrés dans les caractéristiques plus générales du pays dans lequel ils s'insèrent : organisation des marchés financiers, tradition juridique et cadre légal, groupes de pouvoir dominants... Ces caractéristiques, et par suite, la gouvernance sont elles-mêmes issues de la culture du pays, de son histoire et, en particulier, de l'histoire de son développement économique. Par exemple l'assimilation des systèmes nationaux, tels que ceux de l'Allemagne, du Japon ou de la France, à un modèle unique est sans doute hâtive compte tenu des caractéristiques spécifiques de chacun de ces pays. D'autre part, la dispersion de l'actionnariat, censée caractériser le modèle anglo-saxon, serait souvent exagérée. Enfin, une telle analyse ignore les systèmes des pays émergents qui seraient caractérisés par le poids des entreprises publiques, des entreprises familiales, l'importance des réseaux sociaux et la faiblesse de l'information.

La globalisation des marchés financiers, parallèlement à l'internationalisation des entreprises, a d'ores et déjà contribué à imposer un modèle standard, reposant largement sur le modèle financier d'origine anglo-saxonne. Si l'on admet que les mécanismes les plus efficaces sont les seuls à pouvoir subsister sur des marchés compétitifs, la globalisation des marchés financiers et des marchés de produits devient indubitablement un facteur d'alignement des systèmes de gouvernance vers un modèle unique. Pourtant, l'analyse du développement économique dans les principaux pays développés ne permet pas de relever de supériorité incontestable d'un modèle par rapport à une autre. La crise financière qui a éclaté en 2008 pourrait d'ailleurs provoquer à terme un certain retour vers les systèmes de gouvernance « interne », au détriment du système « orienté marché » jugé en partie responsable de cette crise parce qu'il n'a pas su contrôler les choix stratégiques des dirigeants des banques et institutions financières.

Remarquons en conclusion que gouvernance et stratégie ont rarement été rapprochées. En effet, la stratégie n'est pas un objet central de la réflexion sur la gouvernance qui s'est, en premier lieu, développée comme une réponse à une question d'ordre pragmatique : restaurer, en période de crise, la confiance dans les marchés financiers et la gestion des entreprises. Des réformes ont été menées pour mieux contrôler les dirigeants en vue d'assurer la conformité de leurs décisions aux intérêts des actionnaires. Ce faisant, la réflexion sur la gouvernance éclaire d'un jour particulier les objectifs et le jeu des acteurs de l'entreprise, ainsi que leur impact sur ses choix stratégiques.

La gouvernance nous rappelle également que les choix stratégiques et les processus de décision ne sont pas indépendants de l'environnement plus large dans lequel l'entreprise est insérée. Le mouvement, en faveur du gouvernement d'entreprise, doit en effet être replacé dans un contexte plus large d'évolution du capitalisme. La montée en puissance d'une nouvelle classe d'actionnaires « professionnels » et, avec elle, celle des professions liées à la production, à l'analyse et au contrôle de l'information financière, ont provoqué une profonde évolution culturelle. Le rapport de force entre actionnaires et dirigeants s'est inversé. Sans doute, y a-t-il une dimension idéologique aux évolutions observées. La préoccupation pour une meilleure gouvernance des entreprises s'est répandue au milieu des années 1980 et constitue sans doute l'une des manifestations de la pensée libérale qui, à l'époque, oriente les politiques macroéconomiques des gouvernements et imprègne également la vision dominante de la régulation de l'économie et, par là même, la vision de l'entreprise.

LES POINTS CLÉS

- La gouvernance d'une entreprise organise les relations entre les dirigeants-gestionnaires de cette entreprise et ses actionnaires. Ce terme recouvre des questions telles que l'organisation du conseil d'administration, l'orientation et le contrôle de l'action des dirigeants, les procédures de détermination de la rémunération des dirigeants, la qualité et l'honnêteté de la communication financière.

- La réflexion sur la gouvernance des entreprises a été rendue nécessaire par la séparation quasi générale dans l'économie contemporaine entre les propriétaires/actionnaires et les dirigeants/gestionnaires.

- Depuis le milieu du XIXe siècle, on peut distinguer trois grandes phases du point de vue de la gouvernance des entreprises :

  > du milieu du XIXe siècle à la Première Guerre mondiale, les grandes dynasties industrielles sont à la fois les propriétaires des entreprises et leurs gestionnaires.

  > de la Première Guerre mondiale à la crise des années 1970, le morcellement du capital et la dispersion de l'actionnariat conduisent à l'émergence d'une classe de « gestionnaires professionnels », distincts des propriétaires, très peu et très mal contrôlés par ces propriétaires ;

  > depuis les années 1980, la financiarisation de l'économie et la montée en puissance des fonds d'investissement et fonds de pension a conduit à un renforcement du contrôle des actionnaires sur les dirigeants et à un meilleur alignement de la stratégie mise en œuvre sur les intérêts des actionnaires.

- La « Théorie de l'Agence » a modélisé les effets de la séparation entre le propriétaire d'une entreprise (le *principal*) et le gestionnaire (l'*agent*). Dans le cas d'une telle séparation, il n'est pas évident que le gestionnaire fasse des choix et mette en œuvre des stratégies qui servent au mieux les intérêts des propriétaires de l'entreprise. Des mécanismes d'incitation et de contrôle doivent être mis en place pour orienter l'action du gestionnaire.

- Le débat sur la gouvernance suggère que les stratégies de diversification et beaucoup des fusions et acquisitions bénéficient davantage aux dirigeants des entreprises qui les mettent en œuvre qu'aux actionnaires.

- Les systèmes de gouvernance sont organisés autour de mécanismes externes et de mécanismes internes. Les mécanismes externes comprennent : l'organisation des marchés financiers, les lois et règlements auxquels doivent se soumettre les entreprises, notamment en matière de divulgation d'information, les marchés concurrentiels de biens et de services, etc. Les principaux mécanismes internes sont : le conseil d'administration et ses divers comités (d'audit, de nomination, de rémunération) ainsi que l'assemblée générale des actionnaires.

- Le modèle de l'EVA est une méthode de calcul de la rentabilité économique qui contribue à mieux aligner les choix des dirigeants avec les intérêts des actionnaires en faisant descendre la préoccupation de la « création de valeur pour l'actionnaire » jusqu'à des niveaux relativement subalternes de l'entreprise.

- Les *stock-options* – ou options sur titres – sont un mode de rémunération des dirigeants qui lie cette rémunération à la performance boursière de l'entreprise. On espère ainsi inciter les dirigeants à toujours considérer le point de vue de l'actionnaire lorsqu'ils décident de la stratégie de l'entreprise.

QUIZ

1. La gouvernance s'intéresse :
a. Aux relations entre l'entreprise et l'État.
b. Aux relations entre les dirigeants de l'entreprise et les actionnaires.
c. Aux relations entre l'entreprise et ses salariés.

2. La financiarisation de l'économie et l'intérêt porté aux questions de gouvernance sont apparus :
a. Du fait de la hausse du prix du pétrole au milieu des années 70.
b. En raison de la place croissante prise par les entreprises familiales dans l'économie.
c. À cause de la montée en puissance des fonds d'investissement.

3. L'EVA (*Economic Value Added*) est une méthode qui permet :
a. D'assurer une plus grande fiabilité de la communication financière de l'entreprise.
b. De calculer la valeur créée par un investissement, en tenant compte du coût des capitaux engagés.
c. De déterminer la contribution de l'entreprise à la croissance économique du pays.

4. La formule pour calculer l'EVA est :
a. EVA = résultat opérationnel après impôts – (coût du capital x montant des capitaux engagés).
b. EVA = résultat net comptable – (coût du capital x montant des capitaux engagés).
c. EVA = résultat opérationnel après impôts – (coût de la dette x montant de la dette).

5. Quelle théorie sous-tend la réflexion sur les questions de gouvernance ?
a. La théorie de l'agence.
b. La théorie des coûts de transaction.
c. La théorie politique.

6. Quelle raison peut pousser les dirigeants à choisir une stratégie moins risquée que celle qui serait optimale pour les actionnaires ?
a. Les dirigeants sont moins averses au risque que les actionnaires.
b. Les dirigeants connaissent l'entreprise de l'intérieur et estiment mieux le risque.
c. Le sort personnel des dirigeants est directement lié à la survie de l'entreprise.

7. Selon la théorie de l'enracinement, le dirigeant :
a. Puise dans les racines historiques de l'entreprise l'inspiration pour mener la stratégie de l'entreprise.
b. Développe des stratégies pour prévenir son éviction et se présenter aux actionnaires sous un jour favorable.
c. Est contraint à l'immobilisme par les systèmes de gouvernance mis en place par le conseil d'administration.

>

····>

8. Lequel de ces éléments n'est pas un « coût d'agence » ?
a. Les frais d'agences de communication.
b. Les dépenses de surveillance des dirigeants.
c. La « perte résiduelle » induite par le non-alignement des intérêts des dirigeants et des actionnaires.

9. Le rôle du conseil d'administration est essentiellement :
a. D'organiser les assemblées générales d'actionnaires.
b. De nommer les dirigeants et contrôler leur action.
c. De gérer l'entreprise au jour le jour.

10. Les plans de « stock-options » ont pour objectif premier :
a. D'enrichir les dirigeants qui font croître l'entreprise.
b. De fidéliser les dirigeants à leur poste.
c. D'inciter les dirigeants à accroître la valeur de l'entreprise.

Réponses : 1.b, 2.c, 3.b, 4.a, 5.a, 6.c, 7.b, 8.a, 9.b, 10.c

23 STRATÉGIE, DÉVELOPPEMENT DURABLE ET RESPONSABILITÉ SOCIALE DE L'ENTREPRISE

« Nous n'héritons pas le monde de nos ancêtres, nous l'empruntons à nos enfants. »
Saint-Exupéry

En 1987, la Commission mondiale pour l'environnement et le développement, placée sous la direction de Gro Harlem Bruntland, soumettait à l'Assemblée générale des Nations unies son rapport intitulé « Notre avenir à tous » *(Our Common Future)*. Dans ce rapport, le développement durable était défini comme *« un développement qui répond aux besoins du présent sans compromettre la capacité des générations futures à répondre aux leurs »*. La thèse selon laquelle le modèle de croissance économique suivi jusque-là risquait d'hypothéquer le futur de la planète et de sa population allait devenir incontournable.

Passer de 6 milliards d'habitants en 2000 à 8 ou 9 milliards d'habitants[1] en 2050 est le premier sujet d'inquiétude des scientifiques. Neuf milliards d'êtres humains pourront-ils vivre sur la Terre avec le même mode de vie que celui du milliard d'habitants actuels des pays industrialisés ? Des impasses apparaissent, faute d'eau, d'énergie, d'espace en quantité et qualité suffisantes. Des adaptations sont indispensables[2] et le développement durable (ou *sustainable development,* en anglais) est devenu en quelques années une notion clé après avoir été popularisé au sommet de la Terre de Rio de Janeiro en 1992. Les chefs d'État se réunissent désormais régulièrement pour assurer le « développement durable » du monde et signent conventions et traités encadrant en particulier les activités économiques.

Le risque environnemental est historiquement très ancien. L'industrie comme l'agriculture ont toujours « exploité » la nature dans toutes les sociétés et tous les pays. Mais, comme l'écrivait Pasteur, *« c'est la dose qui fait le poison »*. Or, le développement industriel et le productivisme agricole ont radicalement modifié « la dose ». Et les effets néfastes sont là : détérioration de la couche d'ozone, concentration de

1. Données INED : http://www.ined.fr/population-en-chiffres/monde/index.html

2. *Stratégie nationale du développement durable, fondements et orientations*, ministère de l'Écologie et du Développement durable.

CO_2 et changement climatique, manque d'eau potable et pollution des nappes phréatiques, etc.

Par ailleurs, la globalisation des marchés et le développement du libre-échange ont fait émerger des préoccupations concernant les disparités de rémunérations d'un pays à l'autre, la protection sociale des travailleurs, l'élimination de l'esclavage ou le droit au travail. Tous ces éléments sont aussi bien des enjeux de progrès humain que des distorsions dans les conditions de la concurrence mondiale.

Toutes les entreprises sont ainsi soumises à un questionnement de plus en plus intense des consommateurs, mais aussi de la société au sens le plus large, sur les conditions dans lesquelles elles réalisent leurs produits et services et leur performance économique. Le développement durable est devenu une réelle préoccupation des entreprises, qui doivent adapter leurs stratégies pour intégrer ces préoccupations.

Après avoir brossé un rapide tableau des raisons pour lesquelles les entreprises ne peuvent plus ignorer la notion de développement durable, ce chapitre explore les conditions de mise en œuvre des politiques de développement durable et les différentes stratégies possibles pour faire face à ces nouveaux enjeux.

1 Quelles sont les forces qui incitent les entreprises à adopter un comportement « citoyen » ?

La prise de conscience de l'impact négatif des activités économiques a changé les exigences de la société civile vis-à-vis des entreprises : la création de richesses et l'offre d'emplois ne sont plus les seuls critères de jugement. La demande plus ou moins clairement formulée par le grand public concerne aussi bien la santé, que la gestion des risques (pollution, accidents, etc.), qu'une attitude « responsable » des entreprises. Une réglementation et des normes de plus en plus exigeantes forcent les entreprises à modifier leur stratégie. En fait, les entreprises ont de plus en plus besoin de justifier la légitimité de leur activité (*licence to operate*) vis-à-vis des parties prenantes directement concernées par cette activité, mais aussi vis-à-vis de la société au sens le plus large. L'entreprise doit dorénavant adopter un « comportement citoyen ».

A/ La nécessité d'un développement durable

L'impact négatif des activités économiques sur l'environnement est suffisamment popularisé de nos jours : pollution, risque de surexploitation des ressources naturelles (notamment l'eau, qui pose certainement le problème le plus dramatique), disponibilité et coût de l'énergie, réduction de la biodiversité, changement climatique dû aux émissions de gaz à effet de serre, accumulation des déchets, etc. L'idée selon laquelle notre mode de développement actuel, en vigueur depuis le début de l'ère industrielle, n'est plus tenable, a fait son chemin. À moins d'arrêter la croissance économique, ce qui ne ferait qu'aggraver les problèmes de pauvreté, la seule solution est de l'aménager pour la rendre « durable » (voir l'encadré « Controverse » ci-après).

Controverse

Croissance nulle ou Management *Triple Bottom Line*

L'économie étant ce qu'elle est aujourd'hui dans sa globalisation et dans ses technologies existantes, certains proposent d'arrêter la croissance économique : la consommation de ressources naturelles épuise les réserves disponibles pour les générations futures et les impacts environnementaux négatifs comme les émissions de CO_2 et les rejets de toute nature dépasseront rapidement les capacités d'absorption de la Terre.

Ces analyses reposent au moins en partie sur l'approche du club de Rome qui a émis à plusieurs reprises des scénarios alarmistes sur la capacité de croissance des économies dans le cadre des systèmes existants. La disponibilité limitée des ressources pétrolières ou d'autres matières premières peut-elle satisfaire à la fois les habitudes existantes des populations riches et les besoins des économies émergentes de l'Asie ?

Mais ces propositions sont souvent émises dans les pays riches et n'intègrent pas le fait que la population mondiale augmente encore même si les efforts internationaux pour contrôler cette croissance démographique semblent porter quelques fruits. De plus, la majorité de la population mondiale vit encore dans la pauvreté, sans trouver de travail, avec une alimentation faible à insuffisante, une éducation déficiente, des soins de santé insuffisants, etc. La croissance économique est donc une nécessité pour les pays pauvres. Elle seule peut permettre à une majorité de la population d'accéder au niveau de bien-être actuellement réservé aux pays développés.

Changer la structure de l'économie semble donc une nécessité. Le développement de la sensibilisation des entreprises sur la réduction des consommations énergétiques et la limitation des émissions de CO_2 à travers le management *Triple Bottom Line* des entreprises ainsi que l'approche volontariste des États sur le développement des énergies renouvelables commencent à produire des résultats sensibles : par exemple, l'économie européenne semble continuer à progresser en utilisant moins d'énergie qu'auparavant et en maîtrisant ses émissions de CO_2.

Le rythme des progrès mondiaux sera-t-il suffisant pour permettre à tous de profiter de meilleures conditions économiques et sociales sans dérèglement irréversible de l'environnement ? Tel est le véritable objet de la controverse entre les défenseurs de l'environnement et les partisans du développement économique.

En effet, malgré l'ampleur des dégâts environnementaux qu'elle a provoqués, l'activité économique n'est pas parvenue à satisfaire les besoins élémentaires de plus de la moitié de l'humanité, qui se retrouve reléguée dans la plus grande pauvreté : quatre milliards d'individus disposent de moins de 1 500 euros par personnes et par an.[1] Stopper le développement économique serait condamner cette moitié de l'humanité qui n'a accès ni aux produits ni à l'emploi que seules les entreprises peuvent créer.

Les responsabilités des entreprises concernent aussi leurs employés et les communautés environnant leurs sites. Le respect des droits de l'homme au travail (par exemple, la prohibition du travail forcé et du travail des enfants) et la prise en compte des revendications syndicales sont devenu non seulement des exigences morales, mais le minimum que les entreprises globales doivent garantir à leurs clients. Les campagnes de communication négative qu'ont subies certaines entreprises comme Nike dans les années 1990 par manque de surveillance de leurs sous-traitants qui avaient recours au travail des enfants ont, semble-t-il, servi de leçon.

1. Prahalad C.K. et Hart S.L., 2002.

Enfin, un enjeu de plus en plus prégnant est la « gestion de la diversité » qui concerne l'égalité des chances, l'égalité de rémunération entre hommes et femmes, et l'égalité d'accès des diverses ethnies et nationalités à tous les niveaux de responsabilité dans l'entreprise.
Les entreprises ne peuvent plus ignorer l'impact environnemental et social de leurs activités. Et même si elles étaient tentées de le faire, la réglementation, de plus en plus contraignante, les obligerait à atteindre un seuil minimal.

B/ Une réglementation et des normes de plus en plus exigeantes

Compte tenu de l'importance de l'activité économique internationale et de la puissance des entreprises multinationales par rapport à la taille de la plupart des pays, il est impossible de trouver une solution efficace aux problèmes économiques, financiers et sociaux au niveau national. C'est pourquoi de nombreuses instances internationales de concertation et de décision sont apparues : Fonds Monétaire International (FMI), Comité de Bâle, Organisation Mondiale du Commerce (OMC), Bureau International du Travail (BIT), Nations unies, etc. Les réglementations nationales et régionales sont de plus en plus le produit d'une réflexion internationale.
Dès 1972, la Conférence mondiale des Nations unies sur l'environnement, à Stockholm, donnait naissance à la notion d'« écodéveloppement ». En 1992, les 150 pays représentés à la Conférence mondiale de l'ONU sur l'environnement et le développement à Rio de Janeiro (ou Sommet Planète Terre) adoptaient le programme « Agenda 21 » visant à réconcilier développement économique, protection de l'environnement et équité sociale.
En ce qui concerne le réchauffement de la planète, en 1997, la conférence de Kyoto, qui réunissait 182 pays, a débouché sur un accord qui engage 38 pays industrialisés à réduire leurs émissions de gaz à effet de serre de 5,2 % en moyenne à l'horizon 2008-2012. L'Union européenne a ratifié cet accord en mai 2002 et l'a mis en œuvre le 1er janvier 2005. Des « permis d'émission de gaz à effet de serre négociables » ont été institués pour imposer une réduction annuelle des émissions par pays et par entreprise. Ces droits négociables permettent à l'entreprise de faire un choix économique entre :

- continuer à émettre un volume plus important que son quota de gaz CO_2 et acheter sur le marché européen les droits d'émission qui lui manquent ;
- investir dans des procédés de réduction des émissions de CO_2 qui apportent des résultats en ligne avec la réduction progressive de ses quotas, voire qui lui permettent de vendre sur le marché ses droits inutilisés.

Les pays en voie de développement sont dispensés de réduction jusqu'en 2012, les pays industrialisés assumant ainsi leur « responsabilité historique de pollution » et facilitant le développement des pays du Sud. Les pays qui ne respecteront pas leurs engagements en 2012 devront rattraper leur retard et supporter une pénalité. En 2007, la conférence de Montréal a lancé les discussions sur la deuxième phase du protocole de Kyoto.
En 2000, l'ONU lançait à Davos le programme Global Compact auprès des dirigeants mondiaux des entreprises. Global Compact prévoit l'adhésion à neuf grands principes dans les domaines des droits de la personne, du travail et de l'environnement. En 2001, l'OCDE arrête dix principes directeurs de comportement responsable pour les entreprises multinationales. En août 2002, une centaine de chefs d'État se sont à nouveau réunis pour évoquer le sort de la planète au Sommet mondial pour le

développement durable de Johannesburg. Cette rencontre a débouché sur un nouveau « Plan d'action » sur l'eau, la santé, les énergies renouvelables, l'agriculture et la diversité biologique, mais aussi sur la réduction de la pauvreté[1].

En parallèle, de nombreuses initiatives européennes ont été lancées en faveur du développement durable[2]. Depuis 1972, six programmes d'action successifs ont conduit l'Union européenne à introduire des normes minimales, notamment en matière de déchets et de pollution de l'eau ou de l'air. Le sixième programme d'action pour l'environnement définit les priorités pour la Communauté européenne jusqu'en 2010 : changement climatique, nature et biodiversité, environnement et santé, gestion des ressources naturelles et des déchets. Ce programme favorise le recours aux taxes environnementales (principe du pollueur-payeur). L'Europe privilégie la responsabilité du producteur. Ainsi, en matière de véhicules hors d'usage, la directive de septembre 2000 établit la mise en place d'un système de collecte des véhicules en fin de vie, à la charge du constructeur automobile. Dans la même optique, la Communauté européenne a légiféré sur les déchets d'emballages, les piles et les huiles. Les différentes options de traitement des déchets, tels que la mise en décharge et l'incinération, ont fait aussi l'objet de mesures communautaires.

En dehors des réglementations nationales et européennes, de nombreuses normes sont proposées aux entreprises. Par exemple, les normes ISO 14000 concernent la gestion de l'environnement. En outre, la Global Reporting Initiative (GRI) établit un référentiel international pour le reporting des entreprises en matière de performance environnementale et sociale.

CONTROVERSE

Comportement volontariste ou obligation réglementaire ?

Certains experts suggèrent que les entreprises peuvent adopter d'elles-mêmes un comportement éthique et social responsable et limiter volontairement l'impact environnemental de leur activité.

Des organismes ont été fondés sur cette approche volontariste, comme le World Business Council for Sustainable Development, dont le but est de partager les bonnes pratiques des entreprises leaders en matière de gestion environnementale, voire de formuler des recommandations par industrie. En matière éthique et sociale, la Caux Round Table, les principes Sullivan, ou encore l'ORSE (Observatoire de la Responsabilité Sociétale des Entreprises) en France, suivent des démarches similaires. Suivant le même modèle, l'ancien secrétaire général des Nations unies Kofi Annan a lancé un mouvement de responsabilité des entreprises mondiales en allant plaider à Davos en faveur de l'initiative Global Compact.

Ces approches volontaristes ont pour but de sensibiliser les entreprises, de les aider à s'organiser, mais aussi de dire aux autorités des États : « ne vous souciez pas de ce problème, nous le prenons en charge volontairement pour trouver les bonnes solutions. » Elles suscitent une réelle mobilisation des entreprises, un calendrier de mise en œuvre et des résultats mesurables. Mais elles résultent aussi d'une méfiance des entreprises vis-à-vis de cadres législatifs et réglementaires très lourds qui peinent à suivre les réalités concurrentielles et les évolutions technologiques.

Cependant les États se trouvent confrontés à une pression grandissante des citoyens et des ONG pour accélérer le mouvement, garantir la santé des consommateurs/citoyens ou mettre en œuvre le principe de précaution. L'approche réglementaire, qui peut être élaborée en concertation avec les ONG et les représentants des industries concernées, cherche généralement à définir un minimum applicable à toutes les entreprises de l'industrie et un calendrier >

1. Document disponible à l'adresse : http://www.un.org/french/events/wssd/
2. Activités de l'Union européenne en matière d'environnement : http://europa.eu.int/pol/env/index_fr.htm ; adapté du document CPA 2004 sur le développement durable.

····> de mise en œuvre.
La difficulté est ensuite de maintenir à jour les définitions de ces normes en fonction des évolutions techniques souvent très rapides de l'industrie et de ne pas créer de distorsions de la concurrence au niveau national ou entre états.
Le risque de l'approche volontariste est de défavoriser les entreprises qui ont de bonnes pratiques à cause des surcoûts induits par le développement durable et du temps nécessaire pour produire des résultats mesurables.
En Europe, l'approche réglementaire a pris le dessus, par exemple avec la réduction des quotas d'émission de CO_2, les normes de recyclabilité des voitures ou des produits électroniques, ou la réglementation Reach pour les industries chimiques en Europe. Les entreprises européennes doivent se plier à ces normes non seulement en Europe mais aussi sur les autres continents. Leur crainte est donc d'être défavorisées par rapport à leurs concurrents américains, chinois ou indiens.

C/ La pression croissante des parties prenantes

La vision historique de l'entreprise comme une communauté fermée s'occupant uniquement de ses propres intérêts économiques « face » à la société n'est plus possible. L'impact de l'activité des entreprises, tant sur le plan mondial que sur le plan local, est tel que de nombreuses parties prenantes *(stakeholders)* souhaitent faire entendre leur voix. Des parties prenantes jusqu'ici marginales deviennent influentes et ont une vision de la performance économique très différente du paradigme classique de la création de valeur pour les actionnaires (voir le tableau ci-dessous).

Tableau 23.1 Les parties prenantes

Parties prenantes traditionnelles	Parties prenantes émergentes
Actionnaires majoritaires	Actionnaires minoritaires
Administrateurs	Associations de consommateurs
Concurrents	Institutions scientifiques
Clients, revendeurs, franchisés	Administrations techniques des gouvernements et villes (santé, environnement)
Fournisseurs et sous-traitants, co-traitants	Sociétés locales et communautés dépendant de l'activité économique de la « grande » entreprise
Employés, syndicats	Riverains des sites et établissements
Communauté financière	ONG
Banquiers	Fonds communs de pensions et retraites
Assureurs	Médias et presse

Certaines parties prenantes sont directement affectées par l'activité économique de l'entreprise et ont en principe une capacité de négociation et de défense de leurs intérêts : les clients, les fournisseurs, les employés, les banques. D'autres n'ont pas nécessairement un lien contractuel direct avec l'entreprise mais elles représentent des intérêts spécifiques de la société civile. Ainsi, les villes, régions ou états dans lesquelles les sites de production, de stockage ou des bureaux sont implantés sont concernés par toutes les conditions nécessaires à l'activité économique (par exemple la formation, les infrastructures ou les services), mais aussi par les conséquences (les délocalisations, la pollution, etc.) de l'activité économique sur la population locale.

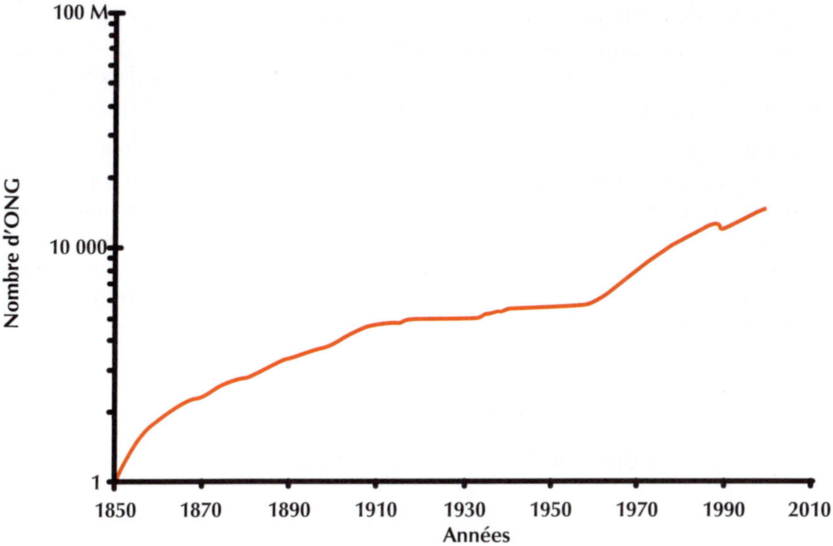

Figure 23.1
Croissance des ONG internationales de 1850 à 2000

Source : Nalinakumari B., MacLean, R., 2005.

D'autres parties prenantes, structurées en associations ou ONG (Organisations Non Gouvernementales), défendent des causes spécifiques en matière de protection de l'environnement (par exemple Greenpeace ou le World Wildlife Fund – WWF) ou de défense de certaines catégories sociales (les consommateurs, la lutte contre le travail des enfants, la lutte contre le racisme ou en faveur de l'égalité homme-femme, la défense des victimes de la catastrophe de Bhopal ou de l'abus du tabac, etc.). Ces parties prenantes émergentes sont actuellement plutôt dans un rapport de force avec l'entreprise, car l'activité et l'attitude des entreprises ont une influence déterminante sur l'évolution de leur cause. À travers des activités médiatiques, des attaques juridiques ou des partenariats contractuels avec l'entreprise, elles remettent en cause la légitimité de l'entreprise à fonctionner si celle-ci n'accorde pas une attention suffisante aux aspects sociétaux et environnementaux de son activité.

L'émergence des ONG est un des phénomènes majeurs de ces dernières années. Les ONG existent depuis plus de cent cinquante ans, mais leur croissance est exponentielle[1]. Parmi les ONG existent aussi bien des associations locales que des organisations multinationales comme la Croix-Rouge, Amnesty International, WWF ou Greenpeace. Selon l'Union of International Associations, on recensait 175 ONG internationales en 1909, environ 10 000 à la fin des années 1970 et plus de 51 000 en 2005. La Banque mondiale en donne la definition suivante : « *Private organizations that pursue activities to relieve suffering, promote the interests of the poor, protect the environment, provide basic social services, or undertake community services.*[2] »

La multiplication des associations locales et la grande variété des ONG imposent à l'entreprise une analyse systématique de ces parties prenantes. Il s'agit d'évaluer les parties prenantes sur trois critères : leur puissance, l'urgence de leurs préoccupations et leur légitimité.

> La puissance est évaluée en fonction de la capacité des parties prenantes à influencer les résultats finaux des projets de l'entreprise. La puissance résulte aussi de la capacité de chaque partie prenante à faciliter ou bloquer le financement d'un

1. Nalinakumari B., MacLean R., 2005.

2. World Bank, 1995. (« Organisations privées qui entreprennent et promeuvent des activités pour réduire la souffrance, défendre les intérêts des pauvres, protéger l'environnement, assurer la fourniture de services élémentaires ou aider des communautés locales. », traduction libre des auteurs.)

projet, à bloquer l'émission des autorisations légales nécessaires, ou à mobiliser la presse vis-à-vis de l'entreprise.

> L'urgence peut être appréciée par le calendrier des impacts du projet sur les parties prenantes. C'est aussi le calendrier propre à chaque partie prenante et l'urgence qu'elle attribue aux problèmes sur lesquels elle intervient auprès de l'entreprise.

> La légitimité de la partie prenante, vis-à-vis du grand public et de l'entreprise, se traduit par sa capacité à endosser la cause et à avoir une position réfléchie, argumentée et fondée sur le sujet. Les grandes ONG ont cette légitimité acquise au travers des causes qu'elles ont étudiées et défendues, au travers des actions déjà menées et au travers des nombreuses collaborations qu'elles ont avec les organismes scientifiques et internationaux. Une association locale aura parfois plus de difficultés à défendre les fondements scientifiques ou humains de son action envers une entreprise.

Figure 23.2
L'analyse des parties prenantes selon le modèle « puissance-légitimité-urgence »

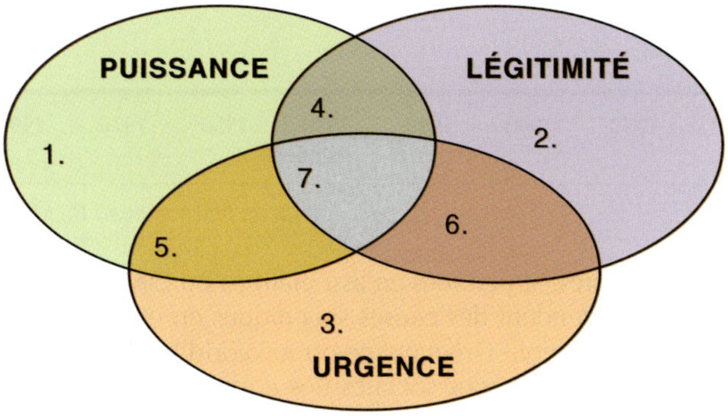

Source d'après Mitchell R.K., Agle B.R. et Wood D.J., 1997.

Dans le modèle de Mitchell, Agle et Wood[1] (voir figure 23.2), une partie prenante présentant une seule caractéristique forte sur les trois dimensions (puissance, urgence, légitimité) va être considérée « potentielle ou latente » ; cela correspond aux surfaces 1, 2 et 3 sur la figure 23.2. L'entreprise peut se contenter d'une action de surveillance et de communication générale avec ce type de partie prenante.

Une partie prenante ayant deux caractéristiques fortes sur les trois dimensions va être considérée comme ayant des attentes vis-à-vis de l'entreprise qui requièrent au minimum un programme d'information et de concertation ; cela correspond aux surfaces 4, 5 et 6 de la figure.

Si une partie prenante présente des caractéristiques fortes sur les trois dimensions à la fois, elle est une partie prenante essentielle avec laquelle l'entreprise doit entamer rapidement un programme d'action, voire de partenariat.

La finalité est de cerner la compréhension qu'ont les parties prenantes des projets et des activités de l'entreprise ainsi que leurs préoccupations et leur engagement vis-à-vis de ces activités et projets. L'entreprise souhaite avoir des parties prenantes qui comprennent bien ses projets, en sont correctement informées et les soutiennent activement.

En fait, l'entreprise peut adopter quatre attitudes vis-à-vis des parties prenantes :

1. Effectuer une surveillance générale et se tenir informée de toutes les parties prenantes potentielles pour la mise en œuvre de la stratégie.

1. Mitchell R.K. Agle B.R., Wood D.J., 1997.

2. Fournir une information régulière et adaptée aux parties prenantes tout en recueillant leurs opinions.

3. Assurer une concertation régulière pour rechercher les opinions de la partie prenante et ses suggestions afin d'intégrer ces données dans la mise en œuvre de la stratégie et du projet.

4. Créer un partenariat, qui associe la partie prenante dès la phase de planification du projet et jusqu'à sa mise en œuvre.

Les associations locales et les ONG ont souvent des relations plus tournées vers une vision qualitative et locale des performances de l'entreprise (élimination de nuisances, contribution au bien être, à la santé, à l'emploi, à l'éducation, etc.). Par contre, la légitimité et la réputation d'une entreprise auprès de la société civile au sens général et auprès des médias est souvent plus liée à une image de marque globale. Ceci soulève des questions de visibilité et de cohérence de l'action de l'entreprise :

> Faut-il concentrer l'action visible de l'entreprise sur une ou deux ONG à réputation mondiale ou développer de multiples partenariats avec des ONG locales ?

> Comment gérer les conflits entre des parties prenantes ? Par exemple, la délocalisation d'usines depuis les pays développés, qui alimentaient l'exportation de l'entreprise, crée des traumatismes et des inquiétudes légitimes sur les pertes d'emplois et de ressources financières dans les régions atteintes. En revanche, la relocalisation de ces productions dans un grand marché asiatique émergent, apporte des espoirs de croissance, de création d'emplois et de développement du savoir-faire dans ce pays.

2 FAUT-IL CHANGER LA DÉFINITION DES OBJECTIFS DE L'ENTREPRISE ?

Si les dirigeants sont avant tout responsables devant leurs actionnaires, comment définir la performance d'une entreprise socialement responsable ? La définition des objectifs de l'entreprise ne pose pas seulement le problème de la finalité de l'entreprise, elle pose aussi la question de l'arbitrage entre des exigences contradictoires de performance.

A/ L'APPROCHE DE LA *TRIPLE BOTTOM LINE*

Le critère traditionnel de performance de l'entreprise est la satisfaction des actionnaires à travers la croissance de la valeur de l'entreprise ou création de valeur actionnariale. Le grand mérite de cette définition purement économique de la performance de l'entreprise est de fournir un critère unique de décision et de pilotage stratégique : l'entreprise a pour seule fonction « la création de richesses » qui sont ensuite librement utilisées par les actionnaires.

De nombreuses voix s'élèvent pour exiger de l'entreprise plus que cela, en prenant en compte les effets de l'activité de l'entreprise sur les parties prenantes autres que les actionnaires. Les externalités que génère l'activité de l'entreprise (c'est-à-dire les conséquences externes induites telles que la pollution, la consommation de ressources non remplaçables, l'émission de gaz à effet de serre, la destruction d'emplois dans un pays, les nuisances pour les consommateurs, les employés ou les riverains) ne sont pas intégrées dans cette définition du profit. Le coût de ces externalités reste à la charge de la collectivité.

La définition de la performance de l'entreprise ne devrait donc pas être unidimensionnelle mais prendre en compte au moins trois dimensions : le développement économique indispensable à la création de richesses, la préservation de l'environnement et l'équité sociale. En conséquence, l'entreprise devrait utiliser une mesure de performance intégrant cette triple perspective – économique, environnementale, sociale –, parfois exprimée par la formule des 3P – *People, Planet* and *Profit* – ou *triple bottom line,* en référence à la *bottom line* chère aux investisseurs (la ligne du bas d'un compte de résultat, celle du résultat net).

Figure 23.3
Triple Bottom Line

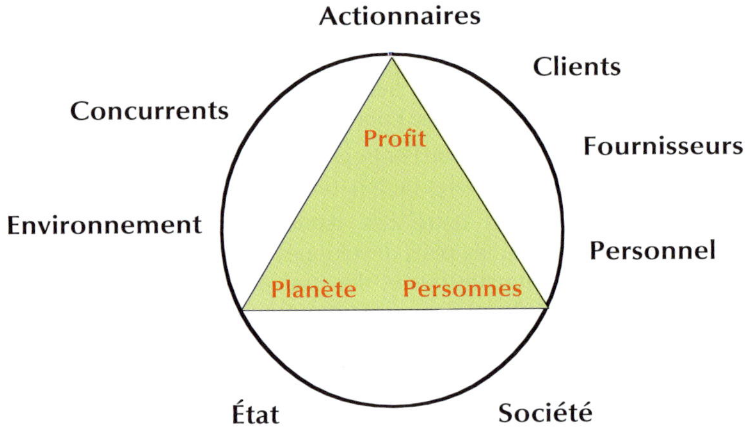

Dans la pratique, il n'est pas évident de choisir les grandeurs à prendre en compte pour mesurer les aspects de la performance environnementale et sociale. En 2002, un groupe d'entreprises a développé avec les Nations unies un cadre de référence pour mesurer et diffuser l'information concernant les responsabilités environnementales et sociales des entreprises : la *Global Reporting Initiative*[1]. En France les sociétés cotées en Bourse ont l'obligation de fournir un compte rendu de leur action sur les thèmes environnementaux et sociaux dans leur rapport annuel

Le développement durable renvoie aussi au gouvernement d'entreprise (voir chapitre 22) et pose la question : sur quels critères nommer et démettre les dirigeants ? Le droit des sociétés, dans pratiquement tout le monde occidental, reconnaît au pouvoir financier (le conseil d'administration, l'assemblée générale des actionnaires) le droit de choisir les managers. Bien entendu, ce pouvoir financier vit dans la société civile et est sensible aux influences environnementales et sociétales... Mais cela ne garantit pas que les enjeux sociaux et environnementaux de l'action de l'entreprise soient pris en compte de manière explicite. Les dirigeants doivent-ils être « jugés » sur l'ensemble de ces aspects ou doivent-ils n'être responsables que de la performance financière dans le cadre du respect juridique des obligations environnementales et sociales de tous les pays dans lesquels l'entreprise intervient ?

Certains groupes de pression comme le Ceres aux États-Unis (*Coalition for Environment Responsible Economies*, qui regroupe des ONG et des investisseurs « éthiques » gérant des actifs de plusieurs centaines de millions de dollars) recommandent une évolution des pratiques de gouvernance sur les questions d'environnement[2]. En particulier, ils souhaitent la création au sein du conseil d'administration d'un comité spécialisé en matière d'environnement et de changement climatique, qui aurait pour but d'initier

1. voir www.gri.org. Le CERES (*Coalition for Environmentally Responsible Economies*) a créé la Global Reporting Initiative (GRI) en 1997, avec le PNUE (Programme des Nations Unies pour l'Environnement). Basée à Amsterdam, la GRI réunit environ 1 500 membres, entreprises, fédérations professionnelles, ONG, experts. Sa mission consiste à produire des « lignes directrices » pour l'élaboration des rapports annuels de développement durable. Un travail important a été réalisé pour spécifier des normes et indicateurs (plus de 90).

2. Cogan D.G., 2003.

et/ou de superviser l'entreprise sur ces questions. À titre d'exemple, l'entreprise chimique DuPont a institué un *Environmental Policy Committee* en 1992. De même, le *Corporate Governance Committee* d'IBM, créé en 1993, examine ses politiques en matière de changement climatique et d'énergie. En 1997, BP a créé un *Ethics and Environment Assurance Committee* et Royal Dutch Shell a créé un *Social Responsibility Committee*. En France, quelques sociétés du CAC 40 ont créé aussi un comité de responsabilité sociale. Ainsi, Danone a créé en 2006 un « Comité de responsabilité sociale » au sein de son conseil d'administration.

Controverse

Actionnaires et parties prenantes

La direction générale d'une entreprise se trouve confrontée à deux demandes potentiellement contradictoires :

- maximiser la richesse des actionnaires, en limitant tous les coûts non indispensables à l'activité de l'entreprise, en particulier les coûts sociaux et environnementaux qui ne font pas l'objet d'une obligation légale ou contractuelle ;
- développer la capacité future de l'entreprise à exercer son métier en générant une bonne image, en mettant en œuvre une approche de sensibilité aux besoins des communautés auprès desquelles elle intervient et en développant une approche responsable de son impact environnemental à travers une collaboration avec les parties prenantes, ce qui peut amener l'entreprise à accepter des surcoûts dont elle espère qu'ils porteront leurs fruits à long terme.

Or l'approche comptable de la performance ne prend pas en compte ce qui est externe à l'entreprise. Elle considère que les rejets polluants sont « gratuits » puisqu'ils ne font pas l'objet de coûts comptables. Les efforts « écologiques » et les programmes d'intégration sociétale de l'entreprise ne sont considérés que comme des coûts et des investissements à long terme.
La direction générale doit rendre compte aux actionnaires ainsi qu'au conseil d'administration qui la nomme et la juge sur des chiffres purement financiers. Dans certains pays, notamment anglo-américains, la direction générale et les administrateurs ont l'obligation légale de servir les intérêts des actionnaires.
En fait, depuis une ou deux décennies, une véritable mutation s'est effectuée dans la vision de la performance de l'entreprise. Ceci pose un problème théorique majeur sur la finalité et les objectifs de l'entreprise. Certains se focalisent sur les actionnaires *(shareholders)* et argumentent que seul le profit doit être l'objectif de l'entreprise, car il correspond à sa finalité économique. D'autres prennent en compte les autres parties prenantes *(stakeholders)* et considèrent que l'impact sur l'environnement ou les responsabilités sociales de l'entreprise doivent avoir la même « importance » que le profit.
Ce débat *shareholders/stakeholders* oppose deux approches normatives de la stratégie d'entreprise[1]. Cependant, l'approche actionnariale ne se réduit pas à la maximisation du profit à court terme et doit être équilibrée par une vision « éclairée » de l'intérêt de l'entreprise à long terme. L'approche par les parties prenantes ne peut se focaliser uniquement sur les responsabilités sociales et environnementales de l'entreprise ; elle passe par la génération de profits pour assurer l'existence à long terme de l'entreprise.
Faut-il choisir entre ces théories ? En tout cas il est clair que la seule finalité de la maximisation du profit annuel sans prendre en compte les aspects environnementaux et sociaux est remise en cause, tant par les réglementations et normes professionnelles que par une partie des actionnaires et de la société au sens large.

1. Smith H.J., 2003.

B/ Les notations financières et sociétales

L'émergence d'agences de notation spécialisées sur les aspects sociaux et environnementaux a fait évoluer l'évaluation externe de la performance de l'entreprise. Ces agences « extra-financières » proposent des évaluations de la performance en termes d'impact sur l'environnement et de comportement « socialement responsable ». De leur côté, les agences de notation financière classiques (qui évaluaient traditionnellement la performance financière future pour les actionnaires et le risque financier pour les prêteurs) ont développé l'évaluation des risques environnementaux, des risques liés au produit et des risques de réputation.
Schématiquement, il existe deux types d'agences « extra-financières » :

> Les agences de notation (*rating agencies*) se fondent sur un modèle de notation des entreprises, plus ou moins explicite (SAM, Innovest, Ethibel, Vigeo, Core Ratings, etc.). Certaines, par voie de conséquence, produisent des indices « éthiques ».

> Les agences d'information (*information service providers*) collectent et mettent en forme des informations « brutes » sur les entreprises. Elles émettent un avis global sur chacun des principaux domaines de la performance *Triple Bottom Line* sans tentative de consolidation.

La collecte de l'information est d'ailleurs la difficulté numéro un puisqu'il s'agit d'une information déclarative et volontaire fournie par les entreprises et non pas d'une information exhaustive, consolidée et certifiée par un auditeur externe comme pour les informations financières.

C/ Une mutation : des investisseurs socialement responsables ?

L'opposition entre actionnaires exclusivement focalisés sur la performance financière et parties prenantes uniquement préoccupées d'impact social ou environnemental s'est en fait estompée ces dernières années. De multiples fonds d'investissement proposent aux investisseurs d'intégrer une approche financière rigoureuse et le respect de critères d'investissement « éthiques », « socialement responsables » ou de « développement durable ».
Cet ensemble de fonds constitue « l'investissement socialement responsable » (ISR). Fin 2006, les fonds socialement responsables en Europe pesaient plus de 1 000 milliards d'euros[1] et 2 300 milliards de dollars aux USA[2] à fin 2005. Mais les fonds socialement responsables sont essentiellement des outils de gestion collective de fonds apportés par des investisseurs institutionnels. La collecte de fonds des épargnants particuliers reste encore à développer.
Cet essor des fonds socialement responsables s'accompagne de la professionnalisation croissante des outils d'analyse *triple bottom line* et des méthodes de notation extra-financière. La rentabilité des investissements reste néanmoins une préoccupation majeure de ces investisseurs socialement responsables. En même temps des indices éthiques sont apparus comme le Footsie4Good, le Dow Jones Sustainability Index ou l'Aspi Eurozone de Vigeo.

Les fonds socialement responsables mettent en œuvre différentes stratégies d'investissement. Ils peuvent en effet :

> utiliser des critères négatifs ou d'exclusion concernant des produits (armement ou tabac par exemple), des pratiques (travail des enfants) ou certaines zones géographiques (l'Afrique du Sud au temps de l'apartheid).

1. European SRI Study, 2006.
2. Report on Socially Responsible Investing Trends in the US, 2005.

> favoriser les pratiques de développement durable au sein des entreprises. Le fonds est alors composé d'actions d'entreprises bien notées sur un plan social et environnemental ;

> privilégier l'engagement actionnarial, en se préoccupant de l'exercice des droits de vote, en déposant des résolutions de vote en assemblée générale des actionnaires, et en pratiquant le dialogue managérial pour faire avancer les pratiques de l'entreprise en matière de gouvernance d'entreprise ou de respect des actionnaires minoritaires. Le développement de cabinets spécialisés (Deminor, Proxinvest...) et l'existence d'un réseau d'échange des résolutions de vote déposées soutiennent « l'activisme » de l'investissement responsable ;

> Pratiquer l'investissement « solidaire » ou de partage. Les fonds de partage sont majoritairement placés en obligations et une part de leurs revenus est reversée à une organisation caritative ou d'intérêt général. Mais certains fonds investissent dans des entreprises d'insertion, de microcrédits ou d'autres projets solidaires. N'oublions pas les produits financiers solidaires classiques en France (livrets d'épargne, livrets développement durable, compte à terme) qui financent des projets d'utilité sociale.

L'une des questions essentielles pour les investisseurs est de savoir si l'investissement socialement responsable conduit à une performance financière nettement dégradée par rapport à un investissement plus classique. Les multiples études qui ont été menées sur le sujet n'aboutissent pas à une conclusion claire[1]. Une étude récente s'est centrée sur le concept d'éco-efficacité, en le définissant comme la valeur économique créée par les entreprises relativement à la dégradation environnementale qu'elles provoquent. Les résultats semblent montrer que les entreprises qui ont de meilleurs scores sociaux et environnementaux génèrent aussi une meilleure rentabilité sur la période 1995-2003[2]. Au total, l'investissement socialement responsable ne semble donc pas pouvoir être disqualifié *a priori* du fait d'un « surcoût financier » qui le handicaperait de manière structurelle.
D'un autre côté, l'investisseur classique (uniquement centré sur la performance financière) est aussi amené à prendre en compte certains aspects environnementaux et sociaux. La valeur de marché des entreprises (calculée à partir de la valeur boursière de ses actions) est souvent très supérieure à la valeur comptable des actifs tangibles, ce qui repose sur une forte valorisation des actifs immatériels de l'entreprise (comme ses marques) et ses perspectives futures de performance financière. Cette valeur de Bourse est donc très sensible aux risques et notamment les risques environnementaux ou le risque de réputation (comme l'a vécu à ses dépens la société Nike, accusée de tolérer le travail des enfants chez ses sous-traitants en Asie). L'analyse financière traditionnelle prend donc de plus en plus en compte ces risques. Naturellement, ces risques sont très différenciés selon les industries et la stratégie de l'entreprise. Les fonds d'investissements classiques rejoignent ainsi en partie les critères de sélection des fonds socialement responsables en écartant les entreprises présentant trop de risques environnementaux ou sociaux.

3 Mettre en œuvre une politique responsable

Face aux pressions des parties prenantes et à la prise en compte des aspects environnementaux et sociaux dans leur valorisation et leur notation, les entreprises sont

1. Margolis J.D. et Walsh J.P., 2001.

2. Derwall J., Guenster N., Bauer R. et Koedijk K., 2005.

amenées à mettre en œuvre des pratiques socialement responsables. Les politiques mises en place varient en fonction de l'attitude de l'entreprise par rapport à la notion de développement durable.

A/ L'attitude de l'entreprise

On peut distinguer trois types d'attitudes face au développement durable.

Les minimalistes

Ces entreprises manquent de prise de conscience sur le sujet et se préoccupent avant tout de maximiser à court terme le profit des actionnaires, sans se sentir directement concernées par les débats sur le respect de l'environnement ou les responsabilités sociales de l'entreprise. Elles voient toute mesure liée au développement durable comme une contrainte supplémentaire qui entrave l'activité et les résultats de l'entreprise. Naturellement, les entreprises en difficulté ou dans des secteurs en récession auront plus facilement une attitude minimaliste, par peur des coûts engendrés ou par manque de moyens financiers. D'autres ne rejettent pas l'ensemble des principes du développement durable, mais leurs dirigeants pensent que la mission de l'entreprise est avant tout la création de valeur pour les actionnaires et refusent d'adhérer au concept de citoyenneté de l'entreprise. Pour eux, c'est aux États de gérer les affaires collectives et aux entrepreneurs de décider dans quel État s'implanter. Les États sont en concurrence comme le sont les entreprises. Ces entreprises comparent les régions du monde sur la souplesse des lois et règlements concernant leurs activités.

Les légalistes ou « bons citoyens »

Ces sociétés se montrent respectueuses de toutes les législations, environnementales comme sociales ; elles intègrent les nombreuses réglementations, se plient aux nouvelles normes de conception ou de fabrication des produits. Certains dirigeants dans cette catégorie ont éventuellement des convictions fortes sur l'intérêt du développement durable. D'autres considèrent que les obligations réglementaires et les normes de la profession sont déjà « largement suffisantes » sans avoir à en rajouter. Devant la montée des règlements et des normes, certains secteurs d'activité, très exposés aux risques environnementaux, doivent réaliser de lourds investissements, modifier des processus de fabrication ou de transport, et adapter leur organisation. Les industries de l'énergie (pétrole, nucléaire…), de la chimie, du ciment, des traitements de l'eau ou des déchets, du transport sont par exemple soumises à de nombreuses normes écologiques et sociales qui ont des effets majeurs sur la manière de gérer leur activité. Ce sont souvent des secteurs pour lesquels la législation et la réglementation se durcissent chaque année. Ces secteurs ont souvent entrepris des démarches de branche au niveau international. Par exemple, l'Organisation internationale des constructeurs d'automobiles a présenté sa contribution au développement durable à Johannesburg en 2002 ; l'industrie des mines a développé un partenariat avec The World Conservation Union pour la préservation de la biodiversité ; l'industrie chimique s'est engagée à mettre en place un plan d'action pour améliorer la sécurité de l'utilisation des produits chimiques dans les pays en voie de développement ; les dix plus grandes entreprises de l'industrie cimentière ont développé le Cement Initiative ; l'industrie européenne de l'alimentation a établi un rapport en commun avec le Programme des Nations Unies pour l'Environnement. Respecter ces normes et engagements et suivre leur rythme de développement est en soi une approche très significative de mise en œuvre du développement durable.

Les volontaristes

Les dirigeants de ces sociétés sont convaincus de l'importance du développement durable et vont volontairement au-delà des normes et règlements applicables à leur industrie. Ils prennent en compte explicitement un certain nombre de thèmes environnementaux et sociaux. La conviction personnelle des dirigeants facilite l'intégration d'une démarche active de développement durable dans la stratégie par des programmes internes ambitieux (réduction de l'empreinte écologique de l'entreprise, développement d'approches sociales et responsables, évaluation des managers sur des critères aussi bien environnementaux et sociaux qu'économiques). Ainsi, l'entreprise de technologie électronique franco-italienne ST Microelectronics a signé son premier « décalogue » pour l'environnement dès 1994. Elle est, depuis, une référence dans le domaine environnemental, tout en étant un leader sur un marché global et très compétitif. Certaines entreprises ont même activement communiqué leur conviction auprès de leur clientèle pour se construire un réel avantage client : c'est le cas des enseignes de distribution spécialisées Nature & Découvertes et The Body Shop (groupe L'Oréal), des fabricants de textile Patagonia ou de crèmes glacées Ben & Jerry (groupe Unilever), ou encore des entreprises de commerce équitable comme Alter Eco ou les cafés Malongo.

B/ Le pilotage du développement durable

La première réponse historique des entreprises aux impératifs du développement durable a été la mise en place d'un code de bonne conduite diffusé à tous les personnels de l'entreprise. Dans ce document, l'entreprise définit sa vision, ses objectifs et ses orientations en la matière. Mais tout ceci ne repose que sur une approche volontaire des managers. Ce code a des chances de rester au stade des bonnes intentions s'il n'est pas accompagné par une gestion active et cohérente de la performance.

Symboliquement autant que pratiquement, l'apparition d'une structure formalisée en charge du « développement durable » est un signe pour l'interne comme pour l'externe. De nombreuses grandes entreprises ont opté pour la création, au sein de l'état-major du groupe, de directions de l'environnement et du développement durable, bien que le rattachement de cette fonction varie selon les entreprises. Le rattachement de cette fonction à une haute instance opérationnelle de l'entreprise (direction générale, direction industrielle, etc.) est en général un gage de capacité d'action.

Des comités spécialisés peuvent être mis en place de manière complémentaire soit pour évaluer des risques, soit pour promouvoir des progrès dans certains domaines. Ils ont pour vocation d'aider l'entreprise à avoir une vision objective et transversale des problèmes potentiels auxquels elle peut être confrontée et de l'aider à définir des lignes d'action. C'est le cas du « conseil de la diversité » chez Total qui est composé de représentants très divers du personnel mondial du groupe (diversité hiérarchique, professionnelle, homme/femme et internationale) pour promouvoir la diversité et l'intégration dans l'entreprise et renforcer l'égalité des chances. Des conseils scientifiques sont aussi utilisés pour l'évaluation des risques. Reste ensuite à définir quel poids réel on accorde à l'avis de ces comités.

L'outil de pilotage interne de la performance environnementale et sociale peut suivre les mêmes principes que celui de la performance économique : fixation d'objectifs aux unités opérationnelles, reporting périodique (mensuel ou trimestriel), évaluation de la performance des managers et des équipes, prise en compte de la performance environnementale et sociale dans la promotion et la rémunération des personnels.

La mise en place d'un outil de pilotage de la performance durable impose à l'entreprise un investissement dans un système d'information, une motivation de tous et la définition d'objectifs clairs et mesurables. L'organisation d'un système de mesure interne de la performance environnementale et sociale peut s'appuyer sur les standards de la Global Reporting Initiative et les normes et mesures des plans d'actions environnementaux spécifiques à l'industrie. Sans se disperser sur un grand nombre de mesures, il semble plus efficace de centrer les objectifs sur des thèmes spécifiques sur lesquels l'entreprise cherche réellement à progresser plutôt qu'en fonction de considérations de reporting externe, même si l'image externe de l'entreprise ne peut pas laisser un chef d'entreprise indifférent.

De même que pour fixer les objectifs économiques, la direction générale doit choisir entre afficher un objectif environnemental ou social à un an immédiatement réalisable ou un objectif ambitieux à cinq ou dix ans, un *stretch goal*, qui amène à revoir fondamentalement les processus industriels aussi bien que la conception des produits et services proposés aux clients.

Toutes les unités d'un même groupe se doivent en général d'atteindre un standard minimum et, au-delà, des objectifs plus ou moins ambitieux sont fixés selon les unités. En pratique, la performance de développement durable devrait être pilotée dans l'ensemble des filiales et sur le même « périmètre » que celui utilisé pour la consolidation financière, ou en tout cas couvrir toutes les activités industrielles et commerciales gérées directement, en essayant de ne pas laisser de côté les joint-ventures qui peuvent présenter des risques significatifs de réputation ou de pollution.

À titre d'exemple, chaque branche du groupe Lafarge[1] est dotée d'un programme de performances et d'une structure de soutien dédiée qui attribuent à toutes les unités opérationnelles des responsabilités et des objectifs. Ces objectifs de performance incluent les aspects liés au développement durable. Ainsi, le programme *Advance* de la branche Ciment, lancé début 2003, a pour objectif d'optimiser le potentiel d'amélioration des performances de ses 47 unités et se base sur des échanges de savoir-faire et d'expériences dans tous les domaines du métier de cimentier. Il repose sur cinq domaines d'égale importance, représentant les principaux leviers de la création de valeur :

> être présent et croître sur les marchés attractifs ;

> offrir une gamme innovante de liants hydrauliques et des services reconnus par le marché ;

> affirmer le leadership industriel en atteignant l'excellence et la maîtrise dans la gestion industrielle ;

> inscrire les objectifs de performance dans une démarche de développement durable ;

> développer une culture de la performance adaptée à un environnement très évolutif.

Chacun de ces domaines est divisé en facteurs de succès. Pour le domaine du développement durable, ces facteurs sont l'économie de ressources naturelles (gestion des déchets), la réduction des émissions de CO_2 et les relations avec les parties concernées par les activités et la sécurité.

Certains groupes ont plutôt cherché à laisser une certaine autonomie aux unités opérationnelles, plutôt que de définir centralement des objectifs techniques, comme la réduction des pollutions. Ainsi, le groupe DuPont[2] a choisi de fixer un objectif défini en *shareholder value added per pound of production*, c'est-à-dire la valeur actionnariale créée par tonne de produit fini. La valeur actionnariale est définie

1. http://www.lafarge.com/lafarge
2. Halliday C., 2001.

comme les bénéfices réalisés au-delà du coût des capitaux utilisés ; elle est ramenée au tonnage produit et vendu. Pour améliorer cet indicateur, les unités doivent donc créer de la valeur ajoutée à la production, notamment en y associant des services ou en réduisant les consommations de matières premières, d'énergie et des différents composants, ainsi qu'en améliorant la chaine de distribution. Le but est de réduire l'empreinte écologique, de développer les services et d'améliorer la productivité des ressources utilisées. Cette approche, même si elle n'est pas parfaite, a le mérite de poser la question de la productivité des ressources utilisées pour générer du profit.

C/ L'approche par la chaîne de valeur

L'approche que proposent Porter et Kramer[1] est d'utiliser les outils classiques de l'analyse concurrentielle pour les appliquer au développement durable. L'idée de base est que l'entreprise est en échange symbiotique avec les sociétés civiles et l'environnement dans lesquels elle opère. L'analyse de l'empreinte environnementale et sociale de l'entreprise, ainsi que l'évaluation des exigences de la société font donc partie intégrante de l'analyse stratégique. Cette analyse peut se faire au niveau de chaque établissement ou filiale, dans chaque pays. Son but est double :

1. évaluer l'impact des dimensions environnementales et sociales sur la situation concurrentielle de l'entreprise (voir figure 23.4) ;

2. analyser les impacts sociaux et environnementaux de la chaîne de valeur de l'entreprise (voir figure 23.5).

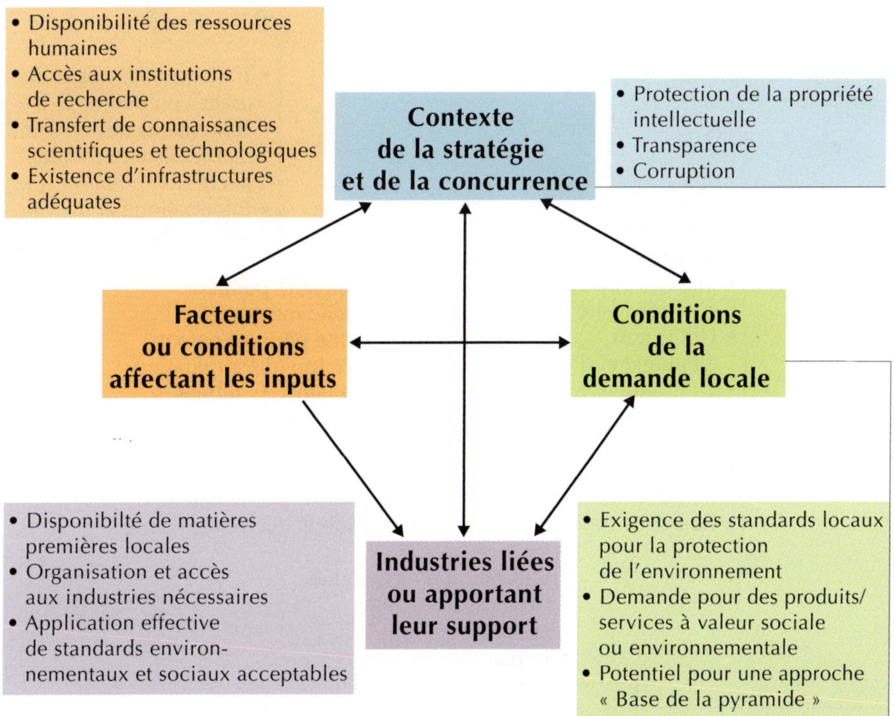

Figure 23.4 Examen des influences sociales et environnementales sur la compétitivité et la stratégie de l'entreprise

Source : adapté de Porter M.E., The Competitive Advantage of Nations, *Macmillan, 1990.*

1. Porter M.E. et Kramer M.R., 2006.

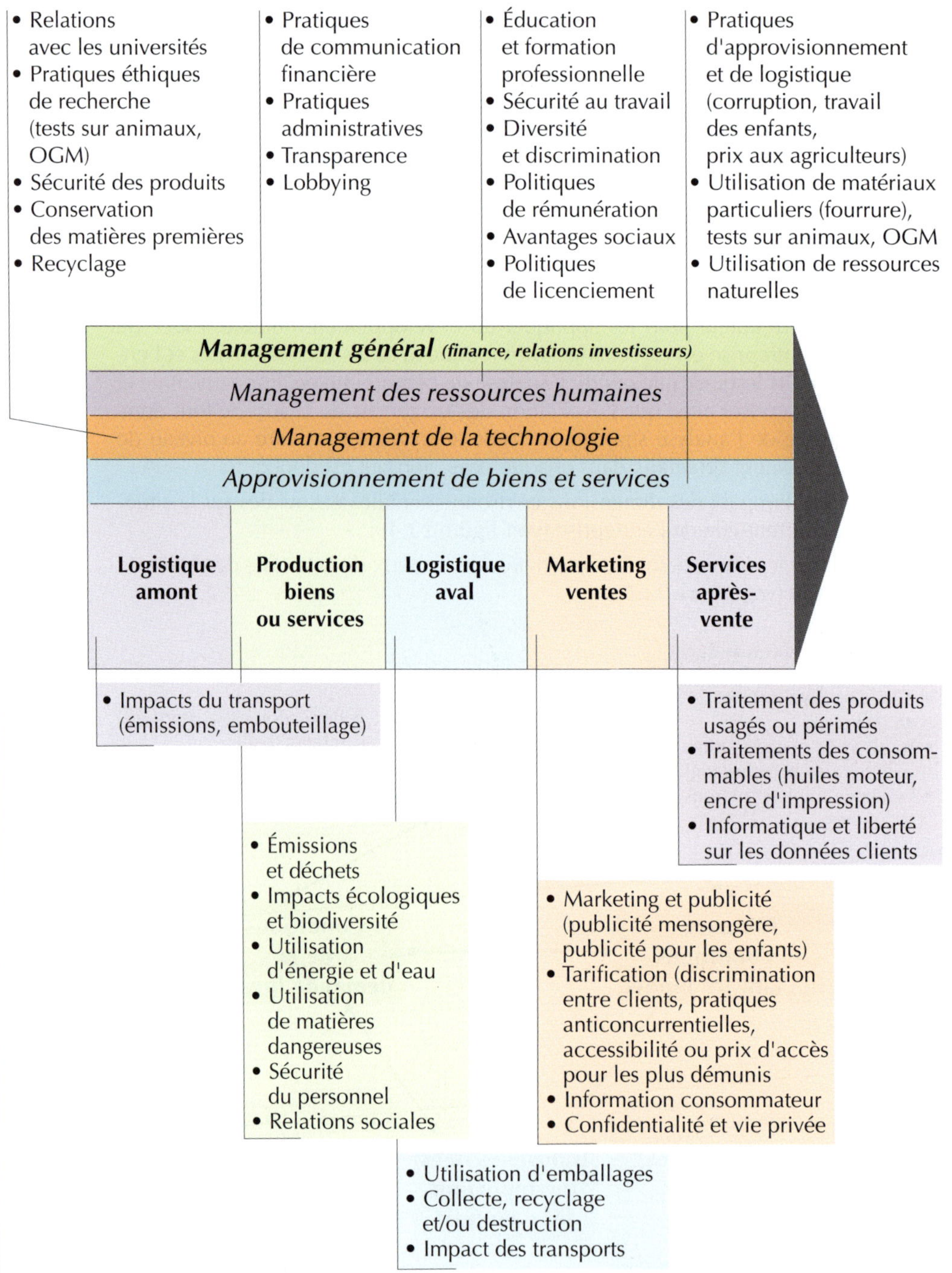

Figure 23.5 L'impact de la chaîne de valeur de l'entreprise sur l'environnement et la société

Source : adapté de Porter M.E., Competitive Advantage : Creating and Sustaining Superior Advantage, *The Free Press, 1985.*

Pour déboucher sur des choix stratégiques concrets, l'analyse stratégique d'entreprise en matière de développement durable doit tenter de répondre aux questions suivantes :

> Les contraintes croissantes liées au développement durable vont-elles changer la structure ou la dynamique des industries ? Est-ce que cela peut faire arriver de nouveaux entrants dans des secteurs classiques ou changer la position concurrentielle relative ?

> Comment les thèmes environnementaux et sociétaux vont-ils impacter le positionnement stratégique de l'entreprise ?

> Comment l'image et la perception de l'entreprise par les parties prenantes clés de son activité vont-elles évoluer ?

> Comment faut-il modifier les *business models* existants en termes de gestion des risques et des impacts sociaux, environnementaux, et économiques ?

> Peut-on créer des *business models* alternatifs en utilisant la perspective de développement durable comme une opportunité ?

La réponse stratégique de l'entreprise à ces questions comprend naturellement de multiples facettes. On peut néanmoins identifier trois grandes stratégies possibles :

> le renforcement du *business model* existant en développant les aspects de communication et de partenariat avec les parties prenantes clés ;

> la « réparation du *business model* existant » en le transformant pour réduire son impact environnemental négatif et corriger des risques ou des insuffisances dans le domaine social ;

> l'élaboration de nouveaux *business models* pour développer un nouvel avantage concurrentiel.

Nous allons développer ces trois types de stratégies dans les trois parties suivantes de ce chapitre.

4 Renforcer le *business model* existant par la communication et le partenariat

L'approche la plus naturelle pour une entreprise est d'abord de mieux communiquer sur la réalité de sa performance économique, environnementale et sociale vis-à-vis des parties prenantes, des actionnaires, voire du grand public et des autorités publiques. Dans un premier temps, le diagnostic de l'entreprise est souvent qu'elle a un déficit de communication par rapport à ce qu'elle pense être sa performance réelle dans le domaine environnemental et social. Informer est aussi un outil essentiel du dialogue avec les parties prenantes.

A/ La communication institutionnelle

Tous les grands groupes fournissent dorénavant un rapport annuel sur leur performance environnementale et sociale. Très souvent un site spécifique au Développement Durable est mis en place au sein du site officiel du groupe. Cette communication institutionnelle devient de plus en plus quantifiée, comme le recommande la Global Reporting Initiative. Certains groupes vont plus loin et annoncent des objectifs à long terme et communiquent leurs résultats intermédiaires.

MINI-CAS

STMicroelectronics

STMicroelectronics a été l'une des premières entreprises industrielles globales à reconnaître l'importance de sa responsabilité environnementale, ses premiers efforts démarrant au début des années 1990. Depuis, STMicroelectronics a fait de très grands progrès ; par exemple, la consommation d'énergie par unité produite a été réduite de 47,7 % depuis 1994, une réduction moyenne de plus de 5 % par an, et les émissions de CO_2 ont été réduites de 61 % sur la même période. En outre, STM est allé au-delà de toutes les exigences légales en éliminant presque complètement l'utilisation de substances à risque telles que le plomb, le cadmium, et le mercure. Depuis 1991, les sites industriels de l'entreprise ont reçu plus de 100 récompenses et prix pour leur excellence dans tous les domaines de la responsabilité d'entreprise, que ce soit sur les thèmes de la qualité, le gouvernement d'entreprise, les questions sociales ou la protection environnementale. Dans son rapport 2004, le président Carlo Bozotti écrivait, à propos des économies d'énergie, d'eau et d'émissions de CO_2 : « Ceci nous a procuré des économies supplémentaires de plus de 100 millions de dollars par an, démontrant clairement une fois de plus que l'écologie est gratuite. »

Dans le rapport institutionnel 2007 sur ses responsabilités sociales, STM rend compte à la fois de ses résultats et fait part de ses objectifs en la matière, comme la « neutralité carbone » qui consiste à réduire ses émissions de CO_2 et à compenser celles qui ne peuvent être éliminées par des actions de replantation de forêts pour absorber ces émissions. Le rapport de STM couvre l'ensemble des activités et des sites en 2007. Il contient des indicateurs détaillés sur la performance de l'entreprise en couvrant tous les thèmes dans les domaines social, environnemental, sécurité et santé, et le gouvernement d'entreprise et il réaffirme les engagements déjà bien établis de STM de servir ses parties prenantes avec intégrité, transparence et excellence.

Le programme « Excellence Durable » s'appuie sur la culture de « management de la qualité totale » de STM pour enraciner la notion de responsabilité d'entreprise à tous les niveaux d'activités de l'entreprise. Il a été déployé sur tous les sites de l'entreprise dans le monde entier en 2007, en même temps que le groupe connaissait une croissance supérieure à celle des dix meilleurs fabricants de semi-conducteurs. Parmi les performances présentées par l'entreprise pour 2007 on trouve :

> Environ 95 % des employés ont été formés à la responsabilité sociale de l'entreprise et tous les managers ont reçu une formation supplémentaire sur le thème « éthique et conformité ».

> Un « Comite éthique » du groupe a été établi en juillet 2007 et un directeur de la conformité (*Chief Compliance Officer*) a été nommé en décembre 2007.

> De nouvelles réductions dans la consommation d'énergie par unité produite ont ramené l'énergie consommée par unité produite à fin 2007 à 50 % du niveau de référence de 1994.

> Pour la consommation d'eau, STM présente aussi des progrès et a réduit sa consommation d'eau par unité produite de 9 % en moyenne par an depuis 1994.

> 2007 a été une année record pour STM, qui a réussi une réduction nette de 20 % de ses émissions de gaz à effet de serre. Les émissions directes nettes dues à l'utilisation de CFC ont aussi diminué de 33 %.

> L'entreprise a déployé son plan santé dans le monde entier de sorte que tout employé STM, où qu'il soit localisé dans le monde, a désormais accès au même suivi médical.

> Dans le domaine sécurité et santé, le taux de gravité des blessures et maladies liées au travail a baissé de 24 % en 2007 par rapport à 2006, dépassant largement l'objectif de l'entreprise de 10 %.

>

> La Fondation STM a fourni des formations en informatique à plus de 10 000 personnes dans des zones urbaines pauvres ou des zones rurales au Maroc seulement, sans compter ses opérations dans d'autres pays comme l'Inde, la Malaisie, l'Éthiopie et l'Ouganda.

Questions

1) Parmi les réalisations de STM en matière de développement durable, lesquelles sont cohérentes avec un objectif de maximisation du profit ? Lesquelles créent des surcoûts ?
2) Quels bénéfices et quels problèmes peut entraîner cette politique ?

Une voie complémentaire de la communication institutionnelle est celle du changement d'appellation, comme l'a montré l'entreprise pétrolière anglaise BP. La transformation du nom de l'entreprise British Petroleum en Beyond Petroleum (« Au-delà du pétrole ») vise probablement à communiquer que la société se préoccupe de son avenir stratégique dans les énergies alternatives. C'est aussi une manière de communiquer son écoute aux parties prenantes et ONG qui s'attaquent régulièrement à sa performance environnementale lors de chaque assemblée générale des actionnaires depuis 1999.

B/ Le partenariat avec les ONG

Nouer un partenariat avec une ONG est une démarche active à cause des engagements pris par l'entreprise. Cette stratégie offre aussi la possibilité d'associer l'ONG à une communication puissante. Ainsi, Lafarge, qui produit et commercialise des ciments, a des enjeux majeurs d'image et de performance environnementale car le groupe exploite des cimenteries et environ 600 carrières ouvertes dans le monde. Ouvrir, exploiter et fermer une carrière pose des problèmes essentiels de performance environnementale et sociale. Le partenariat institutionnel de Lafarge avec une ONG comme WWF renforce l'objectivité des mesures de performance utilisées par Lafarge ainsi que la crédibilité de l'action à long terme de cette entreprise en faveur de l'environnement.

MINI-CAS

Le partenariat Lafarge-WWF

Depuis 2000, Lafarge et le WWF coopèrent aux niveaux international et local. Leurs engagements : la lutte contre le changement climatique, le respect de la biodiversité et la construction durable.

Figure 23.6
Le logo du partenariat Lafarge-WWF

Les deux partenaires ont élaboré ensemble 8 indicateurs de performance, dont les résultats sont publiés chaque année :

- audits environnementaux des sites,
- plans de réhabilitation des carrières,
- émissions de gaz à effet de serre,
- consommation d'eau,

> consommation d'énergie et de matières premières,
> production de déchets,
> recyclage de l'énergie,
> rejets de poussière.

Le programme « Ambitions développement durable 2012 » pose de nouveaux objectifs, datés et quantifiés :

> chacun des 2 000 sites Lafarge devra effectuer un audit environnemental tous les quatre ans,

> 85 % des carrières devront être dotées d'un plan de réhabilitation (atteindre un taux de 100 % n'est pas possible en permanence, en raison des acquisitions régulières de nouvelles carrières et de la complexité des processus).

Questions

1) Quels bénéfices Lafarge tire-t-elle de ce partenariat ? Quels en sont potentiellement les coûts, les risques et les difficultés de mise en œuvre ?
2) Pourquoi une ONG comme WWF a-t-elle accepté de collaborer avec une entreprise dont l'activité a un impact aussi fort sur l'environnement ? N'y a-t-il pas un risque de servir d'alibi ?

Ce genre de démarche nécessite d'avoir pour partenaire une ONG véritablement multinationale, avec une crédibilité et une méthodologie reconnues. Le partenaire ONG doit être suffisamment fort par sa taille, ses ressources financières et ses compétences pour pouvoir émettre une opinion indépendante de l'entreprise et assumer sa propre communication institutionnelle au sujet du partenariat avec l'entreprise auprès de ses adhérents et de ses parties prenantes.
Le groupe néerlandais Unilever s'efforce aussi de développer une approche environnementale et sociale responsable. Mais la diversité des activités du groupe incite à travailler par ligne de produits. Ainsi, la marque de thé Lipton a pris une orientation claire de protection environnementale et de commerce équitable en développant un partenariat avec l'ONG Rainforest Alliance.

MINI-CAS

Le partenariat d'Unilever, Thé Lipton et Rainforest Alliance

Avec un siècle d'expertise, la marque Lipton est leader sur le marché mondial du thé. Elle achète environ 330 000 tonnes de thé et en produit 70 000 tonnes.
Le 25 mai 2007, Unilever, groupe propriétaire de Lipton, a annoncé qu'il s'engageait à n'acheter que des thés cultivés selon des « pratiques durables ». La première étape serait la certification de ses producteurs de thé en Afrique de l'Est selon les standards de l'ONG Rainforest Alliance, qui supervise cet engagement public.
Rainforest Alliance est une ONG globale ayant des activités notamment en Afrique, Amérique Latine et Asie pour la protection des forêts, zones dans lesquelles se trouvent beaucoup de plantations de thé. L'ONG, basée à New York, a été fondée en 1987, avait 33 000 membres et un budget annuel d'environ 20 M de dollars en 2008. Elle est membre du réseau SAN (*Sustainable Agriculture Network*). Elle est notamment spécialisée dans la certification agricole et forestière et elle a une longue expérience dans des programmes concernant notamment le café, le cacao, les bananes, l'exploitation forestière durable et le tourisme responsable.

····>

La certification de Rainforest Alliance repose sur une approche intégrée : s'occuper également d'éthique et d'environnement. Pour satisfaire les standards, les fermiers doivent s'engager à des améliorations continues de la situation sociale et économique de leurs ouvriers, de la gestion de la ferme et de la protection de l'environnement. Les fermiers apprennent à améliorer leur productivité et à réduire leurs coûts en réduisant l'usage des pesticides, en éliminant les déchets et les pertes et en mettant en œuvre de meilleures techniques agricoles. Les ouvriers agricoles peuvent gagner des salaires décents et avoir accès à un habitat sain, à l'éducation et aux soins de santé.

Le directeur exécutif de Rainforest Alliance, Tensie Whelan, commentait ainsi le partenariat avec Unilever : « Nous sommes heureux de travailler avec une entreprise qui comprend la valeur de mettre le développement durable au cœur de son activité. En exigeant la certification Rainforest Alliance pour tout son approvisionnement en thé, Unilever fait un geste historique qui pourra bénéficier au final à des millions de producteurs de thé dans le monde. »

« Cette décision va transformer l'industrie du thé qui a souffert depuis de nombreuses années de surproduction et de sous-performance. Cela ne se fera pas du jour au lendemain, mais nous sommes engagés à le faire car c'est une bonne chose à faire pour les gens qui boivent notre thé, et tous les gens le long de notre chaîne d'approvisionnement », déclarait de son côté Patrick Cescau, le P-DG d'Unilever.

Le programme de conversion a démarré avec l'Afrique de l'Est dans les plantations possédées par Unilever au Kenya. Les audits se sont développés ensuite au Kenya, en Tanzanie, au Malawi, en Indonésie, en Inde, en Argentine et au Sri Lanka. Au total cela devrait affecter la vie d'environ deux millions de personnes sur les trois continents.

Les premiers thés certifiés ont d'abord été distribués dans la restauration. Le groupe a pour objectif que les sachets jaune Thé Lipton et les sachets PG Tips (leader du marché anglais) vendus en Europe de l'Ouest soient tous certifiés à partir de 2010 et que tous les sachets Thé Lipton vendus dans le monde soient certifiés à partir de 2015.

Le programme de certification Rainforest Alliance devrait permettre aux agriculteurs d'obtenir des prix plus élevés pour leur production et d'améliorer leurs standards de vie de manière durable. Unilever prévoit que les thés certifiés vaudront 10 à 15 % plus cher que les prix moyens des marchés à enchères.

Questions

1) Quels sont les avantages et les risques d'appliquer cette démarche de certification et de commerce équitable à une aussi grande échelle ?
2) Quelles sont les principales difficultés de mise en œuvre qu'Unilever et Rainforest sont susceptibles de rencontrer ?

5 Réparer le *business model* existant pour intégrer le développement durable

L'intégration du développement durable dans l'analyse stratégique peut conduire, au moins dans un premier temps, à maintenir le *business model* existant mais en essayant de corriger ses faiblesses les plus importantes en matière environnementale et sociale. Cette stratégie correspond à la partie basse de la figure 23.7. Par contraste, la création d'un nouveau *business model*, que nous développerons dans la dernière partie de ce chapitre, correspond à la partie haute du même diagramme.

Figure 23.7
La création de valeur durable

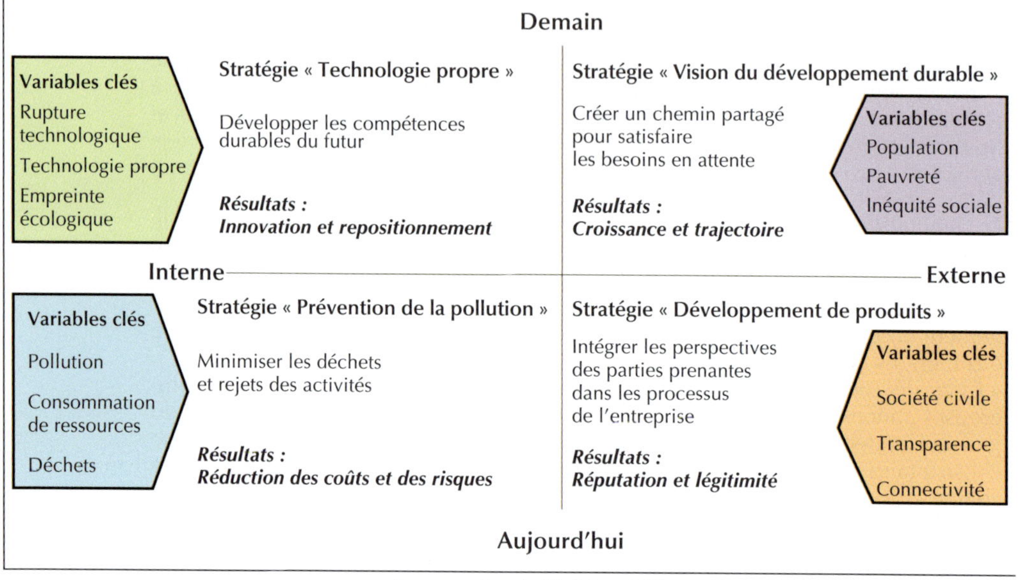

Source : d'après Hall S. et Millstein M., « Creating Sustainable Value », Academy of Management Executive, *vol. 17, n°2, 2003, P.56-69*

A/ LES ENJEUX STRATÉGIQUES DU CYCLE DE VIE DU PRODUIT

Dans tous les secteurs, les entreprises sont concernées par l'impact environnemental de leurs processus et technologies de fabrication industrielle, le chauffage et la climatisation de leurs bureaux et installations, l'organisation de leur *supply chain* écartelée souvent entre plusieurs pays ou continents, mais aussi la conception de leurs produits/services et du recyclage de ceux-ci en fin de vie. L'enjeu est de réévaluer la chaîne des impacts environnementaux des produits et services offerts sur l'ensemble de leur cycle de vie : prendre en compte dès leur conception les procédés de fabrication, l'utilisation chez le client, et leur recyclage lors de leur fin de vie.
Il est en effet nécessaire d'analyser ce qui se passe tout au long de la durée de vie du produit (jusqu'à sa destruction finale ou sa récupération ultime) et non pas seulement sur la phase industrielle de fabrication. L'exemple de l'analyse de la consommation thermique est à cet égard très parlant :

> pour un bâtiment, la construction et les matériaux utilisés représentent moins de 15 % du total de la consommation énergétique sur la durée de vie du produit, les 85 % restant étant dus au chauffage et à la production d'eau chaude sur trente ans ;

> pour un véhicule de taille moyenne à petite, l'énergie en équivalent pétrole pour le fabriquer ne représente que 12 % de l'énergie totale utilisée durant la vie du produit, les 88 % restant correspondant à la consommation du véhicule[1].

Le cadre législatif européen assigne d'ailleurs une responsabilité de plus en plus grande aux entreprises en ce qui concerne la fin de vie des produits fabriqués, par exemple pour les piles et accumulateurs, les matériels électriques et électroniques, les pneus et les automobiles hors d'usage. Les entreprises ne peuvent plus se permettre

1. Chiffres cités par le cabinet de conseil BeCitizen.

de concevoir des produits en se désintéressant de ce qui leur advient durant la totalité de leur cycle de vie.

Il faut donc faire des évaluations technologiques, depuis la conception du produit jusqu'au recyclage, mais aussi évaluer tous les services attachés à chaque étape et l'apport des différents acteurs le long de cette chaîne de vie (transport, distribution, collecte des emballages, récupération des produits usagés, conditions d'utilisation des produits chez les clients, etc.). Il faut donc repenser toutes les étapes de la vie des produits/services[1] :

> évaluer et optimiser l'efficacité des matériaux : réduire la consommation de matières premières vierges, choisir des matériaux renouvelables, utiliser des matériaux recyclés, choisir des matériaux à impact réduit, élimination des matériaux et substances toxiques ;

> évaluer et optimiser l'efficacité énergétique : choix de sources d'énergie à impact réduit, réduction de la consommation énergétique à la production, réduction de la consommation énergétique à l'utilisation

> réduire la dispersion des substances toxiques

> analyser la conception en vue d'une utilisation propre

> analyser et concevoir les produits en vue de leur durabilité : durée de vie technique par rapport aux besoins des utilisateurs, capacité à réparer et entretenir, modularité des designs, capacité de contrôle et régulation par les utilisateurs, acceptabilité des innovations technologiques par les utilisateurs.

> analyser la capacité de réutilisation du produit, du recyclage des sous ensembles et des composants et de la valorisation des résidus.

Ainsi, en 1998, Xerox a lancé son premier photocopieur entièrement digitalisé, le Document Centre 265, qui peut être recyclé à plus de 97 % et est réusinable à 90 %. Ce produit est composé de 200 pièces, ce qui est beaucoup moins que son prédécesseur. Selon le magazine *Fortune,* la possibilité de réusiner et la réduction des pertes ont permis à Xerox d'économiser environ 250 millions de dollars[2].

Interface est l'exemple souvent cité d'une entreprise américaine de moquette qui propose de louer des carreaux de moquette et qui en assure l'entretien, réduisant d'autant la production de moquette et donc la consommation correspondante de produits polluants[3].
Cette approche intégrée du cycle de vie du produit impose à l'entreprise de réévaluer ses relations avec clients et fournisseurs, non seulement sur les critères classiques du rapport qualité du produit/service/prix mais d'étendre son analyse à des critères de développement durable :

> Cela couvre aussi bien l'information de l'utilisateur sur les caractéristiques du produit (composition du produit en termes écologiques, consommations énergétiques à l'usage, etc.) que la gestion des procédures de collecte des produits usagés ou de recyclage et la gestion de la relation client sur une longue durée.

> La relation avec les fournisseurs est tout aussi cruciale, puisque les entreprises imposent des critères de sélection de fournisseurs (certifications environnementales ISO 14000 par exemple), et incluent dans les contrats avec les fournisseurs des clauses concernant la gestion de leur personnel (pour éliminer les risques de travail des enfants ou favoriser l'égalité homme/femme, ou les conditions de travail pour éviter l'esclavage, etc.) qui sont sujettes à audit par l'entreprise acheteuse.

1. *World Business Council for Sustainable Development*, 2000.

2. Senge P. et Carstedt G., 2001.

3. Voir le site de Sol (*Society for Organizational Learning* créée par P. Senge et des entreprises comme BP ou Interface), www.SoLonline.org. Voir aussi http://www.interfacesustainability.com

B/ Le choix des investissements industriels

La réparation du *business model* ne porte pas seulement sur les produits mais aussi sur les procédés industriels et en particulier sur les investissements. Ce sont ces actifs industriels et ces procédés qui vont déterminer pour les années à venir l'empreinte environnementale des produits vendus.

L'analyse préalable des investissements ne peut plus être faite sur le seul critère de la rentabilité ; elle doit intégrer une sérieuse évaluation des risques écologiques, notamment l'impact en matière de pollution et d'émission de chaleur, mais aussi en termes de disponibilité des matières premières, de déchets émis par le procédé de fabrication et de modes de traitement ultérieurs de ces déchets. On doit également considérer l'impact du transport des matières premières, des produits finis, des déchets de fabrication et des produits usagés après leur collecte. L'analyse du risque de dépendance énergétique est particulièrement cruciale pour les industries très consommatrices. À partir de là, plusieurs questions se posent : Quels sont les investissements nécessaires pour traiter les déficiences actuelles ? La technologie souhaitable existe-t-elle et est-elle disponible chez nos fournisseurs de matériels industriels, et a-t-elle été expérimentée ? Quelle est l'évolution probable des législations dans les grandes zones géographiques concernées (Europe, Amérique du Nord, Asie et autres pays majeurs) ?

MINI-CAS

Rhodia : la gestion des permis d'émission de CO_2

Dans le cadre de sa politique de développement durable, Rhodia s'est attelé à la réduction des gaz à effet de serre (CO_2 et N_2O) en s'engageant sur une diminution de 30 % de ses émissions sur la période 1990-2010 dans le cadre du protocole de Kyoto.

Rhodia a été le 1er groupe industriel français à présenter un engagement volontaire, entériné par le Conseil d'Administration de l'AERES du 16 décembre 2002. Ces engagements portaient sur une réduction de 21 millions de tonnes d'équivalent CO_2 pour la période 2003-2004 et 33,5 millions de tonnes d'équivalent CO_2 pour la période : 2005-2007. Le périmètre concerné est celui des 25 sites en France. L'engagement inclut en outre la certification des réductions des émissions, auditée et confirmée à chaque fin de période par Price Waterhouse Coopers pour l'ensemble des émissions significatives. L'engagement pour la période 2002-2010 consiste en particulier à poursuivre la valorisation du protoxyde d'azote (N_2O). En 2002, les émissions de N_2O ont déjà été divisées par un facteur de 5 depuis 1990 (année de référence du protocole de Kyoto). L'engagement 2010 porte sur une division par 7 depuis 1990.

En France, cet engagement se concrétise par l'amélioration de la collecte de toutes les émissions de N_2O dans l'une des usines, l'optimisation du processus et la mise au point du recyclage de N_2O en acide nitrique.

Au niveau mondial, Rhodia s'est engagé à traiter les émissions de N_2O dans ses usines de Corée et du Brésil pour atteindre ses niveaux de performance européens. Ce projet est approuvé par l'UNFCCC qui gère la mise en place du protocole de Kyoto et donne ainsi droit à des crédits d'émissions de CO_2 que Rhodia peut échanger sur le marché des crédits carbone en Europe.

Rhodia a annoncé en 2006 la mise en place d'un programme de couverture afin d'optimiser la vente de ses crédits d'émission de CO_2 issus des projets de réduction des émissions de gaz à effet de serre en Corée du Sud et au Brésil. Les réductions obtenues en Corée et au Brésil vont se traduire par la vente à terme de 8 millions >

de tonnes de crédits d'émission (CER), dont 6,5 millions de tonnes à un prix de 15 euros par tonne réparties à parts égales entre 2007 et 2008.
En parallèle, Rhodia met en place une nouvelle organisation « afin d'accélérer la mise en œuvre de ses orientations stratégiques » au 1er janvier 2006. Elle compte désormais sept entreprises, regroupées dans trois pôles, et en particulier l'émergence d'une nouvelle filiale Energy Services. Energy Services gère les approvisionnements en énergie du groupe et aura en charge les projets de réduction des émissions.
Cette filiale Rhodia Energy Services signe avec la branche énergétique de la Société Générale un accord de joint venture, destiné à commercialiser les crédits issus des projets coréen et brésilien. En complément, Rhodia a constitué un partenariat technique avec Ixis Corporate & Investment Bank, afin de proposer aux industriels leur expertise dans le montage de dossiers sur les crédits d'émissions pouvant être obtenus dans le cadre des mécanismes du protocole de Kyoto.

Questions

1) Cette stratégie crée-t-elle un avantage concurrentiel pour Rhodia ?
2) Si oui, à quelles conditions ?

C/ Un *business model* « réparé » donne-t-il un avantage concurrentiel défendable ?

La réparation du *business model* existant par des économies d'énergie, le contrôle des émissions nocives, ou l'amélioration de l'éco-efficacité des produits, réduit l'empreinte environnementale de l'entreprise, motive les personnels et peut être source de profit par l'amélioration de la qualité et l'élimination des déchets. Tout ceci entraîne un progrès dans la gestion de l'entreprise et souvent des économies financières mesurables.
Beaucoup de ces améliorations constituent cependant une amélioration de l'efficacité environnementale du *business model* plutôt qu'un avantage concurrentiel défendable à long terme. Les premières entreprises d'une industrie peuvent acquérir un avantage de réputation et de notoriété sur leur marché grâce à ces améliorations et la communication qui en est faite. Mais souvent, les concurrents peuvent imiter cette démarche plus ou moins rapidement. Le leader peut avoir quelques avantages à « fixer des standards » de référence mais, progressivement, toutes ces améliorations se transforment en « pratiques standards de l'industrie » et l'avantage de réputation du leader disparaît peu à peu.
La construction d'un avantage concurrentiel lié au développement durable passe par la création d'un *business model* innovant, en recherchant une recomposition de l'offre ou des innovations de rupture, comme cela a été vu dans les chapitres 5, 6 et 7.

6 Créer un *business model* innovant sur la base du développement durable

La préoccupation environnementale et sociale a donné naissance à une floraison de nouveaux types de *business models* fondés sur de nouveaux produits, une nouvelle offre de services, de nouvelles relations avec les fournisseurs ou de nouveaux modes de financement. Dans la figure 23.7, ces stratégies correspondent à la partie haute du diagramme.

A/ Développer de nouvelles technologies

L'innovation et le développement de nouvelles technologies sont la voie classique pour créer de nouveaux *business models* et explorer de nouveaux métiers prometteurs. Ces développements essaient de résoudre les problèmes de consommation d'énergie, d'utilisation d'énergies alternatives, de changement de procédé industriel ou de mise au point de produits plus performant en termes d'empreinte écologique. Ils concernent aussi tout l'univers du traitement et du recyclage des déchets. Le fondement en est toujours un investissement significatif sur le plan humain et financier dans la R&D. C'est l'approche de nombreuses grandes entreprises à base technologique comme General Electric qui a lancé en 2004 un grand programme de R&D, *Ecomagination*, sur les énergies renouvelables, programme qui prévoit d'investir 20 milliards de dollars sur dix ans. La taille de ces programmes, le travail collaboratif avec les spécialistes mondiaux de ces sujets et la mise au point de solutions innovantes, industriellement fiables et économiquement saines, sont les fondements d'un avantage concurrentiel futur.
Mais les technologies doivent aussi trouver leur marché et leur équilibre financier. La maîtrise technologique alliée à la connaissance des métiers de l'aval chez les clients sont des atouts. Ainsi General Electric a investi massivement dans le domaine éolien, tout en se rapprochant de Theolia, entreprise française spécialiste de cette technologie.

MINI-CAS

Theolia : énergie solaire et énergies renouvelables

Theolia a démarré en 1999 avec deux objectifs :

> créer de l'électricité d'origine éolienne, hydraulique, solaire ou à partir de la biomasse ;

> s'occuper de gestion de déchets.

En 2004, Theolia s'est rendu compte que son développement était entravé par l'intensité capitalistique de ses activités et la difficulté de lever des capitaux. Comme l'énergie éolienne était la source d'énergie renouvelable la plus développée, elle décida alors de se concentrer uniquement sur l'éolien.

Le secteur de l'énergie éolienne comporte trois *business models* possibles :

> le développement de sites et la construction clé en main (fourniture de sites équipés à des opérateurs) ;

> la construction, la vente à des tiers et l'exploitation pour leur compte (fourniture de sites équipés à des opérateurs et exploitation pour leur compte) ;

> la construction et l'exploitation de parcs d'éoliennes en pleine propriété pour fournir de l'électricité à des clients (propriétaire et fournisseur d'électricité).

Un *spin off* des activités de gestion des déchets et d'autres sources d'énergie renouvelable fut effectué et le rachat de sociétés complémentaires dans l'éolien, Ventura et Natenco, fut effectué pour couvrir toute la chaîne de valeur de l'éolien. Ventura est spécialisé dans le développement et la construction de sites. Natenco est spécialisé dans la vente de parcs équipés à des tiers et l'exploitation >

····> pour compte de tiers. Le graphique suivant montre cette transformation réalisée en 2005 et 2006. Theolia peut ainsi développer des parcs d'éoliennes pour le compte de tiers et les exploiter, soit pour le compte de tiers, soit en compte propre.

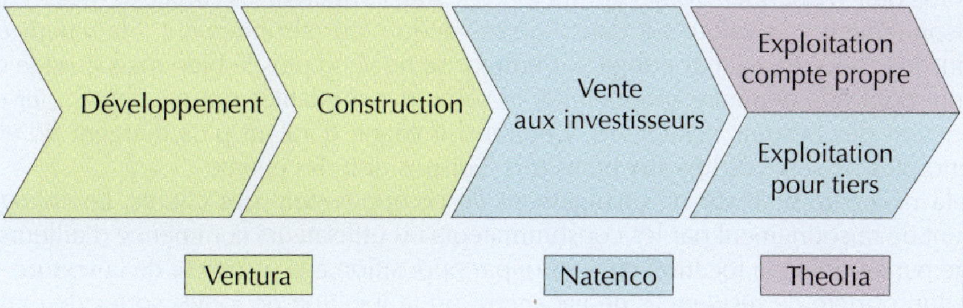

Source : Dexia, Theolia.

Figure 23.8
La chaîne de valeur de l'éolien

Ce *business model* a l'avantage d'être spécialisé dans l'éolien et de couvrir toute la chaîne de valeur au moment où le marché est en plein développement. En effet, les autorités publiques en Europe mettent l'accent sur la diversification des sources d'énergie et favorisent le développement des énergies renouvelables.

Néanmoins, il comporte certains inconvénients importants :

> Ce *business model* est très lent à développer : il faut compter trois à quatre ans pour développer un site avant de vendre de l'électricité, entre le temps d'évaluer le site sur le plan éolien et technique, puis d'obtenir les autorisations administratives et la construction.

> Il reste très intense en besoins financiers, lorsque le développement est fait en compte propre avant de revendre un parc opérationnel

> Il limite la croissance car il met l'accent sur le développement et la construction de sites pour le compte de tiers.

L'exploitation pour compte propre peut se faire sur une vingtaine d'années et rapporter des flux financiers stables dans le cadre de contrats à long terme (souvent encadrés par la puissance publique) de fourniture d'électricité. Par contre cette approche nécessite des moyens financiers importants.

Jusqu'en 2006, Theolia s'est financé avec l'apport en capitaux propres de fonds d'investissement et l'introduction en bourse. En juillet 2007, elle a fait alliance avec General Electric, qui a pris 25 % de son capital et lui a apporté un parc d'éoliennes en propre en Allemagne, multipliant ainsi par trois sa capacité installée de production d'électricité. En 2008 Theolia a fait à nouveau évoluer son *business model* en faveur de l'installation et de l'exploitation de sites en compte propre.

Questions

1) Theolia a-t-il un avantage concurrentiel ?
2) Pourquoi Theolia a-t-il formé cette alliance avec General Electric ?
3) Cette alliance va-t-elle déboucher sur une acquisition par General Electric ? Si oui, pourquoi GE n'a-t-il pas pris le contrôle tout de suite ?

B/ De la vente du produit à la fourniture de service

L'innovation peut aller plus loin et prendre en compte des raisonnements par analogie avec l'écologie naturelle : il s'agit de faire l'analyse des services rendus par l'objet plutôt que d'analyser l'objet lui-même. La transformation est alors de passer du raisonnement « la valeur est dans l'objet vendu » au raisonnement « la valeur est dans le service fourni par l'objet ». L'entreprise ne vend plus le bien mais l'usage du bien, dont elle demeure propriétaire, et selon des modalités qui peuvent varier en fonction des besoins des clients. L'entreprise gagne d'autant plus d'argent qu'elle vend plus de services liés aux biens mis à disposition des clients.
Cela nécessite bien sûr un changement de comportement des clients. Le changement de raisonnement par les consommateurs ou utilisateurs commence d'ailleurs à être perceptible : la location de voiture par opposition à la propriété de la voiture, la multipropriété de résidences de vacances, ou la location de toutes sortes de matériels ou équipements par les entreprises, montrent que les clients acceptent de dissocier la propriété de l'objet de son utilisation. On vend des fonctionnalités.

L'avantage est double :

> Dès la conception du produit, l'entreprise intègre la gestion de sa fin de vie, afin d'en réduire le coût, puisqu'elle reste propriétaire du produit tout au long de sa vie utile. Cette approche intègre l'avantage de développer un bien durable plutôt que de créer des biens rapidement périssables pour pouvoir vendre de nouveaux produits. Une entreprise gagne d'autant plus d'argent que les services s'appuient sur des biens matériels durables à moindre frais ;

> Ce type d'activité favorise le développement d'emplois de services de proximité auprès des clients.

Il faut naturellement mettre au point un *business model* satisfaisant tant pour le client que pour l'industriel. L'inconvénient est qu'il nécessite des financements plus lourds pour l'industriel qui se trouve à la tête d'un « parc de produits » à gérer et à financer. Un exemple de succès historique est celui de Rank Xerox qui vend l'usage de ses photocopieurs et non plus le photocopieur lui-même.
Michelin propose aux transporteurs routiers en Europe et aux États-Unis un service pneumatiques sous la marque Michelin Fleet Solutions : il s'agit d'un service de gestion complète du parc de pneumatiques des grosses flottes de poids lourds, Michelin fournissant et entretenant les pneus en les facturant au km parcouru. Le client n'a plus à acheter des pneus neufs ni à les entretenir (vérification régulière de la pression, décision de changement de pneus, rechapage, etc.).

MINI-CAS

Michelin Fleet Solutions

Les réglementations internationales sur la pollution et le contrôle du CO_2 ainsi que l'augmentation du prix des carburants ont amené les fabricants de pneus à innover en matière de technologie, notamment sur la résistance au roulement des pneus, qui serait responsable de 20 à 30 % de la consommation. Mais les économies de carburant et la durée de vie des pneus sont aussi fonction de l'entretien et de l'usage. Les clients professionnels ayant un grand parc de véhicules en fonctionnement ont aussi besoin de services spécialisés pour assurer le gonflage, l'entretien et le renouvellement des pneus de leur flotte. Ceci est particulièrement vrai pour les transporteurs routiers.

>

····> La flotte mondiale des camions consomme plus de 165 millions de pneus par an, dont plus de 140 millions de pneus pour le seul marché du remplacement. En Europe, les pneus représentent 2 % du coût total des flottes de camions, contre 27 % pour le gasoil. Mais le choix et l'optimisation de l'entretien des pneus ont une incidence directe sur la consommation de carburant. Un entretien optimisé des pneus peut générer de 3 à 5 % d'économie de carburant.
Michelin a mis au point une offre de service assurant la gestion totale des pneus : au lieu de vendre des pneus, Michelin Fleet Solutions propose de facturer les pneus au km parcouru par le camion ou le bus, tout en fournissant un reporting au client et en prenant en charge l'entretien et le remplacement des pneus, ainsi que la gestion des stocks de pneus pour l'ensemble de la flotte client.
Ainsi le client n'achète plus les pneus, il n'assure plus le gonflage régulier pour optimiser la consommation de carburant, il ne s'occupe plus des rechapages périodiques ni des remplacements à neuf. Il n'a plus besoin de personnel spécialisé pour ces travaux. Il n'a plus besoin non plus de stocks de pneus neufs ni d'immobiliser du capital dans 12 pneus par camion.
L'offre permet au client de simplifier la gestion de l'activité pneus en assurant une gestion européenne du poste pneus selon un processus standard. Elle permet aussi de garantir l'entretien et l'optimisation du poste pneus en variabilisant les coûts en fonction des kilomètres parcourus et donc des revenus, engendrant aussi une réduction des coûts fixes d'entretien de la flotte, une optimisation du poste carburant et une optimisation de la disponibilité des véhicules.
Ainsi, Michelin Fleet Solutions est devenu le leader européen dans l'offre de services intégrés concernant le management global des équipements pneumatiques pour les flottes de camions et autobus. MFS compte un portefeuille de plus de 500 entreprises servies par 700 experts dédiés dans 21 pays européens.

Questions

1) Quels sont les avantages de ce *business model* pour les clients ?
2) Quels sont les avantages et les inconvénients pour Michelin ?

Cette approche est souvent plus facile pour les métiers B2B (*business to business*) où les clients ont l'habitude de la sous-traitance et de l'outsourcing, et savent donc analyser les avantages d'un nouveau service. Dans les activités B2C (*business to consumer*), il faut développer la capacité des consommateurs à s'approprier un bien sans en être propriétaire, ou en tout cas à surmonter leurs réticences. Il s'agit d'un nouveau modèle de consommation qui peut éviter la production croissante de biens tout en développant l'usage qui en est fait.

C/ Le commerce équitable

Le *business model* du commerce équitable part de l'analyse de l'écart entre le prix payé par le consommateur en Europe pour, par exemple, un paquet de thé, et le prix perçu par le producteur. Le coût de la matière première, et donc le montant perçu par le producteur, est souvent inférieur à 10 % du prix de vente consommateur. Le commerce équitable vise à augmenter cette part au profit des producteurs les plus pauvres, en réduisant les intermédiaires et en développant les capacités et la qualité de production dans les régions les plus pauvres. L'appel au consommateur à travers des labels ou des sites spécialisés d'achat en ligne vise à déplacer leurs achats sur ces produits de commerce équitable pour que les producteurs puissent sortir de la pauvreté et gagner dignement leur vie. Des procédures et méthodologies sont mises en place pour certifier vis-à-vis des consommateurs l'origine des matières premières

et la prime de prix versée aux producteurs. Les réseaux de commerce équitable visent donc à modifier aussi bien l'organisation de la production dans les pays d'origine que les parts de marché dans les pays consommateurs.
En France, Alter Eco, qui a été un pionnier dans le domaine, illustre la difficulté à mettre au point un *business model* qui travaille réellement à améliorer la situation des producteurs, qui trouve sa place dans la concurrence auprès des consommateurs, et qui s'équilibre économiquement.

MINI-CAS

Alter Eco : le business model du commerce équitable

En 1998, Tristan Leconte ouvre une première boutique de commerce équitable de 50 m² à Paris. Une deuxième boutique, plus grande, est ouverte un peu plus tard pour augmenter les volumes. La société Alter Eco naît officiellement avec des investisseurs privés.
Mais cette approche ne fonctionne pas et, en 2000, les boutiques sont fermées. Après un passage dans le conseil, Tristan Leconte met au point une offre de produits équitables à destination des grandes et moyennes surfaces, tout en développant des méthodologies d'audit et de contrôle pour maîtriser les filières d'importation des produits. Avec l'aide des équipes de Monoprix, une gamme de 13 produits Alter Eco voit le jour (café, thé, riz, chocolat, sucre, cacao, jus d'orange) en avril 2002. Ces produits sont disponibles dans les rayons de tous les Monoprix de France.
En 2008, Alter Eco offre près de 150 produits venant de 53 coopératives dans 29 pays. La société compte 48 collaborateurs et les produits sont distribués dans 3 000 points de vente. Le CA déclaré pour 2006 était de 17 M€.
Les achats de matières premières sont effectués dans les pays les plus défavorisés. 20 % du prix consommateur payé pour un produit Alter Eco retourne dans les pays du Sud. Les matières premières intégrées dans les produits Alter Eco sont achetées plus cher que le prix du marché et cette prime sert à financer des projets collectifs bénéficiant aux collectivités de producteurs.
Les produits sont présents dans une douzaine de distributeurs généralistes dont le plus important est Monoprix. Ils sont aussi proposés par une vingtaine de distributeurs en ligne et par un site de vente en ligne : Alter Eco Direct.
Selon le site Web d'Alter Eco à fin juillet 2008, l'analyse du partenariat avec Monoprix, principal distributeur des produits Alter Eco est la suivante :
« En cinq ans, les magasins Monoprix ont réalisé près de 7 M€ de chiffre d'affaires sur les produits Alter Eco. En payant 101 % plus cher les achats de matières premières réalisées pour le compte de Monoprix, Alter Eco a généré plus de 800 000 euros de revenus pour les producteurs alors que des achats au prix du marché conventionnel leur auraient rapporté seulement 400 000 euros. En travaillant à maximiser les transferts de compétences et le conditionnement dans les pays d'origine, 19 % du chiffre d'affaires réalisé par Monoprix avec les ventes de produits Alter Eco sont restés dans les pays d'origine, soit 1,3 M€. Au total, la plus-value réalisée dans le pays producteur (sommes perçues dans le pays, diminuée du montant équivalent d'achats de matières premières au prix conventionnel) s'élève à 880 000 euros. Plus de 75 000 euros ont été dégagés pour le financement de projets à caractère collectif. »

Questions

1) La stratégie d'Alter Eco est-elle celle d'une entreprise ou d'une ONG ?
2) Comment ce modèle se compare-t-il avec celui de Thé Lipton et Rainforest, présenté plus haut ?

La clé du commerce équitable est la notoriété et la crédibilité du label utilisé vis-à-vis du consommateur. Le label Max Havelaar est l'exemple d'un label installé dans le temps à partir d'un réseau international d'ONG pour vérifier les provenances et assurer un support aux communautés productrices. Mais ce label peut-il se suffire à lui-même et exister indépendamment d'une marque de produit ? La nécessité d'une marque forte en plus du label pose à nouveau toute la question du poids des dépenses de marketing par rapport au coût de la matière première ; elle pose aussi la question de l'importance stratégique d'un réseau de distribution efficace dans les pays développés.
Ce *business model* soulève aussi la question du choix des produits finis. Le commerce équitable ne risque-t-il pas de se spécialiser dans les produits agricoles en surproduction mondiale comme le café ou le chocolat ? Le soutien des prix ne risque-t-il pas d'aggraver la surproduction ? Les grandes marques spécialisées sont-elles responsables des prix bas aux producteurs ou ceux-ci sont-ils l'effet d'une désorganisation des pays producteurs pour réguler l'offre mondiale ?
En tout cas le commerce équitable est un *business model* qui vise à répondre aux conditions existantes des producteurs les plus pauvres qui n'ont pas d'alternative pour générer des revenus.

D/ La microfinance

La microfinance est centrée sur l'accès au crédit des personnes pauvres. Une des difficultés dans de nombreux pays est que les personnes pauvres n'ont pas accès au système financier, souvent pour des raisons d'analphabétisme, d'éloignement physique et de perception du risque par les banquiers. Pourtant, certaines de ces personnes pauvres ont des projets pour créer des revenus. Mais elles n'ont pas accès à l'emprunt nécessaire car elles n'ont pas les garanties exigées par les banques classiques.
L'approche de la Grameen Bank au Bangladesh a été de proposer des microcrédits adaptés à des populations très pauvres et illettrées ; elle a ainsi montré qu'il existait des voies économiquement viables pour travailler avec les populations les plus déshéritées avec des risques de non-remboursement qui ne sont pas plus élevés que pour les banques classiques. La Grameen Bank a un taux de remboursement de 98 %, qui est le meilleur de toutes les banques du continent indien.

MINI-CAS

Grameen Bank

Fondée au Bangladesh en 1983 par le professeur Muhammad Yunus (prix Nobel de la Paix), la Grameen Bank est spécialisée dans la microfinance. Le Bangladesh est l'un des pays les plus densément peuplés du monde. Il compte 1 023 habitants au km². Seuls des micros-États tels que Singapour et Bahreïn ont une densité de population encore plus forte. Le PIB par habitant n'y dépasse pas 2 000 dollars[1] et la moitié de la population y vit sous le seuil de pauvreté.
La banque continue aujourd'hui de croître à travers le pays, en proposant des petits prêts aux pauvres des zones rurales. En 2007, la banque avait plus de 2 100 agences et travaillait dans près de 80 000 villages.
Le microcrédit est proposé aux personnes défavorisées, généralement des femmes, qui ont besoin de petits montants pour développer les revenus de leur famille. Ce crédit est délivré dans les villages. Le but de Grameen Bank est d'aider les femmes à échapper à la pauvreté en leur fournissant des prêts de petits montants à faible taux d'intérêt.

>

1. Selon le *CIA World Factbook* 2005, publication officielle de la CIA détaillant chaque pays du monde, du point de vue géographique, démographique, politique, économique, etc.

····> La méthodologie de la Grameen Bank consiste à former des groupes de cinq personnes qui s'engagent mutuellement et fournissent de fortes garanties morales collectives, plutôt que de requérir un nantissement d'objets ou une hypothèque comme le font les banques conventionnelles. Initialement, seules deux personnes du groupe peuvent demander un crédit, les autres attendant le remboursement final pour pouvoir à leur tour être candidates à un crédit.
Ces femmes intégrées dans leurs groupes d'entraide doivent prendre 16 décisions correspondant aux valeurs de la Grameen Bank. Elles le font très sérieusement, ce qui souvent change fortement leur vie :

1. Nous suivrons et ferons la promotion des quatre principes de Grameen : Discipline, Unité, Courage et Travail - dans toutes les circonstances de nos vies.
2. Nous apporterons la prospérité à nos familles.
3. Nous ne vivrons pas dans des maisons délabrées. Nous réparerons nos maisons et travaillerons sur la construction de nouvelles maisons au plus vite.
4. Nous cultiverons des légumes tout au long de l'année. Nous les mangerons à notre faim et vendrons l'excédent.
5. Pendant la saison des plantations, nous planterons autant de jeunes plants que possible.
6. Nous planifierons de garder nos familles petites. Nous réduirons au minimum nos dépenses. Nous nous occuperons de notre santé.
7. Nous instruirons nos enfants et assurerons qu'ils peuvent gagner suffisamment pour se payer leur éducation secondaire.
8. Nous garderons toujours nos enfants et l'environnement propres.
9. Nous construirons et utiliserons des latrines avec une fosse.
10. Nous boirons de l'eau issue des pompes. Si ce n'est pas possible, nous ferons bouillir de l'eau ou utiliserons l'alun (un antiseptique, sulfite de potassium et d'aluminium).
11. Nous ne prendrons pas de dot au mariage de nos fils, nous ne donnerons pas de dot au mariage de nos filles. Nous garderons notre famille libre de la malédiction des dots. Nous ne déciderons pas du mariage de nos enfants.
12. Nous n'infligerons d'injustice à personne comme nous ne permettrons à personne d'en faire.
13. Nous entreprendrons collectivement des investissements plus grands pour des revenus plus élevés. Nous serons toujours prêts à nous aider. Si quelqu'un est en difficulté, nous l'aiderons tous, lui ou elle.
14. Si nous venons à connaître une infraction de discipline dans un centre, nous irons tous là-bas et aiderons à rétablir l'ordre.
15. Nous participerons à toutes les activités sociales et collectives.

En octobre 2007, La banque décomptait 7,34 millions d'emprunteurs dont 97 % de femmes. Depuis sa création, la banque a accordé 347,75 milliards de Taka de prêts, (4,3 milliards d'euros) dont 313,11 milliards de Taka (3,9 milliards d'euros) ont été remboursés. La banque se réclame d'un taux de recouvrement de 98,35 %.
La banque est détenue à 94 % par des emprunteurs et 6 % par le gouvernement du Bangladesh.
Son succès a inspiré des projets similaires à travers le monde. C'est le cas de l'ADIE en France.

Questions

1) Pourquoi demande-t-on aux emprunteuses de s'engager sur des principes moraux et des règles de vie ?
2) Ce *business model* vise-t-il à maximiser le profit de la banque ?

Ce concept a été repris dans de nombreux pays, alors que l'industrie bancaire traditionnelle était restée enfermée dans des schémas stratégiques reposant sur la solvabilité *a priori* des clients. Une organisation internationale telle que PlanetFinance[1] aide les institutions qui développent des microfinancements à se former, à développer et partager les bonnes pratiques. Des programmes de certification de leurs bonnes pratiques facilitent aussi l'accès aux marchés de crédit pour que ces institutions puissent se refinancer en empruntant elles-mêmes pour développer leurs activités.

E/ Les modèles Base de la pyramide

La population mondiale peut être décomposée en trois parties :

> au sommet de la pyramide des revenus, se trouve un milliard de consommateurs affluents bénéficiant d'une bonne infrastructure dans leurs pays et vivant dans des marchés saturés par l'abondance d'offre ;

> au milieu, deux milliards de personnes vivent dans des pays à économie émergente avec une urbanisation et une industrialisation galopante mais avec un faible pouvoir d'achat ;

> à la base de cette pyramide (BOP, *Base Of the Pyramid*), 4 milliards de personnes vivent dans la pauvreté, pratiquement sans infrastructure, généralement avec moins de deux dollars par jour et par personne. Leurs besoins en nourriture, logement, santé et éducation ne peuvent être satisfaits en l'absence de revenus supplémentaires[2].

Cette structure de revenus s'applique aussi bien à la population mondiale qu'à la population d'un pays donné, bien que les proportions entre ces trois catégories varient selon le niveau de développement du pays.

Les stratégies des entreprises multinationales, leurs produits et services, et leur savoir-faire marketing viennent essentiellement de leur expérience au sommet de la pyramide des revenus. Les entreprises adaptent en partie leur approche aux consommateurs de la tranche intermédiaire en espérant une croissance rapide du pouvoir d'achat dans ces économies émergentes.

Cependant, pour s'adresser aux personnes à la base de la pyramide, les *business models* doivent être repensés sur des bases très différentes. Ces personnes ont des revenus incertains ; leurs besoins sont réels mais ne peuvent être satisfaits que si une offre est faite à proximité de chez eux, faute de moyens de transport, et dans des « portions » ou « formats d'emballage » adaptés à une consommation en faible volume et à des prix accessibles.

Longtemps, ces catégories de populations ont fait l'objet de l'attention des ONG sur le thème de la santé, de l'éducation, de la malnutrition, etc. Mais la source majeure de leurs difficultés est l'insuffisance de revenus. Certaines ONG ont essayé de créer des sources de revenus ou de générer des compléments de revenus, comme les ONG travaillant dans le domaine agricole et forestier, ou celles travaillant dans le recyclage (par exemple les chiffonniers d'Emmaüs ou du Caire).

Mais la base de la pyramide est aussi un marché qui mérite une attention des entreprises par le nombre de clients, par leur désir de sortir de la pauvreté et par leurs besoins à satisfaire. Il faut alors réinventer des *business models* différents, qui tiennent compte de la part des revenus quotidiens qu'ils peuvent affecter à l'achat des produits. Et il faut aussi inventer des *business models* qui soient très générateurs d'emploi ou au moins de sources de revenus complémentaires pour un grand nombre de familles.

1. Voir PlaNet Finance créée par J. Attali, wwwplanetfnance.org

2. Prahalad C.K., 2004.

C'est l'approche du « social business » que défend Mohammad Yunus, fondateur de la Grameen Bank au Bangladesh et prix Nobel de la Paix[1]. M. Yunus définit ainsi l'entrepreneuriat social ou Social Business Enterprise (SBE) :

> L'entrepreneuriat social n'est pas une œuvre charitable. C'est une entreprise qui ne fait pas de pertes, qui ne verse pas de dividendes et qui a un objectif social. L'entrepreneuriat social vise à maximiser l'impact positif sur la société tout en gagnant suffisamment pour couvrir ses coûts et, si possible, générer un surplus pour aider l'entreprise à grandir. Le propriétaire n'a jamais l'intention de prendre un profit pour lui-même.

> L'entrepreneuriat social est conçu pour être à la fois autosuffisant et pour maximiser les impacts sociaux comme les patients traités, les maisons construites, ou les personnes couvertes par une assurance santé alors qu'elles n'avaient jamais eu de couverture santé. Un investisseur dans une entreprise sociale garde son droit de propriété pour tenir le management responsable et récupérer son investissement dans le temps, mais on n'attend aucun dividende, et tous les profits devraient être réinvestis dans l'entreprise ou utilisés pour démarrer de nouvelles entreprises similaires…

> L'entrepreneuriat social devrait être considéré comme un fonds d'investissement, dans lequel l'argent est rendu dans le temps mais l'intérêt est payé en dividendes sociaux plutôt qu'en profits économiques…

> Alors que l'entrepreneuriat personnel et l'entrepreneuriat social doivent être tous deux profitables, le résultat net de l'entrepreneuriat social est l'impact qu'il crée sur la société, et non pas ce qu'il rapporte aux investisseurs. Ceci représente une opportunité pour étendre le capitalisme et satisfaire les besoins sociaux qui ne sont pas encore satisfaits.

Un exemple de social business est celui de la joint-venture créée entre Grameen Bank et le groupe français Danone au Bangladesh.

MINI-CAS

Grameen Danone Food Limited

Les groupes Grameen Bank et Danone se sont associés en mars 2006 pour donner naissance à Grameen Danone Foods Ltd (GDFL) au Bangladesh.

Le groupe Danone est le leader mondial dans le secteur des produits laitiers frais, n° 2 mondial dans celui de l'eau embouteillée et celui de la nutrition infantile et n° 3 dans la nutrition médicale. Son siège social est à Paris et il est présent dans plus d'une centaine de pays. Ses produits « haut de gamme » s'adressent principalement aux consommateurs des pays développés ou à des consommateurs dont le pouvoir d'achat est élevé dans les autres pays. Dirigé par Franck Riboud, il a enregistré un chiffre d'affaire de 12,8 milliards d'euros pour l'exercice 2007 et un résultat opérationnel courant de 1,7 milliard d'euros. Il définit sa mission ainsi : « apporter la santé par l'alimentation au plus grand nombre ».

Les deux groupes partenaires ont ainsi défini la mission de GDFL : « réduire la pauvreté par un *social business model* unique de proximité qui apporte quotidiennement une alimentation saine aux pauvres du Bangladesh[2] ». Les dirigeants des groupes Grameen et Danone souhaitent ainsi « aider les enfants bangladais à grandir en bonne santé grâce à des aliments et des boissons » conçus pour eux.

La population du Bangladesh peut être qualifiée de majoritairement agraire, 80 % des Bangladais vivent encore de l'agriculture[3]. Pour les foyers pauvres, le riz est la base du régime alimentaire. Il peut être consommé jusqu'à trois fois par jour. Lorsque le budget de la famille le permet, il est accompagné de viande, d'œufs, >

1. Yunus M., Jolis A., 2007.

2. Cette mission est décrite en préambule du *business model* de GDFL.

3. Selon le site de la FAO (Food and Agriculture Organization of the United States), www.fao.org

····> de poisson, de lentilles et de légumes. En zone rurale, ces aliments sont souvent produits par le foyer, achetés au voisinage ou au marché.

Au moment où le projet GDFL est lancé, Danone ne connaît pas le contexte bangladais, il n'a jamais travaillé dans la région et son expérience des marchés « BOP » est plutôt limitée. Le groupe Grameen maîtrise, pour sa part, les composantes locales, s'appuie sur un réseau très présent sur le terrain. Mais il n'a jamais investigué le secteur de la grande consommation. Avant de signer l'accord de joint-venture donnant naissance à GDFL, Muhammad Yunus et Franck Riboud ont fait réaliser une étude d'immersion dans les populations cibles. Cette étude a été conduite par des collaborateurs des groupes Grameen et Danone, sous la direction d'universitaires bangladais.

Le yaourt développé par GDFL a été baptisé « Shoktidoi », ce qui peut se traduire par « yaourt qui rend fort ». C'est un mélange de lait, de sucre et de mélasse de dattes que l'on place dans une cuve à 37 °C pour le faire fermenter. C'est un produit frais, très riche en calcium et en protéines. Ce yaourt est renforcé avec des micronutriments tels que l'iodine, la vitamine A, du fer et du zinc, pour satisfaire 30 % des besoins nutritionnels quotidiens d'un enfant.

Le positionnement marketing est fondé sur la proximité (distance au lieu de consommation) et l'accessibilité prix des populations pauvres. Une portion de yaourt Shoktidoi (80 ml) est vendue à 5 taka en 2007 (équivalent à 6 cents d'Euro). La cible de consommateurs visée par GDFL est constituée des classes pauvres de la population bangladaise, c'est-à-dire des foyers dont les revenus sont compris entre 1 et 3 dollars par jour. Pour ces foyers, l'essentiel des dépenses est affecté à l'alimentation, le reste étant des dépenses d'habillement et de combustible.

Le professeur Yunus et Franck Riboud souhaitent que les enfants de 3 à 15 ans soient les bénéficiaires principaux du lancement du projet GDFL. Il est toutefois probable que même à 5 taka, le shoktidoi ne soit pas accessible à la catégorie des plus pauvres du Bangladesh (22 % de la population vit avec moins de 1 dollar par jour). Un double système de distribution a été mis en place. Un système de distribution sédentaire fonctionne avec de petites échoppes. Une échoppe devrait vendre 12 à 20 pots de yaourt par jour[1]. Chaque matin, les produits fabriqués par GDFL sont livrés dans ces magasins. Une distribution directe des produits a aussi été mise en place. Pour favoriser l'émancipation des femmes au Bangladesh, la force de vente est principalement constituée de vendeuses itinérantes, les « Grameen Ladies ». Les Grameen Ladies ne sont pas des employés de GDFL, ce sont des femmes qui ont choisi de développer leurs propres micro-activités. À ce titre, elles peuvent disposer d'un microcrédit fourni par la Grameen Bank, pour acheter du matériel et vendre du Shoktidoi ; elles vendent leur stock de produits frais au porte à porte, visitant plus d'une centaine de foyers par jour. Les produits frais fabriqués par GDFL sont livrés chaque jour à des femmes responsables de groupes. En parallèle, un système de micro-usine de proximité a été conçu. La première usine expérimentale GDFL a été établie à Bogra, ville de référence pour la Grameen Bank. Elle a été dimensionnée de telle sorte qu'elle est capable de distribuer du Shoktidoi sur une zone d'environ 3 000 km², alors que le Bangladesh est un pays de 144 000 km². Pour couvrir la totalité du territoire bangladais, on peut donc considérer qu'il faudra plusieurs dizaines d'usines, si les prochaines usines gardent les mêmes caractéristiques.

L'usine GDFL de Bogra a une capacité de production très inférieure à celles de toutes les autres usines Danone du monde. Néanmoins, elle a été conçue avec un grand souci environnemental. L'alimentation en électricité se fait par un générateur fonctionnant au gaz naturel ; cette solution reste génératrice de gaz à effets de serre mais n'émet pas de substances directement toxiques pour l'homme et ses émissions de carbone sont inférieures à celle d'un générateur diesel. Parallèlement, un effort important est effectué pour réduire la consommation énergétique. >

1. Ces deux hypothèses précédentes doivent être affinées par le biais d'études de terrain.

L'usine GDFL de Bogra est aussi équipée d'une unité de traitement des eaux usées qui intègre des digestions aérobies et anaérobies (et évite la pollution des nappes phréatiques locales[1]). Un bio-digesteur fournit par Grameen Shakti a été installé pour récupérer du biogaz. La vapeur nécessaire aux machines de production de l'usine est générée directement par du gaz naturel.
Le lait, ingrédient principal du Shoktidoi, voit son cours varier fortement en fonction des saisons et des aléas climatiques. GDFL a choisi de développer des microfermes. Pour démarrer la production à l'usine de Bogra, le lait est acheté à des fermes du groupe Grameen. Des microcrédits vont être proposés par la Grameen Bank à de futurs éleveurs. Ceux-ci achètent une ou plusieurs vaches, fournissent le lait qu'elles produisent à GDFL, qui, en retour, leur garantit un prix fixe toute l'année, et les aide à améliorer rendement et qualité par le biais de conseils délivrés par le vétérinaire de l'entreprise.
La production de l'usine de Bogra a démarré en février 2007. En 2007, l'usine de Bogra emploie 50 salariés et elle produit 10 000 yaourts Shoktidoi par jour. Elle emploie 300 femmes dans les zones rurales autour de l'usine et 400 fermiers fournissent du lait pour la fabrication du produit.
L'impact sur la santé et le développement des enfants seront évalués en partenariat avec Gain (Global Alliance for Improved Nutrityion), une ONG spécialisée dans la lutte contre la malnutrition.

Questions

1) Quel est l'intérêt de cette opération pour Danone ?
2) Que penser des perspectives de croissance et de rentabilité de GDFL ?

Le *business model* de Grameen Danone Food Limited est en pleine évolution puisqu'il est dans sa phase de lancement. Il correspond à un « apprentissage » des deux partenaires. Pour Grameen Bank, c'est une activité industrielle à découvrir. Pour Danone, c'est l'apprentissage de fonctionner à la base de la pyramide : concevoir une usine de petite taille pour pouvoir être à proximité, tout en faisant baisser autant que possible le coût de revient industriel par unité et en garantissant les normes de qualité et d'hygiène d'une entreprise multinationale. C'est aussi apprendre à gérer une force de vente en porte à porte dans les zones rurales. C'est enfin mettre au point des mécanismes financiers permettant d'assurer la pérennité et la viabilité du projet.
Danone a créé un fonds d'investissement nommé « danone.communities », ouvert à d'autres investisseurs pour financer ces nouveaux types d'entreprises comme GDFL et mettre les compétences de Danone au service d'un impact social durable.

Controverse

La Base de la Pyramide, vaste marché ou vaste illusion ?

Selon C.K. Prahalad, « le marché BOP ne peut pas être satisfait par des lancements de produits et de services exportés des pays développés vers les pays en développement ». Sa conquête doit passer par le développement de nouvelles solutions ou de nouveaux produits spécifiques et adaptés aux contextes locaux[2].
C.K. Prahalad pense que « les systèmes de distribution établis pour attaquer les marchés BOP sont critiques pour leur développement. Les innovations en termes de méthodes de distribution sont aussi importantes que les innovations en termes de produits et de modes de fabrication. » Il explique qu'« innover pour les marchés BOP signifie aussi s'investir pour éduquer les consommateurs et leurs apprendre les bénéfices et spécificités des produits et services ». Il ajoute que « pour servir le marché BOP, l'important n'est pas de baisser les

1. Le fait que l'unité de traitement des eaux usées installée par GDFL à Bogra évite la pollution des nappes phréatiques n'est pas développé ici. En effet, alors que les autres initiatives de GDFL en matière de protection de l'environnement sont la preuve de sa proactivité, celle-ci est uniquement conforme avec les régulations locales.

2. Prahalad C.K., 2004.

> prix, mais de développer l'enveloppe prix-performance du produit ». C. K. Prahalad prétend que si les entreprises se plient à ces principes, elles peuvent trouver à la base de la pyramide des opportunités de croissance très attrayantes.

Aneel Karnani critique cette approche du BOP[1] :

> Beaucoup d'exemples qualifiés de business models pour le BOP s'adressent non pas à des clients appartenant réellement à la base de la pyramide (moins de 2 dollars par jour) mais à des tranches supérieures de revenus. Ce point d'analyse est essentiel car les plus pauvres recherchent surtout des produits de première nécessité à des prix accessibles, alors que les tranches supérieures peuvent accéder à des besoins complémentaires comme le téléphone portable ou un moyen de transport, etc. La gamme des produits et services qui peut être proposée est plus large même si l'accessibilité prix est toujours essentielle.

> De plus, A. Karnani montre que la plupart des *business models* BOP existants sont soit profitables mais présentent des bénéfices sociaux très discutables (l'exemple emblématique étant un cosmétique vendu en Inde par Unilever pour blanchir la peau humaine), soit bénéfiques pour les pauvres mais non profitables (comme le microcrédit et le social business en général).

> Par ailleurs, la diminution des prix ne peut être obtenue qu'en réduisant fortement la qualité du produit. Les changements de format (packaging) peuvent effectivement rendre l'achat d'un produit accessible en pourcentage du revenu journalier, mais cela ne correspond pas à une baisse de prix unitaire. Une autre difficulté est que l'effet volume qui pourrait faire baisser le coût de revient et donc le prix de vente peut être plus que compensé par les frais d'une distribution de petites quantités au détail.

> Enfin, beaucoup de *business models* tablent sur la capacité des plus pauvres à être des « self entrepreneurs », à générer des compléments de revenus et à prendre des risques avec des microfinancements. En fait, tous ces modèles font prendre l'essentiel des risques économiques aux plus démunis, alors qu'ils supportent des coupures d'électricité, une absence de routes, des temps de transport importants, des coûts d'approvisionnement élevés, etc. Il ne faudrait pas que le « mirage » de la Base de la Pyramide fasse oublier les devoirs d'un État de créer une infrastructure correcte accessible à tous et ceux des entreprises de créer des emplois permanents avec des revenus réguliers.

1. Karnani A., 2007.

LES POINTS CLÉS

- La responsabilité sociétale des entreprises leur impose une nouvelle définition des critères de performance : le profit, certes, mais aussi la performance sociale et l'impact sur l'environnement (*Triple Bottom Line*).
- Ces nouvelles exigences de performance proviennent de quelques segments de l'actionnariat socialement responsable, mais surtout de parties prenantes externes à l'entreprise (ONG par exemple) qui, par la capacité de mobilisation et de communication, essaient d'influer sur les décisions de l'entreprise. Les normes et réglementations jouent également un rôle croissant.
- Le développement durable est une demande croissante de la société civile vis-à-vis de l'activité économique. On peut penser que l'entreprise doit passer par une phase de changement dans la définition et le pilotage de sa performance pour intégrer ces dimensions d'impact sur l'environnement et de responsabilité sociétale, mais que dans quelques années tous ces thèmes feront partie d'un savoir faire organisationnel et seront normalement intégrés dans tous les actes de management. Pour le moment, ils nécessitent encore une attitude volontariste du management.
- Les attitudes des entreprises sur cette question sont très variées : on peut distinguer les entreprises minimalistes, les légalistes et les volontaristes.
- Les entreprises qui intègrent le développement durable dans leur stratégie doivent se doter d'instruments de pilotage spécifiques et se livrer à une analyse stratégique complète des dimensions environnementales et sociales de leurs activités.
- On peut distinguer trois types de stratégies liées au développement durable :

  > la communication et le partenariat avec des ONG, qui permet de sauvegarder le *business model* existant tout en limitant son impact ;

  > la réparation du *business model* qui implique de lourds investissements pour modifier l'offre en profondeur ;

  > la création de nouveaux *business models*, sur la base d'innovations technologiques, de remplacement du produit par un service, etc. On peut aussi classer dans cette catégorie le *social business* (commerce équitable, Base de la pyramide) qui n'atteint généralement que des seuils de rentabilité assez bas.
- À terme, il faudra sortir d'une économie qui ne fait que consommer les ressources naturelles. Toute la question est de savoir si on pourra déboucher vers une économie positive, qui génère, ou régénère, les ressources[1].

1. Rouer M. et Gouyon A., 2008.

QUIZ

1. La notion de développement durable signifie que :

a. Le développement économique doit être ralenti pour ne pas épuiser les ressources naturelles.

b. Il faut rechercher des modes de développement économique qui répondent aux besoins des populations sans hypothéquer le futur de la planète.

c. Il doit être mis fin à la croissance économique car ses effets environnementaux et sociaux sont néfastes.

2. Sont considérés comme parties prenantes (stakeholders) de l'entreprise :

a. Tous les acteurs directement impliqués dans la gestion de l'entreprise.

b. Tous les acteurs ayant un lien contractuel avec l'entreprise.

c. Tous les acteurs dont les intérêts peuvent être affectés par l'activité de l'entreprise.

3. L'approche « *triple bottom line* » préconise de mesurer la performance de l'entreprise sur trois dimensions. Lesquelles ?

a. Résultat net, cash-flows et valeur créée.

b. Performance économique, performance environnementale et performance sociale.

c. Légitimité, qualité de gouvernance et transparence.

4. Au sein de l'entreprise, la mise en œuvre d'une approche de développement durable :

a. Peut être pilotée par la fixation d'objectifs précis et évalués régulièrement.

b. Repose essentiellement sur la diffusion d'un code de bonne conduite.

c. Nécessite l'instauration d'une direction dédiée à ces problématiques.

5. Pour une entreprise, la formation d'un partenariat avec une ONG dont la crédibilité est établie en matière environnementale peut permettre :

a. De se libérer des obligations légales et réglementaires relatives au respect de l'environnement.

b. D'améliorer l'efficacité et d'asseoir la crédibilité de ses actions en faveur de l'environnement.

c. De s'abriter derrière la réputation de l'ONG pour réduire ses efforts pour la protection de l'environnement.

6. Réparer son *business model* pour y intégrer des considérations de développement durable :

a. Assure le plus souvent à l'entreprise un avantage concurrentiel durable.

b. Pénalise généralement de manière durable l'entreprise dans l'arène concurrentielle.

c. Peut conférer un avantage concurrentiel mais souvent de courte durée car facilement imitable.

>

····>

7. En matière de développement durable, la création d'un avantage concurrentiel durable repose le plus souvent sur :
a. L'innovation.
b. La communication.
c. La refonte de l'organisation.

8. Le modèle de micro-finance a pour objectif :
a. De proposer aux emprunteurs des offres de crédit équitables et socialement responsables.
b. D'offrir des prêts à la consommation pour des achats de montants très modérés.
c. De donner accès au crédit à des personnes exclues des services financiers traditionnels.

9. Les *business models* « base de la pyramide » s'adressent :
a. A la partie la plus pauvre de la population mondiale.
b. Aux classes moyennes des pays émergents.
c. A tous ceux qui ont fait le choix de renoncer à la société de consommation.

Réponses : 1.b, 2.c, 3.b, 4.a, 5.b, 6.c, 7.a, 8.c, 9.a

PARTIE 4

MANAGEMENT ET ACTION STRATÉGIQUE

Sommaire

24 La maîtrise de la trajectoire stratégique : planification ou processus de décision « politique » ?

Les trois premières parties de ce livre nous ont montré que la formulation et la mise en œuvre de la stratégie sont des tâches complexes dans lesquelles interviennent de nombreuses forces internes et externes à l'entreprise. La question qui se pose naturellement au dirigeant est de savoir comment il peut jouer le premier rôle dans cette affaire et maîtriser la trajectoire stratégique de son entreprise. L'obstacle principal que rencontre le dirigeant est que l'information et l'expertise nécessaires pour décider en matière stratégique sont réparties entre de nombreux acteurs. Comment à la fois partager et synthétiser le travail de collecte et d'analyse nécessaire à la décision stratégique ? Comment identifier les incohérences et les tensions dues à la multiplicité des intérêts en jeu et procéder aux arbitrages ? Comment donc organiser concrètement le processus de réflexion et de décision pour que la stratégie soit choisie de manière véritablement délibérée ? La planification stratégique a souvent été présentée comme l'instrument privilégié de la formulation de la stratégie de l'entreprise. Mais ce rôle est aujourd'hui controversé. Certains continuent à voir dans la planification stratégique un outil indispensable de management alors que pour d'autres elle n'est qu'un gadget sclérosant.

L'objet de ce chapitre est de clarifier ce débat, d'expliquer comment la planification stratégique s'est développée puis largement diffusée dans les entreprises avant d'être remise en cause. Nous tenterons également d'expliquer pourquoi certaines entreprises continuent de recourir à des formes variées de planification et pourquoi d'autres rejettent celle-ci, et utilisent d'autres modalités de pilotage de la stratégie, que nous avons qualifiées de processus de décisions « politiques » (*cf.* chapitre 2, section 2).

1 Qu'est-ce que la planification stratégique ?

Avant d'étudier plus en détail la planification stratégique et d'examiner pourquoi les entreprises y ont eu recours de manière généralisée avant, pour certaines d'entre elles, de s'en détourner et de lui préférer d'autres méthodes de pilotage stratégique, il est important de définir clairement ce que l'on entend par cette expression. En effet, la notion de planification stratégique est source d'ambiguïtés. Elle est trop souvent confondue avec d'autres approches, notamment la prévision, la prospective et la programmation qui, si elles ne sont pas sans lien avec la planification stratégique, n'ont pas le même objectif et ont une portée beaucoup plus limitée.

A/ Définition de la planification stratégique

La planification stratégique est un processus formalisé de prise de décision qui élabore une représentation voulue de l'état futur de l'entreprise et spécifie les voies et moyens pour l'atteindre. C'est une démarche qui se distingue en particulier par son caractère formalisé. Tout est écrit, selon des schémas de raisonnement explicites, et aboutit à un document formel : le plan. Cela ne signifie pas que tout soit entièrement codifié : le degré et la nature de formalisation (ce qui est formalisé et comment) sont, dans la pratique, très variables. Mais l'essence de la planification est d'être un raisonnement intellectuel inscrit dans une procédure. Celle-ci permet la division du travail de réflexion, qui se déroule dans le temps (un calendrier) et dans l'espace (les différentes parties de l'entreprise) selon un programme préalablement déterminé (la procédure de planification). La planification aboutit à des choix stratégiques et à des programmes d'action visant à assurer la mise en œuvre de ces choix. Elle se caractérise donc par une attitude d'engagement, fondée sur l'anticipation et la volonté. Elle détermine de manière explicite un état souhaité de l'entreprise, à un horizon donné (trois, cinq ou dix ans), et considère comme nécessaire de programmer des actions pour atteindre cet état, qui n'est pas inscrit dans le cours naturel des choses. Elle postule qu'une démarche explicite et volontaire a des chances de conduire plus sûrement et plus efficacement aux résultats recherchés que des décisions prises au coup par coup.

B/ Ce que n'est pas la planification

La planification a pour objectif de répondre à la question « qu'allons-nous faire ? ». Elle a donc besoin de représentations du futur et de méthodes d'analyse permettant d'anticiper ce futur ; mais ces méthodes visant à éclairer le futur ne sont pas de la planification stratégique.

> **La prévision** est une méthode d'élaboration de représentations du futur qui s'efforce de répondre à la question : « que va-t-il se passer ? » (sur les marchés, dans la technologie, dans l'environnement, etc.), par des voies généralement quantitatives, extrapolatives (le futur est le prolongement du passé) et déterministes (le futur est unique). Par exemple, une prévision de marché précisera : la croissance de la demande pour le produit X sera de 5 % par an au cours des cinq prochaines années. La planification y ajoute une dimension volontariste essentielle, puisqu'elle ne décrit pas ce qui va arriver en général, sans action particulière, mais précise les objectifs de l'entreprise et les actions qu'elle a choisi de mettre en œuvre pour les atteindre. Par exemple : l'objectif de l'entreprise est de parvenir à une croissance des ventes du

produit X de 8 % par an au cours des cinq prochaines années et pour cela elle dépensera Y millions en publicité, accroîtra la taille de sa force de vente de Z %, etc.

> **La prospective** est une méthode d'élaboration de représentations du futur procédant de manière qualitative, intrapolative (on part d'une hypothèse forte sur l'avenir et on reconstitue la trajectoire qui conduit de la réalité d'aujourd'hui à cette situation future), et non déterministe (il y a plusieurs avenirs possibles). C'est une démarche de réflexion stratégique qui peut se substituer à la planification stratégique.

> **La programmation** consiste à décrire une séquence d'actions futures, précisément déterminées dans leur nature et dans leur date, pour mettre en œuvre une stratégie. Elle ne prend place qu'une fois les choix stratégiques faits, par planification stratégique ou par d'autres moyens. On parle aussi de planification opérationnelle.

> **Le « *strategic planning* »** est une expression source de malentendus. Elle désigne le plus souvent le travail d'analyse stratégique dont les méthodes ont été présentées dans la deuxième et la troisième partie de cet ouvrage, sans préjuger la manière dont cette analyse est concrètement réalisée (dirigeant seul, consultant extérieur, procédure collective de planification). Mais elle désigne parfois le processus formel, la procédure de planification, qui organise et codifie cette analyse au sein d'une entreprise. Face à l'expression *strategic planning* il convient donc de vérifier de quoi on parle : le contenu (l'analyse stratégique), ou bien le contenu ET le contenant (l'analyse stratégique pratiquée au sein d'une procédure de planification). Pour désigner cette dernière formule, en évitant l'ambiguïté, de nombreux auteurs parlent de « *formal planning system* » *(ou Système Formel de Planification, SFP).*

Après avoir défini la planification et son objet, nous allons tenter d'expliquer pourquoi, après s'être développée de façon relativement homogène jusque dans les années 1970, la planification d'entreprise a connu une crise, a été annoncée comme morte, mais reste paradoxalement, sous des apparences très diverses, un instrument très utilisé dans les entreprises.

2 Grandeur, mort annoncée et pérennité de la planification stratégique

L'évolution que nous allons retracer décrit schématiquement le développement de la planification dans les grandes entreprises américaines puis, avec un certain décalage, dans les autres pays anglo-saxons, les pays d'Europe occidentale et au Japon. Mais dans tous ces pays, l'évolution n'a pas été uniforme : à un moment donné coexistent, parmi les entreprises, des modes de planification décrits ci-dessous comme relevant d'étapes différentes.

A/ L'émergence de la « planification à long terme » ou *long range planning*

La planification d'entreprise n'est pas une idée neuve. En 1916, Henri Fayol la définit, sous le terme de « prévoyance », comme l'une des cinq missions de ce qu'il présente comme *l'administration générale*, c'est-à-dire les responsabilités essentielles de la direction générale d'une entreprise : « *Prévoir, c'est à la fois supputer l'avenir et le préparer ; prévoir, c'est déjà agir*[1]. » Si le « prévoir, c'est déjà agir » est très moderne, on remarque

1. Fayol H., 1976.

que l'usage du mot « prévoir » est porteur d'ambiguïté et, de fait, la méthode préconisée par Fayol est prévisionniste (extrapolatoire) et peu stratégique (choix entre plusieurs voies possibles, prise en compte des innovations et des ruptures, etc.).

La planification reste à un stade embryonnaire jusqu'à la Seconde Guerre mondiale. Le premier type de planification projetant dans le futur l'ensemble des activités de l'entreprise se répand aux États-Unis dans les années cinquante. Le contexte économique de l'époque, qui prédomine jusque dans les années 1970, est caractérisé par une forte pression de la demande. Le problème principal des entreprises est de parvenir à croître de manière au moins aussi rapide que leur marché, en évitant l'apparition de goulets d'étranglements dans leurs capacités de production et de financement. Les alternatives qui s'offrent à l'entreprise sont peu nombreuses, assez facilement repérables, et les choix se hiérarchisent assez « naturellement ».

La préoccupation essentielle à laquelle répond la « planification à long terme » est en fait de faire plus et mieux ce que l'on sait déjà faire. Elle consiste en une procédure intégrée, depuis les prévisions de ventes à moyen terme jusqu'aux budgets annuels, sur lesquels se basent les procédures de contrôle budgétaire qui assurent le bouclage du processus. C'est pourquoi va se construire le concept de « *planning and control systems*[1] ». Il s'agit d'un outil dont les caractéristiques sont les suivantes :

> l'horizon de travail est de trois à cinq ans : en année n on élabore un plan pour les années $n+1$ à $n+3$ (ou $n+5$) ;

> l'environnement pris en compte est limité au(x) marché(s) sur le(s)quel(s) l'entreprise opère déjà ;

> des prévisions de marché sont établies ; elles consistent en tendances estimées de la demande et des prix reposant sur des extrapolations du passé, éventuellement corrigées de considérations liées aux cycles économiques ;

> des méthodes quantitatives de prévision, notamment en matière de production, sont utilisées pour évaluer les besoins en ressources et les coûts correspondants au niveau de vente retenu ;

> des programmes d'action à l'horizon choisi sont élaborés par chaque fonction de l'entreprise (achat, production, ressources humaines, vente, finance, fonctions de soutien, etc.) ;

> la première tranche annuelle de tous ces programmes sert à élaborer le budget de l'année $n+1$;

> Le plan est dit « glissant » : on recommence toute la procédure tous les ans.

B/ Le développement de la planification stratégique

La planification à long terme qui se répand largement dans les grandes entreprises après la deuxième guerre mondiale apparaît néanmoins inadaptée, bien que la croissance économique se poursuive, dans les entreprises confrontées à des problèmes de changements importants : ruptures technologiques, diversification de produits et de marchés, internationalisation, etc. On se rend compte ainsi à l'époque que les systèmes de planification à long terme conviennent surtout à l'expansion d'activités existantes dans un univers assez stable, mais qu'il faut imaginer un raisonnement nouveau pour réfléchir sur les activités nouvelles. C'est un directeur de la planification de Lockheed Corporation, Igor Ansoff, devenu professeur de stratégie à l'Université Carnegie-Mellon, qui va proposer la première conceptualisation d'une

1. Steiner G.A., 1969.

méthode de planification propre aux choix stratégiques[1]. Il propose en particulier une distinction entre deux niveaux de planification devant être pratiqués selon des procédures et avec des méthodes différentes, par des acteurs distincts :

> La *planification stratégique* est centrée sur les choix d'activités permettant à l'entreprise d'améliorer ou de conforter sa position face à la concurrence, en explorant particulièrement les éléments novateurs. Il va s'agir notamment des projets de lancement de produits nouveaux, de pénétration de nouveaux marchés, d'adoption de technologies nouvelles, de diversification, d'implantation à l'étranger, d'acquisitions, d'alliances majeures, d'abandon d'activités anciennes, etc.

> La *planification opérationnelle* traduit les orientations stratégiques issues de la planification stratégique en programmes d'action à moyen terme applicables par tous les services, départements et unités de l'entreprise et en fait la synthèse financière.

Cette distinction conceptuelle s'impose progressivement mais, dans la pratique, un certain flou persiste dans le vocabulaire. D'une part, l'analyse du développement des activités existantes est, selon les entreprises, traitée par la planification stratégique ou par la planification opérationnelle. D'autre part le qualificatif « stratégique » apparaissant valorisant, beaucoup de planifications sont baptisées ainsi, alors qu'elles sont, en réalité, de type « opérationnel ». Enfin, la confusion a été accentuée parce que beaucoup d'entreprises ont voulu adopter le nouveau concept de planification stratégique sans remettre en cause leur système de planification et de contrôle existant.

Deux façons de faire de la planification stratégique se développent en effet. Les entreprises les plus exposées à des problèmes stratégiques nouveaux vont faire une distinction nette entre la réflexion stratégique formalisée et leurs systèmes de planification opérationnelle et de contrôle. Ce ne sont ni les mêmes personnes, ni les mêmes méthodes qui président à l'une et à l'autre. La liaison s'effectue par la communication aux responsables de l'élaboration des plans opérationnels d'un plan stratégique définissant les stratégies de développement à mettre en œuvre et les objectifs à atteindre par les différentes divisions ou filiales. En lui évitant d'être engoncée dans le calendrier fixe des processus de programmation et contrainte par les formats et les méthodes de calcul issus du contrôle budgétaire, cette pratique autonome de la planification stratégique a permis une réflexion plus large et des remises en question plus fréquentes et plus profondes.

À partir des années 1970, cette planification stratégique s'appuie sur des outils spécifiques d'analyse. Les méthodes du type « matrice de portefeuille d'activités », développées en particulier par les consultants en stratégie (Boston Consulting Group, McKinsey, etc. voir chapitre 16), fournissent des cadres conceptuels et un langage commun utiles aux responsables impliqués dans le processus de planification stratégique.

Dès 1976, Dunlop utilise un système fondé sur l'analyse de portefeuille d'activités pour répartir les investissements entre les divisions. Les divisions établissent des plans stratégiques à cinq ans, qui aboutissent à des objectifs de croissance et de profitabilité. Ces plans sont approuvés par la direction générale. L'étape suivante consiste à allouer les ressources financières de la firme aux différentes divisions. Sur la base des plans stratégiques, et par le moyen d'une matrice capacité concurrentielle/ valeur du secteur, les divisions sont classées en quatre catégories d'investissement en fonction de leur degré de priorité, et les fonds sont attribués selon le classement. Enfin, les divisions établissent des plans opérationnels à trois ans, avec une budgétisation pour l'année à venir.

1. Ansoff H.I., 1965.

À partir des années 1980, ces outils sont complétés par les méthodes d'analyse concurrentielle développées par M. Porter (voir chapitre 3). L'analyse concurrentielle au niveau des unités stratégiques (*business units*) et l'analyse de portefeuille au niveau *corporate* deviennent ainsi des outils incorporés dans les processus de planification, ainsi que d'autres outils (modèles de simulation informatisés, modèles d'évaluation financière, etc.) au fur et à mesure de leur développement.

Mais beaucoup de grandes entreprises vont suivre un second modèle d'adoption de la planification stratégique, en restant fidèles au concept de *planning and control system*, que défendent les spécialistes du contrôle de gestion[1], dont l'idée centrale est que l'entreprise doit se piloter par les instruments. Pour cela elles s'efforcent d'intégrer dans un système formel unique les différents niveaux de décision, depuis l'exploration de l'environnement et l'analyse stratégique jusqu'à la mise en œuvre détaillée et à court terme des plans opérationnels par le contrôle de gestion[2].

Figure 24.1 Schéma-type d'un système intégré de planification et de contrôle

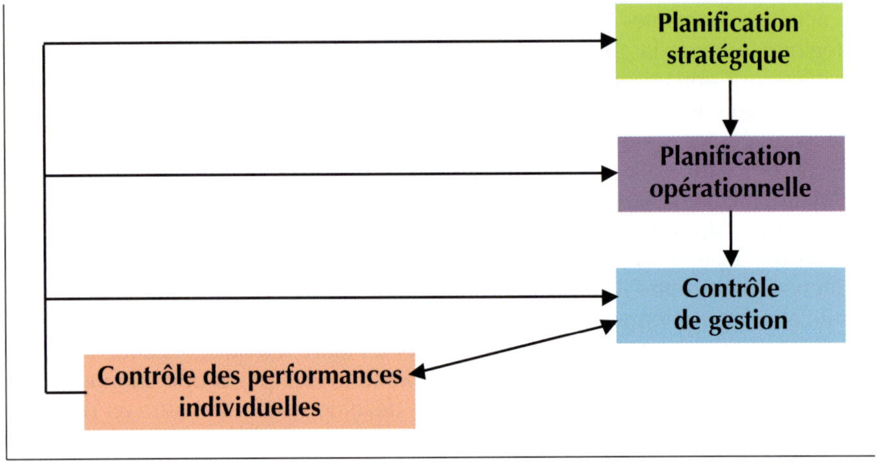

La planification stratégique est donc intégrée comme une « surcouche » en amont des systèmes existants de planification « à long terme » et de contrôle, conduisant à des séquences du type suivant, chaque stade faisant l'objet de décisions d'arbitrage par la direction générale :

1. exploration de l'évolution de l'environnement économique et sociétal ;
2. diagnostic de la position concurrentielle de l'entreprise sur les différents segments stratégiques existants ou envisagés ;
3. plan stratégique, déterminant la place que veut occuper l'entreprise sur l'ensemble de ces segments ;
4. plan opérationnel, correspondant à la programmation à moyen terme des actions à mener par chaque unité pour réaliser la stratégie choisie ;
5. synthèse financière par des comptes de résultats et bilans prévisionnels, afin de tester la cohérence de l'ensemble ;
6. traduction détaillée des actions à court terme dans le budget de l'année $n+1$;
7. mise en œuvre « au quotidien » de la stratégie par le contrôle de gestion (suivi périodique des résultats détaillés de chaque unité et actions correctrices).

1. Gervais M., 1984.

2. Ce modèle va inspirer, dans les années 1960-70, une vague de réformes des administrations publiques dans les pays occidentaux, nommées « *Planning Programming Budgeting System* » (PPBS) aux États-Unis et « rationalisation des choix budgétaires » (RCB) en France. Leur échec allait montrer que ce rêve du « pilotage stratégique par les instruments » n'était qu'un fantasme de contrôleur et une illusion technocratique, dans les administrations comme dans les entreprises.

L'expérience va montrer que cette forme de planification intégrée est incapable de répondre aux situations nouvelles qui vont se multiplier du fait des crises qui vont se produire de façon récurrente à partir du milieu des années 1970 ainsi que du mouvement de mondialisation qui s'accélère durant la même période.

C/ Crise et mort annoncée de la planification stratégique

Il est aujourd'hui aisé de dater des premiers chocs pétroliers (1973, 1980) la fin des Trente Glorieuses et le début d'une longue période de crise et de transformation qui constitue encore le contexte économique actuel. Mais les acteurs des grands évènements historiques ne comprennent pas tout de suite l'ampleur des bouleversements qu'ils vivent. C'est très progressivement, chacun à son rythme, en fonction de sa situation, que la prise de conscience va se faire.

Ainsi les entreprises les plus utilisatrices de pétrole (transport, production électrique, etc.) vont être immédiatement touchées et remettre en cause leurs pratiques de planification. Dans les années 1970 le système de planification de la compagnie Air France, conforme au modèle intégré ci-dessus, faisait l'admiration des planificateurs d'entreprise réunis dans la toute nouvelle Association française pour la planification d'entreprise (Afplane). Le processus était tellement perfectionné qu'il fallait deux ans pour en dérouler toutes les étapes. L'ennui, c'est qu'à partir de 1973 le monde (les coûts, la concurrence, les prix, etc.) avait le temps de changer radicalement entre la première et la dernière étape du processus de planification ! En conséquence, le système intégré a été totalement abandonné. D'autres entreprises, moins durement touchées, ou bénéficiant de marchés protégés, vont mettre de nombreuses années à changer leurs habitudes. Ainsi la Seita (filiale française d'Altadis maintenant intégrée à Imperial Tobacco), protégée à cette époque par son monopole du tabac, conservera une planification du même type jusqu'à sa privatisation à la fin des années 1980.

Progressivement se constitue une critique de la planification[1] qui sera synthétisée par Henry Mintzberg en 1993[2]. On accuse tout simplement la planification stratégique d'être un mauvais instrument de prise de décision stratégique. On lui reproche notamment :

> de privilégier le développement par expansion des activités existantes au détriment des opérations nouvelles ;

> de limiter l'examen de l'environnement de l'entreprise à la seule sphère économique, quand ce n'est pas à la seule sphère concurrentielle ;

> d'être bâtie sur des hypothèses de relative stabilité qui sont démenties par les faits ;

> de se traduire souvent par un processus administratif (rythmé par le calendrier, pas par les évènements) se déroulant à vitesse constante, difficile à infléchir, inapte au repérage et à la résolution des problèmes vraiment nouveaux et exigeant une réponse rapide ;

> de conférer aux chiffres, au départ assortis de marges et d'hypothèses, une précision et une légitimité fallacieuses, proportionnelles au nombre d'échelons hiérarchiques qu'ils ont franchis. Tel chiffre avancé avec d'infinies précautions et un commentaire restrictif au niveau du plan d'une sous-filiale, par exemple, apparaît finalement comme un engagement sûr dans le tableau de synthèse soumis à la direction du groupe après avoir traversé trois niveaux successifs de synthèse ;

1. Anastassopoulos J.-P., Blanc G., Nioche J.-P., Ramanantsoa B., 1985.

2. Mintzberg H., 1993.

> de réduire, au lieu de favoriser, la créativité et l'ouverture au changement au sein des équipes dirigeantes ;

> de faire parfois obstacle à l'utilisation des méthodes modernes d'analyse stratégique, car l'insertion de celles-ci dans un processus relativement formel se heurte aux réalités organisationnelles : il est par exemple souvent difficile de faire coïncider la segmentation stratégique et la structure organisationnelle. En outre, ces méthodes déterminent l'allocation des ressources selon une logique (renouvellement et équilibre du portefeuille) différente des pratiques héritées des habitudes budgétaires (accroissement plus ou moins accentué des ressources allouées antérieurement aux différentes sous-parties de la structure).

Si cette dernière critique relève de la cohérence interne de la démarche (mauvaise articulation entre le contenu et le contenant), toutes les autres reflètent l'inadéquation des formes de planification traditionnelles au nouveau contexte économique et social. Il s'agit d'abord de la mondialisation de la concurrence, qui pousse au développement des échanges internationaux et des investissements à l'étranger, alors que le risque associé à ces opérations s'accroît du fait de l'instabilité croissante de l'ordre mondial. Il s'agit ensuite de la course à la technologie, qui s'accompagne d'un effacement des frontières entre les techniques et de la multiplication des voies de passage d'un métier à un autre. Or ces choix technologiques sont d'autant plus risqués, mais plus payants, qu'ils sont faits à un stade précoce. La vitesse de réaction devient un facteur essentiel de succès. Centrés sur le partage des fruits de la croissance pendant les années fastes, les relations sociales se durcissent et se complexifient. Aux syndicats s'ajoutent, comme partenaires des entreprises, les organismes de défense des consommateurs, les mouvements écologiques, les associations thématiques, les médias, etc.).

Psychologiquement, la crise a porté un coup sérieux à la crédibilité des prévisions à long terme. La représentation de l'avenir qui sous-tendait les pratiques de planification était celle d'une continuité entre passé et avenir. En reportant sur le futur les schémas d'évolution constatés statistiquement dans le passé, on néglige deux catégories de phénomènes : l'effet de la prévision sur ce qui est prévu (par exemple : les prophéties autoréalisatrices) et surtout les événements imprévus, les « surprises stratégiques » c'est-à-dire l'apparition de discontinuités, là ou l'on n'envisageait que les phénomènes continus. La prédiction poétique de Paul Valéry est réalisée : *le futur n'est plus ce qu'il était.*

Se développe alors l'idée que la planification n'est plus le cadre obligé de la démarche stratégique, qu'elle est peu compatible avec l'exercice d'une réflexion stratégique libre et profonde. L'offre d'analyse stratégique par les cabinets de conseil en stratégie apparaît comme une alternative à la planification. Ceux-ci confortent leurs clients dans l'idée que la planification est au mieux inutile, au pire néfaste et qu'il suffit de prendre de bonnes décisions au bon moment, avec leur aide, de préférence. L'histoire de la planification s'arrête-t-elle alors avec la chute annoncée par Henri Mintzberg dans le titre de son ouvrage ? La planification n'aurait été qu'un pseudo-outil, que la croissance a fait croire utile. On imaginait maîtriser le développement alors qu'on ne faisait que le suivre. Le changement de contexte a révélé que l'instrument n'était qu'illusion. D'où son abandon. Mais avant de conclure que la planification n'existe plus, peut-être faut-il observer le réel : la planification a-t-elle disparu de la panoplie managériale des entreprises ? À cette question la réponse est clairement négative. Non seulement la planification n'a pas disparu, quoiqu'elle ne soit pas pratiquée partout et par tous, mais elle s'est diversifiée. Comment expliquer ce paradoxe ? En observant que la planification est un instrument de management stratégique dont l'usage ne se limite pas à formuler la stratégie.

D/ À quoi sert la planification stratégique ?

La critique de la critique de la planification permet d'identifier un défaut de raisonnement et un manque d'humilité devant les faits chez ceux qui en proclament la disparition. Certes, la planification est accusée, avec quelque raison, de constituer dans beaucoup de cas un mauvais instrument de prise de décision stratégique. Mais alors, pourquoi de nombreuses entreprises, en particulier la quasi-totalité des grandes entreprises, continuent-elles à investir dans de coûteux efforts de planification ? Sans doute y trouvent-elles une utilité. L'analyse montre en effet que la planification peut remplir plusieurs fonctions utiles au management stratégique :

Améliorer la qualité des décisions stratégiques en formalisant le processus

Selon ses partisans, c'est la vocation première de la planification. Il n'est donc pas surprenant que celle-ci puisse être rejetée quand il est démontré qu'elle est peu performante dans ce rôle. Mais, même si la planification n'est pas le cadre unique, ou principal, des décisions stratégiques, l'existence d'un dispositif de planification a des effets secondaires précieux à cet égard. Il fournit un cadre permettant d'assurer la cohérence des choix, même si ceux-ci sont faits selon des processus plus ou moins indépendants[1]. Et l'existence d'une équipe et d'outils de planification est d'un grand secours pour préparer des décisions ponctuelles ou tirer les conséquences d'une surprise stratégique. Un schéma classique de planification stratégique ayant ce rôle est celui de British Petroleum (voir figure 24.2).

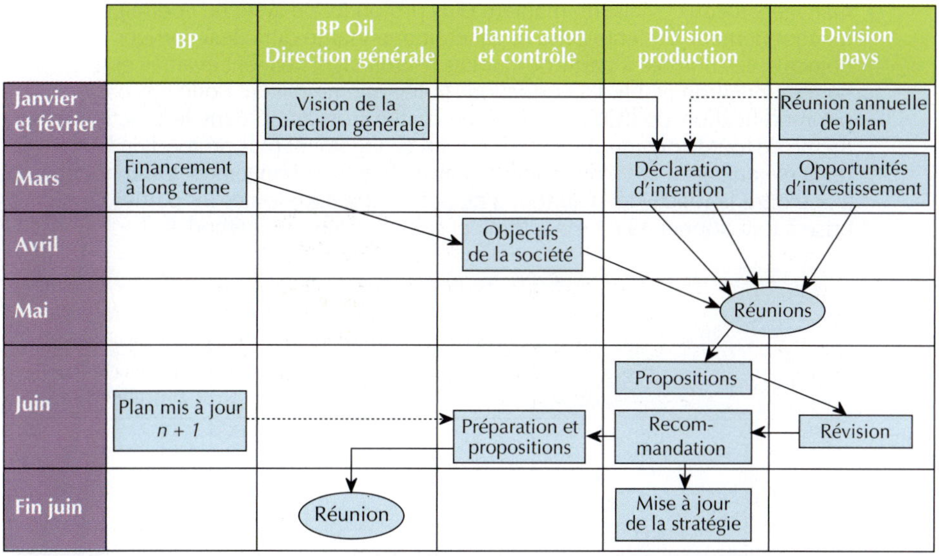

Figure 24.2
La procédure de planification stratégique de British Petroleum

Source : Long Range Planning, *vol.25, janvier 1992.*

Si BP est une grande entreprise, elle n'est pas très diversifiée et son modèle de planification stratégique reste donc assez simple. Il n'en est pas de même dans une entreprise gérant un grand nombre de produits au renouvellement rapide. Le cas de Texas Instrument reste un modèle original de planification visant à gérer simultanément, mais distinctement, deux processus : la planification stratégique des innovations de produits et la planification opérationnelle des produits une fois ceux-ci industrialisés (voir le Mini-cas ci-après).

1. Hax A.C. et Majluf N.S., 1984.

MINI-CAS

Le système OST chez Texas Instruments

Dans le système de planification élaboré par Texas Instruments, certains programmes stratégiques spécifiques sont transdivisionnels, c'est-à-dire qu'ils concernent différentes unités dans différentes divisions. Le responsable d'un programme stratégique transdivisionnel est lui-même à la tête d'une des divisions concernées, dont il dirige les opérations. Il est donc simultanément responsable opérationnel de cette division et responsable d'un programme stratégique ; pour mener ce dernier, il dirige des managers qui ont eux-mêmes des responsabilités opérationnelles dans les différentes divisions concernées. Les programmes stratégiques, cœur de la planification, créent donc des réseaux hiérarchiques particuliers, propres à chacun, qui se superposent aux structures organisationnelles de base (voir figure 24.3)
Ce système sophistiqué, baptisé OST (objectifs, stratégies, tactiques), devait favoriser le développement de nouveaux produits et de nouveaux marchés. Il s'est révélé relativement pertinent pour les composants électroniques. En revanche, des déficiences sont apparues lorsque TI s'est aventuré sur le marché des ordinateurs personnels. Cette incursion a entraîné pour la branche des pertes sévères au milieu des années quatre-vingt. La stratégie de TI était en effet prisonnière des lourdeurs de l'OST. Une trop grande complexité, une trop grande centralisation n'ont pas permis à la branche d'être suffisamment réactive sur un marché très dynamique. Les rigidités générées par l'OST ont, en particulier, empêché TI d'affronter des concurrents souvent plus petits, plus agiles, plus flexibles et à l'écoute des évolutions du marché. L'OST interdisait de fait toute remontée des informations des managers locaux. Mais, de manière plus profonde, ce système contraignait tout le fonctionnement de l'entreprise et générait une inertie difficile à corriger. Il fixait les objectifs, les normes à partir desquelles les managers étaient évalués et le système de rémunération établi. La correction stratégique ne passait donc pas par une simple modification de l'OST, système en réalité trop ancré dans le fonctionnement même de toute l'organisation, mais par un changement plus profond de l'entreprise qui a été engagé à la fin des années quatre-vingt. Ce changement visait notamment à accroître la réactivité et surtout à ne pas contraindre toutes les parties de l'entreprise à fonctionner au même rythme et selon les mêmes méthodes.

Figure 24.3
L'organisation tranversale de la planification stratégique chez Texas Instruments (années 1970/1980)

Ligne hiérarchique stratégique / Ligne hiérarchique opérationnelle			Branche « Composants »				Branche « Équipement »			6 branches
			Division A		*Division B*		*Division C*			30 divisions
			CPC 1	CPC 2	CPC 3	CPC 4	CPC 5	CPC 6	CPC 7	200 CPC (centres produit/client)
Objectif 1 *Objective manager*	*Stratégie A* *Strategy manager*	PAT 1 *Tactic manager*					X	X		
		PAT 2			X		X			
		PAT 3				X				
	Stratégie B	PAT 4	X							
		PAT 5			X		X			
Objectif 2	*Stratégie C*	PAT 6								
		PAT 7		X	X					
	Stratégie D	PAT 8	X		X	X				
		PAT 9			X				X	
3 à 12 objectifs	60 stratégies	250 PAT (programmes d'actions tactiques)								

>

....>

Questions

1) Quels étaient les avantages et les inconvénients du système OST ?
2) Face à l'échec dans les micro-ordinateurs, pourquoi Texas Instruments n'a-t-il pas changé son système de planification ?
3) Peut-on avoir plusieurs systèmes de planification stratégiques différents dans le même groupe ? Quels problèmes cela pose-t-il ?

Stabiliser les rapports entre la direction de l'entreprise et sa gouvernance

De nombreuses entreprises sont des filiales de grands groupes, des joint-ventures résultant d'alliances entre concurrents, des entreprises à capitaux mixtes public/privé ou des entreprises publiques. L'un des usages de la planification est de servir de processus de négociation permettant aux différents actionnaires de s'accorder sur la mission et les objectifs attribués à l'entreprise pour une durée donnée. Cette forme de planification est très utilisée dans le secteur public français, sous le vocable de « contrat de plan » ou « contrat de projet », dans les rapports entre d'une part l'État et d'autre part les régions, les entreprises publiques, les universités, les hôpitaux, etc. Naturellement, des procédures d'amendement sont prévues en cas d'évènements imprévus. Cette formule permet aux dirigeants de l'entreprise d'obtenir une autonomie plus grande dans le cadre d'une ligne stratégique approuvée par leur tutelle (maison mère, État, etc.) et régulièrement réévaluée. La forme et l'aspect technique du plan sont dans ce cas moins importants que l'accord qu'il comporte sur la stratégie à suivre et sur les engagements financiers des uns et des autres.

Constituer un instrument de mise en œuvre de la stratégie

Pour beaucoup, la planification est moins un instrument de prise de décision qu'un moyen de mise en œuvre de la stratégie. Des comparaisons internationales ont notamment montré que la planification était vue principalement, dans les entreprises occidentales, comme devant produire la stratégie alors que dans les entreprises japonaises elle était clairement vue comme un instrument de mise en œuvre de la stratégie[1]. Dans cette perspective, la formule de la planification opérationnelle retrouve son mérite. Même quand la stratégie s'élabore selon d'autres voies (voir ci-dessous), un document écrit présentant les choix pour l'avenir de l'entreprise, la traduction de ces choix en plans fonctionnels (plan marketing, plan financier, plan de production, etc.), dont la cohérence est assurée par l'établissement de budgets et de bilans prévisionnels, peut constituer un moyen puissant de diffusion des objectifs et d'orientation des décisions d'application.

Permettre la participation aux décisions

La planification a pour caractéristique principale d'organiser la division du travail de réflexion stratégique. Elle fournit des supports de communication et un langage stratégique commun, qui, dans sa forme classique, facilite la communication entre les différents niveaux de direction et contraint les responsables à « lever le nez du guidon » pour penser ensemble à l'avenir. Quand cette fonction de participation à la décision devient un objectif majeur, et s'étend à l'ensemble du personnel, le plan porte le nom de projet d'entreprise[2]. La participation du personnel et des cadres, et leur implication psychologique dans l'élaboration d'un projet commun, l'emportent alors sur les aspects formels et techniques de la procédure. À la limite, peu importe que le cadre de travail utilisé soit celui de l'analyse financière ou celui de telle ou telle matrice de

1. Lorange P., 1982.

2. D'une façon générale on observe en France que le mot « planification » tend à être remplacé par le mot « projet » d'entreprise, de service, etc., vu comme porteur de connotations psychologiques plus positives. Mais derrière le mot « projet », le concept reste généralement dans le cadre de la définition de la planification que nous avons donnée ci-dessus.

portefeuille, l'important est qu'il fournisse un langage commun, serve de véhicule à un apprentissage de la réflexion stratégique et permette d'aboutir à une vision partagée du futur de l'entreprise. Cette version consensuelle de la planification est très utilisée dans l'administration française, où l'on parle de « projet d'établissement » dans les écoles, de « projet de direction » dans les ministères, etc.[1]

Exprimer le discours stratégique officiel auprès des parties prenantes (stakeholders)

Quelles que soient leur stratégie et leurs modalités de choix, les dirigeants d'entreprise ont besoin de justifier leurs orientations, tant à l'intérieur qu'à l'extérieur de l'entreprise. L'affichage d'une démarche planificatrice rationnelle et « scientifique » est l'un des moyens de donner une légitimité à ces choix. À l'intérieur de l'entreprise, il donne au personnel le sentiment d'être bien dirigé, de « savoir où il va ». Il constitue pour les syndicats à la fois une garantie de l'existence d'une stratégie et un objet de négociation. À l'extérieur, le discours stratégique « rationnel » de la planification est également utile vis-à-vis des partenaires. Les actionnaires, les analystes financiers, les banquiers, les médias, les fournisseurs, les pouvoirs publics ont besoin, quand ils traitent avec l'entreprise, d'avoir le sentiment que l'entreprise est dirigée, qu'elle sait où elle va, que son cheminement est cohérent.

Constituer un instrument de l'exercice du pouvoir aux mains de la direction

Définir une procédure pour piloter le processus stratégique, fixer la composition des instances de décision, définir les critères de choix sont, comme le *design* de la structure (*cf.* chapitres 2, 10 et 20), des moyens puissants aux mains du dirigeant pour distribuer le pouvoir et orienter par ce biais l'avenir de l'entreprise. Cette fonction constitue ainsi la face cachée de la participation des individus et des groupes aux décisions. Ceux-ci participent en raison de l'espoir qu'ils ont d'infléchir selon leurs vœux les orientations de l'entreprise. Les dirigeants acceptent cette participation parce qu'ils ont le sentiment d'en contrôler les manifestations à travers la maîtrise des règles du jeu et d'avoir, par ce biais, un dialogue avec les responsables opérationnels, ce qui leur permet d'en obtenir des informations et de les juger[2].

E/ Une conception « sur mesure » de la planification stratégique

À regarder la diversité des formes de planification qui existent aujourd'hui, on constate que les systèmes classiques correspondaient à une vision assez étroite de la planification, héritée plus ou moins de la grande entreprise industrielle américaine des années soixante, considérée à tort comme « la » planification. Comme pour tous les outils de management stratégique, l'idée d'une « *one best way* » doit être abandonnée. Mais, en matière de planification, la remise en cause va beaucoup plus loin qu'une vision contingente de l'outil (à chaque type d'entreprise sa planification) puisque le recours même à la planification est questionné et que des solutions alternatives existent (*cf.* section 3 ci-après). Avant d'envisager ces autres voies, il nous faut évoquer les choix qui s'offrent à l'entreprise qui veut concevoir un dispositif de planification. La conduite détaillée d'un projet de conception d'un outil de planification n'a pas sa place ici. Mais les principes à respecter découlent des analyses ci-dessus :

> cette conception doit être faite sur mesure ;

> elle commence par la clarification des objectifs de l'outil : quelle est, ou quelles sont, parmi les fonctions décrites ci-dessus, celle(s) que l'on veut voir assurée(s) par

1. Chaty L., 1997.
2. Garrance F., 1986.

le dispositif ? Ce choix est essentiellement un choix politique relevant de la direction générale ;

> faire des choix techniques et organisationnels cohérents avec les fonctions attendues.

Les principaux dilemmes à résoudre sont résumés dans l'encadré ci-dessous.

EN PRATIQUE

Comment concevoir un dispositif de planification stratégique ?

1. Le cadre de raisonnement : outils financiers et/ou matrices de portefeuille ?

Les systèmes classiques de planification stratégique se glissent le plus souvent dans les formats de la gestion financière de l'entreprise (budget, compte de résultat, bilan). Ces outils présentent l'intérêt d'être assez standards, donc de fournir des cadres familiers permettant la consolidation des données relatives aux sous-parties de l'entreprise à tous les niveaux (filiales, divisions, groupe). Ils ont aussi l'intérêt de permettre des tests de cohérence financière des stratégies envisagées. Ils sont en revanche de médiocres instruments pour raisonner sur l'avenir stratégique des différentes activités. Les outils de type portefeuille d'activités les ont donc largement remplacés ou complétés. Les instruments financiers ont néanmoins fait un retour en force depuis les années 1990 avec le développement d'outils d'analyse tels que ceux de Strategic Associates, Furhan-McKinsey, ou BCG-Holt[1] (voir par exemple l'hexagone de McKinsey au chapitre 16).

2. La récurrence du processus : cycle annuel ou déclenchement en fonction des évènements ?

Les processus de planification classiques sont cycliques, c'est-à-dire qu'ils se déroulent selon un calendrier fixe généralement annuel. Une formule traditionnelle consiste à réviser la stratégie au premier semestre et préparer au second semestre le budget détaillé de la première année du plan. La recherche d'une meilleure réactivité conduit à réviser la stratégie à chaque fois que se produit un évènement majeur (surprise stratégique dans l'environnement, saisie d'opportunité du type acquisition, etc.). Ainsi la firme chimique néerlandaise AkzoNobel laisse-t-elle à ses unités stratégiques la possibilité d'élaborer chaque année et pour les cinq ans à venir soit un plan stratégique complet, soit une déclaration de stratégie, c'est-à-dire un document simplifié, si la stratégie arrêtée lors d'un cycle précédent de planification n'est pas sensiblement modifiée.

3. Épouser la structure ou définir des voies transversales ?

La solution la plus évidente consiste à faire suivre à la planification stratégique les cheminements définis par la structure existante. Chaque direction contribue au processus dans le cadre de ses responsabilités. On trouve là une application simple du principe de l'articulation « stratégie-structure » (*cf.* chapitre 2). Mais cette solution suppose que la stratégie future peut être bien appréhendée dans le cadre de la structure actuelle. Hypothèse qui n'est plus vérifiée dans les environnements rapidement changeants. D'où des solutions consistant à organiser la réflexion stratégique de manière transversale (par exemple en constituant des groupes de travail >

1. Hirigoyen G., 1993.

····> associant des représentants de plusieurs activités, directions ou unités) par rapport à la structure existante. Le modèle de Texas Instrument, déjà décrit, constitue un cas (rare) dans lequel les deux logiques sont pratiquées conjointement.

4. Le rôle de la direction et le degré de décentralisation : « *top-down* » ou « *bottom-up* » ?

Le mode classique d'animation de la planification stratégique consiste, pour la direction, à fixer aux unités des objectifs et des critères exprimés en termes généraux (croissance et rentabilité). Mais ce sont les unités opérationnelles qui déterminent le contenu des stratégies qui permettent d'atteindre ces objectifs. Le processus est alors dit *bottom-up*, ou ascendant, puisque le plan résulte, après arbitrages, de l'agrégation des plans des unités. Cependant, la direction générale peut intervenir directement dans le contenu des choix ; parfois même, les choix fondamentaux peuvent être totalement arrêtés par une poignée de dirigeants. Le processus est alors dit *top-down*, ou piloté d'en haut. Sur le long terme, il existe parfois des aller et retour entre ces deux pratiques, non seulement en fonction du style de direction du président, mais en fonction des problèmes de la période. Les moments de forte perturbation conduisent à une plus forte centralisation.

5. Le champ de la planification stratégique : toute l'entreprise ou certains domaines sélectionnés ?

Les systèmes classiques de planification se voulaient exhaustifs. Conçus pour conduire de façon volontaire l'évolution de la firme dans son ensemble, ils se référaient à des missions ou objectifs synthétiques définis pour l'entreprise tout entière. Une démarche opposée consiste à concentrer l'effort de planification sur des points soigneusement choisis. Par exemple, telle division qui fait face à de graves problèmes dus au déclin de son activité, ou tel département qui constitue un pôle de développement prometteur mais incertain, etc. Les autres activités ou problèmes ne font pas l'objet d'une planification, ou alors de manière peu approfondie. Pechiney s'était fait remarquer, avant son acquisition par Alcan, par un système de planification original. Chaque année, certains couples produits/marchés et certaines fonctions étaient traités « à fond » et d'autres de façon plus rapide. Le choix des sujets approfondis était fait de telle façon que tous les aspects de l'entreprise soient traités à fond au cours d'un cycle de quelques années.

En examinant les usages de la planification et la variété des formes qu'elle peut prendre, nous pouvons comprendre qu'elle reste une pratique fréquente. En effet, les critiques qui lui étaient faites, s'adressaient essentiellement à la première de ses fonctions, l'aide à la formulation de la stratégie. Nous pouvons donc conclure sur la planification stratégique. Celle-ci peut servir à beaucoup de choses, y compris à rien quand elle est complètement décalée par rapport à l'évolution de l'environnement (par exemple à Air France après le premier choc pétrolier). Il faut donc voir la planification comme une sorte de « couteau Suisse » du management stratégique. On peut aimer avoir dans le même instrument une grande lame, un tire-bouchon, un tournevis et même des ciseaux. Mais on peut aussi préférer avoir de manière séparée un grand couteau, un vrai tire-bouchon, des tournevis et des ciseaux de différentes tailles, toutes combinaisons entre ces solutions étant imaginables. Autrement dit, chacune des fonctions que peut remplir la planification peut également être remplie par d'autres instruments. C'est ce qui explique que, malgré de nombreuses tentatives, aucune recherche n'a jamais pu établir une relation entre la performance financière de l'entreprise et son usage plus ou moins intensif de la planification[1]. Il nous faut maintenant répondre à la question principale. Puisque la planification n'est plus vue aujourd'hui comme l'outil obligé de conduite de la stratégie, quelles sont les autres voies qui s'offrent au dirigeant ?

3 Les alternatives à la planification : des processus politiques assistés par des outils managériaux

L'adoption d'une démarche particulière pour piloter le processus stratégique est au cœur de la fonction de dirigeant. D'une part, ce choix va être très fortement marqué par la personnalité du dirigeant. Préfère-t-il s'impliquer directement ou tirer les ficelles dans l'ombre ? Croit-il que les hommes sont plus efficaces quand ils sont mobilisés par des objectifs communs ou quand ils sont aiguillonnés par des récompenses et des sanctions ? D'autre part, ce choix implique une réflexion à un degré supérieur. Le dirigeant n'intervient pas seulement dans les décisions portant sur le contenu de la stratégie. Il est amené à intervenir en amont par des décisions qui portent sur le processus même qui va élaborer le contenu de la stratégie. Les deux écoles de pensée en stratégie, dites « du contenu » et « du processus » (*cf.* chapitre 1), correspondent à deux façons d'aborder la stratégie, mais cette distinction est très académique. Dans la réalité du management stratégique, les deux sont mêlées. Le choix du processus préexiste et conditionne en partie le choix du contenu. Nous allons examiner ci-dessous les solutions qui s'offrent au dirigeant en nous limitant au registre des démarches décisionnelles. Mais l'action stratégique du manager ne se limite pas à prendre des décisions. D'autres registres d'action s'offrent à lui, en substitut ou en complément, qui sont décrits dans la suite de l'ouvrage.

A/ Le dirigeant politique : l'incrémentalisme

Dès les années 1960, alors que le concept de planification se répand dans les grandes entreprises sous l'influence d'une pensée normative, qui cherche à proposer des solutions « optimales » pour permettre au dirigeant d'entreprise de maîtriser le processus d'élaboration et de mise en œuvre de la stratégie, se constitue une pensée opposée, issue de l'observation des décideurs. Elle va être théorisée par Charles Lindblom, un professeur de science politique de l'Université de Princeton, sous le nom d'« incrémentalisme disjoint ».

Fondements théoriques

Le modèle de l'incrémentalisme disjoint[2]

Alors que les économistes s'efforcent d'implanter des méthodes rationnelles de décision dans l'administration fédérale américaine en prenant modèle sur les « *planning and control systems* » des grandes entreprises[3], Charles Lindblom explique que le >

1. Miller C.C. et Cardinal L.B., 1994.
2. Lindblom Ch.E., 1959 ; Braybrooke D. et Lindblom Ch.E., 1963.
3. Steiner G.A., 1969.

····> mode de décision préféré des hommes politiques repose sur des prémices opposées au modèle « rationnel » de décision (cf. chapitre 2). Le modèle rationnel suppose :

> que le décideur a une vue d'ensemble des problèmes et cherche à leur apporter une réponse globale ou coordonnée. Les hommes politiques à l'inverse sont tout juste capables de traiter une toute petite partie des problèmes de la société, en les traitant séparément, l'un après l'autre (d'où le qualificatif de « disjoint ») ;

> que les problèmes sont clairement identifiables, alors que leur perception, leur interprétation, leur degré de priorité, la nature des solutions envisagées sont très différents d'un acteur à l'autre (ce qui renforce le caractère éclaté, disjoint, du processus) ;

> que le décideur est capable de prévoir l'avenir, alors que le monde politique est plein de surprises, et d'anticiper les conséquences de ses décisions, alors que les réactions de l'opinion sont imprévisibles.

Les décideurs politiques adoptent donc une façon de décider adaptée à la situation dans laquelle ils se trouvent :

> Ils se donnent pour objectif général d'atteindre une situation peu différente de la situation de départ.

> Ils ne formulent comme objectifs concrets que ceux qu'ils peuvent atteindre avec les moyens dont ils disposent.

> Quand ils étudient les solutions, ils se limitent à celles qu'ils connaissent ou maîtrisent, qui ne diffèrent que marginalement de la situation ou de la politique de départ.

> Ils évaluent les solutions sur la base de leurs effets immédiats par rapport à la situation ou la politique de départ.

C'est donc avec raison que ce modèle de l'incrémentalisme disjoint a été qualifié de « politique des petits pas ». Mais cela ne veut pas dire que les hommes politiques sont « irrationnels ». En fait, nous dit Lindblom, ils sont rationnels à leur manière puisqu'ils ont de « bonnes raisons »[1] de décider ainsi :

> Cette manière de décider est adaptée à une situation de forte incertitude dans laquelle les décideurs ont des capacités d'action limitées face à des problèmes trop nombreux et trop complexes pour être traités analytiquement.

> Elle possède une immense vertu : permettre une correction de trajectoire, ou une deuxième chance, en cas de mauvaise décision. Là est le secret de la longévité politique.

> Ce modèle de décision, très célèbre en science politique, est celui qui sert de base au « modèle politique » dans la typologie des modèles de décision de Graham Allison (cf. chapitre 2, section 2).

Dans le monde du management, beaucoup de commentateurs, même après que le concept d'incrémentalisme ait pénétré les cours de management, continuent de disqualifier ce modèle, le jugeant pertinent pour le monde politique, mais pas pour les entreprises. Pourtant, dès les années 1960, un dirigeant publie un article provocateur dans la *Harvard Business Review,* dans lequel il fait l'apologie de l'opportunisme[2]. Les mots sont différents, mais le modèle de comportement est similaire à celui décrit par Lindblom. Selon l'auteur, H. Wrapp, le « bon dirigeant » n'obéit pas aux prescriptions des experts en stratégie, il est avant tout pragmatique et opportuniste. Pour cela il veille à :

> S'informer à côté de la hiérarchie, pour ne pas être dépendant de ses collaborateurs.

>

1. La définition de la rationalité en psychologie, sociologie, science politique n'exige de l'acteur que le fait d'agir en cohérence avec les « bonnes raisons » qu'il a de le faire. La science économique a une définition beaucoup plus restreinte de la rationalité (*cf.* section 2 du chapitre 2).

2. Wrapp H.E., 1967.

····> > Saisir les opportunités :
– repérer les « corridors d'indifférence relative » (les sujets sur lesquels il peut avancer pendant que les acteurs sont mobilisés sur d'autres sujets) ;
– utiliser les individus qui proposent des idées comme des ballons d'essai (et ne pas hésiter à les lâcher s'ils déclenchent une forte opposition) ;
– sauter sur les occasions fournies par les incidents, y compris si le problème de départ est anecdotique, pour « faire passer » une décision.

> Cultiver l'art de l'imprécision :
– ne pas énoncer une politique trop précise, qui l'enfermerait dans une logique ;
– tenir un discours qui donne l'impression qu'il a des objectifs, sans être lié par eux (surtout pas de chiffres !).

> Pratiquer le tâtonnement systématique : la bonne façon de diriger consiste à produire la stratégie au moyen de décisions nombreuses prises coup par coup.

La leçon de stratégie donnée par Wrapp ressemble, toutes proportions gardées, aux leçons données par Machiavel à Laurent de Médicis. Elle vise à rendre le dirigeant efficace dans la défense de ses intérêts à lui, sans considération de morale ni de responsabilité sociale. Elle constitue pourtant un style de direction relativement fréquent, même s'il est souvent masqué derrière un discours « rationalisant ».

Il existe des situations qui excluent, pour d'excellentes raisons « rationnelles », toute pratique de planification. De tels cas ont été étudiés dans des secteurs où règne une urgence permanente due à un rythme d'innovation effréné. Dans les petites sociétés de la Silicon Valley le seul plan qui existe est le *business plan* qui permet de trouver des actionnaires. Mais il n'est pas question de plans formalisés pour piloter la stratégie qui, elle, est totalement fondée sur le lancement de nouveaux produits à base d'innovation, dont le succès ou l'échec se décide en quelques mois et dont la durée de vie est brève (dix-huit mois à trois ans). C'est donc avec raison que les dirigeants pilotent la stratégie par un style de direction non hiérarchique et très informel, permettant la circulation rapide de l'information et la réactivité[1]. Ce style de management correspond à une conception organique de l'efficacité organisationnelle, telle que nous l'avons présentée dans le chapitre 10, par opposition à la conception mécaniste.
Ayant défini, d'une part, le modèle de la planification stratégique, incorporant plus ou moins les méthodes analytiques étudiées dans les parties 2 et 3 de cet ouvrage, et, d'autre part, le modèle de l'incrémentalisme disjoint (ou, encore plus déstructuré, le modèle de la poubelle étudié au chapitre 2) nous avons posé les bornes extrêmes du spectre des comportements décisionnels qui s'offrent au dirigeant pour piloter la stratégie. Comme bien souvent, ce ne sont pas les solutions extrêmes qui sont les plus fréquentes, mais des compromis ou des combinaisons particulières. Nous allons en examiner quelques exemples types.

B/ Un substitut plus souple à la planification : la prospective stratégique

La prospective n'est pas seulement une réflexion sur le futur, comme il est souvent dit. Elle désigne une manière très particulière d'explorer le futur, qui est applicable à l'entreprise[2] ainsi qu'à d'autres types d'organisations[3]. Ce qui définit la prospective est une démarche de projection dans l'avenir à un horizon donné, puis d'un retour au présent. La projection dans l'avenir se fait à partir d'hypothèses structurantes ou de « faits

1. Eisenhardt K.M. et Bourgeois III L.J., 1988.
2. Lesourne J. et Stoffaës C., 1996.
3. Godet M., 1997.

porteurs d'avenir » (par exemple : « un monde sans pétrole », pour un constructeur automobile ; la musique gratuite sur Internet, pour une maison d'édition musicale). Elle est suivie d'un examen critique du cheminement qui permet de relier la situation actuelle aux situations futures imaginées. La prospective utilise de multiples méthodes, mais celles-ci sont surtout des méthodes de créativité permettant d'explorer les futurs possibles, car l'idée centrale dans cette approche est que le futur est ce que nous en ferons. Donc, vu à l'instant t, le futur est multiple. Accepter cette multiplicité est à la fois prendre conscience de notre liberté et la réduire par le choix d'un cheminement préféré, c'est-à-dire d'une stratégie en particulier, parmi tous les cheminements possibles. Parmi ces méthodes, la plus représentative est celle dite « des scénarios » consistant à élaborer, à partir d'hypothèses structurantes, plusieurs configurations de l'environnement futur de l'entreprise, et d'en tirer des conclusions pour les choix stratégiques de l'entreprise. Soit qu'un scénario soit explicitement préféré malgré les risques qu'il comporte, soit qu'au contraire l'entreprise adopte une voie prudente en faisant des choix qui lui permettent de faire face à plusieurs scénarios plausibles.

Ainsi dans les années 1995/96 la société d'assurance AXA France s'est livrée à un tel exercice en élaborant quatre scénarios à l'horizon 2005.

Figure 24.4
Un exemple de prospective stratégique par la méthode des scénarios, AXA France (1995-2005)

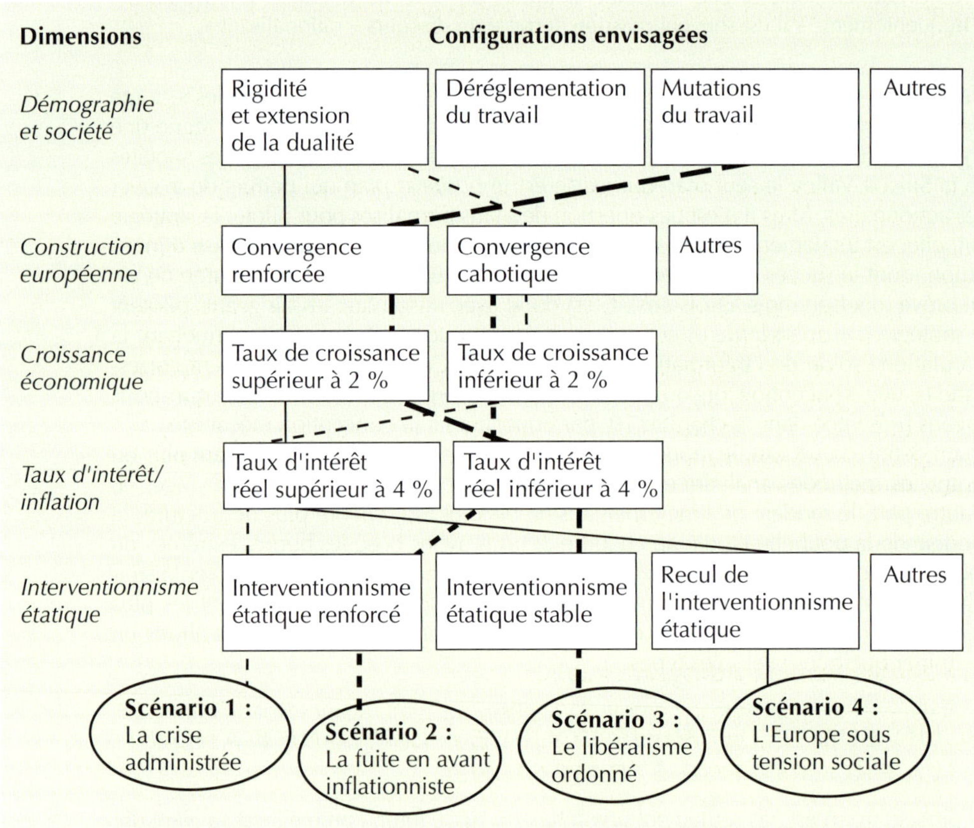

Dans l'analyse, le scénario 1 « La crise administrée », se voyait attribuer une probabilité de 25 %. La probabilité attachée aux trois autres scénarios était d'environ 15 %.

Source d'après Godet M., 1997.

La démarche de la prospective peut être utilisée de deux manières. Soit elle est incorporée dans une démarche de planification intégrée, comme moyen d'exploration de l'environnement futur dans les phases amont de celle-ci. Mais dans ce cas elle risque de s'exposer aux mêmes critiques que la planification intégrée : lenteur et rigidité du processus. Soit elle est utilisée de manière indépendante dans des entreprises sans système de planification intégrée. Elle a dans ce cas une fonction cognitive : ouvrir l'esprit des responsables à l'idée de multiples futurs possibles et améliorer leurs capacités d'adaptation et de réactivité.

C/ La préférence pour une autre logique de pilotage : le « contrôle financier »

Le contrôle financier est un style de management stratégique consistant à décentraliser fortement la *business strategy,* la *corporate strategy* n'étant elle-même pas explicite. Soit que le dirigeant pratique l'incrémentalisme, soit qu'il ait une vision du futur, mais qu'il la garde pour lui. Dans ce modèle, l'instrument fondamental des rapports entre la direction et les unités est le budget que les unités stratégiques sont tenues d'élaborer et de faire approuver par le centre. Ce budget comporte des engagements (consommation de ressources et résultats) considérés comme un véritable contrat de performance. La stratégie qui permettra aux responsables d'unités de respecter leurs engagements est relativement indifférente au centre, qui va se concentrer sur le suivi des résultats financiers. Le sort des responsables, voire des unités, est directement lié à l'atteinte des objectifs.
Tout en reposant, comme la planification, sur des instruments formels, le contrôle financier se distingue fortement de celle-ci par la philosophie sous-jacente. La planification stratégique suppose que pour définir la stratégie et motiver les responsables, le meilleur moyen est la collaboration et le partage d'objectifs. Les partisans du modèle du contrôle financier considèrent que la clé de la motivation est la responsabilité individuelle. La planification tend à privilégier la recherche d'un avantage concurrentiel sur long terme, le contrôle financier compte sur l'obsession du résultat à court terme.
L'adoption du contrôle financier a donc des racines psychologiques et culturelles fortes. Ce n'est pas une surprise de le voir particulièrement développé dans les pays anglo-saxons, où il a été analysé[1]. Mais il est présent dans de nombreuses multinationales, généralement fortement diversifiées avec des activités peu liées, par exemple Hanson Trust ou LVMH.

D/ Une tentative de synthèse : l'« incrémentalisme logique » aux mains du « dirigeant habile »

La double nature du dirigeant habile

L'« incrémentalisme logique », comme l'a baptisé son auteur, James Brian Quinn[2], se veut une description réaliste des processus de décision stratégique et pour cela articule, d'une part, les modèles rationnels de l'analyse stratégique et des systèmes formels de planification et, d'autre part, les modèles de type politique. Pour J.B. Quinn, l'incrémentalisme logique est une manière efficace de déterminer de bonnes stratégies, à condition d'être pratiqué par un dirigeant habile. L'incrémentalisme logique peut être caractérisé par quatre points :

1. La formulation de la stratégie s'effectue à travers plusieurs sous-systèmes qui rassemblent des « joueurs » autour d'un problème d'importance stratégique,

1. Goold M. et Campbell A., 1989.
2. Quinn J.B., 1980.

mais qui ne représentent pas toute la stratégie : lancement de produit, acquisition, diversification ou désengagement, développement international, développement des capacités et technologie, relations avec l'État, accès aux capitaux, relations sociales, changements de structure, etc.

2. Chaque sous-système s'appuie sur des schémas logiques, des approches analytiques, des modèles normatifs puissants. Mais chacun a sa propre logique et connaît un processus de déroulement particulier, de telle sorte que les sous-systèmes simultanément actifs sont rarement en phase.

3. Chaque sous-système rencontre cependant les limites bien connues à la rationalité. La stratégie globale de l'entreprise, confrontée aux interactions des sous-systèmes, se dessine donc de manière à la fois logique (dans le sous-système) et incrémentale (l'interaction entre sous-systèmes).

4. Entre les mains d'un dirigeant habile, l'approche par incrément ne consiste pas seulement à se débrouiller. C'est une technique de management orientée, efficace et proactive, pour améliorer et intégrer les aspects analytiques et comportementaux qu'implique la formulation de la stratégie.

Le processus décrit par Quinn relève bien de l'incrémentalisme puisqu'il y a fragmentation de la stratégie en une série de choix partiels et découplage, notamment temporel, entre ces choix partiels, les sous-systèmes obéissant à des calendriers différents. Mais cette démarche par incrément est logique, car elle présente un mélange de rationnel et de politique, d'analytique et de comportemental, de formel et d'informel ainsi qu'un contrôle des processus par un intégrateur (le dirigeant habile).
Ces caractères laissent place à de grandes variations possibles dans le degré de fragmentation et de découplage, l'importance des aspects analytiques, le degré et les moyens de contrôle par le dirigeant. Selon Quinn, trois groupes de facteurs déterminent la nature des processus de décision stratégique :

- la culture et « l'héritage » historique de l'entreprise ;
- l'environnement qui exerce un nombre plus ou moins grand de pressions sur l'entreprise, d'intensité plus ou moins élevée, à un horizon temporel plus ou moins proche et variable ;
- la structure de l'organisation et le style de management.

Du coup, la description du processus reste très générale : Quinn propose d'identifier trois phases qu'il baptise : lancement, activation et consolidation. Dans la phase de lancement, qui correspond à la perception et à la définition des problèmes ainsi qu'aux premiers embryons d'action, les solutions envisagées sont multiples, mais elles ont pour caractéristique d'être portées par des individus ou des groupes, et leur évaluation se fait autant en vertu de la crédibilité de ces acteurs que selon leurs qualités intrinsèques.
Dans la phase d'activation, qui construit les actions stratégiques, Quinn insiste sur l'importance des événements, des opportunités qui permettent de concrétiser un projet jusque-là vaguement formulé. L'essentiel de cette phase est la construction des accords internes sur les actions stratégiques possibles. Dans la phase de consolidation, les stratégies en formation sont « reconnues » par attribution de ressources matérielles, confirmation des responsables, mise en place des structures, manifestations symboliques ; les options rejetées sont découragées. Un certain nombre d'engagements sont pris, lesquels suscitent une mobilisation.

Cette description soulève plusieurs questions :

> Si le processus est contrôlé par le dirigeant, comment, par quels moyens, celui-ci arrive-t-il à piloter la stratégie ?

> La fragmentation des choix stratégiques pose le problème des objectifs stratégiques : existent-ils ? Comment sont-ils fixés ? Quel rôle jouent-ils ?

> Les aspects analytiques et formels ont un rôle non négligeable dans le processus ; quel est ce rôle ? À quoi servent les systèmes formels de planification ?

Comment piloter la trajectoire stratégique ?

Selon Quinn, le dirigeant dispose d'un pouvoir certain qui lui permet de contrôler le processus de décision et donc de peser significativement sur la stratégie globale de l'entreprise. Mais ce pouvoir est beaucoup plus informel que formel, indirect que direct. Son usage est donc délicat et la qualité du résultat dépend de l'habileté du dirigeant. La sélection des hommes et la détermination des structures sont deux éléments du pouvoir du dirigeant. En procédant à des nominations, en modifiant les attributions de responsabilités, en créant des unités, le dirigeant sélectionne les solutions, les projets, les potentialités d'action dont ces hommes sont porteurs et que ces unités concrétisent. Quinn note que l'impact symbolique de ces mesures est considérable : elles signalent dans l'entreprise la ou les « lignes » de la direction et donc les règles de la réussite en vigueur. Les acteurs peuvent ainsi orienter leur action. Correctement dosées, ces mesures promeuvent sans censurer, distinguent sans sanctionner, mobilisent sans engager. Le dirigeant habile est soucieux, en effet, de maintenir sa liberté de manœuvre : il lui faut éviter de se déjuger, par conséquent, il doit éviter, sauf exception, d'apparaître impliqué trop directement dans ces opérations. Ces manœuvres permettent évidemment au dirigeant de contrôler les équilibres de pouvoir à l'intérieur de l'entreprise, de constituer des coalitions ou d'en défaire en organisant une compétition interne, de jouer sur la dynamique des ambitions et des indifférences.

Mais comment le dirigeant qui, comme tout un chacun, a des capacités cognitives limitées, peut-il maîtriser ces manipulations complexes d'hommes, de structures et de thèmes ? Le premier élément de réponse est qu'il les maîtrise dans une certaine mesure, c'est-à-dire sans obéir à un plan mental prédéterminé. Le dirigeant découvre son action au fur et à mesure de ses manipulations ; il les gère par incrément, par essais-erreurs, expériences, tri progressif, affinage. Étant seul à posséder une vue d'ensemble de l'entreprise et des différents sous-systèmes à l'œuvre, son éventuelle indécision reste maquillable et peut être transformée (symboliquement) en sagesse, prudence ou dessein énigmatique. Cette position est bien celle d'un intégrateur qui participe de plusieurs systèmes au carrefour des informations. Cependant, cette position d'intégrateur n'est effective que si l'information parvient jusqu'au dirigeant et s'il dispose d'un instrument d'intégration. La recherche de l'information est un aspect crucial du travail du dirigeant. Elle s'effectue à travers un système formel que le dirigeant doit stimuler en suscitant des questions. Mais elle s'effectue aussi à travers un réseau informel que le dirigeant a construit au cours de sa carrière, dans et hors l'organisation. La « vigilance » est le premier souci du dirigeant. Les sous-systèmes de décision stratégique ont des logiques propres ; l'intégration, même partielle et imparfaite, ne peut s'effectuer que si le dirigeant peut s'appuyer sur un instrument porteur d'une logique aussi forte que celle des sous-systèmes. C'est là, selon Quinn, le rôle du système formel de planification.

Cependant, cette raison d'être n'a pas le caractère dominant, totalisant et systématique que prônent les doctrines traditionnelles du management. Elle s'accommode d'inflexions impulsées extérieurement par l'exploitation d'opportunités ou de conjonctions favorables d'événements. Le processus de décision mêle donc formalisme, opportunisme et incrémentalisme.

Du bon usage des objectifs

On ne peut assurer que les organisations poursuivent des buts précis. Pour Quinn, les buts sont plus un élément symbolique contrôlé par le dirigeant qu'un moyen direct et explicite d'orienter l'action de l'entreprise. En d'autres termes, la réalité des buts est autant dans l'usage qui en est fait que dans leur contenu. Au contraire des doctrines traditionnelles du management, qui recommandent de définir des buts précis, de les attribuer explicitement et d'en surveiller la réalisation, le dirigeant habile définit surtout des buts implicites et non chiffrables par un processus plus « incrémental » qu'analytique.

Toutefois, l'usage des buts précis n'est pas exclu. Il doit être sélectif pour revêtir une haute charge symbolique. Quinn dresse un catalogue des arguments pour ou contre la fixation de buts précis. Leur précision, de manière générale, réduit la créativité, accentue les oppositions, restreint la flexibilité en manifestant un engagement, et dévoile la stratégie aux concurrents et aux parties prenantes. En revanche, des buts vagues et peu mesurables permettent de susciter le consensus sur les points essentiels et favorisent l'adhésion. Toutefois, on peut recourir aux buts précis pour susciter, lancer ou accélérer une opération ; signaler et marquer un changement majeur ; localiser l'attention des membres de l'entreprise.

À la différence de Lindblom, Quinn admet l'existence des objectifs. Mais ceux-ci n'ont pas la belle cohérence des systèmes planifiés. Leur ambiguïté génère un large éventail de réponses dans l'organisation ; le dirigeant sélectionne les réponses qui lui paraissent pertinentes, qu'elles respectent ou non ses orientations initiales, favorisant et encourageant certaines actions ; il contribue ainsi à préciser et à modifier les buts initiaux, en même temps qu'il en introduit de nouveaux. La transformation de l'entreprise s'effectuerait ainsi par activation progressive d'objectifs existants, mais latents. L'un des atouts majeurs du dirigeant serait dans le choix des objectifs à promouvoir parmi les orientations potentielles. Comment concilier l'usage d'un système formel de planification (SFP) avec un tel processus de fixation des objectifs ? L'originalité de Quinn dans le débat « planification contre décision poltique » est de refuser l'alternative.

L'utilité informelle des systèmes formels de planification

Les systèmes formels de planification encourent selon Quinn des reproches classiques : ils privilégient les critères financiers, ou du moins quantitatifs, avec pour conséquence d'éliminer les options qui se prêtent mal à la quantification ou qui dépassent un horizon limité ; la comparaison systématique des projets en vertu de critères financiers conduit à négliger les nécessaires synergies et la vision globale de la stratégie ; enfin, ils éliminent d'emblée les innovations significatives, qui impliquent une révision des critères de choix et des objectifs. Ces limites font des SFP des instruments de développement « extrapolatifs » plus que réellement stratégiques. En revanche, le SFP a un rôle important dans le processus de décision en ce qu'il crée un réseau de communication, oblige à diffuser l'information stratégique, contraint les opérationnels à « lever le nez », puis suscite et organise les recherches et études sur le long terme.

Instrument de collecte d'information, de communication et de mobilisation, le SFP a un rôle post-décisionnel crucial puisqu'il formalise les décisions déjà prises, fournit un moyen systématique d'évaluation et d'ajustement des budgets annuels, protège les engagements à long terme des dérives budgétaires et permet la coordination des changements décidés. C'est donc, selon Quinn, un instrument de coordination et d'intégration assurant le relais entre choix stratégiques et décisions opérationnelles. Le caractère formel du SFP lui confère un rôle d'explicitation de l'action qui vaut plus par son affirmation symbolique que par sa clarté rationnelle. Toutefois, le SFP est un outil privilégié du dirigeant, un élément central de la règle du jeu qu'il édicte, la colonne vertébrale formelle des processus informels.

Quinn critique implicitement les méthodes de gestion de portefeuille d'activités en soulignant que l'allocation de ressources doit se faire en référence à un projet global articulé autour de quelques thèmes cohérents, et non en fonction du rapport coût/avantage de chaque thème pris isolément. Dans le même ordre d'idée, si une « bonne » stratégie doit être déclinée en stratégies locales, elle ne doit pas résulter de leur agrégation. Face aux tenants des modèles d'optimisation, il rappelle que la « bonne » stratégie doit préserver une flexibilité qui permette de saisir les opportunités ou de réagir à des événements imprévus, et qu'elle doit intégrer le coût de cette flexibilité. Une bonne stratégie doit donc contenir la possibilité de revoir les objectifs.

L'incrémentalisme logique ne se résume donc pas à un dosage plus ou moins subtil d'approche analytique-planificatrice et d'approche politico-comportementale. Ces deux éléments sont combinés en une conception complexe du processus de décision qui se démarque radicalement de la conception classique. Son originalité principale est de réintroduire le dirigeant comme intégrateur et gestionnaire de l'ambiguïté. En reconnaissant le pouvoir (et surtout la nature du pouvoir) du dirigeant, Quinn rompt avec les doctrines classiques du management, mais en réinstallant le dirigeant au centre du processus de décision, il reste recevable par le management.

MINI-CAS

Le pilotage d'une stratégie évolutive : Komatsu

La stratégie de l'entreprise japonaise de matériel de chantier Komatsu se caractérise par la combinaison et l'échelonnage dans le temps de logiques apparemment contradictoires au service d'un objectif à long terme : détrôner le leader américain Caterpillar.

La position initiale de Komatsu ne lui permettait pas, *a priori,* de rivaliser avec Caterpillar. La firme japonaise était de petite taille, ne bénéficiait pas d'une bonne image de marque et n'avait aucune familiarité avec le marché américain. Ses produits étaient de qualité moyenne, la gamme proposée étroite, le réseau de distribution à l'extérieur du Japon quasi inexistant. L'analyse de ces faiblesses ne découragea pas les dirigeants de Komatsu, mais les incita à prendre des orientations stratégiques spécifiques. Komatsu privilégia la qualité des produits et des prestations plutôt qu'une stratégie de coût-volume qui aurait été assez naturelle, car Komatsu bénéficiait d'une main-d'œuvre bon marché et d'approvisionnements en acier moins coûteux.

Komatsu, pour être distribué et acheté, devait d'abord présenter des matériels fiables. C'est pourquoi l'entreprise mit en place un système de contrôle de la qualité. Une fois cet objectif de qualité technique atteint, le groupe put mettre en œuvre une stratégie de coût et profiter des avantages locaux. Cela lui permit de >

gagner des parts de marché sur Caterpillar. Dans une troisième phase, le groupe put adopter une stratégie de différenciation basée sur l'innovation : création de nouveaux matériels, plus sophistiqués, recherche de nouvelles applications.
Au début des années quatre-vingt, l'objectif initial, apparemment irréaliste, était atteint. Komatsu se fixa alors une nouvelle « mission » : utiliser les compétences accumulées pour se diversifier dans les machines automatiques et la robotique.

Questions

1) Quel type d'avantage concurrentiel Komatsu a-t-il cherché à créer ? Pourquoi les priorités ont-elles changé au cours du temps ?
2) Quels problèmes de mise en œuvre ces changements successifs ont-ils pu provoquer ? Comment surmonter ces problèmes ?

Rappelons pour conclure que l'approche traditionnelle de la stratégie considère que la trajectoire stratégique peut être facilement maîtrisée soit par la réflexion du dirigeant (c'est le postulat implicite dans la deuxième et la troisième partie de l'ouvrage), soit, comme nous l'avons discuté dans ce chapitre, par un processus organisé de planification. De manière moins naïve, un dirigeant habile pratiquera *l'incrémentalisme logique* en utilisant les forces organisationnelles et politiques à l'œuvre dans l'entreprise pour servir son projet de changement. D'autres utiliseront des pratiques, plus radicales, de dégraissage et de recentrage visant à débarrasser l'entreprise de tout ce qui n'est pas immédiatement créateur de valeur financière (*cf.* le « contrôle financier ci-dessus »). Mais d'autres encore auront recours à des démarches plus consensuelles et plus indirectes cherchant à modifier en profondeur les « valeurs » morales ou les comportements. Nous développerons ces démarches dans le chapitre 26 sur le changement organisationnel. Celui qui en a la capacité cherchera à développer un *leadership charismatique* (voir chapitre 29) afin de dépasser les conflits et les inerties.
Toutes ces démarches visent à favoriser la *transformation* de l'entreprise, de manière à éviter les effets de rigidité qui accompagnent la réussite stratégique, et à introduire un renouvellement qui prévienne les crises graves susceptibles de déboucher sur une révolution stratégique (voir chapitre 25). Selon l'ambition du projet, on parlera de progrès, de renouveau, ou de renaissance stratégique. Dans cet effort, le dirigeant n'est plus un décideur au sens habituel du terme. Son action se situe à un niveau plus élevé : il s'agit pour lui de façonner les conditions matérielles (les allocations de ressources), organisationnelles (les structures, les systèmes de gestion), cognitives (les idées, les compétences, les systèmes de pensée), psychologiques (l'implication, le leadership, l'imaginaire), politiques (les alliances, les arbitrages, les encouragements, les sanctions) qui produiront une action stratégique suffisamment ordonnée pour préserver la stabilité de l'entreprise (notamment avec un niveau de performance acceptable), mais suffisamment originale pour régénérer l'entreprise en permanence. En d'autres termes, le dirigeant n'est plus seulement un des acteurs intervenant directement dans les décisions stratégiques, il est aussi un *designer* du processus qui met en place et pilote les dispositifs formels et informels par lesquels des décisions stratégiques seront produites et des actions stratégiques seront réalisées. La conduite de la stratégie, tâche centrale du dirigeant, exige donc de la créativité et une grande liberté d'action[1].

1. Ce que nie la théorie de l'agence qui considère que la latitude managériale laissée au dirigeant est corrélée négativement avec la performance. La théorie des échelons supérieurs postule au contraire que cette latitude est la condition de l'efficacité de la fonction dirigeante. Hambrick D.C., 2007. Charreaux G. et Wirtz P., 2006.

LES POINTS CLÉS

- S'efforcer de maîtriser la trajectoire stratégique, c'est-à-dire le passage de la stratégie voulue à la stratégie réalisée, est une des tâches centrales du dirigeant, qui peut recourir à différents outils et comportements de décision.

- La maîtrise complète de la trajectoire stratégique par la mise en place d'un système intégré de planification et de contrôle s'est avérée une illusion et même un handicap dans un environnement rapidement évolutif.

- Néanmoins la planification continue d'être très utilisée comme instrument de management stratégique dans les grandes entreprises, où elle prend de multiples formes correspondant aux diverses fonctions qu'elle peut remplir.

- La conception d'un dispositif de planification, correspondant à une ou plusieurs fonctions qu'on veut lui voir remplir, doit donc être réalisée sur mesure.

- Des formes alternatives, ou complémentaires, de pilotage de la trajectoire stratégique s'offrent au choix du dirigeant, notamment l'incrémentalisme disjoint, la prospective stratégique, le contrôle financier, l'incrémentalisme logique. Leur choix tient autant à l'environnement concurrentiel qu'à l'identité de l'entreprise ou au style de leadership du dirigeant.

- Recourir à la planification sous l'une ou l'autre de ses formes et/ou à d'autres outils ou styles de prise de décision est une décision politique majeure du dirigeant. Celui-ci est donc décideur à deux niveaux : il prend non seulement des décisions relatives au contenu de la stratégie, mais il décide aussi, en amont, de la nature du processus par lequel les décisions de contenu, y compris les siennes, vont être prises.

QUIZ

1. La planification stratégique :

a. A disparu des entreprises, comme elle a disparu dans l'administration de la plupart des États.

b. Est un outil nécessaire, puisque la recherche a montré que les entreprises qui planifient ont des performances supérieures à celles qui ne le font pas.

c. Est un outil inutile puisque la recherche a montré que les entreprises qui ne planifient pas ont des performances similaires aux entreprises qui planifient.

d. Peut être un obstacle à la qualité des décisions stratégiques.

e. N'est efficace que si elle est intégrée à un système de planification et de contrôle.

f. N'est efficace que si elle épouse les voies de communication de la structure existante.

g. N'est efficace que si elle utilise des matrices de portefeuille d'activités.

2. La prospective, c'est :

a. L'ensemble des méthodes de réflexion sur le long terme.

b. Une procédure formalisée par laquelle on formule une représentation de l'entreprise dans le futur et les moyens de l'atteindre.

c. Une démarche de réflexion sur le long terme reposant sur une projection dans le futur et un retour vers le présent.

d. La description des actions à accomplir pour atteindre un objectif à long terme.

e. L'estimation d'une grandeur à un horizon donné, accompagnée de l'évaluation d'une marge d'erreur.

3. Laquelle de ces propositions correspond à la définition de l'incrémentalisme logique ?

a. Il exprime le comportement des dirigeants d'entreprise qui agissent de manière plus rationnelle que les hommes politiques.

b. Il structure partiellement le jeu politique par l'usage des instruments de management.

c. À la différence de l'incrémentalisme disjoint, il distingue entre les décisions stratégiques et les décisions opérationnelles.

d. Il n'a de politique que le nom (« incrémentalisme ») puisqu'il recourt aux instruments de rationalisation (planification, budget, etc.), d'où le qualificatif de « logique ».

4. Le contrôle financier est un style de management stratégique caractérisé par :

a. Le contrôle des comptes de chaque unité par un auditeur interne.

b. Le contrôle des états financiers de toutes les unités par un auditeur externe.

c. Le suivi des résultats, sur le marché, des responsables d'unités par rapport aux stratégies assignées.

d. Le suivi des résultats financiers des responsables d'unités par rapport à leurs objectifs budgétaires.

>

····>

e. Le suivi des résultats financiers des responsables d'unité par rapport aux objectifs du plan à long terme.

5. Le « projet d'entreprise » est :
a. La description des étapes que doit franchir l'entreprise pour atteindre ses objectifs à long terme.
b. L'idée que se fait le dirigeant de ce que doit être l'entreprise dans le futur.
c. Une forme de planification reposant sur une large participation des personnels.
d. La définition du rôle que l'entreprise se donne dans la société et des valeurs qu'elle s'engage à respecter.

6. On qualifie certaines prises de décision de « politiques » parce que :
a. Le dirigeant de l'entreprise détient le pouvoir dans l'entreprise comme le Président de la République dans l'État.
b. Le dirigeant est bien obligé de tenir compte de multiples acteurs de la sphère hors marché : l'État, les partis politiques, les élus locaux de sa région d'implantation, les associations de défense de l'environnement, etc.
c. Il a des préférences idéologiques personnelles qui influencent ses décisions.
d. Les décisions stratégiques s'inscrivent dans des jeux de pouvoirs entre les parties prenantes de l'entreprise.
e. Certains dirigeants n'osent pas, ou ne savent pas, imposer à leurs collaborateurs une manière rationnelle de décider.

7. Pour concevoir un dispositif de planification stratégique, il est recommandé de :
a. Bâtir un dispositif sur mesure, orienté vers des objectifs clairement définis et fondé sur des choix organisationnels cohérents avec l'effet attendu.
b. Faire appel à un cabinet de conseil qui dispose d'une méthode type éprouvée à appliquer à l'entreprise.
c. Recourir à un modèle fondé sur un système intégré de planification et de contrôle.

8. Dans la pratique, la planification stratégique procède :
a. D'une approche *top-down*, les objectifs fixés par la direction étant déclinées au sein de l'organisation.
b. D'une approche *bottom-up*, le plan résultant de l'agrégation séquentielle des choix faits par les unités opérationnelles.
c. D'aller et retour entre des pratiques *top-down* et des pratiques *bottom-up*.

9. Se démarquant des doctrines rationnelles, Quinn préconise :
a. De fixer des objectifs précis et explicites de manière à orienter l'action de l'entreprise.
b. De fixer des objectifs vagues et peu mesurables pour favoriser l'adhésion tout en laissant des marges de manœuvre au dirigeant.
c. De ne pas fixer d'objectifs car ces derniers nuisent à la créativité et à la cohésion.

Réponses : 1.d, 2.c, 3.b, 4.d, 5.c, 6.d, 7.a, 8.c, 9.b.

25 La formation de la stratégie et le changement stratégique

Dans ce chapitre, nous chercherons à comprendre le processus global de formation et de changement de la stratégie. La stratégie réellement menée diffère généralement sensiblement des intentions stratégiques initiales. Elle résulte d'une interaction entre une stratégie délibérée et une stratégie émergente. Le résultat est donc au moins en partie imprévisible. Cela ne signifie pas pour autant que les errements stratégiques sont le lot commun des entreprises. Sur une échelle de temps plus longue (où l'on compterait en dizaines d'années), on peut dégager un modèle générique de la formation de la stratégie, qui distingue deux phases. Premièrement, le mouvement stratégique s'organise, trouve une certaine cohérence et s'entretient lors d'une longue période de reproduction. Mais cette cohérence peut être brutalement remise en question. S'ouvre alors un épisode révolutionnaire qui provoque un changement drastique et global. Ce modèle du changement stratégique à deux vitesses (reproduction/révolution) doit cependant être relativisé en fonction des conditions environnementales. Nous examinerons donc pour finir la dimension temporelle de la stratégie.

Des intentions stratégiques à la stratégie réalisée

A/ Stratégie délibérée et stratégie émergente

Les intentions stratégiques sont repérables dans les plans stratégiques, dans les projets annoncés et dans les programmes et les discours des dirigeants. La réflexion sur la stratégie a largement privilégié les intentions rationnellement élaborées et formalisées grâce aux méthodes et outils de l'analyse stratégique (présentés dans les deuxième et troisième parties de cet ouvrage). Mais ces intentions peuvent rester implicites dans l'esprit même des dirigeants. Elles peuvent aussi, on le verra plus loin, procéder d'un système de pensée qui irrigue l'organisation. Enfin, elles sont aussi inspirées par l'imaginaire partagé qui nourrit l'identité de l'entreprise (voir les chapitres 2, 27 et 28). Dans quelle mesure et comment les intentions stratégiques des dirigeants sont-elles transformées en actions concrètement menées par l'entreprise ?

La stratégie effectivement réalisée ne correspond que très imparfaitement à la stratégie délibérée, elle-même issue, mais en partie seulement, des intentions stratégiques des dirigeants. Certaines intentions stratégiques se transforment en stratégie délibérée, mais toutes ne sont pas réalisées. Des actions non prévues vont en revanche venir s'ajouter, formant une stratégie émergente. C'est la combinaison des deux flux d'action stratégique, délibérée et émergente, qui forme la stratégie réalisée[1]. Détaillons brièvement ce processus.

Tout d'abord, les « circonstances » du moment, les événements qui surgissent dans l'environnement, conduisent fréquemment à l'abandon ou à la révision de choix stratégiques pourtant fermement souhaités par les dirigeants, ou au moins une partie d'entre eux. Ainsi, la rupture d'une coalition entre individus ou un changement inattendu de personnes peuvent ruiner une opération pourtant soigneusement mise au point, comme une fusion ou une entrée sur un marché étranger. Le rapprochement planifié de Renault et de Volvo en 1993, pourtant préparé de longue date et voulu par les dirigeants et une grande partie du management des deux entreprises, a capoté suite à une réaction négative inattendue des petits actionnaires de la firme suédoise. Ou bien, les difficultés d'élaboration d'une norme technique internationale hypothèquent le plan de développement d'une technologie nouvelle pourtant annoncée comme prometteuse. Ainsi, le développement dans le monde entier du « minitel à la française », planifié par l'État et par les industriels concernés, a buté sur les réticences des gouvernements et opérateurs télécoms étrangers, puis a été rendu impossible par le développement ultérieur d'internet. Ou encore, le fléchissement du marché amène à différer des projets d'expansion. Mais ce sont aussi des processus internes qui peuvent freiner, distordre ou empêcher la mise en œuvre de la stratégie : le départ d'un membre de l'équipe dirigeante, la difficulté à maîtriser l'action d'unités qui n'adhèrent pas aux intentions stratégiques proclamées, la sous-estimation des ressources ou des compétences nécessaires pour mener les opérations prévues, etc.

Ensuite, à ce processus de réalisation partielle des intentions stratégiques se mêle le développement d'une stratégie émergente qui est également le fruit des circonstances, des événements et des processus internes. Par exemple, les marchés financiers offrent des opportunités ou créent des situations qui peuvent entraîner des infléchissements notables des orientations stratégiques affirmées. BSN, un groupe spécialisé dans l'emballage en verre, avait lancé en 1968 une OPA sur Saint-Gobain – célèbre pour avoir produit sous Louis XIV les miroirs de la galerie des Glaces à Versailles – afin de devenir l'un des tout premiers concurrents européens du secteur verrier. L'échec de cette OPA amena les dirigeants de l'entreprise à reconsidérer leur stratégie. Dès 1970, BSN rachète Evian puis, quelque temps plus tard, Gervais-Danone. Ces acquisitions sont le début d'une nouvelle stratégie, née de l'échec de l'OPA sur Saint-Gobain, qui fera de l'entreprise rebaptisée Danone l'un des leaders mondiaux de l'alimentaire, avant qu'elle ne cède en 1999 ses dernières activités dans l'emballage et le verre. Antoine Riboud, le P-DG de l'époque, inventera la formule « passer du contenant au contenu » pour signifier ce changement total de stratégie et tenter de lui donner l'apparence d'un choix mûrement réfléchi.

Dans d'autres cas, le succès inattendu d'un développement technologique peut faire découvrir des perspectives commerciales insoupçonnées. La chance joue aussi son

1. Sur la distinction entre stratégie délibérée et stratégie émergente, voir Mintzberg H. et Waters J.A., 1985.

rôle. Le célèbre médicament Viagra, lancé par Pfizer en 1998, est né de l'échec du développement d'un programme sur le traitement de l'hypertension. Les essais cliniques de la molécule s'avéraient très décevants. Cependant, certains patients mentionnaient des effets érectiles inattendus et réclamaient la poursuite du traitement pour cette raison. Pfizer alloua donc de nouvelles ressources pour développer la recherche dans cette direction. Le médicament connut immédiatement un énorme succès[1]. Inversement, en 2007, Sanofi-Aventis croit détenir la pilule miracle contre l'obésité en lançant le Rimonabant en France. Néanmoins, aux États-Unis, le produit n'est pas autorisé en raison d'effets secondaires nocifs jugés trop importants. Cet avis négatif des autorités américaines déclenche une crise boursière et stratégique majeure pour Sanofi-Aventis.

Enfin, des innovations développées de manière marginale, voire clandestine, peuvent alimenter la stratégie de l'entreprise en dehors ou au-delà des axes stratégiques officiellement définis[2]. La stratégie émergente se transforme alors en un processus actif de « stratégisation »[3]. Certaines firmes essaient de capter ce supplément de stratégie en concevant des structures d'incitation et d'accueil qui favorisent l'innovation, garantissent son développement au profit de l'entreprise, mais évitent une prolifération incontrôlée qui entraînerait une dispersion des ressources. Intel en est un exemple célèbre. Sur la trentaine d'années de son existence, environ 30 % des ressources allouées au développement technologique par la firme ont été consommées sur des initiatives autonomes, en dehors de la stratégie officielle[4]. Le rôle du dirigeant est alors de récupérer les initiatives stratégiques intéressantes, de les articuler avec la stratégie officielle, ou de modifier celle-ci.

B/ La stratégie comme résultante

La stratégie réalisée, constatée *ex post,* est la résultante de ces différentes trajectoires. Elle est la somme de multiples mouvements conjoints. Certains sont marqués par une volonté ferme, d'autres s'imposent bon gré mal gré, d'autres enfin ne procèdent pas d'une intention préalable, mais sont « récupérés » de manière positive. Certains trouvent leur dynamique dans une impulsion initiale, d'autres apparaissent de manière incidente, d'autres encore font soudainement irruption. La figure 25.1 en donne une représentation générale.

Mais il faut garder à l'esprit que ce processus général n'est pas borné par un début et une fin (ainsi que pourrait le suggérer le schéma de la figure 25.1). Le processus de formation de la stratégie est réflexif, c'est-à-dire qu'il se nourrit de lui-même : l'action stratégique du moment est pour partie définie par l'action stratégique passée et conditionne elle-même l'action stratégique future. On ne passe pas du jour au lendemain d'une stratégie de différenciation à une stratégie de volume ou vice versa (voir le concept de « dépendance de sentier » dans l'encadré « Fondements théoriques » ci-après). Les allocations de ressources sont largement irréversibles : l'engagement d'un projet impliquera *de facto* le renoncement à d'autres projets, mais à terme, les ressources dégagées par ce projet, s'il réussit, seront utilisables pour d'autres développements. Le déroulement de la stratégie, même s'il s'opère conformément aux intentions initiales, modifie les conditions mêmes de la stratégie à venir.

1. De Rond M. et Thiétart R.A., 2007.

2. Regner P., 2003.

3. Golsorkhi D (coord.), 2006.

4. Burgelman R.A. et Grove A.S., 2007.

Figure 25.1
La formation de la stratégie

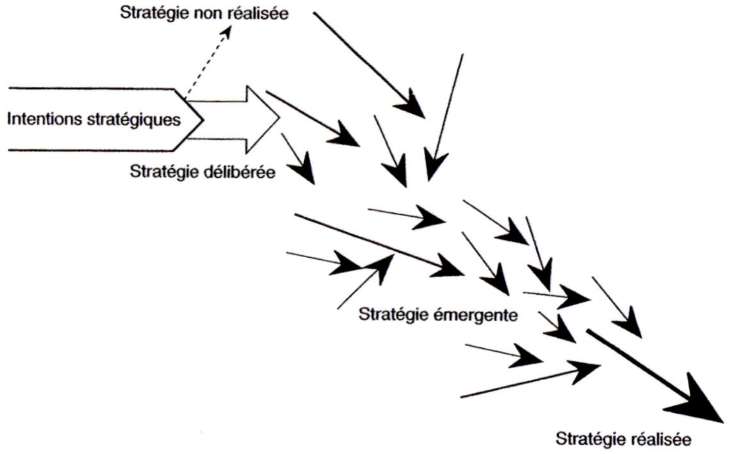

Fondements théoriques

Path dependence, ou « la dépendance de sentier »

On traduit souvent *path dependence* par « dépendance de sentier », ce qui est une traduction littérale finalement assez peu claire. On ferait certainement mieux de parler de l'influence du cheminement ou de la trajectoire. On dit qu'un processus est *path dependent* (influencé par sa trajectoire) lorsque les circonstances ou les choix passés peuvent empêcher certaines évolutions de se produire dans le futur. L'idée centrale est que, même si les circonstances ont complètement changé, les décisions qui ont été prises dans le passé limitent les options qui s'offrent au décideur pour le futur[1].

Les économistes ont développé le concept de *path dependence* pour expliquer l'adoption de certaines technologies et l'évolution de certaines industries qui semblent contredire l'idée d'optimisation économique. Au lieu d'atteindre l'équilibre économique optimal que prédit la théorie classique, certains processus débouchent en effet sur des équilibres imparfaits qui ne peuvent s'expliquer que par le cheminement qui a été suivi pour en arriver là. La persistance sur nos ordinateurs des fameux claviers QWERTY ou AZERTY hérités des machines à écrire, que nous utilisons toujours malgré leur infériorité technique par rapport à d'autres dispositions possibles des touches (voir le Mini-cas sur le clavier Dvorak dans le chapitre 6 sur l'innovation) est un exemple de déterminisme de la trajectoire technique. À l'origine, sur les machines à écrire mécaniques, les touches avaient été disposées de manière à écarter les lettres qui se suivent fréquemment dans les mêmes mots, pour limiter la vitesse de frappe et éviter que les tiges de la machine ne s'emmêlent et ne se bloquent. Cette contrainte a disparu, mais on conserve pourtant le même clavier parce que c'est celui que tout le monde connaît et sait utiliser.

En fait, les économistes ont emprunté le concept de *path dependence* aux sciences fondamentales que sont les mathématiques, la physique et la biologie. La théorie du chaos montre que des événements fortuits et apparemment non significatifs, qui se sont produits dans le passé, peuvent influencer de manière dramatique les développements futurs. Le célèbre « effet papillon » en est l'illustration. La théorie de l'évolution, quant à elle, stipule que les mutations génétiques se produisent par hasard

1. Arthur W. B. 1994 ; Liebowitz S. J. et Margolis S. E., 1995.

....> et que seules celles qui survivent à la sélection naturelle persistent. L'évolution ne découle donc pas de l'adaptation des espèces au milieu mais d'une infinité de phénomènes fortuits qui créent des formes de vie nouvelles, la plupart du temps non viables, mais parmi lesquelles une minorité est capable de subsister et de faire l'objet de nouvelles mutations.

En ce qui concerne la formation de la stratégie et le changement stratégique, le concept de *path dependence* est très pertinent. Par exemple, reconnaissons que les décisions d'embauche ou d'investissement qu'a prises une entreprise il y a dix ans ont une influence très forte sur les décisions qu'elle peut prendre maintenant, même si les circonstances ont complètement changé : le personnel en place, la nécessité de rentabiliser les investissements passés, la trajectoire technologique effectuée, conditionnent très fortement la stratégie future. L'échec de Polaroïd et de Kodak devant l'avènement de la photographie numérique ne s'explique pas autrement (voir Mini-cas ci-après).

Soulignons qu'être victime d'un déterminisme du cheminement n'est pas nécessairement une preuve d'irrationalité, car les choix passés ont pu être faits de manière parfaitement rationnelle dans leur contexte de l'époque. Mais, en faisant ces choix, l'entreprise a, sans forcément s'en rendre compte, rendu certains choix futurs impossibles. C'est pourquoi il est important d'évaluer en quoi chaque décision stratégique limite la capacité future de l'entreprise à changer de stratégie.

C/ Le jardinage stratégique

Pour décrire le travail du dirigeant dans la formation de la stratégie, a recours à l'image du potier penché sur son tour, affinant progressivement son tas de glaise[1]. Nous préférons pour notre part une image tout aussi artisanale, mais plus bucolique[2] : la stratégie se fabrique comme se dessine un jardin, et le dirigeant en est le jardinier. Le jardinier sait où il veut placer un massif de fleurs, et décide ainsi, après mûre réflexion, d'abattre le marronnier qui ferait trop d'ombre. Pour cela, il prépare ses outils, calcule l'endroit où il va donner de la tronçonneuse, anticipe la chute de l'arbre, prévoit comment débiter et évacuer les morceaux. C'est une opération planifiée ; importante, mais ponctuelle. Pour le reste, il doit également, de manière moins héroïque, se soucier, par exemple, de tailler les haies : travail progressif, où l'intention et le résultat convergent petit à petit. Mais voici qu'une bosse suspecte révèle l'imminence d'un fléau : la chasse à la taupe requiert alors toute son attention. Maintenant les plantes ont poussé, certaines d'ailleurs ont tellement proliféré qu'elles menacent d'envahir tout le jardin, tandis que d'autres se dessèchent ou vivotent péniblement. Aussi le jardin n'a-t-il pas exactement l'allure dont notre jardinier rêvait. Il reste encore de l'ouvrage. Bien sûr, tout cela dépend de sa référence fondamentale : s'il a voulu un petit Versailles, il y a peu de chance qu'il obtienne un jardin anglais. Et si, un jour, après un hiver très rude qui a tué la plupart des plantes, le nouveau propriétaire estime qu'il en a assez des buis géométriques et des allées de gravier, il lui faudra changer de style. Mais peut-être le propriétaire fera-t-il appel pour ce nouveau dessein à un nouveau jardinier…

1. Mintzberg H., 1987.
2. Connolly T., 1988.

2 Reproduction et révolution stratégiques

Le processus que nous venons de décrire pourrait laisser penser que les entreprises intègrent le changement, qu'il soit délibéré ou émergent, de manière régulière. Ce serait une erreur. Sur le long terme (disons de dix à… cent ans), l'étude des trajectoires stratégiques des entreprises permet de dégager un modèle général autour de la constatation suivante[1] : les organisations connaissent des phases prolongées de relative stabilité, entrecoupées de brefs épisodes de bouleversement. Pendant les phases de stabilité, les choix stratégiques de l'entreprise sont marqués par une logique dominante : les actions stratégiques s'enchaînent de manière relativement cohérente ou tout au moins sans contradiction ni remise en cause flagrante. Ceci continue tant que la logique dominante est en phase avec le contexte interne et externe de la firme. Lorsque les actions stratégiques qu'elle produit ne sont plus pertinentes, alors l'entreprise est amenée à rompre avec cette logique dominante… ou à disparaître ! Dans les phases de rupture, les actions stratégiques mises en œuvre marquent une réorientation drastique qui a de profondes répercussions sur l'ensemble de l'entreprise. Celle-ci vit alors une révolution stratégique.

A/ La reproduction stratégique

La logique dominante[2] de l'entreprise peut être décomposée en plusieurs logiques distinctes, qui toutes traduisent, dans des domaines différents, le poids de l'héritage de l'organisation.

Une logique des représentations. Elle est marquée par la domination de certaines représentations de ce qu'est l'environnement concurrentiel de la firme (par exemple, qui sont les concurrents principaux[3]), des capacités de la firme elle-même (par exemple, son potentiel d'innovation), des règles de réussite (par exemple, rechercher ou non des alliances). Il s'agit d'un système de pensée stable, internalisé par les managers, qui guide leur réflexion et inspire leur action[4]. Ces représentations de l'environnement, de l'entreprise, et de l'entreprise dans son environnement permettent aux dirigeants de comprendre, évaluer et décider sans trop douter face aux informations multiples et souvent ambiguës qu'ils reçoivent.

Une logique de l'identité. Cette structure cognitive se double d'un imaginaire qui est le support de l'identité de l'organisation (voir chapitre 2). Elle garantit la cohérence et la stabilité de l'organisation.

Une logique des compétences. Les compétences accumulées par l'organisation constituent des ressources précieuses. L'exploitation de ces compétences permet de produire des actions de manière à la fois performante (on sait ce qu'on fait) et économique (on s'appuie sur des acquis).

Une logique des succès. Dans le monde complexe de la stratégie, dans laquelle il est difficile de distinguer les causes et les effets, les résultats sont souvent pris comme le meilleur indicateur de la qualité de l'action. Les actions stratégiques passées qui ont été couronnées de succès sont perçues comme des exemples d'actions pertinentes, bien menées. Leur succès prouve qu'elles sont « ce qu'il faut faire ».

Une logique du pouvoir. L'entreprise n'est pas constituée d'un bloc homogène. Les dirigeants, les différentes unités qui composent l'organisation, sont en compétition pour obtenir des ressources (budgets), de l'autonomie, du prestige, et de l'influence sur l'ensemble de l'organisation. Les actions stratégiques sont des enjeux majeurs dans cette compétition interne.

1. Miller D. et Friesen P. H.,1980 ; Tushman M.L., Newman W.H. et Romanelli E., 1986.
2. Prahalad C.K. et Bettis R.A., 1986.
3. Porac J.F. et *al.*, 1995 ; Reger R.K. et Palmer T.B., 1996.
4. Donaldson G. et Lorsch J. W., 1983 ; Hall R., 1984 ; Lyles M.A. et Schwenk C.R., 1992 ; Cossette P. (dir.), 1994 ; Laroche H. et Nioche J.P., 1998.

Ces différentes logiques doivent être comprises d'un point de vue dynamique. Elles sont le résultat de l'histoire particulière de l'entreprise. Cette histoire a fait émerger des représentations dominantes, façonné une identité, permis l'accumulation de compétences, produit des séries de succès, et assuré la domination de certains dirigeants ou de certaines parties de l'organisation. Une certaine cohérence a été réalisée entre ces logiques : les dirigeants au pouvoir sont ceux à qui ont été attribués les succès ; les succès ont été produits par certaines compétences clés ; l'identité de la firme est l'expression symbolique de cette histoire, tandis que les représentations dominantes reflètent ce qui en a été retenu.

La logique dominante permet à l'entreprise de développer son action stratégique en surmontant les défis de l'ambiguïté de l'environnement et de la cohérence interne. Elle inspire directement les intentions stratégiques, organise la sélection des actions stratégiques qui s'y surajoutent de manière incrémentale, et guide les réactions de l'entreprise face aux incidents et événements occurrents. L'action y est orientée principalement dans deux directions. Premièrement, il s'agit de perfectionner l'ajustement réciproque des différentes variables qui conditionnent la performance de la firme. Deuxièmement, l'entreprise qui semble avoir trouvé la formule de son succès cherche à la développer dans toutes ses potentialités et à la préserver face aux changements environnementaux. Le résultat de ces deux tendances est un changement progressif, ce qui néanmoins peut signifier un développement rapide si l'environnement est favorable.

MINI-CAS

SNC

La SNC est une entreprise canadienne d'ingénierie. À ses débuts, imitant les firmes leaders du secteur, elle recherche les grands projets et ses premiers succès dans ce domaine lui permettent d'accumuler des compétences à manager les opérations d'envergure. Cependant, pour s'imposer, il faut « décrocher » des contrats. Dans ce contexte, l'opportunisme et la flexibilité sont des vertus qui vont de pair avec une focalisation sur la rentabilité à court terme. La figure centrale de l'entreprise est celle du chef de projet dont on attend qu'il fasse preuve d'autonomie et d'initiative. En contrepartie, l'entreprise favorise le développement professionnel des individus ayant démontré ces qualités. Enfin, la SNC hérite de ses fondateurs une identité marquée par des valeurs de multiculturalisme qui la font vite s'orienter vers un développement international. Comme elle est habituée à collaborer avec d'autres firmes sur les projets d'ingénierie, ce développement prend souvent la forme de joint-ventures. Comme les projets, les acquisitions à l'étranger sont confiées à des individus de confiance, anciens chefs de projet, auxquels il est laissé une grande autonomie. Le développement international de la firme transpose donc le modèle de base sur lequel s'est fait le succès de l'entreprise : une multiplication de projets variés, conçus en fonction des opportunités du moment, choisis selon des critères de rentabilité à court terme, et gérés localement de manière très autonome par des anciens chefs de projets.

Source : Côté L., Langley A. et Pasquero J. (1999), « Acquisition Strategy and Dominant Logic in an Engineering Firm », Journal of Management Studies, *vol. 36, n° 7, p. 919-952.*

Questions

1) Pourquoi une telle logique dominante s'est-elle développée chez SNC ?
2) Quels en sont les avantages et les inconvénients ?

Cependant la logique dominante contient des pièges.

La logique des représentations peut conduire à ignorer des informations importantes et à persister dans des conceptions qui ne sont plus en phase avec le contexte (par exemple, ignorer l'émergence de nouveaux concurrents, de produits de substitution, ou de nouvelles technologies). Elle conduit à « voir ce que l'on croit » plutôt que ce qui est. Par exemple, en 1998, certains des auteurs de ce livre se sont vus confier l'organisation d'un séminaire de formation pour les cadres dirigeants d'Usinor, alors le leader européen de la sidérurgie. Dans la préparation du séminaire, les responsables internes de la formation refusèrent que soit incluse dans le programme du séminaire l'étude d'un cas sur Ispat, un sidérurgiste d'origine indienne très dynamique, mais beaucoup plus petit qu'Usinor, sous prétexte que cette entreprise n'était pas « véritablement en concurrence avec Usinor du fait de sa technologie beaucoup moins sophistiquée ». La logique dominante d'Usinor empêchait ses dirigeants de percevoir une entreprise originaire d'un pays « sous-développé » comme un concurrent crédible, digne d'être examiné. L'anecdote prend tout son sel lorsque l'on sait qu'Ispat a depuis été rebaptisé Mittal Steel et qu'il a acquis, lors d'une OPA hostile en 2006, le leader européen de la sidérurgie Arcelor, lui-même issu de la fusion d'Usinor et d'Arbed.

La logique de l'identité peut pousser à nier des changements qui remettent en cause ses fondements. Elle incite à « rester ce qu'on est ».

La logique des compétences peut provoquer un renouvellement insuffisant du portefeuille de compétences de la firme. L'exploitation des compétences existantes est préférée au développement de nouvelles (processus d'exploration[1] qui nécessite des investissements). L'entreprise se contente de « faire ce qu'elle sait faire ».

La logique du succès conduit à répéter des actions passées en négligeant les différences de contexte (*strategy by analogy*). Elle limite l'apprentissage et peut déboucher sur des échecs inattendus et de grande ampleur, ou sur un engagement excessif et persistant dans des projets qui ne produisent pas les résultats espérés (voir, ci-après, l'encadré « Fondements théoriques » sur le « processus d'escalade »).

Enfin la logique du pouvoir tend à maintenir en place des dirigeants ou des groupes dominants qui n'ont plus les ressources pour faire face aux nouveaux défis posés à l'organisation, et à écarter du pouvoir et des décisions ceux qui proposent des actions innovantes. Ainsi par exemple, le développement de la première gamme d'appareils photos digitaux de Kodak, pourtant décidé par les dirigeants de l'entreprise, a été « saboté » et considérablement retardé par la mauvaise volonté d'une grande partie des ingénieurs, chimistes pour la plupart d'entre eux, qui voyaient dans cette nouvelle technologie une menace pour leur position et leur influence dans l'entreprise.

1. March J., 1991 ; Levinthal D.A. et March J.G., 1993 ; Miller D. 1993.

Logique	Représentations	Identité	Compétences	Succès	Pouvoir
Définition	Système de pensée organisant l'interprétation des informations et les jugements	Imaginaire organisationnel s'exprimant par une culture d'entreprise	Exploitation des compétences acquises pour développer l'action stratégique	Pertinence des actions évaluée à l'aune de leur succès passé	Formation d'une coalition dominante
Tendance induite	Voir ce qu'on croit	Rester ce qu'on est	Faire ce qu'on sait faire	Refaire ce qu'on fait	Maintenir en place
Avantage	Réduction de l'ambiguïté, coordination, engagement	Cohérence interne	Moyens peu coûteux	Justification aisée des actions	Ordre interne
Risque	Distorsion des informations ; aveuglement	Isolement	Non-renouvellement des compétences	Ignorance des facteurs de contexte dans les succès passés	Confiscation du pouvoir par un petit groupe
Prévention	Réinterprétation des informations et questionnement sur les croyances	Identités multiples	Exploration : investissement dans le développement de nouvelles compétences	Expérimentation ; apprentissage à partir des échecs	Compétition interne

Tableau 25.1
Les différentes logiques composant la « logique dominante »

Fondements théoriques

Le processus d'escalade (*escalation of commitment*)

L'escalade de l'engagement (en anglais : *escalation of commitment*) est la tendance à poursuivre une action, alors même que celle-ci ne produit pas les effets désirés, parce qu'on ne veut pas se résoudre à « perdre » les ressources (temps, argent, etc.) que l'on a déjà consacrées à cette action. L'expression *escalation of commitment* est due à Barry M. Staw[1]. Les exemples quotidiens abondent. Le voyageur qui s'impatiente parce que le bus tarde à passer préfère pourtant attendre encore un peu plutôt que de se résoudre à rentrer chez lui à pied ou à prendre un taxi. Il ne peut accepter d'avoir attendu pour rien et continue d'espérer que le bus arrivera d'une minute à l'autre. Il ne s'agit pas d'une erreur, d'un biais ou d'un aveuglement : il est patent que le bus est en retard. Ce type de situation montre que des décisions manifestement inefficaces peuvent tout de même continuer à être mises en œuvre, parce que les décideurs se sentent liés (engagés) par leurs choix passés.
Les entreprises sont fréquemment le lieu de phénomène d'escalade. Les décideurs ou les initiateurs de la décision (par exemple, les promoteurs d'un projet) s'engagent dans l'action avec certaines attentes de résultat. Cet engagement et ces attentes sont publics : ils sont par exemple matérialisés par des annonces, des objectifs, des plans, etc. Lorsque les premiers résultats sont décevants ou négatifs (par exemple, un retard >

1. Staw B.M., 1976.

····>

dans le développement du produit ; des tests médiocres auprès des clients potentiels ; des performances techniques insuffisantes), l'attachement psychologique des décideurs par rapport au projet les pousse à persister. A ce stade, c'est une décision qui peut être rationnelle : comment espérer réaliser quelque chose de grand si on s'arrête au premier obstacle ? Avec des efforts supplémentaires, on peut espérer résoudre ces difficultés. La décision de poursuivre engage donc de nouvelles ressources, en temps, en moyens financiers, en hommes alloués au projet, etc. Les difficultés sont tues, puisqu'elles sont vues comme temporaires. Si la situation ne s'améliore pas, si elle empire, s'ouvre alors la question de l'abandon. Outre leur foi peut-être intacte dans le projet, les décideurs se trouvent alors devant la perspective d'avoir à se justifier face à des parties prenantes internes ou externes. Pour ceux qui travaillent sur le projet, employés, mais aussi fournisseurs ou clients, l'abandon peut signifier un risque de perte d'emploi ou en tout cas de difficultés personnelles. Des parties prenantes externes peuvent également avoir des intérêts investis dans le projet, depuis le maire et les commerçants de la commune où l'équipe s'est installée, jusqu'au ministre qui en a fait publiquement les louanges. Ainsi, certains acteurs peuvent avoir intérêt à ce que le projet se poursuive même en l'absence de résultats probants, tandis que d'autres persistent à croire que moyennant quelques rallonges budgétaires, le projet aboutira.

Le processus d'escalade de l'engagement est donc un phénomène complexe qui fait intervenir des facteurs du calcul rationnel, des facteurs psychologiques et psychosociaux, des facteurs organisationnels et des facteurs politiques[1]. Les projets à fort contenu technologique (et notamment les projets informatiques de grande ampleur) en sont des terrains privilégiés, en raison de la difficulté à estimer les obstacles rencontrés et à saisir l'ensemble du projet. Mais l'escalade peut se rencontrer dans tous les domaines de la stratégie.

Le jeu des logiques et de leurs pièges peut engendrer une dérive stratégique[2] : les actions de l'entreprise perdent de leur pertinence vis-à-vis du contexte dans lequel elle est placée, sans que les dirigeants en prennent conscience. Les échecs se multiplient mais leur importance est minimisée, leur cause est attribuée à des facteurs de circonstances et l'entreprise n'en tire pas d'enseignement utile[3]. Même si des signes inquiétants apparaissent, l'interprétation de ces signes est conditionnée par les modes habituels de raisonnement. Les dirigeants, comme tous les individus, ont naturellement tendance à chercher des confirmations de ce qu'ils pensent, plutôt que des démentis. Même lorsque les organisations réagissent activement à des problèmes stratégiques, elles le font souvent en cherchant le plus longtemps possible à préserver leur stabilité[4]. Les actions entreprises visent alors à maintenir les orientations déjà en place, de manière à ne pas briser la continuité stratégique. Le cas Polaroïd ci-dessous montre un exemple de tentative trop limité d'adaptation aux conditions changeantes de l'environnement technologique, avec l'apparition de l'imagerie numérique.

MINI-CAS

Polaroïd

En février 2008, Polaroïd annonce la fin de la fabrication des films pour ses appareils photographiques instantanés. Cette nouvelle désole les amateurs et professionnels, encore nombreux, qui utilisent toujours cette technologie analogique, alors même que la photographie numérique s'est imposée depuis longtemps. >

1. Staw B.M. 1997 ; Staw B.M. et Ross J., 1978 ; Drummond H., 2003.
2. Johnson G., 1987.
3. Baumard P. et Starbuck W.H., 2005.
4. Staw B.M., Sandelands L.E. et Dutton J.E., 1981.

····> Mais l'histoire de Polaroïd est jouée depuis 2001, date de sa faillite et de sa reprise par divers investisseurs. C'est la fin d'une entreprise extraordinairement innovante, qui a connu un succès mondial. Elle représente avant tout l'aventure d'une idée, la photographie instantanée. Si Polaroïd a été fondée en 1937, c'est en 1948 qu'elle connaît son véritable démarrage avec le lancement du premier appareil à développement instantané. Plus besoin d'envoyer le film pour développement et tirage ; plus d'attente ; on peut voir aussitôt la photo qu'on vient de prendre. C'est le début d'une période de croissance et de richesse exceptionnelles. Entre 1948 et 1978, les ventes croissent en moyenne de 23 % par an, et les profits de 17 %, tout comme le cours de l'action. En 1976, suite à un procès, Polaroïd réussit à évincer Kodak du marché de la photo instantanée et règne alors sans partage sur ce marché.

À l'époque, Polaroïd est alors toujours dirigé par son fondateur, Edwin Land, qui partage avec les membres de l'équipe dirigeante plusieurs croyances fondamentales :

> La foi en la technologie : ce n'est pas le marché qui dicte ce que doit faire l'entreprise, mais l'entreprise qui, par son offre de produits technologiquement supérieurs, crée son marché.

> L'ambition : les projets qui paient sont des projets de grande ampleur et de longue haleine ; inutile de perdre du temps et de l'argent dans des petites améliorations, des développements à la marge.

> La valeur du développement instantané : les utilisateurs veulent des « vraies » photos, pas des images sur écran.

> La valeur de la qualité photographique : fournissant des photos de médiocre qualité au début, les films Polaroïd doivent tendre vers une haute qualité, en tout cas une qualité comparable à celle produite par les films classiques.

> L'argent se gagne sur les films (les consommables) : les appareils (les matériels) servent avant tout à faire consommer des films.

Au début des années 1980, la révolution numérique se profile. Le nouveau dirigeant, qui remplace E. Land en 1980, en est conscient. Polaroïd consacre une part considérable de ses ressources au développement de technologies numériques. Des spécialistes sont embauchés pour poursuivre deux projets majeurs. Le premier, Printer in the Field, est un appareil photo numérique qui produirait instantanément une sortie sur papier de la photo. Le second, Helios, est un système destiné aux radiologues qui doit se substituer aux rayons X. Ces deux projets, bien qu'emmenant Polaroïd hors de son champ d'activité traditionnel, sont tout à fait cohérents par rapport aux croyances fondamentales de l'équipe dirigeante : des innovations technologiques majeures, nécessitant un engagement de longue durée, maintenant le concept de d'image physique disponible instantanément. Surtout, ils s'inscrivent dans le modèle économique qui concentre les marges sur les consommables et non sur les matériels.

Le résultat de ces efforts est qu'en 1990, Polaroïd dispose de compétences considérables dans les technologies d'imagerie digitale et a un avantage certain sur ses concurrents. A titre d'exemple, Polaroïd était capable de produire des images de 1,9 million de pixels, alors que les concurrents ne dépassaient pas les 500 000. Cependant, Polaroïd avait négligé d'autres investissements possibles et bientôt cruciaux, tels que la capacité industrielle à fabriquer des composants électroniques à faible coût ou le développement rapide de produits. Également, Polaroïd s'en tenait à son réseau de vente traditionnel. Ces domaines n'étaient en effet pas jugés importants.

Cependant, entre 1980 et 1985, après trente ans de croissance des ventes à deux chiffres, le chiffre d'affaires stagne. Ceci entraîne une altération du système >

····> de croyances (décrit plus haut) : à la fois en la technologie comme force créatrice du marché se substitue progressivement une attention au marché et une approche plus soucieuse des besoins des consommateurs.

En 1990, les activités concernant l'imagerie électronique sont regroupées dans une division spécifique. Celle-ci est très largement composée d'employés récemment embauchés. Des frictions vont rapidement apparaître entre cette division et la direction générale. En effet, la nouvelle division abandonne le projet Printer in the Field au profit d'un concept d'appareil numérique à haute définition et à usage professionnel – sans tirage instantané (sinon comme accessoire). Dès lors qu'il n'y a plus de film, donc plus de consommable, ce projet est en contradiction avec le *business model* traditionnel, tenu pour seul valable. Habitués à des marges de 70 % sur les films, les dirigeants de Polaroïd ne sont pas enthousiasmés par les 38 % de marge que promettent les managers de la division « Imagerie électronique » sur ce produit. De plus, c'est se priver des compétences techniques uniques de Polaroïd sur les films et la chimie. Annoncé en 1992, le PDC-2000 ne sort qu'en 1996. Il affronte alors plus de 40 concurrents. Pourtant il ne bénéficie pas d'une force de vente dédiée. En 1997 sort un PDC-3000, mais le produit est bientôt abandonné.

Bien que Polaroïd dispose de toutes les compétences nécessaires, les possibilités de développement d'imprimantes à jet d'encre ou par sublimation thermique ne sont guère explorées, car elles vont à l'encontre de la croyance selon laquelle la qualité d'image doit être maximale pour séduire le public. Seul le projet Helios a les faveurs de la direction générale. Le système est lancé en 1993, mais c'est un échec, en raison notamment d'une distribution inadaptée. L'activité est cédée en 1996.

En 1996, précisément, un changement d'importance a lieu avec l'arrivée d'un nouveau dirigeant, le premier à être recruté en dehors de l'entreprise. Rapidement, il renouvelle l'équipe dirigeante presque entièrement. Il déclare cette même année : « Nous ne sommes pas là pour obtenir le maximum de brevets, ni pour publier le maximum d'articles de recherche, ni pour voir combien de choses on peut inventer ». Les dépenses de R&D sont diminuées, celles de marketing sont augmentées. Le développement rapide de nouveaux produits et leur mise rapide sur le marché deviennent le nouveau credo qui efface la croyance en la vertu des projets de longue haleine. Ainsi, Polaroïd lance une ligne d'appareils-jouets. Néanmoins, les autres croyances demeurent inchangées, notamment celle qui dicte à la firme son modèle économique. Le nouveau dirigeant déclare encore : « Qui sommes-nous ? À quoi sommes-nous bons ? Nous sommes bons quand nous faisons des images instantanées. Il n'y a pas beaucoup d'entreprises qui savent faire ça... ».

En 2001, Polaroïd dépose son bilan. L'entreprise est reprise puis revendue. Elle devient essentiellement une marque. Les usines du Massachusetts qui, dans les années 1970, employaient 15 000 personnes à la fabrication de films ferment en 2008. Elles ne comptaient plus que 150 employés.

Sources : Tripsas M. et Gavetti G., Capabilities, « Cognition, and Inertia : Evidence from Digital Imaging », Strategic Management Journal, *vol. 21, 2000, p. 1147-1161 ; Datamonitor, 2008 ;* The Boston Globe, *8 fév. 2008.*

Questions

1) Quelles sont les croyances partagées, issues de l'histoire de l'entreprise, qui empêchent Polaroïd de réussir le tournant de la photo numérique ?
2) Comment ces croyances provoquent-elles l'échec des deux nouveaux projets (appareil numérique à haute définition et à usage professionnel ; système destiné aux radiologues et se substituant aux rayons X) ?

B/ La révolution stratégique

Il faut souvent des événements dramatiques (pertes abyssales, accident majeur, échec retentissant) pour que la dérive stratégique apparaisse au grand jour et débouche sur des changements profonds. Ces événements trouvent écho à l'intérieur de l'entreprise, où certains acteurs saisissent l'occasion de provoquer les changements auxquels ils aspirent, mais aussi à l'extérieur, parmi les actionnaires et autres parties prenantes (voir chapitre 22 sur la gouvernance). Les détenteurs du pouvoir, engagés par leur action et leurs discours passés, sont généralement placés de fait sur la défensive et s'engagent dans une lutte politique avec les contestataires. Un processus de changement radical – une révolution stratégique – peut alors s'enclencher. C'est l'ensemble des paramètres définissant l'organisation qui est reconsidéré. Les fondements des différentes logiques détaillées plus haut sont remis en question. À travers ce changement généralisé, les représentations dominantes et légitimes sont contestées, réexaminées et, pour finir, fortement amendées. L'identité est ébranlée. Les compétences tenues pour fondamentales sont déclarées obsolètes. Les succès passés sont vus comme des faits historiques désormais sans pertinence. Enfin, les solutions nouvelles proposées sont portées par des individus et des groupes qui, bien souvent, ne faisaient pas partie de la coalition dominante ou sont nouveaux venus dans l'organisation.

Pendant les périodes de révolution, les décisions mobilisent souvent bien plus que les enjeux apparents. Ainsi, derrière un engagement budgétaire modeste en faveur de tel ou tel projet de produit nouveau, peut se jouer en fait une question bien plus cruciale : vers quel type de projet les ressources vont-elles désormais se diriger ? Ceux qui marquent une rupture audacieuse avec les produits actuels, ou bien ceux qui se contentent de développer l'existant ? Plus profondément encore, c'est la représentation légitime du devenir de l'entreprise qui se joue ici : doit-on tenir pour vrai que le futur sera semblable au présent, ou bien, au contraire, que les succès passés ne garantissent pas le succès futur ? Grandes ou petites, les décisions en période de rupture constituent des engagements, véhiculent des messages de portée générale et définissent, directement ou indirectement, de nouvelles « règles du jeu ».

Le modèle reproduction/révolution doit se comprendre avant tout comme une dynamique. Les entreprises sécrètent des mécanismes qui les rigidifient peu à peu autour d'une formule qui semble leur assurer le succès ou au moins la survie. Mais ce qui fait leur réussite les rend progressivement moins aptes à produire des actions stratégiques « régénérantes ». Les difficultés qui apparaissent sont également mal prises en compte. Du fait même de la rigidité de l'entreprise, le changement doit être brutal. C'est pourquoi il prend la forme d'une révolution. Dans sa forme pure, celle-ci ne peut qu'être brève : l'organisation a besoin de stabilité et doit rapidement revenir à des modes de fonctionnement où tout n'est pas enjeu capital ou invention inédite. Une nouvelle logique dominante se met en place. Le cas Intel ci-dessous en donne un exemple.

MINI-CAS

Comment Intel a perdu ses mémoires

Intel a été fondé en 1968 par trois transfuges de Fairchild : Robert Noyce, Gordon Moore et Andy Grove, qui avaient pour projet de construire des mémoires à semi-conducteurs pour les grands systèmes informatiques (*mainframe computers*). La technologie de production développée par Intel permet à ses mémoires DRAM[1] d'être viables économiquement face aux mémoires centrales magnétiques qui >

1. DRAM (*Dynamic Random Access Memory*) : composant électronique inventé par Fairchild en 1969, et industrialisé à grande échelle par Intel à partir de 1970. La DRAM constitue la mémoire vive indispensable au bon fonctionnement de l'unité de calcul, qui y stocke temporairement les bits (en code binaire : 0 ou 1) nécessaires à ses calculs. La DRAM est effacée quand la machine s'éteint.

....> sont alors les moyens par lesquels les ordinateurs stockent les instructions et les données. En trois ans, les DRAM s'imposent comme le nouveau standard technologique. En 1972, la DRAM d'Intel est le semi-conducteur le plus vendu au monde, et représente 90 % des ventes d'Intel. Cependant, la concurrence se développe très vite. Parmi les premiers entrants sur le marché des DRAM, on compte d'abord les firmes américaines Mostek et Texas Instruments, puis les Japonaises Fujitsu, Hitachi et NEC. Les générations de produits se suivent, tous les deux ou trois ans. Intel perd pied rapidement : sa part de marché passe de plus de 80 % en 1974 (pour un volume total d'environ 600 000 unités) à environ 20 % en 1977, puis chute à quelques points (entre 3 et 4 %) à partir de 1980. En 1984, Intel n'a plus que des positions marginales sur la plupart des produits, et ne représente plus qu'un peu plus de 1 % d'un marché mondial de plus d'un milliard d'unités. Si Intel prospère malgré tout, c'est, on le sait, grâce à sa domination sur un autre marché, celui des microprocesseurs. Intel lance le premier processeur dès 1974, mais ce n'est qu'en 1982 que ces produits deviennent sa principale source de chiffre d'affaires.

En 1980, alors que la part de marché d'Intel sur les DRAM est inférieure à 3 %, le CEO Gordon Moore présente toujours les DRAM comme le moteur technologique de la firme et y voit la source majeure des effets d'expérience dont la firme doit bénéficier dans le futur proche. La R&D dans ce domaine est financée à la même hauteur que les nouvelles activités (dont les processeurs). C'est encore le cas en 1984, alors que les DRAM ne représentent plus que 3 % des ventes d'Intel et que cette activité est déficitaire. L'idée d'abandonner leur production commence à circuler, mais elle est rarement discutée ouvertement. Des plans de reconquête sont proposés à la direction générale, qui impliquent des investissements substantiels. D'abord encouragés, ces projets sont finalement définitivement repoussés, et fin 1985, Intel cesse de produire des DRAM.

Pourquoi ce changement ? Des informations particulièrement révélatrices sont-elles parvenues aux dirigeants d'Intel ? Évidemment non. Les situations de part de marché étaient connues. Les données essentielles, commerciales, technologiques, stratégiques, étaient normalement disponibles, et l'avaient toujours été. Écoutons Andy Grove : « Le fait est que nous étions devenus quantité négligeable dans les DRAM, avec 2-3 % de part de marché. Le marché des DRAM nous avait tout simplement laissés sur place ! Et pourtant, beaucoup de gens s'en tenaient encore à la "vérité d'évidence", à savoir qu'Intel était un producteur de mémoires. Un des plus grands défis, c'est d'amener les gens à voir que ces vérités d'évidence ne sont plus vraies... Je me souviens être allé voir Gordon [Moore, le CEO] et lui avoir demandé ce que ferait une nouvelle équipe de direction si jamais nous étions remplacés. Sa réponse a été claire : abandonner les DRAM. Alors j'ai suggéré à Gordon de quitter la pièce, puis de revenir, et de mettre en œuvre cette décision nous-mêmes. »

Jusqu'à ce tournant, la stratégie d'Intel avait été marquée par une logique dominante fondée sur :

> **un système de représentations** qui faisait de l'activité DRAM le « moteur technologique » (et donc, dans un tel secteur, le moteur stratégique) de la firme ;

> **une identité** centrée sur ce produit qui avait été à l'origine de la firme (« *Ce serait comme si Ford décidait d'arrêter de faire des voitures* », déclarait un manager à l'époque où l'abandon commence à être envisagé) ;

> **des compétences** accumulées considérables, mais localisées essentiellement dans la conception du dispositif de fabrication ; c'est en effet là qu'Intel avait initialement innové. En revanche, les concurrents principaux étaient avant tout des industriels sachant produire à moindre coût des produits standard ;

> **une réplique du succès** initial, qui était d'imposer au marché un standard technique nouveau ; alors qu'Intel tentait tous les deux ans de déclasser ses >

····> concurrents avec une puce radicalement nouvelle, les concurrents, eux, se contentaient d'exploiter rapidement les standards anciens. Intel ne captait plus que les clients les plus exigeants et les plus innovateurs, mais perdait la masse du marché ;

> **une domination** des managers de l'activité DRAM, puisque les dirigeants de l'entreprise étaient persuadés que ce sont eux qui maîtrisaient les facteurs essentiels du succès stratégique de la firme ; ceci se traduisait notamment dans l'allocation automatique d'une part considérable des ressources financières à cette activité.

La révolution qui s'opère en 1985 est de grande ampleur mais c'est une révolution tranquille, qui ne met pas la firme en danger. Intel est une entreprise riche qui possède un formidable portefeuille de compétences et d'activités valorisables dans des marchés en croissance forte. Toutes les entreprises n'ont pas cette chance.

Source : Burgelman R.A., « Fading Memories : A Process Theory of Strategic Business Exit in Dynamic Environments », Administrative Science Quarterly, *vol. 39, 1994, p. 24-56.*
Adapté par H. Laroche.

Questions

1) Pourquoi Intel, pionnier du domaine, a-t-il vu sa position dans les mémoires DRAM se détériorer à la fin des années 1970 ?
2) Pourquoi l'entreprise continue-t-elle à investir massivement dans un domaine qui ne représente plus qu'une part marginale de son activité ?
3) Qu'est-ce qui permet à l'entreprise d'évoluer et d'abandonner l'activité DRAM ?

C/ Les limites du modèle reproduction/révolution

Le modèle présenté ici ne peut prétendre rendre compte de l'évolution stratégique de toutes les entreprises dans toutes les périodes et toutes les circonstances. Il représente cependant une logique forte qu'on retrouve à l'œuvre dans les organisations. Le modèle « reproduction/révolution » doit être compris comme un outil intellectuel permettant de saisir les réalités propres à telle ou telle entreprise, de comprendre en quoi et pourquoi elle suit ou non cette logique « naturelle », et de dégager ses spécificités.

Par exemple, certaines entreprises sont dominées par un ou des acteurs puissants (actionnaire, tutelle, client principal…). Elles sont alors dépendantes des évolutions et révolutions qui se produisent chez leurs « maîtres ». Certaines organisations voient se succéder des dirigeants « parachutés », qui peuvent être tentés de provoquer des révolutions stratégiques en fonction de leur mission ou de leur projet personnel. Jean-Marie Messier a ainsi bouleversé la vénérable et discrète Compagnie Générale des Eaux pour en faire un groupe de communication et de divertissement, la flamboyante Vivendi (voir le Mini-cas dans le chapitre 2). Les « batailles boursières », aujourd'hui banalisées, produisent des changements de pouvoir au sommet qui ne s'inscrivent pas nécessairement dans la logique du modèle reproduction/révolution. Certes, il arrive que le changement de contrôle d'une firme résulte d'un affaiblissement de sa position stratégique, reflété alors par les marchés boursiers. Mais ces derniers ont également leur logique propre, et les entreprises peuvent changer de mains sans que cela constitue la sanction d'une mauvaise performance stratégique. Enfin, certaines organisations parviennent à se maintenir dans une situation d'échec permanent parce que leurs difficultés leur donnent accès à des ressources (aides, soutiens politiques,

etc.) qui leur autorisent la survie à l'identique et les dispensent de révolution stratégique (voire la leur interdisent)[1]. Il faut ajouter, enfin, que rien ne garantit que la révolution, lorsqu'elle se produit, débouche sur une meilleure adaptation de l'entreprise.
Mais le principal cas où l'application de ce modèle reproduction/révolution est problématique est peut-être celui où l'environnement dans lequel est placée l'entreprise est en évolution rapide ou, pour être plus précis, durablement en évolution rapide. Ce cas conduit à examiner la dimension temporelle de la stratégie.

3 La dimension temporelle de la stratégie

Comme nous l'avons vu au chapitre précédent, la stratégie est souvent conçue comme résultant d'une planification. Telle un projectile, son point de chute dépend essentiellement de l'impulsion donnée au départ. Les actions anticipées sont censées produire une trajectoire quasiment « balistique », qui suit une équation préalablement définie (voir la figure 25.2).

Figure 25.2
Action anticipée

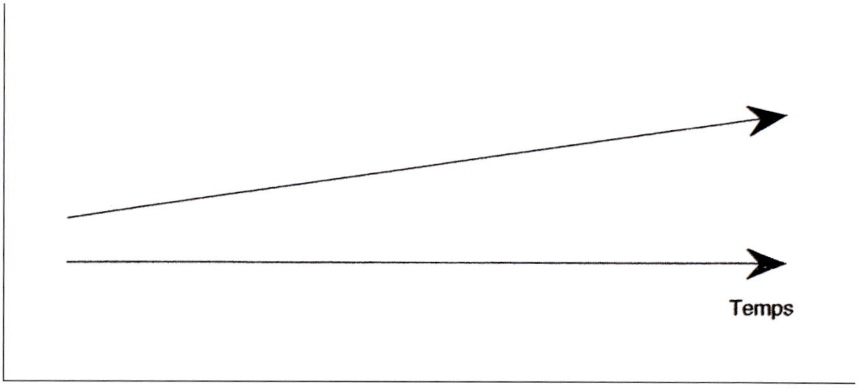

Le modèle reproduction/révolution suggère que le changement stratégique s'effectue plutôt d'une manière moins maîtrisée. Dans les phases de reproduction, la logique dominante fait évoluer l'organisation à une allure plutôt modérée, par des infléchissements et des développements de la stratégie initiale dus à des actions incrémentales (voir figure 25.3).

Figure 25.3
Actions incrémentales

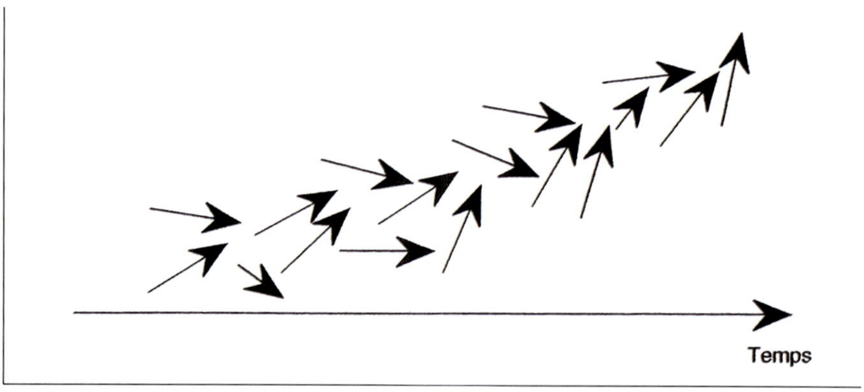

1. Meyer M.W., Zucker L.G., 1989.

Lors des révolutions stratégiques, la trajectoire de la firme connaît des réorientations soudaines, d'une ampleur significative. Ces **actions occurrentes** (voir figure 25.4) se forment souvent dans l'urgence, en réponse à des événements inattendus, à des chocs, et traduisent les redéfinitions de logiques qui sont à l'œuvre.

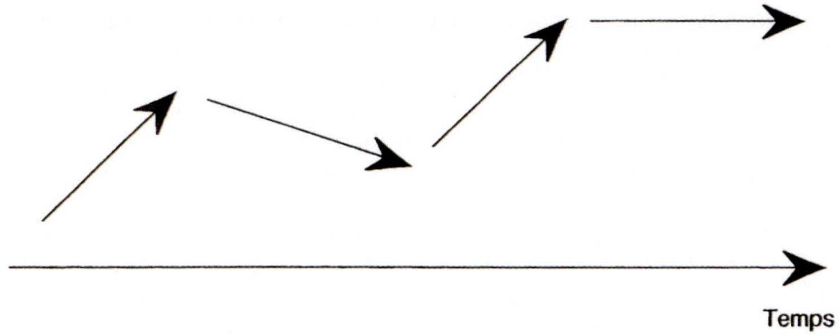

Figure 25.4
Actions occurrentes

Dans les environnements en évolution rapide (par exemple, du fait du développement et de l'extension de nouvelles technologies, telles que les technologies de l'information et de la communication), l'entreprise est confrontée à des remises en cause fréquentes. Ces environnements nécessitent des pratiques décisionnelles qui s'écartent des canons de la réflexion stratégique[1]. L'information doit être saisie rapidement, donc directement à la source, sans que soit possible aucun travail d'analyse, d'agrégation, de systématisation des données. Les dirigeants, qui doivent pouvoir rapidement « changer leur fusil d'épaule », suivent donc conjointement plusieurs lignes d'action différentes. De plus, les bienfaits d'une réflexion commune et d'un consensus au sein des managers doivent être sacrifiés pour favoriser la rapidité de décision : le dirigeant engage les actions et attend que les résultats positifs favorisent le consensus.
Le problème principal, pour l'entreprise, consiste d'abord à garder le rythme de l'évolution de son environnement. Mais elle peut chercher à maîtriser cette évolution en fixant elle-même un rythme de changement qui soit compatible avec la vitesse d'évolution de l'environnement. Ainsi, l'entreprise peut avoir comme politique un renouvellement systématique de ses produits sur une période prédéterminée

Controverse

Équilibre ponctué ou changement continu ?

Le modèle de formation de la stratégie en deux phases, reproduction et révolution, a été proposé comme concurrent au modèle classique du changement gradué. Dans le modèle du changement gradué, les dirigeants vigilants et rationnels sont à même de prendre chaque fois qu'il est nécessaire les décisions qui réorientent la stratégie de manière à l'adapter aux évolutions de l'environnement. Ils s'appuient pour cela sur les techniques de planification classiques. Le modèle reproduction/révolution et l'idée de logique dominante cherchent à rendre compte des insuffisances des dirigeants dans leur capacité à être vigilants et clairvoyants, et de l'inertie qui enferme les entreprises dans un élan donné, une fois celui-ci impulsé. Il rejoint l'idée plus générale que les systèmes sociaux changent selon un mode à deux temps, l'un lent et progressif, l'autre rapide et radical. Ce modèle général est dit « modèle de l'équilibre >

1. Eisenhardt K.M., 1989 ; Eisenhardt K.M., 1990, 1992 ; Eisenhardt K.M., Donald N. Sull, 2001.

....> ponctué »[1]. Des phases d'équilibre dynamique sont interrompues, « ponctuées », par des épisodes de reconfiguration du système.

Néanmoins, en ce qui concerne la stratégie, certains chercheurs comme Brown et Eisenhardt observent que ce modèle postule une certaine passivité des entreprises[2]. Or les entreprises peuvent, individuellement ou collectivement, se donner les moyens de suivre l'évolution de l'environnement, même quand celui-ci pose des problèmes aigus d'interprétation et d'anticipation qui disqualifient les outils classiques de planification et l'ambition de la maîtrise complète du processus de changement. Ainsi, au lieu de seulement chercher à « suivre le rythme » des changements, les entreprises peuvent essayer de « donner le rythme » de ce changement. Ceci peut se faire, par exemple, en programmant un renouvellement systématique des produits selon un rythme prédéterminé. Ce n'est plus le marché (ou la technologie) qui donne le signal à l'entreprise pour décider s'il faut ou non lancer un nouveau produit (et abandonner l'ancien). Plutôt que de concevoir les générations successives de produits comme autant de projets strictement distincts, gérés individuellement en fonction des signaux du marché, les firmes performantes s'attachent à gérer un flux continu de projets entrelacés. Bien entendu, il faut pour que cette stratégie soit efficace que le rythme choisi par l'entreprise soit compatible avec l'évolution de l'environnement. S'il est trop lent, les produits seront obsolètes avant d'être remplacés. S'il est trop rapide, les coûts de développement seront trop élevés par rapport aux avantages concurrentiels que les nouveaux produits procurent. Enfin, il faut que l'entreprise mette en place des systèmes de management spécifiques qui imposent cette politique, encadrent les actions des managers et leur allouent les ressources nécessaires[3].

C'est pourquoi, dans un secteur donné, on peut observer une convergence des rythmes adoptés par les firmes pour structurer leur propre action et apprivoiser la pression de l'environnement. Cette mise en harmonie crée des rythmes réguliers à l'échelle de l'industrie tout entière, jusqu'à peut-être s'institutionnaliser dans des méta-règles qui deviennent des régulateurs externes du jeu concurrentiel. Ainsi de la célèbre « loi de Moore » dans le secteur des composants électroniques étudié par Eisenhardt et ses disciples, qui « prédit » un doublement de la puissance des puces tous les dix-huit mois environ : plutôt qu'une loi physique, c'est une « prophétie auto-réalisatrice » qui résulte de l'adaptation des firmes du secteur à cette loi[4]. Cependant, il a aussi été suggéré que cette harmonisation ou convergence des firmes dans un secteur donné pouvait contribuer à entretenir une instabilité générale[5].

Les firmes, suggèrent Brown et Eisenhardt, sont capables de produire un changement continu. Alors qu'à bien des égards la théorie de l'équilibre ponctuée apparaissait comme une critique de la vision gradualiste, volontariste, du changement stratégique qui sous-tendait les formulations fondatrices du management stratégique, les travaux sur les secteurs en évolution rapide aboutissent à une sorte de double paradoxe : le changement continu, objectif de la planification stratégique, inaccessible dans les environnements relativement stables, est réalisé dans les environnements instables, c'est-à-dire là où il semble *a priori* le plus difficile à atteindre ; de plus, il est produit par des moyens non conventionnels.

1. Gersick C.J.G., 1994.
2. Eisenhardt K. M. et Behnam N.T., 1995 ; Brown S. L. et Eisenhardt K. M., 1997.
3. Par exemple des « routines » de changement : Howard-Grenville J.A., 2005.
4. Demil B., Leca B. et Naccache P., 2001 ; Barnett et *al.*, 2003.
5. Bogner W.C. et Barr P.M., 2000.

4 L'AGENDA STRATÉGIQUE

L'exemple des environnements en évolution rapide montre qu'un enjeu crucial, pour la maîtrise du changement stratégique, est de traiter, correctement et à temps, les problèmes que l'environnement pose à l'organisation. C'est également ce qu'implique l'idée plus générale selon laquelle la stratégie se fabrique, au moins en partie, par un processus émergent. Il importe alors que les problèmes stratégiques parviennent à l'attention des dirigeants, attention qui est une ressource rare. La logique dominante, *a contrario*, agit comme un filtre sur les problèmes. Elle en désigne certains comme importants et prioritaires et en relègue d'autres dans l'ombre. La maîtrise du changement stratégique passe par une maîtrise de l'agenda stratégique de la firme[1], c'est-à-dire du flux des problèmes qui reçoivent – ou non – l'attention des dirigeants. Bien entendu, il ne suffit pas que les problèmes soient mis à l'ordre du jour du comité de direction pour que de bonnes décisions soient prises et que l'entreprise échappe aux pièges de la logique dominante. Il faut que ces problèmes soient travaillés, réinterprétés de telle sorte que la validité des croyances soit mise à l'épreuve. Les solutions trop évidentes (suggérées par les filtres de l'identité, des compétences accumulées, et des succès) doivent également être mises en concurrence avec des possibilités d'action nouvelles. Enfin, il faut que les intérêts des uns et des autres ne viennent pas trop biaiser la réflexion. Ceci peut demander des techniques et des dispositifs spécifiques[2]. L'enjeu est celui de la maîtrise par l'entreprise de sa trajectoire stratégique.

1. Dutton J.E., 1997 ; Dutton J. E., Ashford S.J., O'Neill R.M., Lawrence K.A., 2001. Vidaillet B., 2008.

2. Pina e Cunha M. et Chia R., 2007.

LES POINTS CLÉS

- La stratégie effectivement réalisée ne correspond jamais parfaitement aux intentions stratégiques des dirigeants. De celles-ci, une partie seulement se transforme en stratégie délibérée, tandis qu'une stratégie émergente vient s'y ajouter. La stratégie réalisée est le produit de la stratégie délibérée et de la stratégie émergente.

- La stratégie émergente est le fruit des événements internes et externes non anticipés, des échecs et réussites inattendus, d'opportunités saisies au vol, ainsi que des initiatives stratégiques s'écartant de la stratégie officielle.

- Sur le long terme, les entreprises connaissent généralement des alternances de phases longues de relative stabilité stratégique, pendant lesquelles la stratégie est reproduite sur le même mode, et de phases brèves de révolution stratégique, pendant lesquelles la stratégie est profondément redéfinie. Ce modèle du changement stratégique est dit de « l'équilibre ponctué ».

- Pendant les phases de reproduction stratégique, la stratégie est induite par une logique dominante qui définit les mouvements stratégiques légitimes.

- La logique dominante peut être décomposée en cinq types de forces pesant sur la stratégie : une logique des représentations, une logique de l'identité, une logique des compétences, une logique du succès et une logique du pouvoir.

- La logique dominante tend à isoler progressivement l'entreprise des conditions réelles de son environnement stratégique. Elle engendre une inertie et un aveuglement qui peuvent résulter en une dérive stratégique.

- La dérive stratégique conduit à des échecs répétés et à des problèmes stratégiques. La reconnaissance de ces problèmes et de ces échecs est problématique, puisque les dirigeants les perçoivent et les interprètent à travers le prisme de la logique dominante.

- Les conséquences négatives de la dérive stratégique, si elles ne mettent pas en cause la survie de l'entreprise, entraînent une révolution stratégique. Dans la phase de révolution stratégique les composantes de la logique dominante sont contestées et redéfinies.

- Dans les environnements à évolution rapide, le modèle de l'équilibre ponctué semble moins pertinent. Les entreprises performantes font face à la forte incertitude environnementale en s'imposant des rythmes de changement stratégique qui les prémunissent contre les risques d'inertie et de dérive stratégique.

QUIZ

1. Les intentions stratégiques des dirigeants déterminent…
a. La stratégie réalisée.
b. La stratégie délibérée.
c. La stratégie de portefeuille.

2. La stratégie émergente est le fruit…
a. Des intentions stratégiques des dirigeants.
b. Des alliances et partenariats.
c. De facteurs non anticipés.

3. La stratégie réalisée est la résultante…
a. De la stratégie délibérée et de la stratégie émergente.
b. De la stratégie émergente et des opportunités rencontrées.
c. Des investissements consentis dans le passé.

4 Le modèle de l'équilibre ponctué alterne des phases de…
a. Volume/différenciation.
b. Émergence/révolution.
c. Reproduction/révolution.

5. Par « logique dominante » on désigne une…
a. Stratégie de domination.
b. Rationalisation de la stratégie.
c. Détermination globale de la stratégie.

6. La logique dominante s'exerce en phase de…
a. Révolution.
b. Reproduction.
c. Émergence.

7. Laquelle de ces différentes logiques ne relève pas de la logique dominante ?
a. La logique du succès.
b. La logique des effets d'expérience.
c. La logique des représentations.

8. La logique dominante entraîne un risque de…
a. Dérive stratégique.
b. Stratégie de domination.
c. Indécision.

9. Dans les secteurs en évolution rapide, les firmes performantes…
a. Changent plus souvent de stratégie.
b. Savent persister dans leurs choix stratégiques.
c. S'imposent d'elles-mêmes un rythme de changement stratégique.

>

····>

10. L'agenda stratégique de l'entreprise est…
a. L'ensemble des stratégies mises en œuvre par l'entreprise.
b. L'ordre du jour du comité de direction.
c. L'ensemble des problèmes qui retiennent l'attention des dirigeants.

Réponses : 1.b ; 2.c ; 3.a ; 4.c ; 5.c ; 6.b ; 7.b ; 8.a ; 9.c ; 10.c.

26 Le changement organisationnel

Pour se développer, ou tout simplement pour survivre, les entreprises doivent être capables non seulement de changer de stratégie, comme cela a été discuté au chapitre précédent, mais aussi d'adapter leur structure. Plus que d'adaptation, il s'agit parfois de mutation profonde, comme le montre l'exemple d'Alcatel-Lucent, décrit ci-après. Hormis les situations de monopole, une organisation qui ne change pas alors que son environnement évolue est condamnée à plus ou moins court terme. Il a été notamment démontré que, chaque année, 10 % des entreprises qui composent l'indice S&P 500 disparaissent.[1] À l'opposé, développer une forte compétence collective en matière de changement organisationnel peut constituer une source d'avantage concurrentiel.[2]

Une telle compétence n'est pas facile à développer. De nombreux programmes de changement demeurent insuffisants en regard des besoins de transformation réels : on se contente de modifier quelques éléments isolés de la stratégie ou de la structure, par exemple la politique commerciale ou l'organisation de la logistique, alors que des changements radicaux seraient nécessaires. Il faudrait en fait transformer l'identité de l'entreprise, tant au niveau du vécu des salariés que des pratiques collectives, ce qui exige une véritable métamorphose, tant l'identité apparaît comme une force d'inertie dans les organisations (*cf.* chapitres 27 et 28). Quand les entreprises entament des programmes de transformation réellement ambitieux, elles connaissent fréquemment des échecs, notamment lorsque l'objectif poursuivi est non seulement de réduire les coûts à travers des plans de restructuration, mais aussi de générer de la croissance. Au final, l'incapacité à changer conduit de nombreuses entreprises à la faillite ou, dans les cas moins aigus, à une baisse significative des performances.

Ce chapitre traite du changement organisationnel en soulignant que le changement « discontinu » ou « révolutionnaire », qui correspond à l'acception classique du terme « changement organisationnel », n'est en fait qu'un type particulier de changement. Comme le suggérait déjà le chapitre précédent (voir notamment Controverse « équilibre ponctué ou changement continu ? »), certaines entreprises sont capables

1. Foster R. et Kaplan S., 2001.

2. Doz Y., 1994. Edmondson A. et Moingeon B., 1998.

de se transformer de manière permanente, par des processus de changement continu. Cette distinction entre changement révolutionnaire et changement continu est faite dès la première partie de ce chapitre qui propose une définition du changement organisationnel et en présente les principales approches théoriques. La deuxième partie aborde la conduite du changement « discontinu », et plus particulièrement les approches planifiées du changement organisationnel, en distinguant les approches standardisées et les approches contingentes. La troisième partie aborde le changement continu et développe la thématique de l'organisation apprenante.

MINI-CAS

Un nouveau plan stratégique chez Alcatel-Lucent

Paris, 12 décembre 2008, 13 h 00 : au siège social d'Alcatel-Lucent, situé 54 rue La Boétie, à Paris Ben Verwaayen (ex-British Telecom), le nouveau directeur général, dévoilait le nouveau plan stratégique du groupe.

Figure 26.1
Le plan stratégique d'Alcatel-Lucent

Source : Journal des finances, *n° 6315, 13 décembre 2008*

Les principaux objectifs étaient de parvenir à un résultat d'exploitation proche de l'équilibre à fin 2009, et de réduire le point d'équilibre financier du groupe d'un milliard d'euros par an en 2009 et 2010.

Pour cela un plan d'économie serait mis en place : « Dans l'ensemble, le groupe prévoit, d'ici le quatrième trimestre 2009, sur une base annualisée, de réaliser une économie totale de 750 millions d'euros à taux de change constant, dont environ un tiers en coût des biens vendus, et deux tiers en dépenses de R&D et de charges administratives et commerciales » (communiqué Alcatel-Lucent, source AFP). Le plan prévoyait également la suppression de 1 000 postes de managers et la réduction du nombre d'employés chez les sous-traitants d'environ 5 000. La structure organisationnelle devait également être modifiée : au lieu des deux régions mondiales héritées de la fusion ente Alcatel et Lucent, le groupe serait divisé en trois régions. Enfin, le portefeuille d'activité devait être repensé : à côté de l'activité traditionnelle d'équipements télécoms, l'accent devait être mis sur les « services » et « les logiciels applicatifs ». De plus, certaines activités non rentables allaient être arrêtées. Dans sa présentation, Ben Verwaayen soulignait que l'ambition du groupe consistait à combiner fiabilité des réseaux et créativité du web : « Cela signifie que nous allons concentrer nos investissements sur quatre domaines : IP (*Internet Protocol*), l'optique, le haut débit fixe et mobile et ce que nous appelons les applications enablements. » En parallèle, le plan stratégique prévoyait d'augmenter les investissements dans des domaines prioritaires comme la LTE >

····> (4e génération de téléphonie) et de développer des partenariats. Le nouveau directeur financier Paul Tufano, quant à lui, ajoutait : « Nous voulons générer un flux de trésorerie positif en 2009, mais ce sera très difficile. »

En effet, ce changement s'inscrivait dans un climat très négatif. Entre janvier et décembre 2008, le cours de Bourse avait fondu de 63 % tandis que, dans le même temps, l'indice CAC 40 ne baissait « que » de 42 %. Cette crise aiguë n'était pas nouvelle : depuis 2006, date de la fusion entre Alcatel et Lucent Technologies, le titre avait chuté de plus de 60 % et le nouvel ensemble avait accumulé plus de 4,5 milliards d'euros de pertes nettes. En octobre, il avait annoncé son septième trimestre consécutif de perte nette De plus, deux autres plans de restructuration avaient été initiés depuis deux ans, comprenant 16 500 suppressions d'emplois dans le monde, dont plus de 1 800 en France. Enfin, suite à la crise financière mondiale, le groupe prévoyait une baisse de 8 % à 12 % du marché des équipements télécoms en 2009. Toutefois, une éclaircie venait tempérer ce noir tableau : des rumeurs de faillite couraient concernant Nortel, l'un des principaux concurrents du groupe, et certains analystes estimaient qu'Alcatel-Lucent pourrait récupérer les clients du concurrent canadien.

Le nouveau plan stratégique s'inscrivait dans une durée minimum de dix-huit mois et allait toucher l'ensemble de l'entreprise. Il avait fait l'objet d'une préannonce lors de la présentation des résultats trimestriels fin octobre 2008, quelques semaines après la nomination de Ben Verwaayen. Ce dernier était arrivé en septembre à la tête de l'équipementier suite à la démission du président du conseil d'administration Serge Tchuruk, en poste depuis treize ans, et de Patricia Russo, la directrice générale en poste depuis 2006, date de la fusion entre Alcatel et Lucent Technologies. En amont de l'annonce du plan, le nouveau président avait déjà commencé à imprimer sa marque sur le groupe en remaniant profondément l'équipe de direction : nomination de quatre nouveaux administrateurs et départ du directeur financier. L'équipementier était également entré en discussion exclusive avec Dassault Aviation pour la vente de sa part de 20,8 % dans Thales, pour un montant de 1,56 milliard d'euros.

Enfin, en interne, lors de ses interactions avec les cadres du groupe, le nouveau Président insistait sur la nécessité d'abandonner les anciennes (et mauvaises) habitudes. Il invitait les collaborateurs à faire preuve d'audace, de courage et à prendre leurs responsabilités. Quand les collaborateurs se plaignaient de l'héritage laissé par l'ancienne équipe de direction, Ben Verwaayen, sans vouloir nier les problèmes, leur rétorquait : « Qu'avez-vous fait pour changer cette situation ? Et surtout, qu'allez-vous faire aujourd'hui pour ne plus reproduire les mêmes comportements que tous nous savons être improductifs ? » Ce discours de responsabilisation allait-il porter ses fruits ?

Quelques jours après l'annonce du plan, la plupart des analystes conseillaient de rester à l'écart de la valeur, les risques étant « de plus en plus importants » (*Journal des finances*, n° 6315, 13 déc. 2008).

Questions

1) Préciser le contexte, le contenu et le processus du changement mis en œuvre par Ben Verwayyen.
2) À quelles difficultés, à quelles résistances, Ben Verwayyen, allait-il devoir faire face ?
3) Quelles recommandations pourrait-on faire pour conduire le changement au sein d'Alcatel-Lucent ?

1 Définition et approches théoriques

A/ Définition du changement organisationnel

Comme le changement stratégique (voir chapitre précédent), le changement organisationnel est une séquence d'événements entraînant une modification dans la forme, la qualité ou l'état d'une composante de l'organisation au cours d'un certain intervalle de temps[1].
On peut décomposer le changement organisationnel en trois dimensions.

La première, la plus immédiatement perceptible, concerne le **contenu** du changement. Le changement peut notamment porter sur :

> la structure, c'est-à-dire la spécialisation, la coordination et la formalisation des tâches (*cf.* chapitre 2), ainsi que le périmètre de l'entreprise ;

> l'identité et, en particulier, la culture d'entreprise, les systèmes de croyances et de valeurs collectives (*cf.* chapitres 2 et 27) ;

> les processus de travail, *i. e.* ce que les employés accomplissent effectivement pour produire collectivement les biens et les services offerts par l'entreprise ;

> les relations sociales, *i. e.* la qualité des relations interpersonnelles et intergroupes.

Les deux autres dimensions clefs du changement sont, d'une part, le **contexte** dans lequel il se déroule et, d'autre part, le **processus**, c'est-à-dire la manière dont il se déploie dans le temps et l'espace[2]. Contenu, contexte et processus sont liés : toute action de changement organisationnel devrait prendre en compte ces trois dimensions. Par exemple, le contenu d'un changement organisationnel va influencer son processus : les changements de structure formelle (les changements d'organigramme) sont bien plus rapides que les changements de croyances et de valeurs collectives[3].
Il est utile également de distinguer le niveau auquel le changement s'effectue. Le changement organisationnel est un changement au niveau d'un système (l'organisation). Il se distingue du changement au niveau des individus ou des petits groupes qui composent l'organisation. Il possède des caractéristiques propres, des dynamiques spécifiques, même si bien entendu il s'appuie sur des changements au niveau individuel qu'il contribue d'ailleurs à provoquer. Quand le changement concerne des systèmes plus larges, comme les groupes stratégiques ou les industries, il possède alors également des dynamiques propres. Cette remarque est importante : il peut être risqué d'analyser un niveau de complexité (ici, l'évolution de et dans l'organisation) avec des concepts et des postulats forgés à partir de l'étude de niveaux différents (le changement individuel ou le changement institutionnel).
Il est fréquent de concevoir le changement organisationnel comme l'enchaînement de trois phases : Déstabilisation → Transition → Intégration, en s'appuyant sur le modèle développé par le psychologue américain Lewin qui parlait de « dégel → mouvement → regel »[4]. Si ce modèle s'applique bien aux changements organisationnels discontinus ou « révolutionnaires », il décrit mal les changements organisationnels continus, dans lesquels la phase d'intégration est difficile à identifier.
Les travaux du courant dit « institutionnaliste »[5] analysent les changements à un niveau d'agrégation supérieur : celui des populations d'entreprises. Ces travaux sont intéressants pour la compréhension du changement organisationnel car ils étudient notamment les « causes » des changements organisationnels. Ainsi les travaux de

1. Van de Ven A.H. et Poole M.S., 1995.
2. Pettigrew, A. M., 1990.
3. Batuneck J.M., 1984.
4. Lewin K., 1951. Les termes originaux de Lewin sont : « Unfreeze - Movement - Refreeze ». On notera qu'il ne faudrait pas réduire la pensée fine et complexe de Lewin à ce modèle simplificateur.
5. Scott R.W., 1995.

DiMaggio et Powell[1] montrent que l'adoption de nouvelles pratiques et arrangements organisationnels constitue une réponse à trois formes de pressions :

> **Coercitives** : l'organisation adopte des pratiques parce qu'elles sont prescrites par la puissance publique ou par des institutions puissantes (ex : accord de branche, recommandations émises par des organismes internationaux).

> **Normatives** : l'organisation adopte des pratiques pour se conformer aux attentes d'autres organisations (ex : les banques, les entreprises leaders), et devenir à son tour légitime et obtenir ainsi leur soutien.

> **Mimétiques** : l'organisation copie des pratiques mises en place ailleurs qui lui paraissent performantes.

Dans la réalité, ces trois processus se combinent et il est difficile d'associer un changement à une forme unique de pression. Le changement peut aussi être le produit d'une action managériale volontaire puisant sa source dans une vision stratégique et/ou la nécessité de maintenir une cohérence entre stratégie et structure (*cf.* chapitre 2). Ainsi, la source du changement organisationnel peut être soit interne et proactive soit externe et réactive.
On trouvera un résumé des principales théories pertinentes dans les Fondements théoriques ci-après.

B/ Typologie des changements organisationnels

Il existe plusieurs façons de classifier les différentes formes de changement organisationnel. Une première classification consiste à distinguer des changements de premier ordre et des changements de second ordre[2] :

> Les changements de premier ordre renvoient à des évolutions de l'organisation, *i. e.* des changements incrémentaux qui ne modifient pas le paradigme organisationnel, comme par exemple un nouveau système de gestion de la qualité totale, la suppression d'un niveau hiérarchique, l'introduction d'un nouvel applicatif au sein d'un système d'information existant, etc.

> Les changements de second ordre renvoient à des changements radicaux qui bouleversent significativement le fonctionnement de l'organisation, par exemple : un changement de positionnement stratégique, une reconfiguration de la chaîne de valeur, une refonte complète du système de gestion des ressources humaines, des processus de sélection-rétention-promotion des talents, ou encore un changement de l'identité organisationnelle.

Une seconde classification se base sur la distinction entre changement continu (aussi appelé changement évolutif ou transactionnel) et changement discontinu (également nommé changement révolutionnaire ou transformationnel). Nous avons déjà discuté cette distinction dans le chapitre précédent, à propos du changement stratégique, en opposant le modèle classique reproduction/révolution au modèle du changement continu. On retrouve également cette opposition dans les sciences naturelles, entre d'une part la conception darwinienne, qui présente l'évolution comme une succession de petites mutations graduelles, et d'autre part la conception « ponctuationniste » qui considère l'évolution comme une longue période d'équilibre ponctuée par de courtes périodes de changement radical[3]. Dans la première conception, les organisations se transforment continuellement à mesure que leur environnement évolue. Dans la seconde conception, les organisations connaissent de longues périodes stables de « convergence », entrecoupées de changements

1. DiMaggio P. et Powell W., 1983.
2. Porras J.I. et Robertson P.J., 1992.
3. Pour une revue de ces arguments, on pourra lire : Durand R., 2006.

révolutionnaires. Dans les phases de convergence, le changement est restreint à des ajustements incrémentaux qui consolident les orientations stratégiques déjà choisies. Ces longues phases sont interrompues par des périodes de mutation courtes et peu fréquentes appelées « réorientations ». Cette conception discontinue du changement relève du modèle dit de « l'équilibre ponctué » (voir chapitre précédent) qui a été forgé en sciences naturelles pour décrire l'évolution des espèces[1]. Bien qu'elle corresponde à l'idée reçue sur le changement organisationnel (une révolution venant brutalement interrompre une période de stabilité), peu de travaux ont tenté de vérifier empiriquement sa validité dans le champ des sciences sociales. Il est d'ailleurs probable que, contrairement à ce qui se passe en sciences naturelles, le modèle de l'équilibre ponctué décrive mieux les changements au sein de l'organisation que les changements dans les populations d'organisations.

Selon le modèle de l'équilibre ponctué, le changement organisationnel est soumis à trois lois fondamentales[2] :

> Les transformations ont lieu lors de courtes périodes de changement discontinu qui touchent la plupart, voire l'ensemble, des composantes de l'organisation.

> Les petits changements qui affectent de façon incrémentale une partie de l'organisation ne s'accumulent pas pour produire des transformations fondamentales.

> La probabilité d'une transformation radicale, augmente…
  – en cas de chute soudaine, ou suite à un long déclin, des performances économiques,
  – en cas de changement profond des conditions concurrentielles,
  – en cas de changement de dirigeant.

L'observation de la réalité suggère cependant que cette conception du changement organisationnel est loin d'être systématiquement vérifiée dans les faits. En effet, les recherches sur le sujet montrent que seule la troisième loi a valeur de généralité. En revanche, la première loi ne semble pas résister à l'analyse empirique : l'examen minutieux et longitudinal de changements radicaux montre que, paradoxalement, ils s'étalent sur des années, voire des décennies, à cause des nombreux problèmes de mise en œuvre qu'ils rencontrent[3]. Quant à la deuxième loi, il a été démontré que le caractère non cumulatif des changements incrémentaux n'est pas une fatalité : il résulte simplement de la difficulté des organisations à s'adapter de façon adéquate aux transformations de l'environnement[4]. Or cette difficulté peut être surmontée. Le changement continu est possible, mais il requiert une réactivité supérieure et une « capacité au désordre ». Nous développerons ces thèmes dans la suite de ce chapitre.

Retenons à ce stade que l'idée reçue d'un changement révolutionnaire de courte durée venant bouleverser la routine organisationnelle en vue d'une nouvelle période de stabilité caractérisée par des performances supérieures, situation correspondant implicitement au Mini-cas présenté plus haut sur Alcatel-Lucent, est généralement erronée. En réalité, les phases de transformation sont durables et le changement continu est envisageable, même s'il requiert des compétences particulières. Ainsi, par exemple, le changement introduit chez Renault-Nissan par Carlos Ghosn ne s'est pas produit brutalement en 1999, au moment de la formation de l'alliance entre les deux constructeurs automobiles. L'onde de choc continue à se propager en 2008 et l'ensemble des mutations engagées est loin d'avoir porté ses fruits à cette date. Le stress créé dans les différentes composantes de l'organisation ne s'est donc pas dissipé en une décennie et on peut se demander si la période de stabilité, qui devrait théoriquement suivre, sera un jour en vue.

1. Eldredge N. et Gould S.J., 1972.

2. Tushman M. L. et Romanelli E., 1985. Romanelli E. et Tushman M. L., 1994.

3. Pettigrew A., 1985.

4. Weick K.E. et Quinn R.E., 1999.

Au final, la capacité à conduire le changement peut être vue comme une ressource stratégique – au sens de la théorie de la ressource (voir chapitre 8). Cette ressource peut devenir une compétence cœur et participer à la construction d'un avantage concurrentiel, notamment dans les environnements concurrentiels qui évoluent très rapidement. Elle peut revêtir deux aspects :

> la capacité à concevoir et planifier des programmes de changement radicaux (changements discontinus) que nous allons développer dans la deuxième partie de ce chapitre ;

> la capacité à instaurer une démarche partagée de changement continu, en faisant de l'entreprise une « organisation apprenante », thème que nous aborderons dans la troisième partie de ce chapitre.

Fondements théoriques

Panorama des approches théoriques du changement organisationnel

Van de Ven et Poole[1] proposent de différencier les théories du changement organisationnel selon la conception de l'objet et du mode de changement qu'elles proposent :

> Conception de l'objet du changement : le changement concerne-t-il une ou plusieurs entités ?

> Conception du mode de changement : s'agit-t-il d'un changement prescrit, défini par des lois connues, donc assez facilement prévisible, ou d'un changement construit (par différents acteurs), discontinu et moins prévisible ?

Le croisement de ces deux critères permet d'identifier quatre grandes approches théoriques du changement organisationnel (*cf.* figure 26.2). Chacune de ces approches se caractérise par un moteur du changement spécifique, c'est-à-dire une conception particulière de ce qui produit le changement :

1. Théories du cycle de vie : le changement d'une entité se déroule de façon inéluctable selon une série de phases dont le déroulement obéit à un programme institutionnel, naturel ou logique.

2. Théories téléologiques : l'évolution des organisations se fait selon un cycle logique : *Formulations des objectifs* → *Mise en œuvre* → *Évaluation* → *Réévaluation des objectifs en fonction de ce qui a été appris par l'entité*. Le changement organisationnel est donc le fruit d'une construction sociale finalisée volontariste, négociée par les acteurs de l'entité.

3. Théories dialectiques : Le changement organisationnel découle de modifications d'équilibre entre le pouvoir de différentes entités en conflit au sein de l'entité. Thèses et antithèses s'affrontent jusqu'à la production d'une synthèse, qui devient la thèse dans la prochaine évolution dialectique.

4. Théories évolutionnistes : Le changement est le produit de la succession de phases de *Variation* → *Sélection* → *Rétention*. L'adaptation, brusque ou graduelle, est le fruit d'une compétition entre entités au sein d'une population pour la maîtrise de ressources rares.

1. Van de Ven A.H. et Poole M.S., 1995.

Figure 26.2
Quatre théories du changement organisationnel

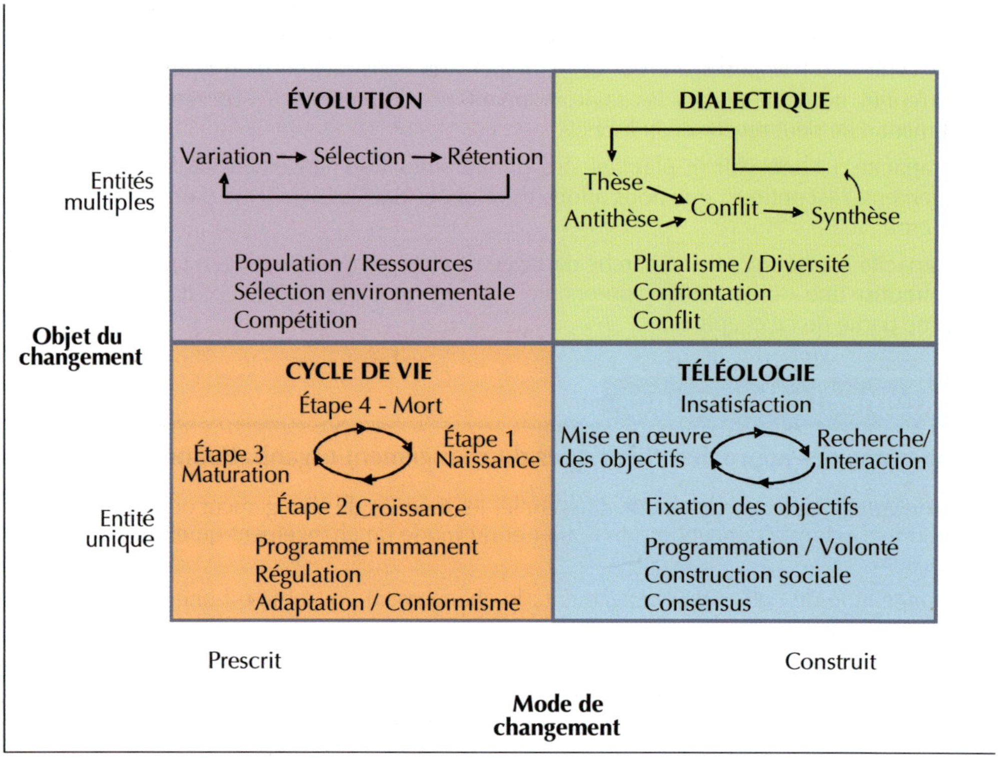

D'après Van de Ven et Poole, op. cit, *1995.*

2 La conduite du changement : l'approche planifiée

Les motivations les plus fréquentes pour initier un programme de changement organisationnel sont[1] :

> améliorer l'efficacité et la flexibilité opérationnelles (57 %) ;

> réduire les coûts (47 %) ;

> préparer l'entreprise en vue de la croissance et des défis à venir (46 %) ;

> faire croître les revenus (32 %) ;

> accroître les parts de marché (28 %).

Trois éléments sont indispensables pour planifier et conduire un programme de changement organisationnel répondant à ces motivations : 1) clarifier l'état futur désiré ; 2) mettre en place des plans d'actions ; 3) suivre les processus de mise en œuvre.

Les objectifs poursuivis permettent de définir l'état futur que l'on cherche à atteindre. Selon que l'on adopte une approche descendante (« top-down ») ou ascendante (« bottom-up ») pour conduire le changement, cet état futur sera défini de manière plus ou moins précise et plus ou moins élaborée en début de projet. Les approches de type gestion de projet, héritées du « management scientifique », affirment la nécessité d'une définition précise *a priori* de l'état futur, afin de pouvoir établir des points d'étapes et de délimiter clairement les responsabilités et les plans d'action.

1. Ces éléments sont tirés du rapport de The Economist Intelligence Unit, *A Change for the Better - Steps for Successful Business Transformation*, 2008. Les pourcentages représentent les fréquences des réponses de 607 cadres supérieurs travaillant dans des multinationales européennes et américaines, interrogés en mars 2008 (plusieurs réponses possibles).

D'autres approches plus politiques considèrent qu'au fur et à mesure que le processus de changement se déploie, l'objectif à atteindre se modifie, en fonction des négociations entre les acteurs de l'entreprise[1]. De même, les approches participatives, qui mettent l'accent sur l'apprentissage et la large collaboration des salariés dans l'élaboration des objectifs[2], admettent que les objectifs d'un changement peuvent varier au fur et à mesure que les acteurs se confrontent à des difficultés, essayent des solutions, ajustent leur action… c'est-à-dire au fur et à mesure qu'ils apprennent.

Les plans d'actions sont également extrêmement variés. Ils peuvent porter sur[3] :

> les caractéristiques des individus : compétences, motivations, pouvoirs relatifs, etc. ;

> les caractéristiques des produits, des services et des opérations de l'organisation : productivité, efficience, efficacité, flexibilité, fiabilité, qualité, capacité d'innovation, etc. ;

> les caractéristiques de l'organisation : structure, processus, management, identité, culture, etc. ;

> les caractéristiques des interactions entre les membres et les groupes composant l'organisation : vitalité, ouverture, capacité d'apprentissage, ambitions collectives, etc.

Ces éléments sont de natures très diverses, et certains se recoupent. Ils illustrent la très grande diversité et la très grande complexité des contenus des programmes de changement organisationnel.

Quant au processus de mise en œuvre, deux approches fondamentalement opposées existent. Les approches « standardisées » proposent des méthodes de management du changement qui sont théoriquement applicables quels que soient l'entreprise et le contexte. À l'inverse, les approches « contingentes » partent du principe qu'il n'existe pas de recette idéale en matière de changement organisationnel, et accordent de ce fait une grande importance à la phase de diagnostic. Ces deux types d'approche sont décrits ci-dessous.

A/ Les approches « standardisées »

Certaines approches de la conduite du changement proposent des « recettes » génériques, qui doivent pouvoir être appliquées dans n'importe quelle situation de changement. Certaines de ces approches sont ce qu'il est convenu d'appeler des « modes managériales »[4] qui apparaissent de manière cyclique, gagnent en popularité, puis, pour nombre d'entre elles, disparaissent pour laisser la place à une nouvelle recette soi-disant universelle. Ainsi en va-t-il du *lean management*, du *business process reengineering*, du management de la qualité totale, ou encore du management stratégique des ressources humaines[5]. Ces modèles, généralement conçus, promus et commercialisés par des consultants, prescrivent un plan d'action générique que toute entreprise est censée mettre en place quel que soit son problème pour améliorer sa productivité. Nous ne développerons pas ces approches dans ce livre car elles prescrivent la même chose à toutes les entreprises quel que soit leur contexte, ce qui est la négation même de l'idée de stratégie.

D'autres approches standardisées traitent essentiellement du processus de mise en œuvre du changement, tout en laissant les dirigeants libres de décider du contenu des plans d'action à mettre en œuvre, ce qui les rend plus pertinentes à nos yeux. Le modèle de Kotter est sans doute le modèle le plus connu.

1. Pfeffer J., 1981 ; Crozier M. et Friedberg E., 1977 ; Moullet M., 1992.
2. Argyris C. et Schön D.A., 1978 ; Senge P. M., 1990.
3. De Caluwé L. et Vermaak H., 2003.
4. Abrahamson E., 1996.
5. Guest D., 1987.

EN PRATIQUE

Comment conduire le changement organisationnel[1]

Le modèle de Kotter stipule que tout changement organisationnel doit être conduit en huit étapes :

1. Créer un sentiment d'urgence.
2. Former une coalition solide pour guider le changement.
3. Développer une vision.
4. Communiquer la vision.
5. Responsabiliser les collaborateurs (*empowerment*).
6. Remporter et exploiter de petites victoires.
7. Consolider les gains et persévérer la dynamique de changement en lançant de nouvelles initiatives.
8. Ancrer le changement dans la culture.

Première étape : créer un sentiment d'urgence

Le sentiment d'une urgence libère les énergies et facilite la mobilisation. L'urgence est évidente si l'entreprise est clairement en difficulté, comme par exemple Nissan face à une dette de mille quatre cents milliards de yens à fin 1999, ou Alcatel-Lucent. C'est également le cas si l'entreprise vient de fusionner, ou d'être privatisée. Si l'urgence n'est pas évidente, il faut la susciter. Il peut s'agir d'un risque, ou bien d'une opportunité à saisir. Kotter affirme que 50 % des programmes de changement échouent dès cette première étape, parce que l'urgence n'a pas réellement convaincu. De plus, il estime que 75 % des salariés doivent se sentir concernés pour qu'un changement ait lieu.

Comment un leader ou une équipe visionnaire peuvent-ils mobiliser l'organisation face à un risque qu'eux seuls pour l'instant perçoivent ? La solution de principe est simple : mettre ceux qui sont destinés à changer en contact direct avec la source du risque, généralement externe, par exemple en enquêtant auprès des clients, en conduisant un benchmark de différentes organisations comparables, en rencontrant d'autres acteurs essentiels de l'environnement… Bien sûr cela implique qu'on dote tous ceux que le changement doit toucher de la méthode nécessaire pour faire le diagnostic et pour bâtir de nouvelles propositions.

Un artifice qu'utilisent certains dirigeants consiste à détériorer sciemment la situation financière de l'entreprise. C'est par exemple ce que fit King, nommé par Mme Thatcher à la tête de British Airways pour redresser et privatiser l'entreprise au début des années 1980. En augmentant considérablement les provisions financières, King présenta un bilan si noir de l'entreprise que la possibilité d'une faillite de BA devint une réalité aussi bien aux yeux du grand public que des salariés. L'urgence était désormais claire pour tous. Christian Blanc utilisa une méthode similaire en 1993 quand il fut chargé de redresser Air France. Dans une lettre adressée à tous les salariés du groupe il écrivait « Oui, Air France peut mourir ».

Deuxième étape : former une coalition solide pour guider le changement

Un chef d'entreprise, aussi talentueux soit-il, ne change pas une organisation tout seul, contre vents et marées, tel un capitaine solitaire sur son navire. La bonne métaphore est plutôt celle de l'équipe d'alpinistes à l'assaut d'un sommet noyé dans les >

1. Kotter J.P., 1995.

nuages. Pour filer la métaphore un peu plus, on dira que pour éviter les crevasses, gérer les ressources limitées, les coups de fatigue, les aléas climatiques, c'est d'une capacité collective qu'il faut faire preuve. L'équipe qui soutient le changement doit être suffisamment nombreuse pour que, partout où c'est nécessaire, on puisse rapidement trouver un relais, un champion du changement. Selon Kotter, cette coalition ne rassemble pas forcément tous les cadres dirigeants de l'entreprise, mais seulement ceux qui adhèrent totalement au changement. Comment susciter et organiser l'équipe qui va soutenir le processus sur le long terme ? Il faut idéalement que la coalition ait un statut suffisant pour aider l'entreprise à franchir les obstacles, la compétence pour fournir les apports nécessaires au bon moment et comprendre les phénomènes sociaux à l'œuvre, et enfin l'engagement pour convaincre et « tenir la distance » car beaucoup de projets de changement risquent l'enlisement et requièrent une extrême persévérance. Enfin, la coalition doit fonctionner efficacement en équipe. Plus précisément, c'est toute la gouvernance du projet qu'il faut structurer : les différents rôles (dirigeants, champions du changement, consultants-catalyseurs...), la dynamique de réunions (orientation, conception, pilotage, feedbacks...) et les systèmes de suivi. Le processus doit permettre d'élargir et de consolider rapidement la coalition de départ. Chez British Airways, à la suite de King, Colin Marshal fut nommé CEO en 1993, avec pour mandat de poursuivre le redressement du groupe. Pour ce faire, il renouvela la direction de l'entreprise à 50 %, licencia entre 100 et 160 cadres supérieurs et promut simultanément une génération de jeunes managers, établissant ainsi une coalition large. Un exemple plus récent est celui des équipes plurifonctionnelles mises en place par Carlos Ghosn chez Nissan ou encore le remaniement initié à la tête d'Alcatel-Lucent depuis la nomination de Ben Verwaayen.

Troisième étape : développer une vision

Pour Kotter, il est essentiel de développer une vision synthétique et aisément communicable du futur de l'entreprise. L'auteur précise que, dans l'idéal, cette vision doit être communicable en cinq minutes. La difficulté est qu'une vision doit être assez hardie pour mobiliser l'organisation sur un défi, et en même temps suffisamment réaliste pour rester crédible. Combien de magnifiques visions, par exemple toutes empreintes d'écologie ou d'éthique, ne résistent pas au test de la réalité ! Mais la vision peut parfois conduire à envisager une organisation à deux vitesses, où les uns perfectionnent un existant encore vital pour l'entreprise, pendant que les autres développent de nouveaux « possibles » en rupture avec le présent. En définitive, une bonne vision est comme un conte : elle est manichéenne, car elle montre clairement ce qui est bien et ce qui est mal, ce qui la rend facilement communicable. Comme les contes, elle peut comporter des éléments très noirs, ici des licenciements, là des relocalisations, mais, à la fin, le bien l'emporte. Ainsi, pour être mobilisatrice, une vision incorpore des éléments de croissance et de développement, qui permettent de donner un sens à l'ensemble des projets qui seront nécessaires à sa réalisation. De plus, la vision doit être concrétisée et développée dans une stratégie.

Quatrième étape : communiquer la vision

Communiquer n'est bien sûr ni seulement informer ni, à l'opposé, donner des ordres. L'attention au *feed-back* et la manière de traiter ce *feed-back* conditionnent le succès du changement. Il est important d'utiliser une gamme large de moyens de communication, et tout spécialement des moyens nouveaux, lancés pour la circonstance, afin de bien souligner qu'on est face à un problème nouveau. Mais

····>

il faut surtout communiquer dans les deux sens et aller au-delà de la simple communication hiérarchique descendante. Les membres de la coalition doivent aussi communiquer les nouvelles priorités, et les nouveaux interdits, au travers de leurs décisions et comportements. Ils doivent être exemplaires, car étant au sommet de l'organisation, leurs faits et gestes sont scrutés et commentés largement.

Ainsi Percy Barnevik, le patron d'ABB, pouvait très justement se vanter d'avoir rencontré personnellement en trois ans (1989-1992), après la fusion d'Asea avec Brown Bowery, les deux cent mille employés de la nouvelle entreprise ABB dispersés dans le monde entier. « We are an overhead company », plaisantait-il en faisant allusion à son usage intensif du rétroprojecteur. Et il ajoutait qu'il avait aussi derrière lui douze « apôtres » – son équipe de direction – qui démultipliaient son action de la même façon. Loin d'une campagne promotionnelle traditionnelle, l'effort de communication de Barnevik et son équipe portait autant sur l'écoute et l'échange que sur l'information et la persuasion.

Selon Kotter, les efforts de communication sont généralement très insuffisants. Pour y remédier, il faut chercher à occuper un pourcentage important de l'ensemble de toutes les communications, tous canaux confondus, dont l'entreprise dispose.

Cinquième étape : responsabiliser les collaborateurs (*empowerment*)

Une fois que l'ensemble de l'organisation a été mis sous tension, et que la vision a été communiquée à tous, il s'agit de faciliter sa mis en œuvre en éliminant les obstacles qui peuvent bloquer le changement. Il peut être nécessaire de faire évoluer certaines structures, ou certaines procédures, ou de contraindre les managers qui ne vont pas dans le sens du changement. Il s'agit aussi d'encourager la prise d'initiative, la prise de risque et l'action, en donnant aux employés le mandat et les moyens – ce qui renvoie à la notion « d'empowerment » (que l'on peut traduire par « responsabilisation » ou « autonomisation »).

Lors de cette étape, qui constitue le cœur du processus du changement, l'ajustement des systèmes d'évaluation et de récompense apparaît comme un levier d'action privilégié. Ainsi à la fin des années quatre-vingt, IBM projetait d'évoluer du hardware vers le software et les services ; mais les ingénieurs commerciaux ont continué, pendant les années qui ont suivi l'annonce du grand plan de changement, à être principalement récompensés sur la quantité de hardware vendu, et de ce fait considéraient toujours les services avant tout comme un complément de marketing pour vendre davantage de hardware. Le résultat est qu'IBM, *blue chip* depuis toujours, s'est retrouvé dans le rouge en 1993, essentiellement parce que, selon sa propre analyse, elle était restée très loin de l'objectif de rééquilibrage qu'elle s'était fixé cinq ans avant !

Sixième étape : remporter et exploiter de petites victoires

Pour parvenir à transformer une organisation, particulièrement lorsqu'il s'agit d'une entreprise de grande taille, il faut instaurer une dynamique collective positive : il s'agit de convaincre rapidement le corps social que le changement est en marche, qu'il produit des effets positifs, et que ceux qui y contribuent en retirent des bénéfices. Pour parvenir à cela, Kotter suggère de remporter des « petites victoires », c'est-à-dire obtenir rapidement des résultats positifs, même si c'est sur des sujets secondaires, et en tirer parti pour mettre en évidence les bénéfices du changement. Il est nécessaire de prendre en compte cet impératif dès la phase de planification du projet. Il faut prévoir des actions qui vont avoir des conséquences positives visibles et s'attacher à

>

....>

les réaliser le plus rapidement possible. Ensuite, il s'agit de célébrer ces « petites victoires », et de récompenser les employés concernés.
Ainsi dans une grande opération qui visait à rendre une société d'assurances plus innovante, la conquête des deux premiers clients sur une offre complètement nouvelle issue du travail d'un « groupe de créativité » a été diffusée et débattue dans toute l'entreprise. La première difficulté a été de créer des résultats incontestables rapidement, et une des solutions a consisté à s'attaquer d'abord aux points susceptibles de générer les retours les plus rapides. La seconde difficulté, particulièrement importante dans ce cas, a été de laisser le jeu ouvert tout en donnant l'exemple aux autres secteurs d'activité : chaque « petite victoire » obtenue montre que le changement est possible, que l'effort a payé, mais elle ne doit pas être comprise comme une recette unique à copier de façon stricte, ce qui est souvent la réaction la plus spontanée. Le succès peut toujours emprunter des voies différentes.

Septième étape : consolider les gains et persévérer la dynamique de changement en lançant de nouvelles initiatives

Il est dangereux de crier victoire trop tôt – gagner une bataille n'est pas gagner la guerre. Toutes les études montrent que les risques d'enlisement d'un projet de changement sont considérables. Les petites victoires successives bien exploitées fournissent de l'énergie à l'organisation et à ses salariés, mais ne peuvent pas apparaître comme l'aboutissement du projet. À cette étape, il s'agit d'utiliser la crédibilité acquise par les premiers succès du programme de changement, pour s'attaquer aux systèmes, aux structures, aux pratiques et aux croyances qui peuvent ralentir, voire bloquer, la dynamique de changement. Le recrutement et la promotion des employés sont un moyen d'y parvenir. Il s'agit également de soutenir la dynamique de changement en lançant de nouveaux projets et en confiant des responsabilités à de nouveaux agents de changement.
Ainsi, Komatsu, dans sa course à l'encerclement de Caterpillar, lançait tous les six mois un nouveau thème de changement (la qualité, la productivité, l'innovation… mais sous des formes et avec des priorités différentes) sur lequel toute l'entreprise était mobilisée. L'entreprise a réussi à maintenir avec succès cette stratégie pendant plus de vingt ans. Mais peut-on maintenir sur le long terme une organisation « sous tension », sans générer soit un stress dont les conséquences négatives pourraient devenir incontrôlables, soit une lassitude conduisant de fait à un complet rejet du projet ? Ce qu'il faut valoriser à ce stade, ce sont moins les petites victoires que les grandes : les résultats financiers, le climat interne, la satisfaction des clients, l'image de l'entreprise s'améliorent-elles sensiblement ? De nouveau, il faut le montrer et le démontrer, l'expliquer, en débattre largement… Les équipes spécialisées qui avaient été mises en place au départ d'une opération de changement dans la perspective d'une action rapide, doivent maintenant s'enraciner dans l'organisation, au lieu de laisser l'ancien système reprendre le dessus (ce qui se produit souvent).
Ainsi, les équipes transversales mises en place par Carlos Ghosn au départ de la restructuration de Nissan (*Cross-company Teams* et *Cross-functional Teams*) sont progressivement devenues un des éléments essentiels du système d'organisation de l'entreprise. De même, dans la société d'assurances citée plus haut, les groupes de créativité, les groupes de développement et les groupes de lancement de produits, sont passés dans le quotidien de l'entreprise ; ils ont donc été peu à peu « institutionnalisés ».

>

....>

Huitième étape : ancrer le changement dans la culture

Cette dernière étape correspond à la phase de « regel » du modèle de Lewin. Il s'agit d'institutionnaliser les changements effectués en s'assurant qu'ils sont irréversibles – car la tentation de revenir aux méthodes anciennes est toujours présente. Le changement ne sera réussi que s'il est enraciné dans les valeurs partagées, les comportements personnels, les relations entre individus, entre équipes et entre unités de l'organisation. Il doit donc à ce stade être encadré par des structures, des systèmes et des processus de décision cohérents avec les objectifs du changement et acceptés par tous comme constitutifs de la nouvelle réalité de l'organisation.

L'ancrage du changement ne doit pas seulement se faire dans la culture interne, mais au-delà dans tout le contexte externe à l'entreprise. Il y a ainsi dans le monde un certain nombre de privatisations ou d'acquisitions qui sont fortement contestées par des acteurs de leur environnement, voire par une bonne part de la population locale. La conséquence est que ces entreprises ne parviennent pas à consolider leurs changements internes, et s'enfoncent le plus souvent dans l'inefficacité… ce qui rend l'opération de privatisation ou d'acquisition engagée encore plus contestable, et la boucle est bouclée ! À l'opposé, Carlos Ghosn, pour réussir la restructuration de Nissan, a bénéficié d'un appui important des médias et au-delà, d'une large part de population du Japon.

En résumé, tout changement ne peut réussir de façon durable que s'il est absorbé et enraciné dans la culture interne, et s'il crée ou maintient en même temps, une symbiose suffisante avec l'environnement de l'organisation. Ainsi une fusion-acquisition du type essentiellement « complémentaire » (exemple BNP-Paribas) sera beaucoup mieux accueillie, par le personnel et par l'encadrement, qu'une opération de type plus « additif » (exemple Crédit lyonnais/Crédit agricole) où les problèmes de « doublons » et les économies d'échelle risquent de générer des résistances multiples. Dans d'autres cas, même si le choc est moins frontal, le changement à réaliser peut être plus radical encore dès lors qu'il vise une mutation du paradigme fondamental de l'entreprise : combien d'années encore faudra-t-il à Xerox pour compléter sa transformation commencée il y a plus de dix ans, d'une entreprise de vente de photocopieurs vers une « *Document Company* » puis une « *Digital Company* » ?

Controverse

La résistance au changement

La résistance au changement renvoie aux actions individuelles ou collectives initiées en réaction à la perception d'une menace. La résistance peut prendre des formes multiples, actives ou passives, ouvertes ou déguisées, individuelles ou coordonnées, agressives ou timides. Les mots clés ici sont « perception » et « menace ». En effet, il n'est pas nécessaire que la menace soit réelle – c'est la perception qui importe. Les dix principales sources de résistance au changement sont les suivantes :

1. Les risques associés au changement sont perçus comme plus importants que ceux associés à l'immobilité et au *statu quo*.
2. Les individus ciblés par le changement se sentent liés à des individus qui sont identifiés comme représentant « le passé avec lequel il faut rompre ».
3. Il n'y a personne pour jouer le rôle de modèle pour le changement.
4. Les individus ont peur de ne pas posséder la compétence nécessaire pour participer au changement.

>

....>

5. Les individus se sentent débordés et/ou dépassés par l'ampleur des changements à effectuer.
6. Les individus sont critiques et demandent à être convaincus de la pertinence des changements proposés.
7. Les individus estiment que les initiateurs du changement ont d'autres agendas que ceux qu'ils professent publiquement.
8. Les individus ont peur que le changement remette en cause leur identité profonde.
9. Les individus redoutent une perte de statut ou de bien-être
10. Les individus sont sincèrement convaincus que les changements proposés sont inadéquats.

Concernant les causes de la résistance au changement, un rapport récent de The Economist Intelligence Unit explique que : « La difficulté [*de conduire le changement*] ne provient pas d'une résistance au changement : tous [*les dirigeants interrogés*] reconnaissent que les employés ne demandent pas mieux que de se rallier à cette cause. Le problème est lié à la manière de procéder[1]. »
En d'autres termes, les difficultés de mise en œuvre des changements organisationnels sont d'ordre technique ; c'est donc la méthode de management qui est en cause et non la résistance au changement du corps social de l'entreprise.
Une telle conception est, selon nous, dangereusement fausse. Elle illustre une tendance, largement répandue, qui consiste à considérer les organisations comme des systèmes apolitiques. C'est le mythe de l'entreprise unitaire, au sein de laquelle les buts des individus et de l'organisation convergent harmonieusement. On suppose ici que le changement, l'état futur, représente un progrès pour tous. Il n'y a pas de place pour les conflits d'intérêts entre dirigeants et salariés, et entre actionnaires et dirigeants. Une telle conception est fondamentalement erronée. Les travaux de la sociologie organisationnelle[2] ont montré que la « résistance au changement » est aussi le reflet des intérêts bien compris des salariés et des stratégies individuelles et collectives qu'ils mettent en place pour les défendre.
Illustrons ce propos à partir d'un exemple qui touche un nombre de plus en plus grand d'entreprises : la gestion des connaissances. Dans les entreprises à fort capital intellectuel *(knowledge intensive companies)*, par exemple les sociétés de conseil, la gestion des connaissances et de l'expertise est un élément fondamental de l'architecture organisationnelle. La capacité d'une telle entreprise à mobiliser les compétences de ses collaborateurs, à exploiter les connaissances coproduites avec les clients et à suivre, ou à anticiper, les évolutions technologiques et concurrentielles est au cœur de l'efficience opérationnelle. Ces entreprises ont donc été pionnières dans la gestion des connaissances (le *knowledge management*), les communautés de pratique, la veille stratégique... mais beaucoup d'entre elles ont rencontré de sérieuses difficultés de mise en œuvre. Souvent, le contenu des bases de connaissances ou des annuaires d'experts est décevant : obsolète, incomplet, trop complexe... Il existe bien sur des difficultés techniques liées par exemple à l'omniprésence des connaissances tacites. Mais au delà, il existe également un conflit d'intérêt fondamental entre les « travailleurs de la connaissance » (*knowledge workers*) et les entreprises qui les emploient[3] : La codification du savoir de l'expert en un ensemble de connaissances transmissibles correspond, du point de vue de l'expert, à une perte de pouvoir. Lorsque l'on accepte cet état de fait, il est possible de construire des systèmes dans lesquels l'expert a un intérêt « bien compris » à collaborer. On citera par exemple les approches de gestion des connaissances basées sur la personnalisation[4].

1. *The Economist Intelligence Unit*, 2008.
2. Crozier M. et Friedberg E., 1977.
3. Soenen G., 2006.
4. Hansen M. T., 1999.

B/ L'approche « contingente »

Alors que les approches standardisées proposent des méthodes qui se veulent universelles, l'approche contingente considère que chaque cas est spécifique et qu'il est nécessaire d'élaborer un programme de changement qui tienne compte des particularités de chaque entreprise et de chaque contexte. Cette approche a l'avantage de réintégrer le changement organisationnel dans une perspective stratégique, ce qui nous semble indispensable. Elle suggère de conduire le changement en cinq étapes :

1. diagnostic stratégique et clarification de l'état futur ;
2. diagnostic du contexte du changement ;
3. formulation d'un programme de changement ;
4. mise en œuvre du programme de changement ;
5. suivi et actions correctives.

Première étape : diagnostic stratégique et clarification de l'état futur

La première étape consiste à clarifier les motifs du changement et à identifier, au moins dans ses grandes lignes, l'état futur souhaitable de l'organisation. On mobilisera ici les outils et les concepts de l'analyse stratégique (*cf.* chapitre 1), car il s'agit d'adopter une posture stratégique vis-à-vis du changement organisationnel. Cela consiste à s'interroger tout d'abord sur la pertinence et les objectifs du changement. On peut en effet aborder la conduite du changement comme une tâche d'exécution (qui peut être très complexe) et prendre le changement comme une donnée, ou bien comme un enjeu stratégique. Une approche stratégique pose un préalable à la mise en œuvre du changement : le questionnement de sa pertinence. En effet, nous avons montré dans le chapitre 2 que la stratégie est un processus contingent inscrit dans une réalité organisationnelle complexe, et nous avons souligné dans le chapitre 25 les dérives stratégiques associées aux « logiques dominantes ». Par conséquent, face à une situation où certains acteurs de l'entreprise font une proposition de changement, il convient de s'interroger sur sa contribution à la performance de l'entreprise. En effet, changer a un coût, et parfois ce coût dépasse les gains[1]. De plus, il ne faut pas négliger le poids des modes managériales[2] et veiller à éviter une décision sur le mode du « modèle de la poubelle » (*cf.* chapitre 2). Le questionnement stratégique des changements organisationnels est primordial car il va permettre de donner un *sens* au changement.

Diagnostic du contexte du changement

La seconde étape consiste à réaliser une analyse du contexte du changement, en s'appuyant sur un audit de l'organisation et en intégrant les impératifs établis lors du diagnostic stratégique. L'encadré ci-dessous propose un outil qui permet de réaliser ce diagnostic.

1. Pfeffer J. et Sutton R., 2007.
2. Abrahamson E., 1996..

EN PRATIQUE

Analyser le contexte du changement

On peut analyser le contexte du changement autour de huit questions clés[1] :

1. Horizon temporel : quand le changement doit-il être mis en œuvre ? Y a-t-il urgence ou non ?

2. Portée : quelle est l'ampleur du changement nécessaire ? Porte-t-il sur une entité précise, ou bien sur l'entreprise dans son ensemble ?

3. Préservation : quelles sont les ressources et les caractéristiques de l'organisation qui doivent être conservées dans la nouvelle organisation ? Peut-on faire *tabula rasa* ou doit-on préserver certains aspects de l'ancienne organisation ?

4. Diversité : quel est le degré d'homogénéité parmi les employés et les entités qui sont ciblés par le changement ? Pourra-t-on se contenter d'une seule et même approche ou doit-on prévoir un traitement spécifique à différentes populations cibles ?

5. Compétences : existe-t-il dans l'entreprise des compétences en matière de conduite du changement ?

6. Ressources : de quelles ressources financières et humaines l'organisation dispose-t-elle pour mettre en œuvre le changement ? Ces ressources sont-elles disponibles ou déjà engagées ?

7. Dispositions du personnel : le personnel est-il conscient de la nécessité de changer d'une part, et est-il disposé à changer d'autre part ?

8. Pouvoir : de quel pouvoir, formel et informel, disposent les acteurs qui pilotent le changement ?

Formulation d'un programme de changement

La troisième étape consiste à élaborer le programme de changement proprement dit. Celui-ci doit être adapté au contexte, analysé lors de l'étape précédente. On retrouve ici la notion centrale de « fit », de **cohérence,** que nous avons présentée au chapitre 2 à propos du lien stratégie-structure. À ce sujet, les programmes de changement organisationnel sont trop souvent élaborés en ne prenant en considération que l'horizon temporel et la portée du changement. Or, les autres aspects du contexte sont tout aussi importants. Notamment, les questions liées à la préservation et à la diversité constituent des points de vigilance à ne surtout pas négliger. Quant aux options de design, elles sont très nombreuses. Il convient de souligner que souvent le design d'un changement organisationnel est insuffisamment élaboré. Il y a une tendance à considérer qu'une fois les décisions stratégiques prises, leur mise en œuvre est l'affaire des managers opérationnels ou des directions fonctionnelles. Or, dans le cadre de changements stratégiques, il est dangereux de trop séparer conception et mise en œuvre. L'encadré suivant présente les points clefs de la formulation d'un programme de changement organisationnel.

1. Balogun J. et Hope-Hailey V., 2008.

EN PRATIQUE

Concevoir un programme de changement

Le programme de changement doit couvrir les six points suivants[1] :

1. Nature du changement : doit-on mettre en place un changement incrémental, qui procède étape par étape ou un changement rapide qui se déploie simultanément dans toutes les entités et dans toutes les fonctions de l'entreprise ? Vise-t-on une simple réorganisation de l'entreprise ou une transformation profonde ?

2. Point de départ : la dynamique du changement peut être impulsée depuis le sommet de l'organisation (démarche descendante ou « top-down »), ou au contraire débuter avec les unités opérationnelles pour ensuite être consolidée au sommet (démarche montante ou « bottom-up »). D'autres alternatives existent, qui consistent par exemple à utiliser un site pilote, un prototype, pour le généraliser ensuite.

3. Style du changement : selon le rôle que l'on confie aux salariés dans la conception puis la mise en œuvre du changement, la démarche sera directive, participative ou collaborative. À chaque style correspond une demande spécifique. Dans une approche directive, on demande aux salariés d'exécuter un plan, tandis que dans une démarche participative, on leur demande aussi de proposer des idées quant à la mise en œuvre du changement. Enfin, dans une approche collaborative, on demande non seulement aux salariés de participer à l'élaboration des plans d'action mais aussi de contribuer à la définition des objectifs et des finalités du changement. Notons que, contrairement aux idées reçues, une approche descendante (*top-down*) peut être collaborative, tandis qu'une approche par site pilote peut être directive.

4. Cible : les interventions peuvent cibler en priorité les valeurs, les comportements ou les indicateurs de performance. Cibler les indicateurs peut être un moyen de modifier les comportements ; de même, cibler les comportements peut permettre de modifier les valeurs.

5. Leviers d'action : les actions mises en œuvre dans le cadre d'un programme de changement peuvent être techniques, politiques, culturelles et interpersonnelles.

6. Rôle : la responsabilité de la conduite du changement peut être confiée à des leaders de l'organisation, à des consultants externes, à un département fonctionnel ou à une équipe plurifonctionnelle.

Les approches contingentes conçoivent, en général, le changement comme un processus chaotique, que l'on peut tenter de piloter, mais qu'il est impossible de prescrire intégralement en amont : d'où l'importance des étapes 4 et 5.

Quatrième et cinquième étapes : mise en œuvre du programme de changement et suivi et actions correctives

La quatrième étape renvoie à la mise en œuvre proprement dite, tandis que la cinquième étape, indissociable de la précédente, consiste à suivre au plus près l'évolution des projets de changement et à engager les inévitables actions correctives nécessaires. Dans la mesure où des cibles ont été clairement désignées, des plans d'action mis en place et qu'une coalition forte a soutenu le programme, ce processus peut, à un horizon plus ou moins long selon la taille des organisations concernées, paraître linéaire. Toutefois, au cours du processus, les participants auront nécessairement une impression de confusion et vivront de nombreux retours en

1. Balogun J. et Hope-Hailey V., 2008.

arrières, des hésitations, des échecs, etc. Si le pilotage n'est pas géré de façon dynamique, le changement a peu de chance d'aboutir.
Au total, l'approche planifiée, qu'elle soit standardisée ou contingente, constitue le mode dominant de la conduite du changement « discontinu ». Toutefois, elle ne constitue pas nécessairement la seule façon d'adresser le changement dans les organisations. Il existe une alternative, dans laquelle le changement est perçu comme un flux continu, et qui propose le développement d'organisations « apprenantes ». Ce thème est abordé dans la section suivante.

3 Le changement continu : l'organisation apprenante

De nombreuses approches planifiées du changement insistent sur le rôle des crises pour mettre l'organisation sous tension. La crise libère de l'énergie, ce qui crée des espaces où de nouvelles options deviennent possibles. Toutes les crises ne peuvent ou même ne doivent pas être évitées. Cependant une telle approche est anxiogène, génère de la méfiance et du scepticisme à l'intérieur de l'organisation. De plus, en temps de crise, les dirigeants ont tendance à privilégier un style directif et une approche descendante car cela permet, en apparence du moins, un meilleur contrôle du changement. Les théories de l'apprentissage organisationnel, développées notamment à partir des travaux d'Argyris et Schön[1], soulignent que ce type d'approche ne produit qu'un apprentissage « en simple boucle » *(single loop learning)*. Une fois l'urgence disparue, l'anxiété et la rancœur générée lors du changement vont venir « gripper » les nouveaux rouages organisationnels. Selon ces auteurs, il vaut mieux développer une approche plus transparente, où les acteurs mettent leur marge de manœuvre au service de la solution au lieu de l'utiliser dans les jeux politiques pour s'opposer au changement. Une telle approche est susceptible de générer un apprentissage de second ordre *(double loop learning)*, qui passe par une remise en cause des principes collectifs sous-jacents à l'action. En outre, ce type d'approche ouverte, participative, progressive, génère moins d'effets négatifs, car elle réduit la résistance au changement. En effet, la participation à l'élaboration du changement confère aux collaborateurs un rôle d'acteur qui leur permet d'aborder différemment les facteurs anxiogènes inhérents aux périodes de transition.
On peut aller beaucoup plus loin. Il ne s'agit pas seulement d'adopter, dans le cadre restreint d'un programme de changement, une approche participative et ascendante. Il s'agit plutôt de construire une organisation pour piloter le changement en continu. En d'autres termes, il s'agit de construire une organisation capable d'apprendre et de se transformer au fur et à mesure des évolutions concurrentielles : une organisation apprenante.
De nombreux auteurs vantent les mérites de l'organisation apprenante (ou l'organisation agile, ou adaptative, etc.) en avançant trois arguments principaux[2] :

1. Certaines caractéristiques de l'organisation formelle et informelle, des éléments structurels et culturels, facilitent et favorisent l'apprentissage organisationnel. À l'inverse, d'autres éléments limitent l'apprentissage.

2. L'apprentissage organisationnel contribue à l'innovation.

3. Innovation et apprentissage organisationnel, mis en œuvre au travers de programmes de changement efficaces, permettent la création, le maintien et le renouvellement d'avantages concurrentiels.

1. Argyris C. et Schön D.A., 1974.

2. Voir notamment Senge P.M., 1990 ; Quinn J.B., 1992 ; Nonaka I. et Takeuchi H., 1995.

Les défenseurs de l'organisation apprenante proposent une vision du management stratégique qui se démarque assez nettement de la conception traditionnelle. En effet, les approches classiques de la stratégie partent du principe que l'organisation possède une équipe de direction et une hiérarchie, associées à des fonctions supports, qui lui permettent de comprendre l'environnement et de s'y adapter. Pour les promoteurs de l'organisation apprenante, c'est l'ensemble de l'organisation, c'est-à-dire le collectif des employés, qui doit posséder ces capacités de détection et d'analyse, de design et de mise en œuvre. Dans l'idéal, l'entreprise apprenante n'a plus besoin que ses dirigeants la transforment par des actions volontaristes. Elle s'adapte naturellement, dans un processus naturel et organique continu.
Il faut reconnaître que, dans la pratique, la théorie de l'organisation apprenante résiste mal à l'épreuve des faits. Très ambitieuse, elle semble extrêmement difficile à mettre en œuvre. De plus, peu ou pas de travaux empiriques viennent démontrer son potentiel d'applicabilité, alors que de très nombreuses analyses relatent ses difficultés. Les obstacles sont nombreux, et notamment le caractère pyramidal des organisations, la permanence et l'ubiquité des jeux de pouvoir et des logiques de déférence (à la tradition, la séniorité, la hiérarchie, etc.). Enfin, le fonctionnement même de la logique organisationnelle, notamment la spécialisation du savoir, la création de routines, c'est-à-dire de raccourcis, de connaissances tacites, etc. créent des rails et des canaux desquels il est difficile de sortir. Les dirigeants se construisent une carte mentale qui modélise les relations causales entre événements de manière partielle[1]. L'organisation, quant à elle, développe une logique dominante[2]. Ces représentations sont indispensables à l'action, mais elles créent une inertie très forte car elles rejettent dans l'ombre une partie de la réalité. La carte mentale des dirigeants n'est pas le territoire ; la logique dominante de l'organisation limite le changement. Pour libérer les individus de ces représentations, Argyris et Schön proposent de les aider à :

- devenir conscients de leur propre mode de raisonnement et des fondements de leurs jugements de valeur,
- rendre leurs raisonnements et leurs jugements visibles pour les autres,
- s'enquérir des raisonnements et jugements d'autrui.

Vaste programme !

Au total, l'organisation apprenante est un idéal vers lequel il faut essayer de tendre plutôt qu'une description de la réalité. L'ambition de développer une telle organisation se situe au croisement de la stratégie, du développement organisationnel et de la gestion des ressources humaines. Cette ambition est fondamentale pour les stratèges, car une entreprise qui développe une meilleure capacité d'apprentissage collectif que ses concurrents se dote d'un avantage concurrentiel durable. Pour ce faire, on peut utiliser des outils de pilotage de l'apprentissage organisationnel, comme le *learning mix* que nous présentons brièvement dans l'encadré suivant.

1. Huff A.S., 1990.
2. Prahalad C.K. et Bettis R.A., 1986.

EN PRATIQUE

Le *Learning Mix* : un outil pour piloter l'apprentissage organisationnel

Si le partage et la création de connaissances, l'enrichissement du capital intellectuel collectif ou encore l'acquisition de « capacités à apprendre » sont des enjeux affichés par de nombreuses entreprises, rares sont celles qui adoptent une démarche cohérente et opérationnelle permettant de relever ces défis. Fréquemment, des initiatives isolées coexistent : mise en place d'un outil de partage des connaissances, actions visant à recenser les compétences détenues par l'entreprise, etc. Les difficultés rencontrées par les entreprises souhaitant devenir « apprenantes » et cherchant à adopter une approche efficace de la gestion des connaissances (*knowledge management*) s'expliquent par le caractère parcellaire de ces approches. La solution consiste à articuler ces différentes actions, à les inscrire dans une démarche intégrée permettant de capitaliser sur ces initiatives pour mettre en place une véritable politique de gestion des connaissances et de l'apprentissage organisationnel. De même qu'on joue sur les quatre facettes du *marketing mix* (produit, prix, publicité, distribution) pour développer une offre, on peut jouer sur les quatre facettes suivantes du *learning mix* pour promouvoir l'apprentissage organisationnel[1] :

1. Technologie : gérer les systèmes d'information, et notamment les outils dédiés au partage de connaissances ;

2. Organisation : mettre en place et manager une structure apprenante, c'est-à-dire une organisation et des modes de fonctionnement favorisant la création et le partage de connaissances ;

3. Stratégie : identifier et gérer le portefeuille de connaissances de l'entreprise, c'est-à-dire à la fois les connaissances détenues et celles à acquérir ;

4. Identité : développer une identité apprenante, ce qui requiert, dans bien des cas, un travail complexe sur les valeurs et les modes de raisonnement. C'est incontestablement cette dernière facette qui est la plus difficile à gérer (voir chapitre suivant).

1. Moingeon B., 2003.

LES POINTS CLÉS

- Le modèle de l'équilibre ponctué décrit l'évolution des organisations (*i. e.* de leurs composantes : stratégie, structures, normes, etc.) comme une alternance de deux phases : de longues phases d'ajustement graduel entrecoupées de soudaines phases de transformation. En matière de changement organisationnel, ces phases requièrent des pratiques et des ressources différentes.

- La capacité à conduire le changement peut être considérée comme une ressource stratégique – au sens de la théorie de la ressource. Cette ressource peut devenir une compétence cœur et participer à la construction d'un avantage concurrentiel, notamment dans les environnements concurrentiels qui évoluent très rapidement.

- Un certain nombre de principes et de méthodes existent pour construire une organisation apprenante. Néanmoins, même les organisations apprenantes ont parfois besoin de se transformer radicalement, et ce type de changement nécessite la mise en place de programmes de changements spécifiques.

- Lorsque les ajustements incrémentaux ne suffisent pas, parce que le rythme de transformation de l'environnement s'emballe, ou parce que la capacité d'adaptation continue de l'entreprise est faible, il s'agit alors de planifier des programmes de changement.

- Les méthodes planifiées de changement organisationnel peuvent être classées en deux catégories : les méthodes standardisées et les approches contingentes.

- Si les méthodes standardisées, comme par exemple l'approche de J. Kotter, sont souvent pleines de bon sens, elles présentent plusieurs faiblesses : elles ne sont pas nécessairement adaptées aux conditions particulières de l'entreprise et peuvent par conséquent se révéler inefficaces. De plus, elles ont tendance à écarter un peu rapidement le caractère politique des organisations – et notamment l'existence d'intérêts et d'identités multiples. En plus d'être difficiles à mettre en œuvre, elles risquent de produire à terme du cynisme et des comportements de méfiance qui vont empêcher l'entreprise de développer une véritable compétence collective en matière de changement organisationnel.

- À l'inverse, les approches dites contingentes accordent une place centrale à la phase de diagnostic et à l'élaboration de solutions *ad hoc*.

- Le changement organisationnel est une pratique difficile et très exigeante qui requiert la combinaison de connaissances techniques fonctionnelles spécifiques aux métiers de l'entreprise et un certain nombre de savoir-faire et de savoir-être dans le pilotage du processus de changement lui-même.

QUIZ

1. Quelles sont les trois dimensions clés du changement organisationnel ?
a. Contenu, contexte et processus.
b. Forces, faiblesses et opportunités.
c. Réflexion, action et réaction.

2. Pour le courant « institutionnaliste », quelles sont les trois principales formes de pressions qui influencent l'adoption de nouvelles pratiques organisationnelles ?
a. Les pressions rationnelles, émotionnelles et inconscientes.
b. Les pressions structurelles, conjoncturelles et stratégiques.
c. Les pressions coercitives, normatives et mimétiques.

3. Dans le modèle de « l'équilibre ponctué » :
a. Les organisations connaissent de longues périodes de stabilité, entrecoupées de phases de transformation radicale.
b. Les organisations se transforment graduellement pour s'adapter aux modifications de leur environnement.
c. Les organisations se réinventent continuellement dans un modèle de « révolution permanente ».

4. Parmi les prescriptions de Kotter sur le changement organisationnel, on trouve les recommandations suivantes :
a. Former des équipes transversales, éliminer la résistance au changement, remporter de petites victoires.
b. Créer un sentiment d'urgence, exploiter de petites victoires, développer et communiquer une vision, responsabiliser les collaborateurs.
c. Eviter la précipitation, formuler une mission, changer la culture, lancer des initiatives pour bousculer les routines, gérer le politique et désamorcer les conflits.

5. Pour guider le changement organisationnel, quelles qualités doit revêtir la « vision » du futur de l'entreprise ?
a. La vision doit être synthétique et facilement communicable.
b. La vision doit s'appuyer sur des thèmes porteurs, comme l'écologie ou l'éthique.
c. La vision doit inspirer et mobiliser les employés au prix d'un certain irréalisme.

6. Face au changement organisationnel, les individus :
a. Préfèrent toujours le *statu quo* et évitent de s'engager dans le mise en œuvre des projets qui bousculent leurs routines, c'est ce que l'on appelle la « résistance au changement ».
b. Font généralement preuve d'enthousiasme et adhèrent facilement au projet présenté, du moment qu'il est mobilisateur et qu'il présente une vision claire.
c. Peuvent exercer différentes formes de résistance quand leurs intérêts sont menacés, même s'ils adhèrent intellectuellement au projet.

····>

7. En ce qui concerne l'impact du changement organisationnel sur la performance de l'entreprise,

a. Rien n'est garanti : le coût du changement organisationnel peut excéder ses bénéfices.

b. On peut observer que, si une pratique de changement se généralise dans un secteur, c'est qu'elle permet d'améliorer la performance.

c. Le changement organisationnel accroît systématiquement la performance de l'entreprise.

8. Pour avoir un impact positif et durable sur la performance de l'entreprise, le changement organisationnel doit

a. Être radical, rapide et éviter les atermoiements.

b. Reposer sur un diagnostic stratégique approfondi.

c. Être continu, progressif et de longue haleine.

9. Quelle est la principale critique que l'on peut adresser au modèle de l'organisation apprenante ?

a. L'organisation apprenante ne permet pas de créer d'avantage concurrentiel.

b. L'organisation apprenante génère de fortes résistances organisationnelles.

c. Bien que séduisante, l'organisation apprenante est très difficile à mettre en œuvre.

10. La capacité collective de l'organisation à apprendre revêt un caractère stratégique car :

a. L'apprentissage collectif renforce la cohésion des différentes composantes de l'organisation et aide à forger une culture forte.

b. Le développement d'une capacité d'apprentissage supérieure à celles des concurrents contribue à créer un avantage concurrentiel durable.

c. La politique de formation et de développement professionnel des membres de l'organisation est de la responsabilité de la direction générale.

Réponses : 1.a, 2.c, 3.a, 4.b, 5.a, 6.c, 7.a, 8.b, 9.c, 10.b.

27 De la culture à l'identité de l'entreprise

D'abord intéressés essentiellement par les sociétés et les États, les sociologues et les psychologues se sont mis depuis plusieurs décennies à étudier les groupes organisés à visée économique. Nous présentons dans ce chapitre le mouvement qui s'est opéré en la matière au cours du dernier demi-siècle, marquant selon nous le passage d'une définition et d'une reconnaissance de la culture d'entreprise à ce que nous souhaitons mettre en exergue, l'identité de l'entreprise. La première section revient sur les textes fondateurs ayant jeté les bases de l'idée de communauté humaine. La deuxième section développe l'inflexion prise par le management stratégique dans les deux dernières décennies du XXe siècle en faveur de l'idée de culture d'entreprise. Enfin, le troisième et dernier acte de ce chapitre expose l'idée d'identité d'entreprise, qui renoue avec la tradition des textes fondateurs sur la notion de communauté humaine.

1 L'entreprise comme communauté

Comme le suggérait le chapitre 2, le dirigeant est un homme qui gouverne d'autres hommes. Quels que soient les progrès rendus possibles par les différents modèles et méthodes de stratégie passés en revue dans ce livre, le facteur humain est toujours présent et déterminant. L'action et la survie de l'entreprise, comme celles de tout groupe humain, reposent sur la qualité de l'implication et de la collaboration de ses membres. Dès qu'on dépasse le stade de l'entrepreneur individuel, et c'est l'essence même de toute organisation, l'association de plusieurs doit produire plus que la somme du travail de chacun.

L'entreprise n'est pas une communauté organique ni psychologique. Elle est et reste un lieu de tensions et de conflits ; il n'y a pas d'entreprise sans pouvoir. L'action économique collective est toujours complexe. La cohérence interne du groupe humain qui s'en charge n'est jamais assurée, et la corruption du pouvoir est une tentation permanente. Mais, face à toutes ces forces centrifuges, d'autres forces peuvent émerger, qui peuvent conduire les acteurs à se reconnaître dans l'entreprise, éventuellement à s'identifier à elle et à collaborer entre eux. Face à des dangers majeurs pour la survie du groupe, ses membres trouvent ou retrouvent des raisons d'être ensemble, de former ou reformer une communauté autour de points de repères identiques et partagés.

L'encadré « Fondements théoriques ci-dessous » souligne le lien fondamental entre une communauté organisée et la recherche de moyens pour en maintenir son existence, distingue le rôle des leaders dans le processus de communalisation, c'est-à-dire de constitution et de préservation de cette communauté, et détaille les leviers d'actions dont ils disposent : la définition des buts poursuivis, la mise en place de principes de fonctionnement du système social (les valeurs, les idéaux, la coordination) et la structuration du pouvoir à l'intérieur de l'organisation.

Ces éléments principaux énoncés, les leaders disposent de moyens privilégiés que sont les règles et procédures de gestion pour favoriser la genèse du processus de communalisation ou maintenir une communauté humaine en place. En évoquant ces moyens, Barnard et Selznick ouvrent la voie à toute la réflexion ultérieure sur la mise en œuvre de la stratégie. Ils citent en particulier :

> le recrutement, qui sélectionne une base sociale ;

> la formation, qui permet la socialisation ;

> la formalisation du système de valeurs en une idéologie (une façon de voir le monde) illustrée par des mythes organisationnels ;

> la définition des rôles et des procédures ;

> les systèmes de gestion des conflits ;

> une réflexion sur le degré de décentralisation du pouvoir, la mise en place de l'identité s'accompagnant d'une plus grande centralisation.

Toutefois, les deux auteurs pionniers mettent le lecteur en garde. On ne joue pas à bâtir une communauté, qu'on l'appelle institution ou système de coopération. Ce n'est pas un outil au service d'un objectif unique, mission sociale ou rentabilité économique, dont on peut se défaire ensuite. Ce n'est pas, dit Selznick, une « occasion de discours dominicaux ». L'entreprise et les leaders sont tenus par la communauté qu'ils créent. C'est ce qui fait l'efficacité de la première et la grandeur des seconds.

Fondements théoriques

Textes centrés sur l'idée de communauté

Les premières réflexions stratégiques considérant l'entreprise comme un groupe humain structuré, s'efforçant de devenir une communauté, sont aussi parmi les plus fécondes. Depuis *The Functions of the Executive*, de C. Barnard[1] au milieu des années 1930, en passant par *Leadership in Administration,* de P. Selznick[2], plusieurs enseignements de base sur les liens entre les notions d'entreprise et de communauté sont apparus :

1. Toute organisation n'est pas nécessairement en voie de se constituer en communauté mais pour celles qui le sont, il est nécessaire de gérer l'identité organisationnelle. Certaines entreprises ou organisations n'ont que des tâches de routine à effectuer. La qualité et l'engagement de leurs agents n'y sont pas un >

1. Barnard C., 1938.
2. Selznick P., 1957.

....> facteur clé de succès. Ces entreprises-là n'ont pas de raison de devenir des communautés. Devenir une communauté, former une institution, est long et difficile. Cela nécessite plus que la simple présence conjointe des mêmes personnes en un même lieu. Par ailleurs, les forces centrifuges sont nombreuses et dues aux intérêts catégoriels de chaque sous-groupe humain, mais aussi à l'esprit même des acteurs. Une fois qu'un groupe humain, structuré, a acquis une certaine cohésion et que ses membres ont pu s'identifier à lui, alors l'esprit de communauté devient prégnant et l'identité de l'entreprise une réalité. Avec le temps, l'identité risque parfois de se cristalliser et le changement devient problématique. Lorsqu'une organisation est devenue une communauté durable, elle est habitée par le souci de survivre. Une identité non gérée transforme l'entreprise en un bastion communautaire, qui préfère souvent mourir que changer.

2. Le processus de « communalisation », c'est-à-dire de constitution de la communauté, et la gestion de l'identité sont affaires de leaders. Un détenteur de pouvoir peut se contenter d'occuper un siège ou de prendre des décisions opportunistes. Il ne conduit pas alors le processus social qui transforme un groupe d'individus en une communauté engagée. Pour cela, il faut, en permanence, une action éclairée par des principes et des valeurs, et cette action est la raison d'être du leader.

3. L'action du leader se concentre sur trois entités : les buts de l'entreprise, le fonctionnement de son système social, et les structures de pouvoir qui lui permettent d'agir.

– les buts de l'entreprise définissent la raison d'être du groupe, ce qui le distingue de tout autre, ce vers quoi il va, pourquoi il est structuré comme il l'est. Il n'y a pas de communauté d'action sans but, c'est-à-dire sans stratégie pensée et commune, incarnée par le leader et défendue par lui contre toutes les attaques, en particulier celles venant de l'intérieur.

– Le fonctionnement du système social est une tâche fondamentale de la gestion de l'esprit de communauté à laquelle le leader doit prêter une attention particulière. En effet, l'entreprise en tant qu'institution humaine est bâtie sur des valeurs ; elle n'est pas vécue par ses membres comme étant seulement un outil économique, mais elle peut être aussi la source directe de satisfactions personnelles, intellectuelles et affectives. Par ce fait, elle produit une identité à laquelle ses membres peuvent souscrire, qui peut marquer tous les aspects de la vie dans l'organisation et assurer une intégration sociale qui va bien au-delà des mécanismes formels de coordination, en particulier hiérarchiques. La satisfaction est offerte par le biais des idéaux personnels (Barnard) ou des images de soi (Selznick) : fierté de ce que l'on fait, sentiment d'accomplir quelque chose qui a du sens, loyauté, mais aussi des sentiments plus troubles, comme celui du besoin de revanche personnelle.

– Enfin, la consolidation des valeurs passe par une grande attention portée à la structure du pouvoir interne. Barnard met l'accent sur la structure informelle en tant que moyen privilégié de communication. Selznick, lui, assigne un rôle primordial aux élites présentes au sein de chaque groupe social qui doivent être protégées afin d'acquérir une autonomie et une force suffisantes. Ces élites sont porteuses des valeurs propres à l'entreprise et ont en particulier la charge, par leur action quotidienne, d'assurer leur permanence.

Le modèle fondamental de la stratégie, que nous avons désigné par le sigle LCAG[1] (ou modèle d'Harvard) dans le chapitre 1, s'appuie beaucoup sur les idées de Barnard et de Selznick en les rendant opérationnelles pour le dirigeant. Comme nous l'avons signalé, ce modèle met en exergue deux tâches complémentaires de la

1. Learned E., Christensen C. R., Andrews K., Guth W., 1965.

direction générale : la formulation de la stratégie (en particulier, la fixation des buts) et sa mise en œuvre (faire progresser l'organisation vers ses buts) grâce à une structure adaptée, des systèmes et processus de gestion permettant la convergence des énergies individuelles vers les buts de l'organisation, et la présence légitime et efficace d'une direction. Le deuxième point apporte notamment une contribution intéressante à la compréhension du processus de communalisation. En effet, le leader se doit de bâtir des systèmes et processus de gestion qui créent délibérément une atmosphère propice au développement des talents nécessaires à la poursuite des buts, et qui seront propres à fournir des satisfactions personnelles à chacun. Ces systèmes et processus incluent :

> l'établissement de standards et la mesure des performances ;
> la création et l'administration de systèmes de motivation et d'incitation ;
> la création et l'administration de systèmes de contrôle ;
> la sélection des hommes et la gestion de leur carrière.

Le modèle LCAG met moins l'accent sur leur aspect technique que sur leur cohérence avec les buts de l'organisation :

> Chacun de ces systèmes permet-il d'espérer un comportement individuel adéquat ?
> Y a-t-il harmonie entre ces différents systèmes ?
> Si un changement est requis, est-il compatible avec l'ensemble ?
> Comment sera-t-il accueilli par l'organisation ?
> Est-ce le bon moment d'opérer ce changement ?
> Comment le conduire ?

L'association prolongée d'individus tournés vers l'accomplissement de tâches données au sein de groupes organisés donne lieu à la constitution d'une communauté humaine organisée qui obéit à certains principes d'action, de manière d'effectuer ces tâches, de jugements sur ce qu'il est approprié ou non de dire et de faire en certaines situations, attendues et inattendues. L'ensemble de ces éléments, les pratiques aussi bien que les croyances, les mythes, les rites et les idéologies propres à une communauté forment ce que l'on appelle communément la culture de cette communauté. Les façons d'administrer, de décider, et de gérer découlent de la culture d'entreprise.

2 La culture d'entreprise

Les perspectives pionnières de la culture d'entreprise sont centrées sur l'idée de communauté humaine. Elles insistent sur les caractéristiques psychologiques et perceptuelles des différents acteurs engagés dans l'action. Notamment, l'adhésion à des valeurs, la réponse à des initiatives du management, ainsi que les comportements dépendent de la perception par les membres du groupe et de leur lecture des organisations et des événements qui s'y déroulent. La tâche principale des cadres dirigeants consiste à organiser la communication entre la direction et les autres membres de l'entreprise, entre les différentes fonctions et les différentes entités du groupe.
Depuis une trentaine d'années, aux États-Unis et en Europe, psychosociologues et praticiens ont renouvelé cette approche en proposant l'embryon d'une théorie de la culture d'entreprise. Ce soudain intérêt a été dû au succès des entreprises japonaises qui sont apparues aux observateurs comme étant radicalement différentes des

entreprises américaines et européennes sur plusieurs dimensions caractéristiques. L'implantation directe d'entreprises japonaises et de rachats d'entreprises locales a donné lieu à un examen approfondi des pratiques culturelles véhiculées par le management à la japonaise. L'accent mis sur la croissance interne, l'innovation produit, et le management des ressources humaines est caractéristique de ces entreprises. Au service d'une vision progressive et de long terme, une batterie de techniques managériales est mise en œuvre : par exemple un système de communication ouvert entre employés de même échelon, une rotation des postes et une formation systématique des uns par les autres, un système d'évaluation très concurrentiel, et une attention du management intermédiaire aux attentes des employés. En outre, l'usage tactique des collaborations avec les entreprises occidentales, le développement de joint-ventures comme autant de chevaux de Troie dans les lignes adverses, et le management souvent efficace de réseaux de fournisseurs a permis à de nombreuses entreprises japonaises de conquérir des positions de leadership dans de nombreux secteurs manufacturiers : l'automobile, les équipements numériques liés à l'image et à l'optique, ou encore l'informatique. Ainsi, les entreprises japonaises présentaient des valeurs, des principes de management, et des systèmes et procédures de gestion qui fonctionnaient sur un autre mode et semblaient être plus efficaces que le modèle américain. De la découverte des « nationalités » d'entreprise, on en vint rapidement à l'idée que chaque entreprise a (ou est) une culture particulière : à bien y regarder, IBM et Hewlett Packard sont peut-être aussi différents qu'IBM et Hitachi. Les articles et les livres utilisant le vocable de culture se sont ainsi multipliés. Ce que l'on appelait jadis « l'esprit maison » chez Michelin ou Siemens se trouvait reformulé et mis en perspective à l'aune de travaux de management. Dans cette section, approfondissant ce qui a été présenté au chapitre 2, nous présentons l'idée de culture d'entreprise et ses composantes.

A/ Définition de la culture d'entreprise ; ses composantes

Au cours du temps, les recherches et la pratique du management ont consacré une approche de la culture d'entreprise qui est devenue un pôle dominant de la littérature en gestion. Il est important d'en connaître les principes et les composantes. La définition la plus satisfaisante de la culture est donnée par E. Schein[1] :

« La culture est l'ensemble des hypothèses fondamentales qu'un groupe donné a inventé, découvert ou constitué en apprenant à résoudre ses problèmes d'adaptation à son environnement et d'intégration interne. »

Ces hypothèses, suffisamment confirmées dans l'action par les membres du groupe et leur élite dirigeante, sont considérées comme valides et éprouvées. Chaque membre peut donc les enseigner à tout nouvel arrivant, en les présentant comme la manière appropriée de penser et sentir les problèmes de l'action collective.

Les hypothèses de base de l'action collective concernent la relation à l'environnement, la nature du réel, la conception du temps et de l'espace, le modèle de l'homme, de son activité et de ses relations pour ceux qui les partagent. Elles s'expriment indirectement par l'univers symbolique des valeurs proclamées, mais aussi par les mécanismes symboliques traditionnels de l'anthropologie : mythes, rites, tabous. La culture est donc un système qui met en relation une expérience existentielle personnelle et un savoir collectif constitué. Le savoir est enregistré et codé, assimilable seulement pour les détenteurs du code et lié à des configurations permettant d'organiser, de structurer les relations existentielles, pratiques et imaginaires. Nous

1. Schein F., 1985.

détaillons à présent les éléments constitutifs de ces hypothèses éprouvées et partagées par le groupe, parties essentielles de leur culture.

Les croyances, valeurs, et normes de comportement

L'idée que tout groupe a tendance à engendrer des croyances, des valeurs et des normes collectives qui ne sont pas toujours explicitées n'est pas neuve. L'abondante littérature des années soixante, engendrée par la très fameuse étude Hawthorne de E. Mayo et F. Roethlisberger[1], a constamment mis l'accent sur le fait que chaque groupe de travail se constituait en quelque sorte une conception du monde permettant à ses membres de comprendre et d'interpréter ce qui se passe à tout moment. Cette vision du monde comporte d'abord des croyances, c'est-à-dire des propositions générales sur le fonctionnement du milieu pertinent au groupe. Un bon exemple est l'idée qu'à partir du moment où le groupe est soudé derrière son leader, il se tirera de toute situation où il est mis à mal. Comme le montre le Mini-cas Lehman Brothers présenté à la fin de ce chapitre, c'est cette croyance qui a poussé Richard Fuld, le patron tout-puissant de Lehman Brothers, à penser que, malgré les départs de nombreux cadres de la banque (notamment M. Gelband, responsable de la branche immobilière) et la nomination de l'inexpérimentée E. Calant au poste très exposé de *Chief Financial Officer*, Lehman Brothers ne perdrait jamais la confiance des banques alliées ni des autorités financières américaines. Les faits lui ont donné tort.

La vision du monde comporte ensuite des valeurs, c'est-à-dire des préférences collectives, et enfin des normes, c'est-à-dire des règles spécifiques de comportement, qui s'appliquent à tous les membres du groupe. L'excellence du design technologique peut être l'exemple d'une valeur qui a égaré Bang & Olufsen pendant une période de son histoire, mettant l'entreprise à l'écart de son réseau de distribution et des besoins réels de ses clients. Plus généralement, la valorisation du zèle au sein de l'entreprise est une norme sociale. Le membre du groupe qui ne respecte pas la norme court le risque d'être rejeté.

La frontière entre croyances, valeurs et normes n'est pas toujours très aisée à tracer. Chaque groupe humain se construit une culture informelle ; cette culture est apprise par les membres du groupe qui doivent s'y soumettre au risque d'encourir des sanctions. Elle constitue donc un puissant mécanisme d'intégration de l'individu. Ce mécanisme culturel est également bien connu en anthropologie, où l'on peut s'attacher à décrire une société par l'ensemble de règles de comportements qui, si vous les suivez, font de vous un indigène au comportement approprié, comme l'a montré C. Geertz[2].

Les mythes et les héros

Parmi les formations symboliques importantes, on peut citer les mythes. Ces mythes font référence à l'histoire de l'entreprise, à ses succès, à ses époques héroïques. Le mythe a pour objet de créer, ou de conforter, une image idéale de l'organisation et produit un système de valeurs. Les mythes se rencontrent plus souvent dans les organisations où la stratégie résulte d'analyses rigoureuses. Pour beaucoup, le mythe fait partie de l'irréel, ou du moins de la fable. En fait, dans l'entreprise, comme dans toute société, le mythe raconte une histoire idéalisée à partir de faits réels. On comprend mieux l'importance de parler (et de reparler) ensemble de l'époque du créateur, de l'époque héroïque des débuts de l'entreprise : on retrouve là l'origine des choses, les choses extraordinaires grâce auxquelles l'entreprise, la communauté existe.

1. Roethlisberger F. et Dickson W., 1939.
2. Geertz C., 1987.

Si on examine les différentes fonctions du mythe, on comprend également son importance, et combien il peut être dangereux de ne pas intégrer les mythes dans un diagnostic de l'identité. Tout d'abord, le mythe a une fonction explicative[1] qui, très souvent, permet de reconstruire et d'expliquer tout phénomène et de résoudre toute contradiction. Les différentes pratiques trouvent souvent leur sens à travers le mythe.
À partir de là, on peut comprendre la fonction sociologique du mythe. Dans l'entreprise, il permet d'unifier les croyances de tous et d'être un gage de consensus social. Parallèlement à l'expression d'une cohérence, le mythe décrit aussi un ordre du monde. Par cette fonction psychologique, il exprime les conflits plus ou moins conscients et joue par son évocation répétée un rôle de régulation sociale. Le mythe du créateur parti de rien rappelle le plus souvent qu'il y a les compagnons de la création, qui doivent être distingués des autres. Aussi, la connaissance des mythes n'est jamais uniforme. Si tout le monde en a entendu parler, certains peuvent bénéficier d'un statut particulier dans la mesure où ils pourront dire : « J'y étais », ou à la rigueur : « j'ai » connu quelqu'un qui y était. Le mythe, en soi, classe la population – de façon ici consensuelle – entre ceux qui savent et ceux qui croient savoir.
Enfin, le mythe a une fonction que G. Durand[2] a appelée ontologique : le mythe rassure. Si l'entreprise a toujours existé, c'est qu'elle existera toujours, quelles que soient les vicissitudes de la vie et de la concurrence. On comprend alors l'importance qu'il y a à gérer ou du moins à canaliser les mythes. Derrière le consensus qu'ils incarnent, ils sont également un élément du contrôle social, et les différents partenaires en concurrence vont dès lors chercher à gérer ce discours social. Le jeu des mythes et contre-mythes est significatif des jeux et enjeux de pouvoir. R. Girard[3] a montré que le mythe impose une certaine violence en la légitimant. Parler de mythes, c'est aussi reprendre la main sur l'histoire passée, oblitérer certaines luttes de pouvoir pour en légitimer d'autres.
À travers ses mythes et au-delà, l'entreprise produit ses héros, simples soldats, capitaines ou dirigeants. À l'image de Stakhanov, héros de la productivité soviétique, certains rôles sont magnifiés spontanément ou avec un peu d'insistance au sein de l'entreprise. AT & T, au moment de la dérégulation et de la perte de la forte identité de service public de « Ma Bell », promeut et fait connaître sa « nouvelle race d'entrepreneurs ». À l'origine, avant son repositionnement stratégique, le Club Méditerranée, dont le concept de village de vacances est au cœur du succès stratégique, fait de ses chefs de village des héros de légende. Managers, entraîneurs d'hommes, animateurs infatigables et souriants, les demi-dieux, seigneurs et maîtres du village sont essentiels à la culture et à la réussite des opérations du Club. Tenir leur rôle, être à l'image de ce qu'ils doivent être, est un défi en soi. Après tout, ce sont les seuls managers de l'industrie touristique qui doivent chanter, danser, charmer, même lorsque les avions sont en grève ou les bagages perdus.
La tentation de donner des signes de changement dans l'entreprise en créant des héros, et en désignant des vaincus, des boucs émissaires, existe. Mais elle est peu sage. Ici, le discours sur l'entreprise s'approche de l'idéologie, au pire de la propagande. Ces symboles « forcés » et un mécanisme hâtif de diffusion de « nouvelles valeurs » des acteurs au sein de l'entreprise peuvent apparaître, aux yeux des acteurs, comme déconnectés de la réalité, surréalistes ou manipulatoires. On peut constater depuis plusieurs années maintenant une nette augmentation du nombre d'ouvrages relatant l'histoire d'une entreprise. Dans bien des cas, il s'agit de « relectures » de l'histoire, véritables tentatives de création de mythes favorables aux dirigeants. Le mythe est alors un instrument de légitimation du pouvoir et de ceux qui l'incarnent.

1. Sironneau J.-P., 1982.
2. Durand G., 1960.
3. Girard R., 1972.

Les rites et les codes

Les rites ont partie liée avec les mythes, dont ils permettent l'expression réitérée. Il s'agit d'actes qui se répètent, et dont l'efficacité est, du moins en partie, d'ordre symbolique. Ils permettent, eux aussi, de manifester un consensus, tout en sécurisant. On se retrouve ensemble par le rite, et le respect strict du rite correspond à une volonté de se rassurer, en manifestant son appartenance à un groupe.

Un des travaux originaux sur les pratiques rituelles et leur sens est dû à S. Barley. Il faut avouer que le type d'entreprise étudié est particulièrement bien choisi : les pompes funèbres américaines. Barley[1] étudie les pratiques stéréotypées choisies par leurs dirigeants dans l'accomplissement de leurs tâches : l'arrivée au domicile du défunt, sa prise en charge, sa présentation physique lors de la veillée funéraire, l'aménagement du décor. Ces pratiques ritualisées ont pour objectif de communiquer un grand nombre de messages fondamentaux aux personnes présentes, que ce soient les assistants apprenant leur métier ou les familiers du défunt. Pour que le message puisse être décrypté, il faut qu'un code fasse correspondre une série de signifiants (par exemple, la position de la tête du défunt lors de la veillée mortuaire ou la présence de fleurs fraîches) à un signifié (la mort est un phénomène naturel, il convient donc que les funérailles se passent dans la dignité et le calme). Barley analyse dans le détail le fonctionnement des codes à l'œuvre avec leurs mécanismes de base : la métaphore (le défunt est comme un homme qui dort), la métonymie (un homme qui dort, c'est les yeux fermés, la bouche fermée, la tête qui repose et l'expression sereine), l'opposition (un cadavre non apprêté ne ressemble pas à une personne qui dort).

Si l'on veut être moins macabre, on peut rappeler que toute technique de gestion peut être pratiquée comme un rite par l'entreprise. Il suffit pour cela que les détenteurs du pouvoir singularisent cette technique en parlant et en théâtralisant (par exemple, montrer que l'entreprise est à l'avant-garde du management, est sociale, ou est dynamique).[2] La consultation de magazines spécialisés au cours du temps laisse apparaître le long florilège des techniques qui sont ou furent à la mode : théorie Z, intrapreneurship, restructuration, excellence, budget base zéro, courbe d'expérience, gestion de portefeuille, dynamique de groupe, matrices, conglomérat, informatisation, et, bien sûr… le management de la culture d'entreprise.

Dans bien des cas, la participation aux rites, par exemple, la « grand-messe » annuelle au cours de laquelle, selon les cas, sont présentés les résultats financiers, récompensées les meilleures performances commerciales, etc., est un moyen d'afficher son appartenance à l'organisation. Toutefois, il arrive que certains membres refusent de partager ces productions symboliques, manifestations visibles de l'imaginaire organisationnel commun fondé sur la « mêmeté »[3]. Ils prennent alors le risque de se retrouver marginalisés, voire mis hors jeu, car une telle démarche s'apparente à une remise en cause des règles du jeu de l'organisation. Les « jeunes loups » peuvent ainsi refuser de participer aux rites, cherchant à s'opposer aux codes en vigueur. Ce coup de force symbolique peut les conduire soit à être mis hors jeu, soit, en cas de succès, c'est-à-dire s'ils sont suivis dans leur démarche, à imposer un nouveau code conduisant à de nouveaux rites dont ils seront maîtres. Ainsi, le rite tout comme le mythe fonctionne aussi parfois comme instrument de pouvoir.

Les tabous

Les tabous renvoient directement à la notion de peur au sein de l'organisation. La diversification, l'argent, le sexe opposé, le pouvoir, l'échec, sont autant d'objets autour desquels des manifestations d'une peur collective peuvent avoir lieu. Pour se défendre contre cette peur, les membres du groupe préfèrent oblitérer ce à quoi elle

1. Barley S., 1983.
2. Reitter R. et Ramanantsoa B., 1985.
3. Durand R. et Calori R., 2006.

a trait. Dans le diagnostic de la culture d'entreprise, il est important de chercher à déterminer ce dont quoi on ne parle jamais, ce qu'il ne faut surtout pas évoquer en présence d'un collègue ou d'un supérieur hiérarchique.

Par exemple, certains auteurs[1] montrent comment certains tabous qu'ils appellent « l'impensable » sont sources d'anxiété, d'erreurs d'interprétation et donc de mauvaises décisions. Ces événements catastrophes appartiennent à plusieurs types d'événements. Par exemple :

> **L'événement maléfique venu du dehors.** Tel est le cas pour le Tylenol, un produit de Johnson & Johnson dont certaines capsules avaient été imbibées mal intentionnellement d'une dose de cyanure, ce qui avait coûté deux vies humaines et 250 millions de dollars.

> **L'événement maléfique venu de l'entreprise**. Cela arriva à Procter & Gamble, qui dut retirer de la vente un tampon périodique, Rely, que la rumeur soupçonnait d'être la cause d'affections graves.

> **L'existence maléfique parasite.** L'image d'Atari en tant que fournisseur de produits pour les loisirs de la famille fut ternie par la venue sur le marché de jeux pour adultes compatibles avec la machine Atari.

EN PRATIQUE

Comment diagnostiquer la culture d'entreprise ? Quelques questions clés

Pratiquer le diagnostic de la culture d'une entreprise nécessite d'observer les faits et les pratiques, ainsi que de dialoguer de manière approfondie avec les membres de l'organisation. Lors d'entretiens semi-directifs, notamment, on explorera les quatre composantes essentielles décrites ci-dessous. Pour chaque composante on cherchera à répondre à une série de questions clefs dont nous donnons ici une liste indicative :

1. Les croyances, valeurs, et normes de comportement

> Qu'est-ce qui est au centre du discours de l'entreprise : le client, le produit, le profit, autre chose ?

> Existe-t-il des valeurs affichées, promues par le groupe ?

> Pourquoi ? Comment ont-elles été énoncées ? Par qui ?

> Y a-t-il des écarts entre les valeurs promulguées et les comportements effectifs ?

> En quoi les croyances et valeurs sont-elles reliées à l'offre de l'entreprise, à ses clients ?

> Quelles sont les perceptions des membres du groupe sur les valeurs, explicites et implicites de l'entreprise ?

> Quels liens y a-t-il entre les dirigeants actuels et ces croyances explicites et implicites ?

1. Mitroff I. et Kilmann R., 1985.

····>

2. Les mythes et les héros

> D'où vient l'entreprise ?

> Quelle est sa raison d'être ?

> Qui sont les leaders emblématiques ayant porté le projet d'entreprise ?

> Quelles sont ou étaient leurs valeurs ?

> Comment ont-elles été transmises au groupe ?

> Sont-elles toujours d'actualité ?

> Les héros du temps présent sont-ils les mêmes que ceux des temps anciens ?

> Pourquoi ? Comment et par qui s'est effectué le passage ?

3. Les rites et les codes

> Quelles sont les pratiques courantes présentes dans l'organisation ?

> Y a-t-il des réunions annuelles, des séminaires d'intégration, des pots de départ ? Qui les organise ? Qui y parle ? Qui y est présent/absent ?

> Que révèlent ces pratiques, les acteurs qui y participent ?

> Quelles procédures prévalent pour le recrutement, le licenciement, la formation professionnelle, la promotion professionnelle ?

> Quel système de gestion des conflits est utilisé ?

4. Les tabous

> Quels sont les sujets sensibles dans l'organisation ?

> Qu'évoque la thématique de la crise, de la catastrophe pour les membres de l'organisation, pour l'équipe dirigeante ?

> En quoi cela impacte-t-il les règles, codes, et comportements des membres du groupe ?

B/ Vision unifiée de la culture d'entreprise

La plupart des études sur la culture d'entreprise partagent trois caractéristiques. Premièrement, la culture est définie comme « ce qui est partagé ». Ce consensus englobe l'organisation tout entière - il est donc légitime de parler de *la* culture d'entreprise, qui est partagée par l'ensemble des membres de l'organisation.
Deuxièmement, la culture est cohérente et « fait sens ». Les thèmes culturels sont cohérents entre eux et avec les pratiques culturelles formelles et informelles. Par exemple, selon Ouchi, les organisations de type « théorie Z » ont des cultures articulées autour de trois thèmes cohérents entre eux : 1) le souci du bien-être physique et psychologique de l'employé ; (2) une perspective à long terme du management des ressources humaines ; 3) la volonté de coordonner l'organisation au moyen de valeurs partagées plutôt que par des moyens administratifs usuels. Il est clair qu'un tel souci pour les employés et la volonté de développer des valeurs partagées ne pourraient coexister avec un horizon décisionnel à court terme. Cette

cohérence interne permet aux membres de l'organisation de donner du sens aux décisions prises par les responsables de l'entreprise. Ainsi, la fonction des thèmes et des valeurs partagés est de créer du sens, c'est-à-dire à établir, pour le groupe, ce qui est correct et fonctionnel.

Troisièmement, la vertu d'une culture d'entreprise qui cimente la communauté de ses membres, qui est cohérente et fait sens pour eux, est qu'elle favorise l'efficacité et la performance de l'organisation. La culture consensuelle, cohérente et non ambiguë, faciliterait notamment les échanges, la coordination, et l'exécution des tâches par les employés. Les membres de l'organisation savent comment se comporter, les rôles sont clairs. La culture donne un sens global, un sentiment d'unité, à des activités qui pourraient autrement sembler isolées. Elle fournit aux individus un contexte leur permettant d'interpréter rétrospectivement leurs activités et de ne pas souffrir de l'anxiété liée à l'ignorance et à la confusion. Le rôle des cadres dirigeants est donc d'interpréter ce que les autres membres de l'organisation ne perçoivent que de manière confuse. De plus, la culture favoriserait la loyauté, le dévouement et l'enthousiasme des employés. Cette fonction « intégrative » de la culture est amenée à jouer un rôle de plus en plus important à mesure que les liens communautaires traditionnels (religieux, familiaux) s'estompent et que grandit le besoin d'appartenance à l'entreprise.

C/ Typologie des cultures d'entreprise

Dès que l'on dispose d'un corps de concepts pour décrire et analyser un phénomène, il est tentant de bâtir une typologie, même au risque de simplifier un peu trop la réalité concrète des situations d'entreprises.

On peut ainsi distinguer des cultures d'entreprises en fonction de la valeur suprême qu'elles poursuivent. McCall[1] distingue les cultures orientées vers le marché, vers la production, et vers la croissance. Il montre le fait que les cultures orientées vers le marché se révèlent excellentes en termes de management du risque, du caractère entrepreneurial, mais pèchent par leur individualisme trop marqué, l'absence de valeurs incarnées au plus profond de l'entreprise et de discipline dans la mise en œuvre stratégique. Les entreprises pour lesquelles la production, la mise en œuvre opérationnelle, est le fer de lance mettent particulièrement en valeur l'efficacité, l'esprit collégial, la sophistication des solutions internes, mais manquent de répondant face aux nouvelles exigences des clients, sont lentes à revoir leurs procédures, et perçoivent tardivement les changements fondamentaux de leur environnement, attachées à leurs croyances et codes de fonctionnement. Enfin, les entreprises centrées sur la croissance sont probablement les meilleures pour atteindre les objectifs qu'elles se sont assignés, regorgent d'employés durs à la tache, et sont flexibles dans leurs pratiques et croyances. En revanche, elles sont victimes d'une faible attention aux demandes et besoin exprimés par les employés.

Une autre typologie, celle de

, mérite une attention particulière. Pour W. Ouchi[2], le facteur important est le type de transaction qui lie l'individu à son entreprise : les deux parties échangent des biens et des services, et cet échange doit être soumis à des règles permettant à chaque partie d'être assurée d'y trouver son intérêt (le sentiment d'équité). Selon Ouchi, trois types de mécanismes, de règles d'échange, sont possibles :

> Un mécanisme de marché, avec formation d'un prix d'échange et d'un contrat reposant sur ce prix. C'est le mécanisme le plus simple, mais qui ne marche vraiment

1. McCall MW, 1998.
2. Ouchi W., 1982 ; Wilkins A. et Ouchi W., 1983.

que dans des situations peu ambiguës (entre un joueur de football et ses dirigeants, par exemple).

> Un mécanisme bureaucratique, avec élaboration d'un contrat formel prévoyant, en particulier, des formes de contrôle de l'activité du salarié, et donc la création d'un rapport hiérarchique. Cette forme de contrat social et de régulation des transactions fonctionne bien tant que l'univers n'est pas trop ambigu ou incertain. Sinon, un contrat ne peut pas couvrir toutes les situations possibles, et l'équité de la transaction dépend de ce qu'il advient de cette zone d'incertitude.

> Le troisième mécanisme est celui du clan, observé par Ouchi dans les entreprises japonaises. Le contrôle formel est remplacé par une culture commune, qui assure aux individus que leurs intérêts propres et ceux de l'entreprise-clan convergent. Les individus agissent donc naturellement dans le sens de l'organisation. C'est une relecture de Selznick, à ceci près que pour Ouchi, l'accent n'est pas mis sur une communauté de buts. Il suffit que les individus aient le sentiment que, à terme, leur participation et leur engagement seront traités avec équité.

Ouchi pense que chaque entreprise utilise en fait les trois formes de contrôle social, mais que certaines privilégient une forme ou l'autre ; c'est en cela qu'elles se différencient. Bâtir un clan est un processus long et difficile. Cela requiert en particulier une certaine stabilité des membres et une structure d'interactions fréquentes. Mais le clan est bien mieux équipé que les deux autres cultures pour affronter l'incertitude et l'ambiguïté du monde extérieur.

Faire le diagnostic de la culture de l'entreprise à travers ses valeurs, mythes, rites et tabous, comme dans l'encadré « En pratique » précédent, et positionner cette culture par rapport à d'autres entreprises, concurrentes mais pas seulement, permet de décrypter les raisons expliquant certaines décisions stratégiques majeures (attaquer un concurrent, éviter le conflit, privilégier l'alliance, etc.) ainsi que les réussites et les échecs de la mise en œuvre stratégique. Pour certains, la culture est un moyen de contrôle plus efficace que la supervision directe et les systèmes d'incitation habituels. Au niveau concurrentiel, il est à noter cependant que certaines composantes de la culture d'entreprise peuvent contribuer au succès dans un environnement donné et constituer un désavantage dans un autre milieu ou une autre phase du développement de l'entreprise.

3 De la culture à l'identité

Un observateur de l'entreprise formé aux sciences sociales éprouve une certaine insatisfaction, voire une certaine gêne face à beaucoup de livres ou d'articles sur la culture d'entreprise. Cela provient d'une double constatation. D'une part le mot *culture* est un mot piège, parce qu'il a un grand nombre de significations à des niveaux de généralité très différents. Quand on oppose nature et culture, on est très loin du sens restreint associé aux activités d'un ministère des Affaires culturelles. Au niveau d'une collectivité, l'usage du mot culture n'est pas sans risques. Ce concept a été développé par l'anthropologie pour des collectivités naturelles dont les membres sont socialisés depuis leur naissance, ce qui n'est pas le cas, bien sûr, pour l'entreprise. D'autre part, la pensée dominante – celle qui a eu le plus d'audience dans les entreprises – est normative, assez simpliste, et réductrice. Notamment, les cas des conflits culturels à l'intérieur des entreprises, entre une orientation produit et une orientation client, entre une pratique contractuelle et une pratique clanique,

sont passés sous silence. Lorsqu'il existe des incohérences entre les thèmes culturels, celles-ci sont minimisées par la version unificatrice de la culture d'entreprise.
Dans cette section, nous revenons d'abord sur ces insuffisances avant de mettre en avant les idées d'identité et d'identification pour combler les manques dont souffre la notion de culture d'entreprise. Nous renouons en cela avec les sources premières, qui mettaient en avant la dimension communautaire du groupe humain, oubliée par les tenants d'une vision unidimensionnelle et instrumentale de la culture d'entreprise.

A/ Critique de la notion de culture d'entreprise

Plusieurs critiques peuvent être portées contre la définition de la culture d'entreprise en tant qu'elle est uniforme, cohérente, efficace et donc manipulable par les dirigeants.

L'existence de sous-cultures

Une première critique s'adresse au caractère unifié de la culture d'entreprise. Des sous-cultures existent et coexistent au sein des organisations, et par conséquent, il en résulte des incohérences entre le contenu des thèmes culturels et les pratiques et formes culturelles.[1] La base de ces sous-groupes varie d'une organisation à une autre ; les sous-cultures les plus fréquentes sont les cultures fonctionnelles (marketing, production, direction), les cultures professionnelles (avocat, informaticien), ou les cultures ethniques. En fonction des rapports qu'entretient une sous-culture vis-à-vis de la culture dominante (souvent celle de la direction), on parlera de sous-culture positive, négative (contre-culture) ou orthogonale (rapport neutre). Il serait cependant illusoire de parler de *la* culture d'entreprise comme étant stable et unifiée.

L'existence de multiples sens aux valeurs, mythes, codes, et tabous

La deuxième critique s'interroge sur l'existence de multiples interprétations possibles d'une manifestation culturelle donnée. Les semaines d'intégration dans les universités d'entreprise pour les jeunes recrues peuvent être ressenties comme une récompense par certains, comme une pression de mise en conformité par d'autres. De nombreux gourous recommandent aux leaders d'interagir régulièrement avec leurs subordonnés en se promenant au fil de l'eau dans leur entreprise. Ce *Management By Walking Around* peut être interprété de différentes manières. D'un côté il peut marquer la volonté d'offrir un accès direct à la hiérarchie à toutes les couches de l'entreprise, et donc symboliser l'ouverture et une certaine volonté égalitaire. D'un autre, il peut apparaître comme un moyen de contrôle déguisé pour repérer les tire-au-flanc ou les flatteurs.

Le découplage

Une autre critique repose sur l'idée que la culture est largement communiquée à l'extérieur, aux clients, aux banquiers, à la presse, aux futurs employés, etc. Par conséquent, la perception première de la culture d'entreprise a été traitée, façonnée, et policée. Il s'ensuit qu'il y a de grandes chances qu'un écart important se manifeste entre ce qui est professé vers l'extérieur de l'entreprise et ce qui est réellement vécu par les membres de l'organisation. Cet écart est parfois appelé « découplage », ce qui signifie dissociation, fonctionnement indépendant des deux faces de la culture d'entreprise[2].Il peut être le fruit d'une lente dérive due à un aveuglement des dirigeants mais il peut également s'agir d'une stratégie délibérée consistant à « donner le change » afin de s'adapter aux demandes sociales. Le cas des labels « biologiques » ou encore « développement durable » entre dans cette catégorie, car pour un certain

1. Martin J., 2002.
2. Dutton J, Dukerich J., 1991.

nombre d'entreprises, il y a découplage entre la culture professée à cet égard et la réalité concrète vécue par les membres de l'organisation.

L'ambiguïté

Enfin, la façon de traiter l'ambiguïté constitue un autre trait contrecarrant la vision uniformisatrice de la culture. Cette dernière exclut, par définition, ce qui est ambigu. L'ambiguïté est renvoyée aux frontières de l'organisation, dans un espace en quelque sorte constitué entre les sous-cultures. Or la vie de l'entreprise est constituée par l'ambiguïté entre les signaux émis, les valeurs incarnées par certains et non comprises par d'autres, par les rites à l'abandon, ou l'apparition de nouveaux héros aux motivations floues.

Au total, la description de la culture d'entreprise comme étant partagée par tous, cohérente, et efficace a conduit à l'élaboration de boîtes à outils à destination des managers. Pour ceux-ci, il s'agirait de manipuler, d'outiller, de contrôler la culture organisationnelle. Pour notre part, nous pensons que les sciences sociales ne sauraient conduire à des modèles aussi normatifs. Par ailleurs, la question n'est plus seulement de savoir si la culture d'entreprise peut-être utilisée, mais de juger si cela est moral. Nous pensons qu'introduire la différenciation en sous-cultures est sain parce qu'elle permet de reconnaître la dimension politique des organisations. Mais il convient d'aller au-delà de la simple critique et l'idée d'identité nous permet de comprendre le processus de communalisation, cher aux auteurs pionniers.

B/ L'identification, l'identité et l'action collective

Si la notion de culture peut paraître trop superficielle ou monolithique, on peut donc s'interroger à nouveau sur ce qui fonde les bases de la sociabilité, de l'esprit de communauté entre acteurs mus en partie seulement par leur intérêt personnel. La vision institutionnelle de l'identité d'un groupe humain, telle qu'esquissée dans la première section de ce chapitre, permet de recadrer les recherches ultérieures dans une perspective commune et logique, celle de l'entreprise comme système de coopération, ou comme institution. Autrement dit, pour comprendre la création et le maintien de l'identité organisationnelle, il faut comprendre les bonnes raisons qu'a chacun des individus concernés d'y contribuer, et les modes de régulation de l'action collective entre ces individus. Nous examinons à présent les réponses récentes à ces deux questions[1].

Motivation économique et motivation identitaire

La première interrogation est donc celle-ci : pourquoi s'investit-on dans l'action collective ? Pourquoi est-on éventuellement prêt à donner son intelligence et son énergie, sinon sans compter, du moins sans garder l'œil rivé sur sa montre, la convention collective et le texte de la RTT ? Qu'est-ce qui éventuellement nous motive ? Comme souvent, les économistes nous donnent une base de départ, mais une partie seulement de la réponse : l'agent recherche son intérêt propre. En cela il est rationnel. Mais cette rationalité ne peut qu'être « limitée », ou « procédurale », parce que les objectifs poursuivis peuvent être multiples et ambigus, parce que l'information peut être imparfaite et le temps être compté, parce que l'agent dépend d'autres agents, etc.

1. Chassang G., Moullet M. et Reitter R. 2002.

Même dans sa version la plus sophistiquée, l'*homo economicus* reste très primitif. Il vise la jouissance et veut éviter la punition. Il est capable de mentir, mais a peur du gendarme. Il est capable de calculs sophistiqués, ce qui permet aux économistes de prédire son comportement. Mais il n'a pas de corps, ni de représentation de soi, ni de rêve, ni de langage. Il n'aime ni ne fait. Il ne rêve ni ne doute. Il ne risque pas sa vie pour son honneur, ni pour autrui, ni pour une transcendance quelconque. Les mythes et les narrations le laissent froid. Il n'a pas de nom et pas d'histoire. Bref, cet *homo economicus* n'est pas un être humain engagé. Malgré l'utilité indiscutable de ces outils fournis, le dirigeant d'entreprise ne peut se contenter de ce modèle simplifié de l'homme. L'organisation qui en résulterait serait bien fragile, bien peu pérenne et surtout peu à même d'affronter la complexité, car trop à la merci des calculs de ses agents.

Les sciences humaines nous apportent des savoirs sur la motivation humaine permettant d'aller au-delà de l'*homo economicus*. Des travaux récents estiment qu'il n'y a pas de frontière naturelle entre la psychologie individuelle, la psychosociologie de l'action collective et l'étude des productions culturelles des communautés humaines. Ainsi, plusieurs « niveaux de soi » pour chaque membre coexistent au sein d'une collectivité au travail[1]. C'est pourquoi l'entreprise est un lieu particulier en ceci qu'elle contribue à la construction de l'image de soi, de l'identité personnelle, et de l'idée même de groupe. Cette construction est un travail continu, de confrontation et d'aménagements adaptatifs entre, d'une part, une réalité extérieure que je perçois et que j'interprète et, d'autre part, mes propres impératifs intrapsychiques. Ces impératifs peuvent être l'internalisation de modèles sociaux et culturels (je dois me montrer digne de ma classe, de ma grande école) ; d'autres sont plus archaïques (dans le regard de ma mère, j'étais le centre du monde et, à mes yeux, je le suis encore). Ma valeur extérieure, l'entreprise est une fabuleuse machine à la décrypter : je la lis dans les chiffres et les appréciations, mais aussi dans le regard des fournisseurs ou des clients, des supérieurs hiérarchiques ou des subordonnés. On construit une estime de soi à partir de cela, ce peut être un gai savoir, mais aussi une drogue, peut-être même parfois une prison psychique. L'identification est donc ce principe par lequel chacun d'entre nous se définit comme appartenant à un collectif, qu'il soit une activité bien définie (cheminot conducteur de TGV), un groupe de travail (le groupe projet X22) ou une organisation (moi, je suis Peugeot).

Il faut garder à l'esprit que l'identification n'est pas un mécanisme passif : à l'origine, s'identifier à son père ou à sa mère n'est pas simplement les prendre pour modèle et les faire vivre en soi : c'est aussi aller vers eux. L'identification est une sorte de contrat implicite. C'est une relation d'amour – mais aussi, nécessairement, une relation ambivalente amour/haine qui peut mener à des réactions brutales lorsque l'organisation ne répond plus à cet appel, à cette confiance que l'individu lui porte. L'identification d'un individu à son entreprise est donc un ciment fort dans la constitution d'une collectivité.

Identité et action collective

Abordons maintenant la deuxième interrogation : comment passe-t-on du groupe d'individus à l'acteur collectif ? Autrement dit, comment l'action devient-elle collective ? Pourquoi les acteurs collaborent-ils ? Comment les actions individuelles ou en petits groupes s'intègrent-elles pour produire de l'organisation ? Si ces questions se posent, c'est que l'action collective ne va pas de soi. Nous avons a priori beaucoup de bonnes raisons de ne pas collaborer. Nos intérêts ne rejoignent pas nécessairement ceux d'autrui. Au contraire, ils sont souvent concurrents (pour les ressources, les

1. Sluss D.M. et Ashforth B., 2007.

places, l'accès aux réseaux d'influence), voire en conflit (par exemple, le commercial veut une variété de l'offre que la production ne souhaite pas). De même, les cartes mentales varient d'une unité ou d'une profession à l'autre sur des aspects aussi fondamentaux que la conception du temps, de l'espace ou du choix des priorités. Au sein d'une même équipe, la nature humaine fait que mes partenaires, associés ou amis, sont aussi mes rivaux. Même si nos intérêts convergent, autrui est toujours potentiellement dangereux, source de blessures narcissiques, et donc à redouter.

En regard de ces forces centrifuges, qui s'opposent à la coopération, d'autres forces participent à la cohésion du groupe. Les acteurs ou groupes d'acteurs sont conduits à trouver entre eux des arrangements, un *modus vivendi*, permettant au jeu organisationnel de continuer. Et il continuera tant qu'une des parties prenantes n'aura pas davantage intérêt à faire exploser le système qu'à poursuivre la collaboration. Autre apport des sciences sociales : des cycles de don/acceptation du don/obligation de contre-don maintiennent des rapports de dépendance entre membres du groupe social. En fonction de leurs situations personnelles, des postes et des niveaux hiérarchiques qu'ils occupent, les membres de l'entreprise se rendent des services, certains gratuits et d'autres appelant compensation ultérieure. L'imbrication de ces accords crée un tissu de relations qui participent de l'identité collective du groupe. Si ce processus de communalisation se poursuit, l'identification commune des acteurs individuels à un acteur collectif les transcende, et donc s'impose à eux dans la manière de traiter leurs rapports avec les autres membres de l'organisation (en fonction de leur âge, statut, genre, etc.), de résoudre les problèmes quotidiens et les crises exceptionnelles, de célébrer les victoires, etc.

Comprendre les processus de communalisation des membres d'une entreprise, c'est donc accéder à ce qui les fait œuvrer ensemble, rester au sein de l'entreprise, et se développer en tant qu'individus. Dans ce cadre, les dimensions de la culture organisationnelle sont cruciales. En quoi et comment telle personne et tel groupe se relient-ils au mythe et aux valeurs fondamentales de l'entreprise ? Les rites de l'organisation ont-ils un sens pour eux ? Les principes de nomination (depuis la simple note de service jusqu'à l'élection) font-ils sens ? Ont-ils les mêmes tabous culturels, économiques, ou politiques ?

Controverse

Identité durable ou plastique ?

Dans un numéro spécial de l'*Academy of Management Review*, les bases d'une controverse furent à nouveau débattues. L'identité organisationnelle est-elle « plastique » et fluide ou bien durable et endurante ? Pratt et Foreman (2000) pensent que l'identité organisationnelle est multiple par nature et que les dirigeants ont même intérêt à maintenir une pluralité de sous-cultures à l'intérieur de l'entreprise[1]. Et ce d'autant plus qu'ils y voient une valeur future (une réduction de risque par exemple), que certaines d'entre elles sont légitimes et soutenues par des parties prenantes internes ou externes puissantes, Gioia, Schultz et Corley (2000) partent de la vision selon laquelle l'identité organisationnelle est centrale, distinctive, et durable[2]. Mais sous la surface existe une instabilité importante dépendante des processus d'identification individuels. Par conséquent, bien qu'en surface les valeurs, normes, et codes semblent perdurer, leur contenu est bel et bien mobile et varie au cours du temps. Les images reçues par les membres de l'organisation et émises par l'extérieur du groupe (par les clients, la société, des concurrents) peuvent être ou non en >

1. Pratt M.G. et Foreman P.O, 2000.

2. Gioia D., Schultz M. et Corley K., 2000. Hatch M.J. et Schultz M., 2004.

··> accord avec l'identité organisationnelle telle qu'ils la ressentent. En cas d'écart, un processus de réajustement s'opère, qui préserve vis-à-vis de l'extérieur un grand nombre de caractéristiques fondamentales de l'organisation (des mythes, des rites, des tabous, etc.), tout en en changeant d'autres.
Le paradoxe d'une identité durable et changeante semble en partie résolu par ces analyses. Non seulement avec les tenants d'une vision institutionnelle de l'identité, l'identité de l'entreprise donne un sens à leurs propres actions et vies personnelles mais en plus elle permet aux membres de l'organisation de faire sens de leurs expériences et face aux événements qui surviennent. L'identité organisationnelle se situe donc à un carrefour, à la fois en tant qu'une institution qui perdure mais aussi comme construction sociale en constante renégociation.

Un leader doit savoir sur quels moteurs il joue quand il propose un nouveau « business model ». La stratégie, étant par essence tournée vers le futur, est toujours un peu un rêve, une vision. Pour réaliser ce rêve, on crée des fantasmes et des narrations, et l'on encadre l'action par des dispositifs incitatifs on crée un imaginaire nécessaire. Ce qui entraîne une série d'interrogations : cela correspond-il aux besoins psychiques de ceux qui seront les acteurs de sa réalisation ? Ces derniers sont-ils prêts à s'ajuster ? Peut-on trouver à l'extérieur d'autres acteurs prêts à s'engager dans cette aventure commune ? Mais aussi, ces acteurs ne se retrouveront-ils pas prisonniers du succès de la stratégie ? La stratégie elle-même ne risque-t-elle pas d'être prisonnière de l'identité créée ? L'identité créée ne risque-t-elle pas d'entraver l'adaptation stratégique[1] ? Plus encore : peut-on forger un imaginaire à titre de leurre ? Va-t-on délibérément tromper ceux qu'on veut transformer en un acteur collectif ? Les implications de la prise en compte des processus d'identification ont donc clairement des implications morales concernant l'usage des techniques de management. C'est une question centrale du management contemporain. Face à cette question, les leaders sont renvoyés à leurs propres mécanismes de défense individuels (le déni, la rationalisation) et collectifs (suivre le groupe des concurrents, recourir à des croyances partagées politiques, religieuses et autres) pour justifier leurs décisions.
Soulignons-le : que l'on parle d'identité, de communauté ou d'institution, on parle bien de processus et pas d'alternative (« en avoir ou pas »). Utiliser le mot identité permet de mettre en avant à la fois la continuité historique et la singularité qui permet de reconnaître un individu ou une organisation. L'identité peut être qualifiée : floue, fragile, conflictuelle, plaquée artificiellement. Elle peut être en train de se constituer ou bien de se déliter. Elle peut être incarnée par une personne (le leader) mais aussi par des principes qui ont réussi à transcender la personne (par exemple les principes d'équité et de justice). Surtout il importe de garder à l'esprit que le processus identitaire s'inscrit nécessairement, pour les individus concernés, dans les trois registres de l'imaginaire, du symbolique et du réel : il les aide à se faire une représentation d'eux-mêmes et du monde ; il met en scène un ensemble de rites, de règles ou de normes donnant des références collectives appuyant ces représentations ; il n'est jamais indépendant des rapports sociaux – en particulier il peut en être l'enjeu mais aussi le déterminant et le produit.

1. Elsbach K.D. et Kramer R.M., 1996.

MINI-CAS

Lehman Brothers en crise

Le 11 juin 2008, Richard S. Fuld, le patron de Lehman Brothers depuis près de quatorze ans, déjeune en compagnie d'investisseurs. Deux jours plus tôt, Lehman a dû annoncer la première perte de la banque depuis le début de l'ère Fuld, de près de 2,8 milliards de dollars sur un seul trimestre. Fuld a la réputation d'être un leader au regard impitoyable, dégageant une énergie phénoménale et parvenant à s'imposer d'un seul geste. La légende veut qu'il ne grossit pas malgré son appétit gargantuesque – il a pour habitude de commander au milieu de la matinée des plats copieux car l'intensité de son activité brûle toutes ses calories en quelques instants.

L'ascension de Fuld a commencé plus de vingt ans avant. En 1983, L. Glucksman déboula dans le bureau du PDG de l'époque, P. Peterson, et déclara « qu'il allait diriger la maison à présent ». Glucksman avait été promu quelques semaines auparavant par le même Peterson, homme très pondéré, qui lui laissa sa place sans combattre. La banque Lehman Brothers allait donc être dirigée par les traders. Le premier d'entre eux, Glucksman avait la dent dure contre les banquiers venant des grandes universités élitistes de la Ivy League (Harvard, Columbia, Princeton, Yale, etc.). Parmi les équipes de Glucksman, un certain R. Fuld épousa ce ressentiment à l'encontre des bonnes manières et du snobisme des élites banquières. Ces dernières surnommèrent Fuld le gorille en raison de son attitude peu amène et des grognements plutôt que des phrases qu'il adressait en réponse à leurs questions. Dix ans plus tard, reprenant les rênes de Lehman, Fuld fit installer une reproduction de gorille grandeur nature dans la salle de trading de Lehman. Son équipe rapprochée comptait alors une demi-douzaine de personnes, pratiquement aucune n'ayant de diplôme de la Ivy League ni même n'ayant été parmi les meilleurs élèves au cours de leur scolarité.

La politique de Fuld ne laissait pas la place aux demi-mesures. Chez Lehman, on accordait des bonus importants mais toujours payables en action Lehman à horizon de cinq ans, ce qui signifiait comme le rappellent des employés de l'époque que « soit vous vous investissiez pour que ça marche afin de toucher le pactole à la fin, soit vous sortiez tout de suite. Et beaucoup sont partis ». J. Gregory, compagnon de route de Fuld depuis 1969, fut promu rapidement numéro deux de Lehman, à la condition expresse de ne pas lorgner sur le poste de Fuld. Fuld se consacra à la diffusion à l'extérieur de la parole et de l'image de Lehman, Gregory fut en charge de tout ce qui concernait l'interne. Gregory croyait fermement que la culture de Lehman constituait son meilleur atout pour surmonter les crises. Il avait un management très instinctif. Et cette culture reposait sur une vision du combat, de l'agressivité, de l'impitoyable concurrence. « C'est nous contre les autres, chaque jour est une nouvelle bataille, et vous devez tuer vos ennemis » aimait à répéter Fuld à ses « troupes de combat ». « Il faut leur montrer qu'il n'est pas bon de sous-estimer Lehman ». Cet esprit de conquête assurait une communauté de destin aux banquiers, traders, et investisseurs qui rejoignaient Lehman, et qui en partaient peu – à tel point que Lehman pouvait s'enorgueillir du taux de rétention de ses cadres le plus élevé de la place. Un certain sentiment de toute-puissance se diffusait à l'intérieur de la banque, qui parvint à se hisser au quatrième rang en quelques années. Ceci au prix d'une prise de risque importante, car pour chaque dollar en compte, Lehman avait emprunté 32 dollars sur le marché pour ses opérations – ce qui était de loin le plus fort effet de levier de tous ses rivaux. Cet argent fut investi en grande partie sur des actifs immobiliers pendant plusieurs années.

>

····> Pourtant, dès la fin 2006, le patron de la branche immobilier, M. Gelband, s'entretint avec Fuld pour lui indiquer qu'il était temps de changer de stratégie d'investissement. Fuld et Gregory insinuèrent que Gelband avait peur, que le problème ne venait sans doute pas du marché mais de Gelband lui-même et qu'il devait donc choisir entre rester et partir. Le départ de M. Gelband fut un signal suivi par de nombreux cadres historiques de Lehman. Après plusieurs années de forte rétention de ses cadres, Lehman laissa partir sans regret les moins vaillants des siens. Dans ce contexte, Gregory dut promouvoir à la va-vite des personnes moins expérimentées et n'ayant connu que les années de forte croissance, de liquidités abondantes et peu chères. Ces nouvelles têtes ne résistèrent pas longtemps aux mauvaises nouvelles qui s'accumulèrent. E. Calant, 41 ans, parvint pendant quelques semaines à faire croire au marché que Lehman était né et demeurait sous une bonne étoile. Mais après l'annonce en juin de la perte de 2,8 milliards de dollars, suivie d'une autre en septembre de 3,9 milliards, l'action Lehman était au plus mal. Fuld et sa garde rapprochée n'en finissaient pas de répéter que tous les problèmes pouvaient être surmontés par la volonté. Comme en 1998, lorsqu'après la chute du *hedge fund* LTCM, des rumeurs plaçaient Lehman sur la liste des entreprises susceptibles de sombrer. S'adressant directement à l'une des personnes qui propageait cette rumeur, Fuld aurait déclaré que, s'il tenait les responsables de cette mauvaise publicité, « il leur enfoncerait ses mains dans la gorge et leur arracherait le cœur ». Cette fois-ci pourtant, le contexte financier général ne permettait ni aux paroles réconfortantes ni aux menaces de porter. À l'issue du déjeuner du 11 juin 2008, Gregory et Calant sont remerciés, un nouveau président McDade chaperonne Fuld, et des anciens à qui on avait montré la porte reviennent régler leurs comptes. Le 15 septembre 2008, Lehman se déclare en faillite.

Questions

1) Quels éléments de la culture de Lehman transparaissent dans ce récit ?
2) Quelles conséquences ont eu ces caractéristiques au moment où la banque déclarait ses premières pertes ?
3) Quelles mesures auriez-vous recommandées pour tenter de pallier les problèmes accentués par la culture et l'identité de Lehman ?

LES POINTS CLÉS

- À la base de l'idée de culture d'entreprise réside celle de communauté humaine. Une communauté se constitue sur la base de principes d'organisation : définition des rôles, des règles et d'une vision du monde.

- Les leaders ont une fonction particulière dans le processus de communalisation, c'est-à-dire de constitution et de préservation de cette communauté. Ils possèdent les leviers d'action que sont la définition des buts poursuivis, la mise en place de principes de fonctionnement du système social (les valeurs, les idéaux, la coordination) et la structuration du pouvoir à l'intérieur de l'organisation.

- Chaque communauté humaine qui se maintient suffisamment longtemps développe une culture qui lui est propre dont on peut étudier les composantes que sont :
  - les croyances, valeurs, et normes de comportement ;
  - les mythes et les héros ;
  - les rites et les codes ;
  - les tabous.

- La culture est souvent vue comme étant unifiée, partagée, cohérente, et efficace. On peut dès lors agir sur elle, et la tentation est grande de chercher à l'instrumentaliser.

- Il existe des sous-cultures à l'intérieur des entreprises, des interprétations différentes de mêmes symboles ou rites, et des situations ambiguës que la conception d'une culture unifiée ne permet pas de bien analyser et comprendre.

- La notion d'identification, plus centrée sur l'individu dans son rapport avec l'organisation, permet de rendre compte plus finement de ces subtilités. L'identification est le processus d'attachement à un collectif plus vaste qui procède et constitue l'image de soi en relation avec les moyens et les buts de l'organisation.

- L'identité résulte de ces processus d'identification individuels et permet de décrire la communauté humaine organisée qu'est l'entreprise de façon moins superficielle que ne l'autorisait la notion unifiée de culture d'entreprise.

- L'action des dirigeants sur les dimensions culturelles et identitaires de l'entreprise engage des considérations morales importantes.

QUIZ

1. La culture d'une entreprise peut être définie comme :
a. L'ensemble des hypothèses fondamentales partagées par les membres de l'entreprise.
b. La synthèse des cultures nationales des pays dans lesquels l'entreprise est installée et opère.
c. La vision qu'ont de l'entreprise et de ses membres les acteurs et institutions externes à l'organisation.

2. Parmi les sujets suivants, lequel n'a pas véritablement sa place dans un diagnostic de l'identité de l'entreprise ?
a. Ses mythes et ses héros.
b. Ses tabous.
c. Son image de marque.

3. La culture d'une entreprise peut favoriser sa performance uniquement si :
a. Elle est partagée par ses membres et cohérente avec ses pratiques.
b. Elle est compatible avec la culture nationale de ses membres.
c. Elle est explicitement orientée vers la performance économique.

4. Selon Ouchi, il existe trois mécanismes de contrôle social. Lesquels ?
a. La rémunération variable, la promotion et l'intéressement aux bénéfices.
b. Le marché, la bureaucratie et le « clan ».
c. La hiérarchie, les procédures et l'ajustement mutuel.

5. Le concept de « découplage » fait référence à :
a. L'érosion de la culture de l'entreprise quand son rythme de croissance est très soutenu.
b. La dissociation entre la culture professée à l'extérieur de l'organisation et ce qui est vécu par ses membres.
c. L'écart qui se crée entre la culture de certaines fonctions ou unités de l'entreprises et celle d'autres fonctions ou unités.

6. Une des critiques adressées aux approches normatives de la « culture d'entreprise » est qu'en fait, la culture d'entreprise est :
a. Souvent manipulée par les dirigeants de l'entreprise.
b. Souvent mal vécue par les membres de l'entreprise.
c. Rarement uniforme au sein de l'entreprise.

7. L'identification est un mécanisme par lequel :
a. L'individu se définit comme appartenant à un collectif.
b. Le collectif attribue un rôle à l'individu.
c. L'individu se dissocie du collectif.

>

····>

8. Comprendre le processus de communalisation à l'œuvre au sein d'une entreprise c'est comprendre :

a. Ce qui fait œuvrer les membres de l'entreprise ensemble et s'y développer en tant qu'individus.

b. Les processus politiques qui déterminent l'attribution du pouvoir entre les membres de l'entreprise.

c. Les règles et les rites de mise en commun des moyens entre les membres de l'entreprise.

9. Par rapport à la notion de culture, le concept d'identité :

a. Met davantage en avant le fait que l'entreprise est une communauté humaine particulière qui résulte d'une histoire spécifique et qui permet aux individus de s'identifier à l'organisation.

b. Est un synonyme.

c. Met davantage en avant les valeurs et les normes de comportement au sein de l'organisation.

10. Un écart de performance important entre deux entreprises concurrentes :

a. Peut s'expliquer par le fait que les deux entreprises en question ont des identités très différentes.

b. N'a généralement rien à voir avec leurs cultures d'entreprise. C'est une question d'avantage concurrentiel.

c. S'explique davantage par la culture que par l'identité.

Réponses : 1.a, 2.c, 3.a, 4.b, 5.b, 6.c, 7.a, 8.a, 9.a, 10.a

28 GÉRER LES IDENTITÉS ORGANISATIONNELLES

Dans ce chapitre, nous développons la notion d'identité organisationnelle, présentée au chapitre précédent (chapitre 27). Après avoir expliqué pourquoi il est nécessaire de gérer l'identité d'entreprise (section 1), nous présentons un modèle d'analyse qui décompose le phénomène en cinq facettes complémentaires (section 2). La section suivante décrit la dynamique identitaire, d'abord sous l'angle interne, puis dans le cadre de changements organisationnels. Enfin, la dernière section aborde la difficile question du management des identités multiples. Nous proposons également dans ce chapitre une méthode pour réaliser un audit de l'identité organisationnelle.

1 LA GESTION DE L'IDENTITÉ : UNE NÉCESSITÉ AUX MULTIPLES ENJEUX

La gestion de l'identité est un impératif qui s'impose à toutes les organisations, quelle que soit leur taille et quelle que soit leur activité. C'est un enjeu particulièrement important lors des phases de croissance et, plus globalement, lors des transformations organisationnelles. En effet, toute modification du périmètre de l'organisation pose la question de l'appartenance, des frontières et de leur justification, en bref la question « qui sommes-nous ? ». Tout changement, qu'il porte sur la stratégie, sur la structure ou sur les processus, comporte une dimension identitaire. Que les dirigeants le veuillent ou non, qu'ils y prêtent attention ou non, l'identité est agissante. Gérer l'identité d'entreprise est une mission qui incombe à la direction, et en premier lieu au dirigeant. Cette mission se compose des tâches suivantes :[1]

Valoriser l'identité de l'entreprise auprès de ses membres

La direction doit organiser les rites de reproduction qui permettent aux anciens de célébrer l'identité historique et aux nouveaux de forger progressivement, au travers

1. Soenen G. et Moingeon B., 2008.

d'une participation légitime, un lien avec l'entreprise, de s'identifier à elle (identité vécue). Les « rites de reproduction » renvoient aux activités organisées par l'entreprise qui ont une dimension symbolique forte, comme par exemple les célébrations pour l'arrivée ou le départ d'un collaborateur, ou pour fêter un succès (voir chapitre 27).

Valoriser l'identité de l'entreprise sur le marché (gestion de l'identité projetée et attribuée)

La tâche de la direction consiste à faire valoir la spécificité de l'entreprise auprès de ses clients. Il faut réfléchir à la « marque entreprise[1] » et plus globalement à l'architecture du portefeuille de marques détenues par l'entreprise quand celle-ci en possède plusieurs. Il ne s'agit pas d'entrer dans le management opérationnel des marques, mais de poser les grands principes. On doit également considérer que le suivi de l'image et de la réputation de l'entreprise constitue une préoccupation du comité de direction qui ne doit pas être complètement déléguée à une direction fonctionnelle.

Protéger l'identité

L'identité collective représente « le tribunal des ultimes recours », *i. e.* ce qui dans une certaine mesure doit résister à la logique économique pure, et notamment à son expression la plus court-termiste. Le dirigeant doit contrôler la tendance à l'entropie qui frappe les organisations, notamment en cas de diversification ou de restructuration. Il doit veiller à ce que le changement ne remette pas fondamentalement en cause ce qui aux yeux de la majorité constitue le fondement historique de l'entreprise (identité vécue et manifestée) et sert de base à l'identification des salariés. Si l'identité collective s'étiole, le rapport à l'entreprise est de plus en plus marqué par des comportements de type « mercenaire » privilégiant l'intérêt personnel plutôt que les valeurs collectives. La coopération, le partage des connaissances deviennent alors plus difficiles.

Rechercher une cohérence

Une identité d'entreprise forte, c'est un système dans lequel les différentes facettes de l'identité, que nous détaillons ci-après, sont alignées. C'est au dirigeant qu'incombe cette tâche importante, car l'apparition et la persistance d'écarts entre certaines facettes sont dangereuses pour l'entreprise. Un écart important, par exemple entre l'identité telle qu'elle est professée par les dirigeants et relayée par la communication d'une part, et celle vécue par les salariés d'autre part, peut être source de frustration et de démotivation.

Faire évoluer l'identité

Tandis que les quatre premières tâches évoquées ci-dessus ont trait à la stabilité de l'identité, la dernière, peut-être la plus importante, et sans doute la plus difficile, consiste à faire évoluer l'identité. L'identité peut être une ressource stratégique sur laquelle on peut fonder un avantage concurrentiel durable, quand par exemple elle est valorisée auprès du client et contribue à différentier l'entreprise de ses concurrents. Toutefois, elle peut aussi devenir une rigidité qui bloque l'entreprise dans son développement. Faire évoluer l'identité d'entreprise est l'une des tâches centrales du dirigeant. Bien sûr, l'identité d'une entreprise est un « construit social », qui ne se gère pas comme l'on pilote le marketing mix ; cela requiert l'exercice du leadership, avec tout ce que cela comporte de personnel, d'émotions, d'incertain, d'arbitraire et d'arbitrages (voir la controverse ci-dessous et le chapitre suivant).

1. On rejoint ici les préoccupations du *corporate branding* tel qu'il est pratiqué par des entreprises comme Disney ou IBM, qui appliquent à leurs produits le nom de l'entreprise. *Cf.* Hatch M.J. et Schultz M., 2008.

Controverse

Les organisations ont-elles réellement une identité, et, si oui, peut-elle être « gérée » ?

Notion centrale en théorie de l'organisation depuis une vingtaine d'années, l'identité organisationnelle reste l'objet de débats nombreux quant à sa définition et aux processus qui président à son élaboration et à son évolution[1]. Une première controverse concerne le statut même du concept (*i. e.* son « ontologie ») : L'identité organisationnelle désigne-t-elle un phénomène réel ou bien est-ce une notion métaphorique ?

Il est souvent utile de comparer une chose complexe à une autre mieux connue afin d'en décrire les fonctionnements par analogie. Ainsi, dire d'une entreprise qu'elle a une identité, comme on le dit d'une personne, permet de mettre en relief certaines de ses caractéristiques importantes qui sont difficiles à décrire lorsqu'on utilise, souvent sans le savoir, une métaphore mécaniste où implicitement les organisations sont assimilées à des machines[2]. Ainsi, la métaphore de l'identité organisationnelle permet d'attirer l'attention sur l'importance du symbolique et de l'imaginaire collectif dans le fonctionnement des organisations. Toutefois, il est dangereux de prêter à des collectifs des propriétés ou des qualités propres aux individus, car cela peut conduire à penser que ces collectifs possèdent réellement ces propriétés. Plus généralement, l'usage métaphorique d'une notion peut conduire à occulter ou à confondre le signifiant pour le signifié. Pour certains, les entreprises n'ont pas réellement d'identité[3]. Au contraire, si l'identité organisationnelle est un phénomène réel, cela signifie, entre autres, qu'elle peut exercer une influence sur les comportements des individus et des groupes à l'intérieur et à l'extérieur de l'organisation. De nombreux auteurs adoptent cette perspective. C'est la perspective que nous défendons dans *Strategor*.

Ce postulat établi, il devient alors utile pour le stratège de se poser une autre question : peut-on gérer l'identité d'une entreprise ? On doit distinguer au moins deux situations selon la ou les facettes de l'identité organisationnelle concernée(s).

En ce qui concerne l'identité projetée, la réponse est peu controversée : les praticiens du marketing utilisent la notion de *corporate identity*[4] pour désigner l'ensemble des signaux, plus ou moins stables, qu'une entreprise utilise pour se présenter auprès de ses différents *stakeholders*. L'enjeu primordial est d'orchestrer de façon cohérente et économique l'ensemble des moyens de communication de l'entreprise (publicité, communication institutionnelle, identité visuelle, etc.) afin de lui permettre de se différentier et d'ancrer son positionnement. La direction du marketing et de la communication est concernée au premier chef.

En ce qui concerne les autres facettes de l'identité, la controverse est vive. Par exemple, peut-on gérer l'identité *vécue* ? Pour certains, il s'agit d'un exercice futile, car le processus de construction sociale qui produit la représentation identitaire collective est incontrôlable. En effet, même si la direction d'une entreprise professe une identité cohérente, d'autres groupes vont élaborer des contre-discours qui vont contribuer à brouiller les cartes – et c'est sans compter sur l'identité manifestée, le legs de l'histoire de l'entreprise, qui va elle aussi fortement influencer la représentation des employés. Pour d'autres, il est possible de gérer l'identité puisque celle-ci renvoie à des attributs essentiels de l'entreprise en tant qu'acteur social[5].

En synthèse, nous proposons d'adopter une position intermédiaire. Tout d'abord, rappelons que la gestion de l'identité est une tâche centrale du dirigeant. Gérer l'identité est possible si l'on embrasse le système identitaire dans son ensemble – or peu d'entreprises ont mis en place des instances transfonctionnelles où est >

1. Pour une analyse récente de la littérature, voir Corley K.G., Harquail C.V., Pratt M.G., Glynn M.A., Fiol C.M. et Hatch M.J., 2006.

2. Gareth M., 1986.

3. Cornelissen J., 2002.

4. Olins W., 1978.

5. Whetten D.A. et Mackey A., 2002.

····> abordé cet enjeu pluriel et complexe. Toutefois, il convient d'être mesuré dans ses ambitions : on ne gère pas l'identité par décret. Faire évoluer l'identité collective est un processus long et parfois chaotique, que l'on peut influencer mais qu'il est illusoire de vouloir contrôler.

Afin d'évoquer les enjeux multiples du management de l'identité, nous avons été amenés à distinguer plusieurs aspects, ou facettes, de l'identité. La section qui suit développe cette notion au sein d'un modèle intégrateur.

2 LES CINQ FACETTES DES IDENTITÉS ORGANISATIONNELLES

Le modèle des cinq facettes[1] repose sur le postulat suivant : l'identité d'une organisation peut être appréhendée comme la réponse à la question « qui sommes-nous ? » (ou « qui est cette organisation ? » quand le locuteur est extérieur à elle). Il est clair qu'un grand nombre de groupes ou de personnes différentes peuvent prétendre fournir une réponse. On peut citer bien sûr les dirigeants ou les membres de l'organisation, mais d'autres *stakeholders* tels que le législateur, une association de consommateurs ou bien un consultant en management peuvent proposer une réponse. L'identité d'une organisation est simultanément immanente et attribuée : l'identité émane de l'organisation elle-même, à travers les différents groupes qui la constituent, et lui est attribuée par différentes audiences externes. Pour toute identité collective, que ce soit celle d'une entreprise commerciale ou celle d'une organisation à but non lucratif, on peut distinguer cinq facettes (voir figure 28.1), qui sont autant de réponses à la question identitaire :

> **L'identité professée** renvoie à l'identité telle qu'elle est définie et formulée « officiellement » par les dirigeants de l'entreprise. L'identité est un discours, qui porte sur la raison d'être de l'entreprise et qui met l'accent sur ses attributs centraux, stables et distinctifs.

> **L'identité projetée** se réfère aux manifestations identitaires médiatisées que mobilise une entreprise afin de se présenter auprès de ses différents publics. D'une entreprise à l'autre ces communications font l'objet d'une politique plus ou moins intégrée ; elles peuvent varier selon les circonstances et l'auditoire.

> **L'identité vécue** renvoie à la représentation collective de l'entreprise qu'en ont ses membres. Cette représentation, composée de perceptions et d'affects plus ou moins conscients, est ancrée dans le vécu et peut s'écarter assez largement de l'identité telle que les dirigeants la conceptualisent ou telle qu'elle est relayée par la communication institutionnelle. Sa nature peut varier selon les responsabilités assumées dans l'entreprise et les trajectoires individuelles.

> **L'identité manifestée** correspond à un ensemble d'éléments, centraux et stables dans le temps, plus ou moins étroitement reliés, qui caractérisent l'organisation. C'est en quelque sorte l'identité « historique » de l'organisation. Les éléments peuvent inclure des modes de fonctionnement, des compétences collectives, des structures, ou des éléments plus symboliques tels des rites d'entreprise.

> **L'identité attribuée** correspond à l'image de l'entreprise, c'est-à-dire aux attributs qui lui sont associés par différents publics. Chaque public développe sa

1. Soenen G. et Moingeon B., 2002.

propre représentation de l'entreprise, qui dans certains cas se confond avec l'image de ses marques. Pour certains auteurs, la réputation est le halo résultant de ces différentes images.

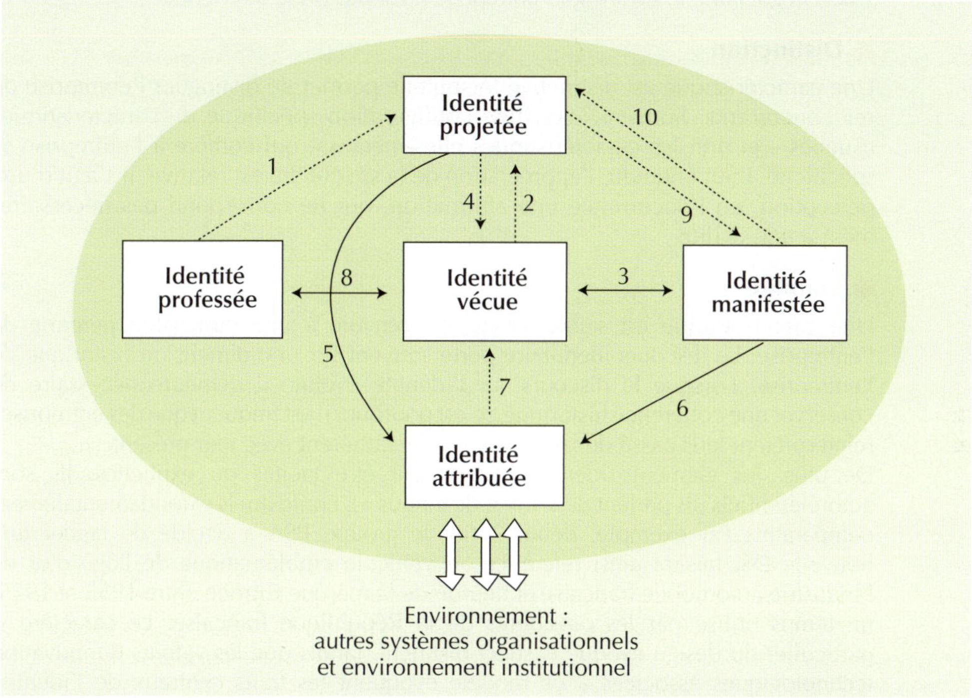

Figure 28.1 Les cinq facettes de l'identité organisationnelle – un système dynamique

Source : d'après Soenen et Moingeon, 2002.

Ces cinq facettes coexistent et forment un système, le système identitaire. Il s'agit d'un système ouvert, soumis à des forces centrifuges et centripètes, pouvant modifier l'environnement et être modifié par lui. Les cinq facettes constituent un schéma d'analyse qui peut être appliqué à différents niveaux : on peut analyser une entreprise dans sa globalité, ou bien on peut se concentrer sur une des entités qui la composent, comme par exemple une division, une succursale, etc. Les organisations étant composées de multiples collectifs plus ou moins autonomes, elles ont nécessairement des identités multiples. Chacune de ces identités est un système identitaire complet comportant cinq pôles. Les différents systèmes identitaires qu'abrite une organisation s'emboîtent pour constituer une identité organisationnelle « corporate ». C'est le plus souvent à ce composite que l'on pense lorsque l'on parle de l'identité d'une entreprise. Avant de décrire les dynamiques du système identitaire, nous revenons en détail sur chacune des facettes.

A/ L'identité professée

Toute organisation produit sur elle-même un discours au travers duquel elle définit son identité : ce discours identitaire, nous l'appelons l'identité professée. Il s'agit d'une réponse, d'une déclaration, de l'ensemble des affirmations que les membres d'un groupe utilisent pour définir collectivement leur identité. Ce discours va porter sur les caractéristiques centrales, distinctives et stables de l'entreprise[1] :

1. Albert S. et Whetten D.A., 1985 ; Larçon J.-P. et Reitter R., 1979.

Centralité

Une caractéristique est centrale lorsque sa remise en cause équivaut à remettre en cause la raison d'être de l'entreprise. En d'autres termes, l'identité correspond au « non négociable », ce à quoi l'entreprise n'est pas prête à renoncer.

Distinction

Une caractéristique est distinctive lorsqu'elle permet de distinguer l'entreprise de ses concurrents. Souvent, c'est une configuration spécifique de caractéristiques usuelles – et non les caractéristiques elles-mêmes – qui confère à l'entreprise sa spécificité. Bien entendu, l'appréciation de la spécificité est relative. Il s'agit d'une perception, en l'occurrence une affirmation, qui ne correspond pas nécessairement à une réalité.

Stabilité

Une caractéristique est stable lorsqu'elle renvoie à une dimension pérenne de l'entreprise. Le discours identitaire porte souvent sur une dimension historique de l'entreprise. Lorsque le discours sur l'identité évolue, il demeure nécessaire de conserver une cohérence historique ; c'est pourquoi il est fréquent que des entreprises réinterprètent leur passé de façon à le rendre cohérent avec leur présent.
De plus, les éléments identitaires peuvent être tacites ou explicites. Ils sont autoréférentiels (ils parlent de « soi », de « nous »), contextuels et fondamentalement comparatifs. Par exemple, début 2009, le groupe PSA a décidé de lancer une nouvelle DS, faisant ainsi référence au véhicule emblématique de l'âge d'or de l'industrie automobile française et fleuron de la marque Citroën entre 1955 et 1975, un temps utilisé par les présidents de la République française. Le caractère si particulier du design évoque l'aspect distinctif, tandis que les valeurs d'innovation technologiques associées à ce modèle évoquent les traits centraux de l'identité Citroën. Enfin, le fait même de réutiliser le même nom pour la nouvelle gamme atteste de la volonté de capitaliser sur le passé et évoque la stabilité. Centralité, distinction, stabilité : la nouvelle DS représente pour Citroën sans doute plus qu'une simple opération de repositionnement de la marque vers le haut de gamme. C'est un exemple de valorisation de l'identité d'entreprise.
Le discours identitaire est professé de façon plus ou moins spontanée et par intermittence. Affirmation des caractéristiques centrales, distinctives et stables de l'entreprise, il sera particulièrement mobilisé lors des changements organisationnels. L'identité va être utilisée comme argument de dernier recours pour trancher les décisions qui engagent l'avenir de l'entreprise. Dans une situation d'incertitude, l'identité professée va servir de référent ultime pour justifier une évolution ou au contraire pour s'y opposer. Comme tout objet de discours, l'identité peut donner lieu à des contre-discours. N'importe quel groupe au sein de l'entreprise, et pas seulement le comité de direction, peut produire un discours sur l'identité. Dans les phases de changement, le discours identitaire devient un enjeu politique fort. Celui, individu ou groupe, qui a la capacité de légitimer sa version du discours identitaire est en position de force. En effet, le discours identitaire est performatif : le fait d'afficher une définition de soi publiquement constitue un engagement qui rend difficile tout retour en arrière. Cet effet est renforcé lorsque ce discours est médiatisé, c'est-à-dire lorsqu'il est relayé par des moyens de communication de masse, comme la publicité, les opérations de relations publiques, etc. Lorsque le discours identitaire est médiatisé, il devient l'identité projetée.

B/ L'identité projetée

L'identité projetée[1] regroupe l'ensemble des communications qu'une entreprise mobilise pour se présenter à ses différents publics. Il s'agit donc, comme pour l'identité professée, d'un discours identitaire définissant la raison d'être et la mission de l'entreprise. Mais ce discours est relayé par des moyens de communication de masse, par exemple publicité, relations publiques, etc. Les caractéristiques retenues par l'entreprise pour projeter son identité répondent aux mêmes critères que ceux s'appliquant à l'identité professée : il s'agit des caractéristiques centrales, distinctives et stables.

Les entreprises varient quant à leur capacité à orchestrer l'ensemble de ces éléments de façon cohérente. Van Riel[2] propose de bâtir une plateforme commune, une « histoire crédible », pour coordonner l'ensemble des communications de l'entreprise. Le terme « communication » est ici à entendre au sens large : il peut très bien s'agir d'actions ou d'événements. Entrent donc dans cette catégorie les activités comme le sponsoring, le mécénat, et bien sûr les différentes formes de publicité (publicité institutionnelle, publicité produit, etc.). La mise en œuvre d'une identité visuelle[3] entre également dans cette catégorie : logos, uniformes, etc., sont autant de symboles, de marqueurs identitaires que l'entreprise utilise pour se singulariser et susciter l'identification.

C'est le caractère médiatisé qui distingue l'identité professée, par exemple par les dirigeants d'une entreprise à l'occasion d'une conférence auprès d'analystes financiers, et l'identité projetée plus largement auprès de la communauté financière au moyen du rapport annuel d'entreprise ou d'encarts publicitaires dans la presse économique. Plus la taille et la complexité de l'entreprise croissent, plus la gestion de l'identité devient ardue. L'entreprise doit être capable de produire un message cohérent. Cohérent ne veut pas dire invariant. En effet l'identité projetée est circonstancielle : idéalement, elle doit varier en fonction des circonstances et des audiences.

C/ L'identité vécue

L'identité vécue correspond à l'identité de l'entreprise telle qu'elle est perçue par ses membres. Il s'agit d'une représentation mentale que les membres construisent collectivement sur la base de leur vécu. On utilise souvent le terme d'image de l'entreprise – l'utilisation du terme « identité vécue » est délibérée, permettant de souligner que cette image est construite sur la base du vécu, c'est-à-dire d'un rapport intime à l'entreprise. Les critères qui s'appliquent à l'identité professée (centralité, stabilité et distinction) s'appliquent également à l'identité vécue : l'identité vécue comprend les caractéristiques de l'entreprise que les membres jugent centraux, stables et distinctifs. Cette représentation joue un rôle très important dans l'orientation des conduites des membres puisqu'elle va suggérer ce qui est approprié, légitime et faisable, et à l'inverse ce qui ne l'est pas[4]. De plus, elle va structurer l'attention des membres en l'orientant de façon sélective vers certains éléments du contexte concurrentiel et certaines routines. Lorsque les salariés partagent une représentation commune de l'entreprise, leurs objectifs et ceux de l'entreprise sont en cohérence. Parvenir à un tel alignement est un important facteur de la performance organisationnelle. Des recherches empiriques ont montré que la stratégie d'une entreprise est fortement influencée par les schémas mentaux que partagent ses dirigeants[5]. De plus, les liens que forgent les individus avec l'organisation, par exemple leur degré d'identification, et la qualité de leur collaboration, sont également contingents à la représentation collective de l'entreprise[6].

1. De nombreux auteurs en marketing se concentrent sur cette facette de l'identité et utilisent le terme *corporate identity*. *Cf.* Olins W., 1978. Ind, N., 1997.

2. Van Riel C. M. B., 1985.

3. Brun M. et Rasquinet P., 1996.

4. Elsbach K. D. et Kramer R.M., 1996.

5. Calori R., Johnson G. et Farnin P., 1994.

6. Dukerich J.M., Golden B.R. et *al.*, 2002 ; Dutton J.E., Dukerich J.M. et Harquail C.V., 1994.

Tous les groupes qui composent l'entreprise, et non pas seulement sa direction, vont développer leur propre représentation de l'entreprise. Ces représentations peuvent diverger fortement les unes des autres, ce qui entraîne des problèmes de coordination. Citons le cas d'une entreprise de fabrication de meubles ayant récemment changé de direction. La nouvelle direction pense que le rapport qualité-prix, la capacité à produire une qualité correcte à bas prix est le fondement de l'entreprise. À l'inverse, les membres de l'entreprise se vivent comme « des artisans produisant du bel ouvrage » – pour eux la qualité produit est au cœur de l'identité de l'entreprise. Lorsque la direction tente d'initier une série de changements destinés à mieux maîtriser les coûts, notamment en redéfinissant la gamme de produits de l'entreprise elle rencontre l'incompréhension et, rapidement, l'opposition larvée des salariés.

Les divisions formelles (révélées par l'organigramme) ou informelles (e. g. les communautés de pratiques transversales) de l'entreprise peuvent induire des représentations très différentes de son identité. Il est fréquent que la vision de l'entreprise qu'ont les membres du comité de direction diffère de la vision des salariés. Il appartient aux premiers de comprendre la vision des seconds, de communiquer largement leur propre vision et de gérer l'inévitable tension entre les deux. C'est une tâche particulièrement difficile, notamment parce que ces représentations ne sont pas toujours conscientes[1]. Selon les cultures nationales et organisationnelles, la direction va tolérer l'existence d'écarts plus ou moins grands. Certaines entreprises n'admettent aucun écart et mettent en place une communication interne et des pratiques d'acculturation destinées à les faire disparaître. Ce type d'approche possède des atouts évidents, comme l'alignement des perceptions et la convergence des buts, ce qui assure à l'entreprise une grande rapidité d'exécution. Mais il comporte aussi des faiblesses. Ainsi, une conformité de surface peut en réalité cacher un désaccord profond. La convergence peut s'opérer au niveau des discours (les identités professées) sans que les identités vécues se rapprochent.

Soenen et Moingeon[2] définissent l'identité vécue comme une forme locale de représentation sociale[3]. En effet, les cadres cognitifs et les référents linguistiques que mobilisent les individus pour élaborer une représentation de leur entreprise sont puisés dans un répertoire qui dépasse le cadre de l'entreprise. Ainsi, lorsque les employés de Total élaborent une représentation de leur entreprise, ils sont influencés par l'image générale des compagnies pétrolières. Ce répertoire correspond en fait à la représentation sociale de l'entreprise. Marquées par les cultures nationales, ces représentations sociales de l'entreprise fournissent un vaste choix de critères typologiques associés à des ensembles de normes et d'attentes. C'est par comparaison à ces normes et à ces attentes déterminées au niveau sociétal que les membres de l'entreprise développent le versant évaluatif de leur représentation de l'entreprise.

Conceptualiser l'identité vécue comme une représentation sociale permet également de comprendre son caractère à la fois stable et flexible. Le noyau identitaire est constitué d'un ensemble de caractéristiques perçues comme uniques, distinctives et stables. Ces caractéristiques ne peuvent être remises en cause sous peine de modifier la raison d'être de l'entreprise. Vouloir toucher à ces éléments, c'est immanquablement provoquer une forte résistance au changement. En effet, la fonction de ce noyau est d'orienter l'activité cognitive et les conduites des membres de l'entreprise. À côté de ce noyau, il existe un « système périphérique », qui regroupe des éléments plus concrets. Contrairement au noyau identitaire, le système périphérique peut être altéré. C'est même sa fonction première : assurer la continuité organisationnelle. Ce système assure à l'identité vécue son caractère flexible – caractère nécessaire compte tenu de l'évolution rapide de l'environnement.

1. Enriquez E., 1992.
2. Soenen G. et Moingeon B., 2002.
3. Jodelet D., 1994.

D/ L'identité manifestée

Qu'elle soit individuelle ou collective, l'identité ne peut être séparée de la dimension historique[1]. L'identité organisationnelle est le produit d'une histoire et se manifeste dans un ensemble de caractéristiques concrètes telles que des routines, une structure organisationnelle et un niveau de performance. Un certain nombre de ces caractéristiques revêtent pour les membres un caractère symbolique. Les organisations modernes contiennent aussi leur part de rites, de mythes et des tabous (voir chapitre précédent). Ces manifestations symboliques sont les signifiants d'un imaginaire organisationnel, c'est-à-dire la représentation collective de l'entreprise que se sont construite les membres. On comprend donc qu'il existe une correspondance entre l'identité manifestée et l'identité vécue, la première servant de substrat à la seconde. La relation entre la représentation collective et les pratiques collectives historiquement situées est dynamique : ces deux facettes du système identitaire se répondent.

Une fois constituée, l'identité organisationnelle place l'entreprise sur une trajectoire dont il est difficile de s'écarter, du moins rapidement. Sorte de précipité, de résidu du vécu d'un groupe social, l'identité représente une somme d'investissements politiques et affectifs, aussi bien financiers qu'émotionnels sur lesquels il est difficile de faire table rase.

E/ L'identité attribuée

Les groupes qui composent l'entreprise ne sont pas les seuls à se construire une représentation de l'entreprise. Tous les publics qui de près ou de loin sont en relation avec l'entreprise développent également leur propre représentation. Comme l'identité vécue, l'identité attribuée est souvent appelée « image de l'entreprise » – nous utilisons le terme « attribuée » pour souligner que cette image se compose d'attributions qui, à l'inverse de l'identité vécue, ne sont pas construites sur la base d'un rapport interne à l'organisation. Tandis que l'identité vécue correspond à l'image de l'entreprise qu'en ont ses membres, l'identité attribuée renvoie à celle de groupes n'appartenant pas à l'entreprise. Naturellement, le fait d'appartenir ou non à l'entreprise va avoir une influence considérable sur le sens que prend l'entreprise pour les groupes en question et la façon dont ils se la représentent.

Parfois, image et réputation sont utilisées de façon interchangeable, ce qui peut porter à confusion. Nous distinguerons « l'image d'entreprise », qui est la représentation de l'entreprise auprès d'un public spécifique, et la « réputation », qui est définie comme le halo résultant de l'ensemble des représentations de l'entreprise[2]. Alternativement, on peut distinguer les deux notions de la façon suivante : il y a d'un côté des impressions transitoires (*transient impressions*), qui sont de court terme, et la réputation qui est une forme de jugement collectif relativement stable dans le temps[3]. Nous retiendrons que l'identité attribuée renvoie à une représentation de l'entreprise, à une image auprès d'un public précis tandis que la réputation renvoie à une évaluation de la valeur de l'entreprise. Nous utilisons le terme identité pour signifier que cette facette forme, avec les quatre autres facettes déjà décrites, un système identitaire dynamique. Certes il s'agit d'une facette distincte, mais elle est néanmoins reliée, de façon de plus ou moins étroite, aux autres dimensions, plus internes, de l'identité. Nous réserverons le terme réputation à l'évaluation globale de l'entreprise, au halo résultant de l'ensemble des identités attribuées à l'entreprise par ses différents publics.

1. Reitter R. et Ramanantsoa B., 1985.

2. Fombrun C.J., 1996.

3. Gioia D.A., Schultz M. et Corley K.G., 2000.

3 LES DYNAMIQUES IDENTITAIRES

A/ LA DYNAMIQUE INTERNE DU SYSTÈME IDENTITAIRE

Dans la figure 28.1, les principales dynamiques internes du système identitaire sont représentées par des flèches : les flèches épaisses dénotent des influences fortes et/ou systématiques, tandis que les flèches en pointillés indiquent des relations faibles et/ou non systématiques. Par exemple, l'identité projetée peut être l'expression directe de l'identité professée (1), mais ce n'est pas systématique. En effet une entreprise peut décider pour des raisons stratégiques de ne pas communiquer sur sa véritable nature et sur ses ambitions (c'est notamment le cas des entreprises opérant dans des secteurs sensibles comme le tabac ou la pornographie). L'identité projetée peut être l'expression de l'identité vécue (2) et/ou de l'identité manifestée (10) – ces relations sont, elles aussi, possibles mais non systématiques. Une entreprise décide si la face qu'elle présente aux yeux du monde doit être une traduction fidèle de sa réalité interne, ou si au contraire il vaut mieux construire de toutes pièces une « image ».

À l'inverse, la relation qui existe entre l'identité vécue et l'identité manifestée (3) est systématique : ces deux facettes s'influencent mutuellement et coévoluent. L'identité vécue est également affectée par l'identité projetée (4) – parfois, notamment dans les grandes entreprises, la publicité institutionnelle cible directement les salariés. Des slogans publicitaires tels que « la France avance, Renault accélère », ou « GDF-Suez : redécouvrons ensemble l'énergie » sont destinés tout autant à façonner l'identité vécue qu'à soutenir la marque de l'entreprise. L'identité attribuée est naturellement affectée par l'identité projetée (5), comme en témoignent les études marketing sur l'impact de la publicité. Toutefois, et c'est une évidence, l'identité attribuée à une entreprise est impactée par son identité manifestée (6), c'est-à-dire la qualité relative de ses produits, le comportement de ses employés, etc. Autre exemple : une entreprise d'État qui est privatisée voit son identité manifestée profondément modifiée et subit conséquemment une modification de l'identité que lui attribue le public. On citera par exemple la privatisation d'anciennes chaînes de la télévision publique comme TF1. En retour, des modifications de l'identité attribuée à l'entreprise peuvent entraîner des changements au niveau du vécu identitaire de ses employées (7). Ainsi, si l'entreprise est décriée dans la presse, les employés peuvent être amenés à réviser leur représentation de l'entreprise (ce que les individus croient qu'on leur attribue affecte profondément leur perception d'eux-mêmes).

Enfin, l'identité professée et l'identité vécue peuvent s'influencer mutuellement, tandis que sur le long terme, l'identité projetée peut altérer l'identité manifestée (9). Ainsi, une entreprise qui pendant vingt ans communique systématiquement de façon « décalée » ou provocatrice (par exemple, Benetton ou Virgin) développe immanquablement une organisation marquée par cette communication.

B/ IDENTITÉ D'ENTREPRISE ET CHANGEMENT

En plus des dynamiques internes, le système identitaire est soumis à des influences externes. Le tableau 28.1 résume les principales forces qui peuvent contribuer à faire évoluer l'identité d'entreprise. Tout d'abord, des évolutions de l'environnement concurrentiel peuvent nécessiter ou entraîner un changement profond de l'identité d'entreprise, notamment de l'identité manifestée. Par exemple, l'arrivée sur un marché historiquement protégé de la concurrence internationale d'entreprises asiatiques produisant à bas prix entraîne fréquemment un repositionnement des entreprises locales vers le haut de gamme (c'est le cas de l'industrie du textile). Cette évolution requiert un changement profond de l'identité d'entreprise (identité manifestée), ainsi qu'un changement des représentations collectives de l'entreprise, puisque ses compétences clés sont amenées à évoluer (voir chapitre 8). L'évolution n'est pas toujours aussi radicale et peut être progressive. À l'image des espèces vivantes, les entreprises possèdent des mécanismes internes de variation, de sélection et de rétention qui modifient leurs modes de fonctionnement et contribuent à l'évolution graduelle de leur identité[1].

Tableau 28.1. Forces contribuant à faire changer l'identité d'entreprise

Forces entraînant l'évolution de l'identité d'entreprise.	Facette(s) de l'identité directement (indirectement) affectées
Évolution de l'environnement concurrentiel nécessitant une évolution des compétences clés de l'entreprise.	Manifestée (et vécue)
Dynamique des systèmes d'action intra-organisationnels – écologie interne de l'entreprise (variation, sélection, rétention).	Manifestée
Pression institutionnelle poussant les entreprises à adopter des systèmes et des normes de gestion standards.	Manifestée (et professée et projetée)
Turnover (arrivée de nouveaux employés aux propriétés sociologiques différentes).	Vécue (et manifestée)
Évolution des relations d'emploi.	Vécue (et manifestée)
Changement de positionnement des concurrents, arrivée de nouveaux entrants et modification de la position concurrentielle relative de l'entreprise.	Attribuée (et vécue)
Crise médiatique affectant l'image et la réputation de l'entreprise ou du secteur industriel dans son ensemble.	Attribué (et vécue)

Les pressions institutionnelles peuvent aussi conduire une entreprise à adopter un discours identitaire, et à relayer ce discours largement auprès de ses auditoires clés, afin d'obtenir ou de maintenir une légitimité sociale. Le turnover et l'évolution des relations d'emplois peuvent conduire à une évolution rapide de l'identité vécue, soit parce que les propriétés sociologiques des nouveaux employés diffèrent de celles des anciens (ce qui veut dire d'autres normes, d'autres attentes), soit parce que les évolutions des relations d'emplois remettent en cause les contrats psychologiques en place. Le groupe La Poste, poursuivant son lent mais inexorable mouvement vers la privatisation, voit peu à peu la balance entre fonctionnaires et contrats privés pencher en faveur de ces derniers. Ceci a bien entendu une influence sur le vécu identitaire des employés.

Enfin, les changements de positionnement des concurrents ou l'arrivée de nouveaux entrants peuvent modifier l'identité attribuée à l'entreprise : une entreprise qui était jusqu'à présent « la plus grosse » se retrouve du jour au lendemain en deuxième ou troisième position. Les crises médiatiques qui ternissent la réputation d'un secteur industriel dans son ensemble vont également affecter négativement les identités attribuées aux entreprises de ce secteur, ce qui, progressivement, aura aussi un impact sur le vécu identitaire de leurs salariés.

Ces évolutions peuvent remettre en cause la cohésion du système identitaire, car souvent une force va modifier une ou deux facettes(s) de l'identité d'entreprise tout

1. Weick K.E., 1979.

en laissant les autres relativement inchangées. De telles évolutions contribuent ainsi à augmenter l'entropie du système. Plus les facettes diffèrent les unes des autres et moins le système identitaire est cohérent. Selon la nature des écarts, l'entreprise court différents types de risque :

> Écart « attribué/manifesté » : un trop grand écart entre l'identité attribuée à l'organisation et l'identité manifestée, c'est-à-dire en quelque sorte l'écart entre la substance et l'image, fait courir à l'entreprise un risque de réputation.

> Écart « professé/vécu » : un écart entre l'identité professée par la direction et l'identité vécue par les membres de l'organisation peut conduire à une absence d'identification chez les salariés, qui, ultimement, conduit au cynisme et à une baisse de la motivation.

Il existe aussi des forces qui contribuent au maintien de l'intégrité du système identitaire. Certaines fonctionnent de façon automatique, tandis que d'autres requièrent l'intervention du management. Elles sont représentées sur la figure 28.2.

Figure 28.2 Forces contribuant à réduire l'entropie du système identitaire

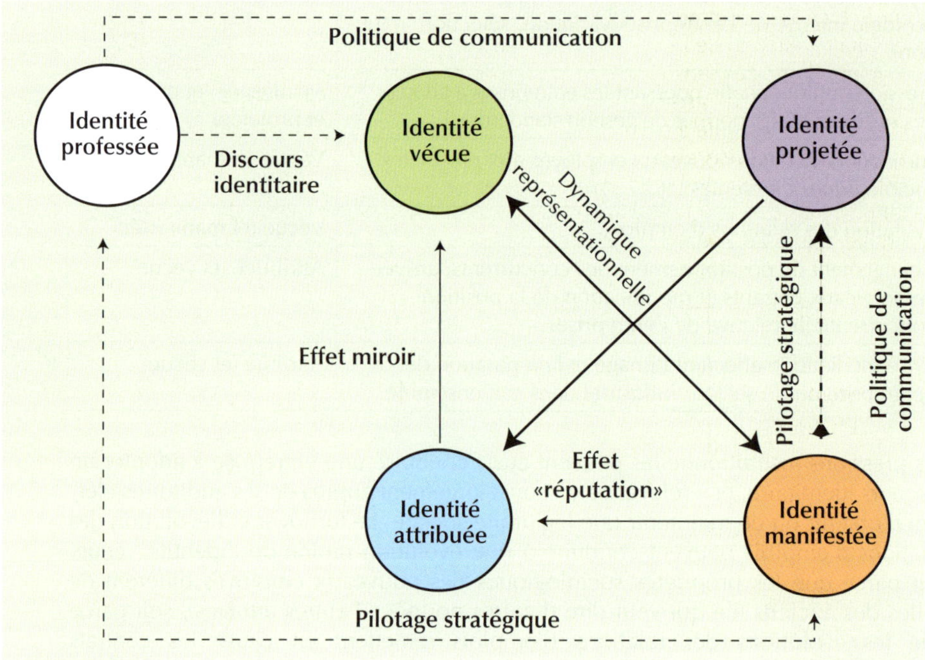

Plusieurs phénomènes concourent de façon naturelle au rééquilibrage du système identitaire. Tout d'abord, le discours identitaire a un effet performatif qui fait converger identité professée, identité projetée et identité vécue. Le discours identitaire se diffuse dans et en dehors de l'entreprise. L'étude de Gioia et Thomas[1] sur les universités américaines montre que le discours identitaire est créateur de sens et qu'il sert aux membres de l'organisation pour interpréter leur environnement. Ensuite, la fonction d'orientation cognitive et comportementale de l'identité vécue contribue à faire converger le contenu « vécu » et le contenu « manifesté » de l'identité. L'effet miroir contribue à rapprocher l'identité vécue et l'identité attribuée.

1. Gioia D. et Thomas J.B., 1996.

Fondements théoriques

Rééquilibrage du système identitaire : effet miroir et effet de sens

Dutton et Dukerich ont étudié l'autorité portuaire de New York, un organisme public de transport dans l'État de New York[1]. Leur étude décrit les réactions de l'organisation face à l'augmentation soudaine du nombre de sans-abris utilisant comme refuges les terminaux de bus et les stations de train appartenant à l'organisation, entraînant des problèmes de salubrité et de sécurité pour les usagers comme pour le personnel. Sur la base d'une méthode inductive, Dutton et Dukerich montrent que préalablement à la crise, l'identité de l'organisation se trouvait réfléchie dans l'opinion des médias et du public.

Suite à la crise, l'image renvoyée par ce miroir métaphorique ne correspondait plus à l'identité ressentie par les membres de l'organisation (ainsi qu'à l'identité qu'ils souhaitaient se voir attribuer). En effet, la presse présentait l'organisation comme froide, coupée de ses usagers et uniquement motivée par le profit, sans considération pour le bien-être communautaire. Cet écart, à la façon d'une dissonance cognitive, précipita la réaction de l'organisation. Initialement, le Port Authority avait considéré que le problème des sans-abris n'était pas de son ressort et qu'il devait être traité par la police. Avant la crise, l'organisation n'incluait pas les sans-abris dans sa « mission » ; mais suite à la réaction du public et au mécontentement du personnel, la charte d'entreprise ainsi qu'un certain nombre de dispositifs organisationnels furent modifiés afin de les inclure. Cet exemple montre donc le rôle de l'identité attribuée, l'image externe, sur l'évolution de l'identité interne vécue (d'où la ligne en pointillé, figure 28.3, entre identité attribuée et identité vécue).

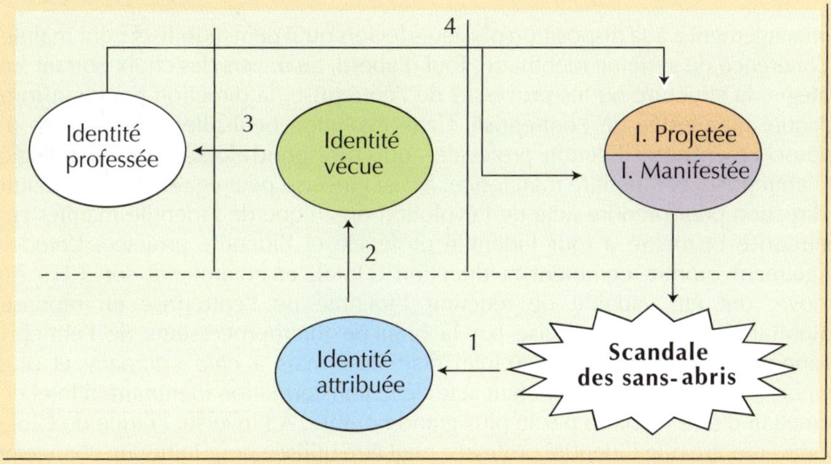

Figure 28.3
Réinterprétation de l'étude de Dutton et Dukerich (1991) à partir du modèle des 5 facettes

L'étude de Gioia et Thomas constitue un autre exemple d'étude dynamique sur la relation identité-image[2]. Elle relate le changement stratégique initié par la direction d'une université américaine, et notamment la façon dont l'image désirée, c'est-à-dire « faire partie des dix meilleures universités américaines », a été utilisée comme moteur d'un changement organisationnel de grande ampleur. Cette image désirée (ou identité que l'on souhaite voir attribuée à l'organisation par certains publics) était utilisée comme « principe organisateur » dans les processus de décision de l'équipe dirigeante, ainsi que dans les communications avec le reste de l'organisation. Les conclusions de cette étude portent sur la nécessité de créer un écart de perception entre la situation actuelle et la situation désirée qui soit suffisamment important

1. Dutton, J., Dukerich, J., 1991.

2. Gioia, D., Thomas, J.B., 1996.

>

····>

pour mobiliser l'action, tout en veillant à ce qu'il ne soit pas trop grand afin de ne pas décourager les individus. Bien que l'outillage conceptuel utilisé soit différent (le couple identité-image), cette étude est cohérente avec celles portant sur les projets d'entreprise[1]. Cette étude illustre le lien entre l'identité professée et les identités vécues et manifestées (figure 28.4).

Figure 28.4 Réinterprétation de l'étude de Gioia et Thomas (1996) à partir du modèle des 5 facettes

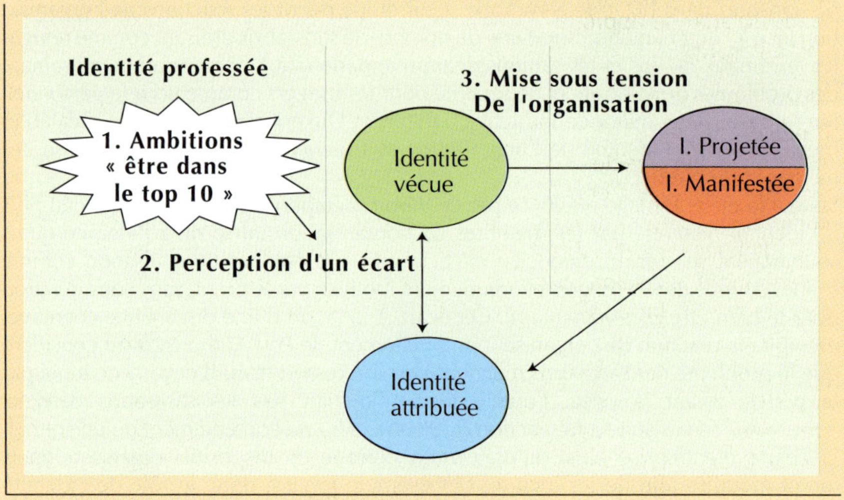

Le management a à sa disposition plusieurs leviers qu'il peut mobiliser pour maintenir la cohérence du système identitaire. Tout d'abord, au travers des choix portant sur la stratégie, la structure ou les processus de l'entreprise, la direction peut transformer l'identité manifestée de l'entreprise. Cette évolution peut aller dans le sens d'un rapprochement entre l'identité professée – qui correspond alors à la vision stratégique de l'entreprise, et l'identité manifestée. Mais, l'inverse peut également se produire : la direction peut prendre acte de l'évolution organique de l'identité manifestée de l'entreprise et mettre à jour l'identité professée et l'identité projetée. L'étude de Burgelman[2] montre comment la direction d'Intel, et notamment son CEO Andy Groove, ont été capable de redéfinir l'identité de l'entreprise en réponse à l'importance graduelle acquise par la branche microprocesseurs de l'entreprise. En annonçant publiquement qu'Intel était désormais *a chip company* et plus *a memory company*, Groove prenait acte de la transformation identitaire d'Intel et lui permettait d'être reconnu par le plus grand nombre. À l'inverse, l'étude de Gioia et Thomas montre que l'identité professée peut être utilisée pour initier un changement organisationnel qui n'a pas encore eu lieu en orientant l'activité des membres vers de nouveaux objectifs et en créant une tension qui libère l'énergie des membres. Enfin par une politique de communication cohérente, et par la mise en œuvre d'une gestion de l'identité visuelle de l'entreprise, la direction peut s'assurer qu'identité professée, projetée et attribuée convergent.

1. Reitter R., 1991.
2. Burgelman R.A., 1994.

EN PRATIQUE

L'audit d'identité

Réaliser un audit de l'identité comporte trois étapes. La première consiste à expliciter le contenu des cinq facettes ; pour chacune, nous décrivons ci-dessous des méthodes d'analyse appropriées ainsi que les points de vigilance qu'il convient d'avoir à l'esprit.

L'identité professée

Méthode d'analyse

La méthode la plus directe consiste à réaliser des entretiens avec les responsables de l'entreprise. Un guide d'entretien pourra être établi à l'avance, mais il convient de conduire les discussions de façon ouverte pour laisser s'exprimer les différents points de vue : l'objectif est d'établir la liste des caractéristiques (i) centrales, (ii) stables dans le temps et qui, selon les personnes interrogées, (iii) distinguent l'entreprise de la concurrence et lui confère sa spécificité. Rappelons que nous sommes ici au niveau du discours. Cette phase de l'audit doit donc se contenter d'enregistrer ce discours (*cf.* l'audit de l'identité vécue). L'identité d'une entreprise se compose d'un entrelacs d'attributs qui individuellement peuvent souvent s'appliquer à un grand nombre d'entreprises. C'est leur combinaison particulière qui constitue l'identité professée. Le discours sur l'identité de l'entreprise inclut souvent des éléments relatifs à son positionnement, ses valeurs et ses méthodes (en d'autres termes sa « culture »), ses frontières, son métier et ses compétences. Parfois, le discours identitaire peut également mettre en avant les ambitions de l'entreprise.

Points de vigilance

Le discours sur l'identité est-il clair ? Est-il facile pour les personnes interrogées de l'expliciter ? Y a-t-il consensus entre les personnes interrogées ? Le discours semble-t-il fondé sur un diagnostic stratégique, ou s'agit-il avant tout du rappel d'une identité historique ? Enfin, il peut être utile de comparer l'identité telle qu'elle est professée par différents groupes au sein de l'entreprise : la direction, le conseil de surveillance, les syndicats, les responsables des filiales, les responsables des grandes fonctions, etc. S'il existe des différences entre ces différents groupes, sont-elles reconnues ?

L'identité projetée

Méthode d'analyse

Il s'agit de rassembler un échantillon de l'ensemble des communications de l'entreprise. Le terme communication est ici à comprendre au sens le plus large : publicité, communication institutionnelle, identité visuelle (logos, uniformes, architecture des immeubles), packaging produit, design des points de vente, etc. Certaines sociétés de conseil en communication proposent de travailler sur l'identité visuelle. Les Anglo-Saxons parlent fréquemment de *corporate identity* pour désigner les attributs distinctifs qu'une entreprise projette vers ses différents publics. Une fois l'ensemble de ces signes rassemblés, il est nécessaire de s'interroger sur. les caractéristiques centrales, stables et distinctives qui sont mises en avant. Il peut être utile de recourir à des analyses sémiotiques pour aller au-delà du signifiant et mettre en lumière le signifié.

Points de vigilance

Ces différentes formes de communication sont-elles cohérentes ? Au-delà de la question de la cohérence, dont la complexité s'accroît au fur et à mesure que >

....> l'entreprise grandit et se diversifie, l'identité projetée peut être analysée selon trois dimensions : pragmatique, symbolique et esthétique. Prenons un exemple pour illustrer ces trois aspects. Le costume des personnels naviguant constitue pour une compagnie aérienne un important marqueur identitaire[1]. Plusieurs questions se posent : Facilite-t-il le travail des hôtesses et des stewards (dimension pratique) ? Est-il aligné avec l'identité professée de l'entreprise, à son positionnement (dimension symbolique) ? Par exemple, toute l'histoire des costumes chez Air France, depuis Dior en 1963 jusqu'à Christian Lacroix en 2003 témoigne d'une volonté d'utiliser ce vecteur pour projeter une idée de luxe à la française étroitement associé au positionnement haut de gamme du transporteur. Enfin, le costume est-il à la mode, ou au moins, « pas totalement démodé » (dimension esthétique) ? Réconcilier ces trois dimensions n'est pas nécessairement facile : en 1963, si le monde entier reconnaît que les hôtesses d'Air France ressemblent à des stars de cinéma (dimension esthétique et symbolique forte), les hôtesses elles soulignent que marcher en talon dans l'allée d'une caravelle n'est pas très pratique (dimension pratique négative) !

L'identité vécue

Méthode d'analyse

On peut utiliser des entretiens, individuels ou en groupe, ou bien encore des enquêtes par questionnaire. Contrairement à l'identité professée, comprendre l'identité vécue requiert un grand nombre d'entretiens et une capacité à s'éloigner du discours, pour rentrer dans le « viscéral », l'émotionnel. Il est utile de faire réaliser les entretiens par un tiers neutre, d'assurer simultanément l'anonymat aux répondants (pour les rassurer) et d'indiquer que l'exercice donnera lieu à une restitution formelle à la direction de l'entreprise (pour témoigner que l'exercice est important). On peut aussi utiliser les entretiens pour préparer une seconde phase, plus quantitative, réalisée par questionnaire. Cette méthode permet d'une part d'étudier l'identité vécue dans des entreprises de grande taille et d'autre part de quantifier le degré d'attachement à tel ou tel aspect de l'identité collective. Toutefois, attention à ne pas sombrer dans une approche trop statistique de ce qui reste avant tout un phénomène collectif socialement construit et dans lequel le symbolique et l'imaginaire ont autant d'importance que le « réel ».

Points de vigilance

L'aspect le plus important concerne le degré auquel sont partagées les différentes croyances identitaires. Y a-t-il convergence au sein des groupes qui composent l'entreprise et entre les groupes ? Si on utilise une approche quantitative, quel est le degré d'attachement des salariés à l'entreprise, ou en d'autres termes la force de l'identification organisationnelle ? Il peut également être intéressant de préciser parmi les croyances au sujet de l'identité collective celles qui sont considérées comme véritablement centrales et celles qui sont plus périphériques. En cas de projet de changement une telle distinction prend tout son sens, car l'on peut chercher à s'appuyer sur les premières pour faire évoluer les secondes. Prenons un exemple qui pourra sembler « idyllique ». Au sein des différentes administrations, les fonctionnaires sont attachés à une certaine vision du service public – nous dirons qu'ils ont une identité vécue forte. Nous pouvons faire l'hypothèse que parmi ces croyances, certaines portent sur ce qui fondamentalement définit un service public, et d'autres sur ce qui distingue un mauvais d'un bon service public, éléments qui sont plus périphériques que les premiers. On pourrait alors envisager un programme de changement en deux étapes. Tout d'abord affirmer la centralité des éléments >

1. Soenen G., Monin P. et Rouzies A., 2007.

....> perçus par les fonctionnaires comme définissant la nature même, la raison d'être d'un service public. Ensuite, élaborer sur la nécessité de faire évoluer les critères qualitatifs qui permettent de définir un « bon » service public. Une telle approche, sensible à la problématique de l'identité collective, serait sans doute moins frontale que celle consistant à mettre en avant des objectifs de réduction de postes.

L'identité manifestée

Méthode d'analyse

Cette facette est difficile à analyser séparément. Il est plus facile d'étudier d'abord les affirmations qui composent l'identité professée pour ensuite observer les routines organisationnelles, ses ressources et ses performances afin de souligner, par contraste, les éléments identitaires manifestes. À ce niveau, des *benchmarks* peuvent être utiles. Si, par exemple, une entreprise affirme être « un fournisseur de service haut de gamme », comment se compare-t-elle à ses principaux concurrents sur les différentes attentes clients ? Il existe plusieurs méthodes pour mener à bien cette analyse. On peut se contenter de réunions avec des collaborateurs représentatifs des différentes fonctions de l'entreprise auxquels on demande de caractériser le fonctionnement de l'entreprise en regard des éléments identitaires préalablement recueillis. Si on a plus de temps et de moyens, on peut conduire une observation de terrain et interroger les clients et les fournisseurs afin de valider la « réalité » des affirmations identitaires de l'entreprise. Enfin, il est utile de s'attarder sur l'histoire de l'entreprise, et notamment sur ses succès et sur ses échecs. En effet, l'histoire de l'entreprise détermine assez largement son identité présente.

Point de vigilance

Les routines organisationnelles, l'architecture des ressources productives et les investissements, tant financiers qu'humains, sont-ils coordonnés de façon cohérente ? Ou, à l'inverse, a-t-on l'impression que l'entreprise essaye d'être plusieurs choses à la fois ? On rejoint ici des problématiques de cohérence stratégique. Si l'entreprise est composée de plusieurs collectifs ayant des identités distinctes, comment est organisée la cohérence entre ces différentes identités ? Par exemple, de nombreuses *business schools* doivent être fortes simultanément dans la recherche académique et dans la formation permanente auprès des entreprises. Or les ressources, c'est-à-dire dans ce cas les professeurs, mais aussi les facteurs clés de succès diffèrent : excellence académique, compétences analytiques, incitations à la publication, réseaux nord-américains dans un cas ; profils hybrides, compétences systémiques, proximité avec les prescripteurs, réseaux d'intervenants, gestion plus agressive et structures d'incitations plus proches d'une société de conseil dans l'autre cas. Comment sont réconciliées ces deux identités ? Traditionnellement, à travers un clivage début de carrière/fin de carrière et une gestion de la pyramide des âges, ou alternativement par un positionnement qui met en avant l'une ou l'autre de ces deux missions.

L'identité attribuée

Méthode d'analyse

L'analyse de l'identité attribuée se confond avec les études sur l'image et la réputation de l'entreprise. Il n'est pas utile de développer cet aspect qui est largement connu, et pratiqué, dans de nombreuses entreprises. Ce qui importe, ce sera la capacité à faire des liens entre les résultats de telles études et les conclusions des analyses concernant les autres facettes de l'identité. >

····> **Points de vigilance**

Les différents publics de l'entreprise entretiennent-ils une image cohérente de l'entreprise ? S'il existe des différences, sont-elles le résultat d'une stratégie de marque, ou bien le fruit du hasard ? L'identité de l'entreprise est-elle différenciée par rapport à celle de ses concurrents ? Quel est le poids respectif de l'image du pays d'origine et du secteur d'activité ? Si le secteur a dans l'ensemble une mauvaise image, est-il pertinent d'adopter, comme par exemple les fabricants de tabac, un « profil bas » ? Au-delà du contenu qualitatif de l'identité de l'entreprise, qu'en est-il en termes de réputation ?

La deuxième étape de l'audit de l'identité d'entreprise consiste à analyser les interactions entre les facettes. Cette analyse doit chercher à établir si le système identitaire est en équilibre ou s'il existe des écarts entre les différentes facettes.

Enfin, la troisième étape du diagnostic doit, dans le cadre d'une analyse stratégique, évaluer si les écarts identifiés contribuent ou à l'inverse dégradent la performance de l'entreprise.

Source : Soenen G. et Moingeon B., 2002.

4 Gérer les identités multiples

Les entreprises modernes ont souvent des identités multiples. Cela signifie qu'il existe au sein d'une même entreprise plusieurs conceptions de l'organisation, c'est-à-dire plusieurs identités vécues distinctes et, plus largement, plusieurs systèmes identitaires distincts. Par exemple, dans une clinique privée, une identité « médicale » peut coexister avec une identité « business ». Quelle position le management doit-il adapter face à cette multiplicité ? Est-il nécessaire de rassembler et/ou coordonner l'ensemble de ces identités au sein d'une méta-identité englobante ? Doit-on, au contraire, laisser chacune des identités s'exprimer, ou encore choisir de promouvoir une identité dominante, quitte à se séparer des autres ? Selon Pratt et Foreman, la stratégie identitaire adaptée dépend de deux critères : l'attachement à la pluralité identitaire et l'existence de synergies entre les identités[1].

> *Pluralité* : quel est le degré de pluralité identitaire optimum pour l'entreprise ? La valeur attachée à la pluralité dépend du soutien qu'apportent des parties prenantes puissantes aux différentes identités, de la contribution potentielle de chaque identité à la stratégie de l'entreprise et du niveau de ressources disponibles pour gérer la coexistence d'identités multiples. Plus les parties prenantes qui soutiennent les diverses identités sont puissantes, plus la contribution potentielle des identités est forte. Plus les ressources de l'entreprise sont importantes, et plus la valeur attachée à la pluralité identitaire augmente ;

> *Synergie* : existe-t-il des synergies entre les différentes identités ? Le potentiel de synergie dépend de la compatibilité des identités, de l'interdépendance entre les groupes qui soutiennent ces identités, et de la répartition « spatiale » des identités. Plus les identités sont compatibles entre elles, plus les groupes qui les soutiennent sont interdépendants, plus elles sont dispersées de façon homogène à travers l'entreprise et plus les synergies potentielles sont importantes.

Lorsque l'on combine ces deux critères, on obtient quatre stratégies de gestion des identités multiples (voir figure 28.5) que nous détaillons ci-après.

1. Pratt, M.G., Foreman, P.O., 2000.

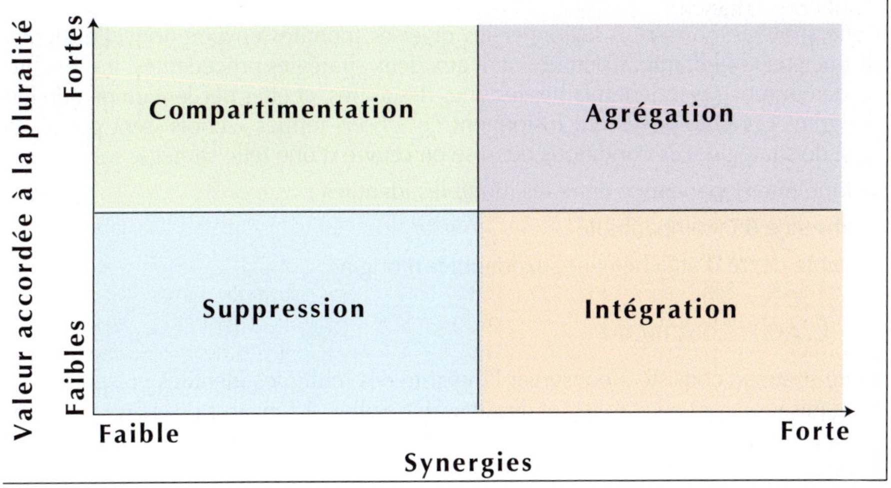

Figure 28.5 Stratégies pour la gestion des identités multiples

Source : d'après Pratt et Foreman, 2000.

A/ La compartimentation

Cette stratégie consiste à conserver l'ensemble des identités présentes sans chercher à les intégrer. Chacune des identités est maintenue de façon séparée ; la séparation s'opère de façon physique et/ou spatiale et/ou symbolique. Cette stratégie est adaptée dans les cas où :

> les multiples identités sont légitimes, et/ou soutenues par des parties prenantes puissantes et/ou ont une valeur stratégique importante ;

> les ressources organisationnelles sont importantes ;

> les identités sont peu compatibles, peu interdépendantes et peu dispersées.

Pratt et Foreman[1] donnent l'exemple d'une institution de soins composée d'un hôpital à but non lucratif (dépositaire d'une longue tradition religieuse), d'une clinique offrant une large gamme de soins spécialisés et enfin d'une unité fournissant des services d'assurance-santé. Dans cette entreprise coexistent, respectivement : une identité « charitable », une identité « médecine spécialisée, professionnelle » et une identité « business ». Ces trois identités sont importantes pour le succès à long terme de l'établissement mais peuvent facilement entrer en conflit. La stratégie mise en place par la direction consiste à maintenir chaque branche dans des locaux différents, à adopter des modes de fonctionnement différenciés d'une entité à l'autre et à instaurer des règles explicites de coopération minimale. On ne cherche donc pas à tirer un profit maximal des synergies potentielles, mais parallèlement chacune des identités est maintenue dans son intégrité.

B/ La suppression

Cette stratégie consiste à se séparer d'une, ou de plusieurs, des identités distinctes qui composent l'entreprise. La suppression peut s'opérer par une politique de cession d'actifs ou, plus difficilement, par une politique interne. Une telle stratégie est plus facile à mettre en œuvre dans les organisations où les diverses identités sont peu dispersées et fortement compartimentées.

1. Pratt M.G. et Foreman P.O., 2000.

C/ L'intégration

Cette stratégie consiste à fusionner les diverses identités en une nouvelle identité distincte et englobante. Contrairement aux deux stratégies précédentes, les identités ne demeurent pas indépendantes les unes des autres, et elles perdent un peu de leur intégrité. Les entreprises qui fusionnent en « bons termes » choisissent parfois ce type de stratégie. Les conditions de mise en œuvre d'une telle stratégie sont :

> forte interdépendance entre les multiples identités ;
> absence d'incompatibilité ;
> faible degré d'attachement aux identités d'origine.

D/ L'agrégation

Cette stratégie consiste à conserver l'intégrité des multiples identités présentes dans l'organisation tout en établissant des liens entre elles. À l'inverse de la compartimentation, l'agrégation ne consiste pas à isoler les identités les unes des autres. Au contraire, cette stratégie consiste à instaurer des modes de coopération afin d'exploiter au maximum les synergies potentielles. Une telle stratégie est adaptée lorsqu'il existe un fort degré d'attachement aux identités d'origine (ce qui exclut la stratégie d'intégration). La mettre en œuvre requiert :

> une forte interdépendance entre les multiples identités ;
> une absence d'incompatibilité.

L'agrégation prend principalement deux formes : la création d'une hiérarchie qui définit l'emboîtement des identités multiples, ou la création de mythes d'entreprise. La première solution revient à créer une hiérarchie identitaire. Cependant, cette hiérarchie n'est pas statique : elle varie selon les circonstances. C'est la priorité immédiate qui détermine le degré de pertinence d'une identité. Par exemple, dans une centrale nucléaire gérée par un opérateur privé, un système identitaire « business » coexiste avec un système identitaire « sécurité » : la prévalence d'une identité, et par conséquent d'une logique d'action, évolue de façon fluide en fonction du degré de priorité des problèmes demandant une attention immédiate.
La deuxième possibilité, déjà évoquée par Selznick en 1957 dans la notion de *socially integrating myths*, consiste à construire des mythes d'entreprise qui réconcilient des identités pourtant contradictoires. Ces mythes produisent des justifications, ainsi que des ressources rhétoriques, qui permettent de soulager les conflits identitaires. Prenons l'exemple d'une entreprise marquée par l'affrontement de deux identités : l'une « ingénieur » et l'autre purement « business ». Chacune de ces identités induit des logiques d'action opposées, ce qui engendre de nombreux conflits au niveau du fonctionnement concret de l'entreprise. Pour gérer ce conflit, les membres de l'entreprise font fréquemment référence au fondateur de l'entreprise, ce « génial inventeur et fin homme d'affaires » qui savait, dit-on, marier les deux impératifs. Ce mythe des origines constitue une authentique ressource rhétorique qui, si elle ne permet pas de résoudre le conflit, fournit aux membres de l'organisation un espoir et une orientation pragmatique permettant de « s'arranger » du conflit.
Les quatre stratégies proposées sont bien sûr des idéaux types, et la réalité est souvent plus contrastée. Le schéma des cinq facettes permet d'affiner cette typologie. En effet, une entreprise peut décider d'adopter des stratégies différenciées en fonction des facettes identitaires. Par exemple, une entreprise peut adopter une stratégie de compartimentation en ce qui concerne les identités manifestes et les identités vécues,

tout en choisissant une stratégie d'intégration au niveau de l'identité projetée. Il s'agit typiquement de la stratégie adoptée par les écoles de commerce : elles projettent une identité hybride mêlant enseignement et recherche, tandis qu'en interne la recherche et l'enseignement demeurent deux activités autonomes – tant au niveau du vécu des personnels qu'au niveau des modes de fonctionnement. Le mini-cas Air France-KLM illustre également cette idée.

MINI-CAS

Air France-KLM : du « rapprochement » à la fusion

Le 30 septembre 2003, suite à dix-huit mois de négociations secrètes, Jean-Cyril Spinetta et Leo van Wijk, présidents d'Air France et de KLM annonçaient la signature d'un accord pour « combiner » leurs entreprises respectives. Six mois plus tard, le 11 février 2004, la Commission européenne donnait son accord à ce qui est en réalité une acquisition de KLM par Air France. Avec un chiffre d'affaires combiné de 20 milliards d'euros (13 + 7) et environ 102 000 employés (72 000 + 30 000), le premier groupe aérien mondial (en chiffre d'affaires), devant American Airlines, venait de naître. Très rapidement, les résultats sont encourageants : les premiers bénéfices semestriels (de mai à septembre 2004) s'établissent à 296 millions d'euros, soit une hausse de 56,6 % par rapport au précédent exercice. De 2004 à 2007, les objectifs du groupe, optimistes, sont systématiquement atteints, au point de faire d'Air France-KLM la référence de l'industrie et un exemple de management post-acquisition.

Pendant les deux premières années (2004 et 2005), la direction conjointe du groupe utilise le terme de « rapprochement » et évite scrupuleusement le terme « fusion ». Le principe de pilotage post-acquisition est énoncé très rapidement et se trouve résumé dans la formule suivante : « un groupe, deux compagnies aériennes, trois métiers ». En termes identitaires, sommes-nous en présence d'une stratégie de compartimentation ? En réalité, selon les facettes concernées, la stratégie identitaire adoptée n'est pas la même :

Identité projetée : compartimentation.

Les deux marques conservent chacune leur intégrité pleine et entière. Les équipages mixtes AF/KLM sont interdits. Au-delà de préoccupations marketing attenantes au *goodwill* associé aux deux marques du groupe, la décision de maintenir les deux compagnies distinctes du point de vue de leur nationalité s'explique largement par la nécessité de préserver les droits de vols qui sont cédés aux pays et non aux compagnies aériennes. Toutefois, les programmes de fidélisation d'Air France (Fréquence Plus) et de KLM (Flying Dutchman) sont fusionnés en un programme unique, baptisé Flying Blue, mis en place à compter du 6 juin 2005. Dans le cadre du programme Sky Team préexistant, cela ne remet pas en cause l'indépendance des deux marques ni leur « nationalité ».

Identité professée et manifestée

Selon les services et les entités, les stratégies identitaires sont spécifiques – compartimentation, intégration ou agrégation[1]. On note une grande cohérence entre le discours de la direction (l'identité professée) et les décisions effectives portant sur l'identité manifestée. Certaines fonctions *corporate* (affaires juridiques, finance *corporate*) sont intégrées immédiatement après l'annonce du rachat au sein d'une *holding*. Cela concerne très peu de personnel. >

1. En interne, la direction d'Air France-KLM parle de « séparation », de « coordination » et de « combinaison » ; si les mots sont différents, on retrouve bien trois des stratégies identifiées par Pratt et Foreman, respectivement : compartimentation, intégration et agrégation.

····> D'autres entités, comme les représentations commerciales des deux entreprises à l'étranger, sont intégrées progressivement. Des fonctions centrales comme la gestion des comptes clefs ou encore la gestion de la recette (le « revenu management ») sont également intégrées.

Certaines fonctions supports sont agrégées. Au sein des directions informatiques des deux groupes, dans lesquelles travaillent plusieurs milliers de personnes, les projets sont confiés soit à l'un soit à l'autre. En interne on parle de « colorisation » : les organigrammes représentent les services et les projets en bleu foncé quand le leadership est confié à Air France, ou en bleu clair quand c'est KLM qui exerce le leadership. L'ambition affichée est que, dans leur globalité, les différents projets se combinent en un ensemble performant.

Enfin, d'autres fonctions comme la gestion des hubs, les personnels navigants et la gestion des vols domestiques en France, sont compartimentés.

Identité vécue

Des études sur l'identification des salariés d'AF et de KLM vis-à-vis de leurs organisations respectives d'une part et du groupe d'autre part, montrent[1] une dynamique identitaire qui atteste de la coexistence « pacifique » des deux identités historiques (AF et KLM) et l'apparition d'une identité groupe, sans phénomène de cannibalisation. On peut donc parler de la coexistence d'identités combinées et de l'émergence d'une identité intégrée (l'identité groupe AF-KLM).

La fusion Air France-KLM est une grande réussite. En ce qui concerne spécifiquement le management des identités organisationnelles, la dynamique du succès s'explique par (au moins) trois facteurs :

> Premièrement, la crédibilité du président du groupe, Jean-Cyril Spinetta, et la grande stabilité de la coalition dirigeante, en place depuis plusieurs années avant l'acquisition. Spinetta renforce encore son statut en faisant publiquement des promesses fortes, et notamment l'assurance de maintenir le niveau d'emploi dans les trois premières années de l'acquisition.

> Deuxièmement, Spinetta énonce, et s'attache à défendre de manière exemplaire, les valeurs du rapprochement : l'équité et le respect du partenaire[2]. En témoigne le soin apporté à respecter un équilibre politique dans les choix d'organisation, et notamment l'équilibre, parfois contre-intuitif, des nominations. En témoigne encore le refus de supprimer des identités organisationnelles parfois divergentes (ex : le département IT d'Air France est fortement internalisé, tandis que celui de KLM fait appel à la sous-traitance de façon plus importante). À cette stratégie en apparence plus simple, on préfère l'intégration et/ou l'agrégation, avec tout ce que cela comporte comme difficultés pratiques. D'ailleurs, on note que c'est dans les entités gérées sur le mode de l'agrégation que les difficultés sont les plus importantes.

> Enfin, le troisième facteur est conjoncturel : un marché aérien porteur qui permet l'obtention de résultats économiques très positifs. Ceci a deux effets : d'une part, permettre de prendre le temps nécessaire pour mener à bien la politique d'intégration et d'agrégation identitaire, qui requiert la durée. On procède pas à pas, en laissant le temps au personnel des deux entreprises d'élaborer des solutions opérationnelles communes, ce qui permet de construire progressivement une identité commune hybride (c'est-à-dire ce qui constitue l'essence de la stratégie d'intégration). D'autre part, l'identité *attribuée* au groupe Air France-KLM est connotée très positivement. Le groupe est perçu comme un >

1. Rouzies A., 2007.
2. Melkoninan T., Monin P., Noorderhaven N., Rouzies A. et Timmers A., 2006.

exemple d'intégration réussie, respectueuse des deux cultures d'entreprise et des deux marques. Par effet miroir, le sentiment d'appartenir à un groupe intégré se développe.

Fin 2008, un nouveau tandem, composé de Pierre-Henri Gourgeon, bras droit de Spinetta depuis onze ans, et Peter Hartam de KLM, bras droit de Leo van Wijk, est désormais aux commandes des destinées du groupe. La situation économique est très différente de celle de 2004 – l'industrie traverse une crise très grave. Le groupe, même s'il demeure en excellente position concurrentielle, voit ses marges de manœuvre diminuer. Il va falloir faire des économies, concrétiser les synergies avec KLM, ce qui suppose notamment d'accélérer l'intégration des deux groupes. Cette tendance s'exprime dans l'évolution de l'identité professée : le terme de fusion, tabou jusqu'en 2006, est désormais utilisé à la place de « rapprochement ». À cela s'ajoute un nouvel élément : la prise de participation du groupe dans la compagnie aérienne italienne Alitalia.

Questions

1) Concernant la phase de « rapprochement », pour quelles raisons une telle stratégie de gestion de l'identité a-t-elle été adoptée ?
2) Quels conseils donneriez-vous aux nouveaux dirigeants du groupe pour réussir la nouvelle phase de l'intégration ?
3) Concernant la gestion de la participation dans Alitalia, peut-on utiliser une stratégie identitaire similaire à celle utilisée pour KLM ? Si oui, à quelles conditions ? Si non, pourquoi ?

LES POINTS CLÉS

- L'identité organisationnelle est un système composé de cinq dimensions, ou « facettes », en interaction dynamique : l'identité professée, l'identité projetée, l'identité vécue, l'identité manifestée et l'identité attribuée.

- Les attributs identitaires (c'est-à-dire le contenu de l'identité) sont les caractéristiques de l'organisation qui sont centrales, distinctives et stables. Ces éléments peuvent être tacites ou explicites ; ils sont autoréférentiels, contextuels et fondamentalement comparatifs.

- L'identité organisationnelle est « agissante » : elle oriente les comportements individuels et collectifs, ce qui peut être un vecteur de performance ou constituer un obstacle au changement.

- La gestion de l'identité est une nécessité aux multiples enjeux. Le dirigeant doit valoriser l'identité de l'entreprise auprès de ses membres et sur le marché ; il doit la protéger et rechercher une cohérence entre ses différentes facettes et entre ses différentes expressions au sein de l'entreprise. Enfin, il doit faire évoluer l'identité en lien avec la stratégie.

- Une identité d'entreprise forte est un système identitaire dont les différentes facettes sont alignées (cohérentes).

- Une entreprise abrite souvent des identités organisationnelles multiples, suite à des rachats de concurrents, à des alliances, ou encore du fait de la taille et de la diversité des contextes opérationnels et concurrentiels au sein desquels elle est présente.

- Pour gérer les identités multiples, plusieurs stratégies sont possibles : la suppression, la compartimentation, l'agrégation et l'intégration. Il est possible d'associer avec succès différents modes de gestion aux différentes facettes de l'identité.

- Gérer les identités organisationnelles est une tâche complexe, incertaine, qui requiert l'exercice du leadership.

QUIZ

1. Au sein d'une entreprise, la gestion de l'identité est avant tout l'affaire :
a. De la direction de la communication.
b. Du dirigeant.
c. De chaque employé.

2. On distingue cinq facettes de l'identité organisationnelle. Laquelle de ces facettes ne fait pas partie du modèle ?
a. L'identité projetée.
b. L'identité attribuée.
c. L'identité mythifiée.

3. Quelle est la relation entre identité manifestée et identité vécue ?
a. L'identité manifestée sert de substrat à l'identité vécue.
b. Contrairement à l'identité vécue, l'identité manifestée peut être manipulée.
c. Tandis que l'identité vécue procède de la raison, l'identité manifestée procède de l'émotion.

4. Les différentes facettes de l'identité d'une organisation :
a. Sont totalement indépendantes les unes des autres.
b. Peuvent s'influencer mutuellement.
c. Se révèlent généralement incompatibles entre elles.

5. L'identité de l'organisation est :
a. Soumise à des influences externes qui l'amènent à évoluer.
b. Invariante et largement immune aux influences externes.
c. Sujette à de fréquentes redéfinitions qui la transforment radicalement.

6. Une identité forte est :
a. Une identité dont les différentes facettes sont cohérentes entre elles.
b. Une identité ambiguë et équivoque.
c. Une identité qui dissocie l'identité « attribuée » de l'identité « manifestée ».

7. Pour expliciter l'identité professée, l'approche recommandée repose sur :
a. L'organisation d'entretiens avec les responsables de l'entreprise.
b. La distribution de questionnaires aux salariés de l'entreprise.
c. L'étude de l'image et de la réputation de l'entreprise.

8. Quand plusieurs identités distinctes coexistent au sein de l'organisation, la stratégie identitaire à adopter dépend :
a. De l'identité des principaux concurrents de l'entreprise.
b. De la force des différentes identités.
c. Du degré de pluralité identitaire et des synergies entre les identités.

Réponses : 1.b, 2.c, 3.a, 4.b, 5.a, 6.a, 7.a, 8.c

29 LEADERSHIP ET IDENTITÉ NARRATIVE

Les chapitres précédents nous ont montré de nombreuses implications du rôle de dirigeant. En plus des décisions opérationnelles quotidiennes, des réflexions stratégiques de plus long terme, le dirigeant doit s'engager dans les problématiques du changement organisationnel. Il doit gérer les va-et-vient entre les dimensions culturelles propres à la communauté humaine que sont l'entreprise et les processus d'identification qui ont lieu en son sein. Il doit veiller à la convergence des multiples facettes de l'identité de l'entreprise. Et cela dans un contexte général où la durée moyenne au poste de dirigeant tend à se raccourcir. Au milieu des années 1990, au niveau international, les présidents directeurs généraux restaient en fonction environ une dizaine d'années. Aujourd'hui cette durée a été ramenée à sept années. Dans la même période, le thème du leadership a fait florès. Les publications spécialisées se sont développées de manière exponentielle, et les magazines plus grand public titrent sur « révélez le leader qui est en vous ». Aussi, le thème du leadership recèle un fascinant paradoxe : il y a consensus pour le juger fondamental pour la stratégie et les écrits à son sujet sont pléthoriques ; mais ce qui reste après la lecture est bien mince, aussi bien pour le dirigeant – ou l'aspirant dirigeant – que pour le chercheur. C'est pourquoi en clôture de cet ouvrage nous proposons une approche complémentaire du leadership, moins focalisée sur les traits de personnalité du leader, plus centrée sur les idées de travail de rôle et d'identité narrative que le leader doit engager tant personnellement qu'au niveau de l'organisation humaine qu'il dirige.

1 Le leader : traits de personnalité, aptitudes distinctives et domaines d'action

Dans cette première section du chapitre, nous brossons les trois grandes approches existantes du leadership. Il s'agit des approches qui décrivent les dirigeants à partir :

> des caractéristiques personnelles qui les distinguent des autres individualités présentes dans l'entreprise ;

> des aptitudes organisationnelles spécifiques mises en œuvre par le leader ;

> et des fonctions remplies par les leaders.

Une première approche du leadership consiste à se pencher sur ce qui différencie un leader d'un autre acteur du monde de l'entreprise. Aussi pour faire la liste des qualités requises pour être un bon leader, le monde des affaires fourmille d'exemples de dirigeants tentés d'expliquer les raisons de leur succès, de Jack Welch à Carlos Ghosn en passant par Jean-Marie Messier. De nombreux « experts » sont par ailleurs prêts à témoigner de ce que leur expérience des grands leaders leur a appris sur les qualités nécessaires pour exercer le pouvoir. Le résultat de leurs enquêtes est consigné dans des *best-sellers* tels que *Diriger. Les secrets des meilleurs leaders*[1]. À partir de l'étude de 90 cas, les auteurs de ce livre dégagent quatre traits de personnalité qui distinguent les dirigeants :

> la capacité visionnaire, c'est-à-dire l'aptitude à déceler des tendances fondamentales de l'environnement concurrentiel qui redéfinissent les domaines d'intervention de l'entreprise et qui lui permettront, à condition qu'elle s'y positionne convenablement, de rester performante ;

> la capacité à communiquer cette vision, soit par le discours soit par la création d'une architecture sociale (structure, système de gestion) ;

> la capacité à gagner la confiance des membres de l'organisation par l'opiniâtreté, la cohérence et la résilience – c'est-à-dire la capacité à surmonter les échecs ;

> enfin l'autodéploiement, héritier du *self-achievement* de Maslow : la capacité à comprendre ses points forts et à les exploiter en les faisant partager aux membres du groupe.

Vingt-cinq ans plus tard, les qualités requises pour aspirer à devenir un leader se sont enrichies. Les sources abondent qui retrouvent la nécessité d'être charismatique, la volonté de diriger, le jugement clair, des valeurs éthiques fermes, le sens de la décision, de la direction et la capacité visionnaire mais sans négliger l'ouverture aux autres, la capacité de communiquer, la flexibilité et l'absolue nécessité de libérer l'autonomie d'autrui. Au nombre des nouveaux traits de personnalité, la modestie et la patience illustrent une tendance à l'autocritique et au jugement mesuré. Un leader doit savoir se contenter de petites victoires (de mise en œuvre) pour en préparer de grandes (la réalisation d'une stratégie). La tolérance face à l'ambiguïté et la capacité à résister aux situations stressantes, aux zones d'inconfort, sont aussi remarquées.

Depuis quelques années, des travaux font émerger clairement l'idée que les capacités d'un leader ne sont pas qu'intellectuelles, et elles requièrent un vrai travail sur soi. Ainsi, un article de la *Harvard Business Review* sur le leadership, écrit en 1998 par Daniel Goleman : « What Makes a Leader », prélude au livre de 2002 : *Primal leadership* développe l'idée d'« intelligence émotionnelle »[2]. Les travaux de

1. Bennis W. et Nanus B., 1985.
2. Goleman D., 1998.

cet auteur montrent que 90 % de l'écart de performance entre les dirigeants ne proviendraient pas de leur intelligence cognitive mais de leur intelligence émotionnelle. Il en détaille les composants essentiels :

> la capacité à contrôler ses affects et ainsi améliorer ses capacités cognitives ;
> la motivation intrinsèque – la passion du travail plutôt que de l'argent ou du statut ;
> l'empathie ;
> la capacité à entretenir des rapports humains normaux.

Selon la mise en avant d'une ou de plusieurs de ces caractéristiques personnelles, certains auteurs définissent des « styles » de leadership.

Fondements théoriques

Les styles de leadership

L'école des relations humaines a fait œuvre de pionnier en étudiant dès les années 1920 l'efficacité du travail de groupe sous trois « styles de leadership » différents : autoritaire, démocratique et laisser-faire. Selon les toutes premières études, le leadership autoritaire apparaissait légèrement plus efficace que le style démocratique mais produisait moins d'innovation. De cette école de recherche a émergé l'idée que le leadership s'adresse donc autant aux besoins et sentiments de membres du groupe qu'à la structuration des tâches à accomplir.
Une très abondante production a exploré cette voie, décennie après décennie. Il en ressort aujourd'hui quelques enseignements simples :

> il existe une pluralité de styles de leadership :
  – style analytique, centré sur l'analyse de la situation, la production d'idées claires, et l'élaboration de plans détaillés ;
  – style humaniste, centré sur les relations entre membres de l'organisation, le fonctionnement interne, les valeurs et le soutien aux individus ;
  – style visionnaire, qui fournit un grand projet, des buts ambitieux à atteindre et suggère le dépassement de soi ;
  – style opérationnel, qui se nourrit de l'expérience métier, très proche du management au jour le jour des activités ;
  – style communicationnel, tourné vers les parties prenantes externes, présentant une image favorable de l'entreprise.

> Chaque style est adapté à une situation définie par des variables en nombre restreint : la qualité des relations entre le leader et le groupe ; la légitimité du leader ; le caractère structuré ou non de la tâche à accomplir.

> Chaque leader a un style dominant, mais la clé du succès est de pouvoir passer d'un style à un autre en fonction des situations vécues et des interlocuteurs.

À côté de l'approche très focalisée sur les caractéristiques personnelles du dirigeant (ou celles du style de leadership), le courant des ressources propose une conception complémentaire du leadership stratégique. Il s'agit pour un dirigeant de posséder et de mettre en place dans son entreprise un ensemble d'aptitudes stratégiques, qui sont décrites de manière moins comportementales qu'organisationnelles. En effet, une recherche d'Harvard a ainsi étudié sur vingt ans un échantillon d'entreprises, dans différents secteurs, ayant connu plusieurs dirigeants (*Chief Executive Officers*, CEO) pour mesurer l'impact du changement de leader sur la variation de performance des entreprises au cours du temps. Tandis que le secteur dans lequel opère l'entreprise compte pour environ 20 % dans la variation de performance des entreprises, le dirigeant à lui seul en expliquerait 14 %, avec des écarts sectoriels importants. Par exemple, dans l'hôtellerie, le CEO expliquerait 41 % de la variation de la rentabilité de l'entreprise contre 4,6 % dans la fabrication de papier. Aussi, au-delà de ses traits de personnalité, sa capacité à développer les ressources stratégiques et les compétences de l'entreprise apparaît essentielle. Quelques grands domaines d'action peuvent être distingués. Le leader stratégique doit mettre en place l'aptitude de l'entreprise à anticiper les évolutions de son environnement. Ensuite, la capacité à dénicher et retenir les talents individuels au service du collectif qu'est l'entreprise apparaît essentielle au maintien et développement des compétences cœur. Une autre aptitude fondamentale concerne la capacité à s'entourer d'une équipe dirigeante opérationnelle, partageant les orientations stratégiques, et suffisamment diverse pour éviter les pièges de la pensée conforme. Les actions stratégiques du leader et de son équipe tournent autour de trois préoccupations principales : l'allocation des ressources sur les marchés de produits/services, les actes et décisions attenant aux facettes identitaires (voir les deux chapitres précédents), et les mesures touchant à la centralisation/décentralisation des contrôles opérationnels et financiers.

Une troisième approche classique du leader s'ancre dans les fonctions qu'il remplit au nom de la communauté organisée qu'est l'entreprise On peut distinguer trois domaines spécifiques : les choix, la cohésion et le pouvoir.

A/ Diriger, c'est choisir

Diriger une entreprise implique de bâtir des stratégies, c'est-à-dire sélectionner des champs de bataille, décider d'objectifs, établir des priorités, rechercher l'adéquation des moyens et des fins. Cela ne peut se concevoir sans une compréhension fine de la dynamique des forces de l'environnement, du monde pertinent. L'art du stratège, c'est de profiter de cette dynamique, de comprendre la vague qui porte et d'anticiper les écueils possibles. En cela les outils d'aide à la décision stratégique sont d'un grand secours. Toutefois, un leader se caractérise aussi par la distance qu'il prend par rapport aux outils : il pressent certaines dynamiques sous-jacentes, les fait siennes et en extrait un projet qui deviendra collectif. Beaucoup de dirigeants potentiels ne parviennent pas à exprimer l'originalité d'un projet. Ils peuvent en être empêchés par le souci de leur carrière, ou par une vision géographique trop étroite, ou par leur difficulté psychique à admettre la pluralité des stratégies possibles dans un univers donné.

B/ Diriger, c'est conduire une action collective cohérente

Le rôle du dirigeant est de faire en sorte que l'édifice improbable et précaire que constitue toute entreprise produise de la collaboration et de l'action, plutôt que des forces centrifuges ou du repli sur soi. Dans le discours, la tache semble aisée : il suffit de parler de valeurs communes. Dans la réalité, c'est infiniment difficile. La concurrence est plus naturelle que la collaboration. L'entreprise est un monde d'associés-rivaux, qui ont le plus souvent établi des équilibres de pouvoir difficiles à comprendre si l'on se contente d'un regard superficiel. Pour le dirigeant, cette tâche est sans doute encore plus complexe que la précédente. Comprendre et diriger un système social pose le problème de la bonne distance à adopter avec les membres du collectif. Trop de distance, et l'accès à l'intime n'est pas permis, on se coupe du réel, on n'a plus d'existence aux yeux des gens ; trop peu de distance, et l'on s'identifie, on s'englue dans le quotidien, on perd en légitimité par excès de familiarité, on devient prisonnier d'une culture qu'on ne peut plus changer. Les relations interpersonnelles au quotidien constituent un aspect important de ce rapport au système social. Dans une organisation, tout le monde sait comment le « patron » se comporte face à autrui, que ce soit sur les scènes privilégiées (comité exécutif, comités d'évaluation, relations avec les représentants du personnel) ou les scènes banales (cantine, visites de site, rencontres dans les couloirs, etc.).

C/ Diriger, c'est manier le pouvoir

Le pouvoir est le thème le plus tabou dans la littérature et dans la réalité, donc probablement le plus important. On ne dirige jamais, ni politiquement seul, ni dans l'univers éthéré des idées. Diriger, c'est maîtriser suffisamment de ressources pour assurer une certaine stabilité aux relations de pouvoir. Si ces dernières sont instables, la politique s'installe et la stratégie ne peut plus s'accomplir. Pour le dirigeant d'une organisation, les relations de pouvoir et la constitution d'équilibres se situent en général à deux niveaux :

> par rapport aux représentants des actionnaires. Il est rare qu'un dirigeant n'ait pas à rendre compte à une instance supérieure. Cette dernière ne considère pas qu'il lui incombe d'aider directement le dirigeant dans l'accomplissement de son travail. Le plus souvent, elle est distante, peu intéressée par le terrain, mais attentive aux résultats chiffrés et aux incidents qui peuvent surgir ;

> par rapport aux coalitions internes. Les coalitions internes sont nécessaires au dirigeant dans l'exercice de la conduite de la stratégie, que ce soit pour avaliser des décisions, les mettre en œuvre, conduire le changement ou faire converger les dimensions de l'identité organisationnelle. Un chef qui ne pourrait faire confiance – et se confier – à un minimum d'alliés avec qui un travail d'équipe est possible verrait certainement son action déboucher sur du vide, faute de relais, de soutiens.

2 Le leader : une personne à l'intersection du collectif, d'une histoire, et d'un rôle

Dans ce chapitre, nous proposons une analyse moins descriptive que celles proposées par l'étude des traits de personnalités, des aptitudes organisationnelles déployées, ou des fonctions remplies pour et au nom du collectif qu'est l'entreprise. Nous centrons notre propos sur deux dimensions essentielles du leadership : le travail du leader dans ses composantes principales (le collectif, l'histoire, et le rôle du leader) et l'identité narrative.

A/ Le travail du leader

Dans la tradition de Max Weber, nous envisageons le travail du dirigeant comme un effort quotidien d'agrégation et de consolidation de diverses légitimités, qui s'exprime au travers de trois types de travail : un travail sur le collectif, un travail sur l'histoire, et un travail sur le rôle.

Travail sur le collectif

La première brique de base de notre analyse se nourrit des constats opérés il y a cinquante ans par P. Selznick dans son livre fondateur : *Leadership in Administration*[1]. L'idée de départ est une constatation dérangeante : la plupart des organisations se passent de leadership. Il n'y a certes pas d'organisation sans pouvoir et sans détenteurs d'autorité formelle, et chaque organisation effectue une tâche avec plus ou moins d'efficacité, mais la plupart du temps les acteurs de ces organisations n'éprouvent pas un sentiment d'identité collective. L'organisation ne secrète pas de valeurs dont les acteurs pourraient se nourrir. Ils ne s'identifient pas à elle (*cf.* chapitre 27). L'entreprise reste une coquille vide : les membres peuvent changer de coquille, comme elle peut changer d'habitants. Le leadership, nous dit Selznick, c'est justement le travail qui va transformer l'organisation banale en « institution », c'est-à-dire qui va lui permettre de devenir un corps social conscient de ses buts et de ses valeurs, capable de s'affirmer face aux autres et de résister si son identité est menacée. Le leader est celui qui porte ce travail. Il est celui qui légitime les buts et qui modèle l'architecture sociale, celui qui bâtit et qui tranche. Et il y risque toujours sa légitimité.

Travail sur l'histoire

La deuxième intuition fondatrice est celle de Zaleznik, annoncée dans « Managers and Leaders : Are They Different?[2] » et développée dans ses publications ultérieures. Là encore, l'idée est simple : le leader n'est pas un manager. Le successeur de Zaleznik à la chaire de Leadership d'Harvard, de référence
, reprit à son compte ce thème de la différence entre manager et leader dans un article fameux : « What Leaders Really Do[3] ». Comme l'indique le titre, la perspective est plus descriptive des actions menées par les uns ou les autres que psychosociologique. Alors que le manager gère la complexité, le leader prend en charge le changement. Dans cette perspective, deux tâches deviennent capitales et seul le leader peut les accomplir : faire vivre la collaboration des acteurs en les motivant au service du but choisi et les aider à surmonter les difficultés rencontrées. La vraie tâche du leader est d'instaurer une « culture du changement » en façonnant et racontant une « histoire » crédible. Ainsi, ces deux acteurs de l'entreprise ne diffèrent pas seulement par leur rôle et par leur conception de l'organisation. Managers et leaders sont fondamentalement distincts car tant leur histoire personnelle que la manière dont cette histoire personnelle s'associe avec l'histoire de l'entreprise sont différentes. Différente est leur structure psychique. Différents sont leurs rapports interpersonnels au sein de l'organisation. Le leader est celui qui nourrit l'identité collective de son identité personnelle. Cela suppose de sa part un travail intrapsychique, une élaboration personnelle capable de transformer des talents particuliers en aventures collectives. Le travail sur les buts, le travail sur l'architecture sociale ne relèvent pas seulement de l'économie ou de la psychologie sociale. Ils passent aussi par un travail sur soi. Le leader risque donc dans ce travail sur l'histoire, en plus de sa légitimité au sein de l'organisation, ce qui le constitue en tant qu'individu particulier, son histoire et sa raison d'être personnelles.

1. Selznick P., 1957.
2. Zaleznik A., 2004.
3. Kotter J., 2001.

Fondements théoriques

Les périls qui guettent le leader : l'idéologie de la performance et les dérives psychologiques du pouvoir

Selon l'approche retenue dans ces pages de *Strategor,* un travail essentiel du leader est de préserver, constituer, et amplifier les sources d'identification des membres de l'organisation afin de garantir les bases d'une œuvre commune. En l'absence d'une source d'identification forte, l'essence même de l'entreprise passe progressivement au second plan. L'organisation remplit banalement des tâches mécaniques et est livrée à la politique et au jeu des rapports de force, car sans leader, il n'y a pas de pouvoir au service d'une œuvre collective s'imposant aux intérêts particuliers. L'énergie des individus est détournée de la substance des problèmes au profit des processus de résolution de ces problèmes. Chacun tend alors à s'identifier à des « idéologies » (l'excellence, la participation, ou l'efficacité) et non plus à des hommes. Or, un collectif organisé centré uniquement sur l'une de ces idéologies est voué à engendrer la déception en vidant de leur énergie les membres du collectif. L'excellence, la participation, et l'efficacité trouvent rapidement leurs limites. Elles ne se suffisent pas à elles-mêmes. Lorsque l'idéologie ne fonctionne plus, de telles organisations deviennent des systèmes politiques. Chacun agit en fonction de son intérêt, en particulier de ses sources de protection ou de ses soucis de carrière. Les décisions ne sont plus prises en vue d'atteindre les objectifs de l'entreprise et pour remplir ses tâches, mais en fonction des alliances passagères et des bénéfices à en attendre à court terme.

Mais si le leader fait face à sa responsabilité, l'organisation n'est pas pour autant assurée d'agir selon la raison, car tout pouvoir corrompt et place le leader dans une situation où il peut éventuellement, lui aussi, faire passer l'intérêt de l'organisation après le sien. Les psychologues décrivent deux dérives classiques engendrées par la maîtrise du pouvoir détournée de ses fins. D'une part, le leader peut s'engager dans la voie « perverse », en transformant les autres en purs objets de ses pulsions. Le leader se satisfait alors plus de la façon qu'il a d'utiliser l'énergie des autres pour atteindre des objectifs qui peuvent être plus ou moins alignés avec l'intérêt même des parties prenantes, employés, actionnaires, et clients. D'autre part, de façon plus insidieuse, le leader peut emprunter la voie « névrotique ». Se construisent alors des entités cimentées par des collusions entre dirigeants et dirigés, construites sur des fantasmes archaïques où les uns et les autres trouvent leur place.

Le chemin vers un leadership sain n'est donc pas aisé. Toute organisation est confrontée au thème central du pouvoir et des tensions internes. Le nier, c'est engager l'entreprise dans l'ornière du contrôle, de la bureaucratie, et de la dépersonnalisation, où l'idée de performance ou de réalisation de soi tient lieu d'objectif collectif. S'y perdre, c'est risquer de se diriger vers les systèmes pervers ou névrotiques. Entre les deux, il faut reconnaître le primat du travail à accomplir et du principe d'équité et de justice dans le traitement des hommes. Alors le pouvoir trouve toute sa légitimité et le leader sa force à long terme.

Travail sur le rôle

Le troisième élément fondamental de l'approche renouvelée du leadership porte sur la conception du rôle du leader. Être en position de leader, c'est générer des attentes de la part des autres membres de l'entreprise, des parties prenantes de l'activité et des résultats de l'entreprise. Être leader, c'est donc jouer et être appelé à jouer un rôle spécifique dans la communauté humaine qu'est l'organisation. Ce rôle particulier attendu et dévolu au leader est principalement celui de l'exercice du pouvoir, qui met en jeu la personnalité tout entière. Le leader s'expose. La conception de son rôle en tant que leader se construit dans l'esprit de l'individu mais elle s'incarne dans des actions publiques : intronisation, prise de fonction, contacts personnels avec d'autres acteurs, efforts de communication, prises de décisions symboliques..., en définitive, une mise en scène. Celle-ci fait passer de l'information aux autres acteurs et contribue également à la formation chez eux de représentations.

L'exercice du pouvoir n'est donc pas psychologiquement neutre. Il renvoie à de multiples thèmes pour lesquels la littérature et le cinéma ont beaucoup à nous apprendre : la culpabilité (Macbeth), la filiation et la mort (Lear), le fantasme de toute-puissance et de réparation narcissique (Caligula), la paranoïa (la mutinerie dans le film *Ouragan sur le Caine*), ou encore l'imposture (Colonel Redl) sont autant de thématiques du pouvoir qui montrent les leaders dans leur rôle de dirigeant, et les dissociations tragiques qui s'expriment entre le rôle joué par et pour le groupe et la réalité humaine et psychologique du leader.

Le travail de prise de rôle s'effectue à l'articulation de l'intrapsychique et du social. La psychologie du moi, issue de la psychanalyse, fournit une grille d'appréhension du phénomène. Prenant pour base le caractère intrapsychique des conflits inhérents à la condition humaine, elle se donne pour objet les fonctions adaptatives du moi – ou, si l'on veut résumer, la prise en considération de ce que Freud appelait « le principe de réalité » : comment tenons-nous compte de la réalité extérieure ? Comment le moi trouve-t-il des mécanismes de régulation lui permettant de faire le lien entre l'intérieur et l'extérieur ? Avant d'entrer dans le rôle, d'accepter de prendre la position que requiert de soi le groupe, le dirigeant doit passer par une introspection systématique qui tourne autour de quelques questions simples liées à son économie psychique :

- Pourquoi suis-je là ? Quel est ce moi qui a la prétention de diriger les autres ?
- Que va m'apporter ce rôle ? Que vais-je apporter à l'organisation ?
- Jusqu'où irai-je dans mon identification au poste, à l'organisation ?

Les capacités du moi peuvent être affaiblies par le jeu des autres dimensions d'une personnalité. Chacun d'entre nous doit faire face à la force de ses désirs, aux commandements de sa conscience, à la quête d'idéaux inaccessibles. L'homme mûrit en travaillant sur ces tensions lorsqu'il fait face à des situations qui le font s'adapter, choisir, anticiper, comprendre la force du réel, mais aussi penser librement, agir et jouir de son action et de son existence. C'est pourquoi la psychanalyse offre une perspective riche d'enseignements sur les difficultés de l'exercice du pouvoir.

EN PRATIQUE

Analyser son adaptabilité

Sans entrer dans des débats d'école, il suffit de dégager les grandes fonctions adaptatrices du moi pour se poser les questions pratiques relatives à l'adaptabilité de son « moi » et par conséquent pour s'interroger sur sa capacité psychique à supporter le travail sur soi que représente le rôle du leader. Les cinq principales fonctions adaptatrices du moi sont : la maîtrise des fonctions cognitives, la transformation des savoirs en décision, la tolérance à l'ambiguïté, le travail sur le temps et le contrôle des pulsions.

>

····>

1. La maîtrise des fonctions cognitives, en particulier l'objectivité, le recul, et la logique

Les questions à se poser pour évaluer cette fonction sont donc :

> Suis-je à même de comprendre comment mes sentiments affectent ma capacité de comprendre le monde ?

> Ai-je accès, au-delà des idées reçues, à une spéculation intellectuelle riche d'idées et créative ?

> Suis-je au clair sur la compréhension des chaînes causales, des rapports entre les moyens et les fins qui m'animent ?

2. La transformation des savoirs en décision

> Concentration mentale : Suis-je clair(e) quant aux raisons qui déterminent le choix de mes priorités et l'articulation des tâches à accomplir ?

> Empathie : Suis-je à même de lire et ressentir les sentiments d'autrui, et de les replacer dans le contexte des décisions à prendre, au niveau individuel et organisationnel ?

3. La tolérance à l'ambiguïté et aux contradictions

> Quelle est ma tolérance par rapport aux dissonances cognitives, c'est-à-dire aux informations, opinions, émotions, qui, venant de l'extérieur, viennent heurter mes convictions ancrées ?

> Quelle est ma capacité à prendre en compte la complexité du réel et à ne pas me jeter impulsivement dans l'action ?

4. Le travail sur le temps

> Quelle est ma capacité, tout en m'affranchissant de mon propre passé, à en utiliser des éléments pour nourrir la réflexion et l'action présentes ?

> Ai-je la possibilité de laisser filtrer le préconscient et de m'en servir pour faire face au réel « ici et maintenant » ?

> Quelle est ma capacité à me détendre et à jouer, à mettre le temps entre parenthèses ?

5. La canalisation des pulsions se décompose en deux pans principaux

> La sublimation : Est-ce que je parviens à utiliser mes désirs pour construire une action socialement acceptable ? ou suis-je limité dans la recherche de la satisfaction de mes désirs ?

> Le contrôle : Suis-je capable de me maîtriser et de ne pas agir impulsivement ?

Cette liste de questions permet une analyse fine des discours et des comportements. Pour peu qu'il y ait demande de la part du dirigeant, donc que celui-ci accepte l'observation et la discussion avec le chercheur ou le consultant, on peut tenter de comprendre son action, en recherchant quelles dimensions il utilise au mieux, quelles sont ses faiblesses, quels manques, quels blocages, quelles hésitations reviennent dans l'analyse. La littérature classique sur le leadership n'est guère sensible à cette complexité. Elle présente souvent des figures mythiques « sans peur et sans reproche ». Dans la réalité, il n'existe rien de tel. Assumer les responsabilités est toujours un combat équivoque – extra et intrapsychique. Le rapport aux >

subordonnés peut être très ambigu et les structures de pouvoir ne peuvent que poser les problématiques profondes de la dépendance, de la rivalité, et de la capacité à engendrer des successeurs.

CONTROVERSE

Analyse psychanalytique du leader

La psychanalyse comme mode d'étude et de diagnostic s'est emparée depuis longtemps de la figure du leader. Même si la transposition d'une analyse au niveau d'un individu à celui d'une organisation fait toujours débat, il n'en reste pas moins que l'approche psychanalytique des dirigeants permet d'éclairer d'un jour différent leurs aptitudes et caractéristiques. Selon la psychanalyse, ce sont les pulsions de vie et les pulsions de mort (pulsions sexuelles et d'autoconservation, et pulsions d'agression et d'emprise) de chaque individu qui, dans l'évolution de leur histoire, déterminent les structures psychiques et leurs modes de relation à soi et aux autres. On peut distinguer plusieurs modes relationnels selon le degré de maturation psychique des individus, en tenant compte des avatars du développement psychique de chacun et des points de fixation sur lesquels s'ancre leur énergie libidinale.

De manière schématique, si l'on considère la relation à soi, la relation à autrui et les différentes possibilités offertes à l'énergie psychique d'investir la relation, on peut décrire quatre grands types de fonctionnement psychique et mental, et ainsi quatre grands types de leaders.

La relation à soi et son investissement particulier donneront naissance au **leader narcissique.** Les composantes du courant psychique narcissique sont un sentiment d'invulnérabilité, de toute-puissance, et d'immortalité. Selon leur degré d'investissement, elles détermineront la qualité psychologique première du leader narcissique : la mégalomanie accompagnée d'un certain délire d'immortalité, l'impatience, car ce leader désire tout et tout de suite, ou l'omniscience, ce leader tend à faire taire tous les savants de son entourage. Le leader narcissique se considère comme un aboutissement au sommet de la perfection, existant spontanément, refusant toute filiation, et même toute causalité rationnelle. Le narcissique veut être aimé pour lui-même.

À l'opposé de cette relation très particulière qu'est le narcissisme, puisqu'il s'agit d'une relation interne au psychisme humain, nous trouvons trois types différents de relations à autrui : la relation de possession, la relation de séduction et la relation de respect.

Face à autrui, considéré comme un objet d'amour et non plus de haine, le psychisme humain peut, lors du développement psychique, s'approprier imaginairement autrui, en utilisant une pulsion partielle d'emprise, agissant à son compte et poursuivant des buts qui lui sont propres ; on peut qualifier ce type de **leader possessif**. La fixation à un stade précoce du développement psychoaffectif de l'individu détermine une variété de comportements où l'agressivité non socialisée est la marque dominante. La possession va de pair avec la jalousie. Alliées à la composante narcissique, ces qualités donneront des structures psychiques à caractère paranoïde, où le sentiment mégalomaniaque pousse le leader sur le chemin de la conquête et de la domination.

Plus loin sur le long chemin de la maturation psychique, on rencontre une structure plus évoluée du comportement humain : autrui n'est déjà plus un objet physique indifférencié qui sollicite la pulsion d'emprise, mais un être à séduire. C'est le **leader séducteur**. Selon la nature des composantes psychiques de cette structure, on observe une gamme très variée de leaders séducteurs, >

····> allant de la séduction indifférenciée (quel que soit le type d'objet), sorte de quête éperdue, toujours insatisfaite, jusqu'à l'état de séduction passive. Le leader séducteur est complètement dominé par sa composante hystérique, qu'il soit homme ou femme. Allié au narcissisme, cela peut produire des comportements exhibitionnistes. Le séducteur, ou la séductrice, doit faire d'énormes efforts pour capter l'attention d'autrui, en vue de satisfaire les demandes toujours croissantes de ses pulsions.

Enfin, lorsque le développement psychique arrive à maturité et que l'ensemble des pulsions est réuni sous le primat de la génitalité, on a affaire à un adulte accompli, dont le *moi* coordonne de façon satisfaisante l'ensemble pulsionnel sans être dominé par lui, ce qui lui permet d'utiliser à plein son énergie psychique au service de tous ses projets. On peut appeler **leader sage** cette structure, qui est la forme la plus évoluée du psychisme humain. La bienveillance et le respect d'autrui vont de pair avec une mise en œuvre satisfaisante des pulsions agressives, qui sont mises au service de l'organisation dans son ensemble. Le leader sage a une image paternelle (ou maternelle) ne menaçant aucun membre de l'organisation. Il s'agit d'un père ou d'une mère qui permet aux membres de l'organisation de grandir et de prendre, le moment venu, les rênes du commandement.

Structures narcissiques, possessives ou séductrices peuvent faire des ravages en termes de fonctionnement des organisations : difficulté à voir la réalité du monde, incapacité d'innover, incapacité de perpétuer l'institution. Devenir un leader ne nécessite pas seulement un travail intellectuel et un travail relationnel, mais aussi un travail intrapsychique : une confrontation avec soi-même pour être capable de faire vivre une institution porteuse de valeurs et non plus simplement une organisation mécanique.

À ce stade de notre analyse du leadership, on peut sans doute mieux comprendre le paradoxe du début – littérature pléthorique, insatisfaction relative qui ressort de la lecture. Si la littérature est abondante, c'est parce que la question du leadership peut être abordée par de multiples aspects : on peut se centrer sur le leader (ses traits de personnalité, ses aptitudes organisationnelles), mais aussi sur ceux qu'il dirige (les fonctions qu'il remplit, le style qu'il développe), ou sur la relation entre les deux (le travail qu'il effectue en terme de cohésion, d'histoire, et de rôle). S'il existe une frustration, c'est qu'il est bien délicat d'être complet sur l'ensemble de ces aspects, et que chaque livre ou article ne traite en profondeur qu'un seul d'entre eux. Or dès qu'on examine un cas réel de leadership, ce qui est dit ou montré (discours de chef, action…) n'est dans tous les cas qu'une couche superficielle. Il faut être attentif, sous la surface, aux enjeux de pouvoir, au théâtre intérieur du leader, aux multiples niveaux de langage des acteurs. Que peut-on comprendre, par exemple, à l'histoire de Vivendi et de Messier sans connaître à la fois le fonctionnement des élites françaises, les spécificités de l'État et des collectivités locales mais aussi ce que peut représenter pour un être humain d'être en permanence la vedette de l'actualité ?

Au-delà des approches classiques mentionnées dans la section précédente, nous avons, dans cette section, ébauché une meilleure appréhension du travail psychique du leader, de son processus et des problématiques sur lesquelles il porte : la cohésion, l'histoire, et le rôle du dirigeant. Il est possible d'agencer ces éléments autour d'une thématique plus philosophique que psychologique, celle de l'identité narrative et de la promesse.

B/ L'identité narrative et la promesse

L'approche philosophique qui regroupe le travail sur le collectif, l'histoire, et les rôles s'appelle « l'herméneutique ». Des philosophes ont particulièrement contribué à cette approche, tel Paul Ricœur[1]. L'herméneutique est l'étude et l'interprétation de textes. L'idée cœur insiste sur le fait qu'un texte écrit dépend tout autant de son auteur que des conditions de sens qui entourent le lecteur. Ainsi, chaque lecteur s'approprie le récit de façon historique et située, et en fait une lecture personnelle.

Pourquoi lisons-nous toujours aujourd'hui avec plaisir *Madame Bovary* et entrons-nous toujours dans *Don Giovanni* ? Certainement parce que la réputation de Flaubert et Mozart nous y pousse mais aussi parce que leur récit a une cohérence « interne » : les personnages sont crédibles, le temps du récit et sa localisation dans l'espace nous attirent, l'intrigue est passionnante (le scénario est bien ficelé...). Mais il a aussi une cohérence « externe » : ce dont il parle a des résonances profondes en nous – pour chacun de nous de façon singulière : il est difficile de rester insensible à la confrontation finale entre Don Giovanni et le commandeur. Nous avons de bonnes raisons de nous y intéresser parce que les conflits qu'on nous expose sont déjà en nous-mêmes. Cette appropriation est personnelle. En bref, un récit efficace est un récit qui permet l'identification, la projection, la catharsis.

La notion de texte est très large : les textes sacrés, l'art contemporain, obéissent à des règles de présentation du récit, d'ordonnancement des événements et nécessitent donc une interprétation particulière, une herméneutique spécifique. On peut, par analogie, considérer l'action collective comme un texte écrit – et raconté – par le leader en fonction de ce qu'il désire exprimer. Mais ce « texte organisationnel » acquiert nécessairement pour le lecteur une autonomie qui échappe au leader. Décrypter ce texte, c'est y appliquer des grilles de lecture robustes pour comprendre l'auteur, la logique du récit et son appropriation par le lecteur.

Tout texte écrit (ou filmé) a un début et une fin, une séquence d'événements, des protagonistes. L'action collective, elle, en général, se continue, sans fin assignée, se prolonge au-delà des hommes qui ont initié le collectif, l'histoire, et les rôles. Ce fait place le dirigeant dans la position d'un auteur qui aurait à écrire continuellement de nouveaux chapitres et épisodes à son histoire sans avoir complètement la liberté de l'inventer, puisqu'il lui faut tenir compte du temps qui passe, de la réalité des évènements, et de qui narrera la suite lorsqu'il se sera retiré. Écrire l'action collective implique de se coltiner au réel. C'est un texte qui se réécrit sans cesse : il ne suffit pas que le leader m'entraîne dans l'aventure, il faut aussi qu'il me convainque de surmonter les péripéties qui pourraient remettre en cause mon identification, de changer de rôle dans l'histoire. Il lui faut sauvegarder la crédibilité de l'action collective en train de se faire.

Changer en restant fidèle à soi-même, c'est l'enjeu de l'identité narrative, le récit que reconstitue chaque individu sur sa propre histoire, ses liens avec les autres, les rôles qu'il a joués. L'identité narrative fait le pont en rassemblant les deux modalités du soi, selon Paul Ricœur : la « mêmeté » et l'« ipséité[2] ». La mêmeté est la continuité dans le temps, la mémoire qui permet d'être identifié, reconnu. Diriger une entreprise, c'est lui reconstruire une histoire qui n'oublie pas ce que les acteurs ont construit, ce en quoi ils croient, les systèmes symboliques qu'ils ont engendrés. L'ipséité est la différence, la capacité de continuer à être soi malgré et à cause des autres qui ne sont pas moi, qui sont différents et me constituent malgré tout comme moi, qui m'obligent à être plus que le même, à m'engager, à promettre, à me projeter[3].

1. Ricœur P., 1991.
2. Ricœur P., 2000.
3. Durand R. et Calori R., 2006.

Une promesse est crédible si ceux à qui elle s'adresse peuvent avoir confiance en les capacités et la volonté de la personne qui l'émet d'être demain conforme à ce qu'elle était hier. Nul ne peut promettre de triompher de tous les aléas de l'action dans le monde mais chacun peut promettre de s'engager tout entier. La promesse est un engagement au service d'une mémoire. La légitimité de l'engagement est accrue quand celui qui s'engage reconnaît comme garant de son engagement une instance qui le dépasse et à laquelle il se plie, et au nom de laquelle il peut demander à tous de subordonner leur intérêt personnel. C'est ce qu'a fait Carlos Ghosn au début du redressement de Nissan. Il s'est engagé à redresser la situation sous deux ans, à le faire en pleine transparence, et dans le respect absolu de la vérité des chiffres, sans chercher d'excuses ni de bouc émissaire (voir le Mini-cas Nissan ci-après). En cas d'échec, il s'est engagé à démissionner et son équipe de direction aussi. Tenir cette promesse légitime les suivantes. Pour Ricœur, le dirigeant incarne le pouvoir mais doit éviter la domination, soit un mauvais usage du pouvoir qui annihile la liberté de l'autre (par exemple le subordonné) de forger son propre récit identitaire. En outre, si les promesses « n'engagent que ceux qui les écoutent », si elles ne sont pas tenues, alors s'installe la délégitimation du pouvoir, le cynisme et les comportements individuels délictueux

Dans cette perspective herméneutique du leadership, le leader est un narrateur de l'identité collective. Il doit sans cesse réaménager l'histoire, toujours la même et toujours différente. Il fait et il raconte l'histoire afin de maintenir une cohérence qui fasse sens pour les acteurs de l'action collective, et qui soit légitimée par l'intérêt collectif dépassant les intérêts individuels. Leadership et identité vont de pair. Le leader est plus que la somme de traits de personnalité, d'aptitudes organisationnelles, ou de fonctions sociales : le leader est celui qui fournit un travail sur le collectif, sur l'histoire, et sur le rôle même de diriger, qui énonce par ses actes et ses paroles un récit identitaire, et qui contribue à l'identification des autres membres du collectif. Ainsi, le processus de communalisation esquissé au chapitre 27 ne va jamais de soi. Les forces centrifuges sont toujours présentes prêtes à détricoter le tissu des liens humains. Sans leader pour incarner ce qui rassemble et ce qui permet d'adhérer, en particulier grâce à la narration et à la promesse, ces forces centrifuges risquent toujours de triompher. Dans ses efforts et ses actes, le leader se constitue lui-même en tant que personne et s'expose tout entier.

Le dirigeant est aux prises avec deux problématiques centrales : 1) il est à la fois tourné vers l'avenir de l'entreprise et tributaire de l'existant, donc de l'histoire ; 2) ses résultats dépendent non seulement de ses traits de personnalité, des aptitudes organisationnelles qu'il a mises en place, et de sa compréhension du monde, mais aussi de ses capacités d'action et de conviction. La mise en œuvre de ses décisions et le travail tant sur l'histoire que sur le rôle de dirigeant sont fondamentaux. Le dirigeant devient donc leader lorsque son récit embrasse les multiples facettes de l'identité de l'entreprise : il professe, mais accepte que la communication ne se fait pas que par des mots et dans les médias. Il reconnaît l'écart entre ce qu'on veut dire et ce qui est reçu. Il sollicite la mémoire et la promesse. Il crée une transcendance qui permet le primat du collectif sur l'individuel. L'identité narrative qui noue dans un même récit l'histoire individuelle et l'histoire collective est une grille de lecture intégrative du travail de leadership. Il est certes possible de se passer de leaders et de n'avoir que des managers. Envisageable de ne conserver que des organisateurs sans souci pour l'identité collective. Imaginable de ne considérer la stratégie que comme une affaire d'économiste. Mais alors on ne peut espérer créer d'organisation humaine, d'entreprise, ou d'institution durables.

MINI-CAS

Carlos Ghosn et Nissan (1999-2004)

Carlos Ghosn a répété à l'envi les raisons du succès de son redressement de Nissan à partir de 1999. Selon lui, il a dit ce qu'il allait faire, et pourquoi il le ferait ; puis il l'a fait, en en commentant les rebondissements ; enfin, lorsqu'il a été nommé aussi à la tête de Renault, il a expliqué les enjeux de cette nouvelle situation et la continuité de son action. Quelques éléments de ce récit sont particulièrement parlants.
En 1999, Ghosn décide de se rendre à Tokyo quasiment seul pour ne pas être perçu comme un envahisseur ; il rejette les propositions d'aide formulées par les grandes sociétés de conseil pour souligner qu'il est seul responsable de ses décisions. Il se donne six mois pour étudier les problèmes de Nissan et constitue des commissions de travail internes transversales. Sur le plan stratégique, il souligne que l'opération entre Renault et Nissan est une alliance entre égaux même s'ils sont provisoirement inégaux et non pas une fusion – soit sur le plan symbolique, une absorption du vaincu par le vainqueur. Il promet que les stratégies qui seront choisies respecteront l'identité de Nissan et son passé. L'histoire de Nissan se poursuit, tel un être vivant qui renaît de ses cendres et dont on entendra parler.

Selon Carlos Ghosn lui-même, trois actions d'importance furent conduites, qui expliquent le succès de l'opération : la promesse, la motivation, et la responsabilisation.

> « Quand on a annoncé le plan NR [*Nissan Revival*], j'ai dit "si n'importe lequel de ces trois engagements n'est pas rempli, je démissionne et avec moi tous les membres du comité exécutif" [...]. Si vous voulez exercer dans une situation de crise un leadership, il faut vous engager et il faut que vous soyez prêts à dire, indépendamment – il n'y avait pas de conditions : je n'ai pas dit "si l'économie japonaise..., si le taux d'échange yen/dollar, si ceci..." On a dit "quelles que soient les conditions, ces trois engagements doivent être remplis ; si n'importe lequel de ces trois n'est pas rempli on s'en va, et il y a quelqu'un d'autre qui doit traiter les problèmes de l'entreprise". Nous ne l'avons pas fait par calcul, par ruse, non, on l'a fait par conviction. »

> « Le seul atout d'une entreprise c'est la motivation des gens qui y participent. Ce qui compte chez le manager, c'est la capacité à mobiliser les gens. La motivation, ce n'est pas quelque chose que vous puissiez commander, la motivation c'est quelque chose que les gens vous donnent ou ne vous donnent pas. Vous ne pouvez pas dire "soyez motivés", ça n'existe pas ! Soit les gens sont motivés et alors ils vont vous donner ce dont ils sont capables, soit ils ne sont pas motivés. Donc la seule force d'un manager, le seul pouvoir dans une entreprise, c'est la capacité à motiver les gens. Si vous êtes capable de mobiliser et de motiver, ils vont vous suivre : la marque va s'améliorer, vous allez retrouver la croissance, vous allez être profitable. Tout va bien. Si, par contre, vous êtes dans une entreprise qui s'ennuie, qui n'est pas motivée, quelle que soit la situation de départ, quels que soient vos capitaux, votre richesse, vos situations de *cash*, votre image de marque, vos produits, vous allez décliner, vous allez tout perdre. C'est une question de temps. »

> « Nous avons constitué une dizaine d'équipes transverses dotées de responsabilités et d'un engagement de Ghosn quant à l'impact de leur travail. Celles-ci regroupent, au total, 200 personnes, chacune en charge d'un thème spécifique. Ces équipes étaient chargées de mener l'analyse approfondie d'une opportunité, d'un problème, d'un manque de performance ou d'un dysfonctionnement, et de proposer des solutions et actions concrètes à entreprendre. [...] Les points faibles les plus saillants étaient les suivants : >

....>

l'absence de culture du profit, l'absence de culture du client, le manque de transversalité, l'absence de réactivité ou de sens de l'urgence et enfin le manque de vision et de leadership autour d'un plan à long terme. »

On saisit, dans cette narration, l'articulation entre l'imaginaire proposé comme base d'un contrat psychologique entre Nissan et ses employés et le système symbolique qui en permet la mise en œuvre visible, lisible et cohérente. Participer activement à cette aventure, c'est redevenir acteur de sa vie, dans une œuvre collective dont on pourra être fier. C'est ne plus subir, c'est se dépasser, c'est effacer l'humiliation personnelle et nationale qu'a été Nissan avant sa renaissance, sans renier sa longue histoire et en ayant pour perspective de renverser le rapport symbolique entre Nissan et Renault.

Le dispositif organisationnel annoncé n'est pas d'une grande originalité mais la réputation de Carlos Ghosn garantit son application : groupes transversaux, analyse rationnelle, élaboration de stratégies et de plans d'action chiffrés avec calendrier rigoureux (rythmé par des épisodes symboliques comme les salons), contrôle de gestion strict, récompense individuelle et collective. Ce dispositif est indissociable d'un ensemble de principes de management (tel que : il faut des tâches concrètes, dont on peut assurer le suivi) et de leadership (faire ce qu'on dit, dire ce que l'on fait...).

Cet imaginaire organisationnel et ce dispositif synthétique ouvrent une nouvelle donne dans le champ des rapports sociaux réels. Beaucoup d'acteurs disparaissent avant le premier acte. Parmi les autres, il y aura nécessairement des vainqueurs et des vaincus. Il y aura des stratégies individuelles et collectives, des alliances, des petits arrangements, des héros et des boucs émissaires. Il y aura des engagements sincères et des engagements feints. En ce qui concerne le chef, on peut en tout cas affirmer que, puisqu'il a tenu sa promesse, ce succès vaudra pour « promesse avant la promesse » : sa légitimité est certaine lorsqu'il succède à Louis Schweitzer en 2005. Sans que cela vaille assurance pour l'avenir.

Questions

1) Déterminer les trois types de travail de leader effectués par C. Ghosn dans son récit du redressement de Nissan (travail sur le collectif, sur l'histoire et sur le rôle) ?
2) Selon vous, ce récit répond-il aux caractéristiques de l'identité narrative que nous avons proposées comme grille de lecture intégrative du leadership ? Pourquoi ?
3) En quoi les caractéristiques du cas Nissan et le résultat d'alors ne garantissent pas le succès futur de C. Ghosn à la tête de Renault ?

LES POINTS CLÉS

- Il existe trois grandes approches du leadership :
  > par les traits de personnalité ;
  > par les aptitudes organisationnelles qu'il développe ;
  > par les fonctions remplies (choix, action collective cohérente, maniement du pouvoir).

- Plusieurs styles de leadership ont été distingués :
  > selon le type de tâches privilégiées par le leader (style analytique, style humaniste, style opérationnel, style visionnaire, style communicationnel) ;
  > selon l'approche psychologique du développement de soi (style narcissique, style possessif, style séducteur, style sage).

- Dans l'approche plus centrée sur le travail du leader, nous pouvons distinguer trois composantes :
  > travail sur le collectif : fonder l'institution, la communauté humaine qu'est l'entreprise ;
  > travail sur l'histoire : allier les facettes identitaires en une histoire personnelle et collective ;
  > travail sur le rôle : incarner le leader pour répondre aux attentes de la collectivité.

- Le travail de leadership est aussi un travail sur soi. Le leader doit pouvoir estimer les cinq fonctions adaptatrices de son « moi » ; à savoir la maîtrise des fonctions cognitives, la transformation des savoirs en décision, la tolérance à l'ambiguïté, le travail sur le temps, et la canalisation des pulsions.

- L'analyse philosophique du leadership rejoint le travail sur le collectif, sur le pouvoir, et sur le rôle par l'entremise de l'identité narrative qui permet de (se) raconter le récit de ses changements personnels tout en se reconnaissant fidèle à soi-même. Dans cette perspective herméneutique, le leader est un narrateur de l'identité collective tout en étant un personnage central de l'histoire.

QUIZ

1. Les travaux consacrés aux styles de leadership tendent à montrer que :
a. Le leadership visionnaire est toujours plus performant que le leadership humaniste.
b. Le leader doit identifier son style dominant et s'y tenir quelle que soit la situation.
c. Chaque leader a un style dominant mais les différents styles de leadership sont plus ou moins appropriés selon la situation.

2. Pour le courant des ressources, le principal rôle du leader est de :
a. Comprendre les hommes par le développement d'une capacité à l'empathie.
b. Développer les ressources stratégiques et les compétences de l'organisation.
c. Tenir fermement la barre pour atteindre l'objectif visionnaire qu'il s'est fixé.

3. Parmi les propositions suivantes, laquelle n'est pas toujours pertinente ?
a. Le dirigeant doit savoir jouer des jeux de pouvoirs au sein de l'entreprise.
b. Le dirigeant doit anticiper les problèmes et bâtir des stratégies.
c. Le dirigeant doit être proche de ses employés et partager leur quotidien.

4. À la suite de Selznik (1957), on peut dire que le leadership vise à :
a. Transformer une organisation en « institution », c'est-à-dire en corps social conscient de ses buts, de ses valeurs et de son identité.
b. Mettre les troupes de l'organisation en ordre de bataille pour supplanter les organisations concurrentes.
c. Empêcher qu'un individu ou un groupe s'empare de l'autorité formelle au détriment du reste de l'organisation.

5. Les rôles de leader et de manager:
a. Se recoupent largement.
b. Sont fondamentalement distincts.
c. Sont identiques en tout point.

6. Un des principaux périls qui guettent le leader est
a. La dérive « paranoïaque ».
b. La perversion du pouvoir.
c. L'idéologie.

7. Pour évaluer la capacité d'adaptation d'un dirigeant, il faut
a. Evaluer sa capacité à éviter l'ambiguïté et les contradictions.
b. Evaluer sa capacité à canaliser ses pulsions.
c. Evaluer sa force de caractère et sa résistance au stress.

>

····>

8. Selon P. Ricoeur (2000), l'identité narrative doit concilier deux modalités du soi :
a. Le « moi » et le « surmoi ».
b. La « mêmeté » et l'« ipséité ».
c. Le « fusionnel » et le « passionnel ».

9. Dans la perspective herméneutique du leadership, le leader est :
a. Un narrateur de l'identité collective.
b. Un orateur charismatique.
c. Un homme de communication et de média.

10. Pour comprendre le leadership, il faut analyser en priorité
a. La personnalité et le rapport au pouvoir du dirigeant.
b. Le charisme et la compétence du dirigeant.
c. L'entourage du leader et les motivations de sa garde rapprochée.

Réponses : 1.c, 2.b, 3.c, 4.a, 5.b, 6.b, 7.b, 8.b, 9.a, 10.a

PARTIE 5

CAS ATOS ORIGIN

Sommaire

30 CAS ATOS ORIGIN

Ce cas a été rédigé afin d'être utilisé comme base de discussion en classe. Les cas n'ont pas pour objectif de servir de source d'information sur la société décrite, ni d'approuver ou de désapprouver sa gestion. Les auteurs remercient Bernard Bourigeaud, ainsi que Corinne Hébert, Michael Nimhauser, Bénédicte Torno, Claude France, Jacques Cosnefroy, François Gruau, Frédéric Jeannin, Ulrike Heindl, Jean-Pascal Dragon, Emmanuel de Rouville, Jean-Philippe Niedergang, Emmanuelle Prod'Homme et Claude Aulagnon pour leur précieuse collaboration. Ils sont également reconnaissants envers la chaire Atos Origin sur « les Stratégies de Croissance et le Management de l'Intégration » qui a apporté son soutien financier et intellectuel à ce travail.

Le 16 novembre 2008, Thierry Breton, ancien ministre des Finances, succédait à Philippe Germond comme président du directoire d'Atos Origin, poste que ce dernier occupait depuis octobre 2007. La société venait de subir une série de crises. Malgré le lancement d'un plan de transformation ambitieux, elle n'avait pas réussi à atteindre les objectifs de rentabilité fixés par les actionnaires. Sous la pression de deux *hedge funds* (Centaurus Capital et Pardus Capital Management) qui détenaient plus de 20% du capital, ainsi que de PAI Partners, une société de *private equity* également actionnaire du groupe, le conseil de surveillance avait finalement décidé de changer le principal dirigeant du groupe.
Avec un chiffre d'affaires de 5,8 milliards d'euros en 2007, Atos Origin est l'une des plus importantes SSII (Sociétés de services en ingénierie informatique) en Europe. Cette position résulte d'une impressionnante série de fusions-acquisitions menée par Bernard Bourigeaud, qui a dirigé Atos Origin de 1991 à 2007.

LA NAISSANCE D'ATOS ORIGIN

Atos a été créé en 1997 suite à la fusion de deux SSII françaises, Axime et Sligos, qui étaient elles-mêmes issues de précédentes fusions :

> Axime, dont l'activité principale était l'informatique bancaire, était issue de la fusion en 1991 de trois petites SSII (SITB, Segin and Sodinforg). C'est à la suite des difficultés de cette fusion que les actionnaires avaient demandé à Bernard Bourigeaud de prendre la direction d'Axime ;

> Sligos était le résultat de la fusion entre Cegos Informatique et Sliga, la filiale d'informatique bancaire du Crédit Lyonnais.

En prenant la direction d'Atos, Bernard Bourigeaud a adopté le logo représentant un *Acanthurus leucosternon,* plus communément appelé « poisson chirurgien ». Bernard Bourigeaud voyait en ce poisson un symbole très approprié de la stratégie d'Atos : l'animal est bon nageur, agile, puissant et intelligent. Il n'a peur ni de la profondeur, ni des courants. C'est un animal paisible, mais, s'il est attaqué, il taille en pièces son adversaire, d'où son surnom de chirurgien. Par ailleurs, et en guise d'avertissement à tout prédateur, ce poisson n'est pas comestible.

L'ACQUISITION D'ORIGIN

En octobre 2000, Atos, qui employait 11 000 personnes et générait un chiffre d'affaires de 1,1 milliard d'euros, a fait l'acquisition d'Origin, qui avait 16 000 employés et générait un revenu de 1,7 milliard d'euros. Origin était la filiale informatique de Philips, le géant hollandais de l'électronique, qui souhaitait se retirer de l'activité des services informatiques et sous-traiter la gestion de son système d'information. Cette acquisition a été une étape majeure dans l'internationalisation d'Atos. L'activité d'Atos était essentiellement française alors qu'Origin était une société réellement internationale, intervenant non seulement aux Pays-Bas, mais aussi dans de nombreux autres pays. À l'époque de la fusion avec Atos, 70 % des revenus d'Origin provenaient de l'étranger (*i.e.* en dehors des Pays-Bas) et son principal client, Philips, représentait 40 % de son activité.

La fusion entre Atos et Origin a provoqué un choc culturel beaucoup plus fort que celle entre Axime et Sligos. Les deux équipes provenaient de pays différents et présentaient de fortes complémentarités géographiques et commerciales. À l'époque de la fusion, les équipes hollandaises étaient plus internationales, multilingues, et elles travaillaient dans un contexte plus rigoureux. Toutefois, Origin était dans une situation difficile, la société ayant changé de directeur général plusieurs fois pendant l'année précédente. Après l'annonce de la fusion, Bernard Bourigeaud a déménagé ses bureaux à Amsterdam pour prouver que la société fusionnée avait un nouveau centre de gravité, et qu'il allait être impliqué personnellement dans la gestion de la nouvelle entité. Cependant, par la suite, les équipes d'Atos et d'Origin ont eu peu d'opportunités d'interaction sur des projets communs.

L'ACQUISITION DE KPMG

En août 2002, Atos Origin faisait l'acquisition des activités de conseil de KPMG en Grande-Bretagne et aux Pays-Bas. Cette acquisition était destinée à renforcer l'activité conseil d'Atos Origin qui comportait déjà Odyssée, une société de conseil française acquise quelques temps plus tôt. Il a toutefois fallu attendre 2005 pour qu'Atos Origin regroupe l'ensemble de ses activités conseil sous une même marque, Atos Consulting.

Le succès de l'acquisition de KPMG est plus discutable que celui de la fusion entre Atos et Origin. Grâce à la présence d'Origin aux Pays-Bas, la prise de contrôle des activités hollandaises de KPMG a été relativement aisée. Mais le redressement de la division anglaise a posé de sérieux problèmes.

Il faut reconnaître que les consultants et les ingénieurs en informatique ont des cultures, des salaires, des objectifs et des critères de performance très différents. Les missions de conseil sont de courte durée et sont effectuées par de petites équipes, tandis que les contrats d'intégration de systèmes impliquent des équipes plus larges sur des périodes de plusieurs mois. En moyenne, un projet d'intégration de systèmes génère un chiffre d'affaires dix fois plus élevé qu'une mission de conseil. Ces différences ont sérieusement entravé le processus d'intégration des deux sociétés fusionnées.

L'acquisition de Sema

En janvier 2004, Atos Origin rachetait Sema au groupe Schlumberger, qui avait acquis cette SSII quelques années auparavant et qui souhaitait alors s'en séparer. Lors de la fusion, Sema employait 20 000 personnes et générait un chiffre d'affaires de 2,4 milliards d'euros. Atos Origin, quant à lui, employait 26 500 personnes pour un chiffre d'affaire de 3 milliards d'euros.

La première priorité d'Atos Origin a été d'intégrer les activités de Sema le plus vite possible, pour ne pas perturber les ventes, réduire rapidement les coûts et améliorer l'efficacité opérationnelle. La composition du nouveau conseil de direction a été communiquée dès le 22 septembre 2003, le jour même de l'annonce de l'acquisition. La structure opérationnelle était en ordre de marche le jour où la fusion a été officiellement finalisée, le 29 janvier 2004. Par ailleurs, les 100 principaux dirigeants ont été sélectionnés de façon à respecter un équilibre entre Atos Origin et Sema, bien que les compétences soient restées le principal critère de sélection tout au long du processus.

La reprise de Sema semblait *a priori* très attractive pour Atos Origin. Les activités d'infogérance des deux sociétés, techniquement similaires, étaient complémentaires en termes de localisation et de segmentation client. De plus, malgré les contraintes et les problèmes que Sema rencontrait au sein du groupe Schlumberger, la société avait maintenu une très bonne réputation technique dans le domaine de l'intégration de systèmes. Enfin, les ingénieurs de Sema étaient ravis de rejoindre une société spécialisée en informatique, et de quitter Schlumberger dont l'activité principale dans les services pétroliers étaient très éloignée de la leur.

L'année 2004 a été la période d'intégration de Sema au sein du groupe Atos Origin. Malgré la rapidité de mise en place de l'équipe dirigeante, l'intégration opérationnelle s'est avérée plus difficile que prévu. En dépit des complémentarités géographiques indéniables entre les deux entreprises, les synergies ont été difficiles à mettre en œuvre. Ces difficultés provenaient notamment de la différence culturelle entre les employés de Sema et d'Atos Origin, qui ne partageaient pas les mêmes politiques sociales et qui se sont toujours vus comme des « anciens » de l'une ou l'autre société.

L'intégration en question

Selon les analystes financiers et les dirigeants du groupe, la réussite de la stratégie de croissance externe d'Atos Origin résultait du savoir-faire spécifique que Bernard Bourigeaud avait développé en matière d'intégration des acquisitions. Ce savoir-faire s'avérait également très utile dans les grands projets d'infogérance qui consistent à intégrer des départements informatiques entiers issus de grands groupes clients. Les problèmes de mise en œuvre rencontrés lors de telles opérations sont en effet très similaires à ceux posés par les acquisitions plus traditionnelles.

Au milieu des années 2000, la devise d'Atos Origin était *Turning Customer Vision into Results*, ce qui signifiait qu'en plus de fournir des services informatiques à ses clients, la société était capable de leur offrir un service intégré visant à les aider à implémenter leur stratégie et à améliorer leur performance. En combinant ses trois activités, conseil, intégration de systèmes et infogérance, Atos Origin était en principe capable d'offrir un service intégré, *Design, Build and Run*, qui incluait la conception de solutions cohérentes avec la stratégie des clients (conseil), le développement de logiciels spécifiques (intégration de systèmes) et la gestion des infrastructures informatiques (infogérance).

Une coordination parfaite entre les offres proposées au client était donc indispensable, c'est pourquoi Atos Origin avait créé des postes de *Global Account Manager* (GAM). Chaque GAM était responsable d'un grand compte, son objectif étant de comprendre les besoins du client et d'y répondre en proposant une offre intégrée basée sur les lignes de service d'Atos Origin. Cependant, à part quelques brillantes exceptions comme Atos Worldline, l'organisation d'Atos Origin restait cloisonnée entre le conseil, l'intégration de systèmes et l'infogérance. En fait, il n'était possible de proposer des offres intégrées que dans des cas particuliers, et à condition que les clients aient la volonté de sous-traiter l'intégralité d'un de leur processus métiers à un fournisseur unique.

LA CRISE

Jusqu'en juillet 2005, Philips était l'actionnaire principal d'Atos Origin, avec 15% du capital. La participation de Philips résultait de l'échange d'actions effectué lors de la fusion Atos-Origin. Lorsque Philips a vendu ses parts, la quasi-totalité du capital d'Atos Origin est retournée sur le marché. À l'automne 2006, le flottant était proche de 100% et aucun actionnaire ne possédait plus de 5 % du capital de la société.

En juillet 2006, Atos Origin communiquait un avertissement sur ses résultats (*profit warning*) révisant sa croissance prévisionnelle de 5% à 3% et sa marge opérationnelle de 7,6 % à 6,2 %. Ces mauvais résultats étaient en partie dus à des difficultés en Italie et en Grande-Bretagne, en particulier la fin d'un contrat d'envergure avec le ministère de l'Intérieur anglais. Mais plus généralement, Atos Origin rencontrait des problèmes de gestion opérationnelle de projets tels que des dépassements de budget et des problèmes de qualité. En octobre 2006, Atos Origin lançait un nouvel avertissement, ramenant sa croissance prévisionnelle à 1,5 % et confirmant que les bénéfices n'atteindraient pas les niveaux attendus par les analystes. L'annonce tardive de ces résultats décevants révélait en fait une certaine déficience du contrôle des opérations. En effet, la consolidation financière ne se faisant pas au niveau du pays, mais de la région, les difficultés apparues en Italie ou au Royaume-Uni étaient peu visibles par la direction générale. Parallèlement à ces évènements, le cours de l'action Atos Origin, qui avait d'abord plongé, s'était ensuite envolé à cause de rumeurs d'acquisition par la société de *private equity* Blackstone, rumeurs que Bernard Bourigeaud avait finalement démenties. C'est dans ce contexte qu'un *hedge fund,* Centaurus Capital, s'empara de 5,49 % du capital d'Atos Origin.

Jusqu'à l'automne 2006, la majorité des analystes pensait qu'Atos Origin souhaitait poursuivre ses acquisitions à travers l'Europe pour bénéficier d'un effet de taille. Les services informatiques, notamment l'infogérance, sont en effet caractérisés par d'importantes économies d'échelle. De plus, la majorité des sociétés clientes souhaitent travailler avec de grands groupes informatiques plutôt qu'avec de petites SSII présumées moins fiables. Toutefois, les services informatiques restent des activités multidomestiques. Pour atteindre un niveau de profitabilité acceptable, les SSII doivent atteindre une taille critique dans chaque pays. La plupart des analystes considèrent que, dans les plus grands pays européens (Royaume-Uni, Allemagne, France et Pays-Bas), les sociétés doivent atteindre au moins 1 milliard d'euros de chiffre d'affaires pour être efficaces. Dans ce contexte, l'Allemagne semblait donc être le seul marché européen où la taille d'Atos Origin n'était pas suffisante.

L'acquisition manquée en Allemagne

Depuis plusieurs mois, Bernard Bourigeaud avait engagé des discussions avec Deutsche Telekom pour acheter sa filiale informatique T-Systems. En parallèle, il avait aussi ouvert des discussions avec Siemens pour racheter Siemens IT Solutions & Services (SITS). Les deux cibles allemandes présentaient de nombreux avantages, mais aussi d'importants défauts. SITS possédait des bureaux à travers le pays et avait une structure de management très décentralisée, sans véritable leadership, ce qui risquait de conduire à d'importants problèmes d'intégration. T-Systems, quant à elle, était beaucoup mieux organisée, mais l'acquisition de la filiale informatique de Deutsche Telekom aurait pu poser problème vis-à-vis des autres clients télécom d'Atos Origin.

Puisqu'Atos Origin avait fait au moins une acquisition majeure tous les deux ans depuis dix ans, les marchés financiers espéraient que la société allait effectuer une opération en 2006 avec T-Systems ou SITS. Mais la valorisation boursière d'Atos Origin allait handicaper le groupe. À la fin de l'année 2006, les actions Atos Origin s'échangeaient à un PER (Price Earning Ratio) de 14, inférieur de 15% au PER moyen des SSII en Europe et inférieur de 25 % à celui de Capgemini. Cette faible valorisation a mis fin à la « mergermania » d'Atos Origin avant que la société ne signe une acquisition majeure en Allemagne.

La seule opération importante de croissance externe réalisée en 2006 a été l'acquisition de Banksys, le leader belge de l'informatique bancaire, et de Bank Card Company, le leader belge du paiement par carte de crédit. Banksys et BCC ont été fusionnés puis acquis par Atos Worldline pour renforcer la dominance d'Atos Origin dans les services d'informatique bancaire en Europe. Cette acquisition, finalisée en décembre 2006, a ajouté 281 millions d'euros aux ventes d'Atos Origin en 2007.

Face à cette « pause » dans la stratégie de croissance externe, Bernard Bourigeaud lança en 2007 un plan de restructuration nommé 3o3. Les objectifs de ce plan étaient d'améliorer l'efficacité opérationnelle et de relancer la croissance interne grâce à une meilleure intégration organisationnelle. Atos Origin était en effet organisé d'abord par pays, puis autour de trois « silos » : conseil, intégration de systèmes et infogérance. La société n'avait pas de stratégie globale précise, ne proposait pas systématiquement d'offres intégrées et son positionnement stratégique manquait de clarté. Le programme GAM s'avérait insuffisant pour intégrer les activités, bien que le modèle d'Atos Worldline ait prouvé sa réussite. De plus, l'activité d'intégration de systèmes, intense en ressources humaines, rencontrait en France des difficultés financières.

Le projet avorté de LBO

Atos Origin a lancé un projet de LBO (*Leveraged Buyout*) au premier trimestre 2007. L'appel d'offres a démarré le 26 mars 2007. Il était ouvert aussi bien aux sociétés de *private equity* qu'aux industriels tels que les éditeurs de logiciels, les producteurs de hardware ou les SSII. Le premier tour, pendant lequel seules les données publiques étaient consultables, dura deux semaines. Il avait démarré par l'envoi d'un appel d'offres à huit candidats et s'est terminé à réception des lettres d'intention des candidats intéressés. Quatre candidats ont été retenus. Pour effectuer leur *due diligence,* ils ont eu accès aux informations confidentielles pertinentes, notamment financières et juridiques, et ils ont pu conduire des entretiens avec les managers du groupe. Aucune offre définitive n'a finalement été reçue. Durant la période de *due diligence,* le cours de l'action Atos Origin a atteint 55 euros, puis a chuté de plus de 16 % après l'annonce de la clôture infructueuse de l'opération de LBO.
Un LBO aurait permis de restructurer la société en la retirant de la cote et en la mettant ainsi à l'abri des acquéreurs potentiels. Toutefois, ce genre de processus est long et nécessite une très grande implication du management. Dans le cas d'Atos Origin, le projet de LBO a considérablement détourné l'attention des dirigeants de la mise en œuvre du plan de transformation 3o3. Celui-ci a été relancé fin 2007, en y intégrant la création d'offres distinctives. Ces offres distinctives étaient des solutions client combinant les compétences des trois lignes de service (conseil, intégration de systèmes et infogérance) basées sur des capacités d'Atos Origin « différenciantes » vis-à-vis de la concurrence, telles que, par exemple, les services à la production d'énergie nucléaire.

Le changement de gouvernance

Au cours du troisième trimestre 2007, Centurus Capital et Pardus Capital Management ont renforcé leur position dans le capital d'Atos Origin à hauteur de 20 %. À l'automne 2007, Philippe Germond, ex-directeur général d'Alcatel et membre du directoire d'Atos Origin depuis décembre 2006, prend la suite de Bernard Bourigeaud comme président du directoire de la société.
Un an auparavant, les pertes inattendues au Royaume-Uni et en Italie avaient été suivies par le départ des patrons de région correspondants, Giovanni Linari et Xavier Flinois, qui étaient aussi membres du directoire (*cf.* Annexe 1). Peu après, un troisième membre du directoire, Dominique Illien, qui était en charge de la région comprenant la France et l'Allemagne, décidait de quitter Atos Origin. Philippe Germond doit alors reconstruire l'équipe de direction autour des deux membres restants : Eric Guilhou et Wilbert Kieboom. Cette équipe resserrée est soutenue par un comité exécutif qui inclut, outre les membres du directoire, deux responsables des lignes de service, sept responsables de « zones » (incluant Atos Worldline), le directeur financier, le directeur juridique, le directeur commercial et le directeur des ressources humaines.
Au cours de l'année 2008, des tensions majeures apparaissent entre les actionnaires et le directoire. Les fonds d'investissement ne verraient pas d'un mauvais œil un démantèlement de la société qui leur permettrait de sortir du capital en générant une plus-value. La direction, quant à elle, souhaite implémenter son plan de transformation. Au milieu 2008, les deux *hedge funds* ont accru leur participation au capital

d'Atos Origin, et ont tous deux réclamé un siège au conseil de surveillance. L'assemblée générale du 22 mai va être cruciale : c'est le moment ou jamais de modifier la composition du conseil de surveillance.
Mais en fait, le jour de l'assemblée, coup de théâtre : le vote n'a pas lieu à cause d'un désaccord majeur entre les représentants du fonds commun de placement des employés. Pour la première fois en France, une entreprise cotée prend la décision de suspendre une assemblée générale des actionnaires et de reporter le vote à une date ultérieure.
Une nouvelle assemblée générale est convoquée un mois après, le 12 juin 2008, ce qui laisse le temps à la direction d'Atos Origin de négocier avec les deux fonds leur entrée au conseil de surveillance. Lors de cette nouvelle assemblée générale, Philippe Germond annonce qu'il est prêt à vendre Atos Origin à une société de *private equity* ou à tout autre acheteur potentiel, pourvu que la vente crée suffisamment de valeur pour les actionnaires.

Durant l'été 2008, Atos Origin procède à deux cessions :

> suite à la fusion entre Euronext et le New York Stock Exchange (NYSE), les parts dans Atos Euronext Market Solution (AEMS), joint-venture à 50 % avec Euronext, sont vendues à NYSE-Euronext pour 268 millions d'euros ;

> les activités italiennes d'Atos Origin sont cédées à Engineering pour 45 millions d'euros.

Au début de l'automne, Atos Origin subit le contrecoup de la crise des marchés financiers, ce qui fait plonger sa capitalisation boursière à 1,2 milliard d'euros, malgré un chiffre d'affaires qui reste élevé, à 5,8 milliards d'euros. Ce faible multiple fait d'Atos Origin une opportunité d'investissement très attractive. À titre de comparaison, Hewlett Packard (HP), un producteur de software et hardware américain, a fait l'acquisition d'Electronic Data Systems (EDS), une importante SSII de 22,1 milliards d'euros de chiffre d'affaires, pour 13,9 milliards de dollars en août 2008.

Les lignes de service d'Atos Origin

La stratégie d'Atos Origin privilégie la croissance dans des activités stables et récurrentes, avec des clients fidèles. En 2008, plus de 60 % des ventes du groupe sont récurrentes et proviennent de contrats pluriannuels. La société compte approximativement 100 « comptes clés », dont une vingtaine en France, qui représentent 60 % du chiffre d'affaires total. L'avantage de travailler avec des sociétés clientes de grande taille est que leurs budgets informatiques sont moins influencés par les fluctuations économiques, plus particulièrement dans le secteur public, qui représente plus d'un quart du chiffre d'affaires d'Atos Origin. De plus, ce type de client est plus enclin à travailler avec plusieurs lignes de service d'Atos Origin.
D'un point de vue géographique, Atos Origin est principalement orienté sur l'Europe. Son but est d'être un acteur majeur dans chaque pays européen. Le groupe a une présence bien moindre en Asie où il cible principalement la Chine et utilise l'Inde comme une base *offshore* pour délocaliser des activités spécifiques. En Amérique du Nord, marché beaucoup plus mûr et plus concurrentiel que l'Europe, l'activité d'Atos Origin est limitée à des partenariats ad-hoc visant à proposer des services à sa base installée de clients internationaux. Des activités délocalisées existent aussi au Maroc, pays à bas coût, géographiquement proche et doté d'ingénieurs francophones.

Les activités d'Atos Origin, comme celles de nombreuses SSII, s'organisent autours de trois lignes de service : le conseil, l'intégration de systèmes et l'infogérance.

A/ Le conseil

Le conseil a pour objectif d'aider les sociétés clientes à améliorer leur performance et, à un niveau plus poussé, à changer leur façon de travailler. Afin de proposer au client des solutions de transformation efficaces, les consultants ne doivent pas seulement considérer les problématiques informatiques, mais aussi les défis stratégiques et organisationnels de l'entreprise. La réputation de la société de conseil et la qualité intellectuelle de ses consultants sont les facteurs clés de succès dans cette activité. En 2008, les activités de conseil représentent 6 % des ventes d'Atos Origin et proviennent principalement de l'acquisition de KPMG. Le groupe souhaite intensifier cette activité pour exploiter les synergies entre le conseil et l'informatique. Le succès d'Accenture, la SSII la plus profitable en Europe, semble démontrer que le conseil permet de développer les ventes de services informatiques.
Certains des concurrents d'Atos Origin possèdent de très importantes activités de conseil, comme Capgemini qui a fait l'acquisition de plusieurs cabinets de conseil pour créer Gemini Consulting puis CGEY (Capgemini Ernst & Young), après l'acquisition d'Ernst and Young. Cependant, les synergies entre le conseil et l'informatique ne sont pas toujours faciles à exploiter. Certains clients ne souhaitent pas déléguer ces deux activités à un même fournisseur, car ils craignent que la mission de conseil, dont ils attendent des recommandations objectives, ne se transforme en démarche commerciale pour vendre des services informatiques. Inversement, certains clients préfèrent acheter une offre intégrée conseil/informatique, l'idée étant que la pertinence et la faisabilité des recommandations des consultants dépendent de la qualité de leurs interactions avec les experts informatiques.

B/ L'intégration de systèmes

L'intégration de systèmes comprend le design, le développement et la maintenance de nouvelles solutions informatiques pour les sociétés clientes. La réputation de l'intégrateur, sa productivité commerciale et, par-dessus tout, sa capacité à optimiser le taux d'activité de ses employés sont les facteurs clés de succès dans cette activité intense en main d'œuvre. Les contrats d'intégration de systèmes portent sur de grands projets de développement (par exemple la gestion des prélèvements d'impôts pour le ministère des finances) qui nécessitent une batterie de développements spécifiques. Ces services sont généralement facturés sur la base d'un forfait tout compris, fixé et négocié après un chiffrage détaillé. L'intégration de systèmes est une activité fluctuante comprenant des missions de plusieurs mois, nettement plus longues de les missions de conseil, mais beaucoup plus courtes que les contrats d'infogérance, qui sont caractérisés par des relations clients à long terme (plusieurs années). Le principal défi est de maintenir les capacités, principalement le nombre d'employés, équilibrées, alors que la charge de travail est très variable. Dans cette activité, SAP apparaît comme le fournisseur de logiciel majeur. Son objectif est de vendre des licences en volume aux clients finaux. L'activité d'intégration de systèmes des SSII consiste bien souvent à adapter les fonctionnalités des solutions SAP aux besoins des clients, ce qui représente un puissant canal pour la distribution de licences SAP.
En 2008, Atos Origin détient 2,5 % des parts de marché d'intégration de systèmes en Europe de l'Ouest. Le groupe inclut dans cette activité la tierce maintenance

applicative (TMA), activité beaucoup plus récurrente procurant des revenus plus stables, dans laquelle Atos Origin est particulièrement réputé. Ces activités sont généralement réalisées sur les sites clients, mais au début des années 2000, une nouvelle tendance vers la création de plates-formes *offshore* à prix réduit s'est affirmée. L'Inde, où les compétences informatiques sont disponibles à des niveaux de salaire très bas, est en passe de devenir le leader de ce type de service. Plus généralement, pendant les années 2000, de nombreuses sociétés clientes se sont rendu compte que beaucoup de leur projets d'intégration de systèmes comportaient des éléments qui pouvaient être délocalisés.

Un des exemples les plus frappants d'intégration de systèmes est la collaboration de longue date qu'Atos Origin entretient avec le Comité international olympique. Sema fournissait les services informatiques de Jeux olympiques depuis les Jeux de Barcelone de 1992. En 2000, Sema a gagné un appel d'offre contre IBM couvrant quatre Jeux (Salt Lake City 2002, Athènes 2004, Turin 2006 et Pékin 2008). En 2005, après un nouvel appel d'offre, le mandat d'Atos Origin a été étendu pour couvrir les Jeux de 2012 à Londres. Ce partenariat a un impact fort sur l'image d'Atos Origin : la société est autorisée à utiliser les anneaux olympiques sur ses supports de communication, et elle dispose d'un exemple particulièrement attrayant pour démontrer à ses clients son savoir-faire dans la gestion de projets complexes.

C/ L'infogérance

L'infogérance est une activité de sous-traitance informatique qui comprend d'une part l'externalisation du parc informatique, et d'autre part le *Business Process Outsourcing* (BPO) :

> Dans un contrat d'externalisation du parc informatique, la société cliente externalise tout ou partie de son département informatique à la SSII. La SSII prend possession des infrastructures informatiques du client (centres de données, fermes de serveurs, réseaux de communication, etc.) et gère les services associés (achats, maintenance, support utilisateur) à sa place. Au passage, les employés concernés changent d'employeur sans changer de poste.

> Le BPO est une activité de support beaucoup plus spécifique : elle se focalise sur la sous-traitance d'un processus informatique particulier au sein d'une activité cliente, comme par exemple le traitement des opérations de cartes de crédit pour une banque.

Les économies d'échelle étant très significatives en infogérance, la taille est le premier facteur clé de succès. De plus, les clients qui externalisent leur parc informatique sont très sensibles aux considérations de prix et d'impact social de ce type de sous-traitance. De fortes compétences en négociation des contrats et en gestion des ressources humaines sont indispensables.

Les contrats portent souvent sur une période de cinq à sept ans. Une fois qu'un client a opté pour l'infogérance, il est rare qu'il revienne à la situation précédente et réintègre ses fonctions informatiques. Toutefois certains clients changent de fournisseur de service après quelques années. C'est souvent le cas en Grande-Bretagne où les clients sont moins fidèles qu'en Europe continentale. De plus, les clients du secteur public sont soumis à des réglementations qui les obligent régulièrement à mettre leurs fournisseurs en concurrence.

Dans l'activité d'externalisation informatique, la plupart des économies réalisées par les SSII sont transférées aux entreprises clientes, car les contrats comportent une clause de provision pour des baisses de prix de vente annuelles de l'ordre de 5 % à 10 %.

Lors du calcul de rentabilité de ces activités, il est nécessaire de considérer l'investissement initial que le fournisseur a dû faire pour reprendre les ressources du client.

En ce qui concerne le BPO, le facteur clé de succès est l'expertise fonctionnelle spécifique dans le processus concerné, au sein de l'activité des clients. Par exemple, Atos Worldline est spécialisée dans le traitement des paiements par carte de crédit pour les banques : elle gère l'intégralité du processus de règlement à partir du moment où le client tape son code confidentiel dans un magasin, jusqu'aux opérations de compensation interbancaire, ceci dans un mode complètement transparent pour l'utilisateur. Les radars routiers automatiques sont un autre exemple : le processus couvre toutes les étapes à partir du moment où un véhicule a été photographié au-dessus de la vitesse autorisée, jusqu'au moment où l'amende est envoyée au conducteur. Contrairement à l'infogérance classique, qui est facturée selon des unités de mesure informatiques, le BPO est facturé à l'acte, en utilisant des mesures spécifiques à l'activité du client (par exemple, le nombre de transactions carte Bleue dans le cas d'Atos Worldline, ou le nombre de flashes pour les radars routiers).

En 2008, Atos Origin a 5,2 % du marché de l'infogérance en Europe de l'Ouest, et l'activité représente un peu plus de la moitié des ventes de la société.

Figure 30.1
Portefeuille d'activités d'Atos Origin (2007)

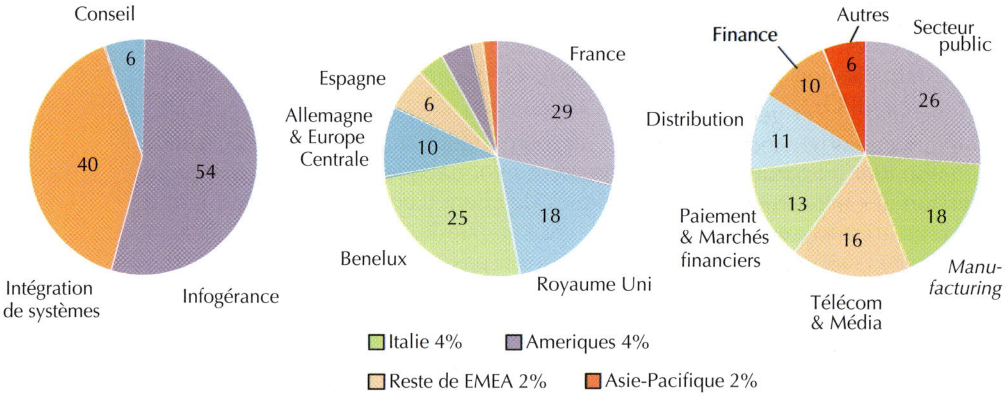

Tableau 30.1
Chiffre d'affaires, marges, et effectifs d'Atos Origin par lignes de service (2007)

	Chiffre d'Affaires (€m)	Marge Opérationnelle	Employés
Conseil	360	4,9 %	2 632
Intégration de Systèmes	2 328	4,1 %	25 573
Infogérance	3 157	8,7 %	23 244
Siège social		-2,0 %	256
Total	5 845	4,6 %	51 705

Tableau 30.2
Chiffre d'affaires et marge opérationnelle d'Atos Origin par pays

	Chiffre d'Affaires (€ mds)			Parts de marché (%)			Marge Opérationnelle (%)		
	2007	2006	2005	2007	2006	2005	2007	2006	2005
France	1,69	1,65	1,53	9,4	9,8	10,2	4,8	6,4	7,3
Royaume Uni	1,04	1,04	1,16	1,7	1,8	2,8	7,3	2,3	9,9
Pays Bas	1,08	1,05	1,03	9,4	9,7	13,2	11,7	13,3	14,7
Allemagne	0,61	0,6	0,56	1,9	1,8	2,2	7,4	7,8	7,6
Reste EMEA[1]	1,07	0,73	0,54*				6,0	2,0	

*Italie et Espagne

L'ORGANISATION D'ATOS ORIGIN

Atos Origin a une forte réputation de rigueur dans la gestion des coûts. Les coûts de fonctionnement sont réduits au minimum, avec des frais généraux très faibles, des frais de publicité quasiment inexistants et des locaux particulièrement peu luxueux. Les notes de frais, par exemple, sont plafonnées de manière particulièrement spartiate.

La culture du groupe est orientée vers l'action, l'efficacité et le client. Les investissements commerciaux sont réduits à ce qui est absolument nécessaire pour signer des contrats et générer des revenus. Le marketing, la communication ainsi que les formations non techniques sont considérés comme superflus. Cette discipline a été appliquée systématiquement lors des acquisitions et elle était le pivot de l'amélioration des performances financières des cibles. En contrepartie, Atos Origin n'a jamais eu à effectuer des licenciements importants.

Jusqu'en 2008, le groupe était organisé par zones géographiques. Les dirigeants locaux portaient la responsabilité de la profitabilité pour chaque ligne de service (*cf.* annexe 1). La coordination des activités entre les pays était de la responsabilité de la direction générale, mais l'intégration opérationnelle restait peu poussée. Lorsque Philippe Germond est devenu président du directoire, la direction générale a été réduite au minimum et les responsables de régions ont été mis sous la responsabilité directe du directeur des opérations (COO). Les décisions stratégiques étaient proposées par le comité exécutif et approuvées par le directoire, après consultation du conseil de surveillance. Une organisation matricielle a été mise en place par la suite, afin de résoudre les problèmes d'intégration du groupe. Fin 2008, le choix de la structure organisationnelle la plus appropriée reste ouvert pour Thierry Breton.

L'INDUSTRIE DES SERVICES INFORMATIQUES EN EUROPE

L'industrie des services informatiques européenne est née à la fin des années 1960, mais elle n'a commencé à se développer réellement qu'à partir des années 1970. Malgré une tendance récente à la concentration, le secteur reste fragmenté et multi-domestique à la fin des années 2000. Les barrières à l'entrée sont très faibles et de

1. *Europe, Middle-East, Africa.*

nouvelles SSII sont créées sans arrêt, soit par des ingénieurs indépendants possédant un petit portefeuille de clients, soit par de grands groupes qui souhaitent vendre à l'extérieur les services de leurs départements informatiques.

La France, qui est un marché très fragmenté, est caractérisée par le modèle de « l'ingénieur indépendant ». En revanche, le modèle « grand groupe » est plus fréquent en Allemagne où les filiales informatiques de grandes sociétés continuent de dominer le marché.

Dans chaque pays d'Europe, le leader a rarement plus de 10 % de part de marché. En 2008, Atos Origin, qui a 7,5 % du marché français et 9,7 % du marché hollandais, est une des SSII les plus importantes en Europe avec 3 % du marché européen. Ses principaux concurrents sont quatre sociétés américaines (IBM Global Services, EDS, Hewlett Packard et Accenture) et trois sociétés européennes (Capgemini, SITS et T-Systems). La plupart des grandes SSII américaines sont très largement présentes au Royaume-Uni, mais toutes sauf IBM ne sont que des concurrents de second rang en Europe continentale. Les SSII indiennes telles qu'Infosys, Wipro ou Tata Consultancy Services, renforcent leur présence en Europe, même si leurs parts de marché restent encore faibles.

Le marché européen des services informatiques est arrivé à maturité et il est de plus en plus sensible au prix et aux économies d'échelle. La majorité des pionniers « historiques » ont revendu leurs opérations et récupéré leurs investissements. Dans ce contexte favorable à la concentration, Atos Origin, qui s'est distingué jusqu'au milieu des années 2000 par à sa stratégie agressive de croissance externe, est apparu comme l'un des consolidateurs principaux du marché européen.

Tableau 30.3
Parts de marché en Europe de l'Ouest (2007)

IBM	7,10 %	LogicaCGM	2,40 %
CapGemini	3,80 %	CSC	1,80 %
Accenture	3,80 %	Capita Group	1,70 %
Atos Origin	3,00 %	SAP	1,10 %
T-System (Deutsche Tel.)	3,00 %	Getronics	1,00 %
Fujitsu *	2,90 %	Steria	1,00 %
Hewlett Packard	2,90 %	Indra	1,00 %
EDS	2,70 %	Ericsson	1,00 %
British Telecom	2,70 %	Tieto Enator	0,90 %
SITS (Siemens)	2,40 %	Unisys	0,60 %

* Fujitsu & Fujitsu Siemens

La plupart des SSII sont organisées autour des mêmes lignes de service qu'Atos Origin, mais chacune a une position différente dans ces domaines. Accenture est leader en conseil et a de très fortes capacités en infogérance grâce à ses filiales dans les pays à bas coût comme l'Inde. Capgemini est présent aussi bien en conseil qu'en intégration de systèmes. Atos Origin est présent en infogérance, en maintenance applicative et en informatique bancaire. IBM Services est quant à lui très présent dans les trois lignes de service et a commencé à délocaliser massivement dans les pays à bas coût.

Le Royaume-Uni et l'Allemagne représentent à eux seuls 60 % du marché informatique européen :

> Le Royaume-Uni est de loin le plus grand marché européen. Outre le fait que les entreprises externalisent facilement, la politique libérale implémentée par le gouvernement Thatcher a conduit les collectivités locales ainsi que le gouvernement à externaliser leurs activités de support, créant ainsi une demande considérable pour ce type de service. Le marché est très fragmenté avec 14 sociétés de plus de 1 milliard d'euros de chiffre d'affaires, y compris Tata Consultancy Services (1 milliard d'euros).

> L'Allemagne, malgré son puissant secteur industriel, est seulement le second marché européen à cause de la tendance des grandes entreprises allemandes à maintenir des départements informatiques internes importants. Les quelques SSII du pays sont elles-mêmes filiales de grands groupes tels que Siemens (SITS) ou Deutsche Telekom (T-Systems).

La France est le troisième marché européen. La demande pour l'intégration de systèmes y a toujours été forte, ce qui a engendré la création d'une pléthore de petites sociétés fondées par des ingénieurs indépendants, ainsi que de grandes SSII telles que Capgemini, Sligos ou Sema. Les grands acteurs français ont été parmi les premiers à s'internationaliser, ce qui a conduit le marché français de l'intégration de systèmes à devenir particulièrement compétitif, avec des niveaux de prix très inférieurs à ceux pratiqués en Allemagne (– 30 %) et au Royaume-Uni (– 50 %).
La croissance en infogérance est un phénomène beaucoup plus récent en France et en Allemagne qu'elle ne l'est au Royaume-Uni. Les marchés de sous-traitance informatique français et allemands sont toujours en forte croissance, avec des taux annuels entre 5 % et 10 %. Par opposition, le marché anglais est beaucoup plus mûr : les entreprises clientes ont déjà externalisé leur informatique et lancent des appels d'offres afin de remettre les sous-traitants en concurrence.

La concurrence

La majorité de la recherche en informatique est faite aux États-Unis, ce qui donne un avantage concurrentiel aux sociétés basées aux USA pour les solutions technologiques. La concentration et l'intégration hardware/software sont très importantes aux États-Unis. Le leader mondial de l'industrie, IBM, intègre le matériel, le logiciel et les services. Les États-Unis ont été le théâtre de méga-fusions, comme celle entre Hewlett Packard et Electronic Data Systems. De plus, les sociétés américaines ont une forte expérience dans la sous-traitance avec les entreprises indiennes. Elles sont capables de proposer des offres comportant une large part de production délocalisée dans les pays à bas coût.
Accenture a un avantage concurrentiel en conseil, mais son activité s'est développée dans les trois lignes de service. Accenture a déjà répondu par le passé à de grands appels d'offres en commun avec Capgemini ou Atos Origin afin d'offrir des solutions complémentaires.
IBM a su proposer depuis longtemps à ses clients des solutions intégrées combinant machines, logiciel, conseil, intégration de systèmes et infogérance. En comparaison, les autres SSII ont dû créer des partenariats pour offrir des solutions similaires dans le cadre de grands projets. IBM, qui génère un chiffre d'affaires de 67,1 milliards d'euros, détient une part de marché mondiale plus faible que celle d'HP mais à travers un portefeuille d'activité plus équilibré : 40 % lié au software, 23 % aux

machines et 37 % aux services. IBM est leader en Europe sans être premier dans aucun pays européen.

Hewlett Packard (HP) a fait l'acquisition de Compaq en mai 2002, pour 19 milliards de dollars, et d'Electronic Data Systems (EDS) fin août 2008, pour 13,9 milliards de dollars. En 2007, le chiffre d'affaires de HP (hors EDS) se décompose en machines (ordinateurs personnels, serveurs et imprimantes), software et services (informatique et finance représentent 18 % des ventes). Ses secteurs géographiques sont les Amériques (42 %), EMEA (41 %) et Asie Pacifique (17 %).

Electronic Data Systems (EDS) opère principalement en intégration de systèmes et infogérance, y compris le BPO. EDS a apporté à HP des capacités complémentaires dans les services informatiques, ce qui a rendu la nouvelle société beaucoup plus compétitive vis-à-vis d'IBM.

Computer Service Corporation (CSC) est une SSII américaine dont 60 % des ventes en 2007 proviennent des États-Unis, 13 % du Royaume-Uni, 3 % d'Allemagne et 13 % des autres pays européens. Son marché principal est le secteur public américain (35 % des ventes).

Capgemini a fait l'acquisition de l'indien Kambay en octobre 2006 pour 1,25 milliard de dollars, ce qui a porté son nombre d'employés à près de 12 000 en Inde, tout en renforçant sa présence en Amérique du Nord et en améliorant sa position dans les services financiers.

T-Systems, filiale de Deutsche Telekom, est la SSII leader sur le marché allemand avec 12 milliards d'euros de chiffre d'affaires en 2007, dont 5,9 milliards d'euros en Allemagne. Le groupe Deutsche Telecom a enregistré 62,5 milliards d'euros de chiffre d'affaires en 2007.

Siemens IT Solutions & Services (SITS), filiale de Siemens, est la seconde SSII allemande. En 2007, son chiffre d'affaires de 5,4 milliards d'euros (dont 56 % en Allemagne) représente 5,6 % des ventes de Siemens.

Les SSII indiennes ont pénétré le marché européen avec une préférence pour le Royaume-Uni, à cause de l'avantage linguistique et du potentiel de croissance du marché. Les grandes sociétés de BPO indiennes, comme Infosys, Wipro et Tata Consultancy Services (TCS) ont atteint une taille comparable à celle des grandes SSII européennes. La crise financière de la fin 2008 a renforcé leur volonté de se développer sur le marché européen afin de diversifier leurs opérations car leurs principaux clients sont traditionnellement les banques américaines. La stratégie des entreprises indiennes est d'accéder aux clients européens en faisant l'acquisition de petites SSII locales. Bien que le marché le plus attrayant soit le Royaume-Uni, où TCS est très présent avec 1 milliard de chiffre d'affaires, Wipro mène une politique d'expansion stratégique très agressive en France.

Annexe 1 : Organigrammes

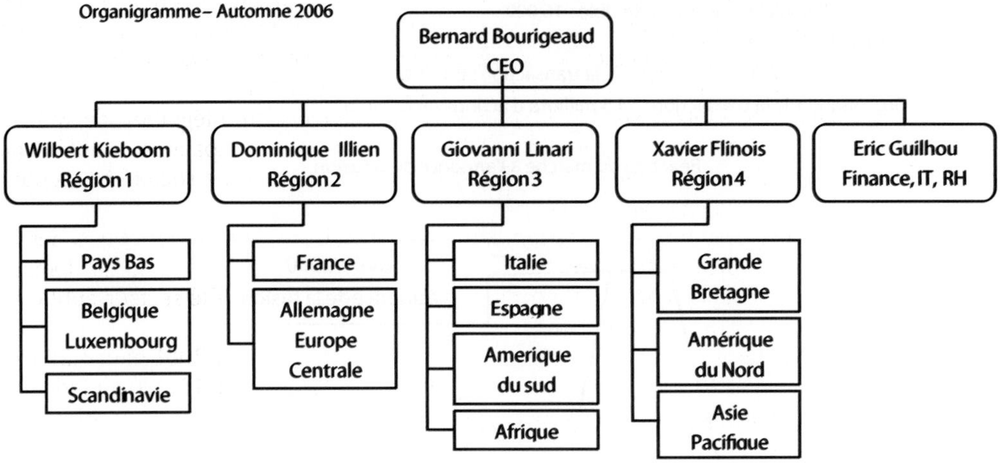

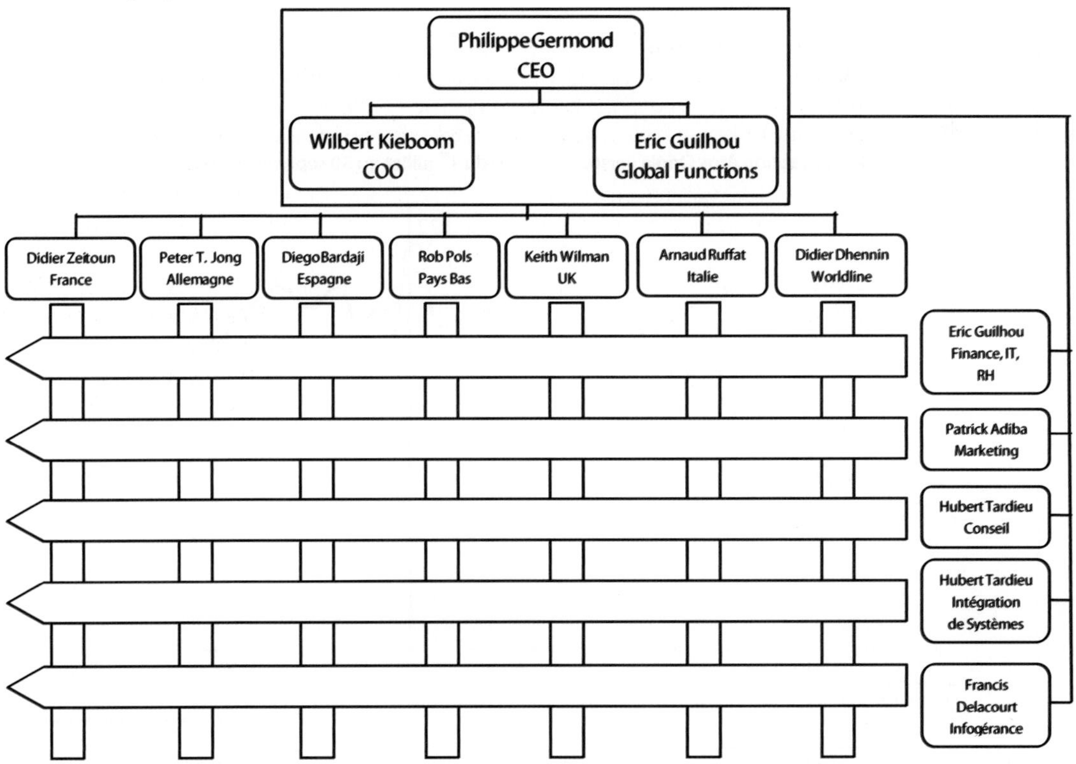

Annexe 2 : L'acquisition d'Origin

- Date de l'annonce : 28 août 2000
- Chiffre d'affaires de la société cible : € 1,73 milliards
- Nombre d'employés de la société cible : 16 000
- Prix d'achat : € 2,76 milliards
- Cours de l'action Atos Origin lors de la transaction : € 113,43
- Organisation de la transaction : 24,3 millions d'actions Atos Origin

Réaction du marché à l'annonce de la fusion

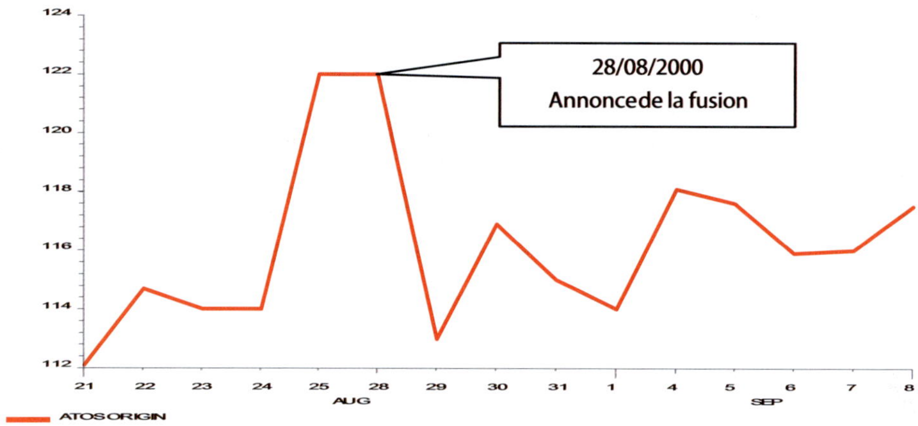

Source : Thomson Datastream

Cours de l'action Atos Origin versus CAC IT 20 du 1er juillet au 30 septembre 2000

Source : Thomson Datastream

L'index CAC IT 20 inclut les 20 sociétés IT (technologies de l'information) contenues dans l'index SBF 120 (Alcatel, Atos Origin, Business Objects, CapGemini, France Telecom, Havas, M6, Neopost, Safran, TF1, etc.)

Annexe 3 : L'acquisition de KPMG Consulting (UK & NL)

- Date de l'annonce : 5 juin 2002
- Chiffre d'affaires de la société cible : € 734 millions
- Nombre d'employés de la société cible : 2 800
- Prix d'achat : € 657 millions
- Cours de l'action Atos Origin lors de la transaction : € 64,20
- Organisation de la transaction : 3,66 millions d'actions Atos Origin et 422 millions d'euros cash

Réaction du marché à l'annonce de l'acquisition

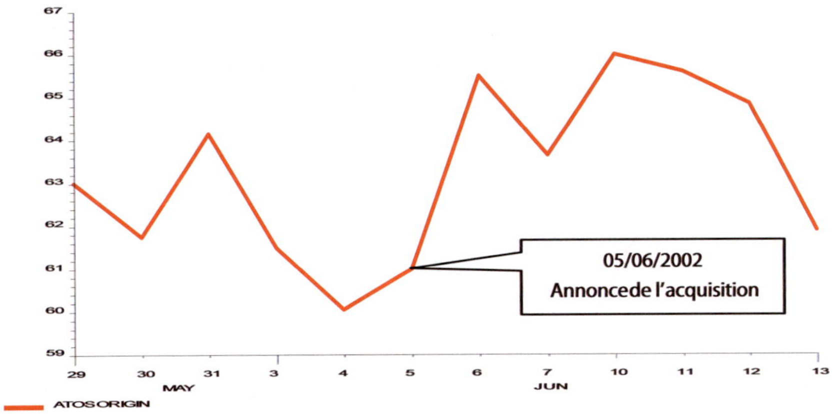

Source : Thomson Datastream

Cours de l'action Atos Origin versus CAC IT 20 du 1er mai au 31 juillet 2002

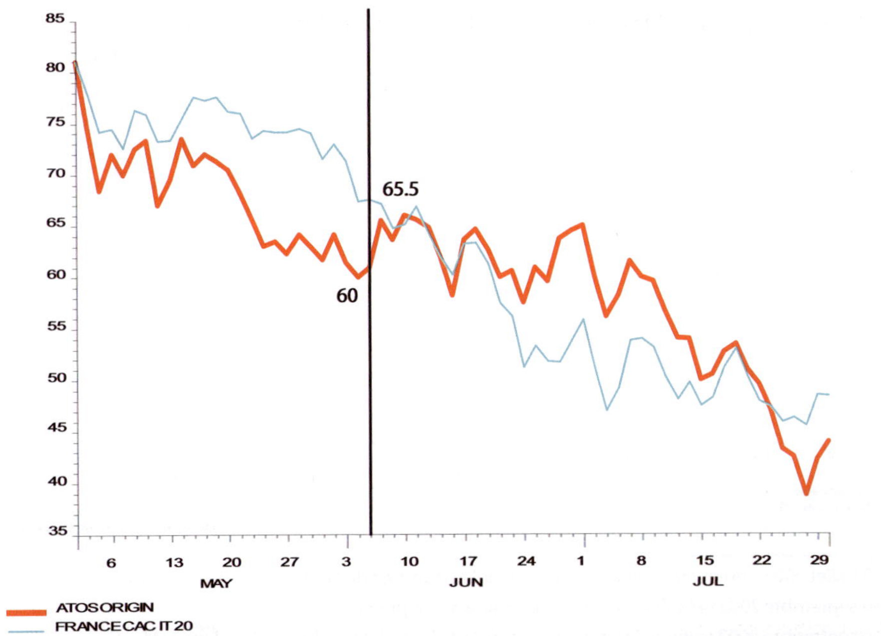

Source : Thomson Datastream

Annexe 4 : L'acquisition de SEMA

- Date de l'annonce : 22 septembre 2003
- Chiffre d'affaires de la société cible : € 2,6 milliards
- Nombre d'employés de la société cible : 22 000
- Prix d'achat : € 1,287 milliards
- Cours de l'action Atos Origin lors de la transaction : € 45,95
- Organisation de la transaction : 19,3 millions d'actions Atos Origin et 400 millions d'euros cash

Réaction du marché à l'annonce de l'acquisition

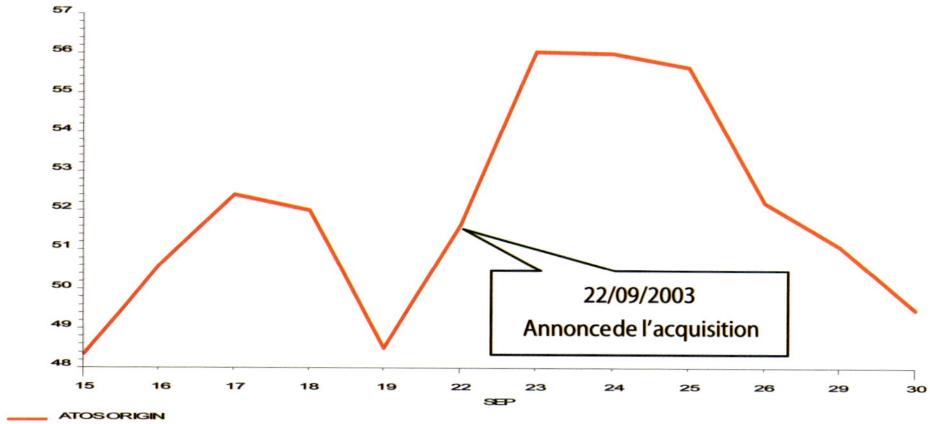

Source : Thomson Datastream

Cours de l'action Atos Origin versus CAC IT 20 du 1er juillet au 30 septembre 2003

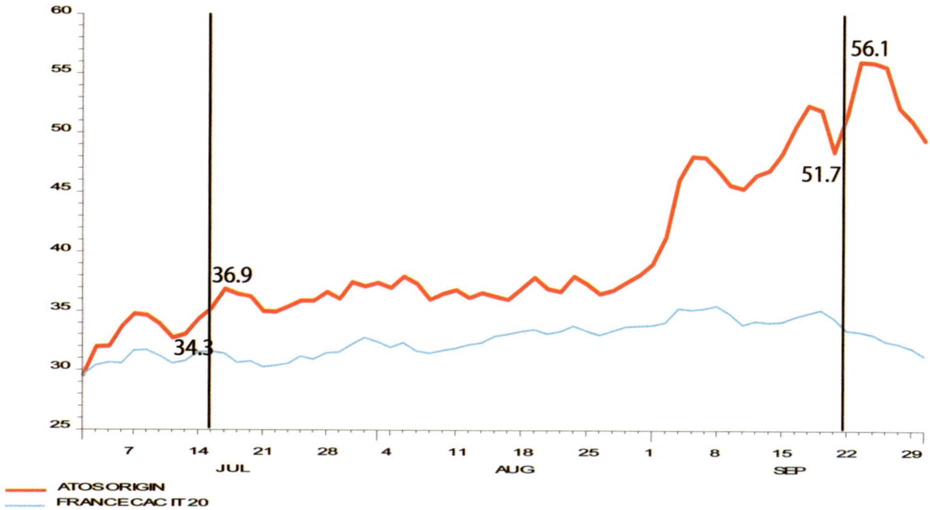

Source : Thomson Datastream

Notes : 15 juillet 2003 : premières rumeurs concernant l'acquisition de Sema.
10 septembre 2003 : résultats semestriel meilleurs que prévus.
16 septembre 2003 : rumeurs concernant l'acquisition de Sema publiées dans la presse.

Annexe 5 : L'impact des acquisitions sur Atos Origin

Influence de la série d'acquisitions sur le portefeuille d'activités

		1991	2001	2007
Lignes de Service	Infogérance	85%	51%	54%
	Intégration de systèmes	15%	48%	40%
	Conseil		1%	6%
Pays	France	98%	36%	29%
	Grande Bretagne	2%	5%	18%
	Benelux		26%	25%
	Allemagne et Europe Centrale		9%	10%
	Italie		6%	4%
	Espagne		3%	6%

Performances relatives de Sema et d'Atos Origin (2002-2003)

	2003 (après acquisition)		2002 (avant acquisition)	
	Atos Origin	Sema	Atos Origin	Sema
Conseil et intégration de systèmes				
Chiffre d'affaires en m€	1 453	1 253	1 417	1 416
Résultat d'exploitation en % du CA	5,6%	6,3%	5,8%	6,8%
Infogérance				
Chiffre d'affaires en m€	1 582	1 117	1 625	1 146
Résultat d'exploitation en % du CA	12,6%	6,2%	13,1%	7,8%
Structures Groupe en % du CA	- 1,1%	- 3,2%	- 1,0%	- 5,4%
Total				
Chiffre d'affaires en m€	3 035	2 370	3 043	2 563
Résultat d'exploitation en % du CA	8,2%	3,0%	8,7%	1,8%

Annexe 6 : Les réactions du marché aux annonces de 2006-2008

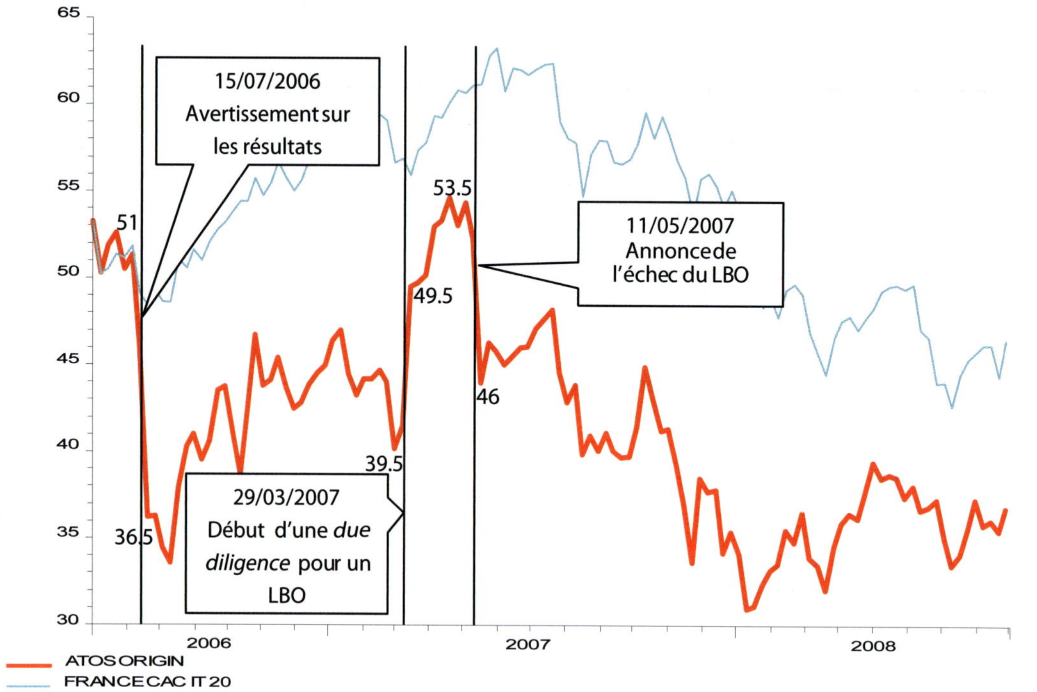

Source: Thomson Datastream

Notes : 18 juillet 2006 : Avertissement sur les résultats.
29 mars 2007 : Début de la procédure de LBO.
11 mai 2207 : Fin infructueuse du LBO.

Annexe 7 : Atos Origin - États financiers (1997-2007)

Millions d'Euros

BILAN	2007	2006	2005	2004	2003	2002	2001	2000	1999	1998	1997
Actif											
Trésorerie et équivalents de trésorerie	348	442	531	208	66	289	93	81	53	73	74
Placements à court terme	1	12	3	259	459	133	83	50	97	4	9
Compte client	1460	1600	1563	1523	755	872	971	856	363	368	344
Paiements d'avance	14	68	76	194	120	156	122	132	56	17	14
Autres actifs courants	176	207	215	92	39	109	138	112	34	87	65
Total des actifs courants	1999	2328	2387	2274	1439	1558	1408	1231	603	550	510
Placements à long terme	71	45	34	26	18	21	40	27	9	9	7
Immobilisations et équipements	1144	1161	990	1051	696	723	773	577	200	235	266
Amortissement cumulé	-707	-779	-666	-819	-540	-506	-469	-382	-118	-152	-183
Immobilisations	437	382	324	233	156	217	304	195	83	84	83
Immobilisations incorporelles	1943	2164	2247	2159	769	1061	428	351	254	263	234
Investissements immobiliers	0	0	36	0	0	0	0	0	0	0	0
Autres actifs à long terme	716	258	266	280	90	0	0	0	0	0	0
Total de l'actif	5 165	5 177	5 294	4 972	2 472	2858	2179	1804	948	906	834
Passif											
Compte fournisseur	1506	1654	1633	1464	707	806	899	727	337	428	405
Dette à court terme	185	4	6	23	25	23	9	13	5	100	55
Part à moins d'un an des actifs financiers	58	221	196	302	738	100	2	0	0	0	0
Autres passifs courants	8	21	24	23	87	92	93	52	62	0	0
Autres passifs	290	200	247	161	56	47	46	46	32	56	43
Total des passifs courants	2045	2101	2105	1973	1614	1068	1049	837	437	583	503
Dette à long terme	431	570	473	623	25	722	374	199	195	18	80
Dette à long terme porteuse d'intérêt	444	589	506	632	27	739	401	231	195	18	80
Intérêts minoritaires	173	166	153	53	48	44	44	19	15	12	15
Impôts différés	69	55	21	5	8	0	0	0	4	0	0
Provisions	496	591	625	843	239	267	251	405	56	106	99
Autres dettes à long terme	247	2	10	0	0	0	0	0	0	0	0
Total des passifs courants et non courants	3474	3502	3421	3506	1936	2117	1744	1493	706	719	697
Capital social	70	69	67	67	48	44	44	44	21	16	16
Primes	1330	1304	1253	1240	279	44	35	33	24	21	17
Réserves consolidées	244	566	318	148	377	347	233	185	150	103	77
Bénéfices non répartis	48	-264	235	11	-169	71	123	49	48	47	27
Autres capitaux	0	0	0	0	0	235	0	0	0	0	0
Total des capitaux propres	1692	1675	1873	1466	536	741	435	311	242	186	136
Total du passif	5165	5177	5294	4972	2472	2858	2179	1804	948	906	834

COMPTE DE RESULTAT	2007	2006	2005	2004	2003	2002	2001	2000	1999	1998	1997
Chiffre d'Affaires	5855	5397	5459	5302	3035	3043	3038	1914	1083	979	952
Charges de produits et services	-5310	-4948	-4942	-4846	-2684	-2652	-2617	-1643	-992	-851	-875
Marge Brute	534	423	566	535	350	391	406	255	102	128	77
Dotation aux amortissements	-263	-554	-153	-150	-102	-125	-137	-89	-37	-39	0
Marge Opérationelle	272	-131	413	385	248	266	269	166	65	89	77
Charges exceptionnelles	-156	-31	-21	-150	-55	-71	-3	-42	-8	5	-2
Résultat Opérationel	116	-162	392	235	193	195	266	124	56	95	75
Intérêts financiers nets	-11	-7	-34	-45	-22	-25	-10	-6	40	-4	-4
Résultat courant	123	-171	354	187	166	168	249	113	93	88	66
Impôts et taxes	-60	-77	-108	-52	-41	-47	-84	-34	-26	-20	-21
Résultat net après impôt	63	-248	246	135	125	121	165	79	66	68	45
Intérêts minoritaires	-15	-17	-1	-7	-11	-11	-18	-11	-4	-5	-3
Amortissement de la survaleur (*)	0	0	0	-117	-283	-38	-23	-19	-15	-16	-14
Résultat Net	48	-264	235	10	-169	71	123	49	48	47	28
Dividendes	-28	0	0	0	0	0	0	0	0	0	0

Source : InFinancials

(*) Amortissement des pertes en capital
sur KPMG : -283m€ en 2003 et -117m€ en 2004.

Annexe 8 : La concurrence (2007)

Parts de marché et chiffres d'affaires en Europe de l'Ouest

	Chiffre d'Affaires Europe de l'Ouest in € million	Part de marché	Croissance annuelle	Marge Opérationnelle	Employés
CapGemini					
Conseil	848	4.8%	+4.9%	8.1%	
Intégration de systèmes	3,399	6.0%	+9.7%	6.8%	
Infogérance	2,535	4.6%	+8.4%	9.2%	
Autre	55	–	–	–	
Total	6,837	3.8%	+8.6%	5.69%	83,508
Accenture					
Conseil	737	4.1%	+17.5%		
Intégration de systèmes	2,968	5.3%	+18.6%		
Infogérance	1,656	3.0%	+15.0%		
Autre	1,465	–	–		
Total	6,826	3.8%	+17.8%	11.88%	186,000
IBM					
Conseil	729	4.1%	+5.2%	8.5%	
Intégration de systèmes	4,203	7.4%	+6.0%	8.5%	
Infogérance	5,935	10.8%	+6.2%	10.8%	
Autre	1,999	–	–	–	
Total	12,866	7.1%	+5.7%	15.28%	386,558
HP					
Conseil	203	1.1%	+4.1%	11.0%*	
Intégration de systèmes	673	1.2%	+3.0%	11.0%*	
Infogérance	1,596	2.9%	+2.4%	11.0%*	
Autre	2,849	–	–	–	
Total	5,321	2.9%	?1.1%	8.36%	61,550
EDS					
Conseil	264	1.5%	–3.6%		
Intégration de systèmes	1,163	2.1%	–3.0%		
Infogérance	2,831	5.1%	–2.9%		
Autre	739	–	–		
Total	4,997	2.7%	– 2.9%	5.11%	139,500
CSC					
Conseil	240	1.3%	+0.7%		
Intégration de systèmes	761	1.3%	+1.5%		
Infogérance	2,233	4.1%	+2.8%		
Autre	18	–	–		
Total	3,252	1.8%	+2.3%	6.46%	89,000
SITS					
Conseil	46	0.3%	+0.9%		
Intégration de systèmes	1,240	2.2%	+1.4%		
Infogérance	2,335	4.2%	+2.5%		
Autre	688	–	–		
Total	4,309	2.4%	+2.7%	4.7%	70,171
T-Systems					
Conseil	202	1.2%	+139.0%		
Intégration de systèmes	1,375	2.4%	– 6.7%		
Infogérance	3,065	5.6%	–12.9%		
Autre	824	–	–		
Total	5,466	3.0%	– 8.8%	–2.5%	56,566
Wipro					
Conseil	22	0.1%	+38.8%		
Intégration de systèmes	334	0.6%	+36.1%		
Infogérance	348	0.6%	+40.8%		
Autre	60	–	–		
Total	764	0.4%	+40.3%	17.7%	96,426
Infosys					
Conseil	59	0.3%	+32.0%		
Intégration de systèmes	301	0.5%	+33.3%		
Infogérance	326	0.6%	+31.4%		
Autre	66	–	–		
Total	752	0.4%	+33.2%	27.86%	91,187
TCS					
Conseil	43	0.2%	+53.9%		
Intégration de systèmes	614	1.1%	+28.6%		
Infogérance	352	0.6%	+24.6%		
Autre	98	–	–		
Total	1,107	0.6%	+33.1%	23.8%	111,407

* Marge opérationnelle de l'entité HP Services

Sources : Gartner Market Share IT Services Europe Août 2008 et Thomson InFinancials

Annexe 9 : Cours de l'action Atos Origin vs CAC IT 20

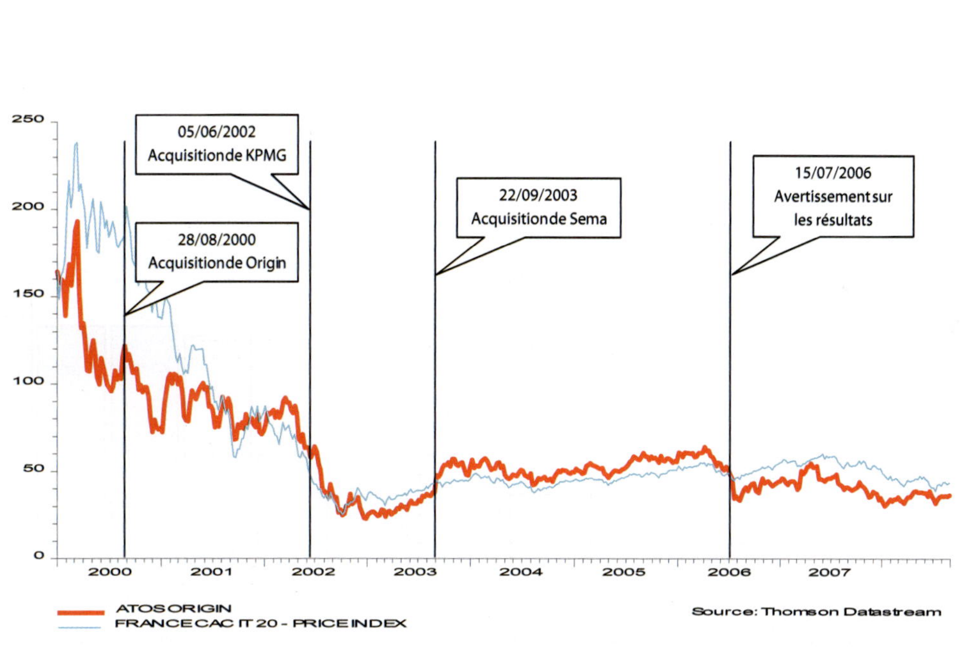

Annexe 10 : Historique des acquisitions et de la croissance d'Atos Origin

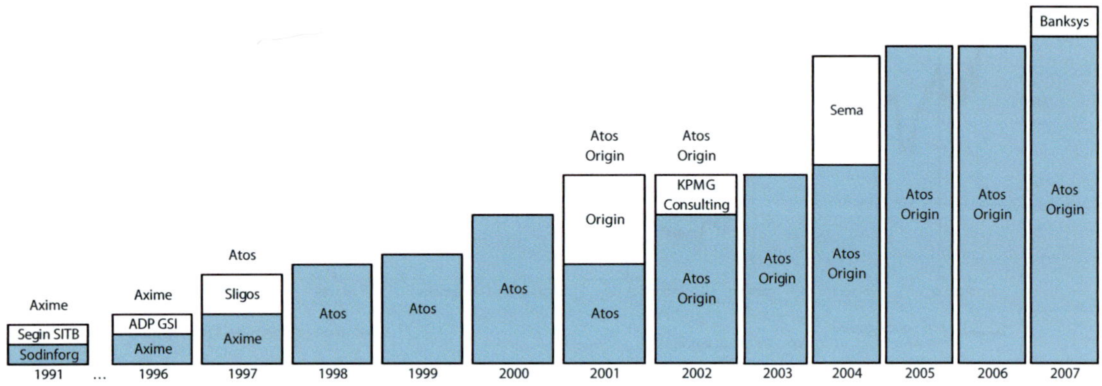

	1991	1996	1997	1998	1999	2000	2001	2002	2003	2004	2005	2006	2007
CA (€ mds)	0,3	0,4	0,9	1,0	1,1	1,9	3,0	3,0	3,0	5,3	5,4	5,4	5,9
Employés	3 800	3 400	8 700	9 500	10 900	26 900	26 300	28 600	26 473	46 600	47 700	49 800	51 600
Capitalisation	€70m	€0.5mds	€1.2mds	€2.2mds	€3.5mds	€3.3mds	€3.2mds	€1.1mds	€2.4mds	€3.3mds	€3.7mds	€3.3mds	€2.5mds

Questions suggérées

1. Quel diagnostic peut-on porter sur la *corporate strategy* d'Atos Origin, ainsi que sur sa *business strategy* dans ses différentes activités ?

2. Quel a été le modèle de croissance d'Atos Origin sous la direction de Bernard Bourigeaud ?

3. Analysez les acquisitions successives d'Atos.

4. Quelles sont les causes de la crise de 2006-2007 et comment expliquer la crise de gouvernance qui s'en est suivie ?

5. Quelles recommandations feriez-vous à Thierry Breton sur la stratégie et l'organisation futures d'Atos Origin ?

CHAPITRE

31 Analyse du cas Atos Origin[1]

À la lecture du cas Atos Origin, on peut remarquer d'emblée que ce cas couvre un domaine très large. Il est essentiellement question de *corporate strategy* et de création de valeur avec plusieurs fusions-acquisitions et un projet de LBO, mais aussi de gouvernance, avec deux changements de dirigeant dans un laps de temps très court. On peut également noter que l'entreprise s'est lancée dans un projet de changement stratégique et organisationnel, mais que la question de l'organisation globale du groupe reste ouverte, les données sur ces thèmes restant toutefois assez sommaires. On peut donc aborder ce cas comme une pure étude de *corporate strategy* avec une composante de management stratégique. Toutefois, le texte comporte également des éléments intéressants sur l'analyse de l'industrie des services informatiques, ainsi que sur la position concurrentielle d'Atos Origin dans cette industrie, ce qui permet de discuter de l'avantage concurrentiel existant ou potentiel de l'entreprise. Il est donc intéressant d'analyser la *business strategy* d'Atos Origin dans ses différents métiers. Du reste, les questions posées à la fin du cas incitent à aborder l'ensemble de ces thèmes pour déboucher sur des recommandations globales sur la stratégie et l'organisation futures du groupe.

On peut mener l'analyse du cas en répondant à chacune des questions posées à la fin du texte. C'est ce que fera généralement un professeur lors d'une discussion orale. Mais si des étudiants doivent préparer le cas en vue d'une présentation ou d'un examen, nous leur conseillons d'essayer au maximum de dérouler la démarche d'analyse stratégique présentée au chapitre 1 (que nous rappelons dans l'encadré « en pratique » ci-après), tout en vérifiant que les analyses menées apportent bien des éléments de réponses aux questions posées dans le cas. Cette approche systématique leur évitera de « passer à côté » d'éléments importants qu'ils auraient pu ne pas détecter en lisant les questions. Rappelons que les questions posées dans un cas ne sont qu'indicatives. Elles sont simplement là pour aiguiller les étudiants vers les problèmes les plus intéressants du cas et pour leur éviter de se lancer sur de fausses pistes. Elles ne sont jamais exhaustives. Une partie de l'apprentissage de la stratégie consiste justement à se poser les bonnes questions et à adopter le bon niveau d'analyse. Un cas n'est pas un problème de mathématiques avec des questions fermées et une solution unique : une part de

1. Cette analyse a été menée par les auteurs dans un but purement pédagogique, pour illustrer la démarche d'analyse stratégique présentée dans *Strategor*. Elle ne prétend pas contribuer à la réflexion stratégique des dirigeants d'Atos Origin, qui ne lui apportent ni approbation ni improbation.

créativité est nécessaire dans l'approche. Rappelons par ailleurs que le but de l'analyse est généralement de faire une présentation de type « conseil », dont le plan ne suit ni les questions du cas (ce qui serait trop scolaire), ni l'intégralité de la démarche d'analyse stratégique (ce qui serait fastidieux). Tous les éléments de l'analyse ne seront donc pas forcément retenus dans la présentation finale.
Nous mènerons l'analyse en suivant la démarche présentée dans l'encadré « en pratique » ci-dessous, tout en veillant à bien répondre aux questions posées dans le cas. Du reste, ces questions sont cohérentes avec cette démarche générale. Les étapes 2 à 6 de la démarche permettent de répondre à la première question (position concurrentielle dans les différents métiers). Les étapes 8 à 10 correspondent aux trois questions suivantes (stratégie de croissance, acquisitions, problèmes de gouvernance). La dernière question vise à reprendre les éléments de recommandations identifiés aux étapes 7, 9 et 10.

EN PRATIQUE

Rappel : L'analyse stratégique en dix étapes (*cf.* chapitre 1)

Étapes	Analyses à mener	Principaux outils et concepts
1	Quelles sont les grandes tendances du macro-environnement ?	Modèle PESTEL.
2	Qui est l'entreprise et que fait-elle ?	Segmentation stratégique ; Structure, décision, identité.
3	Quels sont les facteurs externes qui conditionnent la rentabilité de chaque métier ?	Cinq forces de Porter ; Groupes stratégiques.
4	Quelle est la stratégie de l'entreprise dans chaque métier ? Sa position concurrentielle est-elle forte ?	Courbe d'expérience et structure de coût ; Valeur perçue et chaine de valeur ; *Business model*.
5	L'entreprise a-t-elle un avantage concurrentiel dans chaque métier ?	Sources d'avantage concurrentiel : coût et différenciation ; Ressources stratégiques
6	Les concurrents peuvent-ils imiter ou contrecarrer l'avantage concurrentiel de l'entreprise ?	Dynamique concurrentielle ; Externalités de réseau.
7	Quelles recommandations de *business strategy* peut-on faire pour améliorer les performances de l'entreprise dans chaque métier ?	Durabilité de l'avantage concurrentiel ; Organisation de l'activité ; Intégration / externalisation.
8	Quel est le potentiel de création de valeur du portefeuille d'activité de l'entreprise ?	Création de valeur ; Matrices de portefeuille ; Synergies.
9	Quelles recommandations faire sur les voies et les modes de développement ?	Croissance horizontale ; Internationalisation ; Diversification ; Croissance interne, externe ou alliances.

>

····>

10	Quelles recommandations faire sur la structure, les procédures et la gouvernance de l'entreprise ?	Structure divisionnelle ; Structure en réseau ; Gouvernance ; Planification ; Changement stratégique ; Changement organisationnel.

1 Tendances du macro-environnement

On peut noter que l'industrie étudiée est fortement impactée par les délocalisations de certaines activités dans les pays à bas coût, notamment l'Inde. En contrepartie, les SSII indiennes s'implantent en Europe. Ce thème sera développé plus loin, mais on peut y voir une tendance lourde et inéluctable du macro-environnement.
Par ailleurs, il apparaît que l'industrie est arrivée au stade de maturité, avec des prix en baisse, une croissance qui se ralentit et une tendance à la concentration. La croissance organique rentable est donc difficile.

2 Segmentation stratégique, structure, décision, identité

Les données du cas indiquent clairement que l'entreprise opère dans trois métiers : le conseil, l'intégration de systèmes et l'infogérance. Cette segmentation n'est pas spécifique à Atos Origin. Elle est généralement acceptée dans toute l'industrie des services informatiques. Il n'y a donc guère de raisons de la remettre en cause.
En lisant attentivement la section « Les lignes de service d'Atos Origin », on peut toutefois remarquer que les deux derniers métiers abritent chacun une activité que l'on pourrait considérer comme un segment stratégique en tant que tel : la « TMA » pour l'intégration de systèmes, et le « BPO » pour l'infogérance. On peut donc retenir cinq segments stratégiques, qui correspondent à des ensembles de facteurs clés de succès assez différents :

> conseil : réputation de la société et qualité intellectuelle des consultants ;

> intégration de systèmes : avant tout, capacité à optimiser le taux d'activité des employés, mais aussi réputation de l'intégrateur et productivité commerciale ;

> TMA : vu la tendance à la délocalisation, le coût semble déterminant ;

> infogérance : les économies d'échelle étant très significatives, la taille est le premier facteur clé de succès. Le cas indique que de fortes compétences en négociation des contrats (valorisation des investissements et des économies de coût pour le client notamment) et en gestion des ressources humaines (droit social notamment) sont également indispensables ;

> BPO : le premier facteur clé de succès est l'expertise fonctionnelle spécifique dans le processus que le client externalise. Ce processus est spécifique à l'activité des clients.

S'agit-il de cinq industries différentes ? Non, car les concurrents sont les mêmes sur tous les segments : IBM, Accenture, Capgemini, etc. On pourrait toutefois argumenter que, dans le conseil, Atos Origin se retrouve aussi en concurrence avec des *pure players* du conseil (McKinsey, BCG, AT Kearney, etc.) qui constituent une industrie distincte. Mais cette piste semble peu productive car tout indique que l'entrée d'Atos Origin dans le conseil est venue en appui des services informatiques, pour exploiter des synergies commerciales au bénéfice de l'informatique, et non pas pour développer un *business* du conseil en tant que tel. Le but d'Atos Origin est, au mieux, de concurrencer Accenture, pas de concurrencer McKinsey. Nous considérerons que la segmentation est donc pertinente, mais qu'elle reste interne à l'industrie. Atos Origin n'est pas à proprement parler un groupe diversifié dans plusieurs industries.

En termes de structure, remarquons que le critère principal de spécialisation chez Atos Origin est avant tout la géographie. Cela provient du fait que l'industrie est restée essentiellement multidomestique, même si certains grands comptes, à l'instar des grands groupes américains, commencent à développer une politique informatique mondiale. Les contrats se gagnent localement, dans chaque pays. Les « patrons » opérationnels du groupe sont donc les responsables-pays, le critère métier ne venant qu'en second. À partir de 2007 toutefois, le groupe a évolué vers une structure matricielle (voir annexe 1 du cas), de manière à contrebalancer le pouvoir des responsables pays par une coordination transversale par métier (infogérance, intégration de systèmes, conseil). Il est toutefois symptomatique de constater que l'activité Worldline est traitée comme un pays et non comme un métier, ce qui peut sembler paradoxal. Par ailleurs, les lignes horizontales de la matrice amalgament des métiers opérationnels et des responsabilités *corporate* purement fonctionnelles (finance, marketing, etc.). Ces éléments montrent que le critère géographique reste dominant, même si le groupe tente de renforcer la coordination internationale par métier dans les cas où c'est possible.

Vu la structure et le faible poids du *corporate* (*cf.* la section « L'organisation d'Atos Origin »), on peut penser que les processus de décision sont très décentralisés et très conditionnés par l'organisation. Toutefois, le manque de coordination transversale entre pays et entre métiers (échec relatif du programme GAM, *cf.* section « L'intégration en question ») laisse penser, comme cela est suggéré dans la section « L'organisation d'Atos Origin », que, dès que des questions d'intégration de l'offre se posent au niveau international ou inter-activités, le problème ne peut en fait être résolu que par la direction générale du groupe, ce qui peut créer des lenteurs et des jeux politiques.

L'identité du groupe reste morcelée par nationalité et par entité d'origine (ex-Sema *vs* ex-Origin, etc.). Le niveau *corporate*, particulièrement spartiate, ne fait guère d'effort coûteux pour renforcer l'intégration socio-organisationnelle. Ces problèmes, qui ont sûrement été gommés par le charisme fédérateur de Bernard Bourigeaud, bâtisseur historique du groupe, risquent de devenir importants dans un groupe international de cette taille.

3 ANALYSE DE L'INDUSTRIE

Si les données du cas le permettaient, il faudrait en principe procéder à une analyse externe de chaque segment stratégique où opère Atos Origin. De même, l'analyse interne de la *business strategy* devrait être segmentée par métier. Cependant, compte tenu des données fournies, et comme le cas est orienté essentiellement vers la *corporate strategy*, nous nous limiterons à une analyse générale de l'industrie des services informatiques en suivant autant que possible la méthode des cinq forces de Porter. Nous soulignerons toutefois les spécificités métier les plus significatives à chaque fois que ce sera possible.

Le marché pertinent pour les activités d'Atos Origin est l'Europe de l'Ouest. L'industrie européenne des services informatiques est à la fois assez mûre et très fragmentée (*cf.* tableau 30.3), avec une grande variété d'acteurs (ingénieurs indépendants, SSII classiques, filiales de grands groupes, concurrents indiens, etc.) et des barrières à l'entrée assez faibles (des ingénieurs indépendants peuvent se lancer en spin-off avec un petit portefeuille de clients). L'intensité concurrentielle est donc forte et les marges sont faibles. Les concurrents les plus puissants sont en fait les américains (IBM, HP, Accenture) qui détiennent les meilleures technologies et ont commencé à délocaliser avant les européens (*cf.* section « La concurrence »). Au total, l'industrie semble donc peu attractive et peu rentable, même si elle présente des opportunités de croissance essentiellement externe.

Confrontés à une pression importante sur les marges, les sociétés européennes doivent améliorer leur productivité, ce qui peut se faire grâce à l'amélioration des processus, la formation des employés et l'innovation. Elles peuvent également réduire leurs charges salariales en délocalisant une partie de la production dans les pays à bas coût. L'Inde est le premier acteur, mais c'est loin d'être le seul. L'Europe de l'Est (Roumanie) ou l'Afrique du Nord (Maroc ou Tunisie) sont des destinations de choix pour les grandes SSII européennes.

Réciproquement, la dernière partie du cas souligne la pénétration et la forte croissance des SSII indiennes en Europe. Entre 2006 et 2007 (*cf.* annexe 8), les parts de marchés des trois plus gros acteurs informatiques indiens ont cru en Europe de l'Ouest de plus de 30 %. Tata Consultancy Services s'est concentré sur le conseil (+ 53,9 %) tandis que Wipro a préféré l'infogérance (+ 40,8 %). Toutefois, les parts de marché combinées de ces trois entreprises s'élèvent seulement à 1,4 % pour le moment. Ces nouveaux entrants, qui contribuent à consolider le secteur en rachetant des petits acteurs locaux pour accéder aux clients, accentuent la pression concurrentielle.

Les acteurs européens locaux ne sont pas spécialement en position de force. Mais ils sont « protégés », du moins provisoirement et partiellement, par le caractère multidomestique de l'industrie, qui apparait très nettement dans la distribution des parts de marché nationales. En effet, dans chaque pays, le leader est un acteur local. IBM, leader mondial et leader en Europe, n'est en fait premier dans aucun pays européen.

Le tableau 30.2 permet de calculer la taille des principaux marchés nationaux en divisant le chiffre d'affaires d'Atos Origin par sa part de marché dans chaque pays. On trouve les résultats suivants :

2007	CA Atos Origin (mds d'euros)	Part de marché Atos Origin (%)	Taille du marché national (mds d'euros)
France	1,69	9,4	18
Royaume-Uni	1,04	1,7	61
Pays-Bas	1,08	9,4	11
Allemagne	0,61	1,9	32

On remarque que le marché britannique est le double du marché allemand, qui est lui-même presque le double du marché français. C'est le marché allemand qui est le plus concentré : T-Systems est de loin le leader avec 5,9 milliards d'euros de ventes et donc 18 % de part de marché ; le numéro deux est SITS avec 3 milliards d'euros de CA en Allemagne, donc 9,5 % du marché. Aux Pays-Bas, Atos Origin est en tête des ventes avec 1 milliard d'euros de chiffre d'affaires et 9,4 % de part de marché.

En France, Capgemini et Atos Origin se partagent le leadership national avec des parts de marché de l'ordre de 9 % à 10 %. En Grande-Bretagne, le marché est plus fragmenté, avec 14 sociétés faisant plus de 1 milliard d'euros de ventes. La Grande-Bretagne, marché important, est plus attractive pour les nouveaux entrants que l'Allemagne, qui est dominée par SITS et T-Sytems, et que la France, marché étroit dominé par Atos Origin et Capgemini.
La structure de coût de l'activité est essentiellement composée de frais de main d'œuvre. Chez Atos Origin, le ratio CA/effectif est de l'ordre de 110 000 à 115 000 euros par personne. Cela peut sembler très faible : l'activité ne génère que 110 000 à 115 000 euros hors taxe pour payer chaque salarié du groupe. Les salaires ne sont donc pas mirobolants alors que le personnel est très qualifié. L'activité la plus sensible dans ce domaine est l'intégration de systèmes : les variations de volume peuvent être importantes et elles portent sur des équipes à fort effectif. Rentabiliser chaque salarié est donc difficile. On peut facilement perdre de l'argent, soit parce que le volume d'affaires ne suffit pas à occuper les équipes, soit parce qu'on n'assure pas correctement les missions rentables par manque de personnel.

Au total, il s'agit d'une industrie peu attractive. Elle présente en effet les caractéristiques suivantes :

> concentration faible,

> fragmentation géographique,

> faibles barrières à l'entrée,

> arrivée de nouveaux entrants,

> jeu concurrentiel essentiellement dominé par les coûts, surtout les coûts salariaux, même si la réputation des acteurs en place joue également un rôle.

La concentration et les délocalisations semblent inéluctables pour améliorer la profitabilité. On peut toutefois noter deux points positifs :

> l'aspect multi-domestique de l'industrie peut encore protéger pour quelque temps les champions nationaux ;

> en infogérance, le coût du changement de prestataire est élevé pour le client.

Au-delà de ce constat général, on peut distinguer quelques spécificités par segments stratégiques :

> Les effets d'échelle sont sensibles dans l'infogérance, ce qui renforce la pression à la concentration.

> Dans l'intégration de systèmes, qui fonctionne par projets, les effets d'échelle sont forcément moins forts. En revanche, la tentation peut être forte pour les acteurs en surcapacité de baisser les prix pour occuper les effectifs, dont le coût de stockage (« inter-contrats ») est très élevé : le salaire de l'ingénieur est payé, que celui-ci soit « staffé » ou non sur un projet. De plus, cette activité se caractérise par des fournisseurs très puissants (SAP).

> La TMA est particulièrement vulnérable à la concurrence des pays à bas coût.

> Il existe toutefois des zones de différenciation, notamment dans certaines activités spécialisées de BPO (Atos Worldline), même si ces activités sont susceptibles d'être attaquées par les SSII indiennes. Il semble que chaque concurrent ait ainsi développé une expertise particulière sur telle ou telle cible de clientèle. Par exemple, CSC possède une très bonne connaissance du secteur public américain tandis que T-Systems maîtrise le secteur des télécommunications. Outre

sa forte expertise fonctionnelle dans les transactions bancaires, Atos Origin est bien placé sur l'énergie nucléaire.

4 POSITION CONCURRENTIELLE DANS LES DIFFÉRENTS MÉTIERS

La TMA, activité récurrente en intégration de systèmes, était jusqu'ici un point fort d'Atos Origin. Mais, dans ce type d'activité intensive en ressources humaines, les coûts jouent un rôle primordial, ce qui pousse les acteurs à la guerre des prix. Les clients ont compris et accepté la possibilité de sous-traiter la TMA aux entreprises indiennes qui produisent au même niveau de qualité que les entreprises européennes. L'avantage d'Atos Origin dans ce domaine est donc en train de s'émousser.
Sur chacune des autres activités, Atos Origin est systématiquement dominé par au moins un concurrent. Accenture et IBM ont une expertise plus forte en conseil. IBM domine l'infogérance. Capgemini et Accenture tirent la majorité de leurs revenus de l'intégration de systèmes (respectivement 49,7 % et 43,5 %) et leur croissance est plus forte dans ce domaine (+9,7 % et +18,6 %) que celle d'Atos Origin. Le tableau suivant synthétise ce point de vue sur la position concurrentielle d'Atos Origin dans les trois activités.

	Conseil	Infogérance	Intégration de Systèmes	
			Projets	TMA
Atos Origin	+	++	+	++?
Accenture	+++	+	+++	+
IBM	+++	+++	-	-
Cap Gemini	++	-	++	-

En termes de performance financière, le tableau 30.1 et l'annexe 8 du cas permettent de comparer les marges d'Atos Origin avec celles de ses concurrents dans chacun des métiers (voir tableau ci-dessous). Les performances d'Atos Origin se révèlent inférieures à celles de ses concurrents dans toutes les activités. On ne connaît pas les chiffres détaillés d'Accenture et d'HP, mais leurs marges totales étant les plus élevées du secteur, il est clair que la comparaison ne tourne pas à l'avantage d'Atos Origin. Au total, la performance d'Atos Origin n'est la meilleure dans aucune activité.

Marge opérationnelle	**Ensemble**	*Conseil*	*Infogérance*	*Intégration Systèmes*
Atos Origin	4,6 %	4,9 %	8,7 %	4,1 %
Accenture	11,9 %	Non disponible	Non disponible	Non disponible
IBM	n.s. (inclut matériel)	8,5 %	10,8 %	8,5 %

>

····>

Marge opérationnelle	Ensemble	*Conseil*	*Infogérance*	*Intégration Systèmes*
Capgemini	5,7 %	8,1 %	9,2 %	6,8 %
HP	11 %	Non disponible	Non disponible	Non disponible

Un autre indicateur de compétitivité intéressant dans l'industrie des services informatiques est le chiffre d'affaires par employé, ce qui donne une indication de la productivité, puisque l'essentiel des coûts correspond à des salaires. Ce ratio est facile à calculer pour Atos avec les données des annexes 7 et 10. L'annexe 8 permet de comparer la performance d'Atos avec ses concurrents sur ce critère. Notons toutefois que cet indicateur a davantage de sens en conseil et en intégration de systèmes qu'en infogérance. En effet, dans cette dernière activité, l'utilisation de matériel a un impact important sur le chiffre d'affaires et la marge.

Les sociétés qui vendent à la fois du logiciel, du matériel et du service, telles qu'IBM ou HP et EDS, ont un ratio forcément beaucoup plus élevé. Pour les SSII européennes, la moyenne est a 100 K€ par employé et par an, alors que pour les sociétés indiennes, ce ratio descend en dessous de 50 K€ par employé et par an. Une des explications est que la main-d'œuvre indienne est bien moins coûteuse que celle des autres pays, ce qui permet aux entreprises de recruter en cas de nécessité au lieu de pousser à l'amélioration de la productivité. La comparaison entre Atos Origin et ses concurrents immédiats, Capgemini et Accenture, semble tourner à l'avantage d'Atos. Mais cette performance est en trompe l'œil. En effet, le texte du cas révèle qu'Accenture a créé plusieurs filiales en Inde pour l'infogérance, domaine dans lequel la société a cru de 15 % en 2007 (voir annexe 8). De même, le chiffre de Capgemini intègre Kambai en 2007. Ces concurrents ont des ratios de CA/effectif plus faible qu'Atos Origin, mais cela ne correspond pas à une baisse de productivité ; cela révèle au contraire une capacité à réduire les prix dans certains domaines d'activité. Il apparaît donc qu'un des problèmes d'Atos Origin est son retard dans la délocalisation.

Figure 31.1
Chiffre d'affaires par employé

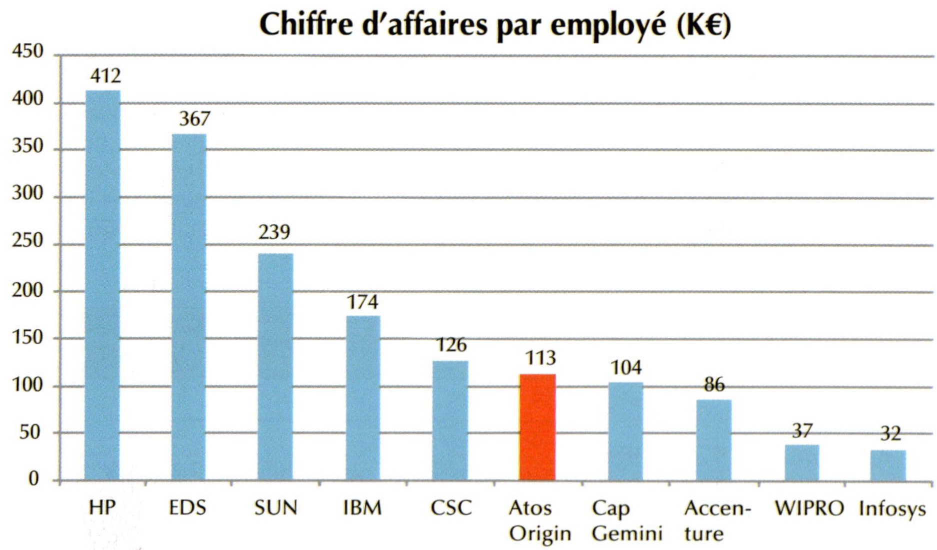

5 AVANTAGE CONCURRENTIEL

L'activité où Atos Origin semble avoir l'avantage concurrentiel le plus significatif est le BPO bancaire, avec Atos Worldline.

La taille d'Atos Origin, grâce à la croissance externe passée, devrait lui permettre d'avoir de bonnes performances en infogérance. Les données du cas montrent pourtant que les marges d'IBM et celles de Capgemini sont nettement supérieures à celles d'Atos Origin dans ce domaine. On ne saurait donc parler d'avantage concurrentiel.

Compte tenu de notre diagnostic sur la position concurrentielle d'Atos Origin dans les différents métiers, il apparaît que la question de l'avantage concurrentiel est problématique. Atos Origin est présent dans les trois segments d'activité classiques de l'industrie mais, mis à part Worldline, l'entreprise n'a pas vraiment réussi à se créer un positionnement différenciant.

6 IMITABILITÉ DE L'AVANTAGE CONCURRENTIEL

Le BPO bancaire, domaine d'expertise d'Atos Worldline, est la grande spécialité des nouveaux entrants indiens qui exercent notamment cette activité aux États-Unis. Ceci peut réduire la durabilité de l'avantage concurrentiel d'Atos Origin dans cette activité. L'évolution risque d'être semblable à celle, récente, de la TMA, activité dans laquelle l'avantage d'Atos Origin est en train de s'effriter à cause des délocalisations.

7 RECOMMANDATIONS DE *BUSINESS STRATEGY*

Il résulte des analyses précédentes que le volet du plan de transformation qui concerne l'élaboration d'offres distinctives (offres intégrées basées sur des compétences différenciantes d'Atos Origin) semble une nécessité stratégique absolue pour trouver des espaces de différenciation et d'amélioration de la valeur perçue par le client. La mise en œuvre d'une telle stratégie requiert une réorganisation de l'entreprise autour de ces offres que le client doit voir comme des « packages » globaux et non comme des assemblages plus ou moins homogènes de métiers et d'entités géographiques différents.

8 PORTEFEUILLE D'ACTIVITÉS ET SYNERGIES

Les synergies entre activités et entre pays ne semblent pas être suffisamment exploitées. Là encore, c'est essentiellement un problème d'organisation et d'intégration du groupe. En lien avec les recommandations précédentes, il semble important de renforcer la coordination entre métiers autour des offres distinctives, ainsi que la coordination entre pays face aux clients multinationaux.

9 CROISSANCE ET CRÉATION DE VALEUR

La réponse à la deuxième question (Quel a été le modèle de croissance d'Atos Origin sous la direction de Bernard Bourigeaud ?) est évidente : il s'agit exclusivement d'un mode de croissance externe. Le cas énonce dès sa première partie la succession d'acquisitions qui ont transformé en dix ans une petite SSII française en géant européen pesant près de 6 milliards d'euros de chiffre d'affaires et employant plus de 50 000 personnes.

Cette question nous est probablement posée pour attirer notre attention sur le fait que la croissance organique a été quasi inexistante, comme le montre assez clairement l'annexe 10. Les acquisitions successives d'Origin et de KPMG n'ont eu pour effet que d'enrayer la baisse de chiffre d'affaires amorcée depuis 2000, en le stabilisant légèrement au dessus de 3 milliards d'euros. L'acquisition de Sema en 2004 porte les ventes du groupe à 5,4 milliards d'euros par simple addition, après quoi le chiffre d'affaires se stabilise jusqu'à l'acquisition de Banksys en 2007. Depuis la fusion entre Atos et Origin, la croissance interne semble avoir été délaissée au profit de la croissance externe. On peut aussi en déduire que les synergies issues de ces acquisitions n'ont pas permis de créer des opportunités de croissance organique.

La réponse à la troisième question (Analysez les acquisitions successives d'Atos Origin) est plus complexe. C'est sur ce thème que les données du cas sont les plus riches.

Les trois acquisitions majeures d'Atos Origin étudiées dans le cas font partie de la stratégie de croissance externe du groupe mise en œuvre par Bernard Bourigeaud. Le principe de cette stratégie était de positionner Atos comme le principal vecteur de concentration de l'industrie informatique européenne, sachant que cette concentration était inéluctable.

A/ ORIGIN

L'acquisition d'Origin (*cf.* annexe 2 du cas) a été perçue négativement par le marché. À l'annonce de la fusion le 28 août 2000, l'action de la société acheteuse, Atos, a chuté de plus de 7 %. Alors que le titre Atos montait par rapport à l'indice CAC IT 20 depuis le début juillet 2000, il se met à perdre du terrain par rapport à l'indice dans les jours qui suivent l'acquisition.

La taille de l'opération n'est certainement pas étrangère à cette perception négative. La cible, Origin (1,7 milliard d'euros et 16 000 employés) était plus grosse que l'acheteur Atos (1,1 milliard et 11 000 employés). De plus, Origin était en difficulté à l'époque. Enfin, les deux sociétés exerçaient leurs opérations dans des pays différents (la France et les Pays-Bas) avec une culture entièrement différente. On pouvait présager des difficultés d'intégration et de redressement d'Origin.

Pourtant, par la suite, la fusion s'est finalement bien déroulée. Remarquons qu'elle a été financée par échange de titres, donc sans sortie de cash, et que le prix était assez bas (Origin a été valorisé 2,76 milliards, soit un an et demi de chiffre d'affaires, alors qu'Atos valait 3,5 milliards, soit plus de trois fois son chiffre d'affaires de 1999 [1,1 milliard, voir annexe 10]). En termes opérationnels, Atos a réussi à redresser Origin de manière satisfaisante. On voit en effet dans l'annexe 7 que le ratio EBITDA sur chiffre d'affaires reste à peu près constant (autour de 13 %) avant et après la fusion (1998, 2000, 2001, 2002), mise à part une contre-performance en 1999, antérieure à la fusion (voir figure 31.2 ci-après). De plus, le chiffre d'affaires par employé se redresse très vite après l'acquisition, alors qu'il se dégradait auparavant

(voir figure 31.3 ci-après). L'intégration d'Origin n'a pas dégradé la performance opérationnelle du groupe. Le redressement a donc été rapide et efficace.
En revanche, on peut remarquer que la performance opérationnelle du groupe ne s'améliore pas après la fusion, puisque la marge d'EBITDA sur chiffre d'affaires ne progresse pas. De plus, comme on l'a vu, cette fusion n'a pas généré de croissance du business. Il s'agit en fait d'une juxtaposition organisationnelle des deux entités, sans exploitation systématique des synergies. Il faut dire que la complémentarité était essentiellement géographique, dans une industrie qui restait multidomestique, donc que les gains potentiels étaient en fait assez faibles. Néanmoins, la performance de cette fusion a dépassé les attentes des investisseurs et Atos a probablement acquis à ce moment-là une réputation d'acquéreur avisé, dans un contexte où les marchés attendaient des consolidations du secteur.

B/ KPMG

L'acquisition de KPMG est une tout autre histoire. Les marchés ont vu dans cette décision une action stratégique positive, saluée par une augmentation du cours de l'action Atos Origin de 9 % au lendemain de l'annonce de la fusion (*cf.* annexe 3 du cas). Visiblement, la réussite de l'opération Origin, combinée à un discours crédible du management sur les synergies entre conseil et informatique, ont emporté l'adhésion des investisseurs. Notons qu'une partie de la transaction s'est faite en cash (422 millions). Cette acquisition n'a toutefois pas porté les fruits escomptés.
En fait, les activités de conseil étaient très différentes des activités habituelles d'Atos Origin, ce qui a rendu difficile le redressement de KPMG, surtout au Royaume-Uni où Atos Origin n'était pas suffisamment présent. La culture d'entreprise ainsi que la taille, la durée et le contenu des contrats étaient très différents. De plus, les synergies entre conseil et informatique étaient discutables : beaucoup de clients se méfient de consultants qui risquent de biaiser leurs recommandations pour « vendre » l'intégration de systèmes fournie par le même groupe. Les synergies entre le conseil et les autres activités du groupe sont donc marginales. Et même si elles étaient fortes, elles resteraient inexploitées à cause des limites de la structure d'Atos Origin que nous avons soulignées plus haut.
On peut remarquer dans les annexes 3 et 9 que le titre Atos a eu tendance à surperformer l'indice CAC IT 20 dans les semaines qui ont suivi l'acquisition de KPMG, puis qu'il s'est mis à perdre du terrain à la fin 2002 face aux difficultés d'intégration de KPMG, pour ne se redresser qu'en 2003, à l'annonce de l'acquisition de Sema.
Il est aussi intéressant de souligner les pertes en capital passées en 2003 et 2004 pour amortir l'acquisition de KPMG (voir annexe 7). Quant à la performance opérationnelle du groupe, elle s'est franchement dégradée après cette acquisition, puisque le ratio EBITDA/CA passe de 12,85 % en 2002 à 11,53 % en 2003 et 10,09 % en 2004 (voir figure 31.2 ci-après).
Finalement, l'acquisition de KPMG a surtout permis de développer un pôle conseil significatif par fusion de KPMG et d'Atos Odyssée dans Atos Consulting. Cette décision stratégique, qui avait été présentée comme une croissance horizontale par intégration de l'offre, était en fait une diversification, qui n'a guère produit d'effet positif sur l'activité informatique.

C/ Sema

L'acquisition de Sema a été perçue très positivement par les marchés financiers : le cours de l'action Atos Origin a progressé de + 8,5 % au lendemain de l'annonce (*cf.* annexe 4). Le prix était bas (six mois de chiffre d'affaires !), ce qui traduisait la mauvaise santé de la cible. Sema appartenait à Schlumberger, société pétrolière, pour qui cette activité était une diversification conglomérale. Atos Origin apparaissait donc évidemment comme un « meilleur parent » qui pourrait redresser la société et créer des synergies. L'annexe 9 montre qu'à partir de l'annonce de l'opération Sema, le titre Atos surperforme durablement l'indice. L'écart se stabilise cependant rapidement.

L'annexe 5 (deuxième tableau) montre qu'après l'acquisition, la marge d'exploitation de Sema s'améliore : elle passe de 1,8 % du CA en 2002 à 3,0 %. Le redressement est donc patent. Toutefois, cette amélioration est uniquement due à une diminution drastique des frais de structure (3,2 % en 2003 comparé à 5,4 % en 2002). En matière de frais généraux, Atos Origin a réussi à imposer son style spartiate à Sema ! En revanche, il est inquiétant de constater sur le même tableau que Sema (ainsi qu'Atos Origin dans une moindre mesure) subit en fait une dégradation de sa marge opérationnelle dans les trois lignes de services. Les problèmes d'intégration ne font que commencer ! De fait, le ratio EBITDA/CA ne fait que se dégrader à partir de 2003 (voir figure 31.2 ci-après).

La fusion avec Sema était donc très attractive sur le papier, mais les synergies n'ont pas été « transformées » opérationnellement. L'acquisition de Sema, avec son intégration longue et douloureuse dans le groupe Atos Origin, a été la première cause de la série de crises qui a eu lieu entre 2006 et 2007.

D/ Bilan des acquisitions

D'un point de vue plus général, l'annexe 9 montre l'impact de la série d'acquisitions sur la valeur de l'action Atos Origin. Au moment de l'acquisition d'Origin, le cours de l'action a chuté bien en dessous de la référence de l'index IT CAC 20 et l'écart négatif s'est maintenu jusqu'au début 2001. Lorsque les résultats de cette fusion ont été transformés, le cours de l'action est remonté au dessus de l'index. Concernant l'acquisition de KPMG, le cours de l'action a chuté jusqu'à la fin 2002 et est resté en dessous de l'index IT CAC 20 jusqu'à l'acquisition de Sema qui a été vue comme un signal positif, avec une remontée, puis une stabilisation du cours. Cette prime s'est maintenue pendant 3 ans. Toutefois, le *profit warning* de 2006, symptomatique des problèmes d'intégration de Sema, a refait chuter le cours de l'action. La rumeur de LBO a ensuite stimulé temporairement le cours de l'action (annexe 6). Par la suite, la mise en œuvre du plan de transformation n'a pas été suffisante pour prouver aux marchés que la société allait se transformer et s'intégrer efficacement.

Remarquons que la dernière acquisition, celle de Banksys en 2007, est de nature complètement différente. Il s'agit d'une opération d'envergure plus limitée, ciblée sur le secteur particulier de l'informatique bancaire, qui est le domaine d'expertise d'Atos Worldline. Cette acquisition correspond à une stratégie d'internationalisation d'une activité où Atos Origin a un véritable avantage concurrentiel, ce qui rompt avec la stratégie passée de course à la taille dans le secteur informatique européen en général.

Établi d'après l'annexe 7, le graphique suivant illustre l'évolution des marges d'Atos Origin sur la période considérée.

Il montre que la marge EBITDA/CA a baissé de 13,3 % à 9,1 %, ce qui suggère que la stratégie de croissance externe n'a pas généré de synergie, les coûts ayant même augmenté. Le retour sur actifs a chuté après l'acquisition de KPMG a cause de l'amortissement de la survaleur étalée sur deux ans (– 283 millions d'euros en 2003 et – 117 millions d'euros en 1004). Il a aussi baissé en 2006 à cause d'une dépréciation exceptionnelle (– 554 millions d'euros), l'année de la publication du *profit warning*.

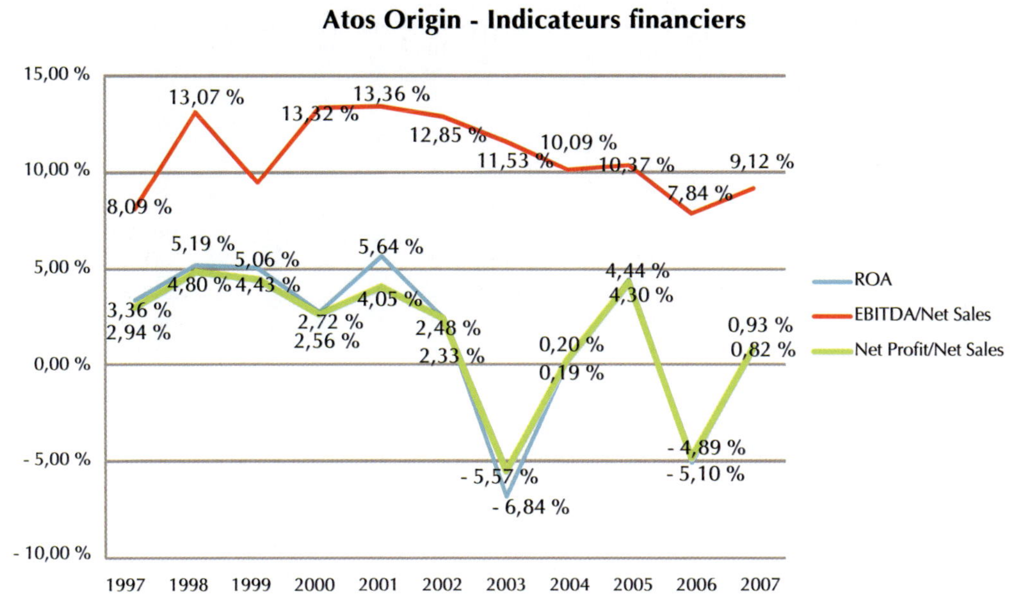

Figure 31.2
Atos Origin-Indicateurs financiers

Le graphique suivant montre l'évolution du chiffre d'affaires par employé pour Atos Origin sur la même période 1997-2007. Ce ratio est en général légèrement au dessus de 100 K€ par personne et par an. Avant l'an 2000, il était en décroissance et il a chuté fortement (– 28 %) après l'acquisition d'Origin. Une fois l'intégration de cette acquisition effectuée, le ratio est revenu au niveau de 1997. Cela confirme l'idée que l'intégration d'Origin a été réussie. Toutefois, la stabilité du ratio depuis 2001 révèle que la forte croissance d'Atos Origin n'a finalement pas augmenté le revenu par personne, ce qui tend à confirmer l'absence de synergies et d'économies d'échelle significatives ainsi que la pression sur les prix. Il est en effet frappant de constater que les effectifs sont passés de 8 700 en 1997 à 51 600 en 2007 (ils ont donc été multipliés par presque six), alors que le chiffre d'affaires généré par chaque individu n'a pratiquement pas bougé. Cette constatation confirme le diagnostic précédent sur l'organisation du groupe : Atos Origin est resté une juxtaposition d'unités au lieu de devenir un groupe intégré. La capacité du groupe à gagner la guerre des prix qui s'engage dans le secteur est donc trop limitée.

Figure 31.3
Atos Origin - Chiffre d'affaires par employé

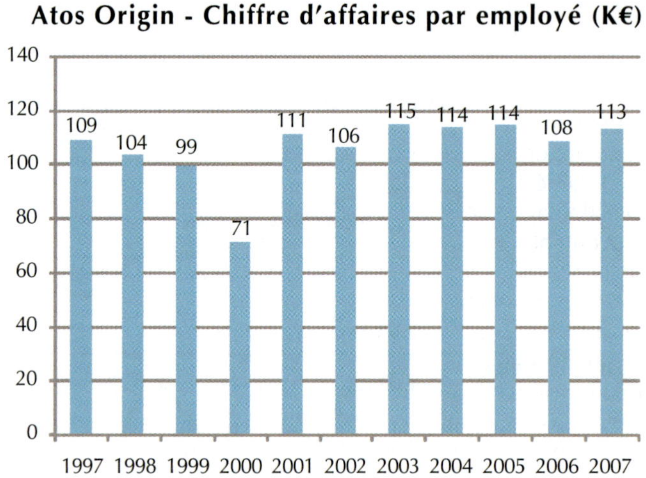

En conclusion, même si le rôle consolidateur d'Atos Origin a été « bien vendu » au marché financier, d'où la perception positive de l'intégration d'Origin, puis des opérations KPMG et Sema, la croissance externe n'a pas produit de synergies opérationnelles, ni en termes d'économies d'échelle, ni en termes de croissance supplémentaire du *business,* ni en termes de pouvoir de négociation sur les prix. Atos s'est plutôt comporté comme une société de *private equity* spécialisée dans l'informatique, qui a racheté des entreprises en difficulté pour les redresser mais sans les fusionner véritablement dans une organisation intégrée. Le redressement des sociétés acquises a surtout consisté à réduire leurs coûts et notamment les frais généraux et le coût du siège. Un plan d'intégration et d'amélioration opérationnelle est absolument nécessaire. Il est temps de stopper la fuite en avant dans la croissance externe (que la valorisation du groupe rend de toute manière difficile) et de se concentrer sur l'efficience opérationnelle, la création d'offres différenciantes et l'intégration organisationnelle. Ce n'est qu'à ce prix que le groupe se remettra à créer de la valeur, à moins qu'il ne soit la proie d'un acheteur qui cherche à le démanteler. On peut en effet penser que certaines activités (Atos Wordline par exemple, ou d'autres qui ne sont pas décrites dans le cas) pourraient valoir davantage hors du groupe que dans la groupe.

10 STRUCTURE ET GOUVERNANCE

Cette dernière étape de l'analyse va permettre de répondre à la question 4 (Quelles sont les causes de la crise de 2006-2007 et comment expliquer la crise de gouvernance qui s'en est suivie ?).

La crise qu'a subie Atos Origin est due à une accumulation de facteurs dont l'élément déclencheur a été la lente et difficile intégration de Sema. À partir de 2006, alors que le management d'Atos était focalisé sur la prochaine acquisition majeure en Allemagne, suite au succès apparent de l'acquisition de Sema, la problématique de l'intégration opérationnelle du groupe, ainsi que la nécessité de relancer la croissance organique, ont été négligées. Ceci a débouché sur une série d'incidents opérationnels majeurs, notamment en Grande-Bretagne et en Italie, qui ont conduit aux deux *profit warnings*. La *corporate strategy* a occulté les problèmes de *business strategy* et les problèmes d'efficience opérationnelle. Ce conflit entre les deux aspects de la stratégie d'Atos Origin était latent, comme l'ont montré nos analyses précédentes : Atos Origin apparaissait comme un prédateur agressif dans l'industrie européenne alors que ses performances étaient en fait assez médiocres dans chacun de ses *business*.

Les *profit warnings* ont créé un électrochoc pour le management d'Atos Origin, qui a vu sa direction générale ébranlée au moment même où le groupe étudiait l'acquisition en Allemagne. C'est à partir de ce moment que les évènements s'enchaînent rapidement. Le cours de l'action chute suite aux annonces, ce qui a deux conséquences : Atos Origin se retrouve avec une capitalisation trop faible pour faire une acquisition par échange d'actions et sa crédibilité se trouve affaiblie vis-à-vis des banques à cause des *profit warnings*. La croissance externe s'interrompt brutalement. Il faut absolument améliorer les performances opérationnelles de l'entreprise. C'est pourquoi Bernard Bourigeaud lance le plan de transformation 3o3. Mais cela ne suffira pas à rassurer les actionnaires, dont la nature a changé. Entre-temps, Bernard Bourigeaud a souhaité lancer un processus de LBO pour sortir le groupe de la cote, et permettre une restructuration à l'abri des marchés financiers. Là encore, ce projet, qui a finalement avorté, a détourné le management du problème de performance opérationnelle de l'entreprise et a retardé la mise en œuvre du plan de transformation.

Une des conclusions de cette analyse est que la réussite d'une stratégie de transformation est très dépendante du temps. L'implémentation de la stratégie doit se faire au bon moment et assez vite pour produire les résultats escomptés au moment où les actionnaires les attendent. Les options stratégiques d'Atos Origin (croissance externe et internationalisation d'abord, puis plan de transformation 3o3 ensuite) étaient bonnes, mais la mise en œuvre n'a pas été assez rapide pour répondre à la pression des actionnaires. À partir de là, le problème de gouvernance n'a fait que s'envenimer.

Durant cette période, les deux fonds Centaurus Capital et Pardus Capital Management, qui ont acquis une part importante du capital d'Atos Origin, négocient fermement l'entrée dans la structure de gouvernance du groupe. Cette négociation a été très tendue avec le management du groupe, ce qui a contribué à ralentir le plan de transformation, et à différer l'intégration organisationnelle et l'amélioration de performance attendues. Les problèmes d'alignement stratégique entre les fonds et le management étaient profonds, et leur visibilité dans la presse a généré des problèmes de confiance, notamment vis-à-vis des clients. Le déficit de confiance était patent lors de la première assemblée générale qui a été suspendue (une première en France !) dans des conditions très théâtrales.

À la fin de l'année 2008, le plan de transformation a finalement été relancé après résolution des conflits avec les fonds. Toutefois, ces changements stratégiques successifs, qui demandaient beaucoup d'attention de la direction, ont fait perdre beaucoup de temps au groupe, ont ralenti l'amélioration de la performance opérationnelle et ont conduit à deux changements rapides de dirigeant. On peut imaginer le retentissement externe (communiqués de presse, etc.) qui a entouré ces événements. Ce battage n'a fait qu'aggraver la crise.

Il est donc indispensable de restaurer l'alignement entre les actionnaires et le management autour d'une stratégie claire, orientée sur la compétitivité dans les métiers de base, la recherche d'éléments de différenciation, et une meilleure intégration de l'offre et de l'organisation.

En matière de *corporate strategy*, il n'y a pas de raison d'abandonner l'idée d'une acquisition en Allemagne, qui permettrait à Atos Origin d'accomplir son but de création d'un acteur paneuropéen dans le secteur. Mais cette acquisition ne pourra se faire que lorsque le groupe aura résolu ses problèmes de compétitivité, d'organisation et de gouvernance. Ce n'est qu'à ce prix qu'il pourra intégrer dans de bonnes conditions une nouvelle acquisition majeure. Dans cette optique, T-Systems semble la meilleure cible.

D'autres scénarios sont évidemment possibles. On peut se livrer à ce stade à un petit exercice de créativité. Ainsi, l'exemple de l'acquisition du géant Electronic Data Systems par Hewlett Packard début 2008 est un exemple de la tendance à la consolidation autour d'offres intégrées incluant le matériel et le logiciel, à l'instar d'IBM. La combinaison d'une solution de services informatiques avec une offre de logiciel et de matériel peut permettre d'élaborer un service complètement intégré offert par un fournisseur d'informatique unique. Il n'est donc pas exclu qu'Atos Origin se rapproche d'une entreprise plus intégrée comme HP.

Une autre possibilité est l'acquisition par une entreprise de télécommunication, sur la base d'une complémentarité des activités. Les solutions de télécommunication permettent de connecter les personnes et les entreprises. Une société telle qu'Orange propose aux entreprises des services à valeur ajoutée par le biais de sa filiale Orange Business Services. Pour atteindre une masse critique, et toucher un nombre suffisant de clients, il peut être intéressant d'intégrer une grande SSII ou de construire un partenariat durable.

CHAPITRE

32 Présentation de l'analyse et des recommandations sur le cas Atos Origin

Sur la base des analyses que nous venons de mener, un exercice classique consiste à présenter les recommandations sous forme d'une présentation Powerpoint en une dizaine de *slides* (« diapositives » ou « pages »), du genre de ce que ferait un consultant en stratégie. Evidemment, il s'agit d'une sorte de modèle réduit par rapport à la réalité, dans la mesure où les données d'un cas sont toujours limitées et ne permettent pas de faire un travail aussi approfondi que celui que ferait un cabinet de conseil. Cependant, l'intérêt de l'exercice est de s'entraîner à organiser les idées de manière efficace et convaincante, en mettant en avant les recommandations et les analyses les plus importantes. Pour ce faire, il faut garder à l'esprit que le lecteur (le « client ») ne s'intéresse pas à la démarche intellectuelle qu'a suivie le consultant pour arriver à ses conclusions. Ce qui intéresse le client, ce sont les recommandations et les « preuves » qui peuvent le convaincre que ces recommandations sont pertinentes. Ces pourquoi nous recommandons de respecter les règles suivantes pour construire une présentation.

EN PRATIQUE

Comment construire la présentation d'un cas de stratégie

Voici quelques recommandations pour la rédaction d'une présentation de cas en vue d'un examen, d'une présentation en classe ou d'une présentation à l'entreprise concernée :

> Oubliez votre démarche d'analyse. Reconstruisez la présentation à partir des recommandations et justifiez-les.

> Le *suspense* est votre ennemi : le lecteur veut tout de suite savoir où vous voulez en venir. Donc, écrivez les recommandations sur la première page.

>

····>

> Ne résumez pas le cas. Utilisez les informations du cas pour faire des analyses qui apportent une valeur ajoutée claire par rapport à la simple lecture du cas.

> Étayez toujours vos arguments par des faits, des chiffres et des analyses issus des données du cas. Si des données manquent, faites des hypothèses réalistes et dites-le.

> Prenez clairement position (tout en reconnaissant les limites de votre position).

> Racontez une histoire. Le récit doit être intéressant et construit logiquement.

> Le lecteur doit pouvoir comprendre votre histoire en lisant un par un les titres de vos diapositives, sans forcément lire le contenu de chaque page. Ce contenu est simplement là pour justifier le message indiqué en titre de chaque page.

> Ne passez qu'un message par diapositive (10 pages, c'est déjà beaucoup de messages à transmettre à l'auditoire).

> À chaque fois que vous concevez une page sur un thème quelconque :

– Posez-vous la question : « Et alors, que puis-je en conclure ? »
– Tirez une conclusion sans équivoque, écrivez-la clairement en une phrase et faites-en le titre de la diapositive.
– Reconstruisez le contenu de la diapositive comme une analyse logique qui va démontrer cette conclusion.
– Contentez-vous de rassembler et d'expliciter les éléments qui permettent de justifier ou de contester la conclusion à laquelle vous êtes arrivés et éliminez les éléments parasites que vous aviez peut-être mentionnés au début.
– À chaque fois que c'est possible, ayez de préférence recours à une analyse quantitative plutôt qu'à des arguments qualitatifs.
– Quand vous faites une liste d'arguments ou une typologie, assurez-vous que les catégories que vous avez construites sont mutuellement exclusives et collectivement exhaustives.

> Quand vous avez fini un premier jet de tous les *slides*, relisez les titres et jugez de la cohérence de l'histoire qu'ils racontent. Vous serez souvent amenés à changer l'ordre des *slides* et à récrire les titres.

Le lecteur trouvera un exemple de présentation sur le cas Atos Origin dans les pages qui suivent. Ce n'est qu'un exemple, pas un « corrigé ». Nous sommes convaincus qu'il est possible de faire mieux ! Nous nous sommes volontairement limités à dix pages, ce qui serait bien suffisant pour une présentation orale. Toutefois, on pourrait faire une présentation plus approfondie des analyses qui précèdent si on s'autorisait quinze pages.

Atos Origin™

Résoudre les problèmes de positionnement, d'organisation et de gouvernance pour devenir un acteur majeur dans l'industrie européenne des services informatiques

Avertissement: Cette présentation a été conçue dans le but purement pédagogique d'illustrer une démarche d'analyse stratégique créative. Elle ne prétend pas contribuer à la réflexion stratégique menée par les dirigeants d'Atos Origin qui ne lui apportent ni approbation ni improbation.

Recommandations

Développer des offres intégrées différenciées de type Worldline

→ Focaliser le groupe sur la définition d'offres intégrées et de solutions-client tout-en-un, en valorisant les synergies entre lignes de service
→ Repositionner Atos Origin sur des offres différenciées
→ Développer la transversalité et l'intégration entre pays
→ Réduire les coûts en délocalisant sélectivement

Stabiliser le groupe et redonner confiance

→ Poursuivre le plan d'amélioration des performances opérationnelles
→ Donner la priorité à la croissance interne
→ Rassurer les employés dont la confiance fidélisera les clients

Remanier la gouvernance

→ Améliorer l'alignement du conseil d'administration et du management sur la stratégie
→ Mieux intégrer les actionnaires majoritaires dans les décisions stratégiques

Préparer une acquisition d'envergure en Allemagne

→ Cibler T-Systems pour limiter les problèmes d'intégration
→ La croissance interne et le redressement permettront de réduire la dette et de reconstruire la capitalisation boursière pour financier l'acquisition.

Le marché a cru à la stratégie de croissance externe d'Atos, mais il a été déçu par sa mise en œuvre

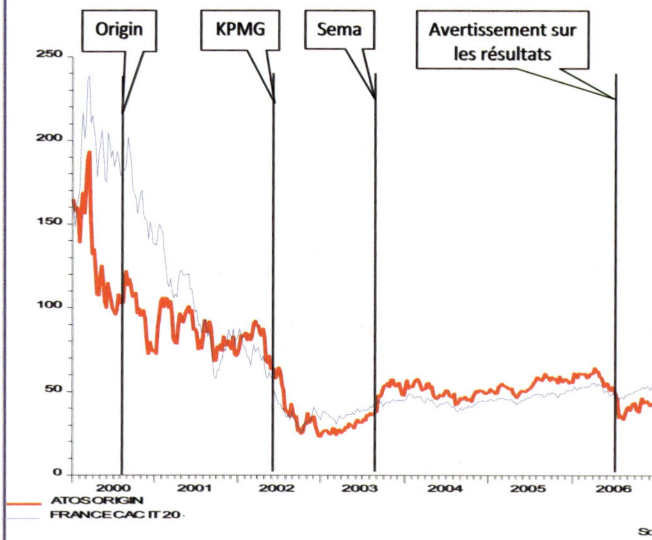

- **Origin** :
  - Réaction négative à l'annonce
  - Redressement réussi, valorisé par la suite
- **KPMG** :
  - Réaction positive à l'annonce (synergie conseil – informatique)
  - Déception ensuite (pertes).
- **Sema** :
  - Réaction positive à l'annonce, « c'est un nouvel Origin ! »
  - Déception: intégration tardive et mauvaises performances

Atos Origin n'est que la somme de ses acquisitions: la croissance interne fait défaut et les synergies ne sont pas exploitées

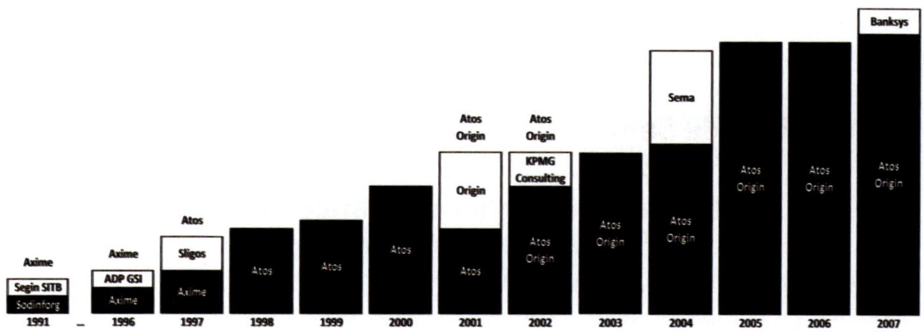

	1991	1996	1997	1998	1999	2000	2001	2002	2003	2004	2005	2006	2007
CA (€ mds)	0,3	0,4	0,9	1,0	1,1	1,9	3,0	3,0	3,0	5,3	5,4	5,4	5,9
Employés	3 800	3 400	8 700	9 500	10 900	26 900	26 300	28 600	26 473	46 600	47 700	49 800	51 600
Capitalisation	€70m	€0.5mds	€1.2mds	€2.2mds	€3.5mds	€3.3mds	€3.2mds	€1.1mds	€2.4mds	€3.3mds	€3.7mds	€3.3mds	€2.5mds

- Une expertise éprouvée dans les acquisitions
- Mais les complémentarités entre activités et sociétés acquises n'ont pas été exploitées pour générer de la croissance supplémentaire
- La focalisation de l'entreprise sur les revenus et clients récurrents a probablement amplifié le phénomène

Les synergies attendues des fusions-acquisitions ne se sont pas concrétisées dans les opérations

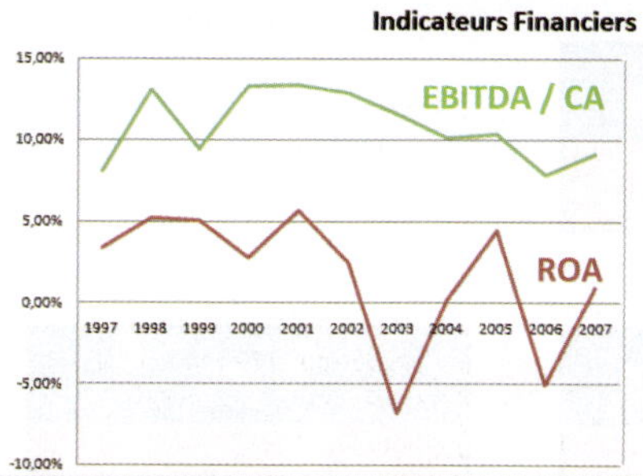

- **Les synergies attendues de la croissance externe ne se manifestent pas dans les résultats opérationnels**
  Dégradation constante de la marge EBITDA / CA entre 2000 et 2006
- **L'intégration des cibles impacte négativement le ROA**
  ROA 2003 : pertes en capital après l'acquisition de KPMG
  ROA 2006 : Problèmes d'intégration de Sema
- **Amélioration des résultats en 2007**
  Le plan de transformation commence à porter ses fruits

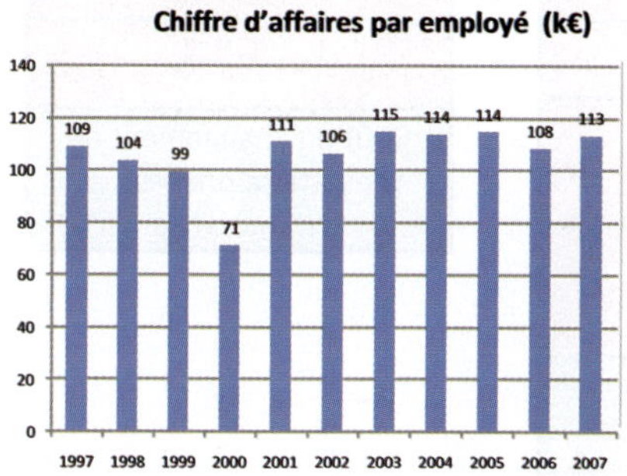

- **Intégration réussie d'Origin…**
  Avant la fusion (1997-2000), le CA par employé d'Atos se dégradait
  Il se redresse suite à l'intégration d'Origin (2001)
- **… mais absence d'économies d'échelle**
  Entre 1997 et 2007, l'effectif est multiplié par 6
  Pourtant, le CA par employé ne s'améliore pas sensiblement

Une succession rapide de crises a fragilisé le groupe et empêché son redressement

L'intégration de Sema plus difficile que prévu

→ Le groupe est organisé par pays, puis en silos « lignes de service »
→ La longueur de l'intégration entraîne des problèmes opérationnels majeurs
→ Profit warnings et baisse de la capitalisation boursière

Les occasions manquées

→ L'acquisition promise en Allemagne ne se conclut pas
→ Le LBO qui aurait accéléré le « turnaround » ne se concrétise pas
→ Le plan de transformation 3o3 n'est pas mis en œuvre suffisamment vite

L'impatience des actionnaires

→ Entrée des fonds dans le capital
→ Changement de président à la demande du conseil de surveillance
→ Tentative d'entrée des fonds au conseil de surveillance

Pendant ce temps, l'industrie se concentre et s'internationalise ; la pression sur les coûts, les délocalisations et l'intégration de l'offre s'amplifient

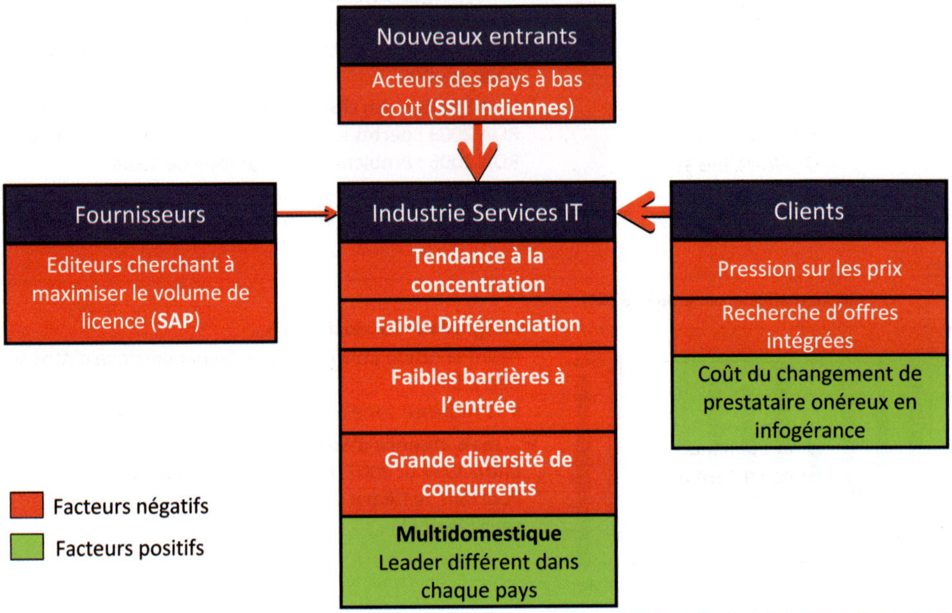

Pour faire face, Atos Origin doit clarifier sa stratégie, renforcer sa position concurrentielle et améliorer ses performances opérationnelles

- Les performances d'Atos Origin sont inférieures à celles de ses concurrents

Marge opérationnelle	*Ensemble*	**Conseil**	**Infogérance**	**Intégration Systèmes**
Atos Origin	4,6 %	4,9 %	8,7 %	4,1 %
Accenture	***11,9 %***	-	-	-
IBM	-	**8,5 %**	**10,8 %**	**8,5 %**
Cap Gemini	***5,7 %***	**8,1 %**	**9,2 %**	**6,8 %**
HP	***11 %***	-	-	-

- Le positionnement d'Atos Origin est vulnérable et manque de clarté

Stratégie de coût/volume	Intégration de Systèmes	En retard sur les délocalisations
	Infogérance	Pas d'avantage concurrentiel clair
	TMA	Position forte, mais attaquée par les nouveaux entrants
Stratégie de différenciation	Atos Worldline	Offre intégrée sur une niche Risque d'attaque par les nouveaux entrants

Atos Origin est au milieu du gué: le redressement est en cours mais il est nécessaire de clarifier la stratégie et l'organisation

Des états financiers restructurés

→ Retour aux résultats positifs en 2007
→ Réduction du passif
→ 60% des revenus sont stables

Une bonne capacité de croissance

→ Worldline se développe en interne et par acquisitions (Banksys et BCC)
→ Les synergies potentielles non exploitées sont toujours là
→ La capitalisation boursière sera tirée vers le haut si le redressement réussit
→ Les acquisitions (Allemagne) redeviendront possibles

Une gouvernance stabilisée

→ Un PDG charismatique expérimenté en redressements
→ Un comité exécutif et une organisation plus adaptée à un groupe multinational

Un positionnement stratégique à redéfinir

→ Les SSII indiennes low cost ont une croissance à deux chiffres en Europe
→ Accenture et IBM ont réussi à créer un avantage dans les trois métiers des SSII

Un effort de restructuration à compléter

→ Le plan de transformation doit être exécuté
→ L'organisation de l'entreprise doit refléter l'intégration de l'offre

Atos Origin doit décloisonner sa structure pour créer des offres intégrées: l'exception Atos Worldline doit devenir la règle

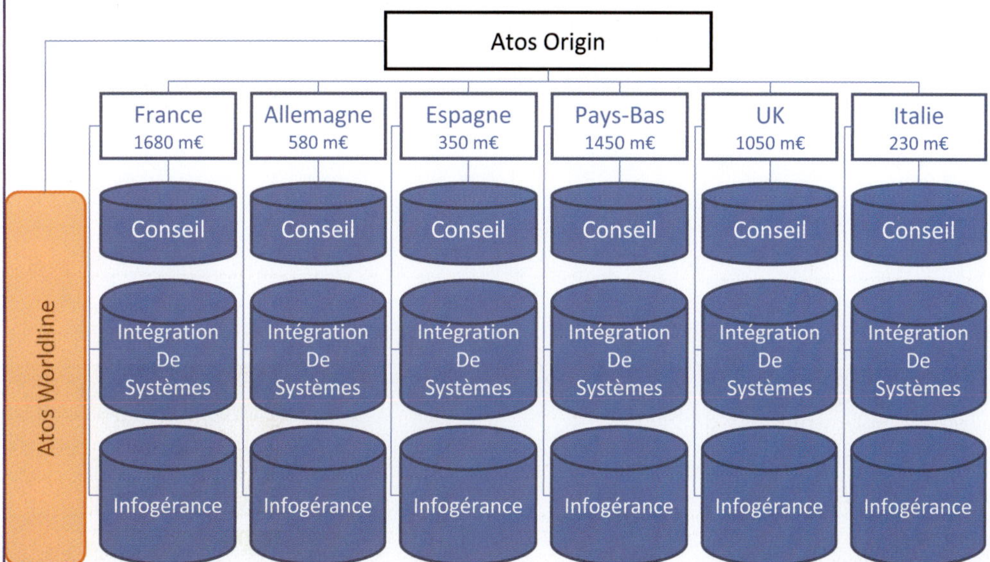

25 GRANDS AUTEURS EN STRATÉGIE

KENNETH R. ANDREWS (1916-2005)

LE FONDATEUR DE LA *CORPORATE STRATEGY*

Kenneth Andrews voit son doctorat en lettres interrompu par la Seconde Guerre mondiale. Il se retrouve dans l'armée de l'air sur le campus de Harvard, dont il côtoie les enseignants. À l'issue de la guerre, il revient terminer son PhD sur Mark Twain à Harvard. Alors que sa formation en lettres ne l'y prédispose pas, il deviendra une figure emblématique de la Business School de Harvard pendant ses quarante années de présence.

Dans les années 1950, Andrews enseigne en MBA et devient membre d'un groupe de travail chargé de refondre le cours obligatoire de *Business Policy*. Ce groupe articule le cours autour du concept de *corporate strategy*, proposant une démarche intégrative d'analyse et de formulation de la stratégie. En collaboration avec Learned, Christensen et Guth, il développe l'un des premiers modèles général d'analyse stratégique. Ce modèle, parfois désigné par l'acronyme LCAG (du nom des auteurs : Learned, Christensen, Andrews et Guth) est plus connu sous le sigle SWOT (*Strengths, Weaknesses, Opportunities, Threats*). Combinant analyse interne et analyse externe, il consiste à confronter les forces (*strengths*) et faiblesses (*weaknesses*) de l'entreprise face aux opportunités (*opportunities*) et menaces (*threats*) de l'environnement. Sur cette base, on peut ensuite recenser les possibilités d'actions et aboutir, en fonction des valeurs de l'entreprise, à la formulation de la stratégie. Ce modèle se veut avant tout pragmatique. Fondé sur l'observation des pratiques d'entreprises performantes, il est destiné à des praticiens expérimentés. S'il paraît quelque peu simpliste aujourd'hui, sa logique reste à la base de toute démarche d'analyse stratégique.

Par ailleurs, de 1972 à 1985, Andrews est un membre influent du comité éditorial de la *Harvard Business Review*. En tant que directeur, il a contribué à en faire une revue de référence internationale dans le monde des affaires. Il veille notamment à la publication d'articles portant sur l'éthique et préface un ouvrage regroupant les meilleurs articles sur le sujet en 1989 : *Ethics in Practice : Managing the Moral Corporation*.

Même si le terme « management stratégique » est préféré à celui de « *corporate strategy* » à partir du milieu des années 1970, Andrews, en tant que chef de file du groupe d'enseignants en *Business Policy* de Harvard, reste considéré comme l'un des fondateurs de la discipline, notamment en ce qui concerne l'enseignement par la méthode des cas.

Concepts clés :

Corporate strategy. Modèle LCAG. Modèle SWOT.

Principales publications :

Andrews K.R., Learned E.P., Christensen C.R. et Guth W.D., *Business Policy, Text and Cases*, Irwin, 1965.

Andrews K.R., *The Concept of Corporate Strategy*, Irwin, 1971.

Andrews K.R., *Ethics in Practice : Managing the Moral Corporation*, Harvard Business School Press, 1989.

H. IGOR ANSOFF (1918-2002)

LE PÈRE DU MANAGEMENT STRATÉGIQUE

Né à Vladivostock en Russie, docteur en mathématiques appliquées, Igor Ansoff débute sa carrière en entreprise, à la Lockheed Aircraft Corporation, où il fut notamment responsable des plans et programmes. Ces quinze années d'expérience en entreprise le confrontent à la complexité et à la turbulence de l'environnement et le convainquent de la nécessité de structurer la démarche stratégique. C'est ce qu'il cherchera à faire en devenant professeur à partir de 1963. Tout en restant consultant pour de grandes entreprises multinationales, Ansoff développe, à travers plus de 120 articles et ouvrages, des outils cherchant à faire le pont entre théorie et pratique.

Dès 1965, Ansoff publie *Corporate Strategy*, qui devient rapidement un ouvrage de référence. Ses concepts clés imprègnent encore les outils actuels de la stratégie : la construction du système d'objectifs, la synergie, la mission, la célèbre matrice de développement (distinguant pénétration, extension, développement et diversification), les types de diversification (horizontale, verticale, concentrique, conglomérale), l'analyse concurrentielle des écarts ainsi que les choix du portefeuille d'activité. Ce ne sont pas tant les concepts en eux-mêmes qui sont novateurs (la plupart ont été développés précédemment par d'autres auteurs), mais l'intégration et l'articulation de ces concepts. La principale contribution d'Ansoff est de proposer un cadre d'analyse structuré, cohérent et systématique. En combinant analyse et mise en œuvre, Ansoff inscrit la planification stratégique dans un cadre plus large qu'il nomme le management stratégique.

Dans un article important de 1975, Ansoff revient sur l'importance de l'analyse de l'environnement et souligne la nécessité de détecter les signaux faibles (*weak signals*) permettant d'éviter les surprises stratégiques. Il remet ainsi en cause l'approche habituelle de la planification stratégique, essentiellement fondée sur l'étude d'informations passées : selon lui, les plans stratégiques du milieu des années 1970 sont mal construits, puisqu'ils n'ont pas su prévoir un événement tel que le premier choc pétrolier. L'entreprise doit donc disposer d'un processus d'examen systématique de l'information : Ansoff insiste sur la veille stratégique et l'intelligence économique.

Si les travaux ultérieurs, notamment son ouvrage de 1984, *Implanting Strategic Management,* ont moins de retentissement, l'œuvre essentiellement prescriptive d'Ansoff, qui a su être à la fois manager, consultant et enseignant, demeure fondatrice pour le management stratégique.

Concepts clés :

Planification stratégique. Matrice produits-marchés. Diversification. Veille stratégique. *Weak signals*.

Principales publications :

Ansoff I., *Corporate Strategy*, McGraw-Hill, 1965.

Ansoff I., « Managing Strategic Surprise by Response to Weak Signals », *California Management Review*, n° 18, p. 21-33, 1975.

Ansoff I., *Implanting Strategic Management*, Prentice Hall, 1984.

Chris Argyris (né en 1923)

L'apprentissage organisationnel

Titulaire d'un master en psychologie et économie et d'un PhD en comportement des organisations de l'université de Cornell, Chris Argyris a été attiré vers la stratégie du fait de son intérêt pour le comportement des managers au sein d'équipes. Il a enseigné à Yale pendant vingt ans avant de rejoindre la Harvard Business School à partir de 1971.

Argyris est principalement connu pour ses travaux fondateurs sur l'apprentissage organisationnel, qui ont un ancrage pluridisciplinaire et concernent à la fois l'individu et l'organisation. Argyris s'intéresse à la capacité de changement, inhibée par les routines défensives mises en œuvre par les acteurs. L'apprentissage implique la détection et la correction d'erreurs : en étudiant des organisations ayant réussi à faire face au changement, Argyris identifie deux formes d'apprentissage. L'apprentissage en boucle simple implique la correction de l'erreur en recherchant une solution à l'intérieur des cadres de références habituels. L'apprentissage en double boucle en revanche consiste à remettre en cause ces cadres de référence afin de trouver une solution nouvelle et inhabituelle. Or, cette seconde forme d'apprentissage est particulièrement difficile à mettre en œuvre.

Grâce à son expérience de conseil auprès de nombreuses entreprises, Argyris a mis au point des modèles permettant de résoudre les difficultés inhérentes au changement et favorisant l'apprentissage en double boucle. À la fois chercheur et consultant, Argyris ne conçoit son travail de recherche que dans le cadre d'interventions en entreprise. Cette approche donne naissance à des « connaissances actionnables », c'est-à-dire opérationnelles pour les managers.

Concepts clés :

Apprentissage organisationnel. Apprentissage en boucle simple et en double boucle. Routines défensives.

Principales publications :

Argyris C., « Double Loop Learning in Organizations », *Harvard Business Review*, vol. 55, n° 5, p. 115-125, 1977.

Argyris C., *Organizational Learning. A Theory of Action Perspective*, Addison-Wesley, 1978.

Argyris C., *Knowledge for Action : A Guide to Overcoming Barriers to Organizational Change*, Jossey-Bass Publishers, 1993 (version française : *Savoir pour agir : surmonter les obstacles à l'apprentissage organisationnel*, Dunod, 2003).

Argyris C. et Schön D., *Organizational Learning II : Theory, Method and Practice*, Addison-Wesley, 1996 (version française : *Apprentissage organisationnel : Théorie, méthode, pratique*, De Boeck Université, 2002).

JAY B. BARNEY (NÉ EN 1954)

LES RESSOURCES STRATÉGIQUES

Jay Barney a obtenu son doctorat en sciences administratives et en sociologie à l'université Yale. Il a publié plus de 50 articles dans des revues académiques, ainsi que trois ouvrages. Il enseigne la stratégie au Fisher College of Business de l'Ohio State University.

Barney doit sa réputation à son rôle pionnier dans l'approche de la stratégie par les ressources, qu'il a contribué à faire émerger. Dans son article fondateur de 1991, « Firm Resources and Sustained Competitive Advantage », il cherche à identifier les sources de l'avantage concurrentiel. Contestant les arguments de Porter, Barney montre que la performance des entreprises n'est pas tant liée au choix d'opérer dans une industrie plutôt que dans une autre, mais qu'elle découle de la détention de ressources qui confèrent à l'entreprise un caractère unique. Les sources de l'avantage concurrentiel sont donc, d'après lui, exclusivement internes et n'ont rien à voir avec les déterminants hérités de l'économie industrielle que Porter met en avant.

Il existe selon Barney trois catégories de ressources : le capital physique, le capital humain et le capital organisationnel. Seules les ressources dotées de certaines caractéristiques, connues sous l'acronyme VRIN, contribuent à l'avantage concurrentiel durable : celles qui sont Valorisables (qui permettent d'exploiter des opportunités ou de neutraliser des menaces dans l'environnement), Rares (pour conférer à l'entreprise son caractère unique), Inimitables (pour garantir l'avantage concurrentiel lui-même) et Non substituables (pour assurer la durabilité de l'avantage concurrentiel). En 2006, Barney regroupe l'inimitabilité et la non-substituabilité en un seul critère et en rajoute un autre, l'Organisation, aboutissant ainsi au modèle VRIO.

Même si Barney s'est plus intéressé à la sélection et à l'exploitation des ressources qu'à leur construction, il est toujours l'un des contributeurs majeurs à l'approche de la stratégie par les ressources.

Concepts clés :

Ressources de capital physique, de capital humain et de capital organisationnel. Modèle VRIN. Modèle VRIO.

Principales publications :

Barney J.B., « Firm Resources and Sustained Competitive Advantage », *Journal of Management*, vol. 17, n° 1, p. 99-121, 1991.

Barney J.B., *Gaining and Sustaining Competitive Advantage*, Addison-Wesley, 1997.

Barney J.B., Ray G. et Muhanna W.A., « Capabilities, Business Processes and Competitive Advantage : Choosing the Dependant Variable in Empirical Tests of the Resource-Based View », *Strategic Management Journal*, vol. 25, n° 1, p. 23-37, 2004.

ALFRED D. CHANDLER (1918-2007)

L'HISTORIEN DU LIEN STRATÉGIE-STRUCTURE

Historien, Alfred DuPont Chandler s'est intéressé à l'organisation des entreprises par une sorte d'atavisme. Comme son *middle name* l'indique, il était lié à la famille DuPont, héritière du groupe chimique DuPont de Nemours qui fait l'objet d'un chapitre dans son livre *Strategy and Structure*. De plus, son arrière-grand-père, Henry V. Poor, rédacteur en chef de l'*American Railroad Journal* dans les années 1850, puis des *Poor's Manuals of Railroads* après la guerre de Sécession, a laissé son nom à la célèbre agence de cotation Standard and Poor's. C'est en rédigeant une biographie d'Henry V. Poor à partir des archives de son aïeul qu'Alfred Chandler obtient son doctorat d'histoire à Harvard. Au cours de ce travail, il comprend que les chemins de fer ont donné naissance aux premières organisations « modernes », conviction qui irrigue toute son œuvre. Il enseigne ensuite au MIT puis à la John Hopkins University avant de retourner à Harvard à partir de 1970 en tant que professeur de *Business History*.

Chandler a été le premier à s'intéresser aux liens entre stratégie d'entreprise et structure organisationnelle. Ses recherches se concentrent sur l'émergence et l'histoire de « l'entreprise moderne ». En 1962, il publie *Strategy and Structure*. À partir de quatre monographies historiques portant sur DuPont, General Motors, Standard Oil et Sears Roebuck, ce livre analyse l'apparition de la structure multidimensionnelle décentralisée, dite « forme M », née de la croissance et de la diversification de ces grands groupes. Chandler oppose la forme M à la structure fonctionnelle centralisée, dite « forme U ». Ce faisant, il montre que la structure de l'entreprise doit s'articuler étroitement avec les stratégies poursuivies, ce qui exige des restructurations souvent douloureuses et complexes. Bien que Chandler lui-même considère que le lien entre stratégie et structure est réciproque, son livre deviendra célèbre pour la recommandation qu'il suggère : la structure doit découler de la stratégie.

En 1977, dans *The Visible Hand : The Managerial Revolution in American Business*, Chandler brosse une fresque historique de la grande entreprise américaine en analysant notamment l'évolution de la fonction de direction générale. Il montre dans ce livre que la « main visible » des managers s'est largement substituée à la « main invisible du marché », chère à Adam Smith, pour allouer les ressources et coordonner les activités économiques. L'approche de Chandler s'apparente ainsi à celle de Williamson dans la mesure où elle étudie la substitution du marché par l'organisation structurée (que Williamson appelle « hiérarchie »).

Concepts clés :

Lien stratégie-structure. Forme en U. Forme en M.

Principales publications :

Chandler A.D., *Strategy and Structure, Chapters in the History of the Industrial Enterprise*, MIT Press, 1962 (version française : *Stratégies et structures de l'entreprise*, Éditions d'Organisation, 1972 et 1989).

Chandler A.D., *The Visible Hand : The Managerial Revolution in American Business*, Belknap Press, 1977 (version française : *La Main visible des managers*, Économica, 1988).

CARL VON CLAUSEWITZ (1780-1831)

LE THÉORICIEN DE LA STRATÉGIE MILITAIRE

Carl von Clausewitz intègre l'armée prussienne à l'âge de douze ans, participe aux batailles du siège de Mayence (1793) et entre à l'Académie militaire de Berlin en 1801, où il étudie notamment Kant. Après avoir été prisonnier des Français entre 1807 et 1808, il est promu major et devient professeur à l'Académie militaire, en charge de la formation du prince héritier de Prusse. Il laisse à son élève princier des manuscrits intitulés « Des principes de la guerre ». En 1818, il est élevé au grade de major général et nommé directeur de l'administration de l'Académie militaire de Berlin, poste qu'il occupe pendant douze années, en se consacrant à la rédaction de son livre. Nommé chef d'état-major de l'armée levée pour contrer l'insurrection polonaise, il meurt des suites du choléra contracté sur le champ de bataille. Sa femme fait publier son œuvre, *De la guerre*.

Clausewitz a été le premier à « penser » la guerre, c'est-à-dire à affirmer qu'elle ne peut se résumer à un plan simple ou à l'application de recettes. Il distingue le niveau stratégique (la guerre) du niveau tactique (la bataille). L'objectif est bien de détruire l'ennemi mais, face à l'incertitude, il s'agit de faire évoluer ses manœuvres tout au long de la bataille, en fonction des évènements. De plus, il insiste sur les facteurs humains, tels que le leadership, le moral, le courage.

Considérées encore aujourd'hui comme majeures en matière de stratégie militaire occidentale, ses idées ont été transférées dans d'autres disciplines telles que les sciences politiques, l'économie et le management stratégique.

Concepts clés :

Étrange trinité. Guerre théorique *vs* guerre réelle. Friction.

Principales publications :

Von Clausewitz C., *Vom Kriege,* Dümmlers Verlag, 1832 (version française : *De la Guerre*, Minuit, 1955).

MICHEL CROZIER (NÉ EN 1922)

LE SOCIOLOGUE DES ORGANISATIONS

Diplômé d'HEC, Michel Crozier obtient après la guerre une bourse pour étudier les syndicats aux États-Unis, ce qui lui donne le goût du terrain. De retour en France, il devient docteur en droit et chercheur au CNRS. Il alterne les périodes de recherche et d'enseignement en France et aux États-Unis (Stanford, Harvard…), forgeant les principaux concepts de la sociologie des organisations, en associant recherche théorique et enquête empirique.

À partir de 1950, il conduit des études sur l'organisation et le comportement des travailleurs, essentiellement dans des administrations et des entreprises publiques. Son objectif est de comprendre et d'expliquer les dysfonctionnements de ces organisations. En 1959, invité à l'université de Stanford, il s'inspire des écrits de la sociologie des organisations américaine pour développer ses propres concepts, présentés en 1964 dans son livre *Le Phénomène bureaucratique*. Ce livre, qui esquisse ce qui deviendra l'analyse stratégique des organisations, connaît un fort retentissement. Ce succès conduit Crozier à fonder en 1965 le Centre de Sociologie des Organisations, dont l'équipe entreprend un programme de recherche sur l'administration française. En collaboration avec E. Friedberg, Crozier publie en 1977 *L'Acteur et le système*, qui présente les éléments d'une théorie organisationnelle de l'action collective.

En résumé, Crozier a développé une nouvelle théorie des formes bureaucratiques qui établit des corrélations entre le système bureaucratique et les relations de pouvoir : un système bureaucratique qui ne sait pas corriger ses erreurs, et donc s'adapter au changement, ne fonctionne que par crises, qu'il faut à la fois susciter et contrôler. Afin de faciliter le développement des organisations, il faut en assouplir le fonctionnement et développer la coopération.

Pour Crozier, la sociologie doit être non seulement un champ théorique mais aussi une connaissance utile, c'est-à-dire un outil de changement qui permet aux acteurs de la vie économique de mieux appréhender leur situation.

Concepts clés :

Analyse stratégique des organisations. Zone d'incertitude organisationnelle.

Principales publications :

Crozier M., *Le Phénomène bureaucratique*, Le Seuil, 1964.
Crozier M., *La Société bloquée*, Le Seuil, 1970.
Crozier M. et Friedberg E., *L'Acteur et le système*, Le Seuil, 1977.
Crozier M., *On ne change pas la société par décret*, Grasset, 1979.
Crozier M., *À quoi sert la sociologie des organisations ?* vol. 1 : *Théorie, culture et société ;* vol. 2 : *Vers un nouveau raisonnement pour l'action*, Éditions Seli Arslan, 2000.

PETER F. DRUCKER (1909-2005)

LE PÈRE DU MANAGEMENT MODERNE

Né dans une famille influente de Vienne (Schumpeter est un ami de son père), Peter Drucker y obtient un doctorat en droit public et international. Il travaille d'abord comme journaliste à Francfort puis, face à l'avènement du régime nazi, il part à Londres, où il devient économiste à la London Banking House. Il émigre aux États-Unis en 1937. Il concilie son métier de professeur (à New York University puis à Claremont Graduate University, en Californie) avec celui de consultant pour de grandes entreprises (General Motors, General Electric...). Drucker n'est pas un théoricien *stricto sensu* mais plutôt un praticien cherchant à formaliser, dans une quarantaine d'ouvrages, son expérience dans le but de la transférer à des managers. Il a souvent été qualifié de « gourou », même s'il détestait ce terme.

Drucker a été le premier à mettre en lumière l'importance du rôle du manager dans la réussite de l'entreprise. Afin d'être efficace, il doit exercer cinq activités essentielles : fixer des objectifs, organiser le travail, motiver, communiquer, établir des normes de performances. Pour ce faire, Drucker préconise des structures décentralisées et simplifiées. Drucker analyse l'émergence de la société de services, où les individus travaillent plus avec leur cerveau qu'avec leurs mains, et où les organisations tayloriennes ne sont donc pas toujours adaptées. Dès 1959, il invente le terme de *knowledge worker*, travailleur du savoir : il a compris que la connaissance devenait une ressource essentielle pour le XXIe siècle, plus encore que le capital financier. La gestion de la connaissance prend tout son sens dans une approche centrée sur le marché : il faut selon Drucker donner la priorité au client et innover en permanence. Plus généralement, il souligne l'importance d'envisager toutes les activités de l'entreprise sous l'angle du client. Le profit n'est pas le but de l'organisation : c'est le client. Selon lui, cette focalisation sur le client générera mécaniquement du profit.

Concepts clés :

Management par objectifs. Travailleur du savoir. Approche centrée sur le marché.

Principales publications :

Drucker P., *Concept of the Corporation*, John Day, 1946.
Drucker P., *The Practice of Management*, Harper & Row, 1954.
Drucker P., *Management : Tasks, Responsibilities and Practices*, Heinemann, 1974.
Drucker P., *Management Challenges for the 21st Century*, HarperBusiness, 2001.
Drucker P., *The Daily Drucker : 366 Days of Insight and Motivation for Getting The Right Things Done*, HarperBusiness, 2004.

KATHLEEN M. EISENHARDT

VITESSE, CHANGEMENT ET CHAOS

Après son diplôme d'ingénieur, Kathleen Eisenhardt obtient un PhD à Stanford, où elle fera toute sa carrière académique. Elle est professeur au département de management et d'ingénierie au sein de l'école d'ingénieurs. Sa formation, son environnement académique, ses activités de conseil ainsi que sa position au cœur de la Silicon Valley imprègnent l'ensemble de ses travaux.

Eisenhardt est en effet connue pour ses recherches sur la prise de décision stratégique et l'innovation dans des secteurs en rapide évolution et à fort contenu technologique. « Construisant des théories à partir de recherches basées sur des études de cas » (titre de l'un de ses articles sur la méthodologie de recherche), elle a développé des concepts, utiles à la fois sur les plans théorique et pratique. Eisenhardt a d'abord montré que dans ces environnements fortement changeants, inconfortables, la vitesse était un facteur décisif, à la fois dans les processus de prise de décision et d'introduction de nouveaux produits. Dans ces contextes, elle montre que certaines caractéristiques, perçues habituellement comme des faiblesses, peuvent en fait constituer des avantages. Ainsi, afin d'aboutir à une décision rapide, l'entreprise doit simplifier son processus de décision en s'appuyant sur un nombre limité de règles simples, qui servent de fil conducteur (par exemple, des critères simples pour décider ou non d'une acquisition). Par ailleurs, les conflits dans les équipes de dirigeants peuvent être positifs, en contribuant à faire émerger des remises en cause. Enfin, la gestion du portefeuille d'activité est présentée comme un rapiéçage stratégique permanent (*patching*), contrastant avec les approches habituelles, visant à la stabilité. En résumé, le défi est donc d'instaurer un chaos structuré.

Mettant ainsi en exergue le fait que la stratégie se situe plus dans l'action que dans l'analyse, elle contribue à développer le courant des capacités dynamiques, définies comme l'aptitude de l'organisation à gérer, voire provoquer le changement. Au final, cette aptitude devient le seul avantage concurrentiel durable, les autres n'étant que temporaires.

Concepts clés :

Strategy as simple rules. Capacités dynamiques. Rapiéçage stratégique. Chaos structuré.

Principales publications :

Eisenhardt K.M., « Building Theories from Case Study Research », *Academy of Management Review*, vol. 14, n° 4, p. 532-551, 1989.
Brown S. L. et Eisenhardt K.M., « The Art of Continuous Change : Linking Complexity Theory and Time-paced Evolution in Relentlessly Shifting Organizations », *Administrative Science Quarterly*, vol. 42, n° 1, p. 1-34, 1997.
Eisenhardt K.M. et Martin J.A., « Dynamic Capabilities : What Are They ? », *Strategic Management Journal*, vol. 21, n° 10-11, p. 1105-1122, 2000.
Eisenhardt K.M. et Sull D.N., « Strategy as Simple Rules », *Harvard Business Review*, vol. 79, n° 1, p. 106-117, 2001.

Henri Fayol (1841-1925)

Le premier théoricien du management

Diplômé de l'école des Mines de Saint-Étienne, Henri Fayol a fait toute sa carrière à la Société industrielle et minière de Commentry-Fourchambault, dont il est devenu directeur général en 1888, après lui avoir évité la faillite. Sa conception de l'administration est largement inspirée de sa propre expérience.
Fayol est considéré comme le père de l'école classique du management, puisqu'il a été le premier à théoriser l'administration des entreprises et du commandement. Partant du constat que la majorité des dirigeants de l'époque étaient issus d'écoles d'ingénieurs, il cherche à développer des concepts pouvant être intégrés dans leur formation. Dans son ouvrage de 1916, *Administration industrielle et générale*, considéré comme le fondement de la théorie classique de l'organisation, il propose la première théorie générale du management et de ses principes.
Selon Fayol, une entreprise s'analyse à travers six fonctions principales : technique, commerciale, financière, de sécurité, comptable et administrative. En étudiant la fonction administrative (celle de la direction), Fayol a défini les cinq principes universels du management moderne : prévoir et planifier, organiser, commander, coordonner et contrôler. Afin d'optimiser le fonctionnement de l'entreprise, les dirigeants doivent tenir compte de quatorze principes généraux d'administration : la division du travail, l'autorité, la discipline, l'unité de commandement, l'unité de direction, la subordination des intérêts particuliers à l'intérêt général, la rémunération, la centralisation, l'ordre, la hiérarchie, l'équité, la stabilité du personnel, l'initiative et l'esprit de corps.
Paradoxalement, les idées de Fayol ont d'abord été appliquées aux États-Unis avant de retrouver un écho en France après la Seconde Guerre mondiale. Ses principes sont complémentaires de ceux de Taylor, son contemporain américain, dont le pivot d'analyse est l'ouvrier, alors que celui de Fayol est le dirigeant. L'œuvre de Fayol est finalement très en avance sur son temps, et se révèle encore pertinente aujourd'hui.

Concepts clés :

Cinq principes universels. Principes généraux d'administration.

Principales publications :

Fayol H., *Administration industrielle et générale*, Dunod, 1916.
Fayol H., « L'Industrialisation de l'État », *Bulletin de la société de l'industrie minérale,* 1919.

SUMANTRA GHOSHAL (1948-2004)

L'ENTREPRISE TRANSNATIONALE

Après des études de physique, Sumantra Ghoshal débute sa carrière au sein de la Indian Oil Corporation. Il décide en 1981 de devenir chercheur en management, et réussit à obtenir presque simultanément un PhD de la Sloan School of Management du MIT (1985) et un DBA de la Harvard Business School (1986). Il débute à l'INSEAD en 1985 puis rejoint, en 1994, la London Business School.
Ghoshal est connu essentiellement pour ses travaux sur le management des grandes entreprises internationales. Son ouvrage *Managing Accross Borders*, publié en 1989 avec Bartlett, est considéré par le *Financial Times* comme l'un des ouvrages de management les plus influents des dernières décennies. Les auteurs y exposent les résultats de leurs recherches menées auprès de grandes entreprises opérant sur des marchés internationaux. Ils en tirent une typologie en quatre catégories :

> le groupe multinational est une fédération d'entreprises libres de leurs décisions stratégiques, ce qui favorise l'adaptation aux marchés locaux ;

> l'entreprise globale est fortement centralisée et laisse peu d'initiative aux différents pays, ce qui permet d'exploiter fortement les économies d'échelle ;

> l'entreprise internationale se situe entre ces deux extrêmes et bénéficie des transferts d'apprentissages entre entités nationales ;

> l'entreprise transnationale, quant à elle, est considérée comme une sorte d'idéal type, vers lequel les autres devraient tendre afin de s'adapter à un environnement en perpétuelle mutation. L'entreprise transnationale sait en effet combiner les avantages des autres formes, favorisant à la fois l'adaptabilité aux marchés locaux, l'exploitation d'économies d'échelle et le transfert d'expérience.

Peu avant sa disparition, Ghoshal s'était donné pour objectif de mener des recherches s'attaquant aux dérives du management stratégique et de son paradigme dominant, la maximisation de la valeur pour l'actionnaire.

Concepts clés :

entreprise transnationale.

Principales publications :

Ghoshal S. et Bartlett C.A., *Managing Across Borders : The Transnational Solution*, Harvard Business School Press, 1989 (version française : *Le Management sans frontières*, Éditions d'Organisation, 1991).
Ghoshal S. et Bartlett C.A., *The Individualized Corporation : A Fundamentally New Approach to Management*, HarperCollins Publishers, 1997 (version française : *L'Entreprise individualisée, une nouvelle logique de management*, Maxima, 1998).
Ghoshal S., « Bad Management Theories are Destroying Good Management Practices », *Academy of Management Learning and Education*, vol. 4, n° 1, p. 75-91, 2005.

GARY HAMEL (NÉ EN 1954)

L'AGITATEUR

Premier dans le classement des vingt penseurs en stratégie les plus influents du *Wall Street Journal* et qualifié de « meilleur expert mondial en stratégie » par le magazine *Fortune*, Gary Hamel assume pleinement sa qualité de « gourou ». Incitant les dirigeants à s'opposer aux idées dominantes, il applique également cette stratégie à lui-même.

Après son MBA, Hamel est pendant quelques années administrateur d'hôpital avant de repende ses études pour obtenir, en 1990, son PhD en affaires internationales à l'université du Michigan, où il rencontre C.K. Prahalad. Jusqu'au milieu des années 1990, Hamel et Prahalad coécrivent les articles qui les ont rendus célèbres. Rejetant l'approche déterministe de Porter, dominante à l'époque, ils travaillent à l'élaboration d'un cadre d'analyse alternatif. En observant les entreprises japonaises performantes, ils constatent que celles-ci se focalisent peu sur leurs concurrents et sur l'environnement. Considérant que le moteur de la performance des entreprises est donc essentiellement interne, ils donneront naissance aux concepts d'« intention stratégique » et de « compétence clé », d'abord à travers des articles dans la *Harvard Business Review*, puis dans leur ouvrage *Competing for the Future*. Prônant une approche pro-active de la stratégie, ils expliquent que l'entreprise doit développer une vision, également appelée « intention stratégique », c'est-à-dire une description de ce qu'elle aspire à devenir dans le long terme. Forte de cette vision, l'entreprise doit s'appuyer sur ses compétences clés pour croître, en modifiant les règles du jeu du secteur à son profit.

En 1995, Hamel fonde le cabinet de conseil *Strategos*. Consultant auprès de grandes sociétés multinationales, Hamel conseille les dirigeants sur les questions d'innovation, d'entrepreneuriat et de compétitivité industrielle. Il exhorte les dirigeants à s'engager dans une révolution stratégique. Il préconise la créativité stratégique qui commande une approche plus générale de l'innovation, stimulée par une culture d'entreprise ouverte et démocratique.

Au total, Hamel propose un état d'esprit plus que de véritables outils. Il manie la métaphore et la preuve par l'exemple, ce qui se retourne parfois contre lui, comme dans le cas d'Enron qu'il avait érigé en modèle. Son approche peu scientifique ainsi que son marketing personnel lui vaut d'être souvent rejeté par la communauté académique.

Concepts clés :

Intention stratégique. Compétence clé. Révolution stratégique. Innovation.

Principales publications :

Hamel G. et Prahalad C.K., « Strategic Intent », *Harvard Business Review*, vol. 67, n° 3, p. 63-77, 1989.

Hamel G. et Prahalad C.K., « The Core Competence of the Corporation », *Harvard Business Review*, vol. 68, n° 3, p. 79-87, 1990.

Hamel G. et Prahalad C.K., *Competing for the future*, Harvard Business School Press, 1994 (version française : *La Conquête du futur*, Dunod, 1999).

Hamel G. et Doz Y.L., *Alliance Advantage*, Harvard Business School Press, 1998.

Hamel G., *Leading the Revolution*, Harvard Business School Press, 2000 (version française : *La Révolution en tête,* Village mondial, 2000).

JAMES G. MARCH (NÉ EN 1928)

AMBIGUÏTÉ ET DÉCISION

Après son doctorat en Sciences Politiques à l'université Yale en 1953, James March est recruté comme professeur assistant par Herbert Simon au Carnegie Institute of Technology. Il rejoint l'université de Stanford en 1970, enseignant dans différents domaines des sciences sociales (sciences politiques, sociologie, sciences de l'éducation et management international). Avec une centaine d'articles et de nombreux ouvrages, March est un auteur de référence, en particulier pour ses recherches remettant en cause les modèles classiques de prise de décision dans les organisations et ses travaux sur le changement organisationnel.

Présentant l'entreprise comme une coalition d'acteurs aux intérêts divergents, March propose une vision chaotique voire anarchique de la décision. Rejetant à la fois les modèles rationnel, organisationnel et politique, il développe, avec Cohen et Olsen, le « modèle de la poubelle » (*garbage can model*), en 1972. Ce dernier modèle suggère que dans les organisations, les solutions sont en quête de problèmes, et non l'inverse. Une décision est vue comme le résultat de la rencontre fortuite de problèmes (en suspens), de solutions (toutes prêtes) et de décideurs plus ou moins concernés. Cette vision permet d'expliquer des phénomènes fréquents dans les organisations, tels que des décisions ne résolvant pas les problèmes visés, l'adoption de solutions alors que la situation n'était pas problématique ou la persistance de problèmes non résolus. Le modèle de la poubelle remet finalement en cause l'idée selon laquelle la décision serait en soi un phénomène important.

En s'intéressant au processus de prise de décision, March est amené à se préoccuper des changements dans les organisations, et en particulier à l'apprentissage lié à ces changements. Il publie en 1991 un article de référence sur le sujet, présentant le conflit entre activités d'exploitation et d'exploration. L'exploitation fait référence à des notions telles que perfectionnement, production, efficience, sélection, exécution ; elle consiste à exploiter les routines existantes. L'exploration renvoie à des notions telles que recherche, variation, prise de risque, découverte, innovation ; elle consiste à explorer de nouvelles voies. La difficulté provient du conflit entre exploitation et exploration : il s'agit de trouver un équilibre entre les deux.

Empruntant à divers domaines des sciences sociales, March a contribué à développer une vision plus réaliste, moins rationaliste du fonctionnement de l'organisation.

Concepts clés :

Modèle de la poubelle (*garbage can model*). Exploitation *vs* exploration.

Principales publications :

Cyert R. et March J.G., *A Behavioral Theory of the Firm,* Prentice Hall, 1963.

Cohen M.D., March J.G. et Olsen J.P., « A Garbage Can Model of Organizational Choice », *Administrative Science Quarterly*, vol. 17, n° 1, p. 1-25, 1972.

March J.G., *Decisions and Organizations*, Basil Blackwell, 1988 (version française : *Décisions et organisations*, Éditions d'Organisation, 1991).

March J.G., « Exploration and Exploitation in Organizational Learning », *Organization Science*, vol. 2, n° 1, p. 71-88, 1991.

HENRY MINTZBERG (NÉ EN 1939)

LE GÉNÉRALISTE PROLIFIQUE

Ingénieur en génie mécanique, Henry Mintzberg débute sa carrière aux Chemins de Fer Nationaux canadiens avant de se réorienter dès 1968 vers une carrière académique classique, suite à l'obtention d'un PhD de la prestigieuse Sloan School of Management du MIT. Mintzberg est un auteur prolifique, tant par l'ampleur (plus de 140 articles et 13 ouvrages) que par l'étendue des thèmes qu'il traite.
Ses travaux, qui critiquent la vision traditionnellement normative et rationnelle de la stratégie, peuvent être classés en quatre thèmes plus ou moins chronologiques :

> Le premier s'intéresse au travail du manager : le suivi systématique de plusieurs dirigeants lors de sa recherche doctorale a permis à Mintzberg de montrer un quotidien du manager chaotique et frénétique, bien éloigné du penseur systématique et réfléchi généralement décrit dans la littérature académique ;

> Le deuxième concerne la variété des structures organisationnelles, présentée à travers les cinq célèbres configurations : la structure simple, la bureaucratie mécaniste, la bureaucratie professionnelle, la structure divisionnelle et l'adhocratie ;

> Le troisième aborde la formation de la stratégie : à la planification stratégique délibérée et analytique, chère à Ansoff, Mintzberg oppose la stratégie réalisée, émergente, non intentionnelle et empreinte d'intuition ;

> Enfin, les travaux récents de Mintzberg dénoncent de manière virulente les méthodes de formation au management, notamment la méthode des cas. Il plaide pour la formation de « managers, pas de MBA », ouverts à l'innovation et dotés d'un esprit entrepreneurial, à travers un apprentissage et une réflexion collective à partir de l'expérience.

Le point commun des travaux de Mintzberg, outre un style incisif et l'utilisation de métaphores, se situe dans son approche. En combinant une analyse exhaustive de la littérature et une observation empirique minutieuse (en entreprise ou dans d'autres formes d'organisations, notamment dans le secteur public), il développe une vision synthétique et renouvelée des questions traitées, en proposant souvent des typologies et configurations.

Concepts clés :

Configurations organisationnelles. Stratégie délibérée et émergente.

Principales publications :

Mintzberg H., *Structuring of Organizations*, Prentice Hall, 1978 (version française : *Structure et dynamique des organisations*, Éditions d'Organisation, 1982).
Mintzberg H., *The Rise and Fall of Strategic Planning*, Free Press, 1993. (version française : *Grandeur et décadence de la planification stratégique*, Dunod, 1994).
Mintzberg H., Lampel J. et Ahlstrand B., *Strategy Safari : A Guided Tour Through The Wilds Of Strategic Management,* Free Press, 1998 (version française : *Safari en pays stratégie,* Village mondial, 1999).
Mintzberg H., *Managers, not MBAs,* Berrett-Koehler, 2004 (version française : *Des managers, des vrais ! Pas des MBA*, Éditions d'Organisation, 2004).

Edith Penrose (1914-1996)

L'économiste des ressources

Diplômée de l'université de Californie, Edith Tilton épouse en 1945 Ernest Penrose, un économiste britannique, et obtient son doctorat en 1951 à la John Hopkins University à Baltimore, où elle enseigne jusqu'en 1955. Fuyant le maccarthysme, le couple part pour l'Australie puis pour l'Irak. À Bagdad, Penrose s'intéresse à l'industrie pétrolière. En 1959, les époux Penrose s'installent à Londres, où Edith enseigne à la London School of Economics ainsi qu'à la School of Oriental and African Studies. En 1978, elle devient professeur d'économie politique à l'INSEAD en France. En 1984, elle prend sa retraite et s'installe au Royaume-Uni.

À la John Hopkins University, Penrose participe à un projet de recherche portant sur la croissance des firmes. Elle aboutit à la conclusion que les théories économiques existantes ne permettent pas d'expliquer cette croissance : elle présente sa nouvelle approche dans son ouvrage, *The Theory of the Growth of the Firm*, en 1959. S'éloignant de la théorie économique classique, Penrose a été l'une des premières à mettre en lumière l'importance des ressources dans la croissance de l'entreprise et également du rôle du management dans la gestion de ces ressources : c'est pour trouver de nouveaux usages à des ressources sous-exploitées que les managers développent l'entreprise et la font croître. De ce fait, Penrose est aujourd'hui considérée comme l'économiste précurseur de l'approche de la stratégie par les ressources et les compétences.

Concept clé :

Ressources. Croissance de la firme.

Principale publication :

Penrose E. T., *The Theory of the Growth of the Firm*, Wiley, 1959.

Michael E. Porter (né en 1947)

L'apport de l'économie industrielle

Auteur de plus de 125 articles et de 17 ouvrages, Michael Porter est une figure incontournable de la stratégie concurrentielle, tant pour les chercheurs, que pour les managers et les enseignants. Sa double formation (PhD en économie et MBA, tous deux de l'université de Harvard) explique en grande partie l'origine de ses thèses.

Au cours des années 1980, Porter a en effet « traduit » les concepts de l'économie industrielle en trois outils fondamentaux d'analyse concurrentielle. Il a tout d'abord identifié cinq forces (concurrence, pouvoir de négociation des fournisseurs et des clients, pression des produits de substitution et des nouveaux entrants) qui s'exercent sur toute industrie et qui expliquent selon lui la rentabilité intrinsèque du secteur. Pour affronter ces forces, les entreprises doivent choisir entre trois stratégies génériques : la domination par les coûts, la différentiation ou la focalisation. Enfin, troisième outil, la chaîne de valeur découpe les opérations de l'entreprise en diverses sous-activités. Elle constitue une grille de lecture des sources de l'avantage concurrentiel de la firme.

Consultant en stratégie, Porter intervient auprès de décideurs économiques et politiques. Dans les années 1980, il est nommé par Ronald Reagan à la Commission sur la compétitivité industrielle. Il s'intéresse par la suite au développement économique des nations, et conseille les gouvernements et les collectivités locales dans de nombreux pays. Dans les années 1990, il se préoccupe du développement des quartiers défavorisés et des zones rurales aux États-Unis, ainsi que des questions de santé et d'environnement. Plus récemment, ses travaux se sont portés vers la responsabilité sociale des organisations.

Les travaux de Porter ont été critiqués pour leur côté rigide, impliquant que la stratégie consiste à mettre l'entreprise en adéquation avec un environnement donné, considéré comme stable. Dans sa conception, la stratégie relève d'une démarche de positionnement, essentiellement déterminée par les conditions externes, ce que contestent les paradigmes plus récents fondés sur une meilleure prise en compte de la dimension interne de la firme, comme notamment l'approche par les ressources.

Concepts clés :

Les cinq forces. Les stratégies génériques. La chaîne de valeur.

Principales publications :

Porter M.E., « How Competitive Forces Shape Strategy », *Harvard Business Review*, vol. 57, n° 2, p. 137-145, 1979.

Porter M.E., *Competitive Strategy*, Macmillan Publishing, 1980 (version française : *Choix stratégiques et concurrence*, Économica, 1982).

Porter M.E., *Competitive Advantage*, Free Press, 1985 (version française : *L'Avantage concurrentiel*, InterÉditions, 1986).

Porter M.E., *Competitive Advantage of Nations*, Harvard Business School Press, 1990 (version française : *L'Avantage concurrentiel des nations*, InterÉditions, 1993).

Porter M.E., « What Is Strategy ? », *Harvard Business Review*, vol. 74, n° 6, p. 61-79, 1996.

Porter M.E. et Kramer M., « Strategy & Society : The Link Between Competitive Advantage and Corporate Social Responsibility », *Harvard Business Review*, vol. 84, n° 12, p. 78-92, 2006.

C.K. PRAHALAD (NÉ EN 1941)

LE REJET DE LA LOGIQUE DOMINANTE

Coimbatore Krishnarao (C.K.) Prahalad est né à Madras, en Inde. Après un diplôme en physique, il a travaillé pour Union Carbide, avant de rejoindre les États-Unis et d'obtenir un doctorat de la Harvard Business School en 1975. Il a ensuite enseigné à la *business school* d'Ahmedabad, avant de retourner aux États-Unis, où il est devenu professeur à l'université du Michigan. Cette double culture a largement influencé son œuvre.

Prahalad s'est d'abord rendu célèbre par les articles coécrits avec Gary Hamel dont il est directeur de thèse à l'université du Michigan. S'opposant à la logique de Porter fondée sur l'économie industrielle, dominante au début des années 1990, ils travaillent ensemble à l'élaboration d'une nouvelle forme de pensée stratégique fondée sur l'exploitation originale de compétences clés internes à l'entreprise et sur la capacité des entreprises à transformer les industries dans lesquelles elles opèrent.

Ses travaux plus récents portent sur le marché inexploité que représentent les pauvres. Dans son livre *Fortune at the Bottom of the Pyramid*, Prahalad explique comment les multinationales, à condition de remettre en cause leur mode de fonctionnement habituel, peuvent trouver de nouvelles sources de croissance profitable dans les pays émergents. En inventant de nouveaux modèles économiques visant les populations vivant « au bas de la pyramide » des revenus, c'est-à-dire avec moins de 2 dollars par jour, Prahalad affirme que les grandes compagnies peuvent à la fois dégager des profits et contribuer à éliminer la pauvreté.
Même si ses travaux ont été largement critiqués, ses apports sont indéniables et Prahalad reste considéré aujourd'hui comme l'un des penseurs en stratégie les plus originaux.

Concepts clés :

Intention stratégique. Compétence clé. Base de la pyramide.

Principales publications :

Hamel G. et Prahalad C.K., « Strategic Intent », *Harvard Business Review*, vol. 67, n° 3, p. 63-77, 1989.
Hamel G. et Prahalad C.K., « The Core Competence of the Corporation », *Harvard Business Review*, vol. 68, n° 3, p. 79-87, 1990.
Hamel G. et Prahalad C.K., *Competing for the future*, Harvard Business School Press, 1994 (version française : *La Conquête du futur*, Dunod, 1999).
Prahalad C.K. et Ramaswamy V., « The New Frontier of Experience Innovation », *MIT Sloan Management Review*, vol. 44, n° 4, p. 12-19, 2003.
Prahalad C.K., *Fortune at the Bottom of the Pyramid,* Wharton School Publishing, 2004 (version française : *4 milliards de nouveaux consommateurs : vaincre la pauvreté grâce au profit,* Village mondial, 2004).

Richard P. Rumelt (né en 1942)

Le scientifique de la stratégie

Richard Rumelt débute par des études d'ingénieur avant de s'orienter vers un doctorat en Management de Harvard qu'il obtient en 1972. Il effectue toute sa carrière académique à UCLA (University of California at Los Angeles), à l'exception des années 1993-1996, qu'il passe à l'INSEAD en France.
Dans ses premiers travaux, Rumelt s'intéresse aux grandes entreprises et à la relation entre stratégie de diversification, structure organisationnelle et performance économique. Il aboutit à une typologie de neuf stratégies de croissance, et parvient à établir un lien statistique entre ces stratégies et la performance économique. Il remet ainsi en cause les travaux issus de l'économie industrielle, dont Porter est le promoteur, en montrant que les écarts de performance sont plus importants à l'intérieur d'un secteur donné qu'entre différents secteurs. Il met ainsi en exergue le rôle des compétences internes de l'entreprise et donc de l'action entrepreneuriale du dirigeant.
En utilisant des méthodes quantitatives, Rumelt a contribué à conforter la légitimité du management stratégique en tant que discipline scientifique à partir des années 1970. Tout en reconnaissant l'importance de l'apport de l'économie, il a participé à

l'affirmation du rôle du management interne, et, partant, de l'approche par les ressources et compétences.

Concept clé :

Diversification. Compétences. Ressources de la firme.

Principales publications :

Rumelt R.P., *Strategy, Structure and Economic Performance*, Harvard University Press, 1974.

Rumelt R.P., « Diversification Strategy and Profitability », *Strategic Management Journal*, vol. 3, n° 4, p. 359-425, 1982.

Rumelt R.P., « How Much Does Industry Matter ? », *Strategic Management Journal*, vol. 12, n° 3, p. 167-185, 1991.

Rumelt R.P., Schendel D. et Teece D.J., « Strategic Management and Economics », *Strategic Management Journal*, vol. 12, numéro spécial, p. 5-29, hiver 1991.

JOSEPH SCHUMPETER (1883–1950)

LE THÉORICIEN DE LA DESTRUCTION CRÉATRICE

Issu d'une famille d'industriels établis en Moravie (Autriche-Hongrie), Joseph Schumpeter obtient un doctorat en droit à l'université de Vienne en 1906. Après une expérience à Londres et au Caire, il publie en 1908 son premier ouvrage, *Nature et contenu principal de la théorie économique*, qui devient un classique de la statistique économique, et lui permet de devenir professeur d'économie politique. Après avoir été brièvement ministre des finances, il fuit la montée du nazisme et devient professeur à Harvard de 1932 jusqu'à sa mort,en 1950.

Schumpeter est souvent considéré comme un économiste peu orthodoxe, pour avoir plus insisté sur les situations de rupture que d'équilibre. Convaincu que l'innovation est le moteur de l'économie, il est parmi les premiers à ne pas la réduire aux simples nouveautés techniques. Ceci le conduit à une typologie de l'innovation, en distinguant nouveau produit, nouvelle méthode de production ou de commercialisation, conquête d'un nouveau marché, nouvelle source de matières premières, nouvelle organisation de la production.

Schumpeter insiste sur le rôle de l'entrepreneur dans le processus d'innovation. L'innovateur étant le premier à introduire une nouveauté, il bénéficie d'une situation assimilable à un monopole lui permettant de disposer d'une rente, plus ou moins longue suivant l'imitabilité de l'innovation. Ces monopoles nés de l'innovation sont acceptables et même nécessaires au bon fonctionnement du capitalisme. Mais pour bénéficier de ces rentes, l'innovateur doit surmonter les résistances habituelles face à la nouveauté ; il doit créer tout en remettant en cause, c'est-à-dire en détruisant l'ordre économique établi : il s'agit du célèbre processus de la « destruction créatrice ». L'innovation assure la croissance économique et le bouleversement perpétuel des positions établies.

Concepts clés :

Innovation. Entrepreneur. Destruction créatrice.

Principales publications :

Schumpeter J.A., *Theorie der Wirtchaftlichen Entwicklung*, Duncker & Humblot, 1911 (version française : *Théorie de l'évolution économique*, Dalloz, 1934).
Schumpeter J.A. *Business Cycles : A Theoretical, Historical and Statistical Analysis*, McGraw-Hill, 1939.
Schumpeter J.A., *Capitalism, Socialism and Democracy*, Harper & Brothers, 1942 (version française : *Capitalisme, socialisme et démocratie*, Payot, 1979).

PHILIP SELZNICK (NÉ EN 1919)

INSTITUTION ET IDENTITÉ

Après son doctorat en 1947, Selznick a enseigné à l'université du Minnesota et à UCLA, avant de rejoindre le département de sociologie de Berkeley en 1952. Il a participé à la création du Center for the Study of Law and Society.
Selznick a été l'un des premiers à combiner approche sociologique et philosophique pour considérer l'entreprise comme un groupe humain structuré, s'efforçant de devenir une communauté. L'engagement des agents d'une organisation peut être un facteur clé de succès. Or, les individus n'ont pas nécessairement les mêmes objectifs personnels que leur organisation. Le rôle du leader est justement de transformer un groupe d'individus en une communauté engagée, une institution, afin de faire émerger une identité. Cette identité constitue une réalité lorsque ses membres s'identifient à elle.
Selznick a ainsi posé les jalons de l'approche néo-institutionnelle, qui aborde l'étude des organisations en tant qu'institutions.

Concepts clés :

Institution. Image de soi. Cooptation.

Principales publications :

Selznick P., « Foundations of the Theory of Organization », *American Sociological Review*, vol.13, n° 1, p. 25-35, 1948.
Selznick P., *Leadership in Administration*, Harper & Row, 1957.
Selznick P., *The Organizational Weapon*, The Free Press of Glencoe, 1960.
Selznick P., *TVA and the Grass Roots : A Study in Sociology of Formal Organizations*, University of California Press, 1966.

HERBERT SIMON (1916-2001)

LA RATIONALITÉ LIMITÉE

Né dans une famille d'immigrés intellectuels allemands, Herbert Simon est attiré par les sciences exactes tout en étant influencé très tôt par son oncle qui l'initie aux sciences sociales et à l'économie. Avant et après l'obtention de son PhD en sciences politiques à Chicago en 1943, outre sa carrière universitaire, il occupa différents postes dans l'administration (gestion municipale, agence gestionnaire du plan Marshall...). En 1949, il rejoint la très renommée Faculté de gestion industrielle au Carnegie Institute of Technology, qui devient l'université Carnegie-Mellon en 1970.

Il y est professeur d'abord d'administration jusqu'en 1961, puis d'administration et de psychologie jusqu'en 1965, et enfin de psychologie et d'informatique.
Ce parcours explique des recherches très éclectiques et transdisciplinaires : il a marqué de son empreinte des champs aussi divers que la psychologie, les sciences de l'information, les mathématiques, l'économie, et le management. Simon est ainsi considéré comme l'un des penseurs les plus influents du xxe siècle en sciences sociales.
Il a obtenu le prix Nobel d'économie en 1978 pour ses recherches pionnières sur la prise de décision dans les organisations, qui servent de fil conducteur à ses travaux.
Son étude du processus de prise de décision l'amène à rejeter les hypothèses de la théorie économique classique. Celle-ci considère, en effet, que l'information est parfaite et que la maximisation du profit est le seul critère de choix. Jugeant ces hypothèses peu réalistes, il ne se reconnaît pas pour autant dans les approches du courant béhavioriste, qui accordent trop de place au subconscient. Des recherches empiriques lui montrent alors que le décideur se contente de solutions satisfaisantes et non optimales. C'est ce qu'il nomme la rationalité limitée du décideur, un concept qu'il présente pour la première fois dans son ouvrage *Administrative Behavior* en 1947. Pour Simon, la prise de décision est un phénomène complexe mais analysable. Ainsi, dès les années 1950, il envisage d'étudier le processus de prise de décision à travers des simulations informatiques, ce qui le conduit à devenir le pionnier de l'intelligence artificielle.
Au final, l'analyse cognitive du décideur initiée par Simon, fondement de la théorie de la décision dans les organisations, sera largement reprise et développée par Cyert et March dans les années 1960.

Concepts clés :

Rationalité limitée. Décisions programmées et non programmées.

Principales publications :

Simon H., *Administrative Behavior*, Macmillan, 1947.
Simon H. et March J., *Organizations*, Wiley, 1958.
Simon H., *Models of Bounded Rationality*, MIT Press, 1982.

DAVID J. TEECE (NÉ EN 1948)

LES CAPACITÉS DYNAMIQUES

Titulaire d'un PhD en économie de l'université de Pennsylvanie, David Teece débute sa carrière académique à Stanford University en 1975 avant de rejoindre la Haas Business School à Berkeley en 1982, où il dirige l'Institute of Management, Innovation and Organization.
Dès sa thèse, qui porte sur le transfert international de technologie, Teece s'intéresse au management de la technologie, et par extension, au management des entreprises évoluant dans un environnement hautement technologique et fortement évolutif. Ceci l'amène à étudier l'appropriation des avantages issus de l'innovation en développant un modèle explicatif en fonction de son caractère imitable (en rapport notamment avec les droits de propriété intellectuelle) et du rôle des actifs complémentaires.
Mais Teece est surtout connu pour avoir introduit dès 1997, avec G. Pisano et A. Shuen, le concept de capacités dynamiques. Ils les définissent comme l'aptitude de l'entreprise à intégrer, construire et reconfigurer les compétences internes et

externes afin de s'adapter aux mutations rapides de l'environnement. Ainsi, l'avantage concurrentiel est à chercher à l'intérieur de l'entreprise, dans sa manière originale d'aborder les processus technologiques, organisationnels et managériaux. Identifier de nouvelles opportunités est plus important que de chercher à déstabiliser les concurrents ou d'exclure de nouveaux entrants : ils s'opposent en cela à l'approche développée par Porter.
Se fondant sur une approche interdisciplinaire et alimentant ses recherches par ses activités de conseil et de créateur d'entreprise, essentiellement dans la haute technologie, Teece continue à étendre la compréhension de la nature des capacités dynamiques.

Concepts clés :

Actif complémentaire. Capacités dynamiques.

Principales publications :

Teece D.J., « Profiting from Technological innovation », *Research Policy*, vol. 15, n° 6, p. 285-305, 1986.
Teece D.J., Pisano G. et Shuen A., « Dynamic Capabilities and Strategic Management », *Strategic Management Journal*, vol. 18, n° 7, p. 509-533, 1997.
Teece D.J., « Explicating Dynamic Capabilities : the Nature and Microfoundations of (Sustainable) Enterprise Performance », *Strategic Management Journal,* vol. 28, n° 13, p. 1319-1350, 2007.

KARL E. WEICK (NÉ EN 1931)

LES RÉALITÉS COMME CONSTRUCTIONS SOCIALES

Après son PhD en psychologie industrielle obtenu en 1962, Karl Weick a mené sa carrière académique dans différentes universités (Purdue, Minnesota, Cornell) ; il est depuis 1988 professeur de comportement organisationnel et de psychologie à la Ross School of Business de l'université du Michigan. Il est l'un des chercheurs les plus renommés en matière de théorie des organisations.
À partir de son approche psychosociologique, Weick est principalement connu pour avoir introduit les concepts d'*enactment* et de *sensemaking* dans l'étude des organisations. Pour lui, les réalités organisationnelles sont des constructions sociales. La notion d'*enactment* (traduit en français par les termes « activation », « mise en scène » ou « promulgation ») permet à Weick de considérer l'environnement comme une production sociale des membres de l'organisation. En d'autres termes, c'est moins l'environnement tel qu'il est que la représentation sociale collective qui en émerge, au sein de l'organisation, qui va déterminer le comportement de celle-ci. Cette notion traduit également le fait que certains phénomènes (tels que l'organisation elle-même) n'existent que parce que l'on en parle. Le *sensemaking* (traduit par l'expression « élaboration du sens ») est le processus de construction de sens à l'intérieur de l'organisation. Il concerne aussi bien les hommes, qui donnent un sens à l'organisation, que l'organisation elle-même, qui cherche à donner un sens à son environnement.

Concepts clés :

Enactment. Sensemaking.

Principales publications :

Weick K.E., *The Social Psychology of Organizing*, Random House, 1979.
Weick K.E., « The Collapse of Sensemaking in Organizations : the Mann Gulch Disaster », *Administrative Science Quarterly*, vol. 38, p. 628-652, 1993.
Weick K.E., *Sensemaking in Organizations*, Sage, 1995.

OLIVER E. WILLIAMSON (NÉ EN 1932)

L'ÉCONOMISTE DES COÛTS DE TRANSACTION

Oliver Williamson débute sa carrière en tant qu'ingénieur après un diplôme du MIT puis obtient un MBA de l'université de Stanford et un PhD en économie de l'université Carnegie-Mellon. Après un premier poste de professeur à l'université de Pennsylvanie, il est, de 1966 à 1970, attaché spécial à la division antitrust du Département de la Justice américain. Il retourne ensuite à l'université de Pennsylvanie, où il débute ses travaux sur l'analyse de la firme par les coûts de transaction, recherches qu'il poursuit à Yale puis, à partir de 1989, à Berkeley où il est à la fois professeur de *business administration*, d'économie et de droit. Ce parcours explique son intérêt pour l'approche pluridisciplinaire par les coûts de transaction.

Si le concept de « coûts de transaction » est avancé par R. Coase dès 1937, Williamson a largement contribué à développer ce courant théorique. La théorie des coûts de transaction cherche à expliquer les échecs du marché (*market failures*), c'est-à-dire les situations qui conduisent les entreprises à internaliser certaines transactions au lieu de les effectuer sur le marché. Les entreprises, que Williamson appelle « hiérarchies », se substituent au marché pour éviter les risques et les coûts liés à certaines transactions. La théorie des coûts de transaction stipule en effet que toute transaction économique génère des coûts : coûts de recherche d'informations sur les partenaires potentiels (clients ou fournisseurs), coûts d'écriture et de suivi du contrat, coûts liés à la prévention de l'opportunisme potentiel du partenaire, etc. Ces coûts de transaction expliquent le choix entre « marché et hiérarchie » : lorsque les coûts de transaction sont faibles, les acteurs économiques ont intérêt à recourir au marché, c'est-à-dire à confier l'activité à un prestataire externe. Au contraire, lorsque les coûts de transaction sont élevés, par exemple lorsque le contrat est coûteux à établir ou lorsque des investissements spécifiques créent un fort risque d'opportunisme de la part du partenaire, il vaut mieux internaliser l'activité, autrement dit recourir à la hiérarchie. Williamson reconnaît que le choix n'est pas toujours aussi tranché : il existe également des formes hybrides entre hiérarchie et marché, comme les partenariats et les joint-ventures.

L'approche par les coûts de transaction offre une lecture originale de la firme, de sa raison d'être et de ses choix stratégiques et organisationnels. Si cette approche a été critiquée, par exemple pour l'absence de prise en compte de comportements opportunistes dans la hiérarchie, elle a servi de socle théorique aux recherches portant notamment sur l'intégration verticale, les alliances et les partenariats.

Concepts clés :

Coûts de transaction. Opportunisme. Hiérarchie. Marché.

Principales publications :

Williamson O.E., *Markets and Hierarchies : Analysis and Antitrust Implications*, Free Press, 1975.
Williamson O.E., *The Economic Institutions of Capitalism : Firms, Markets, Relational Contracting*, Free Press, 1985 (version française : *Les Institutions de l'économie*, InterÉditions, 1994).
Williamson O.E., Winter S., *The Nature of the Firm : Origins, Evolution and Development*, Oxford University Press, 1993.
Williamson O.E., *The Mechanisms of Governance*, Oxford University Press, 1996.

ABRAHAM ZALEZNIK (NÉ EN 1926)

LE PSYCHANALYSTE DU LEADERSHIP

Abraham Zaleznik est reconnu comme une sommité mondiale en matière de psychologie des leaders et de dynamique du pouvoir dans les organisations. Il est titulaire d'un MBA et d'un doctorat de la Harvard Business School, où il enseigne dès 1947. En 1960, n'étant pas médecin, il obtient une dérogation lui permettant de débuter un parcours afin de devenir psychanalyste, objectif qu'il atteint en 1971.
Il mène dès lors des recherches spécialisées sur le leadership à partir d'une approche psychanalytique. Il remet en cause les approches classiques de type béhavioriste, dominantes dans les enseignements en management de l'époque et dans lesquels les comportements des individus sont appréhendés de façon trop mécanique et sur la base des seuls comportements observables. Ceci permet notamment à Zaleznik de distinguer les leaders des managers : si les premiers sont des visionnaires provoquant ruptures et changements, les managers sont, au contraire, des hommes de compromis, favorisant les processus et l'exécution de plans. Il explique le déclin des entreprises américaines par la montée en puissance des managers au détriment des leaders.

Concepts clés :

Leaders. Managers.

Principales publications :

Zaleznik A., *Human Dilemmas of Leadership*, Harper & Row, 1966.
Zaleznik A., « Managers and Leaders : Are They Different ? », *Harvard Business Review*, vol. 55, n° 5, p. 67-78, 1977.
Zaleznik A., *Executive's Guide to Motivating People : How Freudian Theory Can Turn Good Executives into Better Leaders*, Bonus Book, 1990.

Bibliographie

Abell D.F., *Defining the Business : The Starting Point of Strategic Planning*, Prentice-Hall, 1980.
Abell, D.F. et Hammond, J.S., *Strategic Market Planning : Problems and Analytical Approaches,* Prentice-Hall, 1979.

Abernathy W.J. et Wayne L., « La courbe d'expérience et ses limites », *Harvard-L'Expansion*, hiver 1977-1978.
Abernathy, W.J. et Utterback, J.M., "Patterns of Innovation in Industry," *Technology Review*, Vol. 80, 1978, p. 40-47.

Abrahamson E., « Management Fashion », *Academy of Management Review,* vol. 21, 1996, p. 254-286.

Ader E.et Lauriol J., « La segmentation, fondement de l'analyse stratégique », *Harvard-L'Expansion*, printemps 1986.

Albert S. et Whetten D.A., « Organizational Identity », *Research in Organizational Behavior*, vol. 7, 1985, p. 263-297.

Aliouat, B., *Les Stratégies de cooperation industrielle,* Economica, 1996.

Allen J., Hamilton B., Markey R. et Reichheld F.F., « Capitalising on the Consumer », *European Business Forum*, vol. 26, 2006, p.24-29.

Allison G., *Essence of Decision : Explaining the Cuban Missile Crisis*, Little Brown, 1971.

Amit R., Shoemaker P.J.H., « Strategic Assets and Organizational Rent », *Strategic Management Journal*, vol. 14, 1993, p.33-46.

Anastassopoulos J.-P., Blanc G., Nioche J.-P. et Ramanantsoa B., *Pour une nouvelle politique d'entreprise,* PUF, 1985.
Anastassopoulos J.-P., Dussauge P., « French Savoir-Faire in Selling Arms : A New Way of Doing Business », *Long Range Planning*, vol. 18, 1985, p.13-18.

Andrews K.R., *The Concept of Corporate Strategy,* Dow Jones Irwin, 1971.

Ansoff H.I, *Corporate strategy : An analytic approach to business policy for growth and expansion*, McGraw-Hill, 1965 ; traduction française : *Stratégie du développement de l'entreprise*, Hommes et techniques, 1968.
Ansoff H.I., *Strategic Management,* MacMillan, 1979.
Ansoff H.I., *The New Corporate Strategy,* Wiley, 1988.

Argyris C. et Schön D.A., *Theory in Practice,* Jossey-Bass, 1974.
Argyris C. et Schön D.A., *Organizational Learning : A Theory of Action Perspective,* Addison-Wesley, 1978.
Argyris C. et Schön D., *Organizational learning II : Theory, Method, and Practice,* Addison-Wesley, 1996 ; traduction française : *Apprentissage organisationnel : Théorie, méthode, pratique,* De Boeck Université, 2002.
Argyris C., *Savoir pour agir : Surmonter les obstacles à l'apprentissage organisationnel,* Dunod, 2003.

Arthur W.B., « Competing Technologies, Increasing Returns, and Lock-in by Historical Events », *The Economic Journal*, vol. 99, 1989, p. 116-131.
Arthur W.B., *Increasing Returns and Path Dependence in the Economy*, University of Michigan Press, 1994.

Atamer T. et Calori R., *Diagnostic et décision stratégiques,* Dunod, 2003.

Axelrod R.M., *The Evolution of Cooperation,* Basic Books, 1984.

Bain J.S., « Relation of profit rate to industry concentration : American manufacturing, 1936-1940 », *The Quarterly Journal of Economics*, vol. 65, 1951, p. 293-324.

Balogun J. et Hope-Hailey V., *Exploring Strategic Change,* Prentice Hall, 2008.

Barley S. « Semiotics and the Study of Organizational Cultures », *Administrative Science Quaterly,* vol. 28, 1983, p.393-413.

Barnard C., *The Fonctions of the Executive,* Harvard University Press, 1938.

Barnett M.L., Starbuck W.H. et Pant P.N., « Which Dreams Come True ? Endogeneity, Industry Structure, and Forecasting Accuracy », *Industrial and Corporate Change,* 12, 2003, p. 653-672.

Barney J.B., « Firm resources and sustained competitive advantage », *Journal of Management,* vol.17, 1991, pp. 99-120.

Barney J.B, *Gaining and Sustaining Competitive Advantage,* Addison Wesley, 1997 ; réédition : Pearson Education, 2007.

Barney, J.B., Hesterly, W.S., *Strategic Management and Competitive Advantage,* Prentice Hall, 2006.

Barthélémy, J. « Création et appropriation de la valeur dans un partenariat, le cas Disney-Pixar », *Revue Française de Gestion*, vol. 32, 2006, p. 141-155.

Bartlett C.A. et Ghoshal S., *Managing Across Borders : The Transnational Solution,* Hutchinson, 1989.

Batsch L., *Le Capitalisme Financier*, La Découverte, 2002.

Batuneck J.M., « Changing Interpretative Schemas and Organizational Restructuring : The Example of a Religious Order », *Administrative Science Quarterly,* vol. 29, 1984, p. 355-372.

Baum J.A.C. et Singh J.V. (éd.), *Evolutionary Dynamics of Organizations*, Oxford University Press, 1994.

Baumard P. et Starbuck W.H., « Learning from Failures : Why it May Not Happen », *Long Range Planning*, vol. 38, 2005, p. 281-298.

Bennis W. et Nanus B., *Diriger : les secrets des meilleurs leaders,* InterÉditions, 1985.

Berger P.G. et Ofek E., « Bustup Takeovers of Value-Destroying Diversified Firms », *Journal of Finance,* Vol. 51, 1996, p. 1175-1200.

Bergstein H. et Estelami H., « A Survey of Emerging Technologies for Pricing New-to-the-world Products », *Journal of Product and Brand Management*, vol. 11, 2002, p.303-318.

Berle A.A. et Means G.C., *The Modern Corporation and Private Property*, Mac Millan, 1932.

Besanko, D., Dranove, D. and Shanley, M., *Economics of Strategy*, Wiley, 4e edition, 2007.

Bhagat S., Shleifer A., Vishny R.W., Jarrel G. et Summers L., « Hostile Takeovers in the 1980s : The Return to Corporate Specialization », *Brookings Papers on Economic Activity. Microeconomics*, 1990, pp. 1-84.

Bidault, F., Gomez, P.Y. et Marion, G., *Confiance, entreprise et société,* ESKA, 1995.

Bijon C., « Les stratégies de rupture », *Harvard-L'Expansion*, automne 1984, p. 98-104.

Bogner W.C. et Barr P.M., « Making Sense in Hypercompetitive Environments : A Cognitive Explanation for the Persistence of High Velocity Competition », *Organization Science*, vol. 11, 2000, p. 212-226.

Boisot M. et Lu X., « Competing and Collaborating in Networks : Is Organizing Just a Game », in Gibbert M. et Durand T., *Strategic Networks, Learning to Compete*, Blackwell, 2007.

Borenstein S., « The Dominant-Firm Advantage in Multiproduct Industries : Evidence from the U.S. Airlines », *The Quarterly Journal of Economics*, vol. 106, 1991, p. 1237-1266.

Boston Consulting Group, *Perspectives sur la stratégie d'entreprise,* Hommes et Techniques, 1970, 1974.

Boston Consulting Group, *Les Mécanismes fondamentaux de la compétitivité,* Hommes et Techniques, 1980.

Bower J.L., « Not all M&As are alike and that matters », *Harvard Business Review*, vol. 79, 2001, p. 92-101.

Brandenburger A. et Nalebuff B., *Co-opetiton*, Currency Doubleday, 1996 ; traduction française : *La Co-opétition, une révolution dans la manière de jouer concurrence et coopération,* Village mondial, 1996.

Braybrooke D. et Lindblom C.E., *A strategy of decision*, Collier-Macmillan, 1963.

Broustail J. et Greggio R., *Citroën : Essai sur 80 ans d'antistratégie*, Vuibert, 2000.

Brown S.L. et Eisenhardt K.M., « The Art of Continuous Change : Tying Complexity Theory and Time-Paced Evolution to Relentlessly Shifting Organizations », *Administrative Science Quarterly*, vol. 42, 1997, p.1-34.

Brun M. et Rasquinet P., *L'Identité visuelle de l'entreprise,* Les Éditions d'Organisation, 1996.

Brunsson N., *The Irrational Organization*, Wiley, 1985.

Brunsson N., *The Organization of Hypocrisy*, Wiley, 1989.

Bryant J., *Problem Management,* Wiley, 1989

Buaron R., « New Game Strategies », *McKinsey Quarterly,* printemps 1981, p.21-40.

Buono A.F. et Bowditch J.L., *The Human Side of Mergers and Acquisitions,* Jossey Bass, 1989.

Burgelman R.A., « Fading Memories : A Process Theory of Strategic Business Exit in Dynamic Environments », *Administrative Science Quarterly,* vol. 39, 1994, p. 24-56.

Burgelman R.A. et Grove A.S., « Let Chaos Reign, then Reign in Chaos - Repeatedly : Managing Strategic Dynamics for Corporate Longevity », *Strategic Management Journal*, vol. 28, 2007, p. 965-979.

Buzzell R.D., Gale B.T. et Sultan R.G.M., « Market Share : A Key to Profitability », Harvard Business Review, janv.-fév. 1975, p. 97106

Calori R., Johnson G. et Sarnin P., « CEOs' Cognitive Maps and the Scope of the Organization », *Strategic Management Journal,* vol. 15, 1994, p. 437-457.

Campa J.-M. et Kedia S., « Explaining the Diversification Discount », *The Journal of Finance*, Vol. 57, 2002, p. 1731-1762.

Capiez A., *Yield Management*, Hermes-Lavoisier, 2003.

Castanias R.P. et Helfat C.E., « Managerial Resources and Rents », *Journal of Management*, vol. 17, 1991, p. 155-171.

Castanias, R.P. et Helfat, C.E., « Managerial and Windfall rents in the Market for Corporate Control », *Journal of Economic Behavior and Organization*, vol. 18, 1992, p. 153-184.

Chamberlain E.H., *The Theory of Monopolistic Competition*, Harvard University Press, 1933.

Chandler A.D., *Strategy and Structure. Chapters in the History of the Industrial Enterprise*, MIT Press, 1962 ; traduction française : *Stratégies et structures de l'entreprise*, Éditions d'Organisation, 1972 et 1989.

Chandler A., *The Visible Hand : The Managerial Revolution in American Business,* Belkmap Press, 1977 ; traduction française : *La main visible des managers, une analyse historique,* Economica, 1988.

Chandler A. et Daems H. (eds), *Managerial Hierarchies : Comparative Perspective on the Rise of the Modern Industrial Enterprise,* Harvard University Press, 1980.

Charreaux G. et Wirtz P., *Gouvernance des entreprises – Nouvelles perspectives*, Économica, 2006.

Chassang G., Moullet M. et Reitter R., *Stratégie et esprit de finesse*, Économica, 2002.

Chaty L., *L'Administration face au management – Projets de service et centres de responsabilité dans l'administration française,* L'Harmattan, 1997.

Chen M.J., « Competitor Analysis and Interfirm Rivalry », *Academy of Management Review,* n° 21, 1996, p. 100-134.

Child J., Faulkner D., Tallman S., *Cooperative Strategy,* Oxford University Press, 2005.

Chipty T. et Snyder C.M., « The Role of Firm Size in Bilateral Bargaining : a Study of the Cable Television Industry », *Review of Economics & Statistics*, 81, 1999, p. 326-340.

Christensen C.M., *The Innovator's Dilemma : How great firms fail by doing everything right,* Harvard Business School Press, 1997.

Christensen C.M., Johnson M.W. et *Rigby* D.K., « Foundations for Growth », *Sloan Management Review*, vol.44, été 2002, pp. 22–31.

Christensen C.M. et Overdorf M., « Meeting the Challenge of Disruptive Change », *Harvard Business Review*, vol. 78, 2000, p.66-77.

Claude-Gaudillat V. et Quélin B., « Nouvelles compétences et modes d'accès : l'exemple du courtage en ligne », *Revue française de gestion*, n° 149, mars-avril 2004, p. 133-151.

Coase R., « The Nature of the Firm », *Economica*, vol. 4, 1937, p. 386-405.

Cogan D.G., *Corporate Governance and Climate Change : Making the Connexion*, Ceres report prepared by the Investor Responsibility Research Center, 2003.

Cohen M.D. et March J.G., *Leadership and Ambiguity,* McGraw-Hill, 1974.

Cohen M.D., March J.G. et Olsen J.-P., « A Garbage Can Model of Organizational Choice », *Administrative Science Quarterly*, vol. 17, 1972, p. 1-25.

Connolly T., « Hedge-Clipping, Tree-Felling and the Management of Ambiguity : The Need for New Images of Decision-Making », *in* Pondy L.R., Boland R.T. et Thomas H. (éd.), *Managing Ambiguity and Change,* Wiley, 1988.

Copeland T., Koller T., et Murrin J., *Valuation, Measuring and Managing the Value of Companies,* Wiley, 2000.

Corley K.G., Harquail C.V., Pratt M.G., Glynn M.A., Fiol C.M. et Hatch M.J., « Guiding Organizational Identity Through Aged Adolescence », *Journal of Management Inquiry*, vol. 15, 2006, p. 85-99.

Cornelissen J., « On the organizational identity metaphor », *British Journal of Management,* vol. 13, 2002, p. 259-268.

Cossette P. (dir.), *Cartes cognitives et organisations*, Presses de l'université de Laval/Eska, 1994.

Coté L., Langley A. et Pasquero J. « Acquisition Strategy and Dominant Logic in an Engineering Firm", *Journal of Management Studies,* vol. 36, 1999, p. 919-952.

Cournot A.A., *Recherches sur les principes mathématiques de la théorie des richesses*, Vrin, 1838.

Cram T., *Optimisation prix,* Village mondial, 2006.

Crozier M. et Friedberg E., *L'Acteur et le Système,* Le Seuil, 1977.

Cyert R.M. et March J.G., *A Behavioral Theory of the Firm*, Prentice Hall, 1963 ; traduction française : *Processus de décision dans l'entreprise*, Dunod, 1970.

Damodaran A., *Corporate Finance : Theory and Practice*. Wiley, 2e édition, 2001.

Damodaran A., *Damodaran on Valuation*, Wiley, 2006.

De Bodinat H., « La segmentation stratégique », *Harvard-L'Expansion*, printemps 1980.

De Caluwé L. et Vermaak H., *Learning to Change, A Guide for Organization Change Agents,* Sage Publications, 2003.

De Rond M. et Thiétart R.A., « Choice, Chance and Inevitability in Strategy », *Strategic Management Journal*, vol. 28, 2007, p. 535-551.

De Wit B. et Meyer R., *Strategy : Process, Content, Context,* Thomson, 3e édition, 2004.

Deal T.E. et Kennedy A.A., *Corporate Cultures,* Addison-Wesley, 1982.

Demil B., Leca B. et Naccache P., « L'institution temporelle, moyen de coordination », *Revue française de gestion*, n° 132, 2001, p. 83-94.

Derwall J., Guenster N., Bauer R. et Koedijk K., « The Eco-Efficiency Premium Puzzle », *Financial Analysts Journal,* vol. 61, 2005, p. 51-63.

Desreumaux, A., *Structures d'entreprise,* Vuibert, 1992.

Détrie J.-P. et Ramanantsoa B., *Stratégie de l'entreprise et diversification*, Nathan, 1983.

Dierickx I. et Cool K., « Asset Stock Accumulation and Sustainability of Competitive Advantage », *Management Science*, n° 35, 1989, p. 1504-1511.

DiMaggio P. et Powell W., « The Iron Cage Revisited : Institutional Isomorphism and Collective Rationality in Organizational Fields », *American Sociological Review,* vol. 48, 1983, p. 147-160.

Donaldson G. et Lorsch J.W., *Decision-Making at the Top,* Basic Books, 1983.

Douglas S. et Wind Y., « The Myth of Globalization », *Columbia Journal of World Business*, hiver 1987, p.19-29.

Doz Y., « Les Dilemmes de la gestion du renouvellement des compétences clés », *Revue française de gestion,* n° 97, 1994, p. 92-104.

Doz Y., « Mondialisation des compétences et nouvelles formes d'entreprises multinationales », *Revue Française de Comptabilité*, n° 345, juin 2002, p. 44-50.

Doz Y. et Hamel G., *Alliance Advantage*, Harvard Business School Press, 1998.

Doz Y., Hamel G. et Prahalad C.K., « Collaborate with your Competitors – and Win », *Harvard Business Review*, janv.-fév. 1989, p.133-139.

Doz Y. et Prahalad C.K., *The Multinational Mission,* Free Press, 1987.

Drucker P.F., *Innovation and Entrepreneurship : Practice and Principles*, Harper & Row, 1985.

Drummond H., *Escalation in decision making : The tragedy of Taurus,* Oxford University Press, 1996.

Drummond H., "Take off optional : landing compulsory", *Business Strategy Review,* vol. 14, 2003, p. 35-39.

Dukerich J.M., Golden B.R. et Shortell S.M., 2002. « Beauty Is in the Eye of the Beholder : The Impact of Organizational Identification, Identity and Image on the Cooperative Behaviors of Physicians », *Administrative Science Quarterly,* vol. 47, p. 507-533.

Dumont, A., *Innover dans les services,* Village Mondial, 2001.

Dunning J., « Explaining Changing Patterns of International Production : in Support of the Eclectic Theory », *Oxford Bulletin of Economics and Statistics,* n° 41, novembre 1980.

Durand G., *Les Structures anthropologiques de l'imaginaire,* PUF, 1960.

Durand R., *Entreprise et évolution économique,* Belin, 2000.

Durand R., *Guide du management stratégique*, Dunod, 2003.

Durand R., *Organizational Evolution and Strategic Management,* Sage Publishers, 2006.

Durand R. et Calori R., « Sameness, Otherness ? Enriching Organizational Change Theories with Philosophical Considerations on the Same and the Other », *Academy of Management Review*, vol. 30, 2006, p. 93-114.

Durand R. et Coeurderoy R., « Age, Order of Entry, Strategic Orientation, and Organizational Performance », *Journal of Business Venturing,* vol. 16, 2001, p. 471-494.

Durand T., "Forecasting the Strategic Impact of Technological Innovation on Competitive Dynamics in Industries", in Henry B. (dir.), *Technological Innovation*, Kluwer, 1991.

Dussauge P. et Cornu C., *L'industrie française de l'armement : coopérations, restructurations et intégration européenne*, Economica, 1998.

Dussauge P. et Garrette B., *Cooperative Strategy,* Wiley, 1999.

Dussauge P., Garrette B., Mitchell W., « Learning from Competing Partners : Outcomes and Durations of Scale and Link Alliances in Europe, North America and Asia », *Strategic Management Journal*, vol. 21, 2000, p. 99-126.

Dussauge P., Garrette B. et Mitchell W., « Asymmetric Performance : the Market Share Impact of Scale and Link Alliances in the Global Auto Industry », *Strategic Management Journal*, vol. 25, 2004, p. 701-711.

Dutton J.E., « Strategic Agenda Building in Organizations », *in* Shapira Z. (éd.), *Organizational Decision Making*, Cambridge University Press, 1997.

Dutton J.E., Ashford S.J., O'Neill R.M., Lawrence K.A., 2001, « Moves That Matter : Issue Selling and Organizational Change », *Academy of Management Journal*, vol. 44, 2001, p. 716-736.

Dutton J.E. et Dukerich J., « Keeping an Eye on the Mirror : Image and Identity in Organizational Adaptation », *Academy of Management Journal*, vol. 34, 1991, p. 517-554.

Dutton J.E., Dukerich J.M. et Harquail C.V., 1994, « Organizational Images and Member Identification », *Administrative Science Quarterly*, vol. 39, 1994, p. 239-263.

Dyer J. et Nobeoka K., « Creating and Managing a High-performance Knowledge-sharing Network : the Toyota Case », *Strategic Management Journal*, vol. 21, 2000, p. 345-367.

Ebeling H.W., Doorley T.L., « A Stategic Approach to Acquisition », *Journal of Business Strategy*, vol. 3, 1983, p. 284-301.

Eccles R.G., Lanes K.L. et Wilson T.C., « Are You Paying Too Much for that Acquisition ? », *Harvard Business Review*, vol. 77, 1999, p. 136-146.

Edmondson A., « Psychological Safety and Learning Behavior in Work Teams », *Administrative Science Quarterly*, 1999, vol. 44, pp. 350-383.

Edmondson A. et Moingeon B., « When to Learn How and When to Learn Why : Appropriate Organizational Learning Processes as a Source of Competitive Advantage », *in* Moingeon, B. et Edmondson A. (eds), *Organizational Learning and Competitive Advantage*, Sage, 1996, pp. 17-37.

Edmondson A. et Moingeon B., « From organizational learning to the learning organization », *Management Learning*, vol. 29, 1998, p. 5-20.

Eiglier P., et Langeard E., *Servuction*, McGraw-Hill, 1987.

Eisenhardt K.M., « Making Fast Strategic Decisions in High Velocity Environments », *Academy of Management Journal*, vol. 32, 1989, p. 543-577.

Eisenhardt K.M., « Speed and Strategic Choice : How Managers Accelerate Decision Making », *California Management Review*, vol. 32, 1990, p. 39-55 ; traduction française : « Le Manager lent et le Manager rapide », *Annales des Mines - Gérer & comprendre*, sept. 1992, p. 4-18.

Eisenhardt K.M. et Behnam N.T., « Accelerating Adaptive Processes : Product Innovation in the Global Computer Industry », *Administrative Science Quarterly*, vol. 40, 1995, p. 84-110.

Eisenhardt K.M. et Bourgeois III L.J., « Politics and Strategic Decision-making in High Velocity Environments : Toward a Mid-range Theory », *Academy of Management Journal*, vol. 31, 1988, p. 737-770.

Eisenhardt K.M. et Sull D.N., « Strategy as Simple Rules », *Harvard Business Review*, vol. 79, 2001, p. 107-116.

Eldredge N. et Gould S.J. « Punctuated Equilibria : An Alternative to Phyletic Gradualism » *in* Schopf T.M. (éd.), *Models in Palaeobiology*, Freeman Cooper, 1972, p. 82-115.

Elsbach K. D. et Kramer R.M., « Members' Responses to Organizational Identity Threats : Encountering and Countering the *Business Week* Rankings », *Administrative Science Quarterly*, vol. 41, 1996, p. 442-476.

Enriquez E., *L'Organisation en analyse*, PUF, 1992 (3e édition 2002).

Faulkner D. « Cooperative Strategy, Strategic Alliances and Networks », dans Faulkner D., Campbell A., *The Oxford Handbook of Strategy*, Oxford University Press, 2006.

Fayol H., « L'Administration industrielle et générale », *Bulletin de la Société de l'Industrie minérale*, 1916 ; réédition, Dunod, 1976.

Fombrun C.J., *Reputation : Realizing Value from the Corporate Image*, Harvard Business School Press, 1996.

Foster R.N., *Innovation : The Attacker's Advantage*, Summit Books, 1986.

Foster R.N. et Kaplan S., *Creative Destruction - Why Companies That Are Built to Last Underperform the Market - And How to Successfully Transform Them*, Doubleday-Currency, 2001.

Franko L.G., « Corporate Concentration and Turnover in Global Industries, 1960-2000 », *Competition & Change*, vol. 7, 2003, p. 163-184.

Freeman C. et Soete L., *The Economics of Industrial Innovation*, MIT Press, 1974.

Freeman R.E., *Strategic Management : A Stakeholder Approach*, Putman, 1983.

Fréry F., « The Fundamental Dimensions of Strategy », *Sloan Management Review*, vol. 48, 2006, p. 70-75.

Gadrey J., « The Characterization of Goods and Services : an Alternative Approach », *Review of Income and Wealth*, vol. 46, 2000, p. 369-387.

Galbraith J.K., *The New Industrial State*, Houghton Mifflin 1967.

Galbraith J.R., *Designing Organizations*, Jossey-Bass, 2001.

Gareth M., *Images de l'organisation,* Presses de l'université de Laval, 1986 (2e édition 2003).

Garrance F., *Les Outils de la planification au concret,* thèse pour le doctorat en gestion, École polytechnique, 9 juillet 1986.

Garrette B., « Les Européens se trompent d'alliances », *L'Expansion Management Review,* mars 1998, p. 68-73.

Garrette B. et Dussauge P., *Les Stratégies d'Alliance*, Éditions d'Organisation, 1995.

Garvin, D., « Building a learning organization », *Harvard Business Review,* juillet-août 1993, pp. 78-91.

Geertz C., *Savoir local, savoir global,* Gallimard, 1987.

Gersick C.J.G., « Revolutionary Change Theories : A Multilevel Exploration of the Punctuated Equilibrium Paradigm », *Academy of Management Review*, vol. 16, 1991, p. 10-36.

Gersick C.J.G. "Pacing strategic change : The case of a new venture", *Academy of. Management Journal*, vol. 37, 1994, p. 9-45.

Gervais M., *Contrôle de gestion et planification d'entreprise*, Économica, 1983, 1984.

Ghemawat P., *Commitment : The Dynamic of Strategy,* Free Press, 1991.

Ghemawat P., « Distance Still Matters », *Harvard Business Review,* septembre 2001, p. 137-147.

Ghemawat P., « The Forgotten Strategy », *Harvard Business Review*, novembre 2003, p. 76-84.

Ghemawat P., « Apocalypse Now ? », *Harvard Business Review*, octobre 2006, p. 32-36.

Ghemawat P., *Strategy and the Business Landscape,* Pearson Education, 2006.

Giddens A., *The Constitution of Society : Outline of the Theory of Structuration*, University of California Press, 1984.

Gimeno J. et Woo C.Y., « Multimarket Contact, Economies of Scope, and Firm Performance », *Academy of Management Journal,* vol. 42, 1999, p. 239-259.

Gioia D.A., Schultz M. et Corley K.G., « Organizational Identity, Image, and Adaptive Instability », *Academy of Management Review,* vol. 25, 2000, p. 63-81.

Gioia D.A. et Thomas J.B., « Identity, Image, and Issue Interpretation : Sensemaking During Strategic Change in Academia », *Administrative Science Quarterly,* vol. 41, 1996, p. 370-403.

Girard R., *La Violence et le Sacré,* Grasset, 1972.

Gluck F.W., « Strategic Choice and Resource Allocation », *The McKinsey Quarterly,* vol. 1, hiver 1980. p. 22-33.

Godet M., *Manuel de prospective stratégique*, Dunod, 1997.

Goleman D., « What Makes a Leader ? », *Harvard Business Review,* nov.-déc. 1998, p. 93-102.

Goleman D., *Primal Leadership,* Harvard Business School Press, 2002.

Golsorkhi D (coord.), *La Fabrique de la stratégie : une perspective multidimensionnelle*, Vuibert, 2006.

Goold M. et Campbell A., *Strategies and Style,* Blackwell, 1987.

Goold M. et Campbell A., *The Role of the Centre in Managing Diversified Corporations*, Blackwell, 1989.

Goold M., Campbell A., « Desperately Seeking Synergies », *Harvard Business Review*, septembre-octobre 1998, p. 131-143.

Goold M., Campbell A., Alexander M., « Corporate Strategy : The Quest for Parenting Advantage », *Harvard Business Review*, mars-avril 1995, p. 120-133.

Gottschalg O. et Phalippou L., « Truth About Private Equity Performance », *Harvard Business Review*, décembre 2007, vol. 85, p. 17-20.

Gourville J.T., "Eager Sellers and Stony Buyers : Understanding the Psychology of New-Product Adoption.", *Harvard Business Review*, vol. 84, juin 2006, p. 98-106.

Govindarajan, V. et Gupta, A., "Strategic Innovation : A conceptual Road Map", *Business Horizons*, Juillet-Août 2001, p.3-12.

Govindarajan V. et Trimble C., « Organizational DNA for Strategic Innovation », *California Management Review,* vol. 47, été 2005, p. 47-76.

Grant R.M., « Prospering in a Dynamically Competitive Environment : Organizational Capability as Knowledge Integration », *Organization Science*, vol. 7, 1996, p. 375-387.

Grant R.M., *Contemporary Strategy Analysis,* Blackwell, 2008.

Guest D., « Human resource management and industrial relations », *Journal of Management Studies,* vol. 24, 1987, p. 503-521.

Hall G. et Howell S., « The Experience Curve From the Economist's Perspective », *Strategic Management Journal,* vol. 6, 1985, p. 197-212.

Hall R., « The Natural Logic of Policy-Making », *Management Science,* vol. 30, 1984, p. 905-927.

Hall S. et Millstein M., « Creating Sustainable Value », *Academy of Management Executive,* vol. 17, 2003, p. 56-69.

Halliday C., « Sustainable Growth, the Dupont Way », *Harvard Business Review,* septembre 2001, p.129-134.

Hamberg D., *Essays in the Economics of Research & Development*, Wiley, 1996.

Hambrick D.C., « Upper Echelons Theory : an Update », *Academy of Management Review*, 2007, vol. 32, p. 334-343.

Hamel G., « Strategy Innovation and the Quest for Value », *Sloan Management Review*, vol 39, 1998, p. 7-14.

Hamel G., *Leading the Revolution*, Plume, 2002.

Hamel G., Prahalad C.K., « The Core Competence of the Corporation », *Harvard Business Review*, mai-juin 1990, p. 79-91.

Hammond III J.S., Keeney R.L., Raiffa H., "The hidden traps in decision making", *Harvard Business Review*, sept.-oct. 1998, p.47-57.

Hannan M. T. et Freeman J., "The Population Ecology of Organizations", *American Journal of Sociology*, vol. 82, 1977, p. 929-964.

Hansen M. T., « The Search-transfer Problem : The Role of Weak Ties in Sharing Knowledge across Organization Subunits », *Administrative Science Quarterly*, vol. 44, 1999, p. 82-111.

Hart S.L. et Milstein M.B., "Global sustainability and the creative destruction of industries." Sloan Management Review, vol. 41, 1999, p. 23-33.

Haspeslagh P.C. et Jemison D.B., *Managing Acquisitions*, The Free Press, 1991.

Hatch M.J. et Schultz M., *Organizational Identity : A Reader,* Oxford University Press, 2004.

Hatch M.J. et Schultz M., *Taking Brand Initiative : How Companies Can Align Their Strategy, Culture and Identity Through Corporate Branding,* Jossey-Bass, 2008.

Hax A.C. et Majluf N.S. *Strategic Management*, Prentice Hall, 1984.

Hedley B., « A Fundamental Approach to Strategy Development », *Long Range Planning*, vol. 9, 1976, p. 2-11.

Hedley B., « Strategy and the Business Portfolio », *Long Range Planning*, vol. 10, 1977, p. 9-15.

Henderson B.D., *What is Business Strategy ?,* Boston Consulting Group, 1969.

Henderson B.D., « The Experience Curve Reviewed », *Perpectives*, reprint n° 124, The Boston Consulting Group, 1974.

Henderson R.M. et Clark K.B., « Architectural Innovation : The Reconfiguration of Existing Product Technologies and the Failure of Established Firms », *Administrative Science Quarterly*, vol. 35, 1990, p. 9-30.

Hennart J.F., "A Transaction Costs Theory of Equity Joint Ventures", *Strategic Management Journal,* vol. 9, 1988, p.361-374.

Hinterhuber A., « Towards Value-based Pricing – an Integrative Framework for Decision Making », *Industrial Marketing Management*, vol. 33, 2004, p.765-778.

Hirigoyen G., « Nouvelles approches du lien stratégie-finance », *Revue française de gestion*, n° 92, janvier-février 1993, p. 64-73.

Hitt M.A., Hoskisson R.E., Ireland R.D., *Management of Strategy,* Thomson, 2007.

Howard-Grenville J.A., « The Persistence of Flexible Organizational Routines : The Role of Agency and Organizational Context », *Organization Science,* vol. 16, p. 618-636, 2005.

Huff A.S., *Mapping Strategic Thought,* Wiley, 1990.

Illeris S., « The Nature of Services » *in* Bryson J.R. et Daniels P.W. (dir.), *The Handbook of Service Industries*, Edward Elgar, 2007, p. 19-33.

Ind, N., *The Corporate Brand*, Macmillan, 1997.

Jacquemin A., *Économie industrielle européenne : structure de marché et stratégies d'entreprise*, Dunod, 2e édition, 1979.

Jarillo C., Strategic Networks, *Creating the Borderless Organization*, Butterworth-Heinemann, 1995.

Jensen M.C., et Meckling W.H., « Theory of the Firm : Managerial Behavior, Agency Costs and Ownership Structure », *Journal of Financial Economics*, vol. 3, 1976, p. 305-360.

Jodelet D. (dir.), *Les Représentations sociales*, PUF, 1994 (6e édition 1999).

Johanson J. et Vahlne J.E., « The Internationalization Process of the Firm : A Model of Knowledge Development and Increasing Foreign Market Commitments », *Journal of International Business Studies*, vol. 8, 1977, p. 23-32.

Johnson G., « Rethinking Incrementalism », *Strategic Management Journal*, 1987, vol. 9, p. 75-91.

Johnson G., Scholes K. et Whittington R., *Exploring Corporate Strategy,* Prentice Hall, 8ème édition, 2008.

Johnson G., Scholes K., Whittington R. et Fréry F., *Stratégique,* Pearson Education, 8ème édition, 2008.

Kahneman D., Knetsch J.L., Thaler R.H., « Anomalies : The Endowment Effect, Loss Aversion, and Status Quo Bias », *Journal of Economic Perspectives,* vol. 5, 1991, p. 193-206.

Kahneman D. et Tversky A., « Prospect Theory – an Analysis of Decision under Risk », *Econometrica,* n° 47, 1979, p 263-291.

Kale P., Anand J., « The Decline of Emerging Economy Joint Ventures : The case of India », *California Management Review*, vol. 48, 2006, p. 61-76.

Kale P., Dyer J.H., Singh H., « Alliance Capability, Stock Market Response, and Long-Term Alliance Success : The Role of the Alliance Function », *Strategic Management Journal*, vol. 23, 2002, p. 747-767.

Kamani A., "Five Ways to Grow the Market and Create Value", *Financial Times,* octobre 1999.

Kamani A., « The Mirage of Marketing to the Bottom of the Pyramid : How the private sector can help alleviate poverty », *California Management Review*, vol. 49, 2007, p. 90-111.

Karnani A., « Doing Well by Doing Good – Case Study : 'Fair and Lovely' Whitening Cream », *Strategic Management Journal*, vol. 28, 2007, p. 1351-1357.

Karnani A., Wernerfelt B., « Multiple Point Competition », *Strategic Management Journal*, Vol. 6, 1985, pp. 87-96.

Katz D. et Kahn R.L., *The Social Psychology of Organizations*, Wiley, 1966.

Kiechel W., « The Decline of the Experience Curve », *Fortune*, 5 oct. 1981.

Kim C. et Mauborgne R., « Value Innovation : The Strategic Logic of High Growth », *Harvard Business Review,* janv.-fév. 1997, p. 103-112.

Kim C. et Mauborgne R., « Blue Ocean Strategy », *Harvard Business Review,* vol. 82, octobre 2004, p. 76-84.

Kim C. et Mauborgne R., *Blue Ocean Strategy,* Harvard Business School Press, 2005. Traduction française : *Stratégie Océan bleu*, Village mondial, 2005.

Klein B., Crawford R., Alchian A., « Vertical Integration, Appropriable Rents and the Competitive Contracting Process », *Journal of Law and Economics* vol. 21, 1978, p. 297-326.

Koenig G., *Management stratégique,* Dunod, 2004.

Kogut B., « Joint-Ventures and the Option to Expand and Acquire », *Management Science,* vol. 37, 1991, p. 19-33.

Koller T., Goedhart M., Wessels D., *Valuation : Measuring and Managing the Value of Companies,* 4e édition, Wiley, 2005.

Kotter J.P., *Leading Change,* Harvard Business School Press, 1995.

Kotter J.P., « What Leaders Really Do ? », *Harvard Business Review,* décembre 2001, p. 85-91.

Lang, H.P., Stulz, R.M., « Tobin's Q, Corporate Diversification, and Firm Performance », *The Journal of Political Economy*, vol. 102, 1994, p. 1248-1280.

Larçon J.P. et Reitter R., *Structure de pouvoir et identité d'entreprise*, Fernand Nathan, 1979.

Larçon J.P., *Chinese Multinationals*, World Scientific Publishing, 2009.

Laroche H. et Nioche J.P., « La fabrique de la stratégie : le cycle des paradigmes », *in* Laroche H. et Nioche J.P. (dir.), *Repenser la stratégie : fondements et perspectives*, Vuibert, 1998, p. 349-372.

Laufer R., « Généalogie de la notion de service », *in* Jacob A. et Vérin H. (dir.), *L'Inscription sociale du marché,* L'Harmattan, 1995.

Lawrence P.R. et Lorsch J.W., *Organizations and Environment*, Harvard University Press, 1967 ; traduction française : *Adapter les structures de l'entreprise*, Éditions d'Organisation, 1973.

Le Baron D., Sperdell L., « Why Are the Parts Worth More than the Sum ? "Chop-Shop", a Corporate Valuation Model », in Browne L., Rosengren E. (dir.), *The Meyer Boom*, conf. series n° 31, Federal Reserve Bank, Boston, 1987.

Le Joly K., « Le Conseil d'administration : contrôleur ou stratège ? » in Laroche H., Nioche J.P., (dir.), *Repenser la Stratégie. Fondements et perspectives*, Vuibert, 1998.

Le Joly K. et Moingeon B. (dir.), *Gouvernement d'entreprise : débats théoriques et pratiques*, Ellipses, 2001.

Learned E.P., Christensen C.R., Andrews K.R. et Guth W.D., *Business Policy. Texts and Cases*, Irwin, 1965.

Learned E.P., Christensen C.R., Andrews K.R., Guth W.D., *Business Policy, Text and Cases*. Irwin, 1965.

Lecocq X., Demil B. et Warnier V., « Le *Business model,* au cœur de la croissance de l'entreprise », *L'Expansion Management Review*, n°123, octobre 2006, p.96-109.

Lendrevie J., Lévy J. et Lindon D., *Mercator*, Dunod, 2007.

Leonard-Barton D., « Core capabilities and core rigidities : A paradox in managing new product development », *Strategic Management Journal,* 1992, vol. 13, pp. 111-125.

Leonard-Barton D., *Wellsprings of Knowledge : Building and Sustaining the Sources of Innovation*, Harvard Business School Press, 1995.

Lesourne J. et Stoffaës C. (dir.), *La Prospective stratégique d'entreprise*, InterÉditions, 1996.

Levinthal D.A. et March J.G., « The Myopia of Learning », *Strategic Management Journal*, vol. 14, 1993, p. 95-112.

Levitt T., « The Globalization of Markets », *Harvard Business Review*, vol. 61, mai-juin 1983, p. 92-102.

Lewin K., *Field Theory in Social Science, Selected Theoretical Papers,* Harper & Row, 1951.

Lieberman M.B., « The Learning Curve, Technological Barriers to Entry, and Competitive Survival in the Chemical Processing Industry », *Strategic Management Journal*, vol. 10, 1989, p. 431-447.

Lieberman M.B. et Montgomery D.B., « First mover (Dis)Advantage : Retrospective and Link with the Resource-Based View », *Strategic Management Journal*, vol. 19, 1998, p. 1111-1125.

Liebowitz S. J. et Margolis S. E., « Path Dependence, Lock-in and History », *Journal of Law, Economics, and Organization,* vol. 11, 1995, p. 205-226.

Lilien G.L. et Rangaswamy A., *Marketing Engineering*, Addison-Wesley, 1998.

Lindblom C.E., « The Science of "Muddling Throught" », *Public Administration Review*, vol. 19, été 1959, p. 517-536.

Lindblom C.E., *The Policy-Making Process,* Prentice-Hall, 1968.

Lintner J., « The Valuation of Risk Assets and the Selection of Risky Investments in Stock Portfolios and Capital Budgets », *Review of Economics and Statistics,* vol. 47, 1965, p. 13-37.

Loilier T. et Tellier A., *Les Grands Auteurs en stratégie,* Éditions EMS, 2007.

Lorange P., *Implementation of Strategic Planning*, Prentice Hall, 1982.

Lorenzoni G. et Baden-Fuller C. « Creating a Strategic Center to Manage a Web of Partners », *California Management Review*, vol. 37, 1995, p. 146-163.

Lovelock C., Wirtz J., Lapert D. et Munos A., *Marketing des services*, Pearson Education, 2008.

Lyles M.A. et Schwenk C.R., « Top Management, Strategy and Organizational Knowledge Structures », *Journal of Management Studies*, vol. 29, 1992, p. 155-174.

Maître P., *Plans d'entreprise et contrôle de gestion*, Dunod, 1984.

Mansfield, E., *Technological Change : An Introduction to a Vital Area of Modern Economics*, Norton, 1971.

March J.G., « Decision-Making Perspective », in Van de Ven A., Joyce W.F. (éd.), *Perspectives on Organization Design and Behavior*, Wiley, 1981.

March J.G., *Decisions and Organizations,* Blackwell, 1988.

March J.G., « Exploration and Exploitation in Organizational Learning », *Organization Science*, vol. 2, 1991, p. 71-87.

March J.G. et Olsen J.-P., *Ambiguity and Choice in Organizations*, Bergen Universitetforlaget, 1976.

March J.G. et Simon H., *Organizations,* Blackwell, 2e édition, 1993 ; traduction française : *Les Organisations,* Dunod, 2005.

Margolis J.D. et Walsh J.P., *People and Profits ? The Search for a Link between a Company's Social and Financial Performance,* LEA, 2001.

Markides C., « Strategic Innovation », *Sloan Management Review*, vol. 38, 1997, p. 9-23.

Markides C., « A Dynamic View of Strategy », *Sloan Management Review*, vol. 40, spring 1999, p. 55-63

Marshall A., *Principles of Economics*, Macmillan, 1920.

Martin J., *Organizational Culture ; Mapping the Terrain,* Sage, 2002.

Martinet, A.C. *Stratégie,* Vuibert, 1990.

Martinet, A.C. et Reynaud, E., *Stratégie d'entreprise et écologie,* Economica, 2004.

Mason E.S., « Price and production policies of large-scale enterprise », *The American Economic Review*, vol. 29, 1939, p. 61-74.

McCall MW, *High Flyers,* Harvard Business School Press, 1998.

McGahan A.M. et Porter M.E., « How Much Does Industry Matter, Really ? », *Strategic Management Journal,* vol.18, numéro special, été 1997, p. 15-30.

McGahan A.M. et Porter M.E., « What Do We Know about Variance in Accounting Profitability ? », *Management Science,* vol. 48, 2002, p. 834-851.

Melkoninan T., Monin P., Noorderhaven N., Rouzies A. et Timmers A., « Être juste, ou être exemplaire ? La fusion Air France-KLM à la loupe », *Revue française de gestion,* vol. 32, 2006, p. 229-252.

Meyer M.W. et Zucker L.G., *Permanently Failing Organizations,* Sage, 1989.

Midler, C., *L'Auto qui n'existait pas*, Inter-Éditions, 1993.

Miles R.E. et Snow C.C., *Organizational Strategy : Structure and Process,* McGraw-Hill, 1978.

Miller C.C. et Cardinal L.B., « Strategic Planning and Firm Performance : a Synthesis of More than Two Decades of Research », *Academy of Management Journal*, vol. 37, 1994, p. 1649-1665.

Miller D., « Configuration of Strategy and Structure : towards a Synthesis », *Strategic Management Journal,* vol. 7, 1986, p. 233-249.

Miller D., *Le Paradoxe d'Icare : comment les entreprises se tuent à réussir,* ESKA, 1992, 1993.

Miller D. et Friesen P.H., « Momentum and Revolution in Organizational Adaptation », *Academy of Management Journal,* vol. 23, 1980, p. 591-614.

Mintzberg H., *The Nature of Managerial Work,* Harper & Row, 1973.

Mintzberg H., *Power in and around Organizations,* Prentice-Hall, 1983 ; traduction française : *Le Pouvoir dans les organisations*, Éditions d'Organisation, 1986.

Mintzberg H., « Crafting Strategy », *Harvard Business Review,* juillet-août 1987, p. 66-75.

Mintzberg H., *Mintzberg on Management : Inside our Strange World of Organizations,* Free Press, 1989.

Mintzberg H., « The Design School : Reconsidering the Basic Premises of Strategic Management », *Strategic Management Journal*, vol. 11, 1990, p. 171-195.

Mintzberg H., « The Manager's Job : Folklore and Fact », *Harvard Business Review,* vol. 53, mars-avril 1990, p. 49-61.

Mintzberg H., *The Rise and Fall of Strategic Planning*, Prentice Hall, 1993 ; traduction française : *Grandeur et décadence de la planification stratégique*, Dunod, 1994.

Mintzberg H., *Structure et dynamique des organisations,* Éditions d'Organisation, 2003.

Mintzberg H., Ahlstrand B. et Lampel J., *Strategy Safari, A Guided Tour Through the Wilds of Strategic Management*, Prentice Hall, 1998. Traduction française : *L'Exploration des grands courants de la pensée stratégique*, Village mondial (Pearson Education France) 2005.

Mintzberg H. et Lampel J., « Reflecting on the Strategy Process », *Sloan Management Review*, printemps 1999, p. 21-30.

Mintzberg H. et Waters J.A., "Of Strategies, Deliberate and Emergent", *Strategic Management Journal,* vol. 6, 1985, p. 257-272.

Mitchell R.K., Agle B.R. et Wood D.J., « Toward a Theory of Stakeholder Identification and Salience, Defining the Principle of Who and What Really Counts », *Academy of Management Review*, vol. 22, 1997, p. 853-886

Mitchell R.K., Agle B.R. et Sonnenfeld J.A., « Who matters to the CEOs ? An Investigation of Stakeholder Attributes and Salience, Corporate Performance and CEO Values", *Academy of Management Journal*, vol. 42, 1999, pp.507-525.

Mitroff I. et Kilmann R., « Corporate Taboos as the Key to Unlocking Culture», *in* Kilmann R. ; Saxton M., Serpa R. et al., *Gaining Control of the Corporate Culture*, Jossey Bass, 1985.

Moingeon B., « L'Auto-analyse stratégique : un exercice délicat », *L'Expansion Management Review,* automne 1994, p. 83-87.

Moingeon B., « Gestion des connaissances et entreprise apprenante : apprendre à gérer le *learning mix* », *in* Moingeon B. (dir.), *Peut-on former les dirigeants ? L'apport de la recherche,* L'Harmattan, 2003, p. 191-213.

Moingeon B. et Edmondson A.C. (dir.), *Organizational Learning and Competitive Advantage*, Sage Publications, 1996.

Moingeon B., et Edmondson A.C., « Trust and organizational learning », in Lazaric, N. et Lorenz E. (eds), *The Economics of Trust and Learning*, Edward Elgar Publishers, 1998, p. 247-265.

Moingeon B. et Lehmann-Ortega L., « Le *Business Model* au service de la performance, Supplément *L'Art du Management, Les Échos,* 13 oct. 2005, p. 8-9.

Moingeon B., et Ramanantsoa B., « Understanding Corporate Identity : The French School of Thought », *European Journal of Marketing,* vol. 31, 1997, p. 383-395.

Moore, G.A. *Crossing the Chasm : Marketing and Selling Technology Products to Mainstream Customers*. Harper Business, 1991.

Moore G.A., *Inside the Tornado,* Capstone, 1998.

Moore G.A., « Darwin and the Demon », *Harvard Business Review*, vol. 82, juillet-août 2004, pp. 86-92.

Morosini P. et Steger U., *Managing Complex Mergers,* Prentice Hall, 2004.

Mossin J., « Equilibrium in a Capital Asset Market », *Econometrica,* vol. 34, 1966, p. 768-783.

Moullet M., *Le Management clandestin,* InterÉditions, 1992.

Myerson R., *Game Theory : Analysis of Conflict,* Harvard Universiy Press, 1997.

Nalinakumari B., MacLean R., « NGOs : A Primer on the Evolution of the Organizations That Are Setting the Next Generation of Regulations », *Environmental Quality Management,* été 2005.

Neff J., « Ogling Talent beyond its Ranks ? Surely not P&G », *Advertising Age*, vol. 77, 2007, p. 8.

Nelson R.R. et Winter S.G., *An Evolutionary Theory of Economic Change,* Belknap Press, 1992.

Nohria N. et Eccles R.G. (dir.), *Networks and Organizations : Structure, Form, and Action*, Harvard Business School Press, 1992.

Nonaka I., et Takeuchi H., *The Knowledge-Creating Company : How Japanese Companies Create the Dynamics of Innovation,* Oxford University Press, 1995.

Normann R., Ramirez R., « Designing Interactive Strategy : From Value Chain to Value Constellation », *Harvard Business Review*, vol. 71, juil.-août 1993, p. 65-77.

O'Connor G.C. et Rice M.E., "Opportunity Recognition and Breakthrough Innovation in Large Established Firms." *California Management Review*, vol. 43, 2001, p. 95-116.

O'Reilly C. et Tushman M., « Ambidextrous Organisation », *Harvard Business Review*, vol. 82, avril 2004, p. 74-81.

Olins W., *The Corporate Personality : An Inquiry into the Nature of Corporate Identity,* Thames & Hudson, 1978.

Orléan A., *Le Pouvoir de la finance*, Éditions Odile Jacob, 1999.

Ouchi W., *Théorie Z : faire face au défi japonais,* InterÉditions, 1982.

Ouchi W., *Un nouvel esprit d'entreprise,* InterÉditions, 1985.

Panzar J.C. et Willig R.D., « Economies of scope », *American Economic Review*, vol. 71, 1981, p. 268-272.

Penrose E.T., *The Theory of the Growth of the Firm*, Wiley, 1959.

Perrow C.B., *Organizational Analysis, a Sociological View*, Tavistock Publications, 1970.

Perruchet D. et Cueille J.P., « Vertical Integration and Risk Level in International Oil Companies », *Oil & Gas Science and Technology*, vol. 46, 1991, p. 277-288.

Peteraf M.A., « The Cornerstones of Competitive Advantage : A Resource-Based View », *Strategic Management Journal,* vol. 14, 1993, p. 179-191.

Peters T.J. et Waterman R.H., *Le Prix de l'excellence*, InterÉditions, 1983.

Pettigrew A.M., *The Awakening Giant : Continuity and Change in ICI,* Basil Blackwell, 1985.

Pettigrew, A.M., « Longitudinal Field Research on Change : Theory and Practice », *Organization Science*, vol. 1, 1990, p. 267-292.

Peyrelevade J., *Le Gouvernement d'entreprise ou les Fondements incertains d'un nouveau pouvoir*, Économica, 1999.

Pfeffer J., *Power in Organizations,* Ballinger, 1981.

Pfeffer J., *Organizations and Organization Theory,* Putman, 1982.

Pfeffer J. et Salancik G.R., *The External Control of Organizations, a Resource Dependence Perspective,* Harper & Row, 1978.

Pfeffer J. et Sutton R., *Faits et foutaises dans le management*, Vuibert, 2007.

Pina e Cunha M. et Chia R., « Using Teams to Avoid Peripheral Blindness », *Long Range Planning*, vol. 40, 2007, p. 559-573.

Pondy L.R., Boland R.J. et Thomas H., *Managing Ambiguity and Change,* Wiley, 1989.

Porac J.F. et *al.*, « Rivalry and the Industry Model of Scottish Knitwear Producers », *Administrative Science Quarterly*, vol. 40, 1995, p. 203-227.

Porras J.I. et Robertson P.J., « Organizational Development : Theory, Practice and Research », *in* Dunnette M.D. et Hough L.M. (éd.), *Handbook of Industrial & Organizational Psychology*, Palo Alto, Consulting Psychologists Press, vol. 3, 1992, p. 719-822.

Porter M.E., « Méfiez-vous de la courbe d'expérience », *Harvard-L'Expansion*, été 1979.

Porter M.E., *Competitive Strategy : Techniques for Analyzing Industries and Competitors*, The Free Press, 1980. Traduction française : *Choix stratégiques et concurrence*, Économica, 1982.

Porter M.E., *Competitive Advantage,* The Free Press, 1985 ; traduction française : *L'Avantage concurrentiel,* InterÉditions, 1986, Dunod, 1994.

Porter M.E. (ed.), *Competition in Global Industries,* Harvard University Press, 1986.

Porter M.E., « From Competitive Advantage to Corporate Strategy », *Harvard Business Review*, vol. 65, mai-juin 1987, p. 43-59.

Porter M.E., *The Competitive Advantage of Nations*, The Free Press Macmillan, 1990 ; traduction française : *L'Avantage concurrentiel des nations,* InterÉditions, 1993.

Porter, M.E. « Toward a Dynamic Theory of Strategy », *Strategic Management Journal*, vol. 12, 1991, p.95-117.

Porter M.E., « What is Strategy ? », *Harvard Business Review*, vol. 74, nov.-déc. 1996, p. 61-78.

Porter M.E. et Kramer M.R., « Strategy and Society : The Link Between Competitive Advantage and Corporate Social Responsibility », *Harvard Business Review,* décembre 2006, p.78-92.

Prahalad C.K., *The fortune at the Bottom of the Pyramid*, Wharton School Publishing, 2004.

Prahalad C.K. et Bettis R.A., « The Dominant Logic : A New Linkage between Diversity and Performance », *Strategic Management Journal,* vol. 7, 1986, p. 485-501.

Prahalad C.K. et Hart S.L., « The Fortune at the Bottom of the Pyramid », *Strategy + Business,* n° 26, janvier 2002, p. 54-67.

Pratt M.G. et Foreman P.O., « Classifying Managerial Responses to Multiple Organizational Identities », *Academy of Management Review*, vol. 25, 2000, p. 18-42.

Quélin B., *La Télévision numérique en France - La concurrence Canalsatellite/TPS*, Centrale des cas et des médias pédagogiques, 2001.

Quélin B. dans Ernst & Young, *Baromètre de l'outsourcing*, 2005.

Quélin, B. et Arrègle, J.L. (dir.), *Le management stratégique des compétences,* Ellipses, 2000.

Quélin B., Duhamel F., « Bringing Together Strategic Outsourcing and Corporate Strategy : Motives for Outsourcing and the Risks Involved », *European Management Journal*, vol. 21, 2003, p. 647-661.

Quinn J.B., *Strategies for Change : Logical Incrementalism,* Irwin, 1980.

Quinn J.B., *Intelligent Enterprise : A Knowledge and Service Based Paradigm for Industry,* The Free Press, 1992.

Reger R.K. et Palmer T.B., « Managerial Categorization of Competitors : Using Old Maps to Navigate New Environments », *Organization Science*, vol. 7, 1996, p. 22-39.

Regner P., « Strategy Creation in the Periphery : Inductive versus Deductive Strategy Making », *Journal of Management Studies*, vol. 40, 2003, p. 57-82.

Reinartz W. et Ulaga W., « How to Sell Services More Profitably », *Harvard Business Review*, vol. 86, mai 2008, p. 90-96.

Reitter R. (dir.), *Cultures d'entreprise*, Vuibert, 1991.

Reitter R. et Ramanantsoa B., *Pouvoir et politique. Au-delà de la culture d'entreprise,* McGraw-Hill, 1985.

Report on Socially Responsible Investing Trends in the US, Social Investment Forum, 2005.

Ricardo D., *On the Principles of Political Economy and Taxation*, John Murray, 1817 ; traduction française : *Principes de l'économie politique et de l'impôt*, Calmann-Lévy, 1970.

Ricœur P., *Temps et récit,* Points Seuil, 1991.

Ricœur P., *Soi-même comme un autre,* Points Seuil, 2000.

Rigby D.K. et Vishwanath V., « Localization : The Revolution in Consumer Markets », *Harvard Business Review*, vol. 84, avril 2006, p. 82-92.

Robinson E.A.G., *The structure of competitive industry*, University of Chicago Press, 1958.

Robinson J.V., *The Economics of Imperfect Competition*, Macmillan, 1933.

Roethlisberger F. et Dickson W., *Management and the Worker,* Harvard University Press, 1939.

Romanelli E. et Tushman M.L., « Organizational Transformation as Punctuated Equilibrium : An Empirical Test », *Academy of Management Journal,* vol. 37, 1994, p. 1141-1166.

Roquebert J.A., Phillips R.L. et Westfall P.A., « Market *vs*. Management : What "Drives" Profitability ? », *Strategic Management Journal,* vol. 17, 1996, p. 653-664.

Rouer M. et Gouyon A., *Réparer la planète, la révolution de l'économie positive,* J.-C. Lattès, 2008.

Rouzies A., *Identifications dans les fusions et acquisitions – Air France-KLM 2003-2005,* thèse de doctorat, université Lyon III, 2007.

Roxburgh C., « Hidden flaws in strategy », *McKinsey Quarterly*, 2003, n°2, pp.26-39.

Royer I., « Why Bad Projects Are So Hard to Kill », *Harvard Business Review*, vol. 81, février 2003, p. 48-56.

Rugman A.M. et D'Cruz J., *Multinationals as Flagship Firms*, Oxford University Press, 2000.

Rumelt R.P., *Strategy, Structure and Economic Performance,* Harvard University Press, 1974.

Rumelt R.P., « Diversification Strategy and Profitability », *Strategic Management Journal,* vol. 12, 1982, p. 33-48.

Rumelt R.P., « How Much Does Industry Matter ? », *Strategic Management Journal,* vol. 12, 1991, p. 167-185.

Rumelt R.P., « Inertia and Transformation », in Montgomery C. (dir.), *Resource-based and Evolutionary Theories of the Firm,* Kluwer Academic Publishers, 1995, p. 101-132.

Rumelt R.P., Schendel D. et Teece D.J., *Fundamental Issues in Strategy : A Research Agenda*, Harvard Business School Press, 1994.

Santi M., « L'entrepreneuriat : un défi à relever », dans *L'École des managers de demain*, Économica, 1994, p. 401-422.

Schein F., *Organizational Culture and Leadership,* Jossey Bass, 1985.

Scherer F. et Ross D., *Industrial market structure and economic performance*, Houghton Mifflin, 1990.

Schmalensee R., « Do Markets Differ Much ? », *American Economic Review*, vol. 75, 1985, p. 341-351.

Schmidt, C., *La théorie des jeux : essai d'interprétation,* PUF, 2001.

Schumpeter J.A., *The Theory of Economic Development*, Harvard University Press, 1934.

Schwenk C.R., « Cognitive Simplification Processes in Strategic Decision-Making », *Strategic Management Journal,* vol. 5, 1984, p. 111-128.

Schwenk C.R., « Management Illusions and Biases : Their Impact on Strategic Decisions », *Long Range Planning,* vol. 18, 1985, p. 74-80.

Schwenk C.R., *The Essence of Strategic Decision Making*, Lexington Books, 1988

Schwenk C.R. et Thomas H., « Formulating the Mess : The Role of Decision Aids in Problem Formulation », *Omega*, 11, 1983, p. 239-252.

Scott B., « The Industrial State : Old Myths and New Realities », *Harvard Business Review,* vol. 51, mars-avril 1973, p. 133-148.

Scott R.W., *Institutions and Organisations,* Sage, 1995.

Selznick P., *Leadership in Administration,* Harper & Row, 1957.

Senge P.M., *The Fifth Discipline : The Art and Practice of the Learning Organization,* Doubleday, 1990.

Senge P.M., *La Danse du changement,* First, 1999.

Senge P.M. et Carstedt G., « Innovating Our Way to the Next Industrial Revolution », *Sloan Management Review,* vol. 42, hiver 2001, p. 24-39.

Sharpe W.F., « Capital Asset Prices : A Theory of Market Equilibrium under Conditions of Risk », *Journal of Finance,* vol. 19, 1964, p. 425-442.

Shleifer A., Vishny R.W., « Management Entrenchment : the Case of Manager Specific Investments », *Journal of Financial Economics,* vol. 25, 1989, p. 123-139.

Simon H.A., « On the Concept of Organizational Goal », *Administrative Science Quarterly,* vol. 1, 1964, p. 1-22.

Simon H.A., *Administrative Behavior,* Macmillan, 1947 ; traduction française : *Administration et processus de décision,* Économica, 1983.

Sironneau J.-P., *Sécularisation et religions politiques,* Mouton, 1982.

Slater S. et Narver J., « Market-oriented is more than being customer-led », *Strategic Management Journal,* vol. 20, 1999, p. 1165-1168.

Sloan A.P., *Mes années à la General Motors,* Hommes et Techniques, 1964.

Sluss D.M. et Ashforth B., « Relational Identity and Identification : Defining Ourselves through Work Relationships », *Academy of Management Review,* vol. 32, 2007, p. 9-33.

Smith A., *An Inquiry into the Nature and Causes of the Wealth of Nations,* W. Strahan and T. Cadell, 1776 ; traduction française : *Recherche sur la nature et les causes de la richesse des nations,* Économica, 2002.

Smith H.J., « The Shareholders *vs.* Stakeholders Debate », *Sloan Management Review,* vol. 44, été 2003, p. 85-90.

Soenen G., *Communautés de pratique et identités organisationnelles,* thèse de doctorat HEC, 2006.

Soenen G. et Moingeon B., « The Five Facets of Collective Identities : Integrating Corporate and Organizational Identity » *in* Moingeon B. et Soenen G. (dir.), *Corporate and Organizational Identities : Integrating Strategy, Marketing, Communication, and Organizational Perspectives,* Routledge, 2002, p. 13-34.

Soenen G. et Moingeon B., « Identité organisationnelle, complexité et turbulence » in *L'art du management, Leadership, performance, développement durable,* Les Échos/Pearson, Village mondial, 2008, p. 71-87.

Soenen G., Monin P. et Rouzies A., « Projecting Organizational Identity through Organizational Dress at Air France, 1933-2005 » in Lerpold L., Ravasi D., van Rekom J. et Soenen G. (dir.), *Organizational Identity in Practice,* Routledge, 2007.

Solnik B., *Gestion financière,* Dunod, 6e édition, 2001.

Starbuck W.H., « Organizations as Action Generators », *American Sociological Review,* vol. 48, 1983, p. 91-102.

Staw B.M., « Knee-deep in the Big Muddy : A Study of Escalating Commitment to a Chosen Course of Action », *Organizational Behavior and Human Performance,* vol. 16, 1976, p. 27-44.

Staw B.M. « The Escalation of Commitment : An Update and Appraisal » *in* Shapira Z. (éd.), *Organizational Decision Making,* Cambridge University Press, 1997, p. 191-215

Staw B.M. et Ross J., « Commitment to a Policy Decision : A Multi-theoretical Perspective », *Administrative Science Quarterly,* vol. 23, 1978, p. 40-64.

Staw B.M., Sandelands L.E. et Dutton J.E., « Threat-Rigidity Effects in Organizational Behavior : A Multilevel Analysis », *Administrative Science Quaterly,* vol. 26, 1981, p. 501-524.

Steiner G.A., *Top Management Planning,* Collier-Macmillan, 1969.

Steinmann L., « Fusions : la guerre des cultures ; Daimler-Chrysler », *Enjeux/Les Échos,* janvier 2001.

Stewart G.B., *The Quest for Value,* Harper Collins, 1991.

Tarondeau, J.C. et Hutin, C., *Dictionnaire de stratégie d'entreprise,* Vuibert, 2001.

Taylor F.W., *Direction scientifique des entreprises,* Dunod, (réédition), 1957.

Teece D.J., *The Competitive Challenge : Strategies for Industrial Innovation and Renewal,* Ballinger, 1987.

Teece D.J., Pisano G., Shuen A., « Dynamic Capabilities and Strategic Management », *Strategic Management Journal,* vol. 18, 1997, p. 509-533.

Thaler R.H., « Mental Accounting and Consumer Choice », *Marketing Science,* vol. 4, 1985, 199-214.

Thaler R.H., « Mental Accounting Matters », *Journal of Behavioral Decision Making,* vol. 12, 1999, p. 183-206.

Thiétart, R.A., *Méthodes de recherche en management,* Dunod, 1999.

Thiétart R.A., Xuereb J.M., *Stratégies,* Dunod, 2e édition, 2009.

Thomson J.D., *Organizations in Action,* McGraw-Hill, 1967.

Tripsas M. et Gavetti G., "Capabilities, Cognition and Inertia : Evidence from Digital Imaging", *Strategic Management Journal,* vol. 21, 2000, p. 1147-1161.

Tushman M.L., Newman W.H. et Romanelli E., « Convergence and Upheaval : Managing the Unsteady Space of Organizational Evolution », *California Management Review,* vol. 29, 1986, p. 29-44.

Tushman M. L. et Romanelli E., « Organization Evolution : A Metamorphosis Model of Convergence and Reorientation », *Research in Organizational Behavior,* vol. 7, 1985, p. 171-222.

Utterback J.-M. et Abernathy W.J., "A Dynamic Model of Process and Product Innovation", *Omega*, vol. 3, 1975, p.639-656.

Van de Ven A.H. et Poole M.S., « Explaining Development and Change in Organizations », *Academy of Management Review,* vol. 20, 1995, p. 510-540.

Van Riel C.M.B., *Principles of Corporate Communications,* Prentice Hall, 1985.

Vernimen P., Quiry P. Le Fur Y., *Finance d'Entreprise,* 7ème édition, Dalloz, 2009.

Vernon R., « International Investment and International Trade in the Product Cycle », *Quarterly Journal of Economics,* vol. 80, mai 1966, p. 190-207.

Vidaillet, B., *Le sens de l'action,* Vuibert, 2003.

Vidaillet B., « When "decision outcomes" are not the outcomes of decisions », *in* Hodgkinson et Starbuck (éd.), *Handbook of Organizational Decision*, Oxford Press, 2008, p. 418-436.

Weick K.E., *The Social Psychology of Organizing,* Addison-Wesley, 1979.

Weick K.E., *Sensemaking in Organizations*, Sage, 1995.

Weick K.E. et Quinn R.E., « Organizational change and development », *Annual Review of Psychology,* vol. 50, 1999, p. 361-386.

Wernerfelt, B. « A Resource-Based View of the Firm », *Strategic Management Journal*, vol. 5, 1984, p. 171-180.

Weston J.F., *The Role of Mergers in the Growth of Large Firms,* University of California Press, 1961.

Whetten D.A. et Mackey A., « A Social Actor Conception of Organizational Identity and its Implications for the Study of Organizational Reputation », *Business & Society,* vol. 41, 2002, p. 393-414.

Whittington, R., *What is Strategy – and does it matter ?,* Thomson Learning, 2ème édition, 2001.

Wilkins A. et Ouchi W., « Efficient Culture : Exploring the Relationship between Culture and Organization Performance », *Administrative Science Quarterly*, vol. 28, 1983, p. 468-481.

Williams J.R., « Strategy and the Search for Rents : the Evolution of Diversity among Firms », in Rumelt R., Schendel D. et Teece D.J., *Fundamental Issues in Strategy*, Harvard Business School Press, 1992, p. 229-246.

Williamson O.E., *Market and Hierarchies : Analysis and Antitrust Implications,* The Free Press, 1975.

Williamson O.E., *The Economic Institution of Capitalism,* The Free Press, 1985 ; traduction française : *Les institutions de l'économie,* InterÉditions, 1994.

Winter S., « Four Rs of Profitability : Rents, Resources, Routines and Replication », in Montgomery C. (dir.), *Resource-based and Evolutionary Theories of the Firm,* Kluwer Academic Publishers, 1995, p. 147-178.

World Bank, *Working with NGOs : A Practical Guide to Operational Collaboration between the World Bank and Non-Governmental Organizations*, Operations Policy Department, World Bank, 1995.

World Business Council for Sustainable Development, *Eco efficiency : creating more value with less impact,* août 2000.

Wrapp H.E., « Good Managers Don't Make Policy Decisions », *Harvard Business Review*, septembre-octobre 1967, p. 91–99.

Wright R., *Un système pour gérer la diversité,* document Arthur D. Little, 1973.

Wright T.P., « Factors Affecting the Cost of Airplanes », *Journal of Aeronautical Sciences*, vol. 3, 1936, p. 122-128.

Yildizoglu M., *Introduction à la théorie des jeux,* Dunod, 2003.

Yunus M. avec Jolis A., *Vers un monde sans pauvreté,* J.-C. Lattès, 2007.

Zaleznik A., *Human Dilemnas of Leadership,* Harper & Row, 1966.

Zaleznik A. et Kets de Vries M., *Power and the Corporate Mind,* Houghton Mifflin, 1975.

Zaleznik A., « Managers and Leaders : Are They Different ? », Harvard Business Review, janvier 2004, p. 74-81 (1re publication en 1977).

Zeithaml V., « Consumer Perceptions of Price, Quality and Value : A Means-end Model and Synthesis of Evidence », *Journal of Marketing,* vol. 52, 1988, p. 2-22.

Index

A

B

C

D

G

H

I

J

K

L

M

Q

R

S

T

Photocomposition : IDT, 4, rue du Bailliage, 78000 Versailles

52602-(I)-(9)-CSB 80°-IDT-JME
Dépôt légal : Juillet 2009 - Dépôt légal de la 1re édition : 1er trimestre 1993
Imprimé en France par I.M.E. - 25110 Baume-les-Dames